Die Geschichte der Welt

Die Geschichte der Welt

p

Die deutsche Ausgabe erscheint bei
Parragon Books Ltd
Queen Street House
4 Queen Street
Bath BA1 1HE, UK

ISBN 1-40546-998-6

Printed in China

Herausgeber und Verlag möchten dem Bildarchiv akg-images Berlin/London/Paris und seinen Mitarbeitern ihren besonderen Dank für die intensive Zusammenarbeit aussprechen, durch welche die außerordentlich dichte Illustration dieses Werkes erst möglich geworden ist.

Sämtliche Abbildungen akg-images Berlin/London/Paris mit Ausnahme der folgenden von dpa Deutsche Presse Agentur, Hamburg: 11/unten r., oben 2. v. l., oben r.; 12/1 l., 2 l.; 13/3 l.; 14/1 l., 2 l.; 15/4 l., r.; 224/4; 225/6, 9; 432/1; 456/2, 5; 496/4; 502 Kasten unten l.; 508/5; 509/6, 7, Kasten l.; 517/25; 528; 530/2; 531/6–9; 532/1; 533/11; 534/Kasten l.; 535/5–7, 10, 11; 537/9, Kasten; 542/Kasten; 543/8, 9; 545/7; 546/5, 7; 547/9–11, 13; 548/1–6; 549/7, 9, 11, Kasten; 551/Kasten; 552/2–5; 553/6–9, Kasten l. und r.; 554/1–4, 6; 555/8–10, 13; 557/Kasten; 559/8, 9, 11; 560/2–5; 561/9–11; 562/1–5; 563/8–10, Kasten; 564/4, Kasten; 565/6, 9, Kasten l.; 566/4–6, Kasten; 567/7–12, Kasten; 568/2–5; 569/6–10, Kasten; 570/1–7; 571/8, 10–12, Kasten; 572/1–3, 5, 6; 573/7–11; 574/1–3, 5; 575/6, 7, 9–12; 576/2; 577/7, 10–13; 578/2, 5, 6, Kasten; 579/7, 9–14; 580/1, 2, 4, 5; 581/7–11, Kasten; 582/1, 2, 4, 5; 583/6–11, Kasten; 584/1–5, Kasten; 585/6–11; 588/1–3, 7; 589/10, 14, Kasten; 590/3–5, Kasten l. und r.; 591/6–11; 592/1–8; 593/9–15; 594/1, 2, 4–6; 595/10, 12, 13, Kasten; 596/1; 597/8, 10–13, Kasten; 598/1, 4, 6; 599/8, 10–13, Kasten; 600/2, 6; 601/8–10, 12, 13; 602/1–4, 6, 7; 603/9, 10, 12–14, Kasten; 604/2–8; 605/9–13; 606/2–4; 607/8–10, 12, 13; 608/2, 4, 5; 609/9–13, Kasten; 610/1–5; 611/11, Kasten l.; 612/1–5; 613/6–11; 614/1–6, Kasten; 615/7, 8, 10, 11; 616/1, 2, 4, 5, Kasten; 618/3; 619/7, 9, 11, 12; 620/1–7; 621/9–13; 622/1, 4, 5, 7, Kasten; 623/8, 10–14; 624/2–6; 625/7–11, Kasten; 626/1, 3; 627/9, 11, Kasten; 628/2, 3, 5–7; 629/8–12, Kasten; 630/3–5, 7, 8; 631/9–13, Kasten; 632/1–8; 633/9, 11, 12, 14; 634/1–7; 635/8–14; 639/8, 9, 13; 640/1, 2, 6, Kasten; 641/7, 9–12; 642/1–8; 643/9–14, Kasten; 644/1–6; 645/7–13; 646/1, 2, 4, 5, 7; 647/8, 9, 11; 648/1–5; 649/6–8.

Herausgeber: Peter Delius

Konzeptentwicklung:
Peter Delius; Detlef Berghorn, Markus Hattstein, Juliane von Laffert

Autoren:
Dr. Klaus Berndl, Kap. 8 (S. 530-585)
Markus Hattstein, Kap. 1, 2, 3, 4 (224-241), 5 und 8 (S. 586-649)
Arthur Knebel, Kap. 7
Hermann-Josef Udelhoven, Kap. 4, 6

Wissenschaftlicher Beirat:
Prof. Dr. Dominik Bonatz, Alter Orient
Dr. des. Christiane Coester, Neuere Geschichte in Europa
PD Dr. Renate Dürr, Frühe Neuzeit in Europa
Prof Dr. Marie-Luise Favreau-Lilie, Europäisches Mittelalter
Dr. Karl Heinz Golzio, Indien, Südostasien
PD Dr. Bernd Hausberger, Alt- und Lateinamerika
Prof. Dr. Peter Heine, Islamische Geschichte
Prof. Dr. Dr. h.c. Mechthild Leutner, China
PD Dr. Carola Metzner-Nebelsick, Frühgeschichte
Dr. Heinrich Schlange-Schöningen, Antike
Dr. Christoph Studt, Weltkriege und Zwischenkriegszeit
Dr. Siegfried Weichlein, Europäische Zeitgeschichte
PD Dr. Thomas Zitelmann, Afrika

Redaktion:
Juliane von Laffert (Leitung); Jeannine Anders (Management); Detlef Berghorn, Marit Borcherding, Arthur Knebel, Christoph Marx

Assistenz:
Katja Klinner, Britta Weyer

Bildredaktion:
Katharina Franz, Barbara Schneider, Jacek Slaski

bei akg-images:
Jürgen Raible; Erich Hartmann, Kai Holland, Anne Meister, Regina Müller, Axel Schmidt, Barbara Weber

Layout:
Dirk Brauns (Leitung); Florian Brendel, Thorsten Falke, Burga Fillery, Gudrun Hommers

BENUTZERHINWEISE

Das funktionale Seitenlayout unterstützt den einfachen und effizienten Umgang mit diesem umfangreichen Werk. Alle Kapitel sind in thematische Strecken eingeteilt, in die eine Streckeneinleitung einführt.

Die Streckeneinleitung
fasst die Inhalte der folgenden Strecke zusammen, die eine bis sechs Doppelseiten umfassen kann.

Der Streckentitel
erscheint auf jeder Seite.

Die Seiteneinleitung
fasst das Thema der Seite zusammen.

Biografie- und Zitatkästen
enthalten Zitate oder biografische Fakten wichtiger Persönlichkeiten der Zeit.

Die Zeitleiste
gibt einen Überblick über die Höhepunkte und Geschehnisse der Zeit.

Bildnummern
erscheinen im Text und ermöglichen die Zuordnung der Bilder zum historischen Ereignis.

Namen von Persönlichkeiten,
die im Text erwähnt werden, findet man im Index auf S. 648 mit Querverweisen.

Farbmarken
zeigen die jeweilige Epoche und das Kapitel an.

Der Ereigniskasten
ergänzt den Haupttext mit interessanten und relevanten Hintergundfakten.

Die ersten Kunstwerke der Menschheit: steinzeitliche Höhlenmalereien **S. 21**

Die Sumerer entwickelten im Zwei-stromland eine hohe Zivilisation **S. 34**

Die gewaltigen Pyramiden: Grabbauten der frühen Pharaonen Ägyptens **S. 43**

Der „Turmbau zu Babel" wurde zum religionsübergreifenden Mythos **S. 41**

Geheimnisvoll und von zeitloser Schönheit: die ägyptische Königin Nofretete **S. 45**

Der Parthenon-Tempel auf der Akropolis – ein Meisterwerk der klassischen griechischen Architektur – repräsentierte die Macht der athenischen Polis **S. 87**

Chinas erste Kaiser begannen mit dem Bau der Chinesischen Mauer **S. 152**

Einer der größten Feldherren Roms: Gajus Julius Caesar **S. 120**

Augustus, der erste römische Kaiser **S. 122**

Der Prophet Mohammed versteckt sich
vor seinen Verfolgern **S. 226**

Der Frankenkönig Karl der Große wird
vom Papst zum Kaiser gekrönt **S. 165**

Die Khmer übertrugen ihre Vorstellungen vom Universum auf die Architektur ihrer
Tempelanlagen: Angkor Vat im tropischen Dschungel Kambodschas **S. 246**

Spanische Soldaten erobern das mexikanische Aztekenreich **S. 335**

Der Reformator Martin Luther verteidigt seine Lehren vor Kaiser Karl V. **S. 256**

Prunkschlafzimmer Ludwigs XIV. von Frankreich im Schloss Versailles **S. 279**

Mit dem Sturm auf die Bastille beginnt die Französische Revolution **S. 350**

Der französische Kaiser Napoleon Bonaparte **S. 360**

Mensch und Tier geschützt vor Gas-
angriffen im Ersten Weltkrieg **S. 440**

Lenin, der Kopf der bolschewistischen
Oktoberrevolution in Russland **S. 480**

Weltwirtschaftskrise: fallende Börsen-
kurse am „Schwarzen Freitag" **S. 506**

Werbeplakat für die internationalen
Verbände der Waffen-SS **S. 510**

436 Weltkriege und Zwischenkriegszeit
1914–1945

Androgyne Eleganz:
zwei Damen der 20er-
Jahre **S. 506**

Vietnamesische Kinder fliehen nach einem US-Napalmangriff **p. 617**

Kundgebung während der chinesischen „Kulturrevolution" **p. 619**

Berliner feiern die Öffnung der Mauer – Symbol des Kalten Krieges **S. 544**

Minuten des Terrors: Ein zweites Flugzeug steuert die Twin Towers an **S. 643**

Nelson Mandela und Willem de Klerk besiegeln mit einem Handschlag das Ende der Apartheid **S. 633**

Über aktuelle Ereignisse liefert das Internet schnelle Informationen. Doch unser Wissen über Geschichte gründet auf der Arbeit von Historikern seit Jahrhunderten.

„Moguln" heute und früher: links der australische Medienmogul Rupert Murdoch, rechts eine Szene am Hof der indischen Großmoghuln im 17. Jahrhundert.

WIESO GESCHICHTE?

Wir leben in hektischen Zeiten. Nachrichtensendungen rund um die Uhr vermitteln uns das Gefühl, hinterherzuhinken oder belanglos zu sein. Im ❶ Internet erlangen Gerüchte innerhalb einer Nanosekunde den Status von Fakten. Wir glauben, nachprüfbares Wissen sei nur einen Mausklick entfernt. Wir „googeln" unsere Geschichte herunter wie Fastfood, das zum sofortigen Verzehr bereitsteht. Das Internet hat sich durchgesetzt, ein virtueller Vulkan, der einen Strom ungefilterter Worte und Bilder in alle Richtungen speit. Wir scheitern bei dem Versuch, im dichten Nebel der Fehlinformation historische Wahrheit zu finden.

Gelegentlich aber halten wir inne, holen Atem und erkennen, dass Weltgeschichte – wie alles Lohnende – einer durchdachten Untersuchung und genauer Überprüfung bedarf. Nur so wird echte Neugier gestillt. Damit kommen wir zum vorliegenden Buch. Ein kluger Mensch sagte mir einmal, der erste Schritt zum Erwerb von Wissen sei, zu erkennen, wie viel man nicht wisse. Daran erinnerte ich mich, als ich diese ansprechende „Geschichte der Welt in Bildern" las und mir die erstaunlichen Illustrationen anschaute. Da wir unser Leben vorwärts gerichtet führen – von Tag zu Tag und von Stunde zu Stunde –, haben wir selten Grund zurückzuschauen. „Alles, was zur Vergangenheit gehört, scheint ins Meer gestürzt", schrieb Henry Miller in „Wendekreis des Krebses". „Ich habe Erinnerungen, aber die Bilder haben ihre Lebendigkeit verloren, sie scheinen tot und zusammenhanglos, wie im Moorboden versunkene, vom Alter geschrumpfte Mumien."

Miller hat Recht. Wir bezeichnen ❷ Rupert Murdoch und Donald Trump als „Moguln", haben aber keine Ahnung vom indischen Moghulreich des 16. Jahrhunderts. Viele von uns nennen sich ❸ „Protestanten", ohne auch nur eine vage Vorstellung von den Thesen Martin Luthers zu haben. Unser kollektives Gedächtnis ist kurzlebig. Es ist schon schwer genug, sich das harte Schicksal eines ❹ Soldaten im Zweiten Weltkrieg vorzustellen, ganz zu schweigen von den Prüfungen und Widrigkeiten im Leben des „Peking-Menschen", der zu den ältesten archäologischen Menschenfunden zählt. Er ist zwischen 300 000 und 400 000 Jahre alt und wurde in den 1920er-Jahren bei Peking gefunden. Doch vielleicht gab es bereits 400 000 Jahre früher Menschen, die ihm ähnlich sahen? Vielleicht sind wir auf seine eine Million Jahre alten Vorfahren bisher einfach nicht gestoßen? Und zudem werfen seine Knochen mehr Fragen auf, als sie Antworten geben. Und genau dies ist das Problem bei der Beschäftigung mit Geschichte: Wir verlangen Antworten. Aber sobald wir sie bekommen, stellen sich neue Fragen. Es ist ein Kreislauf, der selbst unermüdliche Historiker aus dem Sattel werfen kann.

Ich selbst erlebte dieses Frage-und-Antwort-Spiel erst kürzlich wieder während der Arbeit an einem bebilderten Geschichtsband mit dem Titel „Mississippi: Making of a Nation", der Hunderte Farbtafeln und noch mehr historische Fakten enthielt. Der Fluss beflügelte nicht nur den menschlichen Geist, sondern er schrieb auch Geschichte: Expeditionen, Staatsgründungen und Erfindun-

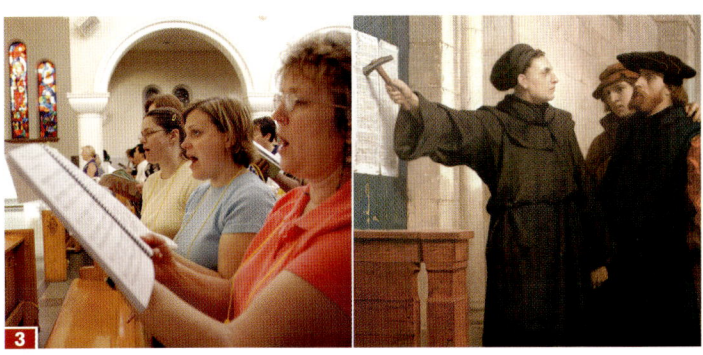

Heute gibt es weltweit ca. 340 Millionen Protestanten. 1517 setzte der deutsche Mönch Luther mit der Veröffentlichung seiner Thesen die Reformation in Gang.

Amerikanische Soldaten im Zweiten Weltkrieg und Pariser Aufständische auf den Barrikaden 1848: Kampf gegen Unterdrückung und für bürgerliche Freiheit.

gen sind mit ihm verbunden. Jede Erkenntnis, die wir während der Reise auf diesem Fluss machten – beispielsweise, dass die Erdhügelbauer der Hopewell-Kultur an der Ostküste des Mississippi lebten und schließlich verschwanden –, brachte uns auf weitere Fragen: „Warum verschwanden sie?"

Sehen wir den Tatsachen ins Auge: Die einzige Gewissheit, die wir besitzen, lautet, dass nichts für immer gewiss ist. Ob wir uns mit deutschen Fürsten, griechischen Göttern, Inkaherrschern oder ozeanischen Seefahrern befassen – unser Wissen stößt zwangsläufig an Grenzen. Betrachtet man die Weltgeschichte quasi unter einem modernen Mikroskop, so zerfällt sie in Tausende verschiedene Kulturen, Völker und Ereignisse. Und hinter jeder bekannten Tatsache verbergen sich unzählige Geheimnisse. Der Bereich der Geschichte ist von Ungewissheit bestimmt, und jeder, der behauptet, endgültige Antworten gefunden zu haben, steht auf wackligem Posten. Die Weltgeschichte ist ein Zyklon, der jedes Partikel und jede Gewitterwolke aufsaugt, die es in seiner Umgebung gibt. Denn was gehört nicht zur Weltgeschichte? Kein Wunder, dass manch einer, der mit einer Definition der „Weltgeschichte" gerungen hat – wie etwa Nietzsche –, verrückt geworden ist. Sie umfasst einfach zu viel. Deshalb ignorieren wir die Vergangenheit häufig. Die meisten wissen kaum, was sie gestern gedacht haben, geschweige denn, was Konfuzius oder Aristoteles vor Jahrhunderten dachten. Ihr Ausweg ist also durchaus nachvollziehbar: Verweigerung. Wieso soll ich über eine endlos weite und unergründliche Vergangenheit nachdenken?

Die Frage ist berechtigt: Wieso soll man sich mit Weltgeschichte befassen? Allzu oft lautet die rein mecha-

nische Antwort: Geschichtliches Wissen rundet unsere Bildung als Staatsbürger ab. Doch das ist Unsinn. Die meisten von uns kommen ganz gut zurecht, ohne zu wissen, dass Dionysios (I. von Syrakus) von 430 bis 367 v. Chr. lebte oder Orrorin tugenensis, der „Millennium-Mensch", im Jahr 2000 in Kenia entdeckt wurde. Warum müssen wir wissen, dass Julius Caesar 44 v. Chr. ermordet wurde und Maria Theresia 1740 die Herrschaft über Böhmen und Ungarn errang? In welchem Zusammenhang steht solches Faktenwissen zu unserer gegenwärtigen Lage? Antworten suche ich bei dem Philosophen William James, der schrieb, dass Menschen – im Gegensatz zu anderen Lebewesen – „rohe Fakten ohne Ausflüchte oder Einordnung in Schubladen" ersehnen und sogar fordern.

Immer schon haben Bilder geholfen, Informationen „dingfest" zu machen: Erst die Anschauung macht ein lange zurückliegendes Ereignis – oder auch ein heutiges Geschehen in einem anderen Teil der Welt – fassbar und lebensnah. Bilder wirken auf den Verstand und auf das Gefühl zugleich und führen so zu Erkenntnissen, die durch Sprache allein nicht zu gewinnen wären. Man denke nur daran, was den Astronauten ❺ Neil Armstrong bei seinem Besuch auf dem Mond am stärksten beeindruckte. Als ich ihn vor einigen Jahren zu dieser Apollo-11-Mission von 1969 interviewte, erzählte er es mir: Es war der Anblick der Erde. Er betrachtete Grönland und die Antarktis aus seiner Universumsperspektive und sah Sonnenstrahlen auf dem Tschadsee in Afrika glitzern. Er sah die Weltbevölkerung als vereintes Ganzes.

Ein einziges gutes Foto sagt uns häufig mehr über einen afrikanischen Bürgerkrieg, einen Weltraumflug oder

Die Menschen dringen heute bis in den Weltraum vor. Neugierde und ungestillter Forschungsdrang haben traditionelle Weltbilder immer wieder in Frage gestellt.

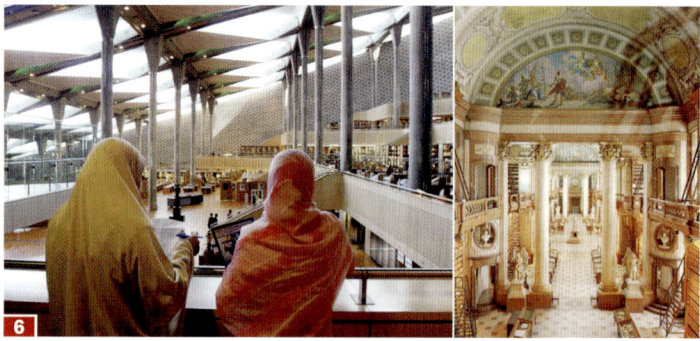

Mehr als Aufbewahrungsorte für Bücher: Die Bibliotheca Alexandrina in Ägypten und die Wiener Hofbibliothek zeugen von Kultur und Zeitgeist ihrer Epochen.

ein G-7-Gipfeltreffen als unzählige Artikel von Journalisten. Die größte Wirkung erzielen Bilder, die in unserem Bewusstsein haften bleiben. Bilder – wie sie in diesem Buch zu finden sind – sprechen unsere Sinne an. Sie bleiben in uns und werden zu einer Art kulturellem Guthaben. Starke Bilder bieten dauerhafte Nahrung. Sie verfolgen uns. Wie eine Statue von Michelangelo oder ein Aktgemälde von Picasso kann sich eine markante Szene, ein faszinierendes Bild oder eine perfekte Fotografie nach nur einmaligem Anschauen für immer im Gedächtnis festsetzen.

Daher sind an diesem Buch die annähernd 4000 Illustrationen, die den Text begleiten, das Beeindruckendste. Diese visuellen Anreize fördern die Konzentration des Lesers. Sie unterstützen die Vorstellungskraft dabei, historische Ereignisse nachzuvollziehen. Die Bebilderung historischer Epochen und Ereignisse führt zum Aufbau eines visuellen Gedächtnisses, in das sich Szenen und Personen eingraben, die vergangene Ereignisse fassbar und wieder lebendig machen: Wir begleiten den Pyramidenbau der Ägypter, die Heerzüge Alexanders des Großen, die Entscheidungen Hannibals und des römischen Kaisers Augustus, erleben die gepanzerte Welt der Ritter, die Mongolen bei der Errichtung ihres Weltreiches oder die Europäer bei der Entdeckung der Neuen Welt.

Wer sich dieses Buch ansieht, fragt sich vielleicht: „Wieso noch eine Weltgeschichte?" Diese Frage spricht mich persönlich an. Es gibt für einen Autor wie mich nichts Entmutigenderes, als durch die Gänge einer ❻ Bibliothek zu gehen und Tausende Bücher ordentlich aufgereiht in überfüllten Regalen zu sehen. Alles ist zwar ordentlich, wirkt aber steril und leblos. Und jedes Buch

erscheint wie ein Sandkorn am Strand. Zu viele bedruckte Seiten, und man weiß gar nicht, wo man anfangen und was man damit machen soll. Aus diesem Grund finden junge Menschen Geschichte oft langweilig. Das Szenario sieht doch meist so aus: Junge Menschen gehen in die Bibliothek und leihen sich ein Geschichtsbuch aus. Nach einer Stunde wird es ihnen langweilig, sie ermüden und streben an die frische Luft, zu anderen Menschen und Kommunikation. Die meisten Bücher scheinen voll toter Worte zu sein, die Bibliothek ein verstaubtes Mausoleum schrulliger Gelehrsamkeit und althergebrachter Weisheit.

Das vorliegende Buch gehört nicht zu diesen staubtrockenen wissenschaftlichen Werken. „Die Geschichte der Welt in Bildern" regt die Sinne an wie ein tiefer Zug Riechsalz, sie weckt den Geist aus seinem Tiefschlaf und macht ihn auf anregende und vergnügliche Art empfänglich für die Macht der Vergangenheit. Sie ist in alle Richtungen sprühend und lebendiger als nahezu jede andere „Weltgeschichte". Sie will unsere Neugier wecken und dient nicht der Wissenschaft als Selbstzweck. Ob man sie von vorne bis hinten liest oder nur hier und da hineintaucht – immer wirkt sie packend und fesselnd. Schon allein dieses Buch zu Hause auf dem Couchtisch oder Nachttisch liegen zu haben, ist verführerisch – bietet es doch jederzeit die Möglichkeit, ohne großen Aufwand und ohne Anstrengung einen Blick in die Geschichte der Menschheit zu werfen. Im Vorübergehen sozusagen. Text und Illustrationen sind zuverlässig, und ihre Präsentation in informativen „Bytes" ermöglicht dem Leser ein nahezu interaktives Erlebnis. Farben und Bilder sind atemberaubend. Sie laden zum Verweilen ein, statt Fluchtgedanken auszulösen. Sie spornen die Fantasie an und wecken den

Die Pharaonen haben beeindruckende Bauwerke hinterlassen. Die Geschichte der letzten Königin, Kleopatra, inspirierte Schriftsteller, Komponisten und Regisseure.

Die chinesische Metropole Shanghai weist den Weg in die Zukunft. Doch die Zeugnisse alter Kulturen verlieren nichts von ihrer Erhabenheit und Faszination.

Wunsch, die ❼ Sphinx, die Chinesische Mauer und den Grand Canyon auch in Wirklichkeit zu sehen. Man bedauert, dass man in der Schule dem Erdkunde- und Geschichtsunterricht nicht aufmerksamer gefolgt ist. Und jetzt ist es zu spät.

Tatsächlich waren wir in unserer Jugend alle Huckleberry Finns und Tom Sawyers, die darauf brannten, den einengenden Wänden des Klassenzimmers zu entkommen und sich in die Abenteuer des Mississippi zu stürzen. Und heute wünschen sich die meisten von uns, nicht von 9 bis 17 Uhr an einen Arbeitsplatz gekettet zu sein, sondern als Globetrotter über einen indischen Markt in Mumbai zu schlendern oder aus einem offenen Hotelzimmerfenster in Italien auf das Mittelmeer zu schauen. Aus einem ähnlichen Grund sind wohl auch die großen Historienfilme der letzten Jahre zu Kassenschlagern geworden: Geschichte wird zur Flucht aus der Wirklichkeit. Und je mehr wir über unsere Vergangenheit wissen, umso mehr Orte stehen uns für solch eine Flucht offen. Und deshalb ist das vorliegende Buch eine Art magischer Omnibus, der uns durch die Zeit transportiert. Seine Lebendigkeit lässt längst vergangene Epochen auferstehen. Jahrhunderte betreten von links und rechts die Bühne, geben eine kurze Vorstellung und machen Platz für eine andere Ära, die sich wiederum eindrucksvoll in Szene setzt. Wenn wir schon nicht zur Kaiserkrönung Karls des Großen nach Rom, zu den Kreuzrittern ins Heilige Land, auf die abgelegensten indonesischen Inseln des 15. Jh. oder ins heutige ❽ Shanghai reisen können, wo eine gesellschaftliche Evolution im Schnellverfahren im Gange ist, hilft uns dieses Buch, sie uns zumindest vorzustellen.

Unterstützt und angeregt von den Bildern, geben die Texte einen Überblick über die Geschichte in allen Regionen der Welt von den Anfängen der Menschheit bis heute. Reiche, Staaten, Völkerwanderungen, Ideen und Revolutionen, Fortschritte und Irrtümer erstehen vor unseren Augen. Aber auch Zusammenhänge über größere Zeiträume und über Ländergrenzen hinweg werden immer wieder offenbar. Es wird deutlich, welche kulturumspannenden Auswirkungen etwa Konstantins Wende zum Christentum, die Reformation, der Welthandel der Frühen Neuzeit oder die Französische Revolution hatten.

Geschichte erscheint in diesem Buch stets eingebunden in ihr zivilisatorisches Umfeld. So sind neben historischen Szenen und Personen häufig auch Landschaften, Städte, Bauten, Gerätschaften, Kult- und Kunstgegenstände zu sehen, die einen Eindruck vom Kulturschaffen und der Ausdruckskraft der Menschen zu allen Zeiten vermitteln und vom Willen des Menschen zeugen, sich im reißenden Strom der Geschichte zu behaupten und seine Spuren zu hinterlassen.

Wenn ich das vorliegende Buch in das Inventar einer Buchhandlung einordnen sollte, würde ich es in die Abteilung „Geschichte für den täglichen Gebrauch" stellen. Es ist ein Buch zum Besitzen, Benutzen und Schätzen. Es lädt dazu ein, es mit der ganzen Familie anzuschauen und es zum Hausschatz zu machen. Aber eines sollte man nie vergessen: An die endgültige Wahrheit kommen wir nicht einmal annähernd heran. Unsere Reise hat gerade erst begonnen.

Douglas Brinkley
New Orleans, Juni 2005

Frühgeschichte

von den Anfängen
bis ca. 4000 v. Chr.

Im Verhältnis zum Alter der Menschheitsgeschichte oder gar der Erdgeschichte ist die Frage nach der Entwicklung des Menschen, nach seinen Wurzeln und Verwandten eine sehr junge. Denn bis ins 18. Jh. galt in weiten Teilen der Welt als unangefochtene Wahrheit, was die Bibel über die Erschaffung des Menschen sagt: „Gott schuf den Menschen zu seinem Bilde, zum Bilde Gottes schuf er ihn; und schuf sie als Mann und Frau." Dann aber traten Naturforscher auf, am berühmtesten Charles Darwin, die die biblisch verbriefte Sonderrolle des Menschen anzweifelten und seine Entwicklung in den Kontext einer Evolutionstheorie stellten. Untermauert (und auch modifiziert) wurde die Theorie seither durch zahlreiche Funde von Skelettteilen, Werkzeugen und Siedlungüberresten. Deren Zuordnung, Datierung und Auswertung durch die moderne Technik machten immer präzisere Vorstellungen von den Anfängen möglich.

Rekonstruktion einer Jagdszene aus der Altsteinzeit, ca. 25 000–30 000 v. Chr. Das Mammut war für den Cromagnonmenschen ein begehrtes Beutetier; Fleisch, Fell und Zähne wurden verwertet.

bis ca. 4000 v. Chr.

Frühgeschichte

DIE STEINZEIT – DER BEGINN MENSCHLICHER KULTUR

1 Vom Menschenaffen zum Homo sapiens

Wann entstand der Mensch, woher kommt er und wie sah der erste Mensch aus? Diese Fragen nach dem Ursprung der Menschheit können bis heute nicht letztgültig beantwortet werden. Den lange Zeit gültigen Antworten, die die biblischen Schöpfungsberichte geben, stellte Charles Darwin 1871 seine Evolutionstheorie entgegen, die von der ❶ Abstammung des Menschen vom Menschenaffen ausgeht. Modifiziert und ergänzt, ist sie heute weitgehend unbestritten. Als „Wiege der Menschheit" gilt Afrika, wo die ältesten Hominiden gefunden wurden. Die Entwicklung zum heutigen Homo sapiens lässt sich anhand von Knochenfunden, Werkzeugen und Siedlungsüberresten bis hin zu Höhlenzeichnungen verfolgen.

■ Es begann in Afrika

Mit der Durchsetzung der Evolutionslehre und der Bestimmung und Zuordnung von Hominidenfunden erkannte man seit Mitte des 19. Jh. die Entwicklungsgeschichte des Menschen. Die These vom Beginn in Afrika hat sich heute allgemein durchgesetzt.

Die ❷ Abstammungsgeschichte und die Entwicklung des Menschen waren im 19. Jh. Gegenstand heftiger Kontroversen, wobei sich zwei Positionen gegenüberstanden: Nach der Schöpfungslehre der großen monotheistischen Religionen wurde der Mensch von Gott erschaffen und entwickelte sich nur wenig.

Dagegen behauptete die Evolutionslehre von Charles Darwin eine ❸–❻ kontinuierliche Evolution alles Lebendigen und betonte die Nähe der menschlichen Anfänge zum Tierreich (Primaten). Sie zeigte einen Entwicklungsprozess der geistigen, sozialen und gestalterischen Fähigkeiten des Menschen auf, wie er etwa am Werkzeuggebrauch und an der Entwicklung vom Jäger und Sammler zum Ackerbauern und Viehzüchter abzulesen ist.

2 Evolution vom Australopithecus anamensis (blau) über Homo habilis, Homo rudolfensis, Homo erectus und archaischem Homo sapiens zu Homo neanderthalensis und Homo sapiens sapiens

Gleichzeitig begann im 19. Jh. die systematische Erfassung und Zuordnung der bis dahin eher zufällig entdeckten hominiden Fossilienfunde und Steinwerkzeuge. Ein besonderes Interesse galt den Methoden der Altersbestimmung der Funde, die erst seit der Entwicklung der Radiokarbonmethode 1947 verlässlich gelingt.

Die Einteilung vorgeschichtlicher Zeiten

Man unterscheidet die Altsteinzeit (Paläolithikum), Jungsteinzeit (Neolithikum), Bronze-, Kupfer- und Eisenzeit:
Altpaläolithikum: um 2,5 Mio.–250 000
Mittelpaläolithikum: um 250 000–30 000
Jungpaläolithikum: um 30 000–10 000
Neolithikum: um 10 000/8000–4000/2300
Bronzezeit : um 4000–1200 v. Chr. (Vorderer Orient), um 2300–800 v. Chr. (Europa)
Kupferzeit: ab ca. 4500 (Südosteuropa), ab ca. 2800 (ganz Europa)
Eisenzeit: ab ca. 1100/800 v. Chr.

Die Vorgeschichte Europas wird oft entsprechend der Erdgeschichte gegliedert:
Altpleistozän: um 1,8 Mio.–780 000
Mittelpleistozän: um 780 000–127 000
Jungpleistozän: um 127 000–10 000
Holozän (Nacheiszeit, bis heute andauernd): ab ca. 10 000 v. Chr.

Altsteinzeitlicher Schaber

Schon bald nach der Entdeckung der Methode entstand, basierend auf den Funden der ältesten Hominiden in Ostafrika, die Theorie, Afrika könnte die „Wiege der Menschheit" sein. Diese These wird seit dem Fund des sog. „Taung-Kindes" (eines 2,8–2 Mio. Jahre alten Australopithecus africanus) 1924 laufend erhärtet.

von links: Australopithecus anamensis (vor ca. 4,2–3,9 Mio. Jahren), Australopithecus afarensis (vor ca. 3–4 Mio. Jahren), Australopithecus africanus (vor ca. 2,8–2 Mio. Jahren), Homo erectus (vor ca. 1,9 Mio.–200 000 Jahren); plastische Rekonstruktionen

   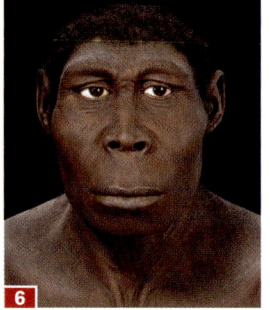

3   **4**   **5**   **6**

| vor ca. 6 Mio. Jahren | Orrorin tugenensis | | vor ca. 4,2–3,9 Mio. Jahren | Australopithecus |
| vor ca. 5,5–4 Mio. Jahren | Ardipithecus ramidus | | vor ca. 4–3 Mio. Jahren | Australopithecus afarensis |

■ Frühe Hominiden

Nach neuesten Funden kann man den Beginn der Entwicklung zum Menschen auf vor etwa 6 Millionen Jahren datieren. Über verschiedene Stufen erlangten die frühen Hominiden immer größere Fertigkeiten und verließen schließlich die „Wiege" Afrika.

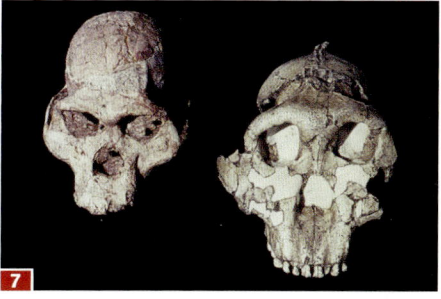

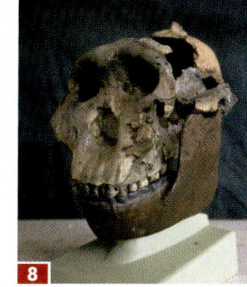

links: Schädel von Australopithecus africanus und Australopithecus bosei;
rechts: Schädel eines Australopithecus mit ergänztem Unterkiefer

oben und unten: Feuersteinfaustkeile aus der Altsteinzeit

Während die Paläanthropologie früher nach dem einen „Link" zwischen dem Menschen und seinem nächsten Verwandten im Tierreich, dem Schimpansen, suchte, hat man inzwischen viele Hominidenarten entdeckt, von denen nicht alle direkte Vorfahren des modernen Homo sapiens sind.

Längere Zeit galt der vor 5,5–4 Mio. Jahren im heutigen Äthiopien lebende Ardipithecus ramidus als der älteste bekannte Hominide. 2000 wurde jedoch in Kenia der vor etwa 6 Mio. Jahren lebende Orrorin tugenensis („Millennium-Mann") gefunden. Die nächste Stufe nach Ardipithecus ist der ❼, ❽ Australopithecus, der vor ca. 4,1–1,3 Mio. Jahren lebte und bereits primitive Geröllgeräte benutzte. Sehr bekannt wurde der Australopithecus afarensis durch das 1974 gefundene Skelett von „Lucy".

Die nächsten Entwicklungsstufen werden bereis zur Gattung „Homo" gezählt. Der vor 2,3–1,5 Mio. Jahren lebende Homo habilis besaß bereits ein größeres Gehirn und erweiterte die bisher rein pflanzliche Nahrung um Fleisch und tierische Fette. Er verließ als Erster den Wald, um in der Savanne zu ❶ jagen, wozu er Jagdverbände bilden und die Kommunikation intensivieren musste. Ihm rechnet man die ältesten behauenen Steinwerkzeuge zu, mit denen er wohl Knochen zerbrach, um an das Mark zu gelangen.

Homo ergaster, der vor ca. 1,8–1 Mio. Jahren ganz Afrika besiedelte, ähnelte in Größe und Proportionen bereits dem modernen Menschen. Er ging nur noch aufrecht, legte Nahrungsvorräte an und fertigte Steinartefakte, v. a. vor 1,6 Mio. Jahren die ersten vollständig bearbeiteten ❾, ❿ Faustkeile, die als Hacken und Beile verwendet wurden. Mit Homo ergaster (Homo erectus) gelangten die Hominiden über Afrika hinaus und besiedelten Asien und Europa.

„Lucy"

Kaum ein Hominidenfund erregte so viel Aufsehen wie der des fast vollständigen Skeletts (1,10 m groß) eines weiblichen Australopithecus afarensis in der Afar-Region Nordost-Äthiopiens 1974. Nach einem Beatles-Song, der im Lager der Forscher lief, wurde es „Lucy" genannt. Vorschnell wurde sie von der Presse als „missing link" bezeichnet. Sie gehört zur menschlichen Stammlinie und besaß alle anatomischen Voraussetzungen für den aufrechten Gang. Knochen und Zähne geben über ihre Lebensweise Aufschluss.

Australopithecinen bei der Jagd in der Altsteinzeit

■ Die Ausdehnung der Lebensräume

Von Afrika aus besiedelte der Frühmensch zunächst Asien und Europa, später auch Australien und Amerika. Vor allem in Europa setzten sich klimabedingt robuste eiszeitliche Jäger durch, deren Hauptvertreter der Neandertaler und der Cromagnonmensch waren.

Vor ungefähr 1,4 Mio. Jahren – so wurde lange angenommen – verließ der Frühmensch seine afrikanische Heimat. Die in den 1990er-Jahren in Georgien gefundenen Hominidenschädel weisen jedoch ein Alter von 1,8–1,7 Mio. Jahren auf. Die ältesten Homo-erectus-Funde in Asien finden sich auf Java („Javamensch", heute auf 1,7 Mio. Jahre datiert) und in China (❷ „Pekingmensch", 600 000–

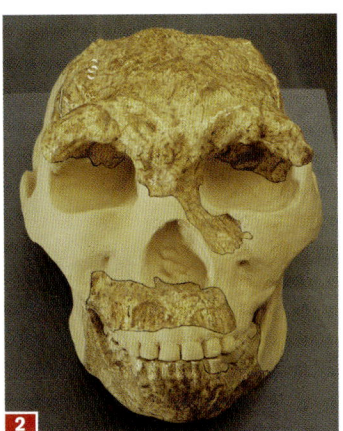

2
Schädel des Pekingmenschen, Mittelpleistozän

200 000 Jahre). Der Homo erectus in all seinen Ausprägungen nutzte bereits das Feuer und möglicherweise auch schon eine Art von menschlicher Sprache.

Vor mindestens 60 000 Jahren, vielleicht aber auch deutlich

früher, besiedelte der Frühmensch (über Neuguinea) auch den australischen Kontinent, während der amerikanische Kontinent erst vor rund 11 500 Jahren durch eiszeitliche Jäger über Sibirien und Alaska besiedelt wurde. Die ältesten Funde in Amerika sind perfekt gearbeitete steinerne Pfeilspitzen und Klingen der sog. Clovis-Kultur („Clovis-Spitzen").

Europa und der Neandertaler

Im durch Eiszeiten geprägten Europa lebte zunächst der Homo erectus, der in seiner europäischen Form nach einem Fund bei Heidelberg im Jahr 1907 als ❸ Homo heidelbergensis (vor etwa 600 000–200 000 Jahren) bezeichnet wird. Das Jungpleistozän war dann (über verschiedene Frühformen) die Zeit des Neandertalers, der etwa vor 30 000 Jahren ausstarb. Seit dem Fund des Schädeldaches 1856 und seiner Artbestimmung 1863 ist der ❶, ❹ Neandertaler, der als Seitenstrang des Homo sapiens oder als eigene Hominidengattung angesehen wird, der bekannteste Urmensch. Er war ein gedrungen gebauter, massiger, eiszeitlicher Jäger mit dem größten Schädelvolumen unter allen bisher bekannten Hominiden, einer breiten Nase und großen Nasenhöhlen, die an ein kaltes Klima angepasst waren.

Vor ungefähr 40 000 Jahren wanderte aus Afrika schließlich der moderne Ho-

1
Plastische Rekonstruktion eines Neandertalers (Homo neanderthalensis), vor ca. 240 000–30 000 Jahren

mo sapiens im Typus des Cromagnonmenschen nach Europa ein. Der direkte Vorfahr des heutigen Menschen lebte bereits vor 100 000 Jahren in Israel („Protocromagnon"). Er war größer und schlanker und ein ausdauernderer Läufer als der Neandertaler. Er lebte mit diesem aber noch etwa 10 000 Jahre parallel in Europa. Über dieses Zusammenleben und die Ursachen der Verdrängung des Neandertalers existieren zahl-

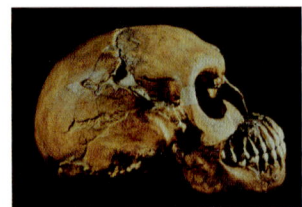

Neandertaler-Funde

Nach der Bestimmung des im Jahr 1856 in einer Höhle im Neandertal bei Düsseldorf gefundenen Schädeldaches entdeckten die Forscher, dass bereits 1829/30 in Engis (Belgien) und vor allem 1848 in Kalpe (Gibraltar) Knochen des sog. Neandertalers gefunden worden waren, die aber nicht zugeordnet werden konnten. Besonders der Schädel aus Kalpe ist wesentlich besser erhalten als das zur Bestimmung herangezogene Schädeldach. Danach müsste der Neandertaler wohl eigentlich „Kalper" heißen.

oben: Schädel aus Kalpe

reiche Theorien. Allgemein geht man davon aus, dass es eine gegenseitige Beeinflussung gab, es jedoch nicht zu einer Vermischung der beiden Hominidengattungen kam.

3
Homo heidelbergensis auf der Jagd

4
Neandertaler bei der Höhlenbärenjagd (Schulwandbild)

vor ca. 1,8 Mio. Jahren | Frühmenschen verlassen Afrika   vor ca. 600 000–200 000 Jahren | „Pekingmensch"   vor ca. 150 000–30 000 Jahren | Neandertaler

vor 1,7 Mio. Jahren | „Javamensch"   vor ca. 800 000–400 000 Jahren | Homo heidelbergensis

Werkzeuggebrauch und Lagerplätze

Am Gebrauch der Werkzeuge und v. a. an der Perfektionierung von Jagdwaffen lässt sich die Höherentwicklung des Menschen dokumentieren. Ein anderer wichtiger Hinweis darauf sind die Lagerplätze, die immer größeren Gruppen Schutz boten.

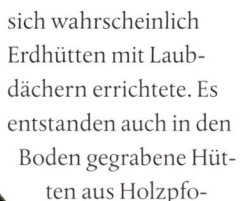

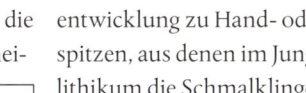

Neben den Knochenfunden gehören die steinernen Artefakte zu den am besten erhaltenen Zeugnissen der Frühzeit des Menschen. Die Hominiden des Altpaläolithikums verwendeten besonders gebrauchsfertiges Material; die ersten ❻ Steinwerkzeuge entstanden durch das Behauen mit anderen Steinen oder Stöcken. Man unterscheidet dabei Kernsteintechnik und Abschlagetechnik: Bei der Ersteren wurden so lange Späne abgeschlagen, bis der Kern als ❺ Faustkeil übrig blieb; bei der Letzteren wurden die Späne als Schaber oder ❽ Schnei-

❻　Äxte und Hämmer (Jungsteinzeit)

der verwendet. Im Mittelpaläolithikum kam es zu einer Weiterentwicklung zu Hand- oder Blattspitzen, aus denen im Jungpaläolithikum die Schmalklingentechnik entstand: eine Technik, bei der lange, schmale Klingen aus Stein oder aus Geweih gefertigt wurden, die u. a. als Speerspitzen oder Harpunen dienten.

Während des Paläolithikums lebte der Frühmensch zunächst auf Freilandlagerplätzen, wo er

sich wahrscheinlich Erdhütten mit Laubdächern errichtete. Es entstanden auch in den Boden gegrabene Hütten aus Holzpfosten oder Mammutstoßzähnen, die mit Fellen bespannt wurden; zeltartige Anlagen sind erst aus dem Jungpaläolithikum bekannt. Es fanden wohl jahreszeitlich bedingte Lagerwechsel statt, doch gab es auch feste Großlagerplätze.

Höhlen wurden – es wird heute angenommen, wohl nicht vor dem Altpaläolithikum – mit Hilfe

des Feuers in Besitz genommen. Sie wurden wahrscheinlich zunächst nur während der kalten Jahreszeit aufgesucht. Bereits am Ende des Altpaläolithikums ist die Besiedlung großer ❼, ❾ Höhlen nachweisbar; der Wohnbereich wurde u. a. mit Tierfellen ausgekleidet. Häuser und Siedlungen sind erst für das Neolithikum nachzuweisen.

❺　Herstellungsphasen eines Steinbeils in der Jungsteinzeit durch das Abschlagen von Spänen

Geheimnisvolle Lochstäbe

Zu den Funden aus der Zeit des Cromagnonmenschen gehören Stäbe aus Knochen oder Geweih, die alle ein Loch haben. Heute werden sie als Geräte zum Richten der in den Lanzenschaft eingesetzten steinernen oder knöchernen Spitzen der Wurfspieße gedeutet. Der Cromagnonmensch verwandte auch Speerschleudern – Stäbe mit einem Haken am Ende, auf welche der Spieß aufgelegt und nach vorne geschleudert wurde; sie ermöglichten eine größere Reichweite und Durchschlagskraft.

rechts: Lochstäbe des Cromagnonmenschen

❽　Dolche aus Feuerstein

❼　Höhlenleben zur Steinzeit

❾　Höhlenmalerei (Tierherden) in Lascaux, Frankreich (jüngere Altsteinzeit)

bis ca. 4000 v. Chr.　Frühgeschichte

■ Die Jagd und das Feuer

Der Übergang vom Sammler zum Jäger erweiterte das Nahrungsangebot und erforderte eine Evolution der sozialen Intelligenz des Menschen, der sich nun zu Jagdverbänden zusammenschloss. Mit dem Feuergebrauch lernte er, eine Naturkraft zu beherrschen. Beide Komponenten werden als entscheidend für die „Menschwerdung" angesehen.

1

Feuerstein, gefunden in Kalkriese, Deutschland

Die frühesten Hominiden waren wohl reine Pflanzenfresser, die Pflanzen und Früchte sammelten und mit Grabstöcken Wurzeln und Knollen freilegten. Die Erweiterung des Nahrungsspektrums um Fleisch, die mit dem Übergang zur Jagd einherging – wobei die frühen ❹ Jäger wohl auch Aasfresser waren –, bedeutete einen gewaltigen Sprung in der sozialen Intelligenz: Die Jagd erforderte Gemeinschaftsarbeit, Geschicklichkeit, Strategie und Vorsicht, aber auch Verständigung untereinander und das Abstecken von Territorien (möglicherweise durch Absprache mit anderen Gruppen).

Die notwendige Kenntnis der ❸ Jagdtiere und ihrer Lebensgewohnheiten führte wohl auch zu einem ersten Bewusstsein der Überlegenheit bei den frühen Jägern. Die wichtigste ❷ Jagdwaffe im Alt- und Mittelpaläolithikum war der vorn zugespitze Holzspeer, der zunächst gestoßen und dann später geworfen wurde. Erst im Neolithikum kamen Pfeil und Bogen hinzu und der Hund wurde zum Jagdhelfer domestiziert. Bevorzugtes Jagdwild in Europa waren Wisente und Hirsche, im Norden Rentiere und Elche, in Afrika Antilopen. Doch machten die Frühmenschen auch Jagd auf

4

Rentierjägerlager um 10 000 v. Chr., Rekonstruktionsversuch nach Funden

Techniken der Jagd

Die Jagd mit Holzspeeren ist besonders gut dokumentiert, da man Tierskelette aus verschiedenen Zeiten fand, in denen meterlange Holzlanzen und Spieße steckten. In der Höhlenmalerei gehören Jagdszenen sowie von Speeren und Pfeilen erlegte Tiere, die am Boden liegen, zu den beliebtesten Motiven. Bei der Wisentjagd in Europa wie auch bei der Bisonjagd im vorgeschichtlichen Amerika wurden vereinzelte Tiere von einer Jägergruppe von der Herde isoliert und gezielt bejagt. Bei der Hetzjagd auf Wildpferde, Hirsche und Rentiere benutzten die Jäger auch Fangnetze, in die man die Tiere hineintrieb.

Cromagnonmenschen auf der Mammutjagd

2

3

links: Speerspitzen aus Geweih; **rechts:** Bison aus Knochen (beide Altsteinzeit)

Dickhäuter wie Mammuts, Waldelefanten und Wollnashörner sowie auf den Höhlenbären, der im Kult eine besondere Rolle spielte; diese Tiere starben am Übergang zum Neolithikum aus. Eine besondere Jagdform war die Treibjagd, bei der man die Tiere in enge Schluchten oder Felsabhänge hinuntertrieb.

Der Gebrauch des Feuers, der im Altpaläolithikum vielerorts nachweisbar ist, wird von vielen Forschern als die eigentlich entscheidende Stufe der Menschwerdung angesehen. Wahrscheinlich nutzte der Frühmensch zunächst das Feuer, das bei Steppenbränden oder Blitzeinschlägen entstand, bis er es zu beherrschen und mittels ❶ Feuersteinen selber zu „machen" verstand. Er nahm so eine Kraft der Natur in Dienst, die er zur Eigensicherung und als Waffe benutzen und auch zum Kochen und Braten der Nahrung verwenden konnte. Höchstwahrscheinlich ermöglichte ihm auch erst das Feuer, Höhlen als Wohnstätten nutzbar zu machen. An diese Entwicklungsphase schließen sich Überlegungen zur Arbeitsteilung zwischen den Geschlechtern an. Überwiegend übernahm der Mann das Jagen, die Frau war hauptsächlich Sammlerin und die Hüterin des Feuers und der Kinder.

vor ca. 2,3–1,5 Mio. Jahren │ Übergang zur Jagd   **vor ca. 1,8–1 Mio. Jahren** │ Entwicklung der Kommunikation zur Sprache

vor ca. 2,2 Mio.–130 000 Jahren │ Holzspeer als Jagdwaffe

■ Sprache und Totenbestattung

Zur Höherentwicklung des Menschen kam es auch im geistig-psychischen Bereich. Als Meilensteine gelten hier der Gebrauch und das Erlernen einer Symbolsprache sowie der frühe Totenkult. Beides lässt auf ein Bewusstsein der personalen Existenz des Menschen schließen.

Mit der technischen und sozialen Höherentwicklung des Frühmenschen ging auch eine „Psycho-Evolution" einher, wobei das Fehlen schriftlicher Zeugnisse nur indirekte Schlüsse ermöglicht. Die Bildung sozialer Gruppen machte

6

7

oben und unten: Megalithgräber (Rekonstruktionszeichnung; Foto: im Gebiet Évora, Portugal)

es für den einzelnen Menschen notwendig, seine Bewusstseinsinhalte und Gefühle ausdrücken zu können sowie Unterschiede und Gemeinsamkeiten zwischen sich und den anderen zu erkennen.

Ab dem Homo ergaster nimmt man ein grundsätzliches Selbst-

und Fremdbewusstsein des Menschen sowie die Fähigkeit zur Sprache an. Die Sprache diente als Transportmittel des Bewusstseins; Laute und Wörter bezeichnen Bedeutungen (Ideen), die zum Ausdruck gebracht werden sollen. Die Sprache verlangt vom Benutzer einen hohen Abstraktionsgrad, da sie eine Kommunikation mittels Symbolen ist; Symbole sind Zeichen, die dem Bezeichneten nicht ähnlich sein müssen. Sie werden über Absprache mit bestimmten Bedeutungen versehen und dann von den Mitgliedern der Gruppe erlernt.

Einen höheren Abstraktionsgrad unterstellt man auch der Totenbestattung des Frühmenschen. Bei den frühen Bestattungsriten geht man von einem Bewusstsein der Personalität und Sterblichkeit des Menschen, ja sogar von einer „Rebellion" gegen die Endgültigkeit des Todes aus. Bereits im Altpaläolithikum gab es (besonders in China) eine Sonderbestattung menschlicher Schädeldächer und Unterkiefer.

Anhand der Funde der Höhlenbewohner aus der Zeit des Mittelpaläolithikums kann man auch bestimmte Bestattungsriten erkennen: Es sind ❽ Skelette gefunden worden, die eine besondere Ausrichtung haben; die Menschen wurden in Rücken- oder Hocklage bestattet und erhielten Steinwerkzeuge als Grabbeigaben. Die Skelette und insbesondere die Schädel sind oftmals mit ❺–❼ Steinplatten abgedeckt, vielleicht zum Schutz der Toten, vielleicht aber auch zum Schutz

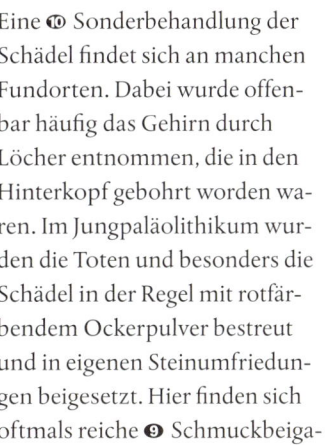

8

Skelett (um 15 000–10 000 v. Chr.), gefunden bei Les Eyzies, Frankreich

der Lebenden vor den Toten. Eine ❿ Sonderbehandlung der Schädel findet sich an manchen Fundorten. Dabei wurde offenbar häufig das Gehirn durch Löcher entnommen, die in den Hinterkopf gebohrt worden waren. Im Jungpaläolithikum wurden die Toten und besonders die Schädel in der Regel mit rotfärbendem Ockerpulver bestreut und in eigenen Steinumfriedungen beigesetzt. Hier finden sich oftmals reiche ❾ Schmuckbeigaben, aber auch fein gearbeitete, unbenutzte ⓫ Steingeräte. Mit Löchern versehene menschliche Zähne, die man gefunden hat, wurden wahrscheinlich als Anhänger getragen.

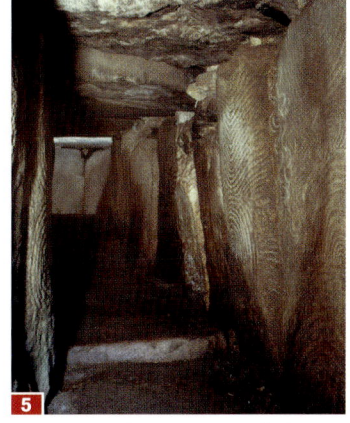

5

Tumulus aus Steinplatten mit Steinritzungen, Frankreich

Bestattungsriten und Schädellöcher

Im Jungpaläolithikum wurden die Toten in eigens ausgehobenen Gruben oft inmitten der Lagerplätze in der Nähe des Feuers begraben. Man vermutet, dass die Toten erst beim Weiterziehen der Gruppe dort bestattet wurden. Größere Rätsel geben die kreisrunden Schädellöcher auf. Wahrscheinlich wurde durch sie das Gehirn der Toten entnommen, doch finden sich auch Schädel von Menschen, die eine solche „Trepanation" noch längere Zeit überlebt haben, da die Schädelknochen an den Lochstellen wieder teilweise verheilt oder an den Rändern zugewachsen sind.

Hockergrab einer Frau aus dem Neolithikum, gefunden in Backaskog, Schweden

9　**10**　**11**

von links: zoomorphe Maske; menschlicher Schädel mit Elfenbeineinlagen; Grabbeigaben aus einem Grab der Kugelamphoren-Kultur bei Berlin

bis ca. 4000 v. Chr.

Frühgeschichte

■ Religion und Kult

Eine Reihe von vorzeitlichen Funden lassen auf kultische und rituelle Opferzeremonien des Frühmenschen schließen. Die Frage nach einer bereits entwickelten Religionsform wird unterschiedlich bewertet. Die frühen Kulte standen wohl in der Regel mit Jagdmagie und der Nahrungszube-
reitung in Verbindung.

Zu den Erscheinungen der „Psy-
choevolution" des Menschen
zählt vermutlich auch der Glaube
an die Abhängigkeit von trans-
zendenten Mächten, denen Opfer
gebracht werden müssen, und
auch das Bewusstsein einer besonderen Beziehung zwischen
Mensch und Tier, Jäger und Jagdtier (Animismus). Die ältesten

„Venus von Willendorf", Statuette aus
der Altsteinzeit

Weibliches Idol aus dem Neolithikum

kultischen Handlungen, die seit
dem Ende des Altpaläolithikums
nachweisbar sind, waren Opfe-
rungen von Tieren. Es handelt
sich dabei z. B. um in Seen und
Moore versenkte weibliche Rentiere mit Steinen im geöffneten
Brustkorb. Auch fanden sich mit
Schmuck behängte und begrabe-
ne Skelette oder Knochen von
Tieren, besonders vom Mammut.
Die Höhlenbewohner des Mittelpaläolithikums schmückten und
bearbeiteten die Schädel des
Höhlenbären und stellten sie hinter eigenen Steinmauern auf oder
begruben sie, weshalb man von
einem besonderen Höhlenbären-
Kult ausgeht.

Allgemein nimmt man an, dass
die frühesten „Religionen" oder
Kulte mit Jagdritualen in Verbindung standen. Parallel zu schamanistischen Vorstellungen sibiri-
scher Jägervölker deuten Forscher
die Drapierung der Tierknochen
entweder als „Wiedergutma-
chungs-Ritual" für die Tötung der
Tiere oder als Ausdruck des Glaubens, die Jagdtiere würden durch
diese Bestattung „neu erstehen".
Andere bestreiten diesen Pragma-
tismus und vermuten einen Jagd-
gott oder ein Totemtier dahinter,
dem die Frühmenschen Teile der
Beute opferten. Besonders kontroverse Deutungen haben in diesem Zusammenhang Darstellungen von ❶, ❹ Mischwesen wie
der „Zauberer von Trois-Frères"
erfahren.

Kultische Handlungen dürften
auch um das Zerteilen der Beute
und die Zubereitung der Nahrung

Felszeichnung mit menschlicher Figur,
gedeutet als schamanistischer Tänzer

am Feuer entstanden sein. Als Be-
leg hierfür gelten die vielen rund
um die Feuerplätze gefundenen
❷, ❸ weiblichen Statuetten seit
dem Jungpaläolithikum, die einerseits Fruchtbarkeit symbolisieren können oder auch weibliche Muttergottheiten darstellen.

Ein umstrittenes Thema ist
auch die religiöse oder kultische
Deutung der Kunst des Frühmenschen. Die Darstellung von Jagdtieren und Jagdszenen, die in der
Höhlenmalerei häufig vorkom-
men, mag die Beschwörung eines
Jagderfolges oder den Schutz vor
gefährlichen Jagdtieren zum Ziel
gehabt haben.

Der „Zauberer von Trois-Frères"

*Kaum eine Höhlenzeichnung
hat so viele verschiedene Deu-
tungsversuche erfahren wie der
berühmte „Zauberer von Trois-
Frères". Allein diese Bezeichnung wird von vielen Forschern
abgelehnt. Der „Zauberer" gehört zu den drei der in der 1916
in Frankreich entdeckten Höhle abgebildeten Mischwesen, bei
denen der Kopf und die Vorder-
beine tierisch, der hintere Teil
aber in menschlicher Gestalt
gezeigt wird. In Analogie zu den
schamanistischen Praktiken sehen vor allem Religionsforscher
darin einen mit Tierfellen und
Tiermasken bekleideten „Schamanen", der im Rahmen eines
Sympathiezaubers jagdmagi-
sche Tänze aufführt, um für Erfolg auf der Jagd zu bitten. Andere Forscher sind zurückhal-
tender und deuten ihn einfach
als ein Zwitterwesen zwischen
Mensch und Tier.*

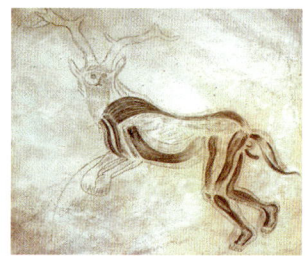

Der „Zauberer von Trois-Frères",
Höhlenzeichnung

Schamane aus der Höhle von Trois-Frères bei Montesquieu-Avantes (Altsteinzeit)

vor ca. 2,3–1,5 Mio. Jahren | Erste Tieropfer und kultische Handlungen   etwa 3000 v. Chr. | Erste Familien- und Sippenhöhlengräber

ab 3000 v. Chr. | Entstehung von Hochreligionen

■ Die Kunst der Frühmenschen

Die vielfältigen und imponierenden Kunstwerke der Frühmenschen, deren bekannteste die Höhlenmalereien sind, zeigen als Motive v. a. Jagdtiere, aber auch Menschen. Alle Kunstformen, zu denen auch Steinritzungen, Schnitzereien und Figürchen gehören, sind stilistisch uneinheitlich und lassen verschiedene Ausdeutungen zu.

5

6

Pferd aus Knochen (Mittelsteinzeit)

7

Fisch aus Knochen (Mittelsteinzeit)

Höhlenmalerei (Pferd) aus der jüngeren Altsteinzeit in Lascaux, Frankreich

Zu den imponierendsten Zeugnissen des Frühmenschen gehören die ❺ Höhlenmalereien und ❾ Wandritzungen, die im Jungpaläolithikum entstanden. Ein Zentrum bilden die Höhlen in Frankreich und im Norden Spaniens. Lange Zeit glaubte man, in

den entdeckten Kratzern und Linien an den Höhlenwänden die Vorläufer der steinzeitlichen Bildkunst gefunden zu haben. Inzwischen weiß man jedoch, dass die gemalten Linienschlingen nicht älter sind als die Vollbilder. Die Künstler müssen ein Bewusstsein der Abbildbarkeit ihrer Umgebung gehabt haben. Jedoch finden sich neben realistischen auch stark stilisierte oder Details überbetonende Tier- und Menschenbilder. Allgemein geht man davon aus, dass die Höhlenbilder nicht in allererster Linie ästhetischen Motiven dienten. Das beherrschende Thema der Höhlenmalerei ist das Jagdtier, das stets im Profil und in Bewegung dargestellt wird. Die selteneren Menschendarstellungen wirken demgegenüber abstrakt. Ein besonderes Motiv in den Höhlen ist auch der positive oder negative ❽ menschliche Handabdruck.

Noch häufiger als Malereien sind in den Höhlen Gravierungen und Steinritzungen, die sich teilweise überlagern und ähnliche Motive wie in der Malerei zeigen; Ritzungen finden sich dabei auch auf Geweihen und Tierknochen.

Das Jungpaläolithikum kennt zudem bereits die Vollplastik. Neben ersten gebrannten Tonfigürchen wurden offenbar viele ❻, ❼ Kleinplastiken aus Kalk- und Speckstein, Knochen oder Geweih hergestellt. Die kleineren Figuren dürften als Anhänger getragen worden sein. Die Statuetten zeigen am häufigsten ❿ weibliche Darstellungen. Sie werden

zumeist als Fruchtbarkeitssymbole gedeutet. Sehr unterschiedlich ist die Ausformung der Statuettenköpfe, sie reicht von groben Zapfen bis zu ausgearbeiteten Gesichtszügen.

8

Handabdruck

Maltechniken des Jungpaläolithikums

Jungpaläolithische Höhlenmalerei findet sich nicht nur in Westeuropa, sondern auch im Ural und Sibirien. Als Farben verwendeten die Höhlenmaler verschiedene Eisenocker, die in Wasser, Eiweiß, Fett, Pflanzensaft oder Blut aufgelöst wurden, wodurch Tönungen von Rot bis Gelb und Braun entstanden (sichtbar bei dem Wisent aus Altamira, Spanien). Schwarztöne wurden durch aus Tieren gewonnene Kohle oder Manganerde erzielt.

Für die Handabdrücke in den Höhlen in schwarzer oder roter Farbe wurde entweder die Hand mit flüssiger Farbe bestrichen und dann an die Höhlenwand gedrückt (positiver Abdruck) oder die Hand auf die Höhlenwand gelegt und rundherum mit Farbe bespritzt, sodass bei ihrer Wegnahme ein negativer Handabdruck zurückblieb.

Höhlenmalerei in Altamira, Spanien

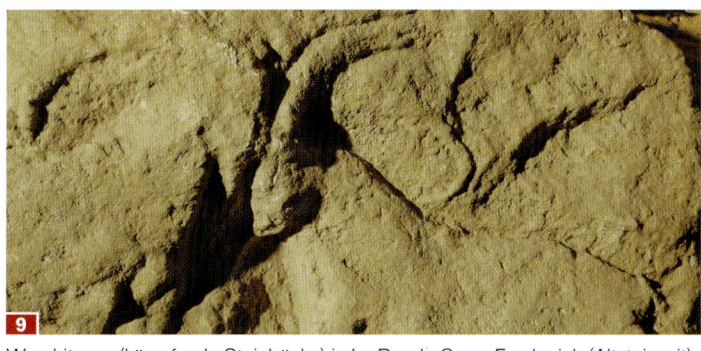

9

Wandritzung (kämpfende Steinböcke) in Le Rocde-Sens, Frankreich (Altsteinzeit)

10

Weibliche Figur, Mammutbein

Frühgeschichte   bis ca. 4000 v. Chr.

bis ca. 4000 v. Chr.

Frühgeschichte

■ Die „neolithische Revolution"

Mit dem Übergang zum Neolithikum fand eine rasche und deutlich sichtbare Weiterentwicklung der menschlichen Kultur statt, insbesondere bedingt durch Ackerbau und Viehzucht. Die sesshafte Lebensform erforderte die Entwicklung neuer Gerätschaften und bedingte die Anfänge der modernen Siedlungsweise.

Das Neolithikum führte in vielen Bereichen der menschlichen Kultur zu einer sprunghaften Entwicklung. Es zeichnete sich durch den Willen der ❺ Menschen aus, Unabhängigkeit von ihrer Umwelt zu erlangen. Dem diente insbesondere die Erweiterung der Nahrungsgrundlage durch die Sesshaftwerdung in ❸, ❹ Häusern und in Siedlungen, die mit Ackerbau und Viehzucht verbunden war. Die Jagd spielte zwar weiterhin eine Rolle, doch das Nahrungsangebot war nicht mehr vollständig vom Jagderfolg abhängig.

Parallel kam es auch zu einer „technischen Revolution": Das Brennen von ❶, ❷ Keramikgefäßen, zunächst insbesondere zur Lagerung von Vorräten, prägte ganze Kulturformen wie etwa die mitteleuropäische „Linienbandkeramik-Kultur", ebenso die Nutzung von Drehmahlsteinen und Mörsern zur Pflanzenverarbeitung sowie der Bau von Häusern mit Lehm und Flechtwerk. Holz wurde zunächst mit Meißeln und Steinbeilen bearbeitet, ab etwa 5000 v. Chr. setzte sich im Vorderen Orient die Herstellung von Werkzeugen aus Metall (zunächst Kupfer) durch.

Der Ackerbau verlangte eine planende Vorausschau sowie die Kenntnis von Klimaperioden und Jahreszeitenzyklus. Besonders in Mesopotamien und entlang des Nils erkannte man den Nutzwert des fruchtbaren Schwemmlandes. Ziegen, Schafe und Schweine, später auch Rinder, wurden zu „Nutztieren" domestiziert.

Um Pflanzen und Getreide bildeten sich auch neue Kulte; in vielen neolithischen Häusern gab es eigene Kultnischen oder Abtrennungen und als Opfergaben wurden verbranntes Getreide, Früchte und Tierreste gefunden. Die vielen erhaltenen Ton- und Steinstatuetten werden als Votivgaben gedeutet. Einige stellen wohl auch Gottwesen dar. Nahezu alle neolithischen Siedlungen kennen eigene Kultbauten, im

1 Bemaltes und andere Keramikgefäße aus dem Neolithikum

3 Innenansicht eines Hauses

Vorderen Orient sogar frühe Tempelanlagen. Mit dem Übergang zur Schrift bzw. zu Hieroglyphen und der Ausbildung der Tempelwirtschaft unter der Herrschaft eines Priesterfürsten wohl noch vor 3000 v. Chr. begann dort der Übergang zu den Hochkulturen.

2 Ganggrabzeitliche Keramik, Trichterbecher-Kultur

4 Jungsteinzeitliche Familie in einer Hütte

Die „Linienbandkeramik-Kultur"

Als „Bandkeramiker" bezeichnet man die älteste Kultur des Neolithikums in Mittel- und Südeuropa, die sich im 6. Jt. v. Chr. vom Osten Frankreichs bis nach Ungarn („Donauländischer Kulturkreis") erstreckte. Die Menschen lebten in geschlossenen Dörfern mit Langhäusern und betrieben Landbau und Viehzucht.

Charakteristisch und namensgebend sind ihre bandartigen Verzierungen der Keramikgefäße, deren Hauptformen das Linearband und das Stichband sind. Die Bandkeramiker begruben ihre Toten in seitlicher Hocklage und einer bestimmten Ausrichtung, woraus manche Forscher auf konkrete Jenseitsvorstellungen schließen; es finden sich aber auch Skelette in gestreckter Rückenlage mit erhobenen Armen, die an einen bestimmten Statuettentyp erinnern.

5 „Ötzi", Rekonstruktion des Similaun-Mannes, gefunden im Similaungletscher

Die Tell-Kulturen

Mit den Hügelsiedlungen des Vorderen Orients entstanden die modernen Dorf- und Stadtkulturen, die eine soziale Differenzierung der Bewohner sowie ein organisiertes Wirtschaftsleben erkennen lassen. Diese meist durch charakteristische Keramiken kenntlichen Gemeinschaften zeigen einen fließenden Übergang zu den frühen Hochkulturen.

Als Tell-Kulturen (Tell = arab. Hügel) bezeichnet man die Kulturen der ersten nachweisbaren dorfähnlichen Hügelsiedlungen in Vorderasien. In der Regel wurden die einzelnen Siedlungsschichten immer wieder überbaut, doch

6 Stempel aus der späten Jungsteinzeit

zwischen sesshaften Pflanzerkulturen und mobilen Wildbeutern.

Die Funde von ❻ Stempelsiegeln und Zählmarken lassen auf eine frühe Organisation und Kontrolle des Wirtschaftslebens und des Handels sowie differenzierte Eigentumsverhältnisse schließen, was die anschließenden Hochkulturen vorbereiten half.

Die Obed-Kultur in Südbabylon und Ur, gelegen im heutigen Südirak, die um 5000–4000 v. Chr. ihre Blütezeit erlebte, brachte ❼ Häuser hervor, die in mehrere Räume aufgeteilt waren („Mittelsaalhaus"). Außerdem wurden frühe Töpferscheiben

und eine Vielzahl verschiedener Siegelformen gefunden. Die Ausgrabungen erlauben auch die Annahme, dass es zentrale öffentliche Kult- und Verwaltungsbau-

7 Modell eines Gebäudes mit Tierköpfen auf dem Dach, Neolithikum

ten gegeben hat. Man geht davon aus, dass sich bereits eine Kult- und Verwaltungselite herausgebildet hatte, was ein wesentliches Kennzeichen der frühen Hochkulturen war. Außerdem finden sich sorgfältig ausgearbeitete und strategisch günstig gelegene Bewässerungskanäle und auch Anzeichen für ein entwickeltes Kommunikationsnetz

8 In Anatolien gefundene Statuette einer Muttergöttin aus der Jungsteinzeit

kann man Blütezeiten und Besonderheiten durch tiefe Schachtgrabungen datieren. Sehr oft zeichnen sie sich durch charakteristische Keramikformen oder -bemalungen aus wie bei der syrischen ❾, ❿ Tell-Halaf-Kultur, die im 5./4. Jt. v. Chr. den mesopotamischen Raum beherrschte und ihre Keramik mit Axt- oder Kreuzmotiven versah. Als eine besonders ergiebige Fundstätte erwies sich ❽ Anatolien und v. a. Çatal Hüyük (S. 50).

Viele Siedlungen waren durch Steinmauern umgrenzt und zeugen bereits von der Konkurrenz

Çatal Hüyük

Die stadtartige Großanlage in Anatolien aus dem frühen Neolithikum ist wegen ihrer Größe und der Vielfalt ihrer Funde ein Glücksfall für die Archäologie. Die dicht aneinander gebauten Lehmziegelhäuser besitzen zentrale Räume, die meist mit figürlichen Wandmalereien und halbplastischen Figuren sowie Stierköpfen an den Wänden verziert sind. Entlang der Wände fanden sich Lehmplattformen, unter denen die Knochen der Toten beigesetzt waren. Man nimmt daher an, dass ein Teil der Räume der kultischen Ahnenverehrung gewidmet war. Zahlreiche Kleinplastiken weisen auf die Verehrung zweier Götterpaare und heiliger Tiere hin. Die Bewohner verwendeten keine Keramik, sondern Holz- und Steingefäße.

zwischen verschiedenen Siedlungen. Mit der Ausbildung der frühen Stadtkulturen der „Uruk-Zeit" beginnt etwa um 4000 v. Chr. der Übergang zu den städtischen Hochkulturen des Zweistromlandes.

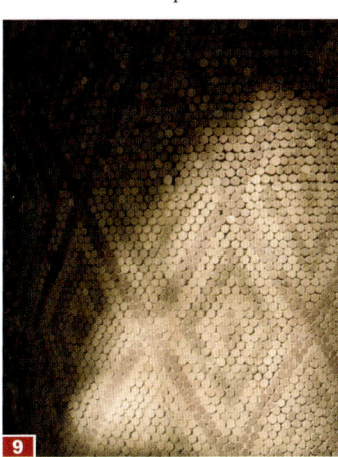

9 Formziegel an einem Altar in Tell Halaf, Syrien, um 800 v.Chr.

10 Ruinenhügel Tell Mardich in Syrien: Teilansicht des Ausgrabungsgeländes, vermutlich ein Palast aus der mittleren Bronzezeit

bis ca. 4000 v. Chr.

Frühgeschichte

ab 4000 v. Chr. | Urukzeit: Ausbildung von Stadtkulturen   **ab 3000 v. Chr.** | Fertigung von Metallwerkzeug im Vorderen Orient

4000–2000 v. Chr. | Harappa-Kultur   **vor 3000 v. Chr.** | Beginn der Schriftentwicklung im Vorderen Orient

Erste Großreiche

um 7000 v. Chr.–200 n. Chr.

Der Vordere Orient war die Wiege der ersten Hochkulturen der Menschheit. In Ägypten und im sog. Fruchtbaren Halbmond, der sich im Norden der arabischen Halbinsel halbkreisförmig von Palästina bis nach Mesopotamien erstreckt, entstanden parallel zur Weiterentwicklung von Viehzucht und Landwirtschaft, des Handels und der Schrift die ersten staatlichen Strukturen. Aus kleinen, meist um eine Stadt konzentrierten Gemeinwesen entwickelten sich seit Anfang des 3. Jt. die ersten Großreiche wie die der ägyptischen Pharaonen, der Babylonier, Assyrer und Perser. Zu ähnlichen Entwicklungen kam es auch auf dem indischen Subkontinent und in China, wo sich ebenfalls frühe Hochkulturen ausbildeten.

Ein Kleinod altägyptischen Kunsthandwerks ist die Goldmaske des Tut-ench-Amun, die den König in zeremoniellem Ornat mit den Wappentieren Geier und Kobra zeigt. (Grabbeigabe, um 1340 v. Chr.)

Beduinen mit ihren Schafherden in Jordanien

Rinderherde an einem Fluss in Khusistan, Iran

Kamel und Reiter (um 700 v. Chr.)

ERSTE GROSSREICHE

Lange bevor in der griechischen und römischen Antike die Grundlagen für die abendländische Kultur gelegt wurden, entstanden im Orient, und zwar v. a. im fruchtbaren Zweistromland (Mesopotamien), städtische Hochkulturen. Eine der wichtigsten Voraussetzungen war die Weiterentwicklung von Landwirtschaft und Viehzucht, die einen zunehmenden Organisationsaufwand erforderte. Das Bevölkerungswachstum und die Ausweitung des Ackerlandes führten dazu, dass Teile der Dorfbevölkerung mit den Viehherden immer weitere Strecken zurücklegen mussten und schließlich zu einer nomadischen Lebensweise übergingen. Wirtschaftlich blieben ❶ Nomaden und Sesshafte zwar weiterhin voneinander abhängig, doch kam es auch zu Auseinandersetzungen um natürliche Ressourcen wie Weideland und Wasserquellen.

Wichtig war die Aufzucht von ❷ Rindern, die als Symbole für Fruchtbarkeit und Stärke auch Eingang in die ❹ Religion fanden. Sie wurden als Zugtiere sowie als Mast- und Weidevieh genutzt. Weiterhin kam es zur Domestizierung von Wildeseln und besonders von Kamelen zu Reit- und Last-

❺ Zimmermann (Altbabylonisches Terrakottarelief, 3./2. Jt. v. Chr.)

tieren. Das ❸ Kamel wurde zum „Haupttransportmittel" im Karawanenhandel. Pferde setzte man v. a. bei der Kriegsführung ein. In der Landwirtschaft wurden hauptsächlich Weizen und Gerste angebaut. Die Erfindung des Pflugs, ausgeklügelte ❻ Bewässerungssysteme sowie Dämme und Kanäle gegen Übeschwemmungen sorgten hier für größere Effektivität. Eine andere wichtige Aufgabe der größer werdenden Gemeinwesen war die Verteidigung der Siedlungen gegen äußere Feinde wie die Nomaden.

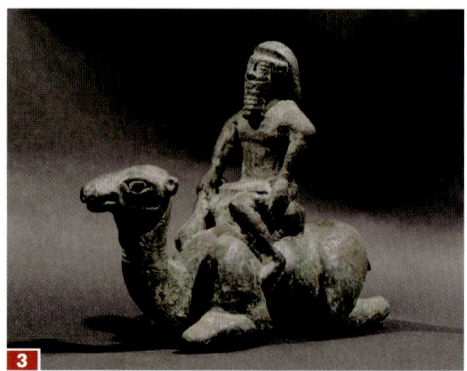

Sumerischer Stierkopf

Die zunehmende Anzahl und Komplexität der Aufgabenbereiche erforderte eine Arbeitsteilung und führte zur sozialen Ausdifferenzierung der Bevölkerung in Ackerbauern, ❺, ⓫ Handwerker, Krieger und Verwaltungsfachleute. Hinzu kamen die ❼ Priester, die die religiösen Kulte ausführten, aber in der Frühzeit, als politische Herrschaft und religiöse Autorität noch in einer Hand vereint waren, auch die Beamten stellten. Zudem versuchten sie, anhand von Berechnungen, Weissagungen und Sterndeutungen die günstigsten Zeitpunkte für Aussaat und Ernte zu bestimmen.

Staat und Kultur im Alten Orient

Die frühen Gemeinwesen entwickelten sich im Laufe der Zeit zu streng hierarchisch gegliederten Klassengesellschaften. Die Beamten als Verwaltungsspezialisten nahmen eine Schlüsselstellung ein. Sie kontrollierten den städtischen Handel und die landwirtschaftliche Produktion. Zentrale ❽ Getreidespeicher wurden meist in kultischen Bauten angelegt, was vermuten lässt, dass sich hier Besitz und Verwaltung des

Getreideanbau auf künstlich bewässerten Feldern

Betender (2. Jt. v. Chr.)

8 Überreste von Getreidespeichern, Ägypten

9 Byblos, Libanon, Ruinen des sog. Obeliskentempels

10 Vokabular mit Keilschriftzeichen (3./1. Jt. v. Chr.)

Landes konzentrierten („Tempelwirtschaft"). Dem Herrscher, meist als König oder Stadtfürst bezeichnet, kam eine besondere Rolle zu. Er war sowohl Initiator der gemeinnützigen Arbeiten wie auch Leiter der Verwaltung und der kultischen Handlungen. Er verwaltete das Land im Namen der Götter und agierte als ihr irdischer Stellvertreter.

Die ⓬ Religion Mesopotamiens war sehr vielschichtig und wurde infolge weiträumiger Kontakte mit Nachbarregionen bereichert, was auch ihre Integrationskraft beweist. Eine grundsätzliche religionspolitische Tendenz ist zu bemerken: Ein städtischer Schutzgott wie Marduk in Babylon schob sich in dem Maße, wie sein Gemeinwesen führend wurde, an die Spitze des Pantheons. So wurde Marduk unter Hammurapi von Babylon (1728–1686 v. Chr.) zum Hauptgott erklärt, später trat in der zweiten Hälfte des 2. Jt. v. Chr. mit dem Aufstieg Assyriens dessen Reichsgott Assur an seine Stelle. Auch in Ägypten kam es zu ähnlichen Entwicklungen: Als sich der Schwerpunkt des Reiches in den Süden nach Theben verlagerte, wurde der dort verehrte Stadtgott Amun mit dem Gott Re aus dem Norden zum Reichsgott Amun-Re vereinigt.

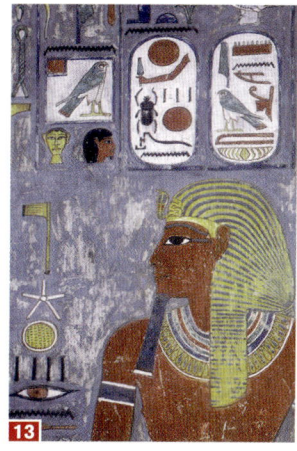

11 Statuette eines Bäckers (9./8. Jh. v. Chr.)

Bedeutung und Entwicklung der Schrift

Der Umbruch in der Kulturentwicklung des Menschen, der mit der Erfindung der Schrift einsetzte, kann gar nicht hoch genug bewertet werden. Die Felsbilder und Bildzeichen der Steinzeit geben noch viele Rätsel auf; die ersten ausgearbeiteten Schriftzeugnisse finden sich auf transportablen ⓾ Lehm- oder Tontäfelchen, die in der Wirtschaftsverwaltung zum Einsatz kamen. Die frühe sumerische Keilschrift entwickelte sich aus einer Bilderschrift, bei der – wie auch bei den ⓭ ägyptischen Hieroglyphen – ein Bildzeichen den Gegenstand versinnbildlichte, den es darstellte. Es war ein kompliziertes System, das nur von ausgebildeten Schreibern beherrscht wurde.

Die Notwendigkeit zur Wiedergabe vollständiger Satzeinheiten führte von der Bild- zur Keilschrift: Das Schriftzeichen löste sich vom

bezeichneten Gegenstand und wurde Ausdruck eines Lautes bzw. einer Gruppe von Lauten. So entstand die Wortlautschrift. Zunächst entwickelte sich dabei eine Silbenschrift, bei der die Zeichen für einzelne, kombinierbare Silben standen. Um 2500 v. Chr. übernahmen die Akkader die sumerische Silbenschrift, die bereits in Keilschriftform vorlag, und erweiterten sie um eigene Wortzeichen. Später wurde sie auch von den Elamitern, Hurritern, Hethitern, Urartäern und anderen Völkern aufgenommen und galt um 1400 v. Chr. als internationale Handelsschrift.

Die abstrakteste Entwicklungsstufe bildete die Buchstabenschrift, die für jeden Laut ein eigenes Zeichen kennt. Damit wurde eine begrenzte Anzahl von (Laut-)Zeichen zu unendlich vielen Möglichkeiten kombinierbar. In den kanaanitischen Metropolen Ugarit (um 1400 v. Chr.) und ❾ Byblos (um 1000 v. Chr.) wurde die erste rein aus Lautzeichen bestehende Schrift mit einem Alphabet aus 30 bzw. 22 Buchstaben entwickelt. Wie alle semitischen Schriften kannte das Alphabet der Kanaaniter und ihrer Nachkommen, der Phönizier (S. 55), das die Grundlage für das israelitische, syrische, arabische und griechische Alphabet bildete, keine Vokale. Erstmals das griechische Alphabet verwendete Vokale mit eigenständigen Zeichen, übernahm aber weitgehend die Formen und Reihenfolge der Buchstaben sowie ihre Verwendung auch als Zahlzeichen. Auch sind die ältesten griechischen Texte genau wie die altsemitischen von rechts nach links geschrieben.

12 Opferzug für die Göttin Inanna mit Stier und Opferträgern auf einer Steinvase aus Uruk, Irak

13 Hieroglyphen auf einem Wandgemälde im Grab des Pharao Haremhab im Tal der Könige, Theben-West, Ägypten

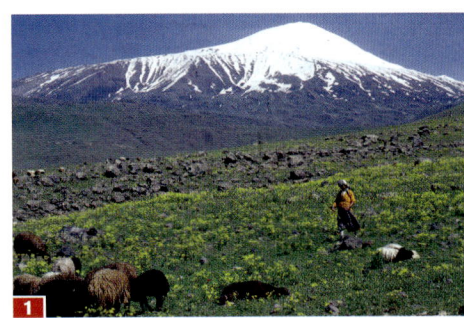

1

VÖLKERWANDERUNGEN 3000–1200 v. Chr.

Zeitgleich mit der Entstehung der Stadtkultur im Vorderen Orient begannen im eurasischen Raum Völkerbewegungen, die sich teilweise über mehr als 1000 Jahre hinzogen, also deutlich länger andauerten als die Völkerwanderung der Spätantike. Nach Mesopotamien wanderten ab 3000 v. Chr. ❷ semitische Völker von Süden und indogermanische Völker von Norden her ein. Am Anfang des 1. Jt. v. Chr. löste das Auftauchen der sog. See- und Reitervölker große Unruhen aus.

Schafe hütende Nomadenfrau am Ararat im Kaukasus

◼ Semitische und indogermanische Völker

Etwa ab 3000 v. Chr. kam es durch die Einwanderung von semitischen und indogermanischen Stämmen zu Machtverschiebungen im Vorderen Orient.

Von Arabien aus drangen semitische Völker in mehreren Wellen in den Raum des „Fruchtbaren Halbmondes" ein, der von Mesopotamien über die östliche Mittelmeerküste bis nach Ägypten reichte. Um 2400 v. Chr. unterwarfen die semitischen Akkader die sumerischen Stadtstaaten (S. 34) und errichteten ein Großreich. In Palästina ließen sich die Kanaaniter nieder und gründeten dort Stadtstaaten, in Syrien (S. 54) die Amoriter (Ostkanaaniter). Zu den Amoritern gehörte auch die 1. Dynastie von Babylon, die das altbabylonische Reich (um 1894–1531 v. Chr.) beherrschte (S. 40). Im 13. Jh. v. Chr. erschienen erstmals die Aramäer auf der Bildfläche, semitische Stämme, zu denen auch die späteren Israeliten (S. 56 f.) zählten. Diese gewannen in Konkurrenz zu den Assyrern (S. 38 f.) in Syrien und Palästina (hier z. B. das Reich David und Salomos), aber auch in Mesopota-

mien an Einfluss. Die aramäischen Chaldäer besiegten die Assyrer endgültig und begründeten das neubabylonische Reich (625–539 v. Chr.) (S. 41).

Parallel wanderten ab dem 3. Jt. v. Chr. über den ❶ Kaukasus und den Iran indogermanische Völker nach Mesopotamien ein: Die Gutäer lösten um 2150 das Reich der Akkader ab. Die Hurriter bildeten die Oberschicht im Mitannireich (16.–14. Jh. v. Chr.) (S. 52), das schließlich von den Hethitern (S. 50 f.) erobert wurde, einem indogermanischen Volk, das sich im 2. Jt. v. Chr. in Kleinasien ansiedelte. Zur gleichen Zeit beherrschten von etwa 1530 bis 1160 die aus dem Iran eingewanderten Kassiten Mesopotamien.

Die genannten Völker und Stämme waren nie klar gegeneinander abgrenzbare Einheiten.

Die Geschichte des biblischen Patriarchen Abraham

Die Geschichte von Abraham (1. Mos. 11,10–25,11) spiegelt die Wanderung von aramäischen Nomaden wider: In der 2. Hälfte des 2. Jt. v. Chr. führte Abraham seine Sippe aus Mesopotamien nach Palästina, wo sie sich gegen den Widerstand der ansässigen Bewohner niederließen. In der islamischen Überlieferung gelangte er auch nach Mekka, wo er die Kaaba errichtet und die Tradition der Hadsch begründet haben soll.

oben: „Auszug Abrahams" (Kupferstich, 17. Jh.)
links: Brunnen Abrahams in Beer Sheva, Israel

Auch die Einteilung in „semitisch" und „indogermanisch" bezieht sich meistens nur auf die hauptsächlich benutzte Schrift und Sprache. Über die tatsächliche ethnische Zusammensetzung

sagen sie dagegen wenig aus.

Zu einer späteren Welle der indogermanischen Einwanderung gehörten am Ende des 2. Jt. v. Chr. die Perser und Meder (60 ff.). Die Perser annektierten 550 das Reich der Meder und schufen das letzte Großreich des Alten Orients.

2

Semitische Nomaden auf einer ägyptischen Wandmalerei aus dem 19. Jh. v. Chr.

ab 3000 v. Chr. | Einwanderung semitischer und indoarischer Stämme   ab 2150 v. Chr. | Herrschaft der Gutäer in Akkad   nach 1400 | Perser besiedeln den Iran

um 2600 v. Chr. | Beginn des Akkadischen Großreichs   1650 v. Chr. | Einfall der Hyksos nach Ägypten

◼ Seevölker und Reitervölker

Um 1200 v. Chr. erlebte der östliche Mittelmeerraum große Veränderungen: Dem Vordringen der sog. Seevölker und Reitervölker waren die Großreiche kaum gewachsen, v. a. aber nicht einzelne Stadtstaaten wie die der Mykener, Minoer oder Kanaaniter.

3 Kriegszug zur See auf einer minoischen Wandmalerei aus dem 16. Jh. v. Chr.

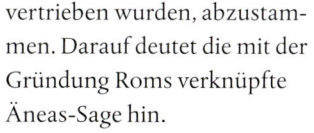

4 An den Haaren zusammengebundene Gefangene der Seevölker

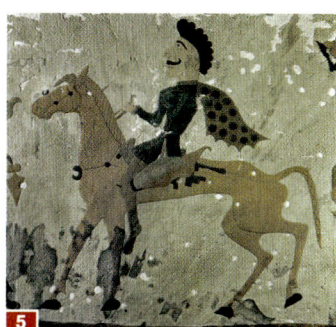

5 Skythischer Reiter (Bildteppich, 5./4. Jh. v. Chr.)

Unter dem Begriff „Seevölker" werden unterschiedliche Völker zusammengefasst, die ab dem 13. Jh. v. Chr. in ägyptischen und hethitischen Quellen auftauchen. Ihre Herkunft ist sehr umstritten. Die Vermutungen hierüber reichen von Illyrien (heutiges Kroatien und Slowenien) bis hin zum west- und südkleinasiatischen sowie dem ägäischen Raum.

Die **3** Seevölker verbreiteten zunächst als Seeräuber Schrecken unter den sesshaften, Handel treibenden Völkern, bis sie sich – wie die Philister – selbst dauerhaft niederließen. Die Philister eroberten die Küstenregion Palästinas und Syriens und zerstörten die Stadtstaaten der Kanaaniter (S. 54), was wiederum die Einwanderung der Israeliten begünstigte.

In diesen Zusammenhang gehören auch die Wanderungsbewegungen der Griechen, Thraker, Phryger und Lyder (S. 80). Die aus dem Balkan in das heutige Griechenland eindringenden Griechen zerstörten die Kultur der Mykener und **4** Minoer. In Kleinasien drangen Thraker, Phryger und Lyder von Norden her ein, Griechen und andere Seevölker griffen die kleinasiatische Küste an. Auch die Etrusker scheinen von den Seevölkern bzw. von Völkern, die von diesen

vertrieben wurden, abzustammen. Darauf deutet die mit der Gründung Roms verknüpfte Äneas-Sage hin.

Zu den wichtigsten Reitervölkern gehören die indogermanischen Kimmerier und **5** Skythen (S. 64 f.), die bis nach Kleinasien, Iran, Ostdeutschland und Norditalien vordrangen. Die von den Skythen vertriebenen Kimmerier vernichteten im Bündnis mit den Assyrern das Reich von Urartu, wurden dann nach Kleinasien abgedrängt, wo sie die Phryger besiegten, aber von den Lydern aufgerieben wurden. Die Skythen konnten sich erfolgreich gegen Persien behaupten. Noch im 1. Jh. v. Chr. waren sie auf dem Gebiet der heutigen Ukraine ansässig, gingen dann in anderen Nomaden- und Reitervölkern wie den **6** Sarmaten auf.

6 Sarmatische Reitersoldaten in Schuppenpanzern, Trajanssäule in Rom, 113 n. Chr.

Die Atlantis-Sage

Der Ursprung der Sage wird von einigen Forschern mit dem Auftauchen der Seevölker in Verbindung gebracht. Danach soll eine gewaltige Naturkatastrophe Wanderungsbewegungen ausgelöst haben. Heute vermuten Archäologen das Zentrum einer solchen Katastrophe auf der Insel Santorin in der Ägäis: Hier führte ein Vulkanausbruch im 17. Jh. v. Chr. zum Versinken eines Großteils der Insel. Seebeben zogen die ganze Region in Mitleidenschaft und sollen die Bewohner zur Flucht und langfristigen Abwanderung gezwungen haben.

oben: Rekonstruktionszeichnung von Atlantis nach den Angaben Platons

um 1200 v. Chr. | Zusammenbruch des Hethiterreiches   **714 v. Chr.** | Assyrien erobert Reich von Urartu   **635–539** | Neubabylonisches Reich

ab 1200 v. Chr. | Große Wanderung der Seevölker   **ab 9. Jh. v. Chr.** | Einwanderung der Meder   **um 700** | Skythen verdrängen Kimmerier

um 7000 v. Chr.–200 n. Chr.

Erste Großreiche

DIE FRÜHEN STAATEN DES ZWEISTROMLANDES UM 3000–539 V. CHR.

Im Gegensatz zu den Wüsten der arabischen Halbinsel und den rauen Gebirgszügen im Norden und Osten bot das Zweistromland zwischen Euphrat und Tigris die Möglichkeit zu ertragreicher Landwirtschaft. Die frühen Bewohner nannten ihre Heimat schlicht ❶ „Sumer", was „Kulturland" bedeutet. Hier entwickelte sich die früheste Hochkultur des Alten Orients neben der Ägyptens: Erste komplexere Gemeinwesen entstanden und organisierten sich später in Stadtstaaten. Im Laufe der Zeit bildeten sich Großreiche, die ihre Macht weit über das Zweistromland ausdehnten.

1 Sumerischer Schmuck einer Hofdame aus Ur (3.Jt. v.Chr.)

◼ Die Stadtstaaten von Sumer

Die Notwendigkeit des Wasserbaus führte zur Entwicklung von Stadtstaaten, die sich bereits durch eine funktionierende Verwaltung auszeichneten.

Ausgehend von der Notwendigkeit, die Bewässerung zu organisieren, entstanden an Euphrat und Tigris erste Gemeinwesen, die sich seit ca. 3000 v. Chr. zu Wasserbauprovinzen zusammenschlossen. Um 2800–2400 v. Chr., in der sog. frühdynastischen Zeit, bildeten sich zentral gelenkte Stadtstaaten, die miteinander um die politische und wirtschaftliche Vorherrschaft konkurrierten. Die wichtigsten waren Ur, Uruk, Umma, Lagasch, Adab, Nippur und Kisch, deren Herrscher durch sog. Königslisten bekannt sind. Gräber mit ❸,❻ kostbaren Grabbeigaben zeugen von dem hohen Lebensstandard der oberen Schichten sowie der ❹ Hierarchisierung der Gesell-

2 Rollsiegel und moderne Abformung (2.Jt. v.Chr.)

schaft mit Stadtfürsten oder Königen, Priestern und Beamten an der Spitze.

Neben der Landwirtschaft als Hauptwirtschaftszweig ist die Massenproduktion von Keramik durch Grabungsfunde belegt. Als Entlohnung für die Arbeitskräfte dienten zunächst Naturalien. ❷ Rollsiegel waren ein wichtiges Instrument zur Wirtschafts- und Abgabenkontrolle: Die Siegel und Zählmarken dienten der Organisation von Nahrungsmittelspeicherung und Besitzzuweisung durch die Beamten.

Einige Städte verfügten über Meerhäfen, die im Laufe der Zeit versandeten, als sich die Küstenlinie immer weiter in den Persischen Golf hineinschob. Über

den Seehandel, aber auch auf dem Landweg nach Nordmesopotamien und Nordsyrien breitete sich die sumerische Kultur immer weiter aus.

3 Sumerischer Goldhelm aus einem der Königsgräber von Ur (3.Jt. v.Chr.)

Die ersten Seefahrer

Durch die Fahrt mit einem originalgetreu nachgebauten Schilfboot bewies der Abenteurer und Ethnologe Thor Heyerdahl 1977, dass schon die alten Sumerer hochseetüchtige Schiffe konstruieren konnten.

oben: Nachbau eines sumerischen Schilfbootes (1977)
rechts: Darstellung eines Bootes (19./18. Jh. v. Chr.)

4 Mosaik, auf dem verschiedene Gesellschaftsgruppen dargestellt sind (3.Jt. v.Chr.)

■ Uruk

Einer der mächtigsten Stadtstaaten der Sumerer war Uruk in Südmesopotamien.

Seit seiner Gründung um 4000 bis ca. 2000 v. Chr. war ❼ Uruk eine bedeutende Handelsmetropole. Im Mittelpunkt der Stadt standen um 3200/3100 große öffentliche Gebäude, die wohl als Versammlungs- und Kultbauten dienten und später mit dem zentralen Heiligtum Eanna für die Stadtgöttin ❽ Inanna überbaut wurden. Aus dieser Zeit stammen auch die ältesten bekannten Schrifttafeln, vornehmlich mit Texten zur Wirtschaftsverwaltung. Damals lebten schätzungsweise 20 000 Menschen in Uruk und weitere 15–20 000 in der di-

> ### Die Erbauung der Stadtmauer durch Gilgamesch
>
> *„Held Gilgamesch erbaute Uruks Mauer,*
> *Die Mächtige, die da steht wie erzgegossen,*
> *So lotrecht sind die Ziegel aufgetürmt ...*
> *Ersteiget Uruks Mauer, geht auf ihr,*
> *Bewundernd ihren allgewaltigen Bau!"*
>
> *(aus dem Gilgamesch-Epos, 1.Tafel)*

rekten Umgebung. Darstellungen auf Rollsiegeln zeugen von kriegerischen Auseinandersetzungen mit den Nachbarn und der Bestrafung von Gefangenen.

Um 3100 v. Chr. begann ein völliger Umbau der Stadt: Im Zentrum entstand auf einer aufgeschütteten Terrasse der zentrale Tempel. Dieser Terrassentempel wurde zum Vorläufer der späteren Tempeltürme Babyloniens, der Zikkurat. Auch die Schrift veränderte sich: Die Bildzeichen wandelten sich zur Keilschrift.

Das spätere Uruk gilt als Residenz des legendären Herrschers ❺, ❾ Gilgamesch, des Helden des bedeutendsten altsumerischen Epos. Er soll um 2600/2700 v. Chr. geherrscht haben und wird

den Königen der 1. Dynastie von Uruk (um 2700–2350) zugerechnet. Neben zahlreichen Heldentaten wird Gilgamesch auch die Errichtung der gewaltigen Stadtmauer von Uruk zugeschrieben.

5
Statue des Gilgamesch mit einem Löwen (assyrisch, 8.Jh. v.Chr.)

Das Epos, das in mehreren alten Sprachen des Alten Orients und in verschiedenen Versionen vom 3. bis zum 1. Jt. v. Chr. überliefert ist, weist an einigen Stellen Parallelen zur Geschichte Noahs im Alten Testament sowie auch zum Sagenkreis um Herkules auf.

6
Goldener Lebensbaum (3.Jt. v.Chr.)

7 Ein mit Tieren verzierter Tonkrug, gefunden in Uruk

8

9
oben: Gilgamesch im Kampf mit zwei Stieren und einem Löwen, moderner Abdruck eines Rollsiegels aus dem 3. Jt. v. Chr.
links: Fassade vom Tempel der Inanna in Uruk (14./15. v. Chr.)

Erste Großreiche   um 7000 v. Chr.–200 n. Chr.

Lagasch und Umma

Gut bezeugt ist die Geschichte des sumerischen Stadtstaates Lagasch in Südmesopotamien, der in scharfer Konkurrenz zum benachbarten Umma stand. Dieser Konflikt sowie die inneren Auseinandersetzungen zwischen Stadtfürsten und Priesterschaft sind exemplarisch für die politischen Verhältnisse in den Stadtstaaten.

König Eannatum (2454–2425 v. Chr.) aus der 1. Dynastie von Lagasch (um 2494–2342 v. Chr.) gelang die vorübergehende Unterwerfung Ummas. Die ❶, ❺ sog. Geierstele, das erste historische Denkmal, stellt die erschlagenen Feinde des Königs in einem Netz dar. Im Innern bekämpfte Eannatum den Einfluss der Priesterkaste. Diese verhalf dem 4. König der Dynastie, Lugalanda, zur Macht. Von sozialen Spannungen zeugt die Thronbesteigung des Usurpators Urukagina, der den armen Schichten die Schulden erließ und die Einkünfte der Priester beschnitt.

Mit Hilfe der unzufriedenen Priester konnte Lugalzaggesi von Umma (2340–2316

v. Chr) Lagasch erobern. Er kontrollierte darüber hinaus die Städte Uruk und Adab und nannte sich „König von Uruk und des Landes Sumer". Durch seine Pläne zur Vereinigung Mesopotamiens geriet er jedoch in Konflikt mit Sargon von Akkad, dem er am Ende unterlag.

In späterer Zeit, als Lagasch bereits an Einfluss verloren hatte, wurde der Stadtfürst ❸ Gudea (2141–2122 v. Chr.) durch seine Steinstatuen und Inschriften zu einem der bekanntesten Herrscher des Alten Orients.

1 Geier zerfleischen die Körper getöteter Feinde (Ausschnitt aus der sog. Geierstele, um 2454 v. Chr.)

2 Flusstal im Südwesten des Iran

Proto-Elam und Elam

Zeitgleich mit Sumer entstand im benachbarten heutigen ❷ Südwest-Iran eine andere frühe Hochkultur auf dem Boden des späteren Reiches von Elam.

Diese wenig erforschte Kultur wird als protoelamischer Komplex bezeichnet. Sie ist nur an ihrer Schrift zu identifizieren: Die Proto-Elamiter benutzten eine Keilschrift, die aus einer bildähnlichen Strichschrift entstand. Die Schrift besaß ursprünglich ungefähr 150 Bildzeichen, die miteinander kombiniert wurden, und entwickelte sich zu einer Silbenschrift mit ungefähr 80 Zeichen.

Nach 2300 v. Chr. besetzten die Akkader eine Zeit lang Elam. Zur gleichen Zeit wurde auch die proto-elamische Schrift durch das Akkadische ersetzt. Elam konnte sich aber um 2240 v. Chr. durch einen Staatsvertrag, der der älteste erhaltene der Welt ist, wieder selbstständig machen. In Elam folgten nun mehrere Königsdynastien aufeinander, wobei stets ein Oberkönig über mehrere Vasallenkönige gebot. Eine wich-

4 Spinnende Frau (8./7.Jh. v. Chr.)

tige Rolle nahm die „Gemahlin" ein, als Ehefrau, und häufig auch die Schwester des Königs. Sie heiratete bei dessen Tod den Nachfolger im Königsamt. Zeitweise herrschte auch die Erbfolge in weiblicher Linie vor. Insgesamt hatten die ❹ Frauen in der elamitischen Gesellschaft eine stärkere Stellung inne als im benachbarten Sumer und Akkad.

Bis etwa 1100 v. Chr. etablierte Elam seine Vorherrschaft über Südmesopotamien. Dann drängte Nebukadnezar I. von Babylon (1125–1104 v. Chr.) die Elamiter zurück und verwüstete ihre Hauptstadt ❻ Susa.

3 Statue des Gudea von Lagasch (2141–22 v. Chr.)

5 König Eannatum von Lagasch führt seine Armee in die Schlacht gegen Umma, am Boden die getöteten Feinde (Ausschnitt der sog. Geierstele, um 2454 v. Chr.)

6 Rekonstruierte Festung von Susa, Iran

7

Bronzekopf eines akkadischen Herrschers, vermutlich Sargon von Akkad (2334–2279 v. Chr.)

(Randtext rechts:) um 7000 v. Chr.–200 n. Chr. Erste Großreiche

■ Das Reich von Akkad und die 3. Dynastie von Ur

Das Reich von Akkad (um 2334–2154 v. Chr.) war der erste größere Territorialstaat in Mesopotamien.

Das Reich von Akkad wurde von **❼** Sargon um 2334 v. Chr. gegründet, der auch die Residenzstadt Akkad errichtete, die dem Reich ihren Namen gab. Sargon (akkadisch Scharru-kenu: „legitimer König") eroberte Kisch, brach die Vorherrschaft Uruks über Sumer und dehnte in zahlreichen **❽**, **❾** Feldzügen sein Reich bis zum Mittelmeer, dem Libanon und Kleinasien aus.

Er beherrschte zahlreiche Stadtstaaten und Landstriche und drückte mit seinem Herrschertitel „König der vier Weltgegenden" erstmals den Anspruch auf Weltherrschaft aus. Im Innern ließ er eine Beamtenschaft ausbilden, die sog. Söhne des Palastes, und unterhielt als erster Herrscher ein stehendes Heer. Nachdem um 2200 v. Chr. der Niedergang des Akkadischen Reiches eingesetzt hatte, übernahmen zwischen 2150 v. Chr. und 2050 v. Chr. die Gutäer, ein Bergvolk aus dem Iran, die Vorherrschaft in Mesopotamien. Anschließend beherrschten die Könige Ur-Nammu und Schulgi aus der sog. 3. Dynastie von Ur (um 2112–2004 v. Chr.) die wichtigsten Städte Sumers und einen Großteil des Reiches von Akkad und nannten sich „Könige von Sumer und Akkad".

Die 3. Dynastie von Ur führte eine strenge Planwirtschaft ein. In den Tempeln und Palästen, den „großen Haushalten", wurden Heerscharen von Arbeitern und Handwerkern in Staatsbetrieben beschäftigt. Kanzleien sorgten für die schriftliche Fixierung aller Verwaltungsvorgänge.

Bei den von den Königen errichteten Kultbauten setzte sich als einheitliche Form der in mehreren Stockwerken ansteigende Hochtempel, Zikkurat genannt, mit zentraler Treppe durch, ein Bautypus, der in ganz Mesopotamien Verbreitung fand.

Um 1950 v. Chr. endete die Dynastie mit der Zerstörung von Ur durch die Elamiter, doch wurden die Verwaltungsstrukturen von den nachfolgenden Staaten übernommen.

8 Siegesstele eines akkadischen Königs (um 2200 v. Chr.)

Sargon von Akkad

„Dem Sargon, dem König des Landes, gab Enlil keinen Feind vom Oberen bis zum Unteren Meer ... Sargon, der König des Landes, stellte Kisch wieder her, ihre Stadt schenkte er ihnen als Wohnort ... Sargon, dem König, ließ Enlil keinen Feind erstehen. 5400 Krieger essen täglich vor ihm ihre Speise." (Aus der Tafel der sog. Sargon-Texte)

9 Prozession von Gefangenen der Akkader (um 2340/20 v. Chr.)

■ Das Alt- und das Mittelassyrische Reich um 1800–1047 v. Chr.

Im Norden Mesopotamiens entwickelte sich zu Beginn des 2. Jt. v. Chr. das Assyrische Reich. Die Assyrer, die zunächst Vasallen der Hurriter waren, wurden durch ihre überlegene Kriegsführung zum Schrecken ihrer Nachbarvölker und bauten ein Großreich auf.

Die Stadt Assur war ein Knotenpunkt für den Warenaustausch Mesopotamiens mit Syrien, Anatolien und dem Iran. Ihre Herrscher erhoben unter ❷ Schamschiadad I. erstmals Anspruch auf ein Großreich (Altassyrisches Reich, um 1800–1375 v. Chr.), gerieten dann aber unter die Oberherrschaft der Hurriter von Mitanni (S. 52). Ein eigenständiger Staat wurde Assyrien im 14. Jh. v. Chr. unter den „Großkönigen" des Mittelassyrischen Reiches (1375–1047 v. Chr.). Assuruballit I. löste sich von Mitanni und unterhielt enge Beziehungen zu den Ägyptern und den Babyloniern. Adad-nerari I. dehnte das Reich auf Kosten Babylons aus

und führte den Titel „König der Gesamtheit".

Mit Salmanassar I. und Tukultininurta I. begann im 13. Jh. v. Chr. der Aufstieg des Assyrischen Reiches zu einer expansiven Militärmacht mit einer gut ausgebildeten ❸ Armee. Nach der Religion der Assyrer hatte der Reichsgott Assur selbst sein Volk, über dessen Wohl die ❹ Genien (Schutzgötter) wachten, zur Weltherrschaft bestimmt. In vielen, oft brutal geführten ❶ Feldzügen wurden die Nachbarvölker unterworfen. Die Bewohner der eroberten Landstriche wurden zu Zehntausenden ins assyrische Reich ❺ deportiert, wo sie Zwangsarbeit leisten mussten. Aufstände der Unterworfenen wurden als Frevel gegen die „göttliche Weltordnung" verstanden und deshalb mit grausamen Strafexpeditionen geahndet. Die Bevölkerung des Reiches wuchs durch die Ansiedlung der besiegten Völker, was den Austausch und die Durchmischung der Kulturen förderte. In einem Epos verewigte König Tukulti-ninurta I. (1233–1197 v. Chr.) sich und seine Taten. Das *Tukulti-ninurta-Epos* wurde zum Vorbild und Modell für die Selbstdarstellung assyrischer Herrscher.

Tiglatpileser I. (1114–1076 v. Chr.) erweiterte das Reich in Nordsyrien und Kleinasien und machte die phönizischen Handelsstädte tributpflichtig. Mit seinen erfolgreichen Kriegszügen sicherte er den Assyrern die Macht für lange Zeit. Unter seiner Regierung erlebten die Wissenschaften eine reiche Blüte. Tiglatpileser I. förderte dabei besonders die Erforschung von Tieren und Pflanzen und ließ die erste große Bibliothek einrichten. Nach seinem Tod erlebte das Mittelassyrische Reich seinen Niedergang. Und Assur wurde schließlich als Residenzstadt aufgegeben.

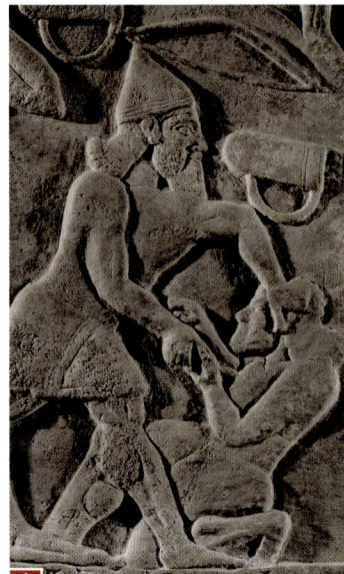

1 Assyrischer Krieger tötet einen Feind (9. Jh. v. Chr.)

2 Tontafel mit dem Namenszug des assyrischen Königs Schamschi-adad I. (1813–1781 v. Chr.)

3 Assyrische Speerträger (8. Jh. v. Chr.)

4 Geflügelter Genius (9. Jh. v. Chr.)

Die Kampfweise der Assyrer

„Ungestüm waren sie, voll Wut, wie der Sturmgott verwandelt. Sie stürzten ins Kampfgewirr ohne Obergewand, sie prüften die Bänder, sie rissen die Kleider vom Leibe, sie banden das Haar, ließen tanzen im Kreise die Schwerter. Sie … hielten die scharfen Waffen in Händen. Die wilden Kämpfer, die kriegsgewaltigen Männer – sie stürmten heran, als wenn die Löwen sich packen …"

(„Tukulti-ninurta-Epos")

5 Kriegsgefangene auf dem Weg in die Deportation, Frauen und Kinder fahren auf einem Ochsenwagen (7. Jh. v. Chr.)

Das Neuassyrische Reich 883–612 v. Chr.

In der Zeit des Neuassyrischen Reiches dehnte sich die Militärmacht der Assyrer über Palästina und Israel bis nach Ägypten aus.

Eine erneute Zeit der Expansion erlebte Assyrien unter Assurnasirpal II. (883–859 v. Chr.): Jährlich stattfindende Kriegszüge sollten den Widerstand der benachbarten Völker brechen, den Eroberungen folgten grausame Massenhinrichtungen. Nach ihm führte Königin Sammu-Ramat, bekannt als Semiramis, zunächst

den Provinzen sowie das Erstarken Urartus im Norden gefährdeten das Reich, bis Tiglatpileser III. nach seiner Usurpation 744 v. Chr. zum eigentlichen Schöpfer des assyrischen Weltreiches wurde. Er drang im Westen bis Gaza vor, eroberte im Süden Babylon und besiegte im Norden den Herrscher von Urartu (S. 52).

angelegte Umsiedlungspolitik. Sein Nachfolger Salmanassar V. eroberte 722 Palästina und vernichtete den Staat Israel, der seine ❻ Tributzahlungen eingestellt hatte.

❻ Abgesandte des Königs Jehu von Israel bringen Tributgeschenke (9. Jh. v. Chr.)

Mit ❼, ❾ Sargon II. begann 722 eine neue Dynastie. Sein Sohn Sanherib zerstörte 688 Babylon und ließ seine Residenz ❽ Ninive durch Zwangsarbeiterheere prachtvoll ausbauen. Asarhaddon und Assurbanipal nach ihm versuchten, Ägypten zu erobern, konnten das Land jedoch wegen der Entfernung sowie Problemen im Innern des Reiches, wo Verwandte gegen sie opponierten, nicht halten. Hingegen gelang 646 die endgültige Unterwerfung Elams (S. 36). Auch die letzten hethitischen Kleinstaaten (S. 51) wurden im Verlauf des 7. Jh. dem neuassyrischen Reich einverleibt. Assurbanipal war auch ein den Künsten zugewandter Herrscher und ließ in Ninive die größte Keilschrift-Bibliothek der Antike anlegen: Nahezu alle bedeutenden Dichtungen des Alten Orients sind durch Abschriften aus seiner Bibliothek überliefert. Unter seinen Nachfolgern zerfiel das Reich, bis es 614/12 – durch innere Unruhen geschwächt – von Medern und Babyloniern erobert wurde.

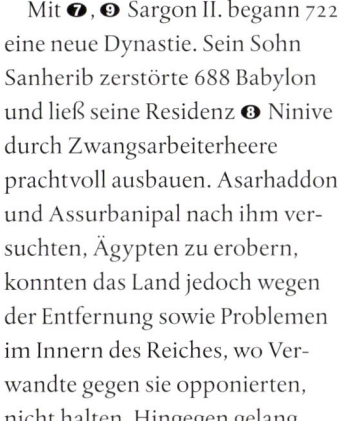

❼ Sargon II. (722–705 v. Chr.) mit einem hohen Würdenträger, vielleicht Kronprinz Sanherib

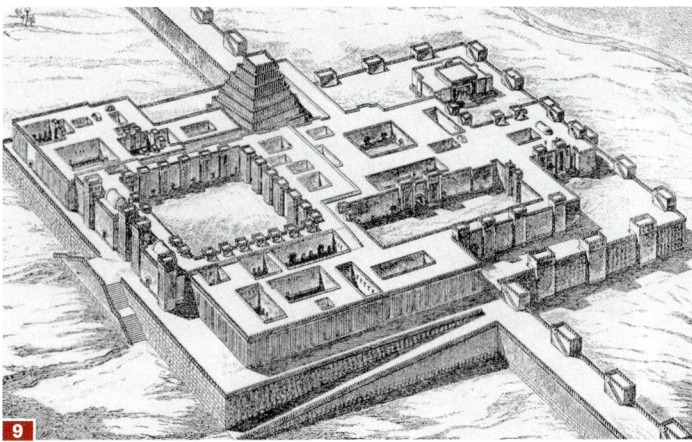

oben: Rekonstruktionszeichnung des Königspalastes von Ninive
unten: Rekonstruktionszeichnung des Palastes und Tempelbezirks von Chorsabad in Dur-Scharrukin, Irak, Residenz von Sargon II.

als Regentin sehr erfolgreich die Regierungsgeschäfte für ihren minderjährigen Sohn Adadnerari III., hatte aber auch nach dessen Volljährigkeit bedeutenden Einfluss auf die Herrschaft.

Eine Reihe schwacher Könige und selbstherrlicher Statthalter in

Gleichzeitig war er auch ein geschickter Verwaltungsfachmann: Nahezu alle Bereiche des Staates inklusive der Kriegsführung gestaltete er effizienter und stärkte die Reichsregierung durch neue Provinzeinteilungen sowie die Wirtschaftskraft durch eine groß

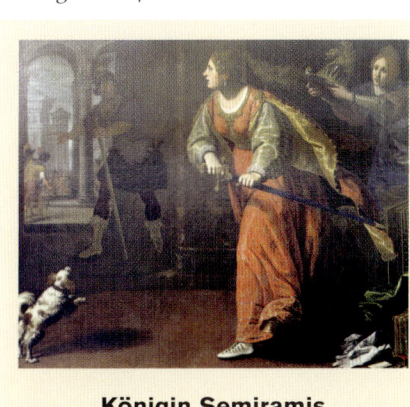

Königin Semiramis

Um die assyrische Königin Semiramis (810–782 v. Chr.), die nach dem Tod ihres Gatten allein regierte, entstanden viele Legenden. Sie soll zahlreiche Liebhaber gehabt haben und tat sich als Bauherrin sowie als Heerführerin hervor. Ihr schrieb man auch den Bau der „Hängenden Gärten" in Babylon zu.

oben: „Semiramis schlägt einen Aufstand in Babylon nieder" (Gemälde von Matteo Rosselli, 17. Jh.)

■ Das Altbabylonische Reich

Die Stadt Babylon im Herzen von Mesopotamien entwickelte sich im 2. Jt. v. Chr. zu einer neuen Vormacht in der Region.

Nach dem Niedergang der 3. Dynastie von Ur (S. 37) war das Altbabylonische Reich die beherrschende Vormacht im Zweistromland. Die 1. Dynastie von Babylon stammte von den semitischen Amoritern ab. Ihr bedeutendster Vertreter war König Hammurapi (1728–1686), der v. a. durch seinen ❶ Codex Hammurapi bekannt ist, dem ersten ausführlichen Rechtstext der Antike.

Dieser stellt eine Fallsammlung in 282 Paragraphen zu allen damals bekannten und relevanten Bereichen des Rechts dar. Die Strafen bei Vergehen richteten sich nach dem Grundsatz „Auge um Auge, Zahn um Zahn" und reichten von Auspeitschung und Verstümmelung bis hin zu Pfählen, Verbrennen und Ertränken. Im Vorwort des Codex beschreibt Hammurapi, der sich selbst „Hirt der Völ-

ker" nannte, wie der babylonische Reichsgott Marduk ihn beauftragt habe, Recht und Gerechtigkeit unter den Völkern einzuführen.

Bald nach seinem Tod geriet das Altbabylonische Reich in schwere Bedrängnis durch äußere Feinde wie die Hethiter (S. 50), die nach 1650 v. Chr. zur Großmacht aufstiegen. Seit 1531 beherrschten die Kassiten Babylon, nach 1155 die Elamiter (S. 36) und die sog. 2. Dynastie der weiter südlich gelegenen Stadt Isin. Nebukadnezar I., herausragender Vertreter dieser Dynastie, schlug in erfolgreichen Feldzügen die Elamiter und Assyrer zurück. Schließlich geriet Babylon, das durch das Eindringen aramäischer Stämme bereits geschwächt war, unter die Oberherrschaft der Assyrer.

> ### Aus dem 2. Epilog des **Codex Hammurapi**:
>
> *„Ich, Hammurapi, der vollkommene König, war für die Schwarzköpfigen (= die Untertanen), ... die mir als Hirten Marduk übergeben hat, nicht säumig, noch ruhte ich. Friedliche Stätten schaffte ich ihnen, drückende Nöte hielt ich fern, machte ihnen (das Leben) licht ... Die großen Götter haben mich berufen. Ich, der heilbringende Hirte, ... auf meinem Schoß hielt ich die Einwohner von Sumer und Akkad, von meiner Schutzgöttin geleitet gediehen sie, in Frieden lenkte ich sie ..."*

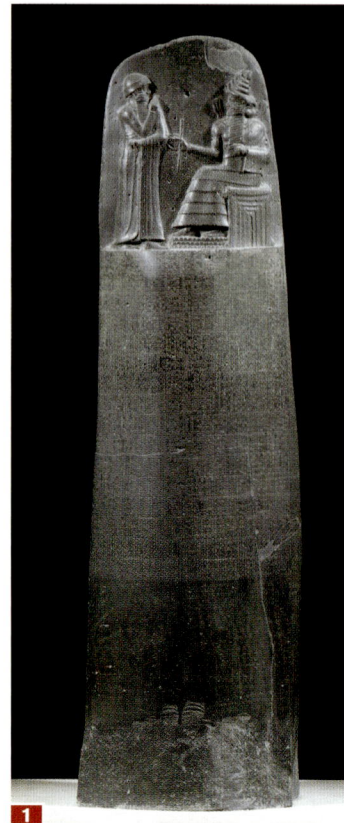

1　Gesetzesstele des Hammurapi mit dem König vor einer Gottheit

■ Das Neubabylonische Reich der Chaldäer　625–539 v. Chr.

Machtanspruch und Luxus des Neubabylonischen Reiches waren das Vorbild für das „Sündenbabel" des Alten Testaments.

Um 850 v. Chr. wanderten die Chaldäer, die zu den semitischen Stämmen der Aramäer gehörten, nach Südmesopotamien ein und lehnten sich im 8. Jh. v. Chr. gegen

die assyrische Oberherrschaft über Babylon auf. Sie konnten sich schließlich durchsetzen: Nabupolassar I. gründete das Neubabylonische Reich und vernich-

tete 614/12 v. Chr. zusammen mit den Medern die Assyrer.

Sein Sohn, der aus der Bibel bekannte ❷ Nebukadnezar II., widmete sich v. a. dem Ausbau ❸ Babylons. Hier ließ er den Tempelbezirk mit der ❺ Prozessionsstraße und dem Ishtar-Tor errichten und mit farbigen Ziegelreliefs auskleiden. Die Prozessionsstraße führte zu einem gewaltigen zentralen ❹ Zikkurat, der als ❻ „Turm zu Babel" berühmt wurde. Die ❾ „Hängenden Gärten" seiner Palastanlage wurden zu einem der Sieben Weltwunder der Antike. Daneben war Babylon auch eine Hochburg der Wissenschaft, v. a. von Astronomie,

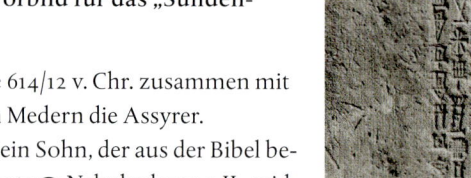

2　Siegel mit Namen und Titel von Nebukadnezar II. (604–562 v. Chr.)

3　Rekonstruktionszeichnung von Babylon unter Nebuchadnezzar II.

4　Rekonstruktion des unter Nebukadnezar II. erbauten Zikkurat von Babylon

Festzug in Babylon (Filmszene aus „The Fall of Babylon", USA 1916)

Turmbau zu Babel" (Gemälde von Pieter Bruegel d. Ä., 16. Jh.)

„Nebukadnezar belagert Jerusalem"
(Buchmalerei in einer mittelalterlichen
Bibelübersetzung, 14. Jh.)

„Menetekel"

Nach biblischer Überlieferung (Dan. 5) beleidigte Belsazar Gott, woraufhin eine Hand erschien und das sog. Menetekel an die Wand zeichnete. Dies deutete der Prophet Daniel als Warnung vor dem baldigen Untergang Babylons.

oben: „Gastmahl des Belsazar" (Gemälde von Rembrandt, 17. Jh.)

„Der Turm zu Babel"

Nebukadnezars „Turm zu Babel", ein fünfstufiger Tempel des Gottes Marduk, hatte eine quadratische Grundfläche von 91,5 m Seitenlänge und war etwa 90 m hoch. Er wurde „Etemenanki" („Haus, das das Fundament von Himmel und Erde ist") genannt. Man bestieg ihn über drei Treppen an der Südseite. Die obersten Stufen bildeten den mit blauen Ziegeln verkleideten zweigeschossigen Tempel. Nach 1. Mose 11 reichte er bis in den Himmel und galt als Symbol für den menschlichen Übermut, der mit der „babylonischen Sprachverwirrung" bestraft wurde.

Zwangsarbeiter transportieren einen
Steinblock (Film „Metropolis", 1927)

Astrologie und Mantik. Militärisch richtete sich Nebukadnezar zunächst gegen Ägypten und dann auch gegen Palästina (S. 57). 597 v. Chr. plünderte er ❼ Jerusalem, das die Tributzahlungen verweigert hatte, und zerstörte 587 v. Chr. den Staat Juda endgültig. Die Einwohner wurden in die ❽ „Babylonische Gefangenschaft" geführt und zu Zwangsarbeit verpflichtet. Von den phönizischen Stadtstaaten widerstand nur Tyros (S. 55) dem Eroberungsversuch Nebukadnezars.

Seine Nachfolger schwächten ihre Herrschaft durch Familienfehden, bis der Usurpator Narbonid das Reich noch einmal konsolidierte und die einfallenden Meder 553 v. Chr. zurückdrängte.

551 v. Chr. setzte er seinen Sohn Belsazar als Regenten in Babylon ein und zog sich selbst in die Oase Teima zurück. Als er 539 v. Chr. zurückkehrte, war es bereits zu spät: Die Perser unter Kyros II. vernichteten das Heer von Belsazar und zogen in Babylon ein.

Rekonstruktionszeichnung der sog. Hängenden Gärten von Babylon (18.Jh.)

| 626–605 v. Chr. | Nabupolassar I. | 597 v. Chr. | Plünderung Jerusalems | 553–539 v. Chr. | Narbonid | 539 v. Chr. | Eroberung Babylons |
| 604–562 v. Chr. | Nebukadnezar II. | 587 v. Chr. | Zerstörung von Juda | 551 v. Chr. | Regent Belsazar | | |

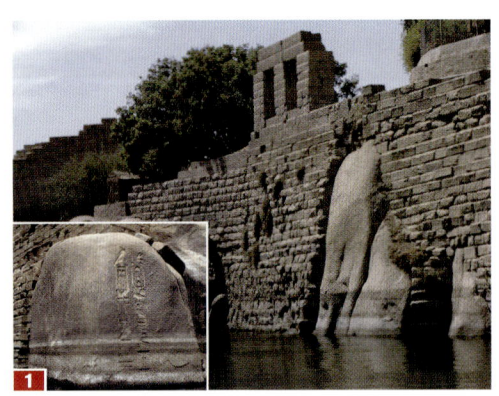

1

DAS ALTE ÄGYPTEN 2900–332 V. CHR.

Die Hochkultur des Alten Ägyptens entwickelte sich in der Flussoase, die der Nil in den nordafrikanischen Wüsten bildet. Auf diese Weise geografisch relativ abgeschlossen, unterschied sich Ägyptens Entwicklung z. T. stark von der im übrigen Vorderen Orient, was beispielsweise Religion, Kunst, die Schrift oder gesellschaftliche Entwicklungen betraf. Obwohl natürlich auch Ägypten Einflüssen von außen ausgesetzt war, erscheint die Kultur doch über den sehr langen Zeitraum ihrer Geschichte hinweg in ihren Grundzügen sehr homogen.

Nilometer zur Messung der Hochwasser mit Wasserstandsanzeigen seit 2000 v. Chr.

■ Die vordynastische Zeit

Noch in vordynastischer Zeit wurden die beiden Landesteile Ober- und Unterägypten zu einem Staatswesen vereinigt.

Ägypten liegt in dem langgestreckten ❹ Niltal, das im Westen und Osten von Wüsten umgeben ist. Die zwischen Juli und Oktober auftretenden ❶ Hochwasser führten fruchtbaren Schlamm mit sich, der die Grundlage für eine äußerst ertragreiche ❸ Landwirtschaft

bildete. Das Land teilt sich in Oberägypten, wo der Nil durch ein enges Tal fließt, und Unterägypten, wo der Fluss ein breites Delta bildet, bevor er in das Mittelmeer mündet. In der Frühzeit, um 2900 v. Chr., entstanden in beiden Regionen voneinander unabhängige Reiche, die sich feindlich gegenüberstanden.

Der vordynastische Herrscher Oberägyptens, ❷ Narmer, eroberte das Nildelta und vereinte beide Landesteile. An der Grenze

2

Votivpalette mit dem Reichseiniger Narmer, einem Gefangenen und dem Horusfalken (um 3000 v. Chr.)

Die Herrscherdynastien

Bis zur Ankunft Alexanders des Großen 332 v. Chr. wird die Abfolge der ägyptischen Herrscher in 30 bzw. 31 Dynastien unterteilt.

Frühzeit	(1.+2. Dynastie)	2900–2660
Altes Reich	(3.–6. Dynastie)	2660–2160
1. Zwischenzeit	(7.–10. Dynastie)	2160–2040
Mittleres Reich	(11.–12. Dynastie)	2040–1785
2. Zwischenzeit	(13.–17. Dynastie)	1785–1552
Neues Reich	(18.–20. Dynastie)	1552–1070
3. Zwischenzeit	(21.–24. Dynastie)	1070–712
Spätzeit	(25.–31. Dynastie)	712–332

„Das Geschenk des Nils"

Im 5. Jh. v. Chr. notierte der griechische Historiker und Reisende Herodot über Ägypten: „Heute freilich gibt es kein Volk auf der Erde ..., wo die Früchte des Bodens so mühelos gewonnen werden wie hier. Sie haben nicht nötig, mit dem Pfluge Furchen in den Boden zu ziehen, ihn umzugraben und die anderen Feldarbeiten zu machen, mit denen die übrigen Menschen sich abmühen. Sie warten einfach ab, bis der Fluss kommt, die Äcker bewässert und wieder abfließt."

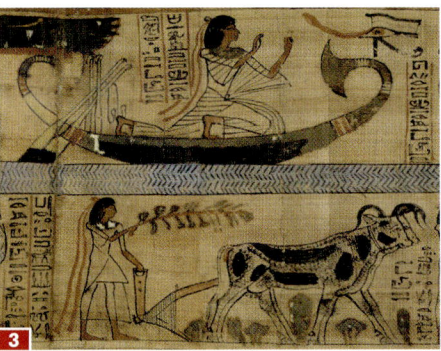

3

oben: Schifffahrt und Ackerbau
links: Felder auf dem schmalen Streifen fruchtbaren Kulturlandes im Niltal

zwischen den Regionen oberhalb des heutigen Kairo gründete er die neue Hauptstadt Memphis. Erst mit Aha begann um 2900 v. Chr. die Herrschaft der 1. Dynastie. Die Teilung in Ober- und Unterägypten trat in der Geschichte Ägyptens immer wieder hervor, denn sobald die Zentralgewalt abnahm, strebten die einzelnen Reichsteile nach Unabhängigkeit.

4

■ Das Alte Reich

Bereits im Alten Reich entstanden die berühmtesten Pyramiden Ägyptens, die von der Hierarchisierung der Gesellschaft der ägyptischen Kultur zeugen.

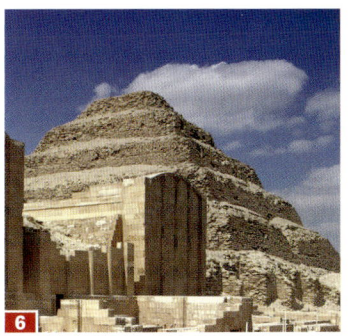

6
Die Stufenpyramide von Pharao Djoser in Sakkara (um 2600 v. Chr.)

Seit Beginn der ägyptischen Kultur war das Herrschertum eng mit der Religion verknüpft. Zunächst galt der Pharao als Statthalter des Himmelsgottes ❾ Horus, seit der 5. Dynastie aber wurde er als Sohn des Sonnengottes Re verehrt. Bei jeder Thronbesteigung vollzog der neue Pharao symbolisch die Vereinigung von Ober- und Unterägypten, indem er sich mit der Doppelkrone beider Landesteile krönen ließ.

Regelmäßig erhoben die Herr-. scher Steuern, deren Höhe sich nach der Größe der Felder und der ❼ Anzahl des Viehs richtete. Während der Trocken- und Über-

9 Pharao Chephren mit dem Horusfalken (um 2500 v. Chr.)

schwemmungszeiten war die Bevölkerung zu Gemeinschaftsarbeiten verpflichtet. Hierzu gehörten der Kanal- und Dammbau, aber auch die Errichtung der königlichen Grabstätten. Neben dem Pharao waren die Priesterschaft, ❽ hohe Beamte und Provinzgouverneure die größten Grundbesitzer des Landes. Deshalb übten sie großen politischen Einfluss aus, zumal viele Posten

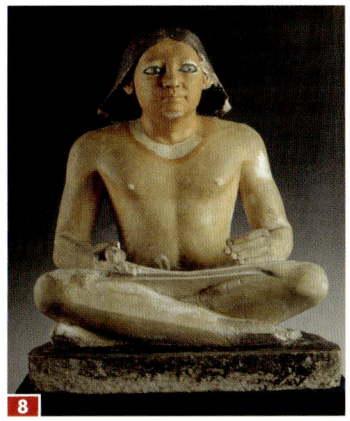

8
Beamter (um 2500 v. Chr.)

im Laufe der Zeit erblich wurden und sich einzelne Personen so eine Hausmacht ausbauen konnten.

Einer der bedeutendsten Pharaonen des Alten Reiches war Djoser aus der 3. Dynastie, bekannt durch seine ❻ Stufenpyramide bei Sakkara. Der Architekt dieses Bauwerks war Imhotep, der sich auch als Arzt, Priester und Beamter hervortat. Er gilt als einer der ersten Universalgelehrten der Geschichte und

10 Die Pyramiden von Giseh (3. Jt. v. Chr.)

wurde in späterer Zeit wie ein Gott verehrt.

Unter der 4. Dynastie erreichte das Alte Reich seinen Höhepunkt. Pharao Snofru unternahm Expeditionen in den Süden nach Nubien (dem heutigen Sudan) und in den Westen nach Libyen, um ❺ Kriegsbeute wie Gold, Elfenbein und Sklaven zu gewinnen. Sein Sohn Cheops hinterließ die ❿ Cheopspyramide von Giseh bei Kairo, . das einzig erhaltene der sieben Weltwunder. Auch seine Nachfolger Chephren und Mykerinos erbauten in Giseh große Grabanlagen. Chephren gilt auch als Erbauer der Sphinx, deren genaue Bestimmung unklar ist.

Nach der mehr als 90-jährigen Regierungszeit Phiops' II. aus der 6. Dynastie kam es aber zu Auflösungserscheinungen:

5
Nubier mit Tieren und Schmuck (um 1340 v. Chr.)

Machtkämpfe und Königsmord am Hof sowie die Unabhängigkeitsbestrebungen der Provinzgouverneure führten schließlich zum Ende des Alten Reiches.

7
Holzmodell einer Viehzählung (um 1990 v. Chr.)

Die Entwicklung der Pyramiden

Pyramiden wurden von der 3. bis zur 17. Dynastie sowie später von den Kuschiten (25. Dynastie) errichtet. Vorläufer der Pyramiden waren die Grabhügel der vordynastischen Zeit, die zu den rechteckigen Mastabas (arab. „Bank") weiterentwickelt wurden. Durch das Übereinandersetzen mehrerer Mastabas entstanden die Stufenpyramiden, durch Auffüllen der Absätze schließlich im Laufe der Zeit echte Pyramiden mit geraden Seiten.

1552–1070 v. Chr. | Neues Reich (18.–20. Dynastie)   712–332 v. Chr. | Spätzeit (25.–30./31. Dynastie)   3. Jh. v. Chr. | Zählung der Dynastien wird festgesetzt

1070–712 v. Chr. | Dritte Zwischenzeit (21.–24.Dynastie)   332 v. Chr. | Ankunft Alexanders des Großen in Ägypten

1

Blick über den Heiligen See auf den Großen Amun-Re-Tempel in Karnak, Theben

2 Thutmosis III. opfert vor dem Gott Amun-Re (Wandmalerei im Hathor-Tempel, um 1440 v. Chr.)

◼ Die 1. und 2. Zwischenzeit und das Mittlere Reich 2160–1552 v. Chr.

Zwischen zwei Perioden der Schwäche und Spaltung Ägyptens lag die Epoche des Mittleren Reiches.

In der sog. 1. Zwischenzeit nach dem Niedergang des Alten Reiches zerfiel Ägypten wieder in die verschiedenen Landesteile, deren Machthaber sich gegenseitig in einem Bürgerkrieg bekämpften.

Dies führte zum vollständigen Zusammenbruch der Verwaltung, des Handels und der Wirtschaft. Die Bevölkerung litt unter ❸ Hungersnöten, da Bewässerung und Vorratshaltung vernachlässigt wurden. Im Machtkampf um die Vorherrschaft über ganz Ägypten konnten sich schließlich die Provinzgouverneure von Theben in Oberägyp-

ten aus der 11. Dynastie durchsetzen. Sie eroberten Unterägypten und begründeten das Mittlere Reich.

Die Pharaonen der 11. und 12. Dynastie entmachteten die restlichen Provinzgouverneure und zentralisierten die Verwaltung erneut. Die Verlagerung des Reichszentrums nach Oberägypten zeichnete sich auch in der Religionspolitik ab: Der in der neuen Hauptstadt ❶ Theben besonders verehrte Gott Amun wurde mit dem Sonnengott Re, dessen Haupttempel im unterägyptischen Heliopolis in der Nähe der alten Hauptstadt Memphis lag, zum Staatsgott ❷ Amun-Re vereinigt. Ihm zu Ehren entstanden in Theben, dem heutigen Luxor und Karnak, große Tempelanlagen. Unter Pharao Sesostris III. (um 1878–1842) reichte der ägyptische Einfluss wieder von Nubien über den Sinai bis zu den reichen Handelsstädten im Libanon (S. 54). Sesostris' Sohn ❹ Amenemhet III. (um 1842–1797) ließ ei-

nen Nebenarm des Nil umleiten, um die Oase von Faijum zu erschließen. Hier wurde für den König auch die letzte der großen Pyramiden errichtet. Spätere Pharaonen ließen sich nach thebanischer Tradition in unterirdischen Grabanlagen im ❻ Tal der Könige westlich der Hauptstadt bestatten.

In der nach dem Ende der 12. Dynastie anbrechenden 2. Zwischenzeit spaltete sich das Land wieder in Unter- und Oberägypten. Dies begünstigte den ❺ Einfall der Hyksos („Herrscher der Fremdländer"), einer Gruppe indogermanischer und semitischer Stämme (S. 32). Sie brachen in Unterägypten ein und

gründeten mit Auaris eine Hauptstadt im Nildelta, von der aus sie als Pharaonen über Unterägypten herrschten, während in Theben in Oberägypten weiterhin einheimische Dynastien regierten.

3 links: Abgemagerter Mann mit Schüssel (um 2000 v. Chr.)
unten: Einfall der Hyksos in Ägypten (Holzstich, 19. Jh.)

5

6

Das Tal der Könige westlich von Theben

4 Amenemhet III.

1878–1842 v. Chr. | Pharao Sesostris III.   um 1650 v. Chr. | Einfall der Hyksos   1506/05–1493 v. Chr. | Thutmosis I.

1842–1797 v. Chr. | Amenemhet III.   1552–1364 v. Chr. | Neues Reich

Das Neue Reich I 1552–1364 v. Chr.

Seinen machtpolitischen Höhepunkt erlebte das Alte Ägypten zur Zeit des Neuen Reiches. Die Pharaonen der 18. Dynastie machten Ägypten zum beherrschenden Staat im Vorderen Orient.

8 Thutmosis III. (um 1460 v. Chr.)

Im Süden eroberte Ahmoses Sohn Thutmosis I. (1506/05–1493) ganz Nubien und gliederte es in das ägyptische Reich ein.

Seine Tochter ❾ Hatschepsut (um 1488–1468) war mit ihrem Halbbruder Thutmosis II. verheiratet worden. Nach dessen Tod führte sie zunächst die Regentschaft für ihren Neffen Thutmosis III. Schließlich nahm sie selbst den Titel eines Pharao an und bescherte Ägypten eine Zeit des Friedens und des Wohlstandes. Große Handelsexpeditionen wurden unternommen, z. B. in das Land Punt (heute Eritrea und Somalia). Wie andere Pharaonen ließ sie sich einen eigenen, prächtigen ⓫ Totentempel errichten, eines der bedeutendsten Bauwerke seiner Art.

Nach ihrem Tod ließ ❽ Thutmosis III. (1490–1436) das Andenken an seine Stiefmutter und Tante auslöschen. Unter ihm erreichte das Neue Reich seine größte Ausdehnung vom Euphrat im Norden bis weit in den heutigen Sudan hinein. Gegen die immer mächtiger werdenden Hethiter verbündeten sich nachfolgende Pharaonen mit dem Mitannireich. Diese Bündnispolitik wurde durch dynastische Heiraten unterstützt. So vermählte sich ❼ Amenophis III. (1402–1363) außer mit der Ägypterin Teje auch mit zwei Mitanniprinzessinnen. Amenophis III. trat v. a. als ❿ Bauherr hervor. Ansonsten war seine lange Regierungszeit von einem allmählichen Niedergang der 18. Dynastie geprägt, den sein Sohn Amenophis IV. (Echnaton) durch seine Religionspolitik noch beschleunigte.

oben: Statue von Amenophis III. und Königin Teje (um 1370 v. Chr.)
unten: „Die Memnons-Kolosse während des Hochwassers"; Überreste des Totentempels von Amenophis III. in Theben-West (Gemälde, 19. Jh.)

9 Königin Hatschepsut mit dem traditionellen künstlichen Zeremonienbart der Pharaonen (um 1490 v. Chr.)

10

Den Herrschern von Theben gelang es unter Ahmose, dem ersten Pharao der 18. Dynastie, die Hyksos zu besiegen und den ägyptischen Machtbereich bis an die syrische Grenze auszudehnen.

Die Frauen im Alten Ägypten

Die ägyptischen Frauen waren relativ gleichberechtigt. Sie konnten selbstständig Rechtsgeschäfte abschließen und die meisten Berufe ausüben. Auch in der Ehe war die Frau dem Mann gleichgestellt. Polygamie war nur im Königshaus üblich. Unter den Frauen des Pharao konnte die „Große Königsgemahlin" – z. B. Teje und Nofretete – zu großem Einfluss gelangen. In Einzelfällen herrschten Frauen auch selbst als Pharao. Die Geschwisterehe sollte die Reinheit der vergöttlichten Dynastie sichern. V. a. wenn ein Pharao von einer Nebenfrau abstammte, was auf die meisten Könige der 18. Dynastie zutraf, sicherte er seine Herrschaft durch die Heirat mit einer Halbschwester aus der Hauptlinie ab. In der Spätzeit standen die „Gottesgemahlinnen des Amun" offiziell an der Spitze der thebanischen Theokratie in Oberägypten.

Nofretete (um 1355 v. Chr.)

11

Terrassenförmiger Totentempel der Königin Hatschepsut in Deir el-Bahari in Theben-West (um 1470 v. Chr.)

um 1488–1468 v. Chr. | Hatschepsut   **1402–1363 v. Chr.** | Amenophis III.

1490–1436 v. Chr. | Thutmosis III.   **1364–1348 v. Chr.** | Amenophis IV. (Echnaton)

um 7000 v. Chr.–200 n. Chr.

Erste Großreiche

■ Das Neue Reich II: Die Amarnazeit 1364–1306 v. Chr.

Amenophis IV. führte eine Art Monotheismus ein und zog sich damit den Unwillen der Priester zu.

1 Töchter des Echnaton und der Nofretete vor der Sonnenscheibe Atons (Relief, um 1355 v. Chr.)

2 Nofretete fährt durch die Hauptstadt (Zeichnung, 20. Jh.)

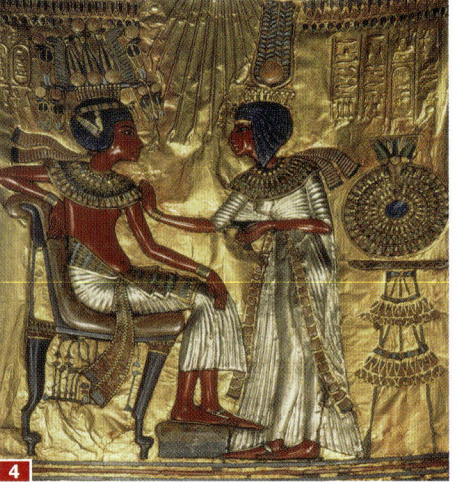

3 Porträt von Echnaton (um 1355 v. Chr.)

Gleichzeitig wurde ein neuer, **❹** naturalistischerer Kunststil verbreitet. Im zwölften Jahr seiner Regierung stockte der Reformeifer. **❷** Nofretete, die bisher als „Große Königsgemahlin" gleichberechtigt neben ihrem Gemahl aufgetreten war, wurde durch die Mitanniprinzessin Kije (S. 52) abgelöst. Ein Grund könnte die wachsende Bedrohung durch die Hethiter gewesen sein, gegen die sich Ägypten und Mitanni verbündeten. Bald nach Echnatons Tod wurden die alten Kulte rehabilitiert. Das Andenken an den „Ketzerkönig" versuchte man auszulöschen.

Die beiden folgenden Könige heirateten jeweils eine **❶** Tochter Echnatons und Nofretetes, um die dynastische Kontinuität zu sichern. Der zweite von ihnen, der junge Tut-ench-Aton, wandelte im Zuge der Rückbesinnung auf die alten Traditionen seinen Namen in Tut-ench-Amun um. Ansonsten war er politisch be-

Schon unter Amenophis III. war die Verehrung der Sonnenscheibe Aton am Königshof verbreitet gewesen. Der neue Pharao Amenophis IV. (1364–1348) ließ nun radikal alle anderen Kulte verbieten. Er nahm den Namen **❸** Echnaton an („der dem Aton wohlgefällig ist") und gründete eine neue Hauptstadt, Echetaton („Lichtort des Aton") in der Ebene von Tell el-Amarna in Mittelägypten. Damit ging auch eine Entmachtung der einflußreichen Priesterschaft des Amun-Re in Theben einher.

deutungslos. Die Generäle hatten durch die ständigen Kämpfe mit den Hethitern immer mehr an Einfluss gewonnen.

Aus dem Aton-Hymnus des Echnaton

„Wie schön erscheinst Du im Horizont des Himmels. Du lebender Aton, der zuerst gelebt hat. Du gehst auf im östlichen Horizont und erleuchtest jedes Land mit Deiner Schönheit ... Deine Strahlen umarmen die Länder, so viel Du ihrer gemacht hast ... Du bist fern und Deine Strahlen (aber) sind auf Erden ... Gehst Du unter im westlichen Horizont, so ist die Erde im Dunkel, als wäre sie tot ... Die Erde liegt im Schweigen, denn der sie geschaffen hat, ruht in seinem Horizont. Wenn es tagt und Du wieder aufgehst im Horizont und als Aton am Tag leuchtest, so vertreibst Du das Dunkel und schenkst Deine Strahlen ... Der Du Atem gibst, um jedes Geschöpf zu beleben ... Du setzest jeden an seine Stelle und gibst ihnen, wessen sie bedurfen."

4 Naturalistische Darstellung von Tut-ench-Amun und seiner Gemahlin Anchesenpaaton auf einem Relief des Thronsessels (um 1340 v. Chr.)

„Der Fluch des Pharao"

Die Entdeckung der fast unversehrten Grabanlage von Tut-ench-Amun 1922 war die größte archäologische Sensation des 20. Jahrhunderts. Allerdings starben bald viele an der Ausgrabung Beteiligte unter mysteriösen Umständen: Die Legende vom „Fluch des Pharao" war geboren. Heute glaubt man, einige Todesfälle auf in der Grabkammer konservierte seltene Bakterien, Pilze oder Viren zurückführen zu können.

oben: Sarkophag des Pharao Tut-ench-Amun

Das Neue Reich II: Die Ramessidenzeit 1306–1070 v. Chr.

Die Pharaonen der 19. und 20. Dynastie, die fast alle den Namen Ramses trugen, konnten nur unter großen Anstrengungen den Großmachtanspruch Ägyptens aufrechterhalten.

5 Mumie von Ramses II.

Nach dem Tod des Pharao Tutench-Amun usurpierten mehrere Heerführer den Thron. Nach dem Ende der 18. Dynastie konnte sich schließlich Ramses I. durchsetzen und etablierte um 1306 v. Chr. eine neue Dynastie. Während Theben religiöser Mittelpunkt blieb, wurde der Regierungssitz in das Nildelta verlegt, von wo aus die heftig umkämpfte Front zu den Hethitern im Norden leichter zu

Die Israeliten in Ägypten

Zu den vielen Fremden, die in Ägypten lebten, gehörten auch die Israeliten (S. 56), die als Zwangsarbeiter ausgebeutet wurden. Gleichzeitig sah man sie als Gefahr an: „In Ägypten kam ein neuer König an die Macht ... Er sagte zu seinem Volk: Seht nur, das Volk der Israeliten ist größer und stärker als wir. ... Wenn ein Krieg ausbricht, können sie sich unseren Feinden anschließen, gegen uns kämpfen und sich des Landes bemächtigen. Da setzte man Fronvögte über sie ein, um sie durch schwere Arbeit unter Druck zu setzen. Sie mussten für den Pharao die Städte Pitom und Ramses als Vorratslager bauen." (Exodus 1, 8–11)

erreichen war. Zu einer neuen Bedrohung erwuchsen die libyschen Nomaden, die von Westen aus immer wieder in Ägypten einfielen.

Zur wichtigsten **8** Schlacht mit den Hethitern (S. 51), denen sich der Amoriterfürst von Kadesch in Syrien angeschlossen hatte, kam es 1285 v. Chr.: **6** Ramses II., der Enkel Ramses' I., zog ihnen mit einem riesigen Heer entgegen, um den voll-

8 Ramses II. in der Schlacht von Kadesch (Zeichnung, 19. Jh.)

ständigen Verlust von Syrien und Palästina zu verhindern, doch nur durch Zufall entging er einer schweren Niederlage. Die Schlacht von Kadesch blieb unentschieden, und 1259 wurde ein Friedensvertrag geschlossen (S. 51). Den außenpolitischen Schwierigkeiten Ramses' II. stand seine ungeheure Bautätigkeit gegenüber. Unter den vielen Tempeln, die er erneuern oder neu erbauen ließ, ist der **9** Felsentempel von Abu Simbel der berühmteste.

Auch der bedeutendste Pharao der 20. Dynastie, **6** Ramses III. (1193–1162 v. Chr.), musste Ägyp-

ten gegen heftige Angriffe verteidigen. Die Seevölker (S. 33), u. a. die griechischen Achaier und **7** Philister (S. 56), drangen im Bündnis mit den Libyern über den Land- und Seeweg nach Ägypten vor. Der Pharao konnte langfristig nicht verhindern, dass sich die Philister in Palästina und die Libyer in Ägypten niederließen. In der Folge kamen der Handel und die Tributzahlungen zum Erliegen. Trotzdem verfolgte Ramses III. weiterhin ehrgeizige Bauvorhaben. Doch wegen der wirtschaftlichen Probleme konnten die auf den Großbaustellen beschäftigten Arbeiter und die angeworbenen Söldnertruppen nicht mehr bezahlt werden. Dies führte zu sozialen Spannungen und Rebellionen, die u. a. in den ersten nachgewiesenen Streik der Geschichte mündeten. Ramses III. wurde schließlich in einer Palastintrige ermordet. Seine Nachfolger verloren vollends die Kon-

6 Ramses III. mit einem seiner Söhne (um 1370 v. Chr.)

7 Gefangene Philister (Relief am Totentempel Ramses' III. in Medinet Habu)

trolle über das Land. Die in Ägypten lebenden Fremdvölker, Nachkommen von Söldnern oder Zwangsarbeitern, begehrten auf, während die Hohepriester des Amun von Theben in Oberägypten eine Theokratie errichteten. Mit dem Ende der 20. Dynastie spaltete sich Ägypten wieder in verschiedene Landesteile auf.

9 Felsentempel Ramses' II. in Abu Simbel

1303–1290 v. Chr. | Sethos I.   1259 v. Chr. | Friedensvertrag mit Hattusili III.   1224–1214 v. Chr. | Merenptah

um 1306 v. Chr. | Ramses I.   1290–1224 v. Chr. | Ramses II.   um 1193–1162 v. Chr. | Ramses III.

■ Die 3. Zwischenzeit und die Spätzeit 1070–332 v. Chr.

Während der 3. Zwischenzeit spaltete sich Ägypten wieder in verschiedene Landesteile. In der Spätzeit wechselten Besetzungen durch fremde Mächte mit Phasen der Unabhängigkeit ab.

1 Pharao Scheschonk I. hält israelitische Gefangene an ihren langen Haaren (um 930 v. Chr.)

Die auf die 20. Dynastie folgenden Pharaonen regierten nun über Unterägypten. Die Anführer libyscher Söldnertruppen wurden immer mächtiger, bis einer von ihnen, ❶ Scheschonk I., 945 v. Chr. selbst die Königsherrschaft beanspruchte. Durch dynastische Verbindungen konnten die libyschen Pharaonen zunächst einen gewissen Einfluss auch in Oberägypten ausüben. Später zerfiel Unterägypten in eine Vielzahl libyscher Fürstentümer und Königreiche. Parallel etablierten die ❷ Hohepriester des Amun von Theben aus eine Art Theokratie über Oberägypten. Sie legitimierten ihre Herrschaft durch Weissagungen der ❹ „Gottesgemahlin des Amun". Dieses Amt wurde in der Regel mit Prinzessinnen aus den libyschen, später aus den kuschitischen Königshäusern besetzt.

Die Kuschiten (S. 154) waren seit etwa 740 v. Chr. von Nubien aus nach Oberägypten vorgedrungen. Sie setzten sich formal als Pharaonen durch und vereinigten Ägypten 712 v. Chr. unter der ❸ 25. Dynastie. Ab 671 v. Chr. fielen die Assyrer (S. 39) mehrmals in Ägypten ein. Als Statthalter setzten sie Psammetich I. ein, einen libyschen Fürsten des Nildeltas, der sich 664 v. Chr. mit Hilfe griechischer Söldner unabhängig machte und die 26. Dynastie begründete. Er zwang die kuschitische „Gottesgemahlin des Amun", eine seiner Töchter als Nachfolgerin zu adoptieren, und brachte so bis 656 v. Chr. auch Oberägypten unter seine Herrschaft. Neben Söldnern holte Psammetich I. griechische Händler nach Ägypten, die sich v. a. im Nildelta niederließen. In der Folgezeit wurden die Beziehungen zu den Griechen enger. Die Pharaonen heirateten Griechinnen, stifteten Weihegeschenke in Delphi und prägten Münzen nach griechischem Vorbild. 525 v. Chr. wurde Ägypten von den ❺ Persern (S. 61 f.) erobert, die das Land in ihr Reich eingliederten. Nach mehreren Aufständen erlangte

Ägypten 404 v. Chr. seine Unabhängigkeit zurück, bis es 343 v. Chr. erneut persisch wurde.

Als Alexander der Große das Perserreich 332 v. Chr. eroberte, gelangte auch Ägypten unter seine Herrschaft. Nach seinem Tod fiel Ägypten an die Ptolemäer, unter denen das Land erneut aufstieg.

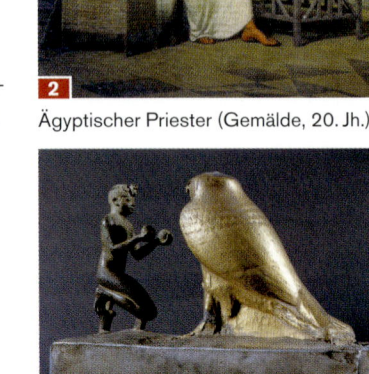

2 Ägyptischer Priester (Gemälde, 20. Jh.)

3 Taharka aus der 25. Dynastie vor Falkengott Hemen

Die ägyptische Hieroglyphenschrift

Die ägyptische Bilderschrift fand insbesondere auf Monumenten und in religiösen Texten Verwendung. Im Alltag benutzten die Ägypter einfachere Versionen, bis man zur Zeit des frühen Christentums dazu überging, die ägyptische Sprache in griechischen Buchstaben zu schreiben. Dadurch ging die Kenntnis der alten Hieroglyphen immer mehr verloren. Im Jahre 1799 entdeckte ein Offizier, der mit Napoleon nach Ägypten gekommen war, den „Stein von Rosette" aus dem 2. Jh. v. Chr., auf dem ein Text in Hieroglyphen und in Griechisch eingemeißelt war. So konnten 1822 die Hieroglyphen zum ersten Mal entziffert werden.

oben: Der Stein von Rosette (196 v. Chr.)

Die „Gottesgemahlin des Amun" Karomama (um 870 v. Chr.)

5 Pharao Psammetich III. besiegt und abgesetzt vom Perserkönig Kambyses (Gemälde, 19. Jh.)

■ Die ägyptische Religion

Die ägyptische Religion kannte eine Vielzahl von Göttern. Ihre Bedeutung war durch politische Umstände beeinflusst und Veränderungen unterworfen.

Anfänge der ägyptischen Religion sind im 4. Jt. v. Chr. nachweisbar. Zunächst waren die Götter tiergestaltig, später auch menschlich. Oft wurden sie aber dann noch als Mischwesen dargestellt wie etwa der falkenköpfige Gott Horus

8
Osiris (ägyptische Malerei, um 1306 v. Chr.)

11
Samenbeet in Form des Gottes Osiris (2. Jt. v. Chr.)

12
Gruppe von Klageweibern

oder der widderköpfige Gott ❼ Amun. Unter den unzähligen Göttern hatten die Lokalgötter der wichtigsten religiösen Zentren und Hauptstädte stets eine besondere Bedeutung und wurden im Rahmen eines offiziellen Staatskultes als Reichsgötter verehrt. Im Alten Reich trat v. a. der Sonnengott Re von Heliopolis in der Nähe der Hauptstadt Memphis hervor. Nach dem Aufstieg Thebens während des Mittleren Reiches stieg dessen Lokalgott Amun zur höchsten Gottheit auf und verschmolz mit Re zu Amun-Re. Pharao Echnaton versuchte ohne Erfolg, die alleinige Verehrung Atons durchzusetzen, der nicht personell dargestellt wurde, sondern durch das Symbol einer Sonnenscheibe.

Die Ägypter stellten sich vor, dass auch die Götter altern und sterben. Der als Mumie dargestellte ❽ Osiris verkörperte das Todesschicksal. Er wurde von seinem Bruder, dem Wüstengott Seth, getötet und zerstückelt, dann aber durch seine Schwester ❾, ❿ Isis wiederbelebt. So war Osiris auch ein Symbol der ⓫ Fruchtbarkeit und Lebenskraft. Die ersten Pharaonen galten als Stellvertreter des Horus, des Sohnes von Isis und Osiris. Seit dem späten Alten Reich ist die Vorstellung von einem Toten-

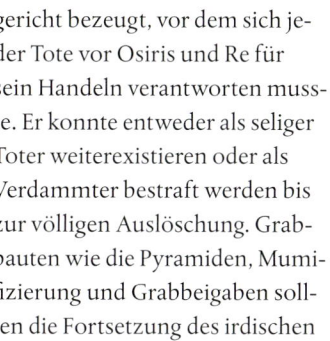

9 Thronende Isis stillt den Horusknaben (7. Jh. v. Chr.)

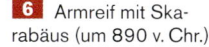

6 Armreif mit Skarabäus (um 890 v. Chr.)

gericht bezeugt, vor dem sich jeder Tote vor Osiris und Re für sein Handeln verantworten musste. Er konnte entweder als seliger Toter weiterexistieren oder als Verdammter bestraft werden bis zur völligen Auslöschung. Grabbauten wie die Pyramiden, Mumifizierung und Grabbeigaben sollten die Fortsetzung des irdischen Lebens nach dem Tod ermöglichen, ⓬ Rituale und Zaubersprüche den Schutz des Toten garantieren. Aber auch im Diesseits benutzten die Ägypter Amulette und Glücksbringer wie den ❻ Skarabäus, um Gefahren zu bannen oder bestimmte Ziele zu erreichen. Mit dem Niedergang des Neuen Reiches und dem Verfall der politischen Macht des Königtums nahm auch die Rolle des Pharao als Bindeglied zwischen den Menschen und Göttern ab. Nun wurden auch bestimmte Tiergattungen wie etwa Katzen und Krokodile als Mittler verehrt und nach ihrem Tod wie Menschen mumifiziert und auf Friedhöfen bestattet. Der griechische Einfluss ab der Spätzeit führte zur Ausbildung von Mysterienkulten insbesondere um Isis und Osiris, die später auch im Römischen Reich weit verbreitet waren.

7
Statue des widderköpfigen Gottes Amun (3. Jh. v. Chr.)

10
Isiskult (römische Wandmalerei, 1. Jh.)

Aus dem ägyptischen Totenbuch

„Ich eröffne die Bahnen, im Himmel gleich wie auf Erden. Denn dein liebender Sohn, Osiris, bin ich! Geist bin ich geworden, geläutert, geheiligt … Götter des unermesslichen Himmels! Göttliche Geister! Ihr alle, schauet mich an! Nun hab ich vollbracht meine Reise und erscheine vor euch."

oben: Verstorbener beim Rauch- und Trankopfer (aus einem Totenbuch, 13./12. Jh. v. Chr.)

| um 404 v. Chr. | Ägyptische Aufstände | | 332 v. Chr. | Ägypten unter Alexander dem Großen |

| 525 v. Chr. | Persische Eroberung Ägyptens | | 343 v. Chr. | Wiedereroberung durch Persien |

DIE HETHITER 1570–650 v. Chr.

Die Hethiter waren ein indogermanisches Volk, das im 2. Jt. v. Chr. aus den Steppen nördlich des Schwarzen Meeres nach Kleinasien einwanderte. Von hier aus drangen sie bis nach Syrien und Mesopotamien vor und errichteten ein Großreich, das mit dem ägyptischen Neuen Reich um die Vorherrschaft im Vorderen Orient konkurrierte, dann aber um 1200 v. Chr. unterging.

1 Bogenschütze und Wagenlenker (9. Jh. v. Chr.)

■ Das Alte Reich um 1570–1343 v. Chr.

Die Hethiter trafen in Kleinasien auf eine alte, hoch entwickelte Zivilisation, von der sie kulturelle Errungenschaften und religiöse Vorstellungen übernahmen.

2 Hethitisches Ehepaar (um 800 v. Chr.)

Die hethitischen Götter

Neben ihren eigenen Göttern übernahmen die Hethiter viele Gottheiten und religiöse Vorstellungen der benachbarten Völker. An der Spitze des hethitischen Pantheons stand stets ein Götterpaar, das mit dem Wetter und der Sonne in Verbindung gebracht und in einem offiziellen Staatskult verehrt wurde. Im religiösen Leben spielten daneben Pflanzen-, Berg- und Quellgottheiten eine Rolle.

Hethitische Götter

3

Schon um 7000 v. Chr. lag in Kleinasien mit Çatal Hüyük (S. 27) eine der ältesten Siedlungen der Welt. Und auch das aus Homers „Ilias" bekannte ❺ Troja (Ilios) (S. 80), das in hethitischen Quellen „Wilusa" genannt wird, an der westkleinasiatischen Küste gehörte zum alten anatolischen Kulturkreis. Die Hethiter ließen sich jedoch zunächst im Zentrum Anatoliens im sog. Land Hatti nieder, von dem sich ihr Name ableitet. Am Anfang bestanden mehrere voneinander unabhängige Herrschaften. Erst um 1570 v. Chr. stellte König Hattusili I. die politische Einheit her und verlegte seine Residenz in die alte Stadt Hattusa, nach der er seinen Thronnamen Hattusili annahm. Die Grenzen des von ihm begründeten sog. Alten Reiches dehnte er durch zahlreiche ❶ Kriegszüge bis in den Westen Kleinasiens und bis nach Nordsyrien aus. Sein Enkel Mursili I. eroberte das wichtige syrische Handelszentrum Aleppo und gelangte um 1531 v. Chr. mit seinen Armeen bis nach Babylon.

Neben seiner Rolle als oberster Heerführer hatte der hethitische König zusammen mit der Köni-

gin auch religiöse Funktionen im Staatskult um den ❸ Wettergott und die Sonnengöttin inne. Die Königin nahm an Ratssitzungen teil, verfügte über eine eigene Kanzlei. Auch unterhielt die Königin selbstständig diplomatische Beziehungen zu anderen Fürsten. Nach dem Tod eines Königs behielt sie ihre Ämter und Würden bei. Generell waren ❹ Frauen in der ❷ Ehe, aber auch als Witwe oder nach einer Scheidung abgesichert. Allgemein nimmt sich die Rechtsprechung der Hethiter relativ human aus im Vergleich zu den übrigen Kulturen des Vorderen

4

oben: Hethitische Frauen beim Spinnen (8./7. Jh. v. Chr.)
links: Der hethitischen Wettergott mit einem Bündel Blitze, über ihm die geflügelte Sonnenscheibe

Orients, denn Todesstrafen waren sehr selten.

Die Ermordung von Mursili I. um 1530 v. Chr. durch seinen Schwager führte zu Thronwirren und Adelsrevolten. Durch innere Schwierigkeiten verloren die Hethiter die Kontrolle über Syrien an das Mitannireich der Hurriter und mussten sich zunächst auf Anatolien konzentrieren.

5 Rekonstruktionszeichnung des alten Troja

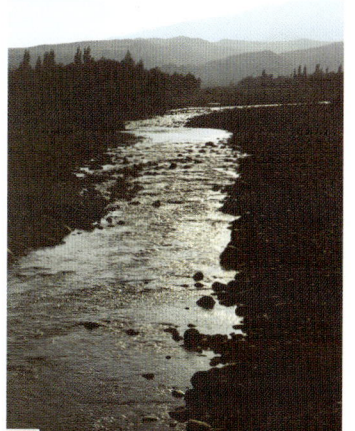

6

Der Fluss Orontes in Syrien

Das Neue Reich um 1343–1200 v. Chr.

Die zur Großmacht aufgestiegenen Hethiter konnten zwar nach heftigen Kämpfen den Konflikt mit Ägypten beilegen, schließlich vernichteten jedoch die sog. Seevölker das geschwächte Reich.

Nach einer Übergangsphase, in der sich die Hethiter v. a. mit Feinden in ihrer unmittelbaren Nachbarschaft auseinander setzen mussten, begründete Suppiluliuma I. das hethitische Großreich, indem er um 1335 v. Chr. das Mitannireich besiegte und die Amoriterfürsten (S. 54) in Syrien zu seinen Vasallen machte. In Aleppo setzte er seinen Sohn Telipinu als Priesterkönig des auch hier besonders verehrten Wettergottes ein. Suppiluliuma selbst, sein Sohn ❼ Mursili II. und sein Enkel Muwatalli gerieten nun in Konflikt mit Ägypten (S. 47), das mit Mitanni verbündet war und

ebenfalls die Herrschaft über Syrien beanspruchte. 1285 v. Chr. zogen die ❾ Soldaten Muwatallis und des ägyptischen Pharao Ramses II. in die Schlacht von Kadesch am ❻ Orontes in Syrien, die aber letztlich keine klare Entscheidung herbeiführte. Erst unter Muwatallis Bruder Hattusili III. konnten die Hethiter um 1259 v. Chr. einen Vertrag mit den Ägyptern schließen, der für das weitere 13. Jh. v. Chr. den Frieden zwischen den beiden erschöpften Großmächten sicherte. Tutchalija IV., Sohn und Nachfolger Hattusilis III., nutzte die Zeit des Friedens für weitreichende Reformen in der Verwaltung und besonders im religiösen Bereich. Denn nach

7 Tontafel mit Siegelabdruck von König Mursili II. (um 1300 v. Chr.) in hethitischen Hieroglyphen und Keilschriftzeichen

hethitischem Verständnis hing das Wohlergehen des Reiches und seiner Herrscher vom Wohlwollen der Götter ab. Aber Auseinandersetzungen innerhalb der Königsfamilie und mit dem Adel führten zum Verfall des Reiches.

Hinzu kamen katastrophale Missernten und Hungersnöte, die Getreide-importe aus Ägypten nötig machten. Der Angriff der sog. Seevölker (S. 33), v. a. der griechischen Achaier, auf die Hafenstädte schnitt die Hethiter jedoch von diesen lebenswichtigen Lieferungen ab. Mit Hattusilis Enkel Suppiluliuma II. endete um 1200 v. Chr. abrupt die Reihe der ❽ hethitischen Könige. Die Hauptstadt Hattusa wurde von unbekannten Angreifern, möglicherweise aber auch durch einen Aufstand der Bevölkerung oder früherer Söldner, völlig verwüstet. Auch Troja (S. 80), ein hethitischer Vasallenstaat, wurde in dieser Zeit zerstört. Nur in Südostanatolien und Nordsyrien bestanden noch bis zum 7. Jh. v. Chr. hethitische Kleinstaaten weiter, die schließlich vom neuassyrischen Reich erobert wurden.

Statue eines späthethitischen Königs (9. Jh. v. Chr.)

8

Friedensvertrag zwischen Hattusili III. und Ramses II.

„Jetzt ... hat Ramses, der Großkönig, der König des Landes Ägypten, es (das Verhältnis) geschaffen auf der Silbertafel mit Hattusili, dem Großkönig, dem König des Landes Hatti ... Siehe, Ramses ... befindet sich in gutem Frieden und in guter Bruderschaft mit Hattusili ... Siehe (auch) die Kinder ... des Großkönigs, des Königs des Landes Ägypten, werden für immer friedlich und verbrüdert sein mit den Kindern des Hattusili, des Großkönigs, des Königs des Landes Hatti ... und (auch) das Land Ägypten und das Land Hatti werden für immer friedlich und verbrüdert sein wie wir ...“

Friedensvertrag von 1259 v. Chr. in Keilschrift

9

Drei Soldaten auf dem Marsch (9. Jh. v. Chr.)

1285 v. Chr.	Schlacht von Kadesch	**1259 v. Chr.**	Hethitisch-ägyptischer Friedensvertrag	**um 1150 v. Chr.**	Zerstörung von Troja
1335 v. Chr.	Begründung des hethitischen Großreiches	**um 1200 v. Chr.**	Letzter hethitischer König Suppiluliuma II.		

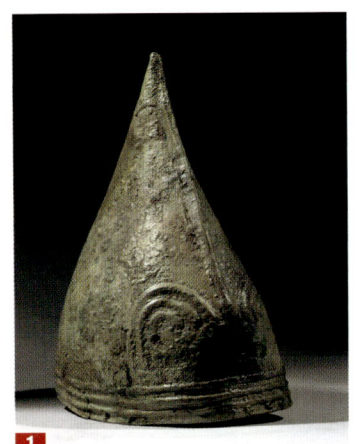

1

REICHE AM RANDE DES „FRUCHTBAREN HALBMONDES" 1500–546 v. Chr.

Neben den Großreichen der Hethiter, Assyrer, Babylonier und Perser und im Einflussgebiet der Ägypter bestanden in Kleinasien, im Norden Syriens und des Zweistromlandes mehrere verschiedene Staatswesen, die allerdings oft nur sehr kurzlebig waren. Sie dienten als Puffer zwischen den Großmächten, waren Aufmarschgebiet fremder Truppen, aber auch gefragte Bündnis- und Handelspartner. In Zeiten der Schwäche oder des Untergangs der benachbarten Großreiche konnten diese Länder jedoch oftmals ihre Unabhängigkeit erlangen und gewannen z. T. selbst einen beträchtlichen Einfluss sowohl in machtpolitischer wie wirtschaftlicher Hinsicht.

Bronzehelm aus Urartu (8. Jh. v. Chr.)

■ Mitanni und Urartu

Im Norden des sog. Fruchtbaren Halbmondes lag das Mitannireich der indogermanischen Hurriter. Nach einer Zeit der hethitischen Vorherrschaft trat das Reich von Urartu an die Stelle Mitannis.

In der Zeit des Niedergangs des althethitischen Reiches um 1500 v. Chr. gründeten die Hurriter das Reich Mitanni, in dem sie jedoch nur eine schmale Oberschicht bil-

3

Bronzene Votivplatte aus Urartu mit dem Wettergott Teisheba

deten. In seiner Blütezeit zwischen 1450 und 1350 v. Chr. erstreckte sich das Mitannireich vom Mittelmeer über Syrien und den Osten Anatoliens bis nach Armenien und den Norden Mesopotamiens.

Zunächst Konkurrenten (S. 46) Ägyptens um die Vorherrschaft über Syrien, verbündeten sich

später die Hurriter mit den Pharaonen der 18. Dynastie gegen die wiedererstarkenden Hethiter, was durch Heiraten über mehrere Generationen hinweg besiegelt wurde. Am Ende, nachdem sich bereits das mittelassyrische Reich von der Oberhoheit Mitannis losgemacht hatte, unterlagen die Hurriter um 1335 v. Chr. den Hethitern.

In Urartu, einer Landschaft am Vansee in ❹ Ostanatolien bzw. im armenischen Hochland, gründeten nach dem Untergang des neuhethitischen Großreiches um 1200 v. Chr. Nachfahren der Hurriter verschiedene Herrschaften, die um 860 v. Chr. zu einem einheitlichen Staatswesen zusammengefasst wurden. Die ❷ Könige von Urartu dehnten ihr Reich bis in den Kaukasus, nach Ostanatolien und in den Nordwesten des Iran aus.

Die Wirtschaftsgrundlage bildete neben der Landwirtschaft und dem Fernhandel v. a. die Metallgewinnung und -verarbeitung, die Urartu zu einem Zentrum der ❶, ❸ Bronzekunst machte. Um

2 Inschrift des Königs Sardur III. von Urartu (um 700 v. Chr.)

die Kontrolle der Handelswege und der Erzvorkommen kam es im 8. Jh. v. Chr. zu heftigen Auseinandersetzungen mit dem neuassyrischen Reich. Die Assyrer verbündeten sich mit dem indogermanischen Reitervolk der Kimmerier (S. 33) und besiegten 714 v. Chr. Urartu.

Mit dem Einfall der den Kimmeriern nachfolgenden Skythen

endete um 640 v. Chr. die Geschichte Urartus endgültig. Gleichzeitig wanderten die Armenier, aus Südosteuropa kommend, in das Gebiet Urartus ein und gaben der Region ihren Namen, die auch weiterhin ein Zankapfel zwischen den Großmächten wie dem Römischen Reich und den Parthern und Sassaniden blieb.

4

Landschaft in Ostanatolien

| 1500 v. Chr. | Gründung des Mitanni-Reiches | um 1200 v. Chr. | Gründung Urartus | 860 v. Chr. | Vereinigung der Stämme Urartus |
| um 1400 v. Chr. | Zusammenschluss Mitannis und Ägyptens | 1100 v. Chr. | Gründung des phrygischen Reiches | um 750 v. Chr. | Krieg mit den Assyrern |

Phrygien und Lydien

Nach dem Ende des Hethiterreiches um 1200 v. Chr. erlebte Anatolien einen kulturellen Niedergang, bis die Phrygier und nach ihnen die Lyder im 8. bzw. 7. Jh. v. Chr. dort mächtige Königreiche errichteten und bedeutende Kulturen ausprägten.

Die ❼ Phrygier wanderten um 1100 v. Chr. vom Balkan aus nach Kleinasien ein. Im 8. Jh. v. Chr. bestand ein phrygisches Reich im Zentrum Anatoliens, das kulturelle und wirtschaftliche Beziehungen zu den Griechen im Westen und zu den Urartäern und Assyrern im Osten unterhielt. Der Goldreichtum des Landes führte zur Bildung von ❿ Mythen um König Midas, den Sohn des legendären Staatsgründers Gordios und der Göttin Kybele. Historisch belegt ist hingegen, dass er Mitte des 8. Jh. v. Chr. Selbstmord beging, als die von den Skythen weiter nach Westen gedrängten Kimmerier Gordion, die Hauptstadt Phrygiens, niederbrannten.

Nun erlangten die ❺ Lyder die Vorherrschaft über den westlichen Teil Kleinasiens. Sie besiegten die Kimmerier und versuchte ihr Reich nach Westen über die griechischen Kolonien an der Küste Kleinasiens (Ionien) sowie nach Osten über das gesamte anatolische Hochland auszudehnen. Schließlich legte ein Vertrag mit den Medern (S. 60) und später den Persern den zentralanatolischen Fluss Halys als Ostgrenze des lydischen Reiches fest. Der letzte lydische König, ❻ Krösus, dessen ❽ Reichtum sprichwörtlich wurde, konnte fast alle griechischen Küstenstädte erobern, doch scheiterte er im Kampf mit den Persern. Das Orakel von Delphi hatte Krösus geweissagt, dass ein großes Reich untergehen werde, wenn er den Halys überschritte. Als er siegessicher 546 v. Chr. über den Halys in den Krieg zog, unterlag er dem Perserkönig Kyros II. – Es war sein eigenes Reich, das unterging. Um seine ⓫ Begnadigung kurz vor dem Tod auf dem Scheiterhaufen ranken sich zahlreiche Legenden.

Die Phrygier und Lyder lebten nicht nur in zahlreichen Mythen fort. Als kulturelles Erbe hinterließen sie den Griechen und Römern u. a. den Kult um Dionysos und um die „Große Mutter" Kybele. Außerdem hatten sie in Europa den Gebrauch geprägter ❾ Geldmünzen eingeführt.

5 Reste des Artemis-Tempels in der lydischen Hauptstadt Sardes (Stahlstich, 19. Jh.)

8 Krösus prahlt vor dem athenischen Gesetzgeber und Reisenden Solon mit seinen Schätzen (Gemälde von Gerrit van Honthorst, 17. Jh.)

11 Krösus soll auf dem Scheiterhaufen verbrannt werden, wird aber zuletzt von Kyros begnadigt (Holzstich, 19. Jh.)

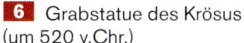

6 Grabstatue des Krösus (um 520 v.Chr.)

9 Lydische Goldmünze aus der Regierungszeit von Krösus (6. Jh. v. Chr.)

7

oben: Phrygischer Bronzehelm (6. Jh. v. Chr.)
unten: Die Tochter des Midas wird durch seine Berührung in Gold verwandelt (Farblithografie, 19. Jh.)

10

Die Sage vom König Midas

Der König Midas wünschte sich von Dionysos, dass alles zu Gold würde, was er berühre. Da aber auch Speisen und Getränke in Gold verwandelt wurden und er zu verhungern drohte, badete er auf Geheiß des Gottes im Fluss Paktolos, um sich von der Gabe wieder zu befreien. In einer anderen Sage erhielt König Midas von Apollon Eselsohren, weil er als Richter in einem Wettstreit der Götter Apollons Konkurrenten bevorzugt hatte. Die Eselsohren verbarg Midas unter der sog. phrygischen Mütze. Später falsch gedeutet, wurde sie als Jakobinermütze während der Französischen Revolution zu einem Freiheitssymbol.

Paris mit einer phrygischen Mütze (4. Jh. v. Chr.)

Erste Großreiche

um 7000 v. Chr.–200 n. Chr.

1

SYRIEN UND PALÄSTINA 3000–332 V. CHR.

Als Schnittstelle zwischen den frühen Hochkulturen Ägyptens, Kleinasiens, des Zweistromlandes und der Ägäis waren ❶ Syrien und Palästina von großer kultureller, strategischer und handelspolitischer Bedeutung. Das Ringen der angrenzenden Großmächte um die Vorherrschaft über das Gebiet verhinderte die Bildung eines einheitlichen Staates. Erst die Umwälzungen durch die Seevölker ließen ein Machtvakuum entstehen, in dem für kurze Zeit das Reich Davids und Salomos zu einer regionalen Vormacht aufsteigen konnte. Parallel bauten die Phönizier ein Handelsimperium auf, das sich bis nach Spanien erstreckte.

Syrer mit Löwin und Widder (Elfenbeinstatuette, 9. Jh. v. Chr.)

◼ Kanaaniter und Amoriter

Die Kanaaniter und Amoriter entfalteten eine hohe Zivilisation, die Stilelemente des ganzen Alten Orients miteinander verschmolz und von der Brückenfunktion Syriens und Palästinas zeugt.

Die frühen Bewohner Palästinas werden als Kanaaniter, die Bewohner Syriens als Amoriter bzw. auch als Ostkanaaniter bezeichnet. Sprachlich gehörten sie zu den Semiten. Sie bildeten keine politische Einheit, sondern lebten in zahlreichen von Fürsten oder Priesterkönigen regierten, teilweise sehr alten Stadtstaaten. Die Überreste der kanaanitischen Stadt ❷ Jericho reichen z. B. bis in die Zeit um 9000 v. Chr. zurück und gelten als die ältesten Zeugnisse städtischen Lebens überhaupt. Ägypter, Hethiter, Assyrer und Babylonier konkurrierten über Jahrhunderte hinweg um die Herrschaft

über Palästina und Syrien. Eine besondere Stellung unter den Stadtstaaten nahmen die Handelsmetropolen an der Mittelmeerküste ein. Unter diesen war zunächst ❸ Byblos, nördlich des heutigen Beirut gelegen, führend. Die Stadt unterhielt seit dem 3. Jt. v. Chr. Handelsbeziehungen zu Ägypten und war der wichtigste Ausfuhrhafen für Zedernholz aus dem Libanon, aber auch für ❹ Luxusgüter, die

man hier nach ägyptischem Geschmack anfertigte. Mitte des 13. Jh. v. Chr. löste das weiter nördlich gelegene Ugarit Byblos als wichtigste Hafenstadt ab, denn von hier aus waren die Absatzmärkte im Reich der Hethiter leichter zu erreichen. In der Stadt gab es ein eigenes Viertel der mykenischen ❻ Kaufleute, was die intensiven Kontakte zur Ägäis bezeugt. Die ❺ Könige von Ugarit verbanden sich abwechselnd mit den Hethi-

2

Sockel eines Rundturmes in Jericho (7000 v. Chr.)

3

oben: Byblos, Ruinen des sog. Obeliskentempels
links: Schmuckstück im ägyptischen Stil aus Byblos (Gold, 19.Jh. v.Chr.)

4

tern oder den Ägyptern und konnten so ihre Unabhängigkeit behaupten. Um 1200 v. Chr. wurde Ugarit von den Seevölkern erobert und völlig zerstört.

5

Der König von Ugarit auf der Jagd (Relief auf einem goldenen Teller, 14./13. Jh. v. Chr.)

Baal (Bronze, 13./14. Jh. v. Chr.)

Baal

Baal bzw. die weibliche Form Baalat bezeichnete die wichtigste Gottheit einer Stadt. Daneben gab es noch andere Götter, die stadtübergreifend verehrt wurden, wie die Fruchtbarkeits- und Kriegsgöttin Astarte. In Palästina konkurrierte der monotheistisch gedachte Jahwe mit den Baalkulten.

6 Abschluss eines Vertrages zwischen zwei Männern (Kalksteinrelief aus Ugarit, 14. Jh. v. Chr.)

um 9000 v. Chr. Gründung von Jericho	**1300 v. Chr.** Aufstieg Ugarits zur Handelsmetropole	**um 900 v. Chr.** Aufstieg von Tyros
3000 v. Chr. Aufstieg von Byblos	**1200 v. Chr.** Eroberung Ugarits durch Seevölker	

Die phönizischen Stadtstaaten

Die Phönizier galten als die wagemutigsten Seefahrer der Antike. Über den Mittelmeerraum hinaus trieben sie Handel, gründeten Kolonien und verbreiteten ihre Kultur, die in der Tradition der Kanaaniter und Amoriter stand.

Nach den Verwüstungen durch die Seevölker verlagerte sich der Schwerpunkt des Handels nach Süden in das Gebiet des heutigen Libanon. Die Griechen nannten diese Region „Phönizien" („Purpurland") nach dem kostbaren Farbstoff, der hier gewonnen wurde. Die Aufteilung in Stadtstaaten wie in kanaanitischer und amoritischer Zeit, die von ❼ Königen und Handelsfamilien regiert wurden, blieb in Phönizien erhalten. Nach dem Wegfall der mykenischen und minoischen Konkurrenz beherrschten die Phönizier das ⓬ Mittelmeer und gründeten zahlreiche ❽ Kolonien bis an die Küsten der Iberischen Halbinsel und Nordafrikas, darunter auch um 814 v. Chr. Karthago („Neustadt") (S. 106 f.) , das später zur wichtigsten Seemacht im westlichen Mittelmeer aufstieg. Das Netz der ⓫ Handelsbeziehungen der Phönizier reichte weit über das Mittelmeer hinaus bis zu den Britischen und den Kanarischen Inseln. Um 600 v. Chr. umsegel-

ten sie möglicherweise ganz Afrika. Ihre Kenntnisse über die Meere jenseits der „Säulen des Herkules", der heutigen Meerenge von Gibraltar, hielten die Phönizier streng geheim bzw. verbreiteten ❿ Schauergeschichten, um Konkurrenten abzuschrecken.

Neben ❾ Sidon war Tyros der bedeutendste phönizische Stadtstaat. Seine Herrscher waren den Königen von Israel und Juda eng verbunden. Hiram I. von Tyros unterstützte im 10. Jh. v. Chr. König Salomo beim Aufbau einer Flotte für Handelsexpeditionen im Roten Meer. Den Höhepunkt seiner Macht erreichte Tyros unter Ittobaal I., der im 9. Jh. v. Chr. Sidon unterwarf. Zu dieser Zeit gerieten die Phönizier aber stärker unter den militärischen Druck der Assyrer und Babylonier, die Tribute forderten. Nur Tyros, das auf einer uneinnehmbaren Insel lag, konnte den feind-

lichen Truppen widerstehen. Es verlor zwar die Herrschaft über Sidon, doch zur direkten Eroberung kam es nicht, auch als Nebukadnezar II. 572 v. Chr. die Stadt 13 Jahre lang belagerte. Die Perser akzeptierten die Autonomie der Phönizier, die einen Großteil der persischen Flotte im Kampf mit den Griechen stellten. Erst Alexander der Große (S. 96) konnte 332 v. Chr. Tyros einnehmen, nachdem er einen Damm vom Festland zu der Inselstadt gebaut hatte.

Später stand Phönizien unter der Herrschaft der Diadochen, dann der Römer, doch blieben viele kulturelle und religiöse Traditionen lebendig.

oben: Überreste einer phönizischen Kolonie in Sa Caleta auf Ibiza, gegründet um 654 v. Chr.
links: Ein König zwischen zwei Lotosstängeln (Elfenbeintafel 8./7. Jh. v. Chr.)

Historische Ansicht von Sidon mit dem Libanon im Hintergrund (Kreidelithographie, 19. Jh.)

⓾ Darstellung eines durch ein Meeresungeheuer bedrohten Schiffes (phönizische Silbermünze)

Die Entführung der Europa

Die Tochter des Phönix, König von Phönizien, wurde vom griechischen Göttervater Zeus in Gestalt eines Stieres entführt. Mit ihr zeugte er Minos, den legendären König von Kreta. Tatsächlich fand den Weg aus Phönizien über Kreta nach Europa z. B. das Alphabet der Phönizier, das von den Griechen übernommen wurde.

Der Raub der Europa (Gemälde von Rubens, 17. Jh.)

❼ Phönizische Kaufleute (Holzstich, 19. Jh.)

⓬ Relief eines phönizischen Handelsschiffes

um 7000 v. Chr.–200 n. Chr.

Erste Großreiche

Die Israeliten erobern die kanaanitische Stadt Jericho

Die frühen Israeliten und das Reich von David und Salomo

Im 13. Jh. v. Chr. wanderten die Israeliten in das Gebiet Palästinas ein. Konflikte um Siedlungsgebiete machten eine stammesübergreifende militärische Organisation der Israeliten notwendig, die zur Grundlage der staatlichen Einheit um 1020 v. Chr. wurde.

Um 1200 vernichteten die Seevölker viele der kanaanitischen Stadtstaaten in Palästina. An den Küsten ließen sich die ❸ Philister nieder und gründeten einen Bund einzelner Stadtstaaten. Gleichzeitig wanderten die semitischen Aramäer ein, unter ihnen auch die ❶ Stämme der Israeliten. Dazu kamen verwandte Volksgruppen, die zuvor in Ägypten gelebt hatten, woran die biblische Erzählung von Moses erinnert. Gemeinsam war den israelitischen Stämmen die ❼ Verehrung des Gottes Jahwe. Die Abgrenzung zu den Göttern der Nachbarvölker und die Reinerhaltung des Jahwekultes spielten in ihrer Geschichte eine große Rolle.

Für den Krieg gegen andere aramäische Stämme sowie gegen die Philister bestimmten die Israeliten um 1020 Saul zu ihrem König und Oberbefehlshaber, ohne ihm jedoch Befugnisse im Innern

❸ Kopf eines Philisters (Relief vom Tempel Ramses' III., 12. Jh. v. Chr.)

zuzugestehen. Nach ❷ Sauls Tod wurde der erfolgreiche Heerführer ❹ David aus dem Stamm Juda um 1004 zum König gewählt. Anders als Saul stützte sich David auf eine Privatarmee, die er auch benutzte, um Geld und Ländereien für sich zu beschlagnahmen. Er setzte sich über die Autonomie der Stämme hinweg und schuf einen Einheitsstaat mit der Hauptstadt Jerusalem als politischem und religiösem Zentrum. Er unterwarf benachbarte aramäische Gebiete; sein Herrschaftsgebiet erstreckte sich vom Euphrat bis zum Roten Meer. Sein Sohn ❺ Salomo unterhielt enge diplomatische und wirtschaftliche Beziehungen zu den Phöniziern (S. 55), Arabern und Ägyptern. In ❽ Jerusalem

Saul begeht Selbstmord (Buchmalerei, 15. Jh.)

ließ er einen prächtigen ❾ Tempel als Zentrum des Jahwekultes errichten. Aber es gab auch schon erste Zeichen des Niedergangs: Einige der aramäischen Vasallen erlangten ihre Unabhängigkeit zurück, im Innern schürte der Steuerdruck, der Zwang zur Fronarbeit und Salomos Toleranz gegenüber fremden Kulten den Unmut der Israeliten. Trotzdem blieb Salomo der Nachwelt v. a. wegen seiner sprichwörtlichen ❻ Weisheit in Erinnerung.

❻ Der thronende Salomo schlichtet den Streit zweier Frauen um die Mutterschaft für ein Kind (Buchmalerei, 13. Jh.)

„Hochzeit König Salomos" mit der Tochter des ägyptischen Pharaos (Gemälde von Luca Giordano, 17. Jh.)

❹ David mit dem Haupt von Goliath (Bronze von Verrocchio, 16. Jh.)

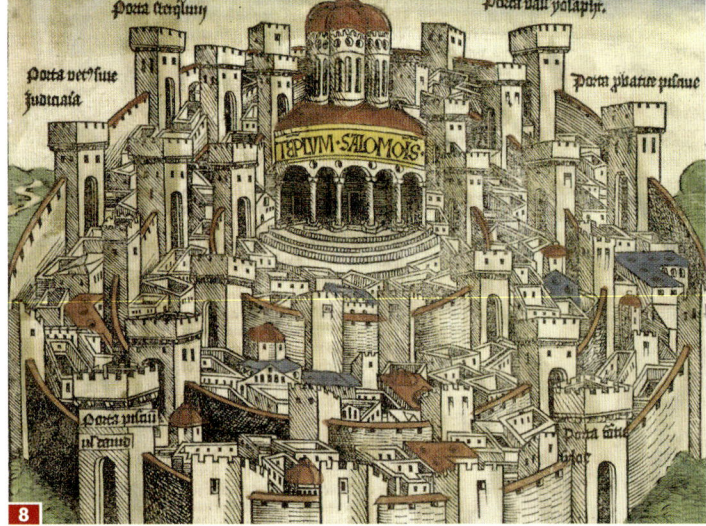

❽ Ansicht der Stadt Jerusalem im Altertum mit dem Felsendom aus islamischer Zeit (Kolorierter Holzschnitt, 1493)

❼ Philister rauben die Bundeslade, das Symbol des Bundes mit Jahwe (Gemälde, 19. Jh.)

David

Nachdem David den riesenhaften Philister Goliath getötet hatte, holte ihn Saul an seinen Hof. Vor der wachsenden Eifersucht des Königs auf die Beliebtheit des jungen Mannes wurde David bewahrt durch die Liebe zu Sauls Sohn Jonathan. Im Kampf gegen die Philister fiel Jonathan und Saul nahm sich das Leben. Als König musste David erleben, wie sich sein eigener Sohn Absalom gegen ihn erhob. Später verliebte sich David in Bathseba. Ihren Mann ließ er im Krieg so aufstellen, dass er den sicheren Tod finden musste. Bathsebas Sohn Salomo folgte seinem Vater David als König nach.

David erblickt die badende Bathseba (Buchmalerei, um 1500)

9 Opferszene im Tempel in Jerusalem

■ Die Reiche Juda und Israel

Die Ansprüche der Nachfolger Salomos führten zur Reichsteilung. Aber auch danach waren die Herrscher von Juda und Israel im Innern einer starken, v. a. religiös begründeten Opposition ausgesetzt, während von außen der Druck der Assyrer und Babylonier zunahm.

Nach Salomos Tod 926 zerfiel sein Reich: Rehabeam, der die zentralistische Politik des Vaters fortführen wollte, wurde nur von den Stämmen Juda und Benjamin als König anerkannt, die nördlichen Stämme wählten ❿ Jerobeam I., einen Widersacher Salomos, zum König. In Israel kam es in der Folge häufig zu Dynastiewechseln. Unter König ⓬ Ahab, der mit Isebel, einer Tochter von Ittobaal I. von Tyros, verheiratet war, riefen soziale Missstände und die Baalkulte (S. 54), die von der Königin gefördert wurden, den Widerstand eines religiösen Führers, des Propheten ⓭ Elias, hervor. Im Auftrag des Propheten

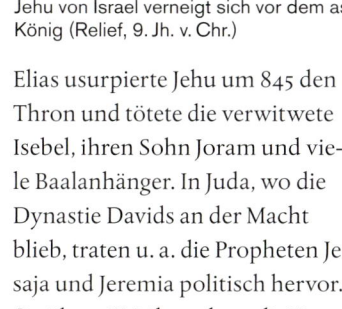
11 Jehu von Israel verneigt sich vor dem assyrischen König (Relief, 9. Jh. v. Chr.)

Elias usurpierte Jehu um 845 den Thron und tötete die verwitwete Isebel, ihren Sohn Joram und viele Baalanhänger. In Juda, wo die Dynastie Davids an der Macht blieb, traten u. a. die Propheten Jesaja und Jeremia politisch hervor. Sie übten Kritik an den religiösen und sozialen Verhältnissen sowie an der Außenpolitik ihrer Könige. Diese stand ganz im Zeichen der

⓫ assyrischen Vorherrschaft im Vorderen Orient: Ab dem 9. Jh. griffen die Assyrer in die Herrschernachfolge zuerst in Israel und dann in Juda ein und verhalfen eigenen Kandidaten auf den Thron, die dafür Tribute zahlten. Der Versuch, sich mit Hilfe der Ägypter unabhängig zu machen, führte zum Untergang Israels: 722 besetzten die Assyrer das Land, zerstörten die Hauptstadt Samaria und verschleppten die Bevölkerung. Nachdem Nebukadnezar II. von Babylon die Assyrer und Ägypter aus Palästina verdrängt hatte, setzte er in Juda Zidkija als Vasallenkönig ein. Als sich dieser gegen Nebukadnezar erhob, zerstörte der 587 Jerusalem und annektierte Juda. Ein bedeutender Teil der Bevölkerung wurde in die ⓮ „Babylonische Gefangenschaft" deportiert.

10 Siegel von König Jerobeam I. von Israel (10. Jh. v. Chr.)

12 Ahab und Isebel lassen Naboth töten, um dessen Weinberg zu beschlagnahmen (Buchmalerei, 15. Jh.)

Scharfe Herrscherkritik in der Bibel

Die Herrscherkritik, die die Bibel überliefert, ist in ihrer Schärfe einzigartig unter den Völkern des Alten Orients. So verhieß der Prophet Jeremia dem König von Juda die Deportation der Bevölkerung durch die Babylonier: „Sag zum König und zur Herrin: Setzt euch tief hinunter; denn eure prächtige Krone sinkt euch vom Haupt. … Weggeführt wird ganz Juda, vollständig weggeführt." (Jeremia 13, 18–19)

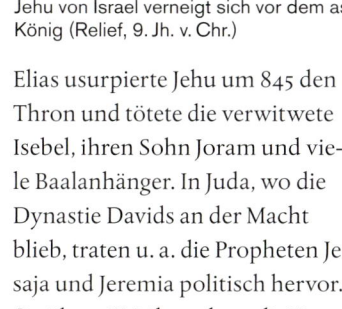
13 Der Prophet Elias tötet Baalspriester (Holzschnitt, 19. Jh.)

14 Die Israeliten werden nach Babylon deportiert (Gemälde, 19. Jh.)

ab 971 v. Chr.	Herrschaft Salomos	**926 v. Chr.**	Reichsteilung in Israel und Juda	**587 v. Chr.**	Zerstörung Jerusalems durch Nebukadnezar II.
950 v. Chr.	Errichtung des Jahwetempels	**722 v. Chr.**	Besetzung Israels durch die Assyrer

1

JUDENTUM

Die jüdische ist die älteste der drei großen monotheistischen Religionen und bildet die geschichtliche Grundlage sowohl für das Christentum als auch für den Islam. Charakteristisch für das Judentum ist die Identität von Nationalität und Religionszugehörigkeit, die auch heute noch von orthodoxen Juden vertreten wird.

Moses schaut in das Gelobte Land

Der Bund mit Gott

Gott hat mit dem Volk Israel einen Bund geschlossen. Die Bundes-Tradition ist ein Hauptelement der jüdischen Religion: Gott, Schöpfer der Welt und des Menschen, hat das Volk Israel – beginnend mit dem Urvater Abraham – als „sein" Volk erwählt und mit ihm einen Bund geschlossen. Diese „Erwählung" ist

3

Moses mit den Gesetzestafeln

Auszeichnung und Bürde zugleich. Der Mensch soll die Gebote Gottes befolgen, ist aber zum ethisch verantwortlichen Handeln berufen und muss für seine Verfehlungen einstehen. Die Beziehung zu Gott wird als Dialog zwischen Gott und den Menschen verstanden, von dem die Thora erzählt. Um sich dem Menschen zu offenbaren, benutzte Gott oft Propheten, die seinen Willen verkündeten. Unter ihnen ragt Moses heraus, der als ❷ Überbringer des Gesetzes gilt,

der Thora, die zugleich Lehre, Gesetz und die vollständige Offenbarung Gottes in 613 Geboten und Verboten sei. Nach der Tradition soll auch Moses den Glauben an den jüdischen Stammesgott, den „Gott der Väter", in einen Glauben an den einen universalen Gott überführt haben. War „Jahwe" vorher „nur" der mächtigste unter den Göttern, wurde er jetzt zum einzigen.

Verheißenes Land und Zerstreuung

❸ Moses übermittelte dem Volk Israel nicht nur die Gesetze Gottes, er war v. a. dazu berufen, es aus der Gefangenschaft in Ägypten ins ❶ „Gelobte Land" zu führen. Das „Gelobte Land" spielte in der Geschichte des Judentums seit jeher eine bedeutende Rolle. Die Erzväter Abraham, Isaak und Jakob, mit denen die Geschichte Israels beginnt, waren Nomaden im Land Kanaan. Abraham erhielt die Verheißung, dass seine Nachkommen ein großes Volk würden und Gott ihnen das Land Kanaan geben würde. Die Verheißung erfüllte sich, nachdem Moses das Volk Israel aus Ägypten geführt hatte. Nach einer langen Wanderung durch die Wüste ließ sich das Volk in Palästina nieder. Das Königtum und die Hauptstadt Jerusalem wurden begründet sowie das jüdische Heiligtum, der ❹ Tempel, errichtet. Der Tempelkult mit einer großen Priesterschaft entstand. Bis

heute bilden Jerusalem und der Tempelberg das ideelle Zentrum des jüdischen Glaubens. Entscheidend geprägt wurde das Judentum in der Diaspora (Zerstreuung), als Minderheit in einer fremden Kultur. Zwischen Assimilation und Abgrenzung bildete sich v. a. in Babylon mit Liturgie und Schrifttum eine eigene Tradition heraus, die sich parallel zur palästinischen weiterentwickelte und spätestens mit der römischen Herrschaft dominant wurde.

4

Der Tempel Salomos (Rekonstruktion)

Thora und Talmud – Das jüdische Schrifttum

Das Judentum ist eine Buchreligion. Auf die Thora berufen sich sowohl Christentum als auch Islam. Das Christentum hat die jüdische Thora als Altes Testament in seine Bibel aufgenommen und hat nicht nur dadurch, sondern auch durch den Religionsstifter Jesus seine feste Basis im Judentum. Der Islam kennt viele der jüdischen Propheten und Vätergestalten. Abraham/Ibrahim wird als Urvater des Islam betrachtet.

Die ❺ Thora bildet den absoluten Mittelpunkt der jüdischen Re-

2 Der Talmud-Kommentar des Salomo ben Isaak (Handschrift, 13. Jh.)

ligion. Das tägliche Leben wird von den Geboten und Verboten der Thora geregelt. Oberster ethischer Wert ist die Gerechtigkeit. Von den humanitären Geboten heben sich Reinheits- und Speisegebote ab. Die Thorakenntnis und Gelehrsamkeit genießen höchste Anerkennung. Seit frühester Zeit entstanden rabbinische Kommentare und Auslegungen, die im ❷ Talmud niedergeschrieben wurden. Der Talmud liegt in einer palästinischen und einer babylonischen Fassung vor. Letzterer war einflussreicher und erfuhr zahllose Auslegungen.

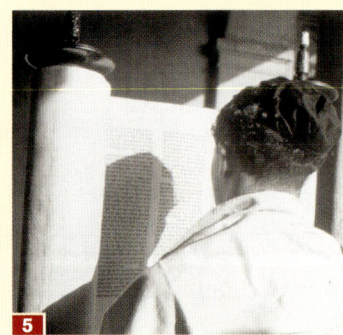
5

Rabbiner mit Thora

zwischen 19. und 17. Jh. v. Chr.	Biblische Lebenszeit Abrahams
um 965 v. Chr.	König Salomo von Israel-Juda
ab 9. Jh. v. Chr.	Entstehung der Schriften des Alten Testaments
5. Jh. v. Chr.	Thora erhält kanonische Geltung

Judentum unter arabischer und christlicher Herrschaft

Im Mittelalter führte die Auseinandersetzung mit fremden Kulturen zur Ausbildung verschiedener Strömungen innerhalb des Judentums. Bis heute unterscheidet man orientalisches, aschkenasisches (Ost- und Mitteleuropa) und sephardisches (Spanien) Judentum. Die Einflüsse von Islam

7
Darstellung von Juden als Wucherer (Buchillustration, um 1250)

8
Moses Mendelssohn

und Christentum sowie die Umstände, unter denen die Juden in den verschiedenen Ländern lebten, fanden ihren Niederschlag in Religionsausübung, Theologie und Selbstverständnis.

Unter arabischer Herrschaft genossen die jüdischen Gemeinden als Angehörige einer „Buchreligion" Toleranz, die eine gesellschaftliche Integration ermöglichte. Das jüdische Geistesleben erlebte hier eine Blüte, die bis nach Frankreich und Italien ausstrahlte. In Córdoba wirkte der

große jüdische Theologe Maimonides, der u. a. einen bedeutenden Talmud-Kommentar verfasste. In Nordspanien entstand die Kabbala, die jüdische Mystik.

Währenddessen war das christlich-jüdische Verhältnis von Anfang an belastet. Das Christentum sah in den Juden die Schuldigen am Tod Jesu und machte sie zu Sündenböcken. Der Wohlstand einzelner Juden erregte **7** Neid und Missgunst, was die Kirche ausnutzte. In Mittel- und Osteuropa wurden die aschkenasischen Juden aus ihren angestammten Berufen im Fern- und Geldhandel vertrieben. Handwerksberufe wurden ihnen durch Ausschluss aus den Zünften verwehrt. Sie wurden mehr und mehr aus den Städten aufs Land verdrängt. Zu grausamen Judenpogromen kam es im Rahmen der Kreuzzüge und immer wieder bis ins Spätmittelalter. Aus diesen leidvollen Erfahrungen entstand u. a. die Erneuerungsbewegung der Chassidim, die v. a. im Ostjudentum weiterlebte. In Polen und Russland, wohin große Teile des westeuropäischen Judentums geflohen waren, bildete sich zudem das Leben im Schtetl heraus.

In der frühen Neuzeit waren die mitteleuropäischen Juden weiterhin starken Repressionen ausgesetzt, wurden aber als Finanzberater und Kaufleute wieder ge-

10
Theodor Herzl

6
Torgebäude des KZ Auschwitz-Birkenau

braucht. Wohlhabende Juden nahmen am kulturellen und geistigen Leben teil. In der Epoche der Aufklärung gab es auch in der jüdischen Theologie eine Aufklärung und Emanzipationsbestrebungen, an deren Spitze **8** Moses Mendelssohn stand.

Holocaust und Zionismus

Die europäische Judenfeindschaft erreichte im 20. Jh. ihren Höhepunkt. Der **6** Holocaust war jedoch nicht religiös begründet, sondern basierte auf der nationalsozialistischen Rassentheorie. Mit der fast gänzlichen Vernichtung des europäischen Judentums wurde auch eine jahrhundertealte Kultur vernichtet.

Hatte es schon seit 1882 v. a. aufgrund russischer Pogrome immer wieder jüdische Einwanderungswellen in Palästina gegeben, nahm die Zuwanderung während des Nationalsozialismus stark zu. Die Hoffnung auf einen jüdischen Staat auf dem Gebiet Palästinas wurde durch die britische Balfour-Erklärung 1917 genährt. Der Zionismus war jedoch nicht eine Erscheinung der Nachkriegszeit, sondern hatte seine Wurzeln schon im 19. Jahrhundert. Sein Begründer **10** Theodor Herzl trat für einen eigenen Judenstaat ein, band diese Idee aber noch nicht an Israel. Darauf lief aber die Ent-

wicklung nach dem Zweiten Weltkrieg zu. 1948 kam es zur **9** Staatsgründung Israels. Von den derzeit ca. 14,4 Millionen Juden leben ca. 4,7 Millionen in Israel. Eine noch größere Gruppe lebt in den USA. In der aktuellen Tagespolitik des modernen Israel spielt die Religion eine wichtige Rolle. **11** Strenggläubige Gruppierungen begründen ihre nationalistischen Ansprüche mit ihren religiösen Überzeugungen. Obwohl sie eine militante Minderheit darstellen, haben sie beträchtlichen Einfluss und schüren den Konflikt mit den Palästinensern.

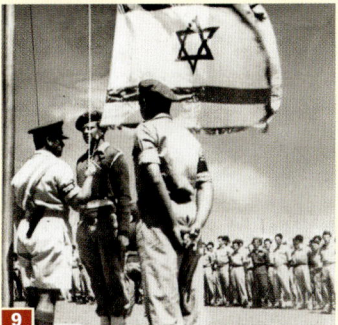

9
Gründung des Staates Israel, 1948

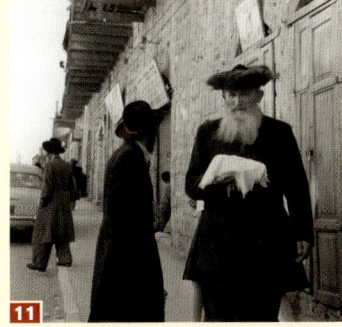

11
Orthodoxe Juden in Jerusalem, 1962

1 Persische und medische Soldaten (Relief aus Persepolis, 5. Jh. v. Chr.)

2 Tonplastiken von zwei Tieren auf Rädern mit einem Gespannführer (um 1100 v. Chr.)

5 Landschaft im einstigen Medien mit Anbauflächen im Nordwesten des Iran

6 Lebensgroßer Fries des Palastes von Dareios I. in Susa mit einer Prozession von Bogenschützen (um 500 v. Chr.)

(linker Seitenrand) um 7000 v. Chr.–200 n. Chr. · Erste Großreiche

DIE MEDER UND DAS PERSISCHE WELTREICH DER ACHAIMENIDEN 800–330 V. CHR.

Im Westen des Hochlands von Iran siedelten seit dem späten 2. Jt. v. Chr. an der Grenze zum Zweistromland die indogermanischen Völker der ❶ Meder und Perser. Die Perser annektierten um 550 v. Chr. Medien und begründeten das letzte Großreich des Alten Orients bzw. das erste Weltreich der Geschichte, welches bis zur Eroberung durch Alexander den Großen 330 v. Chr. bestand. Die Herrschaft der Perser wurde oft einseitig als Despotie bewertet. Sie schufen aber auch einen zusammenhängenden Kultur- und Wirtschaftsraum, in welchem sie weitgehend für Sicherheit und Stabilität sorgten.

■ Die Meder und der Aufstieg des Perserreiches unter Kyros II.

Ausgehend von den Eroberungen seiner medischen Vorfahren, schuf Kyros II., der Große, ein Weltreich.

Über die Frühzeit der Meder geben nur assyrische Quellen Auskunft, die über Auseinandersetzungen mit verschiedenen Bergstämmen berichten. Erst im 8. Jh. fanden diese Stämme unter einem König zur Staatlichkeit. Die ❸ Meder blieben zunächst unter assyrischer, später unter skythischer Vorherrschaft. König Kyaxares löste sich aus dieser Abhängigkeit und vernichtete 614/612 v. Chr. zusammen mit den Babyloniern das neuassyrische Reich. Er und sein Sohn Astyages dehnten ihren Herrschaftsbereich bis nach Kleinasien aus, wo man sich mit den Lydern (S. 53) auf den Fluss Halys als Grenze einigte. Im Osten erstreckte sich das ❺ Mederreich bis nach Baktrien (heutiges Afghanistan).

Zu den Vasallen der Meder gehörten die ihnen verwandten Perser. Astyages verheiratete eine Tochter mit dem Perserkönig Kambyses I., dem Urenkel des legendären Gründers des persischen Herrscherhauses, Achaimenes. Kyros II., der Sohn von Kambyses I., erhob sich gegen seinen Großvater Astyages und er-

oberte bis 550 das Mederreich. Die Meder blieben fortan den Persern gleichgestellt, die von ihren ehemaligen Oberherren Elemente der Verwaltung, des ❼ Hofzere-

4 Das Grabmal von Kyros II. in der Residenzstadt Pasargadai

moniells und der ❷ Kunst übernahmen.

Kyros II. setzte seine Eroberungen fort: 546 besiegte er Krösus von Lydien und unterwarf die

3 Tributpflichtige Meder

griechischen Städte an der kleinasiatischen Küste (Ionien). 539 eroberte er das neubabylonische Reich. Babylon wurde neben den persischen Hauptstädten ❻ Susa und Pasargadai sowie Ekbatana, der Hauptstadt Mediens, zu einer der bevorzugten Residenzen. Den ❽ Juden, die hier seit 587 als Deportierte lebten, erlaubte Kyros die Rückkehr in ihre Heimat. Sein letzter Feldzug führte Kyros II. in den Nordosten seines Reiches. Hier ❹ starb er 530 im Kampf gegen die Massageten (S. 64).

7 Persischer und medischer Würdenträger

8 Kyros II. mit dem jüdischen Propheten Daniel (Gemälde von Rembrandt, 17. Jh.)

614/12 v. Chr. | Ende des neuassyrischen Reiches   um 600 v. Chr. | Wirkungszeit Zarathustras   550 v. Chr. | Annexion Mediens durch die Achaimeniden

um 600 v. Chr. | Begründung der Mederherrschaft   546 v. Chr. | Sieg Kyros II. über Krösus von Lydien   539 v. Chr. | Eroberung des neubabylonischen Reiches

Das Perserreich unter Dareios I.

Unter Dareios I., dem Großen, dem vielleicht bedeutendsten Herrscher des Alten Orients, erlebte das persische Weltreich der Achaimeniden seine Blütezeit.

Kambyses II., der Sohn von Kyros II., eroberte 525 Ägypten. Um einen Usurpationsversuch zu verhindern, hatte er seinen jüngeren Bruder Smerdis heimlich ermorden lassen. In Abwesenheit des Königs gab sich nun der Magier Gaumata als Smerdis aus und beanspruchte den Thron. Auf dem Rückmarsch aus Ägypten verstarb Kambyses II. 522. Sein Vetter Dareios I. warf die Erhebung des sog. Pseudo-Smerdis nieder und stellte die Herrschaft der Achaimeniden wieder her.

Nach den Thronwirren festigte Dareios I. das Reich im Innern. 517 richtete er Provinzen ein, die Steuern abführen mussten. Die ❾ Provinzgouverneu-

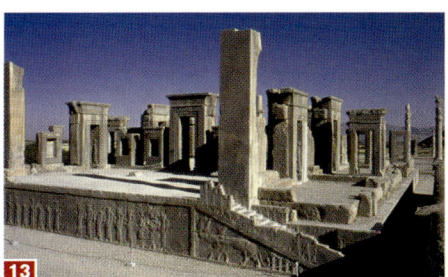

9 Persischer Würdenträger in Reisekleidung (Silberstatuette, 5. Jh. v. Chr.)

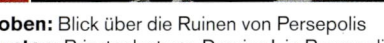

11
oben: Blick über die Ruinen von Persepolis
unten: Privatpalast von Dareios I. in Persepolis

13

re, Satrapen genannt, hatten zwar großen Handlungsspielraum, wurden aber durch ein System von Boten und Spitzeln kontrolliert. Der besseren Kommunikation diente ein gut ausgebautes und bewachtes Straßennetz, an dem ein Nachrichten- und Postdienst eingerichtet wurde. ❿ Dareios reformierte die Rechtsprechung und führte eine reichsweite Währung ein, den Dareikos. In Ägypten ließ er 497 den unter den Pharaonen begonnenen Kanal zwischen dem Nil und dem Roten Meer vollenden. In Persien legte er den Grundstein für die ⓭ Palaststadt ⓫ Persepolis, die seine ⓬ Nachfolger weiter ausbauten. Dareios I. trat auch als Förderer des ⓮ Zoroastrismus (S. 63) hervor, ohne andere Religionen des Vielvölkerstaates zu unterdrücken. In seinen kriegerischen Unternehmungen war Dareios I. nicht immer erfolgreich. Er konnte zwar die Grenzen des Perserreiches im Osten bis an den Indus ausdehnen sowie im Nordwesten Thrakiens bis an die Donau. Er unterwarf Makedonien, scheiterte jedoch 513/12 im Feldzug gegen die Skythen. Von 500 bis 494 musste Dareios den „Ionischen Aufstand" der griechischen Städte in Kleinasien unterdrücken. Eine (S. 85) Strafexpedition

10 Dareios I. hält eine Audienz ab (Vasenmalerei, Ende 4. Jh. v. Chr.)

nach Griechenland endete aber 490 mit der Niederlage in der Schlacht von Marathon. Bei den Vorbereitungen zu einem weiteren Krieg gegen die Griechen starb Dareios I. im Jahr 486.

12

14

Aus der Grabinschrift von Dareios I.

„Es kündet Dareios der König: Als Ahura Masda sah, dass diese Erde in Aufruhr war, übertrug er sie mir, mich machte er zum König. Ich bin König. Nach dem Willen Ahura Masdas setzte ich sie (die in Aufruhr geratene Erde) an ihren Platz. Was ich ihnen (den Bewohnern) sagte, das taten sie, wie es mein Wunsch war. Wenn du nun denken solltest: ,Wie zahlreich waren seine Länder, die König Dareios hielt?', so blicke auf das Bild, wer den Thron trägt. Dann wirst du wissen, dann wird dir bekannt: Die Lanze des persischen Mannes ist weit vorgedrungen!"

Felsengräber von (von links) Artaxerxes I. (oder Darius II.), Xerxes I. (oder Artaxerxes I.) und Darius I. (Naqsh-i Rustam bei Persepolis)

links: Dareios I. mit dem Kronprinzen Xerxes I. (Relief, um 485 v. Chr.)
unten: Ahura Masda, Hauptgott des Zoroastrismus, beschützt Dareios I. bei der Löwenjagd (Rundsiegelabdruck)

■ Das Perserreich unter den späteren Achaimeniden

Unter den Nachfolgern von Dareios I. schwächten Aufstände in den Provinzen sowie Intrigen im Herrscherhaus die Macht der Perser. Die Konflikte mit den Griechen blieben unentschieden, bis Alexander der Große ab 330 v. Chr. das Perserreich eroberte.

Gleich zu Beginn seiner Herrschaft 486 v. Chr. musste ❶ Xerxes I., der Sohn und Nachfolger von Dareios I., Aufstände in Ägypten niederschlagen. Sodann versuchte er, die Pläne seines Va-

2

Der Athener Themistokles vor Artaxerxes I. (Stahlstich, 1842)

4

Felsengrab von Artaxerxes III. bei Persepolis

5

Alexander der Große vor der Leiche von Dareios III.

ters zur Eroberung Griechenlands (S. 85) umzusetzen. Xerxes konnte zwar bis nach Athen vordringen, doch schließlich wurde seine Flotte 480 in der Seeschlacht von Salamis, sein Heer 479 in der Schlacht von Plataiai besiegt. Xerxes hatte sich längst in seine Residenzen zurückgezogen, wo er sich fortan besonders der ❸ Bautätigkeit widmete. Während einer Palastrevolte wurde er 465 ermordet.

Sein Sohn Artaxerxes I. beendete 448 die Auseinandersetzungen mit den ❷ Griechen durch den „Kalliasfrieden"(S. 87). Während des Peleponnesischen Krieges (S. 90 f.) und in den Auseinandersetzungen zwischen Athen, Sparta und Theben im 4. Jh. unterstützten die Perser abwechselnd verschiedene Parteien. Dabei gaben die Mächte Griechenlands die Unterstützung für die ionischen Städte auf, die 387 im „Königsfrieden" (Antalkidasfriede) (S. 93) den Persern zugesprochen wurden. ❹ Artaxerxes III. eroberte 343 Ägypten zurück, das 404 die Perser vertrieben hatte, und unterstützte die Freiheitsbewegungen der Griechenstädte gegen Philipp II. von Makedonien (S. 95), der die Griechen vereinen und gegen Persien in den Krieg führen wollte. Sowohl Artaxerxes III. als auch sein Sohn und Nachfolger wurden infolge von Palastintrigen vergiftet. Danach bestieg 336 als letzter König

1

Xerxes I. mit medischem Würdenträger

Dareios III. aus einer Nebenlinie der Achaimeniden den Thron. Im Jahr 334 eröffnete Alexander der Große von Makedonien den von seinem Vater Philipp II. geplanten Feldzug gegen die Perser (S. 96). Dareios III. wurde 333 bei ❻ Issos und 331 bei Gaugamela vernichtend geschlagen und flüchtete sich in den Norden Irans, wo er 330 verraten und ❺ ermordet wurde.

Alexander konnte bis 324 das ganze Perserreich erobern. Nach der Herrschaft der Seleukiden knüpften um 230 v. Chr. die Parther unter der Dynastie der Arsakiden und nach ihnen seit 224 n. Chr. die persischen Könige aus der Familie der Sassaniden an die Tradition der Achaimeniden an.

Persien in der griechischen Geschichtsschreibung

Die persische Geschichte wurde in Herodots „Historien" und der „Anabasis" von Xenophon nacherzählt. Letzterer hatte um 404 v. Chr. als einer von Tausenden griechischen Söldnern am Usurpationsversuch von Kyros dem Jüngeren gegen seinen Bruder, den König Artaxerxes II., teilgenommen.

oben: Xenophon

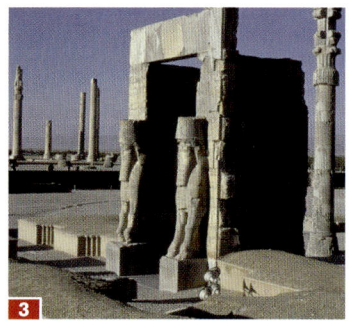

3

Propyläen Xerxes' I., sog. Tor aller Länder in Persepolis (5. Jh. v. Chr.)

6

Dareios III. in der Schlacht von Issos

■ Die Religion im Perserreich

In der Zeit der Achaimeniden fand der Zoroastrismus große Verbreitung. Seine Jenseitsvorstellungen beeinflussten auch das Judentum und das Christentum.

7 Zarathustra (Wandmalerei aus Syrien)

Die altiranische Religion kannte eine große Anzahl von Göttern und war wohl mit der vedischen Religion Indiens verwandt. Kultisch herrschten die Rituale der sog. Magier vor. Ihr Name leitete sich von den Magoi ab, einem medischen Stamm, dessen Mitglieder sich auf religiöse Angelegenheiten spezialisiert hatten. Vermutlich um 600 v. Chr. trat **7** Zarathustra (griech. Zoroaster) auf, selbst aus den Reihen der Magier. Er fühlte sich zum Propheten des einen Gottes **11**, **12** Ahura Masda berufen und verkündete dessen

Lehre. Hierbei kritisierte er die blutigen **8**, **9** Tieropfer der Magier und zog sich deren Feindschaft zu. Später wurde König Dareios I., nachdem er den Usurpationsversuch des Magiers Gaumata niedergeschlagen hatte, ein Anhänger von Zarathustras Lehren. Die Magier aber passten sich dem Zoroastrismus an und verteidigten so ihr religiöses Monopol.

Ahura Masda ist nach Zarathustra der allmächtige Schöpfer des Kosmos und Richter am Ende der Zeit. Er repräsentiert die ursprünglich gute Weltordnung und wird auch mit dem „Guten Geist" identifiziert, dem ein „Böser Geist" gegenübersteht. Der Mensch kann sich für eine der beiden Seiten entscheiden und wird bei einem letzten Gericht nach seinen Taten beurteilt. Neben diesem dualistischen Wertesystem ist die strenge kultische Reinheit charakteristisch für den Zoroastrismus. So durften sich die Priester den **10** ewigen Feuern, die zu Ehren des Gottes abgebrannt wurden, nur mit verdecktem Mund nähern, um es nicht durch ihren Atem zu beschmutzen. Wie das Feuer galten auch die Erde und das Wasser als heilige Elemente.

8 Magier mit Zicklein (Goldstatuette, 12. Jh. v. Chr.)

In der Zeit der persischen Vorherrschaft kamen die Juden in Kontakt mit den Vorstellungen von Himmel, Hölle und einem „Jüngsten Gericht", die später auch Eingang in das Christentum fanden. Aus der Verschmelzung des Zoroastrismus mit christlichen und buddhistischen Lehren entstand der Manichäismus, der eine Zeit lang stärkster Konkurrent des Christentums war. Vom 3. bis zum 7. Jh. n. Chr. erlebte der Zoroastrismus im Reich der Sassaniden als Staatsreligion noch einmal eine Blütezeit, verschwand dann aber fast völlig aus dem Iran nach der Eroberung durch die Araber und der Einführung des Islam. Viele Anhänger der Lehren Zarathustras emigrierten, insbesondere nach Indien, wo man ihnen nach ihrem Herkunftsland Persien den Namen „Parsen" gab.

9 Opferritual mit Tierköpfen (Relief, Ende 5. Jh. v. Chr.)

10 Achaimenidischer Feueraltar, sog. Kaaba des Zarathustra (Naqsh-i Rustam, Persepolis)

11 Zwei Sphingen tragen Ahura Masda (Rollsiegelabdruck, um 590–330 v. Chr.)

12 Lanzenträger in persischer und medischer Tracht; darüber die geflügelte Sonnenscheibe Ahura Masdas (Relief in Persepolis, 5. Jh. v. Chr.)

um 7000 v. Chr.–200 n. Chr.

Erste Großreiche

343 v. Chr. | Rückeroberung Ägyptens   336 v. Chr. | Herrschaftsantritt von Dareios III.   330–324 v. Chr. | Eroberung Persiens durch Alexander

Nov. 333 v. Chr. | Schlacht bei Issos   Okt. 331 v. Chr. | Schlacht bei Gaugamela   330 v. Chr. | Tod von Dareios III.   323 v. Chr. | Tod Alexanders

um 7000 v. Chr.–200 n. Chr.

Erste Großreiche

DIE REITERNOMADEN DER EURASISCHEN STEPPE 1000 V. CHR.–200 N. CHR.

In den Steppen der Ukraine, Südrusslands und Kasachstans siedelten indogermanische Reiternomaden, bis im 4. Jh. n. Chr. das Vordringen der Hunnen die „Große Völkerwanderung" auslöste. Aber schon vorher verließen einzelne Stämme dieses Gebiet und wanderten in die Mittelmeerregion, das Hochland des Iran und nach Indien. Einige ließen sich nieder und gründeten Reiche wie die Hethiter, Meder, Perser oder die späteren Parther. Andere blieben in Bewegung und wurden wie die Kimmerier von Feinden aufgerieben oder zogen sich wie die Skythen wieder in ihre ursprünglichen Siedlungsgebiete zurück.

Tomyris tötet den König Kyros (Buchmalerei, 14.Jh.)

Skythen, Saken und Sarmaten

Die Einteilung der Reiternomaden in verschiedene Völker und Stämme wurde v. a. durch griechische und römische Autoren vorgenommen, die versuchten, die flexiblen Organisationsformen dieser Völker in ihnen geläufige Kategorien zu fassen.

2 Kampf zwischen Tiger und Wolf (skythische Goldplatte, 7./6. Jh. v. Chr.)

Als ❹ Heimat der ❷ Skythen wird das heutige Kasachstan angenommen. Von hier aus wanderte im 1. Jt. v. Chr. ein Teil westwärts, während ein anderer – die sog. Saken – zurückblieb. Nördlich des Schwarzen Meeres vertrieben die Skythen das Reitervolk der Kim-

merier aus ihren Siedlungsgebieten. Sie überwanden den Kaukasus und drangen bis in das Zweistromland und nach Kleinasien vor. Die persischen Könige kämpften an den Nordgrenzen ihres Reiches mit den verschiedenen Reitervölkern. ❶ Kyros II. fiel 530 im Kampf gegen Tomyris, die Königin der Massageten, einem Teilstamm der mit den Skythen und Saken verwandten Sarmaten. Auch der Versuch von Dareios I., 513/12 die Skythen zu unterwerfen, schlug fehl. Andererseits warben die Perser und andere Macht-

haber im Vorderen Orient Reiternomaden als Söldner für ihre Heere an oder gingen Bündnisse mit ihnen ein. Niemals bildeten diese Völker und Stämme feste Einheiten über einen langen Zeitraum. Vielmehr kam es je nach Notwendigkeit zu Konföderationen unter einem gemeinsamen Anführer. Als ein solcher fiel der skythische Oberkönig Atheas 339 im Kampf gegen Philipp II. von Makedonien. Ab dem 3. Jh. v. Chr. gingen die Skythen in den nach Westen drängenden Sarmaten auf, und nur eine kleine

3 Sarmatische Reitersoldaten in Schuppenpanzern (Rom, Trajanssäule, 113 n. Chr.)

Gruppe auf der ❺ Krim bezeichnete sich bis ins 1. Jh. v. Chr. weiterhin als Skythen. Die Sarmaten schlossen sich während der großen Völkerwanderung zum größten Teil den Goten und Hunnen an. Die Saken drangen um 100 v. Chr. bis nach Indien vor, wo sie Reiche gründeten, die bis in 2. Jh. n. Chr. bestanden.

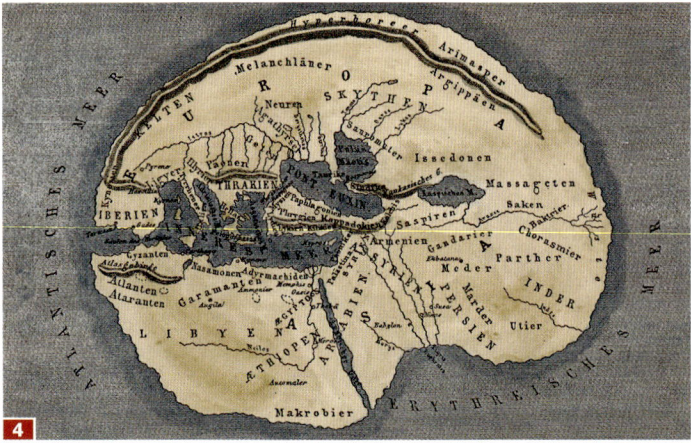

4 Die Erde nach Herodot mit den Skythen und den Massageten im äußersten Nordosten (Holzstich, 19. Jh.)

5 Krim-Skythen bieten dem verbannten römischen Dichter Ovid Pferdemilch an (Gemälde von Delacroix, 19. Jh.)

Kultur und Gesellschaft der Skythen

Die Skythen hinterließen keine schriftlichen Zeugnisse. Darum liefern insbesondere archäologische Funde Informationen über ihre Lebensumstände.

6
Bartkamm mit Darstellung kämpfender Skythen über einem Löwenfries (um 500 v. Chr.)

An der Spitze der Skythen standen die Fürsten, die in aufwändigen Hügelgräbern, den Kurganen, bestattet wurden. Die in einer zentralen Grabkammer bestatteten Toten waren oft einbalsamiert, in Nebenkammern wur-

den die Pferde des Verstorbenen mitbestattet, was die Bedeutung dieser Tiere für die Skythen unterstreicht. Als Grabbeigaben fand man neben Waffen fein gearbeitete Goldgegenstände, darunter ❾ Gefäße, ❻, ❼ Schmuck und Rüstungen, in die Abbildungen von Jagden, Kämpfen, Gelagen und sehr häufig von Tieren eingearbeitet waren.

Auch Frauen wurden mit Kriegswaffen bestattet, was darauf hindeutet, dass nicht nur Königinnen wie Tomyris, sondern auch ❿ Frauen allgemein an den kriegerischen Auseinandersetzungen teilgenommen haben.

9 oben: Becher mit der Darstellung skythischer Krieger (4. Jh. v. Chr.)

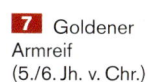

7 Goldener Armreif (5./6. Jh. v. Chr.)

8
Amazonenschlacht (Gemälde von Rubens, um 1600)

Historiker sehen hierin eine mögliche historische Grundlage für den griechischen Mythos vom asiatischen Kriegerinnenvolk der ❽ Amazonen.

Vom Leben der Skythen ist überliefert, dass der Brauch der Blutsbrüderschaft, die eine lebenslange Kampfgemeinschaft begründete, unter den ❸ Kriegern verbreitet gewesen war.

Die Reiterkrieger waren leicht bewaffnet und schützten sich durch Schuppenpanzer. Als Waffen dienten ihnen vergiftete Pfeile, für den Nahkampf auch Kurzschwerter, Streitäxte und Morgensterne. Ihre Kampftechnik der kurzen, schnellen Angriffe mit sofortigem Rückzug war allgemein gefürchtet. Damit waren die Reiterkrieger den schwerfälligen Heeren zu Fuß weit überlegen. Die Skythen betrieben aber auch Viehzucht, Landwirtschaft und Handel. Über die griechischen Kolonien auf der Krim wurden Getreide, Pelze, Vieh und Sklaven exportiert.

Amazonen

Das Vorbild für die Amazonen der griechischen Mythologie waren wohl die skythischen Kriegerinnen, die auch Heere anführten. Wie die Skythen sollen sie am Ufer des Schwarzen Meeres gelebt haben. Sie wohnten nur kurz mit Männern zusammen und zogen von ihren Kindern nur die Mädchen auf. Diesen wurde die rechte Brust ausgebrannt, damit sie ungehindert mit Pfeil und Bogen schießen konnten. Daher wurde früher der Name der Amazonen auf „a-mazós" (griech. brustlos) zurückgeführt. Herodot berichtet noch im 5. Jh. v. Chr. von matriarchalisch organisierten Gesellschaften in Kleinasien, die als Vorbild für die Amazonen fungiert haben könnten.

oben: Amazone (Marmorstatue, römische Kopie nach einem griechischen Original, 5. Jh. v. Chr.)

10
Frauen im Reitersitz zu Pferde (5. Jh. v. Chr.)

Die Religionen Indiens, Chinas und Japans

Alle heutigen Weltreligionen sind in Asien entstanden, die großen monotheistischen Religionen wie das Judentum, das Christentum und der Islam im Vorderen Orient, der Hinduismus und der Buddhismus in Indien. Während der ❶ Buddhismus heute auch im westlichen Abendland zu Popularität gelangt ist, sind Religionen wie der Hinduismus in Indien, der Konfuzianismus in China oder der Shinto in Japan eng mit den Kulturen und gesellschaftlichen Strukturen der jeweiligen Länder und Regionen verknüpft.

Schakyamuni-Buddha mit Konfuzius und Laozi, die drei Religionslehrer

Der Hinduismus

Der Hinduismus ist die vielgestaltige Religion Indiens, die aus der Vermischung der von den Ariern eingeführten vedischen Religion und der Religion der Urbevölkerung entstand. Da sie weder über einen einheitlichen Schriftenkanon, ein feststehendes Götterpantheon noch eine etwa der Kirche vergleichbare Organisationsform verfügt, ist sie für Angehörige anderer Religionen schwer fassbar. Der Hinduismus kennt keine Stifterfigur, keine einheitliche Philosophie, und die Glaubens- und Kultformen sind überaus vielfältig. Der polytheistische Glaube an ❸ Götter wie Vishnu, Shiva und Shakti ist nur eine seiner Ausprägungen. Daneben finden sich u.a. auch monotheistische Tendenzen und philosophische Spekulationen, die einen personalen Weltenlenker ganz ablehnen. Gemeinsam ist allen Formen der Glaube an eine alles durchdringende

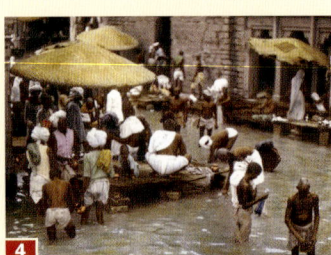

❷ Schakyamuni-Buddha (tibetische Statue aus dem 11. Jh.)

Weltordnung (Dharma), den der Buddhismus übernommen hat. Kennzeichnend ist weiter der Glaube an den ewigen Kreislauf von Geburt, Tod und Wiedergeburt, der auf der Annahme beruht, dass Haltung und Taten im Leben die Existenzform der Wiedergeburt beeinflussen. Der Hinduismus entwickelte komplizierte Opferrituale, deren genaue Kenntnis der Priesterkaste der Brahmanen bedeutenden Einfluss

❸ Shiva, Brahma, Vishnu und eine andere Gottheit huldigen der Göttin (Devi)

sicherte. Das Kastensystem ist eine der Säulen der ❹ Hindugesellschaft. Es ist ein komplexes Geflecht von Berufskasten, ethnischen und religiösen Kasten, die zwar in ganz Indien verbreitet, aber sozial nur regional von Bedeutung sind. Die einzelnen Kasten unterscheiden sich durch spezifische Sitten und Verpflichtungen innerhalb der Gesellschaft; soziale Unterschiede zwischen

den Kasten sind zwar offiziell seit der Unabhängigkeit Indiens 1947 abgeschafft, bestehen aber faktisch immer noch. Heute spielt der Hinduismus als nationale Identität Indiens wieder eine größere Rolle.

Der Buddhismus

Gegen die mit einem erstarrten Ritualismus verbundene brahmanische Religion wandte sich der „Reformer" Siddharta Gautama, der Buddha („der Erwachte"), der im 6.–5. Jh. v.Chr. lebte und wirkte. Er trat als Vertreter einer Selbsterlösungslehre auf, die Gewaltlosigkeit gegenüber allen Lebewesen propagierte und die Kastenordnung als für den Heilsweg bedeutungslos betrachtete. Seine Lehre, die eigentlich gar nicht als „Religion" konzipiert war, hatte stark ethische Züge. Ausgehend von der Erkenntnis, dass das Leben prinzipiell unbeständig und daher letztendlich leidvoll sei, strebte Buddha danach, diese durch Begierden und Leidenschaften der Menschen verursachte Unbeständigkeit zu überwinden. Dieses Ziel wird erreicht durch Versenkung in das wahre Wesen der

Dinge und die Erkenntnis, dass es keinen individuellen Persönlichkeitskern gibt. Am Ende wird das „Nirvana" erreicht, ein Zustand, der aus dem sich ständig wiederholenden Kreislauf der Unbeständigkeit in immer neuen Wiedergeburten befreit.

Durch seine Ausbreitung im asiatischen Raum nahm der Buddhismus, in dem Mönche und

❹ Hindus verrichten ihre rituellen Waschungen im Ganges in Benares (Varanasi), Indien

❺ Buddhistische Priester und Mönche bei einer Opferzeremonie in der Tempelanlage von Swayambunath in Kathmandu, Nepal

Laien eigene Organisationsformen bilden, sehr stark Elemente der Volksreligionen auf. Er entwickelte seine Lehre von den hilfreichen Erlösungswesen (Bodhisattva) und wurde mehr und mehr zu einer Religion mit eigenen Tempeln und Kulten. Der Buddhismus teilte sich in mehrere Schulen, von denen die wichtigsten der ❺ mönchisch-strenge Hinayana-Buddhismus ("Kleines Fahrzeug") und der volksreligiöse Mahayana-Buddhismus ("Großes Fahrzeug") sind. Eine Sonderform stellt der ❷ tibetische Buddhismus dar, dessen Oberhaupt der Dalai Lama ist.

Die Religionen Chinas

In China ist bis heute die Volksreligion sehr stark vertreten, in der Ahnenkult, Geisterglaube und Naturgottheiten eine große Rolle spielen. Weitere wichtige religiöse Strömungen Chinas, die sich immer wieder mit der Volksreligion vermischten, sind der Daoismus, die Lehre des Konfuzius, um die erst nach seinen Lebzeiten ein Kult entstand, und der Buddhismus. Charakteristisch für das chinesische Denken ist der Glaube an die universelle Harmonie von Himmel, Erde und Mensch. Der Kosmos gilt als geordneter Organismus, der von einem (nicht immer personal gedachten) "obersten Herrscher" regiert wird. Die Verbindung zur übersinnlichen Welt stellten zunächst Schamanen oder Priester her, später der Kai-

❻ Laozi auf dem Weg in die Berge (nach einer chin. Bronzegruppe)

ser. Er war Empfänger des "Mandats des Himmels" und war politisch wie kultisch Garant der kosmischen Ordnung auf Erden.

Im 4./3. Jh. v.Chr. entstand der Daoismus, der auf (den nicht historischen) ❻ Laozi zurückgeführt wird. In seinem "Buch vom Weltgesetz" (Dao-de-jing) setzt er das Dao (Weltgesetz) als Urquell allen Seins und Kraft voraus, die allem Lebendigen innewohnt. Das Dao, das ursprünglich eine Einheit darstellt, teilt sich in die gegensätzlichen Wirkkräfte ❽ Yin und Yang, durch deren Zusammenspiel Entwicklung entsteht. Der Daoismus propagierte einen Rückzug von der Welt und eine Versenkung in die Harmonie mit der Natur. Er verschmolz mit den Göttervorstellungen der Volksreligion und betonte magische Elemente, so die Suche nach dem "Elixier des Lebens". Er bildete eine Kirche.

❽ Yin und Yang symbolisieren die Prinzipien des Dao

❾ Himmelskönig, auf einem Dämon stehend (Tang-Dynastie)

Die Staatslehre des Konfuzius

Gegen einen Rückzug von der Welt wandte sich die erfolgreichste politische Philosophie Chinas, der Konfuzianismus. Die Philosophen ❼ Konfuzius und Menzius (Mengzi) entwickelten eine Lehre des lebenslangen Lernens und der persönlichen Bescheidenheit ohne Weltflucht. Ihr eigentlich aristokratisches Ideal ist der "Edle", der die "Menschlichkeit" lebt, hoch gebildet ist und als Berater und Staatsdiener tätig wird, wo man ihn braucht. Der Konfuzianismus betont die Riten der Ahnenverehrung und hierarchischen Familienzugehörigkeit und wurde dadurch nach 200v.Chr. rasch zur führenden Staatslehre Chinas. Bald wurde die konfuzianische Haltung und Bildung für alle Beamten verbindlich, wodurch die Lehre schließlich in Hierarchien erstarrte und die staatlich zelebrierte Konfuzius-Verehrung religionsartige Züge annahm, obwohl Konfuzius betont hatte, nichts über die Götter zu wissen, wohl aber die religiösen Riten für wichtig hielt, da sie die Ordnung stärkten.

❼ Idealbildnis des chinesischen Philosophen und Religionsstifters Konfuzius (Steingravierung in Ch'ue-fou)

Der japanische Shinto

Die Religion des ❿ Shinto ist eng verbunden mit nationaler Identität und Herrschertum in Japan. Daher wurde er auch nach dem Zweiten Weltkrieg als Staatskult verboten. In der Mythologie nimmt die Entstehungsgeschichte Japans und die ❾ Abstammung des Kaisers (Tenno) von der obersten Göttin eine große Rolle ein. Neben der Verehrung von Göttern, v.a. Klan- und Naturgottheiten, ist die Verehrung der Ahnen wichtigstes Element des Shinto. Prägend für die japanische Gesellschaft sind in erster Linie die durch ihn vermittelten Werte und Verhaltensmuster. Die Ethik fordert Pflichttreue, Ehrlichkeit und Selbstbeherrschung.

❿ Tor zum Shimogamo-Shinto-Tempel in Kyoto, Japan

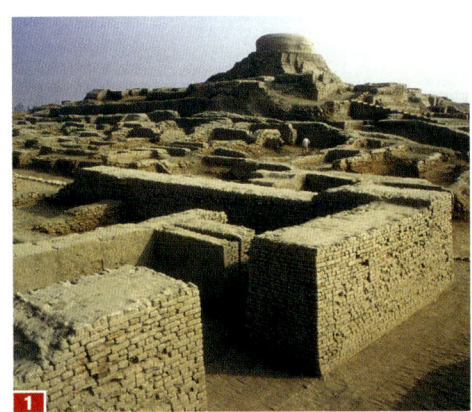

INDIEN: VON DEN ANFÄNGEN BIS ZUM EINFALL ALEXANDERS UM 7000–325 V. CHR.

Die Kultur des indischen Subkontinents ist seit ihrer Frühzeit gekennzeichnet durch die große Anzahl der dort lebenden Ethnien und Sprachgruppen; Ursache dafür waren mehrere Einwanderungswellen. Schon die erste Hochkultur wurde von den arischen Einwanderern bestimmt, die ihre Götter, das Kastenwesen und ihre politischen Ordnungen einführten. Aus den ursprünglichen Stammesgesellschaften entwickelten sich allmählich einzelne Staatsgefüge.

1 Zitadelle in Mohenjo-Daro, Pakistan, der wichtigsten ausgegrabenen Stadt der Indus-Kultur neben Harappa (um 2600–1800 v. Chr.)

2 Kalksteinfigur eines königlichen Priesters aus der Harappa-Kultur

5 Siegel aus der Induskultur mit zwei symmetrisch angeordneten Tierköpfen

Indiens Frühzeit und die Indus-Kultur

Auf dem Subkontinent bildete sich schon sehr früh eine große ethnische Vielfalt aus. Als erste bedeutende Kultur setzte sich die Harappa-Kultur auf dem Gebiet des heutigen Pakistan durch.

Spätestens ab 40 000–30 000 v. Chr. ist die Besiedlung Indiens nachweisbar. Diese ersten Bewohner wanderten vermutlich aus Afrika über die Arabische Halbinsel ein. Es folgten mehrere Einwanderungswellen, sodass sich zahlreiche verschiedene –

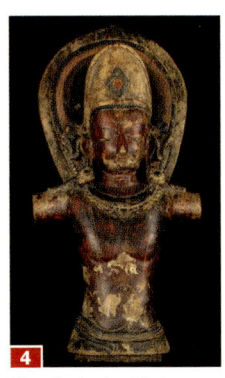

3 Bronzefigur einer Tänzerin aus der Harappa-Kultur

4 Nepalesische Skulptur für das Indra-Jatra-Fest

auch äußerlich sehr unterschiedliche – Ethnien in Indien ansiedelten. Parallel dazu kam es zur Ausbildung von fünf großen Sprachfamilien: dem Indoarischen (v. a. Hindi) im Norden, Teilen Sri Lankas und den Malediven, das auch die Sprache der religiösen Texte werden sollte, dem Drawidischen im südlichen Drittel und Teilen Sri Lankas, der Sprache der archaischen Litera-

tur, den weniger verbreiteten sog. Munda-Sprachen, den tibeto-birmanischen Sprachen (Kashmir, Nepal, Bhutan) und den sog. authochthonen Restsprachen.

Die ersten Kulturen des Subkontinents waren Jäger- und Sammler-Kulturen, die ab ca. 7000 v. Chr. von Ackerbauern und Viehzüchtern abgelöst wurden. Um 6000 begann die Entwicklung einer abgrenzbaren frühen Kultur. Aus ihr entstand in der Indus-Ebene die ❶, ❽ Indus- oder ❷, ❸ Harappa-Kultur, die ihre Blüte von 2600 bis 1900 erlebte. Benannt ist sie nach der 1921 entdeckten Stadt Harappa im Nordosten Pakistans. Sie war von Landwirtschaft geprägt, wovon ein hochentwickeltes Bewässerungssystem und große Getreidespeicher zeugen. Die Verwaltung bediente sich standardisierter Maße, Gewichte und ❺, ❼ Siegel und nicht zuletzt der um 3300 entwickelten – bisher unentzifferten – „Indusschrift", die auf

etwa 5000 Siegeln und Tontafeln eingeritzt vorliegt. Es gab bereits größere Siedlungen mit geradlinigem Straßennetz, öffentlichen Gebäuden und befestigten Zitadellen. Funde lassen auf ein komplexes Handelswesen schließen.

Um 1900 v. Chr. kam es zu einem raschen Niedergang der Siedlungen, die vermutlich von Klimakatastrophen und Überschwemmungen heimgesucht und von fremden Völkern überfallen wurden. Die südliche Indus-Ebene wurde in der Folge vollständig aufgegeben, doch wurden Elemente der Indus-Kultur wie möglicherweise der Tier- und Opferkult weitertradiert.

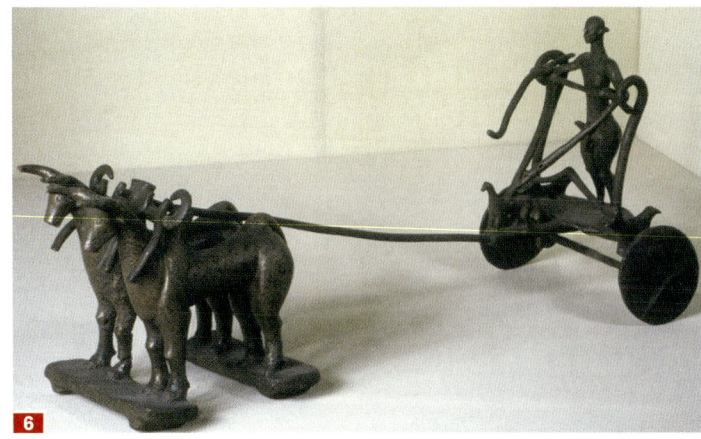

6 Wagenlenker aus der Harappa-Kultur (um 2000–1500 v. Chr.)

| 40000–30000 v. Chr. | Besiedlung Indiens | um 3300 v. Chr. | Entwicklung der Indusschrift |
| um 7000 v. Chr. | Übergang zur Ackerbau- und Viehzuchtgesellschaft | um 2600–1900 v. Chr. | Blüte der Harappa-Kultur |

7 Siegel mit Einhorn aus der Indus-Kultur (2500–1800 v. Chr.)

Zu den indo-arischen Völkern, die nach Indien einwanderten, zählten die Träger der Sintascha-Kultur aus dem Osten des Urals, deren militärische Überlegenheit

Die Einwanderung der Indo-Arier

Die einwandernden indo-arischen Völker, die sich in Stammeskönigtümern organisierten, wurden zunächst im Norden Indiens vorherrschend; es kam es auch zur Vermischung mit der einheimischen Bevölkerung.

auf der Erfindung des ❻ Streitwagens beruhte, sowie die Hurriter des Reiches Mitanni im Nordirak und Nordsyrien, bei denen in einem Vertrag (um 1380 v. Chr.) die auch aus Indien bekannten frühen arischen Götter Mitra, Varuna und ❹ Indra erwähnt werden. Ebenfalls zu den indoeuropäischen Völkern zählten die Hethiter in Kleinasien und die eng mit den Indo-Ariern verwandten Iraner.

Wie die arische Einwanderung tatsächlich vonstatten ging, ist unter Forschern umstritten. Wahrscheinlich handelte es sich aber weniger um eine Eroberung als um eine Zuwanderung in mehreren Wellen vom Westen aus über den Iran. Auf dem Weg nahmen sie Elemente der 2400–1600 in Südtadschikistan beheimateten Oxus-Kultur auf. Ein Großteil unseres Wissens über die Einwanderung der Arier stammt aus dem Rigveda, der ältesten ❿ religiösen Literatur Indiens. Hier erfahren wir z. B., dass die Arier ❾ Viehzüchter waren. Die Arier verstanden sich – entgegen späteren Ideologisierungen – nicht als Rasse, sondern als Angehörige einer bestimmten Kultur, die durch die vedische

Sprache gekennzeichnet ist. Sie bildeten in Nordindien bald die Herrenschicht und bezeichneten andere Völker als „Feinde" oder „Sklaven". Erst längerfristig kam es zu einer Akkulturation mit der Urbevölkerung.

Die Veden gelten als religiöse Schriften rein arischen Ursprungs, doch ging die frühe Religion Indiens wahrscheinlich aus der Vermischung von arischen und einheimischen Elementen hervor. Der Rigveda nennt die Urbevölkerung „Götzen- oder Phallusanbeter"; auf sie geht die Verehrung der steinernen Phalli (Linga) als Fruchtbarkeitssymbole zurück. Von der frühen Organisation der Arier in Stammeskönigtümer erfahren wir aus dem Rigveda, der vom Volk der Bharata im Panjab berichtet. Sudas, König im Panjab besiegte in der sog. Zehnkönigsschlacht seine Gegner durch das Durchstechen der Dämme. Eine sehr wichtige Rolle in der Kultur der Arier spielten die Dichter. Sie überlieferten als Hofpoeten die Großtaten der Könige.

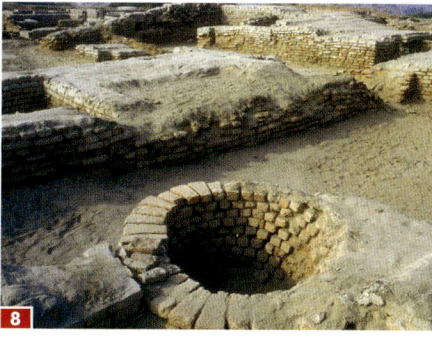

8

Brunnen in Mohenjo-Daro, Pakistan, der wichtigsten ausgegrabenen Stadt der Indus-Kultur neben Harappa (um 2600–1800 v. Chr.)

9

Heiliger Stier (Zebu) in Indien, geschmückt mit verschiedenfarbigen Decken

10

Indische Miniatur aus dem religösen Werk Devi-Mahatmya: „Der Gott Indra fleht die Göttin an" (16. Jh.)

Die vier Veden

Die Veden (dt. „Wissen"), die älteste Schriftensammlung Indiens, umfassen das religiöse, philosophische und rituelle Wissen der Priester und Dichter der sog. vedischen Periode (um 1500–500). Der Kanon der Veden wurde in den ersten Jahrhunderten des 1. Jt. v. Chr. zusammengestellt. Dem ältesten der Veden, dem Rigveda, folgen der Samaveda mit Melodien und Texten zur Begleitung von Opferhandlungen, und der Yajurveda mit Opfersprüchen und Speisevorschriften. Der Atharvaveda besteht v. a. aus Zaubersprüchen und poetisch-philosophischen Spekulationen und wird von einigen nicht zum Kanon gerechnet.

oben: Unterricht in den heiligen Veden in einer brahmanischen Schule in Trichur

Die Staaten der mittelvedischen Periode

In der sog. Kuru-Zeit bildeten sich die Vorstellung der vier Schichten der Gesellschaft, der sog. Varnas („Kasten"), sowie komplexe religiöse Riten aus.

Um 1000 v. Chr. begann die mittelvedische Periode mit dem Zusammenschluss der 30 arischen Stämme der Rigveda-Zeit zu einem Stammesverband, dem Kuru-Pancala in Nordwestindien. Der führende Stamm, aus dem

2 Geburt des Mahavira (Miniatur einer Jaina-Handschrift aus Gujarat, um 1400)

die Könige kamen, waren die Bharata mit ihrer Residenz in Hastinapura (heute Delhi). Die führenden Priester gehörten wohl anderen Stämmen an. Die vedischen Inder führten einen halbnomadisches Leben. Mit Überfällen auf sesshafte Reisbauern verschafften sie sich Weideland und Proviant.

In der Kuru-Zeit wurde die Vierstände-Ordnung in einem späten Abschnitt des Rigveda begründet. Die beiden führenden

Stände (Varna, oft als „Kaste" übersetzt), die ❺ Priester (Brahmanen) und der Adel (Kshatriyas), bildeten zusammen mit den Gemeinfreien (Vaishyas) die sog. „Zweimalgeborenen": Diese nehmen an den vedischen Ritualen in vollem Umfang teil. Die unterworfene Bevölkerung wurde als Shudras bezeichnet und hatte dienende Funktion.

In der Religionsausübung wurden die Opferriten als „Austausch von Speisen zwischen Göttern und Menschen" komplexer und dienten der Aufrechterhaltung der kosmischen Ordnung. Die heiligen Texte bedurften der Auslegung

durch die Brahmanen. Das soziale System breitete sich von Nordwesten nach Osten und Norden (Kashmir, Nepal) aus. Brahmanische Texte sprechen von der „rituellen Inbesitznahme" des Landes durch die Kuru und die „Kultivierung" der Barbarenstämme durch Brahmanen um 800. Die Stämme des Ostens wurden von der Kastengesellschaft „adoptiert". Die führenden Reiche des Nordostens waren Kosala und Videha mit einer eigenständigen Kultur („Black- and Red-Ware"). Bald galt das Königreich Videha (Nord-Bihar) des – historisch nicht nachweisbaren – Königs Janaka als Musterland für die vedische Ordnung.

1 Buddha als Lehrer

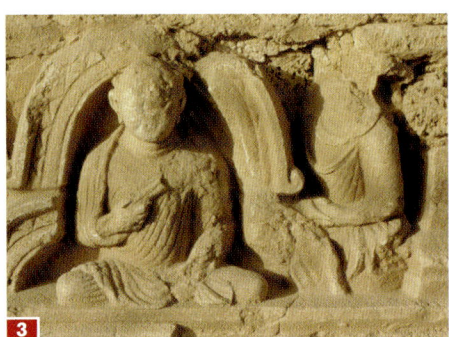

3 Buddha-Relief am Kloster Jaulian, Pakistan (zwischen 3. und 5. Jh.)

4 Buddha als Lehrer

5 „Der Brahmane und der Fromme" (indische Miniatur der Pahari-Schule, 3. Viertel 18. Jh.)

■ Die spätvedische Periode und die östlichen Staaten

Im 5. Jh. entstanden der Buddhismus und der Jainismus als religiöse Reformbewegungen. Mit der Verlagerung der Kultur in die Oststaaten Indiens begann auch der Aufstieg des Buddhismus.

6
Szene aus dem Ramayana: Götter Brahma und Krishna

Ab etwa 600 v. Chr. (spätvedische Periode) verlagerte sich der kulturelle und politische Schwerpunkt in den Nordosten Indiens. Zugleich kamen von Westen (Iran, Afghanistan) Einwanderer in den Nordosten, sodass die Könige von Videha und Kosala Brahmanen aus Westindien in ihre Länder holten, um ihre Völker in den ve-

Aus den Upanishaden

„Das Brahman, fürwahr, war diese Welt zu Anfang, der Eine, Unendliche; unendlich nach Osten, unendlich nach Süden, unendlich im Westen, unendlich im Osten, und nach oben und unten, unendlich nach allen Seiten. Für ihn gibt es keine ... Himmelsgegend, kein in die Quere, kein Unten oder Oben."

9
In Brahmi-Schrift verfasster Text eines Ediktes Kaiser Ashokas (2. Jh. v. Chr.)

dischen Ritualen und religiösen Vorstellungen zu unterrichten.

Gegen Ende des 6. Jh. geriet der Nordwesten Indiens unter die Herrschaft des persischen Achaimenidenreichs (S. 61). Das 5. Jh. markiert das Ende der spätvedischen Periode. Es entstand eine Stadtkultur mit Handelszentren. Eine aufstrebende Schicht von Fernhändlern, Kaufleuten und Handwerkern brachte es zu Wohlstand. Die Kultur wurde weltoffen und erlebte eine Blüte.

In dieser Zeit der fortgeschrittenen urbanen Kultur des 5./4. Jh. v. Chr. begründeten Siddhartha Gautama, genannt der ❶, ❸, ❹ „Buddha" (der „Erwachte"), und Vardhamana, genannt ❷ Mahavira, die Religionen des Buddhismus und des Jainismus. Beide Re-

7
Szene aus dem Ramayana: Im Königreich der Affen

formbewegungen lehnten die Rituale sowie die religiöse Tradition der Veden ab und betrachteten die Kastenordnung als religiös belanglos. Buddha hatte u. a. auch Kontakt zu König Bimbisara, dem Herrscher des aufstrebenden Reiches Magadha im Nordosten, der buddhistischer Laienanhänger wurde und die neue Religion förderte. Er betrieb eine geschickte Eroberungs- und Heiratspolitik. Sein Sohn Ajatashatru vergrößerte das Reich um die Stammesföderationen des Nordens. Dessen Nachfolger wurden jedoch Mitte des 4. Jh. von Mahapadma Nanda entmachtet, der bis Zentralindien und Orissa expandierte. Er und seine Nachfolger, die sog. Nanda-Könige, regierten bis zum Einfall Alexanders des Großen 327–325. Nun erst wurde vermutlich die Schriftlichkeit aus dem aramäischen Alphabet übernommen und die ❾ Brahmi-Schrift entwickelt, von der fast alle Alphabete Indiens abstammen. Im 4./3. Jh. entstand auch das indische Nationalepos ❻–❽, ❿ Ramayana, als dessen Autor der mythische Dichter Valmiki gilt.

8
Szene aus dem Ramayana: Die Feuerprobe der Sita

10
Szene aus dem Ramayana: Im Vordergrund Rama und Krishna

seit ca. 500 v. Chr. | Aufstieg Maghadas   4./3. Jh. v. Chr. | Entstehung des Ramayana   327–25 v. Chr. | Indien-Zug Alexanders des Großen

um 450 v. Chr. | Ende der spätvedischen Periode   364–21 v. Chr. | Zeit der Nanda-Könige

CHINAS FRÜHZEIT BIS ZUR „ZEIT DER STREITENDEN REICHE" 5000–221 V. CHR.

China wurde sehr früh von Menschen besiedelt. Unter den alten Hochkulturen ist die Chinas jedoch die jüngste. Im 3. Jt. v. Chr. kam es zu ersten Staatsbildungen mit hohen zivilisatorischen Standards sowie zur Ausbildung des für die chinesische Kultur prägenden Herrscherkultes. Etwa ab dem 18. Jh. v. Chr. übten die Herrscherdynastien der Shang und der Zhou eine Zentralgewalt aus; das Großreich zerfiel jedoch ab dem 8. Jh. v. Chr. zusehends, was schließlich in einen Krieg unter den Kleinreichen mündete.

Gefäß für Speisen zum rituellen Gebrauch, geschmückt mit menschlichen Masken, aus der Shang-Dynastie (Bronze, um 1700–1050 v. Chr.)

■ Die Frühzeit Chinas und das Reich der Shang

Bereits die ältesten Kulturen in China vollbrachten große technische Leistungen. Die ersten Staaten und deren Herrscher wurden in späteren Zeiten mythologisch überhöht.

Zu den ältesten Hominidenfunden in China zählen die in einer Höhle bei Peking gefundenen Überreste des ❷ „Pekingmenschen", die etwa 400 000 bis 300 000 Jahre alt sind; später wurden bei Lantian noch Überreste von 700 000 Jahre alten Hominiden gefunden. Seit der Jungsteinzeit kann man dörfliche Ansiedlungen von Viehzüchtern und Ackerbauern entlang der großen Flüsse

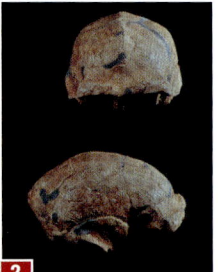

Schädel des Pekingmenschen (Sinanthropus pekinensis, jetzt Homo erectus pekinensis)

nachweisen. Eine der Kulturen dieser Zeit war die sog. Yangshao-Kultur (ab ca. 5000) im Norden Chinas, die bedeutende Keramiken hervorbrachte. Seit ca. 4500 ging sie in die Longshan-Kultur über, die sich durch dauerhafte Siedlungen und technische Verfeinerungen v. a. im Hausbau und Wohnkomfort auszeichnet.

Erste Staatenbildungen werden in der chinesischen Tradition in das Ende des 3. Jt. datiert. Zu dieser Zeit regierten dem Mythos zufolge die Ideal- oder Urkaiser Yao, Shun und Yu. Sie wurden zu Kulturbringern stilisiert, die sich u. a. durch Neuerungen im Landbau und der Wasserwirtschaft hervortaten. Yu gilt als Begründer der Xia-Dynastie, die mit dem Aufkommen der Bronze um 1800 begann, in die Shang-Zeit überzugehen.

Die Zeit der ❶, ❸–❻ Shang-Dynastie (ca. 16. Jh.– 1050) instal-

lierte den Kaiser als politisches und kultisches Oberhaupt. Er hatte wechselnde Residenzen und galt als „Beauftragter des Himmels", der sich mit einer großen Priesterkaste umgab. Man errichtete fest ummauerte Städte von teilweise verblüffenden Ausmaßen mit Palästen und Kultzentren in ihrer Mitte. Die Häuser aus Stampflehm hatten unterirdische Speicherräume für Lebensmittel. Es entstanden ausgefeilte

Weingefäß aus Bronze für den rituellen Gebrauch mit Darstellungen von Fabelwesen (Shang-Dynastie)

Bronzegefäß für Speisen zum rituellen Gebrauch, mit der Inschrift „Vater Chi"

Keramiken, die Seidenraupenzucht kam auf, der Wagen (v. a. Kriegswagen) mit Speichenrädern und Frühformen des Pfluges wurden erfunden. Die Shangschrift war als Bilderschrift ein direkter Vorläufer der heutigen chinesischen Schrift und kannte bereits 3000 verschiedene Zeichen.

Rituelles Weingefäß aus Bronze in Gestalt zweier Eulen (Shang-Dynastie)

Messer- und Hellebardenklinge aus Bronze (Shang-Dynastie)

■ Das Reich der Zhou und die „Zeit der streitenden Reiche"

Mit dem Sieg der Zhou-Dynastie über die Shang änderte sich die Sozialstruktur Chinas grundlegend. Das von ihnen entwickelte Feudalsystem bedingte letztendlich den Zerfall der zentralen politischen Macht in eine Reihe von Kleinreichen.

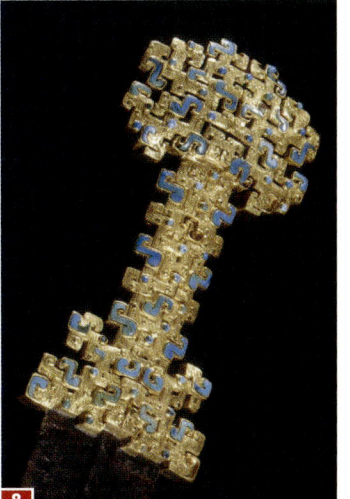

7

Bronzene Weinkanne für den rituellen Gebrauch aus der Westlichen Zhou-Zeit

8

Griff eines Dolches aus der Östlichen Zhou-Zeit (Geflecht aus Gold und Türkisen, um 770–476 v. Chr.)

Die Zhou, während der Shang-Zeit ein kleines Reich im Westen Chinas, schlugen um 1050 die Shang und übernahmen die Herrschaft. Sie regierten das Land mittels Lehnsherrschaften, d. h., sie vergaben Land an Clanführer, die mit ihnen verbündet waren, hauptsächlich aber an ihre Familienangehörigen, die nun eine neue Schicht des Adels darstellten. Auf diese Weise entstand das für China charakteristische Feudalsystem. Dieses System legte aber auch den Keim für die spätere Bildung von über 1000 „Kleinstaaten" und die Unabhängigkeit von Lokalreichen.

Die Gesellschaft war wie schon in der Shang-Zeit zweigeteilt. Auf der einen Seite standen der auf das Militär gestützte Adel und die Beamtenschaft, auf der anderen die leibeigenen Bauern und Handwerker. Die Zhou, die alles Land als „Staatsland" betrachteten, errichteten ein straffes Patriarchat, das auf der religiösen Lehre vom obersten kosmischen Lenker basierte, der auf der Erde durch den Kaiser repräsentiert wurde. Politisch zerfiel die Zhou-Zeit in zwei Phasen: In der **7**, **9** „Westlichen Zhou-Zeit" (1027–771) regierten

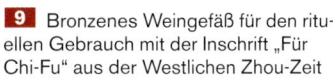

9 Bronzenes Weingefäß für den rituellen Gebrauch mit der Inschrift „Für Chi-Fu" aus der Westlichen Zhou-Zeit

starke Zentralherrscher; in der **8**, **10** „Östlichen Zhou-Zeit" (770–221) dagegen gab es nur noch nominelle Herrscher bzw. kultische Symbolfiguren, die keine reale Macht besaßen und zum Spielball von rivalisierenden Lokalherrschern wurden. In zeitgenössischen Quellen wird die Zhou-Zeit auch in drei Phasen gegliedert: in die Frühe Zhou-Zeit (11. Jh.– 722), die sog. Frühlings- und Herbstperioder (722– 481), während der sich einige größere, unabhängige Teilreiche ausbil-

deten, und die „Zeit der streitenden Reiche" (481–221), in der sieben Großreiche auf dem Boden Chinas um die Macht kämpften.

Diese letzte Periode war, obwohl durch Gewalt und Krieg bestimmt, geistig und technisch sehr fruchtbar: In der Landwirtschaft erfolgte der Übergang zu einer intensiven Bodennutzung sowie die Einführung anpassungsfähiger Getreidesorten, insbesondere Reis und Weizen; Bewässerungstechnik, Straßenbau und Transportwesen wurden entscheidend verbessert, die Verwaltung ausgebaut. Außerdem war die „Zeit der streitenden Reiche" eine Hochzeit klassischer chinesischer Philosophie. Sie endete mit der Einigung des Reiches durch die Qin. Das Zeitalter der Kaiserdynastien in China begann.

10

Drachenförmiger Griff einer Kriegstrommel aus der Östlichen Zhou-Zeit (Bronze)

Die Zeit der „100 Schulen"

Im Schatten der Rivalenkämpfe entwickelte sich eine Vielzahl philosophischer Schulen, die fast alle auch zu politischen Fragen Stellung nahmen und sich um die Gunst der Herrscher bemühten. Neun dieser Schulen wurden schließlich führend. Zu ihnen zählen neben Konfuzianern und Daoisten auch die sozialrevolutionären Mohisten, die einen frühen Kommunismus anstrebten, sowie die Legalisten, die für einen starken Herrscher mit strenger Gesetzgebung eintraten. Ihre Lehre wurde zur Staatslehre Chinas der Qin-Dynastie. Sie ging unter der Han-Dynastie eine Verbindung mit dem Konfuzianismus ein.

um 7000 v. Chr.–200 n. Chr.   Erste Großreiche

771–256 v. Chr. | Östliche Zhou-Zeit   481–221 v. Chr. | „Zeit der streitenden Reiche"
1050/25–772 v. Chr. | Westliche Zhou-Zeit   722–481 v. Chr. | Frühlings- und Herbstperiode

Antike

um 2500 v. Chr.–7.Jh n. Chr.

Die Epen Homers, die Kriege Caesars, Tempel und Paläste prägen das Bild von der klassischen Antike, die Kultur des alten Griechenland und des Römischen Reichs. Sie ist die Quelle, aus der das Abendland die Grundlagen seiner Philosophie, seiner Literatur und nicht zuletzt seiner staatlichen Organisation schöpfte. Die griechischen Stadtstaaten, allen voran Athen, waren die Geburtsstätte der Demokratie. Im Römischen Reich wurden die Gebiete um das Mittelmeer und große Teile Nordwesteuropas zu einer staatlichen Einheit zusammengefasst, die bis zur Völkerwanderung Bestand hatte. Aber auch jenseits der antiken Mittelmeerwelt existierten mächtige Reiche wie unter den Mauryas in Indien oder den Han in China.

In der berühmten Schlacht bei Issos besiegte Alexander der Große 333 v. Chr. die Perser unter ihrem Großkönig Darius III. (Ausschnitt eines römischen Mosaiks aus der Kaiserzeit, Fundort Pompeji)

1 Griechisches Theater in Syrakus, Italien (3.Jh. v.Chr.)

2 Das Forum Romanum, Zentrum des antiken Roms

3 Das römische Theater von Leptis Magna, Libyen

DIE KULTUR DER GRIECHEN UND RÖMER

Die ❶ griechische und ❷ römische Zivilisation der Antike stehen am Anfang dessen, was man als abendländische Kultur und Zivilisation begreift. Der Erkenntnis- und Gestaltungswille der Griechen und die politische Ordnungsleistung der Römer prägten die Kultur Europas auf lange Zeit, strahlten aber auch in andere Teile der Welt aus.

Griechische Literatur und Philosophie

Es gibt sehr verschiedene Ansichten darüber, was das „Wesen" der griechischen Kultur ausmacht; so hat man in ihnen die eigentlichen Erfinder des politischen und historischen Denkens gesehen, aber auch die Begründer des Rationalismus und der Wissenschaften überhaupt, hat das komplexe System ihrer Mythen und Götter bewundert und ihren Sinn für Kunst und Ästhetik herausgestellt.

5 Szene aus Hesiods „Theogonie": „Pandora vor Prometheus und Epimetheus"

Abgesehen von der politischen Entwicklung, von der zu reden sein wird, beeinflussten die Griechen mit ihren frühen Epen – v. a. der Ilias und Odyssee des ❹ Homer um 700 v. Chr. – abendländische Literatur und Geisteshaltung. Während ❺ Hesiod in seiner Theogonie von den Schicksalen der Götter berichtet, traten bereits bei Homer erstmals menschliche und soziale Probleme individuell gestalteter Figuren in den Vordergrund, weshalb man in den Griechen auch die „Erfinder" des späteren abendländischen Individualismus sieht. Als Kultur mit einem „Willen zum Wissen" vollzogen die Griechen auch den Übergang vom „Mythos zum Logos", d. h. man glaubte nicht mehr an eine Bestimmung der Welt durch die Götter, sondern

7 Anaximander, Naturphilosoph aus Milet, mit Sonnenuhr (um 610–546 v. Chr.)

strebte nach Erkenntnis, indem man nach der Herkunft der Dinge und dem geordneten Aufbau des Kosmos fragte. Beginnend mit den ❼ Ionischen Naturphilosophen des 7. und 6. Jh. v. Chr., prägte die Suche nach den Urelementen und Urbausteinen des Lebens und nach der die Natur leitenden Weltvernunft das griechische Denken bis zu Sokrates, Platon und ❻ Aristoteles. Die Willkür der Götter ersetzten sie durch Naturgesetze und regten damit die Entstehung von Wissenschaften wie der Mathematik, Physik und Mechanik an. Aus einer intensiven Beobachtung der Lebewesen entwickelte sich die Biologie und das Selbstbewusstsein der Menschen als Beobachter und Gestalter der Natur. Dieses schlug sich auch in ihrem politischen Willen nach Freiheit und Unabhängigkeit nieder, der für lange Zeit jede Bildung eines griechischen Gesamtstaates verhinderte. Erst die Kriege gegen die Perser und der Einfluss Makedoniens unter Philipp II. und Alexander dem Großen führten zur Bildung eines eher kosmopolitischen Hellenismus, der kulturell die Kleinstaaterei überwand und durch die Reichsgründungen Alexanders und der Diadochen eine Verbindung von Orient und Okzident ermöglichte, die den Mittelmeerraum prägte.

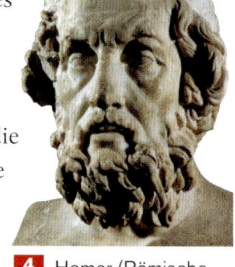

4 Homer (Römische Marmorbüste)

6 „Die Schule des Aristoteles" (Fresko von G. A. Spangenberg, 1883/88)

Die zivilisatorischen Leistungen der Römer

Die römische Kultur erscheint gegenüber der griechischen „pragmatischer"; ihre herausragende geistesgeschichtliche Leistung liegt weniger in der Philosophie als vielmehr in Staatsverwaltung und Recht, die

Villa Hadriana in Tivoli bei Rom (2. Jh. n. Chr.)

Das Aquädukt Pont du Gard, Frankreich (1. Jh. v. Chr.)

Der Titusbogen auf dem Forum Romanum (81 n. Chr.)

beide von immenser Wirkung auf die weitere Geschichte des Abendlandes waren. Rechtssammlungen – vom Zwölftafelgesetz bis zum umfassenden Codex Iustinianus – entstanden und wurden immer wieder erweitert. Selbst die ethische Philosophie eines **12** Cicero oder Seneca stand ganz im Dienst der römischen Reichsidee und des Anspruchs Roms auf politische und zivilisatorische Weltherrschaft.

Mit **14** Rom entstand zum ersten Mal ein Weltzentrum, das die fast puritanischen Regeln einer freiheitsliebenden kleinen Republik in der Frühzeit im Laufe seiner Eroberungen allmählich aufgab und in seine Reichsidee – v. a. unter der Herrschaft der Kaiser – fremde, speziell hellenistische, Herrschaftsvorstellungen integrierte. Die Aufnahme und Integration anderer Kulte und Ideen ermöglichte schließlich auch den Aufstieg des als ju-

11 Gladiatorenkämpfe (Relief, um 50)

däische Sekte entstandenen Christentums zur universalen Reichsreligion. Rom wirkte in seiner gesamten Einflusssphäre als disziplinierte und militärisch gerüstete zivilisatorische Ordnungsmacht. Nicht nur die vielen Tempel und **10** Prachtbauten in Rom und anderen Zentren des Reiches beeindrucken, sondern besonders auch die Errichtung von Garnisonen und Siedlungen nach einheitlichem Muster in allen Reichsgebieten von den Britischen Inseln bis **3** Nordafrika, das gut ausgebaute Straßennetz und die **9** Aquädukte quer durch das Reich, die luxuriösen Thermen und **8** Villen oder auch das ausgeklügelte **13** Abwassersystem der Hauptstadt.

Die römische Kultur steht für eine intensive gegenseitige Beeinflussung von Reichszentrum und Provinzen; Rom exportierte seine Staats- und Verwaltungsstrukturen und importierte dafür Waren und Luxusartikel, Religionen, Ideen und Kunstwerke. Die zahllosen militärischen Siege der Kon-

suln, Imperatoren und Kaiser feierten die Römer mit imposanten Staatsfeiern. Nach dem Motto „Brot und Spiele" sorgten die Kaiser Roms und später auch von Byzanz in großen Arenen wie dem Circus Maximus oder dem Kolosseum für die Unterhaltung des Volkes mit Wagenrennen und blutigen **11** Gladiatorenkämpfen.

Historisch erstaunlich ist – angesichts der vielen Veränderungen und Umorientierungen und der stets herrschenden sozialen Spannungen – der lange Bestand des Römischen Reiches. Es entwickelte sich von der im 6. Jh. v. Chr. entstehenden Republik zum um die Zeitenwende beginnenden Kaisertum, erlebte den Untergang Westroms 476 und die Aufnahme des römischen Erbes durch das Kaiserreich von Byzanz, das bis 1453 bestand. Und schließlich mündete es im mit der Krönung Karls des Großen im Jahr 800 beginnenden fränkisch-deutschen Kaisertum. Karl der Große nahm sowohl die römische universale Kaiseridee als auch das Christentum mit seinem ebenfalls übernationalen Anspruch auf und bewirkte eine erste Renaissance antiken Denkens im Mittelalter.

12 Marcus Tullius Cicero, römischer Redner, Politiker und Schriftsteller

Übergang der antiken Abwasserleitung „Cloaca Maxima" in den Tiber, Rom

13

Das Zentrum des antiken Rom an der Wende zum 3. Jh. n. Chr., im Vordergrund die Kaiserpaläste auf dem Palatin (Rekonstruktionszeichnung)

14

ab 55 v. Chr.	Cicero verfasst seine Hauptwerke	**476 n. Chr.**	Ende des Weströmischen Reiches	**800**	Kaiserkrönung Karls des Große
ab 27 v. Chr.	Römisches Kaiserreich	**4. Jh. n. Chr.**	Christentum wird „Staatsreligion"	**527–65**	Justinian I., der Große	**1453**	Ende von Byzanz

KRETA UND MYKENE – DIE ANFÄNGE DER GRIECHISCHEN KULTUR 2500–750 V. CHR.

Die griechische Kultur ist die früheste prägende Kultur des Abendlandes bzw. Europas. In ihren frühesten Formen ist sie einerseits durch die minoischen Palaststädte auf Kreta geprägt, andererseits durch die kriegerische Festlandkultur von Mykene mit ihren Burgen und Wehranlagen. Der in der mykenischen Epoche angesiedelte Mythos vom Kampf um Troja prägte das Selbstverständnis der Griechen als Kämpfer für ihre Ehre und Freiheit auch in späteren Epochen ganz maßgeblich. Der Trojamythos ermöglichte den Griechen das Bewusstsein ihrer kulturellen Eigenständigkeit.

1 Rückseite des „Diskos von Phaistos" mit minoischen Schriftzeichen (1700–1600 v. Chr.)

Das minoische Kreta

Die **1** minoische Kultur ist die älteste griechische Kultur. Die Minoer pflegten intensive Handelskontakte im ganzen Mittelmeerraum. Ihre charakteristischen kultischen Symbole sind die Doppelaxt und der Stier.

3 Göttin mit Schlangen (Terrakotta, 1500 v. Chr.)

4 Spätminoisches Gefäß mit aufgemalten Doppeläxten

2 Gefäß im Kamares-Stil (um 1850/1700 v. Chr.)

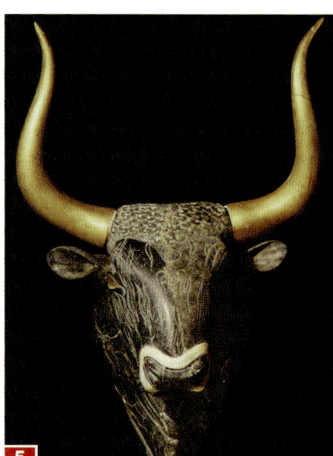

5 Spätminoisches Spendengefäß in Form eines Stierkopfes

Kreta am Südrand der ägäischen Welt bildete mit der „minoischen Kultur" – benannt nach dem mythischen Kreterkönig Minos – zwischen 2500 und 1300 v. Chr. die älteste griechische Hochkultur aus. Die ersten Siedlungen der Minoer, bei denen es sich wahrscheinlich um aus Kleinasien eingewanderte Ackerbauern handelte, lagen im Osten der Insel und breiteten sich von dort über ganz Kreta aus. Die günstige geografische Lage der Insel sorgte für einen blühenden Handel mit den Staaten des Alten Orients und Phönizien. Kulturelle Einflüsse ebenso wie wichtige Rohstoffe gelangten aus Ägypten und Mesopotamien nach Kreta, das sich v. a. in der Metallverarbeitung und der Herstellung feinster Keramik (**2** Kamares-Stil) hervortat und damit die Küsten des ganzen Mittelmeeres belieferte. Daneben betrieben die Minoer intensiven Weinanbau und stellten Öle her.

An der Spitze der minoischen Götterwelt stand eine **3** Große Göttin, weswegen als ursprüngliche Gesellschaftsordnung oft ein Matriarchat angenommen wird. Der Kult stand in engem Zusammenhang mit dem Kreislauf der Vegetation; die Heiligtümer befanden sich auf Bergen oder in Höhlen. Zur Besänftigung der Götter wurden auch Menschenopfer gebracht. Die Symbole der Großen Göttin waren die **4** Doppelaxt (Labrys) sowie der **5** Stier und stilisierte **7** Stierhörner (Bukranien). Der Stier war wohl als Opfertier von großer Bedeutung. Symbolhafte Sprünge von Menschen über den Rücken eines heranstürmenden Stieres sind auf **6** Wandmalereien dargestellt. Hinweise auf das später bei den Griechen so wichtige Kriegswesen fehlen auf Kreta weitgehend.

6 Minoisches Fresko mit Stierspielakrobaten (16. Jh. v. Chr.)

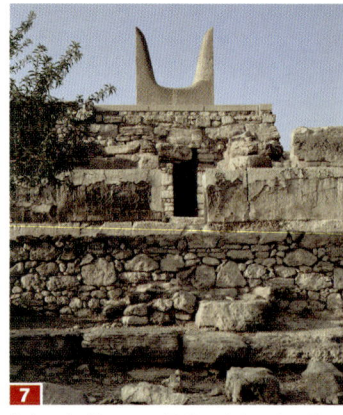

7 Palast in Knossos, Teilansicht mit stilisiertem Stiergehörn

2500–1300 v. Chr.	Ausbildung der minoischen Hochkultur	um 2000–1550 v. Chr.	Zeit der ersten unbefestigten Paläste
ab 2000 v. Chr.	Kunstgewerbe und Handwerk nachweisbar	um 1750 v. Chr.	Zerstörung der frühen Paläste durch Erdbeben

■ Die Palaststädte auf Kreta

Die Palaststädte als politische, wirtschaftliche und kultische Zentren auf Kreta sind nach einem einheitlichen Muster und zentriert auf den Herrscherpalast angelegt; die bedeutendste von ihnen ist die Palaststadt von Knossos.

8 „Halle der Doppeläxte" im Palast von Knossos

Die minoische Gesellschaftsordnung, die ganz auf den Herrscher ausgerichtet war, spiegelt sich im Aufbau der Städte wider. In ihrem Mittelpunkt befand sich stets der Herrscherpalast, der als politisches, wirtschaftliches sowie kultisches Zentrum diente. Man nimmt an, dass der Herrscher auch sakrale Funktionen ausgeübt hat, doch sind weder Namen noch Darstellungen der Herrscher überliefert.

Die Paläste haben eine einheitliche Anlage: Um einen rechteckigen Innenhof herum gruppieren sich die Palastflügel mit einer Vielzahl von Räumen in verwinkelter Anordnung. Bemerkenswert ist die ⓫ Freskomalerei, die bereits seit 2000 v. Chr. nachgewiesen ist und sich durch das große Spektrum ihrer Motive und deren farbenfreudige Gestaltung auszeichnet. In der früheren Zeit dominierten Ornamente, später dagegen naturalistische Darstellungen von Pflanzen, ⓭ Menschen und Tieren, v. a. ⓬ Delphinen. Der bedeutendste Palast auf Kreta ist der von ⓭, ⓮ Knossos mit seinen zwei- bis vierstöckigen Palastflügeln, der seit 1900 von dem britischen Archäologen Arthur Evans freigelegt wurde. Um den Palast herum sind Villen und Häuser angeordnet, während sich die Grabstätten vor der Stadt befinden. Man nimmt an, dass in Knossos zur Blütezeit um die 80 000 Menschen gelebt haben. Neben Knossos existieren Palaststädte in Mallia (Norden), Kato Zakros (Osten) und Phaistos (Süden) mit der „Sommerresidenz" Hagia Triada. Um 1750 v. Chr. zerstörte ein Erdbeben die frühen Paläste; der Wiederaufbau in Knossos erfolgte relativ groß dimensioniert auf 20 000 Quadratmetern, weswegen man davon ausgeht, dass der Herrscher von Knossos auf Kreta eine gewisse Vormachtstellung besaß.

Minoische Siedlungen finden sich außerhalb Kretas auch auf Santorin (damals Thera), doch wurde die Insel um 1500 v. Chr. durch einen Vulkanausbruch zerstört. Spätere verheerende Erdbeben machten auch auf Kreta einen Teil der Gebäude dem Erdboden gleich. Um 1350 v. Chr. wurde Kreta bis auf

10 Modell des Palastes von Knossos um 1520 v. Chr.

Knossos von den Mykenern besetzt. Um 1230 v. Chr. führte der große Völkersturm der Dorer, der die mykenische Kultur vernichtete, auch auf Kreta zum Untergang der Hochkultur. Seit etwa 1100 v. Chr. war Kreta ein Teil der Kultur der Festlandgriechen.

9 „Der Prinz mit den Lilien und der Federkrone" (minoisches bemaltes Stuckrelief, 16. Jh. v. Chr.)

11 Fresken im Thronsaal in Knossos

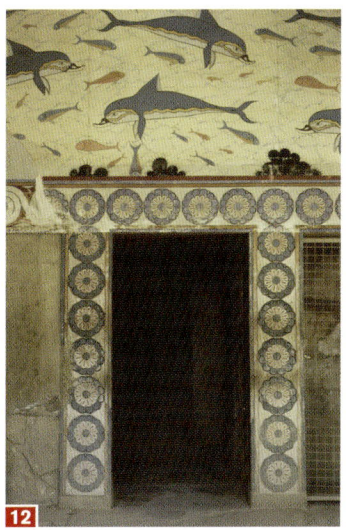
12 Deckenfresko mit der Darstellung von Delphinen im Thronsaal der Königin im Palast von Knossos

---

König Minos von Kreta

Der sagenhafte König Minos von Kreta war der Sohn des Zeus und der Europa. Es heißt, dass er einen von Poseidon aus dem Meer gesandten Stier nicht opferte, wofür der Gott Rache nahm: Pasiphae, die Gattin von Minos, verliebte sich in den Stier und gebar den Stiermenschen Minotaurus, den der König in das von Daidalos konstruierte Labyrinth einsperrte. Jährlich wurden ihm sieben Jünglinge und sieben Jungfrauen geopfert, bis Theseus ihn besiegte und tötete. König Minos starb auf Sizilien und wurde Richter in der Unterwelt.

oben: „Theseus erschlägt den Minotaurus", Innenbild einer Schale mit roten Figuren (etwa 5. Jh. v. Chr.)

---

um 2500 v. Chr.–7. Jh. n. Chr.

Antike

1550–1375 v. Chr. | Blütezeit der Paläste   **um 1350 v. Chr.** | Mykenische Besetzung Kretas   **seit 1100 v. Chr.** | Kreta wird Teil der griechischen Festlandkultur

1500 v. Chr. | Ein Vulkanausbruch zerstört Santorin   **um 1230 v. Chr.** | Dorische Besetzung Mykenes

Die mykenische Kultur und Troja

Die mykenische Gesellschaft war von der Kriegeraristokratie mit ihren befestigten Städten geprägt. Zum Selbstverständnis dieser Krieger gehörte wesentlich die Sage vom Kampf um Troja.

Um 1600–1200 v. Chr. wanderten von Norden die Achaier in Griechenland ein, wo sie Stadtstaaten in der Ägäis, in Attika und auf der Peloponnes errichteten. Sie be-

1
Mykenischer Dolch aus Bronze, Gold und Silber (Ende 16. Jh. v. Chr.)

saßen eine ❷ kriegerische Gesellschaftsstruktur, der die Anlage ihrer Paläste, Burgen und Städte entsprach. Die meisten Burgen, in denen die Kriegeraristokratie residierte, waren befestigt, die Städte mit festen Mauerringen

4
Das Löwentor von Mykene

umgeben. Wichtigstes und mächtigstes Zentrum war lange Zeit ❹, ❻ Mykene, nach dem die gesamte ägäische Kultur zwischen 1600 und 1200 benannt ist. Über die genaue Aufteilung der Herrschaft finden sich Informationen im Sagenkreis um Troja. Hier treten auch mykenische Herrscher wie ❺ Agamemnon und Atreus auf. Über die soziale Organisation der Stadtstaaten ist wenig bekannt. Es handelte sich wohl um zentral verwaltete Palastbürokratien mit enger Verbindung zwischen religiösem Kult und Herrschertum. Die Bevölkerung lebte v. a. von Landwirtschaft und ❶ Metallbearbeitung. Zu kriegerischen Auseinandersetzungen kam es unter den achaischen Herrschaftssitzen sowie mit dem minoischen Kreta und den kleinasiatischen Staaten wie Troja.

Die Gründe für den Untergang der mykenischen Kultur

sind nicht letztgültig geklärt. Naturkatastrophen und innere Unruhen mögen zum Abbruch dieser Hochkultur zwischen 1200 und 1000 v. Chr. geführt haben. Den endgültigen Todesstoß versetzten ihr wahrscheinlich die Überfälle aggressiver Seevölker wie der Philister. Diese verdrängten ganze Bevölkerungsteile von ihren Territorien v. a. an die Küsten und auf die ägäischen Inseln. Die Vernichtung von Troja durch die Griechen, die in der Ilias des Homer literarisch verewigt wurde, steht wohl im Zusammenhang mit diesen

2
Mykenische Krieger bewaffnen sich und bereiten sich auf die Schlacht vor

Wanderungsbewegungen. Die Sagen vom Heldentum im Kampf um Troja wurden zu Vorbildern für die gesamte Kultur des klassischen Griechenlands. 1870 begann der deutsche Archäologe Heinrich Schliemann mit der ❼ Ausgrabung von Troja im Ruinenhügel von Hissarlik und 1874 mit Grabungen in Mykene. Er sah die Aussagen der Ilias als historische Realität an und datierte seine Funde – so auch die ❸ „Maske des Agamemnon" – auf die Zeit des Trojanischen Krieges, obwohl seine ältesten Funde deutlich älter (um 2500–2200 v. Chr.) waren.

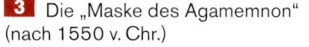

3 Die „Maske des Agamemnon" (nach 1550 v. Chr.)

6
Rekonstruktion der Burganlage von Mykene (2. Jt. v. Chr.)

5
„Schatzhaus des Atreus" oder „Grab des Agamemnon" (Kuppelgrab, 14. Jh. v. Chr.)

um 1400 v. Chr. | Bau monumentaler Kuppelgräber

1600–1200 v. Chr. | Mykenische Zeit/Einwanderung der Achaier in Griechenland   um 1400 v. Chr. | Verstärkter Ausbau der Burg von Mykene

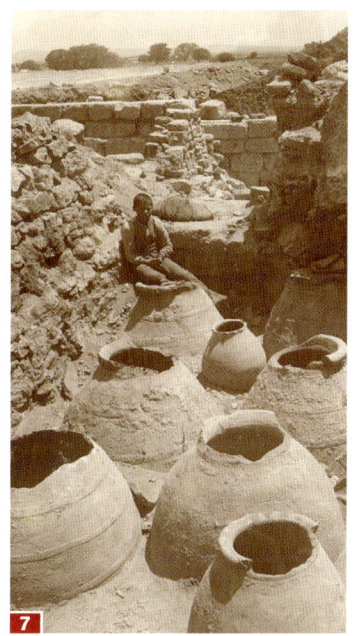

7
Ausgrabungsarbeiten in Troja durch Heinrich Schliemann 1870–1882

Aus dem 19. Gesang der „Ilias" des Homer

„Dann zog Achill aus dem Halter den Speer seines Vaters, den schweren, riesigen, wuchtigen, den kein andrer Achaier zu schwingen vermochte, allein Achilleus verstand sich darauf: Eschenholz vom Gipfel des Pelion, das der Kentaur Cheiron seinem Vater geschenkt hatte, Tod zu bringen den Helden."

Der Trojanische Krieg

Nach der Ilias Homers begann der Trojanische Krieg mit der Entführung der Helena, Gattin des Königs Menelaos von Sparta, durch Paris, Sohn des Königs Priamos von Troja. Unter Führung von Menelaos' Bruder, König Agamemnon von Mykene, begann eine 10-jährige Belagerung Trojas durch die Griechen. Höhepunkt der Kämpfe war der Sieg des griechischen Helden Achill über den trojanischen Helden Hektor. Am Ende entschied jedoch eine List des Odysseus – das „Trojanische Pferd" – den Krieg zugunsten der Griechen.

„Achilles tötet den Hektor vor Troja" (Lithografie, 1832)

„Die Entführung der Helena" (Ölgemälde von Guido Reni, 1631)
unten: Griechen entsteigen dem Trojanischen Pferd (Holzstich, um 1880)

Die dorischen Wanderungen

Die Einwanderung der indogermanischen Dorer in Griechenland führte zur weitgehenden Besiedlung des gesamten Raumes. Es entstanden die einzelnen Stämme und Gemeinden, die sich schließlich zu Städten zusammenschlossen.

In Griechenland folgte den Seevölkern um 1200–750 v. Chr. die Einwanderung dorisch sprechender, meist indogermanischer Stämme aus dem Balkanraum. In mehreren Wellen besiedelten sie zunächst Mittelgriechenland und um 1150 v. Chr. die Peloponnes. Die dorischen Stämme besiedelten auch die Kykladen, Kreta, die Küste Kleinasiens und teilten sich die Seeherrschaft mit den Phöniziern. Die ursprünglich eingewanderten Großstämme zerfielen bald in Spartaner, Messenier, Argiver, Nordwestgriechen u. a.; mit der Entwicklung von Einzelstämmen und Sondergemeinden begannen die Anfänge der späteren Stadtstaaten und ihr Kampf um Unabhängigkeit. Es bildeten sich unabhängige Gemeinwesen, deren Lebensgrundlagen bei Homer genannt werden: das Haus (oikos) als Lebensraum der Familie und das „Los" (kleros), der Landanteil einer Sippe oder Familie als Grundlage des Privateigentums. Die Familie unterstand dem Familienoberhaupt. Diese Welt war kleinräumig; Kriegführung und Kulte führten zu persönlichen Bindungen an Heerführer oder Adlige, doch erforderte ein Mindestmaß an Politik und Verwaltung schließlich den Zusammenschluss mehrerer Familien bzw. Kleingemeinden zur Stadt (polis). Diese wurden meist auf einer befestigten Anhöhe angelegt.

um 2500 v. Chr.–7. Jh. n. Chr.

Antike

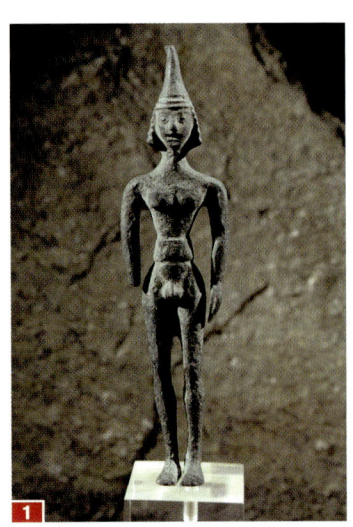

DAS KLASSISCHE GRIECHENLAND – VON DER KULTUR DER POLIS BIS ZUM ENDE DER SELBSTSTÄNDIGKEIT   8.–3. JH. V. CHR.

Im Zuge der dorischen Wanderungen entwickelte sich im griechischen Raum die Kultur der Stadtstaaten, die ein hohes Maß an politischer Gestaltung kannten. Nach ihrer Ausbreitung im gesamten Mittelmeerraum und dem gemeinsamen Abwehrkampf der Griechen gegen die Perser kam es zur Rivalität zwischen den Großmächten Athen und Sparta, die im Peloponnesischen Krieg ihre Kräfte aufrieben. Nach dem Krieg hatte Sparta die Vorherrschaft über Griechenland inne, doch auch seine Macht zerfiel in Kleinkriegen gegen andere Städte. Nach einer kurzen Herrschaft Thebens zerfiel das System der Kleinstaaten; es musste den makedonischen Großreichsplänen weichen.

Statuette eines griechischen Kriegers (Mitte 7. Jh. v. Chr.)   **oben:** Alltagsleben im antiken Griechenland: Knabe mit Reifen

◼ Die Organisation der Polis

Die Polis, in der das Zusammenleben durch Gesetze sehr genau geregelt war, setzte auf die Mitgestaltung durch die Bürger. Das Freiheitsbewusstsein der Städte prägte das Selbstverständnis der Griechen.

Die frühen griechischen Städte waren kleine Siedlungen mit 500–1500 wehrfähigen ❶ Männern, die das Umland kolonisierten. Die meisten hatten eine zentrale Akropolis („Oberstadt") mit

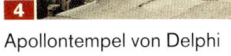

Apollontempel von Delphi

den Gebäuden für ihren Kult. Im 8. Jh. bildeten sich die ersten kultischen Zentren aus, die mehrere Gemeinwesen meist durch Tempel an sich banden, wie Delphi mit dem ❹, ❺ Apollon-Orakel oder ❸, ❻ Olympia mit den Olympischen Spielen für alle Griechen.

„Polis" (Stadt) war ein Rechtsbegriff, der die Stadt und ihr Umland bezeichnete. Die Beziehungen der Bürger untereinander wurden bereits frühzeitig durch Gesetze geregelt. Ein Ältestenrat und die Beamtenschaft wurden von der Volksversammlung auf Zeit gewählt und waren ihr rechenschaftspflichtig. Nach außen zeigten die Städte einen gemeinsamen Willen zur Abwehr aller Fremdherrschaft nach dem Ideal der Autarkie. Dadurch gewannen die Griechen schon früh ein Bewusstsein ihrer Sonderstellung gegenüber den orientalischen Monarchien und fühlten sich als „politisch Freie" den „unfreien Barbaren" überlegen.

Die griechische Gesellschaft war zweigeteilt in Adlige und Nichtadlige, wobei sich die Adligen durch großen Besitz aus-

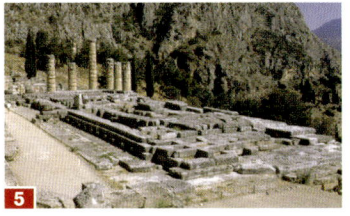

zeichneten; ihnen oblag auch die Kriegsführung. Die Nichtadligen waren gegliedert in freie Bauern und Handwerker, Besitzlose und Sklaven. Letztere waren schon früh ein entscheidender Wirtschaftsfaktor; sie entstammten entweder den Kolonien, waren Kriegsgefangene oder durch Schuldknechtschaft in Abhängigkeit geratene ehemalige „Freie". Die meisten

Aus der „Politik" des Aristoteles

„Die Männer, nicht die Mauern machen die Stadt aus. Wem es erlaubt ist, an der beratenden und richterlichen Gewalt Anteil zu nehmen, den nennen wir Bürger (Politen) dieser Polis, und Polis nennen wir die Gesamtheit solcher Leute, die hinreicht zur Autarkie des Lebens."

oben: Die Zeusstatue im Tempel zu Olympia, eines der Sieben Weltwunder
links: Apollontempel von Delphi

von ihnen hatten harte Fronarbeit zu leisten, doch konnten Gebildete unter ihnen auch zu Hauslehrern oder Gesellschaftern aufsteigen. Die ❷ griechische Gesellschaft war stark patriarchalisch strukturiert und Frauen von der „Demokratie" ausgeschlossen.

Olympia (von links: Gymnasion, Theater, Altismauer, Heraion, Kronoshügel, Exedra, Zeustempel, Schatzhäuser, Stadion, Pompentor)

Die Kolonisation des Mittelmeerraumes

Die Agrarkrise in Griechenland führte zur Massenauswanderung und Kolonisierung des gesamten Mittelmeerraumes. Besonders die Kolonien auf Sizilien entwickelten sich zu führenden Kulturzentren.

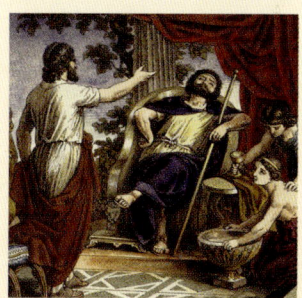

Die Griechen zeigten von Anfang an Kolonisierungsbestrebungen. Doch erst die Agrarkrise des 8. Jh., die zu erhöhter Verschuldung und sogar Verknechtung der Bauern führte, gab den Anstoß für eine massive Auswanderungsbewegung.

Etwa 750–500 v. Chr. verließen viele Griechen per Schiff ihre Heimat. Ziele waren die Inseln des Mittelmeeres, besonders aber Sizilien und Süditalien. So gründeten Auswanderer 736 v. Chr. am Fuße des Ätna Naxos, bald darauf Syrakus, das im 7. Jh. v. Chr. den Süden Siziliens unterwarf. Nach 650 v. Chr. wurden die Küsten Thrakiens, des Marmarameeres und des Schwarzen Meeres sowie Kleinasiens von Griechen besiedelt. Um 500 v. Chr. besetzten Ionier Sardinien und Korsika, nach 550 v. Chr. Athener das Tyrrhenische Meer bis Nizza und Barcelona.

Alle Kolonien blühten durch rasche Bevölkerungszunahme und den Mittelmeerhandel rasch auf. Dabei verstanden sie sich weiterhin als Angehörige der griechischen Kultur („Westgriechen"), die ständige Verbindung zu ihren Mutterstädten hielten. Im 4./3. Jh. v. Chr. wurden ❼, ⓫ Syrakus und ❿ Agrigent auf Sizilien zu führenden ❽ Kulturzentren der Westgriechen, begünstigt auch durch die Kriege im Mutterland. Sie mussten sich aber zunehmend gegen die vordringenden ❾ Karthager und Etrusker zur Wehr setzen.

Da sich unter den Kolonisten auch viele Abenteurer und Verbannte befanden, waren die politischen Verhältnisse in den Koloniestädten oft unruhig. In vielen von ihnen übernahmen Heer- und Volksführer als „Tyrannen" (Alleinherrscher) die Herrschaft. Besonders bekannt sind die Tyrannen von Syrakus, wie Dionysios I., der seine Macht über ganz Sizilien und Süditalien ausdehnen konnte, oder Agathokles, der sich im Kampf gegen die Karthager hervortat.

7 Griechisches Theater in Syrakus (ursprüngliche Anlage aus der Zeit Hierons I. um 470 v. Chr.; Neubau 238 v. Chr.)

9 Schlacht bei Himera auf Sizilien gegen die Karthager, 480 v. Chr. (Kupferstich, 17. Jh.)

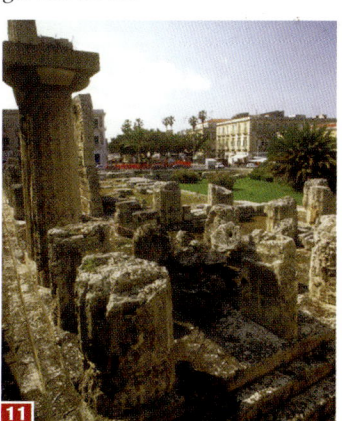

10 Das Ekklesiasterion in Agrigent, erbaut im 6. Jh. v. Chr. für die Abhaltung der Volksversammlungen

11 Überreste des Apollon- und des Artemistempels in Syrakus

„Der Wagenlenker von Delphi", Weihgeschenk des Polyzalos aus Sizilien

Dionysios I. von Syrakus (um 430–367)

Dionysios verklagte die Reichen von Syrakus und trat auf die Seite des einfachen Volkes, das ihn 405 zum Strategen wählte. Bald darauf erhob er sich zum Tyrannen, stärkte das Heer und befestigte Syrakus gegen die Karthager. Als Feldherr und Politiker gleichermaßen erfolgreich, machte er sich zum Herrn Siziliens und schloss 392 Frieden mit Karthago. Er holte Philosophen – v. a. Platon – und Dichter an seinen Hof und trat selbst als Verfasser von Tragödien hervor.

oben: Platon am Hofe des Tyrannen Dionysios in Syrakus

um 2500 v. Chr.–7. Jh. n. Chr.

Antike

nach 550 v. Chr. | Athenische Besetzung des Tyrrhenischen Meeres bis Barcelona   405–344 v. Chr. | Dionysios I. von Syrakus

nach 650 v. Chr. | Besiedlung der Küsten des Schwarzen Meeres, Thrakiens und Kleinasiens   um 500 v. Chr. | Ionische Besetzung Sardiniens und Korsikas

um 2500 v. Chr.–7. Jh. n. Chr.

Antike

Die Allgegenwart des Krieges

Bedingt durch die lokale Organisation der Städte, bestimmten Kriege zunehmend das Leben der Griechen. Dabei entwickelte sich die Kriegsführung entscheidend weiter.

Die abgeschlossene Organisation der Polis und der Kampf für die Autarkie des eigenen Gemeinwesens bzw. die Vormachtstellung (Hegemonie) der Heimatstadt brachten es mit sich, dass – wie in den großen Epen Homers plastisch dargestellt – das Leben der Griechen von permanenten Kämpfen und Kriegen untereinander bestimmt war. Ein Zusammengehörigkeitsbewusstsein aller Griechen gab es allenfalls kultisch, nicht aber politisch. In

2 Waffen aus Eisen (um 820 v. Chr.)

der Stärke der autarken Gemeinwesen lag daher auch die Schwäche der griechischen Welt im Ganzen.

Kriege untereinander wurden um Land, Einfluss und Vorrechte geführt. Oft gerieten lokale Konflikte durch das Eingreifen der

4 Hoplit mit Schild und Speer (Marmorrelief, um 500/490 v. Chr.)

Nachbarstädte zu Flächenbränden. Daneben gab es ständig unerklärte Kleinkriege mit Überfällen und Warendiebstählen. Mit zunehmender Größe und Bedeutung der Städte wurde die Kriegsführung – bei den Griechen stets zu Land wie zur See – zur zentralen Aufgabe der Politiker. Waffenfähige Männer, die in der Regel einige Monate im Jahr in den Kampf zogen, verdingten sich zunehmend als Söldner bei kriegführenden Mächten, auch im Heer der Perserkönige.

Bereits im 7. Jh. v. Chr. verschwand der von Homer besungene Mann-gegen-Mann-Kampf zugunsten von Schlachten zwischen Heeren. Die Griechen rückten mit ❷ schwer bewaffneten und gut gepanzerten Kriegern, den ❶, ❹, ❺ „Hopliten", in Hundertschaften, der sog. Phalanx, vor. Immer mehr wurde das Kriegshandwerk zu einem eigenen Berufsfeld, und an die Stelle

1 Laufender Hoplit mit Schild, Helm und Speer, griechische Vasenmalerei

3 Athenische Triere

des vorstürmenden Heerführers trat der Stratege und Taktiker.

Der Seekrieg wurde seit dem 6. Jh. v. Chr. durch die schmalen und wendigen ❸, ❻ Trieren („Dreiruderer") bestimmt. 170 Ruderer saßen versetzt in drei Reihen. Die mit Rammspornen versehenen Boote waren selbst zur Waffe geworden. Der Schiffsbau erlebte einen enormen Aufschwung und bescherte Städten mit Werften Blütezeiten; die Holzbeschaffung verschlang allerdings Unsummen.

5 Hopliten beim Anlegen der Rüstung, griechische Vasenmalerei

6 Griechische Trieren des 5. Jh. v. Chr. bei Ramm-Manövern

525 v. Chr. | König Kambyses von Persien unterwirft Ägypten

490 v. Chr. | Zerstörung Eretrias/Schlacht bei Marathon

539 v. Chr. | Eroberung Babylons durch Kyros von Persien

500–494 v. Chr. | Ionischer Aufstand gegen die Perser

■ Die Perserkriege

Das Großmachtstreben der Perser führte zu einem ersten – militärischen – Zusammenschluss der Griechen. Dadurch gelang es, die Perser von Europa fernzuhalten.

Die politischen Veränderungen, die nach 550 v. Chr. den gesamten Vorderen Orient erfassten, zwangen schließlich auch die Griechen zur Aufgabe ihrer lokalen Polis-Politik. Nachdem die Perserkönige Kyros der Große und Kambyses II. den gesamten Vorderen Orient mit Ägypten und Kleinasien unter ihre Kontrolle gebracht hatten, schickte sich Dareios I. an, seinen universalen Herrschaftsanspruch auch auf Griechenland und Europa auszudehnen. Viele kleinere Griechenstädte hatten sich bereits unter seinen Schutz begeben, und auch die griechischen Exilanten und Verbannten setzten auf ihn.

Die Griechen begegneten den Persern mit einer Mischung aus

8 Persischer Krieger

Bewunderung und Verachtung. Sie bewunderten ihre **8** Kampfkraft und ihre Kulturleistungen, hielten die Perser aber politisch für „Sklaven" unter dem Joch des Großkönigs. Im Jahre 500 v. Chr. versuchten die kleinasiatischen Griechenstädte unter Führung von Milet den Aufstand gegen die persische Oberherrschaft. Der Aufstand scheiterte 494 v. Chr., gab aber Dareios den Vorwand zu einem Marsch nach Westen. 491 v. Chr. forderten persische Boten von allen Griechenstädten die Unterwerfung. Sie wurden jedoch abgewiesen, was zur Folge hatte, dass 490 v. Chr. Heer und Flotte der Perser über die Ägäis zogen, um Eretria und Athen zu „strafen". Die Perser unterwarfen die Kykladen, zerstörten Eretria und zogen bis in die Bucht von Marathon. Athen und Sparta begruben ihre Rivalitäten und schlossen sich gegen die Perser zusammen. Unter Führung des Atheners Miltiades gelang es ihnen,

die Perser 490 v. Chr. bei **7**, **9** Marathon zu schlagen. Sehr viel später erst entstand die Legende des **10** „Läufers von Marathon", einem Boten, der die 42,2 km bis nach Athen gerannt und dort nach Überbringung der Siegesnachricht tot zusammengebrochen sei.

Der den Griechen besonders verhasste Großkönig **11** Xerxes I. setzte das Werk seines Vaters fort und zog über den Hellespont nach Griechenland. Angesichts dieser Gefahr setzte der athenische Staatsmann Themistokles 483/82 v. Chr. den Bau einer großen Kriegsflotte durch, und ein erneuter Griechenbund unter der Führung Spartas schlug die Perser 480 v. Chr. in einer dramatischen Schlacht zu Land und zur See in der Meerenge von **12**, **13** Salamis. Xerxes musste den Rückzug antreten. Mit der verlorenen Schlacht gegen die nacheilenden Griechen bei Plataiai

7 Schlacht bei Marathon am 10. 9. 490 v. Chr.

9 Grabhügel der 192 in der Schlacht bei Marathon 490 v. Chr. gefallenen Athener

10 „Ankunft des Siegesboten aus Marathon in Athen" (Gemälde, 1869)

(Platää) 479 v. Chr. wurde sein Kriegszug zur vollständigen Niederlage. Kein Ereignis stärkte das kulturelle Eigenständigkeits- und Überlegenheitsgefühl der Griechen so sehr wie diese Siege.

11 Xerxes am Hellespont (Ölgemälde, 19. Jh.)

12 Szene aus der Seeschlacht von Salamis im September 480 v. Chr. (Aquarell, 20. Jh.)

13 Grafik zum Verlauf der Seeschlacht von Salamis: griechische (grün) und persische Flottenbewegungen (rot)

> *Aus Aischylos' Drama*
> **„Die Perser"**
>
> *„Söhne der Hellenen, auf, / Befreit unser Vaterland, befreit auch / Die Kinder, Frauen und der Heimatgötter Sitz, / Der Ahnen Gräber; jetzt um alles geht der Kampf!"*

um 2500 v. Chr.–7. Jh. n. Chr.

Antike

---

481 v. Chr. | Griechenbund unter Führung Spartas   480 v. Chr. | Xerxes' Perserzug gegen Griechenland/Seesieg der Griechen bei Salamis

483/82 v. Chr. | Flottenbauprogramm des Themistokles   480 v. Chr. | Plünderung Athens durch die Perser   479 v. Chr. | Sieg der Griechen (Plataiai und Mykale)

■ Der Aufstieg Athens

Athens politisches Leben wurde seit der Frühzeit durch Rechtsordnungen geprägt. Nach dem Sturz der Tyrannis führten die Reformen des Kleisthenes zu einer sehr weitgehenden, vom Adel unabhängigen lokalpolitischen Beteiligung der Bürger.

Die Stadt Athen, unter dem Schutz der wehrhaften Göttin ❷ Pallas Athene mit ihrem Symboltier, der ❸ Eule, nahm in Griechenland stets eine Sonderstellung ein und gilt als „Wiege der Demokratie". Höchstes Regierungsorgan war der Areopag, der zunächst aus Adligen, dann aus den „Archonten" („Herrschern") bestand, die seit 683/82 jährlich gewählt wurden. 630 v. Chr. kam es zu einem Putschversuch gegen den Rat der Archonten, woraufhin der Gesetzgeber Drakon 624 eine harte Rechtsordnung (daher die „drakonischen Strafen") einführte. Eine umfangreiche Rechtsordnung führte 30 Jahre später ❶, ❹ Solon ein, den die Athener 594 zum Archon gewählt hatten. Im 6. Jh. befand sich Athen durch die zunehmende Verschuldung breiter Bevölkerungskreise in einer sozialen Krise, die Solon durch

Der athenische Gesetzgeber Solon

seine Maßnahmen zu beenden suchte. Er war durchdrungen vom Gedanken einer „Herrschaft des Rechts" auf allen Ebenen. Er verankerte den Schutz vor Willkür und Ungerechtigkeit im Gesetz und schaffte die Schuldknechtschaft ab. Obwohl Solon auf den Ausgleich der Interessen aller Gruppen setzte, ergriff Peisistratos 561/60 und endgültig 546 als Tyrann die

3 Die Eule der Athene mit Ölzweig auf einem Tetradrachmon von Athen

Macht in Athen. Peisistratos dehnte die Macht Athens über die Ägäis aus und begründete den wirtschaftlichen Aufstieg der Stadt, reformierte das Rechtswesen und errichtete großzügige Bauten wie den Zeustempel in Athen. Seine Söhne Hipparch und Hippias übernahmen nach ihm die Herrschaft, doch wurde Hipparch 514 ermordet, Hippias 510 gestürzt und vertrieben. Die Tyrannis in Athen war beendet.

508/07 setzte der Archon Kleisthenes eine vollständige Veränderung des Gemeinwesens durch: Er teilte das gesamte Gebiet Athens in zehn „Phylen", die ihre eigenen Beamten wählten

2 Statue der Pallas Athene mit ihrem typischen Helm (um 375/340 v. Chr.)

und eigene Hopliten-Truppen stellten. Jede dieser Phylen schickte 50 Volksvertreter in den neu entstandenen „Rat der 500", der als oberstes politisches Gremium im Rathaus auf der ❺ Agora tagte. Damit schuf Kleisthenes ein System der kommunalen Selbstverwaltung und beendete die Bindung der Bürger an die Adelsgeschlechter. Auf ihn geht wahrscheinlich das ❻ „Scherbengericht" zurück, durch das Anhänger der Tyrannis zur Verbannung verurteilt werden konnten.

4 „Solon verteidigt seine Gesetze gegen die Einwände der Athener" (Ölgemälde von Noël Coypel, 1699)

5

6

oben: Tonscherben mit dem Namen des Themistokles, der 470 v. Chr. durch das Scherbengericht aus Athen verbannt wurde
links: Auf der Agora gefundene Urkundenstele mit dem Antityrannengesetz des Eukrates (Marmor, 337/336 v. Chr.)

Antike   um 2500 v. Chr.–7. Jh. n. Chr.

7
Perikles

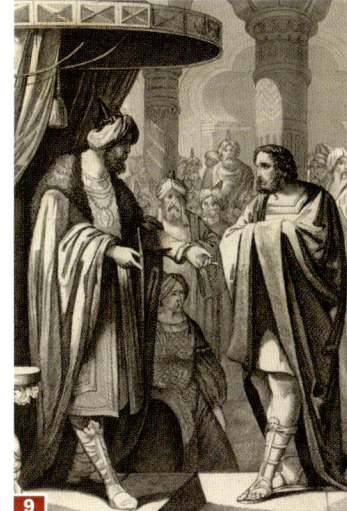

9
Themistokles flüchtet zu Artaxerxes

■ Athen als Großmacht

Nach den Perserkriegen (S. 85) übte Athen mit Hilfe des Attischen Seebundes die Vorherrschaft über Griechenland aus. Im Innern führte Perikles die demokratische Regierungsform auf ihren Höhepunkt.

Die Perserkriege verhalfen Athen innerhalb von wenigen Jahren zur Weltmachtstellung. Der Archon **9** Themistokles veranlasste 483/82 den Bau einer großen Flotte, siegte bei Salamis (480) und betrieb 479 die Gründung des „Attischen Seebundes". Durch die Kontrolle über Bund und Bundeskasse baute Athen seine Hegemonialstellung über Griechenland aus und kontrollierte das gesamte östliche Mittelmeer. Gelegentliche Revolten und Autonomiebestrebungen der Seebundstädte unterdrückte Athen mit harter Hand. Konflikte mit Sparta blieben daher nicht aus. Den schwelenden Kleinkrieg mit dem Perserreich beendete der „Kallias-Friede" 448: Athen gab die Versuche auf, die Perser aus dem Mittelmeerraum zu vertreiben,

wofür Persien die Freiheit der kleinasiatischen Griechenstädte achtete.

Während Athen nach außen Krieg und Expansion betrieb, baute es im Innern die Demokratie weiter aus. Unter Führung des Ephialtes schafften die Athener 462/61 die Gerichtsgewalt des Areopag ab und legten sie in die Hände von Geschworenengerichten (Dikasterien). Dadurch lag die Rechtskontrolle bei den Bürgern: 6000 Laienrichter wurden jeweils ausgelost. Ihren Höhepunkt erreichte die Macht Athens unter **7** Perikles, der seit 443 als jährlich wiedergewählter Stratege die Geschicke der Stadt und ihres Seereichs lenkte. Er steuerte die athenische Außenpolitik in einen blutigen Konflikt mit Sparta (S. 90), verstand es aber, die Mehrheit der Athener über lange Zeit hinter sich zu versammeln. Durch **8**, **10** Theaterinszenierungen und **11**, **12** großartige Bauten verhalf Perikles Athen zu einer auch kulturell glanzvollen Epoche.

8
Das Dionysos-Theater in Athen

10
Das Dionysos-Theater in Athen heute

11
Gesamtansicht der Akropolis im 5. Jh. v. Chr., Rekonstruktion

Themistokles

Der athenische Feldherr und Politiker begann als Archon 493/92 mit dem Ausbau Piräus' zum Kriegshafen. Obwohl er die treibende Kraft der Großmachtstellung Athens war, sich 480 bei Salamis als glänzender Stratege erwies und die Ummauerung Athens betrieb, war er bei seinen Mitbürgern wenig beliebt. Feinde und Neider setzten 471 mit dem Scherbengericht seine Verbannung durch, der, v. a. auf Betreiben Spartas, ein Todesurteil in Abwesenheit folgte. Als Vasall der Perser beging Themistokles nach 460 Selbstmord.

oben: Themistokles

12
Der Parthenon Athen (Tempel der Athene) auf der Akropolis

um 2500 v. Chr.–7. Jh. n. Chr.

Antike

Der Militärstaat Sparta

Sparta, das die gesamte Peloponnes beherrschte, war deutlich traditioneller ausgerichtet als andere Stadtstaaten. Das öffentliche Leben wurde von Einfachheit und ständiger Kampfbereitschaft bestimmt.

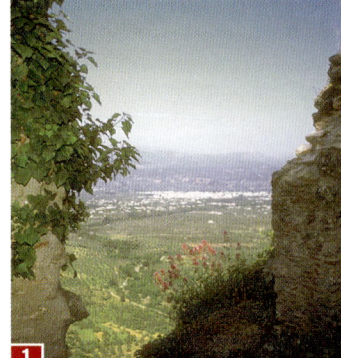

Blick auf das Gebiet des antiken Sparta

Neben Athen nahm v. a. ❶, ❷ Sparta eine herausragende Stellung unter den Stadtstaaten Griechenlands ein. Aufgrund des im 5. Jh. v. Chr. beginnenden Konflikts zwischen den beiden Großmächten hat man oft Vergleiche ihrer politischen Strukturen und Lebensweisen angestellt, die jedoch den unterschiedlichen Entwicklungen und Hintergründen nicht gerecht werden.

Die Ausbreitung Spartas begann um 720 v. Chr., als die Spartaner Lakonien besetzten und in Messenien eindrangen. Ein Aufstand der Messener um 650–620 v. Chr. führte zur Unterwerfung ganz Messeniens, womit Sparta über die gesamte südliche Peloponnes herrschte. Die Unterworfenen wurden zu Leibeigenen („Heloten") gemacht. Einzelne Helotenstämme konnten jedoch durch Tapferkeit im Krieg ihre „Freilassung" erlangen und später sogar das Bürgerrecht in Sparta erwerben.

Die soziale Ordnung Spartas beruhte v. a. auf dem Festhalten an den traditionellen Stammessitten wie der Berufung auf die Götter, den ❸ öffentlichen Mahlzeiten und der Erziehung der Knaben durch die Gemeinschaft anstatt in der Familie. Bereits im 6. Jh. wurde die Herrschaft des Adels abgelöst von einer Gesellschaft der „Gleichen" (Homoioi), bestehend aus allen wehrfähigen Männern. Diese nahmen gemeinsam ihre Mahlzeiten ein, bei denen es die berüchtigte „Schwarze Suppe", das Urbild der „Spartanischen Mahlzeit", gab. Je 15 Männer bildeten eine Speisegemeinschaft und übernahmen gemeinsam die Erziehung ihrer Heranwachsenden (❺ Epheben). Die Männer lebten bis zum 30. Lebensjahr bei ihrer militärischen Einheit und führten Ehe und Familienleben mehr „nebenbei". Die häufige Abwesenheit der Männer durch Krieg und Kampfübungen führte dazu, dass die Frauen in Sparta ein deutlich freizügigeres Leben führten als in anderen Städten. Aristoteles sprach sogar von einem „zügellosen Weiberregiment" in Sparta.

Politisches Ziel Spartas war die militärische Effektivität und Kampfbereitschaft sowohl gegen äußere Feinde als auch gegen mögliche Aufstände der Helotenvölker. Die jungen Spartaner wurden mit ❹, ❻ Körperertüchtigung und Waffenübungen darauf vorbereitet, für das

Die Agora von Sparta, Rekonstruktion

Bankett (hellenistisches Relief)

Wohl Spartas zu kämpfen, zu töten und zu sterben. Dieses von Kampfbereitschaft und Todesverachtung geprägte Selbstverständnis bestimmte das Bild Spartas in der Geschichte.

❺ Ephebe mit Stab und Schleuder

Die Übersetzung Friedrich von Schillers der von Herodot überlieferten

Inschrift für die Spartaner an den Thermopylen

„Wanderer, kommst du nach Sparta, verkündige dorten, du habest / Uns hier liegen gesehn, wie das Gesetz es befahl."

Gymnastische Übungen der spartanischen Jugend

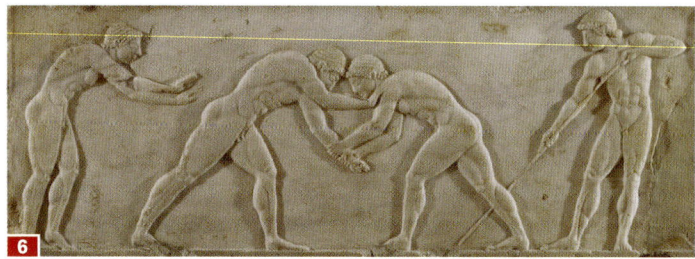

„Jünglinge im Ringkampf" (Marmorrelief, um 500 v. Chr.)

| um 700 v. Chr. | Lykurgs Verfassung | 650–620 v. Chr. | 2. Messenischer Krieg | 525–488 v. Chr. | König Kleomenes I. |

| um 900 v. Chr. | Gründung der Dorfsiedlung Sparta | um 720 v. Chr. | Eroberung Lakoniens und Messeniens | 550 v. Chr. | Gründung Peleponnesischer Bund |

Das politische System und der Aufstieg Spartas

In Sparta regierten zwei Königshäuser, doch ging die Macht zwischenzeitlich ganz auf die Ephoren über. Aus dem anfänglichen guten Einvernehmen mit Athen wurde nach den Perserkriegen (S. 85) Rivalität.

Die Regierungsform Spartas war das Königtum, doch regierten zur Machtbegrenzung stets zwei Königslinien (Agiaden und Eurypontiden) parallel. Die Spartiaten widmeten sich dem **❼**, **❽**, **⓫** Kriegshandwerk und lebten von den Abgaben der Helotenvölker. Die politische Ordnung Spartas, genannt die „Große Rhetra" (Übereinkunft, Gesetz), die aber

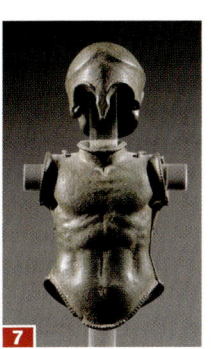

7
Griechischer Helm und Panzer

v. a. die spartanischen Sitten und Gebräuche enthielt, wurde auf den legendären König **⓾** Lykurg zurückgeführt. Mit den Königen regierte ein Ältestenrat von 28 auf Lebenszeit gewählten Adligen. Daneben gab es die Volksversammlung (Apella), die über Anträge und Vorlagen abstimmen konnte. Im 5. Jh. v. Chr. wurde eine neue Institution führend: die jährlich von der Apella gewählten fünf Ephoren („Aufseher"), die bald die Leitung von Rat und Apella an sich zogen und schließlich auch die Könige von

10
„Lykurg demonstriert die Bedeutung der Erziehung" (Gemälde von Caesar B. van Everdingen, 1660/61)

der Macht verdrängten. Erst im Jahr 226 gelang es dem König Kleomenes III., die Macht der Ephoren zu brechen.

Sparta errichtete seine Hegemonie über die gesamte Peloponnes und nur wenige wagten es, gegen den Militärstaat aufzubegehren. In Sparta war man aber – anders als in Athen – klug genug, von seinen Bundesgenossen im „Peloponnesischen Bund" nur Männer und Waffen zu fordern, sich aber ansonsten nicht in deren innere Angelegenheiten einzumischen.

Zu Athen bestanden in der Frühzeit gute Beziehungen, nachdem die Spartaner unter König Kleomenes I. den Athenern 510 bei der Beseitigung der Tyrannis geholfen hatten. Zudem trugen die Spartaner während der Perserkriege in ihrem Selbstverständnis die Hauptlast. Dies wird deutlich am Schicksal des Königs **⓬** Leo-

8
Ausschnitt der Darstellung kämpfender Hopliten auf einer Hydria (Wasserkrug) des Töpfers Kleimachos (um 560/550 v. Chr.)

9
Leonidas und seine Gefährten vor der Schlacht bei den Thermopylen 480 v. Chr.

nidas, der 480 mit seinen Kriegern versuchte, das Riesenheer der Perser bei den **❾**, **⓭** Thermopylen aufzuhalten, bis die anderen Griechen sich zur Schlacht von Salamis gerüstet hatten; die Spartaner fielen bis auf den letzten Mann. Anschließend wich das gute Einvernehmen durch die Machtansprüche Athens einer Rivalität, die schließlich in den Peloponnesischen Krieg mündete.

12
Leonidas, König von Sparta

Kleomenes I. von Sparta

Der aus der Familie der Agiaden stammende Kleomenes war König von Sparta ab 525 bis 488. Er hatte entscheidenden Anteil am Sturz der Tyrannis in Athen, geriet jedoch später in Konflikt mit den Athenern. 494 schlug er Argos, den Erbfeind Spartas, vernichtend bei Sepeia, und griff in verschiedene Konflikte ein. Da er ein starkes Königtum wiederherstellen wollte, nutzten die Ephoren seine Abwesenheit im Krieg und setzten ihn 488 ab.

11 Spartanischer Hoplit, bekleidet mit einem korinthischen Helm, Harnisch und Beinschienen

13
„Leonidas bei den Thermopylen" (Gemälde von J. L. David, 1814)

5. Jh. v. Chr. | Schaffung des Ephorats   **480 v. Chr.** | Schlacht am Thermopylenpass

494 v. Chr. | Sieg gegen Argos   **481 v. Chr.** | Abschluss eines Kampfbundes gegen die Perser   **226 v. Chr.** | Reformen des Kleomenes II.

um 2500 v. Chr.–7. Jh. n. Chr. Antike

Der Peloponnesische Krieg

Die Abkehr Athens von seiner bisherigen Bündnispolitik führte zum Konflikt mit Sparta. Seine rücksichtslose Großmachtpolitik ließ den Peleponnesischen Krieg an der Peripherie beginnen.

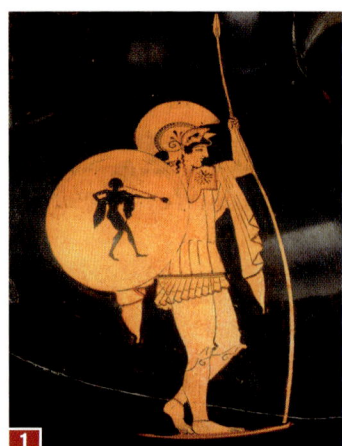

Griechischer Krieger mit attischem Helm und Beinschienen (Vasenmalerei, um 480 v. Chr.)

Reliefdarstellung zweier Gefallener des Peloponnesischen Krieges als sich begrüßende Hopliten (um 420 v. Chr.)

Das Jahr 462/61 v. Chr. hatte in Athen nicht nur zu inneren Umwälzungen geführt, sondern auch zu einer Abkehr von der bisherigen Außenpolitik – mit weitreichenden Folgen. 464 war Sparta von einem schweren Erdbeben heimgesucht worden und hatte anschließend mit einem Aufstand der Helotenvölker zu kämpfen. Ein Hilfegesuch an Athen beantwortete 462 der führende Politiker und Feldherr Athens, Kimon, mit der Entsendung von ❶ Hoplitentruppen. Die Abwesenheit Kimons und die demütigende Abweisung der athenischen Truppen durch Sparta nutzten die demokratischen Kräfte Athens zu einem radikalen Kurswechsel, nachdem ❸ Kimon durch ein Scherbengericht verbannt worden war: 461 verließ Athen das Bündnis mit Sparta gegen die Perser und betrieb eine radikale Großmachtpolitik, indem es weite-

re Städte in den Attischen Seebund zwang.

Erste militärische Konflikte mit Sparta konnten noch 446/445 durch einen Friedensvertrag beigelegt werden, in dem sich beide Mächte verpflichteten, ihre Hegemonie nicht auszuweiten und die neutralen Staaten Griechenlands als solche bestehen zu lassen. Die folgenden Jahre führten zu einer Schieflage: Während sich Sparta mit dem Erreichten zufrieden gab, dehnte Athen seinen Einfluss aus. Ein Konflikt wurde unausweichlich. Der verheerende ❷ Peloponnesische Krieg begann an der Peripherie: ❺ Korinth und Korkyra stritten sich um den Besitz der gemeinsamen Kolonie Epidamnos (heute Durazzo) an der Adria. Athen kam das Bündnisgesuch Korkyras, eigentlich eine neutrale Macht, entge-

❸ Tonscherbe mit dem Namen des Kimon, der durch das Scherbengericht zur Verbannung verurteilt wurde

gen, um seinen Einfluss auch an der Adriaküste auszudehnen. 433 fanden erste Seegefechte zwischen athenischen und korinthischen Soldaten statt. Athen verhängte 432 über das mit Korinth verbündete Megara und seine pontischen Kolonien eine Handelssperre. Hierauf drängten ❹ Korinth und Megara, mit Sparta verbündet, auf Krieg. Nach einigem Zögern erklärte Sparta Athen im Sommer 432 wegen des Bruchs des Vertrages von 446/45 den Krieg.

Schlacht von Potidäa: Athener kämpfen gegen Korinther 431 v. Chr. (Umrissstich nach Zeichnung, 1788)

Korinthischer Helm aus Bronze (6. Jh. v. Chr.)

| 462 v. Chr. | Kimon entsendet Hilfstruppen | 445 v. Chr. | Friedensabkommen zwischen Athen und Sparta | 431–421 v. Chr. | Archidamischer Krieg (1. Phase) |
| 464 v. Chr. | Erdbebenkatastrophe in Sparta | 461 v. Chr. | Athen kündigt Kampfbündnis mit Sparta | 432 v. Chr. | Kriegserklärung Spartas an Athen |

Der Verlauf des Krieges

Der Peloponnesische Krieg verlief zunächst wechselhaft in verschiedenen Phasen. Nachdem Sparta ein Bündnis mit den Persern eingegangen war, geriet Athen in die Defensive und musste schließlich kapitulieren.

Der Peloponnesische Krieg (431–404 v. Chr.) erfasste wie ein Flächenbrand ganz Griechenland. In der ersten Phase, bis 421 v. Chr., legte Athen unter Perikles den Schwerpunkt auf einen offensiven Kampf zur See. Sparta dage-

Fundamente des Heraion von Argos

gen setzte unter König Archidamos II. vor allem auf Landkrieg und verwüstete 431–427 v. Chr. und 425 v. Chr. die Attika. Perikles' Nachfolger Kleon betrieb weiterhin die Großmachtpolitik Athens: Nach seinem Seesieg über Sparta bei Sphakteria 424 v. Chr. verspielte er Friedensaussichten durch allzu maßlose Forderungen. Verhandlungen wurden erst möglich, nachdem Kleon 422 v. Chr. in der Schlacht bei Amphipolis gefallen war.

Alkibiades (römische Büste, 1. Jh.)

In Athen gelangte die Friedenspartei unter Nikias an die Macht und brachte 421 v. Chr. den „Nikias-Frieden" mit Sparta zustande, der die Gebietsaufteilung der Großmächte vor dem Krieg wiederherstellte. Trotzdem ging der Krieg bei den Verbündeten weiter. 420 v. Chr. kam in Athen erneut die Kriegspartei unter ❼ Alkibiades an die Macht. Ein Bündnis mit Spartas Erzfeind ❹, ❻ Argos wurde jedoch 418 v. Chr. von den Spartanern besiegt.

415 v. Chr. begann eine neue Phase des Krieges mit der zeitweisen Verlegung des Kriegsschauplatzes nach ❾ Sizilien. Ab 413 v. Chr. wurde aber wieder in der Attika gekämpft. Gefährlich wurde es für Athen, als sich Sparta mit den Persern verbündete, die den Aufbau einer schlagkräftigen spartanischen Kriegsflotte mit großer Finanzkraft unterstützten. Noch einmal gelang es ❿ Alkibiades 411/10 v. Chr., die Spartaner und Perser bei Abydos und Kyzikos zu schlagen, doch die Niederlage der Athener bei Notion 407 v. Chr. bewies, dass die Großmacht militärisch und finanziell erschöpft war.

Die Vernichtung der Athenischen Flotte bei Aigospotamoi 405 v. Chr. durch die Spartaner war für den Krieg entscheidend: 404 v. Chr. schloss der spartanische Feldherr ❽ Lysander Athen ein und zwang die Stadt zur Kapitulation. Das besiegte Athen wurde auf Attika und Salamis beschränkt, musste seine Mauern

Lysander lässt die Mauern von Athen einreißen

schleifen und seine Flotte ausliefern. Die Machtverhältnisse hatten sich umgekehrt: Sparta war nun zu der ganz Griechenland beherrschenden Macht geworden.

Thukydides

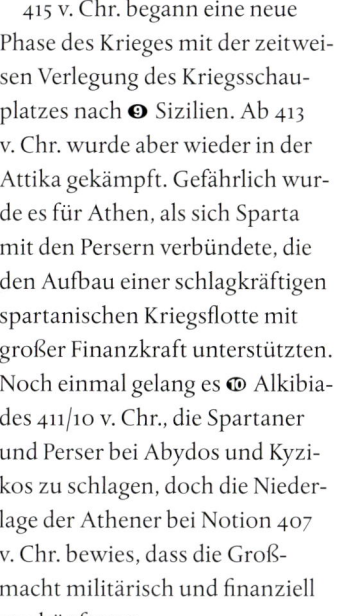

Dass wir über alle Phasen des Krieges zwischen Sparta und Athen so genau informiert sind, verdanken wir dem athenischen Geschichtsschreiber und Feldherrn Thukydides, der die „Geschichte des Peloponnesischen Krieges" zwischen 431 und 411 v. Chr. in acht Büchern niederschrieb. Der aktive Stratege Athens erlitt 424 eine Niederlage gegen die Spartaner vor Amphipolis und musste für 20 Jahre in die Verbannung gehen. Die Endphase des Krieges (411–404) wurde im Anschluss an Thukydides von dem Historiker Xenophon in seiner „Hellenika" überliefert.

oben: Thukydides

Die Schlacht bei Syrakus, Sizilien, im Jahre 413 v. Chr.

Sieg des Alkibiades über die Spartaner

| 415–413 v. Chr. | Sizilische Expedition | 407 v. Chr. | Niederlage Athens bei Notion | 404 v. Chr. | Belagerung und Übergabe Athens |
| 421 v. Chr. | Nikias-Friede | 412 v. Chr. | Hilfsbündnis zwischen Sparta und Persien | 405 v. Chr. | Sieg Spartas bei Aigospotamoi |

um 2500 v. Chr.–7. Jh. n. Chr.

Antike

◼ Geistige Neuerungen im 5. und 4. Jahrhundert v. Chr.

Im 5. und 4. Jh. fanden in Griechenland gewaltige geistige Umbrüche statt, v. a. durch die großen Tragödiendichter, die frühen Historiker und die Philosophie der Sophisten, auf die Sokrates, Platon und Aristoteles antworteten.

1 Sophokles

2 Euripides

3 Aristophanes

4 Platon

5 Aristoteles

Das 5. und 4. Jh. v. Chr. war in vielen Bereichen eine ❿ Zeit der geistigen Erneuerung. Im 5. Jh. wirkten in ❽ Athen die drei bedeutendsten Tragödiendichter der Antike, ❾ Aischylos, ❶ Sophokles und ❷ Euripides, die anhand von Mythen Themen wie das unbeständige Schicksal des Menschen, Schuld und Sühne behandelten. Im 4. Jh. wurden ähnliche Themen in der Komödie, v. a. von ❸ Aristophanes, bearbeitet, aber mit einer Betonung der menschlichen Schwächen.

Parallel dazu setzte in der zweiten Hälfte des 5. Jh. mit Herodot und etwas später auch Thukydides die Geschichtsschreibung ein. In seinen „Historien" betrachtete

7 Sokrates

Herodot erstmals universalhistorische Zusammenhänge. Geschichte war nun nicht mehr ein

6 Aristoteles und Platon versinnbildlichen „Logik und Dialektik" (Relief von Luca della Robbia, 1437/38)

reines „Spiel der Götter", sondern wurde zum Ort handelnder Mächte und Menschen; Ursachen und Motivationen wurden erkannt und benannt.

In der Philosophie kam mit der Abkehr von der Naturphilosophie des 6. Jh. mit den Sophisten („Weisheitslehrer") eine Richtung auf, die das Ende der alten Ordnung einleitete. Als provozierende Aufklärer setzten sie auf die Begründung allen Wissens, Handelns und der Sitten allein aus dem Denken, der kritischen Vernunft und der Rhetorik – der Mensch wurde zum „Maß aller

Dinge". Gegen sie wandte sich das ethische Denken der drei größten griechischen Philosophen: ❼ Sokrates betonte die Verantwortung des Einzelnen, dessen Pflicht es sei, Handeln und Wissen in Einklang zu bringen. Da Sokrates nichts niederschrieb und im Dialog mit Menschen aus dem Volk philosophierte, ist seine Lehre nur durch seine Schüler überliefert. 399 v. Chr. wurde Sokrates als „Verführer der Jugend" verurteilt und musste den tödlichen Schierlingsbecher trinken. Sein Schüler ❹, ❻ Platon, Gründer der ersten ⓫ Akademie (387), entwarf seine Ideenlehre als Prinzip einer

hierarchisch gegliederten und ethisch fundierten Ordnung alles Seienden. In seiner „Politeia" (dt. „Der Staat") dachte er über das Wesen des Idealstaates nach. ❺ Aristoteles, wiederum ein Schüler Platons und später Lehrer Alexanders des Großen, betrieb die „Umkehrung" der platonischen Lehre und entwickelte von den Einzeldingen ausgehend die allgemeinen Ordnungsprinzipien der Natur. Mit ihm zog auch das naturwissenschaftliche und naturbeobachtende Denken, das sich bereits bei den Vorsokratikern findet, verstärkt in die Geistesgeschichte ein.

8 „Die Schule von Athen" (Fresko von Raffael, 1508–11)

| um 445 v. Chr. | Herodot liest in Athen | um 412 v. Chr. | Euripides „Iphigenie bei den Tauriern" | 409 v. Chr. | Sophokles „König Ödipus", „Elektra", „Philoktet" |
| 458 v. Chr. | Aischylos „Die Orestie" | 423 v. Chr. | Aristophanes „Die Wolken" | bis 411 v. Chr. | Thukydides „Geschichte des Peloponnesischen Krieges" |

9 Aufführung der Tragödie „Agamemnon" des griechischen Dichters Aischylos (kolorierter Holzstich aus den Münchener Bilderbogen, um 1865)

10 „Das Zeitalter des Perikles": Versammlung der bedeutendsten Künstler, Dichter und Philosophen der Zeit (kolorierter Druck, um 1852)

11 „Platon und seine Schüler im Garten der Akademie", der sog. Platonischen Akademie (Stahlstich, um 1850)

um 2500 v. Chr.–7. Jh. n. Chr.

Antike

Die politischen Verhältnisse

Nach dem Peloponnesischen Krieg musste Sparta seine Vormachtstellung in Griechenland gegen die Autonomiebestrebungen der Städte verteidigen und verlor sie schließlich an Theben.

Der Peloponnesische Krieg (S. 90) hatte die Machtverhältnisse geändert: Athen, an seinem eigenen Großmachtanspruch gescheitert, musste die Vorherrschaft an Spar-

13 Zweite Schlacht bei Chaironeia 394: Sieg der Spartaner über den Städtebund

ta abgeben. Damit war aber kein Friede in Griechenland eingekehrt. In fast allen mit den beiden Hauptmächten verbündeten Städten hatte der Krieg tiefe Wunden hinterlassen. Die kleineren Gemeinden wehrten sich nun nach Kräften gegen den Einfluss der Großmächte, und fast überall war die Bürgerschaft gespalten in von Athen unterstützte Anhänger der Demokratie und durch Sparta gestärkte Anhänger der alten oligarchischen Ordnung. Es kam zu Volksaufständen – etwa in Korkyra – und lokalen Bürgerkriegen.

Nach der Kapitulation Athens 404 forderten Spartas Verbündete

– allen voran Korinth und Theben – die Zerstörung der Stadt, um ihre Macht endgültig zu brechen. Dagegen stellte sich Sparta, das erreicht hatte, was es wollte. Die zuvor von Athen beherrschten Städte forderten überdies ihre – von Sparta im Krieg versprochene – Autonomie und zeigten wenig Neigung, die athenische gegen eine spartanische Oberherrschaft einzutauschen. Sparta beseitigte in den Städten die demokratischen Regierungen und setzte dort Oligarchen ein. Auch auf der Peloponnes kam es erneut zu Unruhen: Um 400 zwang die erneute persische Besetzung der kleinasiatischen Griechenstädte Sparta zum Eingreifen; 395 erklärten die mit der spartanischen Politik unzufriedenen Städte Argos, Theben, Athen und Korinth – unterstützt von persischen Geldgebern – Sparta den Krieg. Militärisch konnte sich Sparta zwar im „Korinthischen Krieg" gegen den Städtebund, wie 394 in der zweiten **12**, **13** Schlacht bei Chaironeia behaupten, musste aber dennoch 387/86 im „Königsfrieden" die persische Herrschaft über Kleinasien und die Autonomie der

übrigen Griechenstädte anerkennen.

Sparta war sichtlich angeschlagen – ein Signal für die ehemaligen Verbündeten, seine Oberherrschaft endgültig abzuschütteln. Die Initiative lag bei Theben: Unter Heerführer **14** Epameinondas mit seiner „schiefen Schlachtordnung" – einem Klassiker der Militärstrategie – schlugen die Thebaner die Spartaner 371 bei Leuktra in Böotien vernichtend.

12 Zweite Schlacht bei Chaironeia 394: Sieg der Spartaner über den Städtebund (Aquarell, 20. Jh.)

Spartas Macht war gebrochen. Für wenige Jahrzehnte hatte Theben die Führung Griechenlands inne, bis eine neue Macht auftrat: Makedonien unter Philipp II.

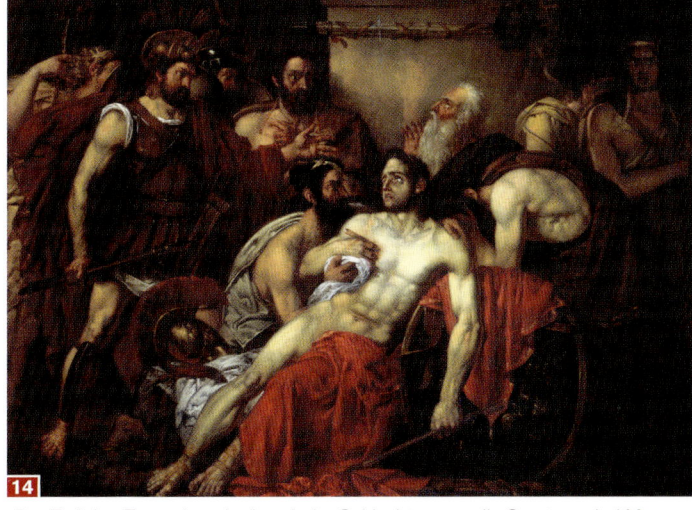

14 „Der Tod des Epameinondas" nach der Schlacht gegen die Spartaner bei Mantineia 362 v. Chr. (Gemälde von Louis Gallait, 19. Jh.)

| 394 v. Chr. | Zweite Schlacht von Chaironeia | 387 v. Chr. | Königsfrieden zwischen Athen und Sparta | 335/34 v. Chr. | Aristoteles' Rückkehr nach Athen |
| 399 v. Chr. | Tod des Sokrates | 387/85 v. Chr. | Platon gründet Akademie in Athen | 371 v. Chr. | Theben besiegt Sparta bei Leuktra |

Antike

1 Alexander der Große in der Schlacht bei Issos gegen die Perser 333 v. Chr.

VON MAKEDONIEN BIS ZU DEN DIADOCHEN – AUFSTIEG UND ZERFALL EINER WELTMACHT 7.–1. JH. V. CHR.

Die Makedonen im Norden wurden in der Frühzeit von den Griechen kaum beachtet und nur als nützliche „Halbbarbaren" angesehen, die ihre Kultur vor Einfällen aus dem Norden schützten. Im 5. Jh. begannen sie, ihren Staat zu vereinheitlichen, und wurden schließlich unter Philipp II. zur führenden Macht Griechenlands. Philipps Sohn, ❶ Alexander der Große, eroberte von Makedonien aus ein Weltreich, das allerdings seinen Tod nicht überdauerte. Seine Nachfolger, die Diadochen, stammten ebenfalls aus Makedonien und trugen die hellenische Kultur in den gesamten Vorderen Orient und vorderasiatischen Raum.

Der Aufstieg Makedoniens

Seit dem 5. Jh. gelang es den makedonischen Herrschern, im Schatten der Griechen ein relativ geschlossenes Staatsgebilde zu errichten, das schließlich stark genug war, zu einer Großmacht zu werden.

Makedonien im Norden Griechenlands hatte in seiner Frühzeit kaum Anteil an der griechischen Kultur. Die v. a. bäuerliche Bevölkerung sprach einen eigenen Dialekt und betrachtete sich nicht als griechisch. Die frühe Geschichte ist geprägt von Auseinandersetzungen mit Illyrern und Thrakern, den Nachbarn im Norden und Osten.

Seit dem 7. Jh. herrschte in Makedonien das Königsgeschlecht

2 Münzbildnis von Philipp II.

der Argeaden; der König war Heerführer, oberster Richter und kultisch-religiöses Oberhaupt in einer Person. Seine Macht wurde durch die Heeresversammlung und den Kriegeradel kontrolliert. Im 5. Jh. stieg Makedonien – von den Griechen zunächst kaum beachtet – zum geschlossenen Staatsgebilde auf: ❹ König Alexander I. Philhellen unterstützte die Griechen in den Perserkriegen und dehnte sein

Reich 480 bis zum Olymp und Pangaiongebirge aus; mit einer Heeres-, Verwaltungs- und Münzreform gab er seinem Reich ein festeres Gefüge. Sein Nachfolger Perdikkas II. taktierte geschickt zwischen den Fronten des Peloponnesischen Krieges und erkämpfte sich einen eigenen Spielraum auf der Halbinsel Chalkidike. Der Aufstieg der makedonischen Militärmacht begann unter Archelaos. Er machte Pella zur Residenz-

3 Junger makedonischer Krieger, gefunden in Pella

stadt, besetzte um 400 Teile Thessaliens und zog viele Künstler, v. a. den Dichter Euripides, an seinen Hof.

Kurz vor einer Katastrophe stand Makedonien, als König Perdikkas III., der 360 noch die Athener besiegt hatte, 359 mit 4000 ❸ Kriegern im Kampf gegen die Illyrer fiel. Sein Sohn war noch ein Kind, was Illyrer und Paionen ausnutzten, um das Land zu überfallen. Als daraufhin der Vormund des Knaben und Bruder des gefallenen Königs, ❷ Philipp II., 359 auf den Thron gehoben wurde, änderte sich die Lage sofort.

4 Alexander I. von Makedonien lässt bei einem Gastmahl seines Vaters durch als Mädchen verkleidete Jünglinge zahlreiche Perser töten (Kupferstich, 17. Jh.)

5 Rekonstruktionszeichnung einer „Speira", der Basiseinheit einer makedonischen Phalanx, bestehend aus 256 Fußsoldaten (Aquarell von Peter Connolly, 20. Jh.)

| ab 5. Jh. v. Chr. | Makedonien geschlossenes Staatsgebilde | 413–399 v. Chr. | König Archelaos | 348–342 v. Chr. | Besetzung Thessaliens, Chalkidikes, Thrakiens |
| ab 7. Jh. v. Chr. | Herrschaft der Dynastie der Argeaden | 480 v. Chr. | Makedonien dehnt Machtbereich aus | 359–336 v. Chr. | Herrschaft Philipps II. |

Makedonien als Großmacht unter Philipp II.

Die minoische Kultur ist die älteste der griechischen Kulturen. Die Minoer pflegten intensive Handelskontakte im ganzen Mittelmeerraum. Ihre charakteristischen kultischen Symbole sind die Doppelaxt und der Stier.

6 Demosthenes hält Reden gegen Philipp von Makedonien

8 Makedonische Phalanx (Rekonstruktion)

10 Philippeion, nach dem Sieg bei Chaironeia 338 v. Chr. von Philipp I. gestiftet zur Verehrung seiner Familie

11 Krieger ziehen mit dem Schlachtruf „Für Philipps rechtes Auge" in den Kampf (Holzstich, 1867)

7 Philipp II. war ein überragender Staatsmann und brillanter **9** Heerführer zugleich. Zunächst trieb er 358 die Illyrer und Paionen aus dem Land und eroberte in den folgenden Jahren große Teile Thrakiens und des Pangaiongebirges. Ab 354 drang er immer weiter nach Griechenland vor und stand 351 am Bosporus; zwischen 348 und 342 besetzte er Thessalien, die Chalkidike und Thrakien und gliederte sie seinem Reich ein.

Philipp baute eine makedonische Flotte auf und erneuerte die Kriegsführung: Er setzte auf **11** Söldner und Berufsoffiziere, wählte fähige Generale und bediente sich eigener Kriegsingenieure, die Rammböcke und Wurfgeschütze für Städtebelagerungen konstruierten. Grund für die ungeheuren militärischen Erfolge Philipps war aber die Schwächung der Griechen durch den Peloponnesischen Krieg und innere Rivalitäten. Besonders die Athener fürchteten um die Freiheit der Griechenstädte. Der Redner **12** Demosthenes wurde nicht müde, in seinen **6** Philippika („Reden gegen Philipp") vor dem „makedonischen Barbaren" zu warnen. Das weitere Vorrücken Philipps führte 340 zum offenen Krieg, den die Athener durch ihre Überlegenheit zur See zunächst für sich entschieden.

In der **10** Schlacht von Chaironeia im August 338 aber siegte die **5** **8** makedonische Phalanx unter Philipp und seinem Sohn Alexander vollständig über den „Hellenischen Bund" der Griechenstädte unter der Führung Athens und Thebens. Philipp, der sich als „Einiger Grie-

9 Rüstung aus dem Grab Philipps II. in Vergina (Rekonstruktionen)

chenlands" feiern ließ, diktierte maßvolle Friedensbedingungen, die den Griechen die Illusion von Autonomie ließen: Athen, Theben und die meisten Städte traten nun dem „Korinthischen Bund"

12 Demosthenes (um 280 v. Chr.)

7 Goldmedaillon mit dem Porträt Philipps II. (336 v. Chr.)

und einer allgemeinen „Friedensgenossenschaft" bei. Philipp war der unbestrittene Herrscher über das geeinte Griechenland, einen Vielvölkerstaat von bislang ungekannten Ausmaßen. Und noch viel weiter wollte er seine Macht ausdehnen: 337 rief Philipp zum Krieg gegen die Perser auf. Im Frühjahr 336 überschritt ein großes Heer aus Makedonen und Griechen den Hellespont nach Kleinasien. Doch mitten in den Kriegsvorbereitungen wurde Philipp II. bei den Hochzeitsfeierlichkeiten seiner Tochter ermordet.

Die Panhellenische Bewegung

Die Bezeichnung „Hellenen" galt zunächst einem Stamm in Thessalien, wurde dann aber auf die Gesamtheit aller Griechen übertragen. „Zeus Panhellenios" wurde zur gemeinsamen Gottheit aller Griechen erklärt und in eigenen Feiern („Panhellenia") auf der Insel Ägina verehrt. Philipp II. und Alexander der Große benutzten den Panhellenismus als politische Integrationsstrategie und griffen in seinem Namen als „Schiedsrichter" in innergriechische Streitigkeiten ein.

| 358–342 v. Chr. | Philipp II. erweitert das makedonische Reich | 337 v. Chr. | Gründung „Korinthischer Bund" | 336 v. Chr. | Ermordung Philipps II. |
| 338 v. Chr. | Sieg der Makedonen über den „Hellenischen Bund" bei Chaironeia | | | 336 v. Chr. | Philipp II. startet Feldzug gegen die Perser |

Alexander der Große und seine Feldzüge

Alexander eroberte in rascher Folge den gesamten Vorderen Orient und Asien bis nach Indien. An einem weiteren Vormarsch hinderte ihn die Meuterei seiner Truppen.

❸ Alexander III., der Große, Sohn Philipps II., gehört zu den herausragenden Persönlichkeiten der Weltgeschichte. Seinen jugendlichen Elan und sein taktisches Genie bewunderten bereits seine Zeitgenossen, seine Persönlichkeit und Ziele geben bis heute Rätsel auf. Mit seinen Feldzügen und seinen Weltreichsplänen veränderte er das griechische Selbstverständnis und Weltbild, scheiterte aber an seiner Maßlosigkeit.

Alexander, bestens ausgebildet durch den Philosophen ❶ Aristoteles, wurde seit 340 von seinem Vater mit wichtigen Aufgaben betraut, fühlte sich aber durch die erneute Heirat Philipps 337 zurückgesetzt. Möglicherweise waren seine Mutter Olympias und er Mitwisser des Mordkomplotts gegen Philipp.

Als neuer König nahm er den geplanten ❺ Feldzug gegen die

1 Aristoteles und sein Schüler Alexander

Perser auf, nachdem er die Aufstände verschiedener Griechenstädte unterdrückt und seine Stärke 335 durch die Zerstörung Thebens demonstriert hatte. Alexander setzte nach Kleinasien über und schlug 333 bei ❹ Issos erstmals die persische Armee, besetzte 332 Syrien und Phönizien und zog 332/31 kampflos in Ägypten ein, wo er sich zum ❷ Pharao krönen ließ und

3 Alexander der Große

Alexandria gründete. Über Euphrat und Tigris stieß er 331 nach Persien vor, schlug die Perser erneut und ernannte sich zum „König von Asien". Symbolträchtig war die Einnahme der persischen Residenzen Babylon, Susa und Persepolis. 327 zog er weiter nach Osten, besetzte die Gebiete bis Indien und schlug 326 den indischen König ❻ Poros am ❻ Hydaspes. Als er weiter zum Ganges ziehen wollte, zwang ihn eine Meuterei seiner Soldaten zur Umkehr. Das Heer marschierte 325 den Indus entlang zum Delta, wo es sich teilte: Alexander zog mit dem Großteil in einem verlustreichen Marsch durch die Wüste Gedrosiens (Belutschistan) zurück in den Iran, während die Flotte den

2 Alexander der Große als Pharao, den Gott Ammon grüßend

Seeweg durch den Persischen Golf erkundete.

Alexanders Vorhaben, die Kulturen in seinem Großreich zu verschmelzen und Makedonen und Perser in Heer und Verwaltung gleichzustellen, rief Aufstände unter seinen Soldaten wie auch der Bevölkerung Makedoniens und der Griechenstädte hervor.

4 Darstellung der Schlacht bei Issos 333 v. Chr. auf dem Sarkophag eines sidonischen Fürsten (Fundort: Nekropole Sidon)

5 Die Eroberung des persischen Reiches durch Alexander 334–331 v. Chr. (Kolorierter Holzstich, 19. Jh.)

6 Alexander der Große und Poros (Gemälde von Charles Le Brun, um 1673)

Der gordische Knoten

Als Alexander 334 Phrygien unterworfen hatte, fand er im Jupitertempel von Gordion den Königswagen des Gordios vor, dessen Joch mit einem Seil umknotet war. Ein Orakelspruch lautete, dass demjenigen die Herrschaft über Asien zufallen werde, der die Verknotung löse. Alexander rief: „Es kommt auf eines heraus, wie man sie löst!" und durchhieb den sprichwörtlich gewordenen gordischen Knoten mit seinem Schwert.

oben: Alexander zerschlägt den gordischen Knoten

■ Alexanders Ziele und sein Scheitern

Alexander entfremdete sich seine Truppen durch die Forderung nach göttlicher Verehrung seiner Person. Sein ehrgeizigstes Ziel war die kulturelle Vereinigung von Orient und Okzident in seinem Weltreich.

Alexander betrieb wie sein Vater einen großen propagandistischen Aufwand, um seine Ziele zu erreichen. Gegenüber den eroberten Völkern gab er sich als Befreier und achtete ihre Gebräuche. Zunehmend faszinierte ihn der ori-

8 „Hochzeit Alexanders des Großen mit Roxane", Römisches Wandgemälde

entalische Herrscherkult. Dass er die im Orient übliche Proskynese (Fußfall) auch von Griechen und Makedonen für sich forderte, beleidigte seine alten Kampfgefährten, die diesen „Sklavenbrauch" ablehnten. Zunehmend vereinsamte Alexander nach dem Tod

seines Kameraden und Geliebten Hephaistion 325 und gab sich exzessiven Trinkgelagen hin. 324 bezeichnete er sich als **7** Sohn des ägyptischen Gottes Ammon und zwang Griechen und Makedonen, ihn als Gott zu verehren.

Weitgesteckt waren seine Pläne einer kulturellen Verschmelzung von Orient und Okzident. Nachdem er selbst 327 die baktrische Prinzessin **8** Roxane geheiratet hatte, arrangierte er 324 in Susa die **9** Massenhochzeit von 80 seiner engen Gefährten und Heer-

führer mit vornehmen Perserinnen. Aus diesen Verbindungen sollte eine ihm persönlich verpflichtete künftige Elite erwachsen, die das Erbe beider Kulturräume in sich trüge. Wie weit seine Weltreichspläne, denen auch zahlreiche Städtegründungen dienten, wirklich gingen, ist umstritten.

Letztlich musste sich Alexander doch den Realitäten und den Forderungen des Heeres beugen. Die Zustände in Europa und v. a. in Makedonien entglitten ihm zuletzt vollends. Antipater, sein Statthalter in Europa, war stark genug, die von Alexander geforderte Wiederaufnahme der aus den Städten verbannten Bürger, die im Heer gedient hatten, zu verhindern. Die letzten Monate seines Lebens waren von größenwahnsinnigen Plänen, Fieberfantasien und widersprüchlichen politischen Zielen, wie etwa der Umsegelung der Arabischen Halbinsel, überschattet. **10** Sterbend nahm er Abschied von seinem Heer und

7 Alexander als Ammon, Münzbildnis

Aus Curtius Rufus'
Geschichte Alexanders des Großen

„*Und wahrlich, für einen gerechten Beurteiler ist es klar, daß seine guten Eigenschaften seiner Natur, die Fehler seinem Glücke und seiner Jugend entstammten.*"

übergab seinen Siegelring dem Feldherrn Perdikkas, traf aber weder für Makedonien noch für andere Teile des Riesenreiches eine Nachfolgeregelung.

Am 13. 6. 323 starb Alexander der Große im Alter von 33 Jahren in Babylon an einem Fieber oder – wie manche Historiker vermuten – an einer schleichenden Vergiftung.

9 Die Massenhochzeit makedonischer Adliger mit vornehmen Perserinnen in Susa; auf dem Thron Alexander mit Stateira, der Tochter des Dareios (Holzstich, 19. Jh.)

10 „Tod Alexanders des Großen"; der sterbende Alexander nimmt Abschied von seinem Heer, Babylon, 13. 6. 323 v. Chr. (Holzstich, 19. Jh.)

um 2500 v. Chr.–7. Jh. n. Chr.　　Antike

332 v. Chr. | Besetzung Ägyptens und Gründung Alexandrias　　　**327–325 v. Chr.** | Zug nach Indien　　　**324 v. Chr.** | Massenhochzeit in Susa

331 v. Chr. | Ausrufung Alexanders zum König von Asien nach Sieg bei Gaugamela　　　**326 v. Chr.** | Sieg am Hydaspes　　　**323 v. Chr.** | Tod Alexanders

um 2500 v. Chr.–7. Jh. n. Chr.

Antike

▪ Die Reiche der Diadochen

Die Generäle Alexanders teilten das Riesenreich unter sich auf. Als Dynastiegründer behaupteten sich nur diejenigen, die sich auf eine eingegrenzte Region beschränkten.

1 Roxane, die Witwe Alexanders des Großen, mit ihrem Sohn Alexander IV. Aigos vor dem makedonschen Feldherrn Eumenes (Ölgemälde, 17. Jh.)

Da Alexander keine Nachfolgeregelung getroffen hatte, entbrannte nach seinem Tod sofort ein Machtkampf unter seinen Generälen, die sich ihren Teil vom zerfallenden Weltreich sichern wollten. Unter diesen „Diadochen" (Nachfolgern) gab es genügend Herrscherpersönlichkeiten, jedoch waren es einfach zu viele, die miteinander konkurrierten. Zunächst versuchte der von Alexander durch seinen Siegelring designierte Perdikkas von Orestis, als „Reichsverweser" das Riesenreich für den unmündigen **❶** Sohn Alexanders, Alexander IV. Aigos, zusammenzuhalten, bis er 321 ermordet wurde. Es zeigte sich, dass diejenigen Diadochen untergingen, die an

Alexanders Großreichplänen festhielten; Erfolg war nur denen beschieden, die Augenmaß bewiesen und ein Land als Machtbasis ausbauten. Sie erwiesen sich als Träger der kosmopolitischen hellenistischen Kultur, die in vielen Bereichen griechisch-makedonische und orientalische Elemente verschmolz.

Gemeinsam war allen Diadochenreichen, dass sie stark auf die Persönlichkeit des Herrschers und den Kult um ihn ausgerichtet waren. Der König legitimierte sich als Eroberer und Heerführer, der sein Gebiet zu halten und zu verwalten vermochte. Seine Machtposition wurde durch keine Verfassung beschränkt. Die erfolgreichen Diadochen errichteten eigene **❷** Dynastien, die unter ihren Nachkommen, den „Epigonen", oftmals von blutigen Familienfehden geprägt waren.

V. a. in Kleinasien gründeten viele von Alexanders Offizieren kleinere Herrschaften, unter denen das durch den Makedonen

2 Tetradrachme einer makedonischen oder Seleukiden-Dynastie, zwischen 311 und 280 v. Chr.

Philetairos 283 gegründete Reich der Attaliden von **❸** Pergamon (282–133) durch seine Bauten wie den **❹**, **❺** „Pergamon-Altar" besonders bekannt wurde. Es stieg zur führenden Macht Kleinasiens auf, befriedete im Bündnis mit Rom die Region und vollbrachte bedeutende Kulturleistungen. 133 fiel Pergamon an die Römer.

Unter den Diadochen der Frühzeit zeichnete sich besonders der ehemalige Leibwächter und Feldherr Alexanders, Lysimachos, aus, dem 323 Thrakien zufiel. Durch geschickte Bündnispolitik und als begabter Feldherr konnte er sein Reich bis nach Griechenland ausdehnen, nahm 306 den Königstitel an, besetzte Kleinasien und kurze Zeit auch Makedonien. Als er 281 im Kampf gegen seinen früheren Verbündeten Seleukos bei Korupedion starb, löste sein großes Reich sich auf.

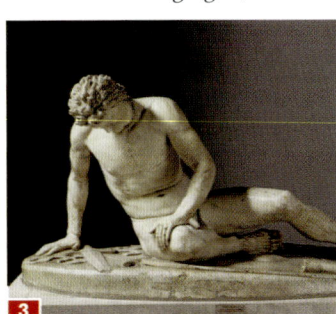

3 Sterbender Krieger, gefunden in Pergamon um 210 v. Chr.

4 Wiederaufgebauter Westteil des Monumentaltempels von Pergamon (errichtet um 180 v. Chr., ausgegraben von Carl Humann, 1878)

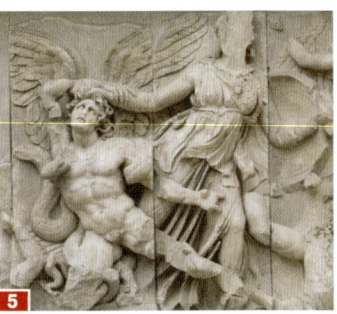

5 Altar von Pergamon: Kampf der Götter und Giganten am Ostfries

321 v. Chr. Ermordung des Perdikkas	**286 v. Chr.** Gründung des Museion mit Bibliothek in Alexandria
323–30 v. Chr. Ptolemäer-Reich in Ägypten	**312–64 v. Chr.** Seleukiden-Reich in Mesopotamien und Syrien	**282–133 v. Chr.** Reich der Attaliden von Pergamon

■ Seleukiden und Ptolemäer

Die beiden bedeutendsten und langlebigsten Diadochenreiche waren diejenigen der Seleukiden in Syrien und der Ptolemäer in Ägypten, die erst durch die Römer untergingen.

6 Seleukos I. Nikator

Der Gründer der Dynastie der Seleukiden, **❻** Seleukos I. Nikator, erhielt nach dem Tod Alexanders Babylonien und dehnte nach 312 seine Herrschaft von dort aus über ganz Syrien und Mesopotamien und nach Osten bis zum Indus aus. 305 nahm er den Königstitel an und festigte durch mehrfache Bündniswechsel und Feldzüge sein großes Reich; er holte griechische und makedonische Siedler ins Land und gründete mehrere Städte. Sein Sohn Antiochos I. Soter (König seit 281) führte einen Herrscherkult nach altpersischem Vorbild ein, siedelte Kelten in Galatien an und grün-

dete Antiochia in Syrien. Unter seinen Nachkommen ragt **❾** Antiochos III., der Große, heraus, König seit 223, der Armenien, Baktrien und das Partherreich zu Vasallenstaaten machte und 202–194 Phönizien, die Süd- und Westküste Kleinasiens und Thrakien besetzte. Als er die kleinasiatischen Griechenstädte unter seine Herrschaft zwang, kam es zum Krieg mit Rom (192–189). 189/88 musste Antiochos Kleinasien bis zum Tauros räumen. Seine Nachfolger verbrauchten ihre Kräfte in Bru-

7 Ptolemaios I. Soter

derkriegen, bis Pompeius 64 v. Chr. den letzten Seleukidenherrscher entthronte und das Restreich zur römischen Provinz machte.

Der Gründer der Ptolemäerdynastie, **❼** Ptolemaios I. Soter, der als Freund Alexanders des Großen dessen Biografie schrieb und den Reichskult um Alexander ins Leben rief, erhielt 323 Ägypten, wo er 305 den Königstitel (Pharao) annahm. Im Bündnis mit Seleukos griff er mehrfach Makedonien an, baute aber v. a. die Verwaltung in Ägypten auf, wobei er auch ägyptische Religions- und Herrschervorstellungen übernahm; er gründete das Museion, das **❽** Serapeion und die **⓬** Bibliothek in Alexandria. Sein Sohn Ptolemaios II. führte einen Staatskult um die eigene Dynastie ein und ließ den **❿** Leuchtturm von Alexandria („Pharos") errichten, der zu den Sieben Weltwundern zählte. Nach **⓫** Ptolemaios III. Euergetes (König seit 246), der bis zum Euphrat und nach Kleinasien vorstieß und das Reich gegen die Expansionsgelüste der Seleukiden hielt, regierten unbedeutendere und oft kurzlebige Herrscher bis hin zu Ptolemaios XII. Neos Dio-

8 Sphinx auf dem Serapeion in Alexandria

nysos (König 80–51), der sich vollständig auf die Macht Roms stützte. Die Geschichte seiner Tochter Kleopatra (VII.), der letzten Ptolemäerin, fällt in die Epoche Roms unter Julius Caesar (S. 121).

Ptolemaios II. Philadelphos

Nach altägyptischer Sitte heiratete Ptolemaios II. Philadelphos seine Schwester Arsinoe II. (um 316–270). Das als „Theoi Adelphoi" vergöttlichte Herrscherpaar förderte Kunst und Wissenschaft und machte Alexandria zu einem kulturellen Weltzentrum. Ptolemaios erweiterte das Reich auch nach Ägypten und Arabien und betrieb eine kluge Heiratspolitik.

oben: Ptolemaios und Arsinoe (Goldmünze, 3. Jh. v. Chr.)

9 Antiochos III., der Große

10 Der Pharos von Alexandria – eines der Sieben Weltwunder der Antike

11 Ptolemaios III. Euergetes

12 Die brennende Bibliothek von Alexandria, 47 v. Chr. (Holzschnitt, 19. Jh.)

(rechter Seitenrand:) um 2500 v. Chr.–7. Jh. n. Chr.   Antike

223–187 v. Chr. | Antiochus III., der Große   **192–189 v. Chr.** | Antiochus III. führt Krieg gegen Rom

281 v. Chr. | Schlacht bei Kurupeidon   **64 v. Chr.** | Ehem. Seleukidenreich wird römische Provinz   **51–30 v. Chr.** | Herrschaft der letzten Ptolemäerin, Kleopatra VII.

Makedonien nach Alexanders Tod

Der Diadochenkampf um Makedonien und Griechenland spielte sich in Form von familiären Intrigen ab. Das Haus Alexanders ging unter und fast alle Diadochen griffen in den Kampf um die europäischen Gebiete des Alexanderreiches ein.

1 Olympias, Gemahlin Philipps II. und Mutter Alexanders des Großen

Die Makedonen, die am Herrscherhaus der Argeaden festhalten wollten, wählten 323 den schwachsinnigen Halbbruder Alexanders des Großen, Philipp III. Arrhidaios, zum König. Dynastische Ansprüche hatte auch der erst nach dem **2** Tod seines Vaters geborene Sohn von Alexander und Roxane, Alexander IV. Aigos. Gleichzeitig versuchte **1** Olympias, die Mutter Alexanders des Großen, sich als „Oberhaupt" der Königssippe Einfluss zu sichern.

Die tatsächliche Macht lag jedoch bei dem noch von Alexander selbst in **3** Makedonien eingesetzten Statthalter **4** Antipater,

der Perdikkas 321 als „Reichsverweser" folgte. Antipater bestimmte den loyalen Heerführer Polyperchon zu seinem Nachfolger. Doch nach seinem Tod 319 lehnte sich sein Sohn Kassander gegen Polyperchon auf. Es gelang ihm, Polyperchon zu vertreiben und Philipp III. und seine Gattin Eurydike auf seine Seite zu ziehen. Polyperchon jedoch verbündete sich mit Olympias; zusammen beseitigten sie 317 das Kö-

nigspaar und herrschten nun als „Regenten" im Namen des unmündigen Alexander IV. Aigos.

Kassander wiederum zog von Athen aus das Heer auf seine Seite, besetzte Makedonien, ließ 316 Olympias hinrichten und vertrieb Polyperchon endgültig. Den kleinen Alexander IV. und dessen Mutter Roxane nahm er gefangen und ließ sie 310/09 ermorden – womit auch der letzte männliche Angehörige des Hauses der Arge-

2 Der sterbende Alexander (Marmorskulptur, 2. Jh. v.Chr.)

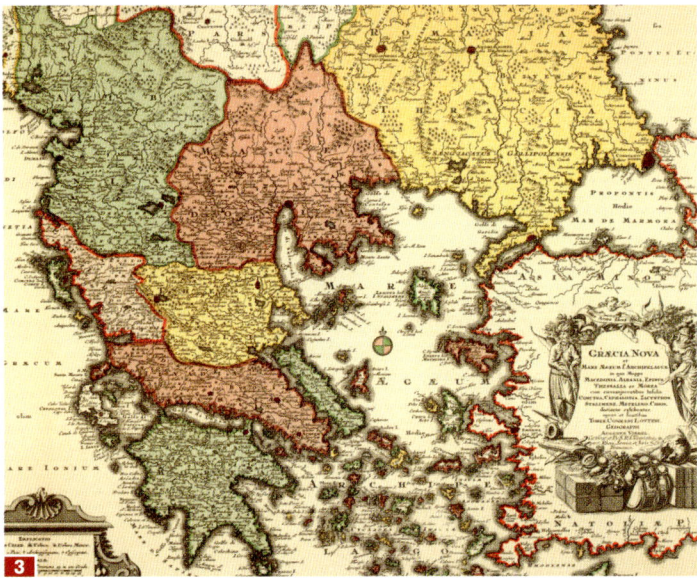

3 Landkarte des alten Griechenland: im Norden (rot) Makedonien, links davon, (gelb) Thrakien, rechts (grün) Epirus (Kupferstich, 18. Jh.)

aden beseitigt war. Um seine eigene Herrschaft dynastisch abzusichern, hatte Kassander 316 Thessalonike geheiratet, eine Halbschwester Alexanders des Großen. In wechselnden Bündnissen mit den anderen Diadochen wie Lysimachos und Seleukos I. setzte sich Kassander als Machthaber in Makedonien durch, v. a. gegen die Ansprüche von Antigonos I. Monophthalmos. 305 nahm Kassander den Königstitel an. Später wurde seine Lage jedoch immer schwieriger. Um 300 musste er Griechenland dem aus Kleinasien vertriebenen Sohn von Antigonos, Demetrios I. Poliorketes, überlassen, und schon bald nach Kassanders Tod 297 endete dessen kurzlebige Dynastie: Seine Gattin **5** Thessalonike, die sich in die Nachfolge Kassanders eingemischt hatte, wurde von ihrem Sohn Antipater I. ermordet, weil dieser sich übergangen fühlte. 294 wurde Antipater schließlich von Demetrios I. Poliorketes abgesetzt, der die Herrschaft der Antigoniden über Makedonien und Griechenland einleitete.

4 Antipater, Statthalter Alexanders des Großen, in der Schlacht

5 König Antipater I. tötet seine Mutter Thessalonike

316 v. Chr.	Mord an Olympias durch Kassander	310 v. Chr.	Ermordung Roxanes und Alexanders IV.	301 v. Chr.	Schlacht bei Ipsos
323 v. Chr.	Wahl Philipps III. für Thronnachfolge	315–301 v. Chr.	Diadochenkrieg	305 v. Chr.	Königstitel für Kassander

Makedonien unter den Antigoniden

Den Nachkommen von Antigonos I. gelang es, die Macht über Makedonien und Griechenland zu erringen. Am Ende unterlagen die Antigoniden aber dem erstarkenden Römischen Reich.

6 König Philipp V. von Makedonien treibt Theoxena und ihren Gemahl Poris in den Freitod (181 v. Chr.)

Antigonos I. Monophthalmos („der Einäugige") und sein Sohn Demetrios I. Poliorketes („der Städteeroberer") traten von ihrer Machtbasis in Kleinasien aus als „Befreier" der Griechenstädte auf. 306 nahmen sie, wie später andere Diadochen auch, den Königstitel an und belebten den panhellenischen „Korinthischen Bund" zur „Befreiung aller Hellenen" wieder. Doch 301 fiel Antigonos I., im Alter von 81 Jahren, in der großen Schlacht bei Ipsos. Sowohl der Korinthische Bund als auch die gegnerische Koalition aus Kassander, Lysimachos und Seleukos boten mehrere zehntausend Soldaten auf. – Aus Kleinasien vertrieben, gelang es Anti-

gonos' I. Sohn Demetrios I., einen Großteil Griechenlands und nach Kassanders Tod auch Makedonien unter seine Herrschaft zu bringen. Nach weiteren Kämpfen wurde er aber von Seleukos gefangen gesetzt und starb 283.

Demetrios' Sohn **6** Antigonos II. Gonatas („der Kniende") trat die Nachfolge seines Vaters an, musste sich aber gegen andere Prätendenten behaupten und wurde mehrmals aus Makedonien vertrieben. Erst 255 hatte er sich als unangefochtener König durchgesetzt. Bei seinem Tod 239 war Makedonien erneut die unbestrittene Vormacht über Hellas. Demetrios II. (König 239–229) und Antigonos III. Doson (Regent bzw. König 229–221) brachten auch Sparta unter ihre Oberhoheit und vereinigten 224 nahezu ganz Griechenland in einem „Hellenischen Bund" unter ihrer Führung.

Doch nun bahnte sich der Konflikt mit dem aufstrebenden Rom an, das ein Erstarken Makedoniens im Westen ver-

hindern wollte. **6** Philipp V. von Makedonien (König seit 221) schloss 215 ein Bündnis gegen Rom mit dem Karthager Hannibal (S. 107). Im ersten Makedonischen Krieg (215–205) noch recht erfolgreich, wurde Philipp im **8** Zweiten Makedonischen Krieg (200–197) durch das Ausscheren einiger Griechstädte von den Römern besiegt und geriet in den folgenden Jahren durch innergriechische Unruhen in starke Bedrängnis. Sein Sohn **7**, **9** Perseus war der letzte König Makedoniens. Nach mehreren Niederlagen gegen die **10** Römer wurde er von diesen 168 gefangen ge-

7 König Perseus von Makedonien, zeitgenössische Chalcedon-Kamee

nommen und 167 im Triumphzug durch die Straßen Roms geführt. Makedonien wurde zunächst in vier „Republiken" zerteilt und schließlich als Provinz dem Römischen Reich einverleibt.

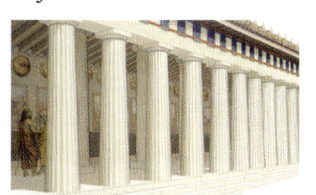

Die Athenische Philosophie

Zur Zeit der Antigonidenherrschaft über Griechenland war Athen immer noch ein Zentrum der Kultur und Philosophie. 306 v. Chr. gründete Epikur dort seine Schule, deren Anhänger individuelles Glück und Zufriedenheit anstrebten. In Kontrast dazu entwickelte sich zur selben Zeit am gleichen Ort, nämlich der Agora Athens, die Tugendlehre der Stoa, deren Name sich von ihrem Versammlungsort herleitet.

links: Die „stoa poikile", die „bemalte Halle" der Agora von Athen (Rekonstruktionszeichnung von Peter Connolly, 20. Jh.)
rechts: Hellenistische Porträtbüste des Philosophen Epikur (um 270 v. Chr.)

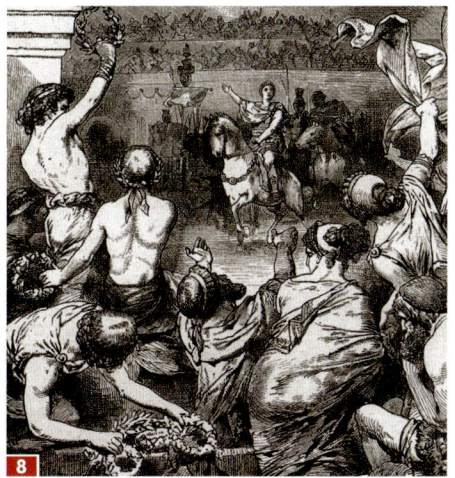

8 Den Griechen wird nach Ende des Zweiten Makedonischen Krieges die Freiheit verkündet, 196 v. Chr.

9 Perseus marschiert durch die thessalischen Schluchten während des Dritten Makedonischen Krieges

10 Römische Legionäre durchbrechen die makedonische Phalanx in der Schlacht von Pydna, 168 v. Chr.

um 2500 v. Chr.–7. Jh. n. Chr.

Antike

JUDÄA UND ARABIEN BIS ZU DEN RÖMERN

UM 1100 V. CHR.–136 N. CHR.

Am Ende des Babylonischen Exils (539 v. Chr.) installierten die zurückkehrenden Juden in Palästina ein Priesterfürstentum, das später in die Hände der Makkabäer überging. Erst Herodes der Große errichtete ein weltliches Königtum. Die altarabischen Reiche profitierten vom ❷ Handel der Weihrauchstraße, die Indien und den Persischen Golf über Karawanenstationen mit dem Mittelmeer verband. Die meist theokratisch regierten Reiche sowie die Nabatäer von ❶ Petra brachten es zu großem Wohlstand und bedeutenden Kulturleistungen.

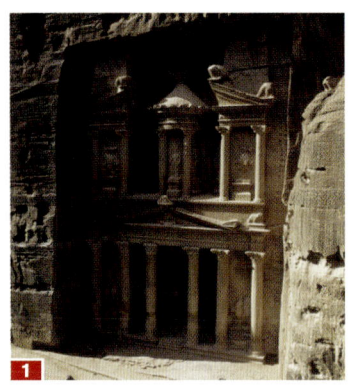

Das „Schutzhaus des Pharao" von Petra, der Hauptstadt der Nabatäer

■ Palästina von den Persern bis zu den Makkabäern

Nach ihrer Rückkehr aus Babylon gelang es den Juden unter wechselnden Herrschaften, ihre kulturelle und religiöse Autonomie zu bewahren. Die Makkabäer installierten schließlich ein Sakralkönigtum.

Als der Perserkönig Kyros der Große 539 das babylonische Exil (seit 597/87) beendete (S. 57), siedelten sich die meisten heimkehrenden Juden im Raum Jerusalem an und errichteten dort erneut ein Jahwe-Heiligtum. Sie gerieten allerdings in Konflikte mit den Samaritern und Alt-Judäern, die diese Region inzwischen besiedelt hatten. Erst 520/15 gelang die Wiedererrichtung eines zentralen Jahwe-Kultes in Jerusalem unter einem ❸ Hohepriester, der auch politischer Führer der Juden war.

❸ Hoher Priester und niederer Priester

Bis 332 war Palästina Provinz des persischen Reiches, wurde dann dem Reich Alexanders des Großen einverleibt und fiel 320 unter die Oberhoheit der ägyptischen Ptolemäer, die ihnen vollständige Kultusfreiheit ließen. Um 200 setzte eine starke Hellenisierung der jüdischen Kultur ein. 198 kamen Palästina und Phönizien unter die Herrschaft des Seleukiden Antiochos III. von Syrien, der ihre Kultusfreiheit und Sakralverfassung bestätigte. Von dieser Politik ging sein Sohn ❹ Antiochos IV. Epi-

phanes ab, als er sich in die Streitigkeiten jüdischer Priesterfamilien einmischte, den Seleukidenkult durchsetzen wollte und 168 den Tempel von Jerusalem plünderte.

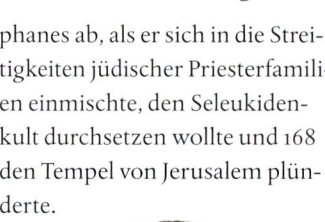

❹ Münzbildnis des makedonischen Königs Antiochus IV. Epiphanes

Ein Aufstand der Juden in Jerusalem wurde brutal niedergeschlagen und ein „Himmelsgott-Altar" im Tempel installiert. Daraufhin stürzte das Geschlecht der Makkabäer die bisherigen Hohepriester und führte einen Volksaufstand an: ❺ Judas Makkabäus vertrieb 164 die Seleukiden aus Jerusalem und stellte den Jahwe-Kult wieder her. Seine Nachfolger erweiterten ihre Herrschaft in ganz Judäa, machten das Hohepriesteramt 141 in der Familie erblich und judaisierten die eroberten Gebiete in Samaria, Idumäa und Galiläa.

❷ Parfum-Flakons aus Terrakotta, Fundort Jerusalem (1. Jh. n. Chr.)

Die Thronkämpfe im 1. Jh. v. Chr. gaben den Römern Gelegenheit, in Judäa einzugreifen. Sie setzten den ihnen ergebenen Hyrkanos II. (63–40) ein, gestatteten ihm aber nur beschränkte Macht. Als der letzte Makkabäerkönig ❻ Antigonos Mattathias sich mit den Parthern gegen die Römer verbündete, wurde er 37 gefangen genommen und hingerichtet.

❺ Judas Makkabäus besiegt die Feinde und reinigt den Tempel (Holzschnitt, 1860)

❻ Antigonos Matthatias ruft die Juden zu den Waffen (Holzstich, 1865)

515 v. Chr. | Wiedererrichtung des Jahwe-Kultes   330 v. Chr. | Palästina unter den ägyptischen Ptolemäern   168 v. Chr. | Tempelplünderung durch Antiochus IV.

539 v. Chr. | Ende des babylonischen Exils   332 v. Chr. | Palästina unter Alexander dem Großen   198 v. Chr. | Einnahme Palästinas und Phöniziens durch Seleukiden

Herodes der Große und seine Nachfolger

Die Herrschaft der Makkabäer wurde endgültig beseitigt von Herodes dem Großen, der sich mit Rom verbündete. Nach Aufständen der Juden wurde Judäa vollständig in das Römische Reich eingegliedert.

Die Familie des Herodes wurde von den Römern gefördert. Sein Vater Antipater war unter Hyrkanos II. Prokurator über Judäa. ❼ Herodes der Große besiegte

❽ Die Ruinen von Masada vor dem Toten Meer im Hintergrund

❿ Gläubige während des Passahfestes vor dem Tempel von Jerusalem

den letzten Makkabäer und bestieg 37 als König den Thron. Obwohl er die Makkabäer-Prinzessin Mariamne heiratete, war seine Herrschaft nach römischem Vorbild weltlich ausgerichtet. Hero-

des unterdrückte alle religiösen Aufwiegler im Land und Intrigen im eigenen Palast und sorgte so für Frieden. Judäa stieg unter ihm zu wirtschaftlicher Blüte auf, wovon nicht zuletzt monumentale Bauten zeugen. Unter anderem ließ er in Jerusalem den ❿ Tempel neu errichten, doch sein Versuch, das Judentum kulturell zu einen, scheiterte letztlich. In seine Regierungszeit fällt auch die Geburt Jesu Christi, doch der ihm angelastete ⓫ „Kindermord von Bethlehem" ist ein christlicher Mythos.

Herodes teilte sein Reich testamentarisch zwischen drei seiner Söhne, den sog. Tetrarchen, auf. Von ihnen ist besonders Herodes Antipas (4 v.–39 n.Chr.), der Galiläa und Peräa erhielt, durch die Heirat mit seiner Schwägerin und Nichte Herodias und den Tanz seiner Stieftochter ❾ Salome um das Haupt Johannes des Täufers bis heute bekannt. Dessen Neffe Herodes Agrippa I. (41–44) herrschte noch einmal als Freund der Römer über das gesamte Gebiet Herodes' des Großen. Sein

Sohn Herodes Agrippa II. (50–100) regiert als König im Norden des Landes und hielt das Patronat über die Hohepriester von Jerusalem. Er war in Rom erzogen worden und stand bei dem von religiösen Eiferern („Zeloten") initiierten Aufstand der Juden gegen die römische Herrschaft 66–70 auf der Seite Roms.

Dieser Aufstand führte 70 n. Chr. zur Eroberung Jerusalems und der ⓬ Zerstörung des Tempels durch den römischen Kaiser Titus. 72 fiel auch die letzte jüdische Festung ❽ Masada nach dem Selbstmord aller Verteidiger. Eine religiöse Teilautonomie, die die Römer der nun römischen Provinz Judäa gewährten, ging nach dem Aufstand des Bar-Kochba 132–135/36 endgültig verloren. Das Volk der Juden wurde in die Diaspora („Verstreutheit") getrieben.

❼ Herodes der Große erobert mit Hilfe der Römer 37 v. Chr. Jerusalem (Kupferstich, 17. Jh.)

❾ Salome tanzt vor König Herodes (Holzstich, 19. Jh.)

Simon Bar-Kochba

Der „Sternensohn" genannte Simon Bar-Kochba führte 132 den letzten Aufstand der Juden gegen die Römer an. Auslöser war das allgemeine Verbot der Beschneidung und der Versuch der Römer, einen Jupiter-Tempel in Jerusalem zu errichten. Bar-Kochba eroberte Jerusalem und herrschte als „Fürst von Judäa" mit messianischen Zügen nach altjüdischen Gesetzen. 135/36 erlag er der römischen Übermacht in Bet-Ter. Den Juden wurde daraufhin das Betreten Jerusalems verboten.

oben: Silbermünzen (Tetradrachmen) mit hebräischer Inschrift, ausgegeben von Bar-Kochba

⓫ Der Kindermord von Bethlehem (Gemälde von Alessandro Turchi, 1640)

⓬ Zerstörung des Tempels von Jerusalem durch die Römer unter Titus, 70 n. Chr. (Rekonstruktionszeichnung, 20. Jh.)

64 v. Chr. | Vertreibung der Seleukiden aus Jerusalem / Wiedereinführung des Jahwe-Kultes   **70 n. Chr.** | Eroberung und Zerstörung Jerusalems durch Titus

168 v. Chr. | Makkabäer-Aufstand   **37 v. Chr.** | Herodes zum König der Juden ernannt   **132–135/36 n. Chr.** | Aufstand des Bar-Kochba

Die Reiche Südarabiens

Durch den ❶ Karawanenhandel der Weihrauchstraße entstanden in Südarabien wohlhabende Reiche. Im 1. Jh. n. Chr. gelang es den Himjaren von Saba, den gesamten Raum unter ihre Herrschaft zu bringen.

Die Arabische Halbinsel war in Teilen seit der Altsteinzeit besiedelt, seit dem 3. Jt. v. Chr. von Semiten. Die allgemein als „Araber" bezeichneten Stämme finden seit dem 9. Jh. v. a. in assyrischen Quellen Erwähnung. Während die zentrale Wüste allenfalls von Nomaden durchzogen wurde, bildeten sich im klimatisch günstigeren Süden (heute Jemen und

Karawane auf dem Weg zum Roten Meer (Gemälde von Alberto Pasini, 1864)

❷ Staudamm von Marib im heutigen Jemen, eine Bewässerungsanlage, mit der das Wasser aus dem Wadi auf die Felder geleitet wurde

Nachbarstaaten der Küste) mehrere Stadtreiche. Sie alle bauten schon früh Bewässerungsanlagen wie den sog. ❷ Staudamm von ❸ Marib und profitierten vom Handel der Weihrauchstraße. Diese verband über Karawanen- und Schiffshandel Indien und sogar China mit dem Persischen Golf. Über die militärisch bewachten Karawanenstationen und auf Felsen errichteten Städte gelangten

v. a. Weihrauch, Myrrhe und Gewürze in den Mittelmeerraum.

Um 1100 entstand das südarabische Reich von Saba, das anfänglich von Priesterfürsten, seit dem 5. Jh. von Königen regiert wurde; Hauptstadt war Marib. Aus dem Alten Testament ist der Besuch der legendären ❼ „Königin von Saba" bei König Salomo bekannt, der die engen Handelsbeziehungen Israels mit dem südarabischen Raum spiegelt. Ein weiterer Staat, der durch Inschriften seit dem 10./9. Jh. bezeugt ist, war ❹, ❺ Kataban mit der Hauptstadt Timna. Das Reich erlebte seine Blütezeit im 2. Jh., wurde aber um 20 n. Chr. von Hadramaut erobert. Das Reich von ❻ Hadramaut mit der Hauptstadt Shabwa nahm seinen Aufstieg um die Zeitenwende und herrschte um 50 n. Chr. über den ganzen Osten Südarabiens.

Zu dieser Zeit wurde auch das Reich von Saba unter dem Stamm der Himjaren erneut wichtig. Die Himjaren machten die Felsenfestung Zafar zu ihrer neuen Hauptstadt und eroberten um 300 das Reich von Hadramaut, womit sie ganz Südarabien unter ihrer Herrschaft vereinigten. Nach der Zerstörung Jerusalems im Jahre 70 erhielt das himjarische Reich

❸ Terrakottastatuetten aus Marib im heutigen Jemen

einen starken Zuzug jüdischer Gemeinden, und seit dem 4. Jh. siedelten sich auch Christen im Land an. Ursprünglich bestanden zum christlichen Abessinien sehr gute Beziehungen, doch die Christenverfolgungen der letzten Himjar-Herrscher, die religiös dem Judentum zuneigten, hatten 525 einen Einfall der Abessinier zur Folge. Das Reich erholte sich nicht mehr und wurde 575 von den persischen Sassaniden erobert (S. 139).

❹ In Kataban gefundene Figur mit Schwert und Dolch (1. Jh. v./n. Chr.)

❺ In Kataban gefundene Darstellung einer Göttin (?), eine Ährengarbe tragend (1. Jh. v. Chr.)

❻ Die Ortschaft Kawkaban im westlichen Hadramaut

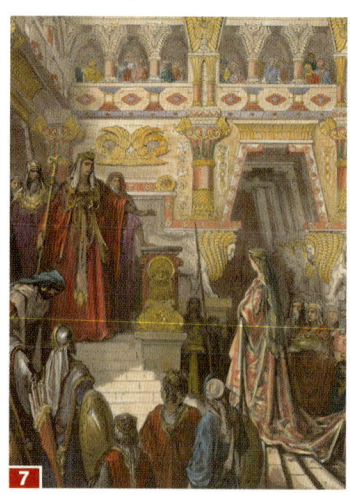
❼ Die Königin von Saba bei Salomo, (Gemälde von Veronese, 16. Jh.)

Die Nabatäer von Petra

Auch das Reich der Nabatäer gelangte durch seine Lage an der Weihrauchstraße zu Wohlstand. Im 2. Jh. v. Chr. stieg es zu einer führenden Macht in der Region auf, wurde schließlich aber von den Römern unter Kaiser Trajan besiegt und dem Römischen Reich angegliedert.

Ed-Deir („Das Kloster") von Petra

Drei Weihrauchgefäße aus dem Alten Orient
(10.–6. Jh. v. Chr.)

Die Nabatäer wanderten im 4. Jh. v. Chr. von der Arabischen Halbinsel in den Raum des heutigen Jordanien ein und gründeten das nur durch eine enge ❸ Schlucht zugängliche ❽, ❾ Petra (heute Wadi Musa) in einem Felsenkessel aus weichem Buntsandstein. Bis in das 2. Jh. blieben sie ohne politische Ambitionen und lebten in dem geschützten Tal als Hirten, Karawanenführer und Händler mit guten Beziehungen zu Ägypten, Persien und Griechenland. Sie kontrollierten einen bedeutenden Abschnitt der Weihrauchstraße und legten Depots für Waren und Lebensmittel in den Felswänden an. Daraus entwickelten sich teilweise mehrstöckige Wohnhäuser, Grabanlagen und Heiligtümer, in denen in der Frühzeit ❶ Steinidole, später die vergöttlichten Herrscher verehrt wurden. Die Nabatäer fertigten fein bemalte ❿ Keramiken, die eine begehrte Handelsware im Orient darstellten.

Im 2. Jh. wandelte sich ihre Politik, und das Reich expandierte. Die Könige taktierten im Machtkampf zwischen Seleukiden und Ptolemäern und halfen den Juden 164 beim Aufstand gegen die Seleukiden.

Eine neue Zeit brach mit Aretas III. an, der halb Palästina und große Teile Syriens von den letzten Seleukiden eroberte. 84 v. Chr. wurde er auch von den Einwohnern von Damaskus zu ihrem König gewählt und

❶❶ Jordanische Skulptur mit einer nabatäischen Inschrift (Fundort Petra)

belagerte 65 Jerusalem, musste sich aber zurückziehen, als ihm die Römer mit Krieg drohten. Unter ihm dehnte sich das Reich bis Damaskus im Norden und Ägypten im Westen aus. Aretas IV. (9–39 n. Chr.) führte einen siegreichen Feldzug gegen Herodes

Die Stadt Petra

Sie wurde 106 zur Hauptstadt der römischen Provinz „Palaestina tertia" und war noch im 4. Jh. ein christlicher Bischofssitz. Nach der Eroberung durch die Araber 629/32 verfiel die Stadt und geriet in ihrem unzugänglichen Felsental völlig in Vergessenheit, bis sie 1812 durch den Schweizer Orientalisten Johann Ludwig Burckhardt wieder entdeckt wurde, der den Berichten einheimischer Nomaden nachgegangen war.

❾ Blick auf Petra (Kolorierte Kreidelithographie, 1839)

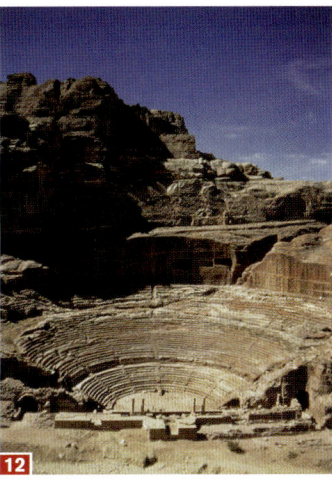

❶❷ Im 1. Jh. v. Chr. erbautes und später von den Römern vergrößertes Amphitheater von Petra

Antipas, der seine Frau – eine Tochter des Aretas – verstoßen hatte, um seine Nichte Herodias zu heiraten. Aretas IV. regierte in gutem Einvernehmen mit den Römern und vollzog mit dem Bau von Wasserleitungen und einem ❶❷ Amphitheater in Petra eine kulturelle Verschmelzung von nabatäischem, hellenistischem und römischem Baustil, der für die meisten erhaltenen Felsbauten Petras charakteristisch ist.

Der Tod des Nabatäerkönigs Rabel II. (71–106) lieferte Rom den Vorwand, das Reich 106 zu besetzen. Kaiser Trajan gliederte es als Provinz „Palaestina tertia" dem Römischen Reich an.

Die Schlucht Siq bildet den Hauptzugang zu Petra

um 2500 v. Chr.–7. Jh. n. Chr.

Antike

um 300 Himjaren erobern das Reich von Hadramaut   **525** Einfall der Abessinier im himjarischen Reich

106 Unterwerfung des Nabatäerreiches durch Kaiser Trajan / Petra wird Hauptstadt der Provinz „Palaestina tertia"   **575** Eroberung durch die Sassaniden

1

KARTHAGO – WELTMACHT UND GEGNER ROMS 814–44 v. CHR.

Die 814 v. Chr. gegründete phönizische Kolonie Karthago stieg durch Handel und Schifffahrt zur führenden Macht des westlichen Mittelmeerraumes auf. In Konflikten mit den griechischen Kolonien auf Sizilien und später mit Rom rüstete Karthago auch militärisch auf. Der existenzielle Machtkampf zwischen Rom und Karthago unter ❶ Hannibal endete schließlich mit dem Untergang und der Zerstörung Karthagos.

Hannibal überquert die Rhone, 218 v. Chr.

2 Anhänger in Form von bärtigen Gesichtern (Sandkernglasguss, 4./3. Jh. v. Chr., Fundort Karthago)

▮ Der Aufstieg Karthagos zur Groß- und Seemacht

Nach seinem Aufstieg zur Handelsmacht wurde Karthago in der Auseinandersetzung mit Westgriechen und Römern auf Sizilien auch zu einer politisch-militärischen Großmacht.

Dido

Dem Mythos zufolge war es die phönizische Königstochter Dido, die Karthago gründete und es groß machte. Von ihrer Liebe zum trojanischen Helden Äneas erzählt der römische Dichter Vergil. Als Äneas, der vom besiegten Troja kommend nur Zwischenstation in Karthago gemacht hatte, die Königin verlässt, um seiner Bestimmung zu folgen und Rom zu gründen, steigt sie auf einen brennenden Scheiterhaufen.

Das von Tyros aus gegründete ❹ Karthago war anfangs kulturell und religiös stark phönizisch geprägt. Oberster Gott war ❸ Baal Hammon, im 5. Jh. trat die Göttin

Tanit hinzu. Der Kult wurde in höhlenartigen ❻ Heiligtümern (Tophets) ausgeübt, ob aber – wie oft unterstellt – auch Kinderopfer gebracht wurden, ist umstritten. Die gefundenen grotesken ❷ Tonmasken gehörten möglicherweise zum Totenkult. – Die politische Selbstständigkeit Karthagos begann im 6. Jh. mit der Errichtung von Handelskolonien in Nordafrika und an den Küsten der Mittelmeerländer. In dieser Zeit wurde eine 33 km lange Stadtmauer errichtet, die Häuser hatten bis zu sechs Stockwerke, und in der Blütezeit lebten 400–700 000 Menschen in Karthago. Herzstück der Stadt

3 Statue des Gottes Baal Hammon

war der Doppelhafen (Kothon): Ein äußerer für Handelsschiffe umschloss den kreisförmigen inneren ❺ Kriegshafen. Regiert wurde Kartago von einem gewählten „Suffet" (Richter), der Staatsoberhaupt und Heerführer zugleich war, und einem Senat aus Adligen.

Im 5. Jh. begann der Konflikt mit den Westgriechen, v. a. den Tyrannen von Syrakus, um Handelsniederlassungen und Stützpunkte auf Sizilien und Sardinien. Nach mehreren Kriegen wurde 374 der Fluss Halykos auf Sizilien als Grenze festgelegt. Vom 6. bis zum 3. Jh. betrieb Karthago viel Handel mit den Etruskern und Römern, denen es durch Bündnisverträge verbunden war. Als die Römer jedoch 264 Messina im Nordosten Siziliens unter ihre Kontrolle brachten, kam es zum Konflikt: Im ersten Punischen Krieg

(264–241) vertrieben die Römer die Karthager weitgehend aus Sizilien. Eine römische Landung in Nordafrika (265/55) aber konnte abgewehrt werden. 241 zerstörte Rom die karthagische Flotte; Karthago musste um Frieden bitten und 237 Sizilien und Sardinien räumen. Dies war in Karthago die Stunde der Familie Hannibals.

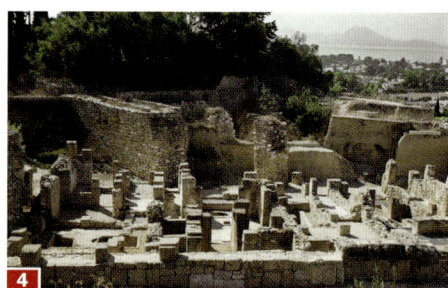

4

Ruinen des punischen Karthago

5

Punischer Kriegshafen mit Docks, durch Wehranlage von der Seeseite her nicht einsehbar (Rekonstruktionszeichnung von Peter Connolly, 20. Jh.)

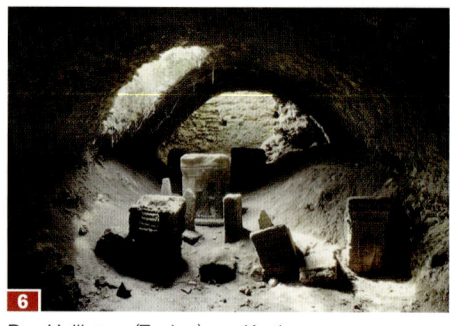

6

Das Heiligtum (Tophet) von Karthago

Hannibal und das Ende Karthagos

Im Zweiten Punischen Krieg konnte Hannibal zunächst mehrere Siege gegen Rom erringen, geriet dann jedoch in die Defensive. Im Dritten Punischen Krieg wurde Karthago vollständig zerstört.

Die Zerstörung Karthagos im Dritten Punischen Krieg, 146 v. Chr.

Selbstmord Hannibals in Libyssa in Bithynien, 183 v. Chr.

237/36 gelang es dem karthagischen Heerführer Hamilkar Barkas, den Süden und Westen Spaniens als Machtbasis gegen Rom zu besetzen. Sein Schwiegersohn Hasdrubal rückte bis Mittelspanien vor, schloss aber 226 ein Stillhalteabkommen mit Rom. Nach seiner Ermordung 221 schlug die Stunde ❾ Hannibals, Sohn Ha-

Mosaik mit Szenen des Landlebens auf einem römischen Landgut bei Karthago

milkars, der bereits als Knabe Todfeindschaft gegen Rom ⓬ geschworen hatte und über eine enorme militärische und taktische Begabung verfügte.

Er begann sofort mit der Eroberung der Gebiete nördlich des Ebro und löste damit den zweiten Punischen Krieg (218–201) aus. 218 überschritt er mit seinem Heer und den legendären Kriegselefanten die Alpen und schlug die Römer unter P. Cornelius Scipio 218 an der Trebia und 217 am Trasimenischen See. 216 gelang ihm sein berühmter Sieg bei ⓫ Cannae durch Einkreisung der Römer. Politisch versuchte er nun, die italischen Völker – Kelten und Italiker – auf seine Seite zu ziehen, was aber nur teilweise gelang, und schloss 215 ein Bündnis mit Philipp V. von Makedonien, einem anderen erbitterten Feind Roms.

Unter dem römischen Konsul und Diktator Fabius Maximus

„Cunctator" (Der Zauderer) wichen die Römer den Karthagern konsequent aus und beschränkten sich auf Guerillaattacken.

Hannibal zog daraufhin 211 auf Rom: „Hannibal ad portas!" – Hannibal vor

❾ Porträtbüste Hannibals

den Toren Roms! Doch bald musste Hannibal Italien weitgehend räumen und verlor 206 auch Spanien. 204 landete P. Cornelius Scipio Africanus mit römischen Truppen in Nordafrika; Hannibal wurde in seine Heimat zurückbeordert, unterlag Scipio aber 202 bei ⓭ Zama (S. 112). Von den Römern gejagt, floh Hannibal über Syrien nach Bithynien. Als dort seine Auslieferung an die Römer drohte, setzte er seinem Leben 183 selbst ein ❽ Ende.

Die völlige Unterwerfung unter die Macht Roms rettete Karthago zunächst. Doch die v. a. von Cato dem Älteren geschürte Furcht vor der einstigen Großmacht führte zum Dritten Punischen Krieg (149–146). Karthago wurde 146 er-

um 2500 v. Chr.–7. Jh. n. Chr.

Antike

Schlacht bei Cannae, 216 v. Chr.

obert und vollständig ❼ zerstört, der Boden der Stadt „verflucht". Unter Julius Caesar entstand 44 an ihrer Stelle die ⓾ Kolonie „Colonia Iulia Concordia Karthago" als Hauptstadt der Provinz Africa.

Hamilkar Barkas lässt seinen 9-jährigen Sohn Hannibal den Römern Feindschaft schwören (Gemälde von Johann Heinrich Schönfeld, um 1662)

Scipio besiegt Hannibal in der Schlacht bei Zama 202 v. Chr. (Gemälde, 1521)

206 v. Chr. Karthago verliert Spanien	**202 v. Chr.** Karthago unterliegt Scipio bei Zama	**146 v. Chr.** Zerstörung Karthagos
215 v. Chr. Bündnis mit Philipp V.	**204 v. Chr.** Scipio in Nordafrika **183 v. Chr.** Selbstmord Hannibals	**44 v. Chr.** „Colonia Iulia Concordia Karthago"

1

DIE ETRUSKER – VOM STÄDTEBUND BIS ZUR HERRSCHAFT ROMS 7.–1. JH. V. CHR.

Zwischen dem Anfang des 7. und dem 1. Jh. v. Chr. waren die ❶ Etrusker Träger einer eigenständigen Kultur in Mittelitalien. Ob sie ursprünglich aus Italien stammten, war aber schon in der Antike umstritten, da sie selber den römischen Gründungsmythos um Äneas aufnahmen. Die Etrusker glaubten an die Vorherbestimmung und vollständige Lenkung des Lebens durch die Götter, weshalb Opfer- und Totenkult eine besondere Rolle spielten. Seit dem 5. Jh. war ihre Geschichte eng mit der Roms verknüpft.

Terrakottamodell eines etruskischen Tempels (1. Hälfte 1. Jh. v. Chr.)

■ Die Kultur der Städtebünde

Der Zwölfbund der Etruskerstädte beherrschte zunächst den Mittelmeerhandel, geriet dann aber durch die Westgriechen Siziliens in die Defensive.

2

Die etruskische Nekropole Cerveteri

Die Etrusker sind seit etwa 700 v. Chr. in Italien nachweisbar. Sie werden heute nicht mehr als Einwanderer von Osten angesehen, obwohl ❹ Schrift und ❸ Vasenmalerei eine große kulturelle Nähe zur frühgriechischen Welt zeigen. Belege ihrer Kultur wurden v. a. in Form von ❺ Grabbeigaben in den mit ❻ Fresken ausgemalten Grabanlagen gefunden. Es gab Nekropolen wie ❷ Cerveteri und

Orvieto mit eigenem Straßennetz. Die Etrusker verehrten eine Vielzahl von Göttern, die später mit den römischen verschmolzen; oberster Gott war der Vegetations- und Kriegsgott Varro (später römisch Vertumnus). Im Kult spielte die Weissagung durch Leberschau und Deutung von Blitz und Vogelflug, praktiziert vom ❼ Haruspex, eine große Rolle.

Politisch waren die Etrusker in der Frühzeit als Bund von zwölf selbstständigen Stadtstaaten, die von Priesterkönigen regiert wurden, organisiert. Dieser Bund war v. a. eine kultisch-religiöse Gemeinschaft um das Voltumna-Heiligtum von Volsinii, verfolgte aber auch gemeinsame politische Ziele. Im 7. und 6. Jh. stießen die Etrusker aus ihrem Kerngebiet, der heutigen Toskana, nach Süditalien sowie über den

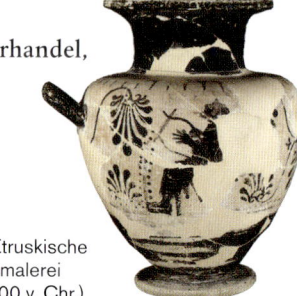

3   Etruskische Vasenmalerei (um 500 v. Chr.)

Apennin nach Norden vor und gründeten um 650 die Stadt Rom, indem sie schon bestehende Einzelsiedlungen zusammenfassten.

Durch den Erzreichtum Etruriens bestanden von früh an enge Handelskontakte mit der östlichen Mittelmeerwelt sowie Handelsabkommen mit Phöniziern, Karthagern, Griechen und seit dem 5. Jh. v. a. mit Sizilien. Zugleich griffen die Etrusker immer häufiger in politische Angelegenheiten Siziliens ein. Die Machterweiterung der Tyrannen von Syrakus auf das italienische Festland führte zu permanenten Konflikten. Die Vernichtung der etruskischen Flotte vor Kyme im Jahre 474 brach die politische Macht der Etrusker endgültig und ermöglichte den Aufstieg Roms (S. 110).

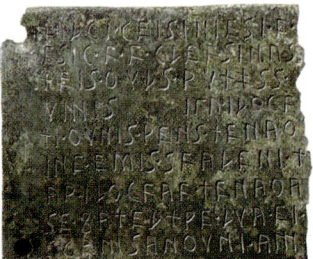

4   Bronzeblech mit etruskischer Schrift (Ende 3./Anfang 2. Jh. v. Chr.)

5

In der Tomba Bernadini in Palestrina gefundene Schmuckscheibe mit Tierfigürchen (um 640–620 v. Chr.)

Leben im Luxus

Die Bodenschätze und der schwunghafte Handel damit bescherten der etruskischen Oberschicht großen Wohlstand, wovon die Luxusgegenstände zeugen, die den Toten für das Jenseits mitgegeben wurden. Aber die Etrusker verstanden es auch, ihr Leben zu genießen. Es wurden üppige Gelage mit Musik und Tanz sowie sportliche Wettkämpfe abgehalten. Sowohl griechische als auch römische Schriftsteller nahmen an den lockeren Sitten Anstoß, bewunderten aber auch die kulturellen Leistungen der Etrusker.

6

Wandmalerei in der Tomba dei Leopardi in Tarquinia mit der Darstellung von Dienern und Musikanten (1. Hälfte 5. Jh. v. Chr.)

7   Statuette eines Haruspex (4./3. Jh. v. Chr.)

■ Die Etrusker unter römischer Oberherrschaft

Mit dem Aufstieg Roms verloren die etruskischen Städte zunehmend ihre Selbstständigkeit und wurden schließlich als „Bundesgenossen" römische Bürger, allerdings ohne Stimmrecht. Später wurden sie völlig dem Weltreich eingegliedert. Etrurien verelendete.

Rom verstand sich in seiner Frühzeit als der etruskischen Welt zugehörig und wurde von dem ursprünglich etruskischen Königshaus der Tarquinier regiert. Als diese um 510 von den Römern vertrieben wurden, soll der in der antiken Literatur häufig erwähnte etruskische Stadtfürst von Clusium (heute Chiusi), ⑩ Lars Porsenna, die Stadt Rom belagert und erobert haben. Doch war sein Erfolg nicht dauerhaft: Rom befreite sich wieder von der etruskischen Herrschaft und wurde Republik.

Auch in den anderen etruskischen Städten endet um 500 v. Chr. das Königtum, begleitet von Aufständen des Volkes gegen die mächtigen Patrizierfamilien.

Seit dem 5. Jh. wurden die Etruskerstädte durch die einfallenden ⑪ Kelten und das expandierende Rom gleichermaßen bedrängt. Die Kämpfe zwischen Rom und Tarquinia, der führenden Stadt des Zwölfbundes, griff 353 auf alle Etruskerstädte über. Der etruskische Stadtstaat Caere wurde dabei rasch von den Römern unterworfen und angegliedert; die Einwohner wurden als „Bundesgenossen" römische Bürger ohne Stimmrecht. Dies wurde das Modell, nach dem auch in der Folgezeit die etruskischen und italischen Städte in das Römische Reich aufgenommen wurden. Den gleichen Status er-

8 Statuette eines etruskischen Kriegers (4. Jh. v. Chr.)

9

Etruskischer Streitwagen aus Castro

hielten auch die schon vorher eroberten Etruskerstädte Veii (396), Nepete (386) und Sutrium (383). Zwischen 310 und 283 erlitten die letzten gesamtetruskischen **8**, **9**, ⑫ Heere gewaltige Niederlagen gegen die Römer an den Vadimonischen Seen; ihr Schicksal als selbstständiger Stadtstaatenbund war damit besiegelt.

Dem politischen Niedergang folgte der wirtschaftliche und kulturelle, als die nun unter römischer Oberherrschaft stehenden

Etruskerstädte im Jahr 225 Zerstörungen durch Galliereinfälle und 218–207 durch den Durchzug der Karthager unter Hannibal erlebten. Das Umland der Städte wurde weitgehend entvölkert, und viele etruskische Bauern mussten sich aus Not in die Leibeigenschaft begeben. Das soziale Elend machte die etruskischen Gebiete zur Massenbasis der römischen Sozialreformer wie der Gracchen im 2. Jh. v. Chr. (S. 112) oder des Marius, der 87 v. Chr. sein Freiwilligenheer v. a. aus verelendeten Etruskern aufbaute. Die Rache seines Feindes Sulla konzentrierte sich daher besonders auf die Region Etrurien.

10
Eroberung Roms durch Porsenna, 507 v. Chr.

um 2500 v. Chr.–7. Jh. n. Chr.

Antike

11
Kampf zwischen Etruskern und Kelten (Urne, 2. Jh. v. Chr.)

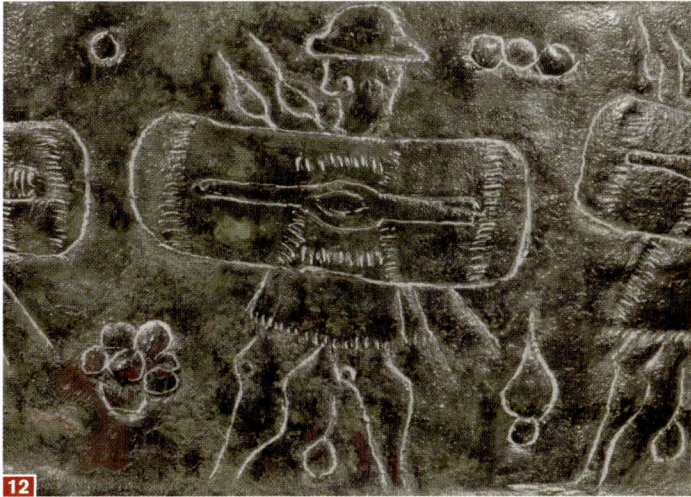

12
Dekor eines etruskischen Schildes: Soldaten mit rechteckigen Schilden

ab 353 v. Chr. | Kämpfe zwischen Rom und Etruskerstädten　　**310–283 v. Chr.** | Etruskische Niederlagen gegen die Römer an den Vadimonischen Seen

474 v. Chr. | Seeniederlage der Etrusker vor Kyme; Aufstieg Roms　　**225–07 v. Chr.** | Zerstörungen durch Galliereinfälle und Durchmarsch Hannibals

um 2500 v. Chr.–7. Jh. n. Chr.

Antike

1 Äneas opfert den Penaten, die ihn von Troja nach Rom begleitet haben

ROM – VON DEN ANFÄNGEN BIS ZUM ENDE DER REPUBLIK 753–82 v. CHR.

Rom bezog sein Selbstverständnis in der Frühzeit v. a. aus seinem republikanischen ❶ Gründungsmythos. Mit dem politischen Niedergang der Etrusker begann der Aufstieg Roms: Zunächst unterwarfen die Römer ganz Italien und dehnten dann ihre Herrschaft weit über den gesamten Mittelmeerraum bis hin zum Vorderen Orient aus. Die beiden Säulen der römischen Herrschaft bildeten die republikanische Verfassung im Inneren und die Expansion nach außen. Die Verfassung zerbrach schließlich an sozialen Spannungen, was den Aufstieg der Militärdiktatoren von Marius bis zu Julius Caesar ermöglichte.

▮ Mythos, Gründung und Frühzeit

Der republikanische Gründungsmythos prägte das Selbstverständnis Roms. Aus dem Kampf um die militärische Gewalt entstand der Gegensatz zwischen Oberschicht (Patrizier) und Unterschicht (Plebejer).

3 Romulus und Remus bestimmen aus dem Orakel des Vogelflugs den Standort der zu erbauenden Stadt Rom

4 Rekonstruktion des antiken Forum Romanum nach seiner Vollendung (Holzstich, um 1880)

2 Rekonstruktion des Kapitols mit Jupitertempel und Forum Romanum am Ende des 2. Jh. v. Chr.

In keinem Weltreich spielte der Gründungsmythos eine so staatstragende Rolle wie in Rom. Die Römer führten ihre Abkunft auf den trojanischen Helden Äneas zurück, der nach Irrfahrten in Italien landete und Alba Longa, die Mutterstadt Roms gründete – so

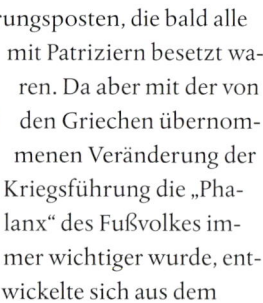

5 Die Römerin Lucretia wird von Tarquinius Sextus geschändet (Gemälde von Tintoretto, 1559)

in der „Aeneis" von Vergil. Als eigentlicher Gründer und erster König galt jedoch ❸ Romulus; als Gründungsdatum nannte man den 21. 4. 753 v. Chr.

Insgesamt herrschten sieben Könige über Rom, deren letzter, Tarquinius Superbus, um 510 gestürzt wurde. Anlass war u. a. die ❺ Vergewaltigung der Lucretia durch den Sohn des Tarquinius Superbus. Sein Neffe ❻ Iunius Brutus soll schließlich das Konsulat errichtet haben.

Tatsächlich aber wurde ❷, ❹, ❼ Rom um 650, vielleicht auch erst um 575, von den Etruskern als Kolonie gegründet. Es

herrschten zunächst etruskische Könige aus dem Geschlecht der Tarquinier, doch nach der Niederlage der Etrusker bei Kyme 474 (S. 108) entledigte sich Rom ihrer Herrschaft. Schon zur Königszeit war Rom geprägt durch die Zweiteilung der Bürgerschaft in „Reiter" (Ritter), aus denen die späteren Patriziergeschlechter hervorgingen, und die Masse des Volkes (Plebs), die militärisch das Fußvolk bildete. Der „Oberste Heerführer" (Praetor maximus) entschied über die Vergabe der militärischen Führungsposten, die bald alle mit Patriziern besetzt waren. Da aber mit der von den Griechen übernommenen Veränderung der Kriegsführung die „Phalanx" des Fußvolkes immer wichtiger wurde, entwickelte sich aus dem Kampf um die militärische Führung der die römische Geschichte prägende Kampf zwischen Patriziern und Plebejern um den Zugang zu politischen Ämtern.

6 Porträtbüste des Iunius Brutus

Das frühe Rom erlebte schwere soziale Konflikte, als durch Agrarkrisen und Überbevölkerung Bauern und einfaches Volk stetig verarmten und sich in Schuldknechtschaft begeben mussten.

Romulus und Remus

Die Zwillinge waren der Legende nach die Söhne der Rea Silvia und des Gottes Mars. Sie wurden im Tiber ausgesetzt und von einer Wölfin, dem Symboltier Roms, gesäugt. Romulus erschlug später seinen Bruder, weil dieser die Gründungsmauer Roms übersprungen hatte. Keiner sollte je die Mauern Roms „überspringen" dürfen.

oben: Die „Kapitolinische Wölfin" (Etruskische Plastik, 500 v. Chr.)

■ Der Kampf um die Verfassung der Republik

Die Politik der Republik war stets um einen Ausgleich zwischen Patriziern und Plebejern bemüht. Diesem Ziel dienten sowohl die frühen Gesetze wie die politische Führung durch zwei Konsuln.

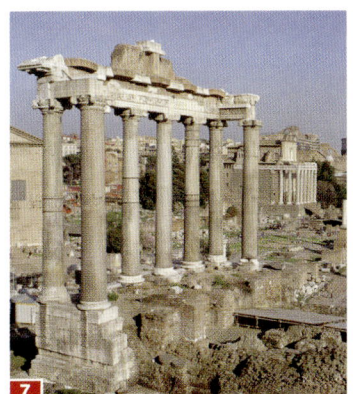

Das Forum Romanum: Blick auf den Tempel des Saturn (erbaut 498 v. Chr.)

10 Römischer Legionssoldat (Farblithografie, um 1860)

8

Senatoren mit dem Sohn eines Senators (oder Philosophen); Fragment eines Sarkophages

9 Denar mit Darstellung eines Wählers bei der Stimmabgabe

12

Die Eroberung und Plünderung Roms durch die Kelten unter Brennus, 387 v. Chr. (Holzstich, 19. Jh.)

Unter dem Druck der Plebejer entstand um 450 das „Zwölftafelgesetz", das bis in die frühe Kaiserzeit Grundlage des römischen Rechtslebens blieb. Es garantierte u. a. eine weitgehende Rechtsgleichheit in der Behandlung von **1** Patriziern und Plebejern. Erst im Jahr 300 aber war der Ständekampf abgeschlossen, nachdem den Plebejern Zugang zu den höheren Staatsämtern (Magistrat) und zu den Priesterämtern eingeräumt worden war.

Die neue republikanische Staatsordnung setzte in allen Bereichen auf den politischen Ausgleich zwischen Patriziern und Plebejern. Der **8** Senat als oberstes Beratungsgremium des Magistrats nahm auch Plebejer auf; da er aber trotzdem von Patriziern dominiert blieb, erhielten die Plebejer das einflussreiche Amt des „Volkstribuns", der öffentlich für die Rechte des Volkes eintrat, und eine eigene Volksversammlung. Rom besaß damit eine „gemischte Verfassung" mit monarchischen (Magistrat), aristokratischen (Se-

nat) und demokratischen (Volksversammlung) Elementen. Wichtigstes Ergebnis der Ausgleichspolitik war die Konsulatsverfassung von 367, nach der zwei Konsuln – im Idealfall ein Patrizier und ein Plebejer – als höchste Staatsbeamte **9** gewählt wurden, zu denen ein Prätor („Vorangeher") als oberster Zivilgerichtsbeamter und „Schiedsrichter" hinzutrat. Das System der beiden Konsuln, die jeweils für ein Jahr gewählt wurden und während der Republik im Kriegsfall auch den Oberbefehl über das **10** Heer erhielten – sofern kein Diktator auf Zeit gewählt wurde –, bestand während der Kaiserzeit fort. Bis in die Spätantike galt das Konsulat als das höchste staatliche Amt.

Nachdem die Stadt 387 von den **12** Kelten geplündert worden war und Rom die Stabilität in seinem Innern wiederhergestellt hatte, begann im 3. und 2. Jh. der Aufbau eines künftigen Weltreiches. Durch die Unterwerfung der Etrusker (S. 109) und die Siege über die mittelitalienischen Samniten gelang es Rom, die Herrschaft über Gesamtitalien zu gewinnen. So konnte es sich auch im Mittelmeer gegen die See-

mächte der Westgriechen (Sizilien) und Karthago behaupten. In mehreren Kriegen gegen verschiedene Gegner (S. 112 f.) konnte Rom seine Macht über West- und Osteuropa bis nach Griechenland und in den Vorderen Orient ausdehnen. Die letzte existenzielle Bedrohung stellte 218–207 der Zug der Karthager unter Hannibal gegen Rom dar. Mit seiner gut ausgerüsteten und disziplinierten Armee, den römischen Koloniegründungen und dem System der „Bundesgenossenschaft" setzte Rom – wie Athen im 5./4. Jh. – auf republikanische Freiheiten im Inneren und Expansion nach außen.

11
Romulus teilt das Volk in Patrizier und Plebejer

um 2500 v. Chr.–7. Jh. n. Chr.   Antike

■ Die Krise der Republik

Die schnelle Machtausdehnung verstärkte die sozialen Gegensätze in Rom. Eine von den Gracchen geplante Bodenreform zugunsten der Plebejer führte zu bürgerkriegsähnlichen Kämpfen, die brutal niedergeschlagen wurden. Die soziale Krise verschärfte sich weiter.

2
Der Tod des Tiberius Gracchus, 133 v. Chr. (Stahlstich, 19. Jh.)

Im 2. Jh. v. Chr. hatte Rom ein Weltreich errichtet, stützte sich aber kulturell nicht nur auf die eigene Tradition. In der Frühzeit spielte der ❹ griechische und etruskische Einfluss eine bedeutende Rolle, später auch die hellenistische Kultur mit ihrer orientalischen Prägung. Die führenden Patrizierfamilien wie die Fabier, Claudier und Scipionen, die in jeder Generation Konsuln und Heerführer stellten, gelangten durch Kriegsruhm und -beute zu Ansehen und ❺ Reichtum und beherrschten mit ihren Klienten die Stadt. Durch Tribute der unterworfenen Völker gelangten ungeheure Mengen an Geld und Edelmetallen nach Rom. Korruptionsskandale v. a. in der Verwaltung der Provinzen erschütterten die Republik. Die Kluft zwischen den Großgrundbesitzern und den verarmten städtischen Plebejern und Bauern drohte erneut den inneren Frieden Roms zu sprengen.

3   Münzbildnis des Jugurtha, König von Numidien

133 wollte der ❻ Volkstribun Tiberius Gracchus eine Landreform durch Neuverteilung des Bodens durchsetzen und stellte sich damit offen gegen den Senat. Mit dem Versprechen an die römischen Plebejer und die ihn unterstützende Landbevölkerung der italischen Städte, den Bundesgenossen das volle Bürgerrecht zu verleihen (S. 109), beschwor er eine Staatskrise herauf. In den bürgerkriegsähnlichen Kämpfen zwischen Plebejern und Senatstruppen kam ❷ Tiberius mit dem Großteil seiner Anhänger ums Leben, doch sein jüngerer Bruder Gaius Gracchus führte den Kampf fort und plante die Gründung von Plebejer-Kolonien in den Provinzen. Erneute Aufstandsversuche ließen Senat und Patrizier niederschlagen und zwangen Gaius zum Selbstmord.

Letztlich gingen der Senat und die Konsuln jedoch geschwächt aus der Auseinandersetzung hervor, weil sie sich zu Interessenvertretern der Patrizier gegen die Plebejer gemacht hatten. In dieser Situation zeigten Bedrohungen von außen, nämlich der „Jugurthinische Krieg" (111–105) gegen ❸ Jugurtha von Numidien und die Einfälle der germanischen ❶ Kimbern und Teutonen in Oberitalien (113–101), eine ungeahnte Sprengkraft im Inneren.

1
Schlacht der Kimbern mit den Römern unter Marius in der Raudischen Ebene bei Vercellae (Vercelli), 101 v. Chr.

P. Cornelius Scipio Africanus maior

Scipio, der bedeutendste römische Feldherr vor Julius Caesar, nahm bereits als junger Mann an den Schlachten gegen Hannibal teil. 210 als Prokonsul mit dem Oberbefehl über die römischen Truppen in Spanien betraut, vertrieb er bis 206 die Karthager aus Spanien, landete 204/03 mit seinem Heer in Oberafrika und schlug 202 Hannibal bei Zama. Anschließend nahm er an den Kriegen Roms gegen Antiochos III. von Syrien teil.

4
Der Herkules-Tempel auf dem Forum Boarium in Rom, (erbaut im 2. Jh. v. Chr.)

5
Römisches Gastmahl im Haus eines wohlhabenden Bürgers von Pompeji (Rekonstruktion, 20. Jh.)

6
„Gracchus der Volkstribun" (Holzstich von 1873 nach dem Theaterstück von Adolf von Wilbrandt)

▮ Der Bürgerkrieg

Die politischen Machtkämpfe der Feldherrn Marius und Sulla führten zum römischen Bürgerkrieg. Nachdem Marius und Cinna sich für einige Jahre die Herrschaft gewaltsam angeeignet hatten, errichtete Sulla seine Diktatur, die den Untergang der Republik einleitete.

Gegen die äußeren Feinde berief der Senat 107 den ehrgeizigen Feldherrn ❾ Gaius Marius, dem es gelang, Jugurtha und die Germanenvölker vollständig zu besiegen. Darüber hinaus strebte er, gestützt auf die Macht seiner Truppen, nach politischen Ämtern: Mehrfach hatte er das Amt des Konsuls inne. Marius stellte sich auf die Seite der Plebejer, baute eine Berufsarmee auf – mit einem einheitlichen Feldzeichen: ❿ dem römischen Adler – und nahm zahllose Besitzlose in sein Heer auf, die für ihren Kriegsdienst mit eigenem Land entlohnt wurden. So entstanden in den Provinzen Plebejer- und Soldaten-Kolonien.

Der Senat war in Fragen der Landreform gespalten, als sich 91–89 die italischen Bundesgenossen gegen Rom erhoben und erst durch Gewährung des vollen Bürgerrechts befriedet werden konnten. In den Kämpfen hatte

10 Sulla siegt bei Orchomenos über ein Heer von Mithradates VI., 86 v. Chr.

sich besonders ❽ Lucius Cornelius Sulla hervorgetan. Im Jahr 88 wurde Sulla Konsul. Gleichzeitig führte er einen Krieg gegen Mithridates VI., den König von Pontos in Kleinasien, doch mitten in dieser Unternehmung entzog der

8 Marmorbüste des Lucius Cornelius Sulla (um 50/40 v. Chr.)

Senat ihm den Oberbefehl über das Heer und gab ihn an Gaius Marius weiter. Sulla marschierte daraufhin an der Spitze seiner Truppen nach Rom, vertrieb ❼ Marius nach Nordafrika und stellte seinen Oberbefehl wieder her. Zum ersten Mal hatte es ein Feldherr gewagt, mit militärischer Gewalt dem Senat seinen Willen aufzuzwingen. Der Bürgerkrieg begann.

Kurz nachdem Sulla in den ❿ Krieg gegen Mithridates gezogen war, führte ⓫ L. Cornelius Cinna (Konsul 87–84), ein Verbündeter des Marius, sein Heer gegen Rom. 86 besetzte er die Stadt und führte ein diktatorisches Regiment. Nachdem Cinna 84 von meuternden Soldaten erschlagen worden war, landete Sulla 83 in Italien, wo der Senat und

der Großteil der Patrizier zu ihm überliefen.

82 zog Sulla als Diktator und „Wiederhersteller des Staates und der Senatsmacht" in Rom ein und ließ alle Anhänger des Marius und Cinna gnadenlos verfolgen („Proskriptionen"), was zur Ausrottung ganzer Familien führte. In den Jahren 81/80 ordnete er die Verfassung neu, indem er Senat und Patrizier stärkte und das

7 Marius nach seiner Vertreibung durch Sulla in Karthago, 87 v. Chr.

Volkstribunat in seiner politischen Macht einschränkte. Die einzelnen Staatsämter und Gerichte bekamen weitgehend neue Kompetenzen zugewiesen; zugleich siedelte er 120 000 Heeresveteranen in den italischen Gebieten an. 79 trat Sulla freiwillig von allen Ämtern zurück und starb bald darauf. Die von ihm weitgehend wiederhergestellte alte Verfassung Roms bewährte sich jedoch in der Folgezeit nicht, wohingegen das negative Beispiel der Heerführer Marius und Sulla in der Folgezeit Schule machte.

9 Marmorbüste des Feldherrn Gaius Marius (um 90 v. Chr.)

> *Plutarch in seinen „Lebensbeschreibungen" über die*
>
> **Proskriptionen:**
>
> *„Sulla ließ nun seiner Rachsucht freien Lauf und erfüllte die Stadt mit zahllosen Hinrichtungen, die gar kein Ende nehmen wollten. Viele, die nie etwas mit ihm zu tun gehabt hatten, wurden bloß aus Privatfeindschaft umgebracht, weil Sulla seinen Anhängern aus Gefälligkeit die Erlaubnis dazu gab."*

11 Cinna, Rollenbild aus Corneilles gleichnamigem Drama von 1640

91–89 v. Chr.	Erhebung italischer Bund gegen Rom	88 v. Chr.	Bürgerkrieg zwischen Sulla und Marius	82–79 v. Chr.	Diktatur Sullas
89 v. Chr.	Bürgerrecht für italische Bundesgenossen	87–84 v. Chr.	Schreckensregiment unter Cornelius Cinna	80 v. Chr.	Neuordnung der Verfassung

Die Krise der späten Römischen Republik
2.–1. Jh. v. Chr.

33: Der Volkstribun Tiberius Gracchus [se]tzt seine Forderungen gegen den Willen [d]es Senats mit Unterstützung der plebeji[sc]hen Volksversammlung durch. Damit [ge]fährdet er das politische Monopol der [Se]natsoligarchie. Seine Ermordung führt [zu]r Aufspaltung der Nobilität in Populare [un]d Optimaten.

–88: Die Bundesgenossen [er]kämpfen sich im Bundesge[no]ssenkrieg gewaltsam das [be]gehrte römische Bürger[re]cht, das erst 212 n. Chr. [un]ter ⑭ Kaiser Caracalla allen [Be]wohnern des Römischen [Re]iches gewährt wird.

14

⑳ Julius Caesar, Pom[pei]us und Crassus teilen mit [de]m ersten Triumvirat die [Ma]cht im Staat untereinander [auf]. Die republikanische Ver[fass]ung ist damit faktisch [auß]er Kraft gesetzt. Römische [His]toriker geben die Republik [spä]testens ab diesem Zeit[pun]kt verloren („Res publica [amis]sa").

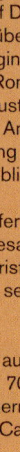

21

46: Caesar schlägt seine Gegner in [der] Schlacht bei Thapsus.

123/22: Der Senat setzt sich gegen einen innenpolitischen Gegner, Gaius Gracchus, erstmals mit der Anwendung des Notstandsrechts zur Wehr. Gaius begeht Selbstmord, zahlreiche seiner Anhänger werden getötet. Die Kontrahenten setzen ihre Rechte absolut und bewirken so die Aushebelung der Verfassung.

88–81: Rom kämpft unter Sulla gegen Mithridates von Pontos im ersten sog. Mithridatischen Krieg.

88: Ermöglicht durch die Heeresreform des Marius rekrutiert der Feldherr Sulla ein Heer aus eigenen Mitteln. Der Senat entzieht ihm auf Druck des Marius den Oberbefehl und überträgt ihn Marius. Der Bürgerkrieg beginnt, als ⑮ Sulla mit seinem Heer nach Rom zieht, Marius vertreibt und sich ohne Zustimmung des Senats wieder in sein altes Amt einsetzt. Dies führt zur Militarisierung der Krise der späten Römischen Republik.

79: Sulla liefert den Präzendenzfall für die Diktatur Caesars und legt den Grundstein für die langfristige Einrichtung der Monarchie. Er legt seine Diktatur freiwillig nieder.

73–71: Der aus Thrakien stammende Sklave und Gladiator ⑱ Spartakus versammelt ca. 70 000 Sklaven um sich und zieht durch Italien. Erst 71 gelingt es den Römern in der Schlacht am Silarius, den Aufstand, der im ⑲ Amphitheater von Capua seinen Ausgang genommen hatte, niederzuschlagen.

58–51: Caesar erobert ㉒ Gallien; er wird zum mächtigsten Mann im Römischen Reich. Das Triumvirat zerbricht. Pompeius macht sich zum Fürsprecher des Senats und dessen republikanischer Interessen.

53: Tod des Crassus. Pompeius und Cäsar ringen um die Alleinherrschaft.

50/49: Die Pompeianer versuchen, Caesar an der Bewerbung für das Konsulat zu hindern.

17. 3. 45: Caesar besiegt die letzten Republikaner in der Schlacht bei Munda.

43: Caesars ehemaliger Mitkonsul Antonius (Marc Anton), sein Großneffe Lepidus und sein Adoptivsohn Octavian verbünden sich im zweiten Triumvirat gegen die Mörder Caesars und teilen die Machtsphären und Provinzen untereinander auf.

42: Die Triumvirn besiegen die Caesarmörder Cassius und Brutus bei Philippi.

12

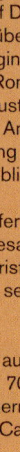

15

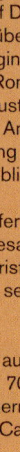

22

Februar 44: Caesar wird Konsul und nach mehreren zeitlich befristeten diktatorischen Vollmachten Diktator auf Lebenszeit.

36: Lepidus wird nach der Schlacht von Naulochos als Triumvir abgesetzt. Neben den anhaltenden ㉗ Bürgerkriegen gegen die Caesarmörder kündigt sich ein Konflikt zwischen Antonius und Octavian an. – Antonius heiratet die ägyptische Pharaonin ㉕ Kleopatra, die bereits drei Söhne von Caesar hat.

113–101: Die Einfälle der ⑬ Kimbern und Teutonen bedrohen die Reichsgrenzen.

112–105: Nach langen Kämpfen gelingt es dem Feldherrn Marius durch eine List seines Untergebenen Sulla, 105 v. Chr. den numidischen König Jugurtha zu besiegen.

87: Marius rächt sich an seinen Gegnern, den Anhängern Sullas, während Sulla erneut gegen Mithridates zieht.

86: In Abwesenheit Sullas installiert L. Cornelius Cinna im Namen der Popularen ein gewalttätiges Regime in Rom. Sulla wird zum Staatsfeind erklärt. Tod des Marius.

83/82: Sulla marschiert mit seiner Privatarmee auf Rom. Mit Verweis auf den Staat[s]notstand lässt sich Sulla, entgegen dem re[publikanischen Brauch, zum Diktator ohne zeitliche Begrenzung ernennen und liqui[diert seine innenpolitischen Gegner.

74/73: Zweiter Mithridatischer Krieg, aus dem jedoch kein klarer Sieger hervorgeht.

19

10. 1. 49: Caesar überschreitet mit sein[em] Heer den Fluss Rubikon und provoziert damit den Bürgerkrieg mit Pompeius und der Senatspartei.

15. 3. 44: Caesar wird als Feind des republikanischen Ideals von den Verschwö[re]rn um Brutus im Senat ermordet.

26

Das Römische Reich

Königtum und frühe Republik
753–3. Jh. v. Chr.

753 v. Chr.: Sagenhafte ❶ Gründung Roms durch ❷ Romulus und Remus.

um 650: Rom entsteht aus etruskischen Einzelsiedlungen zwischen den sieben Hügeln Palatin, Aventin, Kapitol, Quirinal, Viminal, Esquilin und Caelius.

650–510: Herrschaft der größtenteils legendären etruskischen Könige Romulus, Numa Pompilius, Tullus Hostilius, Ancus Marcius, Tarquinius Priscus, Servius Tullius, Tarquinius Superbus.

510/09: Der letzte etruskische König wird gestürzt. Der Adel (Patrizier) übernimmt die Macht und bildet den Senat. Die Römische Republik beginnt.

494: Schaffung des Volkstribunats, dem nur Plebejer angehören dürfen, als Gegengewicht zu den Patriziern.

493–387: Rom dehnt seine Herrschaft auf Mittelitalien aus und erobert 396 das etruskische ❸ Veji. Damit ist die Vorherrschaft der Etrusker gebrochen.

470: Ausbruch der Ständekämpfe zwischen Patriziern und den politisch minder berechtigten Plebejern.

450: Erste römische Rechtskodifikation mit den sog. Zwölftafelgesetzen.

18. 7. 387: Schlacht an der Allia: Die ❹ Kelten stürmen Rom und bieten der weiteren Expansion kurzzeitig Einhalt.

367/66: Mit der Zulassung der Plebejer zum Konsulat ist der politische Ausgleich zwischen dem Volk und den adligen Patriziern garantiert.

343–290: Rom wird in mehreren Kriegen gegen die Samniten, Etrusker und Latiner zur führenden Macht in Mittelitalien.

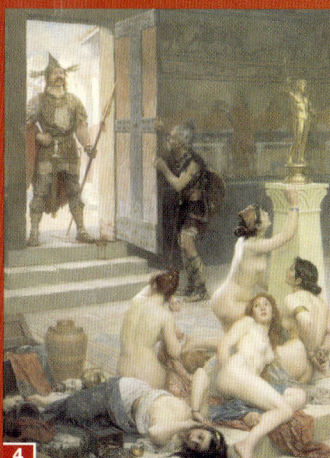

312: Der erste ❺ Aquädukt Roms, die 16 km lange Aqua Appia – benannt nach ihrem Bauherrn, dem Censor Appius Claudius Caecus –, wird angelegt.

287: Ende der Ständekämpfe. Alle Beschlüsse der plebejischen Volksversammlung sind fortan für den gesamten römischen Staat verbindlich.

Expansion im Mittelmeerraum
3.–2. Jh. v. Chr.

264–241: Der Erste Punische Krieg ❻ um die Vorherrschaft auf Sizilien endet mit der Niederlage Karthagos. Die Römer beherrschen nun das westliche Mittelmeer.

ab 264: Mit dem Aufstieg Roms vom Stadtstaat zum Weltreich und den zahllosen Kriegen auf außerrömischem Gebiet treten einzelne erfolgreiche Feldherrn hervor und gefährden das republikanische Ideal der Gleichheit aller. Reiche Kriegsbeute sowie Gewinn an öffentlichem Ansehen machen die Kriegsführung zum attraktiven und lukrativen Geschäft.

227/25: Die Einrichtung von Provinzen (Sizilien, Sardinien und Korsika) erfordert die Entsendung von Beamten, die vom Senat in Rom nicht kontrolliert werden können. Die Magistrate herrschen teilweise wie Könige und bedienen sich an Landesschätzen.

218–201: Im Zweiten Punischen Krieg erobert ❼ Scipio Africanus Teile Nordafrikas und Spaniens.

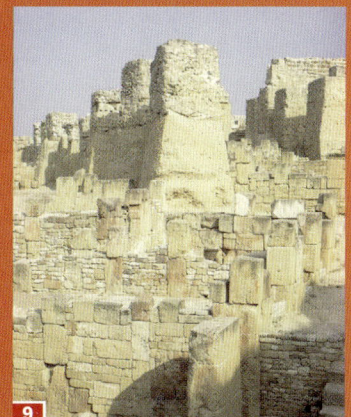

215–205, 200–196: Im ersten und zweiten Makedonischen Krieg kämpft Rom gegen den seit dem ❽ Zweiten Punischen Krieg mit Hannibal verbündeten Philipp V. von Makedonien. Rom verdrängt die Makedonen aus Griechenland und verkündet 196 v. Chr. die Freiheit aller Hellenen.

172/71–168: Nach dem dritten Makedonischen Krieg annektieren die Römer Makedonien.

149–146: Die Römer schlagen ❾ Karthago im dritten Punischen Krieg und zerstören die Städte Karthago und ❿ Korinth. Die Provinzen Afrika und Makedonien werden gegründet.

133: Rom erbt per Testament das kleinasiatische Reich von ⓫ Pergamon und richtet die Provinz Asia ein.

BIOGRAFIEN
DIE RÖMISCHEN KAISER

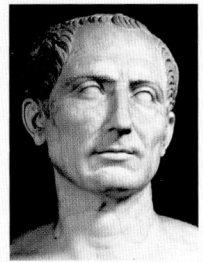

Caesar (100–44 v. Chr.)
Vergrößerte in Feldzügen v. a. gegen die Gallier das Römische Reich und setzte sich im Innern in Bürgerkriegen bis 45 v. Chr. als Machthaber mit diktatorischen Vollmachten durch; den ihm angebotenen Königstitel lehnte er ab; wurde an den Iden des März (15. 3.) 44 v. Chr. im Rahmen einer Adelsverschwörung ermordet; er bereitete den Übergang von der Republik zu einer monarchischen Staatsform vor; sein Name wurde zum Titelbestandteil der römischen Kaiser.

Tiberius (42 v. Chr.–37 n. Chr.)
Kämpfte als Feldherr 20–9 v. Chr. erfolgreich in Armenien, Rätien, Vindelicien, Pannonien und Dalmatien; wurde um 4 n. Chr. von Kaiser Augustus adoptiert und bekam von ihm 13 n. Chr. die Mitregentschaft übertragen; ließ sich 14 n. Chr. vom Senat zum Princeps in der Nachfolge des Augustus wählen; zog sich 26 n. Chr. aus der Politik zurück und überließ die Regierungsgeschäfte dem Prätorianerpräfekten Sejan.

Trajan (53–117)
War ab 98 n. Chr. der erste aus einer Provinz (Spanien) stammende Kaiser, Adoptivsohn Kaiser Nervas; erweiterte das Römische Reich bedeutend durch Offensiven in Kleinasien, im Vorderen Orient und gegen die Daker im heutigen Rumänien; unter Trajan erlebte das Adoptivkaisertum laut zeitgenössischer Darstellung wie auch historischer Deutung seine Blütezeit.

Marc Aurel (121–180)
Kaiser ab 161 n. Chr.; Adoptivsohn von Antonius Pius; als Philosoph der jüngeren stoischen Philosophenschule zugehörig; schuf als sein bekanntestes Werk die „Selbstbetrachtungen"; verteidigte das Reich in langwierigen Kämpfen gegen die Parther und Markomannen; erhob seinen Adoptivbruder Lucius Verus zum gleichberechtigten Mitkaiser; erlag 180 n. Chr. der Pest.

Diokletian (um 240–316)
Kaiser ab 284; schuf mit der Tetrarchie (Vierherrschaft) eine neue Herrschaftsform; dezentralisierte das Reich und sicherte die Grenzen gegen Germanen und Perser; sorgte für eine Rückbesinnung auf alte römische Wertvorstellungen und die ursprüngliche römische Religion; leitete eine systematische Verfolgung von Christen und Manichäern ein; dankte 305 entsprechend der tetrarchischen Nachfolgeordnung ab; mit ihm endete die Zeit der Soldatenkaiser.

Octavian/Augustus (63 v. Chr.–14 n. Chr.)
Per Testament Adoptivsohn Caesars; beanspruchte nach dessen Tod das politische Erbe des Diktators; beendete mit dem Sieg über Marc Anton, seinen Konkurrenten um die Macht im Staat, die Bürgerkriege; wurde 27 v. Chr. als Augustus erster römischer Kaiser; verhalf dem Reich durch die „Pax Augusta" zu einer Zeit des Wohlstands und der kulturellen Blüte; mit ihm begann das Prinzipat als Herrschaftsform, die zunächst ganz auf seine Person zugeschnitten war.

Nero (37–68 n. Chr.)
Wurde von dem Philosophen Seneca erzogen und regierte ab 54 n. Chr. zunächst in enger Kooperation mit dem Senat; ließ seine Mutter und seine erste Frau ermorden; regierte nach 62 zunehmend despotisch; geriet nach dem Brand von Rom 64 n. Chr. in Brandstiftungsverdacht, lenkte diesen aber auf die von ihm verfolgten Christen; nahm sich 68 n. Chr., weil Senat und Volk ihm zunehmend misstrauten, das Leben.

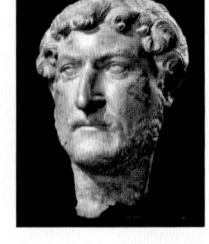

Hadrian (76–138)
Kaiser ab 117 n. Chr.; angeblich per Testament Adoptivsohn Kaiser Trajans; widmete sich der Sicherung des Reiches, u. a. durch die Anlage von Grenzwällen in Britannien („Hadrianswall") und Germanien („Limes"); ließ 132 n. Chr. den jüdischen Bar-Kochba-Aufstand niederschlagen; ordnete die erste Rechtskodifikation an; widmete sich einer intellektuellen Verfeinerung der römischen Lebensart und förderte die Bildung in allen Schichten der Reichsbevölkerung.

Septimius Severus (146–211)
Kaiser ab 193; stammte aus Leptis Magna in Nordafrika; richtete nach seinem Sieg über die Parther die Provinz Mesopotamia ein; stärkte die Armee und insbesondere die Prätorianergarde und schuf damit die Voraussetzungen für das „Soldatenkaisertum" seiner Nachfolger; zentralisierte die Verwaltung und förderte die Vereinheitlichung des Reiches.

Konstantin I. (285–337)
Kaiser innerhalb der Tetrarchie ab 306; wurde nach dem Sieg über seine Konkurrenten 324 Alleinherrscher im Reich; förderte seit der Schlacht an der Milvischen Brücke 312 n. Chr. als erster römischer Kaiser das Christentum und bemühte sich um kirchliche Einheit; benannte 333 die orientalische Stadt Byzanz in „Konstantinopel" um und trat dort als großer Bauherr hervor, um ein „Neues Rom im Osten" zu schaffen; wurde 337 auf dem Totenbett getauft.

um 2500 v. Chr.–7. Jh. n. Chr.   Antike

Von der Herrschaft der Feldherren bis zum Kaiserreich 74 v. Chr.–192 n. Chr.

Der Bürgerkrieg hatte das Gefüge der römischen Republik zerstört. Die Machtergreifung der Heerführer Pompeius, ❶ Caesar und Marc Anton bereitete den Übergang zu einer personalistischen Herrschaft vor, den dann Augustus mit dem Prinzipat vollzog. Es begann die Zeit des Kaisertums. Nach der Familie des Augustus herrschten verschiedene andere Geschlechter, wobei die Kaiser später immer häufiger aus den Reichsprovinzen statt aus Rom stammten. Die Aufteilung des römischen Imperiums (Tetrarchie) unter Diokletian gab dem spätrömischen Reich noch einmal ein festes Herrschaftssystem.

1 Gajus Julius Caesar

▍ Pompeius, Crassus und Caesar

Das Bündnis der Heerführer Pompeius und Caesar mit dem Wirtschaftsmagnaten Crassus beendete die Republik. Den anschließenden Machtkampf zwischen Pompeius und Caesar konnte Letzterer für sich entscheiden.

Nach Sullas Rückzug von der Diktatur griffen zwei seiner Anhänger nach der Macht: ❸ Gnaeus Pompeius Magnus hatte als Heerführer Sullas Italiens Küsten von den Seeräubern befreit und 74/73 erfolgreich den 2. Mithridatischen Krieg beendet. Nun erwachte sein politischer Ehrgeiz. 70 v. Chr. teilte er sich das Konsulat mit Marcus Licinius Crassus, dem reichsten Mann Roms. Zusammen hoben sie Sullas Verfassung größtenteils auf und stellten das Volkstribunat wieder her, was sie in Rom sehr populär machte. Nachdem Pompeius den Osten Europas bis Kleinasien unter römische Kontrolle gebracht und Mithridates zur Kapitulation gezwungen hatte, erwarteten alle, dass er nach der Diktatur greifen würde, aber der Widerstand des Senats ließ ihn zögern. Stattdessen suchten Pompeius und Crassus einen Verbündeten aus der Volkspartei des Marius (S. 113).

Diesen fanden sie in ❼ Gajus Julius Caesar. Der aufstrebende Politiker war ein Neffe des Marius und mit der Tochter Cinnas verheiratet. Um die Plebejer für sich zu gewinnen, zwang er den Senat zu Bodenreformen und zum Ankauf von Staatsland für Siedler und Veteranen in Italien. Pompeius, Crassus und Caesar teilten sich ab 60/59 im ersten Triumvirat die Macht und setzten damit faktisch die republikanische Verfassung außer Kraft. Die Provinzen teilten sie unter sich auf: Pompeius erhielt Spanien, Crassus Syrien und Caesar Illyrien und ❷ Gallien.

Nachdem Crassus 53 gegen die Parther gefallen war, standen sich Pompeius (52 alleiniger Konsul) und Caesar im Streben nach Alleinherrschaft gegenüber, beide gestützt auf ihre Armeen und Finanzkraft. Als die Anhänger des Pompeius versuchten, Caesar 49 von der Bewerbung um das Konsulat fernzuhalten, überschritt dieser mit seinen Truppen von Norditalien aus den ❺ Grenzfluss Rubikon und marschierte auf Rom. Erneut brach ein Bürgerkrieg aus. Pompeius floh in den Osten, Caesar besetzte Spanien

2 Rüstung und Waffen der Armee Caesars im Gallischen Krieg, 58–51 v. Chr.

4 Die Ermordung des Pompeius

und gewann 48 die Entscheidungsschlacht bei Pharsalos (Thessalien) gegen Pompeius, der auf der Flucht in Ägypten ❹ ermordet wurde. Caesar zog 47 als alleiniger Machthaber ❻ in Rom ein.

3 Gnaeus Pompeius Magnus (Skulptur)

5 Caesar überschreitet den Rubicon, 49 v. Chr.

6 Der Triumphzug Caesars

7 Gajus Julius Caesar

104–101: Der Feldherr ⑬ Marius wird unter Missachtung der gängigen Verfassungswirklichkeit fünf Mal hintereinander zum Konsul gewählt. Mit seiner Heeresreform ersetzt er die übliche Milizarmee durch ein Heer von Berufssoldaten und schafft die Voraussetzung für die Ausbildung eines engen Abhängigkeitsverhältnisses zwischen Soldat und Feldherrn (Klientelbildung).

102: Die Römer schlagen unter Marius die Teutonen bei Aquae Sextiae.

101: In der Schlacht bei ⑮ Vercellae unterliegen die ⑰ Kimbern dem römischen Heer.

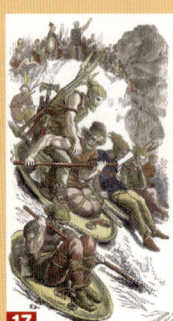

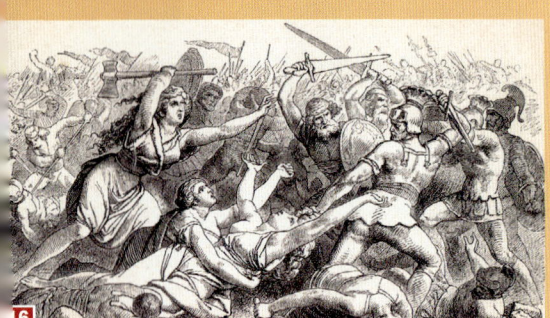

70: Konsulat des Pompeius und Crassus. Die sullanische Verfassung wird größtenteils aufgehoben. Pompeius erhält in Anlehnung an Alexander den Großen den Beinamen „Magnus" und wird in den Provinzen ⑳ kultisch verehrt.

64: Rom besetzt das Seleukidenreich von Syrien mit dem Raum Judäa-Palästina.

63: ⑳ Mithridates von Pontos wird endgültig besiegt. Armenien und Kleinasien stehen unter römischer Oberherrschaft.

9. 8. 48: Pompeius, der mit seinem Heer bei Pharsalos von Caesar vernichtend geschlagen worden ist, flieht nach Ägypten, wo er von Anhängern des Kindkönigs Ptolemaios XIII. ㉓ ermordet wird. Sein Haupt schicken sie an Caesar.

April 44: Caesars Feldherr Antonius (Marc Anton) ächtet die Caesarmörder Cassius und Brutus, die in den Osten des Reiches geflohen sind und dort ihre Anhänger sammeln. Caesars Stiefsohn Octavian erhebt Anspruch auf das Erbe des Diktators.

–30: Der Konflikt zwischen Octavian und Antonius, wobei auch dessen Heirat mit Kleopatra eine Rolle spielt, weitet sich zum Bürgerkrieg aus.

9. 31: Antonius unterliegt dem Heer Octavians in der entscheidenden ㉕ Seeschlacht bei Actium.

1. 8. 30: Nach der Eroberung Alexandrias durch Octavian begehen Kleopatra und Antonius Selbstmord. Ägypten wird zur römischen Provinz. Octavian ist nun alleiniger Herrscher des Großreiches.

27: Octavian gibt seine Vollmachten an Senat und Volk von Rom zurück und stellt damit nominell die Römische Republik wieder her. Der Senat überträgt ihm freiwillig die wichtigsten Ämter und Befugnisse. Er begründet mit dem Prinzipat eine Monarchie in den rechtlichen Formen der Republik. Ihm wird der Ehrenname „Augustus" verliehen.

68/69: Vierkaiserjahr: Der Senat unterstützt den ihm würdig erscheinenden Standesgenossen Galba, dem es nicht gelingt, die Akzeptanz des Heeres zu gewinnen. Unter den von verschiedenen Truppen zu Kaisern ausgerufenen Heerführern setzt sich ㉛ Vespasian durch.

70 n. Chr.: Der Jüdische Krieg endet mit der ㉜ Zerstörung Jerusalems und des dortigen Tempels durch Titus.

96: Mit der Ermordung Domitians endet die Herrschaftszeit der Flavier.

106: Kaiser Trajan erobert den gesamten Balkanraum bis zur Donau und stößt im Osten bis zum Persischen Golf vor. Das Nabatäerreich von Petra wird angegliedert. Das Römische Reich hat seine größte territoriale Ausdehnung erreicht.

um 112/113: Der römische Historiker Tacitus schreibt seine „Historiae".

132/135: In Palästina scheitert der jüdische Bar-Kochba-Aufstand. Jerusalem wird römische Kolonie.

166–180: In den ㉝ Markomannenkriegen Stämme. In der Folge dieser Kriege w

212: „Constitutio Antoniniana": Kaiser Caracalla verleiht fast allen Bewohnern des Reiches das römische Bürgerrecht.

224: In der Nachfolge der altpersischen Achaimeniden gründet sich an den östlichen Grenzen des Reiches die Dynastie der Sassaniden.

235: An die Herrschaftszeit der Severer schließt sich die wechselhafte Zeit der Soldatenkaiser (bis 284) an. Ihr erster Repräsentant ist Maximinus Thrax, der bereits drei Jahre später ㉟ ermordet wird.

250/51: Die Forderung eines allgemeiner Staatsopfers für die Reichsgötter löst unter Kaiser Decius die erste reichsweite Christenverfolgung aus. Wer das Opfer verweigert, wird verhaftet oder getötet.

257/58: Kaiser Valerian ordnet eine reichsweite Christenverfolgung an, die unter seinem Sohn Gallienus, der eine Christin geheiratet hat, 260 beendet wird.

Zeitenwende: Jesus Christus wird geboren.

9 n. Chr.: Die römischen Legionen unter Varus werden in der Schlacht im Teutoburger Wald von den Germanen besiegt. Die Expansion in Germanien wird aufgegeben, Rhein und Donau werden zu Reichsgrenzen erklärt.

19. 8. 14 n. Chr.: Tod des Augustus. Sein Adoptivsohn Tiberius tritt die Nachfolge als Kaiser an.

64 n. Chr.: 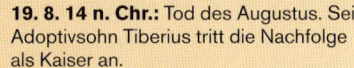 Brand von Rom. Um den Verdacht der Brandstiftung von sich abzulenken, beschuldigt Kaiser Nero die Christen und initiiert die erste Christenverfolgung im Römischen Reich.

284: Kaiser Diokletian dezentralisiert das Reich durch die Schaffung der Tetrarchie. Neue Herrschaftsresidenzen entstehen. Die Herrschaft wird religiös begründet und ist absolut (Dominat).

299: Die Weigerung der Christen, am Staatskult und an der göttlichen Verehrung der Herrscher teilzunehmen, führt zur sog. „Großen Christenverfolgung".

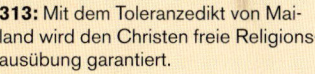

311: Das Toleranzedikt 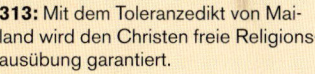 Galerius' beendet die große Christenverfolgung.

79: Beim Ausbruch des  Vesuv wird die Stadt Pompeji unter einer dicken Lavaschicht begraben. Dadurch bleibt jedoch eine beachtliche Menge an antiken Gegenständen und Kunstwerken über Jahrhunderte gut erhalten. 1748 wurde Pompeji zufällig bei Grabungen entdeckt.

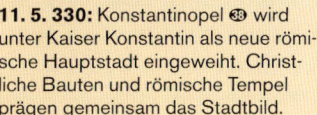

312: Schlacht an der Milvischen Brücke: Konstantin und Licinius, die aus dem Kampf um die Nachfolge der Tetrarchen hervorgehen, teilen sich das Reich.

313: Mit dem Toleranzedikt von Mailand wird den Christen freie Religionsausübung garantiert.

324: Nach langjährigen Bürgerkriegen setzt sich Konstantin als Alleinherrscher durch. Das Christentum wird von ihm stark gefördert.

337: Konstantin empfängt auf dem Sterbebett die Taufe und ist damit der erste christliche Kaiser.

166: Nach den Partherkriegen verbreiten heimkehrende Soldaten die Pest in Rom, was sich zur ersten ernsten Pestepidemie im Römischen Reich ausweitet.

mpft Rom gegen vereinte germanische en Germanen dauerhaft auf römischem Reichsgebiet angesiedelt.

192: Mit der Ermordung von Commodus endet die Epoche der Adoptivkaiser.

193: Lucius Septimius Severus wird zum Caesar gekrönt. Er braucht fünf Jahre, um seine Macht zu festigen, da Legionäre in Syrien und Britannien jeweils andere Kaiser ausgerufen haben. Unter seiner Herrschaft wird die Christenverfolgung weitergeführt.

231–233: Rom bekämpft die Invasion aus dem neupersischen Reich der Sassaniden, die sich seit 224 zu einem mächtigen Rivalen Roms entwickelt haben.

11. 5. 330: Konstantinopel 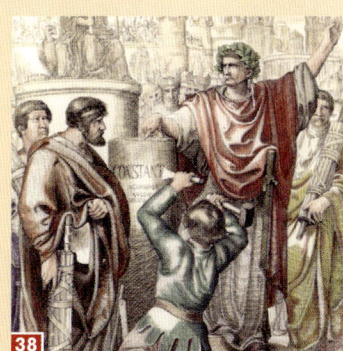 wird unter Kaiser Konstantin als neue römische Hauptstadt eingeweiht. Christliche Bauten und römische Tempel prägen gemeinsam das Stadtbild.

9. 8. 378: Die Römer unter Kaiser Valens werden in der Schlacht bei Adrianopel von den Westgoten geschlagen.

391: Kaiser Theoderich I. verbietet alle heidnischen Kulte und erhebt das Christentum zur Staatsreligion.

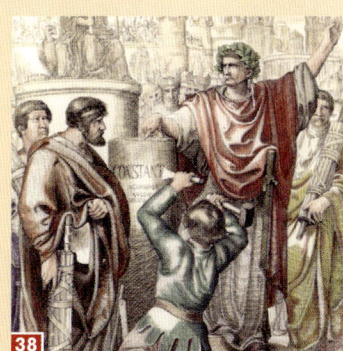

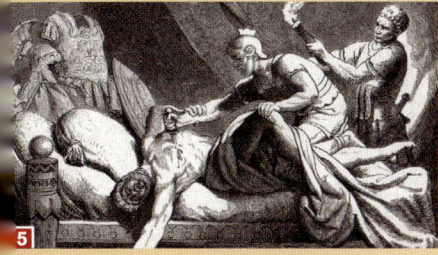

259/60: Gefangennahme Valerians durch die Sassaniden.

270: Kaiser Aurelian erhebt nach dem Sieg über Zenobia den Sonnengott „Sol invictus" zum Reichsgott. – Äußere Bedrohungen durch die „Barbaren" veranlassen den Kaiser zur Befestigung der Hauptstadt Rom.

410: Nachdem die Westgoten unter König  Alarich I. 401 erstmals in Italien eingefallen sind, besetzen und plündern sie 410 Rom und ziehen nach Süden weiter.

ÜBERBLICK
DAS RÖMISCHE REICH

Seit frühester Zeit stellten in der Geschichte des Römischen Reiches die Gemeinschaft und das Recht der Bürger wichtige Bestandteile des staatlichen Selbstverständnisses dar. Bereits in der Königszeit standen dem König mehrere politische Organe – Abordnungen des Adels, der Priesterschaft und des Volkes – beratend zur Seite. Um 470 v. Chr. wurde das Königtum abgeschafft und die Römische Republik begründet.

Leitbilder der frühen Republik waren die „Bürgertugenden": die Aufopferung für das Gemeinwohl und die Gleichbehandlung aller Bürger. In Fragen der Staatsführung setzte das frühe Rom auf eine konservative Tugendethik, die sich auf den „mos maiorum", die „Sitten der Väter" berief. Konservative Staatsethiker wie Cato der Ältere, Cicero oder Seneca warnten ihre Mitbürger oft vor den Folgen einer Abkehr von den „guten Sitten", worunter sie weniger moralisches Verhalten verstanden als das republikanische Prinzip der Achtung aller Bürger und ihrer Interessen.

Um die Republik wirkungsvoll zu schützen, wurden Institutionen und Regelungen zur Machtkontrolle installiert. Dazu gehörten v. a. die Annuität, also der jährliche Wechsel der an der Spitze des Staates stehenden Konsuln, sowie das Prinzip der Kollegialität in der Staatsführung: Jeder Konsul hatte das Recht, ein Veto gegen die Amtshandlungen seines Kollegen einzulegen. Höchstes Entscheidungsgremium der frühen Republik war der Senat. Ursprünglich bestimmten die obersten Beamten der Republik, die Magistrate, die Senatsmitglieder. Maßstab für die Mitgliedschaft war die „Würde", die gesellschaftliches Ansehen, Erfahrung im Dienst für die Republik und tadellosen Lebenswandel beinhaltete.

Verschiedene Aspekte trugen dazu bei, dass im Laufe der Zeit das Gleichgewicht der Machtverteilung erschüttert wurde. So machte es etwa die Erweiterung des Reiches notwendig, Konsuln nach Ablauf des einen Jahres im Amt zu belassen, da sie oft weit von der Hauptstadt entfernt ihre Regierungsgeschäfte ausübten oder das Heer kommandierten. So kam es bereits seit 327/26 v. Chr. zu Abweichungen von der Annuität in Krisenzeiten, bis sich schließlich Marius und Sulla auf die „permanente Krise" beriefen, um ihren Verbleib im Konsulat zu rechtfertigen.

Auch das traditionelle römische Notstandsrecht der Diktatur, welches der Senat in Krisenzeiten für höchstens sechs Monate zur „Wiederherstellung der Republik" ausrief, wurde nicht zuletzt durch den zunehmenden Einfluss des Heeres auf die Staatsführung willkürlich ausgeweitet. So ließ sich bereits Sulla 82 v. Chr. zum Diktator auf Lebenszeit ernennen, wobei er sein Amt nach zwei Jahren freiwillig niederlegte. Caesar, Diktator seit 45 v. Chr., wurde nun so mächtig, dass er zum Schutz der Republik ermordet wurde. Mit dem Prinzipat des Augustus, das die Herrschaft eines „ersten Bürgers" mit den Instituionen der Republik verband, begann 27 v. Chr. schließlich das römische Kaisertum.

links: Ruine des Kolosseums von Rom (erbaut 72–82 n. Chr.)

Mitte: Kampfszene auf der Trajanssäule in Rom (erbaut 113 n. Chr.)

rechts: Cicero vor dem Senat (Fresko, 19. Jh.)

■ Von der Herrschaft Caesars bis zum Sieg des Augustus

Die Diktatur Caesars wurde durch seine Ermordung beendet. Als seine Erben verbündeten sich Marc Anton und Octavian, der schließlich seine Alleinherrschaft durchsetzte.

❽ Antonius und Kleopatra nach der Schlacht bei Actium

Kleopatra VII.

Seit 51 Königin von Ägypten, von legendärer Schönheit und erotischer Anziehungskraft, setzte sie sich 47 mit Hilfe Roms und ihres Geliebten Julius Caesar gegen ihren mitregierenden Bruder Ptolemaios XIII. durch. Nach einem Aufenthalt in Rom beseitigte sie ihren jüngeren Bruder Ptolemaios XIV. und erhob ihren Sohn von Caesar als Ptolemaios XV. Kaisarion 44 zum Mitregenten. Seit 41 war sie die Geliebte Marc Antons, der sie 37 heiratete. Bei Octavians Einzug in Alexandria nahmen sich beide das Leben.

oben: Kleopatra VII. (Gemälde von Alexandre Cabanel, 1887)

❾ Caesar festigte seine Macht, gestützt auf seine Klienten und Soldaten, und schlug 46/45 in Afrika, Spanien und zur See die letzten Anhänger des Pompeius bzw. der Republik. Er führte im Reich umfangreiche Sozial- und Gesetzesreformen durch. Monarchische Titel lehnte er ab, wurde aber Anfang 44 Diktator auf Lebenszeit. Doch einige Senatoren hielten am republikanischen Ideal fest und ❸ erdolchten Caesar an den „Iden des März", d. h. am 15. 3. 44, in der Kurie des Pompeius, wo eine Senatssitzung stattfinden sollte.

Sofort erhob sich Caesars Feldherr ❿ Marc Anton und ächtete die Mörder, die aus Rom flohen. Auf das eigentliche Erbe Caesars erhob sein 19-jähriger Großneffe ⓫ Octavian Anspruch. Ein Machtkampf zeichnete sich ab, doch da die Caesar-Mörder Brutus und Cassius den gesamten Osten des Reiches für sich gewonnen hatten, schloss Octavian mit Marc Anton ein Zweckbündnis. Zusammen mit dem Konsul Marcus Aemilius Lepidus bildeten sie 43–33 das zweite Triumvirat. 42 besiegten sie die Caesar-Mörder bei Philippi. Bei der Verteilung der Provinzen erhielt Marc Anton den Osten (anfangs auch Gallien), Octavian Italien und den Westen (schließlich auch Gallien) und Lepidus Nordafrika.

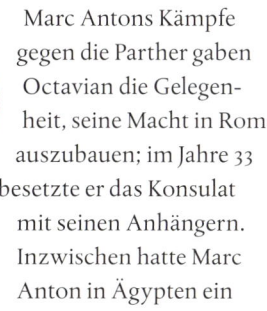

❾ Münze zur Zeit Caesars: „Ich kam, sah, siegte"

⓫ Büste des Octavian (um 40/50 n. Chr.)

Marc Antons Kämpfe gegen die Parther gaben Octavian die Gelegenheit, seine Macht in Rom auszubauen; im Jahre 33 besetzte er das Konsulat mit seinen Anhängern. Inzwischen hatte Marc Anton in Ägypten ein Verhältnis mit der Ptolemäerkönigin Kleopatra, der schon Caesar erlegen war, begonnen. Die politischen Vorteile, die Marc Anton Kleopatra gewährte, nutzte Octavian zur Rechtfertigung seines Kampfes gegen Marc Anton, der überdies mit Octavians Schwester Octavia verheiratet war. Er überzeugte den Senat davon, Marc Anton habe die Macht Roms im Osten geschwächt. Auch Lepidus, später mit dem Amt des Obersten Priesters (Pontifex Maximus) abgefunden, trat auf seine Seite.

Octavian rüstete mit dem Geld Caesars eine gewaltige Flotte un-

⓰ Marc Anton

⓬ Marcus Vipsanius Agrippa

ter dem Oberbefehl seines Freundes ⓬ Agrippa aus, die 31 bei ❽ Actium die vereinigte Flotte von Marc Anton und Kleopatra vernichtete. Im Jahre 30 besetzte Octavian Ägypten und machte es zur römischen Provinz.

⓭ Die Ermordung Julius Caesars am 15. 3. 44 v. Chr. (Gemälde, 1815)

um 2500 v. Chr.–7. Jh. n. Chr.　Antike

15. 3. 44 | Ermordung Caesars　　　31 | Sieg Octavians über Antonius und Kleopatra

47 | Caesar alleiniger Machthaber　　　43 | Zweites Triumvirat von Octavian, Antonius und Lepidus　　　30 | Ägypten römische Provinz

■ Das Kaisertum des Augustus und seiner Familie

Als Kaiser stellte Augustus den Staat auf neue Grundlagen. Diese Neuordnung erwies sich auch unter seinen Nachfolgern als stabil.

um 2500 v. Chr.–7. Jh. n. Chr.

Antike

Der Senat trug dem Sieger Octavian 27 v. Chr. die Verantwortung für die Sicherheit des Reiches an und verlieh ihm den Ehrentitel „Augustus" („Der Erhabene"). In mehreren Schritten baute Octavian seine Stellung zu einer Kaiserwürde aus. Aus Octavian wurde der Friedenskaiser ❶ Augustus, der zuletzt göttliche Verehrung mit Zügen eines Heilsbringers genoss. Augustus nahm eine völlige Neuordnung der Reichs- und Provinzverwaltung sowie des Besteuerungssystems vor und erließ strenge Sitten- und Ehegesetze,

1 Augustus

um die altrömischen Bürgertugenden neu zu beleben. Als „Pax Augusta" wurden der Reichsfriede und die Beendigung aller Parteienkämpfe zum obersten Staatsziel erklärt und in den Staatskult integriert. Augustus zog die Konsequenz aus der zunehmenden Professionalisierung des Kriegsdienstes und schuf eine Berufsarmee von 28 Legionen mit über 20-jähriger Dienstzeit. Er knüpfte an die Politik Marius' und Caesars an und verteilte Staatsland an die Veteranen.

Geschickt vermied der Kaiser die maßlose Verehrung seiner Person; er stärkte den Zentralismus, unterhielt aber stets gute Beziehungen zum Senat. Rom erholte sich wirtschaftlich rasch von den Wunden der Bürgerkriege, und das „Augusteische Zeitalter" brachte neben steigendem Wohlstand eine Fülle an Kunst und Literatur hervor.

Sein Stiefsohn ❷ Tiberius setzte die Politik des Augustus, der am 19. 8. 14 n. Chr. gestorben war, fort; sein Versuch, den Senat zur Mitarbeit bei der Staatsführung heranzuziehen, scheiterte jedoch. Als er sich 26 verbittert nach Capri zurückzog, griffen erstmals die Prätorianer, die Leibgarde des Kaisers, nach der Macht, die später eine Art „Staat im Staate" bil-

den sollten. Nach dem Intermezzo des größenwahnsinnigen Caligula (37–41), der den Senat terrorisierte und ein Pferd zum Konsul machte, baute Claudius (41–54), der trotz persönlicher Absonderlichkeiten ein fähiger Regent war, die Staatsverwaltung endgültig zu einem kaiserlichen Zentralismus aus und eroberte Teile Britanniens. Sein Stiefsohn ❸ Nero (54–68) herrschte zunächst – unter dem Einfluss seines Erziehers, des Philosophen Seneca – besonnen und milde. Seine Griechenverehrung und der exzessive Kult um seine eigene Person führten schließlich zum Realitätsverlust und zu einer Herrschaft der Günstlinge. Den verheerenden Brand Roms 64 lastete der Kaiser den Christen an

und ließ sie ❹ verfolgen. Von Aufständen in den Provinzen in die Enge getrieben, beging Nero 68 Selbstmord. Mit ihm endet das julisch-claudische Kaiserhaus.

2 Tiberius

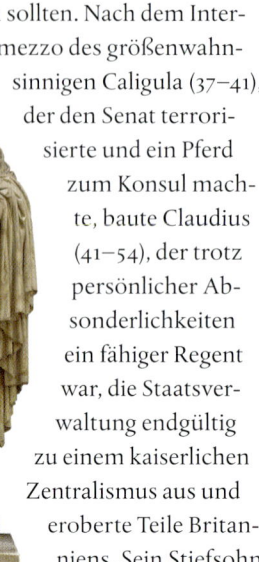

3 Nero

4 Christenverfolgung durch Nero nach dem Brand Roms, 64 n. Chr.

27 v. Chr.–14 n. Chr Wirtschaftlich-kulturelle Blütezeit	**14–37 n. Chr.** Tiberius	**41–54 v. Chr.** Claudius
27 v. Chr. Beginn der Kaiserzeit/Ehrentitel Augustus für Octavian	**19. 8. 14 n. Chr.** Tod des Augustus	**37–41 n. Chr.** Herrschaft des Caligula

Flavier und Adoptivkaiser

Das Haus der Flavier konsolidierte das Kaisertum. Darauf bauten die Adoptivkaiser auf und führten das Reich zu kultureller Blüte.

5 Tyrann und letzter Flavier: Domitian

6 Das Kolosseum in Rom: Sein Bau wurde unter Vespasian 72 n. Chr. begonnen

7 Trajan hält eine Ansprache vor Soldaten, Trajanssäule in Rom

8 Mark Aurel

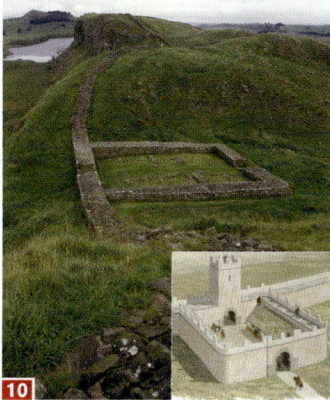

10 Von Kaiser Hadrian 122–126 n. Chr. angelegter Schutzwall zwischen Solawaybusen und Tynemündung

Das Jahr 69 war das sog. Vierkaiserjahr, an dessen Ende sich **9** Vespasian, der Statthalter von Judäa, durchsetzte. Er wurde zum Gründer des flavischen Kaiserhauses. Er konsolidierte den Staat durch eine sparsame Verwaltung und Steuerpolitik – bekannt wurde seine Kloakensteuer unter dem Motto „Pecunia non olet" (Geld stinkt nicht). Er ließ das **6** Kolosseum in Rom erbauen, reorganisierte das Heer und band die Provinzen durch Ausweitung des Bürgerrechtes fester an Rom. Unter seinem Sohn **11** Titus (79–81) wurden durch einen Ausbruch des **12** Vesuv die Städte Pompeji und

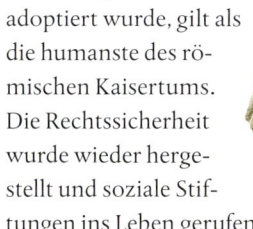
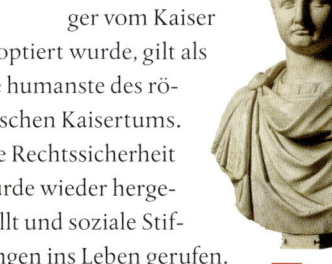
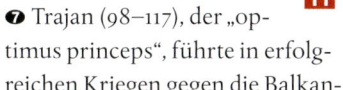

9 Münzbildnis Vespasians

Herculaneum verschüttet. Mit der Ermordung seines tyrannischen Bruders und Nachfolgers **5** Domitian (81–96) endete die Zeit der Flavier.

Die folgende Zeit der Adoptivkaiser, in der der jeweils fähigste Nachfolger vom Kaiser adoptiert wurde, gilt als die humanste des römischen Kaisertums. Die Rechtssicherheit wurde wieder hergestellt und soziale Stiftungen ins Leben gerufen. **7** Trajan (98–117), der „optimus princeps", führte in erfolgreichen Kriegen gegen die Balkan-

11 Titus

völker, die Parther und in Nordafrika das Römische Reich zu seiner größten Ausdehnung.

Die Epoche seiner Nachfolger, des als Feldherr wie auch als Freund der schönen Künste bedeutenden Hadrian (117–138) und des friedliebenden Antoninus Pius (138–161), gilt als „Goldenes Zeitalter" Roms. Beeinflusst von der Philosophie der Stoa, stellten sie das Reich auf eine „multiethnische und multikulturelle" Grundlage und betrieben eine defensive Außenpolitik durch Grenzsicherung (**10** Hadrianswall in Britannien).

8 Mark Aurel (161–180), der „Philosoph auf dem Kaiserthron", wollte sich dem Frieden widmen, musste jedoch permanent Abwehrkriege an den Grenzen des Reiches führen, v. a. gegen die bis Oberitalien vorstoßenden Markomannen und Quaden im Donauraum sowie in Ägypten und Spanien. Er durchbrach das System der Adoption und machte seinen Sohn Commodus (180–192) zum Nachfolger. Mit dessen Ermordung brach das bewährte Herrschaftssystem der Adoptivkaiser endgültig zusammen.

12 Ausbruch des Vesuv im Jahr 79 n. Chr

Die griechische Philosophie der Stoa

Im 2. Jh. in Rom populär geworden, vertrat sie eine Ethik der strengen Pflichterfüllung und Bescheidenheit. Seelenfrieden („stoische Ruhe"), Gerechtigkeit, Selbstbeherrschung und Menschlichkeit galten als höchste Ziele. Der wahre Staat umfasst für die Stoa die ganze Welt auf der Grundlage der Gleichheit aller Menschen unter dem Gesetz der göttlichen Vernunft. Die Kaiser Hadrian, Antoninus Pius und Mark Aurel waren Anhänger der Stoa.

um 2500 v. Chr.–7. Jh. n. Chr.

Antike

Die Dynastie der Severer

Septimius Severus konsolidierte das Reich, passte es den veränderten politisch-sozialen Bedingungen an und legte damit die Grundlagen für das Soldatenkaisertum des 3. Jh. Mit der Herrschaft seiner Familie drangen auch verstärkt orientalische Einflüsse nach Rom.

1 Caracalla

2 Elagabal

Fünf Heerführer bewarben sich 193 um den Kaiserthron. Es siegte der aus Nordafrika stammende ❸ Septimius Severus, der das Reich konsolidierte, die Finanzen neu ordnete und eine völlige Nivellierung der Einwohner Italiens und der Provinzen betrieb. Septimius wandelte das Kaisertum in eine Militärmonarchie um, indem er Senat und traditionelle Eliten zurücksetzte und den Militärkommandeuren auch im zivilen Bereich große Macht verlieh. Damit legte er die Grundlagen für das „Soldatenkaisertum", welches das 3. Jh. prägen sollte.

Sein Sohn ❶ Caracalla ermordete 212 seinen mitregierenden Bruder Geta und förderte offen eine Verschmelzung von römischen und orientalischen Kulten. Gestützt auf Armee und Prätorianer, führte er in Rom ein Schreckensregiment. Als er jedoch mit seinem Feldzug gegen die Parther scheiterte, wurde er vom Prätorianerpräfekten Macrinus (Kaiser 217/18) ermordet.

Die Herrschaft von Caracallas syrischem Neffen ❷ Elagabal (Heliogabal, 217–222), der Priester des Sonnengottes von Emesa gewesen war, bildete mit seinen nächtlichen Feiern und Geheimkulten einen moralischen Tiefpunkt der römischen Kaiserzeit. Sein Versuch, den syrischen Sonnenkult zum Staatskult zu machen, führte zu einer tiefen Verunsicherung im römischen Selbstverständnis.

Sein Vetter Severus Alexander (222–235) versuchte noch einmal einen Kurswechsel: Er stärkte den Senat und regierte streng nach altrömischem Recht unter dem Einfluss des Juristen Ulpian. Es zeigte sich jedoch, dass der Kaiser nicht mehr gegen den Willen der Soldaten und Prätorianer herrschen konnte. Nachdem die Prätorianer 228 ❹ Ulpian ermordet hatten, fiel auch Alexander Severus nach seinen glücklosen Feldzügen in Mesopotamien, Ägypten und gegen die Markomannen mit seiner Mutter einem Mordkomplott seiner Soldaten zum Opfer. Die Armee hatte damit endgültig die Macht übernommen.

Die Frauen der Severer

Stets spielten die Frauen der Severer eine bedeutende Rolle. Die Gattin des Septimius Severus, Julia Domna, Tochter des Sonnenpriesters Bassianus von Emesa, wurde als Kaiserin hoch geehrt und versammelte einen Kreis von Gelehrten um sich. Ihre Schwester Julia Maesa war die Großmutter der Kaiser Elagabal und Alexander Severus, deren Thronerhebung sie energisch betrieb. Ihre Töchter Julia Soaemias und Julia Mamaea, die Mütter der Kaiser, übten auf die Regierung ihrer Söhne großen Einfluss aus und wurden beide jeweils zusammen mit ihren Söhnen von den Soldaten ermordet.

oben: Julia Domna (Marmorbüste, um 210 n. Chr.)

3 Kaiser Septimius Severus beschuldigt seinen Sohn Caracalla eines Mordversuchs

4 Ulpians Ermordung vor Kaiser Severus und dessen Mutter (Holzstich, 1876)

■ Die Soldatenkaiser 235–284

Die Zeit rasch wechselnder Kaiser und Usurpatoren war eine Periode äußerster Instabilität. Erst den letzten Soldatenkaisern, besonders Aurelian, gelang eine gewisse innere Konsolidierung des Reiches.

Die 50 Jahre während Herrschaft der Soldatenkaiser war eine extrem unruhige Zeit. Insgesamt 26 Kaiser und ca. 40 Usurpatoren wurden von ihren Legionen erhoben und ermordet; viele von ihnen waren Offiziere illyrisch-pannonischer Herkunft, die meisten führten während ihrer gesamten Regierungszeit Krieg. Häufig machten sich Gegenkaiser selbstständig und das Gesamtreich zerfiel. Es geriet in die Defensive: Seit Anfang des 3. Jh. bedrängten Germanenvölker, v. a. Goten, das Reich im Westen. Bis Mitte des Jahrhunderts ging der gesamte

6 Marcus Aurelius Probus

Donauraum inklusive Kleinasien und Griechenland verloren. Im Vorderen Orient drängte das neu erstandene Perserreich der Sassaniden die Römer immer mehr zurück; Kaiser Valerian (253–260) geriet nach einer vernichtenden **5** Niederlage 260 in persische Gefangenschaft. 259 trennte der Usurpator Postumus Gallien vom Reich ab und schuf ein ihn überdauerndes römisches Sonderreich im Westen. In Syrien machte sich der Statthalter Odaenathus in **11** Palmyra selbstständig. Er erzwang von Rom seine Anerkennung als „Fürst des gesamten Orients". Seine Witwe **8** Zenobia nahm sogar den Kaisertitel an.

Erst den letzten Soldatenkaisern gelang eine gewisse Stabilisierung des Reiches. **9** Claudius II. Gothicus (268–270) vertrieb die Alemannen aus Oberitalien und schlug die Goten an der Donau zurück. Aurelian (270–275), der bedeutendste der Soldatenkaiser, umgab Rom mit der **10** „Aurelianischen Mauer" und vertrieb die Gotenstämme 270/71 endgültig aus dem oberitalienischen Raum. Anschließend zog er in den Orient, zerstörte das Reich von Palmyra (273) und

gliederte Ägypten erneut dem Reich an. Er reorganisierte Wirtschaft und Verwaltung und schuf den Kult um den Sonnengott Sol invictus („unbesiegbare Sonne") als einheitliche Reichsideologie. Das Fest des Gottes am 25. Dezember übernahmen die Christen später für das Weihnachtsfest. **6** Probus (276–282) befriedete das dem Reich wieder angegliederte Gallien und drängte die Germanen über den Rhein zurück, der als Reichsgrenze verteidigt wurde. Der Kaiser siedelte viele Germanen als Kolonisten an oder nahm sie ins römische Heer auf. Nach seiner **7** Ermordung wurden die Verhältnisse erneut instabil, bis Diokletian – aufbauend auf den Ordnungsleistungen von Aurelian und Probus – dem Römischen Reich ein neues Gepräge gab.

5 Triumph des Sassanidenkönigs Schapur I. über die römischen Kaiser Philippus Arabs und Valerian in der Schlacht bei Edessa 260

7 Die Ermordung Aurelians bei Byzanz im Jahr 275

9 Claudius Gothicus

8 Zenobia, Königin von Palmyra, nach ihrer Gefangennahme durch Kaiser Aurelian (Gemälde, 1878)

10 Die Aurelianische Mauer

11 Blick auf die Ruinen Palmyras in Syrien

um 2500 v. Chr.–7. Jh. n. Chr.

Antike

um 2500 v. Chr.–7. Jh. n. Chr.

Antike

■ Das Dominat: Diokletian und das System der Tetrarchie

Diokletian stellte die Stärke Roms wieder her. Sein Doppelkaisertum mit Maximian und schließlich das System der Vierkaiserherrschaft wurde dem auseinander strebenden Weltreich gerecht.

Im November 284 griff der aus einfachen Verhältnissen stammende Gardekommandant ❶, ❷, ❹ Diokletian nach der Macht und gab dem Reich eine neue Ordnung. Als erneut Kämpfe in Gallien ausbrachen, machte er seinen Kampfgefährten Maximian 285 zum Mitregenten (Caesar) und 286, nachdem dieser die Rebellion

3 „Die Tetrarchen", Relief an San Marco, Venedig, als Diokletian, Galerius, Maximian und Constantius gedeutet

in Gallien niedergeschlagen hatte, zum Mitkaiser (Augustus). Die beiden Kaiser hielten am altrömischen Götterkult als Staatsideologie fest und verlangten die göttliche Verehrung des Herrschers. Als die Christen sich dieser Forderung verweigerten, kam es ab 299 und verstärkt 303–305 zu heftigen Christenverfolgungen. Die Christen mussten sich in die ❺ Katakomben Roms flüchten.

Zwischen den Kaisern herrschte eine faktische Aufgabenteilung. Diokletians Hauptinteresse galt einer umfassenden Reform aller Bereiche der Verwaltung und des Heeres: Steuersystem, Beamtenbesoldung und Gerichtswesen wurden völlig neu geordnet und den Provinzen größere Kompetenzen übertragen, womit der Kaiser der sich abzeichnenden Dezentralisierung des Reiches Rechnung trug. Währenddessen eilte Maximian von Kriegsschauplatz zu Kriegsschauplatz. Als sich 286/87 Britannien unter einem Usurpator vom Reich löste und Aufstände im Vorderen Orient ausbrachen, erkannte Diokletian, dass das Reich nicht mehr zentral zu verwalten war, und installierte 293 das System der ❸ Tetrarchie („Viererherrschaft"): Beide Regenten adoptierten Nachfolger, die zunächst als Cäsaren („Unterkaiser") regierten und beim Rücktritt der Regenten in deren Würde nachrückten.

Diokletian wählte ❼ Galerius, Maximian Constantius I. Chlorus

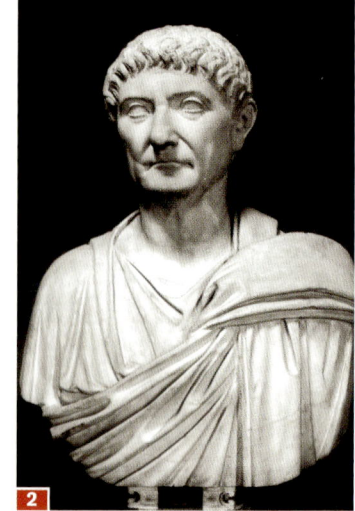

1 Münzbildnis des Kaisers Diokletian

zum Cäsar. Es erfolgte eine regionale Aufteilung der Kompetenzen: Diokletian als Augustus des Ostens (Residenz: Nikomedien) erhielt Thrakien bis zum Vorderen Orient und Ägypten, Galerius die Donauprovinzen und Griechenland, Maximian als Augustus des Westens (Residenz: Mailand) Italien, Spanien und Nordafrika und Constantius Chlorus Gallien und Britannien. Bei Kompetenzstreitigkeiten hatte Diokletian als „Senior Augustus" das letzte Wort. Das System zeigte 20 Jahre lang eine erstaunliche Stabilität, bis Diokletian am 1. 5. 305 für sich und Maximian den Rückzug vom Kaiseramt beschloss und sich auf seinen ❻ Alterssitz in Split zurückzog. Galerius und Constantius rückten in die Position der Augusti auf. Diokletian, dessen Andenken die spätere

2 Diokletian

christliche Geschichtsschreibung schmähte, hatte sich als bedeutender Wiederhersteller der Stärke Roms erwiesen.

4 Goldmünze: Bildnis Diokletians auf der Vorderseite (oben), Jupiter mit Adler und kleiner Siegesgöttin auf der Rückseite (rechts)

6 Rekonstruktion des Diokletianspalastes, den Diokletian um 300 als seinen Alterssitz in Split bei Salonae (Dalmatien) erbauen ließ

5 Wandmalerei in der Pretestatus-Katakombe in Rom mit einer Darstellung des Apostels Paulus

287 | Loslösung Britanniens vom Reich   **303–05** | Heftige Christenverfolgungen   **306** | Aussetzung der Christenverfolgung

284–305 | Doppelkaisertum Diokletian und Maximian   **293** | Thronfolgeordnung („Tetrarchie")   **1. 5. 305** | Doppelrücktritt vom Kaiseramt

Vom Zerbrechen der Tetrarchie bis zum Sieg des Konstantin und Licinius

Nach 306 zerbrach das System der Tetrarchie durch Machtkämpfe der Prätendenten. Der Machtkampf, aus dem Konstantin der Große und Licinius als Sieger hervorgingen, brachte den Christen die erste staatliche Anerkennung.

7 Galerius überredet Diokletian, ihm die Cäsarenwürde zu übertragen

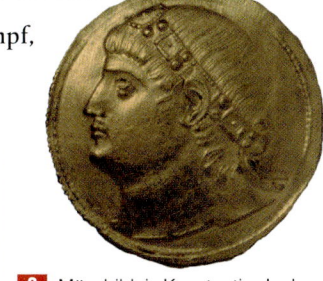

8 Münzbildnis Konstantins I., dem Großen

Aus dem Toleranzedikt des Galerius vom 30. 4. 311:

„Daher wird es unserer Nachsicht entsprechend die Pflicht der Christen sein, zu ihrem Gott für unser Wohl, für das Wohl des Staates und für ihr eigenes zu beten, damit der Staat in jeder Hinsicht vor Schaden bewahrt bleibt und sie sicher in ihren Wohnungen leben können."

schen Kaiser. Gemeinsam konnten sich Licinius und Konstantin gegen ihre Feinde behaupten. 312 zog Konstantin, der die Christen inzwischen offen begünstigte, mit seinen Legionen nach Rom und schlug die Truppen des Maxentius am 28. Oktober an der **10** Milvischen Brücke. 313 siegte Licinius – ebenfalls mit Unterstützung der Christen – im Osten gegen Maximinus Daia. Die Sieger teilten das Reich nun unter sich auf: Konstantin wurde Alleinherrscher des Westens, Licinius Alleinherrscher des Ostens. Für die Christen brachen neue Zeiten an.

Bereits 305 wankte das System der Tetrarchie, da sich Maximian im Gegensatz zu Diokletian nur widerwillig von der Macht trennte und außer seinem Adoptivsohn Constantius noch einen leiblichen Sohn hatte, den ehrgeizigen Maxentius, der seinerseits nach der Macht strebte. Während der Machtwechsel im Osten rei-

bungslos verlief und Galerius den Maximinus Daia zum Cäsar machte, kam es im Westen zu schweren Konflikten. Als nämlich Constantius I., der die Christenverfolgungen in seinem Herrschaftsbereich eingestellt hatte, bereits im Juli 306 starb, ergriff sein leiblicher Sohn **8** Konstantin I., der Große, gestützt auf die Soldaten seines Vaters, den Kaisertitel. Daraufhin ließ sich **9** Maxentius seinerseits in Rom von den Prätorianern zum Kaiser ausrufen. Gegen ihn schickte nun der Senior Augustus Galerius seine Truppen, doch Maxentius behauptete sich.

Die Situation verschärfte sich, als 308 **9** Licinius zum Augustus des Westens ausgerufen wurde, der Konstantin als seinen Cäsar anerkannte, und ein weiteres Mal mit dem Tod des Galerius im Jahr 311. Kurz zuvor hatte der bisherige Christenverfolger Galerius ein Toleranzedikt erlassen, um die Christen wieder mit dem römischen Staat zu versöhnen. Es war die erste offizielle Anerkennung der Christen durch einen römi-

9 oben: Münzbildnis von Maxentius; links: Münzbildnis von Licinius

Der Sieg an der Milvischen Brücke 312

Der politisch kluge Schachzug von Konstantin dem Großen, seine Truppen unter dem Zeichen des Christogramms, das für die Initialen Christi steht, in den Kampf zu führen, wurde von den frühen christlichen Autoren Laktanz und Eusebius von Caesarea verklärt. Eusebius berichtet in seiner „Vita Constantini" von einem Traum Konstantins vor der Schlacht. Diesem sei ein Kreuzzeichen am Himmel erschienen und eine Stimme habe gerufen: „In hoc signo vincis!" – „In diesem Zeichen wirst du siegen!"

10 Die Schlacht an der Milvischen Brücke, 312 n. Chr.

308 Offizielle Anerkennung des Christentums   **313** Sieg Licinius' über Maximinus Daia

306–37 Herrschaft von Konstantin I.   **28. 10. 312** Schlacht an der Milvischen Brücke   **313–24** Doppelherrschaft von Konstantin und Licinius

VON KONSTANTIN DEM GROSSEN BIS ZUM AUFSTIEG VON BYZANZ 312–867

Mit dem Toleranzedikt von Mailand stellten ❶ Konstantin und Licinius 313 die christliche Religion den bestehenden römischen Kulten gleich. 90 Jahre später stieg das Christentum zur römischen Staatsreligion auf. Konstantin, der als Erster das Christentum für die Festigung seiner Herrschaft instrumentalisierte, unterwarf wie seine Nachfolger die Kirche einer strengen Staatsordnung. Die schon früher praktisch bestehende Teilung des Weltreiches in West (Rom) und Ost (Byzanz) wurde 395 endgültig. Während das Weströmische Reich unterging, stieg Byzanz zum neuen Kaiserreich auf.

Konstantin I., der Große (zeitgenössische Marmorbüste)

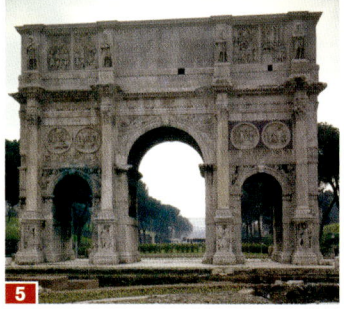

2 Das christliche Symbol des Fisches (frühchristliches Mosaik, 4. Jh.)

■ Konstantin der Große

324 konnte Konstantin der Große seine Alleinherrschaft durchsetzen; er reorganisierte das Reich, wobei er das Christentum in allen Bereichen begünstigte.

Nach dem ❺ Sieg über ihre Konkurrenten 312 erließen Konstantin und Licinius ein Jahr später das Toleranzedikt von Mailand, das den ❷ Christen freie Religionsausübung garantierte, und teilten das Reich unter sich auf. Der Frieden zwischen ihnen hielt nicht lange: Ab 316 kam es zu mehreren militärischen Kämpfen, bis Konstantin 324 siegte und Licinius in die Verbannung schickte.

Konstantin verstand sich zunehmend als Beauftragter des christlichen Gottes und Schutzherr der Christenheit. Klar erkannte er das Potenzial der jungen Religion und wollte sie in die römische Reichsideologie einbinden. Er erstattete der Kirche konfisziertes Vermögen zurück und gründete ❹, ❻ Kirchen. Eine ❸ „Konstantinische Schenkung" von Staatsland an die Kirche gab es nicht. Sie ist eine um 850 entstandene urkundliche Fälschung.

Konstantin erließ viele neue christlich beeinflusste Gesetze. Er schaffte z. B. Strafen wie den Gladiatorendienst ab, schränkte die Sklaverei ein und erließ humanere Ehe- und Familiengesetze. Durch Betonung des Gottesgnadentums gab er der religiösen Legitimation des Kaisertums neue Impulse: Jedes Vorgehen gegen einen christlichen Kaiser wurde zum Sakrileg gegen Gott selber

3 Die „Konstantinische Schenkung" (Fresko, 1246)

4 Die Maxentius-Basilika in Rom (330 von Konstantin eingeweiht)

und die gottgewollte Ordnung. Der Kaiser griff massiv in die Kirchenpolitik ein und beanspruchte auch in Glaubensfragen das letzte Wort. Viele Christen strebten nun nach einer Beteiligung an den

Staatsgeschäften und begannen, sich mit dem Römischen Reich zu identifizieren. Die Kirche übernahm viele Organisationen und Ämter des Staates für ihre eigenen Strukturen.

5 Der Konstantinsbogen, 315 n. Chr. geweiht nach dem Sieg Konstantins über Maxentius an der Milvischen Brücke

Aus der Lobrede eines christlichen Autors:

„Du hast, Konstantin, in der Tat irgendein Geheimnis mit dem göttlichen Geist, der, nachdem er alle Sorgen um uns den niederen Göttern überlassen hat, allein Dich gewürdigt hat, sich Dir direkt zu zeigen. Andernfalls, tapferster Kaiser, gib Rechenschaft darüber, womit Du gesiegt hast!"

6 Die Grabeskirche in Jerusalem (326 geweiht)

313 | Toleranzedikt von Mailand   321 | Einführung des Sonntags als christlicher Ruhetag   325 | Einberufung des Konzils von Nicäa

313/14 | Donatistenstreit   324 | Alleinherrschaft Konstantins des Großen

Die Nachfolger Konstantins

Nach Konstantins Tod destabilisierte ein Bruderkrieg das Reich, doch konnte Constantius II. die Politik seines Vaters erfolgreich fortsetzen. Der Versuch Julian Apostatas, zum Heidentum zurückzukehren, blieb nur kurze Episode.

um 2500 v. Chr.–7. Jh. n. Chr.

8 Kaiser Julian Apostata (Fresko, um 1320/25)

Antike

7 Kaiser Konstantin wird durch Papst Sylvester I. getauft (Fresko, 1246)

324 gründete Konstantin die nach ihm benannte Stadt **11** Konstantinopel am Bosporus, die in den folgenden Jahrhunderten zum Zentrum der römisch-christlichen Kaiseridee werden sollte. Konstantin starb 337 zu Beginn eines Persienfeldzuges, nachdem er wenige Tage zuvor die christliche **7** Taufe empfangen hatte. Schon 335 hatte er eine Nachfolgeregelung im Sinne der Tetrarchie Diokletians getroffen: Die älteren

Söhne **10** Konstantin II. und Constantius II. sollten als Augusti, der jüngste Sohn Constans und der Neffe Dalmatius als Cäsaren herrschen.

Nach seinem Tod nahmen aber alle drei Söhne den Augustus-Titel an, und es entbrannte ein mörderischer Bruderkampf, aus dem schließlich Constantius II. als Sieger hervorging. Nachdem er die einfallenden Perser abgewehrt hatte, betrieb er wie sein Vater eine aktive Kirchenpolitik. Da der „Arianerstreit" und andere frühe Spaltungen

10 Konstantin II.

der Christenheit das Reich zu destabilisieren drohten, versuchte Constantius die politisch-religiöse Einheit zu fördern, u. a. indem er die herausragende Stellung des christlichen Kaisers betonte. Sein Hofzeremoniell trug bereits die später für Byzanz charakteristischen Züge einer sakralen Entrückung des Herrschers.

Sein Nachfolger wurde 361 sein Vetter **8**, **9** Julian Apostata, der seit 355 als Caesar des Westens amtierte und 360 den Augustus-Titel gegen Constantius angenommen hatte. Der philosophisch hoch gebildete Julian gehört zu den tragischen Gestalten der Spätantike. Aus seiner Begeisterung für die griechische Philosophie und die antike Größe Roms heraus verlor er früh seinen Glauben. Er versuchte das Christentum wieder zurückzudrängen und nach der neuplatonischen Lehre einen Sonnenkult zu installieren. Er verfolgte die Christen nicht, doch sein Versuch, das Rad der Geschichte zurückzudrehen, führte zu allgemeinen Unruhen im Reich. Als er im Juni 363 gegen die Perser tödlich verwundet wurde, brach sein neuer Staatskult zusammen, und die christliche Geschichtsschreibung verdammte ihn als „Abtrünnigen" (Apostata). Mit ihm endete die Herrschaft des Hauses Konstantins.

9 Julian Apostata (Münzbildnis)

Arianismus

11 Konstantin erhebt Byzanz unter dem Namen Konstantinopel 330 zur neuen Hauptstadt

Der von dem alexandrinischen Priester Arius formulierte Arianismus lehrte, dass Jesus Christus nur „wesensähnlich" mit Gottvater und nicht von Ewigkeit an existiert. Die sich schließlich durchsetzende Lehre, nach der Jesus Christus „gleich ewig, ungeschaffen und wesenseins" mit dem Vater ist, wurde 325 auf dem Konzil von Nicäa und durch den Kirchenvater Athanasius formuliert. Der Arianerstreit spaltete zwischen dem 4. und 7. Jh. die Christenheit und führte im ganzen Reich zu Aufruhr, da auch einige Kaiser und fast alle Germanenvölker dem Arianismus anhingen.

oben: Das Konzil von Nicäa 325 in Iznik (Fresko, um 1600)

CHRISTENTUM

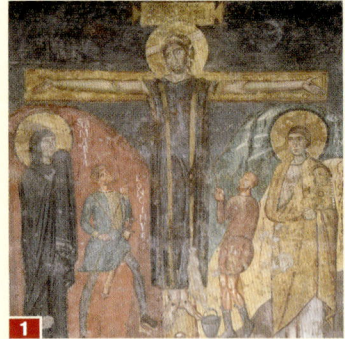

1

Von seinen Anfängen als jüdische Sekte emanzipierte sich das Christentum durch die Hinwendung zur hellenistisch-römischen Kultur und Philosophie. In seiner organisierten Form als Kirche begann das Christentum bald, eine wichtige Rolle in der Weltgeschichte zu spielen – ob als Staatsreligion oder als machtvolle Konkurrenz zur weltlichen Herrschaft. Erst mit der Trennung von Kirche und Staat in der Neuzeit hat die Kirche ihren direkten Einfluss auf das politische Geschehen weitgehend eingebüßt.

Christus am Kreuz zwischen Maria und Johannes (Wandmalerei, um 741/52)

Die zentrale Botschaft und die Urkirche

Das Christentum basiert in seinem Gottesbild auf dem Judentum. Wie dieses kennt es den gütigen, aber auch Rechenschaft vom Menschen fordernden Schöpfer und Erhalter der Welt. Sein zentraler Inhalt ist jedoch der Glaube an den Mensch gewordenen Gottessohn Jesus Christus, der zum Heil der Menschen den ❶ Kreuzestod erlitten hat und auferstanden ist. Jesu Botschaft und Anspruch ist in den vier

3 Handschrift des Johannes-Evangeliums auf Papyrus, Ende 2. Jh.

❸ Evangelien des Neuen Testamentes aufgezeichnet.

Das frühe Christentum stand von Anfang an in intensiver geistiger Auseinandersetzung mit seiner jüdischen und hellenistisch-römischen Umwelt und entschied sich unter dem Einfluss des ❺ Apostels Paulus für eine aktive Heidenmission und Ausbreitung in der Welt. Bis ins 7. Jh. rang die Kirche um die Definition ihres Gottes- und Jesusbildes, wobei die Kontroversen z.T. in blutige Kämpfe und Verfolgungen aus-

arteten. Gesellschaftspolitisch schwankte das frühe Christentum zwischen dem Gebot der Nächstenliebe, das einen aktiven Einsatz in der Welt verlangte, und der Erwartung des kommenden Reiches Gottes, das „nicht von dieser Welt" ist. Der ausschließliche Anspruch Gottes und Jesu Christi auf göttliche Verehrung verbot den Christen wie den Juden die Teilnahme am römischen Kaiserkult, den die Römer als Loyalitätsbeweis von allen Völkern des Weltreiches forderten.

2 Deckenfresko in den Calixtuskatakomben in Rom: Der Gute Hirte (3. Jh.)

4

Die Benediktiner-Abtei Monte Cassino, Italien, 529 von Benedikt von Nursia gegründet

Das Christentum im Römischen Kaiserreich

Die Christen betrieben eine aktive Missionierungspolitik in allen größeren Städten des Reiches inklusive Rom, sodass es bereits Ende des 2. Jh. zahlreiche Gemeinden gab. Der Illoyalität verdächtigt, erlebten die Christen mehrere heftige Verfolgungen und nahmen Zuflucht in den unterirdischen ❷ Katakomben der Städte. Wenn sie aber entdeckt wurden, wählten sie – das Leidensvorbild Jesu und der Apostel vor Augen – zumeist den ❼ Märtyrertod. In dieser Zeit bildete sich aber auch eine feste Organisation heraus, die der Kirche das Fortbestehen sicherte.

Mit der Politik Konstantins des Großen und den Toleranzedikten von 311/13 vollzog sich die sog. Konstantinische Wende: Das Christentum wurde zur staatstragenden Religion. Vor allem das oströmische Kaiserreich von Byzanz verband christliche Heilslehre mit antikem Herrscherkult; die Kaiser betrachteten sich als von Gott eingesetzte Sachwalter.

5

Der Apostel Paulus (serbische Wandmalerei, um 1265)

7

Zwei zum Tode verurteilte Christen in der Arena erwarten den Märtyrertod

6

Die Apostel Petrus und Paulus (Steinplatte von einem Grab, nach 313)

um 29/31 n. Chr. | Kreuzestod Jesu Christi   64 | Christenverfolgung unter Kaiser Nero   800 | Kaiserkrönung Karls des Großen   1096 | Beginn der Kreuzzüge

bis 40 | Abfassung des Markusevangeliums   311/13 | Toleranzedikt Konstantins des Großen   1054 | Morgenländisches Schisma

8 Papst Leo III. krönt Karl den Großen am 25.12. 800 in der Peterskirche in Rom zum Kaiser

Das Mittelalter und der Aufstieg des Papsttums

Im Frühmittelalter setzte in Europa ein gewaltiger Zivilisierungs- und Bildungsschub durch die Arbeit der christlichen Mönchsorden ein; die ❹ Klöster wurden durch Stiftungen auch zu mächtigen Grundherren. Der Übertritt der bis dahin arianischen Germanenvölker zum Katholizismus im 5.–7. Jh. stärkte die Position des Bischofs von Rom, der v.a. im Bündnis mit dem Frankenreich seine Unabhängigkeit von Byzanz erkämpfte und seinen päpstlichen Führungsanspruch als der Nachfolger des ❻ Apostels Petrus ausbaute. Seit der ❽ Kaiserkrö-

nung Karls des Großen durch den Papst im Jahr 800 waren Päpste und deutsche Kaiser eng miteinander verbunden. Die Entfremdung von Byzanz führte 1054 zu der bis heute andauernden Spaltung zwischen der römisch-katholischen Westkirche und der orthodoxen Ostkirche. Die zwischen dem 11. und dem 13. Jh. von der Westkirche initiierten ❾ Kreuzzüge ins Heilige Land zeigten das Christentum von seiner intolerantesten und gewalttätigsten Seite.

Im sog. ⓫ Investiturstreit ab der Mitte des 11.Jh. bis 1122 erkämpfte die Kirche ihre weitgehende Unabhängigkeit von weltlicher Einmischung. Mit Innozenz III. (1198–1216) gelangte das Papsttum auf den Zenit seiner weltlichen Macht, bis es den Bogen überspannte. Das „Exil" der Päpste in Avignon (1309–1377) und das Große Abendländische Schisma (1378–1417) machten die Notwendigkeit grundlegender Reformen deutlich.

Von der Reformation bis zur Aufklärung

Die Reformation im 16. Jh. bedeutete einen religiösen wie auch sozialen Umbruch, der als Beginn der Neuzeit aufgefasst wird. Aus dem Versuch, zur Urbotschaft des Evangeliums zurückzukehren und kirchliche Missbräuche zu verhindern, entstanden verschiedene protestantische Kirchen, von denen die Lutheraner als Anhänger ❿ Martin Luthers, die Re-

formierten als Anhänger Ulrich Zwinglis und die Kalvinisten als Anhänger Johannes Calvins für Europa die wichtigsten wurden. Die ersten Religionskriege wurden noch durch den mühsam ausgehandelten Augsburger Religionsfrieden von 1555 beendet, doch der religiöse Zwist entlud sich gewalttätig in den französischen Hugenottenkriegen und v.a. im Dreißigjährigen Krieg.

Im 17. und 18. Jh. gerieten Christentum und Kirchen in Europa durch die Aufklärung und die sozialen Umwälzungen, die mit der beginnenden technisch-

10 Martin Luther auf dem Reichstag zu Worms, 1521

industriellen Revolution einhergingen, in die Defensive und verbündeten sich im 19. Jh. mit den Mächten der politischen Reaktion. Erst spät erkannten sie die Notwendigkeit, auf Arbeiterfrage und Sozialismus zu reagieren. In vielen Ländern verloren die Kirchen im „Kulturkampf" die Aufsicht über die Bildungsinstitutionen der modernen Gesellschaft.

Die christlichen Kirchen im 20. und 21. Jahrhundert

Im 20. Jh. erlebte v.a. die Ostkirche zwischen 1917 und 1989/91 eine Periode der Unterdrückung bzw. von autoritärer Einbindung in die Systeme des real existieren-

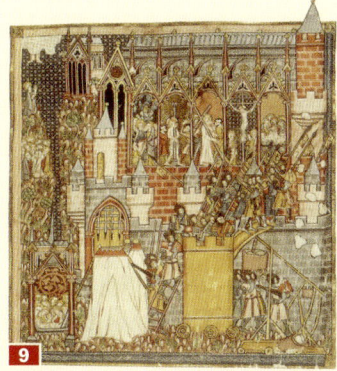

9 Die Eroberung von Jerusalem durch die Teilnehmer des Ersten Kreuzzuges unter Führung Gottfrieds von Bouillon am 15.7. 1099 (Buchmalerei, 14. Jh.)

den Sozialismus. In West- und Mitteleuropa schwankten die Kirchen zwischen Anbiederung an autoritäre oder faschistische Regime und ihrer Unterdrückung durch dieselben. Nach 1945 versöhnte sich die katholische Kirche mit den westlichen Demokratien und öffnete sich im ⓬ 2. Vatikanischen Konzil der Moderne. Der Protestantismus, v.a. fundamentalistische Freikirchen, erlebte in den USA einen Aufschwung. Seit Ende des 20. Jh. richtet die katholische Kirche verstärkt ihr Augenmerk auf die „jungen Kirchen" Lateinamerikas und Afrikas. In Mitteleuropa sind die Kirchen in einer pluralistisch-säkularen Welt weitgehend auf die Rolle sozialer Hilfsdienste und ethischer Stichwortgeber beschränkt. Ein möglicher Wiederaufstieg der Kirchen in Osteuropa bleibt abzuwarten.

11 Kaiser HeinrichIV. (vorne) bittet Markgräfin Mathilde von Tuszien um Vermittlung im Investiturstreit mit Papst Gregor VII. (Buchmalerei, vor 1114)

12 Feier zur Beendigung des 2. Vatikanischen Konzils 1965 in Rom

1 Porträtkopf eines Jünglings, gedeutet als Kaiser Gratianus oder Valentinian II.

3 Theodosius I. der Große

5 Der Kirchenvater Ambrosius erteilt dem Kaiser Theodosius die Absolution (Gemälde, 18. Jh.)

Das Römische Reich unter Valentinian und Theodosius

Die Kaiser Valentinian I. und Theodosius der Große stärkten das Römische Reich noch ein letztes Mal. Während Valentinian eine innere Konsolidierung vornahm, machte Theodosius das Christentum zur Staatsreligion.

Der Aufstieg des Christentums war nicht überall im Reich begrüßt worden, und die Reaktion des Julian Apostata hatte v. a. in Kreisen der altrömischen Eliten Anklang gefunden. Dass das Reich auch ideologisch nicht zerbrach und sich noch einmal gegen den Ansturm der Germanenvölker behaupten konnte, war v. a. der Politik zweier Kaiser zu verdanken.

Im Februar 364 wurde der Offizier ❹ Valentinian I. zum Kaiser ausgerufen. Auf Verlangen des Heeres machte er seinen jüngeren Bruder Valens zum Mitkaiser, der in Konstantinopel residierte. Valentinian widmete sich zunächst der Sicherung der Reichsgrenzen: In Gallien drängte er eingefallene Germanen über den Rhein zurück und errichtete von der Nordsee bis Rätien durchgehende Grenzbefestigungen. Er begann eine Politik der Strenge und Sparsamkeit, was bei der römischen Oberschicht auf wenig Gegenliebe stieß.

Währenddessen musste sein Bruder Valens im Osten gegen ❻ Goten und Perser kämpfen. 376 siedelte er die Westgoten in Thrakien an, doch diese drangen bis Griechenland vor; ein militärischer Konflikt wurde unvermeidlich. Sein Neffe Gratian eilte ihm mit Reichstruppen zu Hilfe, doch Valens wartete nicht ab und verlor gegen die Westgoten 378 die Schlacht bei Adrianopel. Er fiel, und die Goten besetzten Osteuro-

pa. Nachfolger Valentinians im Westen wurde sein Sohn ❶ Gratian, doch die politische Führung hatte der Feldherr ❸ Theodosius I., der Große, inne, den Gratian im Januar 379 als Augustus des Ostens einsetzte. Theodosius schloss 382 einen Vertrag mit den Westgoten, die südlich der unteren Donau als „Föderaten" angesiedelt wurden. Zugleich widmete er sich der endgültigen Christianisierung des Reiches, kämpfte gegen die heidnischen Kulte sowie gegen die Arianer und erhob 381 die von Rom vertretene

4 Der sog. Koloss von Barletta; eine Statue Valentinians I.

2 Die Kaiser Eugenius und Theodosius I. mit einer Victoria

Richtung von Nicäa zur Staatsreligion des Römischen Reiches. Gratian und Theodosius legten als erste Kaiser den traditionellen Titel des Pontifex Maximus ab, den nun der Papst annahm. Sie ❺ unterwarfen sich auch den Entscheidungen der Kirche. Theodosius war ein religionspolitisch weitblickender und streng rechtlich denkender Herrscher, doch mit seiner Entscheidung, gegen den Usurpator ❷ Eugenius germanische Heerführer zu Hilfe zu rufen, hinterließ er seinen Nachfolgern ein schweres Erbe.

6 Friedensschluss zwischen dem Goten Athanarich und Kaiser Valens 369

■ Das Ende des Weströmischen Reiches

395 kam es zur endgültigen Teilung des Reiches in Ost- und Westrom. Bis zum Ende des Weströmischen Reiches 476 wurden die meist schwachen Kaiser von germanischen Heerführern dominiert.

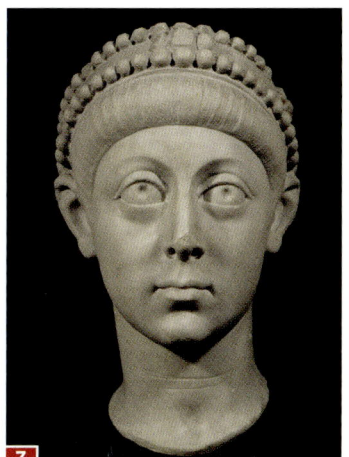

7 Arkadios, Sohn Theodosius' des Großen (Marmorbüste, um 395)

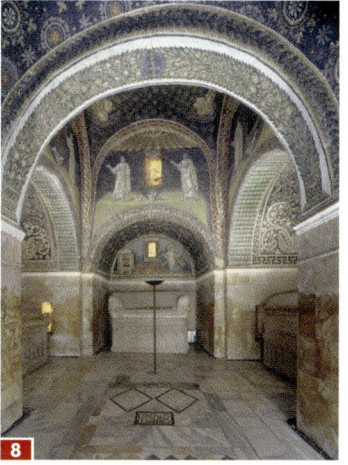

8 Mausoleum der Kaiserin Galla Placidia in Ravenna, vollendet um 450

9 Eroberung der Stadt Rom durch die Westgoten unter Alarich 410

um 2500 v. Chr.–7. Jh. n. Chr.

Antike

Als Theodosius im Januar 395 starb, teilte er das Reich unter seinen Söhnen auf: Der ältere, **7** Arcadius, erhielt den Ostteil mit Konstantinopel; der jüngere, Honorius, erhielt das Westreich mit Rom. Die Söhne und Enkel des Theodosius waren größtenteils abhängig von ihren germanischen Heerführern. Honorius, der die weströmische Residenz 404 von Rom nach Ravenna verlegte, wurde von seinem „Reichs-

feldherrn", dem Vandalen Stilicho, dominiert, der nach 395 erfolgreich gegen die Germanenstämme des Ostens operierte. Der drohende Einfall des Westgoten Alarich in Italien rief in Rom antigermanische Reaktionen hervor und führte zur Hinrichtung des Stilicho 408. Alarich plünderte im August 410 **9** Rom.

Valentinian III., der letzte Kaiser aus der Familie des Theodosius im Westen, stand im Schatten

seiner Mutter **8** Galla Placidia, die 425–437 für ihn die Regentschaft führte. Außenpolitisch agierte der Reichsfeldherr Aetius, der als „Patricius" seit 433 faktischer Herrscher des Westens war. Im Jahr 437 vernichtete er das Burgunder-Reich am Rhein und schloss ein Bündnis mit den Westgoten, mit deren Hilfe er 451 die Hunnen unter Attila auf den Katalaunischen Feldern schlug (S. 149). Nachdem der eifersüchtige Kaiser Aetius 454 erstochen hatte, wurde Valentinian 455 von einem Gefolgsmann des Aetius ermordet.

Der Verfall Westroms schritt nun rapide voran, zumal das Verhältnis zum seit 450 erstarkenden Ostreich äußerst gespannt war. Romulus Augustulus („das Kai-

serlein") bestieg in Ravenna den Thron. Nachdem der germanische Skirenfürst Odoaker Ravenna erobert hatte, **10** setzte er den letzten Kaiser am 4. 9. 476 gegen eine Rente ab und übernahm als erster „Barbarenkönig" die Macht in Italien. Das Weströmische Reich war untergegangen; einziger römischer Kaiser war fortan der Kaiser von Ostrom (Byzanz).

Odoaker

Der Skire Odoaker trat 470 als Söldner in die Dienste Westroms und wurde nach militärischen Erfolgen von seinen Gefolgsleuten zum König ausgerufen. 476 setzte er den weströmischen Kaiser ab und erlangte von Ostrom seine faktische Anerkennung als Herrscher Italiens. Durch Stärkung des Senats betrieb er eine kluge Ausgleichspolitik zwischen Römern und Germanen in Italien, versöhnte sich – obgleich Arianer – mit dem Katholizismus und wehrte andere Germanenvölker ab. 489 wurde er vom Ostgotenkönig Theoderich dem Großen bei Verona besiegt; bei einem angeblichen Versöhnungsmahl in Ravenna am 15. 3. 493 wurde er von Theoderich erschlagen.

oben: Odoakers Ermordung am 15. 3. 493 in Ravenna

10 Die Absetzung des Kaisers Romulus Augustulus durch den germanischen Heerführer Odoaker im Jahre 476 (Holzstich, um 1880)

Die Konsolidierung des Oströmischen Reiches

Nach 450 gelang es den oströmischen Kaisern, das Reich zu festigen und ihren Führungsanspruch in Europa durchzusetzen. Konstantinopel trat in allen Bereichen das Erbe des untergegangenen Rom an und erlebte unter Justinian I. seine erste Blütezeit.

Das Konzil von Chalkedon, 451 n. Chr.

Unter den schwachen Erben des Theodosius ruinierte sich Ostrom durch gewaltige Tributzahlungen an Hunnen und Germanenfürsten. Es steuerte auf ein

Den **Reichtum Konstantinopels**
schildert der Kirchenhistoriker Sokrates († um 450):

„Viele kommen nach Konstantinopel, denn die Stadt, obwohl sie eine ungeheure Menge ernährt, hat gute Reserven: Zur See importiert sie von überall her das Nötige, aber das Schwarzmeer, das ganz nahe ist, liefert ihr einen unerschöpflichen Vorrat an Getreide, wenn sie dessen bedarf."

ähnliches Schicksal wie Westrom zu. Dies änderte sich schlagartig, als mit Markian 450 eine Periode fähiger Herrscher begann. Dieser verweigerte den Hunnen die Tribute und konnte sie nach Westen abdrängen. Durch Föderaten-Verträge mit Ostgoten und Gepiden und die Abwehr der Araberstämme in Syrien und Palästina gelang ihm die Konsolidierung des Reiches. 451 ließ er auf dem ❶ Konzil von Chalkedon den Monophysitismus (S. 136) verurteilen, der das Reich spaltete. Sein Nachfolger Leon I. stärkte die Orthodoxie und nahm den Kampf gegen den seit 424 allmächtigen germanischen Heerführer Aspar auf. Er erschuf aus den kriegerischen Bergstämmen seiner Heimat, den Isauriern, eine neue Elitetruppe und beseitigte Aspar 471, womit die Vormacht germanischer Heerführer im Ostreich endete. Sein Schwiegersohn Zenon, ebenfalls ein Isaurier, baute ❸ Konstantinopel nach dem Untergang Westroms zum neuen

„Weltzentrum" aus. Eher Diplomat als Kriegsherr, schickte Zenon seinen „Waffensohn" Theoderich 476 nach Italien, wo er die Herrschaft Odoakers beseitigte und Italien formell der Oberhoheit Ostroms unterstellte.

Nun bedurfte es im militärisch gefestigten Reich neuer innerer Strukturen. Mit

Anastasios I. Dikoros (Elfenbein-Diptychon, Anfang 6. Jh.)

Konstantinopel (Istanbul): Blick über den Bosporus

❷ Anastasios I. bestieg 491 erstmals ein hoher Verwaltungsbeamter den Kaiserthron. Zunächst schaltete er die Isaurier zugunsten traditioneller Beamteneliten aus und befestigte die Reichsgrenzen gegen die Perser und die Bulgaren.

Anastasios I. ließ Gesetze erlassen und häufte überdies durch seine sparsame Verwaltung einen immensen Staatsschatz an.

An diese Leistungen konnte sein Nachfolger ❹ Justinian I. anknüpfen; er führte als Kaiser (seit 527) Byzanz in seine erste Blütezeit. Der illyrische Bauernsohn, der sich eine hohe Bildung angeeignet hatte, war bereits unter seinem Onkel Justin I. (518– 527) führend an den Staatsgeschäften beteiligt gewesen. Im Jahr 525 heiratete er die ehemalige Schauspielerin ❺ Theodora, die sich alsbald als wesentliche Stütze und Mitgestalterin seiner Herrschaft erwies.

Kaiser Justinian mit Gefolge (Mosaik, vor 547)

Kaiserin Theodora mit Gefolge (Mosaik, um 547)

Das Reich unter Justinian und Herakleios

Unter Justinian I. wurde Byzanz zur führenden Macht Europas in Politik und Kultur. Herakleios gelang eine Reorganisation des Reiches, die Byzanz seine Strukturen und Prägungen bis zum Ende gab.

Die „Gottesmutter von Wladimir" (Ikone aus Konstantinopel, 12./13. Jh.)

Außenpolitisch betrieb Justinian die Durchsetzung der byzantinischen Vorherrschaft im Westen und die Abwehr der Perser im Osten, v. a. aber die Ausschaltung der unruhigen Germanenvölker. Die Reiche der Wandalen in Nordafrika (533/34) und der Ostgoten in Italien (551–553) kamen unter byzantinische Oberhoheit.

Durchdrungen von der Idee des kaiserlichen ❽, ⓫ Gottesgnadentums, stattete Justinian das byzantinische Hofzeremoniell mit stark sakralen Zügen aus („Caesaropapismus") und unterwarf die Patriarchen von Konstantinopel und Rom – die späteren Päpste – seiner Kontrolle. Justinians bedeutendstes Werk war das 528 begonnene zivile Gesetzwerk, der „Codex Iustinianus", der die gesamte Rechtsgeschichte Europas entscheidend prägte.

Unter seiner Herrschaft erlebte das byzantinische Reich auch eine literarische und künstlerische Blütezeit mit einer eigenständigen Kultur. Den gewaltigen Staatsschatz investierte er in prachtvolle Bauten wie die ❻, ❿ Hagia Sophia in Konstantinopel und den Ausbau der Städte. Justinians Nachfolger waren v. a. in Abwehrkämpfe gegen Perser und Awaren und in religionspolitische Streitigkeiten verstrickt.

610 erhob sich der Heerführer Herakleios und eroberte den Kaiserthron. Er wurde zum eigentlichen Gestalter des byzantinischen Reiches. Zunächst befand er sich in der Defensive: 614 fiel Jerusalem an die Perser, und 626 belagerten Perser und Awaren gemeinsam Konstantinopel. Mit der Vertreibung der Perser aus Kleinasien wendete sich das Blatt: Die Byzantiner drangen in persisches Gebiet vor und eroberten 627 Jerusalem zurück. Herakleios gab dem Reich neue Strukturen: Er reorganisierte die orthodoxe Kirche, teilte das Reich in Militärverwaltungsbezirke ein und zerschlug die Macht der Großgrundbesitzer. Er ersetzte das Lateinische als Staats- und Verwaltungssprache durch das von Bevölkerung und Kirche verwendete Griechische. Damit sicherte er die Ausbildung einer byzantinisch-griechischen Identität des Reiches; „Basileios" ersetzte den Kaisertitel „Augustus".

Die bis 711 herrschende Dynastie des Herakleios sowie die folgenden Herrscher wehrten im 7.–9. Jh. ❾ Araber und Bulgaren ab, die mehrfach das Reich existenziell bedrohten. Im Innern erschütterte ein heftiger Bilderstreit (711–843) um die Rechtmäßigkeit der ❼ Verehrung von Heiligenbildern das Reich. Dem Bilderstreit fielen auch Kaiser und Patriarchen zum Opfer. Mehrere Provinzen machten sich in Bürgerkriegen selbstständig. Trotzdem gelang es Byzanz, seine Strukturen und Grenzen weitgehend zu halten.

Die Hagia Sophia (360 vollendet; Neubau unter Kaiser Justinian 532–537)

Maria mit Kind zwischen Konstantin und Justinian (Mosaik, Hagia Sophia)

Die Belagerung Konstantinopels durch Araber 717 (Buchmalerei, 13. Jh.)

⓫ Kreuzigung mit Kaiser Konstantin und Kaiserin Helena unter dem Kreuz

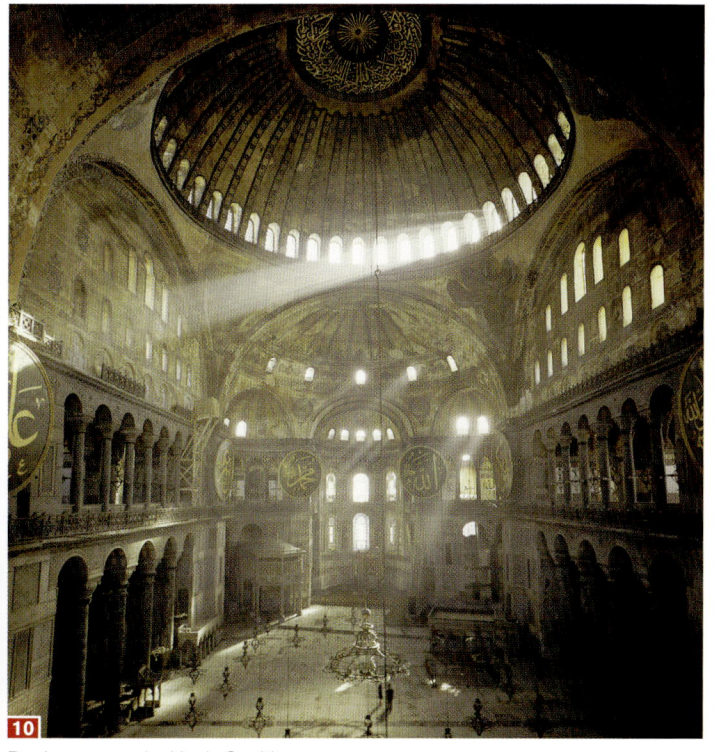

Der Innenraum der Hagia Sophia

um 2500 v. Chr.–7. Jh. n. Chr.

Antike

527–65 | Byzantinische Blütezeit unter Kaiser Justinian I.   610–77 | Dynastie des Herakleios   627 | Vertreibung der Awaren aus Konstantinopel

528 | „Codex Iustinianus"   532 | Baubeginn der „Hagia Sophia" in Konstantinopel   711–843 | Bilderstreit

1

ARMENIEN UND KLEINASIEN VON DEN DIADOCHEN BIS ZU DEN RÖMERN 550 V. CHR.–UM 300 N. CHR.

Armenien und die Reiche Kleinasiens bildeten im Altertum die kulturelle Drehscheibe zwischen der griechisch-hellenistischen bzw. später römisch dominierten Welt und dem Orient. Hartnäckig um Eigenständigkeit bemüht, gerieten sie beständig ins Visier der Großmächte, insbesondere Roms im 1. Jh. v. Chr.: Pontos erwies sich aber unter Mithridates VI. noch einmal als ernst zu nehmender Gegner der römischen Weltmacht. ❶ Armenien wurde später der erste christliche Staat.

Relief an der Kirche vom Heiligen Kreuz auf der Insel Ahtamar im Van-See im heute türkischen Teil Armeniens: der Heilige Georg im Kampf mit dem Drachen

▐ Armenien und Bithynien

Armenien erlangte erst im 2. Jh. v. Chr. seine volle Eigenständigkeit. Es war auch das erste Land, in dem um 300 n. Chr. das Christentum zur Staatsreligion erklärt wurde. Bithynien wahrte zunächst seine Eigenständigkeit, geriet dann aber unter römischen Einfluss.

Armenien war Erbe des alten Reiches von Urartu (S. 52). Zunächst Durchzugsgebiet für Skythen und Kimmerier, wurde es 550 v. Chr. Provinz des persischen Achaimenidenreiches und nach der Eroberung durch Alexander den Großen 301 v. Chr. dem Herrschaftsbereich der Seleukiden zugeschlagen, dann aber von den Parthern besetzt. Die Niederlage Antiochos' III. von Syrien führte 189 v. Chr. zur Teilung des Landes.

Eine Einigung der Reiche gelang dem Herrscher Tigranes I.

um 90 v. Chr. Er eroberte außerdem Kappadokien, Kilikien und Reste des Seleukidenreiches in Teilen Mesopotamiens. 69 v. Chr. von den Römern geschlagen, verlor er seine Eroberungen wieder. Armenien wurde zum umkämpften Pufferstaat zwischen Römern und Parthern, später zwischen Römern und Sassaniden.

Um 300 n. Chr. setzte Bischof ❸ Gregor der Erleuchtete in Armenien das Christentum als Staatsreligion durch. Armenien wurde somit – noch vor Rom – zum ersten christlichen Staat. Die ❷ Armenische Kirche („Gregorianische Kirche") unter einem eigenen Oberhaupt, dem „Katholikos", bewahrt bis heute eine große Eigenständigkeit und bekennt sich zum Monophysitismus.

Bithynien im Nordwesten Kleinasiens wurde seit dem Ende des 4. Jh. v. Chr. von eigenen Herrschern regiert und konnte sich sogar gegen die Truppen Alexanders des

Großen und der Diadochen behaupten. Nikomedes I., der bedeutendste König, gründete 264 v. Chr. die Hauptstadt Nikomedeia, das zu einem Zentrum hellenistischer Kultur wurde. Der letzte bithynische König, Nikomedes IV., wurde von Mithridates von Pontos vertrieben, kehrte aber 84 mit Hilfe des römischen Diktators Sulla auf den Thron zurück. Aus Dankbarkeit vermachte er den Römern sein Reich testamentarisch, die es nach seinem Tod 74 v. Chr. in Besitz nahmen.

Der Monophysitismus

Der von Theologen aus Alexandria begründete Monophysitismus vertritt die Ansicht, Jesus Christus habe nur eine Natur (mono physis), nämlich die göttliche; er sei das „Fleisch gewordene Wort Gottes". Dagegen lehren der Katholizismus und die Orthodoxie die zwei Naturen Jesu: die göttliche und die menschliche; „Christus ist wahrer Gott und wahrer Mensch". Diese Lehre unterstützte das Konzil von Chalkedon (451), woraufhin sich monophysitische Kirchen, etwa in Ägypten (Kopten), Armenien und Äthiopien, abspalteten.

oben: Kyrill von Alexandrien (Ikonenmalerei, 2. Hälfte 16. Jh.)

2

Die Kirche vom Heiligen Kreuz auf der Insel Ahtamar im Van-See, türkischer Teil Armeniens

3

Gregor der Erleuchtete tauft König Tiridates III., 296 n. Chr. (Gemälde, 18. Jh.)

◼ Kappadokien und Pontos

Das Königreich Kappadokien in Kleinasien stand unter römischem Einfluss. Das Großmachtstreben des benachbarten Pontos führte zu mehreren Kriegen, v. a. unter König Mithridates VI. Eupator, bis sich die Römer auch hier durchsetzten.

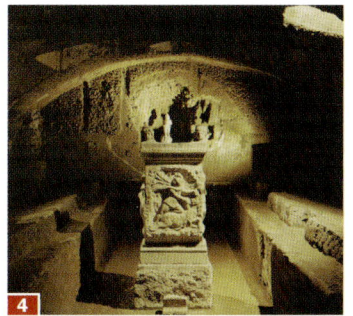

Mithras-Heiligtum in der Unterkirche von San Clemente in Rom

Mosaik mit der Darstellung der sieben Weihegrade des Mithras-Kultes, Ostia Antica bei Rom (2. Hälfte 3. Jh. n. Chr.)

Kappadokien im Osten Kleinasiens war ursprünglich eine persische Provinz, die sich aber nach dem Tod Alexanders des Großen selbständig machte. Es behauptete sich gegenüber den Diadochen, nahm aber die hellenistische Kultur auf. Nach 190/189 v. Chr. mit Rom verbündet, geriet Kappadokien seit 114/113 unter den Einfluss von Mithridates VI. von Pontos. Um 100 v. Chr. ❽ ermordete dieser den kappadokischen König und setzte seinen eigenen Sohn als Herrscher ein. Durch die Niederlage des Mithridates gegen Rom geriet Kappadokien unter römische Kontrolle. Marc Anton setzte 36 v. Chr. den ihm ergebenen Archelaos als König ein. Nach dessen Tod 17 n. Chr. wurde das Reich eine römische Provinz.

❼ Mithridates VI. Eupator

Die Könige von Pontos an der Nordküste Kleinasiens („Pontos" ist die griechische Bezeichnung für das Schwarze Meer) beanspruchten, von der altpersischen Dynastie der Achaimeniden abzustammen und ihre Nachfolge anzutreten. Seit dem 3. Jh. v. Chr. dehnten sie ihren Herrschaftsbereich immer weiter aus, bis es zum Konflikt mit den Römern kam: ❼ Mithridates VI. Eupator, Alleinherrscher seit 112 v. Chr., unterwarf die Skythen auf der Krim ebenso wie die dortigen griechischen Städte, eroberte die gebiete im Kaukasus und stellte die mit Rom verbündeten Königreiche von Bithynien und Kappadokien unter seine Kontrolle. In den drei blutigen Mithridatischen Kriegen zwischen 89 und 63 v. Chr., in deren Verlauf Mithridates zeitweilig große Teile Griechenlands und Kleinasiens besetzte, behielten die Römer letztlich die Oberhand. Im Jahr 63 wurde Mithridates von Pompeius endgültig geschlagen und ließ sich von einem Leibwächter ermorden. Seinem Sohn Pharnakes II. blieben nur die Gebiete auf der Krim, das sog. Bosporanische Reich. Bei dem Versuch, Pontos zurückzuerobern, wurde er 47 v. Chr. von Caesar

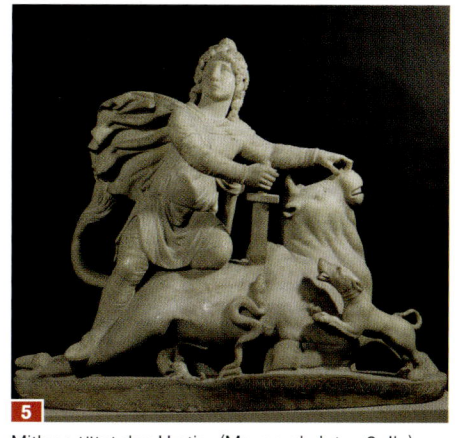

❺ Mithras tötet den Urstier (Marmorskulptur, 2. Jh.)

(„veni, vidi, vici", lat. „ich kam, sah, siegte") in der Schlacht bei Zela in Kleinasien geschlagen. 40 v. Chr. setzten die Römer einen Enkel des Mithridates, Dareios, wieder als König von Pontos ein. Erst 64 n. Chr. lösten sie Pontos endgültig auf.

Wohl auch durch die Kriege gegen Mithridates (pers.-griech. „von Mithras geschenkt") fand der ursprünglich altiranische ❻, ❾ Mithras-Kult im römischen Heer Verbreitung. Er wurde im 1./2. Jh. n. Chr. auch in Rom selbst, wo zahlreiche ❹, ❺ Mithras-Kultstätten (Mithräen) entstanden, führend, v. a. durch eine Verschmelzung mit dem Staatskult des „Sol invictus". Erst das Christentum drängte ihn zurück.

Rituelles Mahl in einem Mithräum

Mithridates VI. ersticht seinen Neffen König Ariarathes von Kappadokien

89–63 v. Chr. | Mithridatische Kriege   **47 v. Chr.** | Schlacht bei Zela   **64 n. Chr.** | Pontos römische Provinz   **um 300 n. Chr.** | Bekehrung Armeniens zum Christentum

74 v. Chr. | Bithynien römische Provinz   **17 n. Chr.** | Kappadokien römische Provinz   **1./2. Jh. n. Chr.** | Mithras-Kult wird führend in Rom

PERSIEN UNTER DEN PARTHERN UND SASSANIDEN 238 V. CHR.–651 N. CHR.

Die persischen Parther und die ihnen nachfolgenden Sassaniden waren über Jahrhunderte hinweg die gefährlichsten Gegner von Rom und Byzanz. Sie verstanden sich als Erben des Weltreiches der Achaimeniden (S. 60): Gegen die Hellenisierung bzw. Romanisierung des Vorderen Orients förderten sie bewusst altpersische Traditionen wie den Zoroastrismus oder den altorientalischen Herrscherkult, was wiederum auf Rom und Byzanz ausstrahlte. Im ständigen Kampf gegen Byzanz verbrauchte das Sassanidenreich seine Kräfte und erlag im 7. Jh. dem Ansturm der muslimischen Araber.

2 Parthischer Olivenkranz (Gold, frühes 3. Jh.)

Statue eines Partherkönigs (Marmor, 2. Jh.)

● Das Reich der Parther (238 v. Chr.–224 n. Chr.)

Die Parther traten die Nachfolge des Seleukidenreiches an und dehnten sich stetig nach Westen aus, wodurch sie schließlich in Konflikt mit dem Römischen Reich gerieten.

Ab dem 4. Jh. v. Chr. drang vom Südosten des Kaspischen Meeres der Stamm der Parner in das iranische Hochland vor. Nach der Provinz Parthien, die sie 238 v. Chr. unter ihrem Anführer Arsakes I. eroberten, nannten sie sich fortan ❶, ❷, ❹ Parther. Arsakes I. und seine Nachfolger, die Arsakiden, verdrängten die Seleukiden aus dem Iran und schließlich im 2. Jh. v. Chr. unter Mithridates I. auch aus Mesopotamien, das mit der Hauptstadt ❻ Ktesiphon am Tigris zum Zentrum ihres Reiches wurde. Die Parther übernahmen die ❸ hellenistische Kultur der Seleukiden (S. 99) sowie deren Verwaltungsstrukturen. Die Provinzen wurden von Gouverneuren, die häufig dem Herrscherhaus entstammten, fast autonom verwaltet. Unter Mithri-

3 Parther-Tempel im hellenistischen Stil in Hatra, Irak

dates II., dem Großen, erstreckte sich das Partherreich im 1. Jh. v. Chr. vom Euphrat bis an den Indus und hatte damit seine größte Ausdehnung erreicht. Vor allem über die Vorherrschaft in Armenien kam es zu ständigen Konflikten mit den Römern, jedoch konnte sich keine Seite wirklich durchsetzen. So besiegten 53 v. Chr. zunächst die Parther den römischen Konsul Crassus (S. 120) in der Schlacht von ❺ Karrhai. Doch bereits unter Augustus und auch späterhin konnte sich Rom die Unabhängigkeitsbestrebungen der parthischen Provinzgouverneure und Thronstreitigkeiten im Herrscherhaus zunutze machen und

unterstützte wiederholt verschiedene Prätendenten, um die innerparthischen Konflikte zu schüren. Kaiser Trajan eroberte 114 Mesopotamien, das aber unter Hadrian wieder aufgegeben wurde (S. 123). Weitere römische Partherfeldzüge folgten zu Beginn des 3. Jahrhunderts. 218 mussten die Parther, deren Reich sich im Inneren allmählich auflöste, mit den Römern Frieden schließen. Schließlich beendeten die Sassaniden, welche zunächst als par-

4 Parther (Farblithografie, 19. Jh.)

thische Gouverneure Persis, die alte Kernprovinz des Achaimenidenreiches, verwaltet hatten, 224 die Herrschaft der Arsakiden.

5 Niederlage des Crassus bei Karrhai

6 Königspalast in der parthischen, dann sassanidischen Hauptstadt Ktesiphon

Das Reich der Sassaniden (224–651 n. Chr.)

Die Sassaniden sahen sich als Nachfolger der Achaimeniden und stellten die Parther, unter denen das hellenistische Erbe überwogen hatte, als Fremdherrscher hin.

Der Sassanide ⑩ Ardaschir I. besiegte 224 den letzten parthischen Herrscher. Stärker noch als ihre Vorgänger beriefen sich die Sassaniden auf die altpersischen Traditionen und förderten die iranische Kultur, v. a. den Zoroastrismus (S. 63), der zu einer Art Staatsreligion wurde. Im Gegensatz zu den Parthern setzten die Sassaniden der Autonomie der Provinzen, welche letztlich zum Niedergang des Partherreiches geführt hatte, einen strengen Zentralismus entgegen.

Den Dauerkonflikt mit den Römern bzw. Byzantinern führten die Sassaniden weiter: Schapur I. brachte den Römern 260 bei Edessa eine empfindliche Niederlage bei und nahm ⑨ Kaiser Valerian (S. 125) gefangen. Unter Schapurs Nachfolgern wurden im 4. Jh. auch erstmals Christen als vermeintliche Parteigänger Roms

7 Sog. Chosrau-Schale mit Darstellung Chosraus I. auf dem Thron (Gold und Bergkristall)

verfolgt. Erst im 5. Jh. wurde ihnen die freie Religionsausübung gestattet.

Den Höhepunkt seiner Macht erlebte das Sassanidenreich unter ❼ Chosrau I., der bis 560 das Hephtalitenreich vernichtete (S. 148) und 575 Südarabien eroberte. Die Auseinandersetzungen mit Byzanz kulminierten, als ❽, ⑫ Chosrau II. Byzanz an den Rand des Zusammenbruchs brachte: Er besetzte Syrien und Ägypten und nahm 614 Jerusalem ein, wo er das Kreuz Christi raubte. Kaiser Herakleios (S. 135) konnte aber den Vormarsch der Perser aufhalten und in der Schlacht von Ninive 627 den entscheidenden Sieg erringen. Chos-

9 Gefangennahme des Kaisers Valerian durch den Sassanidenkönig Schapur I. (Kamee, 4. Jh.)

rau II. wurde abgesetzt und ⑪ ermordet; sein Nachfolger musste mit Herakleios Frieden schließen. Danach war Persien militärisch so geschwächt, dass es sich gegen die einfallenden Araber (S. 226/228) nicht zur Wehr setzen konnte. Der letzte Sassanide, Jesdgerd III., floh nach Osten und wurde 651 ermordet. Die Sprache und verfeinerte Kultur der Perser lebte aber auch in islamischer Zeit weiter fort und wurde v. a. von den Eliten gepflegt.

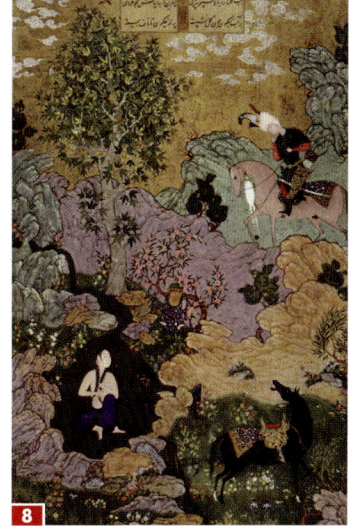
8 Chosrau II. und die Christin Shirin im Garten (Buchmalerei, 15. Jh.)

Der Manichäismus

Im 3. Jh. propagierte der persische Religionsstifter Mani eine dualistische Lehre, die Elemente des Zoroastrismus, aber auch des Christentums und Buddhismus integrierte. Mani identifizierte Gott mit einem Reich des Lichts, dem ein Reich der Finsternis gegenübersteht. Der Mensch muss sich ständig gegen die ihn bedrohende Finsternis behaupten. Hilfe kommt ihm dabei von Erlösergestalten, die ihm Gott schickt. Der Manichäismus beeinflusste sowohl Gnosis als auch Christentum stark. Unter den Sassaniden war besonders Schapur I. ein Förderer der Lehre.

oben: Mani (Fresko, 3. Jh.)

10 Nach dem Sieg über die Parther überreicht Ahura Masda dem sassanidischen König Ardaschir I. den Ring der Macht (Felsrelief bei Persepolis, 3. Jh.)

11 Chosrau II. wird von seinem Sohn hingerichtet (Kupferstich, 17. Jh.)

12 Chosrau II. und die Christin Shirin auf einer Gartenbank (Buchmalerei, 15. Jh.)

224 n. Chr. | Sassaniden beerben das Partherreich   **567 n. Chr.** | Sieg Chosraus I. über die Hephthaliten   **627 n. Chr.** | Niederlage bei Ninive gegen Herakleios

260 n. Chr. | Sieg Schapurs I. über die Römer bei Edessa   **614 n. Chr.** | Eroberung Jerusalems durch Chosrau II.

KELTEN, SLAWEN UND GERMANEN

6. JH. V. CHR.–7. JH. N. CHR.

West-, Ost- und Nordeuropa wurden in der Antike von den ❶ Kelten, Slawen und Germanen besiedelt. Die Mittelmeervölker betrachteten sie allgemein als unzivilisierte Barbaren. In den Beschreibungen griechischer und römischer Autoren kommt aber auch Neugier, Respekt und z. T. sogar Bewunderung zum Ausdruck. Neben mittelalterlichen Epen und archäologischen Funden bieten jene antiken Berichte wichtige Informationen über Kultur und Geschichte dieser Völker.

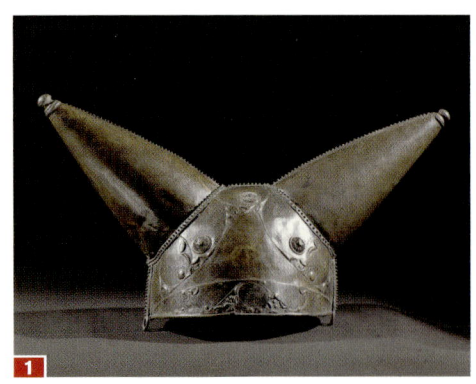

Keltischer Bronzehelm (1. Jh. v. Chr.)

■ Die Ausbreitung der Kelten

Von ihrer ursprünglichen Heimat in Westfrankreich und Süddeutschland aus verbreiteten sich die Kelten bzw. ihre Kultur über ganz Westeuropa und nach Südosteuropa. Außerdem siedelten keltische Stämme auch in Norditalien und in Zentralanatolien.

Der Name „Kelten" geht auf griechische Quellen aus dem 6. Jh. v. Chr. zurück und bezeichnete Stämme, die an Donau und Rhône lebten. ❺ Wanderungsbewegungen der Kelten sind da belegt, wo sie mit Etruskern, Römern und Griechen zusammentrafen. Ab dem 6. Jh. besiedelten sie die Poebene. Von hier aus unternahmen sie seit

3 Nach verlorener Schlacht tötet ein Galater sich und seine Frau (Marmor, 3. Jh. v. Chr.)

dem Beginn des 4. Jh. Raubzüge nach Süden und besetzten um 387 v. Chr. Rom. Im 3. Jh. drangen Kelten nach Griechenland vor und plünderten Delphi. Die keltischen ❸ Galater gelangten als Söldner von Nikomedes I. von Bithynien 278 nach Kleinasien. In der sog. ❻ „Elefantenschlacht" 275/74 von Antiochos I. von Syrien aufgehalten, ließen sie sich in Zentralanatolien (Galatien) nieder, wo sie noch im 1. Jh. n. Chr. lebten.

Eine regelrechte Einwanderung von Kelten ist hingegen weder für die Iberische Halbinsel noch für die ❹ Britischen Inseln nachgewiesen. Wahrscheinlich übernahmen aber die dort ansässigen Gesellschaften Kulturelemente der Kelten. Die Träger der sich seit dem 5. Jh. v. Chr. von Nordspanien nach Süden ausbreitenden

keltischen Kultur werden als Keltiberer bezeichnet. Auch die Bewohner der Britischen Inseln in vorrömischer Zeit werden kulturell und v. a. sprachlich den Kelten zugeordnet.

Zu Beginn des 1. Jh. v. Chr. verdrängten die aus dem Norden vorrückenden Germanen die Kelten in Mitteleuropa aus Teilen ihres Ursprungsgebietes hinter den Rhein und die Donau, wo sie schließlich unter römische Herrschaft gerieten. Unter dem Einfluss Roms bildete sich im keltischen Gallien eine eigenständige ❷ gallo-römische Kultur aus. Auf den Britischen Inseln bewahrten die Kelten in ❼ Irland und Schottland, die nie zum Römischen Reich gehörten, aber auch in Wales und Cornwall ihre Eigenständigkeit. Von hier aus wanderten Volksgruppen, die trotz

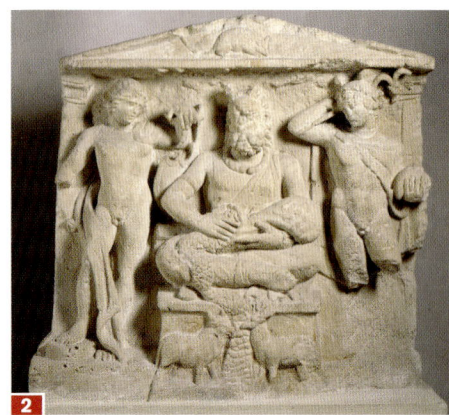

2 Der keltische Hirschgott Cernunnos als Verteiler des Reichtums zwischen den römischen Gottheiten Apollo und Merkur (Steinrelief, 1. Jh. n. Chr.)

Romanisierung noch im 5. und 6. Jh. n. Chr. keltisch sprachen, in die Bretagne ein. In diesen Gebieten hat sich bis heute die keltische Kultur und Sprache erhalten.

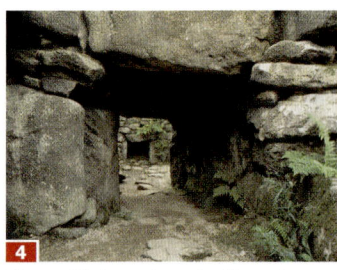

4 Eisenzeitliche Anlage der Kelten in Carn Euny, Cornwall, England, bestehend aus einem kreisrunden Raum, zwei Galerien und einem Tunnel

7 Keltisches Fort in Dun Aengus, Irland, teilweise ins Meer abgestürzt (1./5. Jh.)

5 Keltenzug (Gemälde, 19. Jh.)

6 Ein Kriegselefant trampelt einen keltischen Krieger nieder (Terrakottastatuette, 2. Jh. v. Chr.)

| um 387 v. Chr. | Besetzung Roms unter Brennus | 275/74 v. Chr. | „Elefantenschlacht" | im 1. Jh. v. Chr. | Verdrängung der Kelten aus Mitteleuropa |
| um 279 v. Chr. | Plünderung Delphis/Zug nach Kleinasien | 125 v. Chr. | Beginn römischer Eroberungen |

■ Kelten und Römer

Vom 3. Jh. v. Chr. bis zum 1. Jh. n. Chr. eroberten die Römer fast alle Siedlungsgebiete der Kelten.

Die erste große Auseinandersetzung der Römer mit den von ihnen „Gallier" genannten Kelten endete 387 v. Chr. mit der Eroberung Roms durch die keltischen ❽ Senonen unter Brennus. Die Kelten zogen dann jedoch nach Norden ab und ließen sich in der Po-ebene nieder. Zwischen 225 und 190 v. Chr. konnten die Römer dieses Gebiet unterwerfen. Die Eroberung der ❿ keltischen Gebiete jenseits der Alpen begann 125 v. Chr. und erfolgte in mehreren Etappen. Die hier lebenden Stämme waren untereinander zerstritten und leisteten keinen gemeinsamen Widerstand, sondern suchten gegebenenfalls auch Hilfe bei den Römern gegen innere und äußere Feinde. So griff auch Caesar in die keltischen Angelegenheiten ein, als er 58 v. Chr. die Gallier gegen den germanischen Heerkönig Ariovist verteidigte. In der Folge

unterwarf er aber bis 51 teilweise im Bündnis mit einzelnen keltischen Stämmen ganz Gallien (etwa heutiges Frankreich und Belgien). Als hartnäckigster Gegner erwies sich der keltische Fürst ❸ Vercingetorix, der im Jahr 52 von mehreren Stämmen zum König ausgerufen wurde. In Alesia eingeschlossen, wurde König Vercingetorix schließlich an Caesar ausgeliefert und nach dessen Triumphzug 46 v. Chr. in Rom hingerichtet.

11 Schiff mit Weinfässern (Fragment eines Grabmals für einen Weinhändler, 2./3. Jh. n. Chr.)

Unter Caesars Nachfolgern wurde die Grenze des Römischen Reiches bis an den Rhein und die Donau vorgeschoben und damit das Siedlungsgebiet der Kelten in

8 Rekonstruktionszeichnung eines keltischen Kriegers (links) und eines Senonenhäuptlings (rechts)

9 Römischer Grabstein einer Pannonierin in keltischer Tracht (1. Jh. n. Chr.)

Mitteleuropa erobert. Auch auf der Iberischen Halbinsel und im heutigen England und Wales gerieten Kelten unter römische Vorherrschaft. Hier erhob sich noch 61 n. Chr. die keltische Königin Boudicca gegen die Römer. Nach anfänglichen Erfolgen unterlag sie aber und beging schließlich Selbstmord.

In Gallien führte die Romanisierung zur Ausbildung einer ❾ gallo-römischen Mischkultur. So passte sich z. B. der keltische Adel zwar in vielerlei Hinsicht den Römern an, erhielt das Bürgerrecht und Eingang in den römischen Senat, bevorzugte aber weiterhin das Leben auf dem Land. Ursprünglich keltische Siedlungen wie Paris oder ⓬ Trier entwickelten sich zu blühenden Städten. Gallien wurde durch seinen Reichtum, besonders durch den ⓫ Export von Getreide, Wein und Fertigwaren, zu einer der wichtigsten Provinzen Roms.

10 Römische Skulptur zweier gallischer Krieger auf der Flucht (2. Jh. v. Chr.)

Die Besetzung Roms durch Brennus

Dem römischen Autor Livius und seiner „Geschichte Roms" zufolge gelang es dem Keltenführer Brennus nicht, das Kapitol einzunehmen, da die kapitolinischen Gänse die Verteidiger mit ihrem Schnattern gewarnt hatten. Seither wurden Gänse auf dem Kapitol in hohen Ehren gehalten. Brennus handelte eine Summe von 1000 Goldpfund für seinen Abzug aus. Als sich die Römer über zu schwere Gewichte auf der Waagschale beschwerten, warf Brennus sein Schwert hinein mit den Worten: „Vae Victis!" – Wehe den Besiegten!

oben: Brennus wirft vor den Römern sein Schwert in die Waagschale (Stahlstich, 19. Jh.)

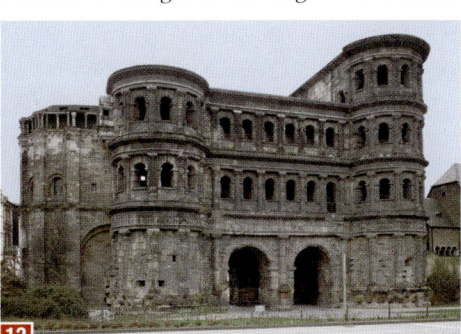
12 Porta Nigra, römisches Stadttor in Trier (2. Jh. n. Chr.)

13 Vercingetorix ergibt sich Caesar (Holzstich, 19. Jh.)

Kultur und Gesellschaft der Kelten

Von den antiken Hochkulturen unterschied die Kelten nur das Fehlen der Schriftlichkeit, welche sie bewusst ablehnten. Ansonsten erreichten sie, was gesellschaftliche Differenzierung, materielle Kultur sowie Wirtschaft und Handel anbelangt, ein sehr hohes Niveau.

1

Rekonstruktion der Wälle eines keltischen Oppidums in Süddeutschland

2

Statue eines keltischen Fürsten (Sandstein, 5. Jh. v. Chr.)

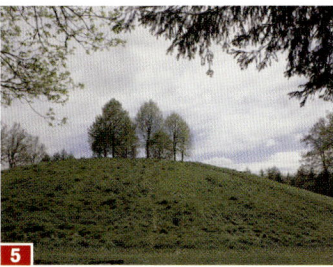

5

Keltischer Grabhügel in Baden-Württemberg (800/400 v. Chr.)

7

Rekonstruktionszeichnung eines keltischen Paares (19. Jh.)

Die Kelten bildeten kein zusammenhängendes Staatswesen, sondern waren in viele Stämme und Sippen unterteilt, die untereinander je nach politischer Notwendigkeit Bündnisse schlossen oder Konflikte austrugen. An der Spitze der Stämme standen in der Frühzeit zunächst Könige, die dann aber meist von Ratsversammlungen des Adels abgelöst wurden. Innerhalb des Adels ragten die ❷ Fürsten hervor, die sich durch besonderen Reichtum und Einfluss auszeichneten und im Krieg die Armeen anführten. Sie wurden in großen ❺ Grabanlagen mit reichen Grabbeigaben bestattet. Dem Adel gegenüber stand die breite Masse des ❼ Volkes, unter diesem standen noch die Unfreien. Wichtig war das Gefolgschaftswesen und die persönliche Loyalität. Die Fürsten verfügten über ausgedehnten Grundbesitz, erhoben Zölle und Abgaben und prägten sogar ❸ Münzen.

Grundlage der Wirtschaft waren Ackerbau und Viehzucht. Daneben erreichten ❻ Metallverarbeitung und Keramikherstellung ein hohes Niveau, wobei Einflüsse von Etruskern, Römern und Griechen deutlich werden. Die Kelten lebten in Einzelhöfen oder in ❽ Dörfern. Größere Sied-

lungen entstanden um wichtige Adelssitze. Ab dem 2. Jh. wurden auch ❶ befestigte Städte angelegt. Besonderes Ansehen genossen die ❹ Druiden, die eine Art Priesterkaste bildeten. Ihre Aufgaben waren die religiösen Kulte, die Weissagung, aber auch die Rechtsprechung und die Bewahrung der sozialen Ordnung über Stammesgrenzen hinweg. ❾ Gottheiten und Ahnen wurden – teilweise mit Menschenopfern – in ⓭ Heiligtümern sowie an Quellen, Flüssen oder Bäumen verehrt. Ihr Wissen gaben die Druiden nur mündlich an Auserwählte weiter. Ebenfalls nur mündlich wurde die Geschichte der Kelten überliefert durch die Dichtungen der Barden,

4

Kultische Zusammenkunft von Druiden in einem Steinkreis (Filmszene)

3 Goldmünze aus Gallien (Keltisch, 2. Jh. v. Chr.)

Die Legende um König Artus

In den Sagen spiegelt sich der Konflikt zwischen den keltischen Briten und den germanischen Angelsachsen wieder. In den zahllosen literarischen Ausgestaltungen finden sich einige Elemente immer wieder. Zu ihnen gehört Artus' Sieg über die Angelsachsen, seine berühmte Tafelrunde sowie die Untreue seiner Gattin Guinevere. Besonders in den französischen und deutschen Epen des Mittelalters wurde Artus zum Ideal des Ritters stilisiert.

6 Sog. „Kessel von Gundestrup" (Versilbertes Kupfer mit Gold, 1. Jh. v. Chr.)

in denen – wie in der Artussage – historische Ereignisse (S. 147) mit mythischen Erzählungen verwoben wurden.

8

Nachbau eines keltischen Dorfes in Irland

um 8./7.Jh. v. Chr. | Aufkommen keltischer Stämme   2.Jh. v. Chr. | Kelten errichten erste befestigte Städte

seit 6.Jh. v. Chr. | Kelten bilden eine hierarchische Ständegesellschaft aus   ab 5.Jh. n. Chr. | Slawische Völkerwanderung

9 Der Hirschgott Cernunnos auf dem sog. „Kessel von Gundestrup" (1. Jh. v. Chr.)

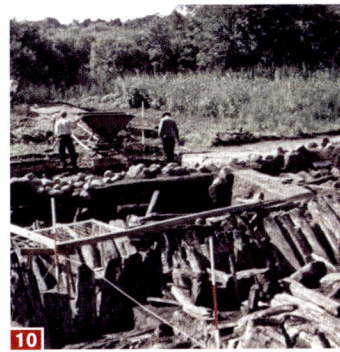

10 Ausgrabung einer slawischen Burganlage in Mecklenburg, Norddeutschland

Fredegar in „Die vier Bücher der Chroniken" über die

Unterdrückung durch die Awaren

„Jedes Jahr kamen die Awaren zu den Slawen, um bei ihnen zu überwintern, und schliefen mit den Frauen und Töchtern der Slawen; die Slawen erduldeten auch andere Niederträchtigkeiten und leisteten den Awaren obendrein Tribute. Die Söhne aber, die die Awaren mit den Frauen und Töchtern der Wenden gezeugt hatten, vermochten schließlich diese grausame Unterdrückung nicht mehr zu ertragen, verweigerten den Awaren den Gehorsam ..."

oben: Awaren zwingen Slawen mit der Peitsche, einen Wagen zu ziehen (russische Buchmalerei, 15. Jh.)

◼ Die frühen Slawen

Das Vordringen der Hunnen seit 375 und die von ihnen ausgelösten Wanderungsbewegungen der Germanen gaben den Anstoß zur Ausbreitung der Slawen. Sie besiedelten zunächst die von den Germanen verlassenen Gebiete, drangen dann aber immer weiter nach Süden bis auf den Balkan vor.

Die Urheimat der Slawen lag wahrscheinlich nördlich der Karpaten zwischen Weichsel und Dnjepr. Von hier aus breiteten sie sich seit dem 5. Jh. im Zuge der Völkerwanderung (S. 146 f.) aus und folgten den abziehenden Germanen nach. Im Westen gelangten die Slawen bis an die Elbe und die Ostsee.

11 Slawische Töpferwaren (9./10. Jh.)

Im Süden wurden die Slawen zunächst an der Donau, der Grenze zum Byzantinischen Reich, aufgehalten. Zunächst in einzelnen Plünderungszügen, die sie bis vor die Tore von Konstantinopel führten, aber schließlich auch in großen Gruppen überquerten die Slawen die Donau und besiedelten den ganzen Balkan (S. 214/215).

Die Slawen des Donauraumes wurden vom 6. bis zum 8. Jh. von dem Reitervolk der Awaren beherrscht. Im 9. Jh. ließen sich die aus der eurasischen Steppe stammenden ungarischen Magyaren im heutigen Ungarn nieder. Dadurch wurde das geschlossen slawisch besiedelte Gebiet endgültig durchtrennt, was zur Unterteilung in West-, Ost- und Südslawen führte, die gesonderte Entwicklungen durchliefen.

Grundlage des Zusammenlebens der frühen Slawen bildete die Sippe, von denen sich mehrere zu einem Stamm verbanden. Noch im 6. Jh. bestand die Gesellschaft hauptsächlich aus Bauern, die für sich selbst wirtschafteten. Auch das Handwerk war wenig entwickelt. Hauptsächlich wurden Waren wie ⓫ Gefäße und Werkzeuge für den Eigenbedarf hergestellt. Erst allmählich bildete sich dort, wo die Slawen unabhängig von fremder Vorherrschaften lebten, aus den Sippenführern eine eigene Oberschicht heraus. Im 7. Jh. entstanden so erste Adelsherrschaften mit befestigten ⓰ Burganlagen.

Über die Religion der frühen Slawen ist nur wenig bekannt. Hauptsächlich wurden ⓬ Naturgottheiten wie der Donnergott Perun oder der Sonnen- und Feuergott Swarog verehrt.

12 Kap Arkona auf Rügen, Norddeutschland, ehemaliges Naturheiligtum der Slawen

13 Keltischer Steinkreis in Irland (um 150 v. Chr.)

um 550 │ Slawen vor Konstantinopel   **ab 7. Jh.** │ Erste slawische Adelsherrschaften   **9. Jh.** │ Vormarsch der Ungarn/Trennung slawischer Gebiete

seit 565 │ Einfall der Awaren   **um 880** │ Erste schriftliche Zeugnisse über Artus

Kultur und Gesellschaft der Germanen

Die Germanen wurden von den römischen Autoren als besonders kriegerisches Volk dargestellt. Tatsächlich wehrten sie sich erfolgreich gegen die römische Eroberung und stellten trotz Fehlens einer einheitlichen Führung eine ernste Bedrohung für das Römische Reich dar.

Die Germanen, deren genaue Herkunft unklar ist, breiteten sich bis zum 1. Jh. v. Chr. von Norden her bis an den Rhein und die Donau aus. Sie waren in verschiede-

3 Zwei Krieger, einer mit gehörntem Helm, einer mit Wolfsmaske, bei einem kultischen Waffentanz für Odin (Bronzestempel zum Prägen von Folien für Verzierung von Helmen, 6. Jh. n. Chr.)

ne Stämme aufgespalten. Ihre Gesellschaft wurde von einer Kriegeraristokratie dominiert, die ihre Macht auf Grundbesitz und persönliche Gefolgschaft stützte. In Kriegszeiten wurden auch Könige als Heerführer gewählt. Erst in der Zeit der Völkerwanderung verfestigte sich das Königsamt. Die Masse der Bevölkerung, die sich in Freie, Halbfreie und Sklaven unterteilte, lebte von der ❹ Landwirtschaft und Viehzucht. Außerdem bestand ein reger Handel mit dem Römischen Reich. Gewählte Richter verhandelten auf der ❶ „Thing" genannten Versammlung des Stammes die anstehenden Rechtsfälle. Dabei dienten Eide und Gottesurteile der Rechtsfindung. Persönliche Konflikte wurden häufig in Fehden ausgetragen. Trotz der ständigen ❸ Kämpfe mit den Römern traten seit dem 1. Jh. n. Chr. immer mehr Germanen als Söldner in das römische Heer ein, bis sie es schließlich sogar dominierten. Die Römer bewunderten die Körpergröße und Kampfkraft der Germanen sowie ihr karges

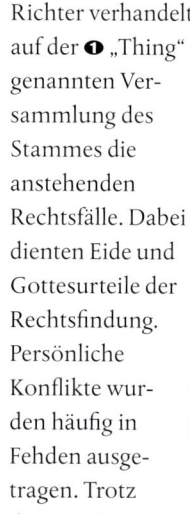

2 Götterdämmerung: Der Fenriswolf frisst Gott Odin (Steinrelief, 10. Jh.)

und naturverbundenes Leben. Tacitus hob die Ekstase hervor, in die sich die Krieger vor dem Kampf versetzten, und bezeichnete sie als die „teutonische Wut".

Auch in Religion und Mythologie spielten Krieg und Kampf eine sehr wichtige Rolle: Die ❷ Mythologie war durchdrungen vom Kampf martialischer Götter gegen Riesen und Dämonen. Und der ❺ Kriegsgott Odin (Wodan), welcher wahrscheinlich sogar an der Spitze des germanischen Götterhimmels stand, empfing die gefallenen Krieger in seiner Burg Walhall. Man verehrte die Götter in heiligen Hainen oder an Naturdenkmälern. Dabei wurden Tiere, aber auch ❼ Menschen geopfert. Die Vorstellungswelt der Germanen ist v. a. durch mittelalterliche Epen und Sagas wie etwa die „Edda" bekannt. Erst seit dem 2. Jh. n. Chr. gab es schriftliche Eigenzeugnisse wie Orakel, Zaubersprüche und Flüche, die in Runen aufgezeichnet wurden. Ausschließlich in Skandinavien wurden auch längere Texte mit Runen niedergeschrieben, und zwar besonders auf ❻ Grabsteinen.

6 Runen- und Bildstein: Ankunft eines Kriegers in Walhall, Geschichte des Schmiedes Wölund (Kalkstein, 8./9. Jh.)

Tacitus in seiner „Germania" über den
Kult der Germanen

Zu bestimmten Zeiten kommen in einem Wald, der durch die von den Vätern überlieferten Götterzeichen und den Schauder der Urzeit geheiligt ist, alle Stämme derselben Herkunft als Abordnungen zusammen. Sie begehen, nachdem sie auf gemeinsamen Beschluss hin einen Menschen geopfert haben, die schauerlichen Weihen eines barbarischen Brauches.

oben: Externsteine im Teutoburger Wald, eine vorchristliche Kultstätte

1 Gerichtssitzung auf einem germanischen Thing (Fotogravur, 19. Jh.)

4 Ein germanisches Dorf

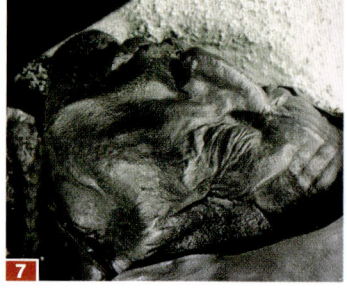

5 Die Götter Odin, Thor und Freia (schwedischer Bildteppich, 12. Jh.)

7 Kopf eines strangulierten Menschenopfers (Moorleiche aus Dänemark)

Germanen und Römer

Seit dem 1. Jh. v. Chr. kam es an Rhein und Donau ständig zu Auseinandersetzungen zwischen den germanischen Stämmen und dem Römischen Reich.

8 Kimberinnen in der Schlacht gegen die Römer unter Marius (Holzstich, 19. Jh.)

Schon vor der Großen Völkerwanderung ab dem 3. Jh. n. Chr. gerieten die Römer in Konflikt mit umherziehenden Germanenstämmen, etwa den Kimbern und

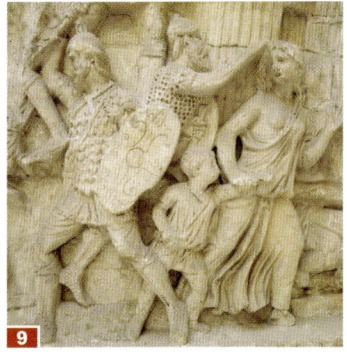

9 Ein Legionär ergreift eine flüchtende Markomannin mit Kind (Gipsabguss nach einem Relief, 2. Jh. n. Chr.)

Teutonen, die im 2. Jh. v. Chr. aus ihrer Heimat in Dänemark nach Süden zogen. Mehrere Niederlagen römischer Heere, die bedrohten keltischen Stämmen zu Hilfe gekommen waren, lösten 113 v. Chr. in Rom Panik aus, weil man eine Besetzung wie durch die Kelten unter Brennus befürchtete. Erst eine Heeresreform durch Marius machte die ❽ Vernichtung der Kimbern und Teutonen 102/101 möglich. Die nächste große Herausforderung war der Einfall des germanischen Heerkönigs Ariovist in Gallien. Wieder waren die Kelten auf römische Hilfe angewiesen. Caesar schlug

58 v. Chr. die Germanen zurück und eroberte anschließend ganz Gallien. Von nun an markierten Rhein und Donau die Grenzen des Römischen Reiches. Doch fielen die Germanen weiterhin in kleinen Verbänden ins Reich ein. Die Römer versuchten ab 12 v. Chr. durch die Besetzung Germaniens bis an die Elbe das Problem im Kern zu beseitigen. Erst nach der Niederlage des römischen Statthalters Varus 9 n. Chr. gegen Arminius in der sog. ❿ Schlacht im Teutoburger Wald gaben die Römer ihre Eroberungspläne auf. Nur das sog. Dekumatsland jenseits von Rhein und Donau im Winkel zwischen den beiden Flüssen blieb bis 260 in römischer Hand und wurde durch den mit Palisaden, Gräben und Wachtürmen befestigten ⓫ „Limes" gesichert.

Trotz ständiger Einfälle konnten die Römer die untereinander verfeindeten Germanenstämme in Schach halten. Dies änderte sich in der zweiten Hälfte des 2. Jh., als die Germanen begannen, sich zu Großstämmen wie den Alemannen oder Franken zusammenzuschließen. Kaiser Mark Aurel gelang es noch, von 166 bis 180 die zwischen Elbe und Donau siedelnden und bis nach Oberitalien vordringenden ❾ Markomannen zurückzuschlagen. Die Besetzung des Dekumatslandes 260 durch Alemannen sowie die Ansiedlung von Franken auf Reichsboden waren der Auftakt zu einer Entwicklung, die in der Großen Völkerwanderung (S. 146 f.) zum Untergang des Weströmischen Reiches führte.

Hermann der Cherusker

Der Cheruskerfürst Arminius – später verdeutscht zu „Hermann" – gehörte ursprünglich zu den Verbündeten der Römer. Er erhielt eine Ausbildung im römischen Heer, besaß das Bürgerrecht und kämpfte auf römischer Seite gegen andere Germanen. Erst als der Statthalter Varus versuchte, in Germanien das römische Rechts- und Steuerwesen einzuführen, erhob sich Arminius und besiegte Varus. Um 21 n. Chr. wurde er von Verwandten ermordet, die seine wachsende Macht fürchteten. Im 19. Jh. wurde er völlig ahistorisch zum Verteidiger des Deutschtums verklärt.

oben: Kolossalstandbild von „Hermann dem Cherusker" im Teutoburger Wald (19. Jh.)

11 Die Saalburg, ein römisches Kastell als Teil des Limes (rekonstruiert um 1900)

10 Schlacht im Teutoburger Wald (Gemälde, 19. Jh.)

um 2500 v. Chr.–7. Jh. n. Chr. | Antike

---

9 n. Chr. | Sieg des Arminius in der „Schlacht im Teutoburger Wald" | **166–180** Markomannenkriege | **260** Alemannen besetzen das Dekumatsland

seit 1. Jh. | Germanen als Söldner im römischen Heer | **seit 2. Jh.** | Erste Runen | **seit 2. Jh.** | Ausbildung von germanischen Großstämmen

DIE GROSSE VÖLKERWANDERUNG 375–568 N. CHR.

Durch die Bildung von germanischen Großstämmen an Rhein und Donau wuchs der Druck auf das Römische Reich im 3. Jh. n. Chr. stark an. Zunächst konnten die ❶ Germanen noch aufgehalten werden, notfalls wurden sie auch im Reich aufgenommen, wo sie v. a. als Soldaten willkommen waren. Das Erscheinen der Hunnen seit 375 veränderte die Situation. Sie lösten eine massive Wanderungsbewegung aus, der das seit 395 geteilte Römische Reich nicht viel entgegenzusetzen hatte. Die Römer mussten die Gründung von Germanenreichen auf Reichsboden zulassen, bis schließlich 476 der letzte weströmische Kaiser von einem germanischen Militärmachthaber abgesetzt wurde. Allein Ostrom, das spätere Byzanz, überstand die Umwälzungen der Völkerwanderungszeit.

Helm eines germanischen Kriegers (7. Jh.)

■ Die Wanderungen der Germanen

Die aus den eurasischen Steppen stammenden Hunnen verdrängten 375 Teile der Ost- und Westgoten aus ihren Siedlungsgebieten nördlich der Donau und des Schwarzen Meeres. Auch andere Germanenvölker gerieten in Bewegung und drangen in das Römische Reich ein.

Der Heermeister Stilicho mit seiner Frau und seinem Sohn (Elfenbein, um 400)

350 nicht mehr abwehren und mussten deren Ansiedlung akzeptieren. Die Franken erhielten den Status von Bundesgenossen und wurden mit Geldzahlungen beschwichtigt. Ihre Anführer erhielten z. T. hohe Posten in der römischen Armee, machten sich aber nach dem Zusammenbruch der römischen Herrschaft in Gallien selbstständig (S. 162 f.).

Manche germanische Anführer stiegen sogar bis zu römischen Reichsfeldherren, den sog. Heermeistern, auf und waren wie z. B. ❸ Stilicho in der Zeit nach der Reichsteilung 395 (S. 133) neben schwachen Kaisern die eigentlichen Machthaber im Reich.

Schon vor dem Einfall der Hunnen 375 mussten die Römer Reichsgebiete den neuen germanischen Großstämmen überlassen. So konnten sie den Einfall der ❷ Franken am Niederrhein ab

Zuletzt setzte 476 der Germane Odoaker (S. 133) den letzten weströmischen Kaiser ab.

Die eigentliche ❺ Völkerwanderung setzte mit der Vertreibung der Goten durch die Hunnen im Jahr 375 ein. Die Goten stammten ursprünglich wohl aus Skandinavien, besiedelten im 1. und 2. Jh. n. Chr. das Gebiet südlich der Ostsee entlang der Weichsel und erreichten im 3. Jh. die Küste des Schwarzen Meeres und die Donau, von wo aus sie in Plünderungszügen nach Griechenland und Kleinasien einfielen. In der 2. Hälfte des 3. Jh. teilten sich die Goten in West- und Ostgoten.

Nach dem Angriff der Hunnen 375 flüchteten viele Westgoten über die Donaugrenze und ❻ erzwangen in der Schlacht von Adrianopel 378 (S. 132) die Aufnahme ins Römische Reich. Erfolgreich nutzten sie die Ri-

2 Fränkischer Bildstein (7. Jh.)

valitäten zwischen West- und Ostrom nach der Reichsteilung 395 für sich: Ihr König Alarich lieferte sich im Auftrag Ostroms mehrere Schlachten mit dem

Eroberung Roms durch die Westgoten unter ihrem Anführer Alarich (Holzstich, 19. Jh.)

Goten im Kampf mit den Römern (Holzstich, 19. Jh.)

Germanenzug (Holzstich, 19. Jh.)

seit 3. Jh. | Wanderung der Goten zum Schwarzmeerraum ab 375 | Vertreibung der Goten durch die Hunnen 378 | Schlacht von Adrianopel

ab 269 | Spaltung der Goten in West- und Ostgoten ab 350 | Einfall der Franken ins Römische Reich 375 | Sieg der Hunnen über die Ostgoten

7 Nikasius, Erzbischof von Reims, kniet vor den Wandalen (Skulptur, 13. Jh.)

weströmischen Heermeister Stilicho, fiel 401 in Italien ein und ❹ plünderte 410 Rom. Die Kaiser überließen den weiterziehenden Westgoten 418 den Süden Frankreichs zur Ansiedlung. Hier gründeten die Westgoten ein Reich, das sich später bis ins heutige Spanien ausdehnte (S. 161).

Die Masse der ❾ Ostgoten schloss sich zunächst den Hunnen an. Erst nach dem Tod des Hunnenkönigs Attila ließen sie sich auf oströmischem Gebiet als Bundesgenossen nieder. Der in Konstantinopel erzogene ostgotische König ❽ Theoderich zog 488 im Auftrag des oströmischen Kaisers nach Italien, besiegte 493 den weströmischen Regenten Odoaker und gründete ein eigenes Reich (S. 161).

Inzwischen war um 400 eine weitere Welle von Germanenvölkern aus ihren Siedlungsgebieten in Ost- und Mitteleuropa nach Westen vorgestoßen. 406/07 überschritten die ❼ Wandalen und Burgunder den

8 Theoderich der Große, König der Ostgoten (Münzbildnis, um 500)

Rhein. Während die Wandalen bis 409 nach Spanien weiterzogen, blieben die Burgunder zurück und errichteten am Rhein ein eigenes Reich (S. 160). Von den Westgoten weiter verdrängt, setzten die Wandalen unter ihrem König Geiserich 429 nach Nordafrika über, wo sie ein Reich mit der Hauptstadt Karthago gründeten (S. 160).

Von den Küsten der Nordsee brachen ab der Mitte des 5. Jh. Teile der Jüten, Angeln und Sachsen unter ihren Anführern

9 Ostgotische Adlerfibel (um 500)

❿ Hengist und Horsa in das um 400 von den Römern aufgegebene Britannien auf (S. 182 f.). Die Germanen verdrängten die keltischen Briten nach Schottland, Wales und Cornwall. Die Sachsen, die auf dem Kontinent zurückgeblieben waren, wehrten sich noch bis zum Ende des 8. Jh. gegen die Vorherrschaft der Franken und die Christianisierung.

Als letzter bedeutender Germanenstamm der Völkerwanderung traten die Langobarden auf, die bis zum 5. Jh. zwischen Elbe und Donau lebten. Vom Reitervolk der Awaren verdrängt, verließen sie ihr Stammland und besetzten unter ⓫ König Alboin 568 die nach ihnen benannte Lombardei in Oberitalien (S. 190/91). Die Landnahme der Langobarden in Italien wird häufig als das Ende der Völkerwanderung angesehen. Die Völkerwanderung führte nach dem Untergang Westroms insgesamt zu einer Verlagerung der Siedlungsgebiete der Germanen und der ihnen nachfolgenden Slawen (S. 143) nach Westen. Die Verbindung von spätantiken und germanischen Traditionen bei Westgoten, Franken, Angelsachsen und Langobarden prägte das frühe Mittelalter.

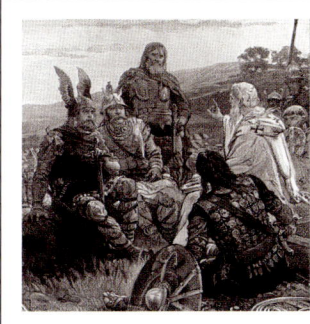

Wulfila

Zur Zeit der Völkerwanderung begann Wulfila die Germanen zu missionieren. Er war 341 zum „Bischof der Goten" geweiht worden und hatte um 370 die Bibel ins Gotische übersetzt. Da er ein Anhänger des Arius (S. 129) war, wurden auch die Goten und die meisten anderen Germanen Arianer. Dies führte in den von Germanen eroberten Gebieten zu Konflikten mit den Römern und verhinderte eine Verständigung zwischen den beiden Volksgruppen. Die Annahme des Katholizismus durch die Franken und später durch Westgoten und Langobarden verschaffte ihnen leichter Anerkennung bei den Einheimischen und ihren Reichen dadurch eine größere Stabilität.

oben: Wulfila erklärt den Goten das Evangelium (Holzstich, 1890)

10 Hengist und Horsa landen an der britischen Küste (Holzstich, 19. Jh.)

11 Einzug des Langobardenkönigs Alboin in Pavia (Holzstich, 19. Jh.)

um 2500 v. Chr.–7. Jh. n. Chr.

Antike

DIE NOMADENREICHE DER EURASISCHEN STEPPE 3. JH. V. CHR.–7. JH. N. CHR.

Seit jeher wurde der eurasische Steppengürtel, der sich vom Schwarzen Meer im Westen bis zum Gelben Meer an den Küsten Chinas erstreckte, von Reiternomaden bewohnt. Auseinandersetzungen mit Skythen, Sarmaten oder Saken spielten in der Geschichte der antiken Reiche der Perser, Griechen und Inder zwar eine wichtige Rolle, doch fanden diese Völker nie zu einer staatlichen Einheit. Erst die Stammeskonföderation der Xiongnu errichtete am Ende des 3. Jh. v. Chr. an der Nordgrenze Chinas das erste große Nomadenreich. Ihre Niederlage und Vertreibung durch die Han-Dynastie löste eine Kettenreaktion von Wanderungsbewegungen aus, deren westliche Ausläufer im 4. Jh. n. Chr. mit den ❶ Hunnen in die Völkerwanderung mündeten und Europa grundlegend veränderten.

Die Hunnen überwältigen ihre Gegner (Stahlstich, 19. Jh.)

Xiongnu, Kushana und Hephthaliten

Schon vor dem Aufstieg der Hunnen bildeten sich in der Steppenregion zwischen Europa und Asien große Nomadenreiche auf der Basis mobiler Stammeskonföderationen.

Zwei Reiter und ihre Pferde (Ton, 2./1. Jh. v. Chr.)

Die Reiche der ❷ Reiternomaden von den Xiongnu über die Hunnen und Turkvölker bis hin zum ❸ Mongolenreich Dschingis Khans im 13. Jh. basierten auf einem Zusammenschluss von verschiedenen Stämmen und Völkern. Da die Reichsgründer keine ethnischen Vorurteile kannten, wurde jede Volksgruppe, die sich mit den Interessen des Reiches identifizierte, auch ehemalige Gegner, angegliedert. Allerdings führte der föderative Charakter auch leicht zum Auseinanderbrechen der Nomadenreiche, sodass sie meist nur sehr kurzlebig waren. Die Stammeskonföderation der Xiongnu bildete sich am Ende des 3. Jh. v. Chr. und stellte eine ernste Bedrohung für das China der Han-Dynastie dar, die dann auch alles unternahm – vom Ausbau der Großen Mauer bis hin zu offensiven Militärschlägen –, um sich ihrer Gegner zu entledigen. Im Verlauf des 2. und 1. Jh. v. Chr. gelang es den Chinesen, die Xiongnu allmählich zu spalten und zu vertreiben. Teile der Konföderation gerieten in Abhängigkeit von den Chinesen und assimilierten sich ihnen. Andere Gruppen hingegen wurden von den Chinesen geschlagen und nach Westen vertrieben. Wahrscheinlich verdrängten die Xiongnu bei ihrem Abzug verschiedene weiter westlich lebende Stämme, so z. B. die Kushana, die in Zentralasien und Indien einfielen (S. 151).

Im 4. Jh. mussten sich dann die Sassaniden mit dem Nomadenreich der Hephthaliten auseinander setzen, die auch als „weiße Hunnen" bekannt wurden. Nachdem die Hephthaliten das Guptareich in Indien zerstört hatten, wurden sie um 567 vom Sassaniden Chosrau I. vernichtet (S. 139).

Ob die im 4. Jh. in Europa auftauchenden ❹ Hunnen direkt von den Xiongnu abstammten, wird heute eher bezweifelt. Möglicherweise sind aber Reste der Xiongnu in der Stammeskonföderation der Hunnen aufgegangen.

Jurten von Reiternomaden in der Wüste Gobi (heutige Mongolei)

Einfall der Hunnen unter König Attila in Europa (Holzstich, 19. Jh.)

Die Hunnen

Die Kriegszüge der Hunnen, besonders unter König Attila, der „Geißel Gottes", waren so verheerend, dass die betroffenen Völker in Europa glaubten, das Weltende unmittelbar zu erleben.

Vorstoß der Hunnen in die Steppen nördlich des Kaspischen Meeres (Holzstich, 19. Jh.)

Plünderung einer gallo-römischen Villa durch die Hunnen (Holzstich, 19. Jh.)

Schlacht auf den Katalaunischen Feldern (Farbdruck, 20. Jh.)

Die Begegnung Leos I. mit Attila (Fresko von Raffael in den Stanzen des Vatikan in Rom, 16. Jh.)

Die ❻ Hunnen überrannten 375/76 die germanischen Stämme der Ost- und Westgoten. Dabei brandschatzten und töteten sie alles und jeden. Da sie die Sitte hatten, ihren Kindern von klein auf die Nase fest an das Gesicht zu binden und damit die Gesichtsfläche zu verbreitern, wurden sie von den frühen Chronisten als fast tierartige Wesen geschildert, was den Schrecken noch erhöhte. Die Hunnen waren aber nicht auf die völlige Vernichtung der Germanen aus, sondern gliederten diese nach ihrer Unterwerfung zumeist der hunnischen Stammeskonföderation an.

Ostrom bemühte sich zwar, die Hunnen mit Tributzahlungen von bis zu 700 kg Gold pro Jahr von seinen Reichsgrenzen abzuhalten. Doch unter König Attila, der 445 seinen Bruder und Mitregenten Bleda beseitigt hatte, drangen die Hunnen trotzdem tief in oströmisches Gebiet vor, ❼ verwüsteten die Balkanprovinzen und erpressten immer höhere Tribute. Dann richtete Attila sein Augenmerk auch auf den

Westen und setzte ein gewaltiges Heer aus Hunnen und Germanen in Marsch. Viele Städte auf seinem Weg wie etwa Trier und Metz wurden vollständig niedergebrannt. Im September 451 konnten Franken, Westgoten und Römer unter dem Reichsfeldherrn Aetius die Hunnen aufhalten: Die mehrere Tage dauernde Schlacht auf den ❽ Katalaunischen Feldern bei Châlons-sur-Marne im Osten des heutigen Frankreich kostete 90 000 Tote. Die Hunnen und ihre Verbündeten mussten sich nach Osteuropa zurückziehen. Doch noch war Attila nicht vollständig besiegt. 452 fiel er in Oberitalien ein und zog auf Rom, bis ❾ Papst Leo I. die von Hunger und Seuchen geschwächten Hunnen zur Umkehr bewegen konnte. Kurze Zeit später, im Jahr 453, ❺ starb Attila plötzlich. Die Hunnen spalteten sich in Nachfolgekämpfen und wurden schließlich zerschlagen.

Auch nach den Hunnen drangen immer wieder neue Reiternomaden aus dem Osten nach Europa vor, unter ihnen die ❿ Awaren und Magyaren (Ungarn). In Zentralasien traten Turkvölker das Er-

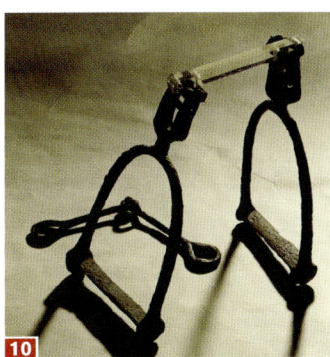

Awarische Steigbügel, eine von den Reiternomaden nach Europa eingeführte Innovation

Attila stirbt nach seiner Hochzeitsnacht (Holzstich, 19. Jh.)

be der Hunnen an und errichteten vom 6. bis zum 7. Jh. große Nomadenreiche, die sich von den Grenzen Chinas bis hin zum Kaspischen Meer erstreckten.

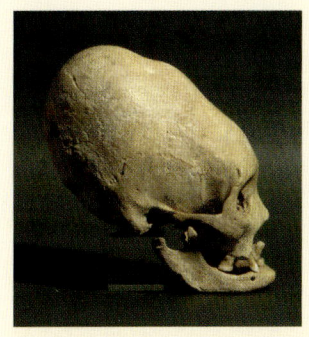

Jordanes, Geschichte der Goten, 551

Das Aussehen der Hunnen

„Diejenigen Völkerstämme, denen die Hunnen nicht im Kampf überlegen waren, versetzten sie durch ihr bloßes Äußeres in Schrecken und jagten sie durch ihren gräßlichen Anblick in die Flucht. Die Hunnen hatten nämlich eine unheimlich dunkle Hautfarbe; ihr Gesicht war, wenn man so sagen darf, nicht eigentlich ein Gesicht, sondern eine formlose Masse mit stechenden Punkten statt der Augen. Ihr entstelltes Äußeres spiegelt nur ihre Wesensart wieder ..."

oben: Künstlich deformierter Schädel einer adeligen Frau (5. Jh. n. Chr.)

um 2500 v. Chr.–7. Jh. n. Chr.　Antike

DAS ANTIKE INDIEN   UM 321 V. CHR.– UM 500 N. CHR.

Seit der Zeit Alexanders des Großen kam auch Indien mit der hellenistischen Kultur in Berührung. Besonders die Herrscher des Mauryareiches pflegten Kontakte mit dem Westen. Der bedeutendste unter ihnen, Ashoka, war ein großer Förderer des Buddhismus. Nach dem Niedergang der Mauryas kämpften lokale Dynastien mit den immer wieder aus den zentralasiatischen Steppen einfallenden Reiternomaden. Nur das Guptareich konnte noch einmal große Teile Indiens vereinigen. Mittlerweile erlebte der Hinduismus eine Renaissance und verdrängte den Buddhismus schließlich aus Indien.

1   Löwenkapitell, das Kaiser Ashoka im 3. Jh. v. Chr. in Sarnath errichten ließ; Vorbild für das indische Staatswappen (seit 1949)

◼ Das Mauryareich   um 321–185 v. Chr.

Nach 321 v. Chr. wurde das Mauryareich zur führenden Macht Indiens. Kaiser Ashoka förderte insbesondere den Buddhismus und gab Lehre und Mission entscheidende Impulse.

Alexander der Große zog 327 v. Chr. mit seinem Heer in das Industal und schlug neben anderen Lokalherrschern auch den König Poros mit seinen 2000 Kriegselefanten. Alexanders Nachfolger im Osten, die Seleukiden, gerieten in Konflikt mit dem Mauryareich, das um 321 v. Chr. von Candragupta Maurya in der Landschaft Magadha am Ganges gegründet worden war und sich zur Vormacht auf dem indischen Subkontinent entwickelte. Candragupta einigte sich schließlich mit den Seleukiden auf den Grenzverlauf zwischen den Reichen. Sowohl er als auch seine Nachfolger unterhielten in der Folgezeit enge Kontakte zu den Griechen, wo-

3
Darstellung des weiblichen Erdgeistes Yakshi (?), als Symbol der Fruchtbarkeit von Hindus, Buddhisten und Jainisten anerkannt (Sandstein, 3. Jh. v. Chr.)

durch die Kultur des Hellenismus in Indien Einfluss gewann.

Als bedeutendster Herrscher des Mauryareiches und des indischen Altertums überhaupt gilt Ashoka, der 268 v. Chr. den Thron bestieg. In seiner Regierungszit erstreckte sich das Reich vom heutigen Afghanistan

über fast den gesamten indischen Subkontinent. Die Erlebnisse während eines brutalen Kriegszugs führten zu seiner Hinwendung zum **2**, **3** Buddhismus. Berichte und Edikte auf **1**, **4** Säulen und Felswänden geben Zeugnis ab von Ashokas Zielen und Leistungen: Tolerant gegenüber anderen Religionen, förderte er die Ausbreitung des Buddhismus, auch durch Mission im Ausland. Um 250 rief er ein buddhistisches Konzil in die Hauptstadt Pataliputra ein und ließ den Text-Kanon des frühen Buddhismus festschreiben. Eroberungskriege lehnte er nach seiner Bekehrung ab. Stattdessen wollte Ashoka sein Reich zu einem Wohlfahrtsstaat ausbauen. Bald nach Ashokas Tod nach 240 v. Chr. begann der Zerfall. 185 v. Chr. wurde der letzte Mauryaherrscher getötet.

2   Buddha (altindisch)

Aus einem Edikt des Ashoka

„Alle Menschen sind für mich (wie meine) Kinder. Wie ich für meine Kinder wünsche, dass sie allen Heils und Glückes im Diesseits und Jenseits teilhaftig werden, so wünsche ich es auch für alle Menschen."

Relief mit dem Bodhi-Baum am buddhistischen Heiligtum in Sanchi, Madhya Pradesh, Indien, gestiftet von Ashoka (2. Jh. v. Chr.)

4
Ashoka-Säule in Delhi (3. Jh. v. Chr.)

Das Guptareich   320–um 500 n. Chr.

Immer wieder drangen aus dem Nordwesten fremde Eroberer und Volksstämme auf den indischen Subkontinent vor und gründeten zumeist nur kurzlebige Reiche. Das letzte indische Großreich der Antike war das der Guptas.

Nach dem Untergang des Maurya-reiches etablierten sich im Nordwesten mehrere, stark hellenistisch geprägte Staatswesen, die sich von ❺ Baktrien (Afghanistan) bis in den Panjab erstreckten. Sie wurden im 1.Jh. v. Chr. von dem Reitervolk der Saken erobert. Diese drangen bis nach Indien vor und gründeten mehrere Reiche, die bis in das 2.Jh. n. Chr. unter der Vorherrschaft der Parther (S.138) und Kushana (S.148) weiterbestanden. Die Reiche der Kushana lösten sich seit dem 3. Jh. unter dem Druck der Sassaniden (S.139) auf.

In den zahlreichen indischen Staaten übten die buddhistischen ❻ Mönchsorden zunächst eine große Macht aus. Als Gegengewicht förderten viele Fürsten wieder die alten indischen Kulte und Priesterkasten, was

❾ Bhagavadgita-Epos, Teil des Mahabharata (Ausschnitt einer Schriftrolle)

❻ Buddhistische Höhlenklöster und -tempel (2. Jh. v. Chr.–6. Jh. n. Chr.)

❼ Illustration zum Ramayana, der Lebensgeschichte des Helden Rama (Miniaturmalerei, 18. Jh.)

zu einer Renaissance des ❽ Hinduismus führte. In dieser Zeit wurden auch die großen indischen Heldenepen ❾ „Mahabharata" und ❼ „Ramayana" niedergeschrieben, in denen u.a. das politische Geschehen der Zeit reflektiert wurde. Langfristig führte das Wiedererstarken des ❿ Hinduismus zur Verdrängung des Buddhismus aus Indien.

Im 4.Jh. n. Chr. wurde erneut Magadha Ausgangsbasis für eine große Reichsbildung. Den Lokalfürsten aus der Guptadynastie gelang es nach und nach, benachbarte Herrscher als Vasallen an sich zu binden. Unter Candragupta II., der sich auch als ⓫ Bauherr hervortat, stand das Reich an der Wende zum 5.Jh. auf dem Höhepunkt seiner Macht und erstreckte sich über ganz Nordindi-

en. Dann aber wurde es durch die Einfälle der Hephthaliten (S.148) schwer erschüttert. Die letzten Guptas regierten im 6. Jh. nur noch in ihrer Heimat Magadha, während sich im restlichen Nordindien wieder eine Vielzahl von miteinander verfeindeten Herrschaften bildete. Unter diesen ragte nur die hinduistische Dynastie der Gurjara-Pratiharas hervor, weil sie das Vordringen islamischer Eroberer, die seit dem 8. Jh. immer wieder in Indien einfielen, für einige Zeit aufhalten konnte.

In Zentral- und Südindien bestanden mehrere Staaten. Im 1. und 2. Jh. n.Chr. entstand das zentralindische Andhrareich. Die bedeutendste südindische Dynastie ist die der Pallava (4.–8. Jh.), die sich v.a. auf die fruchtbaren Gebiete der südindischen Ost-

❺ Ruinen von Baktra, der ehemaligen Hauptstadt von Baktrien (heute Balch, Afghanistan)

❽ Darstellung von Gott Vishnus Mitleid für die Tierwelt (5. Jh.)

küste stützen konnte. Bis nach Südostasien wirkte ihr kultureller Einfluss. Im Süden des indischen Subkontinents bewahrten die Tamilen ihre Unabhängigkeit sowie die Eigenart ihrer südindischen Kultur wie schon in der Zeit des Maurya- und Guptareiches.

❿ Shiva als Nataraja, König des Tanzes (Sandsteinstatue aus Pratihara, 9. Jh.)

⓫ Vishnu-Tempel in Deogarh (5. Jh.)

| ab 3. Jh. n. Chr. | Auflösung des Kushana-Reiches | um 380–414 | Herrschaft Candraguptas II. | 750–um 1000 | Hinduistische Dynastie der Gurjara-Pratiharas |
| 320–570 | Nordindische Dynastie der Guptas | um 500 | Hephthaliten zerstören Guptas-Reich |

Chinas erste Kaiser aus der Qin- und Han-Dynastie 221 v. Chr.–220 n. Chr.

In der „Zeit der kämpfenden Reiche“ war China zuletzt in sieben Einzelstaaten zersplittert, die schließlich vom Reich Qin erobert wurden. Der erste gesamtchinesische Kaiser Qin Shi Huangdi setzte die politische und kulturelle Vereinigung des Landes durch. Darauf baute die nachfolgende Han-Dynastie auf, die das chinesische Herrschaftsgebiet ausdehnen und gegen die Reiternomaden im Norden behaupten konnte. Zur Zeit der Han-Dynastie, die mit Kaiser Gaozu ihren Anfang nahm, stieg auch der Konfuzianismus zur Staatsideologie auf. Auf diese Weise wurden unter den ersten beiden Kaiserdynastien Entwicklungen begründet, die die Geschichte Chinas für mehr als 2000 Jahre prägen sollten.

1 Armbrustschütze (Tonfigur, 3. Jh. v. Chr.)

Die Qin-Dynastie 221–206 v. Chr.

Chinas erster Kaiser schuf in wenigen Jahren einen Einheitsstaat und begann mit der Festigung des Reiches nach außen. Gestützt auf Prinzipien des Legalismus regierte er das Land mit eiserner Hand.

3 Qin Shi Huangdi, ehem. Zheng, König von Qin (Holzschnitt, um 1640)

4 Archäologen bei Ausgrabungen von Tonfiguren der Qin-Dynastie

Von dem westchinesischen Staat Qin ging im 3. Jh. v. Chr. die staatliche Einigung ganz Chinas aus. Das erforderte ein schlagkräftiges Heer und eine straffe Verwaltung. Die neu eroberten Gebiete wurden nicht mehr als Lehen an den Adel gegeben, sondern unterstanden direkt dem Herrscher, was die Bildung einer adeligen Opposition verhinderte. Von dieser Machtbasis aus konnte ❸ König Zheng von Qin bis 221 v. Chr. die restlichen sechs chinesischen Reiche erobern und beendete damit die „Zeit der kämpfenden Reiche“. Er begründete den Einheitsstaat mit einem Kaiser („Huangdi“) an der Spitze.

Der Kaiser dehnte nun die zentralistische Verwaltung des Reiches Qin auf ganz China aus. Das gesamte Reich wurde ohne Rücksicht auf die alten Grenzen in Provinzen und Kreise eingeteilt, die von kaiserlichen Beamten verwaltet wurden. Die Regierung basierte auf der Lehre der „Legalisten“, die allein die Staatsräson für relevant erklärten und für die Regulierung aller Lebensbereiche durch strenge Gesetze und Steuern eintraten. Innerhalb weniger Jahre wurden Sprache, Schrift, Maße, Gewichte und Münzen im gesamten Reich vereinheitlicht. Die Spurbreite und die Länge von Wagen wurden standardisiert, um Straßennetze nach gleichem Muster anlegen zu können. Daneben wurde die Bevölkerung auch zum Ausbau der Grenzwälle im Norden gegen die Reiternomaden gezwungen. Auf diese Weise entstand der erste Abschnitt der ❺ Großen Mauer. Nach seinem Tod 210 v. Chr. wurde Chinas erster Kaiser in einem gewaltigen Grabmal mit tausenden individuell gestalteten ❶, ❷ Terrakottafiguren bestattet. Die ❹ Entdeckung dieser Anlage 1974 stellte eine archäologische Sensation ersten Ranges dar. Schon 206 v.Chr. endete die Qin-Dynastie: Ein Volksaufstand brachte die Han-Dynastie an die Macht.

2 Grab des Qin Shi Huangdi mit 6000 tönernen Kriegern und Pferden in Originalgröße (3. Jh. v. Chr.)

5 Chinesische Mauer in den Bergen bei Peking

221 v. Chr.	König Zheng ist erster Zentralherrscher Chinas
210 v. Chr.	Bestattung mit Terrakottafiguren
206 v. Chr.	Beginn der Han-Dynastie
ab 2. Jh. v. Chr.	Entstehung der „Seidenstraße“ nach Westen
174 v. Chr.	Konfuzianismus wird Staatskult

■ Die Han-Dynastie 206/202 v. Chr.–220 n. Chr.

Im Machtkampf nach dem Ende der Qin-Dynastie siegte der aus dem einfachen Volk stammende Rebellenführer Liu Bang, der 202 als Kaiser Gaozu den Kaiserthron bestieg und damit die Han-Dynastie begründete.

Die wichtigste Aufgabe der ersten Han-Kaiser war der Abwehrkampf gegen die ❻ Reiternomaden, insbesondere gegen die Xiongnu. Kaiser ❾Wudi, der bedeutendste Han-Kaiser, ging in die Offensive. Die Suche nach Verbündeten führte dabei zu ersten diplomatischen Kontakten der Chinesen mit dem Westen.

Die Xiongnu wurden schließlich militärisch besiegt und nach Westen verdrängt. Das löste letztlich eine Verschiebung der eurasischen Steppenvölker bis zur großen Völkerwanderung (S.146f.) im 4.und 5. Jh. n. Chr. aus. China eroberte den Osten Turkestans bis an die Grenzen zum heutigen Afghanistan, wo als Handelsverbindung zum Westen die ❿ Seidenstraße entstand. Im Innern führte Kaiser Wudi ei-

7 Generäle in ihrer Rüstung (Tonfiguren, Han-Zeit)

nige richtungsweisende Reformen durch: So teilte er die zentrale Staatsverwaltung erstmals in Fachministerien auf. Die Ausbildung von ⓬ Beamten wurde durch Schulungen und Prüfungen perfektioniert, ein System, das bis 1906 in Kraft blieb. Grundlage für die Ausbildung wurde eine Synthese aus Legalismus, Konfuzianismus, in dem die Beziehung zwischen Vater und ⓫ Sohn eine bedeutende Rolle spielte, und der Yin-Yang-Naturphilosophie. Unter den Han-Kaisern begann die Verehrung des Konfuzius als Staatskult: Wudis Großvater, Kaiser Wendi, hatte 174 zum ersten Mal an dem noch heute erhaltenen Grab des Philosophen in ❽ Qufu ein Staatsopfer vollzogen.

Kaiser Wudis Nachfolger gerieten immer stärker unter den Einfluss der Familien der

Kaiserinnen. Im Jahr 9 n. Chr. wurden die Han sogar zeitweilig abgesetzt durch den Neffen einer Kaiserin, bis eine Nebenlinie im Jahr 25 unter Kaiser Guangwu die Kaiserwürde zurückerlangte. Er verlegte die Hauptstadt von Chang'an in den Osten nach Luoyang, weshalb seine Dynastie als „Östliche Han" bezeichnet wird im Gegensatz zu den früheren „Westlichen Han". Im 1. Jh. konnte das Reich noch stabilisiert und sogar weiter ausgedehnt werden.

9 Grabhügel des Kaisers Wudi (1. Jh. v. Chr.)

Doch die Kaiserinnensippen gewannen wieder zunehmend an Macht. Durch das Eingreifen der Eunuchen wurden die Palastintrigen verschärft. Die ❼ Generäle kamen schließlich als dritter Machtfaktor hinzu. Im Jahr 184 brach der religiös motivierte Aufstand der sog. Gelbturbane aus.

Die an dessen Niederschlagung beteiligten Heerführer bekämpften sich schließlich gegenseitig in einem heftigen Bürgerkrieg. Der letzte Kaiser der Han wurde 220 zur Abdankung gezwungen. Bis zum Ende des 6. Jh. blieb China in viele miteinander konkurriende Reiche aufgeteilt.

6 Reiter auf ihren Pferden (Tonfiguren, 2./1. Jh. v. Chr.)

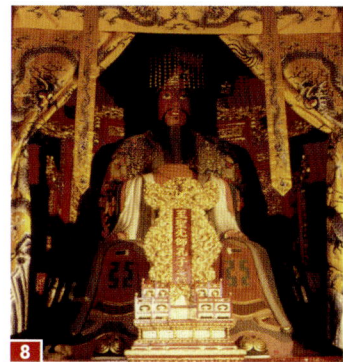

8 Konfuziusstatue in seinem Gedächtnistempel in Qufu

Die Erfindung des Papiers

Eine der wichtigsten Erfindungen der Menschheitsgeschichte fällt in die Han-Zeit: das Papier. Pflanzenfasern wurden durch Kochen, Stampfen und Wässern zu einem Brei verarbeitet, der sich auf flachen Formen in einer dünnen Schicht absetzen und verbinden konnte. Über die Araber gelangte das Papier im 13. Jh. nach Europa.

Papierherstellung in China (Tuschezeichnung, 18. Jh.)

10 Seidenstraße in Westchina mit buddhistischem Heiligtum

11 Darstellungen vorbildlicher Söhne (Lackmalerei auf einem geflochten Korb, Han-Zeit)

12 Beamter (Tonfigur, 2. Jh. v. Chr.)

um 2500 v. Chr.–7. Jh. n. Chr.

Antike

| 141 v. Chr.–87 n. Chr. | Herrschaftszeit des Han-Kaisers Wudi | 25 n. Chr. | Beginn der östlichen Han-Dynastie | 220 n. Chr. | Ende der Han-Dynastie |
| 9 n. Chr. | Putsch des Wang Mang | 184 n. Chr. | Aufstand der „Gelbturbane" | | |

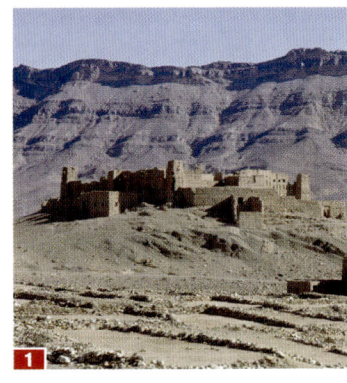

1

um 2500 v. Chr.–7. Jh. n. Chr.

Antike

DIE ERSTEN REICHE IN NORD- UND NORDOSTAFRIKA UM 1000 V. CHR.–8. JH. N. CHR.

An der Peripherie der antiken Mittelmeerwelt in Nord- und Nordostafrika entstanden seit etwa 1000 v. Chr. die Reiche der ❶ Berber, Nubier und Äthiopier. Trotz ihrer Randlage spielten diese Staaten und Völker eine nicht unbedeutende Rolle in der Geschichte der Ägypter, Karthager und Römer. Intensive Handelsbeziehungen führten zu einem regen kulturellen Austausch. So kamen diese Gebiete auch früh mit dem Christentum in Berührung, das sich v. a. in Äthiopien in einer ganz eigenen Form seit der Antike erhalten hat.

Ansicht eines befestigten Berberdorfes in Marokko

◼ Nordafrika

Während sich an der Küste Phönizier und Griechen niederließen, blieb das Hinterland Nordafrikas in der Hand von Berberstämmen.

Nordafrika wurde seit der Frühzeit von teils sesshaften, teils ❹ nomadisierenden Berbervölkern bewohnt. Die ❺ Libyer im Osten fielen seit dem 13. Jh. v. Chr. in der Zeit der 19. und 20. Dynastie massiv in Ägypten ein, fanden dort aber auch als Söldner Aufnahme. Schließlich stellten sie

seit dem 10. Jh. auch mehrere Pharaonendynastien (S. 47 f.).

An der Küste entstanden seit dem 9. Jh. phönizische und seit dem 7. Jh. ❻ griechische Kolonien, die später unter der Herrschaft Karthagos bzw. Ägyptens standen. Den Niedergang Karthagos in den Punischen Kriegen nutzten die mit Rom verbündeten ❷ Numidier zur Gründung eines Reiches im heutigen Algerien und Tunesien. Als es dort 118 v. Chr. zu Nachfolgekämpfen um den Thron kam, erkaufte sich König ❸ Jugurtha die Unterstützung der römischen Senatoren und löste damit den größten Bestechungsskandal der römischen Geschichte aus. 112 griff er schließlich zur Gewalt und richtete ein Massaker unter seinen Gegnern an, woraufhin sich Rom zum Eingreifen genötigt sah. Am Ende der sog. Jugurthinischen Kriege 105 wurde der König hingerichtet. Doch erst 46 v. Chr. setzte Caesar den letzten König Numidiens ab, welcher

im Bürgerkrieg Pompeius unterstützt hatte. Als Verbündeter Roms profitierte Mauretanien vom Ende Numidiens. Nach dem Aussterben des dortigen Herrscherhauses 25 v. Chr. setzte Augustus den numidischen Prinzen Iuba II. als König ein. Mauretanien blieb selbstständig, bis 40 n. Chr. Kaiser Caligula König Ptolemäus, einen Enkel von Marcus Antonius und Kleopatra, ermorden ließ. Unter römischer Herrschaft erlebte das durch Landwirtschaft

und den Transsaharahandel reich gewordene Nordafrika eine Blütezeit, besonders unter Kaiser Septimius Severus, der aus der Region stammte. Früh fasste hier auch das Christentum Fuß. In Hippo Regius (heute Algerien) wirkte der bedeutende Kirchenvater Augustinus als Bischof, der noch den Einfall der Wandalen um 430 erleben musste. Die römische Stadtkultur ging in der Folgezeit unter. Im 7. Jh. eroberten die muslimischen Araber Nordafrika und belebten die Region aufs Neue.

2

Ein römischer und ein numidischer Reiter in einem Gefecht (Kupferstich, 18. Jh.)

3 Jugurtha von Numidien (Münze, 2. Jh. v. Chr.)

4

Menschen mit Rinderherde (Felsbild aus der Sahara, 2. Jt. v. Chr)

5

Der ägyptische Pharao Ramses II. ergreift einen Syrer, einen Libyer und einen Nubier (Relief, 12. Jh. v. Chr.)

6

Zeustempel von Kyrene, Libyen (6. Jh. v. Chr.)

7 Nubier aus Kusch bringen Pharao Tut-ench-Amun Tribute dar (Wandmalerei, Theben, um 1340 v. Chr.)

■ Nordostafrika

Nubien stand von Anfang an stark unter ägyptischem Einfluss. Die Wurzeln des Reiches von Aksum in Äthiopien lagen hingegen in Südarabien.

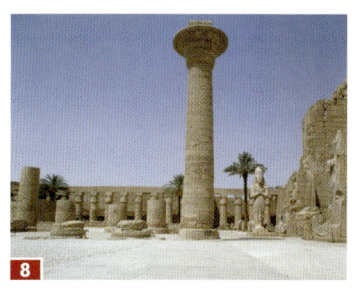

8 Säulengang des kuschitischen Pharaos Taharka im Amun-Tempel von Karnak, Theben-Ost (7. Jh. v. Chr.)

Schon früh unternahmen die ägyptischen Pharaonen Expeditionen in das weiter südlich gelegene, goldreiche Nubien (heutiger Sudan). Im 15. Jh. v. Chr. wurde es als Vizekönigreich Kusch **7** annektiert und kolonisiert (S. 45). Nach 1070 erlangte Kusch seine Unabhängigkeit zurück und wurde von einheimischen Fürsten regiert, die zunächst in Napata residierten. Den inneren Zerfall Ägyptens nutzten die Kuschiten im 8. und 7. Jh., um ihre **8** Herrschaft auch auf Ägypten auszudehnen, wo sie als 25. Dynastie herrschten (S. 48). Die intensiven Kontakte führten dazu, dass die **9** Kunst und Kultur Nubiens stark ägyptisch geprägt war. So erbauten die Ku-

schiten Tempel und Grabanlagen mit Pyramiden nach ägyptischem Vorbild und führten den Pharaonentitel. Um 530 v. Chr. wurde die Residenz aus Napata weiter nach Süden nach **10** Meroë verlegt, das zum Umschlagplatz für die nubischen Edelmetalle wurde. Im 4. Jh. gelangte das Christentum von Ägypten aus nach Nubien. Doch befand sich das Reich der Kuschiten zu diesem Zeitpunkt schon im Niedergang. Kleinere christliche Reiche behaupteten sich in Nubien auch

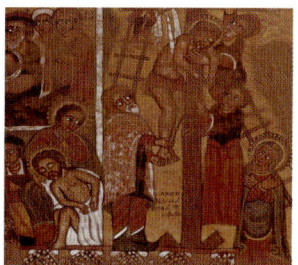

9 Pharao Taharka kniet vor dem Falkengott Hemen (7. Jh. v. Chr.)

später noch gegen v. a. muslimische Eroberer und bestanden bis etwa 1500 n. Chr. weiter.

Die Äthiopier (griech. „die Schwarzgebrannten") führen sich auf Menelik zurück, den legendären Sohn des biblischen Königs Salomo und der Königin von Saba im heutigen Jemen. Tatsächlich wurde das erste äthiopische Reich mit der Hauptstadt Aksum von aus Südarabien eingewanderten Stämmen gegründet. Im 4. Jh. n. Chr. zerstörte König Ezana Meroë, die Hauptstadt der Kuschiten. Er führte auch das Christentum als Staatsreligion ein. Um die südarabischen Christen zu schützen, eroberte Aksum im 6. Jh. den Jemen und erreichte damit seine größte Ausdehnung. Die Ausbreitung des Islam in den umliegenden Ländern seit dem 7. Jh. sowie der Verlust des direkten Zuganges zum Meer führten allmählich zur kulturellen und wirtschaftlichen Isolation. So verlor Aksum ab dem 8. Jh. immer mehr an Bedeutung und der politische Schwerpunkt Äthiopiens verlagerte sich nach Süden in das geschützte Hochland. Als heilige Stadt blieb **11** Aksum aber bis ins 19. Krönungsort der äthiopischen Kaiser.

Die äthiopische Kirche

Die äthiopische Kirche geht zurück auf die Missionstätigkeit der alexandrinischen Brüder Frumentios und Aidesios Anfang des 4. Jahrhunderts. In ihrer Lehrmeinung stimmt sie mit der katholischen Kirche v. a. in der Christologie nicht überein, und auch der Bibelkanon ist ein anderer. Oberhaupt der Kirche war bis 1959 der koptische Patriarch von Alexandria. Seither steht ihr ein eigener Patriarch in Addis Abeba vor.

Passionsszenen in einer koptischen Kirche in Äthiopien (Wandmalerei, 18. Jh.)

10 Pyramiden von Meroë, Sudan (Lithografie, um 1800)

11 Kirche in Aksum, Äthiopien (Kupferstich, 19. Jh.)

112–05 v. Chr. | Jugurthinische Kriege | 40 n. Chr. | Ermordung Ptolemäus' von Mauretanien | um 350 n. Chr. | Äthiopier zerstören Meroë

46 v. Chr. | Numidien wird römisch | ab 4. Jh. | Christianisierung Nubiens und Äthiopiens | ab 7. Jh. | Ausbreitung des Islam

Mittelalter
5.–15. Jahrhundert

Die Völkerwanderung der Spätantike hatte die Macht des Römischen Reiches und damit die gesamte politische Ordnung Europas erschüttert. Doch obwohl nun germanische Reiche an die Stelle Roms traten, wirkte die Kultur der Spätantike, insbesondere das Christentum, weiter fort und prägte das nun beginnende Mittelalter. Parallel zu den Entwicklungen im christlichen Abendland begründete der Prophet Mohammed im 7. Jh. in Arabien mit dem Islam eine neue Religion mit großer politischer und militärischer Schlagkraft. In kürzester Zeit bildeten sich riesige islamische Reiche von der Iberischen Halbinsel bis nach Indien und Zentralasien heraus, mit Zentren wie Córdoba, Kairo, Bagdad und Samarkand.

Die im 13.–14. Jh. im gotischen Stil erbaute Kathedrale „Notre Dame de Reims" diente über viele Jahrhunderte hinweg als Ort für die zeremonielle Krönung der französischen Könige.

1 Ritterturnier (Buchmalerei, 15. Jh.)

2 Burg Eltz an der Mosel (erbaut ab dem 13. Jh.)

3 Lehnsherr und Lehnsmann (Buchmalerei, 15. Jh.)

DAS MITTELALTER

Es waren die Humanisten am Ende des 15./Anfang des 16. Jh., die der Epoche des Mittelalters ihren Namen gaben. Für sie war das Mittelalter nur eine „dunkle" Zeit zwischen der bewunderten Antike und der Neuzeit. Aber nicht nur diese negative Einschätzung als Epoche des geistigen Verfalls, der primitiven Sitten und der persönlichen Unfreiheit prägt unser Bild heute. Daneben existiert auch jenes vom glänzenden Leben an den Höfen, edlen ❶ Rittern, die sich für den König oder die Dame ihres Herzens in Abenteuer stürzen, von stolzen ❷ Burgen, von Troubadouren und ❺ Minnesängern. Diese Welt erleben wir in den Romanen des Hohen Mittelalters – etwa von Chrétien de Troyes, Wolfram von Eschenbach oder Gottfried von Straßburg –, die jedoch, wie man heute weiß, eher einen gesellschaftlichen Gegenentwurf zur Wirklichkeit als deren Abbildung darstellten. Aus diesen literarischen Zeugnissen aber nährte sich die Mittelalterbegeisterung und -verklärung der deutschen Romantiker im 19. Jh., denen aus der vermeintlich glanzvollen Vergangenheit des mittelalterlichen Deutschen Reiches ein neues Nationalgefühl erwuchs.

5 Ein Minnesänger empfängt einen Blumenkranz als Minnelohn (Buchmalerei, Anfang 14. Jh.)

Soziale Ordnung

Die mittelalterliche Gesellschaft war eine ausgeprägte Ständegesellschaft mit dem Adel und der Geistlichkeit an der Spitze. Darunter vereinigte der dritte Stand die überwiegende Mehrheit der Bevölkerung: vom ärmsten Bettler bis zum reichsten Kaufmann. Gerechtfertigt wurde die ausgeprägte Hierarchisierung durch die Auffassung, die Stände hätten füreinander – wie die Glieder eines Körpers – ganz bestimmte Aufgaben zu erfüllen. Der Zusammenschluss zu sozialen Gemeinschaften, wie sie die Stände darstellten, setzte sich auch in anderen Lebensbereichen fort, wo sich Handwerker in Zünften und Gläubige in frommen Bruderschaften organisierten. Hieraus spricht nicht nur das Bedürfnis nach sozialer Sicherheit, sondern auch der Wunsch, einen

4 Bauern bei der Feldarbeit, im Hintergrund die Stadt Paris (Französische Buchmalerei, Anfang 16. Jh.)

Platz in der scheinbar gottgewollten Ordnung zu finden.

Da im Mittelalter die Landwirtschaft noch den bedeutendster Wirtschaftsfaktor darstellte, wa die Gesellschaftsordnung in besonderer Weise an den Besitz vor Land gebunden: Wer über Land verfügte, besaß Macht und Einfluss. Charakteristisch für das europäische Mittelalter war de Feudalismus (von lat. feudum, „Lehensgut"), das Lehenswesen, das sich im Verlauf des Frühmittelalters im Frankenreich entwickelte. Ein Lehen wurde vom Lehnsherrn an seinen Vasallen, seinen Lehnsmann, verliehen. Nach dessen Tod fiel es an den Lehnsherrn zurück, doch wurde es später oft erblich. War es dem Lehnsmann erst einmal gelungen, das Lehen dauerhaft für seine Familie zu sichern, hatte er ein Stück Unabhängigkeit erreicht.

Mit der Belehnung war jedoch auch eine soziale Beziehung hergestellt ❸ Lehnsherr und Lehnsmann schuldeten einander Treue und Gefolgschaft, v. a. im Kriegsfall. Der König bildete die Spitze der Lehenspyramide, die über Fürsten bzw. hohe Geistliche bis hinunter zum einfacher ❹ Bauern reichte.

Lebensbedingungen

Im Mittelalter waren Lebens-, Arbeits- und Wohnbedingungen v. a. de einfachen Bevölkerung, aber durchaus auch der Geistlichkeit und des Adels, relativ primitiv – verglichen etwa mit der zu dieser Zeit blühenden islamischen Kultur. Schlechte Ernährung, miserable medizinische Versorgung, Kriege und Fehden sorgten für unsichere Lebensverhältnisse und eine recht geringe Lebenserwartung. Gegenüber Seuchen wie der Pest, die als „Schwarzer Tod" zwischen 1347 und 1352 etwa 25 Millionen Menschenleben (etwa ein Drittel der Gesamtbevölkerung

476 | Ende des Weströmischen Reiches   800 | Kaiserkrönung Karls des Großen   um 1074–1122 | Investiturstreit   um 1220 | „Universitates" in Bologna

568 | Ende der Völkerwanderung   um 1031–1492 | Reconquista   ab 1096 | Beginn der Kreuzzüge

Prozession von Flagellanten (Buchmalerei, 14. Jh.)

Mittelalterliches Badehaus (Buchmalerei, um 1450)

Theologische Vorlesung an der Sorbonne (15. Jh.)

kostete, war man praktisch ohnmächtig. Solche Epidemien hinterließen einen enormen Eindruck im Bewusstsein der Menschen. Sie führten genauso zu Endzeitstimmungen und ❻ religiösem Wahn wie zu einer Gier nach ❼ Leben und Genuss.

Kultur und Geistesleben

Träger der Kultur waren im Mittelalter die Kirche und in vorderster Linie die ❿ Klöster. Hier wurde das Wissen der Antike bewahrt, hier entstanden neue religiöse und philosophische Abhandlungen sowie geistliche Dichtung für den Gottesdienst. Jedoch waren Kirche und Klöster nicht nur für die Bewahrung, sondern auch für die Vermittlung von Bildung und Kultur verantwortlich. Kloster- und Kathedralschulen lehrten

die „septem artes liberales" Grammatik, Rhetorik, Dialektik, Arithmetik, Geometrie, Astronomie und Musik. Aus ihnen entwickelten sich im 12. Jh. auch die ersten ❽ Universitäten, zunächst als Genossenschaften (Universitates) von Lehrenden und Lernenden. Hier gehörten neben der Theologie auch Rechtswissenschaft und Medizin zu den hohen Fakultäten.

Geistliche wie der heilige Thomas von Aquin waren es auch, die sich in der philosophischen Richtung der Scholastik zuerst der schwierigen Aufgabe stellten, Glauben und Wissen, theologisches Dogma und naturwissenschaftliche Erkenntnis zu vereinbaren.

Eltern übergeben Mönchen ihr Kind zur Erziehung in einer Klosterschule (Buchmalerei, Anfang 14. Jh.)

Als Reaktion auf die rationale Scholastik suchten Mystiker wie Hildegard von Bingen oder Meister Eckart nach einem verinnerlichten Gotteserlebnis. Laienbewegungen wie die der Beginen versuchten, in nichtklösterlichen Lebensgemeinschaften die neue Frömmigkeit (devotio moderna) mit dem Alltag zu verbinden.

Zu den „Innovationen" des Mittelalters gehörte in gewisser Weise auch die v. a. im 13. Jh. durch die Kirche institutionalisierte Inquisition

(lat. Untersuchung), die so sehr zum Negativbild des „dunklen Mittelalters" beigetragen hat. Diese war nicht allein ein Instrument der Unterdrückung und Verfolgung von Andersdenkenden, sondern stellte juristisch in gewisser Hinsicht einen Fortschritt dar, denn sie löste die Praxis des „Gottesurteils" durch Untersuchungen ab, die bestimmten Regeln zu folgen hatten, und eröffnete so den Weg hin zu einer modernen Strafprozessordnung.

Der Palazzo Comunale in Montepulciano, Toskana (Ende 14. Jh.)

Der Übergang zur Neuzeit

Der Übergang zur Neuzeit vollzog sich auf vielen Gebieten, etwa der Philosophie, der Wissenschaft, der Gesellschaftsordnung und der Wirtschaft. Mit dem Aufkommen eines internationalen Finanzwesens und einer Frühform de Kapitalismus ab etwa dem 13. Jh. verlor der Landbesitz immer mehr an Bedeutung, und die Machtstellung der ❾ Städte, wo sich Handel und Gewerbe konzentrierten, wuchs. Es wurde nun immer wichtiger, über Kapital zu verfügen, das v. a. im internationalen Handel erworben werden konnte. Hierüber gewannen auch ⓫ „bürgerliche" Schichten neben Adel und Geistlichkeit an politischem Einfluss.

Gerade in Flandern und Italien mit ihren vielen reichen Handelsstädten veränderte sich schon im Spätmittelalter im Zuge des Humanismus und der beginnenden Renaissance die Wahrnehmung des Menschen und seiner Umwelt. Dies wurde beeinflusst durch die Wiederentdeckung antiker Schriften. Am Ende zerbrach der Anspruch der römisch-katholischen Kirche auf absolute Deutungshoheit und machte der neuzeitlichen Wissenschaft Platz.

Hochzeit des Kaufmanns Arnolfini mit Giovanna Canami (Gemälde von Jan van Eyck, 1434)

| 1231/32 | Inquisition wird in einer päpstlichen Behörde zentralisiert | 1459 | Gründung einer platonischen Akademie in Florenz | 1517 | Beginn der Reformation |
| 1339–1453 | Hundertjähriger Krieg | 1453 | Osmanen erobern Konstantinopel | 1492 | Kolumbus erreicht Amerika |

1

GERMANISCHE REICHSBILDUNGEN 5. JH.–774

Der Verfall des Römischen Reiches erlaubte germanischen Stämmen den Vorstoß in dessen Gebiet. Zwar befanden sich schon seit dem 2. Jh. n. Chr. germanische Völker auf der Wanderung durch Europa, aber erst das nun stark nach Westen ausgreifende Vordringen der Hunnen drückte auf die in Osteuropa ansässigen Germanenstämme. Sie zogen daraufhin selber weiter nach West- und Südeuropa und gründeten dort in der Regel recht kurzlebige Reiche wie das der Ostgoten unter ❶ Theoderich.

Grabmal Theoderich des Großen in Ravenna (erbaut um 520)

Wandalen, Burgunder und Angelsachsen

Im 5. Jh. gründeten die zumeist von Heerkönigen angeführten germanischen Stämme der Wandalen, Burgunder und Angelsachsen zahlreiche Staaten auf dem Gebiet des weströmischen Reiches.

Von Osteuropa über Spanien gelangten die Wandalen 429 bis nach Nordafrika und errichteten hier unter ihrem König ❷ Geiserich ein Reich mit der Hauptstadt Karthago. In weiteren Kriegszügen eroberten sie die Inseln des westlichen Mittelmeeres und

❸ plünderten 455 Rom. Nachfolgekämpfe im Königshaus und religiöse Auseinandersetzungen, v. a. die Verfolgung der Katholiken durch die arianischen Wandalen, schwächten den Staat. Schon 535 erobert der byzantinische Feldherr Belisar das Wandalenreich für Kaiser Justinian I. zurück.

Die Burgunder waren zunächst zusammen mit den Wandalen in Osteuropa aufgebrochen, blieben dann aber in der Rhein-Main-Gegend zurück, wo sie möglicherweise Worms zu ihrer Hauptstadt machten. 437 wurde dieses erste Burgunderreich von den ❹ Hunnen vernichtet – ein Ereignis, das Eingang in das „Nibelungenlied" fand. In den folgenden Jahren siedelte der römische Feldherr Aetius die Reste des Stammes am Genfer See an, wo die Burgunder ein zweites Reich auf-

2 **Geiserich.**

Der Wandalenkönig Geiserich (Holzstich, 1869)

bauten. 534 wurden sie von den Franken besiegt und gingen im Reich der Merowinger auf.

Der Überlieferung nach waren Angeln, Sachsen und Jüten unter ihren Anführern, den Brüdern ❺ Hengist und Horsa, ursprünglich von den Briten selbst zur Hilfe bei inneren Auseinandersetzungen gerufen worden. Die Germanen ließen sich jedoch dauerhaft nie-

3

Wandalen plündern Rom (Holzstich, 19. Jh.)

Die Burgunder verteidigen sich gegen die Hunnen (Gemälde, 19. Jh.)

4

5 Ein König der keltischen Briten empfängt Hengist und Horsa

Das „Nibelungenlied"

Das berühmte mittelalterliche Nibelungenlied bewahrt das Andenken an die Völkerwanderungszeit. Im zweiten Teil schildert es die Vernichtung des Burgunderreiches durch den Hunnenkönig Etzel (Attila). Die in 39 „aventiuren" gegliederte Heldendichtung eines unbekannten Autors aus der Zeit um 1200 greift auf verschiedene Sagenkreise zurück. Erst im 19. Jh. wurde das Nibelungenlied wiederentdeckt und zum deutschen „Nationalepos" stilisiert.

Der Hunnenkönig Etzel und die burgundische Königstochter Kriemhild (Buchmalerei, 15. Jh.)

der und verdrängten die keltischen Briten nach Wales, Cornwall und über den Ärmelkanal in die Bretagne. Die Germanen, die allmählich zum Volk der Angelsachsen verschmolzen, gründeten zahlreiche, erst nach und nach christianisierte Königreiche, unter ihnen auch Wessex, von dem im 9. Jh. die staatliche Einigung Englands ausging (S. 182 f.).

5. Jh. | Staatsgründungen der Wandalen, Burgunder und Angelsachsen | 437 | Vernichtung Burgunds durch die Hunnen | 507 | Tod Alarichs I.

410 | Plünderung Roms unter Alarich I. | 429 | Reichsgründung in Nordafrika unter Geiserich | 455 | Plünderung Roms

Die Reiche der West- und Ostgoten und der Langobarden

Die Westgoten schufen im 5. Jh. ein Reich in Südfrankreich, wurden aber schließlich im 6. Jh. von den Franken nach Spanien verdrängt. Das Reich der Ostgoten in Italien unterlag den Kriegszügen der Byzantiner. An ihre Stelle traten schließlich die Langobarden.

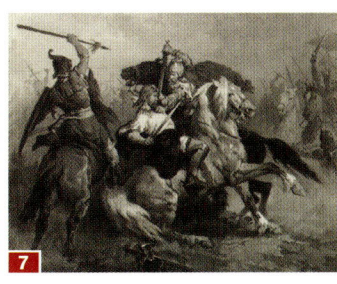

Alarich II. unterliegt dem Frankenkönig Chlodwig I. (Lithografie, 19. Jh.)

Palast Theoderichs in Ravenna (Mosaik, um 500)

Theoderich der Große empfängt Abgesandte der germanischen Stämme (Holzstich, 19. Jh.)

6 Buchdeckel eines langobardischen Evangeliars (um 800)

Nachdem die ❶ Westgoten unter Alarich I. 410 Rom geplündert hatten, ließen sie sich schließlich in Aquitanien im Südwesten Frankreichs nieder. Formell noch unter der Oberherrschaft der römischen Kaiser stehend, errichteten sie hier ein eigenes Reich mit der Hauptstadt Toulouse. In der zweiten Hälfte des 5. Jh. dehnte König Eurich sein Herrschaftsgebiet bis nach Spanien aus. Sein Sohn ❼ Alarich II. fiel jedoch 507 in einer Schlacht gegen die Franken. Die Westgoten mussten sich auf die Iberische Halbinsel zurückziehen, wo ❶❷ Toledo zur neuen Hauptstadt wurde. Hier traten die bisher arianischen Westgoten 568 zum Katholizismus über, was das Verschmelzen mit der ansässigen Bevölkerung ermöglichte. Andererseits schwächte der große Einfluss der Kirche, die sich mit dem Hochadel verbündete, die Zentralmacht des Königtums. Dies erleichterte den Arabern bis 714 die schnelle Unterwerfung des Westgotenreiches (S. 227). Nur im Norden der Halbinsel hielten sich noch christliche Herrschaften (S. 198).

Der Ostgote ❾ Theoderich der Große wurde als Geisel am Kaiserhof in Konstantinopel erzogen. Als Verbündeter Ostroms zog er nach Italien, besiegte den dortigen Machthaber Odoaker und baute ein eigenes Reich auf mit der Hauptstadt ❽ Ravenna. Durch dynastische Heiraten versuchte er, die germanischen Staaten untereinander zu verbinden und somit ein Gegengewicht zu Ostrom zu schaffen, was ihm jedoch nicht

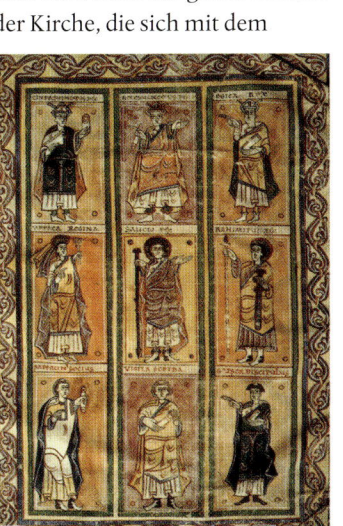

10 Langobarde (Lithografie, 19. Jh.)

gelang. Nach seinem Tod 526 schwächten die von ihm festgelegte strikte Trennung zwischen arianischen Goten und katholischen Römern und die daraus entstehenden Konflikte sowie die unklare Nachfolge das Ostgotenreich. 552 schlug der byzantinische Feldherr Narses den Ostgotenkönig Totila und eroberte kurzfristig ganz Italien.

Doch die Byzantiner wurden schon bald von den ❿ Langobarden verdrängt, die sich seit 568 unter ihrem Anführer Alboin in Italien niederließen, zunächst in der nach ihnen benannten Lombardei in Norditalien, später auch in Süditalien. Nur Ravenna und Rom sowie die Südspitze Italiens mit der Insel Sizilien blieben noch byzantinisch. Teilweise wurden diese Gebiete später noch von den Langobarden erobert, während

sich in Mittelitalien allmählich ein eigenes Herrschaftsgebiet des Papstes, der spätere Kirchenstaat, herausbildete (S. 192). Die langobardischen Könige beherrschten faktisch nur Nordwestitalien mit der Hauptstadt Pavia, wo mehrere Dynastien rasch aufeinander folgten. Daneben bestanden zahlreiche, nur nominell dem König unterstellte Herzogtümer. Unter dem Einfluss der bayrischen Herzogstochter Theodelinde trat ihr Ehemann König Agilulf um 600 vom Arianismus zum ❻ Katholizismus über. Nachdem die Franken unter Karl dem Großen 774 Norditalien erobert hatten (S. 164), blieben die langobardischen Fürsten Süditaliens selbstständig (S. 191).

11 Westgotische Könige (Buchmalerei)

12 Altstadt von Toledo mit der Kathedrale (links) und der Burg (rechts)

534 | Sieg der Franken über die Burgunder   552 | Sieg von Narses über Totila   714 | Unterwerfung der Westgoten durch die Araber
526 | Tod Theoderichs des Großen   535 | Eroberung des Wandalenreiches unter Belisar   568 | Konversion der arianischen Westgoten zum Katholizismus

5.–15. Jh.

Mittelalter

1

DAS FRANKENREICH 5.–10. JH.

Unter Chlodwig I. aus dem Haus der Merowinger erreichten die ❶ Franken eine Vormachtstellung in Westeuropa. Nach dessen Tod aber begann eine der Auseinandersetzungen, die die soziale und politische Geschichte des gesamten Mittelalters prägen sollte: der Machtkampf zwischen Königtum und Fürsten. Der Adel musste durch Zugeständnisse bewogen werden, den König anzuerkennen. Häufige Reichsteilungen unter nachfolgeberechtigten Söhnen schwächten die Merowinger zusätzlich, sodass sie schließlich ihre Macht an die Karolinger, ihre ehemaligen Hausmeier, abgeben mussten. Am Ende einer Reihe erfolgreicher Karolinger stand mit Karl dem Großen der erste Kaiser.

Das Frankenreich zur Zeit der Merowinger und Karolinger (Kupferstich, 17. Jh.)

Das Frankenreich der Merowinger

Von einem kleinen Gebiet südlich der Rheinmündung aus schuf die Familie der Merowinger das größte und einflussreichste Germanenreich des frühen Mittelalters.

2 Brunhilde, Witwe von König Sigibert I., wird nach einem Blutrachekrieg 613 zu Tode geschleift (Holzstich, 19. Jh.)

Ihre Ausbreitung brachte die ❸ Franken in Konflikt mit dem letzten römischen Statthalter Syagrius: 486 wurde er vom Merowinger ❹ Chlodwig I. besiegt. Dieser vergrößerte seinen Herrschaftsbereich und kontrollierte schließlich von Paris aus ein Gebiet, das bei seinem Tod 511 in etwa das heutige Frankreich, Belgien, das Rheinland und Südwestdeutschland umfasste. Chlodwig hatte sich von Bischof Remigius von Reims ❺ taufen lassen. Dies ermöglichte nicht nur eine Verschmelzung von Franken und einheimischen Galloromanen, sondern machte die Herrscher im Frankenreich wie auch später im Deutschen Reich zu Bündnispartnern der katholischen Kirche. In der sog. Lex Salica schloss Chlodwig außerdem die weibliche Thronfolge aus. Dies begründete die Kontinuität der Merowinger und der ihnen nachfolgenden Dynastien bis ins 19. Jh., führte aber auch zu Konflikten wie dem Hundertjährigen Krieg im 14. Jh. mit England (S. 179).

Nach Chlodwigs Tod wurde sein Reich nach alter fränkischer Tradition durch ein Losverfahren

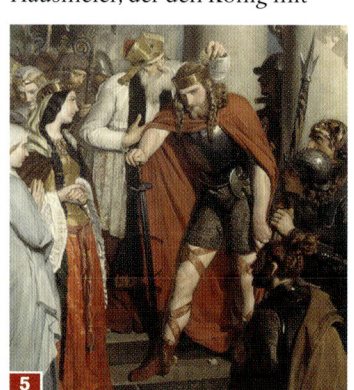

4 Sieg Chlodwigs I. über den römischen Statthalter Syagrius in der Schlacht von Soissons (Bildteppich, 15. Jh.)

unter seinen Söhnen aufgeteilt. Es entstanden die drei Teilreiche von Austrien, Neustrien und Burgund, deren Herrscher jeweils versuchten, ihre ❷ Verwandten auszuschalten. Chlothar II. gelang 613 die Wiedervereinigung zu einem hohen innenpolitischen Preis: Um die Unterstützung des Adels zu gewinnen, musste er diesem im „Edictum Chlotharii" von 614 garantieren, die königlichen Beamten, die Grafen, aus den Grundbesitzern der jeweiligen Grafschaft auszuwählen, was zu einer Stärkung des lokalen Adels auf Kosten der Zentralgewalt führen sollte. Außerdem erhielten die drei Reichsteile je einen sog. Hausmeier, der den König mit

3 Fränkischer Krieger des 5. Jh. (Holzstich, 19. Jh.)

großen Befugnissen vertrat. Bis zu seinem Tode 638/39 herrschte ❻ Dagobert I., Chlothars II. Sohn, über ein geeintes Reich. Die Uneinigkeit unter den nachfolgenden Merowingern ermöglichte den Aufstieg der Hausmeier.

5 Bischof Remigius von Reims tauft König Chlodwig I. (Gemälde, 19. Jh.)

6 König Dagobert I. lässt die Kirche Saint-Denis erbauen (Buchmalerei, 14. Jh.)

Der Aufstieg der Karolinger

Die Hausmeier aus der Familie der Karolinger eroberten die Macht im Frankenreich.

Das Amt des Hausmeiers in Austrien bekleideten seit Pippin I. Mitglieder seiner Sippe, die als  Karolinger bekannt wurden. Sein Enkel Pippin II. besaß, nachdem er 687 bei Tertry den Hausmeier Neustriens bezwungen hatte, die tatsächliche Macht im Frankenreich, beließ die Merowinger jedoch als abhängige Marionettenherrscher auf dem Thron.

Als Pippin II. 714 starb, gelangte sein Sohn ❼ Karl Martell („der Hammer") an die Macht, beanspruchte aber ebenfalls nie die Königskrone. Er besiegte Alemannen wie Thüringer, band die Bayern an das Frankenreich und förderte die Mission des Angelsachsen ❿ Bonifatius unter den noch nicht christianisierten Germanenstämmen (S. 182). Später dafür als „Retter des Abendlands" gefeiert, hielt Karl Martell 732 in der ❽ Schlacht bei Tours und Poitiers den Vormarsch der Araber nach Westeuropa auf. Als militärische Neuerung stellte Karl Martell ein stark gepanzertes Reiterheer auf und legte damit den Grundstein für das europäische Lehnswesen und Rittertum. Um ihre Ausrüstung finanzieren zu können, erhielten die Reiter Land als Lehen zugewiesen und mussten sich dafür in einem Eid zur Heerfolge verpflichten.

Karl Martells Sohn Pippin III. übernahm 747 von seinem Bruder Karlmann, der nach dem sog. Cannstatter Gerichtstag, einem

❼ Karl Martell bezwingt einen Araber (Bronzeplastik, 19. Jh.)

Blutbad an den Alemannen 746, in ein Kloster eintrat, auch den Hausmeierposten von Austrien.

751 beendete Pippin die Schattenherrschaft der Merowinger und schickte den letzten König ins Kloster. Er nahm nun selbst den Königstitel an und ließ dies drei Jahre später von Papst Stephan II. bestätigen. Pippin revanchierte sich damit, dass er den Papst gegen Angriffe der ⓫ Langobardenfürsten verteidigte und Teile ihrer Gebiete als „Pippin'sche Schenkung" dem Papst übergab. Hieraus entwickelte sich später der Kirchenstaat. Wie die Merowinger teilte aber auch Pippin kurz vor seinem Tod 768 das Frankenreich unter seinen beiden Söhnen Karl und Karlmann auf.

9 Pippin und Bega, Stammeltern der Karolinger (Gemälde von Rubens, 17. Jh.)

8 Die Schlacht bei Tours und Poitiers (Gemälde, 19. Jh.)

10 Bonifatius tauft Germanen und stirbt den Märtyrertod (Buchmalerei, 10. Jh.)

11 Pippin II. und Papst Stephan II. besiegen die Langobarden (Kupferstich, 17. Jh.)

Die Hausmeier

Dem sog. Hausmeier (lat. Majordomus) oblag anfänglich nur die Verwaltung des königlichen Haushalts. Erst als die Hausmeier auch militärische Aufgaben übernahmen, gewannen sie an politischem Einfluss: Sie waren nicht nur Statthalter in den jeweiligen Reichsteilen, sondern in Zeiten schwacher Könige die wahren Herrscher dieser Gebiete. Am Ende hatten die Merowingerkönige nur noch repräsentative Aufgaben, bis die Hausmeier aus der Familie der Karolinger schließlich selbst den Königsthron einnahmen.

Der minderjährige König Chlodwig III. mit seinem Hausmeier Pippin II. (Holzstich, 19. Jh.)

Mittelalter   5.–15. Jh.

Die Kriege Karls des Großen

Karl der Große vergrößerte in mehreren Kriegen das Frankenreich um zahlreiche Gebiete.

Pippins älterer Sohn Karlmann starb bereits drei Jahre nach dem Tod seines Vaters im Jahr 771. Sein Bruder ❶ Karl sicherte sich Karlmanns Reichsteil, der nicht, wie es Brauch gewesen wäre, auf Karlmanns Söhne verteilt wurde. Diese flohen zu den Langobarden, die gleichzeitig auch wieder den Kirchenstaat bedrohten. Als ❺ Papst Hadrian I. 772 Karl an seine Aufgabe als Schutzherr der Römer erinnerte, kam es 773/74 zum Krieg. Die Langobarden wurden endgültig geschlagen, und Karl erklärte sich zu ihrem neuen König. Italien ging bis auf die päpstlichen Gebiete und den Süden an das Frankenreich (S. 190).

1 Karl der Große (Reiterbildnis, um 870)

Schon seit 772 versuchte Karl, auch die Sachsen zu unterwerfen. Anfangserfolge, Christianisierungsversuche und selbst die Kollaboration des sächsischen Adels konnten die freien sächsischen Bauern jedoch nicht unterwerfen: Unter Widukind kämpften sie gegen die Franken. Nachdem sie 782 ein fränkisches Heer vernichtet hatten, ließ Karl ein Massaker anrichten: In Verden an der Aller wurden vermutlich Tausende aufständische Sachsen ermordet. 785 schlossen Karl und ❸ Widukind Frieden, der Sachse ließ sich taufen. Dennoch dauerte es noch lange, bis sich alle Sachsen unterwarfen und taufen ließen. Besonders die freien Bauern weigerten sich, Abgaben an die Kirche zu zahlen. Zur Christianisierung ließ Karl auch zahlreiche neue ❷ Bistümer in Sachsen errichten. In Bayern, das schon Karl Martell erobert hatte, drohte Herzog Tassilo III., sich im Bündnis mit den im heutigen Ungarn siedelnden Awaren vom Reich zu lösen, und wurde dafür 788 auf dem Reichstag von Ingelheim abgesetzt.

2 Dom St. Peter in Minden an der Weser, Sitz eines von Karl dem Großen um 800 gegründeten Bistums

3 Widukind unterwirft sich Karl dem Großen (Gemälde, 19. Jh.)

Karl begann nun, die Grenzen seines Reiches durch die Errichtung sog. Markgrafschaften zu sichern, in denen die königlichen Verwalter auch militärische Befugnisse innehatten. 796 wurde, nachdem er die Awaren im heutigen Ungarn besiegt hatte, die Awarische Mark gegründet. Weiter nördlich regelten Verträge mit den Böhmen und Sorben deren Tributpflicht, und 811 schloss Karl an der Nordgrenze Frieden mit den Dänen. Nur gegen Basken (S. 198) und ❻ Araber kämpfte er erfolglos, so etwa in der Schlacht von ❹ Roncesvalles 778, woran das mittelalterliche „Rolandslied" erinnert. Dennoch konnte Karl 795 eine Grenzmark auf spanischem Boden errichten und gegen die Araber verteidigen.

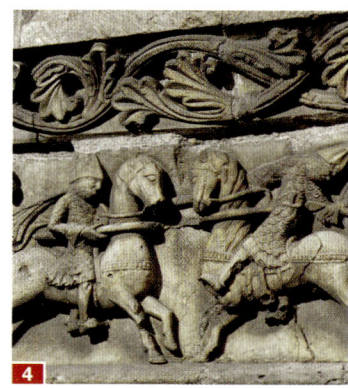

5 Papst Hadrian I. (rechts) begrüßt Karl bei seinem Einzug in Rom, in Begleitung Karls befindet sich sein kleiner Sohn Ludwig (rechts; Buchmalerei, 13. Jh.)

Einhard

Der Verfasser der berühmten Biografie Karls des Großen, der „Vita Caroli Magni", trat mit etwa 25 Jahren um 794 in die Hofschule Karls des Großen ein, welcher ihn bald für diplomatische Aufgaben einsetzte. Später beriet Einhard Karls Sohn Ludwig den Frommen in dessen Kirchenpolitik und leitete bis zu seinem Tod im Jahr 840 als Abt das Kloster Seligenstadt.

Einhard schreibt die Vita Karls des Großen (Buchmalerei, 14. Jh.)

4 Schlacht von Roncesvalles (Relief, 12. Jh.)

6 Als Teufel verkleidete Araber versuchen, das Heer Karls des Großen zu erschrecken (Buchmalerei, 14. Jh.)

| 771 | Tod Karlmanns | 773/74 | Krieg gegen die Langobarden | 782 | Massaker in Verden an der Aller |
| ab 772 | Feldzüge gegen die Sachsen | 778 | Schlacht von Roncesvalles | 785 | Friedensschluss mit den Sachsen |

Das Kaisertum Karls des Großen

Karl der Große führte in seinem Reich auf den Gebieten von Verwaltung und Kultur zahlreiche Reformen durch. Unter seinen Nachfolgern zerfiel das Frankenreich allerdings wieder. Trotzdem blieb die Herrschaft Karls richtungsweisend für das ganze Mittelalter.

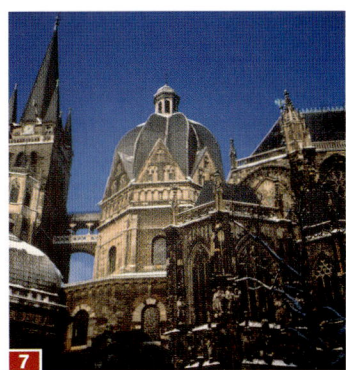

Kuppel der Pfalzkapelle in Aachen (erbaut zwischen 788 und 805)

Das Reich Karls umfasste nun große Teile West- und Südeuropas. Der Papst wollte sich die Unterstützung des mächtigen Frankenkönigs endgültig sichern. Daher wurde Karl in der Weihnachtsmesse des Jahres 800 im römischen Petersdom von Papst Leo III. zum ❿ Kaiser gekrönt. Die Kaiser von Byzanz, die sich als wahre Erben Roms betrachteten, akzeptierten dies zunächst nicht. Erst nachdem Karl im Vertrag von Aachen 812 auf Gebiete an der Adria verzichtete, erkannte im Gegenzug Byzanz das neue Kaisertum in Westeuropa an.

Seine Hauptresidenz Aachen wollte Karl zu einem „neuen Rom" machen: Hier entstand die Kaiserpfalz mit dem Oktogon der ❼, ❾ Pfalzkapelle. Von Aachen und zahlreichen weiteren Pfalzen aus regierte Karl sein Reich. Die Grafen, in deren Händen die Provinzverwaltung lag (S. 162), ließ er durch die ⓫ sog. Königsboten kontrollieren. Solange es nicht den von Karl erlassenen Gesetzen widersprach, konnten unterworfene Völker an ihrem eigenen Recht festhalten.

Vor seinem Tod 814 vermachte der später wie ein Heiliger verehrte ❽ Karl das Reich als Ganzes seinem jüngsten

❾ Thron Karls des Großen im Oktogon der Aachener Pfalzkapelle (Marmor, Ende 8. Jh.)

Sohn Ludwig dem Frommen. Dessen Söhne wiederum, Ludwig der Deutsche, Karl II., der Kahle, und Lothar I., teilten im ⓬ Vertrag von Verdun 843 das Franken-

❽

Büstenreliquiar Karls des Großen (Silber, teilweise vergoldet, 14. Jh.)

reich unter sich auf. Diese Teilung prägte den späteren Grenzverlauf zwischen Frankreich und Deutschland. Nach Lothar I. wurde später die Grenzregion Lothringen benannt. Weitere Teilungen der Söhne und Enkel (S. 180) sowie Überfälle von Normannen (S. 176) und Ungarn (S. 205) führten zum Niedergang des Reiches. Im ostfränkischen Reich, dem späteren Deutschen Reich, starben die Karolinger mit Ludwig dem Kind 911 aus, im westfränkischen Teil, dem späteren Frankreich, herrschten sie bis 987, in Italien bis 875.

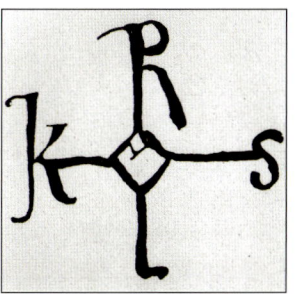

Die „karolingische Renaissance"

Karl, der selber wahrscheinlich allenfalls lesen konnte, aber von der Idee der Wiederherstellung des Römischen Reiches motiviert war, strebte danach, christliche, antike und germanische Kultur zu verschmelzen. Unter der Leitung des englischen Geistlichen Alkuin wurde mit Gelehrten aus ganz Europa eine „Bildungsoffensive" ins Leben gerufen. Die zentral eingerichtete Palastschule wurde von Dom- und Klosterschulen im ganzen Reich nachgeahmt. Von ihnen aus wirkten Mönche als die führenden Vermittler der mittelalterlichen Kultur. Die von ihnen neu entwickelte karolingische Minuskel bildete die Grundlage der heutigen Antiqua-Schriften.

oben: Unterschrift Karls des Großen in Form eines Monogramms in karolingischer Minuskel (Handschrift aus dem Jahr 794)

5.–15. Jh.

Mittelalter

❿ Krönung Karls des Großen durch Papst Leo III. (Buchmalerei, 15. Jh.)

⓫ Karl der Große schickt Boten in die Provinzen seines Reiches (Buchmalerei, 15. Jh.)

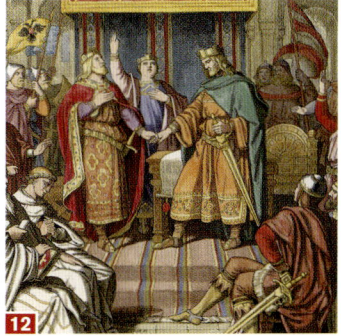

⓬ Die Besiegelung des Vertrages von Verdun (Holzstich, 19. Jh.)

788 | Absetzung Tassilos III.   **800** | Kaiserkrönung Karls des Großen   **812** | Vertrag von Aachen   **843** | Vertrag von Verdun

796 | Gründung der Awarischen Mark   **811** | Fränkisch-Dänischer Frieden   **814** | Tod Karls des Großen

DAS DEUTSCHE REICH IM HOCH- UND SPÄTMITTELALTER 911–1519

Das deutsche Hochmittelalter wurde von den drei aufeinander folgenden ❶ Kaiserdynastien der Ottonen, Salier und Staufer geprägt. Gemeinsam war ihnen das Ringen um die Einheit des Reiches und die Zentralgewalt des Herrschers. Während sich Ottonen und Salier im Laufe der Zeit immer stärker auf die Geistlichkeit stützten, erwuchs den Staufern in der Kirche neben den Fürsten ein weiterer Konkurrent um die Herrschaft. Im Spätmittelalter siegte der Partikularismus der Fürsten. Die aus verschiedenen Geschlechtern gewählten deutschen Könige dieser Zeit betrieben v. a. eine Hausmachtpolitik im eigenen Interesse.

1 Die deutsche Kaiserkrone (Gold, Silber und Edelsteine, 10./11. Jh.)

▇ Die Anfänge des Deutschen Reiches unter den ersten Ottonen

Aus dem Ostfränkischen Reich entwickelte sich das Deutsche Reich. Der zum König gewählte Herzog von Sachsen, Heinrich I., festigte das Reich. Sein Sohn Otto I. instrumentalisierte die Kirche.

Im Osten ihres Reiches hatten die Karolinger die alten Stammesherzogtümer wie die der Sachsen, Alemannen und Bayern zunächst beseitigt. Zur Verwaltung des ausgedehnten Reiches wurden sie jedoch durch das Königtum wieder eingeführt. Angesichts der Bedrohung durch Ungarn, Slawen und Normannen erhielten die vom König eingesetzten Herzöge v. a. militärische Befugnisse, gewannen aber mit dem Zerfall der Königsmacht immer mehr an Unabhängigkeit. Nach dem Ende der ostfränkischen Karolinger 911 wählten die ostfränkischen Fürsten einen der ihren, Konrad I., Herzog von Franken, und nach diesem 919 ❹ Heinrich I., Herzog von Sachsen, zum König.

Heinrich schloss recht bald mit Karl dem Einfältigen, dem westfränkischen König, einen ❷ Vertrag, der die Unabhängigkeit des ostfränkischen bzw. Deutschen Reiches sicherte. Nach Karls Tod gliederte Heinrich 925 das westfränkische Lothringen seinem Herrschaftsbereich ein. In der Schlacht von Riade in Thüringen 933 konnte er die ❸ Ungarn abwehren, die immer wieder das Reichsgebiet heimgesucht hatten.

Nach Heinrichs Tod ließ sich sein Sohn Otto I., der Große, 936 als erster deutscher König in Aachen krönen und stellte sich damit bewusst in die Tradition Karls des Großen. Als Gegengewicht zum hohen Adel stützten sich Ottonen und Salier bei ihrer Regierung besonders auf die Reichskirche. Sie vermehrten ihren ❺ Besitz sowie die rechtlichen Befugnisse der Bischöfe und Äbte. Dafür war die Kirche zu finanziellen und militärischen Leistungen verpflichtet. Die Ehelosigkeit des Klerus verhinderte die Erblichkeit von Ämtern und Reichskirchengut, die so nach dem Tod der Inhaber wieder an die Herrscher zurückfielen. Die Interessen der Herrscher blieben gewahrt, solange sie bei der Auswahl der Bischöfe und Äbte entscheidenden Einfluss hatten und diese ohne die königliche Einweisung in ihr Amt, die sog. Investitur, dieses nicht antreten konnten. Erst als im 11. Jh. die Forderungen nach Unabhängigkeit der Kirche immer lauter wurden, kam es zu Auseinandersetzungen, die im Investiturstreit ihren Höhepunkt erreichten.

2 Begegnung Heinrichs I. mit Karl dem Einfältigen 921 (Holzstich, 19. Jh.)

3 Der Sieg Heinrichs I. über die Ungarn bei Riade, Thüringen (Holzstich, 19. Jh.)

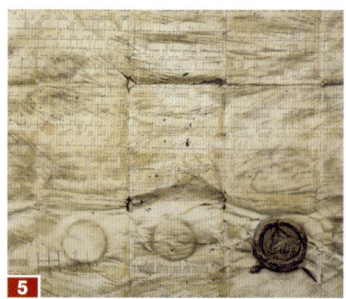

5 Urkunde Ottos I. zur Gründung und Dotation des Bistums Brandenburg, 948

4 Quedlinburg, Sachsen-Anhalt, mit dem Schlossberg, unter Heinrich I. Residenz der Ottonen, später Sitz von Fürstäbtissinen, die einem Damenstift vorstanden

911 | Wahl Konrads I. zum Köng   925 | Angliederung Lothringens   936 | Krönung Ottos I. in Aachen   955 | Schlacht auf dem Lechfeld

919 | Wahl Heinrichs I. zum König   933 | Schlacht von Riade   950 | Unterwerfung Böhmens

■ Blütezeit und Ende der Ottonen

Otto der Große setzte sich gegen die Slawen und in Italien durch. Seine Nachfolger hingegen hatten nicht die Zeit, eine eigene starke Machtposition auszubauen.

Um die Herzogtümer besser kontrollieren zu können, vergab Otto I. Bayern an seinen Bruder Heinrich und Schwaben, das aus dem ehemaligen Alemannien hervorgegangen war, an seinen ältesten Sohn Liudolf. Doch auch die eigenen Verwandten forderten zusammen mit den anderen Herzögen mehrmals die Macht des Königs heraus und mussten niedergeworfen werden.

Erfolgreicher war Ottos Außenpolitik. 950 musste sich Böhmen unterwerfen.

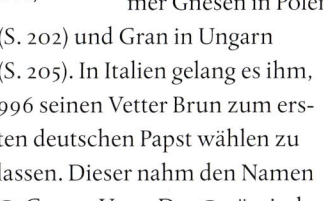

8 Grabmal von Heinrich II. (Skulpturen von Tilman Riemenschneider, 1513)

Die Grenzgebiete sicherte Otto durch Errichtung neuer Grenzmarken und Bistümer als Zentren der Slawenmission. Die Ungarn konnten 955 auf dem **11** Lechfeld bei Augsburg erneut abgewehrt werden. Ein Hilferuf der Witwe des italienischen Königs, Adelheid von Burgund (S. 190), führte Otto 951 erstmals über die Alpen. Er heiratete Adelheid und wurde selbst König von Italien. In weiteren Feldzügen setzte er sich gegen die langobardischen Fürsten und die Byzantiner durch. 962 wurde er in Rom zum Kaiser gekrönt. Dem Ausgleich mit Byzanz diente die Heirat seines Sohnes Otto II. mit Theophanu, einer Nichte des byzantinischen Kaisers.

Otto II. regierte nur zehn Jahre von 973 bis 983. Im Reich musste er

10 Otto III. lässt 998 dem Führer eines Adelsaufstands in Rom die Augen ausstechen und die Hände abhacken (Kupferstich, 17. Jh.)

sich gegen seinen Vetter, Herzog Heinrich den Zänker von Bayern, behaupten; der Große Slawenaufstand von 983 brachte den Verlust der Gebiete jenseits der Elbe.

Nach Ottos II. Tod mussten Theophanu und ihre Schwiegermutter Adelheid als Regentinnen für den noch minderjährigen **9** Otto III. dessen Herrschaft gegen Heinrich den Zänker verteidigen. Später förderte Otto III. die Ostmission durch die Gründung der Erzbistümer Gnesen in Polen (S. 202) und Gran in Ungarn (S. 205). In Italien gelang es ihm, 996 seinen Vetter Brun zum ersten deutschen Papst wählen zu lassen. Dieser nahm den Namen **7** Gregor V. an. Der **10** römische Stadtadel wollte jedoch von der Idee eines von Rom aus regierten erneuerten **6** Kaiserreiches nichts wissen und vertrieb Otto 1001 aus der Stadt. Mit **8** Heinrich II., dem Heiligen, Sohn Heinrichs des Zänkers, kam 1002 nach

7 Papst Gregor V., vormals Brun von Kärnten (Kupferstich, 16. Jh.)

9 Otto III. zwischen zwei geistlichen und zwei weltlichen Herren (Buchmalerei, Ende 10. Jh.)

dem frühen Tod Ottos III. die bayrische Linie der Ottonen auf den Thron. Da Heinrich aber selber ohne Erbe blieb, endete mit ihm die Dynastie im Jahr 1024.

11 Sieg Ottos I., des Großen, über die Ungarn in der Schlacht auf dem Lechfeld, Bayern (Buchmalerei, 15. Jh.)

6 Die vier Reichsteile Sclavinia (Osteuropa), Germania (Deutschland), Gallia (Frankreich) und Roma (Italien) bringen Tribute (Buchmalerei, Ende 10. Jh.)

Theophanu

Die byzantinische Prinzessin führte nach dem Tod Ottos II. bis zu ihrem eigenen Tod 991 die Regentschaft für den unmündigen Otto III. Neben der Verehrung des heiligen Nikolaus brachte sie aus ihrer Heimat auch zahlreiche Künstler mit, sodass die byzantinische Kultur stark an Einfluss gewann. Ihre Töchter Adelheid und Sophia wurden Äbtissinnen in Quedlinburg, Gandersheim und Essen. Diese Zentren der mittelalterlichen Kultur im alten Sachsen blieben bis 1803 selbstständige, von Äbtissinnen regierte Fürstentümer.

Otto II., Theophanu und ihr Sohn Otto III. knien vor Christus (Elfenbeinschnitzerei im byzantinischen Stil, um 983/84)

5.–15. Jh.

Mittelalter

Der Auftakt zum Investiturstreit unter den Saliern

Im Machtkampf mit den Fürsten stützten sich Konrad II. und Heinrich III. auf die Städte, das Reformpapsttum und die Ministerialen.

1024 wurde ❶ Konrad II., der Herzog von Franken aus dem Haus der ❺ Salier und ein Verwandter der Ottonen, zum deutschen König gewählt. Ein unter den Ottonen abgeschlossener Erbvertrag führte in seiner Regierungszeit 1033 zur Angliederung des Königreichs Burgund (S. 180) an das Deutsche Reich. Seither beherrschte der König alle Alpenpässe nach Norditalien, wo sich die Eigenständigkeitsbestrebungen der Städte verstärkten. Als Gegengewicht zu dem mächtigen

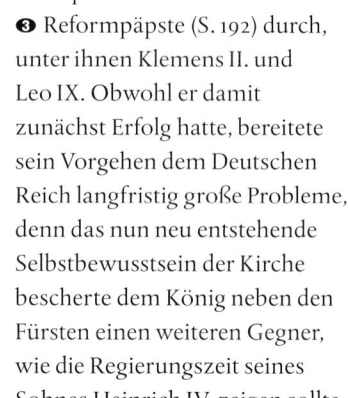

1 Siegel mit dem Bildnis Kaiser Konrads II. von 1031

Adel (S. 190) waren die lombardischen Städte (S. 194) von den Königen privilegiert worden. Doch nun widersetzten auch sie sich dem königlichen Machtanspruch.

Konrads Sohn ❷ Heinrich III., der 1039 den Thron bestieg, griff stärker in kirchliche Angelegenheiten ein. Das Papsttum glaubte er durch sein Eintreten für die „kluniazensische Reform" kontrollieren zu können. Er unterstützte die Reformer in ihrem Kampf gegen die Priesterehe und den Ämterkauf und setzte gegen den Einfluss der römischen

Adelsparteien die Wahl mehrerer ❸ Reformpäpste (S. 192) durch, unter ihnen Klemens II. und Leo IX. Obwohl er damit zunächst Erfolg hatte, bereitete sein Vorgehen dem Deutschen Reich langfristig große Probleme, denn das nun neu entstehende Selbstbewusstsein der Kirche bescherte dem König neben den Fürsten einen weiteren Gegner, wie die Regierungszeit seines Sohnes Heinrich IV. zeigen sollte.

Bei ihrer Herrschaft stützten sich die deutschen Könige seit dem 11. Jh. ebenso wie die Bischöfe verstärkt auf die sog. Ministerialen. Ministeriale waren ursprünglich unfreie Dienstleute in ❹ Verwaltung und Heer, die mit einem nicht erblichen Lehen ausgestattet wurden. Die Abhängigkeit von ihren Herren machte sie vertrauenswürdig, und so erhielten sie auch auf Reichsebene immer mehr Hofämter und Verwaltungsaufgaben, namentlich die Aufsicht über das Reichsgut.

Heinrich III. und seine Gemahlin vor der Jungfrau Maria (Buchmalerei, um 1050)

Heinrich III. setzt 1046 Bischof Suitger als Papst Klemens II. ein (Stich, 19. Jh.)

Verwaltungsbeamte verfassen und händigen Urkunden aus (Buchmalerei aus dem Codex Manesse, 14. Jh.)

5 Der von Konrad II. um 1030 begonnene Kaiserdom von Speyer, Grablege der Salier

Die kluniazensische Reform

Ausgehend von der Benediktinerabtei Cluny im heutigen Frankreich entwickelte sich seit der Wende vom 10. zum 11. Jh. eine religiöse Reformbewegung, die zunächst v. a. die Kirche von weltlichen Einflüssen reinigen wollte. So sollten sich die Geistlichen künftig strikt an das Zölibat halten und die Simonie, d. h. der Kauf geistlicher Ämter, sollte eingestellt werden. Papst Gregor VII. gab der Bewegung eine politische Stoßrichtung: Der neuen sittlichen Überlegenheit sollte auch eine politische Vorherrschaft entsprechen. Die Päpste beanspruchten die Oberhoheit über das Königtum und bestritten v. a. die im Deutschen Reich ausgeübte Praxis der Investitur von Geistlichen durch den König.

Modell der Benediktinerabtei von Cluny (Fotopostkarte, um 1900)

| 1024 | Königswahl Konrads II. | 1039 | Heinrich III. wird König | 1049–54 | Pontifikat Leos IX. | 1073–85 | Pontifikat Gregors VII./Kluniazensische Reform |
| 1033 | Angliederung von Burgund | | | 1046 | Papstwahl Klemens' II. | 1066 | Heinrich IV. wird König |

Der Investiturstreit und das Ende der Salier

Heinrich IV. rang mit dem wiedererstarkten Papsttum um die politische Vorherrschaft, doch erst seinem Sohn Heinrich V. gelang ein Kompromiss.

Als ❻ Heinrich IV., der Sohn Heinrichs III., 1066 die Macht übernahm, stützte er sich wie seine Vorgänger nicht nur auf Ministerialen, sondern auch auf die immer bedeutender werdenden ❼ Städte. Hier hatte sich ein selbstbewusstes Bürgertum herausgebildet, das mit seinem Kapital ein Gegengewicht gegen die Verfügung der Adligen über das Land darstellte.

Als wichtigster Gegner war dem König aber das von seinem Vater bevorzugte Reformpapsttum erwachsen. Papst ❾ Gregor VII. forderte für sich die vollständige Verfügung über alle Belange der Kirche, insbesondere die Investitur, das Recht auf die Einsetzung Geistlicher in ihre Ämter. Als Heinrich auf der Synode von Worms im Januar 1076 den Papst für abgesetzt erklärte, exkommunizierte dieser den König und löste damit zugleich dessen Untertanen, also auch die Fürsten, von ihrem Treueid. Der Fürstentag von Tribur verlangte Heinrichs Rücktritt, falls der Bann bestehen bliebe; Heinrich zog im Winter 1077 nach Canossa (S. 192, 194), wo er nach öffentlicher Buße vom Bann gelöst wurde und so sein Herrschaftsrecht zurückgewann.

Dies versetzte ihn in die Lage, den mittlerweile von den Fürsten zum ❽ Gegenkönig gewählten Rudolf von Schwaben 1080 zu besiegen. Papst Urban II. wiederholte allerdings auf der Synode von Clermont 1095 das Verbot der Laieninvestitur. Auch Heinrichs eigene Söhne wandten sich gegen ihn: Konrad, sein ältester Sohn, stellte sich auf die Seite des Papstes und der rebellierenden lombardischen Städte. Heinrich V., sein zweiter Sohn, den er daraufhin 1098 zum Nachfolger hatte wählen lassen, nötigte seinen Vater, den er gefangen nahm, 1105 zur Abdankung.

Nachdem ⓫ Heinrich V. nach verschiedenen Aufständen der Fürsten 1121 auf dem Reichstag von Würzburg eine Einigung mit diesen herbeigeführt hatte, beendete schließlich das ❿ Wormser Konkordat von 1122 auch den Investiturstreit: In der Theorie war fortan die Auswahl und Investitur von Bischöfen und Äbten eine innerkirchliche Entscheidung. Doch im Deutschen Reich behielt der König auch weiterhin einen gewissen Einfluss, denn hier mussten Bischöfe und Äbte für ihre weltlichen Herrschaftsrechte einen Lehnseid leisten und blieben so feudalrechtlich an den Herrscher gebunden.

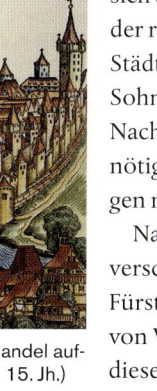

6 Kaisersiegel von Heinrich IV. mit der Umschrift „Heinricus D(ei) Gra(tia) Rex" (Heinrich, von Gottes Gnaden König)

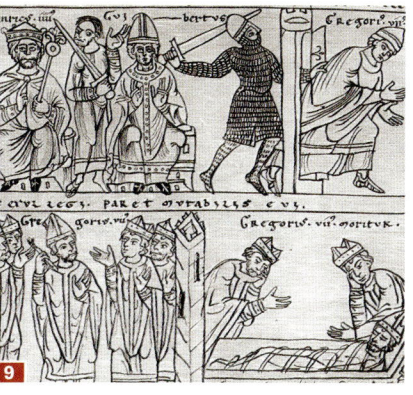

7 Ansicht der im 11./12. Jh. entstandenen und später v. a. durch den Fernhandel aufblühenden Reichsstadt Nürnberg, Bayern, mit der Kaiserburg (Holzstich, 15. Jh.)

10 Dom von Worms am Rhein (erbaut im 12./13. Jh.)

oben links: Heinrich IV. mit dem Gegenpapst Klemens III.; unten: Gregor VII. wird vertrieben und stirbt 1085 im Exil (Holzstich, 12. Jh.)

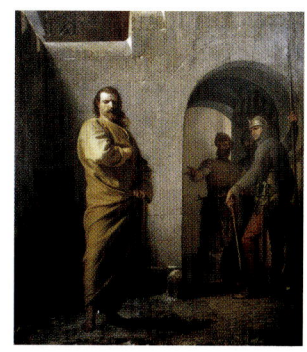

Der Gang nach Canossa

Im Januar 1077 traf sich Heinrich IV. im norditalienischen Canossa mit Papst Gregor VII., der den deutschen König vom Kirchenbann lösen sollte. Angeblich musste Heinrich zum Beweis seiner Demut drei Tage und Nächte im Januar barfuß in der Kälte warten. Obwohl der „Gang nach Canossa" sprichwörtlich für eine Niederlage steht, handelte es sich dabei vielmehr um einen Sieg Heinrichs, der durch die Aufhebung des Kirchenbanns seine Handlungsfreiheit zurückerhielt.

oben: Heinrich IV. 1077 in Canossa (Gemälde, 19. Jh.)

8 Rudolf von Schwaben fällt 1080 in der Schlacht (Holzstich, 19. Jh.)

11 Heinrich V. lässt Papst Paschalis II. gefangen nehmen (Holzstich, 19. Jh.)

5.–15. Jh.   Mittelalter

5.–15. Jh.

Mittelalter

Der Kampf zwischen Welfen und Staufern

Weder Konrad III. noch Friedrich I. Barbarossa konnten eine dauerhafte Vorherrschaft über die Päpste, die norditalienischen Städte und die mächtigen Reichsfürsten durchsetzen.

Die Schlacht bei Legnano (Gemälde, 19. Jh.)

Mit Heinrich V. starb 1125 der letzte Salier. Als Nachfolger wählte man den sächsischen Herzog Lothar von Supplinburg. Um sich gegen seinen Rivalen Herzog Konrad von Schwaben aus dem Haus der Staufer zu behaupten, verbündete sich Lothar mit den Welfen, die das Herzogtum Bayern regierten. Seine Erbtochter Gertrud verheiratete er mit dem Welfenherzog Heinrich dem Stolzen, der nach Lothars Tod die Besitzungen seines Schwiegervaters erbte. Durch die Vereinigung von Sachsen und Bayern stiegen die Welfen zu den mächtigsten Fürsten des Reiches auf.

Nach Lothars Tod 1138 wählten die anderen Fürsten jedoch den Staufer Konrad von Schwaben zum neuen König. Für die nächsten Jahrzehnte entzweite der Gegensatz zwischen Welfen und Staufern das Reich. Konrad III. setzte Heinrich den Stolzen ab und vergab dessen Herzogtümer an loyale Fürsten: Sachsen erhielt der Askanier Albrecht der Bär, Bayern der Babenberger Heinrich Jasomirgott, Markgraf der bayrischen Ostmark. Doch Heinrichs Sohn ❷ Heinrich der Löwe, Schwiegersohn des mächtigen englischen Königs Heinrich II. Plantagenet, erhielt schon 1142 Sachsen wieder zurück. Um endlich einen Ausgleich herbeizuführen, setzte Konrads Neffe und Nachfolger ❻ Friedrich I. Barbarossa Heinrich 1156 auch in Bayern wieder ein. Zur Entschädigung wurde Heinrich Jasomirgott zum Herzog des aus der Ostmark gebildeten Herzogtums Österreich ernannt.

In Italien musste sich Friedrich Barbarossa mit den lombardischen Städten (S. 194) auseinander setzen, ebenso mit den ❸ Päpsten, die Unterstützung bei den normannischen Königen von Sizilien fanden (S. 191). Nach seiner ❶ Niederlage bei Legnano 1176 schloss Friedrich Frieden, was die Konflikte mit den italienischen Städten, dem Papsttum und Sizilien vorerst beilegte.

Während der Kämpfe in Italien hatte ❹ Heinrich der Löwe Friedrich Barbarossa die Unterstützung versagt. Im Gegenzug griff der Kaiser nicht ein, als Heinrichs Gegner diesen wegen Landfriedensbruch vor ein kaiserliches Hofgericht brachten. Am Ende des Prozesses wurde Heinrich geächtet und verlor seine Herzogtümer. Nur seine privaten Ländereien erhielt er später zurück. Bayern kam an das Haus Wittelsbach, Sachsen erneut an die Askanier. Viele Gebiete, die vorher von Bayern bzw. Sachsen abhängig waren, wurden nun direkt dem Kaiser unterstellt. Damit waren die Stammesherzogtümer endgültig aufgelöst, was den Weg frei

Grabmal Heinrichs des Löwen und seiner Gemahlin Mathilde von England in Braunschweig (Kalkstein, vor 1250)

❸ Nikolaus Breakspear, als Hadrian IV. Papst von 1154–59 (Stich, 16. Jh.)

Friedrich I. Barbarossa bittet 1176 Heinrich den Löwen vergeblich um Hilfe im Krieg gegen den lombardischen Städtebund (Skizze, 19. Jh.)

Friedrich I. Barbarossa ertrinkt 1190 im Fluss Saleph (Buchmalerei, 13. Jh.)

machte für kleinere Territorialstaaten. Heinrich der Löwe ging zu seinen englischen Verwandten ins Exil.

1189 übernahm Friedrich Barbarossa die Führung des dritten Kreuzzuges (S. 220), ❺ ertrank aber auf der Reise nach Palästina 1190 unter ungeklärten Umständen im Fluss Saleph in Kleinasien.

❻ Friedrich I. Barbarossa ernennt 1156 Heinrich Jasomirgott zum Herzog von Österreich und gibt Heinrich dem Löwen das Herzogtum Bayern zurück (Gemälde, 19. Jh.)

Das Scheitern der Erbmonarchie und das Ende der Staufer

Der Kampf zwischen Staufern und Welfen schwächte die Macht des deutschen Königtums nachhaltig. Sowohl der Papst als auch England und Frankreich mischten sich in den Konflikt ein.

Burg Dankwarderode in Braunschweig mit dem Dom und dem Löwendenkmal

Zu einer neuen Machtbasis staufischer Herrschaft wurde das normannische Königreich von Sizilien (S. 191). Der Sohn Friedrichs I. Barbarossa, ⓾ Heinrich VI., der seinem Vater 1190 im Reich als König und Kaiser nachfolgte, war mit ❾ Konstanze, der Erbin Siziliens, verheiratet. Doch Heinrich starb zu früh, um sein Projekt einer Erbmonarchie durchzusetzen. Sein minderjähriger Sohn Friedrich folgte ihm nur in Sizilien nach, während im Deutschen Reich der Kampf zwischen Staufern und Welfen wieder ausbrach.

1198 wurden zwei Könige gewählt: der Staufer Philipp von Schwaben, Bruder Heinrichs VI., und der Welfe Otto IV., ein Sohn Heinrichs des Löwen. Zunächst unterstützte Papst Innozenz III. den Welfen. Erst als dieser, seit Philipps Tod 1208 Alleinherrscher, sich auch Sizilien aneignen wollte, wechselte Innozenz III. die Seiten und akzeptierte Friedrich II. als deutschen König. Otto IV., unterstützt von seinen englischen Verwandten, wurde 1214 in der ❽ Schlacht von Bouvines bei Lille von Friedrich II. und seinem Verbündeten, Philipp II. August von Frankreich, geschlagen. Nach dem Tod Ottos IV. 1218 war Friedrich unangefochtener König und wurde 1220 zum Kaiser gekrönt.

Doch ⓫ Friedrichs Heimat war ⓭ Italien (S. 191). Er „regierte" Deutschland v. a. durch die Verteilung von Privilegien und überließ Herrschaftsrechte und Reichsgut geistlichen und weltlichen Fürsten, was die Zersplitte-

Die Flucht des kaiserlichen Heeres nach der Schlacht von Bouvines (Buchmalerei)

Krone der Konstanze von Sizilien (Gold, Edelsteine, um 1200)

rung des Reiches und die Selbstständigkeit der Landesherren förderte. Dem Deutschen Orden (S. 222) sicherte er 1226 vorsorglich den Besitz Preußens (S. 202).

1235 kam es zur Versöhnung mit den Welfen: Otto das Kind, Enkel Heinrichs des Löwen, wurde zum Herzog von ❼ Braunschweig und Lüneburg ernannt. Hingegen setzte sich der Machtkampf mit den Päpsten weiter fort und führte 1227 zum Kirchenbann, der erst 1230 wieder aufgehoben wurde, nachdem Friedrich II. 1228/29 einen Kreuzzug ins Heilige Land unternommen hatte. 1239 bannte Papst Gregor IX. Kaiser Friedrich II. erneut, Gregors Nachfolger Innozenz IV. setzte 1245 die Verurteilung Friedrichs als Ketzer und seine Absetzung durch ein Konzil in Lyon durch.

Nachdem Friedrich II. 1250 gestorben war, regierte sein Sohn Konrad IV. nur kurz bis zu seinem Tod 1254. Konrads Sohn Konradin musste zunächst Sizilien gegen die Invasion Karls von Anjou,

Friedrich II. (Marmorskulptur, um 1240)

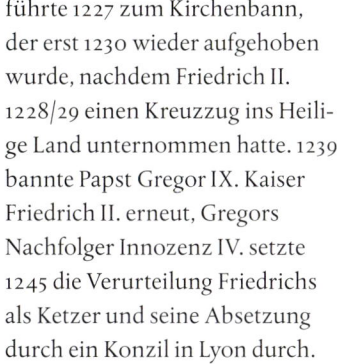

Hinrichtung Konradins 1268 in Neapel (Federlithografie, 19. Jh.)

einem Bruder des französischen Königs, verteidigen. Er unterlag jedoch 1268 in der Schlacht von Tagliacozzo und wurde in Neapel ⓬ hingerichtet. Mit ihm endete das Kaisergeschlecht der Staufer.

⓾ Kaiser Heinrich VI. (Holzstich, 19. Jh.)

Castel del Monte in Süditalien, Jagdschloss Friedrichs II. (erbaut um 1240/50)

5.–15. Jh.   Mittelalter

| 1214 | Schlacht von Bouvines | 1220 | Kaiserkrönung Friedrichs II. | 1228/29 | Fünfter Kreuzzug | 1250 | Tod Friedrichs II. |
| 1198 | Doppelwahl von Philipp von Schwaben und Otto IV. | ab 1226 | Eroberung und Missionierung Preußens | 1268 | Schlacht von Tagliacozzo |

Die Hausmachtpolitik der Häuser Habsburg, Luxemburg und Wittelsbach

Nach dem Zerfall der zentralen Königsmacht waren die Herrscher v. a. auf ihren Privatbesitz angewiesen. Dies führte zu Interessenkonflikten zwischen dem Reich und den einzelnen Dynastien.

Nach dem Ende der Staufer brach im Reich die Zeit des sog. Interregnums an. 1257 kam es zur Doppelwahl von König Alfons X. von Kastilien, einem Nachkommen Philipps von Schwaben, und

Rudolf I. belehnt seine beiden Söhne 1282 mit Österreich und der Steiermark (Buchmalerei, 16. Jh.)

von Graf Richard von Cornwall, einem Bruder des englischen Königs (S. 186). Die Abwesenheit dieser landfremden Könige ermöglichte es den geistlichen und weltlichen Fürsten, ihre Macht auszubauen. Allmählich bildete sich auch eine feste Gruppe der

wichtigsten Fürsten heraus, die das Recht der Königswahl exklusiv für sich beanspruchten: die Kurfürsten.

Nach dem Tod Richards von Cornwall wählten die Fürsten 1273 Graf ❶ Rudolf von Habsburg zum neuen König. Rudolf stammte zwar aus einer angesehenen und wohlhabenden Familie, doch gehörte der neue König nicht zur Spitze des Hochadels. Die großen Fürsten glaubten, mit Rudolf leichtes Spiel zu haben, doch dieser machte sich energisch daran, die Missstände im Reich wie z. B. das ❷ Raubrittertum zu bekämpfen und seiner Familie eine starke territoriale Machtbasis, eine Hausmacht, zu verschaffen. Im Rahmen seiner Bestrebungen, entfremdetes Reichsgut zurückzugewinnen, besiegte er 1278 Ottokar II. von Böhmen (S. 204) und ❹ belehnte seine eigenen Söhne mit den Herzogtümern Österreich und Steiermark, die Richard von Cornwall nach dem Aussterben der Babenberger (S. 170) ohne Zustimmung der Reichsfürsten dem Böhmen übertragen hatte.

❻ Ludwig IV., der Bayer, siegt über den Gegenkönig Friedrich den Schönen von Österreich, Sohn von König Albrecht I. (Buchmalerei, 14. Jh.)

Grabmal Rudolfs I. im Dom von Speyer

Nach dem Tod Rudolfs I. 1291 und der kurzen Herrschaft Adolfs von Nassau bis 1298 wurde Rudolfs Sohn Albrecht I. zum König gewählt. Er wurde 1308 von seinem ❸ Neffen ermordet. Nun setzte Kurfürst Balduin von Trier die Wahl seines Bruders, des Grafen Heinrich von Luxemburg, zum König durch. König Heinrichs VII. Sohn ❺ Johann vermählte sich mit der Erbin des böhmischen Königreiches (S. 204), das fortan Zentrum der luxemburgischen Hausmachtpolitik wurde. Gegen einen habsburgischen Gegenkandidaten setzte sich 1314 ❻ Ludwig IV., der Bayer, aus dem Haus Wittelsbach als König durch. Obwohl Ludwig von Papst Johannes XXII. 1324 exkommuniziert worden war (S. 193), ließ er sich 1328 in Rom vom Volk zum ❼ Kaiser krönen. Die deutschen Kurfürsten verboten schließlich 1338 den Päpsten jegliche Einflussnahme auf die deutsche Königswahl. Da Ludwig aber allzu aktiv seine Hausmacht vergrößerte, kürten die Fürsten 1346 Karl, den Enkel von Heinrich VII. und Sohn Johanns von Böhmen, zum Gegenkönig. Als Ludwig 1347 starb, wurde Karl IV. alleiniger Herrscher.

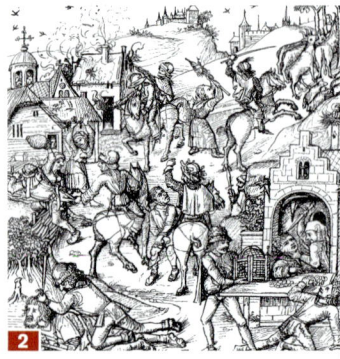
Plünderung eines Dorfes durch Raubritter (Federzeichnung, 15. Jh.)

Ermordung Albrechts I. von Habsburg (Kupferstich, 17. Jh.)

Heinrich VII. belehnt seinen Sohn Johann nach dessen Hochzeit mit dem Königreich Böhmen (Holzstich, 19. Jh.)

Ludwig der Bayer lässt sich 1328 in Rom durch den Laien Sciarra Colonna zum Kaiser krönen (Gemälde, 19. Jh.)

Der Aufstieg der Habsburger

Nach dem Ende der Luxemburger konnten sich die Habsburger bis zum Ende des alten Reiches 1806 dauerhaft als Kaiserdynastie etablieren. Ihre tatsächliche Macht gründete aber auf dem Besitz ihrer Familie, den sie durch geschickte Heiratspolitik ausweiteten.

Karl IV. verfügte in der ⓮ „Goldenen Bulle" von 1356 die Königswahl durch drei geistliche (Köln, Mainz, Trier) und vier weltliche ❾ Kurfürsten (Pfalz, Sachsen, Brandenburg und Böhmen). Ohne vorherige Zustimmung des Papstes sollte der König in Aachen gekrönt werden und schon damit kaiserliche Rechte erhalten. Den Kurfürsten wurden eine gewisse Mitsprache in der Reichspolitik sowie Sonderrechte in ihren eigenen Territorien zuer-

Schisma des Papsttums beenden (S. 193), doch die Abwehr der Osmanen in Ungarn (S. 205), das er durch Heirat erworben hatte, und der Kampf gegen die Hussiten in Böhmen (S. 204), wo er 1419 seinem Bruder Wenzel als König gefolgt war, lenkten ihn von den Problemen des Reiches ab.

Nach Sigismunds Tod 1437 erbte sein Schwiegersohn, der Habs-

8 Siegel König Albrechts II. von Österreich

und seines Sohnes Ladislaus Posthumus 1457 verloren die Habsburger Böhmen und Ungarn zunächst wieder. König Albrechts Vetter Friedrich von Steiermark, als ⓬ Friedrich III. deutscher König seit 1440 und Kaiser seit 1452, konnte sich nur in Österreich behaupten. Sein Sohn Maximilian I., der letzte Ritter genannt, erhielt durch die Heirat mit Maria von Burgund 1477 zwar die Herrschaft über die wohlhabenden Niederlande (S. 181), doch im Reich, wo er 1493 die Nachfolge seines Vaters antrat, blieben seine Reformversuche in den Ansätzen stecken. Erfolgreicher war er in seiner Heiratspolitik: Die Vermählung seines Sohnes Philipps des Schönen (S. 296) mit der Erbin der spanischen Königreiche und die Doppelhochzeit seiner Enkel Ferdinand und Maria mit den Erben von Ungarn und Böhmen (S. 302) legten den Grundstein für das Weltreich Karls V., der 1519 nach dem Tod seines Großvaters Maximilian zum Kaiser gewählt wurde.

Über die Heiratspolitik der Habsburger

„Bella gerant alii, tu felix Austria nube!" (Kriege mögen andere führen, du, glückliches Österreich, heirate!)

Maximilian I. mit seiner Familie: sein Sohn Philipp der Schöne von Kastilien und seine Ehefrau Maria von Burgund, vorne seine Enkel, die späteren Kaiser Ferdinand I. und Karl V., sowie Ludwig II. von Ungarn und Böhmen, Gatte seiner Enkelin (Gemälde, um 1515)

9 Die drei geistlichen (links) und vier weltlichen Kurfürsten (Buchmalerei, um 1350)

kannt. Darüber hinaus widmete sich Karl v. a. der Erweiterung seiner Hausmacht. ⓫ Prag ließ er prachtvoll ausbauen und gründete hier 1348 die erste Universität im Deutschen Reich.

Karls Sohn Wenzel wurde von den Kurfürsten wegen seines mangelnden Interesses an den Angelegenheiten des Reiches abgesetzt. Wenzels Bruder ⓭ Sigismund, deutscher König seit 1410, verbrauchte seine Kräfte in zahlreichen Konflikten. Durch seinen persönlichen Einsatz konnte er zwar auf dem ⓯ Konstanzer Konzil bis 1418 das Abendländische

burger Herzog ❽ Albrecht von Österreich, Böhmen und Ungarn und wurde 1438 zum deutschen König gewählt. Doch nach dem frühen Tod von Albrecht 1439

10 Die Kardinäle verlassen das Konklave nach der Wahl Martins V. auf dem Konstanzer Konzil (Buchmalerei, 15. Jh.)

5.–15. Jh.

Mittelalter

11 Die Karlsbrücke in Prag mit den Kleinseitner Brückentürmen (erbaut im 13./14. Jh.)

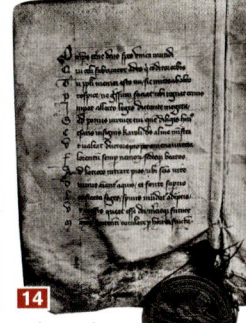

12 **13** **14** **links:** Friedrich III. (Gemälde, 15. Jh.) **Mitte:** Sigismund von Luxemburg (Gemälde von Pisanello, um 1433) **rechts:** Die „Goldene Bulle", das Reichsgrundgesetz Karls IV. von 1356 (erste Textseite mit kaiserlichem Siegel)

| 1346 | Wahl Karls IV. zum Gegenkönig | 1410 | Königswahl Sigismunds | 1438–39 | Herrschaft Albrechts II. | 1493 | Herrschaftsantritt Maximilians I. |
| 1356 | „Goldene Bulle" | 1414–18 | Konstanzer Konzil | 1440–93 | Herrschaft Friedrichs III. | 1519 | Wahl Karls V. |

DIE SCHWEIZ 1291–1848

In ❶ Abwehrkämpfen gegen fremde Herrschaftsansprüche bildete sich im 13. und 14. Jh. die Schweizer Eidgenossenschaft heraus. Im 16. Jh. wurde sie zu einem Zentrum der Reformation, obwohl große Gebiete weiterhin katholisch blieben. Im 17. Jh. erlangte die Schweiz ihre volle Souveränität. Trotz großer struktureller und religiöser Unterschiede zwischen den einzelnen Kantonen blieb die Unabhängigkeit von fremder Vorherrschaft ein gemeinsames Ziel. Aber erst nach dem Zwischenspiel der Helvetischen Republik in napoleonischer Zeit und der großen Verfassungskrise im Sonderbundkrieg 1847 wurde ein einheitlicher Bundesstaat begründet.

Die Eidgenossen verteidigen sich gegen das Ritterheer Herzog Leopolds I. von Österreich in der Schlacht bei Morgarten (Buchmalerei, um 1450)

5.–15. Jh. / **Mittelalter**

Vom Unabhängigkeitskampf zur Politik der Neutralität

Aus lokalen Bündnissen gegen Habsburg, Savoyen und Burgund entwickelte sich die Schweizer Eidgenossenschaft.

Im Hochmittelalter gehörte das Gebiet der heutigen Schweiz zum Königreich Burgund und – als Teil des Herzogtums Schwaben – zum Deutschen Reich. Zunächst noch in Abhängigkeit von Königen und Herzögen entstanden hier viele weltliche und geistliche Herrschaften, die ihre Eigenständigkeit stetig ausbauten. Das Ende der Staufer im 13. Jh., die über Schwaben regiert hatten, beschleunigte diesen Prozess. Unter den Adelsfamilien erlangten im Südwesten die ❸ Savoyer, im Norden die ❹ Habsburger eine Vormachtstellung. Gegen diese verbündeten sich Städte und Bauerngemeinden, die ihre Unabhängigkeit bewahren wollten.

So ❷ schlossen sich 1291 die Urkantone Uri, Schwyz und Unterwalden im „Ewigen Bund" zu-

Der legendäre Rütli-Schwur zur Gründung der Eidgenossenschaft 1291 (Gemälde von Heinrich Füssli, 18. Jh.)

sammen. Nach deren Sieg über die Habsburger bei Morgarten 1315 traten dem Bund bis 1353 u. a. auch die Städte Bern und Zürich bei. Die mit den Habsburgern ver-

bündeten Burgunder unter Herzog ❺ Karl dem Kühnen wurden 1476 bei Grandson und Murten besiegt, Karl selbst fiel 1477 in der Schlacht von Nancy (S. 181). In den Kriegen zwischen Frankreich und Habsburg in Italien griffen die Schweizer selbstständig ein. Zwar konnten sie das Tessin erobern, doch nach der schweren Niederlage gegen die Franzosen bei ❺ Marignano 1515 (S. 294) legten sie sich auf eine strikte Neutralität fest. Zu militärischen Auseinandersetzungen kam es noch gegen Savoyen, das auf die Waadt und Genf verzichten musste, sowie im Dreißigjährigen Krieg. An dessen Ende, im Westfälischen Frieden von 1648 (S. 269), wurde die Unabhängigkeit der Schweiz vom Deutschen Reich anerkannt.

Schloss Chillon am Genfer See, umgebaut von den Grafen von Savoyen

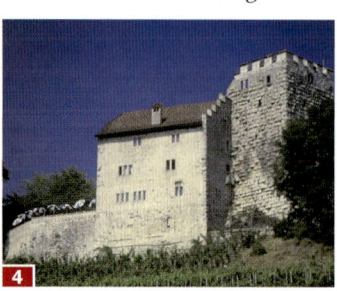

Die Habsburg im Kanton Aargau, Stammsitz der Habsburger seit dem 11. Jh.

Wilhelm Tell

Als Symbolfigur für den schweizerischen Unabhängigkeitskampf gilt Wilhelm Tell. Dieser wurde von dem habsburgischen Landvogt Geßler gezwungen, mit der Armbrust einen Apfel vom Kopf seines Sohnes zu schießen. Später ermordete er den Mann und löste damit den Aufstand gegen die Habsburger aus. Die wahrscheinlich erfundene Geschichte diente Friedrich von Schiller als Vorlage für ein Drama.

Wilhelm Tells „Apfelschuss" (Farblithografie, Anfang 20. Jh.)

König Franz I. von Frankreich in der Schlacht von Marignano (Gemälde von Fragonard, um 1836)

◼ Innere Entwicklung von der Reformationszeit bis zum Sonderbund

Aus einem Verbund mehr oder weniger souveräner Kantone entwickelte sich erst im 19. Jh. der heutige Schweizer Bundesstaat.

Die Eidgenossenschaft, auf die der Name des Urkantons Schwyz als Gesamtbezeichnung überging, setzte sich aus den dreizehn „Alten Orten", den „Zugewandten Orten" und den „Untertanenländern" zusammen, welche durch ein komplexes System von Bündnissen und Herrschaftsverhältnissen untereinander verbunden waren. Zu den „Alten Orten" gehörten u. a. die Urkantone und bedeutende Städte wie Zürich und ❼ Bern. „Zugewandte Orte" waren keine Vollmitglieder der Eidgenossenschaft, sie waren

7 Blick über den mittelalterlichen Stadtkern von Bern mit dem Turm des Münsters (begonnen im 15. Jh.) und den Kuppeln des Bundeshauses (19. Jh.)

8 Gefecht im Sonderbundskrieg (Holzstich, 19. Jh.)

zwar mit dieser vertraglich verbunden, besaßen aber innere Autonomie. Hierzu zählten z. B. das Fürstentum Neuenburg, die Abtei ❾ Sankt Gallen, das Bistum Basel und die Stadtrepublik Genf. Die

10 Der Reformator Johannes Calvin (französisches Gemälde, 16. Jh.)

„Untertanenländer" wurden von einem oder mehreren der „Alten Orte" regiert. Die einzige gemeinsame Institution der Eidgenossenschaft war die sog. Tagsatzung, wo sich Abgesandte der Kantone zu Beratungen trafen.

In der Reformationszeit traten zu den strukturellen auch noch religiöse Unterschiede hinzu. Im 16. Jh. verbreiteten unabhängig voneinander ❻ Ulrich Zwingli von Zürich und ❿ Johannes Calvin von Genf aus die Reformation (S. 264). Dabei kam es in den sog. Kappelerkriegen im 16. Jh., in deren Verlauf Zwingli 1531 fiel, und den Villmergerkriegen im 17. Jh.

zu gewaltsamen Auseinandersetzungen mit den Katholiken. Da sich keine Partei durchsetzen konnte, blieb die Schweiz am Ende in katholische und reformierte Kantone gespalten.

Die Neutralität der Schweiz wurde respektiert, bis 1798 Truppen Napoleons einmarschierten. Die Franzosen unterstützten liberale Gruppierungen bei der Gründung eines Zentralstaates, der Helvetischen Republik, welche aber von Anfang an starken inneren Widerständen ausgesetzt war. 1803 wurde in der ⓫ „Meditationsakte" ein Ausgleich zwischen dem neuen Zentralismus und dem alten Föderalismus herbeigeführt. Nach dem Zusammenbruch des napoleonischen Systems erhielten die Kantone ihre Souveränität wieder zurück. Doch der Konflikt um eine einheitliche Verfassung hielt an. Gegen die Reformbestrebungen der protestantischen, liberal gesinnten

6 Ulrich Zwingli (Gemälde, 16. Jh.)

Kantone, die in der Tagsatzung ein leichtes Übergewicht hatten, gründeten die katholischen, konservativen Kantone 1847 den sog. Sonderbund. Es kam zu einem ❽ Bürgerkrieg, in dem die Truppen des Sonderbunds unterlagen. 1848 wurde der Schweizerische Bundesstaat gegründet.

9 Bibliothek des Klosters Sankt Gallen (18. Jh.)

Die Schweizergarde

Bis ins 19. Jh. hinein wurden Schweizer in fast allen europäischen Armeen als Söldner beschäftigt, da sie als unbeugsam und kriegerisch galten und die armen Bergregionen ihrer Heimat kaum andere Verdienstmöglichkeiten boten. Aber nur die Schweizergarde des Papstes hat sich von 1505 bis heute erhalten.

Schweizergarde im Vatikan in den von Michelangelo im 16. Jh. entworfenen Uniformen

11 Napoleon Bonaparte empfängt eine Schweizer Abordnung zur Überreichung der Meditationsakte (Holzstich, 19. Jh.)

| ab 1536 | Calvin lehrt in Genf | 1798 | Einmarsch Napoleons | 1847 | Gründung des Sonderbunds |
| 1648 | Westfälischer Frieden | 1803 | „Meditationsakte" | 1848 | Gründung des Schweizerischen Bundesstaates |

5.–15. Jh.

Mittelalter

FRANKREICH IM HOCH- UND SPÄTMITTEL-ALTER 843–1515

Im Vertrag von Verdun 843 erhielt der Enkel Karls des Großen, Karl II. der Kahle, den westlichen Teil des Frankenreiches zugesprochen, das spätere Frankreich. Gegen die letzten Karolinger setzte sich hier 987 mit der Wahl Hugo Capets die ❶ Dynastie der Kapetinger durch, die in Nebenlinien bis ins 19. Jh. herrschten. Gegen Widerstände der großen Fürsten ihres Reiches, v. a. im Hundertjährigen Krieg bis 1453 gegen den englischen König, der gleichzeitig über große Besitzungen in Frankreich verfügte, bauten sie allmählich einen zentral regierten Einheitsstaat auf.

Kathedrale von Reims (13. Jh.), Krönungskirche der französischen Könige

Aufstieg der Kapetinger

Nachdem es sich gegen die Karolinger durchgesetzt hatte, festigte das neue Königsgeschlecht der Kapetinger seine Herrschaft in Frankreich.

Krönung Hugo Capets in der Kathedrale von Reims 996 (Holzstich, 19. Jh.)

Die letzten ❷ Karolinger verstrickten sich in Kämpfe mit den deutschen Ottonen um den Besitz von Lothringen (S. 180). Diesen Konflikt nutzten die Kapetinger aus, die sich als Grafen von Paris bei der Abwehr der Normannen hervorgetan hatten. Schon 888 und 922 wurden Mitglieder dieser Familie gegen karolingische Kandidaten zu Königen gewählt. Nach dem Tod des Karolingers Ludwig V. 987 bestieg ❸ Hugo Capet mit Hilfe der Ottonen den Thron.

Die Könige besaßen zunächst nur eine vergleichsweise kleine Krondomäne in der Île-de-France rund um Paris, aus der sie ihre Herrschaft finanzieren konnten. Im restlichen Frankreich herrschten fast selbstständig zahlreiche Herzogs- und Grafengeschlechter. Anders aber als im Deutschen Reich, wo das Fehlen erwachsener Thronfolger bzw. das Aussterben von Kaiserdynastien die Entwicklung hin zu einer reinen Wahlmonarchie förderte, setzte sich in Frankreich durch die kontinuierliche Nachfolge vom Vater auf den Sohn bis ins 14. Jh. die Erbmonarchie durch. Bei ihrer Herrschaft

Ludwig VII. mit Eleonore von Aquitanien und Abt Suger von St. Denis (Glasmalerei, 19. Jh.)

Der Karolingerkönig Karl II., der Kahle (Buchmalerei, 9. Jh.)

stützten sich die Könige v. a. auf die Städte und die Geistlichkeit. Hier ragte im 12. Jh. der ❹ Abt Suger von ❺ St. Denis hervor, der die Königsmacht stärkte und gegen unbotmäßige Vasallen verteidigte, zusammen mit ❻ Bernhard von Clairvaux (S. 219) für den zweiten Kreuzzug warb und während der Teilnahme König Ludwigs VII. an diesem Kreuzzug als Regent fungierte.

Die Normannen

Die Wikinger, auch Normannen genannt (S. 200), plünderten nicht nur die Küsten Europas, sondern ließen sich nach und nach auch in den von ihnen heimgesuchten Gebieten nieder, wie etwa in der nach ihnen

Normannische Boote (Teppich von Bayeux, spätes 11. Jh.)

benannten Normandie in Nordfrankreich. Von hier aus besetzten die Normannen unter Wilhelm dem Eroberer im 11. Jh. England. Die englischen Könige, Wilhelms Nachkommen, hielten aber ihre territorialen Interessen in Frankreich aufrecht.

Innenansicht von St. Denis mit den Grabmälern der französischen Könige

Bernhard von Clairvaux predigt 1146 in Frankreich den Zweiten Kreuzzug

Ausbau der Krondomäne

Philipp II. August und seine Nachfolger erweiterten den Besitz der französischen Krone.

Durch eine gezielte Heiratspolitik versuchten die Kapetinger, ihren direkten Herrschaftsbereich zu vergrößern. 1137 heiratete König Ludwig VII. Eleonore von Aquitanien, die Erbin großer Besitzungen im Südwesten Frankreichs. Doch war die Ehe kein Erfolg und wurde 1152 getrennt. Kurz darauf heiratete Eleonore Heinrich II. Plantagenet, Graf von Anjou, Herzog der Normandie und seit 1154 Kö-

7 Schlacht zwischen Philipp II. August und Johann Ohneland (Buchmalerei, 14. Jh.)

nig von England (S. 185). In dem so entstandenen Herrschaftskomplex erwuchs den französischen Königen im eigenen Land ein gefährlicher Gegner.

Um die Engländer zu schwächen, schürte Philipp II., der Sohn Ludwigs VII. aus dessen zweiter Ehe, Streitigkeiten zwischen Heinrich II. Plantagenet und dessen Sohn Richard Löwenherz, dann zwischen Richard und dessen Bruder Johann Ohneland (S. 186). Später weigerte sich Johann als Lehnsmann des französischen Königs, einer Vorladung vor das Hofgericht in Paris Folge zu leisten. Ihm wurde darum 1202 in einem Prozess der Großteil seiner französischen Besitzungen aberkannt. Da Johann Ohneland im Deutschen Reich seinen Vetter, den Welfen Otto IV., unterstützte, verband sich Philipp mit den Staufern. In der Schlacht bei Bouvines 1214 siegte ❼ Philipp über Johann und Otto,

was ihm seinen Beinamen „Augustus" einbrachte. Gleichzeitig begann in Südfrankreich der Kampf gegen die ❽ Albigenser, die auch vom Hochadel, etwa von den mächtigen ❾ Grafen von Toulouse und ihren ❿ Vasallen, unterstützt wurden. Nach Philipps Tod 1223 setzten sein Sohn und dann sein Enkel Ludwig IX., der Heilige, die Albigenserkriege fort. Diese galten als Kreuzzüge, doch war es auch ein Ziel der Krone, das wohlhabende, kulturell und sprachlich ganz andersartige Südfrankreich für sich zu gewinnen.

8 Ketzerverbrennung in Anwesenheit von König Philipp II. August (Buchmalerei, 15. Jh.)

9 Siegel des Grafen Raimund VII. von Toulouse (13. Jh.)

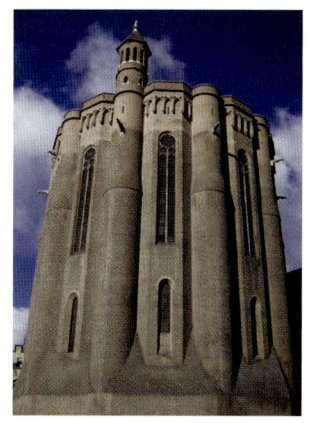

Albigenserkriege

In der Gegend um die südfranzösische Stadt Albi hatte sich die von der römischen Kirche als häretisch angesehene Glaubensgemeinschaft der Albigenser bzw. Katharer (griech. „die Reinen") ausgebreitet. Die Katharer glaubten an eine Aufteilung der Welt in ein gutes und ein böses Prinzip, wobei die römisch-katholische Kirche zum Letzteren gezählt wurde. Nordfranzösische Kreuzritter und die extra zu diesem Zweck eingerichtete Inquisition löschten die Katharer in Südfrankreich aus.

oben: Die festungsartige Kathedrale von Albi (erbaut 13.–15. Jh.)

10 Schloss von Carcassonne, Sitz eines Vasallen der Grafen von Toulouse (erbaut im 12. Jh.)

Eleonore von Aquitanien

Eleonore von Aquitanien war unabhängig, freizügig und eine Förderin der Künstler, v. a. eine Gönnerin der Troubadoure. Ihre Lebensart passte so gar nicht zu der Ludwigs VII., der stark unter dem Einfluss seines Beraters Abt Suger stand. Aber auch mit ihrem zweiten Ehemann Heinrich II. Plantagenet entzweite sie sich. Da sie eine Verschwörung ihres Sohnes Richard Löwenherz gegen den Vater unterstützt hatte, wurde sie jahrelang unter Hausarrest gestellt.

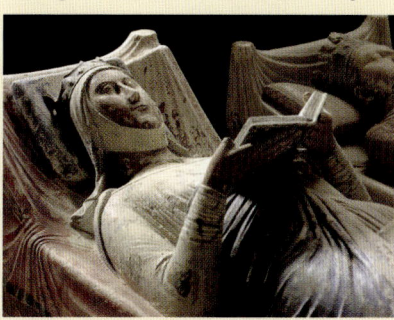

Grabmal der Eleonore von Aquitanien in der Abtei von Fontevraud (Skulptur, 13. Jh.)

Mittelalter 5.–15. Jh.

| 1154 | Heinrich II. Plantagenet wird König von England | 1214 | Schlacht von Bouvines | 1226 | Herrschaftsantritt Ludwigs IX., des Heiligen |
| 1180–1223 | Herrschaft Philipps II. August | 1202 | Lehnsprozess gegen Johann Ohneland | 1209–29 | Albigenserkriege |

Mittelalter 5.–15. Jh.

Frankreich unter den letzten Kapetingern

Die letzten Kapetinger konsolidierten die Macht des Königtums und erlangten beherrschenden Einfluss auf das Papsttum.

Ludwig IX., der Heilige, blieb im Kampf gegen die ❷ Albigenser und die Grafen von Toulouse erfolgreich und gliederte die Grafschaft Toulouse der Krondomäne an. Auch im Dauerkonflikt mit den englischen Königen, die nach den Rückschlägen unter Johann Ohneland noch über beträchtlichen Besitz im Südwesten Frankreichs verfügten, behielt Ludwig die Oberhand. Für seine Förderung der Kreuzzugsbewegung (S. 221) – er selber starb 1270 auf einem ❶ Kreuzzug gegen Tunis – wurde er 1297 heilig gesprochen.

Sein Enkel ❹ Philipp IV., der Schöne, musste sich nach einem

Ludwig IX., der Heilige, schifft sich zum Kreuzzug ein (Buchmalerei, 15. Jh.)

Aufstand 1302 und der sog. Goldsporenschlacht bei Kortrijk, in der sein Ritterheer einer Bürgerarmee unterlag, aus Flandern zurückziehen. Gegen seine ❸ Besteuerung der Kirche wandte sich Papst Bonifatius VIII., der 1302 in der Bulle „Unam sanctam" (S. 193) den päpstlichen Anspruch auf absolute Weltherrschaft formuliert hatte. Philipp ließ ihn entführen; Bonifatius konnte sich zwar befreien, starb aber kurze Zeit später. 1305 setzte Philipp die Wahl seines Freundes, des Erzbischofs von Bordeaux, zum Papst durch. Als Klemens V. bestimmte dieser ❺ Avignon im Süden des heutigen Frankreichs zur dauerhaften Papstresidenz (S. 192 f.). Auf Be-

treiben des Königs hob Klemens V. 1312 den Templerorden (S. 221) auf, der über großen Besitz in Frankreich verfügte. Schon 1307 waren alle seine Mitglieder verhaftet und der Ketzerei angeklagt worden. Nach unter Folter erzwungenen Geständnissen, aber z. T. auch ohne Schuldbekenntnis wurden viele Ordensritter und zuletzt 1314 auch der ❻ Großmeister verbrannt, das Ordensvermögen teilweise vom König eingezogen, teils dem Johanniterorden übertragen. Nach dem Tod von Philipp IV. 1314 folgten ihm nacheinander drei seiner Söhne, die aber ohne männliche Nachkommen blieben. Mit Karl IV. starb 1328 die Hauptlinie der Kapetinger aus. Gemäß dem Salischen Erbfolgerecht, das nur die Nachfolge in männlicher Linie zuließ, wurde sein Cousin Philipp VI. aus dem Haus Valois neuer König. Doch der englische König Eduard III. beanspruchte als Sohn Isabellas, einer Schwester Karls IV., die französische Krone für sich. Der Hundertjährige Krieg mit den Engländern begann.

Vertreibung der Katharer aus Carcassonne nach ihrer Kapitulation (Buchmalerei, 14. Jh.)

König Philipp IV. beschließt mit seinen Räten die Besteuerung der Geistlichkeit (Buchmalerei, 14. Jh.)

Philipp IV., der Schöne, König von Frankreich (Stahlstich, 19. Jh.)

Der im 14. Jh. erbaute Papstpalast in Avignon (Foto, um 1900)

Hinrichtung Jacques de Molays, des letzten Großmeisters des Templerordens, in Anwesenheit Philipps IV. im Jahr 1314 (Buchmalerei, Anfang 15. Jh.)

| 1270 | Tod Ludwigs IX. | 1302 | Goldsporenschlacht bei Kortrijk | 1305 | Papstwahl von Klemens V. | 1314 | Tod Philipps IV., des Schönen |
| 1297 | Heiligsprechung Ludwigs IX. | 1302 | Bulle „Unam Sanctam" von Bonifatius VIII. | 1312 | Aufhebung des Templerordens | 1328 | Tod Karls IV. |

Der Hundertjährige Krieg und das Haus Valois bis 1515

Der Krieg gegen England brachte Frankreich an den Rand des Zusammenbruchs. Nach einer Phase des Wiederaufbaus wurden die Habsburger zu neuen Gegnern um die Vorherrschaft in Europa.

Zu Beginn des Hundertjährigen Krieges bereiteten die englischen Langbogenschützen den französischen gepanzerten Rittern in der ❼ Schlacht bei Crécy 1346 eine verheerende Niederlage. Die Valois gerieten in der Folge immer mehr in die Defensive. Eduard, „der Schwarze Prinz" (S. 187), der Sohn Eduards III., siegte 1356 in der Schlacht bei Maupertuis und nahm König Johann II. von Frankreich gefangen. Dieser erhielt nach dem Frieden von Brétigny 1360 für viel Lösegeld und die Abtretung von Provinzen die Freiheit zurück. Für den gefange-

nen Vater übernahm Karl V., der Weise, die Regentschaft, 1364 folgte er ihm als König nach. Er setzte 1369 den Krieg fort und konnte fast alle englischen Gebiete für Frankreich zurückerobern.

Um die Regentschaft für Karls psychisch kranken Sohn, Karl VI., den Wahnsinnigen, stritten sich zunächst dessen Onkel, dann dessen Bruder Ludwig von Orléans und ihrer beider Cousin Johann von Burgund. Den Bürgerkrieg zwischen diesen Parteien nutzte Heinrich V. von England aus und setzte 1415 nach Frankreich über. Nach der Schlacht von Azincourt musste Karl VI. 1420 im Vertrag von Troyes Heinrich V. die Normandie überlassen und ihn als Thronerben akzeptieren. Allerdings starben beide Könige schon 1422.

❽ Karl VII., der Sohn Karls VI., hatte nun den Süden Frankreichs

hinter sich, Heinrich VI. von England den Norden. 1428 stand mit der Belagerung von Orléans die endgültige Niederlage Frankreichs bevor, als im darauf folgenden Jahr die von ❿ Jeanne d'Arc geführten Franzosen die Stadt befreiten. Burgund wurde im Frieden von Arras 1435 auf Frankreichs Seite gezogen, Paris 1436 befreit und bis 1453 die Engländer – von Calais abgesehen – aus Frankreich vertrieben. Karl VII. und seine Nachfolger machten sich nun daran, das ❾ verwüstete Land wieder aufzubauen. Ludwig XI. bekämpfte die Unabhängigkeitsbestrebungen des Herzogs von Burgund, Karls des Kühnen (S. 181). Nach dessen Tod 1477 entging Ludwig XI. aber der Großteil der Erbschaft durch die Heirat von Karls Tochter Maria mit Maximilian von Österreich. Dadurch wurden die Habsburger zu den neuen Hauptgegnern Frank-

reichs, und zwar v. a. in Italien. Hier stellten die Valois Erbansprüche auf das Königreich Neapel und das Herzogtum Mailand (S. 195), welches ⓫ Ludwig XII. 1499 besetzte. 1515 folgte ihm sein Schwiegersohn Franz I. aus einer Nebenlinie der Valois nach, unter dem sich der Konflikt mit den Habsburgern zuspitzte.

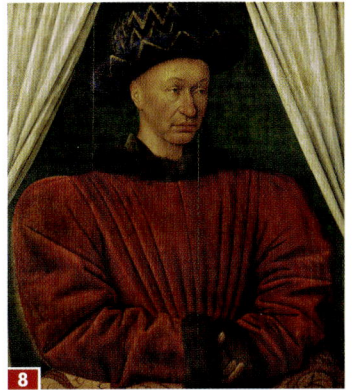

8
König Karl VII., der Siegreiche (Gemälde von Jean Fouquet, um 1450)

7
Schlacht bei Crécy im Nordwesten Frankreichs (Buchmalerei, 14. Jh.)

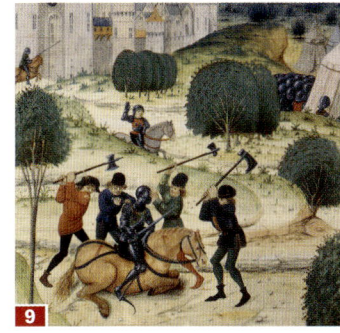

9
Nach dem Ende des Hundertjährigen Krieges ziehen mittellose Söldner plündernd und mordend durch das Land (Buchmalerei, 15. Jh.)

10 Jeanne d'Arc (Skulptur, 19. Jh.)

5.–15. Jh.

Mittelalter

Jeanne d'Arc

Die Tochter eines lothringischen Bauern wurde 1412 geboren und hatte schon als Kind religiöse Visionen. Sie fühlte sich zur Rettung Frankreichs berufen, trat in das Heer ein und war 1429 für den Sieg bei Orléans mitverantwortlich. 1430 führte sie gegen den Willen Karls VII. den Krieg fort. Als sie dabei in die Hände der Engländer fiel, machte man ihr wegen Ketzerei und Hexerei den Prozess. Der französische König unternahm nichts zu ihrer Rettung, und so wurde sie 1431 in Rouen verbrannt.

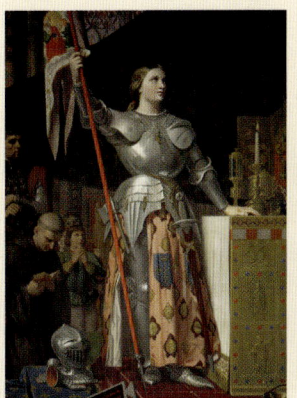

Jeanne d'Arc (Gemälde von Ingres, 19. Jh.)

Jeanne d'Arc auf dem Scheiterhaufen (Holzstich, 19. Jh.)

11
Ludwig XII. auf einem Feldzug in Italien (Buchmalerei, Anfang 16. Jh.)

| 1346 | Schlacht bei Crécy | 1360 | Frieden von Brétigny | 21. 5. 1420 | Vertrag von Troyes | 1429 | Befreiung von Orléans unter Jeanne d'Arc |
| 1356 | Schlacht bei Maupertuis | 1415 | Schlacht von Azincourt | 1428 | Belagerung von Orléans | 1435 | Frieden von Arras |

1 Aufteilung des Karolingerreiches nach 870 mit dem Königreich Burgund (gelb) im Zentrum

BURGUND UND DIE NIEDERLANDE 6.–15. JH.

Seit den ❶ Teilungen des Karolingerreiches im 9. Jh. blieb das Grenzgebiet zwischen Frankreich und Deutschland umstritten. Aus dem „Mittelreich" entstanden u. a. Lothringen und die Königreiche von Nieder- und Hochburgund. Diese Gebiete gelangten bis zum 11. Jh. an das Deutsche Reich. Im spätmittelalterlichen Herzogtum Burgund, das auf dem Boden Frankreichs lag, regierten Nebenlinien des französischen Königshauses. Im 14. und 15. Jh. versuchten die Herzöge, ein neues Mittelreich aufzubauen. Doch ihre Bemühungen blieben erfolglos und der Länderkomplex, den sie in mehreren Generationen zusammengefügt hatten, wurde nach dem Tod des letzten Herzogs 1477 zwischen Frankreich und den Habsburgern aufgeteilt.

■ Vorläufer und Aufstieg des Herzogtums Burgund

Im Mittelalter war der Name Burgund mit verschiedenen Herrschaftsgebieten verbunden.

Das Reich der Burgunder aus der Völkerwanderungszeit wurde 534 von den Franken erobert. Im Vertrag von Verdun von 843 (S. 165) teilten die Karolinger Burgund auf. Der nordwestliche Teil – in etwa die heutige französische Region Burgund – kam an das Westfränkische Reich, der größere Teil an das Reich Lothars I.

Das „Mittelreich" ❷ Lothars I. erstreckte sich von der Nordseeküste bis nach Italien. Nach seinem Tod 855 wurde es unter seinen Söhnen erneut geteilt: Ludwig II. erhielt Italien, Lothar II. das nach ihm benannte Lothringen, Karl Burgund und die Provence. Karl starb 863 ohne Erben, und seine Brüder teilten sein Gebiet unter sich auf. Als 869

2 Lothar I. auf dem Thron, hinter ihm zwei Bewaffnete (Buchmalerei, 9. Jh.)

auch Lothar II. kinderlos starb, überließ Ludwig II. seinen Onkeln Karl dem Kahlen und Ludwig dem Deutschen Lothringen, das nach langwierigen Auseinandersetzungen (S. 165, 176) an das Deutsche Reich fiel. Schließlich starb auch Ludwig II. im Jahr 875 ohne männlichen Erben.

Während in Niederburgund 879 Graf Boso von Vienne, der Schwiegersohn Ludwigs II., als König folgte, wurde in Hochburgund 888 der Welfe Rudolf I. zum König gekrönt. Die Welfen unterstützten die Ottonen in Italien, diese ihrerseits die Welfen bei der

Angliederung von Niederburgund im Jahr 933. Mit seinem Neffen, dem deutschen König Heinrich II., schloss Rudolf III. 1016 einen Erbvertrag, der nach Rudolfs Tod 1033 zur Verbindung von Burgund – nach der Hauptstadt ❸ Arles „Arelat" genannt – mit dem Deutschen Reich führte.

Das „eigentliche" Herzogtum Burgund entwickelte sich seit dem 9. Jh. aus dem westfränkischen Teil Burgunds. Dieses Gebiet fiel zunächst an eine Nebenlinie der Kapetinger, im Jahr 1364 mit Philipp dem Kühnen an eine Nebenlinie der Valois. Philipp erwarb durch ❹ Heirat Flandern, Brabant und andere Gebiete in

3 Die karolingische Kirche Ste. Trophime in Arles, der Hauptstadt des mittelalterlichen Königreiches Burgund

den Niederlanden, wo er aber erst Aufstände reicher Städte wie ❺ Gent und Brügge niederwerfen musste. Hierdurch verschaffte er sich und seinen Nachfolgern eine bedeutende Machtstellung.

4 Philipp der Kühne heiratet Margarete, Gräfin und Erbin von Flandern, im Jahr 1369 (Buchmalerei, um 1410)

5 Blick auf die mittelalterlichen Zunfthäuser in Gent, Belgien

534 | Eroberung Burgunds durch die Franken　　855 | Tod Lothars I.　　888–912 | Rudolf I. König von Hochburgund

843 | Vertrag von Verdun　　879–87 | Boso von Vienne König von Niederburgund　　1016 | Erbvertrag Heinrichs II. mit Rudolf III

■ Blütezeit und Ende des unabhängigen Burgund

Durch seinen Ehrgeiz verspielte Herzog Karl der Kühne von Burgund, der nach der Königskrone strebte, den von seinen Vorfahren aufgebauten Länderkomplex.

Wie sein Vater Philipp der Kühne mischte sich Johann „ohne Furcht" in die Regentschaft für Karl VI. von Frankreich ein. Seinen Widersacher Ludwig von Orléans ließ Johann 1407 ❻ ermorden, gegen Ludwigs Nachfolger verbündete er sich im Hundertjährigen Krieg mit Heinrich V. von England. 1419 wurde Johann jedoch selbst von einem Anhänger des französischen Thronfolgers, des späteren Königs Karl VII., umgebracht.

Johanns Sohn ❼ Philipp der Gute setzte das Bündnis mit den Engländern fort und lieferte ihnen Jeanne d'Arc aus (S. 179). Doch 1435 einigte er sich im Frieden von Arras mit Karl VII., der Philipp dafür von seinen Lehnsverpflichtungen löste. Inzwischen hatte Philipp weitere Gebiete in den Niederlanden erworben und regierte über einen großen Länderkomplex zwischen Deutschland und Frankreich. 1437 berief er die ersten ⓫ „Generalstände" ein, eine Vertretung aller Stände seiner Herrschaftsbereiche. Zwar betonten die einzelnen Gebiete immer wieder ihre Eigenständigkeit, doch war der erste Schritt hin zu einer Vereinigung getan.

❽ Karl der Kühne, der seinem Vater Philipp 1467 nachfolgte, wollte seine Länder zu einem Königreich zusammenfassen, das von Frankreich und dem Deutschen Reich unabhängig sein sollte. Bei den Bestrebungen, seine Besitzungen in den Niederlanden mit dem südlicher gelegenen Burgund durch Neuerwerbungen zu vereinigen, machte er sich jedoch viele Feinde. Er provozierte Ludwig XI. von Frankreich und die Habsburger, besetzte das zum Reich gehörende Lothringen und bedrängte die freien Städte im Elsass, die bei den Schweizern Unterstützung suchten. Gegen die verbündeten Schweizer und Lothringer musste Karl 1476 bei Grandson und Murten schwere Niederlagen hinnehmen, 1477 fiel er in der Schlacht bei Nancy.

Die Ermordung Ludwigs von Orléans im Auftrag Johanns von Burgund (Buchmalerei, 15. Jh.)

10

Die Truppen Maximilians von Österreich besetzen 1482 die Stadt Tongern im heutigen Belgien (Holzstich, 16. Jh.)

Karls einzige Tochter ❾ Maria heiratete den Habsburger Maximilian von Österreich, den späteren Kaiser. Als Maria 1482 in Brügge starb, erbte dieser den Besitz, musste ihn aber gegen Ludwig XI. ❿ verteidigen, was ihm bis auf das „eigentliche" Herzogtum Burgund, ein französisches Kronlehen, auch gelang.

7   8   9

von links: Philipp der Gute (Kopie nach Gemälde von Rogier van der Weyden); Karl der Kühne (Gemälde aus der Werkstatt Rogier van der Weydens, 15. Jh.); Maria von Burgund (Gemälde von Niclas Reiser, um 1500)

„Herbst des Mittelalters"

Die Niederlande waren durch die Textilproduktion und den internationalen Handel die fortschrittlichste und reichste Region Europas. Neben Städten wie Brügge, Gent und Antwerpen war v. a. der herzogliche Hof in Dijon und Brüssel ein Zentrum der Kunst und Kultur. Mode und Hofzeremoniell wurden zum Vorbild für ganz Europa. Während Bilder wie die des Hofmalers Jan van Eyck die Renaissance ankündigten, war der exklusive Orden vom Goldenen Vlies eine Reminiszenz an die Ritterzeit.

oben: Karl der Kühne und die Ritter des Ordens vom Goldenen Vlies (Buchmalerei, um 1473/77)
unten: Allegorie auf den Geschmackssinn (Gobelin aus den südlichen Niederlanden, Ende 15. Jh.)

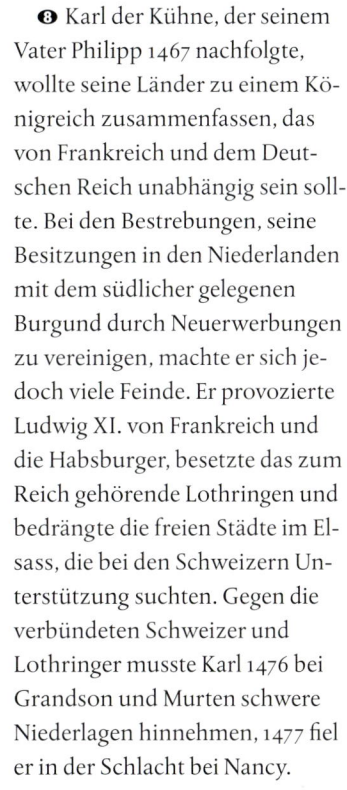

11

Ständeversammlung unter dem Vorsitz des Herzogs von Burgund (Stich, 18. Jh.)

5.–15. Jh.   Mittelalter

1

Eingangsseite der englischen Geschichte von Beda Venerabilis (um 820/830)

ENGLAND IM MITTELALTER UM 450–1485

Zwischen dem 5. und 7. Jh. gründeten die Angelsachsen auf dem Gebiet des heutigen ❶ England mehrere Reiche, die im 9. und 10. Jh. im Kampf gegen dänische Wikinger geeint wurden. Nach einer Periode dänischer Vorherrschaft eroberten 1066 die französischen Normannen England. Die Besitzungen der englischen Könige auf dem Kontinent forderten Frankreich heraus und führten zusammen mit englischen Ansprüchen auf den französischen Thron zum Hundertjährigen Krieg. Im 15. Jh. eskalierten Nachfolgekämpfe im Königshaus in den Rosenkriegen. Die Schwäche des Königtums nutzte der Adel zur Institutionalisierung seiner Mitspracherechte in einer Ständeversammlung, dem „Parlament".

◼ Landnahme, Reichsgründungen und Christianisierung der Angelsachsen

Die Angelsachsen und nach ihnen dänische Wikinger eroberten große Teile der Britischen Inseln und verdrängten die einheimischen Briten.

Um 450 landeten Germanen von der Nordseeküste kommend auf den Britischen Inseln. Zunächst wurden sie von den keltischen Briten v. a. als Söldner gegen die aus Schottland vordringenden Pikten zu Hilfe gerufen. Unter ihren legendären Anführern ❷ Hengist und Horsa ließen sich Angeln, Sachsen und Jüten aber auch dauerhaft nieder. Die einheimischen Briten wurden in die Randgebiete nach Cornwall und Wales abgedrängt, wo keltische Fürsten bis ins 13. Jh. ihre Unabhängigkeit bewahren konnten. Die Landnahme der Germanen, die zum Volk der ❸ Angelsach-

sen verschmolzen, war im 7. Jh. abgeschlossen. Am Ende gab es sieben angelsächsische Königreiche: Mercia, Northumbria, East Anglia, Wessex, Essex, Sussex und Kent. Unter ihnen erlangte im 7. Jh. zunächst Northumbria eine Vormachtstellung, die im 8. Jh. von Mercia übernommen wurde. Schließlich war es aber Wessex, von dem im Abwehrkampf gegen die Wikinger bzw. Dänen die staatliche Einigung Englands im 9. Jh. ausging.

3 Angelsächsischer Helm (7. Jh.)

Der erste Überfall dänischer Wikinger richtete sich 793 gegen das ❹ Kloster Lindisfarne vor der Küste Northumbrias. Weitere Angriffe folgten, bis die Dänen seit etwa 865/866 gezielt die Eroberung der Insel betrieben. Von der Themsemündung aus besetzten sie die nördlich der Themse liegenden Gebiete, das sog. Danelaw. Zur gleichen Zeit eroberten norwegische Wikinger

2

Hengist und Horsa landen an der englischen Küste (Stahlstich, 19. Jh.)

die Küstengebiete zwischen England, Schottland und Irland, wo sie zahlreiche Königreiche gründeten wie das von Dublin oder der Isle of Man. Letzteres kam erst 1765 an die britische Krone.

4

Ruinen des Klosters Lindisfarne auf der „Holy Island" in der englischen Nordsee

Die Christianisierung der Angelsachsen

Augustinus von Canterbury begann 597 im Auftrag Papst Gregors des Großen in Kent mit der Missionierung der Angelsachsen. Der herrschende König Ethelbert hatte eine christliche Fränkin geheiratet und ließ sich unter ihrem Einfluss taufen. Die Stadt Canterbury, deren erster Erzbischof Augustinus wurde, ist bis heute der wichtigste englische Bischofssitz. Später betätigten sich die Angelsachsen selbst als Missionare, so etwa der 754 erschlagene hl. Bonifatius, der als „Apostel der Deutschen" gilt.

König Ethelbert von Kent lässt sich von Augustinus von Canterbury taufen (Kupferstich, 17. Jh.)

um 450 | Landung der Germanen auf den Britischen Inseln   **793** | Überfall auf Kloster Lindisfarne   **871** | Herrschaftsantritt Alfreds des Großen von Wesse

ab 597 | Missionierung der Angelsachsen   **ab 866** | Eroberung Englands durch die Dänen

Der Kampf der Angelsachsen gegen Dänen und Normannen

Das Königreich Wessex konnte von den Dänen nicht erobert werden und wurde zum Ausgangspunkt für die staatliche Einigung Englands.

König ❺ Alfred der Große von Wessex bestieg im Jahre 871 den Thron. Zunächst traf er mit den Dänen eine Friedensvereinbarung, die diese jedoch brachen. 878 besiegte Alfred die Dänen in der ❻ Schlacht bei Edington, 885 konnte er London einnehmen und bis zu seinem Tod 899 seinen Herrschaftsbereich noch weiter nach Norden ausdehnen. Daneben erlangte Alfred aber auch Bedeutung als Gesetzgeber und Übersetzer von historischen und philosophischen Schriften aus dem Lateinischen.

Seine Nachfolger setzten den Kampf gegen die Dänen fort. Alfreds Enkel Aethelstan beendete die Eroberung 937 mit einem Sieg über die Dänen und die mit ihnen verbündeten Waliser und Schotten. Zwar waren die dänischen Reiche auf englischem Boden nun beseitigt, doch erfolgten von Dänemark aus weitere Angriffe. König Aethelred II. versuchte vergeblich, die Dänen durch hohe Tributzahlungen, das ❽ „Danegeld", fernzuhalten. Der dänische König Sven Gabelbart zwang ihn durch einen Feldzug ins Exil. Svens Sohn, Knud der Große,

6 Schlacht zwischen Angelsachsen und Dänen (Filmszene aus „Alfred the Great", GB 1969)

besiegte 1016 schließlich Aethelreds Sohn Edmund II. und wurde danach als englischer König allgemein anerkannt. Knud heiratete Emma von der Normandie, die Witwe Aethelreds II., und bekehrte sich zum Christentum. Nachdem er auch in Dänemark und Norwegen die Königsherrschaft angetreten hatte (S. 200), herrschte er über ein großes, rund um die Nordsee gelegenes Reich.

Als Knuds Sohn ❼ Hardeknut 1042 ohne Nachkommen gestorben war, holte der Anführer des angelsächsischen Adels, Graf Godwin von Wessex, den Sohn Aethelreds II., ❾ Eduard den Bekenner, aus dem Exil in der Normandie und erhob ihn zum neuen König. Eduard machte sich jedoch unbeliebt, weil er normannische Berater mit ins Land brachte und diese gegenüber dem angelsächsischen Adel bevorzugte. Nachdem seine 1045 geschlossene Ehe mit Graf Godwins Tochter kinderlos blieb, bestimmte er wohl seinen Vetter Herzog Wilhelm von der Normandie zum Nachfolger. Doch die Angelsachsen wählten nach Eduards Tod 1066 Godwins Sohn ❿ Harald II. zum König. Dieser konnte zwar einen Angriff der Norweger

5 Alfred der Große (Gemälde, 19. Jh.)

7 König Hardeknut lässt den Leichnam seines Bruders und Vorgängers König Harald I. ausgraben, enthaupten und in die Themse werfen (Kupferstich, 17. Jh.)

abwehren, die das Nordseereich Knuds wiedererrichten wollten, doch unterlag er 1066 in der ⓫ Schlacht von Hastings den Invasionstruppen Herzog Wihelms von der Normandie. Harald II. fiel im Kampf, und Wilhelm, der Eroberer, wurde neuer König.

8 Englische Münzen zur Bezahlung der Tribute an die Dänen, das sog. Danegeld (10./11. Jh.)

9 Eduard der Bekenner, König von England (Buchmalerei, spätes 12. Jh.)

10 Krönung Haralds II. (Stickerei auf dem Teppich von Bayeux, Ende 11. Jh.)

11 Mit Streitäxten bewaffnete Angelsachsen kämpfen gegen die berittenen Normannen (Stickerei auf dem Teppich von Bayeux, Ende 11. Jh.)

5.–15. Jh.

Mittelalter

5.–15. Jh.

Mittelalter

Die normannische Herrschaft in England

Wilhelm der Eroberer und seine Nachfolger führten eine straff organisierte Zentralregierung ein, der sich Adel und Kirche unterordnen mussten.

1 Das Schloss von Caen in der Normandie, Nordfrankreich, begonnen um 1066 unter Wilhelm dem Eroberer

2 Landung von Wilhelm dem Eroberer an der englischen Küste (Stich, 19. Jh.)

3 Erzbischof Anselm von Canterbury (Kupferstich, 16. Jh.)

4 Heinrich I. (Buchmalerei, 14. Jh.)

Mit Wilhelm I., dem Eroberer, begann die normannische Herrschaft in England. Am Ende des 9. Jh. hatten sich dänische Wikinger, die auch Normannen (S. 176) genannt wurden, dauerhaft an der Seinemündung im Norden Frankreichs niedergelassen. 911 musste der westfränkische König Karl der Einfältige ihren Anführer Rollo als Lehnsmann akzeptieren. Dieser ließ sich taufen und wurde zum Grafen der ❶ Normandie erhoben. Die Grafen und späteren Herzöge gingen Heiratsverbindungen mit den französischen und englischen Königshäusern ein und wurden zu einem bedeutenden

Machtfaktor. Erbansprüche führten zur ❷ Invasion Herzog Wilhelms des Eroberers, einem Nachkommen Rollos, in England und seiner anschließenden ❺ Königskrönung im Jahr 1066.

Bis 1071 hatte Wilhelm ganz England erobert. Zunächst führte er das Lehnswesen nach kontinentalem Vorbild in England ein. Der Untertaneneid von Salisbury von 1086 verpflichtete die Vasallen zur Treue gegenüber ihrem Oberherrn. Aufständische angelsächsische Adlige wurden oft enteignet und ihr Besitz an Normannen verteilt. Auch fast alle hohen Kirchen-, Hof- und Staatsämter be-

setzte Wilhelm mit seinen ❻ Gefolgsleuten. Wie das „Domesday Book" von 1086 zeigt, befand sich zu diesem Zeitpunkt praktisch der gesamte Grundbesitz – sofern er nicht der Krone gehörte – in der Hand von Normannen. Auf lokaler Ebene blieb aber die aus angelsächsischer Zeit bewährte Einteilung in Grafschaften (Shires) mit den Sheriffs als königlichen Beamten erhalten.

Nach Wilhelms Tod 1087 kam es unter seinen Söhnen zu Nachfolgekämpfen, in denen sich am Ende der jüngste Sohn, ❹ Heinrich I. Beauclerc, durchsetzen konnte. In seine Regierungszeit

fiel das Konkordat von Westminster von 1107, das den englischen Investiturstreit über die Einsetzung von Geistlichen durch Laien beendete. Gegner des Königs war der ❸ Erzbischof Anselm von Canterbury, ein Hauptvertreter der frühen Scholastik. Anders als sein Schwiegersohn, der deutsche Kaiser Heinrich V. (S. 169), behauptete Heinrich I. sein Recht auf die sog. Laieninvestitur.

5 Krönung von Wilhelm dem Eroberer zum König von England, im Hintergrund durch den Krieg zerstörte Städte

6 Wilhem der Eroberer mit seinen Gefolgsleuten bei einem Festmahl (Stickerei auf dem Teppich von Bayeux, Ende 11. Jh.)

Das „Domesday Book"

Wilhelm I., der Eroberer, ließ seit 1086 ein Verzeichnis aller Liegenschaften mit ihren Einnahmen erstellen. Zusammen mit einer Volkszählung bildete dieses Kataster, das „Domesday Book", die Grundlage der Steuerberechnung. Nirgendwo sonst in Europa gab es zu dieser Zeit eine ähnlich umfassende und effiziente Verwaltung wie im normannischen England.

Ein Beamter beaufsichtigt Bauern bei der Erntearbeit (Buchmalerei, 14. Jh.)

Das Haus Plantagenet

Die Familie der Plantagenets versuchte, das englische Königtum zu konsolidieren, und dehnte ihren Besitz in Frankreich weiter aus.

Nach dem frühzeitigen Tod seines einzigen Sohnes zwang König Heinrich I. den Adel zur Anerkennung seiner Tochter Mathilde als Thronerbin. Diese hatte in zweiter Ehe den französischen Grafen Gottfried von Anjou geheiratet, der nach seinem Helmschmuck in Turnieren, einem Ginsterzweig, „Plantagenet" genannt wurde. Nach Heinrichs I. Tod 1135 usurpierte zunächst sein Neffe, Graf Stephan von Blois, den Thron. Nach einem langen Bürgerkrieg musste Stephan aber im Jahr 1153 Mathildes und Gottfrieds Sohn, Heinrich Plantagenet, seit 1151 Graf von Anjou und seit 1149 Herzog der Normandie, als Nachfolger anerkennen. Schon 1154 trat dieser nach dem Tod Stephans von Blois die Herrschaft als König Heinrich II. an.

In den Thronwirren war die königliche Zentralregierung verfallen, und sowohl Adel als auch Kirche hatten an Macht gewonnen. Um seine Position zu stärken, versuchte Heinrich II. die Rechtsordnung zu vereinheitlichen. Auch die Geistlichkeit sollte sich den königlichen Gerichten beugen, was zur ❼ Auseinandersetzung mit Thomas Becket, dem Erzbischof von Canterbury, führte.

1169 leitete Heinrich II. die Eroberung Irlands ein (S. 188). Doch sein größter machtpolitischer Erfolg war die Heirat mit der vom französischen König Ludwig VII. geschiedenen ❶ Eleonore von Aquitanien (S. 177). Die Vereini-

8 Richard I. Löwenherz (Holzstich, 19. Jh.)

gung Anjous, der Normandie und Aquitaniens mit der Krone Englands unter den Plantagenets begründete das sog. Angevinische Reich, das die Macht der französischen Könige im eigenen Land herausforderte.

Heinrichs Sohn und Nachfolger ❽ Richard I. Löwenherz (S. 177)

beteiligte sich kurz nach seiner Thronbesteigung 1189 am dritten Kreuzzug und zog mit einem Heer ins Heilige Land. Berichte über die Zustände in seiner Heimat bewogen Richard zur Rückkehr. Dabei wurde er 1192 bei Wien von Herzog Leopold V. von Österreich, mit dem er sich auf dem Kreuzzug zerstritten hatte, ❿ gefangen genommen. Dieser verlangte für die Freilassung ein gewaltiges Lösegeld. Durch die Zahlungen geriet England an den Rand des Bankrotts: Steuererhöhungen und die Willkürherrschaft von Richards Bruder Johann Ohneland, der in Abwesenheit des Königs als Regent fungierte, führten zu Unruhen in der Bevölkerung. Diese boten den Stoff für die Legende von ❾ Robin Hood.

Nach seiner Rückkehr aus der Gefangenschaft 1194 musste Richard seine französischen Besitzungen, die inzwischen König Philipp II. August von Frankreich zum größten Teil besetzt hatte, zurückerobern, starb aber schon 1199 im Kampf gegen aufständische Adlige in Aquitanien.

7 Disputation zwischen Heinrich II. und Thomas Becket (Buchmalerei, 14. Jh.)

Thomas Becket

Als Heinrich II. 1164 verfügte, dass künftig auch Geistliche durch weltliche Gerichte bestraft werden sollten, legte Thomas Becket, der Erzbischof von Canterbury, dagegen Widerspruch ein. Daraufhin wurde er 1170 von Gefolgsleuten des Königs ermordet. Heinrich musste an Beckets Grab Buße tun und seine Beschlüsse zurücknehmen. Schon 1173 wurde Becket heilig gesprochen.

Heinrich II. am Grab von Thomas Becket (Stich, 19. Jh.)

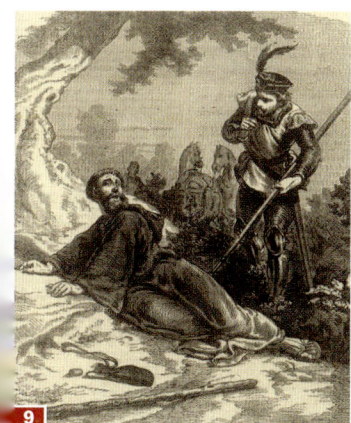
9 Robin Hood weckt Bruder Tuck durch einen Stoß mit der Lanze (Holzstich, 19. Jh.)

10 Der verkleidete König Richard Löwenherz wird bei seiner Rückkehr vom Kreuzzug in Österreich erkannt und gefangen genommen (Buchmalerei, Ende 12. Jh.)

11 Grabmäler von Heinrich II. (vorne) und Eleonore von Aquitanien in der Abteikirche Notre Dame de Fontevraud, Frankreich (farbiger Stein, Ende 12. Jh./Anfang 13. Jh.)

5.–15. Jh.

Mittelalter

■ Der Kampf mit dem Adel und die Ausbildung des Parlaments

Die Könige konnten den Adel nicht ausschalten und mussten ihm in einer Ständeversammlung, dem „Parlament", Mitspracherecht bei politischen Entscheidungen zugestehen.

1199 folgte auf Richard sein jüngerer Bruder ❷ Johann Ohneland, der seinen Beinamen erhielt, weil er in Auseinandersetzungen mit Philipp II. August von Frankreich fast seinen gesamten Besitz in Frankreich verspielt hatte (S. 177). Nach Johanns Niederlage gegen Philipp in Bouvines 1214 erhob sich der englische Adel und nötigte den König 1215 zur Anerkennung der sog. ❶ Magna Charta. In ihr musste Johann die Rechte und Freiheiten des Adels und der Kirche anerkennen. In der Folge wurde die Magna Charta zum Grundstein des englischen Verfassungsrechts.

Die Magna Charta (Handschrift, 1215)

Johanns Sohn Heinrich III., der 1216 seinem Vater nachfolgte, hegte ehrgeizige Pläne: Er verheiratete seine Schwester Isabella mit Kaiser Friedrich II. und wollte später für das englische Königshaus die Herrschaft seines Bruders, des Grafen Richard von Cornwall (S. 172), im Deutschen Reich durchsetzen sowie die Krone Siziliens gewinnen. Steuerforderungen zur Finanzierung dieser Ziele und die Berufung südfranzösischer Günstlinge in englische Staatsämter führten 1258 zum Aufstand des englischen Adels, dem „Krieg der Barone" unter der Führung von Simon von Montfort. Am Ende wurde Heinrich in der Schlacht bei Lewes 1264 gefangen genommen. Er musste der Einsetzung eines ❹ Parlaments zustimmen, in das neben dem Adel auch jede Grafschaft sowie Städte wie etwa ❺ London ihre Vertreter schicken sollte. Zunächst tagten die Abgesandten des Adels, der Kirche und der Gemeinwesen zusammen, erst später trennten sie sich und bildeten ein Ober- und ein Unterhaus.

Heinrichs III. Sohn Eduard I. besiegte zwar 1265 Simon von Montfort, doch musste er das Parlament beibehalten, da er auf die Mitarbeit des Adels und der Städte bei der Finanzierung seiner Kriegszüge angewiesen war. 1297 bestätigte er dem Parlament das Recht auf Steuerbewilligung. Trotzdem konnte Eduard I. durch zahlreiche Reformen die Macht des Königtums auch wieder stärken. Daneben gelang ihm 1284 die Unterwerfung des letzten unabhängigen keltischen Fürsten von Wales. Der Titel eines „Fürsten von Wales" wird seither dem je-

❷ Johann Ohneland unterzeichnet die Magna Charta (Stahlstich, 19. Jh.)

weiligen englischen Thronfolger verliehen. Das Königreich Schottland (S. 189) im Norden konnte Eduard I. hingegen nur vorübergehend in seinen Besitz bringen.

Sein Sohn und Nachfolger seit 1307, Eduard II., musste die Eroberung Schottlands aufgeben. Er sah sich wieder einer starken Opposition des Adels gegenüber, die sich gegen den Einfluss von ❻ Eduards Günstlingen und die Geldforderungen des Königs richtete. Seine eigene Ehefrau ❸ Isabella, eine Tochter von König Philipp IV. von Frankreich, setzte mit Unterstützung ihres Liebhabers Roger Mortimer den König 1327 ab und ließ ihn ermorden.

❸ Isabella von Frankreich präsentiert ihrem Bruder Karl IV. von Frankreich ihren Sohn Eduard III. von England (Buchmalerei, 15. Jh.)

❹ Englisches Parlament mit den geistlichen (links) und weltlichen Vertretern (Buchmalerei, um 1400)

❺ Ansicht des mittelalterlichen London mit der Themsebrücke (Holzstich, um 1600)

❻ Eduard II. mit seinem Günstling Piers Gaveston (Gemälde, 19. Jh.)

| 1199 | Herrschaftsantritt Johann Ohnelands | 1216 | Heinrich III. wird König | 1264 | Schlacht bei Lewes | 1307 | Herrschaftsantritt Eduards II. |
| 1215 | Anerkennung der „Magna Charta" | | | 1258 | Krieg der Barone | 1284 | Unterwerfung der letzten keltischen Fürsten |

Der Hundertjährige Krieg und die Rosenkriege

Im Hundertjährigen Krieg verbrauchte England seine Kräfte. In den Rosenkriegen kämpften die Häuser Lancaster und York um das Erbe der Plantagenets.

Mit 18 Jahren volljährig, verbannte Eduard III., der Gründer des Hosenbandordens, 1330 seine Mutter und ließ ihren Liebhaber hinrichten. Als Enkel König Philipps IV. von Frankreich erhob er nach dem Aussterben der Hauptlinie der Kapetinger 1328 ❼ Ansprüche auf den französischen Thron. Dies verwickelte beide Länder in den ❾ Hundertjährigen Krieg (S. 178 f.). In der Anfangsphase tat sich besonders Eduard, der älteste Sohn des Königs, wegen seiner Rüstung bekannt unter den Namen „der Schwarze Prinz", als Heerführer hervor. Er starb ein Jahr vor seinem Vater 1376, sodass 1377 sein Sohn ❽ Richard II. König wurde. Dieser regierte zunehmend autoritär und wandte sich gegen die Ansprüche des Adels und des Parlaments, die offen eine Rebellion von Richards Vetter, dem Herzog von Lancaster, unterstützten. Richard wurde 1399 abgesetzt und wahrscheinlich ermordet, und der Herzog von Lancaster wurde als Heinrich IV. neuer König. Unter seinem Sohn Heinrich V. flammte 1415 der Krieg mit Frankreich wieder auf

(S. 179). Doch nach dem frühen Tod des Königs 1422 verließ die Engländer das Kriegsglück. Unter Heinrich VI. mussten sie bis 1453 auf ihren gesamten Festlandbesitz mit Ausnahme der Hafenstadt Calais verzichten. Inzwi-

8
Richard II. in Anbetung der Madonna (sog. Wilton Diptychon, um 1395)

schen war der König an einer Geisteskrankheit erkrankt. Um die Regentschaft stritten sich verschiedene Adelsparteien. Eine wurde angeführt von einem Vetter des Königs, Herzog Richard von York, der selbst begründete Ansprüche auf den Thron hatte. 1455 brach der Bürgerkrieg aus. Weil das Haus Lancaster eine rote und das Haus York eine weiße Rose im Wappen führte, wurden die Kämpfe als „Rosenkriege"

bezeichnet. Richards Sohn ❿ Eduard IV. usurpierte 1461 mit Hilfe von Richard Neville, Graf von Warwick, genannt „der Königsmacher", den Thron. Doch Neville wechselte später die Fronten, und Eduard musste aus England fliehen. Mit neuen Truppen kehrte er zurück und besiegte Neville und Heinrichs VI. Sohn Eduard, die beide im Kampf fielen. Heinrich VI. wurde 1471 im ❶❷ Tower von London ermordet. Eduard IV. regierte nun unangefochten als König bis zu seinem Tod 1483. Ihm folgte sein Bruder ⓫ Richard III., der ⓭ Eduards unmündige Söhne von der Nachfolge ausschloss und beseitigen ließ. Nun landete der Neffe Heinrichs VI. und Erbe des Hauses Lancaster, Heinrich Tudor, der selbst aus einem alten walisischen Fürstengeschlecht stammte, in England. König Richard III. fiel 1485 in der Schlacht von Bosworth. Der neue König Heinrich VII. Tudor vereinigte die Ansprüche der Häuser Lancaster und York, indem er 1486 Elisabeth von York, Tochter und Erbin Eduards IV., heiratete.

7
Eduard III. im Ornat eines englischen und französischen Königs: Leoparden auf rotem Grund bzw. Lilien auf blauem (Buchmalerei, 15. Jh.)

9
Kämpfe zwischen Engländern und Franzosen im Hundertjährigen Krieg (Buchmalerei, 14. Jh.)

10
Eduard IV. erlangt als Sieger über das Haus Lancaster die drei Kronen von England, Irland und Frankreich (Buchmalerei, 15. Jh.)

11
Richard III. (Gemälde, 16. Jh.)

12
Londoner Tower (begonnen 1078 unter Wilhelm dem Eroberer)

13
Ermordung der Söhne Eduards IV. (Gemälde, 19. Jh.)

5.–15. Jh.

Mittelalter

IRLAND UND SCHOTTLAND IM MITTELALTER UM 450–1603

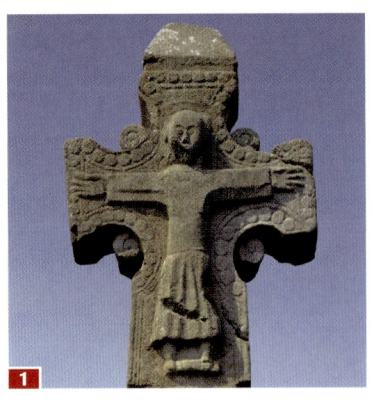

1

In ❶ Irland und Schottland, die nie zum Römischen Reich gehört hatten oder von Germanen erobert worden waren, blieben viele Traditionen aus keltischer Zeit lebendig. Beide Länder waren jedoch dem Expansionsdrang der englischen Könige ausgesetzt. In Irland konnten die Engländer die innere Zersplitterung für sich ausnutzen und schließlich die ganze Insel unterwerfen. Schottland hingegen bewahrte sich seine Unabhängigkeit, bis es zu einer dynastischen Vereinigung mit England kam.

Irisches Hochkreuz mit einer Christusfigur (12. Jh.)

Irland

Die Rivalität unter den Clans verhinderte die Ausbildung eines einheitlichen irischen Staates und ermöglichte es den Engländern, ihre Herrschaft über Irland auszudehnen.

Die Geschichte des alten Irlands wurde von den Kämpfen der zahlreichen untereinander verfeindeten Clans dominiert, die jeweils versuchten, einen geschlossenen Herrschaftskomplex aufzubauen. Zwischen dem 4. und 10. Jh. bildeten sich vier große Königreiche – Connacht, Leinster, ❷ Munster und Ulster – heraus, neben denen aber noch zahlreiche Kleinkönigreiche existierten. Die Würde eines gesamtirischen

2

St. Patrick's Cathedral in Cashel, der ehemaligen Hauptstadt des Königreiches Munster

❸ „Hochkönigs" blieb zwischen den Clans heftig umstritten.

Im 5. Jh. christianisierte der ❺ heilige Patrick ganz Irland. Es bildete sich ein Christentum spezieller irischer Prägung heraus, das v. a. vom ❻ Mönchswesen bestimmt wurde. Dieses leitete eine kulturelle Blütezeit v. a. in der Literatur ein und bewahrte dabei auch die alten keltischen Sagen. Darüber hinaus entfalteten die Mönche eine rege Missionstätigkeit, wie etwa Gallus unter den Germanen auf dem Kontinent oder Columban von Iona, der im 6. Jh. in Schottland missionierte.

Der Hilferuf eines irischen Kleinkönigs im Kampf gegen seine Rivalen an Heinrich II. Plantagenet von England führte 1169 zur ❹ englischen Invasion. Zunächst

wurde aber nur ein Teil der Ostküste besetzt, und die englischen Könige begnügten sich mit einer nominellen Oberhoheit. Erst die Tudors versuchten, die ganze Insel zu beherrschen. Heinrich VIII. nahm als Erster den Titel eines Königs von Irland an. Gezielte Ansiedlungen von Engländern und später auch von Schotten, v. a. in Ulster, sollten seit dem 16. Jh. die englische Herrschaft absichern. Dadurch entstanden religiöse Konflikte, denn die neuen Siedler waren Protestanten, während die Iren katholisch blieben. Nach mehreren Rebellionen wurde der Aufstand von Hugh O'Neill ab 1595 zu einer ernsten Bedrohung für die Engländer. Doch trotz der Unterstützung durch die Spanier unterlagen die Iren. Im englischen Bürgerkrieg und während der Glorious Revolution (S. 285) hielten die Iren zu den katholikenfreundlichen Stuarts, was sie mit grausamen Vergeltungsmaßnahmen und einer weitgehenden Entrechtung bis weit ins 19. Jh. hinein büßen mussten.

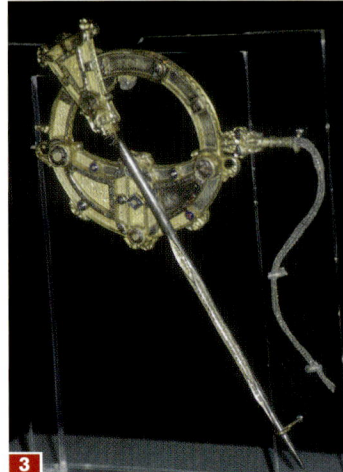

3

Spange aus Tara, dem Sitz der irischen Hochkönige (irisch, 12. Jh.)

4

Englische Schiffe mit Invasionstruppen auf der Überfahrt nach Irland (Buchmalerei, um 1400)

5

Das Wunder des heiligen Patrick (Gemälde von Tiepolo, 18. Jh.)

6

Der Rundturm von Kloster Clonmacnoise Abbey, Irland (erbaut im 12. Jh.)

| 5. Jh. | Missionierung Irlands durch den hl. Patrick | | 9. Jh. | Stammesvereinigung zwischen Skoten und Pikten | | 1297 | Schlacht von Stirling |

| 6. Jh. | Missionierung Schottlands durch Columban von Iona | 1057 | Tod von Macbeth | 1169 | Englische Invasion in Irland | 1298 | Schlacht von Falkirk |

Schottland

Die schottischen Könige mussten die staatliche Einheit und Unabhängigkeit gegen den einheimischen Adel und die Herrschaftsansprüche der Engländer durchsetzen.

In römischer Zeit wurde Schottland von Stämmen mit ❼ keltischer Kultur bewohnt. Wegen ihrer Tätowierungen nannten die Römer sie „Pikten" („die Bemalten"). Seit dem 3. Jh. fielen von Irland aus die Skoten ein, nach denen Schottland benannt wurde. Sie ließen sich nieder und gründeten ein Königreich. Im 9. Jh. vereinigte König Kenneth MacAlpin Skoten und Pikten miteinander.

Die Nachkommen Kenneths starben 1018 aus. Ein Verwandter, Duncan I., bestieg den Thron, wurde aber 1040 von dem Usurpator Macbeth ermordet – der Stoff für Shakespeares Drama ❽ „Macbeth". Dieser fiel 1057 in einer Schlacht gegen Duncans Sohn, der nun als Malcom III. König wurde. Unter ihm und seinen Nachfolgern nahm der englische Einfluss in Schottland zu. Das Christentum iroschottischer Prägung wurde von der römisch-katholischen Kirche verdrängt. Im Südosten, den Lowlands mit der Hauptstadt ❾ Edinburgh, setzte sich das Lehnssystem nach englischem Vorbild durch. Die High-

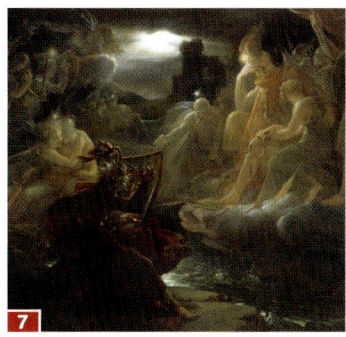

❼ Der legendäre keltische Barde Ossian beschwört die Geister (Gemälde von Gérard, Anfang 19. Jh.)

❽ Macbeth und die drei Hexen, Szene aus Shakespeares Drama „Macbeth" (Gemälde, 19. Jh.)

lands jedoch wurden weiterhin wie in keltischer Zeit von den Clans beherrscht.

Nachdem die Dynastie Malcoms III. Ende des 13. Jh. erloschen war, kam es zu Nachfolgekämpfen zwischen den Clans Bruce und Balliol. Eduard I. von

England nutze die Chance und verhalf John Balliol zur Macht. Doch nach der Thronbesteigung verweigerte sich dieser den englischen Interessen. Die Engländer besetzten daraufhin das Land. William Wallace, genannt Braveheart, und Robert Bruce organisierten den Widerstand gegen die Besatzungstruppen.

In langen Kämpfen konnte der 1306 zum König gekrönte Robert Bruce die schottische Selbstständigkeit verteidigen. Die Bindung englischer Kräfte im Hundertjährigen Krieg und in den Rosenkriegen hielt den schottischen Königen den Rücken frei.

1371 lösten die Stuarts das Haus Bruce ab. Trotz der Heirat von Jakob IV. Stuart 1503 mit Margaret Tudor, der Tochter Heinrichs VII. von England, dauerten die Kämpfe mit den Engländern weiter an. Doch diese Ehe begründete den Anspruch von Jakobs Enkelin ❶❶ Maria Stuart (S. 284) auf den englischen Thron und führte schließlich zur Vereinigung der beiden Reiche unter Marias Sohn ❶❶ Jakob VI./I. im Jahr 1603.

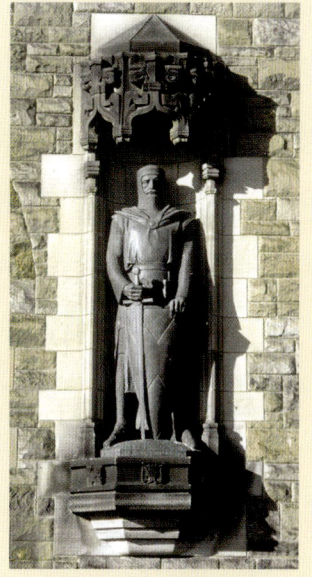

William Wallace

In der Schlacht von Stirling führte William Wallace 1297 die Schotten zum Sieg über die übermächtige englische Armee. Doch der schottische Adel versagte dem aus einfachen Verhältnissen stammenden Wallace die Unterstützung, und so wurde er schon 1298 von den Engländern bei Falkirk geschlagen. Später wurde Wallace verraten, gefangen genommen und 1305 in London hingerichtet.

oben: Statue von William Wallace am Tor von Edinburgh Castle

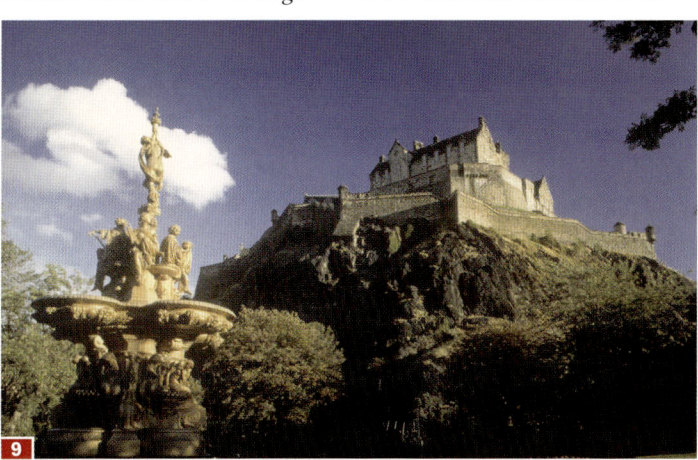

❾ Das Schloss von Edinburgh, Edinburgh Castle, Residenz der schottischen Könige (erbaut seit dem späten 7. Jh.)

❶❶ Jakob VI. von Schottland, als Jakob I. König von England (Gemälde, 1605)

❶❶ Maria Stuart mit ihrem zweiten Ehemann Lord Darnley (Stich, 1565)

5.–15. Jh.

Mittelalter

1305 | Hinrichtung von William Wallace   1541 | Heinrich VIII. nimmt irischen Königstitel an   1603 | Einigung Schottlands und Englands

1306 | Königskrönung von Robert Bruce   1595 | Aufstand unter Hugh O'Neill

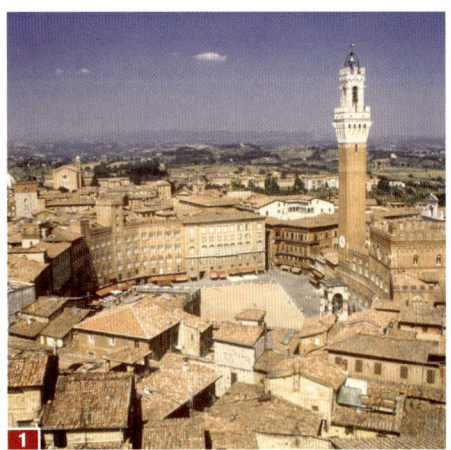

ITALIEN IM MITTELALTER UM 600–UM 1500

Norditalien, das sog. Reichsitalien, war eng mit dem Frankenreich, später mit dem Deutschen Reich verbunden. In Süditalien entwickelte sich ein normannisches Königreich, das später an die deutschen Staufer, nach ihnen an französische und spanische Herrscherhäuser überging. Das Papsttum erreichte im 12. und 13. Jh. den Gipfel seiner weltlichen Macht, verlor dann aber, durch ein Schisma gespalten, bis zum Spätmittelalter wieder an Bedeutung. Gleichzeitig entwickelte sich in den ❶ norditalienischen Städten ein selbstbewusstes Bürgertum, dessen frühkapitalistische Geldwirtschaft sich im Laufe der Zeit über den Kontinent ausdehnte. Eine dieser Städte, Venedig, stieg zur bedeutendsten Wirtschaftsmacht Europas auf.

Blick über das mittelalterliche Stadtzentrum von Siena, Toskana, mit dem Palazzo Pubblico und dem Glockenturm (erbaut im 13./14. Jh.)

■ Das Königreich Italien nach den Karolingern

Nach dem Ende der Karolinger konkurrierten mehrere Dynastien um die Königsherrschaft. Schließlich vereinten die Ottonen die italienische mit der deutschen Krone.

❹, ❺ Karl der Große hatte 774 das Königreich der Langobarden (S. 164) in Norditalien erobert. Bis ins 9. Jh. hinein herrschten Karls Söhne und Enkel über das Gebiet. Nach dem Aussterben der Karolinger bemächtigten sich Herrscher verschiedener Familien der italienischen ❷ Königskrone. Sie stammten meistens in weiblicher Linie von den Karolingern ab, waren teilweise aber auch reine Usurpatoren. Keiner dieser Könige konnte jedoch eine dauerhafte Dynastie begründen, sodass

in dieser Zeit der Unbeständigkeit einheimische Adelsgeschlechter und später v. a. die Städte in Oberitalien ihre Eigenständigkeit ausbauen konnten.

❻ Adelheid von Burgund, die Witwe König Lothars von Italien aus dem Haus Arles, rief 951 den deutschen König Otto I., den Großen, gegen den neuen König Berengar II. von Ivrea zu Hilfe (S. 167). Otto besiegte zwar Berengar, über-

Otto der Große (Mitte) belehnt Berengar II. (1150)

ließ ❸ ihm aber Italien zunächst noch als Lehen. Erst 963 unterstellte Otto Italien seiner direkten Herrschaft. Die ihm nachfolgenden deutschen Könige und Kaiser verfügten nie über eine eigene

❷ Die sog. Eiserne Krone, die langobardische Königskrone, innen ein eiserner Ring, angeblich aus einem Nagel des Kreuzes Christi (6./9. Jh.)

Machtbasis in Reichsitalien und waren bei ihrer Herrschaft auf den hohen Adel, die aufstrebenden Städte (S. 194), die Kirche und den Papst angewiesen. Sie versuchten, die einzelnen Parteien gegeneinander auszuspielen bzw. durch Gewährung immer neuer Privilegien für sich zu gewinnen, was aber letzten Endes nur ihre eigene Autorität schwächte.

❹ Karl der Große zieht in Pavia ein, Hauptstadt der Langobarden (Holzstich, 19. Jh.)

❺ Karl der Große hält die langobardische Königskrone, die sog. Eiserne Krone, in der Hand (Zeichnung, 19. Jh.)

❻ Stifterfiguren von Kaiserin Adelheid von Burgund und Kaiser Otto dem Großen am Dom von Meißen, Sachsen

Mittelalter   5–15. Jh.

Süditalien vom 8. bis zum 15. Jahrhundert

Normannen und Staufer machten das Königreich Sizilien zu einem Musterstaat. Französische und spanische Dynastien kämpften um das reiche staufische Erbe.

In Süditalien hatten sich langobardische Fürstentümer erhalten. Daneben gab es noch byzantinische Stützpunkte, die aber z. T. an die muslimischen ❽ Araber fielen, welche im 9. Jh. Sizilien und Apulien besetzten. Seit dem 11. Jh. traten Normannen (S. 200) als Söldner in die Dienste der süditalienischen Fürsten, eroberten sich aber auch eigene Herrschaften, die sie auf Kosten der Langobarden, Byzantiner und Araber ausdehnten. Die Päpsten versuchten, die Normannen an sich zu binden, und legitimierten deren Herrschaft durch eine offizielle Belehnung: So wurde 1059 Robert Guiscard Herzog von Apulien und Kalabrien, sein Bruder Roger I. Graf von Sizilien. ❼, ⓫ Roger II. vereinte die normannischen Besitzungen und erhielt 1130 vom Papst den Königstitel. An seinem ⓭ Hof in Palermo, einem der zu dieser Zeit führenden kulturellen Zentren Europas, lebten katholische und orthodoxe Christen, Juden und Muslime.

7 Krönungsmantel Rogers II., gefertigt im muslimischen Stil (12. Jh.)

1194 setzte sich der Staufer Heinrich VI., der Schwiegersohn Rogers II., als König von Sizilien durch. Für seinen Sohn, den späteren Kaiser ⓬ Friedrich II., blieb das wohlhabende und kulturell hochstehende Sizilien, das im Gegensatz zum Deutschen Reich ein zentral verwalteter Einheitsstaat war, Heimat und Machtbasis (S. 171). Aufgrund seiner Bildung und seiner Interessen galt Friedrich seinen Zeitgenossen als „stupor mundi" (Staunen der Welt).

Nach dem Tod Friedrichs 1250 und seines Sohnes Konrads IV. 1254 regierte dessen illegitimer Halbbruder Manfred das Königreich Sizilien für Konrads unmündigen Sohn Konradin. Um die Staufer endgültig auszuschalten, belehnte der Papst den Bruder des französischen Königs, ❾ Karl von Anjou, mit Sizilien. Dieser besiegte Manfred und Konradin, den er 1268 ⓵ hinrichten ließ (S. 171).

Karls Beamten verlangten hohe Steuern von den Sizilianern, die sich 1282 in der der sog. Sizilianischen Vesper erhoben. Dies ermöglichte es Peter III. von Aragón (S. 199), dem Schwiegersohn Manfreds, die Insel zu besetzen. Karl verblieb nur das Festland als Königreich Neapel.

Unter Karls Nachfahren kam es in Neapel zu zahlreichen Nachfolgekämpfen. Die letzte Königin aus dem Haus Anjou, Johanna II., bestimmte zuerst König Alfons V. von Aragón und Sizilien, am Ende aber einen französischen Vetter zu ihrem Erben. Nach ihrem Tod 1435 kam Alfons den Franzosen zuvor und eroberte Neapel. Nach dem Tod seines Neffen, Ferdinands des Katholischen von Aragón, 1516 kam Süditalien zusammen mit dem spanischen Erbe an die Habsburger (S. 296).

8 Araber belagern und erobern 842/43 die Stadt Messina auf Sizilien (Buchmalerei, 13. Jh.)

9 Karl von Anjou auf dem Seeweg nach Italien (links); seine Belehnung durch Papst Klemens IV. mit dem Königreich Sizilien (rechts) (Buchmalerei, 14. Jh.)

11 Christus krönt Roger II. von Sizilien (Mosaik, 12. Jh.)

12 Friedrich II. empfängt arabische Gesandte an seinem Hof (Gemälde, 19. Jh.)

Aus der Chronik des Salimbene von Parma über

Kaiser Friedrich II.

„Friedrich (…) war ein verschlagener Mensch, hinterlistig, habgierig, ausschweifend, boshaft, jähzornig. Bisweilen war er auch ein tatkräftiger Mann, und wenn er seine guten Eigenschaften und seine Höflichkeit zeigen wollte, war er freundlich, angenehm, ergötzlich, eifrig. Er wusste zu lesen, zu schreiben und zu singen (…)."

Illustration zu Friedrichs II. selbst verfasster Abhandlung über die Falkenjagd, 1232

10 Hinrichtung Konradins in Neapel (Kupferstich, 17. Jh.)

13 Palast der Normannen in Palermo (begonnen unter den Arabern im 9. Jh.)

5.–15. Jh.

Mittelalter

1254–66 Manfred von Sizilien   **30. 3. 1282** „Sizilianische Vesper"   **1443** Alfons V. von Aragón und Sizilien besetzt Neapel

1268 Hinrichtung Konradins durch Karl von Anjou   **1282** Peter III. von Aragón besetzt Sizilien   **1516** Karl V. erbt Spanien, Neapel und Sizilien

Das Papsttum im Mittelalter

Im Hochmittelalter erlangte das Papsttum, gestärkt durch die kluniazensische und gregorianische Reform, den Höhepunkt seiner politischen Macht. Kirchenspaltung und Verweltlichung führten dann zum allmählichen Niedergang.

Die Päpste beanspruchten als Bischöfe von ❶ Rom und Nachfolger des ❷ Apostels Petrus eine Vorrangstellung innerhalb der Gesamtkirche. Nachdem die römischen Kaiser nicht mehr in Rom residierten und die staatliche Ordnung im Westen des Reiches zerfiel, übernahmen die Päpste immer mehr weltliche Aufgaben. Ihre Autorität zeigte sich z. B. unter Leo I., der den Hunnenkönig Attila zur Umkehr bewegte (S. 149). Die Päpste beriefen sich bei ihren Ansprüchen u. a. auf das gefälschte Dokument der ❼ „Konstantinischen Schenkung", in der Kaiser Konstantin der Große dem Papst

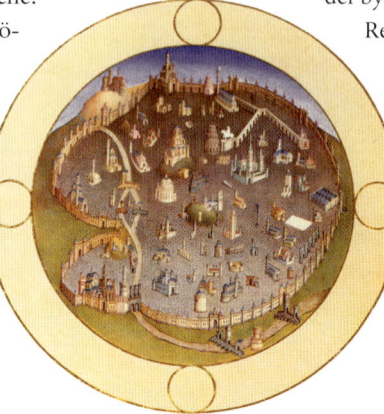

❶ Plan der Stadt Rom (Buchmalerei, Anfang 15. Jh.)

angeblich das ganze Weströmische Reich überließ. Im Osten lehnte v. a. der Patriarch von Konstantinopel, Oberhaupt der byzantinischen Reichskirche, den Primat des Papstes ab. Zum endgültigen Bruch kam es 1054 im sog. Morgenländischen Schisma, als sich Papst Leo IX. und Patriarch Michael Kerullarios gegenseitig exkommunizierten.

❸ Papst Gregor I. führte um 600 die zentrale Verwaltung des päpstlichen Grundbesitzes ein, aus dem sich der Kirchenstaat, das sog. Patrimonium sancti Petri, entwickelte, von dem heute nur noch der Staat der Vatikanstadt besteht. 753 bestätigte und erweiterte der als Nachfolger der Merowinger bereits 751 durch Papst Zacharias anerkannte und 754 durch dessen Nachfolger Stephan II. gesalbte Frankenkönig Pippin III. den Kirchenstaat in der „Pippinschen Schenkung" (S. 163). Die Franken wurden zu Schutzherren der römischen Kirche und verteidigten die Päpste gegen langobardische Fürsten und den stadtrömischen Adel. Diese enge Beziehung wurde 800 durch die ❹ Kaiserkrönung Karls des Großen durch Papst Leo III. untermauert (S. 165).

An dieses Vorbild einer engen Verbindung von Kaisertum und

Papsttum knüpfte die Kirchenpolitik Ottos I. und seiner Nachfolger an (S. 166 f.). Die den Ottonen nachfolgenden Salier sorgten später, unter dem Einfluss der vom Kloster Cluny aus verbreiteten innerkirchlichen Reformdiskussion, für die Wahl reformorientierter Päpste (S. 168). Das politisch und geistig aufgewertete Papsttum wandte sich im sog. Investiturstreit (S. 169) gegen die Instrumentalisierung der kirchlichen Ämter durch weltliche Herrscher: Papst Gregor VII. formulierte im „Dictatus Papae" die Vorrangstellung der geistlichen vor der weltlichen Herrschaft. Die Erneuerungsbewegung bekam durch die sog. Gregorianische Reform eine politische Stoßrichtung. Die symbolische Unterwerfung Kaiser Heinrichs IV. vor Gregor VII. durch den „Gang nach Canossa" 1077 (S. 169) bewies die Macht des Papstes. Zwar wurde der Investiturstreit 1122 offiziell beigelegt, doch dauerten die Auseinandersetzungen zwischen Päpsten und weltlichen Herrschern weiter an.

❹ Papst Leo III. krönt Karl I., den Großen, zum Kaiser (Kupferstich, 19. Jh.)

❷ Jesus Christus übergibt Petrus die Schlüssel als Zeichen seines Vorranges gegenüber den anderen Aposteln (Gemälde, 15. Jh.)

❸ Der Papst und Kirchenvater Gregor I., der Große, an seinem Schreibpult (Elfenbeinschnitzerei, 10. Jh.)

❺ Der 1417 auf dem Konstanzer Konzil zum alleinigen Papst gewählte Martin V. (Buchmalerei, 15. Jh.)

❻ Innozenz III. bestätigt die Ordensregeln des heiligen Franz von Assisi (Fresko von Giotto, um 1300)

| 440–61 | Pontifikat Leos I. | 753 | „Pippinsche Schenkung" | um 1050 | Beginn des Investiturstreits | 1077 | Gang nach Canossa |
| 590–604 | Pontifikat Gregors I., des Großen | 8./9. Jh. | Entstehung der „Konstantinischen Schenkung" | 1054 | Morgenländisches Schisma |

7 Kaiser Konstantin der Große überlässt Papst Silvester I. die kaiserlichen Herrschaftszeichen (Fresko, 13. Jh.)

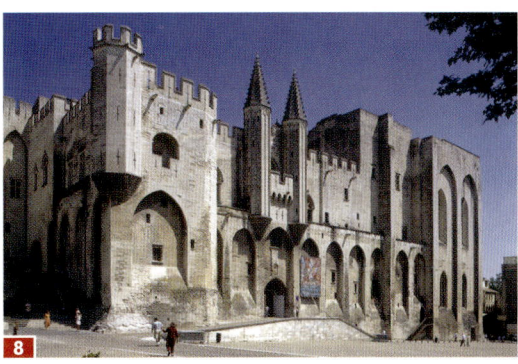

8 Der Papstpalast in Avignon, Frankreich (erbaut im 14. Jh., 1309–77 päpstliche Residenz)

9 Die Engelsburg in Rom am Ufer des Tiber (Grabmal von Kaiser Hadrian, im Mittelalter Fluchtburg der Päpste)

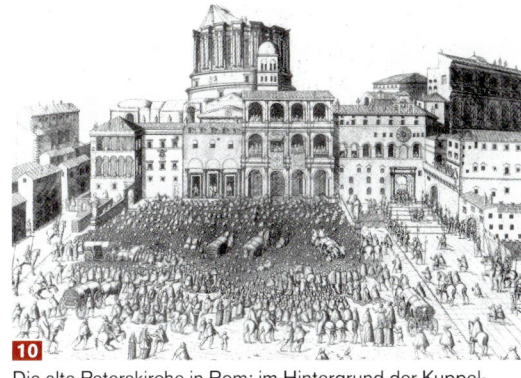

10 Die alte Peterskirche in Rom; im Hintergrund der Kuppelneubau im Stil der Renaissance; rechts der Papstpalast

Unter Innozenz III., der den Machtkampf zwischen Staufern und Welfen im Deutschen Reich für die Zwecke der römischen Kirche ausnutzte (S. 171), erreichte das Papsttum zwischen 1198 und 1216 den Höhepunkt seiner politischen Macht. Innozenz rief zu Kreuzzügen auf: gegen die Albigenser (S. 177) in Frankreich und die Muslime im Heiligen Land, und förderte die Ordensgründungen der **6** Franziskaner und Dominikaner. Letztere wurden 1231 mit der Inquisition betraut, die der Ketzerbekämpfung und Überwachung der kirchlichen Lehren diente.

Doch letztlich fehlte es den Päpsten an weltlichen Machtinstrumenten wie z. B. eigenen Armeen. Die Drohung mit der Exkommunizierung verlor durch eine allzu häufige Anwendung an Gewicht. Gegenüber den überzogenen Ansprüchen auf absolute Weltherrschaft, die Papst **13** Bonifatius VIII. 1302 in der Bulle „Unam sanctam" formulierte, demonstrierte König Philipp IV. von

11 Krönung von Papst Klemens VII. (Buchmalerei, 14. Jh.)

Frankreich die Autonomie des Staates (S. 178). Er zwang die Päpste 1309 zur Übersiedlung ins südfranzösische **8** Avignon, wo sie bis 1377 unter dem Einfluss des französischen Königs standen. Die Exkommunizierung durch

Johannes XXII. 1324 beeinträchtigte die Herrschaft Kaiser Ludwigs des Bayern nicht (S. 172). Im „Armutsstreit" unterstützte er den Teil des Franziskanerordens, der die Armut Christi als Vorbild für die Kirche ansah, was das Papsttum jedoch ablehnte.

Da der Besitz der römischen Kirche in Italien nach Jahrzehnten päpstlicher Abwesenheit bedroht und größtenteils sogar schon verloren war, kehrte Gregor IX. 1377 wieder aus Avignon nach **9** Rom zurück. Nach Gregors Tod kam es aber zu Konflikten zwischen französischen und italienischen Kardinälen, die jeweils einen Landsmann zum Papst erheben wollten. So erfolgte 1378 die Doppelwahl von Urban VI. in Rom und von **11** Klemens VII., der weiterhin in Avignon residierte. Das sog. Große Abendländische Schisma – seit

1409 sogar mit drei konkurrierenden Päpsten – wurde erst 1417 auf dem Konstanzer Konzil (S. 173) mit der Wahl **5** Martins V. zum alleinigen Papst beendet. Während des Schismas hatte auch die geistliche Autorität der Päpste gelitten. Allgemeine Konzilien wie das von Basel, das von 1431 bis 1449 tagte, beanspruchten, über den Entscheidungen der Päpste

12 Papst Pius II. (Fresko von Bernardino Pinturicchio, Anfang 16. Jh.)

zu stehen. Doch die Päpste konnten die Konzilsbewegung spalten, 1459 erklärte Pius II. sie für ketzerisch. Damit wurde aber auch ein mögliches Instrument zur Reform der Kirche ausgeschaltet. Die Unfähigkeit zur geistigen Erneuerung führte schließlich im 16. Jh. zur Spaltung der abendländischen Kirche in der Reformation (S. 256). Diese erhielt zusätzlichen Auftrieb durch die Verweltlichung des Papsttums unter den **10** Renaissancepäpsten (S. 292 f.), deren Reihe Papst **12** Pius II. und sein Vorgänger Nikolaus V. einleiteten.

13 Papst Bonifatius VIII. (Bronzeplastik, vergoldet, 1301)

Norditalien unter den Saliern und Staufern: Guelfen und Ghibellinen

Aus den Konflikten zwischen Kaiser, Papst, Adel und Städten entwickelte sich der Kampf zwischen Guelfen und Ghibellinen, der eine eigene Dynamik gewann.

Die neuen Handelswege und Märkte, die die Kreuzzüge für die italienischen Städte eröffneten (S. 196 f.), leiteten im 12. Jh. einen ungeheuren ❸ Wirtschaftsaufschwung ein. Als Gegengewicht zu Adel und Päpsten hatten die ❹ deutschen Kaiser den Städten immer größere Freiheiten eingeräumt. Doch diese verfolgten nun durchaus eigene Ziele. Der Investiturstreit hatte die kaiserliche Autorität zusätzlich gemindert. Hinzu kam, dass sich der Konflikt zwischen Welfen und Staufern (S. 170) auch in Italien fortsetzte, denn hier beanspruchten beide Familien das reiche Erbe der Mathilde von Tuszien. Als der Stauferkaiser ❻ Friedrich I. Barbaros-

Die Piazza della Signoria in Florenz mit dem Palazzo Vecchio, dem Regierungssitz der Stadtrepublik, und der Loggia dei Lanzi (rechts)

sa Besitzansprüche und Steuerforderungen durchsetzten wollte, schlossen sich norditalienische Städte im sog. Lombardenbund zusammen. In der Schlacht von Legnano 1176 (S. 170) besiegten die Lombarden den Kaiser und konnten so ihre finanziellen und politischen Freiheiten sichern.

In diesen Konflikten bildeten sich zwei Parteien heraus: Die Guelfen unterstützten die Welfen bzw. den Papst, die nach der Stauferburg Waiblingen benannten Ghibellinen die Kaiser. Die Parteinahme im Streit zwischen Welfen und Staufern bzw. Päpsten und Kaisern trat aber allmählich immer mehr in den Hintergrund. „Guelfen" und „Ghibellinen" entwickelten sich zu Bezeichnungen gegnerischer Fraktionen in Fehden zwischen Familien oder politischen Gruppen, v. a. in den Kommunen, die durch regelrechte Bürgerkriege entzweit wurden. Zur Verteidigung zogen sich die Gegner in befestigte Wohntürme zurück, den sog. ❺ Geschlechtertürmen, die aber auch vom Prestige einer Familie zeugen sollten.

So sahen sich im ❶ Florenz des 13. Jh. die Guelfen hauptsächlich als gute Patrioten, die die Freihei-

Tuchmacher an seinem Webstuhl (Fresko von Lorenzetti, 14. Jh.)

Krönung eines deutschen Kaisers mit der Eisernen Krone zum König von Italien (Holzstich, 19. Jh., nach einem Relief vom Ende des 14. Jh.)

Kaiser Friedrich I. Barbarossa bei der Eroberung einer lombardischen Stadt (Gemälde, 19. Jh.)

Mathilde von Tuszien

Die Markgräfin von Tuszien nahm durch den Reichtum und die strategisch günstige Lage ihrer Besitzungen in Mittelitalien eine Schlüsselstellung ein. Als Anhängerin der Kirchenreform vermittelte sie zwischen Heinrich IV. und Gregor VII., die sich 1077 auf ihrem Stammsitz in Canossa trafen. Bevor sie 1115 kinderlos starb, hatte sie mehrmals ihr Testament verändert, einmal die Kirche, einmal den Kaiser zum Erben eingesetzt. Schließlich erhoben auch die Welfen, die Familie ihres letzten Ehemannes, Erbansprüche. Erst 1213 wurde der Konflikt beigelegt.

Heinrich IV. bittet die Markgräfin Mathilde von Tuszien um Vermittlung im Konflikt mit dem Papst (Buchmalerei, Anfang 12. Jh.)

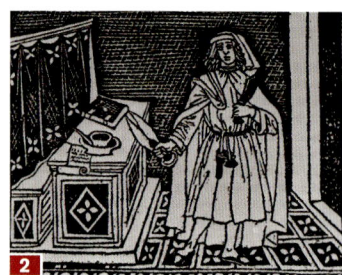
Florentiner Handelsherr in seinem Kontor (Holzschnitt, Ende 15. Jh.)

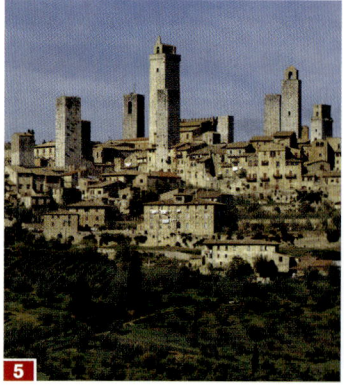
Die mittelalterliche Stadt San Gimignano in der Toskana mit zahlreichen sog. Geschlechtertürmen

ten der Stadt verteidigten. Mit dieser Propaganda sollten die verfeindeten Ghibellinen von der Macht ferngehalten werden. Am Ende des 14. Jh. waren die Guelfen hauptsächlich die Vertreter der ❷ reichen Oberschicht in Florenz, während die politischen Vertreter der Mittelschicht zu den Ghibellinen gezählt wurden.

1096 Beginn der Kreuzzüge   12./13. Jh. Kampf zwischen Staufern und Welfen   1394 Giangaleazzo Visconti wird Herzog von Mailand

1167 Gründung des Lombardenbundes   1176 Schlacht von Legnano   1312 Kaiserkrönung Heinrichs VII. von Luxemburg

Norditalien im Spätmittelalter: Signorien und Condottieri

Unter den vielen Städten und kleinen Herrschaften stiegen in Nord- und Mittelitalien neue Flächenstaaten auf, darunter die Republik Florenz und das Herzogtum Mailand.

Nach dem Ende der Staufer im 13. Jh. entstand in Nord- und Mittelitalien ein Machtvakuum: Die Päpste residierten im südfranzösischen Avignon, später war das Papsttum durch das Abendländische Schisma gespalten. In Süditalien kämpften die Könige von Neapel aus dem Haus Anjou mit den Königen von Sizilien aus dem Haus Aragón. Frankreich war durch den Hundertjährigen Krieg mit England gebunden. Und die deutschen Könige und Kaiser aus wechselnden Herrscherhäusern konzentrierten sich in ihrer Hausmachtpolitik (S. 172) hauptsächlich auf Deutschland und verfügten nicht mehr über die Mittel für eine aktive Italienpolitik. Von ❼ Heinrich VII. von Luxemburg erhoffte sich der Dichter Dante noch die Befriedung und Einigung Italiens, doch der frühe Tod des Kaisers 1313 machte die Hoffnungen zunichte.

In dieser Zeit löste sich Norditalien in unzählige Stadtstaaten

8 Reiterstandbild des Condottiere Gattamelata in Padua (Bronzeplastik von Donatello, Mitte 15. Jh.)

und Herrschaften auf. Bürgerkriegsähnliche Parteikämpfe und Familienfehden zwischen Guelfen und Ghibellinen stürzten die Städte ins Chaos. So ging man dazu über, einem einzigen Stadtherren, dem Signore, teilweise unumschränkte Machtbefugnisse zuzugestehen – falls er diese nicht selbst usurpierte. Die Signori konnten aus dem Adel stammen wie die Este in Ferrara, die Gonzaga in Mantua oder die ❾ Visconti in Mailand, oder aus der reichen Oberschicht wie die Bankiersfamilie Medici in Florenz (S. 294). Einige Stadtherren setzten die Erblichkeit ihrer Würde durch, sodass sich aus den Signorien im Laufe der Zeit Fürstentümer entwickelten. Durch ❿ Unterwerfung benachbarter Signorien bzw. Stadtgemeinden entstanden bald ausgedehnte Flächenstaaten. Für die zahllosen Kriege untereinander engagierte man Söldnerführer, die ❽ Condottieri. Diesen gelang zuweilen der Aufstieg zu politischer Herrschaft. So eroberte Francesco Sforza bis 1450 Mailand und setzte sich als Nachfolger der Visconti durch.

Inzwischen hatten die Valois in Frankreich und die Habsburger im Deutschen Reich ihre Herrschaft konsolidiert. Als Verwandte der Visconti und der Anjou beanspruchten die Valois Mailand und Neapel (S. 179). Die Habsbur-

7 Heinrich VII. von Luxemburg sitzt zu Gericht über die aufständischen Bürger von Mailand (Buchmalerei, um 1350)

9 Grabmal des Giangaleazzo Visconti, erster Herzog von Mailand ab 1395, in der Certosa di Pavia (Marmor, 16. Jh.)

ger erbten außer Spanien auch Süditalien (S. 173) und versuchten, die frühere Vorherrschaft der deutschen Kaiser über Italien wieder durchzusetzen. In der Folge geriet Italien zwischen die ⓫ Fronten der Großmächte.

Dante Alighieri (Gemälde von Justus van Gent, um 1476)

5.–15. Jh.

Mittelalter

10 Schlacht von San Romano 1432 zwischen den verfeindeten Stadtrepubliken Florenz und Siena (Gemälde von Paolo Uccello, um 1456)

11 Schlacht zwischen dem Habsburgerkaiser Karl V. und König Franz I. von Frankreich bei Pavia in der Lombardei 1525 (Bildteppich, 16. Jh.)

1433 Gianfrancesco Gonzaga wird Markgraf von Mantua	**1450** Francesco I. Sforza wird Herzog von Mailand **1525** Schlacht von Pavia
1434–64 Cosimo de' Medici, der Alte, lenkt die Republik Florenz	**1452/71** Borso d' Este wird Herzog von Modena und Ferrara

Genua und Pisa

Die Seemächte Genua und Pisa konnten zwar große Reichtümer erwerben, verloren aber durch innere Instabilität ihre politische Handlungsfreiheit.

Kreuzzüge und Reconquista beendeten die muslimische Vorherrschaft im Mittelmeer. An die Stelle arabischer Seefahrer traten italienische Hafenstädte, allen voran ❶ Genua, Pisa und Venedig. Zunächst verdienten diese an ❹ Truppentransporten durch ihre Flotten. Dann gründeten sie in den Kreuzfahrerstaaten, in Byzanz, der Ägäis und im Schwar-

1 Blick auf Genua (Holzschnitt, 15. Jh.)

3 Der Dom von Pisa (begonnen im 11. Jh.) mit dem Glockenturm, dem sog. Schiefen Turm (erbaut im 12. Jh.)

4 Die Einschiffung von Teilnehmern eines Kreuzzugs in einem Mittelmeerhafen (Buchmalerei, 15. Jh.)

wannen Bank- und Kreditgeschäfte stark an Bedeutung.

Im 11. Jh. konnten Pisa und Genua durch Flottenexpeditionen gegen die Araber eine Vorherrschaft auch im westlichen Mittelmeer aufbauen. Doch führte die Konkurrenz untereinander zu ständigen Kriegen. Dabei dominierte zunächst Pisa, wo die großen Gewinne in aufwändige ❸ Bauprogramme investiert wurden. In der Mitte des 13. Jh. wendete sich das Blatt dann zu Gunsten Genuas: Für die Unterstützung bei der Rückeroberung Konstantinopels 1261 gewährte der Kaiser Michael VIII. Palaiologos weit reichende Handelskonzessionen. 1284 vernichteten die Genuesen in der Seeschlacht bei Meloria die pisanische Flotte.

Im Innern wurden Genua und Pisa jedoch von den sich in fast allen italienischen Kommunen ausbreitenden Parteikämpfen erfasst. Ghibellinische und guelfische Adelsfamilien bekriegten einander. Hinzu kamen Auseinandersetzungen mit den Popolaren, der aufstrebenden Mittelschicht aus Kaufleuten und Handwerkern, die an der Macht

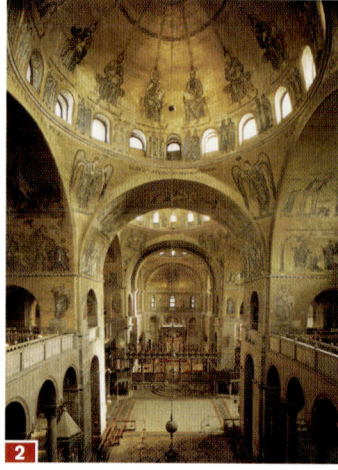

2 Blick in die Basilika von San Marco in Venedig mit Mosaiken im byzantinischen Stil (erbaut im 11. Jh.)

beteiligt werden wollten. So lösten sich immer wieder popolare Magistrate mit Signorien aus verschiedenen Adelsfamilien ab. Durch Unterstützung unterschiedlicher Fraktionen gewannen äußere Mächte Einfluss auf die Stadtrepubliken: Pisa wurde 1406 und endgültig 1509 von ❺ Florenz, der neuen Vormacht in der Toskana, unterworfen. Genua blieb formell unabhängig, geriet aber unter mailändische, ❻ französische und seit 1528 habsburgische Vorherrschaft.

Lombard, Giro, Konto ...

Viele Begriffe aus der Finanzwelt erinnern noch heute daran, dass sich die moderne Geldwirtschaft zuerst in den Städten Norditaliens entwickelte. Von hier aus verbreiteten italienische Bankiers und Händler den Frühkapitalismus in Europa. In der Londoner City ließen sich lombardische Kaufleute in der Lombardstreet nieder, die noch heute Adresse vieler Banken ist.

Szene in einem Bankhaus, vermutlich in Genua (Buchmalerei, spätes 14. Jh.)

zen Meer Handelsstützpunkte, die zu bedeutenden Machtfaktoren wurden. Über arabische Zwischenhändler importierten die Italiener begehrte Waren wie Seide, Brokate, Damast, Pfeffer, Weihrauch, Porzellan, Perlen und Parfüm nach Westeuropa. Von den Arabern übernahmen die Italiener eine effiziente Buchführung sowie die arabischen Ziffern. Neben dem Handel ge-

5 Sieg der Florentiner über die Pisaner 1505 (Fresko, um 1570)

6 König Ludwig XII. von Frankreich greift eine genuesische Festung an (Buchmalerei, um 1510)

ab 5. Jh. | erste Siedlungen auf den Laguneninseln   **1202** | Eroberung Zaras   **1284** | Seeschlacht bei Meloria

828 | Venezianer rauben Reliquien des hl. Markus aus Alexandria   **1204** | Eroberung Konstantinopels   **1297** | „Goldenes Buch"

Venedig

Die Entwicklung der Republik Venedig nimmt eine Sonderstellung in der italienischen Geschichte ein.

Die Siedlungen auf den Laguneninseln Venedigs, wohin sich die Bevölkerung in der Völkerwanderungszeit zurückgezogen hatte, standen unter byzantinischer Oberhoheit und gehörten auch später nie zum Deutschen Reich. Byzanz ernannte die ersten Dogen (von lat. dux, „Führer"), doch

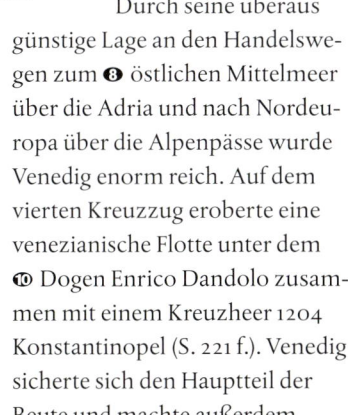

8

Dogenpalast in Venedig, links der Campanile

setzte sich im 8. Jh. eine freie Wahl durch. Der ❷ kulturelle Einfluss von Byzanz blieb aber bestehen. Im 12. und 13. Jh. wurde die Macht des ❼ Dogen durch den „Großen Rat" und den Senat

stark beschnitten, deren Mitglieder nur aus den 1297 im „Goldenen Buch" verzeichneten, rund 200 führenden Familien der Stadt stammen durften. Hierdurch schloss der Adel die breite Masse des Volkes von der politischen Mitbestimmung aus. Der jährlich neu gewählte „Rat der Zehn" und eine Staatspolizei überwachten alle staatlichen Institutionen und achteten darauf, dass das ❾ politische Gleichgewicht erhalten blieb und es nicht zu Bürgerkriegen kam oder zur Beeinflussung durch fremde Mächte wie in anderen italienischen Kommunen.

Durch seine überaus günstige Lage an den Handelswegen zum ❽ östlichen Mittelmeer über die Adria und nach Nordeuropa über die Alpenpässe wurde Venedig enorm reich. Auf dem vierten Kreuzzug eroberte eine venezianische Flotte unter dem ❿ Dogen Enrico Dandolo zusammen mit einem Kreuzheer 1204 Konstantinopel (S. 221 f.). Venedig sicherte sich den Hauptteil der Beute und machte außerdem große Gebietsgewinne an den

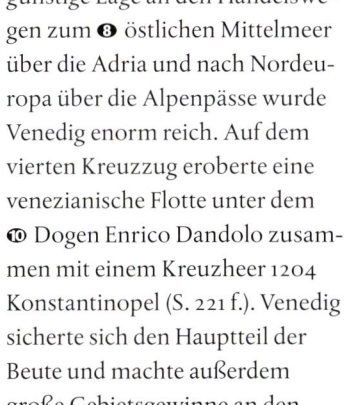

10

Der Doge Enrico Dandolo bei der Erstürmung Konstantinopels 1204 (Gemälde von Tintoretto, 1580)

11

Eroberung der Stadt Zara an der Adria durch Kreuzfahrer und Venezianer 1202 (Gemälde, 16. Jh.)

7

Venezianische Gesandte an einem orientalischen Hof (Gemälde 15. Jh.)

9

Hinrichtung des Dogen Marino Falier 1355, der die Republik abschaffen und eine erbliche Monarchie einführen wollte (Gemälde, 19. Jh.)

Küsten der ⓫ Adria und der Ägäis. Nachdem Venedig auch den Machtkampf mit Genua um die Vorherrschaft im Mittelmeer im sog. Chioggia-Krieg bis 1381 für sich entscheiden konnte, war es unangefochten die größte Handelsmacht Europas.

Um die Nahrungsmittelversorgung der wachsenden Stadt sicherzustellen, dehnte Venedig seit dem 15. Jh. auch seine Besitzungen auf dem italienischen Festland in der sog. Terra Ferma aus. Hierbei kam es zu zahlreichen Kriegen, in denen sich die Venezianer aber behaupten konnten. Erst das Vordringen der Osmanen seit dem 15. Jh. und die Verlagerung der Handelswege in den Atlantik im 16. Jh. leiteten einen langsamen Niedergang ein.

Das jüdische Ghetto

1516 beschloss die venezianische Regierung, die jüdischen Gemeinden ihrer Stadt auf der Insel Ghetto zusammenzufassen. Trotzdem herrschte eine relative Toleranz, sodass sich zahlreiche aus Spanien und Portugal vertriebene Juden in Venedig niederließen. „Ghetto" erhielt erst in späterer Zeit eine negative Konnotation.

Synagoge der spanischen Juden im Ghetto von Venedig

Marco Polo

Der gebürtige Venezianer brach 1271 zu einer Handelsreise nach China auf, wo er angeblich zum Vertrauten des mongolischen Großkhans Kubilai aufstieg. Erst 1295 kehrte er nach Europa zurück. Hier ließ er seine Erinnerungen aufzeichnen, deren Authentizität wegen der fantastischen Schilderungen aber schon von den Zeitgenossen angezweifelt wurde.

Aus Marco Polos Reisebeschreibung: Die hundsköpfigen Einwohner Ceylons beim Gewürzhandel (Buchmalerei, um 1412)

5.–15. Jh.

Mittelalter

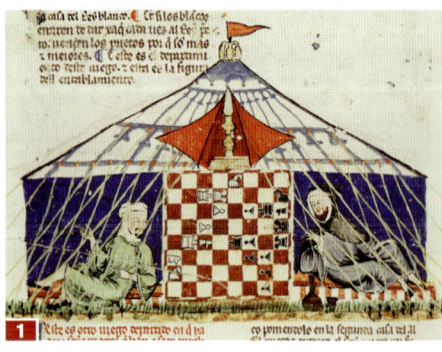

1

SPANIEN UND PORTUGAL IM MITTELALTER 8.–15. Jh.

Im Norden der Iberischen Halbinsel widersetzten sich seit dem 8. Jh. christliche Königreiche der arabischen Eroberung. Seit dem 11. Jh. verdrängte von hier aus die ❶ Reconquista bis 1492 die muslimischen Herrscher. Portugal entwickelte sich ab Beginn des 15. Jh. zu einer Seemacht. Am Ende des 15. Jh. begründete eine Heiratsverbindung zwischen den Königen von Kastilien und Aragón das moderne Spanien.

Ein Muslim und ein Mönch spielen Schach in einem Zelt (Buchmalerei, 13. Jh.)

Die Königreiche von Navarra, Kastilien, Aragón und Portugal

Ab dem 11. Jh. drängten die im Norden der Iberischen Halbinsel gelegenen christlichen Königreiche die Muslime im Süden immer weiter zurück.

Die muslimischen Araber eroberten 711/14 das Westgotenreich (S. 161, 230). Nur in den unwegsamen Bergregionen im Norden konnten sich christliche Herrschaften erhalten. 718 wurde hier der Westgote ❷ Pelayo, der Anführer im Kampf gegen die Muslime, zum König von ❸ Asturien gewählt, dem späteren León. Gleichzeitig setzten sich die Basken gegen die Eroberungsversuche Karls des Großen zur Wehr, der 812 die kurzlebige Spanische Mark ein-

2   Pelayo
(Bronzeplastik)

richtete. Sie wählten Inigo Arista 824 zum ersten König von Navarra. Ebenfalls auf dem Gebiet der Spanischen Mark entwickelte sich im 9. Jh. die Grafschaft Barcelona.

Ab ca. 1016 profitierten die christlichen Reiche vom Bürgerkrieg der ❻ Muslime, in dessen Verlauf 1031 der letzte Omaijaden-Kalif abgesetzt wurde. An seine Stelle traten zahlreiche Teilkönige, die der nun einsetzenden

3

Empfangshalle der asturischen Könige in Oviedo, später in eine Kirche umgewandelt (erbaut um 850)

sog. Reconquista (Rückeroberung) durch die christlichen Könige nicht einheitlich gegenübertraten.

Über ein bedeutendes Reich, bestehend aus Navarra, Aragón

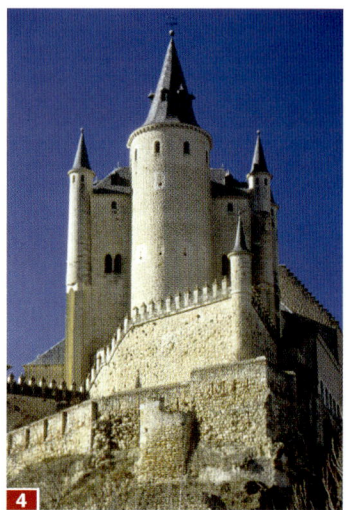

4

Alcázar in Segovia, Spanien, seit dem 14. Jh. Residenz der Könige Kastiliens

und Kastilien, herrschte in der ersten Hälfte des 11. Jh. Sancho III. als König. Sanchos Reich wurde nach seinem Tod 1035 in drei selbstständige Reiche aufgeteilt: ❹ Kastilien, Aragón und Navarra. Ferdinand I. von Kastilien wurde 1038 durch Heirat auch König von León. Ebenfalls durch Heirat wurden 1164 Aragón und Barcelona vereint. Der französische Graf Heinrich von Burgund hatte eine Enkelin Ferdinands I. von Kastilien und León geheiratet und 1097 die Grafschaft Portugal als Mitgift erhalten. Heinrichs Sohn ❺ Alfons I. machte sich von Kastilien unabhängig und nahm 1139 den Königstitel an. Im 12. Jh. bestanden so vier Königreiche auf der Iberischen Halbinsel: Navarra, Kastilien, Aragón und Portugal.

5

König Alfons I. von Portugal entreißt den Muslimen 1147 die spätere portugiesische Hauptstadt Lissabon (Stahlstich, 19. Jh.)

6

Muslimische Reiter in der Schlacht (Fresko, um 1280)

711/14 Eroberung des Westgotenreiches durch die Araber   824 Inigo Arista wird König von Navarra   1035 Reichsteilung in Kastilien, Aragón, Navarra

718 Pelayo wird König von Asturien   812 Gründung der Spanischen Mark   1031 Absetzung des letzten Omaijaden-Kalifen

▪ Die Gestaltung des neuzeitlichen Spanien und Portugal

Im Verlauf der Reconquista eroberten die christlichen Herrscher bis 1492 alle muslimischen Gebiete auf der Iberischen Halbinsel.

Die Reconquista verlief nicht ohne Rückschläge. So errangen die nordafrikanischen Dynastien der Almorawiden und Almohaden, die ab 1094 bzw. 1147 über den Süden Spaniens herrschten, noch im 12. Jh. bedeutende Siege über die christlichen Könige. Vereinzelt kam es zu wechselnden Koalitionen unter Christen und Muslimen, wie das Beispiel El Cids zeigt. Eine wichtige Rolle spielten in der Reconquista ❿ Ritterorden (S. 222) wie jene von Calatrava

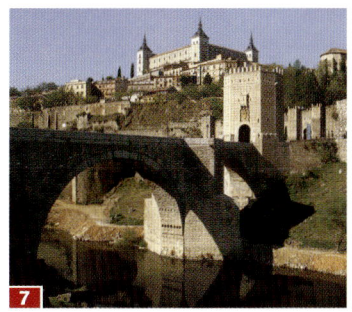

7 Toledo, Spanien, mit der römischen Brücke „Puente de Alcántara" und dem königlichen Alcázar im Hintergrund

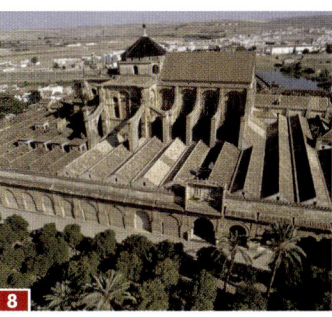

8 Die ehemalige Große Moschee von Córdoba, Spanien, mit der im 16. Jh. hineingebauten Kathedrale

9 Inquisitionsgericht unter dem Vorsitz von Dominikanermönchen und Bestrafung Verurteilter (Gemälde, 15. Jh.)

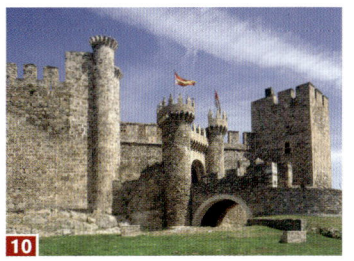

10 Burg des Templerordens in Ponferrada, Spanien (1178 gegründet)

oder Alcántara, aber auch Templer und Johanniter, die den Kreuzzugsgedanken (S. 218) bewahrten.

Entlang der Atlantikküste dehnten die portugiesischen Könige ihren Herrschaftsbereich vom Norden des Landes her aus. 1147 wurde die spätere Hauptstadt Lissabon eingenommen, 1250/51 die Algarve erobert. ⓬ Johann I. von Aviz, König seit 1385, eroberte 1415 Gebiete in Nordafrika. Er

und sein Sohn ⓭ Heinrich der Seefahrer (S. 298), der Schiffsexpeditionen und eine Seefahrerschule finanzierte, leiteten den Aufstieg zur Seemacht ein.

Alfons VI. von Kastilien nahm 1085 die ehemalige westgotische Hauptstadt ❼ Toledo ein, die nun kastilische bzw. spanische Hauptstadt wurde, bis 1561 der Hof nach Madrid übersiedelte. Ein vorläufiges Ende fand die Expansion Kastiliens unter ⓫ Ferdinand III., der 1236 ❽ Córdoba eroberte. Nur im äußersten Süden hielt sich das muslimische Königreich von Granada (S. 231).

Aragón baute zur gleichen Zeit seine Macht am Mittelmeer aus. König Jakob I. eroberte 1235 die Balearen und 1238 die Hafenstadt Valencia von den spanischen Muslimen. Sein Sohn Peter III. besetzte 1282 Sizilien, 1326 kamen

El Cid

Rodrigo Díaz de Vivar, genannt El Cid (von arab. sayyid, „Herr"), kämpfte zu Beginn der Reconquista als Heerführer abwechselnd für christliche und muslimische Herrscher. Schließlich eroberte er die Stadt Valencia, die er bis zu seinem Tod 1099 gegen die Muslime verteidigte. El Cid wurde so zu einer Verkörperung ritterlicher Ideale.

Sardinien und 1442 Neapel (S. 191) unter die Herrschaft Aragóns, das damit eine Vormacht im westlichen Mittelmeer wurde.

Die 1469 geschlossene Ehe zwischen ⓮ Ferdinand II. von Aragón und Isabella I. von Kastilien, den „Katholischen Königen", begründete die Vereinigung Spaniens nach Ferdinands Tod 1516 unter den Habsburgern (S. 296). 1492 hatte das Herrscherpaar durch die Eroberung Granadas die Reconquista abgeschlossen. Sowohl in Spanien als auch in Portugal wurden mithilfe der ❾ Inquisition die Muslime, aber auch Juden und Zwangsgetaufte, die sog. Morisken, weiterhin verfolgt und am Ende ausnahmslos vertrieben.

Das vom Mittelmeer abgewandte Königreich Navarra beteiligte sich nicht an der Reconquista. Seit dem 13. Jh. regierten hier durch Erbgang nacheinander mehrere französische Herrscherfamilien. 1572 fiel Navarra an Heinrich von Bourbon, der als Heinrich IV. 1589 auch König von Frankreich wurde und damit beide Kronen vereinte (S. 277). Allerdings hatte Ferdinand II. von Aragón schon 1512 den größeren, südlichen Teil Navarras erobert.

11 König Ferdinand III., der Heilige, von Kastilien (Buchmalerei, 13. Jh.)

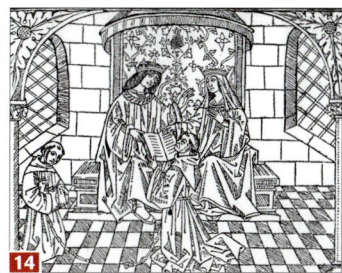

14 Ferdinand II. und Isabella I. (Holzstich, Anfang 16. Jh.)

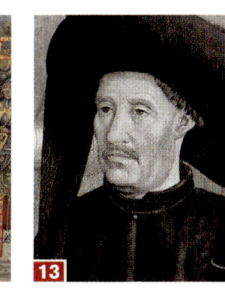

13 Heinrich der Seefahrer (Gemälde, 15. Jh.)

12 Johann I. von Aviz setzt sich 1385 in der Schlacht von Aljubarrota als König durch (Malerei, 15. Jh.)

5.–15. Jh.

Mittelalter

NORDEUROPA IM MITTELALTER 8.–16. JH.

Von Skandinavien aus befuhren die Wikinger seit dem 8. Jh. als Krieger und Piraten, dann auch als Händler und Siedler die europäischen Küsten. Im 9. und 10. Jh. bildeten sich in Skandinavien die Königreiche von Norwegen, Dänemark und Schweden heraus. Dabei stand die Reichsbildung in engem Zusammenhang mit der ❶ Christianisierung. Den Königen stand stets ein starker Adel gegenüber. Auch die Kalmarer Union, die die drei nordischen Reiche vom 14. bis zum 16. Jh. unter der Führung Dänemarks vereinte, konnte über die strukturelle Schwäche des Königtums nicht hinwegtäuschen.

1

Stabholzkirche von Borgund, Norwegen (erbaut im 12. Jh.)

5.–15. Jh.
Mittelalter

Die Wikinger und das Königreich Norwegen

Als wagemutige Seefahrer beherrschten die Wikinger zeitweise die Europa umgebenden Meere. Im 13. Jh. erlebte Norwegen eine Blütezeit, bis es 1387 an Dänemark fiel.

Die Skandinavier des Frühmittelalters werden auch als ❷ Wikinger, Waräger oder Normannen bezeichnet. Sie bildeten keine ethnische oder politische Einheit.

3

Das sog. Osebergschiff aus einem Schiffsgrab in Norwegen (9. Jh.)

Wegen begrenzter Ressourcen und politischer Veränderungen, aber auch aus Abenteuerlust verließen Teile der Bevölkerung ihre Heimat. Fortschritte im Bau von ❸ Schiffen machten weite Kriegs-

und Raubzüge an den europäischen Küsten und über die Flüsse bis weit ins Landesinnere hinein möglich. Aber auch der Handel spielte eine wichtige Rolle, wovon große ❺ Hafenstädte wie das norddeutsche Haithabu zeugen. Im Laufe der Zeit traten die Skandinavier aber auch als Siedler und Reichsgründer auf, so in England und Irland (S. 182 f.), in der Normandie (S. 176) und in Russland (S. 206). Im Nordatlantik erreichten die Wikinger Island und Grönland und um 1000 unter ❻ Leif Eriksson vermutlich sogar die amerikanische Küste.

In der Heimat der Wikinger entwickelten sich ❹ Königsherr-

4   König (norwegische Spielfigur, 12. Jh.)

schaften, die die bisherige Freiheit und Selbstverwaltung der Sippen beschnitten. Gegner des neuen Königtums schlossen sich meistens den Auswanderern an. Als Erstes einte ❼ Harald Schönhaar um 870 die norwegischen Königtümer. Unter Olav Tryggvesson und Olav dem Heiligen wurde zu Beginn des 11. Jh. das Christentum z. T. mit Gewalt eingeführt, da die Kirche die Zentralisierung des Staatswesens unterstützen sollte. Wie in anderen Ländern Europas kam es aber im 12. Jh. zu Konflikten um die Besetzung der Kirchenämter (S. 169). Dagegen konnte Sverre Sigurdarson bis 1202 die Position des Königtums

2   Der altnordische Himmels- und Kriegsgott Tyr mit dem gefesselten Wolf der Unterwelt (Bronzerelief, 6. Jh.)

wieder stärken. Unter seinem Enkel Haakon dem Alten setzte sich die norwegische Herrschaft 1261 in Grönland und 1262 in Island durch, wo sich bis dahin die Institution des „Althing" erhalten hatte, eine Versammlung aller freien Männer, die über politische und rechtliche Angelegenheiten berieten. 1319 erbten die schwedischen Folkunger Norwegen, 1387 die dänische Königin Margarete I. Bis 1814 blieb Norwegen mit Dänemark vereint und verlor dadurch stark an politischer Bedeutung.

5

Hafenstadt der Wikinger (Rekonstruktionszeichnung, 20. Jh.)

6

Leif Eriksson „entdeckt" die nordamerikanische Küste

7

Harald Schönhaar und der Riese Dofri

Dänemark und Schweden

Dänemark versuchte, in der Kalmarer Union den Ostseeraum zu dominieren. Doch stieß es v. a. in Schweden und bei der Hanse auf großen Widerstand.

Die Ausbildung des dänischen Königreichs begann mit Gorm dem Alten, der um 940 die Wikinger von Haithabu unterwarf. Sein Sohn ❿ Harald Blauzahn ließ sich um 960 taufen, wurde

der Große, konnte zwar seit 1157 Gebiete in Norddeutschland und entlang der Ostseeküste erobern, doch unterlag sein Sohn Waldemar II. 1227 in der ❽ Schlacht von Bornhöved den norddeutschen

nastien geprägt. 1250 kamen die Folkunger auf den Thron. Ihr Stammvater „Jarl" Birger, eine Art Reichsregent, schloss die Eroberung Finnlands ab, das seit dem 12. Jh. Ziel schwedischer ⓫ Krie-

Die Hanse

Lübeck und andere Handelsstädte schlossen sich im 13./14. Jh. zum Kaufmannsbund der Hanse zusammen. Die Hanse unterhielt gemeinsame Stützpunkte, sicherte die Routen ihrer Frachtschiffe, der sog. Koggen, gegen Übergriffe von Piraten und griff auch in die Innenpolitik benachbarter Länder ein, um sich günstige Konzessionen zu verschaffen. Das Erstarken der nordeuropäischen Staaten und die Verlagerung der Haupthandelswege in den Atlantik führten im 16. Jh. zum Niedergang der Hanse.

8 Schlacht bei Bornhöved (Buchmalerei, um 1300)

9 Schloss Kalmar in Südschweden (erbaut ab 12. Jh.)

aber von seinem Sohn Sven Gabelbart 986 vertrieben. Sven und sein Sohn ⓬ Knud der Große (S. 183) besetzten England und Norwegen und schufen damit an den Küsten der Nordsee ein großes Reich. Doch schon wenige Jahre nach Knuds Tod 1035 erlangten England und Norwegen ihre Selbstständigkeit zurück. Im weiteren Verlauf des 11. und 12. Jh. wurde Dänemark durch Thronkämpfe geschwächt. Waldemar I.,

10 Runenstein von Harald Blauzahn (um 965)

Fürsten und der Hansestadt Lübeck. Nach dem sog. Hansekrieg musste Waldemar IV. Atterdag im Frieden von Stralsund 1370 die Forderungen der Hanse anerkennen. Seine Tochter Margarete I., Witwe von König Haakon Magnusson von Norwegen und Schweden, sicherte ihrem Sohn Olav auch die dänische Krone und übernahm nach dessen Tod 1387 selbst die Regentschaft. 1397 vereinte sie die drei nordischen Königreiche in der sog. ❾ Kalmarer Union.

Gegen die dänische Dominanz in der Kalmarer Union wandten sich v. a. die Schweden. Die Geschichte des schwedischen Königtums begann 980 mit Erich dem Siegreichen. Sein Sohn Olav Schlosskönig wurde 1008 getauft, doch waren die nächsten Jahrhunderte durch Auseinandersetzungen mit nichtchristlichen Bevölkerungsgruppen sowie durch Thronkämpfe rivalisierender Dy-

ger, ⓭ Missionare und Siedler war. Margarete I. von Dänemark, die Erbin der letzten Folkunger, führte Schweden in die Kalmarer Union. Gegen Margaretes Nachfolger kam es jedoch mehrfach zu Erhebungen des schwedischen Adels, v. a. gegen die seit 1448 regierenden Könige aus dem Haus Oldenburg. Unter König Gustav I. Wasa löste sich Schweden 1523 endgültig von Dänemark.

Hansekogge (Kupferstich, 15. Jh.)

11 Schwedische Soldaten auf Rentieren und auf Skiern (Holzschnitt, 16. Jh.)

12 König Knud der Große und seine Frau stiften ein Kreuz (Buchmalerei, 1031)

13 Bischof Heinrich von Uppsala, Missionar der Finnen (Buchmalerei, um 1475)

261/62 | Norweger erobern Grönland und Island   1397 | Margarete I. vereint Dänemark, Norwegen und Schweden in der Kalmarer Union

1319 | Norwegen fällt an Schweden   1370 | Frieden von Stralsund   1523 | Unabhängigkeit Schwedens   1814 | Norwegen löst sich von Dänemark

1

OSTEUROPA IM MITTELALTER 10.–15. JH.

In Osteuropa breiteten sich nach der Völkerwanderung die Slawen in den von Germanen verlassenen Siedlungsgebieten aus. Um 900 kamen Ungarn hinzu, die sich an der mittleren Donau niederließen. Im 10. und 11. Jh. bildeten sich die Reiche der Polen, ❶ Böhmen und Ungarn heraus. Zuletzt fanden im 14. Jh. die Litauer zur staatlichen Einheit. Die politische Entwicklung dieser Länder war wesentlich von der starken Stellung des Adels bestimmt. Auf der anderen Seite strebten die Könige stets nach einer dynastischen Verbindung ihrer Reiche.

Adalbert von Prag, „Apostel der Preußen", vor Herzog Boleslaw II. von Böhmen (Bronzerelief, 12. Jh.)

◾ Herausbildung des polnischen Staates im Hochmittelalter

Die Piasten konnten zunächst kein starkes Königtum in Polen aufbauen. Vielmehr gingen bis zum 13. Jh. zahlreiche Gebiete an das Deutsche Reich und andere Nachbarstaaten verloren.

Unter dem Fürstengeschlecht der Piasten entwickelte sich das Siedlungsgebiet des westslawischen Stammes der Polanen zwischen Oder und Weichsel zur Keimzelle des späteren Polen. Mieszko I. nahm 966 das Christentum an. Er und sein Sohn ❻ Boleslaw I. Chrobry („der Tapfere") unterhielten zunächst ein freundschaftliches Verhältnis zu den

deutschen Ottonen (S. 167), die allerdings eine allzu starke Machtkonzentration im Osten verhindern wollten. Erst nach dem Ende der Ottonen nahm Boleslaw I. 1025 den Königstitel an und sicherte damit Polens Unabhängigkeit. Sein Enkel Kasimir I. musste sich gegen heidnische Aufstände und die Einfälle von Böhmen und Kiewer Rus zur Wehr setzten. Boleslaw III. legte 1138 fest, dass jeweils der Älteste der Dynastie von der Hauptstadt ❹ Krakau die Oberhoheit über alle Mitglieder des Piastenhauses ausüben sollte, die als selbstständige Fürsten über die Provinzen regieren sollten. Doch statt zur erhofften Stabilität führte die Erbregelung zur Zersplitterung Polens. Vom Fehlen eines starken Königtums profitierten v. a. der Adel und die Kirche. Nach der katastrophalen ❺ Niederlage 1241 bei Liegnitz gegen die Mongolen (S. 237) rettete nur der plötzliche Tod des

mongolischen Großkhans und der Rückzug seines Heeres das innerlich zerrüttete Polen.

Im Westen drangen unterdessen die ❷ Deutschen immer weiter vor. Bis zum 12. Jh. hatten die slawischen Stämme zwischen Elbe und Oder endgültig ihre Selbstständigkeit und durch eine gezielte deutsche Eroberungs- und Kolonisationspolitik (S. 222) bis auf wenige Ausnahmen auch ihre Identität verloren. Im 13. Jh. förderten die einheimischen Herrscher in Pommern und Schlesien den Zuzug ❸ deutscher Siedler. Der Piastenfürst Konrad von Masowien schließlich suchte 1225/26 Hilfe beim Deutschen Orden (S. 222) gegen die heidnischen Preußen. Die „eingedeutschten" Gebiete wandten sich politisch von Polen ab und dem Deutschen Reich zu. Der Deutsche Orden wurde im 14. und 15. Jh. zum Hauptgegner Polens.

2

Heinrich I., deutscher König, erobert Brandenburg (Lithografie, um 1900)

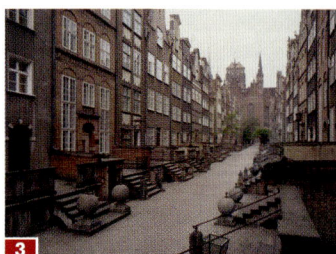

3

Die polnische Stadt Danzig entstand als deutsche Siedlung seit dem 12. Jh. neben einer slawischen Burg

4

Die Königsburg Wawel in Krakau, bis 1596 Sitz der Herzöge und Könige von Polen

5

Schlacht von Liegnitz (Kupferstich, 17. Jh.)

6

Boleslaw von Polen empfängt deutsche Missionare (Holzstich, 19. Jh.)

Polen und Litauen als Großmacht in Osteuropa

Unter den Jagiellonen wurde das mit Litauen vereinte Polen zwar zum größten Staat in Osteuropa, doch blieb die Stellung des Herrschers im Innern schwach.

5.–15. Jh.

Mittelalter

Bauernhochzeit (Holzstich, 19. Jh.)

Alte Synagoge in Krakau, Polen
(Innenansicht, erbaut im 15. Jh.)

Erst nach einer Zeit böhmischer Vorherrschaft stellte Wladislaw I. Lokietek („Ellenlang") die polnische Einheit wieder her und ließ sich 1320 in Krakau zum König krönen. Seit 1333 regierte sein Sohn Kasimir III., der Große, mit dem die Hauptlinie der Piastendynastie 1370 endete. Kasimir küm-

8 Auseinandersetzungen zwischen den Adelsfraktionen nach einer Sitzung des polnischen Reichstages

merte sich v. a. um den Ausbau des Landes und lud hierfür auch vor Progromen aus Westeuropa fliehende ❿ Juden (S. 223) zur Ansiedlung in Polen ein.

Die Absicht Kasimirs, seinem Neffen Ludwig I. von Ungarn aus dem Haus Anjou den Thron zu sichern, nutzte der polnische Adel aus, um Vorteile für sich zu erzwingen. Ludwig I. selbst musste im

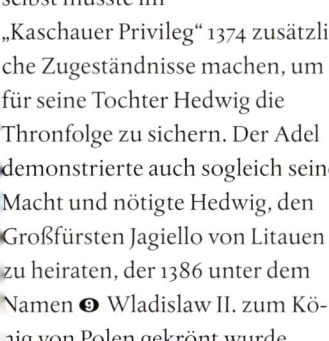

11 Urkunde des Zweiten Thorner Friedens mit Siegeln

„Kaschauer Privileg" 1374 zusätzliche Zugeständnisse machen, um für seine Tochter Hedwig die Thronfolge zu sichern. Der Adel demonstrierte auch sogleich seine Macht und nötigte Hedwig, den Großfürsten Jagiello von Litauen zu heiraten, der 1386 unter dem Namen ❾ Wladislaw II. zum König von Polen gekrönt wurde.

Litauen war ein junges, zum größten Teil noch nicht christianisiertes Land. Erster Großfürst von ganz Litauen war Jagiellos Großvater Gedimin. Dieser kämpfte gegen den Deutschen Orden und profitierte vom Niedergang der Kiewer Rus. 1325 nahm er Kiew ein und dehnte

9 Wladislaw II. von Polen
(Kupferstich, 16. Jh.)

Litauens Grenzen anschließend bis weit in das heutige Russland und in die Ukraine hinein aus.

Nach der Vereinigung besiegten Polen und Litauer gemeinsam 1410 den Deutschen Orden in der ⓬ Schlacht von Tannenberg. Im ⓫ Zweiten Thorner Frieden von 1466 musste der Ordensstaat schließlich große Gebiete an Jagiellos Sohn Kasimir IV. abtreten und eine Art Oberhoheit anerkennen (S. 222). Polen-Litauen reichte nun von der Ostsee bis zum Schwarzen Meer und war der größte Flächenstaat Europas.

Im Innern mussten sich die Jagiellonen jedoch mit dem hohen Adel, den Magnaten, auseinandersetzen. Kasimir IV. versuchte aus diesem Grund, sich auf den

Kleinadel, die Szlachta, zu stützen, der dafür Steuerprivilegien und Zugang zum ❽ Reichstag erhielt. Doch hier arbeiteten nun Magnaten und Szlachta zusammen. Der Adel hielt am Prinzip der Königswahl fest, ließ sich seine Wahlstimmen mit Bestechungsgeldern bezahlen und erpresste von jedem neuen Herrscher immer größere politische Freiheiten. Kasimirs Nachfolger mussten 1505 dem Gesetz „Nihil novi" (lat. „Nichts Neues") zustimmen, das dem Adel das Konsensrecht in allen Angelegenheiten zusprach. Auch wurde Landbesitz zum Vorrecht des Adels, die ❼ Bauern gerieten in Leibeigenschaft. Schließlich konnte seit 1652 durch das „Liberum veto" jedes einzelne Mitglied des Reichstages Entscheidungen verhindern. Es entstand eine Adelsrepublik mit einem monarchischen Oberhaupt. Dem Expansionsdrang der absolutistisch regierenden Herrscher von Preußen, Österreich und Russland waren die polnischen Könige im 18. Jh. nicht mehr gewachsen (S. 302 f.).

12 Schlacht von Tannenberg in Ostpreußen, heute Polen (Gemälde, 20. Jh.)

825 | Gedimin von Litauen erobert Kiew   1374 | „Kaschauer Privileg"   1410 | Schlacht von Tannenberg   1505 | Gesetz „Nihil novi"

1333–70 | Kasimir III., der Große   1386 | Wladislaw II. Jagiello wird König von Polen   1466 | Zweiter Thorner Frieden

Mittelalter

5.–15. Jh.

Böhmen

Die Premysliden schufen das Königreich Böhmen. Unter den ihnen nachfolgenden Dynastien kam es zu religiösen Konflikten und Auseinandersetzungen mit dem Adel.

Im 9. Jh. führten die Premyslidenfürsten die in Böhmen siedelnden westslawischen Stämme unter ihrer Herrschaft zusammen.
❷ Wenzel I., der Heilige, bemühte sich um eine Verbindung mit dem Deutschen Reich und förder

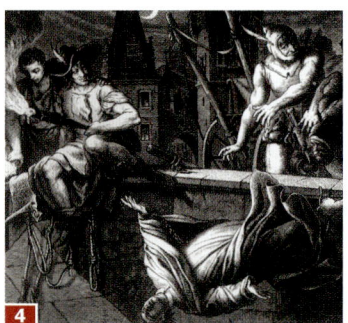

2
Wenzel I., der Heilige
(Altarbild, 14. Jh.)

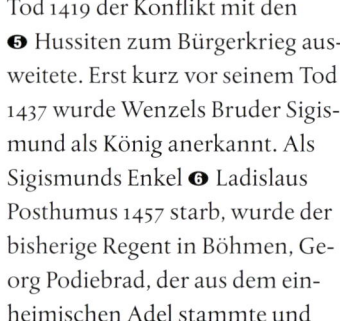

3
Schlacht auf dem Marchfeld östlich von Wien,
Österreich (Gemälde, 19. Jh.)

te die Christianisierung. 929 wurde er deshalb von seinem Bruder Boleslaw I. ermordet, der aber später das Christentum und die Oberhoheit des Deutschen Reichs akzeptieren musste, zu dessen Bestandteil Böhmen wurde. 1198 sicherten sich die Premysliden als einzige Fürsten im Reich die erbliche Königswürde.

Seit 1251 besetzte König Ottokar II. von Böhmen Österreich und bemühte sich auch um die deutsche Krone. Doch unterlag er

1273 gegen Rudolf von Habsburg (S. 172). 1278 fiel Ottokar in der ❸ Schlacht auf dem Marchfeld, und König Rudolf sicherte Österreich seiner Familie. 1306 starben die Premysliden mit Ottokars Enkel Wenzel III. aus. Durch die Heirat mit Wenzels Schwester Elisabeth erhielt Johann von Luxemburg, der Sohn von Kaiser Heinrich VII., die böhmische Krone. 1346/47 wurde Johanns Sohn ❶, ❼ Karl IV. auch deutscher Herrscher (S. 173). Das gegen die ❹ Geistlichkeit und den Hochadel gerichtete Regiment von Karls Sohn Wenzel IV. führte zu Erhebungen, denen sich auch Wenzels Verwandte anschlossen. Die staatliche Ordnung zerfiel vollends, als sich nach Wenzels

5
Eine Wagenburg als mobiler Verteidigungsring der Hussiten (Buchmalerei, um 1450)

6
Ladislaus Posthumus
(Gemälde, 15. Jh.)

1
Karl IV. (links) und sein Sohn Wenzel IV. vor Maria (Gemälde, 14. Jh.)

Tod 1419 der Konflikt mit den ❺ Hussiten zum Bürgerkrieg ausweitete. Erst kurz vor seinem Tod 1437 wurde Wenzels Bruder Sigismund als König anerkannt. Als Sigismunds Enkel ❻ Ladislaus Posthumus 1457 starb, wurde der bisherige Regent in Böhmen, Georg Podiebrad, der aus dem einheimischen Adel stammte und

4
Johann von Nepomuk, Generalvikar des Erzbistums Prag, wird auf Geheiß Wenzels IV. ermordet (Holzstich, um 19. Jh.)

7
Burg Karlstein vor den Toren von Prag, erbaut unter Karl IV. (14. Jh.)

Die Hussiten

Auf dem Konstanzer Konzil war 1415 der böhmische Reformator Jan Hus, der die Verweltlichung der Kirche kritisiert hatte, als Ketzer verbrannt worden. Seine Anhänger in Böhmen erhoben sich gegen Sigismund von Luxemburg, der Hus freies Geleit zugesichert hatte und nun als Verräter betrachtet wurde. Mehrere Kreuzzüge gegen die Hussiten scheiterten, die nun ihrerseits weite Gebiete des Reiches heimsuchten. Erst eine Spaltung innerhalb der Hussiten ermöglichte 1433 einen Kompromiss mit der gemäßigten Fraktion und die Rückkehr Sigismunds nach Böhmen.

Jan Hus auf dem Scheiterhaufen (Kupferstich, 17. Jh.)

ein Anhänger der gemäßigten Hussiten war, zum neuen König gewählt. Auf ihn folgte 1471 der Jagiellone Wladislaw II., der 1490 auch Ungarn erbte. Durch Erbverträge und die Doppelhochzeit seiner Kinder mit den Enkeln Kaiser Maximilians I. gelangten Böhmen und Ungarn wieder an die Habsburger (S. 302). Doch die Stellung der Könige blieb noch lange schwach. Erst im Dreißigjährigen Krieg wurde die Macht des böhmischen Hochadels, der die Gegner der Habsburger unterstützt hatte, gebrochen.

796 Karl der Große unterwirft die Awaren   **929** Ermordung Wenzels I.   **1001/02** Stephan I. wird König Ungarns   **1278** Schlacht auf dem Marchfeld

900 Vordringen der Magyaren unter Árpád   **955** Schlacht auf dem Lechfeld   **1222/31** „Goldene Bullen" Andreas' II.

■ Ungarn

Unter den Arpaden gelangten die Ungarn zur staatlichen Einheit. Der selbstbewusste Adel hielt auch angesichts der osmanischen Bedrohung an seinen Vorrechten fest.

Seit den Hunnen im 4./5. Jh. waren immer wieder Reiternomaden aus den eurasischen Steppen nach Europa vorgedrungen. In das Machtvakuum, das die 796 von Karl dem Großen unterworfenen Awaren hinterließen, stießen um 900 die Magyaren bzw. Ungarn unter ihrem Anführer ⓬ Árpád vor. In ausgedehnten Raubzügen gelangten sie bis nach Rom. Erst nach ihrer Niederlage auf dem Lechfeld 955 gegen deutsche Heere wurden sie an der mittleren Donau sesshaft. Géza, ein Nachkomme Árpáds, wandte sich dem Christentum zu und baute die Vormachtstellung seiner Familie aus. Sein Sohn ⓽ Stephan I., der Heilige, wurde im Jahr

8 Sigismund rettet sich nach der Schlacht von Nikopolis über die Donau

9 Taufe von Stephan I. (Gemälde, 19. Jh.)

die Rechte des Adels und der Kirche anzuerkennen. Auch die deutschen Gebiete in Siebenbürgen erhielten mit dem „Privilegium Andreanum" weitgehende Autonomie. Mit Andreas III. erlosch 1301 die Arpadendynastie.

nau eine erste vernichtende Niederlage gegen die Osmanen. Der wiederholt revoltierende Adel erpresste von dem sich ständig in Geldnöten befindenden Monarchen, der 1410 deutscher König, 1419 König von Böhmen und 1433 zum Kaiser gekrönt wurde, wieder größere Freiheiten. Nach dem Tod von Sigismunds Schwiegersohn und Nachfolger Albrecht von Österreich entbrannte ein Thronstreit. Schließlich setzte sich der ungarische Adelige Johannes Hunyadi (S. 217) als Regent für Albrechts Sohn Ladislaus Posthumus in Ungarn durch. Nach Ladislaus' Tod wählten die Ungarn 1457 Hunyadis Sohn Matthias Corvinus zum neuen König.

Unter ⓭ Matthias Corvinus, der einen glänzenden Renaissancehof

führte, erlangte Ungarn seine größte Ausdehnung. Im Kampf gegen Georg Podiebrad, der als Hussit vom Papst exkommuniziert worden war, und gegen Kaiser Friedrich III., der das Erbe des Ladislaus Posthumus beanspruchte, besetzte er weite Teile Böhmens und Österreichs. Doch schließlich einigte er sich mit Friedrich und Georgs Nachfolger Wladislaw II., dem er, weil er selbst keine legitimen Kinder hatte, seine Krone vermachte. Wladislaws Sohn ⓾ Ludwig II. fiel in der Schlacht von Mohács gegen die Osmanen, die fast ganz Ungarn besetzten. Nur im ⓫ Grenzgebiet zu Österreich wurde Ludwigs Schwager, der Habsburger Ferdinand I., als König von Ungarn anerkannt (S. 302).

10 Ludwig II. von Ungarn und Böhmen (Gemälde, 16. Jh.)

11 Pressburg (Bratislava), Slowakei, Hauptstadt des habsburgischen Ungarn nach 1526

1001/02 zum ersten König von Ungarn gekrönt. Teilweise nach deutschem Vorbild erließ der König Gesetze und baute Kirchenstrukturen und eine Verwaltung auf. Seine Nachfolger eroberten im 12./13. Jh. das benachbarte Kroatien und Siebenbürgen, wo sich viele aus dem Deutschen Reich angeworbene Siedler (Siebenbürger Sachsen) niederließen.

Andreas II. wurde 1222/31 gezwungen, in „Goldenen Bullen"

Nach Thronwirren gelangten 1307 durch Erbfolge die französischen Anjou an die Macht. Ludwig I., der Große, König seit 1342, konnte den Adel vorübergehend entmachten. 1370 folgte er seinem Onkel Kasimir III. auch als König von Polen. Während er Polen 1382 seiner Tochter Hedwig vererbte, folgten in Ungarn die ältere Tochter Maria und ihr Ehemann Sigismund von Luxemburg. 1396 erlitt dieser bei ❽ Nikopolis an der Do-

12 Landnahme der Ungarn unter der Führung von Großfürst Árpád (Gemälde, 19. Jh.)

13 Matthias Corvinus (Marmorrelief, um 1490)

RUSSLAND IM MITTELALTER 9.–16. Jh.

Im Reich von Kiew verschmolzen unter dem Einfluss der byzantinischen Kultur seit dem 9. Jh. skandinavische Waräger und Slawen. Die herrschende Dynastie der Rurikiden verstrickte das Land in ❶ Thronkämpfe und Erbteilungen. Die Teilfürstentümer standen seit dem 13. Jh. unter mongolischer Vorherrschaft. Gleichzeitig setzte der Aufstieg Moskaus ein. Von hier aus wurde Russland im 14. und 15. Jh. geeint und begann seinen Weg zur europäischen Großmacht. Nach dem Ende der Rurikiden setzte eine Zeit der inneren Wirren ein, die erst 1613 durch die neue Dynastie der Romanows beendet wurde.

Kämpfe zwischen den russischen Fürstentümern Nowgorod und Susdal (Ikone, 15. Jh.)

Die Kiewer Rus

Die skandinavischen Waräger gründeten das erste Reich auf russischem Boden.

Slawen und Byzantiner bezeichneten die skandinavischen Wikinger (S. 200) als Waräger bzw. Rus. Als Krieger, Händler und Siedler drangen diese seit dem 8. Jh. auf das Gebiet des heutigen

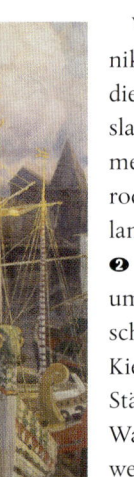

Schiff der Waräger im Hafen von Nowgorod (Gemälde, um 1900)

Russland und der Ukraine vor, wobei sie die großen Flüsse wie Newa, Don und Wolga nutzten. Über das Schwarze Meer und das Kaspische Meer bestanden

Handelsverbindungen zum Byzantinischen Reich und zum Abbasidenkalifat von Bagdad. In Konstantinopel bildete eine Warägergarde die Leibwache des byzantinischen Kaisers.

Wie die „Nestorchronik" erzählt, beriefen die Bewohner der alten slawischen Handelsmetropole ❸ Nowgorod im Norden Russlands 862 den Waräger ❷ Rurik zum Fürsten, um ihre Fehden zu schlichten. Auch in Kiew und anderen Städten gelangten Waräger von den Slawen berufen oder mit Gewalt an die Macht. Ruriks Nachfolger Oleg der Weise drang nach Süden vor und nahm 882 Kiew in Besitz, das nun Hauptstadt seines Reiches wurde. Ein Handelsvertrag mit Byzanz öffnete das Reich seit 911

auch dem Christentum. 957 wurde Ruriks Schwiegertochter Olga getauft. Ihr Enkel ❺ Wladimir I., der Heilige, heiratete Anna, die Schwester des byzantinischen Kaisers Basileios II. Wladimir nahm 988 das ❻ Christentum an und zwang die Bevölkerung zur Taufe. Kiew wurde Sitz eines griechischen Metropoliten, der bis 1589 nominell dem Patriarchen von Konstantinopel unterstand.

Slawische Gesandte vor dem Warägerfürsten Rurik (Holzstich, um 1890)

Die „Nestorchronik"

Die Chronik erzählt die Geschichte des Kiewer Reiches bis ins 12. Jh. und ist der Ausgangspunkt der altrussischen Geschichtsschreibung. Eine erste Fassung wurde um 1110/12 von Nestor, einem Mönch im Kiewer Höhlenkloster, kompiliert. Im zweiten Jahrzehnt des 12. Jh. entstanden außerhalb des Höhlenklosters noch zwei weitere Fassungen der Chronik.

Illustration zu einer mittelalterlichen russischen Chronik (Plünderung Kiews durch einen verfeindeten russischen Fürsten)

Kuppelmosaik in der Sophienkathedrale von Kiew, Ukraine (11. Jh.)

Als Wladimir 1015 starb, folgten Thronkämpfe unter seinen Söhnen. Schließlich konnte sich Jaroslaw I., der Weise, durchsetzen und bis 1036 das ganze Reich unterwerfen. Unter Jaroslaw erlebte Kiew eine Blütezeit in ❹ Architektur und Kultur, die sich stark an Byzanz orientierte. Außerdem ließ dieser Fürst ein erstes russisches Gesetzeswerk erstellen: eine Verbindung von byzantinischen Gesetzen und slawischem Gewohnheitsrecht.

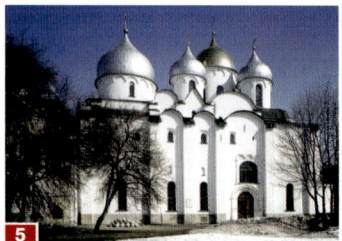

Sophienkathedrale von Nowgorod (unter Wladimir I. erbaut im 11. Jh.)

Taufe von Großfürst Wladimir I., dem Heiligen (Buchmalerei, 15. Jh.)

862 | Rurik zum Fürsten von Nowgorod berufen   988 | Taufe Wladimirs I., des Heiligen   ab 1110 | Entstehung der „Nestorchronik"

882 | Oleg nimmt Kiew ein   945–62 | Regentschaft Olgas   1016/19–54 | Jaroslaw I., der Weise   1113–25 | Wladimir II. Monomach

5.–15. Jh.   Mittelalter

Die Mongolenherrschaft

Zu Beginn des 13. Jh. wurde das innerlich zersplitterte Russland von den Mongolen erobert bzw. tributpflichtig gemacht.

Nach dem Tod Jaroslaws im Jahre 1054 wurde das Kiewer Reich unter den Söhnen aufgeteilt. Das jeweils älteste Mitglied der Rurikidendynastie sollte eine Art Oberherrschaft ausüben, doch kam es nach jedem Herrscherwechsel zu neuen Thronkämpfen und Erbteilungen. Auch bedeutenden Herrschern wie ❽ Wladimir II. Monomach („Alleinherrscher") und dessen Sohn Mstislaw I., dem Großen, im 12. Jh. gelang es nicht, Russland wieder zu vereinen.

Ansicht der Stadt Nowgorod, Russland (Kupferstich, 17. Jh.)

❽ Sog. Kronkappe Wladimirs II. Monomach (um 1300)

Zudem setzte auch ein wirtschaftlicher Niedergang ein. So mer. Die Niederlage der Russen 1223 an der Kalka in der heutigen Ukraine blieb zunächst noch ohne Folgen, da sich die Mongolen wegen des Todes Dschingis Khans zurückzogen (S. 236). Doch dessen Enkel Batu, erster Khan der Goldenen Horde, setzte die Herrschaft der Mongolen in Russland durch. Die russischen Fürsten mussten den Khanen huldigen, Steuern abführen und sich von mongolischen Gesandten kontrollieren lassen. Russland verlor dadurch für zwei Jahrhunderte den Anschluss an Westeuropa.

1240 vertrieb der Rurikide Alexander Newskij schwedische Invasionstruppen an der Newa, was ihm seinen Beinamen einbrachte, und schlug 1242 ein Heer des ❿ Deutschen Ordens am Peipussee in Estland zurück. Seinem Sohn Daniil übertrug er 1263 die Stadt Moskau als selbstständiges Fürstentum. Daniils Sohn ❾ Iwan I. Kalita („Geldbeutel") erkaufte sich die Gunst der Khane, begann mit der Unterwerfung benachbarter Fürstentümer und nahm 1328 den Großfürstentitel an. Auch erreichte er die Verlegung des Metropolitensitzes von Kiew nach Moskau.

Schließlich wandten sich die Moskauer Großfürsten gegen ihre mongolischen Oberherren: Iwans Enkel Dmitrij Donskoj besiegte 1380 erstmals ein mongolisches Heer bei ⓬ Kulikowo am Don, wobei er das Auseinanderbrechen der Goldenen Horde seit 1357 ausnutzen konnte, die zusätzlich noch von der Pest besonders hart getroffen wurde.

Von der Krim bis nach Sibirien entstanden zahlreiche, untereinander verfeindete Khanate, die später von Russland erobert wurden, zuletzt im 18. Jh. das ⓫ Khanat der Krimtataren (S. 307), das seit 1475 unter osmanischer Oberhoheit stand.

❾ Iwan I. Kalita mit einem Silbertopf (Plastik, um 1900)

⑩ Schlacht zwischen Russen und dem Deutschen Orden am Peipussee (Filmszene)

ging etwa der profitable Schwarzmeerhandel im 13. Jh. an die Venezianer und Genuesen verloren. Allein ❼ Nowgorod erlebte einen Aufschwung durch den Handel mit der Hanse. Der Großteil Russlands aber war politisch zersplittert und wurde durch Kriege und Grenzüberfälle erschüttert.

So hatten die Mongolen, von den Russen nach dem Mongolenstamm Tatar „Tataren" genannt, ein leichtes Spiel bei der Eroberung der russischen Fürstentü-

⑪ Palast der Khane der Krimtataren in Bahçesaray (Gemälde, 19. Jh.)

⑫ Schlacht bei Kulikowo (Malerei, 16. Jh.)

5.–15. Jh.

Mittelalter

1223 | Schlacht an der Kalka   **1240** | Schlacht an der Newa   **1263** | Moskau wird selbstständiges Fürstentum
1237–40 | Batu Khan unterwirft Russland   **1242** | Schlacht am Peipussee   **1325–40** | Iwan I. Kalita   **1380** | Schlacht bei Kulikowo

Der Aufstieg Moskaus

**Die Moskauer Großfürsten erweiterten stetig ihren Herrschafts-
bereich und sahen sich als Erben der byzantinischen Kaiser.**

Als Konstantinopel 1453 von den Osmanen erobert wurde, betrachteten sich die Großfürsten von Moskau als die legitimen Nachfolger der byzantinischen Kaiser und Verteidiger der Orthodoxie. ❶ Moskau sollte das „dritte Rom" sein. Großfürst ❻ Iwan III. heiratete 1472 Sophia Palaiologa, die Nichte des letzten byzantinischen

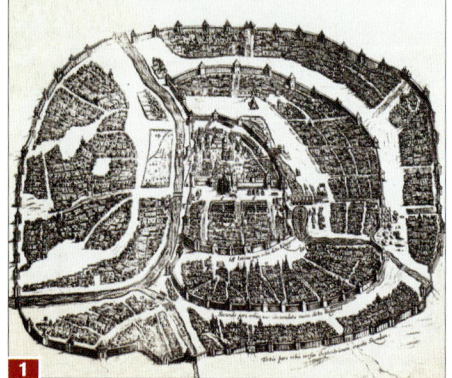

1 Stadtansicht von Moskau, in der Mitte der Kreml an dem Fluss Moskwa (Kupferstich, um 16. Jh.)

Kaisers, und führte seit 1478 den Titel Zar (von lat. Caesar). Von Byzanz übernahm er auch den Doppeladler als Wappentier, das Hofzeremoniell und die Autokratie („Selbstherrschaft") als Regierungsform, die die russische Monarchie bis zu ihrem Ende 1917 prägen sollte. Seine Residenz, den Moskauer ❸ Kreml, ließ Iwan

von italienischen Architekten prachtvoll ausbauen.

1478 eroberte Iwan die Handelsstadt Nowgorod, die im Norden Russlands ein ausgedehntes Territorium aufgebaut hatte. 1480 stellte er die Tributzahlungen an die mongolischen Khane ein. Auf Kosten von Polen-Litauen erweiterten Iwan und sein Sohn Wassilij III. Russland außerdem immer weiter nach Westen.

Als 1533 ❷ Iwan IV., der Schreckliche, die Nachfolge seines Vaters Wassilij antrat, war er gerade drei Jahre alt. Um die Regentschaft entbrannten brutale Kämpfe unter dem hohen Adel, den Bojaren. Nach dem Erreichen seiner Volljährigkeit 1547 zum Zaren gekrönt, begann Iwan IV. damit, die Macht der Bojaren zu brechen.

Mit Hilfe eines Dienstadels, der Kirche und der militärischen Elitetruppe der Strelitzen führte er Reformen des Heeres, des Rechts und der Verwaltung durch. Dabei ging der Zar mit großer ❹ Brutalität vor: Durch Deportationen,

1558 beauftragte Iwan IV. die Kaufmannsfamilie Stroganow mit der kolonialen Erschließung Sibiriens. Diese wiederum heuerte den Kosakenführer Jermak an, der 1584 das Khanat Sibir eroberte. Den Kosaken folgten Kaufleute, Pelzhändler und Siedler. Hundert Jahre später hatten die Russen den äußersten Osten erreicht, wo 1689 ein Vertrag mit China den Fluss Amur als Grenze festlegte.

Der Kosakenführer Jermak Timofejewitsch (Gemälde, 18. Jh.)

Enteignungen und Liquidationen wurden opponierende Bojaren verfolgt und ihr Land an loyale Gefolgsleute des Zaren aus dem Dienstadel verteilt. 1570 ließ Iwan Nowgorod verheeren und Tausende Einwohner töten, weil sich die Stadt angeblich gegen seine Herrschaft hatte auflehnen wollen. In einem ❺ Tobsuchtsanfall brachte er sogar einen seiner Söhne um. Bauern flüchteten vor der staatlichen Gewalt zu den Kosaken in die Steppenregionen nördlich des Schwarzen Meeres.

Außenpolitisch setzte Iwan IV. die Expansionspolitik seiner Vorgänger fort. Im Norden wurde 1584 der Hafen Archangelsk am Weißen Meer gegründet, von wo aus der Handel mit England abge-

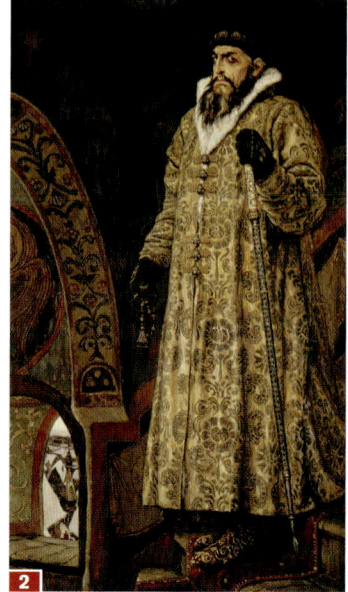

2 Iwan IV., der Schreckliche (Gemälde von Viktor M. Wasnezow, 1897)

3 Ein Wehrturm und die Erzengelkathedrale des Moskauer Kremls

6 Iwan III. (Holzschnitt, 16. Jh.)

4 Iwan IV., der Schreckliche, lässt Verurteilte über offenem Feuer rösten (Kupferstich, 17. Jh.)

5 Iwan IV., der Schreckliche, mit seinem toten Sohn

1453 | Osmanen erobern Konstantinopel   **1533–84** | Iwan IV., der Schreckliche   **1552/56** | Eroberung von Kasan und Astrachan

1478 | Einführung des Zarentitels / Eroberung von Nowgorod   **1547** | Krönung Iwans IV. zum Zaren   **ab 1558** | Erschließung Sibiriens

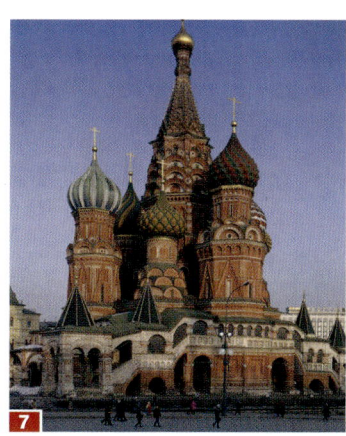

7
Basiliuskathedrale, erbaut 1555–60
zur Feier des Sieges über Kasan

wickelt wurde. Im Süden wurden 1552/56 die Khanate von **7** Kasan und Astrachan erobert, was einen Gegenschlag der Krimtataren provozierte, die 1571 Moskau verwüsteten. Im Osten begann die Eroberung Sibiriens.

Als Iwan 1584 starb, hatte sich Russland bedeutend vergrößert, doch das Land war verwüstet, die Bevölkerung verarmt und die Führungsschicht durch Machtkämpfe gespalten, die nach dem Tod des Zaren offen ausbrachen.

Die Zeit der Wirren

Nach dem Tod Iwans des Schrecklichen begann die sog. Zeit der Wirren („Smuta"), die mit dem Aufstieg der Romanows endete.

Für den geistig behinderten Sohn Iwans IV. und seiner ersten Frau Anastasia Romanowa, Fjodor I., führte dessen Schwager **9** Boris Godunow, der aus einem zum Christentum konvertierten tatarischen Fürstengeschlecht stammte, die Regentschaft. Mit Fjodors Tod 1598 endete die Hauptlinie der Rurikiden, und Godunow bestieg nun selbst den Thron. (Der einzige überlebende Bruder Fjodors, Dmitrij, war 1591 wohl auf Geheiß Godunows getötet worden.) Nach Hungersnöten kam es gegen Godunow, der die Leibeigenschaft der Bauern verschärft

hatte, zu sozialen Unruhen und Aufständen. Nach Godunows Tod 1605 wollte Sigismund III. von Polen-Litauen seinen Einfluss in Russland ausweiten und unterstützte einen Hochstapler, der sich als der Zarensohn Dmitrij ausgab. Weitere Aufstände, die sich nun v. a. gegen die Polen richteten, brachten einen zweiten Pseudo-Dmitrij auf den Plan, den sog. Schelm von Tuschimo. Die Bojaren wiederum kürten 1606 einen der ihren, Fürst Wassilij Schujskij, zum Zaren. Sigismund III. von Polen-Litauen beanspruchte daraufhin für seinen

Die Kosaken

Seit dem 15. Jh. ließen sich aus Russland und der Ukraine entflohene Leibeigene zusammen mit versprengten Tataren in den Steppen zwischen dem Schwarzen Meer und dem Ural nieder. Dort begründeten sie Gemeinschaften von freien Wehrbauern und Kriegern (tatarisch „Kazak"), die ihre Anführer durch Wahl bestimmten. Häufig wurden die Kosaken von Polen, Litauen und Russland als Söldner angeworben.

oben: Versammlung von Kosaken (Gemälde von Ilja Repin, 19. Jh.)

8
Auspeitschung in einem russischem Dorf (Stahlstich, 19. Jh.)

Sohn, den späteren polnischen König Wladislaw IV. (S. 302), den Zarenthron und ließ 1610 Schujskij absetzen. In Moskau herrschten nun die Polen, bis die Volkshelden **11** Kusma Minin und Fürst Dmitrij Poscharskij eine russische Armee aufstellen konnten, die mit Unterstützung von Kosaken 1612 Moskau befreite.

Im darauf folgenden Jahr 1613 wählten die Bojaren **10** Michail Romanow zum neuen Zaren, den Sohn des einflussreichen Patriarchen Filaret und – über seine Tante Anastasia Romanowa – Vetter des letzten rechtmäßigen Zaren aus dem Haus der Rurikiden. Damit war die Zeit der Wirren beendet. Michail I. einigte sich mit Polen-Litauen, seine Nachkommen herrschten bis 1917 als russische Zaren. Doch die Auseinandersetzung mit der Au-

9
Boris Godunow (Gemälde von Alexander Jakowlewitsch Golowin, 1912)

tokratie der Zaren und die sozialen Probleme der **8** Landbevölkerung, die sich in der Zeit der Wirren in Aufständen entladen hatten, sollten Russland in den folgenden Jahrhunderten noch stark beschäftigen.

11
Fürst Dmitrij Poscharskij und Kusma Minin (Gemälde, 19. Jh.)

10
Die Thronbesteigung Michail Romanows (Lithographie, 19. Jh.)

570 | Zerstörung Nowgorods   **1584** | Gründung des Hafens von Archangelsk   **ab 1606** | Kämpfe um die Nachfolge   **1613** | Michail Romanow wird Zar

1571 | Plünderung Moskaus durch die Krimtataren   **1598–1605** | Boris Godunow   **1612** | Befreiung Moskaus von polnischer Besatzung

5.–15. Jh.

Mittelalter

DAS BYZANTINISCHE KAISERREICH 867–1453

1

Vom 9. bis zum 11. Jh. stieg Byzanz noch einmal zu einer Großmacht auf. Danach begann durch Auflösungserscheinungen im Innern, aber v. a. durch Angriffe von außen der Niedergang. Von der Eroberung durch die Kreuzzugstruppen 1204 konnte sich der Staat nicht mehr erholen. 1453 fiel nach der Eroberung Konstantinopels durch die Osmanen nicht nur eine Bastion gegen das Vordringen des Islam, es endete auch die Tradition des antiken Römischen Reiches. Durch ❶, ❷ Gelehrte, die in den Westen gingen, beförderte das in Byzanz bewahrte Wissen um die antike Kultur die Renaissance und den Humanismus.

Johannes Bessarion, byzantinischer Theologe und Humanist (Gemälde, 16. Jh.)

Der Wiederaufstieg unter der Makedonischen Dynastie

Die Makedonische Dynastie konnte die Vormachtstellung von Byzanz im Osten wiedergewinnen.

Der Makedonier Basileios I. war aus einfachsten Verhältnissen aufgestiegen. 867 ❸ ermordete er seinen Gönner, Kaiser Michael III., und bestieg selbst den Thron. Er konnte in Süditalien Gebiete ❻ zurückerobern und die Grenze im Osten gegen die Araber stabilisieren. Den Patriarchen Photios I., der seine Autorität über die des Kaisers stellte, enthob er vorübergehend seines Amtes. Im Inneren ließ Basileios I. in neuen Gesetzbüchern das Recht stärker auf eine zentralistische, stark bürokratisierte Staatsmacht zuschneiden, in der der Kaiser als absoluter Herrscher von Gottes Gnaden galt.

Basileios' Sohn ❼ Leon VI. und Romanos I. Lakapenos, der von 920 bis 944 die Regierung führte, wehrten Angriffe von Bulgaren, Russen und Arabern ab. Leons Sohn ❹ Konstantin VII. Porphyrogennetos („der in Purpur geborene") tat sich auch als Literat hervor und verfasste Werke über das Hofzeremoniell sowie über die Hof- und Staatsverwaltung. Konstantins Sohn Romanos II. starb nach kurzer Herrschaft 963. Seine Witwe Theophanu heiratete den erfolgreichen General Nikephoros II. Phokas. Dieser hatte Teile Kleinasiens und Syriens sowie Kreta und Zypern von den Arabern zurückerobert. Im Verein mit einem jüngeren Verwandten von Phokas, ❺ Johannes Tzimiskes, tötete Theophanu 969 Kaiser Nikephoros II. Phokas, möglicherweise, um die Nachfolge ihrer Söhne zu sichern. Als Johannes I. Tzimiskes an der Macht war, heiratete er Theodora, die Schwester des Kaisers Romanos II. aus der Makedonischen Dynastie.

2 Kreuzreliquiar des Johannes Bessarion (14./15. Jh.)

3 Der spätere Kaiser Basileios I. ermordet Michael III. (Kupferstich, 17. Jh.)

4 Konstantin VII. Porphyrogennetos (Goldmünze, geprägt 945)

5 Mit Hilfe der Kaiserin Theophanu dringt Johannes Tzimiskes in den kaiserlichen Palast ein, um Nikephoros II. Phokas zu töten (Kupferstich, 17. Jh.)

6 Basilios I. im Kampf mit den Arabern (Buchmalerei, 13. Jh.)

Photios

Basileios I. war zunächst um ein gutes Verhältnis zum römischen Papst bemüht und setzte den Patriarchen von Konstantinopel, Photios I., ab, da sich dieser wegen der Absetzung seines Vorgängers im Streit mit Rom befand. Außerdem ärgerte man sich in Rom über die Erfolge der Slawenmission durch Kyrill und Method, um die sich Photios bemüht hatte. Nach dem Tod seines Nachfolgers wurde Photios jedoch wieder ins Amt zurückberufen, was einen offenen Bruch mit Rom bedeutete.

Die „Slawenapostel" Kyrill und Method, Denkmal vor der Nationalbibliothek in Sofia, Bulgarien

7 Leon VI. vor Christus (Mosaik, um 900)

Mittelalter 5.–15. Jh.

Byzanz und die Kreuzzüge

Normannen, Seldschuken und am Ende die Kreuzritter im Verein mit den Venezianern beendeten die letzte Blütezeit des Byzantinischen Reiches.

Der neue Kaiser Johannes I. Tzimiskes eroberte 971 Bulgarien und drang weiter nach Syrien und Palästina vor. Seine Nichte Theophanu verheiratete er mit Otto II., dem späteren deutschen Kaiser (S. 167). Auf Johannes folgte 976 mit ❶ Basileios II. wieder ein Mitglied der Makedonischen Dynastie. In jahrzehntelangen Kämpfen eroberte er Bulgarien endgültig: Nach dem Sieg 1014 ließ er angeblich 14 000 Gefangene blenden, was ihm den Beinamen „Bulgarentöter" einbrachte. Basileios' Regentschaft markierte den letzten Höhepunkt des Byzantinischen Reiches, das von nun an durch äußere Feinde immer mehr in die Defensive geriet.

Besonders bedrohlich war das Vorrücken der Seldschuken (S. 232): Nach einer vernichtenden Niederlage der Byzantiner 1071 bei Mantzikert in Armenien war für die Seldschuken der Weg frei nach Kleinasien, wo sie das Sultanat von Ikonion (Konya) errichte-

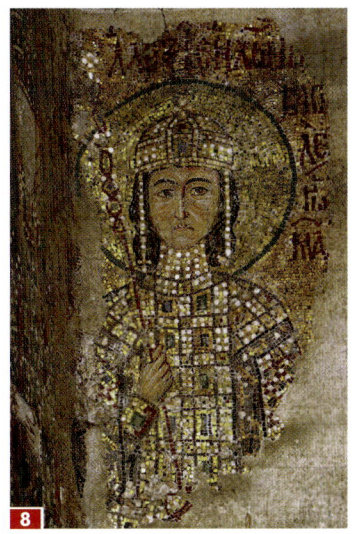

8 Alexios Komnenos (Mosaik, 12. Jh.)

ten. Gleichzeitig kam es im 11. Jh. im Innern zu häufigen Thronkämpfen, bei denen sich v. a. die Frauen des Kaiserhauses wie die Kaiserinnen ❷ Zoë und ❾ Eudokia hervortaten.

❽ Alexios I. Komnenos, Kaiser seit 1081, gewährte Venedig und anderen italienischen Handelsstädten weitreichende Handelsprivilegien, um ihre Hilfe gegen die Normannen zu gewinnen, welche die byzantinischen Besitzungen in Süditalien erobert hatten. So geriet Byzanz ab dem 12. Jh. zur See in die Abhängigkeit der italienischen Handelsstädte. Obwohl es 1054 zum endgültigen Bruch mit der römisch-katholischen Kirche im sog. Morgenländischen Schisma gekommen war (S. 192), suchte Alexios im Kampf gegen die Seldschuken

1095 auch Hilfe beim Papst. Zwar wurden im Zuge des ersten Kreuzzugs 1096 Teile Kleinasiens für Byzanz zurückerobert, doch wollten die in Syrien und Palästina neu entstehenden Kreuzfahrerstaaten eine Oberhoheit der Kaiser von Byzanz bald nicht mehr anerkennen (S. 219).

Alexios' Enkel Kaiser Manuel I. verbrauchte in einer ehrgeizigen Restaurationspolitik die Kräfte des Reiches. 1175 wechselten die Venezianer auf die Seite der Normannen, 1176 kam es zu einer schweren Niederlage gegen die Seldschuken bei Myriokephalon. Ab 1185 machten sich die Bulgaren wieder selbstständig.

Unterstützt und vielleicht auch angetrieben von Venedig, nutzten die Teilnehmer des vierten Kreuzzuges ❿ Thronstreitigkeiten im Kaiserhaus aus und eroberten 1203 und endgültig 1204 Konstantinopel. Das Byzantinische Reich zerfiel in verschiedene Territorien.

9 Christus krönt Kaiserin Eudokia und ihren zweiten Gemahl Romanos IV. Diogenes (Elfenbeinschnitzerei, 11. Jh.)

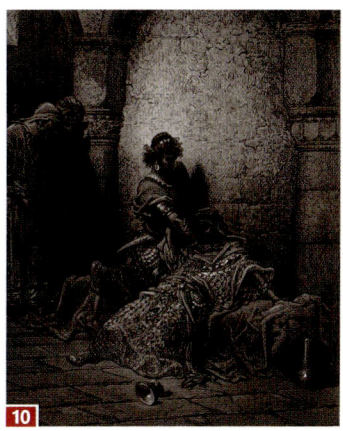

10 Ermordung von Alexios IV. Angelos durch Alexios V. Dukas Murtzuphlos

11 Basileios II. Bulgaroktonos, vor ihm besiegte Bulgaren (Buchmalerei, Anfang 11. Jh.)

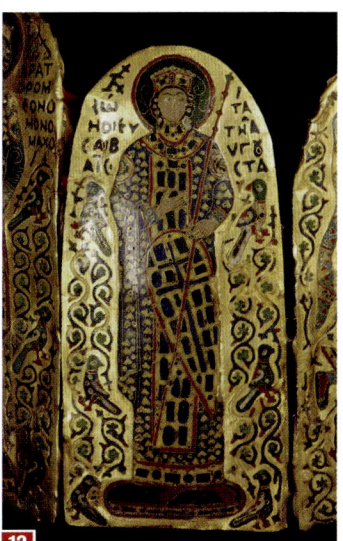

12 Kaiserin Zoë, Gemahlin von drei byzantinischen Kaisern (Golddiadem, 11. Jh.)

Feudalisierung

Ab dem 10. Jh. gingen die byzantinischen Kaiser verstärkt dazu über, Ländereien als Entlohnung für Dienstleistungen zu verteilen. Großgrundbesitzer konnten sogar Steuerfreiheit verliehen bekommen. Als sich eine Erblichkeit von Ländereien und Privilegien durchsetzte, verlor der Staat seine früheren Zugriffsmöglichkeiten in den Provinzen. Zugunsten der so entstehenden Herrschaftsbereiche eines immer mächtigeren Adels verfielen die zentralstaatlichen Provinzverwaltungen.

5.–15. Jh.   Mittelalter

1067–71 | Kaiserin Eudokia   1081–1185 | Dynastie der Komnenen   1176 | Schlacht bei Myriokephalon   1185–1204 | Dynastie der Angeloi

1071 | Schlacht bei Mantzikert   ab 1096 | Beginn der Kreuzzüge   1185 | Loslösung der Bulgaren   1204 | Eroberung Konstantinopels

5.–15. Jh.

Mittelalter

Das Lateinische Kaiserreich und andere Nachfolgestaaten

Ausgehend vom Kaiserreich Nikaia eroberten die Byzantiner Konstantinopel zurück.

Nach dem ❸ Fall von Konstantinopel 1204 entstanden auf dem Boden des Byzantinischen Reiches verschiedene Staaten der Kreuzfahrer sowie mehrere byzantinische Nachfolgestaaten. Zu Letzteren gehörte das im Nordosten Kleinasiens an den Küsten des Schwarzen Meeres gelegene

Im Königreich ❼ Thessalonike, in den Herzogtümern von Athen (S. 215) und Naxos sowie im Fürstentum Achaia bauten die ehemaligen Kreuzritter Feudalstaaten nach westeuropäischem Vorbild auf. Die Oberherrschaft sollte der lateinische Kaiser in Konstantinopel, zuerst ❷ Balduin I. von Flan-

Schlacht von Adrianopel 1205 geriet Balduin in bulgarische Gefangenschaft, die er wahrscheinlich nicht überlebte. In Konstantinopel lösten sich die lateinischen Kaiser in rascher Folge ab. Als Balduins Neffe ❹ Balduin II. 1240 die Herrschaft antrat, bestand sein Reich aus kaum mehr als der Stadt Konstantinopel. Seine Geldsorgen waren so groß, dass er sogar seinen eigenen Sohn an Kaufleute verpfändete.

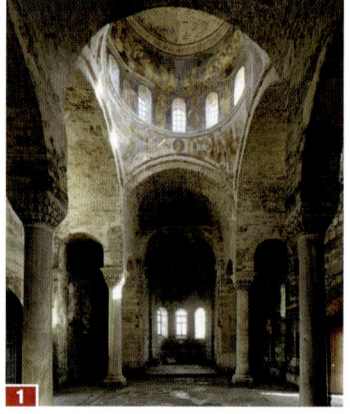
1

Die Kirche Hagia Sophia in Trapezunt, Türkei, der Residenz eines griechischen Herrschers bis 1461

3

Die Eroberung Konstantinopels 1204 (Gemälde von Tintoretto, 1580)

Kaiserreich ❶ Trapezunt, wo eine Nebenlinie der Komnenen bis zur osmanischen Eroberung 1461 regierte. Daneben sicherte sich Venedig einen beträchtlichen Teil des byzantinischen Reichsgebietes, v. a. Hafenstädte und zahlreiche strategisch günstig gelegene Inseln wie Kreta.

dern, innehaben, dem jedoch die Feudalherren, v. a. aber das auf seine Handelsvorteile bedachte Venedig, keine Mittel zur Machtausübung zugestehen mochten. Die griechisch-orthodoxe Kirche unterstellte man einer neu eingesetzten katholischen Kirchenleitung mit einem lateinischen Patriarchen an der Spitze, was heftigste Gegenwehr hervorrief. Zum Gegner der Lateiner, die die antibulgarische Politik der Byzantiner fortsetzten, wurde auch der bulgarische Zar Kalojan Asen, der die griechisch-orthodoxen Christen unterstützte. In der

Die eigentliche staatliche Tradition von Byzanz setzte Theodor I. Laskaris seit 1205 im kleinasiatischen Nikaia fort. Von hier aus bekämpften er und seine Nachfolger die lateinischen und konkurrierenden griechischen Staaten, um das Byzantinische Reich wieder zu errichten. Johannes III. Vatatzes misslang zwar 1236 ein erster Versuch, Konstantinopel zurückzuerobern, doch verschaffte ihm ein Sieg über die Bulgaren Gebietsgewinne in Thrakien und Makedonien. 1246 konnte Thessalonike, wo inzwischen ebenfalls Griechen herrschten, zurückerobert werden.

Im Jahr 1259 bestieg Michael VIII. Palaiologos den Thron in Nikaia und begründete die letzte byzantinische Dynastie der ❺, ❻ Palaiologen. Er schloss sich mit Genua, dem Erzfeind Venedigs, zusammen und eroberte 1261 Konstantinopel. Da sich der lateinische Kaiser Balduin II. ständig auf Bettelreisen in Westeuropa befand, nahmen die Byzantiner die Stadt fast zufällig in einem Handstreich ein.

5 Manuel II. Palaiologos (Silbermünze, geprägt um 1400)

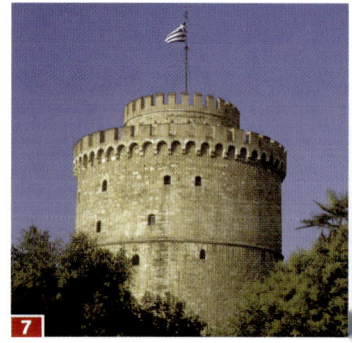
6

Blachernenpalast (Tekfur Saray) in Konstantinopel, Residenz der Palaiologen (erbaut seit dem 12./13. Jh.)

2

Der venezianische Doge Enrico Dandolo krönt Balduin I. von Flandern zum Kaiser (Gemälde, 16/17. Jh.)

4

Venezianische Händler vor Kaiser Balduin II. (Buchmalerei, um 1412)

7

Der sog. Weiße Turm in Thessalonike, Griechenland (erbaut im 15. Jh.)

1204–61 | Lateinisches Kaiserreich   1205 | Schlacht von Adrianopel   1259–1453 | Dynastie der Palaiologen   ab 1321 | Zeit der Thronkämpfe

1205–58 | Dynastie der Laskariden in Nikaia   1246 | Rückeroberung von Thessalonike   1261 | Michael VIII. Palaiologos erobert Konstantinopel

Der Untergang des Byzantinischen Reiches

Innere Spannungen, aber insbesondere das Vordringen der Osmanen zerstörten das Byzantinische Reich endgültig.

Michael VIII. Palaiologos hatte zwar 1261 Konstantinopel zurückgewonnen, doch konnte Byzanz trotzdem nie mehr zur alten Größe zurückfinden. Venedig behauptete seine Stellung als Handelsmacht, hinzu kam nun Genua, das Michael für seine Hilfe

Unter Michaels Sohn Andronikos II. begann ab 1321 eine Zeit der Thronkämpfe, in denen der Staat vollends verfiel. Nach dem Tod Andronikos' III., des Enkels von Andronikos II., kam es 1341 zu einem Bürgerkrieg, in den sich auch äußere Mächte einschalte-

Handgranaten aus dem 15. Jh. (sog. Griechisches Feuer), die von den Byzantinern zur Verteidigung Konstantinopels eingesetz wurden

Johannes VI. umgeben von Geistlichen auf einer Synode (Buchmalerei, 14. Jh.)

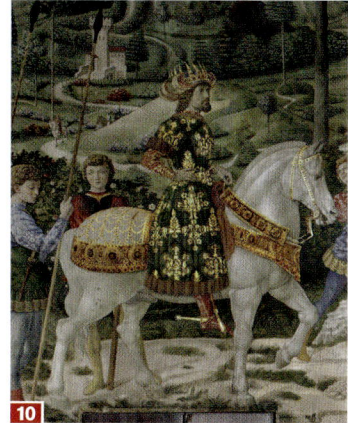
Johannes VIII. Palaiologos (Gemälde von Benozzo Gozzoli, 15. Jh.)

bestand. Hilfegesuche der Kaiser an den Westen blieben erfolglos, nur die Niederlage der Osmanen gegen den mongolischen Eroberer Timur Lenk 1402 (S. 238) verzögerte den Untergang des Byzantinischen Reiches.

Kaiser Johannes VIII. Palaiologos erkannte 1439 sogar die Vorrangstellung des Papstes an, um militärische Hilfe gegen die Osmanen zu erhalten. Die erhoffte Hilfe erhielt er nicht, hatte nun

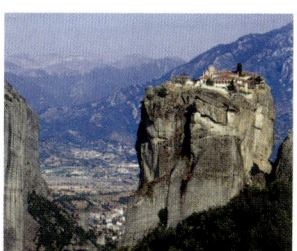
Metéora-Klöster in Thessalien, Griechenland

mit Vergünstigungen und Gebietsabtretungen belohnen musste. In Griechenland hielten sich die lateinischen Feudalstaaten. Darüber hinaus bedrängten von Norden Serben und Bulgaren, von Osten die Nachfolgestaaten der Seldschuken die byzantinischen Grenzen. Trotz allem erlebte Byzanz unter den Palaiologen eine letzte kulturelle Blüte.

ten. 1347 errang Johannes VI. Kantakuzenos, der sich auch auf Anhänger des Hesychasmus stützen konnte, mit osmanischer Hilfe den Kaiserthron. 1354 wurde er wieder abgesetzt und ins Kloster verwiesen, sein Sohn Matthaios herrschte aber bis 1382 in Mistra auf dem Peleponnes, das zu einem Zentrum der spätbyzantinischen Kultur wurde (S. 215). Die nun wieder regierenden Palaiologen gerieten in immer größere Abhängigkeit der Osmanen. Der Fall von Adrianopel 1362 vollendete die Einkreisung des Byzantinischen Reiches, das bald nur noch aus Konstantinopel, seinen Vorstädten und einigen verstreuten Gebieten

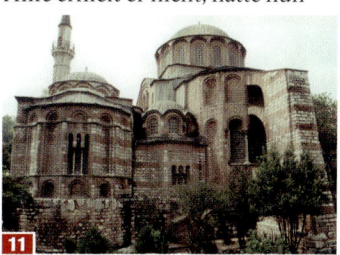
Chora-Kloster in Konstantinopel (Istanbul), erbaut Anfang des 14. Jh., später in eine Moschee umgewandelt

aber zusätzlich mit dem Widerstand der griechisch-orthodoxen Bevölkerung zu kämpfen.

Auf Johannes VIII. folgte 1448 sein Bruder Konstantin XI. Dragases, der letzte byzantinische Kaiser. Als der osmanische Sultan Mehmed II. 1453 mit der Belagerung Konstantinopels begann, leisteten die Eingeschlossenen zwar heftigen Widerstand,

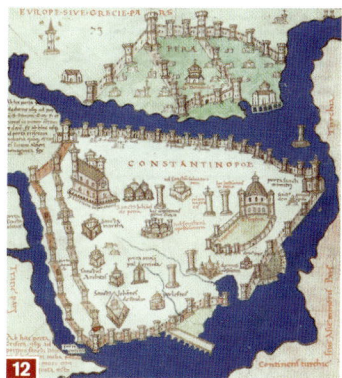
Plan von Konstantinopel, im Norden die genuesische Handelsniederlassung Pera (Landkarte, 16. Jh.)

doch waren ihnen die osmanischen Streitkräfte haushoch überlegen. In der Nacht vom 29. auf den 30.5.1453 durchbrachen die Osmanen die Mauern von Konstantinopel (S. 309). Der letzte byzantinische Kaiser fiel im Kampf.

Die Osmanen unter Sultan Mehmed II. Fatih erobern Konstantinopel (Kupferstich, 17. Jh.)

1347–54 Johannes VI. Kantakuzenos | 1402 Sieg Timur Lenks über die Osmanen bei Ankara | Mai 1453 Osmanen erobern Konstantinopel
1362 Osmanen erobern Adrianopel | 1439 Kirchenunion mit Rom | 1448–53 Konstantin XI. Dragases | 1461 Osmanen erobern Trapezunt

5.–15. Jh. | Mittelalter

SÜDOSTEUROPA 7.–15. JH.

In Südosteuropa entstanden nach dem Niedergang des Oströmischen bzw. Byzantinischen Reiches im 8./9. Jh. zahlreiche, oft nur kurzlebige Staatswesen. Nur Bulgaren und Serben konnten vorübergehend eine Vormachtstellung auf dem Balkan einnehmen. Daneben war das Gebiet v. a. Einflusszone und Aufmarschgebiet der benachbarten Großmächte, zuletzt der ❶ Osmanen, die sich bis zum 17. Jh. fast überall durchsetzten.

1 Osmanische Brücke in Mostar, Herzegowina (erbaut im 16. Jh.)

Die Gebiete an der Adriaküste

Bis auf wenige Ausnahmen gerieten die Regionen im Westen und Nordwesten der Balkanhalbinsel am Ende des Mittelalters unter osmanische oder habsburgische Herrschaft.

Die südslawischen (S. 143) Kroaten wurden zunächst von Byzanz, danach von den Franken beherrscht. 925 entstand ein unabhängiges Königreich, das von 1102 bis 1918 in Personalunion mit Ungarn vereint und von einem Vizekönig, dem sog. ❸ Ban, regiert wurde. Seit König Dmitar Zvonimir 1076 vom Papst gekrönt worden war, orientierte sich Kroatien an der römisch-katholischen Kirche. Eroberungsversuche der ❻ Osmanen konnten abgewehrt werden. Im Zuge seiner Ausdehnung im Adriaraum eroberte Venedig bis zum 15. Jh. Dalmatien, die kroatischen

3 Nikolaus Graf Zrinyi, Feldherr und Ban von Kroatien (Holzschnitt, 16. Jh.)

Küstengebiete. Die Stadtrepublik ❺ Ragusa, das heutige Dubrovnik, konnte bis zur Besetzung durch napoleonische Truppen 1806/08 ihre Selbständigkeit bewahren. Bosnien gehörte ebenfalls zunächst zum Byzantinischen Reich und fiel im Verlauf des 12. Jh. an Ungarn. Der Vizekönig Stephan Kotromanic eroberte zusätzlich das Gebiet der Herzegowina. Nach weiteren Gebietsgewinnen ließ sich der Vizekönig Stephan Tvrtko I. ab 1377 „König von Serbien und Bosnien" nennen. Das Reich war jedoch über seinen Tod hinaus nicht von langer Dauer. Die Osmanen besetz-

ten 1463 Bosnien und zwischen 1465 und 1482 die Herzegowina.

Von den slawischen Gebieten des Balkans konnte nur das kleine Montenegro seine Unabhängigkeit gegenüber den Osmanen weitgehend wahren, da die Bewohner ihre Selbstständigkeit auf unzugänglichen Bergfestungen

4 Nikolaus I. Petrovic-Njegosch, 1860 Fürst und seit 1910 König von Montenegro (Porträtaufnahme, um 1895)

2 Georg Kastriota, genannt Skanderbeg (Holzstich)

verteidigten. Seit 1528 standen die Metropoliten von Cetinje an der Spitze eines Gemeinwesens, das aus lose untereinander verbundenen, meistens aber zerstrittenen Clans bestand. Ende des 17. Jh. gelang es der Familie Petrovic-Njegosch, sich das Metropolitenamt dauerhaft zu sichern. 1852 wurde Montenegro ein weltliches Fürstentum, 1910 ein ❹ Königreich, das bis 1918 bestand hatte.

Die Albaner, die sprachlich nicht zu den Slawen gehören und angeblich von den antiken Illyrern abstammen, konnten sich lange gegen die Osmanen behaupten. Seit 1443 führte ❷ Gjergj Kastrioti, auch Skanderbeg genannt, den Widerstand an und wurde von Neapel, dem Papst und Venedig unterstützt. 1461 vereinbarte er mit den Osmanen einen Waffenstillstand für zehn Jahre, doch als Skanderbeg die Vereinbarung selbst nach zwei Jahren brach, ließen ihn seine Verbündeten im Stich. Aber erst nach seinem Tod 1468 konnten sich die Osmanen durchsetzen.

5 Blick auf die Altstadt von Ragusa, dem heutigen Dubrovnik

6 Osmanen belagern die kroatische Hauptstadt Agram (Zagreb)

925 | Entstehung des Königreichs Kroatien   ab ca. 1150 | Deutsche wandern in Siebenbürgen ein   1385 | Bukarest wird Hauptstadt der Walachei

1102–1918 | Personalunion Kroatiens und Ungarns   ab 14. Jh. | Walachei und Moldau werden selbstständig   1457–1504 | Stephan der Große von Moldau

Griechenland und Rumänien im Mittelalter

Bis zum 17. Jh. eroberten die Osmanen Griechenland mit Ausnahme einiger venezianischer Stützpunkte. In den rumänischen Fürstentümern setzten sie einheimische Statthalter ein.

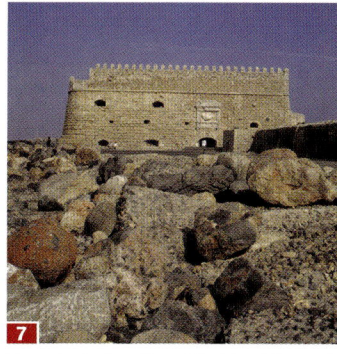

Venezianisches Kastell in Heraklion auf Kreta, Griechenland

Nach der Einnahme Konstantinopels im Jahre 1204 durch die Truppen des Vierten Kreuzzugs bildeten sich auf dem Gebiet des heutigen Griechenland neben ❼ venezianischen Stützpunkten

8 Marktplatz in der deutschen Stadt Schäßburg (Sighisoara) in Siebenbürgen (Farblithographie, 20. Jh.)

eine Vielzahl von ⓫ Herrschaften heraus (S. 212), die oft nur aus einer Insel oder einer Stadt bestanden und von griechischen, französischen oder italienischen Familien regiert wurden. Am bedeutendsten war das Herzogtum Athen. Die aus Frankreich stammenden Herzöge wurden 1311 von katalanischen Söldnern vertrieben, diese wiederum wichen 1385 der florentinischen Familie der Acciaioli. 1458 nahmen die Osma-

nen Athen ein. Die osmanische Eroberung ❿ Griechenlands zog sich noch bis ins 17. Jh. hin.

Im heutigen Rumänien hatte sich seit dem Ende der römischen Herrschaft durch die Vermischung der romanisierten Einwohner mit Goten, Slawen, Hunnen, Bulgaren u. a. das Volk der Walachen entwickelt. Die Ausdehnung Ungarns im 11. Jh. und die Einwanderung ❽ deutscher Siedler verdrängten viele Walachen aus Siebenbürgen in die Bergregionen der Karpaten und darüber hinaus weiter nach Süden und Osten, in

9 Vlad III. Dracul, genannt Tepes (Gemälde, 16. Jh.)

11 Ruinen der byzantinischen Residenzstadt Mistra, Peloponnes (13.–15. Jh.)

die Walachei und in die Moldau. Aus ungarischen Grenzprovinzen entstanden hier im 14. Jh. selbstständige Staaten unter einheimischen Fürsten, den Woiwoden.

Mircea der Alte, Woiwode der Walachei, machte 1385 Bukarest zur Hauptstadt und unterwarf sich 1396 den Osmanen, die das benachbarte Bulgarien erobert hatten. Seine Enkel verbündeten sich abwechselnd mit Ungarn und Osmanen, um sich Handlungsspielraum zu bewahren, jedoch ohne Erfolg: Mircea wurde 1442 lebendig begraben, ❾ Vlad III. Dracul Tepes („der Pfähler") wurde 1476 geköpft, und Radu III., der Schöne, kam in den Harem des osmanischen Sultans. Ihre Nachfolger akzeptierten schließlich die Oberherrschaft der Osmanen.

Mit mehr Erfolg spielte ⓬ Stephan der Große, Herr der Moldau, bis zu seinem Tod 1504 seine Nachbarn gegeneinander aus. 1512 musste aber auch die Moldau die osmanische Oberhoheit anerkennen. Zuletzt erhob sich Mi-

10 Die Osmanen greifen 1480 die Hauptstadt der Johanniter auf Rhodos, Griechenland, an (Buchmalerei, 15. Jh.)

chael der Tapfere, Woiwode der Walachei und der Moldau, gegen die Osmanen, wurde aber 1601 ⓭ ermordet. Seit dem 17. Jh. ernannten die Osmanen loyale Adelige aus verschiedenen Familien zu Statthaltern in den rumänischen Fürstentümern.

12 Klosterkirche von Voronet, Rumänien, begonnen unter dem moldauischen Woiwoden Stephan dem Großen 1488

Vlad III. Dracul Tepes („der Pfähler") nimmt während Hinrichtungen eine Mahlzeit ein (Holzstich, 1500)

Graf Dracula

Vlad III. Dracul Tepes, Woiwode der Walachei, war als Zauberer verrufen und berüchtigt für seine Vorliebe, Verurteilte durch das Pfählen hinzurichten. Aus der Verbindung der historischen Figur mit volkstümlichen Vampirerzählungen aus Siebenbürgen (Transsilvanien) schuf der irische Autor Bram Stoker Ende des 19. Jh. die Romanfigur des Grafen Dracula.

13 Michael der Tapfere wird von einem eifersüchtigen Kampfgefährten erschlagen (Kupferstich, 17. Jh.)

Bulgarische Reiche

Im 9. und 10. Jh. und ein zweites Mal im 13. Jh. stieg Bulgarien zur Großmacht auf dem Balkan auf.

Reste der Hunnen (S. 149) hatten sich im 5. Jh. wieder in die südrussischen Steppen zurückgezogen. Hier vermischten sie sich mit verwandten türkischen Stämmen

2 Ohrid im heutigen Mazedonien, im Mittelalter Sitz eines bulgarischen Patriarchats

3 Kämpfe zwischen Bulgaren und Byzantinern vor Thessalonike (Buchmalerei, 13. Jh.)

und slawischen Volksgruppen zum Volk der Bulgaren. Ein erstes Großreich zerfiel um 640 durch das Vordringen anderer Steppenvölker. Die Bulgaren trennten sich in Wolga- und Donaubulga-

ren. Die Wolgabulgaren lebten vom Handel zwischen den Kiewer Rus und den islamischen Ländern des Südens. Ihr Reich wurde 1236 von den Mongolen zerstört.

Die Donaubulgaren errichteten um 680 unter ihrem Khan Asparuch, der sich als Nachfahre Attilas betrachtete, das Erste Bulgarische Reich auf dem Balkan. Boris I. führte 884 das **❷** Christentum ein, um damit die Vereinheitlichung des Reiches und seiner Bewohner voranzutreiben. Wegen der heidenfreundlichen Politik seines ältesten Sohnes und Nachfolgers Wladimir berief Boris, der sich in ein Kloster zuückgezogen hatte, 893 seinen jüngeren Sohn Simeon, den er in Konstantinopel zum Priester hatte ausbilden lassen, auf den Thron. Als bedeutendster Bulgarenherrscher führte Simeon I., der Große, **❸** Kriege gegen Byzanz, konnte Konstantinopel aber nicht erobern. 913 nahm er

den Titel „Zar aller Bulgaren" an. Dem Bulgarischen Reich bescherte er eine kulturelle Hochblüte. U. a. förderte er die Entwicklung des kyrillischen Alphabets, um slawische Bibelübersetzungen zu ermöglichen und die christliche Mission zu erleichtern.

Doch schon bald nach Simeons Tod 927 setzte der Niedergang des Reiches ein, das nun auch in Kämpfe mit den Kiewer Rus verwickelt wurde. Durch die **❺** Niederlage gegen den byzantinischen Kaiser Basileios II. Bulgaroktonos („Bulgarentöter") im Jahr 1014 (S. 211) war Bulgarien dann so geschwächt, dass es kurze Zeit spä-

4 Iwan Schischman und seine Familie (Buchmalerei, 14. Jh.)

1 Kalojan Assen im Kampf (Ikone, 16. Jh.)

ter von Byzanz vollständig annektiert werden konnte.

Die Angriffe der Normannen auf Byzanz nutzten die bulgarischen Adligen Peter und Iwan Assen aus, um sich 1185 unabhängig zu machen. Sie begründeten das Zweite Bulgarische Reich mit der Hauptstadt **❻** Tarnowo. Ihr Bruder **❶** Kalojan Assen wurde 1204 von Papst Innozenz III. als König anerkannt. Doch kurz darauf wandte er sich von Rom ab und begann den Kampf gegen das Lateinische Kaiserreich. 1205 besiegte er Kaiser Balduin I. bei Adrianopel. Kalojans Neffe Iwan Assen II. dehnte das Reich bis an die Ägäis und die Adria aus und gründete 1235 ein eigenes bulgarisches Patriarchat.

Nach Mongoleneinfällen 1242/43 geriet das Reich in Abhängigkeit von mongolischen Khanen. 1330 wurden die Bulgaren bei Kjustendil von den Serben geschlagen. Das Reich zerfiel in verschiedene Fürstentümer und schied als politische Macht aus. Der Fürst von Tarnowo, **❹** Iwan Schischman, kämpfte noch 1389 auf dem Amselfeld gegen die Osmanen, doch 1393/96 eroberten diese ganz Bulgarien.

5 Die von Basileios II. geblendeten Bulgaren kehren aus der byzantinischen Gefangenschaft zurück (Holzstich, um 1900)

6 Der Zarewez (Residenzhügel) von Weliko Tarnowo, Bulgarien, mit Festungsmauern (12./13. Jh.) und Kirchenbauten

Serbische Reiche

Vom 12. bis zur Mitte des 14. Jh. konnten die Serben auf dem Westbalkan vorübergehend ein großes Reich aufbauen.

Die südslawischen (S. 143) Serben nutzten wie die Bulgaren den Niedergang des Byzantinischen Reiches im 12. Jh. aus, um unter ❼ Stephan Nemanja ab 1167 ein unabhängiges Staatswesen zu be-

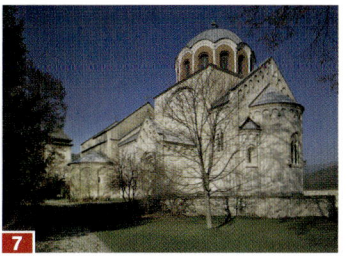

7
Studenica, Serbien, Muttergottes-Kirche Sveti Bogorodica (gegründet 1191 von Stephan Nemanja)

10
Serbisches Patriarchat in Pec (erbaut im 13./14. Jh.)

gründen. Sein Sohn und Nachfolger ❽ Stephan Prvovencani („der Erstgekrönte") orientierte sich zunächst nach Westen und empfing 1217 vom Papst die Königswürde. Als Gegengewicht zu dieser romfreundlichen Politik gründete Stephans Bruder, der ⓬ heilige Sava, 1219 die serbisch-orthodoxe Kirche, die auch später zum Träger des serbischen Nationalgefühls unter fremder Vorherrschaft wurde. Die vom Heiligen Sava gegründeten Klöster wurden zu Zentren der Kultur.

Im 13. Jh. entwickelte sich aus dem von Sippenverbänden geprägten Serbien ein Feudalstaat nach westeuropäischem Vorbild. Die Bauern sanken in die Leibeigenschaft herab. 1330 errangen die Serben bei Küstendil einen bedeutenden Sieg gegen das Zweite Bulgarische Reich, der weitere Gebiete unter die serbische Krone brachte. ⓫ Stephan Dusan, König

8
König Stephan Prvovencani von Serbien umgeben von Szenen seines Lebens (serbische Ikonenmalerei, 16. Jh.)

seit 1331, führte die Expansionspolitik fort und eroberte ganz Griechenland bis an die Grenzen Athens. Daraufhin ließ er sich 1346 in Skopje zum „Zar der Serben und Griechen" krönen und errichtete ein serbisches ⓾ Patriarchat. Innenpolitisch baute er eine an Byzanz orientierte, hierarchisch auf ihn zugeschnittene Verwaltung auf und ließ das Recht kodifizieren. Sein Sohn, Stephan Uros IV., der 1355 dem Vater nachfolgte, konnte das Reich jedoch nicht zusammenhalten, das 1371 in

12
Der heilige Sava (Ikonenmalerei im Kloster Decani, Kosovo, 16. Jh.)

9
Johannes Hunyadi im Kampf gegen die Osmanen (Holzstich, 19. Jh.)

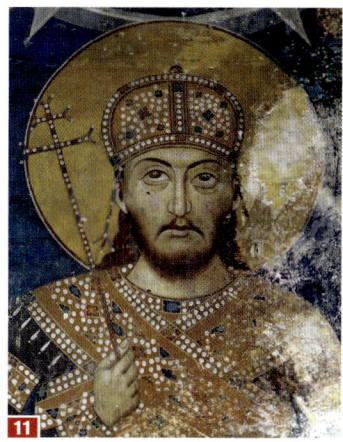

11
Stephan Dusan (Wandmalerei, 14. Jh.)

zahlreiche Fürstentümer zerfiel. Vergeblich versuchte der nordserbische Fürst Lazar Hrebeljanovic, den Vormarsch der Osmanen aufzuhalten. In der Schlacht auf dem Amselfeld erlitten die Serben 1389 eine katastrophale Niederlage. Lazars Nachfolger mussten die osmanische Oberhoheit anerkennen. Lazars Enkel, Fürst Georg Brankovic, wandte sich noch einmal gegen die Osmanen und half 1456 dem ungarischen Regenten ❾ Johannes Hunyadi (S. 205), das von Sultan Mehmed II. belagerte Belgrad, das seit 1426/27 eine ungarische Grenzfestung war, zu befreien und die Osmanen zurückzudrängen. Doch 1459 setzten die Osmanen den letzten serbischen Fürsten ab und unterwarfen das Land.

Die Schlacht auf dem Amselfeld

Am 28. 6. 1389 standen sich auf dem Amselfeld (Kosovo) die Heere des osmanischen Sultans Murad I. und des serbischen Fürsten Lazar Hrebeljanovic gegenüber. Mit der Niederlage der Serben setzten sich die Osmanen faktisch als Herren des Balkans durch. Von den Nationalisten des 19. und 20. Jh. instrumentalisiert und mythologisiert, spielt die Schlacht noch heute eine große Rolle für das Nationalgefühl der Serben.

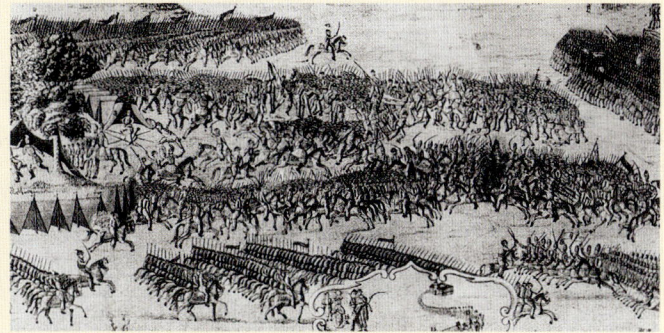

Schlacht auf dem Amselfeld (Kupferstich, 18. Jh.)

5.–15. Jh.   Mittelalter

DIE KREUZZÜGE 11.–15. JH.

Die Kreuzzugsbewegung, die im 11. Jh. ihren Anfang nahm, war eine in ihren Gründen und Auswirkungen vielschichtige Erscheinung. Die ❶ Kreuzzüge in den Orient führten zu einer Expansion des europäischen Handels mit dem Orient. Politisch von langfristiger Bedeutung für die Entwicklung Europas waren die Kreuzzüge in Europa selbst, die sich gegen die Muslime auf der Iberischen Halbinsel, Ketzer und Heiden richteten. Fatal waren die Auswirkungen der Kreuzzugsidee auf die europäischen Juden, die ebenfalls zu Opfern der christlichen Heere und der fanatisierten Bevölkerung wurden.

Christus führt die Kreuzritter an (Buchmalerei, 14. Jh.)

Der Patriarch von Jerusalem zeigt Pilgern eine Reliquie (Buchmalerei, 14. Jh.)

▮ Ursachen und Hintergründe

Religiöse, materielle und politische Motive bewegten adelige Kreuzritter wie einfache Menschen aus dem Volk zum Aufbruch ins Heilige Land.

Im 10. und 11. Jh. wurde das religiöse Leben des christlichen Abendlandes neu belebt. Ausdruck hiervon waren z. B. die Reformbewegungen innerhalb der Kirche wie die kluniazensische (S. 168) und gregorianische Reform (S. 192), aber auch die Entstehung neuer Orden wie der Zisterzienser. Die neue Frömmigkeit führte auch zu einer Zunahme der ❷ Pilgerfahrten nach Palästina, das seit dem 7. Jh. unter muslimischer Herrschaft stand.

In diese Situation fiel das Vordringen der ❺ Seldschuken (S. 232) im Nahen Osten seit der Mitte des 11. Jh., das auch in Europa wahrgenommen wurde. Schon Gregor VII., der große Reformpapst, plante 1074 einen Kriegs-

3 Ritter auf seinem Pferd (Bronzeplastik, 13. Jh.)

zug zur „Befreiung" der heiligen Stätten, der gleichzeitig auch das Morgenländische Schisma (S. 193) überwinden helfen sollte. 1095 wandte sich der byzantinische Kaiser Alexios I. Komnenos direkt an Papst Urban II. mit der Bitte

um Hilfe gegen die Seldschuken, die in Kleinasien eingefallen waren (S. 211). Draufhin gewann der Papst noch im gleichen Jahr auf der Synode von Clermont die abendländischen ❸ Ritter und Fürsten für einen Kriegszug zur Unterstützung des byzantinischen Kaisers. Bald wurde aber die Befreiung ❹ Jerusalems von muslimischer Herrschaft zum wichtigsten Kriegsziel. Dies lockte auch viele einfache Menschen, die sich nach dem himmlischen Jerusalem sehnten. Allen Teilnehmern wurde vom Papst ein Erlass ihrer Sündenstrafen im Jenseits in Aussicht gestellt.

Für die meisten adeligen Kreuzfahrer spielten aber auch materielle und politische Gründe eine

Die Weltscheibe mit Jerusalem als Mittelpunkt (Buchmalerei, um 1250)

wichtige Rolle. Vielen jüngeren Söhnen des Adels, die in ihrer Heimat von der Erbfolge ausgeschlossen waren, bot sich durch die Kreuzzüge eine standesgemäße Beschäftigung, an deren Ende Kriegsruhm, Beute und vielleicht sogar ein eigener Herrschaftsbereich standen. Für Kaufleute, v. a. die der italienischen Handelsstädte, lockten Profite durch die Truppenausrüstung und -transporte sowie die Ausweitung ihrer Handelsinteressen.

Nach einem Sieg über die Byzantiner halten Muslime ein Festmahl (Byzantinische Buchmalerei, 13. Jh.)

Kreuzzugspredigt Papst Urbans II. in Clermont 1095

„Sie (die Seldschuken) schlachten die Christen dahin oder nehmen sie gefangen, zerstören die Kirchen oder verwüsten das Königreich Gottes. Treten wir ihnen nicht entgegen, werden unter ihren Rädern die Gläubigen weiterhin zermalmt."

Urban II. ruft zum Kreuzzug auf (Holzschnitt, 1480)

Der Erste und der Zweite Kreuzzug

Der Erste Kreuzzug führte zur Errichtung von Kreuzfahrerstaaten im Nahen Osten, die jedoch bald in die Defensive gerieten. Ein neuer Kreuzzug zur Unterstützung blieb ergebnislos.

Dem Aufruf des Papstes folgte 1096 zunächst ein relativ ungeordneter Zug von Abenteurern und Menschen einfachster Herkunft unter Führung des Mönches ❻ Peter von Amiens, die auf ihrem Weg Pogrome gegen Juden verübten. Dieser sog. Volkskreuzzug wurde auf dem Balkan beim Zug durch Bulgarien dezimiert und endgültig in Kleinasien von den Seldschuken aufgerieben.

Als Führer der ersten adeligen Kreuzfahrerheere traten ❾ Gottfried von Bouillon, sein Bruder Balduin von Boulogne, Graf Raimund von Toulouse und Bohemund von Tarent hervor. Als die Kreuzritter 1097 Konstantinopel erreichten, bestand Kaiser Alexios I. darauf, dass sie ihm den Lehenseid leisteten, was später je-

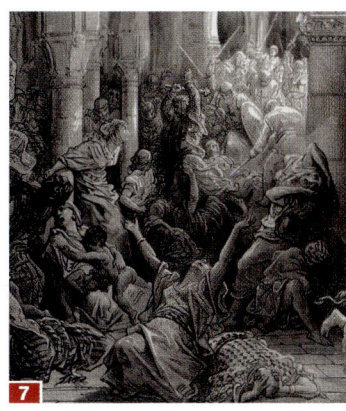

7

Kreuzfahrer töten Muslime in einer Moschee (Holzstich, 19. Jh.)

doch nicht mehr beachtet wurde (S. 211). Nachdem das christliche Heer die Seldschuken 1097 bei Dorylaeum geschlagen hatte, konnte es 1098 Antiochia in Syrien einnehmen. Mittlerweile hatte Balduin von Boulogne Edessa jenseits des Euphrats erobert und

hier den ersten Kreuzfahrerstaat errichtet. Bohemund von Tarent schuf das Fürstentum Antiochia, Raimund von Toulouse die Grafschaft Tripolis. 1099 eroberten sie gemeinsam ❾ Jerusalem. Dabei wurde die Stadt geplündert, viele Juden und ❼ Muslime starben bei den Kämpfen. Gottfried von Bouillon wurde zum Herrscher gewählt und nahm den Titel „Vogt des ❽ Heiligen Grabes" an. Als er 1100 starb, folgte ihm sein Bruder Balduin nach, der den Titel eines Königs von Jerusalem annahm.

Edessa wurde bereits 1144 von den Muslimen zurückerobert. Der Zisterzienserabt ❿ Bernhard von Clairvaux rief daraufhin zu einem neuen Kreuzzug auf, zu dem 1147 Kreuzheere unter der Führung Ludwigs VII. von Frankreich und des deutschen Königs Konrad III. aufbrachen. Nach einem verlustreichen Marsch nach Syrien, wo man Damaskus und andere muslimische Städte erfolglos belagerte, kehrten die Überlebenden beider Heere 1149 wieder in die Heimat zurück.

6

Peter von Amiens ruft zum Kreuzzug auf (Holzstich, 19. Jh.)

8

Kuppeln der Grabeskirche in Jerusalem

9

Eroberung von Jerusalem durch die Kreuzfahrer unter Gottfried von Bouillon am 15. 7. 1099 (französische Buchmalerei, 14. Jh.)

10

Bernhard von Clairvaux ruft zum Zweiten Kreuzzug auf (Gemälde, 19. Jh.)

Kreuzfahrerstaaten

Die Kreuzritter errichteten im Nahen Osten mehrere Feudalstaaten nach westeuropäischem Vorbild. Da die erhoffte Menge an Kolonisten aus Europa ausblieb, fand man nach einer Welle von Verfolgungen und Vertreibungen zu einem Mit- oder wenigstens Nebeneinander mit Juden und Muslimen, an deren meist höhere Zivilisation sich die schmale Schicht der Eroberer anpasste. Zum Krieg mit muslimischen Staaten kamen oft Kämpfe unter den Christen selbst, die damit ihre Position gegenseitig schwächten. So fielen 1291 die letzten christlichen Stützpunkte auf dem Festland.

oben: Ständeversammlung in Jerusalem unter Gottfried von Bouillon (Stahlstich, 19. Jh.)

1099	Eroberung von Jerusalem unter Gottfried von Bouillon	1147–49	Zweiter Kreuzzug
1098	Einnahme von Edessa und Antiochia	1144	Muslime erobern Edessa zurück	1291	Christen verlieren letzte Stützpunkte auf dem Festland

Mittelalter

5.–15. Jh.

Der Dritte und der Vierte Kreuzzug

Angeführt von dem aijubidischen Sultan Saladin, eroberten die Muslime weite Teile des Nahen Ostens zurück.

Im Nahen Osten hatten die Aijubiden (S. 233) die Seldschuken als muslimische Vormacht abgelöst. ❸ Sultan Saladin schlug 1187 die europäischen Kreuzritter am ❷ Berg Hattin und ❶ eroberte anschließend Jerusalem für die Muslime zurück. Daraufhin rief Papst Gregor VIII. zum Dritten Kreuzzug auf, und die Herrscher der führenden europäischen Länder folgten ihm: der deutsche Kaiser Friedrich I. Barbarossa, der englische König Richard I. Löwenherz und der französische König Philipp II. August. Fried-

Saladin erobert Jerusalem (Buchmalerei, um 1400)

rich Barbarossa errang im Juni 1190 einen glänzenden Sieg bei Ikonion in Kleinasien, ❺ ertrank dann aber im Fluss Saleph. Sein Sohn Friedrich V. von Schwaben führte die deutschen Truppen ins Heilige Land, von wo aus ein großer Teil sofort in die Heimat zurückkehrte. Die übrigen Deutschen starben wie Friedrich von Schwaben selbst an einer Seuche.

❹ Richard und Philipp konnten 1191 die wichtige Hafenstadt ❻ Akko erobern. Nach einer Auseinandersetzung zwischen den beiden Königen um den Oberbefehl fuhr Philipp mit seinen Rittern nach Frankreich zurück. Allein gelang es Richard nicht, Jerusalem zu erobern. Durch Verhandlungen mit Saladin erreichte er aber die Abtretung der Küstengebiete in Palästi-

na und Syrien. Auch garantierte Saladin den christlichen Pilgern den Zugang zu ihren heiligen Stätten.

Der Vierte Kreuzzug brachte den Kreuzzugsgedanken in Misskredit: Die Venezianer lenkten die Kreuzritter nach ❼ Konstantinopel um (S. 197). 1204 wurde die Stadt erobert und das Byzantinische Reich aufgeteilt (S. 212).

Der „Kinderkreuzzug" von 1212 war ein weiterer Tiefpunkt in der Geschichte der Kreuzzüge: Tausende von Jungen und Mädchen waren zu einem unbewaffneten Kreuzzug aufgebrochen. Von Genua aus wollten sie sich ins Heilige Land einschiffen, doch die meisten von ihnen endeten auf den Sklavenmärkten des Mittelmeerraumes.

Berg Hattin nördlich von Nazareth, Israel

Saladin-Denkmal vor der mittelalterlichen Zitadelle von Damaskus, Syrien

König Philipp II. August von Frankreich (links) und König Richard I. Löwenherz von England nehmen gemeinsam das Kreuz (Buchmalerei, 14. Jh.)

Aus den „Annales Marbacenses" von 1238:

Der Kinderkreuzzug

„… viele von ihnen (den Jungen und Mädchen) wurden von den Bewohnern des Landes als Knechte und Mägde zurückbehalten. Andere sollen ans Meer gekommen sein, wo sie von den Schiffern und Seeleuten getäuscht und nach entlegenen Weltgegenden übergefahren wurden."

oben: Teilnehmer des Kinderkreuzzuges (Holzstich, 19. Jh.)

Kaiser Friedrich I. Barbarossa stürzt mit seinem Pferd in die Fluten des Flusses Saleph (Holzstich, um 1900)

Richard I. Löwenherz lässt nach der Eroberung Akkos gefangene Muslime hinrichten (Holzstich, 19. Jh.)

Eroberung Konstantinopels durch Venezianer und Kreuzritter 1204 (Gemälde von Eugène Delacroix, 19. Jh.)

| 1187 | Schlacht am Berg Hattin/Saladin erobert Jerusalem | 1191 | Einnahme von Akko | 1212 | sog. Kinderkreuzzug | 1228–29 | Sechster Kreuzzu |
| 1189–92 | Dritter Kreuzzug | 1190 | Schlacht bei Ikonion | 1202–04 | Vierter Kreuzzug | 1217–21 | Fünfter Kreuzzug |

Die letzten Kreuzzüge und das Ende der Kreuzfahrerstaaten

Die Mamluken verdrängten die Kreuzfahrer endgültig aus dem Heiligen Land.

Nachdem die erwartete Unterstützung durch den deutschen Kaiser ausblieb und die Kreuzritter in Ägypten eine Niederlage hinnehmen mussten, wurde der Fünfte Kreuzzug 1221 abgebrochen. Kaiser ❾ Friedrich II. hatte schon 1215 ein Kreuzzugsgelübde geleistet, brach aber erst 1228 zum nunmehr Sechsten Kreuzzug auf. Durch Verhandlungen erreichte er vom aijubidischen Sultan al-Kamil 1229 die Übergabe von Jerusalem unter der Bedingung, dass auch die Muslime zu ihren heiligen Stätten pilgern durften.

Als die Muslime Jerusalem 1244 zurückeroberten, brach König Ludwig IX., der Heilige, von Frankreich 1248 zum Siebten Kreuzzug auf. Er wollte Ägypten, das Zentrum aijubidischer Herrschaft, angreifen. Dabei geriet er in ❿ Gefangenschaft, aus der er erst 1250 gegen ein hohes Lösegeld freigekauft werden konnte. Jahre später organisierte Ludwig den letzten großen, den Achten Kreuzzug. Doch schon auf der ersten Etappe starben 1270 der König und viele seiner Ritter vor Tunis an einer Seuche.

8 Ein Ritter des Johanniterordens von Malta, Malteserritter genannt (Gemälde von Caravaggio, 1608)

Inzwischen hatten die ⓬ Mamluken die Aijubiden verdrängt (S. 233). Durch ihr zentralistisches Militärregime waren die Mamluken 1260 imstande gewesen, die Mongolen in Syrien zu schlagen. Danach konzentrierten sie sich auf die Unterwerfung der Kreuzfahrerstaaten. Bis 1291, als mit ⓭ Akko der letzte wichtige Stützpunkt der Chris-

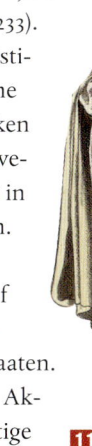

11 Ritter des Templerordens (Holzstich)

ten fiel, eroberten die Mamluken Palästina und Syrien zurück.

Die Christen mussten sich nun aus dem Heiligen Land zurückziehen und mit ihnen auch die geistlichen Ritterorden, die im 12. Jh. entstanden waren. Die ⓫ Templer konzentrierten sich fortan auf die Verwaltung ihrer Besitzungen in Frankreich und wurden schließlich 1312 auf Druck des französischen Königs aufgehoben (S. 178). Der Deutsche Orden hatte sich schon vorher im Baltikum mit der Mission der nichtchristlichen Bevölkerung ein neues Betätigungsfeld gesucht. Allein die Johanniter setzten den Kampf gegen die Muslime fort. 1309 verlegten sie ihren Sitz nach ⓮ Rhodos, wo sie sich bis 1522 gegen die Osmanen behaupten konnten. Danach verlieh ihnen Kaiser Karl V. 1530 ❽ Malta als Lehen, welches erst 1798 von Napoleon erobert wurde.

9 Der deutsche Kaiser Friedrich II. krönt sich in der Grabeskirche zum König von Jerusalem (Holzstich, 19. Jh.)

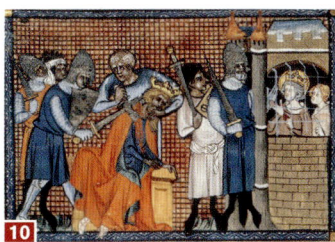

10 Ludwig IX. von Frankreich als Gefangener (Buchmalerei, 14. Jh.)

12 Vier bewaffnete Mamlukenreiter (Arabische Buchmalerei, 15. Jh.)

13 Befestigungsanlagen in Akko, Israel, aus der Kreuzfahrerzeit

14 Johanniter auf Rhodos bereiten sich auf einen osmanischen Angriff vor (1480)

Ritterorden

Die im Verlauf des 12. Jh. gegründeten Ritterorden vertraten mönchische und ritterliche Ideale. Durch Gelübde zu persönlicher Armut, Keuschheit und Gehorsam verpflichtet, widmeten sich ihre Mitglieder zunächst dem Schutz der Pilgerzüge und der Krankenpflege. Daneben beteiligten sie sich aber mehr und mehr an den Kampfhandlungen gegen Muslime. Durch ihre reichen Besitzungen im Heiligen Land und in Westeuropa entwickelten sie sich aber schnell zu bedeutenden Machtfaktoren.

oben: Johanniterburg Krak des Chevaliers in Syrien (erbaut ab 1142)

5.–15. Jh.

Mittelalter

| 1248–54 | Siebter Kreuzzug | 1269/70 | Achter Kreuzzug | 1309–1522 | Johanniter auf Rhodos | 1530–1798 | Johanniter auf Malta |

| 1244 | Muslime erobern Jerusalem | 1250–1517 | Herrschaft der Mamluken | 1291 | Fall von Akko | 1312 | Auflösung des Templerordens |

Mittelalter 5.–15. Jh.

Die Kreuzzüge in Europa und der Deutsche Orden

In Europa zogen Kreuzritter v. a. gegen Ketzer zu Felde. Nach der gewaltsamen Missionierung der Prußen errichtete der Deutsche Orden ein mächtiges Staatswesen im Baltikum.

Auch in Europa selbst fanden Kreuzzüge statt. Neben den Muslimen auf der Iberischen Halbinsel in der Reconquista (S. 198 f.) richteten sich diese v. a. gegen sog. Ketzer wie die südfranzösischen Albigenser (S. 177) und die böhmischen Hussiten (S. 204).

Auch bei der Mission in nichtchristlichen Gegenden Europas wurde militärische Gewalt eingesetzt. So hatte Papst Eugen III. nicht nur den Zweiten Kreuzzug ins Heilige Land begrüßt, sondern auch den Feldzug gegen die Slawen in Norddeutschland, die sog. Wenden, der zeitgleich 1147 von Herzog Heinrich dem Löwen von Sachsen geführt wurde. Für die daran beteiligten deutschen Fürsten stand aber wohl eher die Vergrößerung ihres Machtbereiches als die Mission im Vordergrund.

Da die an der Ostsee zwischen Weichsel und Memel lebenden baltischen ❷ Prußen besonders starken Widerstand gegen Missions- und Eroberungsversuche leisteten, wurde der ❻ Deutsche Orden zu Hilfe gerufen. Dieser ließ sich 1226 das Besitzrecht an zukünftigen Eroberungen von Kaiser Friedrich II. in der ❸ Goldbulle von Rimini, aber v. a. auch

❶ Markgraf Albrecht von Brandenburg als Hochmeister des Deutschen Ordens (Gemälde, 16. Jh.)

vom Papst sowie dem polnischen Herzog Konrad von Masowien urkundlich verbriefen.

Die eigentlichen Kriegszüge gegen die Prußen begannen erst 1231 unter dem Hochmeister Hermann von Salza. 1237 gliederte dieser seinem Orden den Schwertbrüderorden an, der 1201 in Riga gegründet worden war. Seither gehörte bis auf Litauen das ganze Baltikum zum Deutschen Orden, der dort eine eigene Terri-

❸ Goldbulle Kaiser Friedrichs II. (13. Jh.)

torialherrschaft errichtete. An der Spitze des Ordensstaates stand der vom Generalkapitel gewählte Hochmeister, der seit 1309 in der ❹ Marienburg residierte. Landmeister und Komture verwalteten die Ordensbezirke. Unter den Ritter- und Priesterbrüdern standen die nichtadeligen Halbbrüder. Zur Oberschicht gehörten die deutschen Patrizier der Städte sowie der sog. Landadel. Die prußischen Bauern waren im Vergleich zu den zahlreichen neuen deutschen Siedlern unterprivilegiert. Besonders der Handel mit der Hanse führte zu großem Reichtum.

Bis 1283 wurde das nach den Prußen benannte Land Preußen vom Deutschen Orden unterworfen und offiziell christianisiert. Als letztes Volk der Region traten die Litauer nach der mit Polen eingegangenen Union 1386 zum Christentum über, womit die Mission als Existenzberechtigung des Ordens entfiel. Zudem wurde der Ordensstaat nun durch einen mächtigen

❷ Die Prußen ermorden 997 den Missionar und Bischof Adalbert von Prag (Holzstich, um 1900)

Gegner umklammert. Nach der Niederlage 1410 in der ❺ Schlacht bei Tannenberg und durch die beiden Thorner Frieden von 1411 und 1466 verlor der Ordensstaat große Gebiete an Polen (S. 203). 1525 trat der Hochmeister ❶ Albrecht von Brandenburg zur lutherischen Lehre über und nahm das restliche Ordensgebiet als Herzogtum Preußen vom polnischen König zu Lehen.

❹ Die Marienburg in Westpreußen, Polen (erbaut ab 1272)

❺ Schlacht bei Tannenberg (Gemälde, 19. Jh.)

❻ Ritter des Deutschen Ordens (16. Jh.)

| 1096 | Beginn der Kreuzzüge | 1147 | Wendenkreuzzug | 1215 | Viertes Laterankonzil | 1226 | Goldbulle von Rimini | 1290 | Vertreibung der Juden aus England |
| 1103 | Mainzer Reichslandfrieden | | 1201 | Gründung des Schwertbrüderordens | | 1226/31–1525 | Deutscher Ordensstaat |

Judenverfolgungen in Europa

Keinem unmittelbaren Kreuzzug, wohl aber Verfolgung und Diskriminierung waren die europäischen Juden besonders während der Kreuzzugszeit ausgesetzt.

Antijudaismus war im mittelalterlichen Europa weit verbreitet. Die Juden wurden als Christusmörder verunglimpft; hartnäckig hielten sich Vorwürfe von ❽ Ritualmorden und Hostienfrevel. Auf dem Vierten Laterankonzil wurde 1215 eine bestimmte ❼ Kleiderordnung für Juden gefordert. Das Verbot, Landbesitz zu erwerben und in Zünfte einzutreten, drängte die Juden allmählich in den Kleinhandel. Da es Christen eigentlich verboten war, Geld gegen Zinsen zu verleihen, eröffnete sich Juden im Geldgeschäft eine Einnahmequelle, was zu neuen Vorurteilen über jüdische Wucherer Anlass bot.

In der durch die Kreuzzüge religiös aufgeheizten Stimmung entluden sich seit der Wende zum 12. Jh. Hass und Neid immer wieder in zahlreichen Pogromen, bei denen es neben Diebstählen und

Angeblicher Ritualmord der Juden an einem Jungen in Trient 1475 (Holzschnitt, 15. Jh.)

Zerstörungen von jüdischem Eigentum auch zu Folterungen und Morden kam. Zu einer weiteren Verfolgungswelle kam es infolge der Pest seit 1347, denn man verdächtigte Juden, die Brunnen vergiftet zu haben. Allein in Deutschland wurden in dieser Zeit über 350 ❾ Gemeinden vernichtet.

In anderen Ländern erging es den Juden nicht besser. Schon 1290 hatte sie König Eduard I. aus England vertrieben wegen angeblicher Ritualmorde an Christen, 1394 mussten die Juden auch ❿ Frankreich verlassen. Die Juden auf der Iberischen Halbinsel, die unter muslimischer Herrschaft zeitweise unbehelligt gelebt hatten, wurden während und v. a. nach Abschluss der Reconquista 1492 entweder vertrieben oder zwangsgetauft und am Ende, weil man auch getauften Juden misstraute, des Landes verwiesen.

Ungeachtet aller Vorbehalte wurden zur Aufrechterhaltung der öffentlichen Ordnung immer wieder Schutzgesetze für Juden erlassen, so etwa 1103 durch Kaiser Heinrich IV. im sog. Mainzer Reichslandfrieden für das Deutsche Reich. Hierin wurden die Juden zu den Schutzbedürftigen gezählt, weil sie keine Waffen tragen durften und sich deshalb nicht selbst verteidigen konnten. Die Herrschenden stellten Juden aber auch deshalb unter ihren Schutz, um sich die hohen Abgaben, die man von ihnen erpresste, zu sichern. Im Spätmittelalter ließen sich viele Juden im ⓫ Osten Europas nieder (S. 203), wo sie als Siedler und Kaufleute willkommen waren.

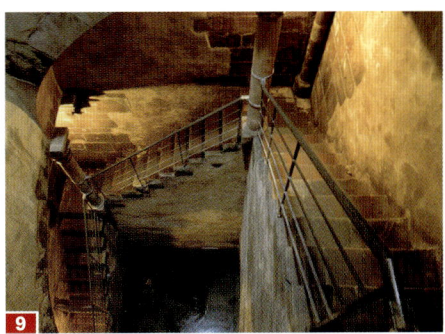

Ritualbad (Mikwe) einer jüdischen Gemeinde in Friedberg, Hessen (erbaut um 1260)

Aus der Chronik des Salomon Bar Simson:

Kreuzfahrer über die Verfolgung von Juden

„Seht an, wir sind auf einer langen Reise zum Grab (Christi) und um uns an den Anhängern des Islam zu rächen, obwohl doch mitten unter uns die Juden sind, deren Vorväter ihn ermordeten und kreuzigten … Lasst uns zuerst an ihnen Rache nehmen und sie unter den Völkern ausrotten … Oder lasst sie unseren Glauben annehmen.“

Verbrennung von Juden als Ketzer, einige tragen einen „Judenhut" (Holzschnitt, 15. Jh.)

Judenverbrennung in Frankreich (Malerei, um 1410)

Jüdischer Friedhof in Prag, Tschechien

❼ Ein Mann mit dem typischen „Judenhut" (Buchmalerei, 14. Jh.)

1394	Vertreibung der Juden aus Frankreich	**1411**	Erster Thorner Frieden	**ab 1492**	Vertreibung der Juden von der Iberischen Halbinsel
ab 1347/48	Ausbreitung der Pest	**1410**	Schlacht bei Tannenberg	**1466**	Zweiter Thorner Frieden

1525	Herzogtum Preußen

DER ISLAM

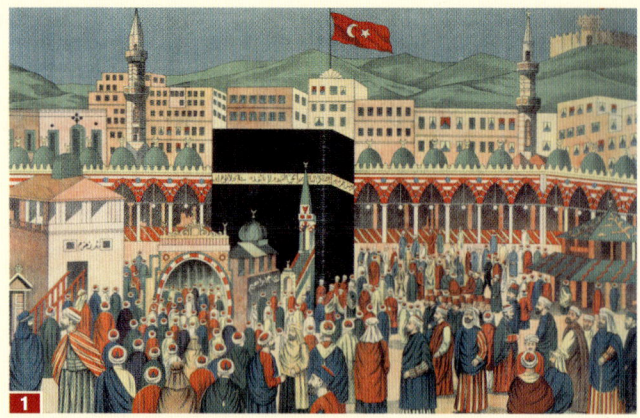

Heute ist der Islam im Westen stärker im Gespräch und in den Medien präsenter als je zuvor. Durch den ❹ Terrorismus radikaler Islamisten, der seinen vorläufigen Höhepunkt am 11. September 2001 fand, hat er sich dem Abendland als reale Bedrohung präsentiert. Aber diese Ausbrüche der Gewalt haben auch Neugier und ernsthaftes Interesse an dieser Religion hervorgerufen – der Religion, die im 7. Jh. in Arabien vom Propheten Mohammed gegründet wurde. Heute beten weltweit etwa 1,2 Milliarden Gläubige den Einen Gott Allah an.

Pilger in der Großen Moschee von Mekka mit der Kaaba (kolorierter Stich, 1860)

Heute wird Islam oft mit Gewalt in Verbindung gebracht. Doch es stellt sich die Frage, ob die Gewalt eine Korruption des Islam ist oder ob sie zu seinem Wesen gehört, ob wir es heute mit einer geistlichen Erneuerung des Islam oder einer Theologisierung der Politik zu tun haben, wie sie immer wieder und an allen Orten der Welt in der Geschichte der Menschheit aufgetreten ist und selten Gutes hervorgebracht hat. Die Theologisierung der Politik führte immer zu Radikalisierung und Emotionalisierung, vor allem aber zu Intoleranz gegenüber Andersgläubigen. In diesen Punkten hat sich der Islam in Zeiten seiner Ausbreitung vom Christentum durchaus positiv abgehoben; denn Respekt vor anderen Religionen, v. a. den ❷ Buchreligionen Judentum und Christentum, ist im Koran festgeschrieben, und auch in der Realität war die freie Religionsausübung in islamischen Großreichen üblich.

Der Anführer des El-Kaida-Terrornetzwerks, Osama bin Laden (rechts), mit seinem Stellvertreter

Erst das Ausspielen technischer Überlegenheit durch die Industrieländer, die Kolonialisierung und die Versuche, die islamische Kultur durch die westliche zu überformen, haben zu einer aggressiven Abwehrhaltung der islamischen Länder geführt.

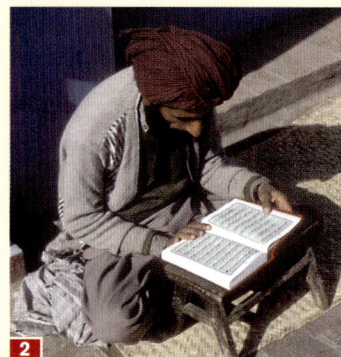

Ein Muslim bei der Lektüre der Heiligen Schriften in Multan, Pakistan

Die Anfänge des Islam

Eine kleine Gruppe von Anhängern des Propheten Mohammed, die sich zum Glauben an den Einzigen Gott Allah bekannte, stand am Anfang der Geschichte des Islam. Das Initialereignis seiner aktiven Ausgestaltung und seines Großwerdens war die ❺ Auswanderung Mohammeds aus dem feindlichen Mekka nach Medina, die sog. Hedschra im Jahr 622. In Medina schuf Mohammed die

Basis für eine starke Gemeinde der Gläubigen – religiös wie politisch. Denn er war Organisator und religiöser Führer zugleich.

Die Lehre des Islam

„Ich bezeuge, dass es keinen Gott außer Allah gibt und dass Mohammed der Gesandte Gottes ist." So lautet das islamische Glaubensbekenntnis, die Schahada. Sie beinhaltet die zwei wichtigsten Glaubensgrundsätze des Islam, nämlich den radikalen Monotheismus und den Glauben an die Lehre und Praxis des Propheten Mohammed sowie an den Koran als die ihm unmittelbar von Gott offenbarte Weisung an die Menschen. Der Koran verkündet Gott als den Schöpfer von Himmel und Erde. Er fordert den

Die Hedschra von Mekka nach Medina im Jahre 622 (Stahlstich, 1844)

❸ Gehorsam gegenüber dem allmächtigen, allwissenden und barmherzigen Gott und kündigt ein Endgericht an, bei dem sich die Menschen vor Gott für ihre Taten verantworten müssen. Auf die Gläubigen wartet das Paradies, auf die Ungläubigen die Hölle.

„Ma sha'a Allah" – „Was Gott will!" (osmanische Fliese, 19. Jh.)

Die Normen des Handelns ergeben sich aus dem Koran sowie dem überlieferten Reden und Handeln des Propheten (Sunna). Sie sind im islamischen Recht, der Scharia, niedergelegt, das eine umfassende Lebensordnung darstellt. Die wichtigsten Vorschriften für die Religionsausübung bilden die sog. fünf Säulen des Islam: das Aussprechen der Schahada, das fünfmal täglich zu verrichtende ❼ Gebet, das Almosengeben, das Fasten im Monat Ramadan und die Wallfahrt nach ❶ Mekka, die mindestens einmal im Leben ausgeführt werden soll.

Schia und Sunna

Die bis heute wichtigste Spaltung des Islam entzündete sich an der Frage der Nachfolge des Propheten Mohammed. Nach dessen Tod 632 entstand eine Partei, die ausschließlich dessen Cousin und Schwiegersohn Ali und dessen Nachkommen als rechtmäßige Nachfolger des Propheten (Imame) ansah. Aus der „Partei Alis" („Schiat Ali") ging die Gruppie-

Männer beim Freitagsgebet auf der Straße vor dem Basar in Istanbul, Türkei

rung der Schiiten hervor, die etwa 10 % der Muslime umfasst. Die verschiedenen Gruppen der Schiiten wiederum unterscheiden sich nach der Anzahl der von ihnen als rechtmäßig anerkannten ❽ Imame. So gibt es etwa die Fünfer-, Siebener- und Zwölferschiiten. Eine große Rolle spielt bei den Schiiten der Märtyrertod des dritten Imams Husain im Jahr 680.

Ausbreitung und Machtentfaltung

Während sich der Islam seit dem 18. Jh. in der Welt v. a. durch Migration verbreitet, ging die Ausbreitung des Islam in seiner Frühzeit durch militärische Eroberungen vonstatten. Innerhalb von ca. 80 Jahren hatten die Kalifen und ihre Heerführer dem Islam ein Gebiet erschlossen, das vom Indus im Osten bis nach Spanien im Westen reichte. Über das gesamtislamische Großreich herrschte der Kalif, in den Provinzen seine

Statthalter. Das Herrschaftssystem war von Anfang an rein autokratisch. Die politische Mehrheitsentscheidung wurde in der politischen Geschichte des Islam nie erwogen. Doch waren auch die Herrscher an das islamische Recht gebunden und wurden in ihrer Macht oft durch einflussreiche Rechtsgelehrte (Ulema) eingeschränkt. Die erste Dynastie, die über ein riesiges islamisches Reich herrschte, war die der Omaijaden, gefolgt von den Abbasiden. Spätere Phasen der Ausbreitung wurden von Türken und Mongolen getragen. Das letzte Reich, das größere Teile der islamischen Welt vereinigte, war das der Osmanen, das 1918/24 unterging. Die politische Ausbreitung des Islam ging mit der Islamisierung der eroberten Länder, selten aber mit Zwangsbekehrungen einher. Den Eroberern mussten Abgaben geleistet werden, dafür sicherten diese den Besiegten Schutz zu.

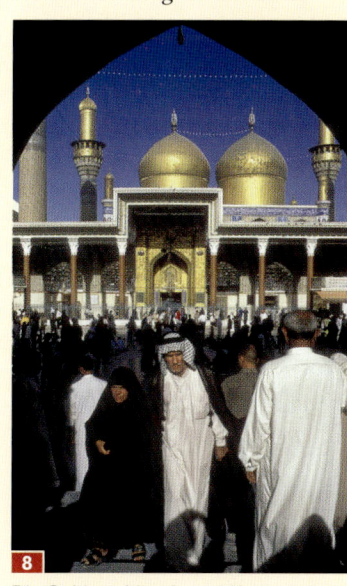

Die Goldene Moschee al-Kazimain in Bagdad ist mit den Grabstätten zweier Imame ein schiitischer Wallfahrtsort.

Panarabismus und Panislamismus

Ende des 19. Jh. kam in der arabischen Welt unter dem Einfluss europäischer Ideen der Gedanke der Nationalstaatlichkeit auf, aus dem ein gesamtarabisches Bewusstsein erwuchs, das sich zunächst v. a. gegen das Osmanische Reich, später gegen die europäischen Kolonialmächte richtete. Die sog. panarabische Bewegung, deren wichtigste Figur in den 1950er- und 60er-Jahren der ägyptische Präsident Abd el-Nasser war, beruhte auf historischen, kulturellen und sprachlichen Gemeinsamkeiten, nicht aber auf religiösen, und scheiterte letztendlich an unterschiedlichen ideologischen und politischen Zielrichtungen. Eine religiös motivierte Zusammenarbeit und Solidarität zu fördern war das Ziel des Panislamismus, der sich ebenfalls seit dem 19. Jh. entwickelte.

Islamische Staaten heute

Die Einflussnahme der westlichen Politik sowie die „Verwestlichung" durch einheimische Regierungen hatte seit Ende des 19. Jh. bereits zu irreversiblen Veränderungen in den islamischen Gesellschaften geführt. Dazu gehörten die Änderung von Sitten, Kleidung bis zur Unterdrückung der Religion im täglichen Leben. Nur in wenigen Staaten gelang in der Moderne die Umsetzung des islamischen Prinzips der Einheit von Religion und Politik. In den seltensten Fällen kann man daher von „islamischen Staaten" sprechen. Ausnahme ist mit Einschränkungen die Islamische Republik Iran. Dort sind Staat und Gesellschaft nach islamischen Maßstäben organisiert, und das Gesetz steht auf der

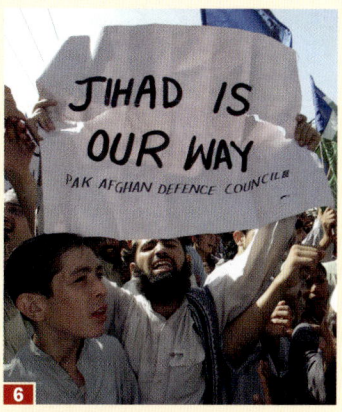

Demonstranten mit einem Plakat, das zum Heiligen Krieg aufruft

Grundlage der Scharia. Das Land, in dem Rechtswesen und gesellschaftliches Leben vielleicht am stärksten von der Scharia bestimmt sind, ist Saudi-Arabien. Die meisten Staaten mit islamischer Bevölkerungsmehrheit haben weltliche Regierungen, die sich zur weitgehenden Trennung von Staat und Religion bekennen. Als Gegenbewegung zu dieser Säkularisierung von Politik und Lebensverhältnissen ist der islamische ❻ Fundamentalismus zu bewerten. Seit den 1960er-Jahren ist ein ❾ neuer Aufbruch des Islam zu bemerken. Der Islam wird dem Pluralismus der westlichen Welt entgegengesetzt und diesem gegenüber durch seine ethische Verbindlichkeit als überlegen angesehen. Oft stehen dahinter aber auch soziale Konflikte, das Gefühl des Ausgebeutetwerdens durch den Westen und der Eindruck, bei der Globalisierung auf der Verliererseite zu stehen.

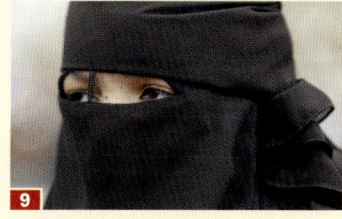

Eine muslimische Frau demonstriert in Paris gegen das Verschleierungsverbot an französischen Schulen

750–1258/1517 | Abbasidenkalifat 1453 | Osmanen erobern Konstantinopel 1918/24 | Ende des Osmanischen Reiches 1979 | Islamische Revolution im Iran

ab 1096 | Kreuzzüge 1492 | Abschluss der Reconquista 1954–70 | Präsidentschaft Abd el-Nassers in Ägypten

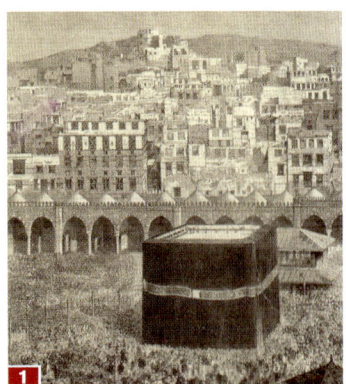

DIE AUSBREITUNG DES ISLAM 622–UM 1500

Bereits unmittelbar nach Mohammeds Tod begannen seine Nachfolger, die Kalifen, mit der Organisation eines sich rasch ausbreitenden Weltreiches. Kurz nach 700 hatten muslimische Heere ein Gebiet unterworfen, das von Spanien im Westen bis nach Pakistan im Osten reichte. Neben religiösen Spaltungen setzte nach 800 eine Aufsplitterung der islamischen Herrschaft in autonome Regionaldynastien ein. Nachdem der frühe Islam politisch hauptsächlich durch Araber und Perser geprägt worden war, erwiesen sich ab dem 10. Jh. die islamisierten Turkvölker und ab dem 12./13. Jh. Berberstämme im Westen und die Mongolen im Osten als führende Kräfte.

Die Große Moschee von Mekka mit der Kaaba, dem Hauptheiligtum der Muslime

■ Der Prophet Mohammed und die „Rechtgeleiteten Kalifen"

Nachdem bereits Mohammed die politische Organisation des Islam eingeleitet hatte, trat die junge Religion unter seinen ersten Nachfolgern, den „Rechtgeleiteten Kalifen", seinen ersten Siegeszug an.

Der Prophet Mohammed formulierte nicht nur die Lehre des Islam, sondern handelte als Führer eines Gemeinwesens auch politisch. Nach seiner Auswanderung, der Hedschra, nach Medina 622 organisierte er die ❷ Kämpfe und Verteidigung der Gemeinde, vertrieb die jüdischen Stämme und zog 630 fast gewaltlos in seine Heimatstadt ❶ Mekka ein, wo er die Kaaba zum Hauptheiligtum des Islam erklärte.

Als er am 8. 6. 632 in ❸ Medina starb, hatte er keinen Nachfolger bestimmt. Daher wählte man aus seinem engsten Umfeld nacheinander die vier „Rechtgeleiteten Kalifen": Die beiden ersten waren Schwiegerväter,

❸ Schematische Darstellung der Hauptmoschee von Medina mit dem Grab Mohammeds auf einer Keramikfliese

die beiden letzten Schwiegersöhne des Propheten. ❹ Abu Bakr, der erste Muslim außerhalb der Prophetenfamilie, hielt mit seiner Autorität die Gemeinde zusammen; unter ihm unterstellten sich bereits Teile des Jemen dem Islam. Omar nach ihm wurde zum eigentlichen Schöpfer des islamischen Weltreiches. 637 festigte er durch Militärgarnisonen, Bodenverteilung, Pensionen und eine Kopfsteuer für Nichtmuslime die innere Organisation des Reiches, während seine Feldherren 635–37 ganz Syrien und Palästina mit Damaskus und Jerusalem

eroberten sowie das Perserreich der Sassaniden ebenso unterwerfen wie Ägypten (639–41) und den Irak (640–44). Sein Nachfolger Othman widmete sich eher inneren Problem und ließ um 653 den ❺ Koran in seiner heutigen Form zusammenstellen. Muslimische Heere drangen ab 647 von Tripolitanien (Libyen) aus nach Westen vor und unterstellten bis 682 den gesamten Maghreb der Herrschaft des Islam.

Der vierte Kalif ❻ Ali, in dem die Schiiten als Vetter und Schwiegersohn des Propheten den einzig legitimen Nachfolger des Propheten (Imam) sehen, war ein gerechter und tapferer, jedoch politisch zaudernder Führer. Unter ihm kam es zu ersten Abspaltungen der Gemeinde, und schließlich verlor er den Kampf gegen die Omaijaden. Die Herrschaft der „Rechtgeleiteten Kalifen" gilt in der sunnitischen Überlieferung bis heute als das „Goldene Zeitalter" einer gerechten und gottgefälligen Führung der islamischen Gemeinde.

❷ Die Schlacht bei Bedr 624: Sieg der Muslime über die Mekkaner (Miniatur, um 1594/95)

❹ Mohammed und Abu Bakr verstecken sich vor ihren Verfolgern in einer Höhle (türkische Miniatur, 17. Jh.)

❻ Mohammed, seine Tochter Fatima, sein Vetter und Schwiegersohn Ali ibn Abi Talib und seine beiden Enkel Hassan und Hussein (Miniatur, 18. Jh.)

❺ Koranhandschrift, wahrscheinlich aus dem 8. Jh.

622 | Auswanderung Mohammeds nach Medina   8. 6. 632 | Tod Mohammeds   634 | Zweiter Kalif Omar I.   ab 637 | Ausbau der inneren Organisation

630 | Ankunft Mohammeds in Mekka   Juni 632 | Erster Kalif Abu Bakr   635–37 | Eroberungen im Nahen Osten

Das Kalifat der Omaijaden

661 etablierten die Omaijaden ein erbliches Kalifat und organisierten von Damaskus aus die rasche Ausbreitung des Islam nach Westen und Osten. 750 wurden sie von den Abbasiden beseitigt.

Die Herrschaft der Dynastie der Omaijaden begann 657, als der Kalif Ali bei Siffin eine Schlacht gegen den aufbegehrenden syrischen Statthalter Muawiya verlor. Nach Alis Ermordung 661 etablierte Muawiya, der bereits seit 658 einen Großteil des muslimischen Gebietes kontrollierte, das Kalifat seiner Familie. Er machte Damaskus, wo die prachtvolle ❼ Große Moschee erbaut wurde, zur Residenz; sowohl der Erholung wie auch landwirtschaftlichen Zwecken dienten die sog. ❽ Wüstenschlösser in Syrien und Jordanien. 674–78 drangen islamische Truppen weit in byzantinisches Gebiet vor und belagerten erstmals Konstantinopel. Unter Yazid I. kam es 680 zur Vernichtung der Sippe des Prophetenenkels Hussein bei Kerbela, die zum eigentlichen Initiationserlebnis der Schiiten wurde. Abd al-Malik gab dem Omaijadenreich ab 685 feste politische Strukturen. Er wollte Jerusalem zum neuen politisch-kulturellen Mittelpunkt seiner Herrschaft machen und ließ den 691/92 vollendeten ❾ Felsendom er-

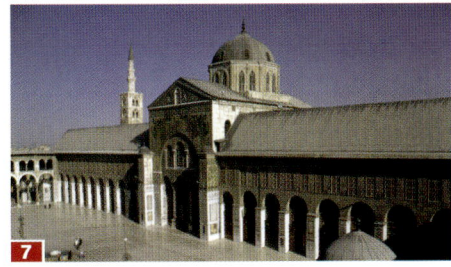

7 Die Große Omaijadenmoschee von Damaskus, Syrien (erbaut im 8. Jh.)

8 Qasr al-Hair ash-Sharki, syrisches Wüstenschloss, (erbaut ab 729 unter dem Kalifen Hischam)

richten. Unter Walid I. begann die zweite Ausdehnungswelle des Islam. 711 stießen Araber und Berber unter dem Feldherrn Tariq über Gibraltar nach Spanien vor, vernichteten das Westgotenreich von Toledo und unterwarfen in kürzester Zeit die gesamte iberische Halbinsel bis auf Asturien. Bald schon drangen sie nach Südfrankreich vor,

wurden jedoch 732 von den ❿ Franken unter Karl Martell bei Tours und Poitiers zurückgeschlagen. Zwischen 694 und 711 stießen arabische Truppen von Südpersien aus bis ins heutige Pakistan vor und unterwarfen Afghanistan, Buchara und Samarkand (704) sowie das Industal bis Multan; 724 fielen auch Transoxanien und Taschkent in Zentralasien dem Islam zu.

Die Truppen der Nachfolger Walids I. belagerten 717/18 nochmals Konstantinopel und plünderten regelmäßig das byzantinische Kleinasien. Kalif Hischam erwies sich noch einmal als fähiger Verwaltungsfachmann, der Unruhen unter Berbern und Neumuslimen durch eine gerechtere Verteilung der ⓫ Gelder auffangen konnte und öffentliche Bauten und die Wasserversorgung der Städte finanzierte. Aufstände unter seinen Nachfolgern und Thronstreitigkeiten im Herrscherhaus erleichterten den mit dem Prophetenhaus verwandten Abbasiden 749/50 die blutige Beseitigung des Omaijadenkalifats.

Die Tragödie von Kerbela

Nach dem Tod seines älteren Bruders Hassan 670 wurde Hussein, der jüngere Sohn Alis, als 3. Imam von den Schiiten anerkannt. 680 überredeten ihn die Einwohner Kufas, sich gegen die Herrschaft der Omaijaden zu erheben. Beim Marsch durch die Wüste wurden Hussein und seine Sippe – 72 Personen – von den Truppen des Kalifen umzingelt, ausgehungert und vernichtet. Dieser Tragödie von Kerbela im heutigen Irak am 10. Muharram 680 gedenken die Schiiten bis heute am Aschurafest in Theaterspielen und Geißlerprozessionen.

oben: Vor der Schlacht bei Kerbela (türkische Miniatur)

5.–15. Jh.

Mittelalter

9 Der Felsendom (Omar-Moschee) in Jerusalem (erbaut 688–91)

10 Arabische Silbermünzen der Omaijaden

11 Schlacht bei Tours und Poitiers 732

um 653 Erste offizielle Koranausgabe	**657–749/50** Herrschaft der Omaijaden	**680** Ermordung Husseins	**749/50** Absetzung der Omaijaden
644 Dritter Kalif Othman	**656** Vierter Kalif Ali	**661** Damaskus wird Residenz	**732** Sieg Karl Martells über Tariq

Mittelalter   5.–15. Jh.

Die frühen Abbasiden

Nach der Beseitigung der Omaijaden übernahmen die Abbasiden das Kalifat und bauten Bagdad zum Weltzentrum des Islam aus. Bereits im 9. Jh. zeigte sich jedoch ein rapider Machtverfall.

Nachdem das Kalifat der Abbasiden mit der Ausrottung aller Omaijaden (bis auf Prinz Abderrahman, S. 230) gefestigt war, wurde al-Mansur (754–775) zum eigentlichen Begründer des Abbasidenreiches. 762 gründete er als Residenzstadt Bagdad im heutigen Irak, das in den folgenden Jahrhunderten zu einem Zentrum der islamischen Kultur, Wissenschaft und Kunst von Weltgeltung und zu einer wohlhabenden Handelsstadt wurde. Al-Mansurs Sohn al-Mahdi setzte dann die dynastische und absolute Herrschaft des Kalifen wie auch die Sunna als Staatsreligion endgültig durch. Dessen Sohn wiederum war der prachtliebende und durch die Märchen aus „Tausendundeiner Nacht" bekannte

❶, ❷ Harun ar-Raschid, unter dem das Reich einen ersten Höhepunkt erreichte. Jedoch wurde allmählich durch die Übernahme des persischen Hofzeremoniells die Kluft zwischen Kalif und Bevölkerung immer größer. Die Regierungsgeschäfte übernahm bis 803 die Wesirsfamilie der Barmakiden, die dem Reich eine ausgezeichnete Verwaltung gab.

Den Machtkampf unter den Söhnen Haruns konnte al-Mamun 813 für sich entscheiden, der die rationalistische Lehre der Mutasiliten zur Staatsdoktrin erhob. Diese besagte, dass es neben Allah kein anderes unerschaffenes Wesen geben könne, der Koran also nicht präexistent, sondern geschaffen sein müsste. Mit der Gründung des „Hauses der Wissenschaft" 830 in Bagdad schuf al-Mamun ein geistiges Zentrum mit einer umfangreichen Bibliothek. Militärisch stützten er und seine Nachfolger sich verstärkt auf türkische Söldnertruppen, die den sunnitischen Islam annahmen und sich unter den schwächeren Kalifen im 10. Jh. zu einer Machtelite entwickelten.

836 verlegte al-Mutasim seine Residenz und die türkischen Garden von Bagdad, das immer wieder durch Unruhen in der Bevölkerung erschüttert wurde, in das weiter nördlich gelegene, neu gegründete ❸, ❹ Samarra. Der strenggläubige Kalif al-Mutawakkil begann in seiner Regierungszeit von 847 bis 861 mit der Zurückdrängung der Philosophen und Mutasiliten. Thronstreitigkeiten und häufig wechselnde Kalifen schwächten die Zentralgewalt unter seinen Nachfolgern, die 883 nach Bagdad zurückkehrten, und begünstigten den bereits nach 800 einsetzenden Verfall des Gesamtreiches und die Ausbildung faktisch unabhängiger Lokalherrschaften. Die Kalifen gerieten ihrerseits immer stärker unter die Herrschaft ihrer türkischen Truppenkommandeure.

1 Harun ar-Raschid

Die Gesandten Harun ar-Raschids vor Kaiser Karl dem Großen

3 Stuckornamente aus Qasr al-Aschiq (Schloss der Liebenden) in Samarra (errichtet gegen Ende des 9. Jh.)

4 Minarett der Großen Moschee von Samarra (erbaut 859)

Avicenna, arabisch Ibn Sina

Zentren der islamischen Wissenschaft

In Bagdad und anderen Zentren der islamischen Wissenschaft wurde das Erbe der griechischen Antike aufgenommen und weiterentwickelt und schließlich auch ins Abendland vermittelt. Neben der Philosophie, die mit den Universalgelehrten al-Kindi und Ibn Sina (Avicenna) einen ersten Höhepunkt erreichte, waren es v. a. die Gebiete der Mathematik, Astronomie, Medizin und Optik, in denen Höchstleistungen vollbracht wurden. Die Lehrbücher islamischer Gelehrter bildeten für Jahrhunderte die Grundlage der Wissenschaft.

Das Ende des abbasidischen Kalifats

Der Machtverlust der Abbasiden begünstigte ab dem 9. Jh. die Autonomie lokaler Reiche und das schiitische Gegenkalifat der Fatimiden. Schließlich endete das Kalifat im Mongolensturm.

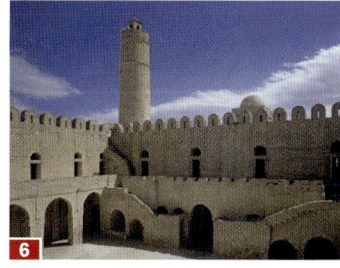

6 Ribat (Festung) in Sousse, Tunesien (erbaut Ende 8. Jh.)

Die sich ausbildenden Lokalreiche erwiesen sich zumeist als politisch stark und machten ihre Höfe zu eigenständigen Kulturzentren. Die in Ostalgerien, ❻ Tunesien und Tripolitanien regierenden Aghlabiden (800–909) konnten sich nach 827 in Unteritalien und Sizilien festsetzen und plünderten 846 Rom, während die ❼ Tuluniden (868–905) und Ikhshididen (935–69) Ägypten, Syrien und Palästina beherrschten. In Nordostpersien (Khorasan) machten sich die Tahiriden (821–73) und in Afghanistan und Teilen Transoxaniens die Saffariden (861/67–903) selbstständig;

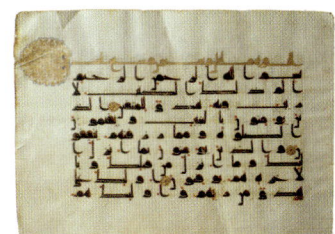

5 Koranhandschrift in kufischer Schrift (10. Jh.) aus der Großen Moschee in Kairouan

diese wurden von den in Samarkand residierenden Samaniden abgelöst (S. 234). Auch der Maghreb und Spanien entzogen sich der Kontrolle Bagdads (S. 230 f.).

Zur größten Herausforderung Bagdads wurden die schiitischen Fatimiden, die von Tunesien aus, wo sie ❺, ❽ Kairouan zu ihrer Hauptstadt machten, 969 Ägypten und zeitweise Syrien eroberten und ein schiitisches Gegenkalifat im neu gegründeten ❾ Kairo errichteten. Ihr Gründer Obaidallah al-Mahdi verband seine Herrschaft mit schiitischen Heilserwartungen. Seine Nachfolger al-Muizz und al-Aziz machten Kairo zu einem Zentrum der Wissenschaft und Kultur und gründeten mit der ❿ al-Azhar-Moschee ein schiitisches Missionszentrum; heute ist es die führende sunnitische Theologenschule. Die religiöse Exzentrik des Kalifen al-Hakim führte zu Unruhen und 1017/21 zur Gründung

8 Die Große Moschee von Kairouan, Tunesien (erster Bau 672, im 8. Jh. erweitert und umgebaut)

9 Bab Zuweila, fatimidisches Stadttor in Kairo (11. Jh.)

der Religionsgemeinschaft der Drusen, die ihn vergöttlichten. 1036–37 verlor das fatimidische Reich, das sich auch wirtschaftlich im Niedergang befand, Syrien und Palästina an die Seldschuken (S. 232). Eine religiöse und politische Spaltung nach 1094, aus der auch die wegen ihrer Attentate gefürchtete Sekte der Assassinen hervorging, ermöglichte dem aijubidischen Sultan Saladin 1171 die Beseitigung des Fatimidenkalifats (S. 233).

Inzwischen waren die Kalifen in Bagdad ab 932 unter die „Schutzherrschaft" der schiitischen Militärdynastie der Buyiden geraten, die die militärische Macht des Kalifats wiederherstellten. Der bedeutendste Buyide, Adud ad-Daula, ab 977 Emir von Bagdad, ordnete den gesamten irakischen Raum seiner Macht unter. 1056/62 wurden die letzten buyidischen Linien in Bagdad und Kerman von den Seldschuken beseitigt. Die Kalifen kamen nun unter die „Schutzherrschaft" der Seldschuken und Chwaresm-

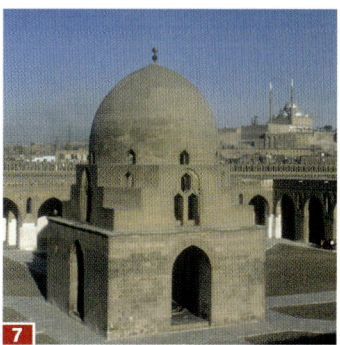

7 Die Ibn-Tulun-Moschee in Kairo (erbaut ab 876): Innenhof mit Brunnenpavillon

Schahs (S. 232, 235). Mit an-Nasir und al-Mustansir, der die Mustansiriya-Medrese in Bagdad erbauen ließ, gelang ihnen nochmals eine weitgehende Wiederaufrichtung ihrer politischen Souveränität. Der letzte Kalif al-Mutasim verweigerte die von den heranrückenden Mongolen geforderte Unterwerfung und starb mit Tausenden seiner Untertanen beim Mongolensturm auf Bagdad 1258.

10 Die Al-Azhar-Moschee in Kairo (erbaut 970–972, seit 998 islamische Universität)

1017/21 | Gründung der Drusen   1056/62 | Vertreibung der Buyiden aus Bagdad   1258 | Mongolen erobern Bagdad / Ende des Abbasidenkalifats

1036/37 | Seldschuken erobern Syrien und Palästina   1171 | Saladin beendet das Fatimidenkalifat

5.–15. Jh.

Mittelalter

Das Emirat/Kalifat von Córdoba

Nach der islamischen Eroberung führten die spanischen Omaijaden ihr Reich zu politischer und kultureller Blüte. 929 nahm Abderrahman III. den Kalifentitel an.

Seit der Eroberung großer Teile der iberischen Halbinsel ab 711 durch Araber- und Berbertruppen wurde „al-Andalus" von Statthaltern der Omaijaden-Kalifen verwaltet. Nach deren Beseitigung durch die Abbasiden gelang es dem einzigen überlebenden Prinzen, als Abderrahman I., 756 das unabhängige Emirat von ❶ Córdoba zu errichten. In der Folgezeit erlebte al-Andalus durch eine hervorragende Staatsverwaltung und ausgeklügelte Be-

Teilansicht der Ostfassade der Großen Moschee, La Mezquita, in Córdoba, Spanien (erbaut 785–990, nach 1236 als Kathedrale genutzt)

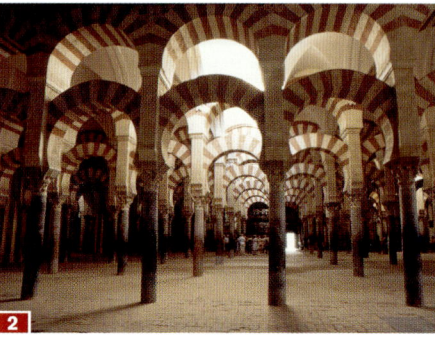

La Mezquita in Córdoba, Spanien

Macht und drangen mehrfach bis Südfrankreich vor. Während der Regierungszeit Abderrahmans II. von 822 bis 852 kam es zu einer Orientalisierung der Städte und einer Verfeinerung der Hofsitten; Herrscher und Adelige traten als Poeten und Kunstförderer hervor, und bald konnte es Córdoba mit Bagdad und Samarra als islamisches Kulturzentrum aufnehmen. Unter seinen Nachfolgern begann die Zentralgewalt an Stärke zu verlieren: Lokale Herrschaften wie die der Hafsun-Familie in Bobastro, die große Teile Spaniens beherrschte, beschränkten die Macht der Emire ebenso wie die erstarkenden christlichen Könige Nordspaniens (Asturien, Leon und Kastilien), die ihre Macht nach Süden vorschoben.

Abderrahman III. führte den Islam in Spanien schließlich auf seinen politischen Höhepunkt. Er stellte nicht nur die verlorene Macht wieder her, sondern brachte nach 920 auch den gesamten

westlichen Maghreb unter seine Kontrolle und gab dem Reich eine gut durchorganisierte zivile und militärische Verwaltung. 929 erhob er sich selbst zum Kalifen und schuf damit ein drittes Kalifat neben Bagdad und Kairo. Sein Sohn al-Hakam II. ließ eine der größten Bibliotheken seiner Zeit anlegen und förderte Philosophie, Wissenschaft und Kunst. Für den beim Tod seines Vaters 976 noch unmündigen Hischam II. herrschte der Militärbefehlshaber al-Mansur, der in über 50 Feldzügen gegen die Christen die militärische Macht des Reiches noch einmal herstellte und 997 sowohl Fes als auch den christlichen Wallfahrtsort Santiago de Compostela eroberte. Sein Sohn Abd al-Malik

konnte die Macht halten, doch nach 1009 versank das Kalifat in Bürgerkriegen und den Kämpfen unabhängiger Teilherrscher. 1031 legte der letzte Kalif Hischam III. den Kalifentitel nieder, das Kalifat von Córdoba war erloschen.

❸ Elfenbeindose im Omaijadenstil aus Medina az-Zahra, einer Palaststadt bei Córdoba

wässerungs- und Anbautechniken sowie umfangreiche Handelsbeziehungen mit Afrika und dem Orient einen wirtschaftlichen Aufschwung, der mit einer künstlerischen und geistigen Blüte einherging. Zentrum des Reiches wurde Córdoba mit seiner ❶, ❷ Säulenwald-Moschee, etwas außerhalb entstand unter Abderrahman III. die gewaltige Palaststadt von ❸ Medina az-Zahra.

Abderrahman I. und sein Sohn Hischam I. konsolidierten die

Blick auf Córdoba mit der Brücke über den Guadalquivir und der Großen Moschee mit der eingebauten Kathedrale

ab 711 | Muslime erobern Westgotenreich | 756 | Omaijaden gründen das Emirat von Córdoba | 929 | Abderrahman III. nimmt Kalifentitel an

732 | Muslime bei Tours und Poitiers aufgehalten | 795 | Bau der großen Moschee in Córdoba | 936 | Bau der Palaststadt Medina az-Zahra

Der Islam in Spanien und dem Maghreb

Die politische Schwäche der Araber in Spanien führte zum Aufstieg von Berberdynastien, die von Marokko aus auch nach Spanien ausgriffen. Während der Islam in Spanien zurückgedrängt wurde, behaupteten die Berber den Maghreb.

Zwischen 1013 und 1091 war al-Andalus in 26 Teilkönigreiche aufgeteilt, die sowohl von arabischen als auch von Berberdynastien regiert wurden. Inzwischen hatten 1035/36 in Marokko die berberischen Grenzkrieger der Almorawiden die Macht übernommen und stießen 1082 von Marrakesch aus bis Algier vor. Von den spanischen Kleinkönigen gegen die Christen des Nordens zu Hilfe gerufen, beseitigten sie 1090–94 die dortigen Teilkönigreiche und übernahmen selber die Herrschaft. Ab 1124 entstand ihnen mit der streng asketischen Bewe-

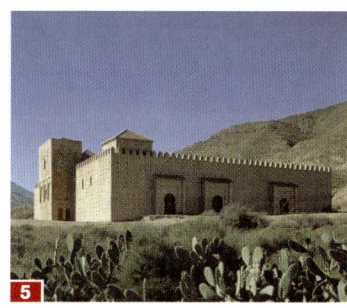

5
Die Moschee von Tinmal, Marokko, aus der Almohadenzeit (erbaut 1153–54)

gung der Almohaden in ❺ Tinmal unter dem Prediger Ibn Tumart eine Opposition innerhalb Marokkos. 1147 vertrieb ihr neuer Führer Abd al-Mumin die Almorawiden aus Marrakesch und

❻ Sevilla und eroberte bis 1160 fast den gesamten Maghreb mit Algerien, Tunesien und Teilen Tripolitaniens. Die Almohaden beendeten die bisher von den muslimischen Herrschern in Spanien geübte religiöse Toleranz und beschränkten die freie Philosophie zugunsten der Orthodoxie. Militärisch erlitten sie in Spanien nach Anfangserfolgen 1212 bei Las Navas de Tolosa eine Niederlage gegen die Christen. Nach 1224/32 wurden sie in Spanien von ihren ehemaligen Vasallenfürsten abgelöst, 1269 in Marokko von den Meriniden.

Ganz in den Süden zurückgedrängt, konnten sich die Muslime in Spanien nur noch in dem 1232 gegründeten Reich der nasridischen Emire von Granada halten. Bald jedoch gerieten auch die Nasriden, die in der ❼ Alhambra residierten, in Abhängigkeit von den immer weiter vordringenden Königen von ❾ Kastilien und Aragón. 1492 vertrieben Isabella I. und Ferdinand II., die Katholischen Könige (S. 296), den letzten Nasriden Boabdil und beendeten damit die Herrschaft der Muslime im westlichen Europa.

In Marokko herrschte 1244/69–1465 die Berberdynastie der Meriniden, die ihre Residenz ❽ Fès prachtvoll ausbauten und zeitweilig ihre Macht auch über Algerien ausdehnten. Mit ihnen konkurrierten die in Tunis residierenden Hafsiden (1229/36–1574), die Tu-

6
Torre del Oro, Befestigungsturm in Sevilla, Spanien (erbaut 1220)

nesien, Ostalgerien und Tripolitanien beherrschten und nach 1258 den Kalifentitel annahmen. Unter ihnen stieg Tunis zum bedeutendsten Zentrum des Mittelmeerhandels im Maghreb auf.

7
Die Alhambra von Granada, Residenz der Nasriden bis 1492; links der berühmte Löwenhof im Zentrum der Palastanlage.

Boabdil

Seit 1431 waren die Nasriden von Granada den Königen von Kastilien tributpflichtig. Der letzte Herrscher Boabdil, genannt „der kleine König", herrschte 1482/83 und 1487–92, zwischenzeitlich vertrieben von seinem Onkel al-Zagal. Den vordringenden Katholischen Königen leistete er kaum noch Widerstand und musste diesen am 2. 1. 1492 Granada übergeben. Der „Abschied des letzten Mauren" wurde vielfach künstlerisch gestaltet. Er ging nach Marokko ins Exil und fiel dort zwischen 1527 und 1538.

rechts: Das Schwert des Boabdil

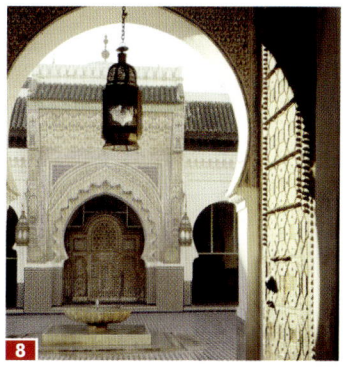

8
Die Kairaouine-Moschee in Fès, Marokko (gegründet im 9. Jh.)

9
Die Schlacht von Higueruela am 1. 7. 1431 zwischen König Johann II. von Kastilien und dem nasridischen Emir von Granada (Fresko, 16. Jh.)

031 | Ende des Omaijaden-Kalifats von Córdoba   1147–1269 | Herrschaft der Almohaden   1232–1492 | Herrschaft der Nasriden in Granada

1035/36–1147 | Herrschaft der Almorawiden   1212 | Schlacht bei Las Navas de Tolosa   1492 | Die Katholischen Könige erobern Granada

Die Reiche der Seldschuken

Die Groß-Seldschuken vereinheitlichten durch ihre „Staats-Sunna" ihr gesamtes, formell dem Kalifen unterstehende Herrschaftsgebiet. Nach ihrem Zerfall hielt sich nur ein Zweig in Anatolien.

Mit dem Reich der ❸ Groß-Seldschuken übernahmen die islamisierten Turkvölker die tatsächliche Macht im Mittleren Osten. Die zunächst in Transoxanien siedelnden Seldschuken – benannt nach dem legendären Stammesgründer Seldschuk – hatten um 960 den sunnitischen Islam angenommen. Nach ihrer Aufteilung in mehrere Stammesverbände eroberten sie unter Tughril Beg nach seinem Sieg über die Ghaznawiden (S. 234) von Nishapur aus 1042 den Westiran, stießen 1052 bis Shiraz vor und setzten 1054 ihre Oberherrschaft über Aserbaidschan und Khuzistan durch. 1055 zog Tughril Beg in Bagdad ein, befreite den Kalifen von der „Schutzherrschaft" der schiitischen Buyiden und trat als Sultan selbst an deren Stelle. Sein Neffe Alp Arslan, der 1063 die Herrschaft antrat, wurde mit seinem überragenden Wesir, dem Staatsmann und Philosophen Nizam al-Mulk, zum eigentlichen Gestalter des seldschukischen Großreiches. 1071 gelang ihm ein bedeutender Sieg über ❶ Byzanz bei Mantzikert. Nach Alp Arslans Ermordung 1072 blieb Nizam auch unter dessen Sohn Malik Shah die beherrschende Figur;

1092 wurde er das erste prominente Opfer eines Mordanschlags der Assassinen (S. 229).

Da sie keine Abstammung von Mohammed beanspruchen und ihre Herrschaft darum selbst

Das sog. Mausoleum des Sultans Sandjar, wahrscheinlich Audienzsaal im Palast der Groß-Seldschuken in Merw (heutiges Mary), Turkmenistan (12. Jh.)

nicht religiös legitimieren konnten, beriefen sich die Seldschuken hierfür auf die nominelle Oberherrschaft der Kalifen. Sie schufen ein ausgezeichnet verwaltetes, von sicheren ❺ Handelsrouten, komfortablen ❷ Karawansereien und ❻ prächtig dekorierten Moscheen durchzogenes Riesenreich von Zentralasien über den Iran bis zum Irak. Zahlreiche Medresen dienten neben der Durchsetzung einer einheitlichen „Staats-Sunna" der Ausbildung einer künftigen Verwaltungselite.

Durch Machtkämpfe um die Nachfolge Malik Shahs verfiel das

Reich der Groß-Seldschuken und wurde 1157 von den Chwaresm-Schahs (S. 235) beseitigt. Inzwischen hatte sich 1078 ein Zweig der Seldschuken in Anatolien selbstständig gemacht. Ihr Sultan Kiliç Arslan II. und seine Nachfolger taktierten geschickt zwischen Kreuzfahrern und Byzantinern und schufen unter Ala ad-Din Kaiqubad I., dem bedeutendsten Herrscher, der von 1219 bis 1236 regierte, ein gut organisiertes und militärisch starkes Reich mit der Hauptstadt ❹ Konya. Nach 1242 durch die stetig nach Westen vorrückenden Mongolen immer mehr bedrängt, erlitten sie 1279 eine schwere Niederlage gegen die mongolischen Il-Khane von Persien. Der letzte Sultan der am Ende zersplitterten anatolischen Seldschuken, Masud II., starb 1308.

Kämpfe zwischen Byzantinern und Seldschuken (byzantinische Buchmalerei, 11. Jh.)

Ehemalige Karawanserei in Bagdad (erbaut **1358**)

Die Ince-Minare-Medrese in Konya, Türkei

Seldschukische Çobandede-Brücke in Ostanatolien, Türkei, über die eine Route der Seidenstraße führte (13. Jh.)

Mosaik in der Freitagsmoschee von Isfahan, Iran

■ Aijubiden und Mamluken

Die Zeit der Kreuzzüge begünstigte den Aufstieg von Militärdynastien. Sultan Saladin wurde der überragende Feldherr auf Seiten des Islam; ihm folgten die Militärherrscher der Mamluken.

Den Seldschuken war es nicht gelungen, die Lokaldynastien im Raum Palästina-Syrien-Nordirak unter ihre Kontrolle zu bringen, Eine politische Einheit der Region sollte erst die kurdische Dynastie der Aijubiden zustande bringen, und zwar unter ihrem Begründer ❼ Saladin, einem der bedeutendsten Staatsmänner des Islam.

Zunächst Militärführer der schiitischen Fatimiden, beseitigte er diese 1171 und führte die Sunna wieder ein. In einem Siegeszug entriss er ⓫ Kreuzfahrern und Lokalherrschern ab 1172 Tripolis, Damaskus, ❽ Aleppo und Mossul und konnte 1187 Jerusalem von den Kreuzfahrern erobern (S. 220), das er zur offenen Stadt für alle Religionen erklärte. Sein politisches Handeln, das von einer Mischung

❼

Sultan Saladin (Holzstich, 19. Jh.)

aus brillanter Taktik, zäher Verhandlungsführung und ritterlicher Großzügigkeit geprägt war, verschaffte ihm auch im Abendland Respekt. Als Herrscher des wiedervereinigten Ägypten, Syrien und Irak bewegte er durch Verhandlungen das Kreuzfahrerheer unter ❿ Richard Löwenherz 1192 vor Jeru-

salem zum Abzug. Saladins Bruder al-Adil konnte das 1193 zunächst geteilte Reich 1200 wiedervereinigen. Seine Nachfolger mussten gegen die Kreuzfahrer die Hilfe kaukasischer Militärsklaven („Mamluken") in Anspruch nehmen, die 1250/60 die letzten Aijubiden beseitigten und selbst die Herrschaft antraten.

Die Sultane der ❾ Mamluken herrschten bis 1517 von Kairo aus über Ägypten und Syrien. Sultan Baibars, ein hervorragender Militärstratege, stoppte 1260 das Vordringen der Mongolen nach

❽

Die Große Moschee von Aleppo in Syrien, 1169 zerstört und unter dem Aijubiden Nur ad-Din neu errichtet

❿

Richard Löwenherz in der Schlacht bei Arsuf am 7. 9. 1191 gegen Saladin

Westen. Seine Nachfolger vertrieben 1289/91 die Kreuzfahrer aus ihren letzten Bastionen im Heiligen Land. Auch machten die Mamluken Kairo zu einem der wichtigsten Umschlagplätze des Asienhandels im Mittelmeerraum und leisteten unter ⓬ Sultan Bar-

Die Eroberung Jerusalems

Der Sieg Saladins über das Heer der Kreuzfahrer bei Hattin am 4. 7. 1187 war eine taktische Meisterleistung. Sie bereitete die Eroberung Jerusalems am 3. 10. 1187 vor. Saladin bewies seine Ritterlichkeit, als er den Bewohnern Jerusalems erlaubte, zu ihrer Verteidigung den Ritter Balian von Ibelin – eigentlich ein Gefangener Saladins – als Anführer zu wählen, da er nicht über Frauen und Kinder siegen wollte. Nach der Einnahme der Stadt schonte er die Christen und erlaubte fast allen, sich freizukaufen. Hunderten schenkte er auch ohne Lösegeld die Freiheit.

oben: Die Schlacht bei Hattin 1187: Niederlage der Kreuzfahrer gegen die Muslime unter Saladin

kuk dem mongolischen Eroberer Timur Lenk erfolgreich Widerstand. Ihre religiöse Legitimation verschafften sie sich durch von ihnen kontrollierte abbasidische Schattenkalifen. Nach 1450 begann ihr politischer Niedergang und bis 1517 wurden sie von den Osmanen unter Selim I. (S. 309) unterworfen.

⓬ Moscheelampe aus der Moschee des Sultan Barkuk (14. Jh.)

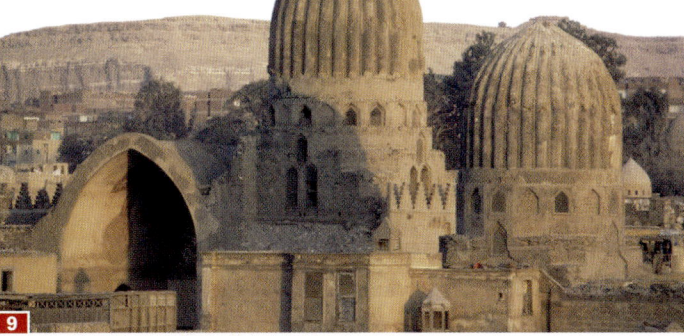

❾

Die Kalifen- und Mamlukengräber in Kairo (angelegt 1250–1517)

⓫

Kreuzritterburg Montreal (Shaubak) in Jordanien (erbaut ab 1115)

Die islamischen Regionalherrschaften des Ostens und Mahmud von Ghazna

Im Osten waren es nach den Samaniden v.a. Mahmud von Ghazna und seine Nachfolger, die den Islam in Zentralasien bis nach Indien ausbreiteten.

Der Osten der islamischen Welt zeigte eine vom Westen weitgehend unabhängige Entwicklung. Nachdem arabische Heere nach 700 bis Buchara, Samarkand und in das Industal vorgedrungen waren, fiel der Machtbereich nach 821 den Tahiriden zu (S. 229), als deren Statthalter die iranischen ❹ Samaniden ab 819 in Samarkand, Ferghana und Herat amtierten. Nasr I. nutzte den Untergang der Tahiriden 873, um sich als Statthalter der abbasidischen Kalifen in Transoxanien

unabhängig zu machen. Als Residenz baute er Buchara aus, das Ende des 10. Jh. zu einem persisch

2 Keramikteller aus Khorasan, 10. Jh.

geprägten kulturellen Zentrum wurde. Sein Bruder Ismail eroberte bis 903 Afghanistan und große Teile Persiens mit ❷ Khorasan. Unter Nasr II. (914–43) erreichte das Reich dann seine größte Ausdehnung von Bagdad, Kerman und dem Persischen Golf bis nach Turkestan und der Grenze zu Indien. Seine Nachfolger verloren 994 Khorasan an die Ghaznawiden und 999 Transoxanien an die Qarakhaniden. Der letzte Samanidenherrscher wurde 1005 auf der Flucht ermordet.

Damit hatten die Turkvölker die Macht im Osten übernommen. Die Ghaznawiden waren ur-

sprünglich türkische Söldner und Heerführer der Samaniden, die den Dynastiegründer Sebüktegin 977 als Statthalter von Ghazna einsetzten. Sein Sohn ❶ Mahmud von Ghazna, der 998 die Macht antrat, gehört zu den großen Eroberergestalten des Islam. Bis 999 besiegte er mit seiner beweglichen Reiterei die Samaniden in Khorasan und eroberte große Teile Persiens und den Panjab. Er ließ sich 1027 vom Kalifen in ❺ Bagdad den Ehrentitel „Schützer des Kalifats" verleihen und bekämpfte als strenger Sunnit die schiitischen Buyiden. Zwischen 1001 und 1024 unterwarf er in 17 Feldzügen den Norden Indiens und ermöglichte so das Eindringen des Islam in Indien (S. 240), wobei er hart gegen die Hindus vorging und ihre Tempel zerstörte. Mahmuds Sohn Masud I. konzentrierte sich auf Indien und erlitt 1040 eine schwere Niederlage gegen die Seldschuken, die in der Folge die Herrschaft der Ghazna-

1 Siegessäule von Ghazni, erbaut unter Mahmud von Ghazna

3 Karawane durchquert das Koh-i-Baba-Gebirgsmassiv in Afghanistan

widen auf den ❸ Osten Afghanistans und Nordindien beschränkten. 1161 verdrängten die Ghuriden aus Zentralafghanistan sie aus Ghazna und 1186 mit der Einnahme Lahores aus Nordindien.

4 Das Mausoleum der Samaniden in Buchara, Usbekistan (errichtet um die Wende des 9. zum 10. Jh.)

5 Bab el-Wastani, eines der Stadttore Bagdads vom Ende des 11. Jh.

Der Hof Mahmuds von Ghazna

Mahmuds Hof war ein Zentrum des islamischen Geisteslebens. Dichter und Wissenschaftler, die er auch auf seine Feldzüge mitnahm, damit sie dort ihre Studien betreiben konnten, erfuhren großzügige Förderung. Zu den bedeutendsten Wissenschaftlern um Mahmud gehörten der Universalgelehrte al-Biruni, der in seinen „Gärten der Wissenschaft" alle Lebensbereiche beschrieb, und Firdausi, der im Auftrag des Herrschers das persische Königsbuch „Schahname" schrieb.

Eingangsbild zum „Schahname" (Königsbuch) des Firdausi: Der noch unbekannte Firdausi trifft 980 auf die Hofdichter des Sultans Mahmud von Ghazna (persische Miniatur, 13. Jh.)

5.–15. Jh.

Mittelalter

| 821–73 | Herrschaft der Tahiriden | | 977–1186 | Herrschaft der Ghaznawiden | | 998–1030 | Herrschaft Mahmuds von Ghazna |

| 819–999/1005 | Herrschaft der Samaniden | | 992 | Eroberung Bucharas durch die Qarakhaniden |

Zentralasien und die Chwaresm-Schahs

In der Nachfolge der Seldschuken und Qarakhaniden errichteten die nordiranischen Chwaresm-Schahs das größte Reich der alten islamischen Welt. Nach rascher Ausdehnung provozierten sie den Westzug der Mongolen.

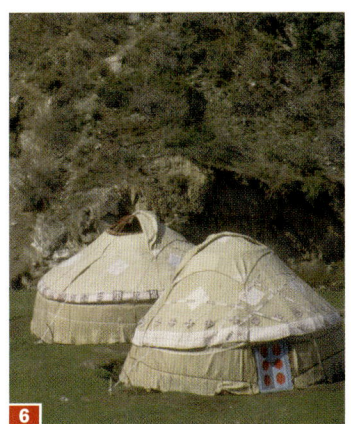

6

Uigurische Jurten am Tian Chi, China

Die Qarakhaniden waren ein zu den **6** Uiguren gehörendes Turkvolk, das aus der asiatischen Steppe stammte. Nach 840 machten sie sich unter einem Doppel-Khanat im Westen und im Osten selbstständig und nahmen im 10. Jh. den Islam an. 992 eroberten sie Buchara und eigneten sich bis 999 den transoxanischen Herrschaftsbereich der Samaniden an. Zu ihren Residenzen machten sie **7**, **9** Buchara und ab 1042 auch Samarkand.

Zunächst konnten sie sich gegen Ghaznawiden und Seldschuken behaup-

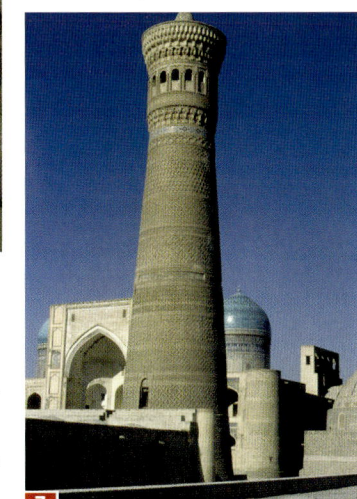

7

Das Minarett Kalan in Buchara, Usbekistan (errichtet zu Beginn des 12. Jh. von den Qarakhaniden)

ten, mussten deren Oberhoheit jedoch schließlich anerkennen. Seit 1180 unter Vorherrschaft der Chwaresm-Schahs stehend, wurden sie 1210/11 im Westkhanat und 1212 schließlich auch im Ostkhanat von diesen beseitigt.

Unter den Chwaresm-Schahs (Choresmier), die in Zentralasien siedelten, entstand das größte islamische Reich vor dem Westzug der Mongolen. Seit 1017

unter der Herrschaft der Ghaznawiden, wurden sie 1047 von den Seldschuken erobert und von diesen als Statthalter in Chwaresm eingesetzt. Kunja Urgench blieb ihre Residenzstadt bis 1212, als der letzte Schah seine Regierung nach Buchara verlegte. Unter den Qutb ad-Din Mohammad und Ala ad-Din Atsiz konnten sich die Chwaresm-Schahs in der ersten Hälfte des 12. Jh. weitgehend unabhängig machten und drängten die Seldschuken seit 1135 im Iran immer weiter zurück. Il-Arslan beseitigte 1157 die Herrschaft der Groß-Seldschuken über den Osten und übernahm deren Titel eines „Schutzherrn" des Kalifen in Bagdad (offiziell 1192). Ala ad-Din Tekish eroberte den Iran mit der Einnahme von Khorasan und Raj bis 1192. Die Chwaresm-Schahs herrschten nun über Turkestan, den Iran und Teile des Irak. Ala ad-Din Muhammad erweiterte das Reich noch einmal, indem er 1206 die Ghuriden aus Afghanistan vertrieb und 1210/12 die Qarakhaniden in Transoxanien besei-

8

Türkische Stämme töten Mongolen (indische Miniatur der Moghulzeit)

tigte; beide Gebiete wurden dem Reich angegliedert, außerdem drängte er die **8** Qara-Khitai-Mongolen nach Osten zurück. Ala ad-Din war nun Herrscher über ein islamisches Weltreich bisher ungekannten Ausmaßes, doch in Selbstüberschätzung provozierte er 1218 den Einfall **10** Dschingis Khans, als er Genugtuung für die Festnahme mongolischer Kaufleute durch einen seiner Statthalter verweigerte. Ala ad-Din starb auf der Flucht, sein Sohn Djalal ad-Din wurde nach einem abenteuerlichen Flüchtlingsleben 1231 ermordet. Das Reich fiel den Mongolen zu.

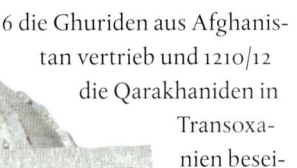

9

Kuppelbasar in Buchara mit dem Minarett Kalan links im Hintergrund

10

Dschingis Khan (Holzschnitt, 16. Jh.)

1206 Vertreibung der Ghuriden aus Afghanistan		**1218** Einfall Dschingis Khans
1157 Chwaresm-Shahs beseitigen Groß-Seldschuken	**1210/12** Vertreibung der Qarakhaniden aus Transoxanien	**1231** Ende der Chwaresm-Shahs

DIE WELTREICHE DER MONGOLEN UND IHRER NACHFOLGER 12.–15. JH.

Die Eroberungszüge ❶ Dschingis Khans und seiner Erben veränderten in kürzester Zeit das Gefüge Asiens und Osteuropas grundlegend. Der Mongolensturm auf Bagdad 1258 bedeutete das Ende für die alte Welt des Islam. Die zerstörerische Wucht der Reiternomaden führte zum Untergang vieler Städte und Reiche. Die religiöse Toleranz der Mongolen ermöglichte ihnen – etwa in China oder Persien – eine rasche Assimilation an die in den eroberten Gebieten vorherrschende Kultur. Das im 14. Jh. von Timur Lenk gegründete Weltreich verstand sich als Erbe der mongolischen, aber auch der islamischen Tradition, zerfiel jedoch bald nach seinem Tod.

1 Dschingis Khan, Begründer des mongolischen Weltreichs

Die Eroberungszüge des Dschingis Khan

Dschingis Khan vereinigte fast alle Stämme der Mongolen unter sich und unternahm Eroberungszüge in alle Himmelsrichtungen, die mit großen Verheerungen verbunden waren.

Bereits seit den Zügen der Reitervölker der Spätantike (S. 148) wurde Zentralasien von ❷ Nomadenstämmen der Türken und Mongolen beherrscht. Deren Stärke lag in ihrer schnellen und flexiblen Kampfweise, mit Pfeil und Bogen, vom ❸ Pferd aus, in kleinen, beweglichen Verbänden. Zwischen 1133 und 1211 beherrschten Mongolen vom Stammesverband der Qara-Khitai weite Teile Zentralasiens, die aber von den Chwaresm-Schahs nach Osten zurückgedrängt wurden.

Ende des 12. Jh. schuf der einer Kleinfürstenfamilie entstammende und in abenteuerlichen Verhältnissen aufgewachsene Temudschin vom Nordosten der heutigen Mongolei aus ein schlagkräf-

3 Mongolischer Reiter auf einer Keramikkachel

tiges Heer, mit dem es ihm gelang, mehrere Stämme zu vereinen. 1206 nahm er den Titel „Dschingis Khan" („Ozeangleicher Khan") an. Mit gut geplanten Eroberungsfeldzügen unterwarf er 1207 Südsibirien und 1211–16 ❹ Nordchina und versuchte nach Zentralchina vorzudringen, was ihm nicht gelang. 1209 unterwarfen sich ihm die Uiguren. Ei-

5 Mausoleum des Dschingis Khan in der Inneren Mongolei

ne Unvorsichtigkeit des Chwaresm-Schahs (S. 235) bot den Anlass für den lange geplanten Feldzug nach Westen: 1219–1221 überrannte Dschingis Khan Transoxanien und weite Gebiete der Chwaresmier und gründete 1220 die Hauptstadt Karakorum im Norden der Mongolei. Nordpersien, Armenien und Georgien wurden eingenommen und die russischen Fürsten 1223 geschlagen.

Dschingis Khan führte seine Feldzüge mit großer Grausamkeit; sie wurden begleitet von großflächigen Plünderungen und Zerstörungen. Er legte aber auch die Grundlagen für ein Weltreich, das auf Karawanenhandel und einem flächendeckenden Netz von Handelsstationen und Nachrichtenverbindungen beruhte. In religiösen Fragen zeigten die Mongolen pragmatische Toleranz. Die unterworfenen Reiche wurden ihrem „Freundschaftsverband" angegliedert und zu Tributzahlungen verpflichtet. Daraus erwuchs den Mongolen ein beträchtlicher Staatsschatz. 1227 ❺ starb Dschingis Khan. Das Herrschaftsgebiet wurde unter seinen ❻ vier Söhnen aufgeteilt.

Jurten, mit Filz bespannte Zelte, der Mongolen (persische Miniatur, 14. Jh.)

Erstürmung einer Festung in der nordchinesischen Provinz Tangut durch die Mongolen unter Dschingis Khan (indische Miniatur, um 1590)

Versammlung der Söhne Dschingis Khans (persische Buchmalerei, 14. Jh.)

Die Ausdehnung der mongolischen Herrschaft

Unter den Erben Dschingis Khans kam es zwar zu einer Teilung des Gebiets, doch bewies besonders die Enkelgeneration ihre militärische Macht durch die Eroberung weiter Teile Asiens und Osteuropas.

Als Großkhan folgte Dschingis Khans Sohn ❼ Ögedai , der 1236 auf einer Ratsversammlung die Unterwerfung Russlands, Polens und Ungarns und von da aus den Zug durch ganz Europa beschloss. Sein Neffe Batu Khan unterwarf daraufhin 1236–1242 fast ganz Russland. 1240 erstürmte er Kiew und stieß fast bis zur Ostsee vor. 1240/41 verheerten seine Truppen Polen und Ungarn und schlugen im April 1241 ein deutsch-polnisches Ritterheer bei ❽ Liegnitz in Schlesien vernich-

Großkhan Ögedai

tend. Europa schien den Mongolen offen zu stehen, als im Dezember 1241 Ögedai starb und die Heere Batu Khans nach Osten abdrehten.

1251 wurde Möngke, ein Enkel Dschingis Khans, Großkhan in Karakorum und begann mit dem planmäßigen Aufbau eines Weltreichs. Währenddessen machten sich sein Vetter ❾ Batu und dessen Nachfolger weitgehend selbstständig und errichteten in Russland und Osteuropa die Khanate der Blauen und Goldenen Horde, die im 14. Jh. im Kampf gegen die russischen Großfürsten weitgehend zerfielen und 1502 ganz beseitigt wurden. Möngke, der einem bedeutenden und städtisch geprägten Hof vorstand, übte religiöse Toleranz und empfing 1253–1255 eine päpstliche Gesandtschaft unter Wilhelm von Rubruk. Seine jüngeren Brüder beauftragte er mit der Eroberung des Ostens und des Südens: ❿ Kubilai Khan, der 1260 die Großkhan-Würde erbte, unterwarf ⓬ China und gründete die bis 1368 bestehende Yüan-Dynastie; Hülägü Khan unterwarf Persien und unternahm 1258 den „Mongo-

lensturm" auf Bagdad, der das Kalifat beendete. Nach der Beseitigung der Kleinfürstentümer im Vorderen Orient wurde er erst 1260 durch die ägyptischen Mamluken gestoppt und begründete die Dynastie der Il-Khane, die von ihrer Residenz in Täbris aus über Iran, Irak, Syrien, Ostanatolien und den Kaukasus herrschten. Unter Khan Ghazan traten sie um 1300 zum ⓫ Islam über und führten unter

Die Schlacht bei Liegnitz am 9. 4. 1241

Der mongolische Herrscher Batu Khan auf dem Thron (persische Buchmalerei, 14. Jh.)

Wandnische der Freitagsmoschee von Yazd, Iran (erbaut 1325–34)

Üldjaitü einen persisch geprägten Hof. 1335 zerfiel das Mongolenreich im Vorderen Orient in eine Reihe lokaler Herrschaften. Obwohl sie nur gut 150 Jahre bestand, hatte die Herrschaft der Mongolen die östlich-asiatische Welt bis nach Osteuropa hinein grundlegend verändert.

Großkhan Kubilai Chan

Belagerungen von chinesischen Festungen über den Jangtsekiang 1275 unter Kubilai Khan (indische Miniatur, um 1590)

Aus dem Geschichtswerk des Rashid ad-Din

Über Bagdad vor dem Mongolensturm am 10. 2. 1258

„Zusammen mit ihnen [zwei hohen Beamten und Heerführern aus Bagdad] beschloss das Bagdader Heer abzuziehen, und eine große Zahl des Volkes hoffte, sich auf diese Weise zu retten. Man teilte sie auf die Tausender-, Hunderter- und Zehnermannschaften des mongolischen Heeres auf, und jene brachten sie alle um. Diejenigen, welche in der Stadt geblieben waren, zerstreuten sich und verbargen sich unter der Erde und in den Öfen der Bäder."

Die Eroberung von Bagdad durch die Mongolen unterHülägü1258(Persische Miniatur)

Das Weltreich des Timur Lenk

Nach 1370 vereinigte der Welteroberer Timur Lenk in seinem riesigen Reich islamische und mongolische Traditionen. Samarkand baute er zum „Weltzentrum" aus.

Ausgehend vom zentralasiatischen Raum entstand im 14. Jh. noch einmal ein expandierendes Weltreich, das mongolische und islamische Traditionen verband.

In Zentralasien herrschte der Stamm Tschagatai, die Nachkommen des zweiten Sohnes Dschingis Khans, die allerdings im 14. Jh. in verschiedene Stammesverbände zerfielen. In diesen politischen Wirren gelang dem turkmenischen Fürsten Timur Lenk („der Lahme") ab 1360 der Aufstieg. Der im Abendland als ❶ „Tamerlan" bekannte Eroberer ergriff 1366 die Macht in Samarkand und vereinigte im April 1370 die meis-

2
Eroberung der Stadt Isfahan durch Timur, 1388

ten Khanate ❻ Transoxaniens unter seiner Führung.

Im selben Jahr besetzte er das mongolisch verwaltete Chwaresm, plünderte 1379 das aufständische Kuna Urgench und brachte bis 1381 Afghanistan und Khorasan an sich. Die dortigen Herrscher gliederte er entweder seinem „Freundschaftsverband" an oder beseitigte sie. 1388 entriss er den Muzaffariden ❷ Isfahan und 1393 Shiraz. Bis 1391 schlug er seinen gefährlichsten Rivalen, Toktamisch, den Khan der Goldenen Horde, der sich in

3
Timur triumphiert nach der Schlacht bei Ankara über den in einem vergitterten Wagen gefangen gehaltenen osmanischen Sultan Bayazid

Russland und dem Kaukasus etabliert hatte, in die Flucht und schaffte gewaltige Schätze in seine Residenz Samarkand. 1393 besetzte er den Irak und machte der in Bagdad herrschenden Anarchie bewaffneter Banden ein Ende; 1394 belagerte er erstmals Damaskus, das er 1401 plünderte. Im Juli 1402 schlug er die ❸ Osmanen unter Sultan Bayazid I. (S. 308), die das von Timur angetragene Bündnis abgelehnt hatten, vernichtend bei Ankara.

Der rastlose Feldherr, der sein Weltreich ❹ vom Pferd aus regierte, hatte bereit 1398/99 einen Feldzug gegen Indien geführt, dabei Lahore und Delhi besetzt und 100 000 gefangen genommene Inder töten lassen. Generell behandelte Timur Städte und Herrscher, die sich ihm ergaben, zunächst relativ milde, kannte aber keine Gnade, wenn es zu Aufständen kam: In den bereits besetzten Städten Isfahan, 1388, und Bagdad, 1401, ließ er nach Erhebungen Zehntausende Einwohner töten und ihre Köpfe zu Schädelpyramiden vor der Stadt auftürmen.

Aus den besetzten Gebieten

1
Europäisches Fantasieporträt von Timur Lenk (Tamerlan)

verschleppte Timur Handwerker und Künstler nach Samarkand, wo sie seine Residenz als „Mittelpunkt der Welt" und „Schwelle des Paradieses" mit prächtigen Moscheen und Medresen ausbau-

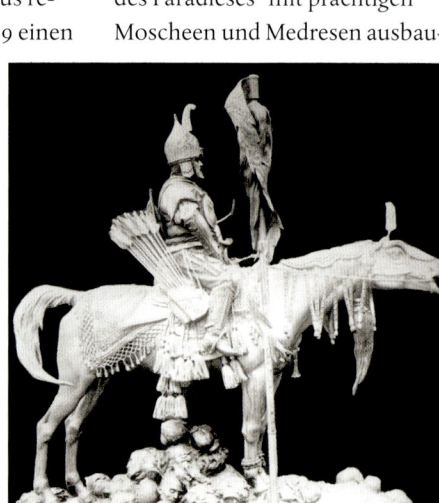

4
Timur Lenk zu Pferd, unter ihm eine Schädelpyramide

ten. Hier versammelte er als „Herr der Glückskonjunktion" und Herrscher über eines der größten Reiche der Geschichte Wissenschaftler, Poeten und Hofmaler um sich. Timur war strenggläubiger Sunnit, trat aber auch als Bewahrer der mongolischen Nomadentradition auf. Im November 1404 brach er mit einem Riesenheer nach Norden zur Eroberung Chinas auf, starb jedoch am 18. 2. 1405 in Utrar.

5
Hiobsbrunnen in Buchara, einer der wichtigsten Städte Transoxaniens, des heutigen Usbekistan (erbaut seit dem 14. Jh.)

■ Die Herrschaft der Timuriden

Unter den Nachkommen Timurs wurde das Reich immer weiter aufgesplittert. Die Timuriden prägten Zentralasien bis Anfang des 16. Jh.

Timurs Erben, die „Timuriden", teilten die Herrschaft nach mongolischer Tradition untereinander auf, da der von Timur zum Nachfolger bestimmte Enkel Pir Muhammad, Statthalter von Kandahar, bereits 1407 ermordet wurde. In der Folgezeit setzte sich Timurs jüngster Sohn, Shah-Rukh, der

7 Die Medrese Ulugh Beg in Samarkand, erbaut 1417–20 (Gemälde von W. W. Werestschagin, um 1869/71)

seit 1405/09 in Herat residierte, als Herrscher und Familienoberhaupt durch. Er hielt die Herrschaft über Transoxanien und den Iran, und die meisten Herrscher der Usbeken und Goldenen Horde unterstellten sich ihm freiwillig. Der Irak ging an Lokaldynastien verloren. Mit Shah-Rukh, der ein großer Förderer von Kunst und Wissenschaft war, nahm die Herrschaft der Timuriden weitgehend friedliche Züge an.

Sein Sohn **7** Ulugh Beg, der seit 1409 als unabhängiger Khan in Samarkand residierte, war einer der bedeutendsten Gelehrten seiner Zeit und ließ 1428/29 ein Observatorium errichten, in dem er die genauesten Sternenberechnungen des Mittelalters vornahm. Der Glanz der Metropole Samarkand strahlte unter ihm weiter; ih-

re Herrscher wurden in einer **8**, **9** prächtigen Gräberstadt beigesetzt. 1447 führte er Krieg gegen seinen eigenen Sohn Abd al-Latif um die Nachfolge der Herr-

8 Keramikplatte eines Mausoleums in der Shah-i Zinda in Samarkand

schaft des Shah-Rukh. Der Kampf endete mit der Ermordung Ulugh Begs 1449 und Abd al-Latifs 1450.

Aus den anschließenden Wirren ging Abu Said, ein Urenkel Timurs, als Herrscher über Transoxanien sowie Teile Turkestans und Afghanistans hervor. 1469 wurde er von den aus Persien

6 Timuridische Miniaturmalerei aus Herat, Afghanistan (1488)

nach Transoxanien vorstoßenden turkmenischen Stammesverbänden der Aq-Qoyunlu, der „Stämme vom Weißen Hammel", gefangen genommen und hingerichtet. Sein Sohn Sultan Ahmad hielt den Raum Samarkand, wurde jedoch von den usbekischen Schaibaniden (S. 317) permanent bedrängt. Sein Neffe war Babur, der erste Großmoghul Indiens (S. 318). Der letzte Timuride herrschte von Herat aus über einen Teil **10** Afghanistans, starb jedoch 1506 auf einem Feldzug gegen die Shaibaniden, die Herat besetzten. Die letzten Timuriden-Herrscher setzten sich v. a. als **6** Kunstmäzene ein Denkmal.

10 Blaue Moschee in Mazar i-Sharif, Afghanistan (um 1480)

Das Mausoleum Gur i-Emir

Timur und einige seiner Nachkommen wurden im prächtigen Mausoleum Gur i-Emir in Samarkand bestattet. 1941/42 untersuchten russische Wissenschaftler die Überreste, und Gerassimow rekonstruierte die Gesichtszüge Timurs und seiner Söhne Miranshah und Shah-Rukh. Untersuchungen an Timurs Skelett ergaben Verwachsungen am rechten Ellenbogen und der rechten Hüfte, auch war die rechte Kniescheibe mit dem Oberschenkelknochen verwachsen. Er war praktisch halbseitig gelähmt.

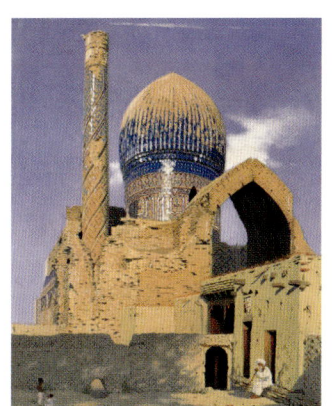

Das Gur-i-Emir-Mausoleum (Gemälde von W. W. Werestschagin, um 1869/70)

9 Die Gräberstraße Shah-i Zinda in Samarkand (Gemälde von W. W. Werestschagin, um 1869/70)

5.–15. Jh.

Mittelalter

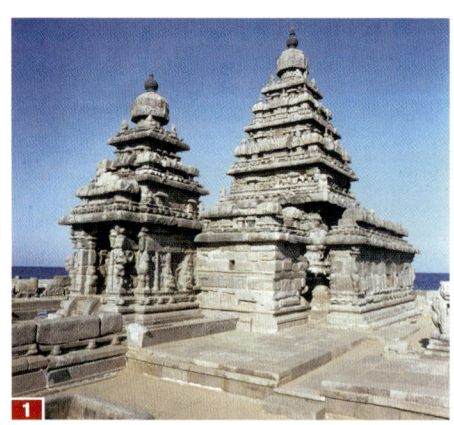

INDIEN IM MITTELALTER UM 500–UM 1500

Durch die Einfälle türkischer Eroberer Anfang des 11. Jh. fasste der Islam als Herrschaftsreligion in Indien Fuß. 1206 etablierte sich das Sultanat von Delhi. Der Süden Indiens wurde gewissermaßen zum Hort des Hinduismus und Bewahrer alter Traditionen. Trotzdem hing auch in den von Muslimen beherrschten Gebieten der Großteil der Bevölkerung weiterhin den überkommenen Religionen an, denn nur die Eroberungsphase war durch Plünderung und z. T. Zerstörung indischer Tempel gekennzeichnet. Die führenden islamischen Dynastien Indiens waren türkischen Ursprungs. So auch die Moghul-Dynastie, die 1526 Delhi eroberte.

Der Ufertempel Rajasimhesvara im südindischen Mahabalipuram, erbaut etwa 690–715 unter der Herrschaft der Pallava

Die Hindureiche in Indien

Während Nord- und Teile Zentralindiens von Muslimen erobert wurden, behaupteten sich v. a. im Süden hinduistische Fürsten. Das Reich von Vijayanagar war der letzte bedeutende Hindustaat.

In Zentral- und Südindien herrschten nach 500 hinduistische Dynastien z. T. dravidischer Herkunft wie die zwischen 550 und 757 in Badami auf dem Dekkhan regierende ❷, ❸ Calukya-Dynastie, die zwischen 609 und 642 den Großteil Südindiens unterwarf; eine zweite ❺ Calukya-Dynastie herrschte zwischen 973 und 1190. Die Calukya lieferten sich Machtkämpfe mit der bedeutendsten südindischen Dynastie der ❶, ❻ Pallava von Mamallapuram und Kanchi, die sich im 7. Jh. bis in den Dekkhan und die Südspitze Indiens ausdehnten. Die Pallavas wurden von der Dynastie der Cola (888–1267) abgelöst, die ihr Reich an der Ostküste nach Norden hin vergrößerten. Unter Rajaraja I., dem Großen, stiegen sie um 1000 zur führenden Macht Südindiens auf, unternahmen ab 1001 Flottenexpeditionen nach Ceylon und besetzten 1014 die Malediven.

Die hinduistischen Herrscher Nordindiens wie die Pala-Könige von Bengalen (750–1199) oder die Könige von Kanauj (840–1197) wurden von den vorstoßenden Muslimen beseitigt. Das letzte große Hindureich Indiens war das 1346 begründete Reich von ❼ Vijayanagar ("Siegesstadt", das heutige ❹, ❽ Hampi) oder besser Karnataka, wie sich das Reich selbst nannte. Der blühende Staat wurde mit seinen prächtigen Tempel- und Palastbauten und der Förderung indischer Literatur und Wissenschaft zu einem bedeutenden Machtzentrum, das sich lange Zeit gegen die Muslime behaupten konnte. Hier entstand um 1380 eine Zusammenfassung aller brahmanischen Lehrsysteme, der "Sarvadarshana-Sangraha". Erst nachdem König Ramaraja 1565 bei Talikota in einer Schlacht gegen muslimische Angreifer gefallen war, wurde Vijayanagar aufgegeben, doch das Reich Karnataka existierte noch weiter bis zur endgültigen muslimischen Eroberung 1649.

❸ Vishnu (Plastik aus der Zeit der Calukyas)

❺ Tänzerin (Plastik der westlichen Calukya-Dynastie, 12. Jh.)

Buddha Maitreya, vergoldete Bronzeplastik der Pallava (7./9. Jh.)

❷ Shiva als König des Tanzes mit 18 Armen (Plastik der westlichen Calukya-Dynastie, 6. Jh.)

❹ Der Vithala-Tempel in Hampi, Hauptstadt der Vijayanagar-Könige (16. Jh.)

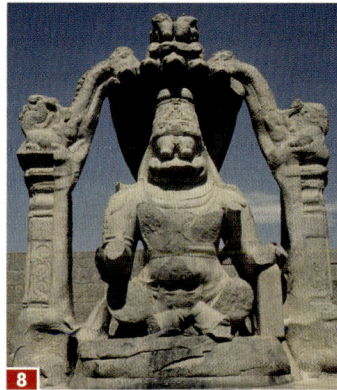

❼ Deckenmalereien im Virabhadra-Tempel in Lepakshi im Vijayanagar-Stil (16. Jh.)

❽ Narashima, die vierte Inkarnation Vishnus (Skulptur in Hampi)

550–757 | Calukya-Dynastie
888–1267 | Dynastie der Cola
1001 | Mahmud von Ghazna erobert Teile Indiens
1193 | Besetzung Delhis durch Muizz ad-Din/Bau der Großen Moschee in Delhi
1206 | Begründung des Sultanats von Delhi

Die Sultane von Delhi

Im Gefolge der Ghaznawiden und Ghuriden dehnten türkischstämmige Militärdynastien die Macht des Islam in Indien immer mehr aus. Ihre Herrschaft endete mit den Sultanen aus der Lodi-Dynastie, die von den Moghuln besiegt wurden.

Seitdem muslimische Heere nach 700 erstmals auf den indischen Subkontinent vorgedrungen waren, stand Indien im Visier der islamischen Herrscher. Die Eroberungszüge von Mahmud von Ghazna ab 1001 (S. 234) bedrängten die Hindus schwer, deren „Vielgötterei" die strenggläubigen Muslime vehement ablehnten. Anfang des 12. Jh. herrschten die Ghaznawiden über Nordindien. 1186 wurden sie in Lahore von den ebenfalls türkischen 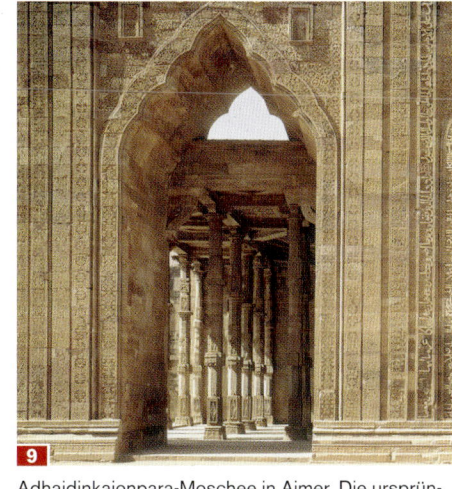 Ghuriden abgelöst, die bereits 1175 Multan unterworfen hatten. 1193 besetzte Sultan Muizz ad-Din Delhi und dehnte das Reich bis Gujarat im Süden und Bengalen im Osten aus. Treibende Kraft

dieser Eroberungen war der türkische General ⑩, ⑪ Qutb ad-Din Aibak, der 1194 mit der Einnahme Bihars die Herrschaft buddhistischer Fürsten in Indien beendete und die Hinduherrschaften nach Süden abdrängte. 1206 fühlte er sich stark genug, sich vom ghuridischen Sultan unabhängig zu machen, und begründete die sog. Sklavensultane von Delhi. Sein Nachfolger Iltutmisch, der von 1210 bis 1236 herrschte, eroberte Sind und machte Delhi zum eigenständigen islamischen Reich.

1290 wurde das Haus Aibaks durch die ebenfalls türkische Dynastie der Khaljis gestürzt, die die Mongolen abwehrten, den gesamten Dekkhan (Zentralindien)

eroberten und bis nach Südindien vorstießen. Die Sultane teilten das Land in Lehen auf, die an muslimische Adlige vergeben wurden, welche im Kriegsfall Truppenkontingente aufzustellen und zu unterhalten hatten. Auf die Khaljis folgten die Militärdynastien der Tugluqs (1320–1414) und Sayids (1414–1451), unter denen die Staatsverwaltung nach und nach islamisiert wurde. Nach 1347 machten sich jedoch viele Regionen von der Regierung in Delhi unabhängig und bildeten eigene Sultanate, so Bengalen, Dekkhan, Gujarat, Jaunpur und Malwa. 1398/99 fiel Timur Lenk in Indien ein und besetzte vorübergehend Delhi (S. 236).

Die Zentralmacht wurde erst wieder unter der Lodi-Dynastie (1451–1526) stärker. Sikandar Lodi dehnte das Reich noch einmal vom Indus bis Bengalen aus. Der letzte Lodi-Herrscher Ibrahim fiel 1526 bei Panipat gegen Babur, den Gründer des Moghulreiches in Indien, den Ibrahims Vasallen gegen ihren eigenen Oberherrn um Hilfe angerufen hatten.

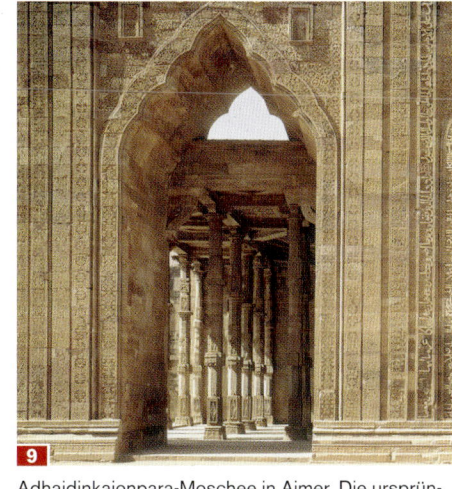

⑨ Adhaidinkajonpara-Moschee in Ajmer. Die ursprüngliche Jainaschule wurde nach der Einnahme durch die Ghuriden 1198 in eine Moschee umgewandelt.

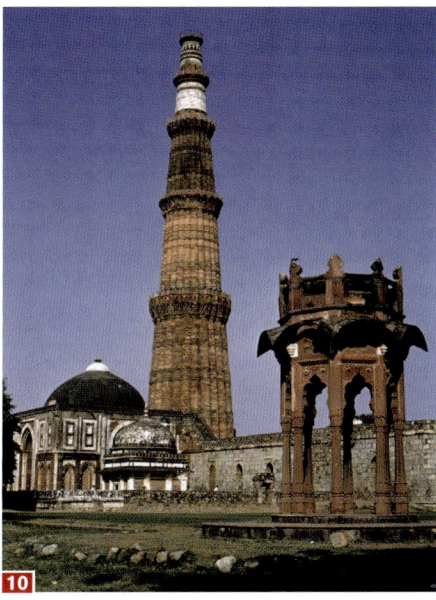

⑩ Der Qutb Minar bei Delhi, der Siegesturm, erbaut unter Qutb ad-Din Aibak ab 1199, davor die Moschee Quwwat-al-Islam, das älteste Bauwerk der muslimischen Herrscher in Delhi, Indien

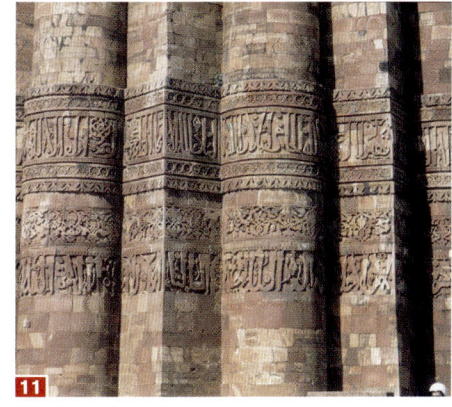

⑪ Detail des Qutb Minar

Delhi

Nachdem Delhi 1193 zur Hauptstadt der islamischen Herrschaft in Indien geworden war, errichteten dort v. a. die verschiedenen „Sklavensultane" gewaltige Bauwerke, oft unter Verwendung von Resten zerstörter hinduistischer Tempel. 1193 begann man bereits mit dem Bau der Großen Moschee Quwwat-al-Islam („Macht des Islam"), in die 1236 das prächtige Grabmal des Sultans Iltutmisch integriert wurde. Qutb ad-Din Aibak begann 1199 mit dem Bau des „Siegesturms" Qutb Minar.

oben: Detail des Qutb Minar bei Delhi

| 1320–1414 | Tugluq-Dynastie | | 1380 | „Sarvadarshana-Sangraha" | | 1414–51 | Sayid-Dynastie |

| 1290–1320 | Khalji-Dynastie | 1336–1565/1649 | Reich von Vijayanagar/Karnataka | 1398/99 | Besetzung Delhis durch Timur Lenk | 1451–1526 | Lodi-Dynastie |

CHINA IM MITTELALTER 220–1279

Nach dem Ende der Han-Dynastie war China über drei Jahrhunderte in sich bekämpfende Königreiche geteilt, bis die ❶ Tang-Dynastie 618–907 dem Land eine kulturelle Blüte bescherte. Nach einem halben Jahrhundert der Wirren und Spaltungen einigte die Song-Dynastie ab 960 wieder das Land, blieb aber militärisch schwach. Sie musste schließlich vor der mandschurischen Jin-Dynastie nach Süden ausweichen. Dennoch kam es auch hier wieder zu einer kulturellen Hochzeit, die erst mit der Eroberung durch die Mongolen 1279 endete.

1 Li Yuan, Gründer der Tang-Dynastie (Zeichnung, 19. Jh.)

Die Tang-Dynastie 618–907

Die politischen Wirren seit dem Ende der Han-Dynastie wurden durch die Tang-Kaiser beendet. Die Tang-Zeit gilt als ein Höhepunkt der chinesischen Geschichte und Kultur.

2 Gepanzertes und gesatteltes Pferd aus der Zeit der Wei-Dynastie (5./6. Jh.)

Nach dem Zerfall der Han-Dynastie im 3. Jh. (S. 153) kam es zu Kriegen zwischen drei rivalisierenden Königreichen und wiederholt zu Angriffen der Reiternomaden aus den nördlich der Großen Mauer gelegenen Steppen, die schließlich den Norden unter ihre Kontrolle brachten. China war bis ins 6. Jh. in Norden und Süden geteilt. Im Norden konkurrierten zahlreiche Herrscherfamilien, bis ihn die ❷ Wei-Dynastie 439 unter ihre Kontrolle bringen konnte.

3 Ansicht einer Zitadelle bei Turfan, Provinz Sinkiang, China, angelegt zur Sicherung der Seidenstraße

Die Sui-Dynastie stellte in der kurzen Zeit ihrer Herrschaft von 589 bis 618 die Einheit Chinas in gewissem Maße wieder her, scheiterte jedoch im Krieg gegen die Völker der südlichen Mandschurei und Nordkorea. Die v. a. aus innenpolitischen Gründen ausbrechende Erhebung des späteren Herrschers Li Yuan bereitete den Boden für die Tang-Dynastie von 618 bis 907.

Von ihrer Hauptstadt Chang'an aus, die das östliche Ende der ❸ Seidenstraße markierte, stabi-

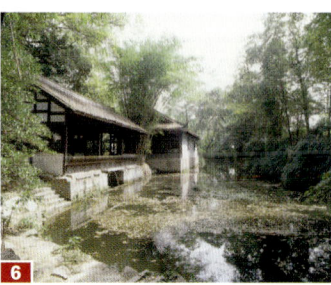

6 Wohnhaus des Dichters Du Fu bei Chengdu, Provinz Sichuan, China

lisierten die Tang-Kaiser China. Die Zentralregierung wurde durch eine gut ausgebildete ❺ Beamtenschaft, effiziente Vorschriften und Gesetze so gefestigt, dass sich die Regenten weitgehende Toleranz in Sachen der Kultur und der Religion erlauben konnten. Die chinesische ❻ Literatur erlebte ebenso einen Höhepunkt wie die Kunst. Die Handelsbeziehungen über Land und Meer florierten, und Eroberungen sowie internationale Abkommen sicherten den Einfluss der Tang-Dynastie bis nach Zentral- und Südostasien.

Innenpolitisch scheiterte die Tang-Dynastie schließlich am eigenen Erfolg: Das durch die aufblühende Wirtschaft verursachte Bevölkerungswachstum zerstörte die Finanzierungsgrundlage des Staates, denn die Bauern konnten nicht mehr genug Überschüsse produzieren. Die Macht des um Reformen bemühten Kaisers ❹ Xuanzong war durch Hofintrigen geschwächt, die 755 in einem Aufstand durch den Gouverneur und General An Lushan gipfelten. Es begann ein Bürgerkrieg, der

4 Kaiser Xuanzong flüchtet 755 vor der Rebellion An Lushans (Malerei, 8. Jh.)

erst acht Jahre später endete und Millionen Menschenleben kostete. Die wirtschaftliche und politische Macht der buddhistischen Klöster widerstrebte dem zentralistischen Anspruch des Staates, weshalb die ❼ Buddhisten ab 845 verfolgt und Tausende Klöster und Tempel zerstört wurden.

7 Der Bodhisattva Avalokiteshvara, die Verkörperung des Mitleids (8. Jh.)

5 Beamter (Tonplastik, 7./8. Jh.)

Die Song-Dynastie 960–1279

Der Song-Dynastie gelang eine Stabilisierung des Landes, bis China von den Mongolen erobert wurde.

Im Jahr 880 brach ein weiterer Aufstand die Macht der Tang-Dynastie über China. Von 907 bis 960 zerfiel das Land in Kleinreiche. Im Norden baute die mongolische **12** Liao-Dynastie von 907 bis 1125 ein starkes Reich auf.

Im Jahre 960 bestieg mit **8** Zhao Kuangyin der erste Kaiser der Song-Dynastie den chinesischen Thron. In den nächsten 20 Jahren eroberten die Song große Gebiete Chinas und beherrschten das Reich von ihrer **10** Hauptstadt Kaifeng aus. Wie die Tang organisierten auch sie ihre Macht zentralistisch: Fach-

8 Der erste Song-Kaiser, Zhao Kuangyin (Zeichnung, 19. Jh.)

ministerien kontrollierten bestimmte Bereiche und das Militär unterstand zivilen Beamten.

Außenpolitisch sah sich die Song-Dynastie nach erfolglosen Kriegen im Jahr 1004 gezwungen, den Frieden mit den Liao durch Tributzahlungen und die Abtretung der von ihnen annektierten Territorien im Norden zu sichern.

Wirtschaftlich und kulturell ging es dem Land in dieser Zeit gut, bis sich um 1050 eine Krise anbahnte: Die Bevölkerung wuchs rascher, als es der Staat verkraften konnte, und die Steuereinnahmen konnten die Staatsausgaben – v. a. für die Verteidigung der Grenze im Norden – bald nicht mehr decken. Unter Kaiser Shenzong wurden im 11. Jh. umfassende Reformen durchgeführt, so etwa eine Landreform zugunsten der Bauern, die ihre Steuern jetzt entsprechend ihrem Einkommen entrichteten.

Gemeinsam mit der Jin-Dynastie, die von 1115 bis 1234 in der Mandschurei regierte, schlugen die Song zwar die Liao, wurden dann aber von den Jin in den Süden abgedrängt und verloren 1126

auch Kaifeng. Damit endete das Reich der sog. Nördlichen Song und begann die Epoche der Südlichen Song, die seit 1135 in der Lagunenstadt Hangzhou residierten.

Unter ihnen kam es zu Innovationen wie Buchdruck, Schießpulver und **11** Porzellan. Staatliche Akademien bildeten Landschaftsmaler aus, der Neokonfuzianismus, begründet von Zhu Xi Hi, wurde zur Staatsphilosophie. Wie viele andere Reiche mussten auch die Song jedoch den **9** Mongolen aus den nördlichen Steppen weichen. Schon 1215 hatte Dschingis Khan das Jin-Reich mit der Hauptstadt Peking erobert. 1279 gliederte Kubilai Khan ganz China dem mongolischen Weltreich ein.

9 Mongolen stürmen eine chinesische Grenzfestung (indische Miniatur, 16. Jh.)

10 Bootsverkehr in Kaifeng (Seidenmalerei, um 1100)

11 Drei Graburnen aus Porzellan mit figürlichem Dekor (Keramik, 12./13. Jh.)

12 Begräbnismaske aus der Zeit der Liao-Dynastie (Bronzeplastik, 10./12. Jh.)

Hangzhou

Der italienische Reisende Marco Polo besuchte im 13. Jh. auch die Hauptstadt der Song-Dynastie. Durch die 12 000 Brücken der in einer Lagune gelegenen Stadt fühlte er sich an seine Heimatstadt Venedig erinnert. Hangzhou sei „die schönste und prächtigste Stadt der Welt".

Ansicht der Lagunenstadt Hangzhou (französische Buchmalerei, um 1412)

5.–15. Jh.

Mittelalter

907–1125   Liao-Dynastie in Nordchina   1115–1234   Jin-Dynastie in der Mandschurei   1271–92   Angebliche Reisen Marco Polos im Fernen Osten

960–1127   Nördliche Song-Dynastie   1127–1279   Südliche Song-Dynastie   1279   Eingliederung der Song in das mongolische Reich

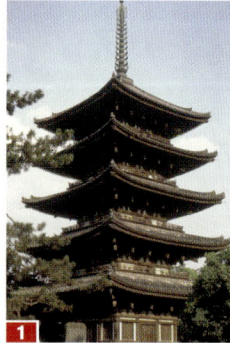

JAPAN UM 400–1338

Beeinflusst von China, entwickelte sich ab dem 4. Jh. ein Kaiserreich, das im 8. Jh. eine erste Blüte erlebte. In der darauf folgenden Zeit gingen ❶ kulturelle Hochleistungen mit einem Verfall der kaiserlichen Zentralmacht einher. Im 8. bzw. 12. Jh. bildete sich mit der Entstehung der Kriegerkaste der Samurai unter der Führung der Daimyos jene Form des Feudalismus heraus, der bis ins 19. Jh. hinein für Japan typisch blieb.

Pagode in Nara, Japan, im Familientempel der Fujiwara (erbaut 710)

◼ Herausbildung von Staat und Kultur

Nach der Phase der Staatsbildung stellte die Nara-Zeit des 8. Jh. einen kulturellen Höhepunkt dar.

Die Staatsgründung Japans fand dem Mythos zufolge 600 v. Chr. statt. Tatsächlich bestanden wohl bis ca. 400 n. Chr. verschiedene Teilreiche, die dann erst von der Dynastie der ❹ Yamato, der noch heute regierenden Kaiserdynastie, zu einem großen Reich geeint wurden. Die Yamato führten ihren Herrschaftsanspruch auf ihre Abstammung von der Sonnengöttin Amaterasu, der höchsten Gottheit im japanischen ❻ Shintoismus, zurück. Dadurch vereinten sich im japanischen Kaiser, dem Tenno, hohepriesterliche Funktionen und politische Macht.

Viele kulturelle Errungenschaften wie die Schrift und die Metallverarbeitung wurden aus China übernommen. Seit 552 kamen auch buddhistische Missionare auf die Inseln. Kaiserin Suiko und der von ihr 593 ernannte Prinzregent ❷ Shotoku-Taishi förderten den Buddhismus. 604 wurde die „Verfassung in 17 Artikeln" erlassen, die v. a. moralische Lebensregeln und das Prinzip der hierarchischen Gliederung der Gesellschaft enthielt. 645 wurden die Taikareformen eingeleitet, die die kaiserliche Zentralgewalt nach chinesischem Vorbild gegenüber dem Adel stärken sollte: Von der Hauptstadt Nara aus sollte in Zukunft das Land durch kaiserliche Beamte regiert werden. Aller Grundbesitz sollte dem Kaiser gehören, der Ländereien als Lehen an ergebene Adlige vergab.

In der nun einsetzenden sog. Nara-Zeit bis 784 erlebte Japan einen kulturellen Höhepunkt, v. a. unter Kaiser Shomu. 743 modifizierte er die Taikareformen insofern, als er den Adligen das Recht gab, ihren Besitz zu vererben. So waren sie in der Lage, eine Hausmacht aufzubauen und damit im Laufe der Jahrzehnte die zentrale Staatsgewalt immer weiter zu schwächen. In seine Zeit fiel auch der allmähliche Aufstieg der Fujiwara-Familie, aus der

Hochzeit des japanischen Prinzregenten Shotoku-Taishi mit einer Prinzessin (Malerei, 14. Jh.)

3 Bodhisattva aus der Nara-Zeit (lackierte Skulptur, 8. Jh.)

Shomus Mutter und Ehefrau stammten. Shomu förderte auch den ❸ Buddhismus. So ließ er in Nara den ❺ Todaiji-Tempel errichten mit dem 30 m hohen Daibutsu („Großer Buddha"). Um der Macht der Geistlichkeit und der Klöster zu entgehen, verlegte Kaiser Kammu 794 die Hauptstadt nach Heian-kyo, das heutige Kyoto. Es begann die sog. Heian-Zeit.

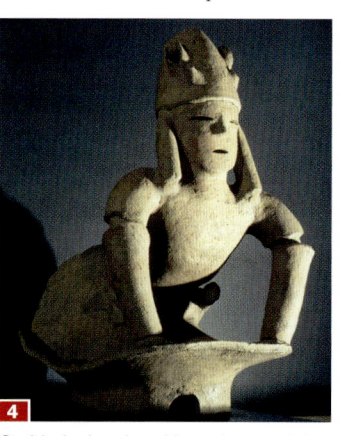

4 Grabbeigabe eines Herrschers aus der Yamato-Zeit (Tonplastik, 7. Jh.)

5 Tor des Todaiji-Tempels in Nara, Japan (erbaut im 8. Jh.)

6 Shintoistische Zeremonie in Kyoto, Japan: Trommler an der großen „Taiko"-Trommel (Foto, 1999)

5.–15. Jh.

Mittelalter

Shogune, Samurai und Daimyos

Mit der Ausbildung feudaler Strukturen, an deren Spitze die Shogune standen, verlor der Kaiserhof an politischer Macht. Rivalisierende Adelsfamilien verstrickten Japan in Bürgerkriege.

In der Heian-Zeit von 794 bis 1185 verfeinerten sich Kunst und v. a. Literatur in höchstem Maße. Besonders taten sich Hofdamen als Autorinnen hervor. Während die höfische Kultur aufblühte, nahm die politische Macht des Tenno immer weiter ab. Seine Funktion wurde auf rituell-religiöse Aufgaben beschränkt. Die wirkliche Macht lag bei den Adelsfamilien wie den ❼ Fujiwara, die ihren Grundbesitz zu autonomen Herrschaften ausbauten und von hier aus das Land in ❾ Bürgerkriege verstrickten.

Bei Kämpfen zur Ausdehnung des Reiches nach Nordosten im 8. Jh. erwies sich die Schlagkraft der Wehrpflichtigen, aus denen sich das Heer bis dahin rekrutiert hatte, als unzureichend. Effektiver im Kampf waren die gut ausgebildeten Söldnertruppen der ❿ Sa-

7 Villa der Fujiwara in Kyoto (erbaut 1052, später in einen Tempel umgewandelt)

murai (S. 326). Auf deren Führung spezialisierten sich bestimmte Familien, die einen Kriegsadel herausbildeten. Zu ihnen gehörten die Taira und die ❽ Minamoto, die immer mehr die Macht der Fujiwara herausforderten.

Nach einem ⓫ Bürgerkrieg Mitte des 12. Jh. wurden die Fujiwara von den Taira abgelöst, die 1185 wiederum von den Minamoto besiegt wurden. ⓬ Minamoto no Yoritomo ließ sich 1192 vom Kaiser zum erblichen Shogun (Kronfeldherrn) ernennen und errichtete das Kamakura-Shogunat, benannt nach seinem Regierungssitz. In der Kamakura-Zeit von 1192 bis 1333 kam es jedoch bald zu einem weiteren Verdrängungsprozess: Die Familie Hojo stieg 1203 zu erblichen Regenten des Shogunats auf, die Shogune traten in den Hintergrund.

Innerhalb der Kriegerkaste der Samurai hatte sich ab dem 12. Jh. die Schicht der Daimyos als Anführer herausgebildet. Auf ihr Engagement waren die Hojo angewiesen, als 1274 und 1281 Invasionsversuche des mongolischen Großkhans Kubilai abgewehrt werden mussten. Dies gelang zwar – angeblich mit Hilfe eines göttlichen Windes, dem Kamikaze –, doch da keine Eroberungen und keine Beute gemacht wurden, ließ die Loyalität der Daimyos gegenüber der Regierung nach. Diese Unzufriedenheit nutzte Kaiser Go-Daigo und stürzte

Hofdame (Malerei, 17. Jh.)

5.–15. Jh.

Mittelalter

1333/34 mit Hilfe von Samurais aus der Familie der Ashikaga die Kamakura-Shogune und ihre Hojo-Regenten. Doch diese sog. Kemmu-Restauration währte nur wenige Jahre bis 1338, als sich Ashikaga Takauji (S. 326), der gehofft hatte, selbst vom Kaiser zum Shogun ernannt zu werden, an die Macht putschte.

8 Minamoto no Yoshitsune, der „Idealritter" des japanischen Mittelalters (Farbholzschnitt, 19. Jh.)

9 Brand eines Palastes in Kyoto während eines Aufstandes 1159 gegen die Fujiwara-Familie (Malerei, 12./14. Jh.)

10 Helm und eiserne Gesichtsmaske einer Samurai-Rüstung im Stil des 14. Jh.

11 Schlacht im Bürgerkrieg gegen die Fujiwara-Familie (Malerei, 12./14. Jh.)

12 Minamoto no Yoritomo (Malerei, 19. Jh.)

SÜDOSTASIEN IM MITTELALTER 5.–15. JH.

Nachdem sich das Birmanenreich von Pagan die Vorherrschaft in ❶ Indochina mit dem Khmerreich von Angkor geteilt hatte, lösten die Thai die Khmer in ihrer Vormachtstellung ab und wurden zum Hauptgegner der Birmanen. Im heutigen Indonesien folgten verschiedene Reiche aufeinander, die später unter den Einfluss des Islam gerieten, bis die Europäer ihre koloniale Vorherrschaft ausbauten.

1

Die Küsten von Südostasien (portugiesische Seekarte, 16. Jh.)

▬ Reiche auf dem südostasiatischen Festland

Während die Khmer kulturell stark unter indischem Einfluss standen, war in Vietnam die Nähe zu China spürbar. Das Vordringen der Birmanen und zuletzt der Thai löste neue Konflikte aus.

Das Siedlungsgebiet der Khmer erstreckte sich vom südlichen Thailand und südlichen Laos bis hin zum Delta des Mekong. Vermutlich waren sie auch Träger der in chinesischen Quellen als „Funan" bezeichneten Handelsmacht, die vom 1./2. Jh. n. Chr. bis zum 6./7. Jh. blühte. Im 7. Jh. bildeten sich mehrere, stark von indischer Kultur beeinflusste Königreiche der Khmer heraus. Ein größeres Reich entstand erst unter Indravarman I., dessen Sohn Yashovarman I. um 900 das eigentliche Angkor („die Stadt") gründete. Im 10. Jh. erlebte das Reich von Angkor seine erste Machtentfaltung. Unter Suryavarman II. entstand der berühmte

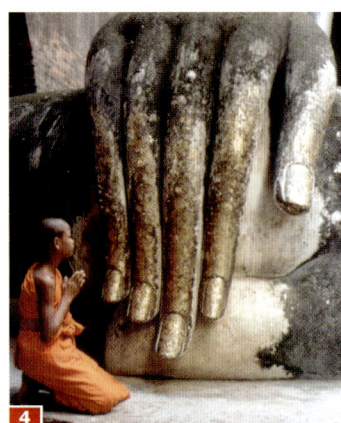

3 Jayavarman VII. (Sandsteinskulptur, 12./13. Jh.)

Tempel von ❺ Angkor Vat. Nach einer Zeit der Wirren und einer Invasion der Cham dehnte ❸ Jayavarman VII. die Macht des Khmerreiches über große Teile Südostasiens aus. Er war Anhänger des Mahayana-Buddhismus und ließ zahlreiche ❼ buddhistische Tempel errichten. Im 15. Jh. wurden die Machtzentren auch aus handelspolitischen Gründen weiter südlich nach Longvek, Udong und Phnom Penh verlegt.

Der Staat Nam-Viet (heute Nordvietnam) wurde 111 v. Chr. von der chinesischen Han-Dynastie (S. 153) erobert. Erst die Schwäche Chinas nach dem Ende der Tang-Dynastie ermöglichte 931 die Gründung eines Dai-Viet

genannten Reiches in Tongking mit Zentrum im Delta des Roten Flusses, das von 1009 bis 1225 von der Ly-Dynastie regiert wurde. Der chinesische Einfluss, z. B. die große Bedeutung des Konfuzianismus als staatstragende Philosophie, blieb dabei weiterhin spürbar. Den Ly folgten die Tran,

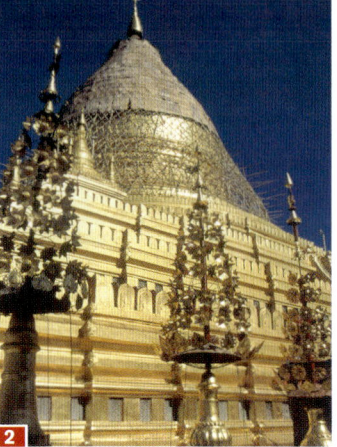

2

Pagode in Pagan (erbaut im 11. Jh.)

die Vietnam von 1225 bis 1400 beherrschten und 1287 einen Angriff der Mongolen abwehrten.

Im zentralen und südlichen Vietnam hatten die Cham schon seit der Frühzeit die südliche Küstenregion besiedelt. Sie gründeten hier spätestens im 4./5. Jh. das Reich von Champa. Von 1192 bis 1220 gerieten die ❻ Cham unter die Herrschaft der Khmer. Das weitere Vordringen der Vietnamesen brachte Champa zunehmend unter Druck; um 1471 wurde das Reich annektiert.

Die Birmanen wanderten im 9. Jh. von Norden her in das heutige Birma ein und gründeten um 849 das Reich von ❷, ❽ Pagan. Bis zu seiner Zerstörung durch die Mongolen 1287 teilte sich das Reich von Pagan die Vorherrschaft über Südostasien mit den Khmer. Nach dem Fall von Pagan entstanden verschiedene Staatswesen, die erst im 18. Jh. wieder zu einem Reich vereint wurden.

5

Die hinduistische Tempelanlage Angkor Vat, Kambodscha, eigentlich „Vishnuloka" genannt, die „Welt Vishnus" (erbaut im 12. Jh.)

4

Buddhistischer Mönch vor der Hand einer 14,70 m hohen Buddhastatue in Sukhothai, Thailand

6

Krieg der Khmer gegen die Cham (Sandsteinrelief, um 1200)

Stämme, die die Thaisprache benutzten, zogen etwa ab dem 2. Jh. v. Chr. in das südwestchinesische Yünnan. Hier bildete sich im 7. Jh. das Reich Nan Zhao, das die Mongolen 1253 zerstörten. In der Mitte des heutigen Thailands entstand 1238 das Reich von ❹ Sukhothai, das als politischer und kultureller Ursprung Thailands gilt. Seine Blütezeit erlebte das Reich unter König Ramkam-

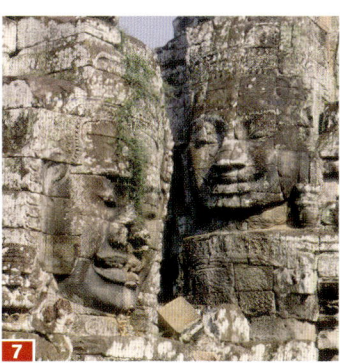

7
Angkor Thom: Teilansicht des buddhistischen Tempels (erbaut um 1200)

haeng in der zweiten Hälfte des 13. Jh., der auf Kosten von Khmer und Birmanen seinen Herrschaftsbereich bis zum Golf von Thailand ausdehnte. Vermutlich schuf er um 1283 auch die noch heute gebräuchliche Thaischrift. Seine Nachfolger widmeten sich nur noch Religion und Wissenschaft, sodass 1350 der lokale Thaifürst von Ayutthaya (S. 330 f.) die Macht übernehmen konnte.

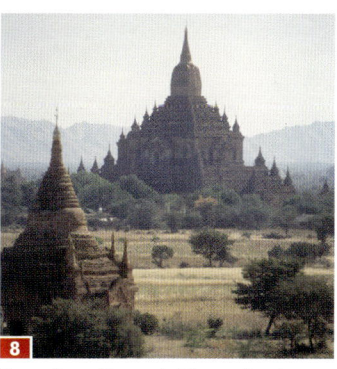

8
Tempel von Pagan in Birma, dem heutigen Myanmar (Foto, 1999)

Inselreiche Südostasiens

Kulturell und religiös hatte Indonesien stets unter indischem Einfluss gestanden. Es bestanden verschiedene buddhistische und hinduistische Reiche, bis ab dem 14. Jh. der Islam seinen Siegeszug antrat.

Bis zum 14. Jh. existierten in Indonesien sowohl buddhistische als auch hinduistische Reiche. Das bedeutendste buddhistische Reich Indonesiens war das Seereich von Srivijaya, das sich im 7. Jh. an der südöstlichen Küste Sumatras bildete. Ausgehend von der Hauptstadt Palembang dehnte Srivijaya seine Herrschaft über

das Südchinesische Meer und die angrenzenden Gebiete aus. Ab dem 11. Jh. machten sich Lokalherrscher wieder unabhängig. Die ebenfalls buddhistische Shailendradynastie hinterließ die Tempelanlagen von ❾ Borobudur auf der Insel Java.

Das Hindureich von Majapahit, das Srivijaya als Vormacht ablös-

9
Tempel von Borobudur auf Java, Indonesien (erbaut im 8. Jh.)

te, war 1293 in Ostjava von König Vijaya errichtet worden und bestand bis etwa 1520. Seinen Höhepunkt erlebte Majapahit im 14. Jh., als König Gajah Mada so gut wie ganz Indonesien kontrollierte.

Seit dem 14. Jh. führten arabische Kaufleute in Indonesien den Islam ein, der sich fast überall durchsetzte. Nur das Inselkönigreich ❿ Bali blieb ⓫ hinduistisch. Mitte des 15. Jh. war das vom Prinzen Paramesvara aus Palembang auf Sumatra gegründete Sultanat Malakka der führende Handelsknotenpunkt in der Region, bis es von den Portugiesen im Jahr 1511 erobert wurde (S. 331).

Java wurde im 17. Jh. zu großen Teilen vom ⓭ Königreich Mataram kontrolliert. Die Niederländer, die die ⓬ Portugiesen als wichtigste europäische Handelsmacht abgelöst hatten, gründeten auf Java 1619 den Handelsstützpunkt ⓮ Batavia und unterwarfen von hier aus Indonesien ihrer Herrschaft. So sorgten sie 1755

10
Portugiesen erleiden Schiffbruch (indische Miniatur, 16. Jh.)

auch dafür, dass das einst mächtige Mataram in die beiden Fürstentümer Surakarta und Yogyakarta aufgeteilt und damit in seiner Macht beschnitten wurde.

11
Hinduistischer Wassertempel auf Bali, Indonesien

12
Pavillon und Lotusteich in einem balinesischen Palast (erbaut im 17. Jh.)

13
Nandi-Stier in einem hinduistischen Tempel von Mataram (erbaut im 10. Jh.)

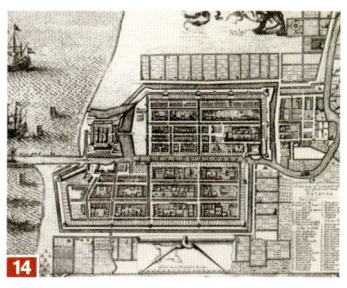

14
Stadtplan von Batavia, dem heutigen Jakarta, Indonesien (Kupferstich, 17. Jh.)

5.–15. Jh.

Mittelalter

SCHWARZAFRIKA 5.–15. Jh.

Nicht nur im Norden Afrikas entwickelten sich im Mittelalter eindrucksvolle Reiche. Besonders in Westafrika bestanden über Jahrhunderte hinweg Königreiche, die durch den ❶ Transsaharahandel mit dem afrikanischen Norden wohlhabend geworden waren. Der Handel über See machte auch die Städte an der Suaheli-Küste im Osten des Kontinents reich. Im Inneren Afrikas reichten ihre Verbindungen bis hin zum Reich von Simbabwe, das mit den Schätzen seiner Goldminen zu ihnen in Beziehung trat.

1 Karawane in der Sahara (Filmszene)

Westafrika

Südlich der Sahara existierten seit dem 5. Jh. mehrere große Königreiche, die den Karawanenhandel kontrollierten.

Aufgrund der Herrschaft über die Karawanenwege entstanden im frühen Mittelalter in Westafrika verschiedene Königreiche. Südlich von Marokko bildete sich im 5. Jh. das Reich von Gana mit der Hauptstadt Kumbi Saleh im heutigen Mauretanien. Der Handel mit Gold und Salz führte zu großem Wohlstand. Den arabischen Händlern, die um 1000 den Islam eingeführt hatten, folgten bald auch Eroberer: Im 11. Jh. wur-

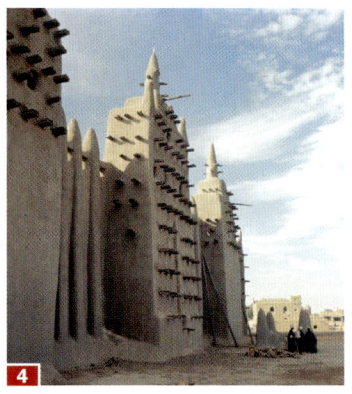

3 Portugiese mit einer Muskete (Bronzerelief vom Palast des Oba in Benin, 16. Jh.)

de das Reich Gana durch die nordafrikanischen Almoraviden zerstört.

1203 eroberte das Volk der Soso die Residenzstadt Kumbi Saleh und herrschte für kurze Zeit über Gana, wurde aber Mitte des 13. Jh. vom Volk der ❷ Malinke, die mittlerweile in Mali ein Reich gegründet hatten, unterworfen. Auch die Malinke bekehrten sich zum ❹ Islam. Ihr Herrscher Kankan Musa sorgte Anfang des 14. Jh. von seiner Hauptstadt Niani aus für eine kulturelle und wirtschaftliche Blütezeit. Aber mit dem 15. Jh. zerfiel das Reich und wurde schließlich vom Reich von Songhai (S. 332) abgelöst.

Früher im nigerianischen Nordwesten ansässig, dehnten die Songhai im heutigen Niger und Nigeria im 8. Jh. ihr Gebiet entlang des Flusses aus und bildeten um die Hauptstadt Gao ein wirtschaftlich gut florierendes

5 Ein Oba von Benin zu Pferde mit zwei Dienern (Bronzerelief, 16. Jh.)

2 Schrein des legendären Stammvaters der Malinke (erbaut im 13. Jh., alle sieben Jahre erneuert)

4 Moschee von Djenné in Mali (um 1400)

Königreich (S. 332). König Kossoi nahm mit seinem Volk um das Jahr 1000 den Islam an. Auch der im 8. Jh. entstandene Stadtstaatenbund von Kanem und Bornu nordöstlich des Tschadsees, der bis ins 19. Jh. fortbestand, wurde seit dem 11. Jh. vom Islam geprägt.

Nur in die Küstengebiete am Golf von Guinea konnte der Islam nicht vordringen. Die Yoruba gründeten hier verschie-

Kankan Musa

Der Herrscher von Mali unternahm 1325 mit großem Gefolge eine Pilgerreise nach Mekka. Angeblich wurde er von 60 000 Trägern begleitet. Die Menge Gold, die Musa allein in Kairo ausgab, ruinierte die ägyptische Währung für Jahrzehnte. In Timbuktu ließ Kankan Musa eine große Moschee und eine Islamschule aufbauen, die zu einem Zentrum islamischer Gelehrsamkeit wurde.

Pilgerkarawane nach Mekka (Gemälde, 19. Jh.)

dene Königreiche. Unter diesen war ❻ Ife zwischen dem 8. und 13. Jh. der politische und kulturelle Mittelpunkt. Dann wurde es von Benin abgelöst. Dessen Könige, ❺ Obas genannt, unternahmen seit dem 15. Jh. zahlreiche Militärexpeditionen. Hierbei wurden auch Gefangene gemacht, die man seit dem 16. Jh. als Sklaven an die Europäer, zunächst v. a. die ❸ Portugiesen, verkaufte.

6 Kopf eines Herrschers von Ife (Messingplastik, 12./15. Jh.)

Mittelalter · 5.–15. Jh.

Ost- und Südafrika

Handelsbeziehungen bis nach China prägten die ostafrikanische Küste, Goldexport das südafrikanische Simbabwe.

Von Aksum aus verlagerte sich der Schwerpunkt der christlichen Äthiopier in das Hochland, das man leichter gegen Angriffe der Muslime verteidigen konnte. Im 10. Jh. wurde hier die Herrschaft von der Zagwedynastie über-

ten mit Europa, v. a. zum Papst in Rom und zu Portugal, das im 16. Jh. den Kampf gegen die Muslime aktiv unterstützte.

An der ostafrikanischen Küste von Somalia im Norden bis hinunter nach Mosambik entwickel-

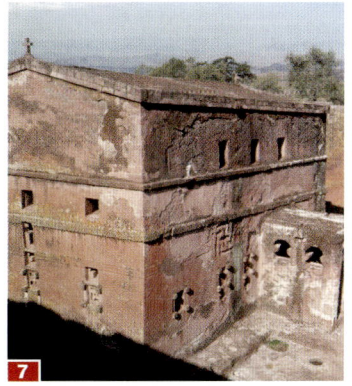
Die aus dem Fels gehauene Marienkirche in Lalibela, Äthiopien (12. Jh.)

8 Fort im Hafen von Kilwa im heutigen Tansania

9 König von Monomotapa

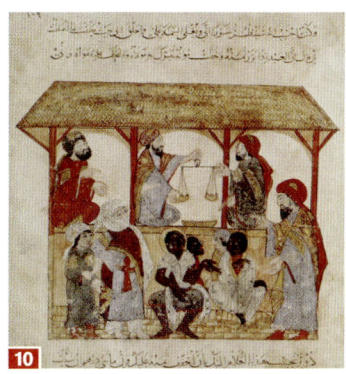

10 Handel mit afrikanischen Sklaven (arabische Buchmalerei, 13. Jh.)

nommen, die von ihrer Residenz **7** Lalibela aus Äthiopien neu aufbaute. 1268 wurden die Zagwe von den Salomoniden abgelöst, die eine Abstammung vom legendären Staatsgründer Menelik beanspruchten (S. 155). Sie standen in einem dauerhaften Konflikt mit ihren **11** muslimischen Nachbarn und aufsässigen Provinzfürsten. Zur Durchsetzung der Staatskirche, die die Herrschaft des Kaisers legitimierte, wurden Häretiker und Juden verfolgt. Im 5. Jh. kam es wieder zu Kontak-

te sich durch die Verbindung afrikanischer mit islamisch-arabischen Elementen die sog. Suaheli-Kultur (von arab. sahil, „Küste"), deren Städte durch **10** Handel auf dem Kontinent, aber auch übers Meer nach Arabien, Indien und China wohlhabend und mächtig wurden. Im 14. Jh. hatte **8** Kilwa in Tansania die führende Position unter den Küstenstädten inne.

Ihre Handelspartner im Landesinnern waren Bantu-Stämme, die v. a. Kupfer und Elfenbein lieferten. Bantuvölker hatten sich bereits kurz nach Christi Geburt aus dem Inneren des Kontinents

Staatswesen. In seiner von gewaltigen Mauern umgebenen Hauptstadt **12** Groß-Simbabwe lebten Zehntausende Menschen. Funde chinesischer Keramik aus der Mingzeit zeugen von den weit reichenden Handelsbeziehungen. Hauptexportgüter waren Erze und Gold.

Im 15. Jh. wurde das Shonareich vom mosambikanischen **9** Monomotapa abgelöst, das sich zeitweise bis weit in den Westen er-

---

Bantu

Das Wort „ban-tu" bedeutet so viel wie „Menschen" und ist zur Bezeichnung einer großen Sprachfamilie geworden, zu der in Süd- und Zentralafrika heute ca. 100 Millionen Menschen zählen. Von diesen spricht etwa die Hälfte Suaheli. Von Nigeria und Kamerun aus wanderten zu den Bantu gehörende Völker durch Ostafrika bis nach Südafrika.

Traditionelle Hütten der bantusprachigen Zulus in Südafrika

---

nach Süden und Osten ausgedehnt, was ihre Sprachgruppe zur größten in Afrika machen sollte.

Im Bereich von Mosambik und Simbabwe bildeten im 12. Jh. die bantusprachigen Shona ein

streckte. Auch hier entstanden große Bastionen, die jedoch – das Reich war mittlerweile von den Portugiesen abhängig geworden – den Untergang Ende des 17. Jh. nicht verhindern konnten.

11 Kampf zwischen Äthiopiern und Muslimen (Malerei, 15. Jh.)

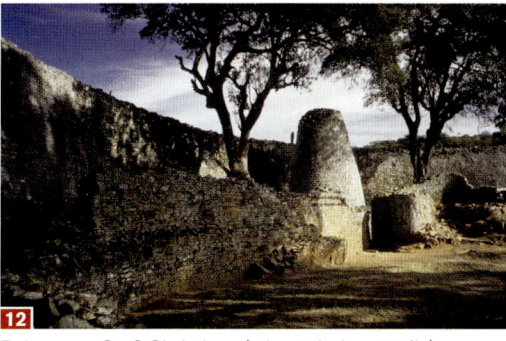

12 Ruinen von Groß-Simbabwe (erbaut ab dem 13. Jh.)

12. Jh. | Entstehung des Shonareichs   1325 | Pilgerreise Kankan Musas nach Mekka

1. Jh. | Entstehung des Malireichs   1268–1974/75 | Salomoniden-Dynastie in Äthiopien   15. Jh. | Aufstieg des Reichs von Monomotapa

Mittelalter · 5.–15. Jh.

5.–15. Jh.

Mittelalter

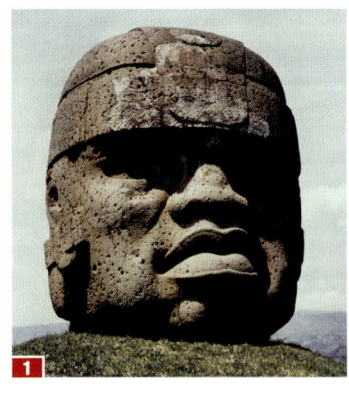

DIE BESIEDLUNG UND FRÜHE HOCHKULTUREN AMERIKAS UM 1500 V. CHR.–15. JH.

Nach der Besiedlung des amerikanischen Doppelkontinents entwickelten sich in Nordamerika verschiedene Kulturen, die z. T. ein hohes Niveau erreichten. Auch in Mittel- und Südamerika bildeten sich hierarchisch organisierte Reiche aus, die jeweils für eine gewisse Zeit die kulturelle und politische Führung der Region übernahmen: u. a. ❶ Olmeken und Tolteken sowie Maya und Azteken in Mittelamerika, Chavín, Moche, Nazca, Chimú und am Ende Inka in Südamerika.

Kolossaler Steinkopf einer olmekischen Gottheit

Nordamerika

Eine Vielzahl unterschiedlichster Indianerkulturen prägte den Norden des Kontinents.

Als gegen Ende der letzten Eiszeit um 13 000 v. Chr. eine Landbrücke zwischen Asien und Amerika bestand, zogen steinzeitliche nomadische Jäger- und Sammler-Kulturen nach Nordamerika. Im Laufe der folgenden

Bisonjagd (Holzstich, 19. Jh.)

Jahrtausende breiteten sich die Einwanderer auf dem gesamten Kontinent aus.

Von Mexiko aus zogen um 300 v. Chr. Angehörige der sog. Hohokam-Kultur nach Norden und siedelten in Dörfern, deren Agrarflächen mit groß angelegten Kanalsystemen bewässert wurden. Die Kultur der ❸ Anasazi oder ❻ „Cliff Dwellers" hatte sich um 200 im Südwesten gebildet. Sie lebten als sesshafte Bauern in Steinhäusern mit mehreren Stockwerken und stellten die Vorläufer der ❺ Puebloindianer dar. Diese wiederum wurden am Ende des 16. Jh. von den Spaniern besiegt.

Um 750 entfaltete sich die Mississippikultur rund um die Stadt Cahokia in der Nähe des heutigen Saint Louis, in der ca. 40 000 Einwohner lebten. Ihnen diente der Maisanbau als Lebensgrundlage. Vermutlich wurde die Kultur

❸ Tonschale der Anasazi-Kultur (12./13. Jh.)

durch von Europäern eingeführte Seuchen vernichtet – ein Schicksal, das viele Indianerkulturen nach Ankunft der Europäer traf.

Stämme an der Nordwestküste lebten von Fischfang und führten „Potlatchs", komplexe Geschenkrituale, durch, bei denen sich viele von ihnen ruinierten. Sie sind außerdem auch für ihre Holzschnitzereien bekannt, die sich v. a. an ❹ Totempfählen finden.

Die Stämme auf den Great Plains waren zumeist Nomaden, deren Kultur von der ❷ Bisonjagd abhängig war. Da sie im besonderen Maße mit den nach Westen vordringenden weißen

Totempfähle verschiedener Indianerstämme der Nordwestküste Amerikas

Siedlern in Konflikt gerieten, bestimmten sie zu Unrecht das Bild vom „Indianer".

Lebensweise, soziale Organisation und politische Institutionen der „Native Americans" waren in hohem Grade unterschiedlich. Dies war z. T. den Lebensbedingungen wie Klima, Land und Tierbestand geschuldet, aber auch in einheitlichen Regionen existierte eine sehr große Vielfalt an gesellschaftlichen Strukturen: Sesshafte und nomadische Völker mit oder ohne Sklaven, Jäger- und Bauernkulturen, matrilineare und patrilineare Gesellschaften, „monarchische" und „demokratische" Strukturen – die Konföderationen der Huronen im 15. Jh., später dann die der irokesischen „Five Nations" verfügten als erste amerikanische Demokratie über ein Parlament.

❺ Siedlung der Puebloindianer in New Mexico, USA

❻ Felsbehausungen, sog. Cliff Dwellings, der Anasazi-Kultur

| ab 13 000 v. Chr. | Menschen besiedeln Amerika | um 1500 v. Chr. | Hochkultur der Olmeken | um 300 v. Chr. | Nordwanderung der „Hohokam-Kulturen" |
| um 2700 v. Chr. | Pyramiden von Caral | um 1000 v. Chr. | Entstehung der Kultur von Chavín | um Christi Geburt | Kultur von Teotihuacá |

■ Mittel- und Südamerika

In Mittelamerika und im Andenraum entwickelten sich staatenbildende Hochkulturen, die z. T. große Gebiete beherrschten.

Seit dem 8. Jt. v. Chr. entwickelten sich die Jäger und Sammler in Mittelamerika zu agrarischen Gesellschaften. Die Hochkultur der Olmeken hinterließ gegen 1500 v. Chr. Tempel und Paläste. Bis etwa 400 v. Chr. beherrschten sie die mexikanische Ostküste. Ihre Kultur galt als die älteste Amerikas, bis man im Jahr 2001 mit dem peruanischen Caral eine Stadt von ca. 2700 v. Chr. entdeckte, deren Pyramiden so alt sind wie die in Ägypten.

Um Christi Geburt hatte sich in der Stadt Teotihuacán nicht weit vom heutigen Mexico-City ein Staat entwickelt, der etwa von 200 bis 650 das Hochland von Mexiko dominierte. Die Stadt beherbergte zeitweilig bis zu 200 000 Einwohner und verfügte über ein weit gespanntes Handelsnetz. Hier befanden sich eine ❶ Sonnen- und eine Mondpyramide sowie zahlreiche bemalte Tempel. Etwa zu Beginn des 10. Jh. formten die Tolteken ein militärisch organisiertes Reich im Inneren Mexikos aus, das als erstes in Mittelamerika seine Nachbarvölker durch Armeen

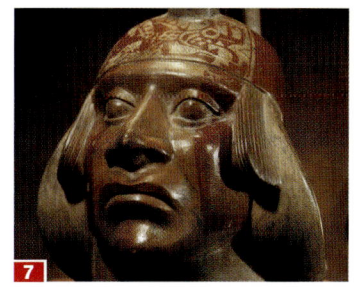
7 Gefäß der Moche in Form eines Kopfes (Ton, 1. Jh. v. Chr./6. Jh. n. Chr.)

beherrschte. Dennoch hielten auch sie sich nur wenige Generationen: Im 12. Jh. zerfiel ihr Reich, und in den folgenden Jahrzehnten begann der Aufstieg der Azteken.

Zwischen 300 und 900, der Zeit des sog Alten ⓭ Mayareiches, bildeten sich von El Salvador über Honduras und Guatemala bis zum Süden der Halbinsel Yucatán zahlreiche, von ❽ Priesterfürsten regierte ⓬ Stadtstaaten heraus. Aus unbekannten Gründen wurden diese um 900 aufgegeben zu Gunsten der weiter nördlich auf der Halbinsel Yucatán gelegenen Städte des sog. Neuen Mayareiches (S. 334).

In Südamerika entwickelte sich zu Beginn des 1. Jt. v. Chr. in Peru die Kultur von Chavín. Sie hielt sich bis etwa ins 3. Jh. v. Chr. und wurde dann im Norden von der Moche-Kultur und im Süden von der Nazca-Kultur abgelöst. Letztere bestand bis ins 6./7. Jh. und ist für ihre gigantischen Scharrbilder berühmt. Zwischen 300 und 900 dominierte in der Region um den Titicaca-See die Hochkultur von ❾ Tiahuanaco, die möglicherweise auf die frühere Kultur von Chavín zurückgriff und selbst wiederum das Huari-Reich beeinflusste, das vom 6. bis zum 11. Jh. das südliche Peru beherrschte.

Die ❼ Moche errichteten Tempelpyramiden, die zu den größten Amerikas zählten, und schufen charakteristische Keramiken, die z. T. auch Menschenopfer zeigen. Anfang des

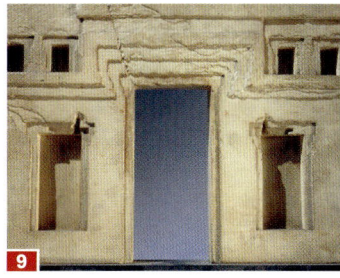
9 Sonnentor von Tiahuanaco, Bolivien (Gipsmodel)

10 Amazonasindianer in traditionellen Kostümen (Foto, Anfang 20. Jh.)

8. Jh. gaben sie ihre Städte auf. Ihre Nachfolge traten etwa 200 Jahre später an der peruanischen Küste die Chimú an, die über eine ausgeklügelte Bewässerungstechnik verfügten. Mit ihrer Hauptstadt Chan Chan, die ca. 50 000 Menschen bewohnten, wurde ihr Reich 1476 von den Inka erobert.

Die ❿ Amazonasregion Südamerikas wurde vermutlich erst ab dem 3. Jt. v. Chr. von Menschen besiedelt. Die seit dem 8. Jt. an der Südspitze Amerikas ansässigen Menschen wurden durch Kolonialisierung und Seuchen fast ausgerottet.

11 Die 65 m hohe Sonnenpyramide in Teotihuacán (erbaut um Christi Geburt)

12 Ruinen der Mayastadt Tikal, Guatemala

13 Maya-Gefäß mit Darstellung einer Palastszene (bemalter Ton)

8 Kopf eines Maya-Fürsten (Tuffstein, um 700)

200 | Entstehung der Anasazi-Kultur   **um 750** | Entstehung der Mississippi-Kultur   **ab 12. Jh.** | Aufstieg der Azteken   **1492** | Landung von Kolumbus in Amerika

300–900 | Altes Mayareich   **10.–12. Jh.** | Kultur der Tolteken   **1476** | Eroberung des Chimú-Reichs durch die Inka

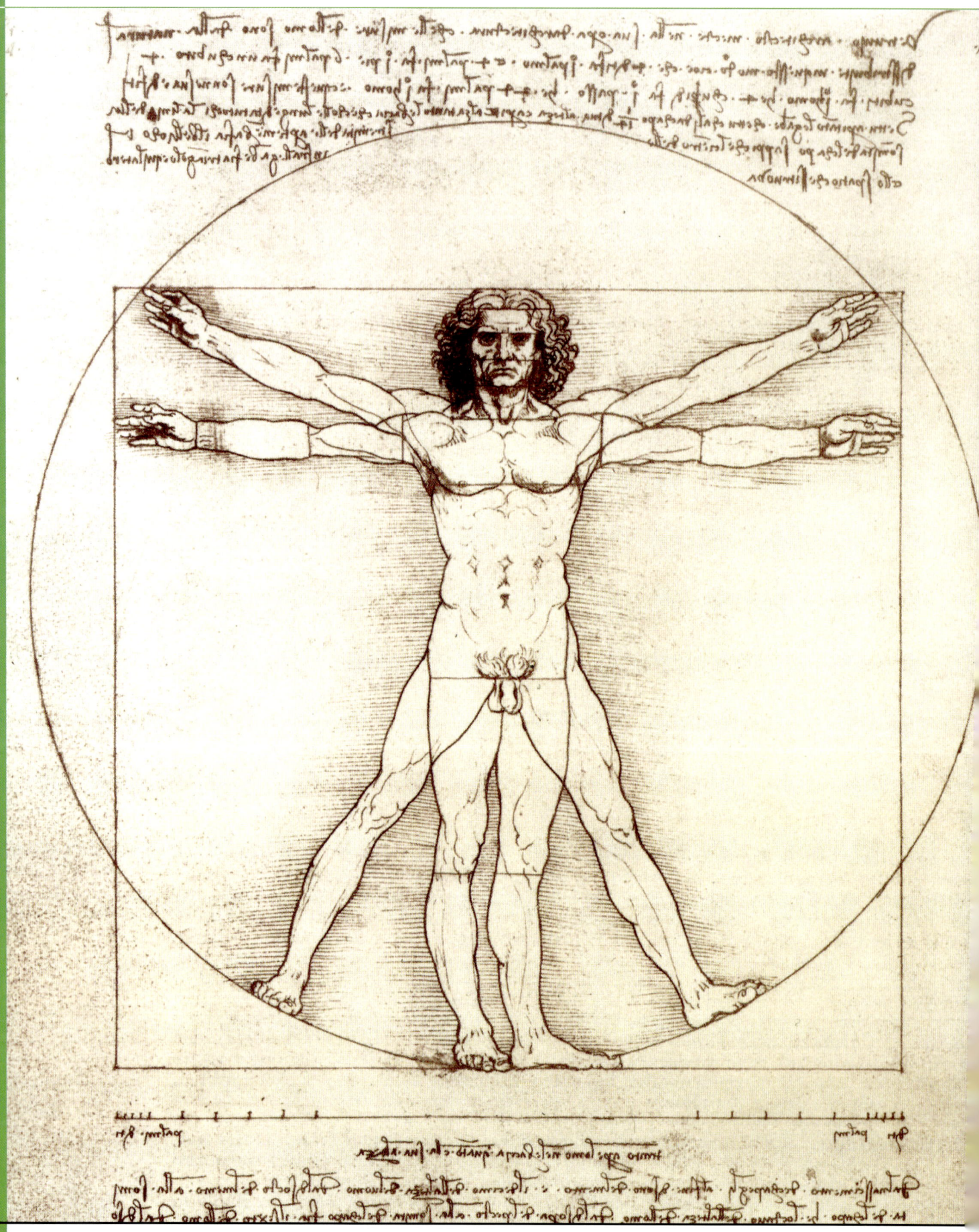

Frühe Neuzeit
16.–18. Jahrhundert

Der Übergang vom Mittelalter zur Neuzeit, der ein fließender war, wird traditionell an Ereignissen wie der Reformation Martin Luthers und der Entdeckung der „Neuen Welt" festgemacht, welche die Entstehung eines neuen Menschen- und Weltbildes bewirkten. Wesentlich trug dazu auch der von Italien ausgehende Humanismus bei, der ein kritisches Bewusstsein gegenüber Christentum und Kirche förderte. Die Reformation brach schließlich die universelle Macht der Kirche, und nach dem Dreißigjährigen Krieg erwies sich auch die Idee des universalen Kaisertums als nicht realisierbar. Es begann die Zeit der Nationalstaaten, die bestrebt waren, politisch und ökonomisch ihre Macht auch weit über den europäischen Kontinent hinaus auszubauen. Amerika, Afrika und Asien gelangten ins Gesichtsfeld der Europäer.

Das Proportionsschema von Leonardo da Vinci (um 1490) ist ein Paradebeispiel für die neuartige Auseinandersetzung der Renaissancekünstler mit der Anatomie des menschlichen Körpers.

Durchbrechung des mittelalterlichen Weltbildes

Luther, Erasmus von Rotterdam, Melanchthon u. a.

Landkarte von Amerika (Kupferstich, 16. Jh.)

DIE FRÜHE NEUZEIT

Der Beginn der Neuzeit in Europa um 1500 lässt sich an zahlreichen Brüchen und Verschiebungen gegenüber dem ❶ Weltbild des Mittelalters festmachen. Trotz einiger symbolischer Eckdaten wie der Entdeckung der Neuen Welt 1492 und dem Beginn der Reformation 1517 erfolgte der Übergang nicht abrupt, sondern in Form einer „Epochenschwelle". Schon das Spätmittelalter bereitete einen Umbruch vor.

Humanismus und Renaissance

Bereits im 14. Jh. orientierten sich italienische Schriftsteller wie ❺ Dante, Petrarca und Boccaccio am Lebensideal und an der Gelehrsamkeit antiker Autoren. In Abkehr vom universalen Weltverständnis des Mittelalters stellten die sog. Humanisten (lat. humanitas, „Menschlichkeit") den Menschen in den Mittelpunkt. Die Renaissance (franz. „Wiedergeburt") bezog ihre Ideen v. a. aus der Auseinandersetzung mit der Antike, was sich in einer neuen Unabhängigkeit der Naturwissenschaften, der Lösung der Philosophie vom christlichen Dogma und besonders in der Kunst niederschlug. Sie ver-

Dante, Petrarca, Boccaccio u. a.
(Gemälde von Giorgio Vasari, 16. Jh.)

breitete sich seit dem 15. Jh. vom Hof der Medici in Florenz und dem Sitz der Päpste in Rom aus über ganz Europa. Kosmopolitische Gelehrte wie Erasmus von Rotterdam versuchten, Humanismus mit christlicher Frömmigkeit zu verbinden.

Reformation und Gegenreformation

Schon bevor ❷ Martin Luther die Reformation auslöste, wurde immer wieder Kritik an der verweltlichten Papstkirche geübt. Bedeutung erlangte z. B. der Böhme Jan Hus (S. 204) im 15. Jahrhundert. Doch scheiterte er letztlich am Widerstand der Obrigkeit. Luther hingegen stellte sich – etwa in den Bauernkriegen – explizit auf die Seite der Fürsten, die ihrerseits die Reformation unterstützten, weil sie sich durch den Aufbau von Landeskirchen einen Machtzuwachs erhofften.

Teilweise in Abgrenzung von der Reformation, teilweise aber auch aus sich selbst heraus, kam es im 16. Jh. auch innerhalb der katholischen Kirche zu einer Erneuerungsbewegung: zur sog. Gegenreformation. Wie die Protestanten – etwa im „Augsburger Bekenntnis" von 1530 – legte die katholische Kirche im Konzil von Trient bis 1563 ihre Glaubensgrundsätze fest. Verbreitung fand die katholische Reform v. a. durch den 1534 gegründeten ❹ Orden der Jesuiten, der sich der Ketzerbekämpfung und der Mission in aller Welt widmete, aber auch das katholische Schul- und Universitätswesen in die Hand nahm.

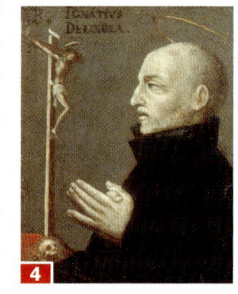
Ignatius von Loyola, Gründer des Jesuitenordens (Gemälde, 17. Jh.)

Erfindungen und Entdeckungen

Zur raschen Ausbreitung der Reformation trugen auch die verbesserten Kommunikationsmöglichkeiten bei, die die Erfindung des ❻ Buchdrucks um 1445 durch Johannes Gutenberg eröffnete. Entdeckungen auf dem Gebiet der Naturwissenschaft wie 1507 die des heliozentrischen Sonnensystems durch Kopernikus revolutionierten das Weltbild. Forschungsdrang und Suche nach neuen Handelswegen führten zu großen ❸ Seereisen: Auf der Suche nach dem Seeweg nach Indien umsegelten die Portugiesen Ende des 15. Jh. Afrika; Christoph Kolumbus gelangte 1492 nach Amerika; Maghellan unternahm zwischen 1519 und 1521 die erste Weltumseglung. Im Zuge eines beginnenden Welthandels und Kolonialismus erlangten europäische Staaten die Vorherrschaft in vielen Teilen der Welt. Dabei richteten sie alte Kulturen zugrunde und verschleppten Millionen

Johannes Gutenberg an seiner Druckerpresse (Radierung, 18. Jh.)

Chinesisches Teehaus in Potsdam-Sanssouci (18. Jh.)   Newton entdeckt das Gravitationsgesetz (Aquarell)   Ein gelehrter bürgerlicher Salon im Paris des 18. Jh.

von Menschen in die Sklaverei. Die Bekanntschaft mit unbekannten Gesellschaften rief aber auch eine große Faszination hervor, wovon die „Türkenmode", „Perserbriefe" oder die ❼ „Chinoiserien" des 17. und 18. Jh. zeugen. Im Osmanischen Reich, im Persien der Safawiden, in Indien unter den Großmoghuln oder in China unter der Mandschudynastie – Staaten, die sich zwischen dem 16. und 18. Jh. auf dem Höhepunkt ihrer Macht und Prosperität befanden – fand jedoch kaum eine ernsthafte Auseinandersetzung mit den Europäern statt, die nur am Rande wahrgenommen wurden.

Absolutismus und Aufklärung

In der Frühen Neuzeit setzte sich fast überall die Regierungsform des Absolutismus durch, also die Konzentration der ungeteilten Staatsgewalt in der Hand der Fürsten. Theoretisch untermauert wurde er durch die Abhandlungen u. a. von Niccolò Macchiavelli (S. 295), Jean Bodin und Thomas Hobbes aus dem 16. und 17. Jh., in denen die Vorstellungen von Staatsräson und herrscherlicher Souveränität entwickelt wurden. Machtmittel des absolutistischen Fürsten waren u. a. die stehenden Heere und eine allein dem Souverän verantwortliche Bürokratie.

Eine besondere Ausprägung erlebte der Absolutismus in Verbindung mit der Aufklärung des 18. Jh., die versuchte, den Humanismus sowie philosophische und naturwissenschaftliche Erkenntnisse des 17. Jh. auf alle Lebensbereiche anzuwenden. Seit dem 17. Jh. hatten sich Gelehrte wie ⓫ René Descartes, John Locke, Baruch de Spinoza und Gottfried Wilhelm

René Descartes (Gemälde, um 1640)

Leibniz mit den Methoden zur Erkenntnisgewinnung frei von religiöser Dogmatik beschäftigt. Wissenschaftler wie Galileo Galilei und ❽ Isaac Newton begründeten ein neues, von der Naturwissenschaft geprägtes Weltbild. Die großen Aufklärer des 18. Jh. wie Montesquieu und Voltaire setzten sich ein für die Freiheit des Geistes, der Religion und der Forschung. Auch forderten sie eine vernunftgeleitete Überprüfung der Regierungsprinzipien auf der Grundlage eines Men-

schenbildes, das von der prinzipiellen Gleichheit und Verbundenheit aller Menschen ausging. Die Philosophen Jean-Jacques Rousseau und ❿ Immanuel Kant überwanden schließlich die Aufklärung mit ihrer Kritik an Kultur bzw. Vernunft.

Im sog. aufgeklärten Absolutismus begannen die Fürsten nun, zugunsten des Staats- und Allgemeinwohls noch stärker in die gewachsenen Strukturen von Staat und Kirche einzugreifen. Die Zentralisierung der Staatswesen wurde in diesem Sinne vorangetrieben, der Einfluss der Kirche v. a. auf dem Gebiet der Schul- und Universitätsbildung zurückgedrängt. Allerdings waren auch so reformfreudige Monarchen wie König Friedrich II., der Große, von Preußen oder Kaiser Joseph II. nicht bereit, ihren Untertanen, v. a. dem aufstrebenden Bürgertum, politische Mitspracherechte einzuräumen. Die von den Aufklärern beispielsweise geforderte Gewaltenteilung verwirklichten sie nicht.

Immanuel Kant (Gemälde, um 1768)

Aufstieg des Bürgertums

In der Aufklärung wie schon in den geistigen Strömungen von Humanismus und Reformation hatten sich in besonderem Maße auch bürgerliche Schichten hervorgetan, die im Frühkapitalismus zu Geld und Ansehen gelangt waren. Um ein Gegengewicht zu Adel und Kirche zu schaffen, stützten sich auch absolutistische Fürsten verstärkt auf bürgerliche Kreise: Über ein Universitätsstudium erhielten immer mehr Bürgerliche Zugang zu Staatsämtern, und in einer staatlichen Wirtschaftspolitik wurden Handel und Gewerbe, die in bürgerlichen Händen lagen, gezielt gefördert. Auch auf ❾ kulturellem Gebiet erlangte das Bürgertum immer mehr an Bedeutung. Trotzdem blieben Bürgerliche im absolutistischen Staat von der politischen Mitsprache weiterhin ausgeschlossen. Dieser Gegensatz entlud sich 1789 in der Französischen Revolution, die zusammen mit der Anerkennung der Menschen- und Bürgerrechte in der Unabhängigkeitserklärung der USA von 1776 den Beginn des „Bürgerlichen Zeitalters" markierte.

DEUTSCHES REICH – DIE REFORMATION UND IHRE FOLGEN 1517–1609

Durch die Unterstützung mächtiger Reichsfürsten setzte sich die von Martin Luther ausgelöste Reformation schnell in weiten Teilen des Reiches durch. Nach ersten Religionskriegen erzielte der Augsburger Religionsfrieden ein Machtgleichgewicht zwischen Katholiken und Protestanten, doch blieb der Frieden labil, zumal die Kalvinisten von ihm ausgeschlossen waren. So kam es auch nach der Einigung in Augsburg zu Konflikten mit konfessionellem Hintergrund. Dies verschärfte die Spannungen zwischen den Konfessionen bis zum Vorabend des Dreißigjährigen Krieges.

1 Der deutsche Kaiser Karl V. (Gemälde von Jakob Seisenegger, 1532)

16.–18. Jh.

Frühe Neuzeit

■ Reformation und Bauernkrieg

Durch Verbindung mit z. T. „sozialrevolutionären" Forderungen radikalisierte sich die Reformation Martin Luthers, was der Reformator selbst aber nicht unterstützte.

3 Martin Luther (Gemälde, 1528)

Thomas Müntzers „Manifest der Mansfeldischen Bergknappen" von 1524:

„Dran, dran, dieweil das Feuer heiß ist! Lasset euer Schwert nicht kalt werden, lasset das Schwert nicht lahm werden! Schmiedet pinkepanke auf den Ambossen Nimrods, werfet ihnen den Turm zu Boden! Es ist nicht möglich, solange sie leben, dass ihr der menschlichen Furcht solltet leer werden. Man kann euch von Gott nichts sagen, dieweil sie über euch regieren. Dran, dran, solange es Tag ist, Gott geht euch voran, folget, folget!"

Nach dem Tod Maximilians I. wurde 1519 sein Enkel ❶ Karl V. zum deutschen Kaiser gewählt. Die Wahl war durch enorme Bestechungssummen an die Kurfürsten zustande gekommen. Um diese aufzubringen, verschuldeten sich die Habsburger beim Bankhaus der ❷ Fugger, deren Handelsnetz die ganze damals bekannte Welt umspannte.

Inzwischen hatte die Reformation begonnen, die zunächst eine Reformbewegung innerhalb der Kirche war und sich an der Praxis des kirchlichen Ablasshandels entzündete. 1517 hatte ❸ Martin Luther seine 95 Thesen zur Reformation der Kirche in Wittenberg publik gemacht und 1520 nach Androhung des Kirchenbannes durch den Papst mit Rom gebrochen. 1521 verteidigte er seine Thesen vor dem Kaiser auf dem ❻ Reichstag zu Worms. Durch mächtige Reichsfürsten, die sich der Reformation anschlossen, entwickelte die Bewegung große Dynamik. Kurfürst ❼ Friedrich der Weise von Sachsen versteckte den Reformator vor einem Zugriff des Kaisers auf der Wartburg in Thüringen, wo Luther die Bibel ins Deutsche übersetzte.

Die reformatorischen Anliegen verbanden sich bald mit den sozialen Umbrüchen ihrer Zeit. 1522/23 kam es zum Aufstand der Reichsritter unter ❹ Ulrich von Hutten und Franz von Sickingen, die sich auf die Seite der Reformation stellten, gegen die katholischen Reichsfürsten. 1524/25 erhoben sich die Bauern gegen die Grundbesitzer und plünderten Herrensitze und Klöster. Luther stellte sich gegen die Bauern auf die Seite der Fürsten, während der radikale Reformator ❺ Thomas Müntzer in Thüringen die Bauern anführte. 1525 wurden die schlecht bewaffneten Bauern bei Frankenhausen von der Fürstenmacht besiegt und Müntzer hingerichtet.

2 Anton Fugger verbrennt 1535 die Schuldverschreibungen Karls V.

4 Der Humanist und Publizist Ulrich von Hutten (Holzschnitt, 1520)

5 Thomas Müntzer (Kupferstich, 1608)

6 Martin Luther vor Kaiser Karl V. auf dem Reichstag zu Worms am 17./18. 4. 1521 (Gemälde von Anton von Werner, 1900)

7 Friedrich III., der Weise, Kurfürst von Sachsen

| 1517 | Luther veröffentlicht seine Thesen | 5. 1. 1521 | Kirchenausschluss Luthers | ab 3. 5. 1521 | Luther auf der Wartburg | 1524/25 | Bauernkrieg |
| 1519 | Karl V. wird Kaiser | Dez. 1520 | Luther verbrennt die päpstliche Bannbulle | 8. 5. 1521 | Wormser Edikt | 1522/23 | Aufstand der Reichsritte |

Die Machtverteilung im Reich und der Kalvinismus

Der vom Augsburger Religionsfrieden noch ausgeschlossene Kalvinismus fasste ebenfalls im Reich Fuß, während sich die Kaiser um religiöse Kompromisse bemühten.

1 Der deutsche Kaiser Karl V., Erzherzog von Österreich, als Karl I. König von Spanien (Gemälde von Tizian, 1548)

2 Der französisch-schweizerische Reformator Johannes (Jean) Calvin (Gemälde, flämische Schule, um 1530)

3 Der deutsche Kaiser Ferdinand I., Erzherzog von Österreich, König von Böhmen und Ungarn (Gemälde, um 1550)

Im Jahr 1555/56 dankte der müde und gichtkranke ❶ Karl V. ab und teilte sein Riesenreich zwischen seinem Bruder Ferdinand (österreichische Linie) und seinem Sohn Philipp II. (spanische Linie) auf. ❸ Ferdinand, der 1526 durch Erbfall auch König von Böhmen und Ungarn geworden war, erhielt Österreich und 1558, nach Karls Tod, den Kaisertitel.

Der religiöse und politische Friede im Reich blieb labil. So hatte etwa Ferdinand im Augsburger Religionsfrieden durchgesetzt, dass ein geistlicher Fürst bei seinem Übertritt zum Protestantismus von seiner Herrschaft zurücktreten musste, was die Protestanten aber immer wieder zu umgehen wussten. Außerdem war die katholische Mehrheit im siebenköpfigen Kurfürstenkollegium nur noch hauchdünn, nachdem Brandenburg, die Kurpfalz und Sachsen protestantisch geworden waren.

Inzwischen war aber auch die reformatorische Bewegung in sich gespalten. 1525 hatte ❹ Huldrych Zwingli die Reformation in Zürich eingeführt, die sich v. a. in der Abendmahlsfrage von den Lutheranern unterschied. Von noch größerer Wirkung war die Reformation ❷ Johannes Calvins 1541 in Genf, der eine strenge Kirchenzucht einführte und eine Art Theokratie errichtete. Der Kalvinismus weitete sich rasch auf Frankreich, die Niederlande und den Westen des Reiches aus. 1559 trat der pfälzische Kurfürst Friedrich III., der Fromme, zum Kalvinismus über und andere Reichsfürsten wie z. B. die Grafen von Nassau folgten. Da die Kalvinisten nicht im Augsburger Religionsfrieden einbegriffen waren, suchten Kurfürst Friedrich III. und noch stärker sein Sohn Johann Casimir Rückhalt in Frankreich. Dessen Könige – obwohl selbst katholisch – unterstützten die Protestanten im Deutschen Reich, um die Habsburger zu schwächen (S. 276).

Karl V. und Ferdinand I. hatten mehrfach die Päpste zu Reformen gedrängt, die endlich im Konzil von Trient von 1545 mit Unterbrechungen bis 1563 beschlossen wurden. Ferdinand I. blieb streng katholisch, war aber bereit, Zugeständnisse – etwa bei der Priesterehe – zu machen. Aber sein Sohn ❺ Maximilian II., Kaiser seit 1564, war religiös indifferent und neigte sogar dem Protestantismus zu. Die politischen Linien verliefen quer durch die Konfessionen: Sachsen unter Kurfürst ❻ August stritt zwar für die Rechte der Protestanten, blieb aber fest auf Seiten des Kaisers, während z. B. die katholischen Herzöge von Bayern bereit waren, die Macht der Habsburger zugunsten eigener Vorteile zu schwächen. In der Regierungszeit Maximilians II. stand der Protestantismus auf der Höhe seiner Macht im Reich. Auch die meisten bedeutenden Reichsstädte waren protestantisch geworden.

5 Der spätere Kaiser Maximilian II. (Gemälde von Anthonis Mor, um 1560)

4 Der deutsch-schweizerische Reformator Huldrych (Ulrich) Zwingli (Gemälde von Hans Asper, 1549)

6 Kurfürst August von Sachsen (Gemälde von Zacharias Wehme, 1586)

| 1534 | Gründung des Jesuitenordens | 1556 | Abdankung Karls V. | 1564 | Kaiserwahl Maximilians II. | 1576 | Kaiserwahl Rudolfs II. | 1582/83 | Kölner Wirren |
| 1545–63 | Konzil von Trient | 1558 | Kaiserwahl Ferdinands I. | 1565 | Jesuiten übernehmen die Universität Dillingen |

1545–1555 | Konfessionelles Zeitalter

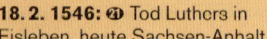

1545–1563: Auf dem ⑳ Konzil von Trient, eröffnet von Papst Paul III., fasst die katholische Kirche ihre Glaubensgrundsätze neu zusammen.

18. 2. 1546: ㉑ Tod Luthers in Eisleben, heute Sachsen-Anhalt.

1546/47: ㉒ Karl V. beginnt mit finanzieller und militärischer Unterstützung des Papstes den sog. Schmalkaldischen Krieg.

.4. 1547: Der Schmalkaldische Bund unterliegt em kaiserlichen Heer in der ㉓ Schlacht bei ühlberg. Der Bund löst sich auf. Karl V. ächtet e Führer des Schmalkaldischen Bunds Johann edrich I. von Sachsen und Philipp I., den Groß- tigen, von Hessen. Die sächsische Kurwürde rd Herzog Moritz von Sachsen übertragen.

48: Karl V. verkündet auf m „Geharnischten Reichs- g" das sog. Augsburger erim: Bis zu der endgül- n Entscheidung eines gemeinen Reformkonzils len die kirchlichen Verhält- se weitgehend im katholi- en Sinne geregelt werden.

1551: ㉔ Moritz von Sachsen, Wilhelm von Hessen und Albrecht Alcibiades von Brandenburg vereinen ihre Truppen im „Fürstenaufstand" gegen den Kaiser und werden von Frankreich finanziell unterstützt. Dadurch gerät Karl V. in die Defensive.

1552: ㉕ Ferdinand I., seit 1531 König, erkennt mit dem „Passauer Vertrag" das Reformationsrecht der protestantischen Fürsten an. Das „Interim" ist damit aufgehoben.

1552: ㉕ Kaiser Karl V. muss vor dem rstenaufstand" aus Innsbruck fliehen.

1555: Calvin zeichnet nach langjährigen Kämpfen zwischen Anhängern und Gegnern die „Institutio" als neue Lehre auf.

25. 9. 1555: Im „Augsburger Religionsfrieden" zwischen Ferdinand I. und den Reichsständen wird den Anhängern des Augsburger Bekenntnisses der gegenwärtige Besitzstand und Frieden zugesichert. Die Fürsten erhalten das „Jus reformandi". Die konfessionelle Spaltung ist damit besiegelt und die Reformationszeit im deutschen Raum abgeschlossen.

1556: ㉗ Kaiser Karl V. resigniert und dankt ab.

1534: ㉘ Ignatius von Loyola gründet in Paris den Jesuitenorden, der zum wichtigsten Träger der Gegenreformation wird.

1552–1563: Der erste deutsche Jesuit ㉙ Petrus Canisius gründet katholische Lehranstalten in Wien, Ingolstadt, Trier, München und Dillingen.

1563: Nach Beendigung des Trienter Konzils geht Herzog Albrecht von Bayern mit Hilfe der Jesuiten gewaltsam gegen den in Adel und Bürgertum eingedrungenen Protestantismus vor.

1580: Die lutherischen Reichsstände verständigen sich in der sog. Würtemberger Konkordie über eine einheitliche Lehre und Bekenntnis. Damit begründen sie die sog. lutherische Orthodoxie.

1582: Die Gregorianische Kalenderreform Papst Gregors XIII. führt für die Katholiken in Europa eine neue Zeitzählung ein.

1608: Die protestantischen Fürsten Süd- und Westdeutschlands schließen sich unter Führung der kalvinistischen Kurpfalz zur „Union" zusammen.

8. 11. 1620: Am ㉛ Weißen Berg bei Prag besiegen die von Tilly geführten Truppen der Liga das pfälzisch-böhmische Heer.

1545–1563: Das Konzil von Trient beschließt den Kampf gegen den Protestantismus und bemüht sich um eine Reform sowie klare Abgrenzung der katholischen Kirche von den anderen Konfessionen.

1575: Das Herzogtum Bayern ist wieder vollständig rekatholisiert.

1575–1580: Geistliche Gebiete wie Würz- burg und Fulda werden wieder katholisch.

1582: Das Vorhaben des Kölner Erzbischofs Gebhard Truchseß von Waldburg, Köln in ein evangelisches Kurfürstentum umzuwandeln, wird durch das Eingreifen des Kaisers, Bayerns und Spaniens verhindert.

um 1600: Große Teile Österreichs werde rekatholisiert.

1609: Unter Führung Herzog Maximilians von Bayern verbünden sich die meisten ka tholischen Reichsstände zur „Liga".

23. 5. 1618: Ein Aufstand des böhmische Adels gegen den Kaiser gipfelt im sog. ㉚ Prager Fenstersturz und markiert den Beginn des Dreißigjährigen Krieges. Die Böhmen wählen 1619 Friedrich V. von der Pfalz zum neuen König (der „Winterkönig").

1621: Kaiser Ferdinand II. ㉜ bestraft die böhmischen Aufständischen und beginnt mit der Rekatholisierung des Landes.

Reformation in Frankreich und England

1532: ㉝ König Heinrich VIII. verpflichtet die englische Geistlichkeit, ihn als Oberhaupt der Kirche anzuerkennen, und provoziert so den Bruch mit Rom.

1559: Die französischen Protestanten, die Hugenotten, legen auf ihrer ersten Nationalsynode in Paris eine einheitliche Kirchenordnung fest und formulieren ein gemeinsames Bekenntnis („Confessio Gallicana"). Zum größten Teil übernimmt man hierbei die Positionen des Reformators Johannes Calvin aus Genf.

November 1534: Mit dem „Act of Supremacy" werden alle Untertanen zum Eid auf die neue Kirchenverfassung und die Thronfolge verpflichtet.

1555: Maria I. beginnt mit der ㉞ Verfolgung der englischen Protestanten.

Januar 1547: Tod Heinrichs VIII. Seine Nachfolge tritt Eduard VI. an, vertreten durch seinen Onkel Edward Seymour, Herzog von Somerset.

April 1559: ㉟ Elisabeth I. von England, Nachfolgerin ihrer Halbschwester Maria I. seit 1558, erneuert die Suprematsakte vom November 1534. Damit untersteht die wieder gegründete anglikanische Staatskirche der Krone, der die Ernennung aller geistlichen Würdenträger zusteht. Elisabeth führt das „Common Prayer Book" von 1549 wieder ein, in dem die anglikanische Liturgie festgelegt ist.

Seit 1550: Die kalvinistisch beeinflusste, radikalprotestantische Bewegung des Puritanismus breitet sich aus.

1570: Papst Pius V. exkommuniziert Elisabeth I. Da die Ehe ihrer Eltern aus katholischer Sicht ungültig war, sieht der Papst in Elisabeths Cousine, der katholischen Königin Maria Stuart von Schottland, die rechtmäßige Königin Englands.

1562: Franz II. sichert mit dem Edikt von Saint-Germain den Hugenotten eingeschränkt freie Religionsausübung zu. Das ㊱ Blutbad von Vassy löst die Hugenottenkriege aus.

24. 8. 1572: Infolge der Hochzeit des hugenottischen Königs Heinrich von Navarra (später Heinrich IV. von Frankreich) mit Margarete, der Schwester des französischen Königs Karl IX., kommt es zur ㊲ Bartholomäusnacht („Pariser Bluthochzeit"). Katharina von Medici, die Mutter Karls IX., hatte ein Attentat auf Gaspard de Coligny, den Anführer der Hugenotten, verüben lassen. Um einer Racheaktion zuvorzukommen, initiiert Katharina ein Massaker an den Hugenotten.

1574: Nach dem Tod Karls IX. tritt sein Bruder Heinrich III. die Nachfolge an.

1576: In Paris wird unter der Führung des Herzogs Heinrich von Guise die katholische „Liga" gegründet. Nachdem Heinrich von Navarra durch die Erbfolgeregelung zum französischen Thronfolger wird, verbündet sich Heinrich von Guise mit den Spaniern, um selbst die Krone zu erlangen. Frankreich ist in hugenottische und katholische Provinzen gespalten, die sich in einem Bürgerkrieg bekämpfen.

8. 2. 1587: Elisabeth I. lässt die schottische Königin ㊳ Maria Stuart hinrichten. Maria hatte das Herrschaftsrecht der englischen Königin bestritten und sich angeblich mit den Spaniern gegen Elisabeth verschworen.

Dezember 1588: König Heinrich III. lässt Heinrich von Guise ermorden.

1593: ㊴ Heinrich von Navarra, als Heinrich IV. König von Frankreich seit 1589, tritt mit den Worten „Paris ist eine Messe wert" zum katholischen Glauben über, um als französischer König allgemein anerkannt zu werden.

13. 4. 1598: Das ㊵ Edikt von Nantes beendet die Hugenottenkriege: Den französischen Protestanten wird von König Heinrich IV. politische Gleichberechtigung und bedingt freie Religionsausübung zugestanden.

März 1603: Nach dem Tod Elisabeths I. erbt der Sohn Maria Stuarts, König Jakob VI. von Schottland, die englische Krone.

1685: Ludwig XIV. widerruft das Edikt von Nantes. Die Hugenotten fliehen in die Niederlande, nach Nordamerika und nach Deutschland. Mit dem Edikt von Potsdam lädt Friedrich Wilhelm die Hugenotten zur Ansiedlung ein.

Ursprung und Verlauf
der Reformation

Ein wesentlicher, jedoch eher zufälliger Anlass, an dem sich die Reformation entzündete, war der kirchliche Ablasshandel. Dabei bereicherte sich die Kirche, indem sie Gläubigen gegen Geld Ablass, d.h. Befreiung von zeitlichen Sündenstrafen, versprach. Einen Höhepunkt hatte diese Praxis erreicht, als die Päpste im 16. Jh. einen Ablass zur Finanzierung des Neubaus der Peterskirche in Rom ausschrieben. Dies veranlasste den Augustinermönch Martin Luther, der diesem erkauften Heil den Aufruf zu echter Umkehr und die Lehre von der Erlösung durch Gottes Gnade entgegensetzte, im Jahr 1517 zu einer grundsätzlichen Kritik an der Kirche. Sie führte zur Entstehung evangelisch-protestantischer Gemeinden und Kirchen in ganz Europa, was zunächst durchaus nicht das Ziel der Reformatoren um Luther gewesen war. Sie wollten keine neue Kirche gründen, sondern die bestehende reformieren. Doch die Entwicklung verselbstständigte sich.

Von Deutschland ausgehend entstanden im 16. Jh. in ganz Europa reformatorische Bewegungen, die sich z. T. in wesentlichen Fragen von der Lehre Luthers unterschieden. Während sich die lutherischen Kirchen außer im Deutschen Reich v. a. in Skandinavien und im Baltikum ausbreiteten, gelangte die Lehre Johannes Calvins von der Schweiz aus u. a. nach Frankreich, in die Niederlande, nach England, Schottland, Polen und Ungarn. Grundlage der kalvinistischen Theologie war die Prädestinationslehre, die die Erwählung jedes Einzelnen durch Gott voraussetzt. Der Grad der Erwählung aber sei an den Lebensverhältnissen des Einzelnen, an Reichtum und Glück, ablesbar. Diese Lehre hatte bedeutenden Einfluss auf die wirtschaftliche und soziale Entwicklung in Westeuropa und Nordamerika.

In England erhielt die Reformation mit der Bildung der Anglikanischen Kirche eine eigene Ausformung. Ihre juristische Gestalt erhielt sie 1534 durch die Ernennung König Heinrichs VIII. zum „Obersten Haupt der Kirche" von England.

In Frankreich formulierten die Hugenotten 1559 auf ihrer ersten Nationalsynode in Paris ihr Bekenntnis. Anhänger hatte die Reformation hier auch beim hohen Adel gefunden. Nach dem Massaker an den Hugenotten in der sog. Bartholomäusnacht 1572 brach ein Bürgerkrieg aus. Konsequenz der anhaltenden Verfolgungen war die Auswanderung von ca. 200 000 Hugenotten nach 1685.

Neben den großen Konfessionen entstanden auch kleinere spirituelle Bewegungen, die sog. Täufer. Sie befürworteten die Erwachsenentaufe als bewusste „Glaubenstaufe" und Gütergemeinschaft innerhalb ihrer Gemeinden. Eine radikale Ausformung erfuhr die Täuferbewegung mit der Errichtung des Täuferreichs von Münster. Es endete nach 16 Monaten mit der Niederlage des von den Täufern unterstützten Bauernheeres in der Schlacht bei Frankenhausen. Bei den anschließenden Verfolgungen wurden die Gemeinschaften weitgehend aus Deutschland verdrängt und siedelten sich in Polen, Mähren und später in Russland und Nordamerika an.

links: Massaker an den Hugenotten in der Bartholomäusnacht 1572 in Paris (Gemälde, 16. Jh.)

Mitte: Reformatorengruppe: v. li. Johannes Forster, Georg Spalatin, Martin Luther, Johannes Bugenhagen, Erasmus von Rotterdam, Justus Jonas, Caspar Cruciger und Philipp Melanchthon (Kopie nach einem Gemälde von Lucas Cranach d. J., 16. Jh.)

rechts: Protestantische Kirche „Le Paradis" in Lyon, Frankreich (Gemälde, 17. Jh.)

■ Gegenreformation und Verschärfung der konfessionellen Gegensätze

Von Süddeutschland aus gewann die katholische Gegenreformation an Boden. Die konfessionellen Gegensätze verschärften sich bis zum Ausbruch des Dreißigjährigen Krieges.

7 Johann Sigismund von Brandenburg im Streit mit Pfalzgraf Wolfgang Wilhelm von Neuburg um das Jülisch-Klevesche Erbe (Farbdruck, 19. Jh.)

8 Der deutsche Jesuit Petrus Canisius predigt vor Papst Gregor XIII. und Kaiser Rudolf II. (Gemälde, 1635)

Auch im Deutschen Reich begann die katholische Gegenreformation zu wirken, deren Beginn man 1534 mit der Gründung des Jesuitenordens durch Ignatius von Loyola ansetzt. Ihr schlossen sich u. a. die Herzöge von Bayern an. 1565 legte Otto Truchseß von Waldburg, Kardinal und Bischof von Augsburg, seine 1554 gegründete Universität Dillingen in die Hände der **8** Jesuiten, die nun in allen katholischen Reichsgebieten Seminare errichteten und die Universitäten übernahmen. Auch in Teilen Österreichs, wo sich die Protestanten bedeutende Freiheiten erkämpft hatten, wirkte Erzherzog Ferdinand – der spätere Kaiser Ferdinand II. – ab 1594 verstärkt für eine Rekatholisierung.

Unter dem seit 1576 regierenden Kaiser Rudolf II. verschärften sich die konfessionellen Gegensätze, zumal sich der zunehmend gemütskranke Kaiser nach 1600 aus der Öffentlichkeit zurückzog. Zu ersten Kriegshandlungen kam es in den „Kölner Wirren" 1582/83, als der Kurfürst und Erzbischof Gebhard Truchseß von Waldburg, ein Neffe von Kardinal Otto, versuchte, Köln mit Hilfe der protestantischen Reichsfürsten und der niederländischen Kalvinisten in ein erbliches protestantisches Fürstentum umzuwandeln. Da das zum Verlust der katholischen Mehrheit im Kurfürstenkolleg geführt hätte, vertrieben die katholischen Mächte mit Hilfe Spaniens den Erzbischof und übergaben Köln einem bayrischen Prinzen.

Seit 1606 schwächte ein Bruderzwist im Hause Habsburg zusätzlich die Zentralmacht. **10** Erzherzog Matthias erstritt vom fast regierungsunfähigen Kaiser 1608 die Herrschaft über Ungarn und Teile Österreichs sowie 1611 über Böhmen. Rudolf verbündete sich mit den größtenteils protestantischen Ständen Böhmens und gewährte ihnen 1609 Glaubensfreiheit. Im Reich standen die Zeichen auf Sturm, als 1607 **11** Herzog Maximilian I. von Bayern die mehrheitlich protestantische Stadt Donauwörth, in der man eine katholische Prozession angegriffen hatte, besetzte und rekatholisierte. 1608 wurde daraufhin die „Protestantische Union" gegründet und 1609 als Antwort die „Katholische Liga". Die **9** Fronten des Dreißigjährigen Krieges waren abgesteckt. Der **7** Jülisch-Kleveschen Erbfolgestreit bot 1609 einen Vorgeschmack auf kommende Konflikte.

Jülisch-Klevescher Erbfolgestreit

Bereits 1609 stand der Konfessionskrieg unmittelbar bevor, als der letzte katholische Herzog von Jülich und Kleve starb. Um seine Nachfolge entbrannte der Jülisch-Klevesche Erbfolgestreit. Anspruch erhoben die ursprünglich lutherischen Kurfürsten von Brandenburg und die Pfalzgrafen von Neuburg. Nachdem sich die Brandenburger durch Übertritt zum Kalvinismus niederländischer Hilfe und die Pfalz-Neuburger durch Übertritt zum Katholizismus bayrischer und spanischer Unterstützung versichert hatten, einigte man sich 1614 auf eine Aufteilung des Gebietes.

9 Ein protestantisches Flugblatt stellt auf polemische Art und Weise die „wahre Kirche Christi" (Protestanten) den „Antichristen" (Katholiken) gegenüber (Kupferstich, 1606)

10 Der spätere deutsche Kaiser Matthias (Gemälde, um 1580)

11 Maximilian I., Herzog und seit 1623 erster Kurfürst von Bayern (Gemälde, um 1620)

1607 Besetzung Donauwörths durch Maximilian I. von Bayern	**1609** Gründung der Katholischen Liga/Rudolf II. gewährt Glaubensfreiheit für böhmische Stände	
1608 Gründung der Protestantischen Union	**1608/11** Streit zwischen Rudolf II. und Matthias	**1609–14** Jülisch-Klevescher Erbfolgekrieg

1

DER DREISSIGJÄHRIGE KRIEG 1618–48

Im Dreißigjährigen Krieg entluden sich die angestauten Spannungen zwischen dem Kaiser und den katholischen Mächten einerseits und den protestantischen Ländern und Ständen andererseits. Der Konflikt entzündete sich in Böhmen, griff aber schnell auf das gesamte Reichsgebiet aus und führte zum Eingreifen nahezu aller europäischen Mächte. Spanien unterstützte die katholischen Verwandten, Dänemark und Schweden die Protestanten, während Frankreich v. a. an der Schwächung der Habsburger interessiert war. Im Reich und in Böhmen wurden ganze Landstriche verwüstet und die Bevölkerung ins Elend gestürzt.

Die Schlacht am Weißen Berge bei Prag (Gemälde von Pieter Snayers, 17. Jh.)

■ Der Böhmisch-Pfälzische Krieg 1618–1623

In Böhmen setzten die Landstände den Habsburger Ferdinand II. ab und wählten den Kurfürsten von der Pfalz zum König, der aber von der Katholischen Liga vertrieben wurde.

Der kinderlose Matthias, der 1612 seinem Bruder Rudolf in der Kaiserwürde gefolgt war, übertrug schon zu Lebzeiten seinem Vetter ❹ Ferdinand II. die Kronen von Böhmen (1617) und Ungarn (1618). Die böhmischen Landstände, in der Mehrheit Protestanten, befürchteten von dem Jesuitenzögling Ferdinand die Aussetzung des Majestätsbriefes von 1609, der allen Untertanen Gewissens- und Religionsfreiheit eingeräumt hatte. An ihrem Recht der freien Königswahl festhaltend, setzten sie ihn ab und wählten 1618 den Führer der Protestantischen Union, ❺ Kurfürst Friedrich V. von der Pfalz, zu ihrem König. Über die Wahl war es zu erbitterten Feindschaften zwischen den konfessionellen Parteien des böhmischen Adels gekommen.

3

Der Hradschin in Prag

Am 23. 5. 1618 stürzten die Protestanten die kaiserlich-katholischen Statthalter Slawata und Martinez sowie einen Sekretär aus einem Fenster des ❸ Hradschin (❷ „Prager Fenstersturz") und forderten die Habsburger offen heraus. Der große Krieg begann.

Ferdinand schickte seinen Vetter Herzog Maximilian I. von Bayern, den Führer der Katholischen Liga, mit Truppen unter dem Befehl des bayerischen ❻ Feldherrn Tilly nach Böhmen. Die Liga-Truppen ❶ schlugen die Protestanten am Weißen Berg bei Prag (8. 11. 1620), und der nun als „Winterkönig" verspottete

Friedrich V. musste nach Holland fliehen. Daraufhin ging ein Strafgericht über die Böhmen nieder: 21 Rebellenführer wurden öffentlich hingerichtet, der Besitz der Protestanten eingezogen und das Land rekatholisiert. Die Krone Böhmens galt fortan als Besitz der Habsburger (bis 1918). 1622 besetzten die Truppen der Liga und Spaniens die Pfalz mit Heidelberg, und 1623 übertrug Ferdinand Herzog Maximilian die pfälzische Kurwürde, womit sich die Macht-

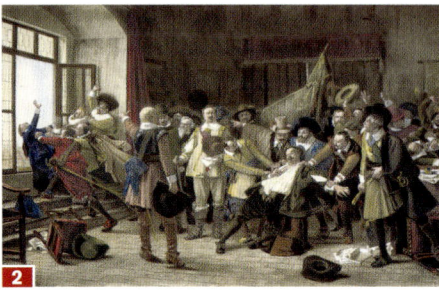

2

Der Prager Fenstersturz 1618

verhältnisse im Kurfürstenkolleg deutlich zu Gunsten der Katholiken verschoben. Die Protestanten im Reich fühlten sich provoziert.

Aus

„Mutter Courage und ihre Kinder"

von Bertolt Brecht

„Ich lass mir den Krieg von euch nicht madig machen. Es heißt, er vertilgt die Schwachen, aber die sind auch hin im Frieden. Nur, der Krieg nährt seine Leut besser. / Und geht er über deine Kräfte / Bist du beim Sieg halt nicht dabei. / Der Krieg ist nix als die Geschäfte, / Und statt mit Käse ist's mit Blei."

Helene Weigel als Mutter Courage

---

4 Ferdinand II.

5 Friedrich V., Kurfürst von der Pfalz

6 Johann Tserclaes Graf von Tilly

■ Der Dänisch-Niedersächsische Krieg 1625–1629

Dänemark vereinigte sich mit den Protestanten Niedersachsens und bekämpfte ein Vordringen der kaiserlichen Truppen unter Wallenstein nach Norden.

Albrecht von Wallenstein (Gemälde von Anthonis van Dyck, um 1630)

In seinem Kampf gegen Friedrich V. drang Tilly 1623 bis weit nach Westfalen vor. Die Protestanten Norddeutschlands fürchteten eine Rekatholisierung und stellten ihrerseits ❽, ❿ Truppen unter Ernst von Mansfeld und Christian von Braunschweig-Wolfenbüttel auf. Der Krieg begann sich auszuweiten. An die Spitze der Protestanten stellte sich König Christian IV. von Dä-

Schloss Güstrow, Wallensteins Residenz in Mecklenburg (erbaut und erweitert 1558–88)

Wallensteins Palais in Prag (erbaut ab 1621)

nemark, zugleich Herzog von Holstein und Oberster des niedersächsischen Kreises.

Auf katholischer Seite begann der Aufstieg ❼, ⓬ Albrechts von Wallenstein. Der böhmische Adelige war zum Katholizismus konvertiert, hatte ein immenses Vermögen durch den Kauf konfiszierter protestantischer Güter erworben und bot dem Kaiser seine Dienste an. Als genialer Stratege machte sich Wallenstein rasch einen Namen. Er marschierte nach Norddeutschland und schlug Ernst von Mansfeld an der ⓭ Dessauer Brücke (25. 4. 1626). Kurz darauf schlug Tilly Christian IV. bei Lutter am Barenberge (27. 8. 1626). Der Dänenkönig musste 1629 den Frieden von Lübeck akzeptieren; Tilly und Wallenstein, seit 1626 Oberbefehlshaber des kaiserlichen Heeres und Herzog von Friedland, eroberten Holstein, Schleswig und Jütland. 1629 vertrieb Wallenstein die Herzöge von Mecklenburg und ließ sich ihr Gebiet ⓫ übertragen. Ferdinand II. stand auf der Höhe seiner Macht: Am 6. 3. 1629 erließ er sein Restitutionsedikt, das von den Protestanten die Rückgabe aller seit dem Passauer Vertrag (1552) säkularisierten Stifte und Kirchengüter forderte und die katholischen Reichsstände zu einer aktiven Rekatholisierung aufrief. Wallenstein allerdings hatte mit seinen maßlosen Forderungen

„Raubende Soldateska" (Holzstich nach Radierung von H. U. Franck, 1643)

den Bogen überspannt: Auf dem Kurfürstentag zu Regensburg 1630 erreichten seine Neider und Feinde, allen voran ❾ Maximilian von Bayern, seine Entlassung als kaiserlicher Generalissimus.

Maximilian I. von Bayern (Gemälde, 17. Jh.)

Albrecht Eusebius von Wallenstein (1583–1634)

Wallenstein war vom Einfluss der Sterne auf sein Schicksal überzeugt. Von dem berühmten Astronomen Johannes Kepler ließ er sich Horoskope erstellen.

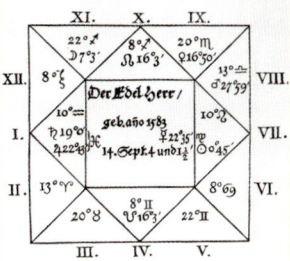

Ein von Johannes Kepler gestelltes Horoskop Wallensteins mit dem Planetenstand am Tag der Geburt

„Räuberischer Überfall" (Holzstich nach Radierung von H. U. Franck, 1643)

Schlacht an der Dessauer Brücke, 1626

■ Der Schwedische Krieg 1630–1635

Die Bedrängnis der deutschen Protestanten rief den Schwedenkönig Gustav Adolf auf den Plan. Nach seinem Siegeszug durch Deutschland trat ihm Wallenstein entgegen.

Das Vordringen der kaiserlichen Macht in Norddeutschland und im Ostseeraum beunruhigte nun Schweden, das um seine Vormachtstellung im Norden fürchtete. ❶ König Gustav II. Adolf übernahm nun die Schutzherrschaft über die deutschen Protestanten. 1630 landete er – von Frankreich ermutigt und finanziell unterstützt – in Pommern und begann seinen Triumphzug durch Deutschland. Die Kaiserlichen stellten sich ihm unter Tilly entgegen, erlitten aber am 17. 9. 1631 ❷ bei Breitenfeld eine verheerende Niederlage gegen die ❸ verei-

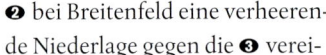
Gustav II. Adolf

Schlacht bei Breitenfeld, 7. 9. 1631 (Kupferstich, 1637)

Allegorie auf das Bündnis zwischen Gustav II. Adolf von Schweden und den Kurfürsten Johann Georg I. von Sachsen und Georg Wilhelm von Brandenburg, 1631

nigten Schweden und Sachsen. Von Mainz aus stieß Gustav Adolf im Frühjahr 1632 nach Süden vor, besetzte Augsburg und zog im Mai 1632 in die Münchner Residenz des Kurfürsten Maximilian ein, der nach Nürnberg geflohen war. Die Stadt München konnte sich mit hohen Kontributionen von einer Plünderung freikaufen, doch viele Kirchen und Klöster in Süddeutschland wurden von schwedischen Söldnern verwüstet. In dieser Stunde musste der Kaiser Wallenstein an die Spitze der Truppen zurückberufen, der den Schweden den Nachschub nach Süddeutschland abschnitt und Gustav Adolf zwang, ihm in Sachsen entgegenzutreten. In der ❺ Schlacht bei Lützen am 16. 11. 1632 siegten die Protestanten zwar, doch Gustav Adolf fiel. Dem schwedischen Kanzler Axel Oxenstierna gelang es nicht, eine Aufsplitterung der protestantischen Kräfte zu verhindern, zumal Wallenstein und der sächsische Feldherr

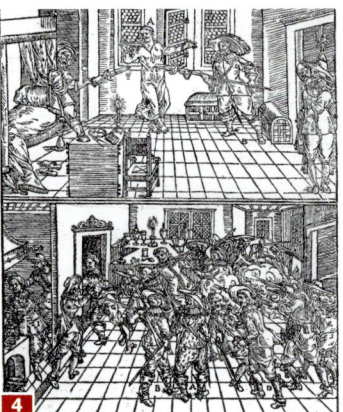
Ermordung Wallensteins (oben) und seiner Offiziere (unten) am 25. 2.1634

Hans Georg von Arnim – beide kriegsmüde und desillusioniert – heimlich über einen Frieden verhandelten. Die undurchsichtige Haltung Wallensteins, der sich wahrscheinlich zuletzt den protestantischen Truppen unter

Gustav Adolf im Gebet vor der Schlacht bei Lützen, 1632

❻ Bernhard von Weimar anschließen wollte, und seine heimlichen Verhandlungen überzeugten Kaiser Ferdinand vom Verrat seines Feldherrn. Er gab seine Zustimmung zur ❹ Ermordung Wallensteins durch einige seiner Offiziere in Eger.

Die Niederlage Bernhards von Weimar und der Schweden ❼ bei Nördlingen führte am 30. 5. 1635 zum Frieden von Prag, den der Kaiser mit den meisten protestantischen Reichsfürsten und Reichsstädten schloss. Ferdinand verzichtete auf die Durchführung seines Restitutionsedikts, und alle Seiten einigten sich darauf, die fremden Mächte und Söldner aus dem Reich zu treiben. Eine allgemeine Kriegsmüdigkeit zeichnete sich ab.

Bernhard, Herzog von Sachsen-Weimar

Schlacht bei Nördlingen, 1634

| 1630 | Landung von Gustav II. Adolf in Pommern | 16. 11. 1632 | Schlacht bei Lützen; Tod Gustavs II. Adolf | 6. 9. 1634 | Schlacht bei Nördlinger |
| 17. 9. 1631 | Schlacht bei Breitenfeld | 1632 | Sieg bei Rain am Lech | 25. 2. 1634 | Ermordung Wallensteins |

Der Französisch-Schwedische Krieg bis zum Westfälischen Frieden 1635–1648

Frankreich sorgte für eine Fortsetzung des Krieges. In dieser letzten Phase hatte die Bevölkerung besonders zu leiden, bis 1648 endlich der Westfälische Frieden geschlossen wurde.

Ein Ende des Krieges lag nicht im Interesse Frankreichs, das eine endgültige Schwächung des Reiches und der Habsburger erreichen wollte. Kardinal Richelieu unterstützte die protestantischen Feldherren erneut mit großen Geldsummen und stachelte sie zur Fortführung des Krieges auf. Der schwedische Feldherr Johan Banér schlug die Kaiserlichen 1636 ❽ bei Wittstock und 1639 bei Chemnitz. Bernhard von Weimar siegte über kaiserliche Truppen 1638 bei Rheinfelden. 1645 marschierten die Schweden sogar bis Wien, während die französischen Truppen von den Bayern zurückgeschlagen wurden.

Inzwischen führten seit 1644 in ❶❷ Münster und Osnabrück Ver-

❽ General Banér in der Schlacht bei Wittstock, 1636 (Holzstich, 19. Jh.)

treter aller beteiligten Mächte Friedensverhandlungen, die nach langem und zähem Ringen endlich am 24. 10. 1648 zum ❾ „Westfälischen Frieden" zu Münster und Osnabrück führten. Das Reich war verwüstet, ganze Gebiete wie Norddeutschland, die Pfalz oder Brandenburg auf Jahrzehnte entvölkert und verödet.

Die Bevölkerung, v. a. die ❶❶ Bauern, hatten unsägliches Leid, Folter, Hunger und Seuchen ertragen müssen, Heerscharen demoralisierter Menschen irrten durch Deutschland, bettelten, stahlen und vergewaltigten. In manchen Gebieten des Reiches waren bis zu 70 % der Bevölkerung ❶❶ umgekommen.

Der Westfälische Frieden stellte konfessionell gesehen im Großen und Ganzen den Status quo von 1618 wieder her. Bayern behielt die Kurwürde, und für den reinstallierten Sohn des Winterkönigs wurde eine achte Kurwürde geschaffen. Die Schweiz und die Niederlande schieden offiziell aus dem Reichsverband aus, die Macht des Kaisers wurde auf seine Stammlande, Böhmen und Ungarn beschränkt. Die Reichsfürsten gewannen an Macht und bildeten eigentlich einen Bund souveräner Staaten, dem der Kaiser als nur noch nominelles Oberhaupt vorstand. Die eigentlichen Sieger waren Frankreich und Schweden, die nicht nur Gebiete im Südwesten und Norden erhielten, sondern zu europäischen Großmächten aufstiegen. Auch die Niederlande profitierten von der Schwächung des Reiches.

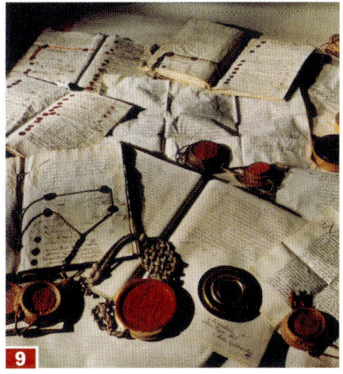

❾ Die Ratifizierungsurkunden der kriegführenden Mächte zum Westfälischen Frieden

Danklied für den Frieden von Paul Gerhardt

„Gott Lob! Nun ist erschollen
Das edle Fried- und Freuden-
wort,
Dass nunmehr ruhen sollen
Die Spieß und Schwerter und
ihr Mord.
Wohlauf und nimm nun wieder
Dein Saitenspiel hervor,
O Deutschland, und sing Lie-
der
Im hohen vollen Chor.
Erhebe dein Gemüte
zu deinem Gott und sprich:
Herr, Deine Gnad und Güte
Bleibt dennoch ewiglich!"

Verkündigung des Friedens von Münster, 1648

🔟 Massenhinrichtung (Radierung, 1632/33)

⓫ Die Leiden der Bauern: Plünderung, 1649

⓬ Friedensverhandlungen in Münster, 1648

(Randtext seitlich) 1618–1648 · Frühe Neuzeit

1635	Beginn des Französisch-Schwedischen Kriegs	1638	Schwedisch-französisches Bündnis/Schlacht bei Rheinfelden
30. 5. 1635	Frieden von Prag	1636	Schlacht bei Wittstock	1639	Schlacht bei Chemnitz	24. 10. 1648	Westfälischer Frieden

16. bis 18. Jh.

Frühe Neuzeit

DAS DEUTSCHE REICH IM AUFGE-KLÄRTEN ABSOLUTISMUS 1648–1806

Der Westfälische Friede brachte den deutschen Staaten praktisch die volle Selbstständigkeit. Die Kurfürsten von Sachsen und Hannover erlangten fremde Kronen, Preußen und Österreich stiegen zu Großmächten auf. Als Herrschaftsprinzip setzte sich der Absolutismus durch, in einigen Ländern auch in der Form des sog. Aufgeklärten Absolutismus. Unter dem Eindruck der Französischen Revolution und der Politik Napoleons löste sich die formelle Einheit des Reiches 1806 endgültig auf.

Schloss Nymphenburg in München (Gemälde, 1761)

Der Absolutismus der Reichsfürsten

Das 18. Jh. brachte neue Kriege, die das Reich einbezogen. Neben Preußen und Österreich erlangten die Kurfürsten von Sachsen, Bayern und Hannover im Reich die größte Bedeutung.

Um 1700 waren in vielen Gebieten des Reiches die Schäden des Dreißigjährigen Krieges weitgehend behoben, doch zogen der Pfälzische (1689–1697) (S. 280) und der Spanische Erbfolgekrieg (1701– 1714) (S. 300) sowie der Nordische Krieg (1700–1721) (S. 305) erneut große Teile des Reiches in Mitleidenschaft.

Die Reichsfürsten des Barock eiferten dem französischen Königshof nach und ❶ repräsentier-

links: Friedrich August I., der Starke, Mitte: Max II. Emanuel Kurfürst von Bayern,
rechts: Clemens August von Bayern, Kurfürst und Erzbischof von Köln

ten in großem Stil. Den prächtigsten Hof unterhielt Kurfürst Friedrich August I. von Sachsen, seit 1697 auch erwählter König von Polen (S. 303). ❷ „August der Starke" wurde für seine ❻ Prachtbauten sowie die große Anzahl seiner Liebschaften berühmt.

Sehr ehrgeizig war ❸ Max II. Emanuel von Bayern. 1683 kämpfte er gegen die Osmanen vor

Die Schlacht bei Höchstädt (im heutigen Bayern) am 13. 8. 1704

Der Zwinger in Dresden (Gemälde von Canaletto, 1749/53)

Wien (S. 310). Im Spanischen Erbfolgekrieg (S. 300) stand er aber an der Seite Frankreichs und wurde dafür nach der Niederlage bei ❺ Höchstädt 1704 aus Bayern vertrieben; erst 1714 durfte er zurückkehren. Sein Sohn Karl Albrecht, Kurfürst seit 1726, beanspruchte als Schwiegersohn Kaiser Josephs I. das Erbe der Habsburger (S. 273). 1742 wurde er als Karl VII. zum deutschen Kaiser gewählt. Nach seinem Tod 1745 beschränkte sich sein Sohn Max III. Joseph wieder auf Bayern. Karl Albrechts Bruder ❹ Clemens August war seit 1723 Kurfürst und Erzbischof von Köln sowie Inhaber weiterer Bistümer und führte einen prunkvollen Hof.

Dem Hannoveraner Welfenherzog Ernst August gelang es, gegen

Hexenverfolgung

Die letzte Verurteilung einer „Hexe" auf deutschem Boden fand 1775 in der Fürstabtei Kempten statt und ist beispielhaft für das Schicksal vieler Opfer: Die Dienstmagd Maria Anna Schwegelin hatte nach einem nicht eingelösten Eheversprechen ihre Anstellung verloren. Die verwahrloste Frau wurde in ein Arbeitshaus gesperrt, wo sie den Misshandlungen einer Aufseherin ausgesetzt war. Nach einer Auseinandersetzung wurde sie von dieser bezichtigt, mit dem Teufel im Bunde zu stehen.

Eine Hexe betet einen Dämon an (Holzstich, 16. Jh.)

Waffenhilfe für den Kaiser 1692 eine neunte Kurwürde zu erlangen. Sein Sohn Georg Ludwig wurde 1714 auch König von Großbritannien und Irland (S. 286), wo die Welfen bis 1901 regieren.

Das Ende des Reiches

Auch die geistlichen Reichsfürsten waren absolutistische Herrscher. Sie fielen der von Napoleon betriebenen Auflösung des Deutschen Reiches zum Opfer.

Auch die geistlichen Fürstentümer des Reiches wurden absolutistisch regiert. Katholische wie protestantische Bischöfe, Äbte und Äbtissinnen entstammten meist den herrschenden Fürstenhäusern oder großen Adelsfamilien und vereinigten oft mehrere Bistümer in ihrer Hand. Der südwestdeutsche katholische Raum wurde besonders durch die Familie ❽ Schönborn geprägt („Schönborn-Zeit"), die im 17. und 18. Jh. über Generationen hinweg

7 Karl Theodor von Dalberg (Punktierstich, 1810)

mehrere Kurfürsten, Erzbischöfe und Bischöfe in Mainz, Trier, Würzburg, Bamberg, Speyer, Worms und Konstanz stellte. Sie erbauten die Residenzen von ❿ Würzburg und Bamberg sowie die Schlösser ❾ Bruchsal und ⓫ Pommersfelden und verbanden ihre Politik v. a. wirtschaftlich mit den Prinzipien des aufgeklärten Absolutismus.

Doch die Auswirkungen der Französischen Revolution, das Vordringen Frankreichs bis an den Rhein und der Aufstieg Napoleons (S. 360) veränderten die politische Landschaft des Deutschen Reiches. Napoleon führte eine fast vollkommene Säkularisation der geistlichen Fürstentümer durch. Damit verlor die Reichskirche ihre jahrhundertelange Stellung (S. 166) als weltliche Macht. Ab 1803 wurden viele Reichsstädte und Reichsritterschaften mediatisiert und wie die ehemaligen geistlichen Fürstentümer im Reichsdeputationshauptschluss (S. 364) zu Regensburg 1805/06 den größeren Staaten zugeteilt. Nach dem Austritt von 16 Staaten aus dem Reich, die sich zum Rheinbund zusammenschlossen, legte Franz II. am 6. 8. 1806 die deutsche Kaiserkrone nieder und erklärte das Reich für erloschen (S. 364). Die neuen Mittelstaaten erreichten nun ihre volle Souveränität und wurden zu Verbündeten Frankreichs. Nur der Kurfürst und Erzbischof von Mainz, ❼ Karl Theodor von Dalberg, der sich Napoleon angeschlossen hatte, behielt seine Stellung bzw. wurde für den Verlust seiner Territorien entschädigt. Als „Fürstprimas" stand er dem Rheinbund vor.

Friedrich Karl Schönborn, Bischof von Würzburg

9 Schloss Bruchsal (erbaut ab 1722)

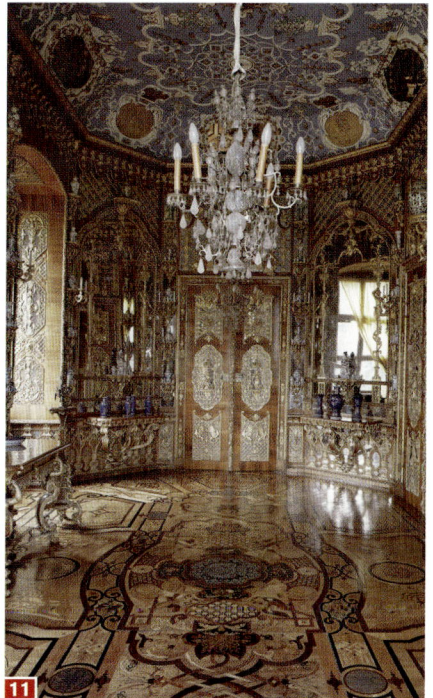

11 Spiegelsaal im Schönborn'schen Schloss Weißenstein in Pommersfelden (erbaut 1711/18)

10 Die fürstbischöfliche Residenz Würzburg (Deckenfresko von Tiepolo, 1750/53)

16. bis 18. Jh.

Frühe Neuzeit

1742 Kaiserwahl Karls VII.   **1803** Beginn der Mediatisierung und Säkularisation   **6. 8. 1806** Ende des Heiligen Römischen Reiches

1775 Letzte Verurteilung einer „Hexe" auf deutschem Boden   **25. 2. 1803** Reichsdeputationshauptschluss

16.–18. Jh.

Frühe Neuzeit

■ Der Aufstieg Österreichs von Leopold I. bis zu Karl VI.

Unter Leopold I. und seinen Söhnen stieg Österreich zur europäischen Großmacht auf. Vor allem durch ihren genialen Feldherrn Prinz Eugen von Savoyen hielten die habsburgischen Kaiser Frankreich in Schach und drängten die Osmanen auf dem Balkan zurück.

Während Ferdinand III., Kaiser seit 1637, seinen Machtverlust im Reich infolge des Dreißigjährigen Krieges hatte hinnehmen müssen, begann unter seinem Sohn ❷ Leopold I., Kaiser seit 1658, der Aufstieg Österreichs in politischer und wirtschaftlicher Hinsicht. Zunächst musste er allerdings der Bedrohung durch die Osmanen Herr werden, die auf dem Balkan vordrangen und 1683 Wien einschlossen. Eine Reichsarmee unter Karl von Lothringen und dem Polenkönig Johann III. Sobieski rettete die Stadt in letzter Minute in der ❶ Schlacht am Kahlenberg und vertrieb die Osmanen (S. 310). Leopold inszenierte sich danach als Türkensieger („Türkenpoldl"); 1696 begann er mit dem Bau des ❸ Schlosses Schönbrunn als Sommerresidenz vor den Toren Wiens.

Nachdem die unmittelbare Bedrohung Wiens abgewendet worden war, führte Kaiser Leopold einen Zweifrontenkrieg: Während er im Westen dem Hegemonialanspruch Frankreichs entgegen-

Die Schlacht am Kahlenberg am 12. 9. 1683: „Die Belagerung Wiens" (Ausschnitt eines Bildteppichs)

trat, trieb er im Osten weiterhin die mit Frankreich verbündeten Osmanen zurück. Hier bewährte sich besonders der geniale Feldherr ❹ Prinz Eugen von Savoyen, der die Osmanen 1697 bei Zenta an der Theiß schlug. Im Frieden von Karlowitz, den der Kaiser 1699 den Osmanen diktierte, erhielt Österreich ganz Ungarn, Siebenbürgen und Kroatien. Doch der Krieg ging bald weiter. 1717 er-

oberte Prinz Eugen Belgrad, und der Frieden von Passarowitz brachte Österreich 1718 auch Teile Serbiens sowie der Walachei ein und beendete den Vormarsch der Osmanen nach Westen endgültig.

Leopold folgte 1705 sein ältester Sohn ❻ Joseph I. auf den Thron, der die Staatsverwaltung effizienter gestaltete und den kaiserlichen Zentralismus auch in Ungarn (S. 303) durchzusetzen versuchte. Nach seinem Tod 1711 fiel die Kaiserkrone seinem jüngeren Bruder ❺ Karl VI. zu, der bisher als habsburgischer Gegenkönig in Spanien geherrscht hatte (S. 300). Da er keinen männlichen Erben besaß, galt seine Sorge seit 1713 der Anerkennung seiner ❼ „Pragmatischen Sanktion" durch die Reichsfürsten und die internationalen Mächte, die seiner Tochter Maria Theresia die Erbfolge sichern sollte. Dafür war der Kaiser zu großen Zugeständnissen bereit, doch sollten sich Preußen und Bayern nach Karls VI. Tod nicht an ihre dem Kaiser gegebenen Zusagen halten.

Leopold I. im Theaterkostüm

Schloss Schönbrunn, Große Galerie

Die „Pragmatische Sanktion", 1713

Prinz Eugen von Savoyen

Karl VI., als Karl II. König von Ungarn

Joseph I.

■ Österreich unter Maria Theresia und Joseph II.

Maria Theresia verteidigte das Habsburgerreich gegen Preußen und begann mit Reformen, die ihr Sohn Joseph II. im Sinne des aufgeklärten Absolutismus radikalisierte.

8

Kaiser Franz I. Stephan, Herzog von Lothringen, Großherzog von Toskana

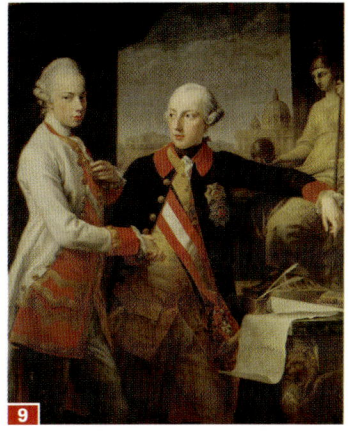

9

Doppelbildnis Kaiser Josephs II. mit seinem Bruder und Nachfolger Leopold II.

10

Kaiserin Maria Theresia (Gemälde, 1750)

1740 trat ❾ Maria Theresia die Herrschaft in den Erblanden, Böhmen und Ungarn an, musste sich aber sofort gegen Friedrich II. von Preußen, der Schlesien annektierte, und Karl Albrecht von Bayern, der Böhmen besetzte und die Kaiserwürde beanspruchte (S. 270), zur Wehr setzen. Es gelang ihr, die Bayern wieder aus Böhmen zu vertreiben. Und am Ende der ⓫ „Schlesischen Kriege" (1740–45) verblieb Schlesien zwar bei Preußen, doch Friedrich II. erkannte 1745 die Wahl von Maria Theresias Gemahl ❽ Franz I. Stephan von Lothringen zum deutschen Kaiser an. Mit seinen 16 Kindern begründete das Herrscherpaar das bis 1918 regierende Haus Habsburg-Lothringen.

Mit behutsamen Reformen baute Maria Theresia den österreichischen Zentralismus aus, reformierte das Rechtssystem und das Unterrichtswesen durch eine allgemeine Schulreform (1774). Mit ihrem Staatskanzler Fürst von Kaunitz versuchte sie im Siebenjährigen Krieg (1756–1763) im Bündnis mit Russland und Frankreich (S. 281), Schlesien von Preußen zurückzuerobern (S. 275), doch als der Krieg mit dem Frieden von Hubertusburg für Österreich erfolglos endete, stand das Land vor dem finanziellen Ruin. Kaiser Franz bürgte mit seinem Privatvermögen für den finanziellen Bestand des Reiches.

Im Jahr 1765 folgte ❿ Joseph II. seinem Vater Franz I. Stephan auf den Kaiserthron, 1780 seiner Mutter in Österreich, Böhmen und Ungarn. Stark von den Ideen der Aufklärung beeinflusst, setzte er überstürzt viele Reformen wie die Aufhebung der Folter und Leibeigenschaft, völlige Presse- und Zensurfreiheit und Emanzipation der Juden durch. In seinem Toleranzpatent gewährte er 1781 vollständige Glaubensfreiheit, hob zahlreich Klöster auf und verwandelte sie teilweise in Schulen und Waisenhäuser. Der „Josephinismus" förderte ein aufgeklärtes Berufsbeamtentum und versuchte, die Sonderrechte einzelner Länder und Gruppen aufzuheben, was zu Erhebungen in Ungarn und den Österreichischen Niederlanden führte.

Sein Bruder und Nachfolger Leopold II. verfolgte einen behutsameren Reformkurs, doch unter dessen Sohn Franz II., der 1804 ein eigenes Kaisertum für Österreich schuf und 1806 die deutsche Kaiserkrone niederlegte (S. 364), siegte die politische Reaktion.

Joseph II. (Gemälde, um 1785)

Aus dem Toleranzpatent Josephs II. von 1781

„Da wir überzeugt sind, daß jeder Zwang, der dem Gewissen der Menschen Gewalt antut, höchst schädlich sei; im Gegenteil ein außerordentlicher Nutzen sowohl der Religion als dem Staate aus der echten Toleranz, wie sie die christliche Liebe vorschreibt, zufließe, so haben wir beschlossen, diese in allen Unsern Erbländern unter gewissen Bedingungen einzuführen."

11

Preußen siegt 1745 über das österreichisch-sächsische Heer in Hohenfriedberg

Frühe Neuzeit · 16.–18. Jh.

1 Joachim II. Hektor, Kurfürst von Brandenburg von 1535 bis 1571 (Kupferstich, 1570)

Der Aufstieg Brandenburg-Preußens

Nachdem sich die süddeutschen Hohenzollern in Brandenburg etabliert hatten, machte der Große Kurfürst Friedrich Wilhelm das Land zu einer der führenden Mächte im Deutschen Reich. Sein Sohn Friedrich III./I. erlangte die preußische Königskrone.

Im Jahre 1415 machte der spätere Kaiser Sigismund die Burggrafen von Nürnberg aus dem Hause Hohenzollern zu Statthaltern in der Mark Brandenburg, übertrug ihnen aber bereits zwei Jahre später die Kurwürde. Die ersten Herrscher säuberten das Land von den Raubrittern und setzten ihre Herrschaft in den Städten durch. ❶ Joachim II. trat 1539 zur Reformation über, blieb aber wie auch seine Nachfolger an der Seite des Kaisers. Der Aufstieg Brandenburgs begann mit ❷ Johann Sigismund, der 1613 zum Kalvinismus übertrat und 1614 im Jülich-Kleveschen Erbfolgestreit (S. 259) Kleve, Mark und Ravensberg im Westen des Reiches erwarb. 1618 erbte er außerdem das 1525 aus dem Staat des Deutschen Ordens (S. 222) hervorgegangene Herzogtum Preußen.

Im Dreißigjährigen Krieg wurde Brandenburg als Durchmarschgebiet schwer verwüstet. Als 1640 ❸ Friedrich Wilhelm, der Große Kurfürst genannt, an die Macht kam, begann er energisch mit dem Wiederaufbau. Wirtschaftlich machte er sein Land zu einem Musterstaat und erlangte weitere Gebiete (Hinterpommern, Minden, Halberstadt usw.) durch eine geschickte Schaukelpolitik zwischen dem Kaiser und Frankreich. 1675 schlug er die Schweden, die bis dahin führende Militärmacht, bei Fehrbellin. Wegweisend war sein Toleranzedikt von Potsdam aus dem Jahr 1685, mit dem er die Aufnahme von aus Frankreich vertriebenen Hugenotten (S. 279) einleitete. Seinen Nachfolgern hinterließ der absolutistisch regierende Herrscher ein Land auf dem Weg zur Großmacht.

Sein Sohn ❹ Friedrich III. machte mit seiner Gemahlin, der hannoverschen Welfenprinzessin Sophie Charlotte, sein Land durch Kunstförderung, Schlossbauten (Berlin-Charlottenburg) und Universitätsgründungen zu einem glänzenden Barockstaat. Gegen Waffenhilfe für den Kaiser im Spanischen Erbfolgekrieg erlangte er von diesem die ersehnte Königskrone und ❺ krönte sich selbst am 18. 1. 1701 in Königsberg als Friedrich I. zum ersten König „in" Preußen.

2 Johann Sigismund, Kurfürst von Brandenburg (Farbdruck, 19. Jh.)

3 Friedrich Wilhelm, Kurfürst von Brandenburg, der sog. Große Kurfürst (Gemälde, 1649)

4 Friedrich I., König in Preußen, als Friedrich III., Kurfürst von Brandenburg

5 Krönung Friedrichs I. am 18. 1. 1701 in Königsberg (Gemälde, 19. Jh.)

Allegorie auf die Aufnahme von Glaubensflüchtlingen in Preußen unter König Friedrich Wilhelm I.

Hugenotten

Als der Große Kurfürst Hugenotten und andere Glaubensflüchtlinge einlud, sich in den Städten und verödeten Landstrichen Brandenburg-Preußens anzusiedeln, folgten über 20 000 seinem Ruf. Um 1700 stellten sie etwa ein Drittel der Berliner Bevölkerung. Unter ihnen waren Handwerker, die z. T. neue Handwerkszweige aus Frankreich mitbrachten, sowie kapitalkräftige Kaufleute, die für einen wirtschaftlichen Aufschwung des Landes sorgten.

| 1525 | Säkularisierung des Ordensstaats Preußen | 1675 | Schlacht bei Fehrbellin | 1685 | Toleranzedikt von Potsdam |
| 1618 | Johann Sigismund erbt Preußen | 1640 | Friedrich Wilhelm wird Kurfürst von Brandenburg | 1694 | Gründung der Universität Halle |

■ Preußen unter dem Soldatenkönig und Friedrich dem Großen

Durch die straffe und zentralistische Verwaltungspolitik des Soldatenkönigs Friedrich Wilhelm I. und die Kriege seines im Sinne des aufgeklärten Absolutismus regierenden Sohnes Friedrich II., des Großen, wurde Preußen zur europäischen Großmacht.

6 Friedrich Wilhelm I. bei einer Schulinspektion nach Einführung der allgemeinen Schulpflicht in Preußen

1713 änderte sich mit dem Herrschaftsantritt von Friedrich Wilhelm I., dem „Soldatenkönig", schlagartig die Stimmung im Land. Der sittenstrenge und sparsame Herrscher setzte auf unbedingte Pflichterfüllung sowie absoluten Gehorsam. Er schuf den modernen preußischen Einheitsstaat mit unbestechlichen, streng kontrollierten Beamten und baute die größte stehende Armee Europas auf, die zwei Drittel der Staatsausgaben beanspruchte. Auch die Förderung einer modernen Wirtschaft diente vielfach den Bedürfnissen der Armee. Darüber hinaus führte er 1717 die **6** allgemeine Schulpflicht ein und verbot die Züchtigung der Leibeigenen.

Außenpolitisch war er sehr zurückhaltend, pflegte das Bündnis mit Großbritannien-Hannover und besetzte 1720 ohne Widerstände das bisher schwedische Vorpommern. 1732 nahm er aus Salzburg vertriebene Protestanten auf, womit er die Wirtschaftskraft Preußens weiter steigerte. Preußens „größter innerer König" prägte die Gestalt des preußischen Staates bis weit ins 19. Jahrhundert.

Sein Sohn **7** Friedrich II., der Große, der in seiner Jugend schwere Konflikte mit dem Vater auszutragen hatte, behielt dessen Staatsordnung bei, war aber zugleich ein leidenschaftlicher Anhänger der französischen Aufklärung und ein Schöngeist: Als **9** „Philosoph von Sanssouci" und **8** begabter Musiker umgab er sich mit bedeutenden Künstlern und Freidenkern wie dem Philosophen **10** Voltaire. Zudem ein bedeutender Feldherr, eroberte er in den Schlesischen Kriegen (1740–1745) Schlesien von Österreich. Im **11** Siebenjährigen Krieg (1756–1763) wurde Preußen jedoch durch ein übermächtiges Bündnis, bestehend aus Österreich, Frankreich und Russland, an den Rand seiner Existenz gebracht. Nur ein Machtwechsel in Russland 1762 (S. 307) rettete Friedrich. Nach der ersten polnischen Teilung 1772 (S. 303) und dem Ende der nominellen polnischen Oberhoheit konnte er sich König „von" Preußen nennen.

Im Innern schaffte Friedrich der Große die Folter ab und setzte eine rigide Wirtschafts- und Steuerpolitik durch. Die Kriege des „Alten Fritz" hatten seinem Land größte Opfer abverlangt, doch am Ende war Preußen eine europäische Großmacht, und der „Mythos Preußen" war geboren.

7 Friedrich II., der Große

8 Friedrich der Große gibt an seinem Hof ein Flötenkonzert (Gemälde von Adolph von Menzel, 1850/52)

9 Schloss Sanssouci in Potsdam

10 Tafelrunde von König Friedrich II. (Mitte) in Schloss Sanssouci mit Voltaire, Friedrich von Stille u. a. (Gemälde von Adolph von Menzel, 1850)

Friedrich der Große, 1743

„Ich hoffe, die Nachwelt wird bei mir den Philosophen vom Fürsten und den Ehrenmann vom Politiker zu scheiden wissen. Ich muß gestehen: Wer in das Getriebe der großen europäischen Politik hineingerissen wird, für den ist es sehr schwer, seinen Charakter lauter und ehrlich zu bewahren."

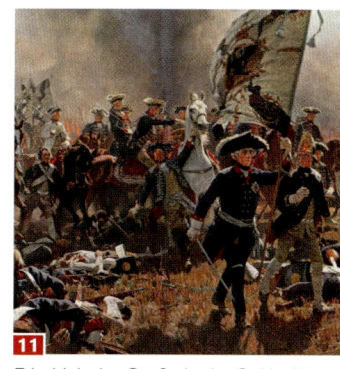

11 Friedrich der Große in der Schlacht bei Zorndorf am 25. 8. 1758 während des Siebenjährigen Krieges

18. 1. 1701 Friedrich I. wird erster preußischer König	**1717** Einführung der allgemeinen Schulpflicht	**1772** Erste polnische Teilung
1713 Herrschaftsantritt Friedrich Wilhelms I.	**1720** Besetzung Vorpommerns	**1744/45** Eroberung Schlesiens

FRANKREICH – VON DEN RELIGIONSKRIEGEN BIS ZUM VORABEND DER REVOLUTION 1515–1789

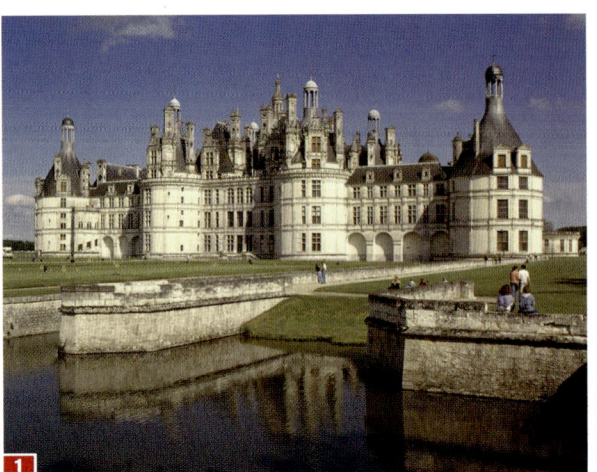

Die letzten Könige aus dem Haus Valois unterlagen den Habsburgern im Kampf um die Vormachtstellung in Italien. Im Innern mussten sie sich mit der religiösen Spaltung und einem mächtigen Adel auseinander setzen. Die Könige aus dem Haus der Bourbonen versuchten, den Konflikt zwischen den Religionen beizulegen, erst durch einen Kompromiss, dann durch die gewaltsame Vertreibung der Hugenotten. Eine Reihe fähiger Könige und Minister setzte gegen den Adel die absolutistische Herrschaft durch und machte Frankreich zu einer europäischen Großmacht. Auch kulturell wurde Frankreich tonangebend. Jedoch ruinierten die zahlreichen Kriege sowie die Verschwendungssucht des Hofes allmählich den Staat und führten zur Verelendung des Volkes. Dies war der Nährboden für die Revolution.

Das unter Franz I. im 16. Jh. erbaute Schloss Chambord

Der Kampf gegen Habsburg

Franz I. und seine Nachfolger versuchten die Macht der Habsburger zu schwächen. Die Ausbreitung des Kalvinismus in Frankreich führte zu ersten Konflikten zwischen Katholiken und Protestanten. Zur gleichen Zeit setzte sich die Renaissancekultur in Frankreich durch.

1515 gelangte ❶, ❷ Franz I. aus einer Seitenlinie des Hauses Valois auf den Thron. Unter seiner Herrschaft entwickelte sich der französische Hof zu einem Zentrum der europäischen Renaissance, wo bedeutende Künstler wie ❺ Leonardo da Vinci wirkten. Außenpolitisch setzte der König wie seine Vorgänger den Kampf mit den Habsburgern um die Vorherrschaft in Mitteleuropa und Italien weiter fort. Nachdem er sich schon 1519 erfolglos gegen Karl V. um die Kaiserkrone beworben hatte, unterlag er auch in mehreren Kriegen in Italien gegen den Habsburger. Trotzdem gelang es König Franz I., seinen Gegner in große Bedrängnis zu bringen: Er verbündete sich mit den osmanischen Sultanen und verwickelte damit Karl V. in einen Zweifrontenkrieg. So konnten sich letztlich weder die Habsburger noch die Valois durchsetzen.

Auf Franz I. folgte im Jahr 1547 sein Sohn ❸ Heinrich II., der mit Katharina von Medici verheiratet war. Sie war eine Nichte von Papst Klemens VII., einem Verbündeten gegen die Habsburger (S. 292). Politisch stand Heinrich II. aber stark unter dem Einfluss seiner Mätresse Diane de Poitiers. Auf ihren Rat hin ging der neue König zwar hart gegen die ❹ Protestanten im eigenen Land vor, unterstützte aber die protestantischen Fürsten Deutschlands mit Geld und Waffen, sofern sie gegen die streng katholischen Habsburger (S. 292) aufbegehrten. Erst nach einem kostspieligen Krieg akzeptierte König Heinrich II. 1559 im Frieden von Cateau-Cambrésis die Vorherrschaft der Habsburger über Italien.

Noch im selben Jahr verstarb der König bei einem Turnierunfall. Ihm folgten nacheinander seine drei Söhne Franz II., Karl IX. und Heinrich III. Für die ersten beiden führte

❷ Porträt von Franz I. (Bronzemedaille von Benvenuto Cellini, 16. Jh.)

ihre Mutter Katharina von Medici offiziell die Regentschaft, behielt aber auch später bis zu ihrem Tod 1589 einen großen Einfluss auf die Politik ihrer erwachsenen Söhne.

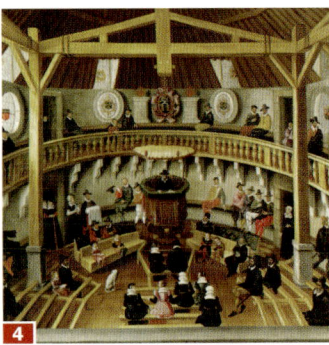

❸ Doppelgrabmal von Heinrich II. und Katharina von Medici in der Abteikirche von St. Denis bei Paris

❹ Die protestantische Kirche „Le Paradis" in Lyon (Gemälde, 17. Jh.)

❺ König Franz I. am Sterbebett von Leonardo da Vinci (Gemälde von Ingres, 19. Jh.)

6

Die drei Brüder Guise, Führer der katholischen Partei in Frankreich; v. li.: Herzog Charles von Mayenne, Herzog Henri I. von Guise und der Kardinal Louis von Lothringen (Gemälde, 16. Jh.)

Die Hugenottenkriege und das Edikt von Nantes

Unter den letzten Valois erschütterten blutige Religionskriege zwischen Katholiken und Protestanten das Land. Erst König Heinrich IV. aus dem Haus Bourbon gelang mit dem Toleranzedikt von Nantes die Befriedung Frankreichs.

Das Toleranzedikt von Nantes

„*Verbieten wir all Unseren Untertanen, welch Standes und welcher Art sie auch immer seien, … einander um geschehener Dinge willen Vorwürfe zu machen und sich deshalb anzugreifen, zu grollen, zu beleidigen oder zu provozieren, noch auch, unter welchem Grund und Vorwand es sei, darüber zu streiten, zu hänseln, zu zanken, zu schimpfen oder sich durch Wort und Tat zu kränken; vielmehr sich zu beherrschen und friedlich als Bürger, Freunde und Mitbürger zusammenzuleben …*"

Heinrich IV. unterzeichnet das Toleranzedikt von Nantes (Holzstich, 19. Jh.)

Von der Schweizer Eidgenossenschaft (S. 175) ausgehend, gewann der Kalvinismus seit der Mitte des 16. Jh. in Frankreich immer mehr Anhänger. Diese wurden als Hugenotten bezeichnet, einer französischen Verballhornung des Wortes „Eidgenossen". Zu ihnen gehörten auch Teile des hohen Adels, besonders die Bourbonen, welche nicht nur über großen Besitz in Frankreich verfügten, sondern auch im benachbarten Navarra (S. 199) als Könige herrschten. Als enge Verwandte der Valois hatten sie zudem Erbansprüche auf den französischen Thron. Ihnen standen die katholischen ❻ Herzöge von Guise gegenüber.

Katharina von Medici versuchte nun, beide Fraktionen gegeneinander auszuspielen und darüber die Macht der Krone zu wahren. Um die Bourbonen an sich zu binden, verheiratete sie 1572 ihre Tochter Margarete mit ❼ Heinrich von Navarra. Gleichzeitig plante sie, den Führer der Hugenotten, ❿ Gaspard de Coligny, auszuschalten. Da ein Attentat aber scheiterte, initiierten Katharina und die Guises aus Furcht vor einer Racheaktion in der ❾ Bartholomäusnacht ein Massaker an Tausenden von Hugenotten, die sich nach der Hochzeit noch in Paris aufhielten. Heinrich von Navarra floh in sein Königreich, seine Ehe mit Margarete wurde später geschieden.

In Frankreich brach ein Bürgerkrieg aus zwischen den Religionsgruppen, den Adelsfraktionen und dem Königshaus. Inzwischen hatte der dritte Sohn Katharinas von Medici, Heinrich III., den Thron bestiegen, der zeitweise auch als König von Polen regiert hatte (S. 302). Nachdem 1584 der letzte Bruder des kinderlosen Königs gestorben war, wurde Heinrich von Navarra offizieller Thronfolger. Die 1576 gegründete

7

Reiterstandbild in Paris von Heinrich IV., König von Frankreich und Navarra

„Heilige Liga" der Katholiken unter Führung der Guise verbündete sich nun mit den Habsburgern. 1589 ermordete ein ❽ Mönch Heinrich III., und Heinrich von Navarra folgte ihm als König ⓫ Heinrich IV. nach. Um als solcher anerkannt zu werden, trat er 1593 mit den Worten „Paris ist eine Messe wert" zum Katholizismus über, sorgte aber 1598 mit dem Edikt von Nantes für eine Gleichstellung der Hugenotten.

8

Ein Dominikanermönch ermordet König Heinrich III. (Kupferstich, 17. Jh.)

11

Krönung Heinrichs IV. in Chartres 1594

16.–18. Jh.

Frühe Neuzeit

9

Massaker in der Bartholomäusnacht vom 23. auf den 24. August 1572

10

Gaspard de Coligny (Gemälde, 16. Jh.)

| 1574 | Herrschaftsantritt Heinrichs III. | 1589 | Ermordung Heinrichs III., sein Nachfolger wird Heinrich von Navarra aus dem Haus Bourbon |
| 1576 | Gründung der „Heiligen Liga" | 1593 | Heinrich IV. konvertiert zum Katholizismus | 1598 | Edikt von Nantes |

■ Der Aufstieg Frankreichs unter Heinrich IV. und Kardinal Richelieu

**Unter Führung des genialen Staatsmannes Kardinal Richelieu gelang es Frankreich, im Dreißig-
jährigen Krieg die Macht Habsburgs zu schwächen und den französischen Staat zu zentralisieren.**

1 Vierteilung von Ravaillac, dem Mörder Heinrichs IV.
(kolorierter Kupferstich, Anfang 17. Jh.)

Nach den Wirren der Religionskriege machten sich Heinrich IV.
und sein Minister Sully daran,
Frankreich wieder aufzubauen.
Doch schon 1610 wurde der König von dem katholischen Fanatiker ❶ Ravaillac ermordet. Für
den unmündigen Sohn
Heinrichs, König Lud-
wig XIII., führte zu-
nächst seine Mutter
❹ Maria von Medici
die Regierungsgeschäf-
te. 1616 holte sie den
späteren ❺ Kardinal
Richelieu an den Hof.
Er gewann das Vertrau-
en des eher zurückhal-
tenden ❸ Ludwig XIII.
und stieg zum allmächtigen Minister auf, vor dem sogar die Kö-
niginmutter nach einem Komplott
außer Landes fliehen musste.

Das Ziel des ebenso klugen wie
skrupellosen Machtpolitikers Richelieu war der Aufstieg Frankreichs zur führenden Macht Europas nach außen und die Verwirklichung einer absolutistischen
Monarchie im Innern. Zunächst
schaffte er alle politischen Sonderrechte der Hugenotten und
des Adels ab. Aufstände seiner
Gegner ließ er niederschlagen.

Außenpolitisch erkannte er die
Chancen, die der Dreißigjährige
Krieg zur Schwächung der Habsburger bot: Ohne konfessionelle
Bedenken unterstützte er die protestantischen Reichsfürsten mit
Geld und Waffen und schloss 1631
einen Vertrag mit König Gustav II.
Adolf von Schweden. 1635 sorgte
er mit der Kriegserklärung an
Spanien für den Fortgang des
Krieges. Richelieu starb 1642,
doch im Westfälischen Frieden
von 1648 (S. 269) profitierte Frankreich von der aggressiven Politik
des Kardinals und konnte auf
Kosten der Habsburger Grenzgebiete im Elsass und in den Pyre-
näen hinzugewinnen.

Inzwischen führte ein ehemaliger Mitarbeiter Richelieus, der
aus Italien stammende ❷ Kardinal Mazarin, die Regierung. Er

2 Mazarin (Kopie nach einem Gemälde
von Champaigne, 17. Jh.)

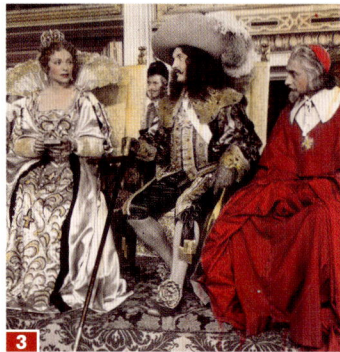

3 v. li.: Königin Anna von Österreich,
König Ludwig XIII. von Frankreich und
der Kardinal Richelieu (Filmszene)

hatte ein enges Verhältnis zu Anna von Österreich, Infantin von
Spanien, der Witwe des 1643 verstorbenen Ludwig XIII., die für
ihren minderjährigen Sohn Ludwig XIV. als Regentin fungierte.

Die drei Musketiere

*Richelieu ist heute weniger wegen seiner politischen Leistungen und sei-
ner Verdienste um Kunst und Kultur – 1635 gründete er die berühmte
Académie française – bekannt als durch den Roman „Die drei Muske-
tiere" von Alexandre Dumas, dem Älteren. Hier bekämpft der junge
Gardist d'Artagnan zusammen mit den drei unzertrennlichen Musketieren Athos, Porthos und Aramis den finsteren Kardinal. Dieser will
aus Eifersucht mit Hilfe der mysteriösen Lady de Winter ein Liebesver-
hältnis der französischen Königin Anna von Österreich zum englischen
Premierminister Buckingham aufdecken.*

oben: Duell zwischen den Musketieren des Königs und der Garde des
Kardinals Richelieu (Zeichnung, 19. Jh.)

4 Triumph der Regentin Maria von Medici
(Gemälde von Rubens, 1623)

5 Universitätskirche der Sorbonne in
Paris, gestiftet von Richelieu

Die Herrschaft Ludwigs XIV.

Kardinal Mazarin setzte die Politik Richelieus fort. Er schuf die Voraussetzungen für das absolutistische Königtum, das Ludwig XIV. schließlich verwirklichte. Politisch und kulturell wurden Frankreich und der Hof von Versailles zum Vorbild für die Herrscher Europas.

6 Aufruf zum Aufstand gegen Mazarin, im Hintergrund der Pariser Louvre (Radierung, 17. Jh.)

Mazarin konnte zwar den Westfälischen Frieden 1648 als Erfolg für sich verbuchen, hatte aber im Innern seine Macht nur ungenügend befestigt: In der sog. Fronde **6** erhob sich der französische Adel zwischen 1648 und 1653 erneut gegen die Machtansprüche des Königs bzw. seiner Minister. Erst nach der gewaltsamen Niederschlagung des Aufstandes fügte sich der Adel in die ihm zugewiesene Rolle als Statisten im königlichen Hofzeremoniell.

Beim Tod des Kardinals 1661 übernahm **7** Ludwig XIV. selbst die Regierung. Das Schloss von **9** Versailles, die neue Residenz vor den Toren der Hauptstadt

Paris, wurde zum Symbol für den absolutistischen Herrschaftsanspruch des Königs „L'État c'est moi" („Der Staat bin ich"). Stadt und **10** Parkanlage von Versailles liefen auf das Schloss mit dem Spiegelsaal und dem königlichen **8** Schlafzimmer als Zentrum zu. Umgeben von einem Hofstaat mit weit über 20 000 Mitgliedern stilisierte sich Ludwig XIV. hier zum „Roi soleil" – zum Sonnenkönig.

Wie in Versailles sollte sich auch im Staat alles auf den König konzentrieren. Er duldete keinen allmächtigen Premier wie Richelieu oder Mazarin neben sich. Mehrere Minister führten für ihn die Regierungsgeschäfte. Der Finanzminister Jean-Baptiste Colbert förderte das Gewerbe, den Flottenausbau und eine aktive Kolonialpolitik mit Schwerpunkten in Nordamerika und Indien und machte Frankreich so zu einem der reichsten Länder Europas.

7 König Ludwig XIV. von Frankreich (Gemälde von Rigaud, 1701)

Sein Gegenspieler, der Kriegsminister François Michel Louvois, ließ eine der stärksten Armeen Europas aufbauen und drängte den König zu einer expansiven Außenpolitik, um weitere Grenzgebiete im Osten zu annektieren.

Auch die französischen Protestanten sollten sich dem Willen des Königs und der katholischen Staatskirche unterordnen. Ludwig XIV. entzog ihnen zunächst ihre Sonderrechte, widerrief 1685 das Edikt von Nantes und wies die Hugenotten schließlich aus Frankreich aus. Die Emigration

der Hugenotten war für die französische Wirtschaft ein großer Verlust, denn in Handel und Gewerbe spielten die Protestanten eine wichtige Rolle. Umso willkommener waren die Flüchtlinge mit ihren vielfältigen Fähigkeiten in den Nachbarstaaten, wo sie v. a. in den Niederlanden, aber z. B. auch in Brandenburg (S. 274) Aufnahme fanden.

Voltaire über Ludwig XIV.

„*Er hat Mängel und Gebrechen gehabt, er hat Fehler begangen – aber würden die, die ihn verurteilen, ihn erreicht haben, wenn sie an seiner Stelle gewesen wären?… Man wird seinen Namen nicht ohne Ehrfurcht aussprechen können.*"

oben: Ludwig XIV. (Marmorbüste von Bernini, 1665)
rechts: Ludwig XIV. als „Aufgehende Sonne" (Kostümentwurf für ein Ballett)

16.–18. Jh.

Frühe Neuzeit

8 Prunkschlafzimmer von König Ludwig XIV. im Schloss von Versailles (Innenausstattung von 1678/1701)

9 Schloss von Versailles (erbaut ab 1661 durch Le Vau, ab 1678 durch Hardouin-Mansard) (Gemälde, 1722)

10 Park von Versailles (angelegt ab 1663 von Le Notre), Blick vom Schloss auf die zentrale Gartenachse

---

1643 Kardinal Mazarin übernimmt die Regierungsgeschäfte		**1661** Regierungsübernahme duch Ludwig XIV./Ausbau von Schloss Versailles
1648 Westfälischer Friede	**1648–53** Aufstände der Fronde	**1685** Revokation des Edikts von Nantes

Die Kriege Ludwigs XIV.

Um seine Ansprüche auf eine hegemoniale Stellung in Europa durchzusetzen, verwickelte König Ludwig XIV. seine Nachbarstaaten in verschiedene Kriege, von denen der Pfälzische Erbfolgekrieg und der Spanische Erbfolgekrieg die verheerendsten waren.

Bedenkenlos führte Ludwig XIV. mit Hilfe seiner Feldherren Condé, ❶ Turenne, ❷ Vauban und Vendôme zahlreiche Kriege. Zwar konnten durch Feldzüge gegen Spanien und die Niederlande Gebiete hinzugewonnen werden – u. a. musste Spanien 1679 im Frieden von Nimwegen auf Burgund und Teile seiner niederländischen Besitzungen verzichten –, doch führte die französische Expansion zu einer dauerhaften Allianz der Habsburger mit den meisten Reichsfürsten, England und den Niederlanden.

Den Tod des pfälzischen Kurfürsten nahm Ludwig zum Anlass, Erbansprüche im Namen sei-

Vogelschauplan der Stadt Freiburg mit den unter Vauban angelegten Verteidigungsanlagen (Zeichnung, 1685)

ner Schwägerin Elisabeth Charlotte von der Pfalz, Herzogin von Orléans, zu stellen. 1688 besetzte er die Pfalz und weitere deutsche Gebiete. Da er sich hier aber nicht dauerhaft halten konnte, ließ er das Land in einer Politik der verbrannten Erde verwüsten und Städte wie z. B. ❹ Heidelberg zerstören. Im Frieden von Ryswijk 1697 konnte Frankreich zumindest die im Elsass besetzten Gebiete behalten.

1700 begann der ❺ Spanische Erbfolgekrieg, denn nach dem Aussterben der spanischen Habsburger (S. 297) beanspruchte nicht nur der deutsche Zweig der Habsburger, sondern auch die Bourbonen den spanischen Thron: Die Heiraten zwischen französischen Königen und Habsburgerinnen – sowohl Ludwigs Mutter als auch seine Frau waren spanische Infantinnen – hatten nicht nur nie den Frieden zwischen den Ländern sichern können, sondern führten nun dazu, dass Ludwig XIV. seinen Enkel Herzog Philipp von Anjou als spanischen König durchsetzen wollte. Letztlich kam es zu einer Teilung des spanischen Erbes (S. 300): Trotz der Niederlagen der Franzosen wurde im Frieden von Utrecht 1713 Philipp als König von Spanien bestätigt. Nur die spanischen Besitzungen in den Niederlanden und Italien fielen an die Habsburger. Am Ende hatte Ludwigs XIV. zahlreiche Kriege Frankreich ❸ völlig erschöpft. Seine Vormachtstellung war ge-

Henri de La Tour d'Auvergne, Vicomte de Turenne (Gemälde von Le Brun)

brochen und das Gleichgewicht der Mächte in Europa wiederhergestellt. Als der König 1715 starb, wurde er kaum betrauert.

Liselotte von der Pfalz

Die kurpfälzische Prinzessin Elisabeth Charlotte, „Madame" genannt, wurde 1671 mit Herzog Philipp I. von Orléans, dem Bruder von Ludwig XIV., vermählt. Die völlig unprätentiöse Herzogin hatte neben „Monsieur", ihrem Ehemann, der offen seinen homosexuellen Neigungen nachging, einen schweren Stand am französischen Hof. Ihren Unmut machte sie sich in Zehntausenden, oft sehr bissigen Briefen an ihre deutschen Verwandten Luft: „Madame sein ist ein ellendes Handwerck".

oben: Elisabeth Charlotte von der Pfalz, Herzogin von Orléans (Gemälde, um 1715)

Ablieferung der Steuern: Der König ist die Spinne, der Bauer die Fliege (Kupferstich, 17. Jh.)

Ruine des von den Franzosen zerstörten Schlosses der Kurfürsten von der Pfalz in Heidelberg

Sieg der Österreicher und Briten unter Prinz Eugen und Marlborough über die Franzosen bei Malplaquet 1709 (Gemälde, 18. Jh.)

Frankreich unter Ludwig XV. und Ludwig XVI.

Die Erben König Ludwigs XIV. besaßen weder seinen politischen Ehrgeiz noch seine Fähigkeiten, mussten sich aber mit den Folgen einer verfehlten Finanzpolitik und der immer stärker werdenden Kritik v. a. der Aufklärer an der absolutistischen Königsherrschaft auseinander setzen.

Ludwig XIV. hatte sowohl seinen Sohn als auch seinen Enkel überlebt. So folgte ihm 1715 sein fünfjähriger Urenkel Ludwig XV. auf den Thron. Bis 1723 führte für ihn der Herzog Philipp II. von Orléans, der Sohn Liselottes von der Pfalz, die Regentschaft.

Nach Erreichen seiner Volljährigkeit überließ ❻, ❽ Ludwig XV. die Regierungsgeschäfte zunächst seinem ehemaligen Erzieher Kardinal Fleury. Der Kardinal sanierte die Staatsfinanzen

und versuchte, Frankreich aus internationalen Konflikten möglichst herauszuhalten. Verwicklungen brachte etwa die Heirat Ludwigs mit Maria Leszczynska, der Tochter von König Stanislaus I. Leszczynski von Polen, der seinen Thron zurückerobern wollte (S. 303). Zum Ausgleich erhielt er 1737 das Herzogtum Lothringen, das nach seinem Tod 1766 endgültig an Frankreich fiel. Nach dem Tod Fleurys 1743 geriet Ludwig XV. zunehmend unter den Einfluss seiner Mätressen. Unter diesen ragte die aus bürgerlichen Verhältnissen stammende ❸ Marquise de Pompadour hervor. Sie war nicht nur eine Förderin des Rokoko, sondern bestimmte auch nach dem Ende der sexuellen Beziehung zum König bis zu ihrem Tod 1764 für fast 20 Jahre die französische Politik mit. So hatte sie auch Anteil am Zustandekommen des Bündnisses Frankreichs mit Österreich gegen Preußen. Dies verwickelte Frankreich in den ❿ Siebenjährigen Krieg von 1756 bis 1763, der das Land fast seinen gesamten Kolonialbesitz und sein internationales Ansehen kostete.

Der Regierung gelang es in der Folge nicht mehr, die Finanzen zu sanieren. Der Hof führte ein Luxusleben, während der Lebensstandard der ❾, ⓫ einfachen Bevölkerung rapide sank. Am Ende

von Ludwigs Regierungszeit war Frankreich praktisch bankrott. Gleichzeitig brachen sich die Ideen der Aufklärung Bahn: ❼ Voltaire, Montesquieu, Rousseau und viele andere entwickelten ihre Ideen von einer gerechten und aufgeklärten Regierung. Spottgedichte und Pamphlete schürten die Stimmung gegen den Lebenswandel des Königs und seine Mätressenwirtschaft.

Nachfolger Ludwigs XV. wurde 1774 sein Enkel Ludwig XVI., der seit 1770 mit ⓬ Marie Antoinette, einer Tochter Maria Theresias, verheiratet war. Auch er konnte die zerrütteten Staatsfinanzen nicht mehr sanieren. Die Verschwendungssucht der Königin und etliche Skandale am Hof machten das Königspaar zunehmend verhasst. Als der König nach Hungerkrawallen zum ersten Mal seit 1614 die Generalstände für das Jahr 1789 einberief (ursprünglich nur, um über die Finanzen zu verhandeln), verselbstständigte sich das Geschehen zur Französischen Revolution.

❻ Die Krone Ludwigs XV.

❽ König Ludwig XV. (Gemälde von Maurice-Quentin de La Tour, 18. Jh.)

❿ Zerstörung des französischen Québec, Kanada, durch die britische Flotte 1759 im Verlauf des Siebenjährigen Krieges

❼ Voltaire (Skulptur von Houdon, 1778)

7

❾ Der Bauer trägt Adel und Klerus auf seinem Rücken, während ein Hase seine Ernte frisst (Karikatur, 18. Jh.)

⓫ „Essendes Bauernpaar" (Gemälde von Georges de La Tour, um 1618)

⓬ Königin Marie Antoinette (Gemälde von Elisabeth-Louise Vigée-Lebrun, 1783)

⓭ Die Marquise de Pompadour (Gemälde von François Boucher, 1756/58)

(Seitenrand: 16. bis 18. Jh. / Frühe Neuzeit)

1715–23 | Regentschaft Philipps II. von Orléans　　1756–63 | Siebenjähriger Krieg　　1788/89 | Einberufung der Generalstände

1715 | Tod Ludwigs XIV.　　1723–43 | Kardinal Fleury führt die Regierung　　1774 | Herrschaftsantritt Ludwigs XVI.

DER AUFSTIEG ENGLANDS ZUR GROSSMACHT 1485–UM 1800

Mit der Herrschaft der Tudors begann 1485 die Geschichte des modernen England. Sie machten England wieder zu einem Faktor in der europäischen Politik. Die ab 1603 herrschenden Stuarts vereinigten England mit Schottland zu einem Reich, das seit 1707 Großbritannien genannt wurde, scheiterten aber mit der Durchsetzung des Absolutismus nach französischem Vorbild. In einem Bürgerkrieg zwischen 1642 und 1648/49 und endgültig in der „Glorious Revolution" von 1688/89 setzte das Parlament eine konstitutionelle Monarchie durch. 1714 erbten die Kurfürsten von Hannover den britischen Thron. Im 18. Jh. wurde Großbritannien durch die ❶ Seehandels- und Kolonialpolitik endgültig zu einer Weltmacht.

Englisches Flaggschiff der königlichen Marine

16.–18. Jh.
Frühe Neuzeit

■ England unter Heinrich VII. und Heinrich VIII.

Die ersten beiden Tudorherrscher erweiterten rücksichtslos die Macht des Königtums. England wurde aus der kirchlichen Oberhoheit des Papstes gelöst und die Opposition im Land unterdrückt.

1485 schlug ❷ Heinrich Tudor, Erbe der Thronansprüche des Hauses Lancaster, Richard III. aus dem verfeindeten Haus York und bestieg als Heinrich VII. den englischen Thron. Durch seine Heirat mit Elisabeth von York, der Nichte Richards III., beendete er die Rosenkriege (S. 187). Durch Sparsamkeit und hohe Steuern sanierte er die Staatsfinanzen und zentralisierte die Rechtsprechung.

Nach der Thronbesteigung seines Sohnes ❸ Heinrich VIII. 1509 baute dessen Lordkanzler ❺ Kardinal Thomas Wolsey den königlichen Zentralismus aus. 1528

Heinrich VIII. (Gemälde von Hans Holbein d. J., 1540)

wollte sich Heinrich wegen des Ausbleibens eines männlichen Erben, aber auch wegen seiner Liebe zu der Hofdame Anna Boleyn

links: Heinrich VIII. und seine Frauen; von oben im Uhrzeigersinn: Anna von Kleve, Katharina Howard, Anna Boleyn, Katharina von Aragon, Katharina Parr, Jane Seymour (Lithografie, 19. Jh.)
Mitte: Hampton Court Palace bei London, Residenz von Kardinal Wolsey, später von Heinrich VIII. beschlagnahmt
rechts: Byland Abbey in Yorkshire, ehemalige Zisterzienserabtei, unter Heinrich VIII. aufgehoben

von seiner Frau Katharina von Aragon, der Tante Kaiser Karls V., scheiden lassen. Doch der Papst untersagte unter dem Druck der Habsburger die Scheidung. In den folgenden Jahren wandelte sich die Herrschaft Heinrichs in offene Tyrannei. Kardinal Wolsey wurde 1529 gestürzt, sein Nachfolger Thomas More und andere Kritiker wurden hingerichtet. Mit Hilfe des neuen skrupellosen Lordkanzlers Thomas Cromwell löste der König 1534 die englische Kirche von Rom und schuf eine Vorform der Anglikanischen Staatskirche, deren Oberhaupt der König wurde. In ihr verband sich protestantische Organisation mit wesentlichen Elementen der

Wappen Heinrichs VII. mit der weißen Rose und der roten Rose, den Symbolen der Häuser York und Lancaster

katholischen Lehre. ❻ Kirchengüter wurden von der Krone eingezogen oder an Adlige vergeben, Klöster aufgehoben. Nach seiner ersten Ehe heiratete Heinrich VIII. noch fünfmal, zwei seiner ❹ Ehefrauen ließ er hinrichten. Kein englischer König besaß je so viel persönliche Macht, die er zuletzt zur Beseitigung opponierender Adliger und Gegner seiner Kirchenpolitik gebrauchte.

1485 | Herrschaftsantritt Heinrichs VII.   1516 | Thomas Mores „Utopia"   1534 | Separation der Anglikanischen Kirche   1547 | Herrschaftsantritt Edwards VI

1509 | Kardinal Wolsey regiert unter Heinrich VIII.   1529 | Ermordung Wolseys   1535 | Ermordung Mores

■ Die Herrschaft der Tudors bis zu Elisabeth I.

Unter den Kindern Heinrichs VIII. verfestigte sich, unterbrochen von einer kurzen Phase der Rekatholisierung, der Anglikanismus. Die Flottenpolitik Elisabeths I. machte England zu einer europäischen Großmacht.

Auf Heinrich folgte 1547 sein minderjähriger Sohn Edward VI., um dessen Regentschaft sich die Herzöge von Somerset und Northumberland stritten. Der anglikanische Erzbischof von Canterbury Thomas Cranmer formulierte ein Glaubensbekenntnis und 1553 die 42 Glaubensartikel der Anglikaner. Edward folgte 1553 seine älteste Schwester, ❼ Maria I., genannt die Katholische, Tochter

8   Sir Francis Drake (Miniatur, 16. Jh.)

1558 gelangte ihre protestantische Halbschwester ❾ Elisabeth I., die Tochter Anna Boleyns, an die Macht. Sie agierte religionspolitisch zunächst zurückhaltend, setzte dann aber 1564 mit den „39 symbolischen Artikeln" das Anglikanische Staatskirchentum endgültig durch. Nach Ausschaltung der Thronansprüche Maria Stuarts (S. 284) unterstützte Elisabeth die Protestanten in den Niederlanden in ihrem Freiheitskampf, was zum Krieg mit Spanien führte. 1588 vernichtete die englische Flotte die zahlenmäßig weit überlegene spanische ❿❶ Armada. Die Schlacht bedeutete das Ende der Vorherrschaft Spaniens zur See und leitete den Aufstieg Englands als neue Seemacht ein. In einem inoffiziellen Seekrieg ließ Elisabeth anschließend durch Freibeuter wie ❽ Francis Drake spa-

nische Schiffe kapern. Im Innern verstand es die unverheiratete Königin, ihre ❿ Günstlinge und Helfer geschickt gegeneinander auszuspielen und die königliche Macht zu behaupten. Immer deutlicher wurde England zu einer führenden Macht des europäischen Protestantismus und das „Elisabethanische Zeitalter" brachte neben einem Aufschwung des Handels und Gewerbes bedeutende kulturelle Leistungen hervor, für die stellvertretend ❿❷ William Shakespeare genannt sein soll.

1584 wurde in Nordamerika die erste englische Kolonie gegründet und nach der „jungfräulichen Königin" Elisabeth „Virginia" benannt. 1600 erfolgte die Gründung der Ostindischen Kompanie, bald ein wichtiger Faktor der Handels- und Kolonialpolitik.

7   Maria I. Tudor, die Katholische oder die Blutige (Gemälde, 16. Jh.)

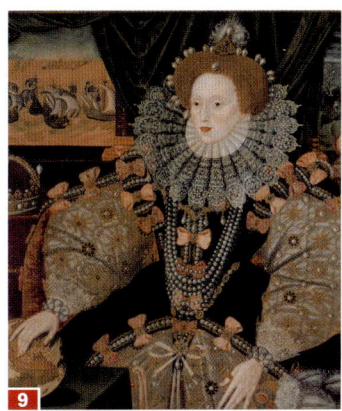

9   Elisabeth I. Tudor, im Hintergrund die Armada (Gemälde, 1588)

11   Zusammentreffen der englischen Flotte (links) mit der spanischen Armada (rechts) (Kupferstich, 18. Jh.)

Elisabeth I., umgeben von ihrem Hofstaat (Gemälde, um 1580)

Katharinas von Aragon, auf den Thron. 1554 unterstellte sie England erneut dem Papst und heiratete ihren Cousin Philipp II. von Spanien. Die Verfolgung der Protestanten, unter ihnen Cranmer, der 1556 auf dem Scheiterhaufen verbrannt wurde, trug ihr den Beinamen „Bloody Mary" ein.

Thomas More

Der Humanist Thomas More, auch Thomas Morus genannt, schrieb 1516 den utopischen Staatsroman „Utopia", der einer ganzen Literaturgattung den Namen gab. Thomas More wurde nach langen Erfahrungen als Parlamentsmitglied 1529 Lordkanzler von England. Da er die Scheidung des Königs und eine Reformation ablehnte, trat er 1532 zurück, wurde von Heinrich VIII. des Hochverrats angeklagt und im Juli 1535 enthauptet. 1935 sprach ihn die Kirche als Märtyrer heilig.

Verhaftung und Hinrichtung von Thomas More (Gemälde, 16. Jh.)

12   Rekonstruktion des Londoner Globe Theatres aus der Zeit Shakespeares

16.–18. Jh.

Frühe Neuzeit

1554–58	Verfolgung von Protestanten	1564	„39 symbolische Artikel"	1588	Niederlage der spanischen Armada
1554	Rekatholisierung Englands unter Maria I.	1558	Elisabeth I. wird Königin	1584	Erste englische Kolonie in Nordamerika	1600	Ostindische Kompanie

Die Herrschaft der Stuarts

Mit Jakob I., dem Sohn der Maria Stuart, kam es 1603 zur Personalunion zwischen England und Schottland. Jakob und sein Sohn Karl I. scheiterten mit ihren absolutistischen Herrschaftsideen und Karl wurde hingerichtet.

Als mit Elisabeth I. 1603 das Haus Tudor ausstarb, folgten in England mit Jakob I. die schottischen ❺ Stuarts. Schon Jakobs Mutter ❶ Maria Stuart, seit ihrer Geburt 1542 Königin von Schottland, hatte als Enkelin Heinrichs VII. (S. 189) 1558 Ansprüche auf den englischen Thron erhoben, denn die katholische Regentin sah in Elisabeth I. nicht mehr als ein uneheliches, nicht nachfolgeberechtigtes Kind Heinrichs VIII. Während ihrer Herrschaft kam es in Schottland zur kalvinistischen Reformation unter ❸ John Knox, die mit Bürgerkriegen und Gewalttaten auch in der engsten Umgebung der Königin verbunden war. 1578 wurde Maria durch eine protestantische Adelserhebung gestürzt und eingekerkert, floh aber nach England, wo sie ebenfalls gefangen gesetzt wurde. Als ihre Vertrauten und Englands Katholiken sie aus der Haft zu befreien versuchten, ließ Königin Elisabeth sie als Hochverräterin anklagen und ❻ 1587 hinrichten.

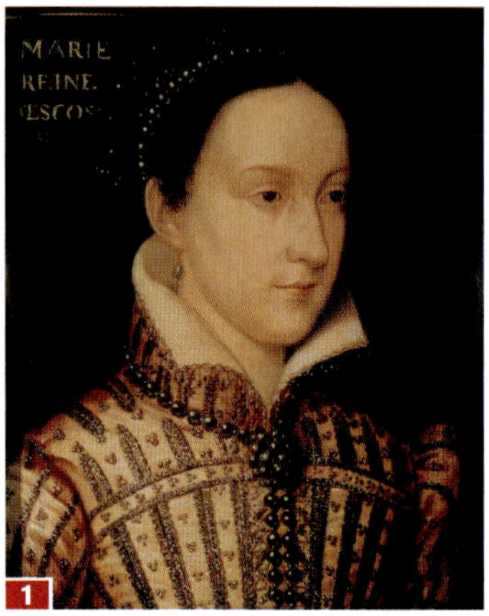

1 Maria Stuart (Gemälde, 16. Jh.)

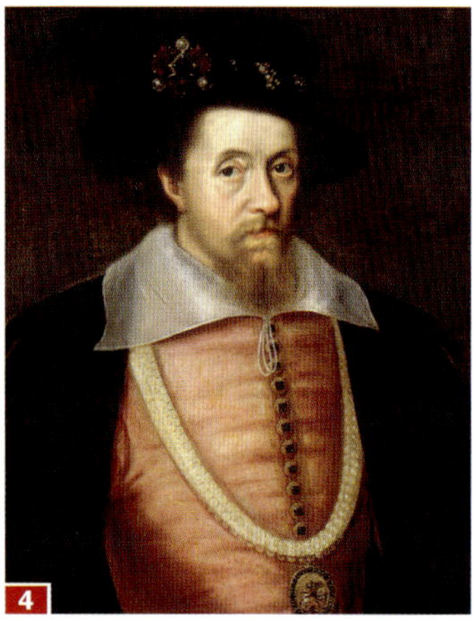
4 Jakob I./VI. Stuart (Gemälde, 17. Jh.)

❹ Jakob I., seit 1567 als Jakob VI. König von Schottland, versuchte einen Ausgleich zwischen den Konfessionen zu erreichen. Doch mit der Übernahme des anglikanischen Staatskirchenmodells enttäuschte er die Katholiken. Als entschiedener Vertreter des absolutistischen Königtums wollte er diese Regierungsform auch in England durchsetzen, scheiterte aber am Widerstand des Parlaments. Der Streit um die königlichen Rechte dauerte an.

Auch Jakobs Sohn ❷ Karl I., der 1625 die Macht von seinem Vater übernahm, neigte dem Absolutismus zu. Auf den Widerstand der Abgeordneten reagierte er bis 1640 mehrfach mit Auflösung oder Nichteinberufung des Parlaments, was die Stimmung im Land aufheizte. Seine unglückliche Kirchenpolitik, die zu Aufständen in Schottland führte, und permanente Geldnot zwangen ihn 1640 zur Einberufung des sog. Langen Parlaments, das einige Günstlinge und leitende Minister des Königs stürzte. 1642 brach zwischen dem König und einer royalistischen Minderheit und der Parlamentsmehrheit, deren Truppen von Oliver Cromwell angeführt wurden, der Bürgerkrieg aus. 1643 erreichte der Parlamentarier John Pym für die Parlamentspartei ein Bündnis mit den Schotten. Der König floh nach Niederlagen 1644/45 nach Schottland, wurde aber 1646 an das englische Parlament ausgeliefert. 1647 gelang ihm die Flucht aus der Gefangenschaft und der Bürgerkrieg brach erneut aus, doch 1648 wurde Karl I. wieder gefangen genommen und nach einem Prozess 1649 in London als Hochverräter ❼ enthauptet.

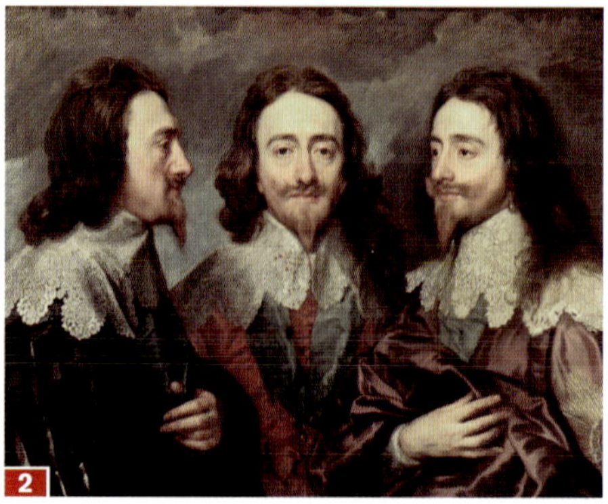
2 Karl I. Stuart in drei Ansichten (Gemälde von Paul van Dyck, um 1635)

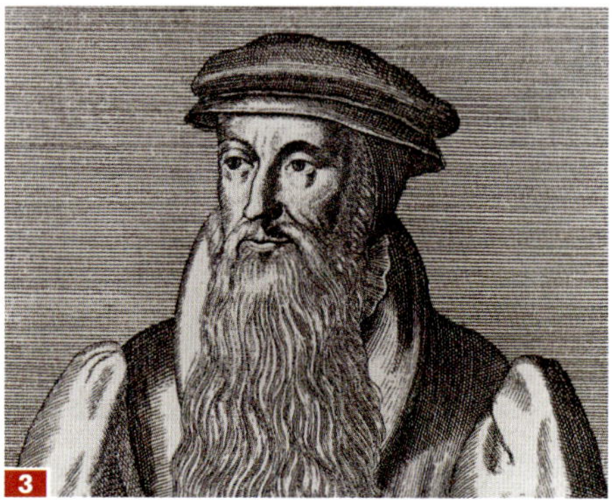
3 John Knox (Kupferstich)

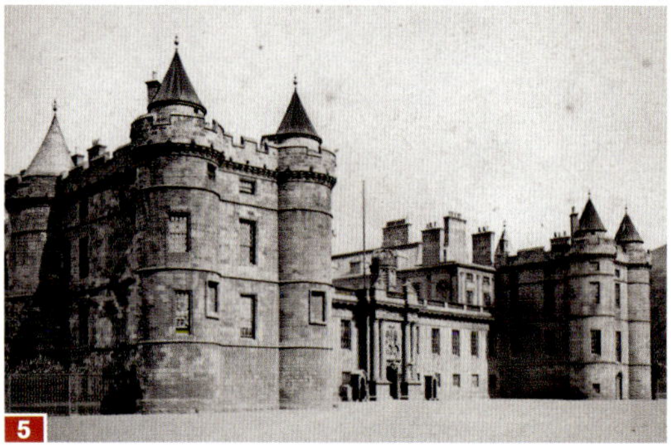
5 Holyrood Palace, die Residenz der schottischen Könige in Edinburgh, erbaut ab 1528 (Fotografie, 19. Jh.)

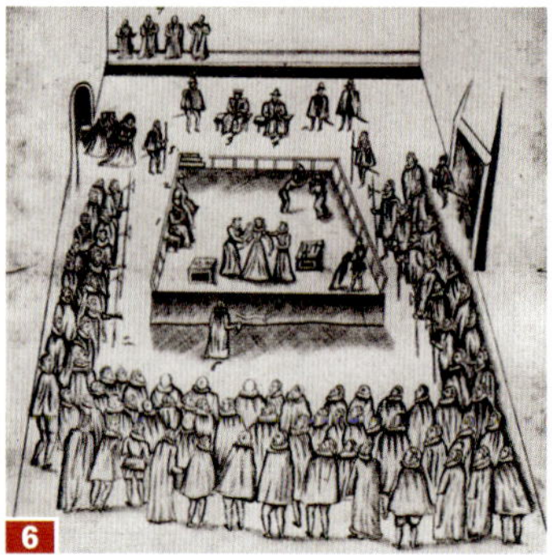
6 Die Hinrichtung von Maria Stuart am 8. 2. 1587 in Fotheringhay

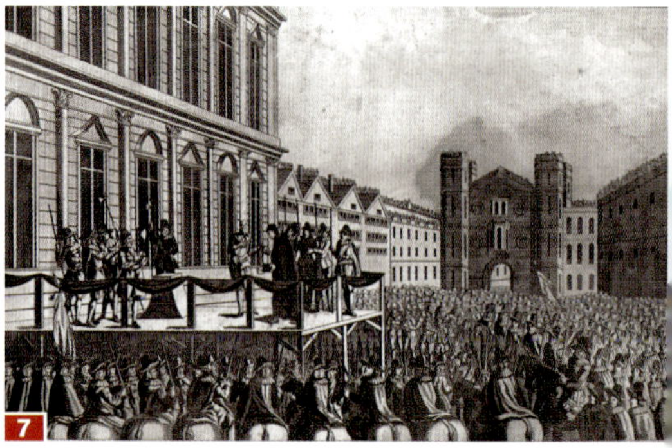
7 Hinrichtung Karls I. Stuart vor dem Banqueting House in London (Kupferstich, 17. Jh.)

1587 Enthauptung Maria Stuarts
1603 Herrschaftsantritt Jakobs I.
1625 Karl I. wird König
1640 Einberufung des „Langen Parlaments“
1642 Beginn des Bürgerkriegs
1644/45 Flucht Karls I.
1646 Auslieferung des Königs an die Parlamentarier
30. 1. 1649 Enthauptung Karls

Die „Glorious Revolution"

Oliver Cromwell herrschte als Lordprotektor über England, doch 1660 kam es zur Restauration der Stuarts. Der katholische König Jakob II. wurde 1688/89 in der „Glorious Revolution" vom Thron gestoßen.

❸ Oliver Cromwell, Führer der radikalprotestantischen Puritaner in England, schaffte 1649 die Monarchie ab und erklärte England zum protestantischen „Freistaat". Sofort erhoben sich die Schotten und Iren, die Cromwell 1649/50 blutig niederwarf. Obwohl er eine Republik anstrebte, löste Cromwell das Parlament, als es seine internen Streitereien nicht beilegte, 1653 auf und machte sich zum „Lordprotektor" mit ❾ diktatorischen Vollmachten. Den ihm vom Parlament angebotenen Königstitel lehnte er ab. Außenpolitisch stärkte er die Vormacht Englands zur See durch eine gezielte Kolonial- und Handelspolitik und setzte sich gegen die Handelsrivalität der Niederländer durch.

Nach seinem Tod 1658 vermochte sein Sohn Richard die Macht nicht zu halten und dankte ab. Damit war der Weg frei für die Restauration der Stuarts. 1660 kehrte ❾ Karl II., der Sohn Karls I., aus dem Exil zurück. Der neue Monarch bestrafte zwar die führenden Republikaner, wirkte aber auf einen politischen Ausgleich zwischen allen Parteien hin. 1679 wurde vom Parlament die „Habeas-Corpus-Akte" verabschiedet, ein Meilenstein der Bürgerrechte, nach der niemand ohne richterliche Überprüfung und Anordnung in Haft genommen werden durfte. Während Karls Regierungszeit ereignete sich 1666 der ❿ Brand von London, der die Stadt weitgehend verwüstete, aber auch einen großzügigen Wiederaufbau erlaubte.

Als Karls katholischer Bruder ❷ Jakob II. 1685 den Thron bestieg, erhoben sich einige Adlige, wurden aber unterworfen. Jakob vergab Regierungsämter an Katholiken, was Karl II. verboten hatte, und erklärte 1686/87 die Religionsfreiheit für Katholiken und

8 Eine Sitzung des Parlaments (Rückseite des von Cromwell 1651 eingeführten Staatssiegels)

Abweichler von der Staatskirche. Die Geburt eines Sohnes 1688 nährte die Furcht vor einer dauerhaften katholischen und absolutistischen Herrschaft in England. Parlament, Armee und Bürgertum boten in der „Glorious Revolution" von 1688/89 dem Regenten der Niederlande, ⓫ Wilhelm von Oranien, die Krone an. Dieser landete in England und vertrieb Jakob II. im Dezember 1688 nach Frankreich. Wilhelm III. von Oranien und seine Gemahlin Maria II., die protestantische Tochter aus der ersten Ehe Jakobs II., be-

stiegen gemeinsam den Thron, nachdem sie auf die vom Parlament vorgelegte „Bill of Rights" geschworen hatten. Diese garantierte dem englischen und schottischen Volk seine alten Rechte, Privilegien und Freiheiten und etablierte eine vom Parlament kontrollierte konstitutionelle Monarchie.

9 Karl II. Stuart (Gemälde, 17. Jh.)

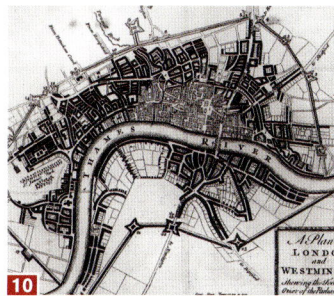

10 Plan von London nach dem Feuer von 1666 (Kupferstich, 18. Jh.)

16.–18. Jh.

Frühe Neuzeit

1 Einschiffung von Wilhelm III. von Oranien nach England (Gemälde, 1689)

3 Puritaner durchsuchen und verhaften Adlige (Gemälde, 19. Jh.)

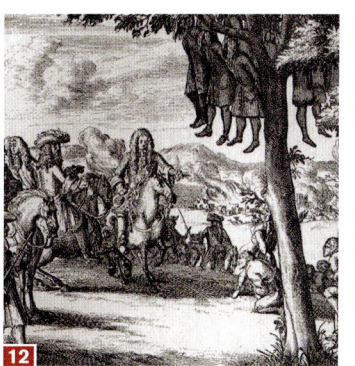

12 Grausamkeiten Jakobs II. gegen Protestanten in Irland (Kupferstich, 17. Jh.)

Pulververschwörung

Unter Mitwisserschaft der Jesuiten verschworen sich katholische Adlige, um Jakob I. mit dem Parlament bei der Parlamentseröffnung 1605 in die Luft zu sprengen. Sie schafften große Mengen Schießpulver in die Keller des Parlaments, doch wurde die Pulververschwörung vorher verraten und die Schuldigen hingerichtet.

Hinrichtung der an der sog. Pulververschwörung beteiligten Attentäter (Kupferstich, 17.Jh.)

Der Herrschaftsbeginn des Hauses Hannover

England bekämpfte erfolgreich die Vormacht Frankreichs in Europa und baute seine Kolonialgebiete in Übersee aus. Das Parlament setzte 1714 die Erbfolge der protestantischen Welfen durch.

Als Regent beider Länder beendete ❶ Wilhelm III. von Oranien zunächst die Konflikte zwischen England und den Niederlanden. In der Schlacht am Boyne besiegte er 1690 die aufständischen Iren, die Jakob II. unterstützt hatten. Unpopulär war in England das Engagement des Königs auf dem Kontinent, wo er im Bündnis mit den Habsburgern die Hegemonialansprüche Ludwigs XIV. von Frankreich bekämpfte, denn zur Verteidigung seiner niederländischen Interessen setzte Wilhelm III. auch englische Truppen ein.

Als der König zu Beginn des Spanischen Erbfolgekrieges 1702 starb, folgte ihm als letzte der

Wilhelm III. in der Schlacht am Boyne (Gemälde, 18. Jh.)

protestantischen Stuarts seine Schwägerin ❷ Anna Stuart auf den Thron. In ihre Regierungszeit fiel 1707 die Vereinigung Englands und Schottlands zu Großbritannien mit einem einzigen Parlament. Die schwache Herrscherin

stand völlig unter dem Einfluss des ❹ Herzogs und der Herzogin von Marlborough. 1704 besetzten die Engländer Gibraltar und Menorca. Nach den Siegen Marlboroughs und des Prinzen Eugen von Savoyen über die Franzosen in den Schlachten von ❺ Höchstädt bzw. Blindheim 1704, Oudenaarde 1708 und Malplaquet 1709 war Großbritannien der Hauptgewinner des Friedens von Utrecht 1713: Es konnte seine Eroberungen behalten und erhielt einen Teil der bislang französischen Kolonien in Nordamerika.

Das Parlament hatte 1701 im „Act of Settlement" die Nachfolge von Katholiken auf den Thron ausgeschlossen. Dies machte die

Denkmal der Königin Anne Stuart vor der St. Paul's Cathedral in London

❸ Georg I. (Farbkupferstich, um 1730)

protestantische Kurfürstinwitwe Sophie von Hannover, eine Enkelin von Jakob I., zur nächsten Thronanwärterin. Nach Annas Tod bestieg Sophies Sohn Kurfürst Georg Ludwig von Hannover als ❸ Georg I. den britischen Thron. Bis 1837 wurden Großbritannien und Hannover in Personalunion regiert. Erst mit dem Tod der Königin Viktoria endete 1901 die Herrschaft des Hauses Hannover.

John Churchill, Herzog von Marlborough

Unter Jakob II. machte John Churchill, Herzog von Marlborough, Karriere in der Armee. Zwar ging er zu Wilhelm III. von Oranien über, doch unterhielt er weiterhin Kontakte zu Jakob II., was ihn in den Verdacht des Landesverrats brachte. Seine Frau Sarah Jennings war eine enge Freundin Anna Stuarts, die nach ihrer Thronbesteigung Churchill zum Oberbefehlshaber der englischen Truppen im Spanischen Erbfolgekrieg machte und ihn 1702 zum Herzog von Marlborough erhob. Er besiegte die Franzosen und galt als Retter des Vaterlandes. Zum Dank schenkte ihm Anna Land und Vermögen, um den Landsitz Blenheim Palace zu errichten. Hier wurde 1874 der spätere britische Premierminister Sir Winston Spencer Churchill geboren, ein Nachfahre des Herzogs.

oben: Blenheim Palace, Oxfordshire, erbaut von John Vanbrugh und Nicholas Hawksmoore

John Churchill, 1. Herzog von Marlborough (Gemälde, 1705)

Schlacht bei Höchstädt bzw. Blindheim bzw. Blenheim (Kupferstich, 18. Jh.)

16.–18. Jh. · Frühe Neuzeit

Die Könige aus dem Haus Hannover und die erstarkende Macht der Premierminister

Unter den ersten Königen aus dem Haus Hannover gewann das Parlament immer mehr an Einfluss. Großbritannien konnte seinen Kolonialbesitz auf Kosten Frankreichs ausdehnen, musste aber die Unabhängigkeit der USA akzeptieren.

7 Robert Walpole war der erste britische Premierminister moderner Prägung. Gestützt auf das Vertrauen König **6** Georgs I. und seines seit 1727 regierenden Sohnes **10** Georg II. sowie auf eine Mehrheit der sog. Whigs im Parlament, leitete er zwischen 1721 und 1742 die Politik Großbritanniens. Nach außen versuchte er, den Frieden zu sichern. Als Großbritannien in die Schlesischen Kriege verwickelt wurde, trat er 1742 zurück.

7 Sir Robert Walpole, Graf von Orford (Kupferstich)

Eine britische Niederlage gegen die Franzosen nutzte der katholische Thronprätendent Charles Edward Stuart, genannt Bonnie Prince Charlie, ein Enkel Jakobs II., um in Schottland zu landen. Nach anfänglichen Erfolgen wurden er und seine schottischen Anhänger 1746 bei **11** Culloden vernichtend geschlagen.

Das Gleichgewicht zwischen den europäischen Mächten blieb ein Ziel britischer Außenpolitik.

Auf Drängen **8** William Pitts d. Ä. griff Großbritannien auch im Siebenjährigen Krieg ein und konnte im Frieden von Paris 1763 die französischen Kolonien in Nordamerika und Indien übernehmen. 1760 folgte Georg II. sein Enkel **9** Georg III. Um sich von den Whigs unabhängig zu machen und stärkeres Gewicht in Regierungsentscheidungen zu gewinnen, wandte er sich den Tories zu. Seine verfehlte Politik führte zum Unabhängigkeitskampf der nordamerikanischen Kolonien (S. 342). Der Schwerpunkt politischer Entscheidungsfindung verlagerte sich nun eindeutig auf das Parlament. Durch die Geisteskrankheit des Königs wurde die Stellung der Krone weiter geschwächt. Von 1811 bis zum Tod Georgs III. 1820 führte sein Sohn, der spätere Georg IV., die Regentschaft. Der bedeutendste Premierminister unter Georg III., **12** William Pitt d. J., verringerte die Staatsschulden und brachte 1784 die Ostindische Kompanie unter die Kontrolle der Regierung. 1793 erklärte er dem revolutionären Frankreich den Krieg (S. 360).

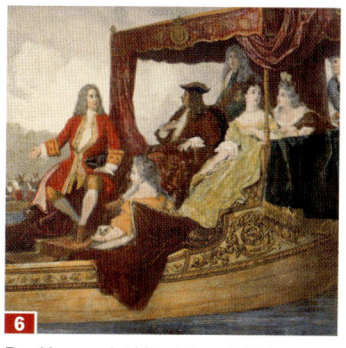

6 Der Komponist Händel und König Georg I. auf der Themse während einer Aufführung von Händels „Wassermusik" (Stahlstich, 19. Jh.)

8 William Pitt d. Ä., Graf von Chatham (Schabkunstblatt, 18. Jh.)

9 Georg III. (Gemälde, 18. Jh.)

16.–18. Jh.

Frühe Neuzeit

Eine Wahlparty der Whigs (Kupferstich von Hogarth, 1755)

Whigs und Tories

Im britischen Parlament standen sich die Gruppierungen der Whigs und Tories gegenüber. Beide Bezeichnungen waren ursprünglich Spottnamen: „Tory" leitet sich von einem irischen Wort für Räuber ab, „Whigs" waren schottische Viehtreiber. Die Whigs standen für politischen und wirtschaftlichen Liberalismus, ein starkes Parlament und religiöse Toleranz. Die konservativen Tories verteidigten die Rechte der Anglikanischen Staatskirche und der Krone.

10 London zur Zeit Georgs II. mit der königlichen Barke auf der Themse und der St. Paul's Cathedral im Hintergrund (Gemälde von Canaletto, 18. Jh.)

11 Charles Edward Stuart, genannt „The Young Pretender" bzw. Bonnie Prince Charlie, in der Schlacht von Culloden (Stahlstich, 19. Jh.)

12 Karikatur von William Pitt d. J. bei einer Debatte im Parlament: „Der hinternlose Pitt" (Radierung, 1792)

DIE NIEDERLANDE – VOM UNABHÄNGIGKEITSKAMPF BIS ZUR FRANZÖSISCHEN BESETZUNG 1477–1795

1

Die von den Habsburgern erkämpfte Eigenständigkeit führte nach der Reformation zum Freiheitskampf der Niederlande gegen die Herrschaft der katholischen Könige Spaniens. Er mündete 1581 in die Unabhängigkeit der Generalstaaten unter Wilhelm I. von Oranien-Nassau. Der Kampf des kalvinistisch dominierten Nordens gegen den habsburgertreuen Süden zog sich noch bis 1621 hin. Die Generalstaaten, in denen sich die Oranier als Regenten durchsetzten, erlebten als See- und Handelsmacht ihre Blütezeit im 17. und 18. Jh. – auch auf dem Gebiet der ❶ Malerei ein „Goldenes Zeitalter" –, wurden aber schließlich von Großbritannien verdrängt.

„Die Nachtwache", eine Darstellung der Amsterdamer Bürgerwehr (Gemälde von Rembrandt, 1642)

Frühe Neuzeit   16.–18. Jh.

▪ Der Beginn des Befreiungskampfes

Die wohlhabenden und selbstbewussten Niederlande gerieten unter dem Einfluss der Reformation und des Kalvinismus in immer stärkeren Konflikt mit ihren Landesherren, den katholischen spanischen Habsburgern.

1477 fielen die bis dahin zum Herzogtum Burgund gehörenden Niederlande durch die Heirat von Maximilian I. von Österreich, des späteren Kaisers, mit Maria von Burgund an das Haus Habsburg. Die meisten Provinzen legte Maximilian 1512 zum „Burgundischen Kreis" zusammen, dessen Privilegien sein Enkel Karl V., seit 1506 Herr der Niederlande, weiter ausbaute.

Nach 1540 fasste der Kalvinismus rasch Fuß. 1542 kam es in Gent zum Aufstand, radikale Kalvinisten veranstalteten ❹ Bilderstürme und zerstörten katholische Kirchen. Die Statthalterin Maria von Ungarn, Karls Schwes-

ter, betrieb erfolgreich eine Ausgleichspolitik, doch bei ❺ Karls Abdankung 1555 fielen die Niederlande an seinen Sohn Philipp II. von Spanien, der jeden Kompromiss mit den Protestanten ablehnte.

Philipp machte 1559 seine Halbschwester ❻ Margarethe von Parma zur Regentin, die die kluge Politik ihrer Tante weiterführte. Doch der Adel der Niederlande forderte den Abzug der Inquisition und der Spanier sowie Religions-

3

Karikatur auf den Herzog von Alba und seine Gewaltherrschaft in den Niederlanden, die Leichen der Grafen Egmont und Hoorn zu seinen Füßen (Kupferstich, 16. Jh.)

freiheit. Philipp II. entschloss sich nach ergebnislosen Verhandlungen zu einem harten Durchgreifen und schickte den ❸ Herzog von Alba 1567 mit spanischen Truppen in die Niederlande, woraufhin die Regentin zurücktrat. Alba stellte die königliche Herrschaft mit Gewalt wieder her. Im September 1567 nahm er die Anführer der Opposition, die Grafen Egmont und Hoorn, gefangen und ließ sie im Juni 1568 in Brüs-

2

Massenhinrichtungen in den Niederlanden (Kupferstich, 16. Jh.)

sel enthaupten. Nun standen die ganzen Niederlande in offenem Aufruhr, der Freiheitskampf hatte begonnen. Die von den Spaniern als „Geusen" (Bettler) verspotteten Protestanten nahmen diesen Begriff als Selbstbezeichnung auf und verwickelten die Spanier in eine Art Guerillakrieg. Die Spanier antworteten mit blutigen ❷ Vergeltungsmaßnahmen.

4

Plünderung und Verwüstung einer katholischen Kirche durch die Kalvinisten (Kupferstich, 16. Jh.)

5

Karl V. überträgt die Regierung der Niederlande an seinen Sohn Philipp II. (Gemälde, 19. Jh.)

6

Wilhelm von Oranien (rechts) protestiert vor Margarete von Parma (Gemälde, 19. Jh.)

| 1477 | Niederlande fallen an Habsburg | 1542 | Kalvinistischer Aufstand in Gent | 1555 | Margarethe von Parma wird Regentin der Niederlande |
| 1512 | Gründung des „Burgundischen Kreises" | 1555 | Regierung der Niederlande durch Philipp II. | August 1566 | Kirchen- und Bildersturm der Kalviniste |

■ Der Freiheitskampf der Niederlande

Unter dem drückenden Regiment des Herzogs von Alba verschärfte sich der Kampf bis zur Erlangung der Unabhängigkeit 1581. An der Spitze der Freiheitskämpfer standen Wilhelm I. von Oranien-Nassau und seine Familie.

7

Wilhelm I. von Oranien-Nassau (Gemälde, 16. Jh.)

1568 trat ❼, ❾ Wilhelm I. von Oranien aus dem Hause Nassau-Dillenburg, ursprünglich ein Vertrauter Karls V., an die Spitze der niederländischen Protestanten. Wilhelm und seine Brüder Ludwig und Johann VI., die regierende Graf von Nassau-Dillenburg, waren Exponenten eines kämpferischen Kalvinismus im Reich. Ludwig bereiste Böhmen und Ungarn, um Bündnisse unter den radikaleren Protestanten zu schmieden. Seit 1567 strömten

9   Reiterstandbild von Wilhelm I. von Oranien

etwa 60 000 im Reich verfolgte Kalvinisten in die Niederlande und stärkten den dortigen Freiheitswillen. 1572 drang Wilhelm von Oranien mit protestantischen Truppen in den Niederlanden vor und entriss den Spaniern mehrere Städte. Angesichts dieser Erfolge berief Philipp II. 1573 den Herzog von Alba als Generalstatthalter ab. Nach zwischenzeitlichen Waffenstillstandsverhandlungen begann 1576 die letzte Phase des Aufstandes. Wilhelm von Oranien erließ Gesetze für die nördlichen Provinzen, aber eine Vereinigung mit den südlichen Niederlanden scheiterte an der religiösen Kompromisslosigkeit der ❽ Geusen. 1579 bildeten die nördlichen Provinzen Holland, Seeland, Utrecht, Geldern, Overijssel, Friesland und

Groningen, die sog. Generalstaaten, die „Utrechter Union" mit Johann VI. von Nassau als „Vorsteher", die sich 1581 offiziell von Spanien lossagte und die „Republik der vereinigten Niederlande" bildete. Der Süden schloss sich 1579 zur „Union von Arras" zusammen und erkannte den seit 1578 amtierenden spanischen Statthalter ⓫ Alexander Farnese an. Sie bildeten künftig die von Habsburg verwalteten ⓬ „Spanischen Niederlande".

Führer der „Utrechter Union" blieb Wilhelm von Oranien. Der Kampf ging jedoch weiter, da Alexander Farnese eine Politik zwischen Kriegführung und Verhandlungen betrieb. Philipp II. hatte 1580

8

Geusen plündern einen Bauernhof (Gemälde, um 1600)

10

Die Nieuwe Kerk in Delft mit dem Grabmal Wilhelms I. von Oranien-Nassau (Gemälde, um 1651)

ein Kopfgeld auf Wilhelm von Oranien ausgesetzt, und nach mehreren Attentatsversuchen wurde ❿ Wilhelm 1584 in Delft von einem katholischen Fanatiker erschossen.

16.–18. Jh.

Frühe Neuzeit

Unabhängigkeitserklärung der Generalstaaten an Philipp II.

„Ein Fürst ist von Gott bestellt, über ein Volk zu herrschen, es vor Unterdrückung und Gewalt zu schützen, wie der Schäfer seine Schafe; und sintemal Gott die Menschen nicht zu Sklaven ihres Regenten bestimmte … sondern vielmehr die Fürsten um der Untertanen willen geschaffen hat, daß sie sie lieben und tragen sollen wie ein Vater seine Kinder … und wenn er sich nicht so verhält, sondern … von ihnen knechtische Unterwürfigkeit fordert, dann ist er nicht länger ein Fürst, sondern ein Tyrann."

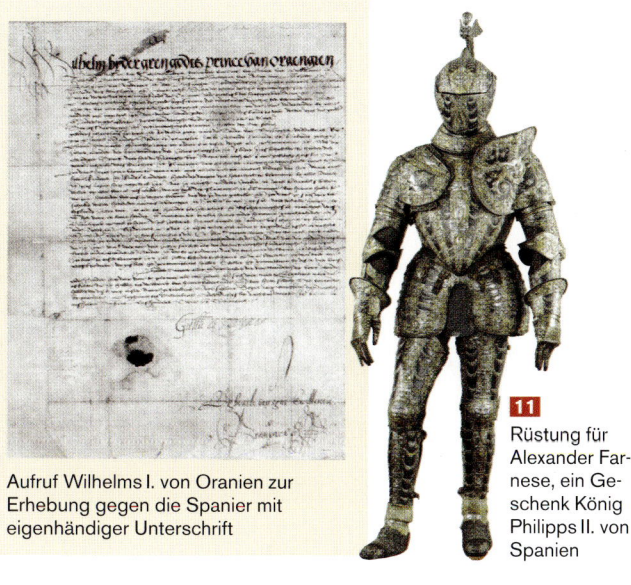

Aufruf Wilhelms I. von Oranien zur Erhebung gegen die Spanier mit eigenhändiger Unterschrift

11

Rüstung für Alexander Farnese, ein Geschenk König Philipps II. von Spanien

12

Grande Place in Brüssel, Hauptstadt der „Spanischen Niederlande"

1567	Absetzung Margarethes durch Philipp II.	1579	Gründung der „Utrechter Union"	10. 7. 1584	Ermordung Wilhelms I.
1568	Hinrichtung von Egmont und Hoorn	1572	Beginn der Freiheitskriege	26. 7. 1581	Unabhängigkeitserklärung der „Utrechter Union"

■ Die unabhängigen Niederlande bis zur Mitte des 17. Jh.

Der Krieg der Generalstaaten gegen die südlichen Niederlande endete 1609/21. Im Machtkampf um das Regiment in den Generalstaaten standen sich die Statthalter aus dem Haus Oranien-Nassau und die einflussreiche städtische Oberschicht gegenüber.

2

Die Flotte der Niederländischen Ostindien-Kompanie (Gemälde, 1675)

1

Isabella Clara Eugenia von Spanien (Gemälde von Rubens, um 1613/15)

3

Mauritshuis in Den Haag, Residenz von Moritz von Oranien-Nassau

Die Generalstaaten mussten sich weiterhin gegen die Invasionen Alexander Farneses wehren und gingen im Innern gegen die Katholiken vor. 1585 nahmen sie das Hilfsangebot Elisabeths von England an, die 8000 englische Soldaten zur Unterstützung in die Niederlande schickte. Der Krieg zog sich mit unterschiedlicher Intensität hin. 1607 und endgültig 1609 schlossen die Statthalter der Spanischen Niederlande, Erzherzog Albrecht von Österreich und seine Frau ❶ Isabella Clara Eugenia, eine Tochter Philipps II., einen Waffenstillstand mit den Generalstaaten. 1621 erkannte Philipp III. von Spanien endlich die Unabhängigkeit der abgefallenen Provinzen an.

Die nördlichen Niederlande erholten sich nicht nur rasch von den Kriegen, sondern stiegen durch ihr starkes und selbstbewusstes ❹ Bürgertum in den großen Städten im 17. Jh. zur vielleicht wohlhabendsten Nation Europas und zwischenzeitlich zur führenden ❷ See- und Kolonialmacht auf, mit Besitzungen in Nordamerika (Neu-Amsterdam, das spätere New York) und in der Karibik bis nach Indonesien und Japan. Auch kulturell wurden sie v. a. auf dem Gebiet der Malerei tonangebend. Die politischen Verhältnisse innerhalb der Generalstaaten waren jedoch schwierig, zumal sie sich 1590 entschlossen hatten, kein gemeinsames Staatsoberhaupt zu wählen.

In den Ländern der Statthalterschaft Wilhelms I. von Oranien folgte diesem 1585 sein ältester Sohn ❸ Moritz im Amt nach. Holland, der finanzstärkste der Generalstaaten, wurde jedoch von einer reichen ❺ Kaufmanns- und Juristenaristokratie beherrscht. Ihr Oberhaupt Johann van Oldenbarnevelt trat ab 1586 als zweiter politischer Wortführer neben Moritz auf und setzte 1609 aus handelspolitischen Überlegungen die Annahme des Waffenstillstandes mit den Spanischen Niederlanden durch, während Moritz von Oranien den Kampf fortsetzen wollte. Es kam zum Machtkampf: Moritz stürzte Oldenbarnevelt und ließ ihn 1619 hinrichten. Der Konflikt, der die niederländische Geschichte bis 1786 dominieren sollte, wurde symptomatisch für die wechselvollen Auseinandersetzungen zwischen den oranischen Statthaltern und den städtischen Repräsentanten. 1625 folgte Moritz sein Bruder ❻ Friedrich Heinrich auf den Statthalterposten, der im Dreißigjährigen Krieg mehrere Festungen der

Spanier im Süden eroberte und wegen seiner Erfolge bei der Eroberung von befestigten Städten den Beinamen „Städtebezwinger" trug. Seinen Hof in Den Haag machte er zu einem kulturellen Zentrum.

4

Hochzeitsporträt eines Kaufmannes aus Haarlem (Gemälde von Frans Hals, um 1622)

5

Vertreter einer Tuchhändlergilde (Gemälde von Rembrandt, 1662)

6

Friedrich Heinrich als Friedens- und Unabhängigkeitsbringer (Gemälde von Jordaens, 1652)

■ Die Niederlande bis zur französischen Besetzung

1672 setzte sich das Haus Oranien-Nassau mit Wilhelm III. endgültig durch. Seine Erben wurden 1795 von den französischen Revolutionstruppen bzw. Napoleon vertrieben.

Friedrich Heinrichs Sohn Wilhelm II. versuchte 1650, ❼ Amsterdam zu besetzen und sich zum König zu machen, starb aber plötzlich. Die niederländische Po-

Domplatz in Amsterdam mit dem Rathaus (Gemälde, um 1668)

litik wurde nun von dem holländischen Ratspensionär Johann de Witt bestimmt, der in zwei Seekriegen bis 1667 von England zur Anerkennung der „Navigationsakte" gezwungen wurde, womit die niederländische Seeherrschaft praktisch gebrochen war. 1667/68 eroberte Frankreich Teile der Spanischen Niederlande, woraufhin de Witt 1668 ein Bündnis mit

England schloss und Ludwig XIV. zum Rückzug zwang. Doch 1672 wendete sich das Blatt: England und Frankreich griffen gemeinsam die Generalstaaten und besonders Holland zu Land und zur See an. Johann de Witt wurde bei einem Volksaufruhr buchstäblich in Stücke gerissen und ❽ Wilhelm III. von Oranien, der Sohn Wilhelms II., als Oberbefehlshaber und Statthalter eingesetzt. Er beendete 1674 den Krieg mit England und 1678 mit Frankreich. 1689 bestieg er den englischen Thron (S. 287). Durch die 1602 gegründete Ostindische Kompanie und den Kolonialbesitz in Afrika (Kapland), ❾ Amerika (Guayana, Neu-Niederlande) und Asien (Indonesien) wurde der Wohlstand des Landes gehalten.

Nach einer statthalterlosen Zeit seit 1702 wurde 1747 der Oranier Wilhelm IV. Friso zum Generalstatthalter der Niederlande gewählt. Sein Sohn Wilhelm V. musste von 1780 bis 1784 einen Krieg mit Großbritannien um die Kolonien führen, der die Nieder-

lande als Kolonialmacht schwächte, und sich zwischen 1785 und 1787 gegen die von Frankreich unterstützten ❿ „Patrioten" behaupten, die ihn in einigen Provinzen als Statthalter absetzten.

Die südlichen Niederlande waren 1713 im Frieden von Utrecht, der den Spanischen Erbfolgekrieg beendete, an die österreichischen Habsburger gefallen und wurden seither als ⓫ „Österreichische Niederlande" bezeichnet. Nach ihrer Besetzung durch französi-

Die Auspeitschung einer schwarzen Sklavin in Niederländisch-Guayana (Kupferstich, 18. Jh.)

Wilhelm III. von Oranien als König von England (Gemälde, um 1700)

sche Revolutionstruppen seit 1792 wurden sie 1794 Frankreich angegliedert. 1795 besetzten die Franzosen auch die Generalstaaten, vertrieben Wilhelm V. und riefen die „Batavische Republik" aus. 1806 machte Napoleon Bonaparte den Satellitenstaat Frankreichs zum Königreich und übertrug ihn seinem Bruder Louis.

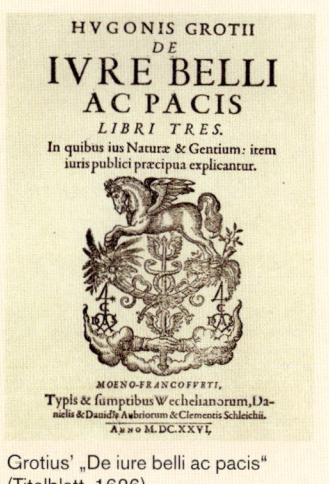

Karikatur auf die Niederschlagung des Aufstands gegen Wilhelm V. von Oranien-Nassau (Radierung, 1787)

16.–18. Jh.

Frühe Neuzeit

Schloss Laeken bei Brüssel, 1782–84 erbaut für die Statthalterin Marie Christine von Österreich, eine Tochter der Kaiserin Maria Theresia

Ein „Hort" geistiger Freiheit in Europa

Besonders im 17. Jh. waren die Generalstaaten ein Hort geistiger Freiheit in Europa. So wirkte der berühmte Völkerrechtler Hugo Grotius von 1613 bis 1619 als Ratspensionär in Rotterdam; zwischen 1629 und 1649 fand der Begründer des neuzeitlichen Rationalismus, René Descartes, Zuflucht in den Niederlanden; und in Den Haag wirkte der jüdische Philosoph Baruch de Spinoza.

HVGONIS GROTII
DE
IVRE BELLI
AC PACIS
LIBRI TRES.
In quibus ius Naturæ & Gentium: item iuris publici præcipua explicantur.

MOENO-FRANCOFVRTI,
Typis & sumptibus Wechelianorum, Danielis & Davidis Aubriorum & Clementis Schleichii.
ANNO M.DC.XXVI.

Grotius' „De iure belli ac pacis" (Titelblatt, 1626)

DAS ITALIEN DER PÄPSTE UND FÜRSTEN UM 1450–UM 1800

Italien war zwischen dem 15. und 18. Jh. ein Zankapfel zwischen den Herrschern Frankreichs, Spaniens und des Deutschen Reiches. Es zerfiel in voneinander unabhängige politische Gebilde, die sich untereinander bekämpften und zwischen den Großmächten lavierten. Päpste und oberitalienische Fürsten verbanden eine rücksichtslose Macht- und Familienpolitik mit dem Kampf gegen städtische Freiheiten und der Gestaltung ihrer Höfe zu glänzenden Zentren für Kunst und Literatur.

Blick auf Engelsbrücke und Petersdom in Rom

Das Renaissancepapsttum

Die Päpste der Renaissance verbanden bald politische Skrupellosigkeit mit Prunkliebe und weltlichen Freuden. Sie bereicherten ihre Familien maßlos, wirkten dabei aber auch als Kunstmäzene.

Enea Silvio de' Piccolomini, der spätere Papst Pius II., wird vom Habsburgerkaiser Friedrich III. zum Dichter gekrönt (Fresko von Pinturicchio, 1502/05)

Im mittelitalienischen Kirchenstaat begann Mitte des 15. Jh. das Renaissancepapsttum. Während seine ersten Vertreter in der zweiten Hälfte des 15. Jh., v. a. Nikolaus V. und der vorher als Dichter gefeierte ❷ Pius II. (Enea Silvio Piccolomini), bedeutende und geachtete Humanisten waren, begann mit dem Pontifikat von Sixtus IV. 1471 ein moralischer

Verfall: Die Päpste verkauften Kirchenämter und protegierten ihre Familien. Rom wurde zu einer Stadt frivoler Festlichkeiten. Päpste und Kardinäle, die zumeist den führenden Adelsfamilien angehörten und miteinander verwandt waren, bereicherten sich. Andererseits war der Hof der Renaissancepäpste ein Hort der Bildung und Kunst, wo die bedeutendsten Künstler der Renaissance wie Raffael oder ❼ Michelangelo Kunstwerke im Auftrag der Kirchenfürsten schufen.

Mit Alexander VI. und seinem skrupellosen Sohn Cesare Borgia, der für seinen Vater zahlreiche Kriege führte, erreichte das Papsttum zwischen 1492 und 1503 einen ersten Tiefpunkt. Sein kriegerischer Nachfolger Julius II. kämpfte persönlich an der Spitze seiner Truppen, brachte aber auch den Neubau des ❶ Petersdomes voran. Auch die

beiden Medici-Päpste ❹ Leo X. und Klemens VII. taten sich als Kunstmäzene hervor. Papst Klemens VII. verbündete sich mit Frankreich (S. 276) gegen den Kaiser und provozierte so 1527 die Plünderung Roms durch kaiserliche Söldner im ❸ sog. Sacco di Roma. ❻ Paul III. (Alessandro Farnese) und Julius III. waren Päpste des Übergangs, die zwar

Papst Leo X. (Kopie nach einem Gemälde von Raffael)

Sitzung des Konzils von Trient (Gemälde, 18. Jh.)

Söldner Karls V. verspotten den Papst während des „Sacco di Roma" (Kupferstich)

Palazzo Farnese in Rom (erbaut 1534–89)

weiter wie Renaissancefürsten lebten, andererseits aber von Kaiser Karl V. zu Reformen gedrängt werden konnten. So wurde 1545 das ❺ Konzil von Trient einberufen, das weitgehende innerkirchliche Neuordnungen beschloss.

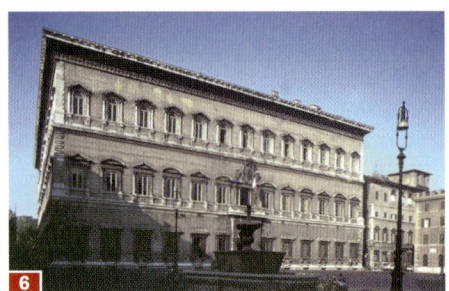

Die Erschaffung Adams (Fresko in der Sixtinischen Kapelle von Michelangelo, 1511)

| 1447 | Gründung der Vatikanischen Bibliothek | 1527 | „Sacco di Roma" | 1542 | Wiedereinführung der Inquisition |
| 1506 | Beginn des Neubaus der Peterskirche in Rom | 1536 | Beginn des Reformpapsttums | 1545–63 | Konzil von Trient |

■ Das Papsttum zur Zeit der Gegenreformation

Unter dem Einfluss der Gegenreformation kam es zu einer sittlichen Erneuerung des Papsttums, das aber auch die Freiheit des Geistes und der Wissenschaft einschränkte und sich der Aufklärung lange Zeit verschloss.

Johannes Burcardus,
Zeremonienmeister von
Alexander VI., über

Cesare Borgia

„Am Abend des 31. Oktober 1501 veranstaltete Cesare Borgia in seinem Gemach im Vatikan ein Gelage mit 50 ehrbaren Dirnen, Kurtisanen genannt, die (...) mit den Dienern und mit den andern Anwesenden tanzten, zuerst in ihren Kleidern, dann nackt. Nach dem Mahl wurden die Tischleuchter mit den brennenden Kerzen auf den Boden gestellt und ringsherum Kastanien gestreut, die die nackten Dirnen auf Händen und Füßen zwischen den Leuchtern durchkriechend aufsammelten, wobei der Papst, Cesare und seine Schwester Lucrezia zuschauten ..."

oben: Cesare Borgia (Gemälde, um 1520)

Nachdem Reformpläne von Päpsten wie Hadrian VI. oder Pius III. an ihrem frühen Tod gescheitert waren, setzte sich mit Paul IV. und Pius V. seit 1555 bzw. 1566 die Gegenreformation durch. Die sittliche Erneuerung verbanden diese Päpste allerdings mit dem Vorge-

9 Grabmonument für Papst Alexander VII. im Petersdom (Entwurf von Bernini, 1676–78)

hen der römischen Inquisition. Im italienischen Klerus wirkte seit 1560 der später heilig gesprochene Carlo Borromeo als Kardinalerzbischof von Mailand für umfassende Reformen.

Die folgenden Päpste hielten am Konzept der Gegenreformation fest. Gregor XIII. führte 1582 die „Gregorianische Kalenderreform" durch, die bis heute Gültigkeit hat; Sixtus V. befreite den Kirchenstaat von Räuberbanden und baute den päpstlichen Zentralismus durch eine völlige Neuordnung der Kirchenverwaltung aus, die bis ins 20. Jh. in Kraft blieb. Im 17. Jh., unter Paul V. und dem kunstsinnigen Urban VIII., in dessen Pontifikat sich der Streit zwi-

schen der Inquisition und **11** Galileo Galilei um das Kopernikanische Weltbild abspielte, war Rom noch einmal ein Zentrum für **9** Kunst und Kultur. Gregor XV. gründete 1622 die Missionskongregation „Propaganda fide", die in den folgenden Jahrhunderten die weltweite katholische Mission koordinierte.

Unter Urbans VIII. Nachfolgern ragte Innozenz XI. heraus, der ein großes Bündnis der europäischen Mächte gegen die 1683 Wien belagernden Osmanen zustande brachte. Geistig verschloss sich das Papsttum mittels Zensur und Bücherindex weitgehend den aufklärerischen Strömungen des 18. Jh., bis der liberale und aufgeklärte **10** Benedikt XIV., der von Montesquieu als „Papst der Gelehrten" bezeichnet wurde, eine innerkirchliche Aufklärung förderte. Seine Nachfolger hoben die Reformen jedoch wieder auf und provozierten damit die Gegnerschaft des aufgeklärten Absolutismus, der sich inzwischen auch in den katholischen Ländern

8 Treffen zwischen Pius VI. und Kaiser Joseph II. (Kupferstich, 18. Jh.)

durchgesetzt hatte. Österreich, Spanien und Portugal erzwangen 1773 von Klemens XIV. die Auflösung des mächtigen Jesuitenordens. Sein Nachfolger **8** Pius VI. wurde nun zum Opfer der neuen Entwicklungen: 1782 reiste er vergebens nach Wien, um Kaiser Joseph II. zur Abmilderung seiner Maßnahmen gegen die Kirche zu bewegen (S. 273). 1797 musste er auf die päpstliche Enklave Avignon in Südfrankreich verzichten und 1798 wurde er von den französischen Truppen, die Italien im Auftrag Napoleons besetzten, gefangen genommen und mit einem Großteil der Kirchenschätze nach Frankreich deportiert.

16.–18. Jh.

Frühe Neuzeit

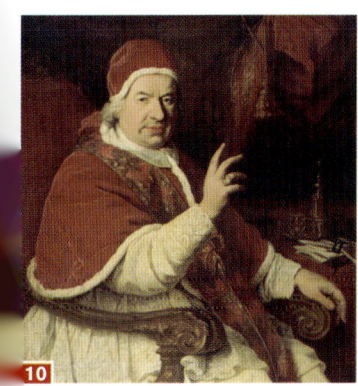

10 Papst Benedikt XIV. (Gemälde, 18. Jh.)

11 Galilei vor dem Inquisitionsgericht (Gemälde, 17. Jh.)

Die Fürstentümer und Republiken in Nord- und Mittelitalien

Die zahlreichen italienischen Fürstenhöfe wurden trotz ihrer vergleichsweise geringen macht-politischen Bedeutung zu Zentren der Renaissance und des Barock. An Prachtentfaltung standen ihnen die selbstbewussten Adelsgeschlechter der Stadtrepubliken in nichts nach.

2
Lorenzo de' Medici (Gemälde von Vasari, 16. Jh.)

Während in Südostitalien das König-reich von Neapel-Sizilien bis ins 18. Jh. von Spanien abhängig war bzw. von spanischen Nebenlinien regiert wurde, herrschten in Nord- und Mittelitalien einheimi-sche Herrscherdynastien unter-schiedlichster Herkunft (S. 195).

Die Mailänder Sforza, die von Armeeführern (Condottieri) ab-stammten, wurden von Franz I. von Frankreich nach seinem Sieg bei Marignano 1515 abgesetzt. Doch unterlag dieser 1525 bei ❶ Pavia dem Habsburgerkaiser Karl V., der Mailand endgültig 1535 als Reichslehen einzog.

Wechselvoll verlief die Ge-schichte der Medici in ❸ Florenz, die zu inoffiziellen Herrschern der Stadt aufstiegen und sich be-sonders als Förderer von Künst-lern hervortaten. So holte Cosi-mo der Alte im 15. Jh. den Bild-hauer Donatello an seinen Hof; unter seinem Enkel ❷ Lorenzo de' Medici, genannt „Il Magnifico" („der Prächtige"), wirkten Michel-angelo und Botticelli in Florenz. Nach Lorenzos Tod wurde die Familie jedoch 1494 von dem Mönch ❹ Savonarola vertrie-ben, der eine Art Gottesstaat errichte-te. Erst 1513 konnten die Medici zurückkehren. Nach der Ermor-dung Alessandro de' Medicis, der als Schwiegersohn Karls V. 1532 den Herzogtitel für sein Haus er-langte, kam 1537 mit Cosimo I. ei-

ne Nebenlinie an die Regierung, die seit 1569 als Großherzöge der Toskana zur führenden Macht in Oberitalien wurden. Als die Me-dici 1737 ausstarben, erhielt der spätere Kaiser Franz I. Stephan das Großherzogtum im Tausch gegen Lothringen (S. 281/303). Sein Sohn Peter Leopold, der spä-tere Kaiser Leopold II., machte die Toskana durch um-fangreiche Sozialrefor-men zu einem Muster-staat des aufgeklärten Absolutismus und ei-nem Zentrum der frei-en Wissenschaft.

Die alte Fürstenfami-lie der Este erhielt 1452 vom Kaiser die Reichs-lehen Modena und Reggio und 1471 vom Papst ❺ Ferrara als Herzogtum verliehen. Alfonso I. war mit der Tochter Papst Alexanders VI., Lucrezia Borgia, verheiratet, einer bedeu-tenden Patronin von Künstlern und Wissenschaftlern. Als die Hauptlinie mit Alfonso II. 1597 ausstarb, zog der Papst Ferrara 1598 als päpstliches Lehen ein, doch regierte eine Nebenlinie in Modena bis zur französischen Besetzung 1796.

Die Hauptlinie der Gonzaga regierte in Mantua. Markgraf Giovanni Francesco III. war mit ❻ Isabella d' Este verheiratet, die ihren Hof zu einem bedeutenden Kulturzentrum machte. Ihr Sohn Federico II. erlangte 1530 vom Kaiser den Herzogtitel. Als die Hauptlinie 1627 erlosch, kam es zum „Mantuanischen Erbfolge-

1
Die Schlacht von Pavia in der Lom-bardei (Holzschnitt, um 1530)

krieg" zwischen den Nebenlinien, bis der Kaiser 1708 Mantua als Reichslehen einzog.

❼ Papst Paul III. aus dem Haus Farnese machte seinen illegitimen Sohn Pier Luigi 1545 zum Herzog

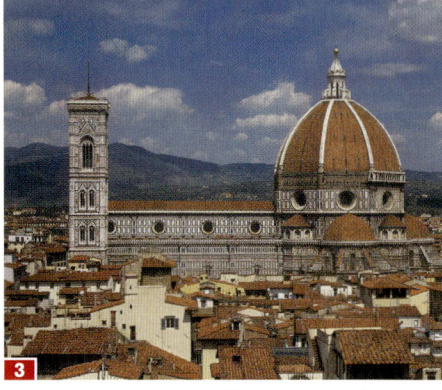

3
Dom von Florenz mit dem Campanile von Giotto, Pisano u. a. und der Kuppel von Brunelleschi

von Parma und Piacenza. Doch der Herzog wurde ermordet und das Land von kaiserlichen Truppen besetzt. Pier Luigis Sohn Ottavio gelang es 1538 durch Heirat mit Margarete, der unehelichen Toch-ter Kaiser Karls V., die Besitzungen

4
Hinrichtung Savonarolas in Florenz (Gemälde, um 1500)

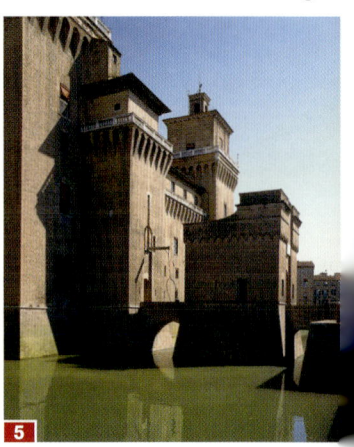

5
Castello Estense in Ferrara

6 Isabella d' Este, Markgräfin von Mantua (Gemälde von Rubens, um 1605/08)

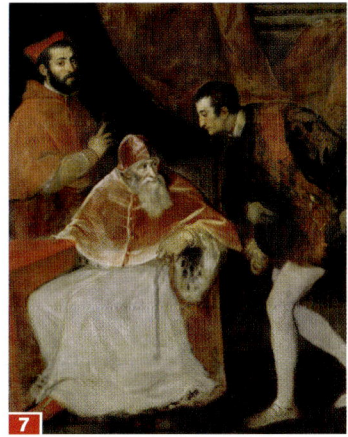

7 Papst Paul III. und sein Enkel Ottavio Farnese (Gemälde von Tizian, 1546)

Niccolò Machiavelli

Niccolò Machiavelli, Diplomat und Regierungsmitglied der Republik Florenz, arbeitete in seinem Hauptwerk „Il Principe" (Der Fürst) von 1513 das Prinzip der Staatsräson als Grundlage der modernen europäischen Staatenwelt heraus: „Der Zweck heiligt die Mittel."

oben: Niccolò Machiavelli (Gemälde, 16. Jh.)

zurückzuerlangen. Sein Sohn Alexander Farnese wurde 1578 Statthalter der Niederlande. Als die Farnese 1731 ausstarben, wurde Parma zunächst von Öster-

8 Andrea Doria als Meeresgott Neptun (Gemälde von Bronzino, um 1530)

reich besetzt, kam jedoch 1748 durch Heirat an die auch in Neapel-Sizilien regierenden spanischen Bourbonen (S. 300).

Eine andere Papstfamilie, die Della Rovere, kamen in den Besitz Urbinos. Hier hatte der Stadtherr und Condottiere Federigo Montefeltro 1474 den Herzogtitel angenommen und eine Dynastie begründet, in die der Neffe bzw. Großneffe der Päpste Julius II. und Sixtus IV., Francesco Maria Della Rovere, 1508 einheiratete. Bis 1631 blieb Urbino selbstständig und fiel dann an den Kirchenstaat zurück.

8 Andrea Doria, der als Admiral für Kaiser Karl V. gegen die Osmanen kämpfte, beendete 1528 die französische Vorherrschaft

über Genua und führte die alte Verfassung der Adelsrepublik mit einem alle zwei Jahre neu zuwählenden Dogen als Staatsoberhaupt wieder ein. Zum Ausgleich für den an Venedig und die Osmanen verlorenen Handel im Mittelmeer stiegen die Genuesen zu den wichtigsten Bankiers der spanischen Krone auf. Anders als Venedig konnte sich Genua so eine führende Position in der Wirtschaft bewahren. Die Republik **10** Venedig verlor bis ins 18. Jh. hinein fast alle seine Besitzungen im östlichen Mittelmeer an die Osmanen. Die Verlagerung des Welthandels in den Atlantik führte zu einem allmählichen Niedergang der Stadt. 1797 eroberten die Franzosen sowohl Venedig als auch Genua und schafften die Herrschaft der Dogen ab.

Die bedeutendste Dynastie in Norditalien waren die Savoyer. Sie regierten im Herzogtum Savoyen und im Fürstentum Piemont mit der Hauptstadt **9** Turin. Abwechselnd verbündeten sie sich mit den Franzosen und den Habsburgern und konnten so ihre Unabhängigkeit bewahren sowie ihr Herrschaftsgebiet weiter ausdehnen. Nach dem Spanischen Erbfolgekrieg erhielten sie die Insel Sardinien und damit die **11** Königswürde. Aus einer Seitenlinie stammte der österreichische Feldherr Prinz Eugen von Savoyen (S. 272). Da in den anderen italienischen Staaten mittlerweile Seitenlinien der Bourbonen bzw. Habsburger regierten, konnten sich im 19. Jh. die Savoyer als „italienische" Dynastie an die Spitze der italienischen Einigungsbewegung stellen.

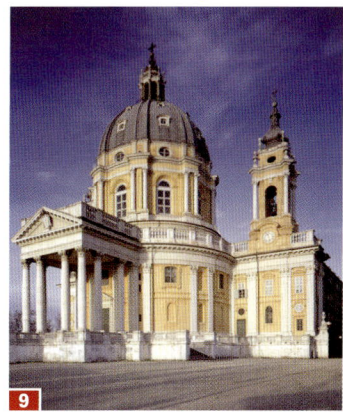

9 „La Superga", die Grabeskirche des Hauses Savoyen in Turin

11 Viktor Amadeus II., Herzog von Savoyen, wird zum König gekrönt (Marmorrelief, 1713)

10 Das Staatsschiff des Dogen von Venedig (Gemälde von Canaletto, um 1750)

1 Landkarte der Iberischen Halbinsel (Gemälde, 1577)

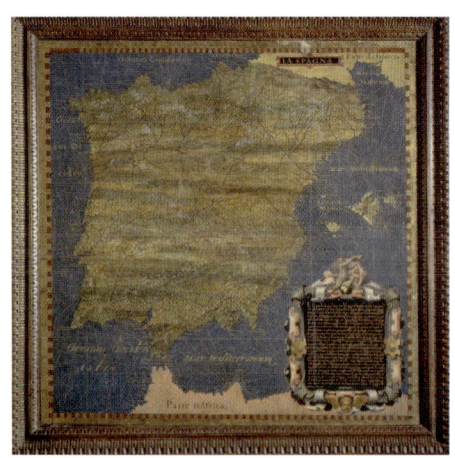

rechts: Philipp II. von Spanien

SPANIEN UND PORTUGAL 1500–1800

Entdeckungsreisen und die Handelsschifffahrt ließen Portugal im 15./16. Jh. und Spanien im 16. Jh. zu den führenden Seemächten Europas aufsteigen. Besonders unter ❷ Philipp II. wurde Spanien zur vorherrschenden katholischen Großmacht Europas. Im 17. Jh. erlebten Portugal und Spanien einen wirtschaftlichen und politischen Niedergang, den die oftmals schwache Zentralgewalt beschleunigte. In beiden Ländern der ❶ Iberischen Halbinsel wurden die notwendigen Reformen nach 1750 im Sinne des aufgeklärten Absolutismus durchgesetzt, doch um 1800 gerieten beide Länder unter den Einfluss Napoleons.

■ Spanien von den Katholischen Königen bis zu Philipp II.

Die Vereinigung der Reiche von Kastilien und Aragon führte zum Aufstieg Spaniens, das unter Kaiser Karl V. und besonders unter seinem Sohn Philipp II., der 1580 auch noch Portugal annektierte, zur führenden katholischen Großmacht Europas wurde.

Mit der Ehe der „Katholischen Könige" ❹ Isabella I. von Kastilien und ❺ Ferdinand II. von Aragon wurde Spanien 1469 vereinigt. 1492 ❸ vertrieben sie den letzten muslimischen Herrscher aus Granada und vollendeten anschließend die Reconquista durch Vertreibung oder Zwangstaufe von Juden und Muslimen. Im selben Jahr „entdeckte" ❼ Christoph Kolumbus Amerika und nahm es für Spanien in Besitz. Die Erbtochter des Herrscherpaares, Johanna die Wahnsinnige, heiratete 1496 den Habsburger Philipp den Schönen, den Sohn Kaiser Maximilians. Als Isabella 1504 starb, war Johanna bereits geisteskrank, und so füh-

Der letzte muslimische Herrscher übergibt nach der Kapitulation Granadas den Katholischen Königen die Schlüssel der Stadt (Skulptur, um 1500)

te Philipp der Schöne die Regierungsgeschäfte in Kastilien. Nach dessen Tod 1506 setzte Ferdinand von Aragon seine Herrschaft über ganz Spanien durch.

Erst nach dem Tod Ferdinands 1516 konnte dessen Enkel Karl I., seit 1519 als Karl V. auch deutscher Kaiser, sein Erbe antreten. Gegen dessen niederländische Ratgeber erhoben sich 1520 die spanischen Städte. Die spanische Eroberung der Neuen Welt brachte Goldreserven ins Land, führte aber nicht zur langfristigen Besserung der Staatsfinanzen. Während seiner

häufigen Abwesenheit setzte Karl seine Gemahlin Isabella von Portugal bzw. seinen Sohn Philipp II. als Regenten ein.

Als Karl V. 1556 abdankte, fiel Spanien mit seinen Besitzungen in Übersee, den Niederlanden und Italien seinem Sohn Philipp II. zu. Dieser wurde zur beherrschenden Figur der katholischen Gegenreformation in Europa. Der äußerst pflichtbewusste und arbeitsame Monarch zog in seinem Kloster-

Isabella I., die Katholische (Gemälde, 1500)

Ferdinand II., der Katholische (Gemälde, 1500)

palast ❻ Escorial bei Madrid die gesamte Staatsverwaltung an sich und war entschlossen, der Ausbreitung des Protestantismus nicht nur in seinen eigenen Ländern mit härtesten Maßnahmen zu begegnen. Dies führte nach 1566/67 jedoch zum Abfall der Niederlande (S. 288 f.).

6 El Escorial, Residenz und Grablege der spanischen Könige bei Madrid (seit 1563 errichtet durch Juan Bautista de Toledo und Juan de Herrera)

Kolumbus vor Ferdinand und Isabella (Gemälde von Delacroix, 1839)

■ Höhepunkt und Niedergang der spanischen Macht

Die unter Philipp II. erreichte Weltmachtstellung Spaniens verfiel unter seinen Nachfolgern. Unter den letzten spanischen Habsburgern war das Land praktisch bankrott, und die politische Macht befand sich im Niedergang. Kulturell gesehen erlebte Spanien aber ein „Goldenes Jahrhundert".

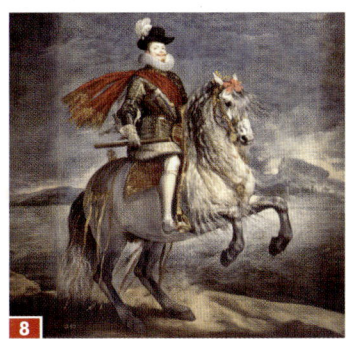

8
Reiterbildnis Philipps III. (Gemälde von Velázquez, um 1634)

Aus einer Position der Stärke griff Philipp II. in Europa ein. Er unterstützte die österreichischen Habsburger gegen die Protestanten, in den französischen Religionskriegen finanzierte er die „Katholi-

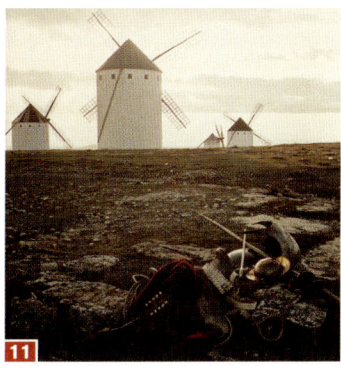

11
Typische Windmühlen in der Mancha, dem Handlungsort von Miguel de Cervantes' Roman „Don Quijote de la Mancha" vom Beginn des 17. Jh.

sche Liga" (S. 277), konnte aber nicht verhindern, dass der zunächst protestantische Heinrich von Navarra 1589 König von Frankreich wurde. 1571 errang eine spanisch-päpstliche Flotte unter Philipps Halbbruder Juan de Austria den ❾ Seesieg von Lepanto über die Osmanen. Doch der Machtkampf gegen das protestantische England führte 1588 zum Untergang der spanischen Armada vor der britischen Küste, womit die Vorherrschaft Spaniens zur See gebrochen war.

1598 folgte auf Philipp II. sein Sohn ❽ Philipp III., der die Regierung seinen Günstlingen überließ. Die zerrütteten Staatsfinanzen belastete der König zusätzlich durch die Finanzierung der katholischen Mächte im Dreißigjährigen Krieg. Die spanische Kunst und ⓫ Literatur stand an seinem ❿ Hof allerdings in hoher Blüte. ⓬ Philipp IV. musste 1627 den Staatsbankrott erklären und nach schweren Niederlage gegen Frankreich im Pyrenäenfrieden 1659 Gebietsverluste hinnehmen. Die ständigen Heiraten zwischen den österreichischen und den

spanischen Habsburgern zeigten deutliche Degenerationserscheinungen: Philipps Sohn ⓭ Karl II. war vermutlich geistig zurückgeblieben. Schon zu Lebzeiten des nach zwei Ehen kinderlosen Königs entbrannte am Hof der Streit um die Nachfolge. Als mit ihm im November 1700 der letzte spanische Habsburger starb, begann der Spanische Erbfolgekrieg.

9
Symbolische Darstellung des Siegs über die Osmanen bei Lepanto: vorne Papst Pius V., Philipp II., der Doge Alvise Mocenigo von Venedig und Don Juan de Austria (Gemälde von El Greco, um 1577)

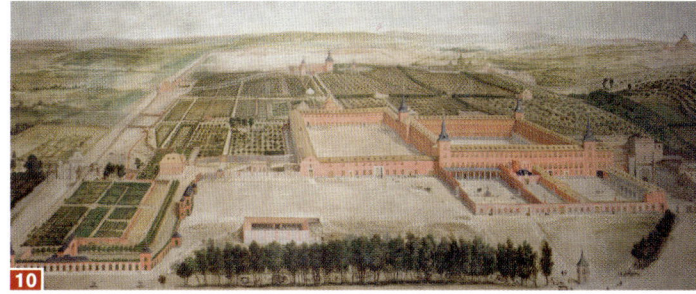

10
Palast und Park Buen Retiro in Madrid (Gemälde, 17. Jh.)

In einem Brief an die spanischen Bischöfe, 1588:

Philipp II. über die Armada

„Wir müssen Gott lobpreisen für alles, was Er wirkt. Und ich danke Ihm für die bezeigte Gnade. In den Stürmen, die die Armada durchsegeln musste, hätte sie ein schlimmeres Geschick erleiden können, und dass ihr Missgeschick nicht größer war, verdanken wir den so fromm und unablässig zum Himmel gesandten Gebeten für ihre erfolgreiche Heimkehr."

oben: Englischer Seesieg über die spanische Armada (Kupferstich, 17. Jh.)

12
Philipp IV. (Gemälde von Velázquez)

13
König Karl II. (Gemälde, 1692)

16.–18. Jh.

Frühe Neuzeit

1588	Niederlage der spanischen Armada	1659	Pyrenäenfrieden	1701–14	Spanischer Erbfolgekrieg
1571	Seeschlacht von Lepanto	1627	Staatsbankrott	1665–1700	Karl II. König von Spanien

Portugal auf seinem Höhepunkt als Seemacht

Seit Ende des 15. Jh. machten Entdeckungs- und Handelsfahrten und eine gezielte Flottenpolitik Portugal zur führenden Seemacht. Mit dem Ende des Hauses Aviz und der Herrschaft der spanischen Habsburger verlor das Land jedoch seine Bedeutung.

1

Vasco da Gama vor einem indischen Herrscher (Holzstich, 19. Jh.)

Portugal widmete sich seit den Tagen Heinrichs des Seefahrers in der ersten Hälfte des 15. Jh. der Umsegelung Afrikas, um einen Seeweg nach Indien zu finden. Johann II., Herrscher seit 1481, begann mit einem systematischen Flottenbauprogramm, ließ ❼ Seekarten erstellen und rüstete Entdecker und Eroberer aus. 1487 drang Bartolomeu Diaz bis zum Kap der

2

Emanuel I., der Glückliche, mit dem hl. Hieronymus im vom König gestifteten Hieronymuskloster von Belém (Skulptur, 16. Jh.)

Guten Hoffnung vor. König ❷ Emanuel I., der Glückliche, stattete 1497 die Expedition ❶ Vasco da Gamas aus, der Afrika umsegelte und im Mai 1498 die Küste Indiens erreichte. Pedro Alvares Cabral nahm 1500 einen Teil Brasiliens für Portugal in Besitz und sicherte – gemäß der päpstlichen Aufteilung der Neuen Welt zwischen Spanien und Portugal im Vertrag von Tordesillas von 1494 – den Einfluss Portugals in Amerika.

Unter Emanuel I., der 1496 die aus Spanien geflohenen Muslime und Juden nach Nordafrika vertrieb, und seinem Sohn Johann III. erreichte Portugal seinen Höhepunkt als Seemacht. Die Portugiesen errichteten Forts und Handelsstützpunkte an der afrikanischen und ❸ indischen Küs-

te, kontrollierten den Gewürzhandel nach Europa und beschafften in Zusammenarbeit mit einigen afrikanischen Herrschern in großer Zahl schwarze Sklaven für den Markt in Europa und Übersee. Die portugiesischen ❻ Karavellen beherrschten die Weltmeere. ❹ Afonso de Albuquerque, seit 1506 Gouverneur der Besitzungen in Asien, sicherte die Vormacht Portugals im Indischen Ozean. Seine Nachfolger eroberten die indonesischen Gewürzinseln der Molukken und gründeten Handelsniederlassungen in China und Japan.

Johanns Enkel ❺ Sebastian, der 1557 seinem Großvater nachfolgte, träumte von einer Wiederbelebung der Kreuzzugsidee und fiel mit einem großen Heer in Nordafrika ein. 1578 wurde er aber vom Sultan von Marokko bei Qasr el-Kebir besiegt. Da seine Leiche nie gefunden wurde, glaubten die Portugiesen lange

3

Barocke Kirche aus der Zeit der Portugiesen im indischen Goa

Zeit an seine siegreiche Wiederkehr, was sich verschiedene Hochstapler zunutze machten. Ihm folgte als König sein Großonkel Heinrich, Kardinalerzbischof von Lissabon, der bereits für den jungen Sebastian die Regentschaft geführt hatte. Mit Heinrich, der ein ungeheures Lösegeld für die Überlebenden in Nordafrika zahlen musste, starb 1580 das Königshaus der Aviz aus.

5

König Sebastian von Portugal (Gemälde, 1571)

4 Afonso de Albuquerque

6

Portugiesisches Segelschiff (Buchmalerei, 16. Jh.)

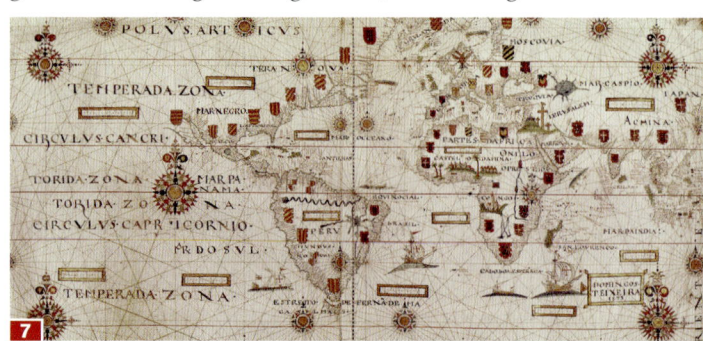

7

Portugiesische Seekarte (1573)

1385–1580	Haus Aviz	1494	Vertrag von Tordesillas	1500	Portugal besetzt Teile Brasiliens	1578	Schlacht bei Qasr el-Kebir
1487	Umsegelung des Kaps der Guten Hoffnung	1498	Entdeckung des Seewegs nach Indien			1580–1640	Spanische Herrschaft

Portugal bis zur Besetzung durch Napoleon

Weder unter den spanischen Habsburgern noch unter der einheimischen Dynastie der Bragança erlangte Portugal seine alte Bedeutung als Seemacht zurück. Nach einer Reformperiode unter Pombal wurde das Land 1807 von Napoleon besetzt.

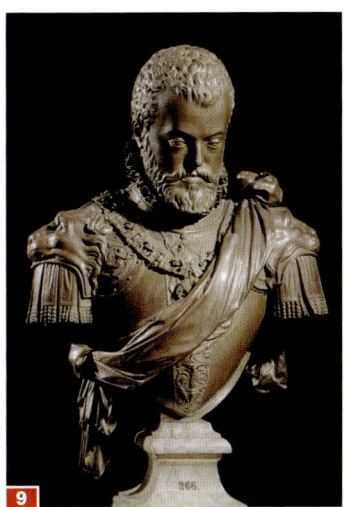

9 Philipp II., König von Spanien und Portugal (Bronzeplastik, um 1570)

10 Repräsentatives Landgut in Villa Real im Norden Portugals (erbaut im 18. Jh. im Stil des portugiesischen Rokoko)

11 Verbrennung von Ketzern im Zentrum von Lissabon (Kupferstich, 1723)

Seit jeher hatten Portugals Könige Ehebündnisse mit spanischen Dynastien geschlossen. 1580 besetzte deshalb **9** Philipp II. von Spanien, ein Onkel Sebastians, als rechtmäßiger Erbe das Land und gliederte es seinem Weltreich ein. Durch die Schwäche der spanischen Habsburger nach 1598 verlor auch Portugal an Bedeutung. Im Indischen Ozean übernahmen die Niederländer die Führung und eroberten 1663 die Molukken.

Ein von England gegen Spanien unterstützter **8** Aufstand brachte 1640 mit Johann IV. die Dynastie der Bragança an die Macht, eine Nebenlinie des alten Königshauses Aviz. 1654 gelang es, die Niederländer aus Brasilien zu vertreiben und das Land endgültig als Kolonie für Portugal zu sichern.

Im 18. Jh. strömten durch Gold- und Diamantenfunde in Brasilien große Reichtümer in das Land, die jedoch nicht sinnvoll investiert wurden, sondern v. a. den **10** luxuriösen Lebensstil der Oberschicht finanzierten. Gleichzeitig verfolgte die **11** Inquisition politisch und religiös Andersdenkende. Eine Wende trat mit dem 1750 auf den Thron gelangenden Joseph I. ein, der dem aufgeklärten Absolutismus anhing. Das verheerende Erdbeben von Lissabon nutzte ab 1756 der leitende Minister Pombal zu einer radikalen Neuordnung der Politik: Er ließ **12** Lissabon planvoll wiederaufbauen, verbesserte die Infrastruktur, förderte die Wirtschaft und reformierte die Universitäten. 1761/63 verbot er die Sklaverei in Portugal und wies 1759/60 die

Jesuiten aus. Durch Druck auf den Papst war Portugal dann maßgeblich an der Aufhebung des Ordens 1773 beteiligt. Pombal setzte den aufgeklärten Absolutismus mit fast diktatorischen Mitteln durch und verschaffte sich dadurch viele Feinde. Der Tod Josephs I. 1777 bedeutete dann auch den Sturz Pombals, denn die Tochter und Nachfolgerin von Joseph, Maria I., stand stark unter dem Einfluss der Kirche.

Da sich Portugal seit der Loslösung von Spanien eng an England bzw. Großbritannien anlehnte, besetzte Napoleon 1807 das Land und vertrieb den seit 1792 als Regent für seine Mutter amtierenden Johann VI. mit seinem Hof nach Brasilien.

8 Volksaufstand in Lissabon gegen die Spanier (Radierung, 18. Jh.)

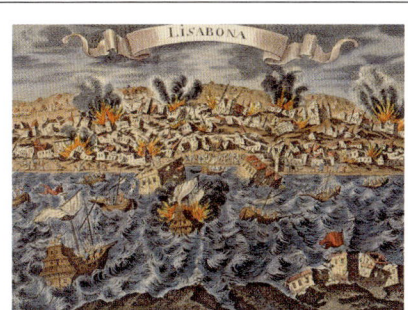

Das Erdbeben von Lissabon

Am 1. 11. 1755 zerstörte ein gewaltiges Erdbeben mit anschließender Flutwelle die Stadt Lissabon und kostete etwa 60 000 Menschen das Leben. Das Ereignis wurde zu einem viel diskutierten Thema der Aufklärung in Europa. Der Optimismus der Aufklärer war stark erschüttert und Voltaire schrieb 1756 ein spöttisches Gedicht mit dem Titel: „Gedicht über die Katastrophe von Lissabon oder Prüfung jenes Grundsatzes: Alles ist gut".

oben: Erdbeben in Lissabon (Flugblatt, 18. Jh.)

12 Ansicht des Hafens von Lissabon mit der zentralen, nach dem Erdbeben von 1755 neu errichteten Praça do Comércio (Gemälde, um 1800)

16.–18. Jh.

Frühe Neuzeit

1640	Volksaufstand gegen Spanier	1. 11. 1755	Erdbeben von Lissabon	1759/60	Ausweisung der Jesuiten	1807	Franzosen besetzen Portugal
1640–1853	Haus Bragança	1756–77	Marquês de Pombal leitender Minister	1761/63	Verbot der Sklaverei in Portugal		

Spanien unter den ersten Bourbonen

Mit der neuen Dynastie der Bourbonen geriet Spanien ab 1700 zunächst unter den Einfluss Frankreichs. Während der Herrschaft kranker Könige erlebte es eine Zeit des Niedergangs.

1700 hatte der letzte Habsburger, Karl II., den spanischen Thron testamentarisch seinem Großneffen ❷ Herzog Philipp von Anjou vermacht, einem Enkel Ludwigs XIV. von Frankreich. Gegen ihn erhoben die österreichischen Habsburger Ansprüche auf den Thron. Sie wurden v. a. von den Briten unterstützt, die ein französisches Übergewicht befürchteten. Im ausbrechenden Spanischen Erbfolgekrieg bekämpften sich beide Seiten. Als aber der habsburgische Prätendent Karl (III.) seinem Bruder Joseph I. auch als Kaiser nachfolgte, musste nun ein zu großer Machtzuwachs für die Habsburger verhindert werden. Also kam es zur Teilung des Erbes: Der Enkel Ludwigs XIV. wurde 1713/14 im Frieden von Utrecht und Rastatt als König Philipp V. von Spanien anerkannt, musste aber für sich und seine Nachkommen auf die französische Krone verzichten. Die Habsburger erhielten den spanischen Besitz in den Niederlanden und in Italien.

Der psychisch labile König ❶ Philipp V. stand unter dem Einfluss seiner zweiten Frau ❹ Elisabeth Farnese, Prinzessin von Parma und Piacenza, die für ihre eigenen Söhne Kronen erlangen wollte: So mussten durch militärischen und diplomatischen Druck die Habsburger nach dem Polnischen Thronfolgekrieg 1734/35 auf Neapel-Sizilien verzichten und nach dem Zweiten Schlesischen Krieg 1748 auch auf Parma und Piacenza. Philipps Anfälle von Schwermut steigerten sich bald zu Phasen von geistiger Umnachtung und Verfolgungswahn. Während sich der König auf seine ❸ Schlösser außerhalb Madrids zurückzog, verhinderten Adel und Kirche, die sich bereits unter den letzten Habsburgern auf ihren riesigen Ländereien völlig selbstständig gemacht hatten, jegliche Reformen, sodass unter der einfachen Bevölkerung Armut und Analphabetismus herrschten.

Bei Ferdinand VI., Philipps Sohn, der 1746 dem Vater nachfolgte, steigerte sich die erbliche Schwermut zu einer regelrechten Geisteskrankheit. Da er die meiste Zeit regierungsunfähig war, herrschte für ihn der leitende Minister, der Marquis de Ensenada, der die Finanzen reformierte, Spaniens Politik von der Frankreichs unabhängig machte und auch die ersten Maßnahmen der Aufklärung einführte

König Ludwig XIV. proklamiert Herzog Philipp von Anjou zum König von Spanien (Farblithografie, um 1900)

Philipp V. (Gemälde von Rigaud, 18. Jh.)

Gartenanlage der Sommerresidenz von La Granja de San Ildefonso

Farinelli

Seit 1737 wirkte am spanischen Hof der italienische Soprankastrat Farinelli. Er wurde als Carlo Broschi 1782 in Italien geboren, trat 1720 das erste Mal öffentlich auf und wurde bald zum gefeierten Star der Opernbühnen Europas. Unter den Königen Philipp V. und Ferdinand VI. sang er zunächst für einen kleinen erlauchten Kreis – es heißt, er sei der Einzige gewesen, der den depressiven Philipp erfreuen konnte –, stieg dann aber zum „Maître de Plaisir" und geschätzten politischen Berater auf.

Carlo Broschi, genannt Farinelli (Gemälde, 18. Jh.)

Philipp V. und Elisabeth Farnese (Mitte) im Kreise ihrer Familie (Gemälde von Van Loo, 1743)

Spanien unter Karl III. und Karl IV.

Karl III. setzte Reformen im Sinne des aufgeklärten Absolutismus durch. Unter seinem Sohn Karl IV. führte der leitende Minister Godoy das Land an die Seite der Französischen Republik.

Ein Umschwung der Verhältnisse trat 1759 ein, als auf Ferdinand VI. sein Halbbruder ❺ Karl III. folgte. Karl hatte bereits als König von Neapel-Sizilien seit 1735 mit Hilfe des leitenden Ministers Tanucci Reformen in der Wirtschaft und Sozialversorgung unternommen. Der zielstrebige und fleißige König regierte nun auch Spanien im Sinne des aufgeklärten Absolutis-mus. Er verbesserte die Schul- und Volksbildung und begann mit umfangreichen Siedlungspro-grammen, um die in den letzten Jahrhunderten veröd eten ländli-chen Gebiete neu zu beleben, wo-bei er den Bauern moderne Tech-niken und neue Pflanzensorten verordnete. Ein groß angelegtes Bauprogramm beinhaltete neben ❻ Palästen und Jagdschlössern auch Waisenhäuser und Arbeitsanstalten für Landstreicher. Karl III. wagte außer-dem den Machtkampf mit der Kirche: Er ent-zog ihr die Bildungsho-heit und schaffte die ❾ Inquisitionsgerichte ab. 1767 wies er die Je-suiten aus Spanien aus, zog kirchlichen Grund-besitz ein und verteilte ihn an ❼ Bauern. Außenpolitisch schloss Karl 1761 ein Bündnis mit Frankreich und beteiligte sich im Sie-benjährigen Krieg am Kampf gegen das mit Preußen verbündete Großbritannien.

Auf Karl III. folgte 1788 sein Sohn ❽ Karl IV., der schon bald die Regierung seiner energischen Gattin Maria Luisa von Bourbon-Parma und ihrem Liebhaber ❿ Manuel de Godoy überließ, der als leitender Minister ab 1792 die Politik Karls III. fortführte. Nach-dem er zunächst Gegner des revo-lutionären Frankreich gewesen war, schloss er 1796 das Bündnis von San Ildefonso mit der Repu-blik. Spanien musste sich nun am Krieg gegen Großbritannien be-teiligen. 1805 kam es bei Trafalgar zum Sieg der britischen Flotte un-ter Nelson über die Franzosen und Spanier. 1807 versuchte Go-doy noch mit Napoleon die Tei-lung des besetzten Portugasl aus-zuhandeln und für sich selbst den Süden Portugals als Königreich zu gewinnen. 1808 wurde Godoy jedoch durch den Volksaufstand von Aranjuez gestürzt. Um zu verhindern, dass Spanien ins La-ger seiner Feinde überwechselte, zwang Napoleon Karl IV. und sei-nen Sohn, den späteren König Ferdinand VII., zum Thronver-zicht und setzte 1808 seinen eige-nen Bruder Joseph Bonaparte zum König ein.

5 Karl III. (Reiterstandbild, 18. Jh.)

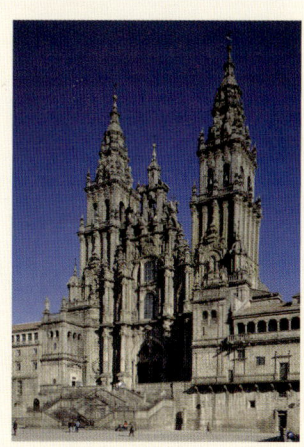
Karl III. über den
Klerus
„Die Bischöfe haben nichts zu verschenken; alles, was sie be-sitzen, gehört den Armen; mö-gen sie es also verkaufen und als Almosen verteilen!"

oben: Kathedrale von Santiago de Compostela (Ansicht der Westfassade, erbaut im 18. Jh.)

6 Königliches Schloss von Madrid, nach Entwürfen von Juvara begonnen unter Philipp V. und vollendet unter Karl III. (Foto, um 1890)

7 Bauern beim Stierkampf in einem spanischen Dorf (Gemälde von Goya, um 1812/19)

8 Karl IV. und Maria Luisa mit ihrer Familie, links der spätere Ferdinand VII. (Gemälde von Goya, 1800)

9 Ein von der Inquisition Verurteilter wird öffentlich verspottet (Gemälde, 19. Jh.)

10 Manuel de Godoy, 1795 zum Príncipe de la Paz erhoben, bei einem Feldzug gegen Portugal (Gemälde von Goya, 1801)

16.–18. Jh. · Frühe Neuzeit

16.–18. Jh.

Frühe Neuzeit

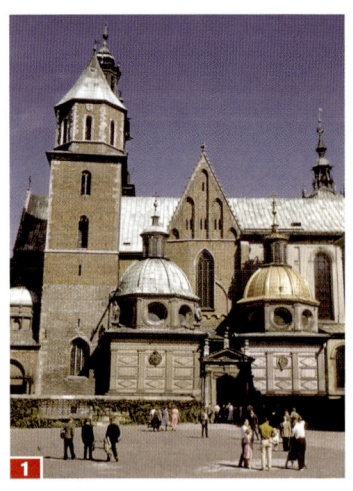

1

Kathedrale von Krakau mit der Sophien- und Kreuzkapelle im Stil der italienischen Renaissance

OSTEUROPA UND SKANDINAVIEN 1500–1800

Polen erlebte durch sein Wahlkönigtum und den nach Unabhängigkeit strebenden Adel eine unruhige Zeit. Ebenso erging es Ungarn und Siebenbürgen, die durch den Machtkampf zwischen Osmanen und Habsburgern beständig erschüttert wurden. In Dänemark und Schweden versuchten die ❷ protestantischen Könige, die Zentralgewalt der Herrscher zu stärken. Unter Gustav II. Adolf stieg Schweden zur europäischen Großmacht auf und baute diese Stellung nach 1648 weiter aus. Nach dem Tod Karls XII. gelang es Russland, die Vorherrschaft Schwedens in Nordosteuropa zu brechen.

2 Dänische Königskrone, die sog. Absolute Krone (gefertigt 1665/70)

3 Polnische Reichsversammlung zur Königswahl auf einem Feld bei Warschau (Kupferstich, 17. Jh.)

■ Polen und Ungarn im 16. und 17. Jahrhundert

Das Wahlrecht des Adels und Auseinandersetzungen mit den Nachbarn schwächten das polnische Königtum. Ungarn geriet unter die Vorherrschaft der Osmanen und Habsburger.

In Polen war die Stellung des Königs durch die ❸ Wahlmonarchie schwach, der Adel hielt die Bauern in Erbuntertänigkeit und erweiterte im Reichstag stetig seine Privilegien. Sigismund I. aus dem Haus der Jagiellonen, König seit 1506, war ein Förderer der ❶ Renaissance und des Humanismus und beendete 1515 die Konflikte mit den Habsburgern und 1525 mit dem Deutschen Orden um Preußen. Sigismund II. August, sein Sohn, vereinigte in der ❼ „Lubliner Union" 1569 die von seiner Familie regierten Länder Litauen und Polen. Nach dem Aussterben der Jagiellonen erzwang der Adel 1572 bei der Wahl Heinrichs von Valois, später als Heinrich III. König von Frankreich (S. 277), Religionsfreiheit und Widerstandsrecht. 1587 gelangte mit ❻ Sigismund III. eine Linie des schwedischen Königshauses Wasa an die Macht. Wladislaw IV. drang weit auf russisches Gebiet vor, doch sein Bruder ❹ Johann II. Kasimir musste sich gegen Aufstände des von Russland und den polnischen Bauern unterstützten Kosakenführers Chmelnizkij behaupten, der einen eigenen Staat in der Ukraine gründete und sich 1654 dem Zaren unterstellte. Als die Ukraine endgültig an Russland fiel, dankte der König ab.

Eine Nebenlinie der Jagiellonen herrschte seit dem 15. Jh. in Böhmen und Ungarn. Im Pakt mit den Habsburgern kam es 1515 zur ❺ Doppelhochzeit der Kinder König Wladislaws II., Ludwig und Anna, mit den Enkeln Kaiser Maximilians I., Ferdinand und Maria. Als der junge König Ludwig II. in der Schlacht von Mohács 1526 gegen die Osmanen fiel, beanspruchte sein Schwager Ferdinand I. Böhmen und Ungarn. Doch nur in Böhmen konnte er sich durchsetzen. Ungarn wurde für anderthalb Jahrhunderte zum großen Teil von den Osmanen besetzt, die eigene Könige unterstützten.

4 Johann II. Kasimir (18. Jh.)

5 Doppelhochzeit zwischen Habsburgern und Jagiellonen im Jahre 1515

6 Sigismund III. Wasa, König von Polen, Großfürst von Litauen und König von Schweden (Gemälde, um 1590/1600)

7

Union von Polen und Litauen auf dem Reichstag von Lublin 1569 (Holzstich, 1863)

seit 1386 | Herrschaft der Jagiellonen in Böhmen und Ungarn   1541 | Türkisches Ungarn wird osmanische Provinz   1701 | Nordischer Krieg

1526 | Schlacht von Mohács   1569 | Lubliner Union   1572 | Religionsfreiheit in Polen

■ Polen und Ungarn bis ins 18. Jahrhundert

Auch in Ungarn und im benachbarten Siebenbürgen tobte der Machtkampf zwischen Osmanen und Habsburgern. Polen kämpfte zunächst im Nordischen Krieg gegen Schweden, geriet dann unter den Einfluss Russlands und verlor schließlich durch drei Teilungen seine Staatlichkeit.

Der Kampf um Ungarn und Siebenbürgen beanspruchte die Kräfte der Habsburger im Osten. Angefangen mit Johann Zápolya, seit 1511 Woiwode von Siebenbürgen und seit 1526 König im östlichen Ungarn, unterstützten die Osmanen über Jahrhunderte einheimische Adlige gegen die Habsburger. Der protestantische Gabriel Bethlen etwa, 1613 Fürst von Siebenbürgen und 1620 König von Ungarn, drang bis nach Böhmen und Österreich vor. Erst durch die Siege des Prinzen Eugen von Savoyen konnten die Habsburger nach 1697 ihre Macht auf ganz Ungarn ausdehnen. Zuletzt führte 1704 ❽ Franz II. Rákóczi, Fürst von Siebenbürgen von Ungarn, noch einmal einen Aufstand gegen die Habsburger an, musste aber 1711 auf alle Titel verzichten. Trotzdem blieb das auf seine Eigenständigkeit beharrende Ungarn ein ständiger Konfliktherd bis zum Ende der Habsburgermonarchie.

Der 1674 zum König von Polen gewählte ❾ Johann III. Sobieski half 1683 mit seinen Truppen bei

9 Johann III. Sobieski mit gefangenen Osmanen (Radierung, 18. Jh.)

der Verteidigung Wiens gegen die Osmanen. Sein Versuch, ein Erbkönigtum einzurichten, scheiterte jedoch am Widerstand des Adels. Stattdessen wurde 1697 der sächsische Kurfürst ❿ Friedrich August der Starke als August II. zum König gewählt (S. 270). Dieser wurde 1701 von Karl XII. von Schweden im Nordischen Krieg (S. 305) aus Polen vertrieben, konnte aber nach dessen Niederlage bei Poltawa 1709 auf den polnischen Thron zurückkehren. Bei

Augusts Tod 1733 wählte der polnische Adel ⓫ Stanislaus I. Leszczynski, den Schwiegervater Ludwigs XV. von Frankreich, der bereits 1704–1709 von Karl XII. als König eingesetzt worden war. Doch Russland und Österreich, die um ihren Einfluss fürchteten, erzwangen 1733/34 die Wahl Augusts III., Sohn Augusts des Starken. Der nun ausbrechende „Polnische Thronfolgekrieg" endete mit einem europaweiten Ländertausch: Stanislaus I. Leszczynski erhielt als Abfindung Lothringen (S. 281), Franz Stephan von Lothringen die Toskana (S. 294). August III. regierte weiter in Sachsen und Polen. Nach seinem Tod brachte Zarin Katharina II. 1764 ihren Günstling ⓬ Stanislaus II. Poniatowski auf den Thron. Der reformwillige König stand unter dem Einfluss Russlands. Dagegen erhob sich die nationalpolnische „Konföderation von Bar", zu deren Unterstützung die Osmanen einen Krieg mit Russland begannen. Nach ihrem Sieg führte die Zarin 1772 die ⓭ erste Teilung Polens durch, bei der Russland,

Franz II. Rákóczi (Gemälde, um 1700)

10 Stanislaus I. Leszczynski (Stahlstich, 18. Jh.)

Österreich und Preußen große Gebiete an sich brachten. In zwei weiteren Teilungen 1793 und 1795 wurde Polen dann restlos aufgeteilt. König Stanislaus II. trat zurück und das alte polnische Reich hörte auf zu existieren.

16.–18. Jh.

Frühe Neuzeit

11 Karl XII. von Schweden trifft auf seinen Kriegsgegner August den Starken von Sachsen und Polen (Holzstich, um 1860)

12 Stanislaus II. August Poniatowski (Kupferstich, 19. Jh.)

13 Symbolische Darstellung der ersten Teilung Polens mit (v. li.) Katharina II. von Russland, Stanislaus II. August von Polen, Joseph II. von Österreich und Friedrich II. von Preußen (Kupferstich von Johann Esaias Nilson, 1773)

1733/34	Polnischer Thronfolgekrieg	1772	Erste polnische Teilung	1795	Dritte polnische Teilung
1709	Schlacht bei Poltawa	1768–76	Konföderation von Bar	1793	Zweite polnische Teilung

Dänemark und Schweden bis zum 18. Jahrhundert

In Dänemark ebenso wie in Schweden führten die Könige die Reformation durch, versuchten sich gegen den Adel zu behaupten und engagierten sich im Dreißigjährigen Krieg. Schweden gehörte zu den großen Gewinnern von 1648.

1 Christian IV. (Gemälde, um 1640)

In Dänemark und Schweden behauptete der Adel traditionell seine politische Mitbestimmung, während die Könige versuchten, ihre Zentralgewalt auszubauen und die Seemacht ihrer Länder zu stärken. ❷ Christian II., seit 1513 König von Dänemark und Norwegen, setzte sich 1520 mit der Massenhinrichtung seiner Gegner im „Stockholmer Blutbad" auch in Schweden durch. Doch

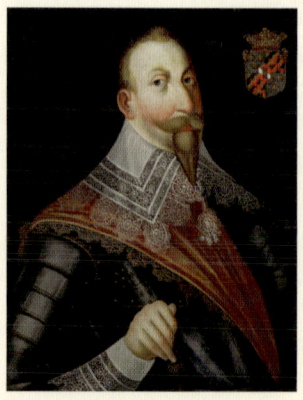

schon 1523 vertrieb ihn der einheimische Adlige Gustav Wasa, der zum neuen König gewählt wurde. ❹ Gustav I. begründete den schwedischen Nationalstaat, führte 1527 die Reformation durch und schuf die Grundlagen für die zukünftige Großmachtstellung seines Landes, die seine Nachfolger in Kriegen und wechselnden Bündnissen gegen Dänemark, Polen und die den Ostseehandel beherrschende Hansestadt Lübeck ausbauten. So erwarb König Gustav II. Adolf 1617 bzw. 1629 Gebiete von Russland und Polen im Baltikum, wodurch Schweden zur Führungsmacht im Norden wurde. 1630 griff er als Führer der Protestanten in den Dreißigjährigen Krieg ein (S. 268). Schwe-

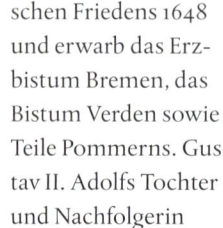

2 Christian II. (Gemälde von Lucas Cranach dem Älteren, um 1523)

den, das 1645 bereits Gebiete von Dänemark erlangte, gehörte zu den Gewinnern des Westfälischen Friedens 1648 und erwarb das Erzbistum Bremen, das Bistum Verden sowie Teile Pommerns. Gustav II. Adolfs Tochter und Nachfolgerin ❸ Christine, für die bis 1644 der Kanzler Axel Oxenstierna regierte, machte ihren Hof zum Zentrum der Gelehrten, dankte jedoch 1654 ab, trat 1655 zum Katholizismus über verstarb 1689 in ❻ Rom. Die Könige aus dem Hause Pfalz-Zweibrücken, die Schweden 1654 von den Wasa erbten, bauten die Vormacht des Landes weiter aus.

Auch die dänischen Könige versuchten, sich gegen den Adel durchzusetzen, unterstellten die Kirchen direkt dem Staatsoberhaupt und führten 1536 die Reformation n Dänemark und Norwegen durch. ❶ Christian IV. zen-

3 Christine von Schweden (Gemälde, um 1652/54)

Gedicht Gustav II. Adolfs, 1616:

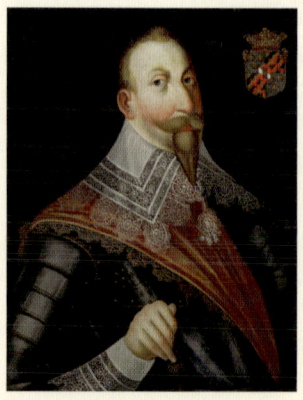

„Dereinst belohnt die Tugend dich, Wenn du zu Staub geworden, Mit hohem Ruhme ewiglich, Wie dir verheißen worden."

Gustav II. Adolf (Gemälde, 17. Jh.)

tralisierte die Staatsverwaltung und beteiligte sich seit 1625 am Dreißigjährigen Krieg (S. 267). 1645 musste er im Frieden von Brömsebro die Vorherrschaft Schwedens im Ostseeraum anerkennen. Sein Sohn ❺ Friedrich III. brach 1660 im Bündnis mit Bürgertum und Geistlichkeit die Macht des Adels, führte das Erbkönigtum ein und setzte im sog. Königsgesetz von 1665 den Absolutismus durch.

4 Gustav I. Wasa (Gemälde, 19. Jh.)

5 Friedrich III. (Gemälde, um 1648)

6 Fest zum Empfang von Christine von Schweden in Rom (Gemälde, nach 1656)

| 1520 | Stockholmer Blutbad | 1527 | Einführung der Reformation in Schweden | 1645 | Frieden von Brömsebro |
| 1523 | Königswahl von Gustav I. Wasa | 1536 | Einführung der Reformation in Dänemark | 1654 | Angriff Schwedens auf Polen |

Frühe Neuzeit — 16.–18. Jh.

Nordeuropa im 18. Jahrhundert

Karl XII. machte Schweden noch einmal zur Vormacht im Nordosten Europas, doch mit seinem Tod ging das Erreichte wieder verloren. Der aufgeklärte Absolutismus setzte sich in Dänemark und Schweden nur zögerlich durch.

❼ Karl X. Gustav aus dem Haus Pfalz-Zweibrücken, der 1654 als Vetter Christines von Wasa den schwedischen Thron erbte, erweiterte den schwedischen Besitz in Kriegen gegen Polen und Dänemark, das im Frieden von Roskilde 1658 ganz Südschweden mit Schonen und Halland abtreten musste. Sein Sohn ❽ Karl XI. verlor zwar Vorpommern an Brandenburg (S. 274), brach aber endgültig die Macht des schwedischen Adels durch Einziehung der Krongüter und setzte den Absolutismus durch. Gegen seinen Sohn Karl XII., der ihm 1697 nachfolgte, verbündeten sich Dänemark, Russland und Polen, um Schweden die erworbenen Gebiete wieder abzujagen, doch der jugendliche König fiel seinerseits in Dänemark ein, das er zum Frieden zwang, und schlug 1700 an der Spitze seiner Truppen die Russen bei ⓫ Narva. 1701 vertrieb er August den Starken von Sachsen und Polen aus Livland, 1702 auch aus Polen und fiel 1706 in Sachsen ein. 1709 erlitt er aber eine vernichtende Niederlage gegen Zar Peter den Großen, musste in die Türkei fliehen und fiel im Dezember 1718 in Norwegen. Erst 1721 endete der 1700 begonnene Nordische Krieg mit dem Frieden von Nystad: Schweden musste seine Besitzungen im Baltikum und in Südwestfinnland an Russland abtreten, womit die Vorherrschaft im Norden gebrochen war. Im Innern führte die durch Heirat und Erbfall folgende Herrschaft der deutschen Häuser Hessen-Kassel und Holstein-Gottorp zu einer Schwächung der Königsmacht in Schweden. Durch einen Staatsstreich stellte ⓬ Gustav III. 1772 die absolute Königsgewalt wieder her und beseitigte 1789 die Adelsprivilegien. Er stand einem glänzenden Hof vor und gründete 1786 die Schwedische Akademie der Wissenschaften, wurde 1792 aber durch eine Adelsverschwörung auf einem Maskenball ermordet. Sein Sohn Gustav IV. Adolf kämpfte erfolglos gegen Napoleon und wurde 1809 durch eine Offiziersverschwörung gestürzt. Der starre Absolutismus in Dänemark verhinderte notwendige Reformen. Der führende Minister Johann Graf von Bernstorff versuchte im Geiste des aufgeklärten Absolutismus zu regieren. 1771 griff der Leibarzt des geisteskranken Königs ❿ Christian VII. und Geliebter der Königin Caroline Mathilde, ❾ Johann Friedrich von Struensee, mit radikalen Reformen wie der Abschaffung von Folter und Zensur in die Politik ein, wurde jedoch Anfang 1772 gestürzt und hingerichtet.

8 Denkmal Karls XI. im schwedischen Karlskrona (19. Jh.)

Karl X. Gustav (Gemälde, um 1652/53)

9 Struensee wird zu seiner Hinrichtung abgeführt (Federlithografie, 19. Jh.)

10 Christian VII. (Kupferstich, 18. Jh.)

11 König Karl XII. von Schweden erobert 1700 die russische Festung Narva (Kupferstich, um 1700)

12 Ermordung Gustavs III. im Stockholmer Opernhaus (Holzstich, 19. Jh.)

16.–18. Jh.

Frühe Neuzeit

658	Frieden von Roskilde	1700	Schlacht bei Narva	1772	Staatsstreich von Gustav III. Wasa
1665	Königsgesetz in Dänemark	1721	Frieden von Nystad	1809	Sturz von Gustav IV. Adolf

RUSSLANDS AUFSTIEG ZUR GROSSMACHT

1613–1801

Das Haus Romanow stabilisierte nach 1613 die politischen Verhältnisse in Russland. Gestützt auf eine absolute Herrschermacht, konnte Zar Peter der Große eine rücksichtslose und umfassende ❶ Modernisierung des Reiches auf allen Gebieten in Angriff nehmen. Seine Nachfolger knüpften daran an und betrieben besonders unter Katharina der Großen eine aggressive Expansionspolitik Russlands v. a. gegenüber Polen und dem Osmanischen Reich.

Karikatur auf die Reformen Peters des Großen: Einem „Reaktionär" wird der Bart abgeschnitten (Holzschnitt, um 1700)

◼ Russland unter den ersten Romanows

Die Romanows stellten die Autokratie der Zaren wieder her und begannen im 17. Jh., die an Polen und Schweden verlorenen Gebiete zurückzuerobern.

Die Wahl ❷ Michail Romanows zum russischen Zaren 1613 beendete die Zeit der Wirren (Smuta) (S. 209). Hinter seiner Wahl stand sein Vater Filaret, der orthodoxe Patriarch von Moskau. Der neue Zar schloss 1617/18 Frieden mit Schweden und Polen, wodurch Nowgorod wieder zum Zarenreich kam. Michails Sohn ❸ Aleksej beschnitt die Rechte des Adels und der Kirche. Durch Gesetze wurde endgültig die Leibeigenschaft der Bauern festgelegt. Durch Unterstützung des Kosakenführer Chmelnizkij (S. 302)

gewann Russland 1654/67 Teile der Ukraine mit der alten russischen Hauptstadt Kiew von Polen zurück. Im Süden der Ukraine

Die Wahl Michail Romanows durch den Rat zum Zaren (Aquarell, 1880)

❸ Aleksej Michailowitsch und seine zweite Frau Natalia Naryschkina (Medaille anlässlich der Geburt ihres Sohnes Peter, 1672)

kam es zu ersten Konflikten mit den Osmanen und den Khanen der Krim.

Nach Aleksejs Tod 1676 kämpften seine Kinder aus zwei Ehen um die Nachfolge. Zunächst führte die Tochter Sophia für ihren schwachsinnigen Bruder Iwan V. und ihren minderjährigen Halbbruder ❺ Peter I. die Regentschaft. Sie schloss 1686 ein Bündnis mit Polen und trat der „Heiligen Liga" gegen die Osmanen bei. Sophia gewöhnte sich so sehr ans Herrschen, dass sie, als Peter seine Volljährigkeit erreichte, nicht zurücktreten wollte, sondern versuchte, sich ihres Halbbruders zu entledigen.

Der kam ihr jedoch zuvor und riss 1689 in einem Staatsstreich die Regierung an sich. ❹ Sophia wurde in ein Kloster verbannt. 1698 ließ Peter, der nach dem Tod seines Halbbruders Iwan V. 1696 zum Alleinherrscher geworden war, einen Militärputsch der Gardeeinheit der ❻ Strelitzen, die Sophia unterstützen wollten, blutig niederschlagen.

Sophia Aleksejewna im Kloster (Gemälde von Ilja Repin, 1879)

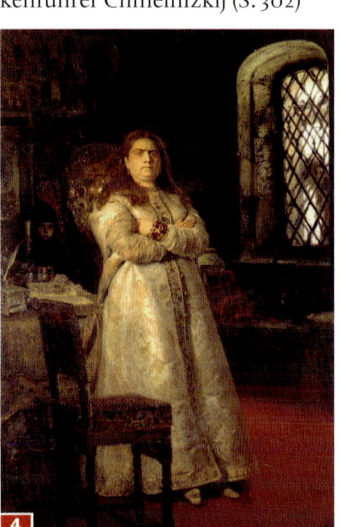

Peter I., der Große (Gemälde von Jean Marc Nattier, 1717)

Nach seiner Rückkehr aus Westeuropa lässt Peter I. die Strelitzen hinrichten (Gemälde, 1879)

Frühe Neuzeit · 16.–18. Jh.

Von Peter dem Großen bis zu Katharina der Großen

Die Reformen Peters des Großen machten Russland zu einer modernen europäischen Großmacht. Auch seine Nachfolger, v. a. Katharina die Große, betrieben die Expansion des Reiches.

Fasziniert von der Kultur Westeuropas begab sich ❿ Peter I., „der Große" genannt, 1697/98 inkognito auf eine Reise nach Preußen, England und in die Niederlande, wo er sich zum Geschützmeister und ❽ Schiffbauingenieur ausbilden ließ. Nach dem Ausbau von Heer und Flotte eroberte er im

Peter I. unterrichtet sich in den Niederlanden im Schiffsbau (Holzstich, 19. Jh.)

❿
Peter I. gründet Sankt Petersburg (Gemälde, 19. Jh.)

⓫
Elisabeth Petrowna (Gemälde, um 1744/51)

Nordischen Krieg schwedische Gebiete im Südwesten Finnlands und im Baltikum, wodurch Russland einen Zugang zur Ostsee gewann (S. 305). Hier gründete Peter 1703 an der Mündung der Newa die neue Hauptstadt ❾ St. Petersburg. Im Innern führte er umfassende Modernisierungen durch:

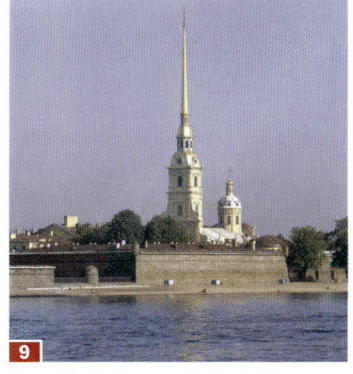

❾
Peter-Pauls-Festung in Sankt Petersburg mit der Kathedrale, der neuen Grablege der Romanows

Die Macht der Kirche brach er durch Auflösung des Patriarchats und Einsetzung eines Kirchenregiments nach lutherischem Vorbild. Wirtschaft und Sozialordnung wurden reformiert durch den Ausbau der Infrastruktur, Anwerbung von ausländischen Fachleuten, Gründungen von Bildungseinrichtungen; der Adel wurde kontrolliert.

　Da er seinen eigenen Sohn hatte ermorden lassen, folgte Peter 1725 seine Witwe Katharina I., die Tochter eines Schankwirts, nach. 1741 gelangte ihre jüngste Tochter ⓫ Elisabeth auf den Thron, die im Bündnis mit Maria Theresia von Österreich Preußen 1756 im Siebenjährigen Krieg bekämpfte. Preußens vollständiger Zusammenbruch stand unmittelbar bevor, als Elisabeth im Januar 1762

starb. Dies allein rettete Friedrich den Großen, denn Elisabeths Nachfolger und Neffe Peter III. war ein Bewunderer des Preußenkönigs und beendete den Krieg sofort. Um Peter zu kontrollieren, hatte Friedrich II. dessen Ehe mit einer preußischen Generalstochter vermittelt. Mit Hilfe eines Militärputsches beseitigte diese ihren unberechenbaren Gemahl und bestieg als ❼ Katharina II. 1762 selbst den Zarenthron.

　Beeinflusst von den Ideen der Aufklärung, unterhielt Katharina II., genannt die Große, zwar Kontakte zu den bedeutendsten Denkern Europas, verschenkte aber auch Tausende von Leibeigenen an ihre zahlreichen Liebhaber. Katharina betrieb eine offen imperialistische Politik und machte Russland endgültig zur Großmacht. Im Russisch-Türkischen Krieg vernichtete Russland 1770 die osmanische Flotte, besetzte den Nordkaukasus und erzwang sich den Zugang zum Schwarzen Meer. In den drei polnischen Teilungen von 1772, 1793 und 1795 (S. 303) schob Russland seine Grenzen weit nach Westen.

⓬
Paul I. (Gemälde, spätes 18. Jh.)

❼
Katharina die Große (Gemälde, 18. Jh)

　Katharinas Sohn ⓬ Paul I. beteiligte sich zunächst seit 1798 am Koalitionskrieg gegen Frankreich, wechselte aber 1800 auf Napoleons Seite. Schließlich fasste er den unrealisierbaren Entschluss, das von den Briten beherrschte Indien zu erobern. 1801 wurde der Zar von Offizieren ermordet.

Fürst Potemkin

Potemkin war ein Günstling und enger politischer Ratgeber von Katharina der Großen. Als fähiger Verwaltungspolitiker betrieb er ehrgeizige Städtebau- und Siedlungsprojekte im Süden Russlands. Dass er dabei der Zarin auf einer Rundreise Erfolge mit dem Aufbau von Fassadenwänden, den sog. Potemkinschen Dörfern, vorgegaukelt habe, ist eine Verleumdung seiner zahlreichen Neider.

oben: Grigorij Fürst Potemkin

DAS OSMANISCHE REICH – GROSSMACHT DES OSTENS UM 1300–1792

Der turkmenische Stammesverband der Osmanen, in Nordwest-Anatolien ansässig, schob sich stetig Richtung Westen vor. Nach der Eroberung Konstantinopels 1453 wurde das Osmanische Reich ab 1516/17 mit der Eroberung des Vorderen Orients und weiter Teile Nordafrikas zu einem Weltreich. Unter Sultanen wie ❶ Süleyman dem Prächtigen wurde die osmanische Präsenz zu einem bestimmenden Faktor europäischer Politik. Nach mehreren Vorstößen gegen Habsburg wurden die Osmanen nach 1697 durch Österreicher und Russen in die Defensive gedrängt. Innenpolitische Reformen kamen nur schleppend in Gang.

Die Tughra (offizielle Unterschrift) Sultan Süleymans des Prächtigen

16.–18. Jh. — *Frühe Neuzeit*

Der Aufstieg der Osmanen

Die frühen Osmanensultane festigten ihre Macht in Anatolien und begannen mit der Eroberung des Balkan. 1453 nahm Mehmed II. Konstantinopel ein und beendete das Byzantinische Reich.

Osman I. mit seinen Befehlshabern (Farblithografie)

❷ Osman I., der Dynastiegründer und Namensgeber der Osmanen, stand seit etwa 1300 einem selbstständigen Stammesverband im Nordwesten Anatoliens vor, dessen Krieger sich dem Glaubenskampf gegen Byzanz verschrie-

ben hatten. Sein Sohn Orhan nahm den Sultanstitel an, machte Bursa zur Residenzstadt und eroberte den Osten Anatoliens. 1354 erlangte er mit Gallipoli an den Dardanellen einen europäischen Stützpunkt, von dem aus die Eroberung des Balkans begann. 1389 schlug Murad I., der die Hauptstadt 1365 in das europäische Adrianopel verlegt hatte, die Serben auf dem Amselfeld (S. 216 f.). Im 14. Jh. wandelte sich die Stammesföderation allmählich zu einem festen Staatsgebilde. Die Sultane rüsteten ihre Armeen auf und schufen eine Elitetruppe, die sich v. a. aus zum Islam konvertierten Balkanchristen zusammensetzte: die gefürchteten ❸ Janitscharen.

Bayazid I., genannt „Yildirim" (Blitz), unterwarf 1393/96 Bulgarien und schlug 1396 bei Nikopolis an der Donau ein Kreuzfahrerheer zurück (S. 205). 1402 erlitt er aber bei Ankara eine vernichtende Niederlage gegen den zentral-

asiatischen Welteroberer Timur Lenk (S. 234). Eine Neuordnung des Staates unterbrach die Expansion, bis Mehmed I. ab 1413 und Murad II. ab 1421 einen Großteil Kleinasiens und des Balkans wieder unter ihre Kontrolle brachten.

❹ Mehmed II., genannt „Fatih" (der Eroberer), gelang schließlich 1453 die

Janitscharensoldat

Einnahme von Konstantinopel, womit er das Byzantinische Reich auslöschte (S. 213). In der neuen Hauptstadt ließ er zahlreiche Kirchen in Moscheen umwandeln, allen voran die ❺ Hagia Sophia, und den Palast von Topkapi errichten, in dem die Sultane fortan bis ins 19. Jh. residierten.

Sultan Mehmed II., der Eroberer

Innenraum der Hagia Sophia (vollendet im 6. Jh.), ab 1453 Moschee

Kritobulos von Imbros in seiner „Geschichte Mehmeds II." von 1466 über

Die Eroberung Konstantinopels:

„Als aber Sultan Mehmed gewahrte, dass die Palisade und der übrige niedergerissene Teil der Mauern (Konstantinopels) von Männern entblößt und ohne Verteidiger waren ... rief er sogleich mit lauter Stimme: ‚Wir haben die Stadt, meine Freunde, wir haben sie schon! ... Nur noch ein wenig Anstrengung, und die Stadt ist erobert. Werdet also nicht schwach, sondern geht guten Mutes ans Werk und erweist Euch als tapfere Männer, und ich werde mit Euch sein!'"

Das osmanische Heerlager vor Konstantinopel

um 1300–1326 | unabhängige Herrschaft Osmans I.   1389 | Schlacht auf dem Amselfeld   1396 | Schlacht von Nikopolis   1451–81 | Herrschaft Mehmeds

1354 | Eroberung von Gallipoli   1393/96 | Eroberung Bulgariens   1402 | Schlacht von Ankara

■ Die Blütezeit des Osmanischen Reiches

Nach Mehmed II. machte v. a. Selim I. das Osmanenreich durch seine Eroberungszüge zur Weltmacht. Unter Süleyman dem Prächtigen stand das Reich politisch und kulturell auf dem Höhepunkt.

Sultan Bayazid II.

Der Architekt Sinan

Sultan Süleyman II., der Prächtige

Mehmed II. sah sich als neuer Welteroberer. Er vermied innere Unruhen, indem er Christen und Juden nach islamischem Recht Kultusfreiheit gegen Entrichtung einer Kopfsteuer gewährte. Er annektierte 1459 Serbien (S. 217), nahm 1461 Trapezunt ein (S. 212), besetzte bis 1462 die letzten christlichen Gebiete auf der Peloponnes, schloss 1466/67 die Eroberung Kleinasiens ab und machte 1475 das Khanat der Krimtataren tributabhängig (S. 207). Damit beherrschten die Osmanen das östliche Mittelmeer sowie das Schwarze Meer. 1480 landete Mehmed II. in Süditalien und war im Begriff, direkt auf Rom vorzustoßen, als er im Mai 1481 starb.

Die Zeit militärischer Inaktivität unter dem frommen Sultan ❻ Bayazid II. beendete im April 1512 der Staatsstreich seines Sohnes. Selim I., der Grausame, der bei seiner Thronbesteigung schriftlich niedergelegt hatte, Herr über die gesamte zivilisierte Welt und Nachfolger Alexanders des Großen werden zu wollen, war der eigentliche Schöpfer des osmanischen Weltreiches: 1514 besiegte er die persischen Safawiden bei ❾ Tschaldiran (S. 312), besetzte Aserbaidschan und Armenien und unterwarf Kurdistan, womit er den Handel nach Persien kontrollierte. Den Hilferuf der ägyptischen Mamluken gegen die Portugiesen nutzte der Sultan 1516 zur Besetzung Syriens und eroberte 1517 Ägypten. Damit hatte er das Gebiet des Osmanischen Reiches verdoppelt. In Kairo setzte er auch den letzten abbasidischen Schattenkalifen ab, nahm selbst den Kalifentitel an und übernahm die Schutzherrschaft über die heiligen Stätten von Mekka und Medina. Um die Macht der Sultane auch im Innern zu festigen und Prätendentenkämpfe zu unterbinden, führte er die Tötung aller Brüder durch einen Sultan bei seinem Machtantritt ein.

Der Sohn Selims I., ❼ Süleyman II., der Prächtige, führte das Osmanische Reich kulturell auf seinen Höhepunkt. Er widmete sich v. a. der Modernisierung der Staatsverwaltung, des Rechts- und des Steuerwesens. Durch seinen genialen Baumeister ❽ Sinan ließ er ❿ prächtige Moscheen errichten. Seine Armeen drangen weiter nach Westen vor. 1521 eroberten sie Belgrad, in der Folgezeit der Hauptstützpunkt auf dem Balkan, und schlugen 1526 die Ungarn vernichtend bei Mohács. 1529 standen die Osmanen erstmals ⓫ vor Wien, mussten sich aber wieder zurückziehen. Das gesamte 16. Jh. war von wechselvollen Kämpfen mit den Safawiden im Osten sowie im Westen mit spanischen und österreichischen Habsburgern um Ungarn, Nordafrika und die Vorherrschaft im Mittelmeer bestimmt.

16.–18. Jh.   Frühe Neuzeit

Schlacht gegen die Perser in der Ebene von Tschaldiran (heutiger Nordwest-Iran) am 23. 8. 1514

Erste Belagerung Wiens durch die Osmanen unter Süleyman II. vom 8. 9. bis 15. 10. 1529

Die Süleymaniye, die Moschee Süleymans des Prächtigen in Istanbul (16. Jh.)

| 1514 | Schlacht von Tschaldiran | 1517 | Eroberung Ägyptens | 1521 | Einnahme Belgrads | 1529 | Erste Belagerung von Wien |
| 453 | Eroberung Konstantinopels | 1516 | Eroberung Syriens | 1520–65 | Herrschaft Süleymans II. | 1526 | Schlacht von Mohács |

Die Zeit der großen Wesire

Die auf Süleyman II. folgenden Sultane waren großteils schwache Herrscher. An ihrer Stelle regierten die Großwesire. 1683 standen die Osmanen noch einmal vor Wien.

2 Die Seeschlacht bei Lepanto am 7. 10. 1571

Mit Selim II. und Murad III. begann ab 1566 bzw. 1574 die Herrschaft eher unbedeutender und an den Staatsgeschäften oft desinteressierter Herrscher, die sich einem Luxusleben hingaben und in Haremsintrigen verstrickten. Die Macht übernahmen Großwesire wie der aus Bosnien stammende Mehmed Sokollu, unter dem es 1571 zur Niederlage gegen eine

4 Der Großwesir Kara Mustafa

christliche Flotte in der Seeschlacht von ❷ Lepanto kam. Trotzdem behielten die Osmanen das 1570/71 den Venezianern entrissene Zypern. Im Krieg gegen Persien (1579–1590) gewannen die Osmanen ❶ Georgien und Aserbaidschan, wurden aber nach 1603 durch den Safawiden-Schah Abbas I., den Großen, aus dem Irak verdrängt.

Aufstände in Anatolien und Kurdistan waren Anzeichen von inneren Auflösungserscheinungen des Reiches. Die Janitscharen waren zu einem mächtigen „Staat im Staate" geworden. 1622 töteten sie Sultan Osman II., der ihre Macht einzudämmen suchte. Sein Bruder Murad IV. schwächte ihren Einfluss vorübergehend, indem er andere Truppenteile begünstigte. Auch konnte er Aufstände der Kurden und der Drusen in Syrien unterdrücken. 1638 gelang Murad IV. außerdem die ❸ Rückeroberung Bagdads von den Safawiden. In einem Friedensvertrag wurde 1639 der bis 1918 gültige Grenzverlauf zu Persien festgelegt.

Im 16. und 17. Jh. hatten auf dem Balkan ein Großteil der Al-

baner und Bosnier und ein Teil der Bulgaren den Islam angenommen. Aus den Reihen der Konvertiten stammte auch die Großwesirsfamilie Köprülü, in deren Händen ab Mitte des 17. Jh. die Regierung lag. Sie sagten der Korruption den Kampf an und stärkten die Zentralgewalt. Es gelang ihnen außerdem, 1669 die Venezianer von Kreta und 1672 die Polen aus Podolien (Südwest-Ukraine) zu vertreiben.

1676 wurde der ehrgeizige ❹ Kara Mustafa Großwesir, der mit seiner Armee 1683 Wien belagerte. Die vereinigten Reichsarmeen und die Polen ❺ besiegten die Osmanen und verdrängten sie anschließend bis 1697 aus ❻ Ungarn. 1687 besetzten die Venezianer Teile Griechenlands mit Athen. Auch eine erneute Herrschaft der Köprülüs konnte die Verluste der Osmanen auf dem Balkan nicht aufhalten.

1 Parade der osmanischen Armee vor den Mauern von Tiflis, Georgien, nach der Räumung der Stadt durch die Perser im August 1578 (Buchmalerei)

3 Die Einnahme von Bagdad durch die Osmanen

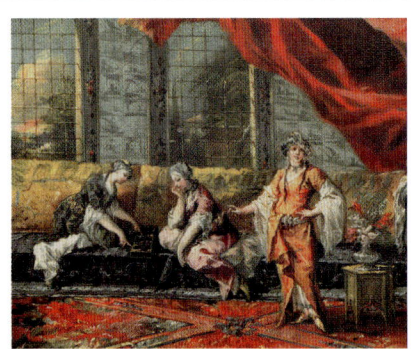

Der Harem

Im Harem lebten relativ abgeschlossen und bewacht von Eunuchen die Frauen des Sultans, seine Kinder und zahllose Dienerinnen. An der Spitze stand die Sultansmutter, mit der die Frauen, die dem Sultan Söhne geboren hatten, um die Macht buhlten. Nachdem man die Praxis des Brudermordes im 17. Jh. aufgegeben hatte, wurden auch erwachsene Brüder eines Sultans zeitlebens im Palast eingesperrt. Hier, im „goldenen Käfig", warteten sie auf ihre Chance, doch noch an die Macht zu gelangen.

oben: Haremsdamen beim Spiel (Gemälde von Francesco Guardi, 18. Jh.)

5 Die Schlacht am Kahlenberg am 12. 9. 1683

6 Kaiserliche Truppen erobern ein Lager der Osmanen

| 1566–79 | Großwesir Mehmed Sokollu | 1571 | Schlacht von Lepanto | 1656–76 | Großwesire Mehmed und Fasil Ahmed Köprülü | 1683 | Belagerung Wiens |
| 1570/71 | Eroberung Zyperns | 1579–90 | Krieg gegen Persien | 1669 | Eroberung Kretas | 1676–83 | Großwesir Kara Mustafa |

Das Reich zwischen Niedergang und Reformen

Durch die Siege des österreichischen Feldherrn Prinz Eugen von Savoyen und durch die Expansionsbestrebungen Russlands geriet das Osmanische Reich in die Defensive. Notwendige innere Reformen kamen erst spät und waren hart umkämpft.

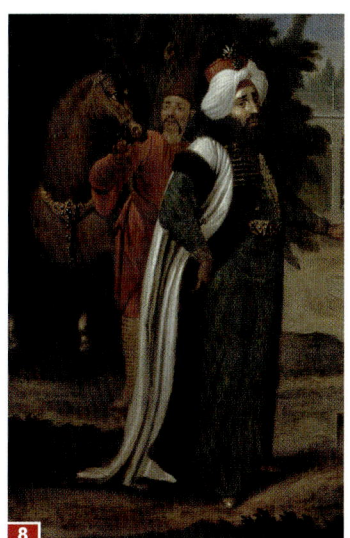

8 Sultan Ahmed III. in einem der Höfe des Topkapi-Palastes (Gemälde, 18. Jh.)

Durch das Heer des österreichischen Feldherrn Prinz Eugen von Savoyen 1697 bei Zenta geschlagen, verlor das Osmanische Reich im Frieden von Karlowitz 1699 u. a. Ungarn und Siebenbürgen an Österreich, Podolien an Polen sowie 1700 Asow an Russland, das damit einen Zugang zum Schwarzen Meer erhielt. Sultan

8 Ahmed III. gewährte Karl XII. von Schweden (S. 305) Asyl, womit er 1710/11 einen Krieg mit Russland provozierte, den die Osmanen aber gewannen. 1717 fiel **7**, **9** Belgrad an die Österreicher, die im Frieden von Passarowitz 1718 auch das Banat und Nordserbien erhielten.

Die militärischen Misserfolge führten 1730 zum Sturz Sultan Ahmeds III. und einer erneuten Herrschaft der Janitscharen, die 1736/39 Nordserbien mit Belgrad zurückgewannen. Während es mit Österreich zu einem militärischen Patt kam, trat nach 1741 Russland mit seinen Expansionsbestrebungen als Hauptfeind des Osmanischen Reiches in den Vordergrund. Im ersten russisch-türkischen Krieg (1768–1774) drangen die Russen in den Kaukasus vor und zerstörten 1770 die osmanische Flotte. 1774/83 ging die Krim an **10** Russland verloren, wodurch die Osmanen erstmals auf von Muslime bewohnte Ge-

biete verzichten mussten. 1784 beanspruchten die Russen das Schutzrecht über die christlichen Fürsten im Kaukasus wie die Könige von Georgien, die sich hier seit dem frühen Mittelalter gehalten hatten und bisher von Osmanen und Persern abhängig waren. 1787–1792 kam es noch einmal zum Krieg gegen Russland, der zu weiteren Gebietsverlusten führte.

7 Osmanen übergeben 1717 Belgrad, davor eine Haubitze (Gemälde, 18. Jh.)

Die Tulpenzeit

Die kurze Epoche von 1718 bis 1730 während der Regierungszeit Sultan Ahmeds III. wird als „Tulpenzeit" bezeichnet. Nach dem Frieden von Passarowitz verstärkte sich das osmanische Interesse an der europäischen, barocken Kultur. Aber auch das Interesse des Westens am Vorderen Orient wuchs. Zum Symbol der Epoche wurde die Tulpe, ein überaus beliebter und wertvoller – die Tulpenzwiebeln wurden mit Gold aufgewogen – Exportartikel aus dem Osmanischen Reich.

In Iznik, Türkei, gefertigte Keramikfliese mit floralen Motiven wie Tulpen, Nelken und Rosetten

---

9 Prinz Eugen in der Schlacht bei Belgrad am 18. 8. 1717 (Gemälde, um 1720)

10 Besuch des russischen Botschafters Fürst Repnin beim Großwesir im Jahre 1775

16.–18. Jh.

Frühe Neuzeit

| 1689–91 | Großwesir Fasil Mustafa Köprülü | 1718 | Frieden von Passarowitz | 1770 | Zerstörung der osmanischen Flotte |
| 1697 | Schlacht bei Zenta | 1699 | Frieden von Karlowitz | 1768–74 | Erster russisch-türkischer Krieg | 1787–92 | Zweiter russisch-türkischer Krieg |

NORDAFRIKA 16.–18. Jh.

Algerien, Tunesien und Libyen waren im 16. Jh. stark umkämpft. Schließlich setzten sich die Osmanen durch, doch die lokalen Eliten erzwangen immer wieder große politische und kulturelle Freiheiten und wurden im 17. Jh. großteils faktisch unabhängig. Marokko musste sich v. a. gegen die Eroberungsversuche der Portugiesen zur Wehr setzen. Unter einheimischen Dynastien kam das Land zu Wohlstand und Stabilität, geriet jedoch wie der gesamte Maghreb um 1800 in das koloniale Interesse Europas.

1 Seekarte des Mittelmeers und Schwarzen Meers (1551)

■ Algerien und Tunesien im 16.–18. Jh.

Der östliche Maghrebraum war zunächst von Spaniern und Osmanen umkämpft. Die Osmanen hielten für lange Zeit ihre Herrschaft, doch erkämpften sich die Länder große Autonomie unter ihrer formellen Oberherrschaft.

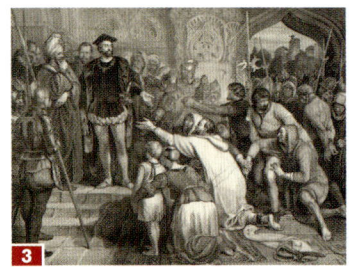

3

Die befreiten Christen in Tunis danken Kaiser Karl V.

Während Syrien-Palästina und Ägypten seit 1517 fest unter Kontrolle der Osmanen standen, waren die Küsten Algeriens, Libyens und Tunesiens im 16. Jh. heiß umkämpft. Spanier und Osmanen konkurrierten um die Macht im ❶ Mittelmeerraum, wobei es sowohl um militärische Vormacht als auch um den Handel ging. Für ständige Unsicherheit sorgten Korsaren, die häufig die Seiten wechselten und v. a. darauf aus waren, Beute zu machen. Am erfolgreichsten waren die Brüder Horudj und ❷ Khair ed-Din Barbarossa. Die Überfälle Khair ed-Dins auf spanische Galeeren provozierten 1535 Kaiser Karl V. zur Besetzung von ❸, ❻ Tunis und Belagerung ❺ Algiers, der wichtigsten Zentren an der nordafrikanischen Küste.

Langfristig waren es jedoch die Osmanen, die die Oberherrschaft über den östlichen Maghreb erlangten: 1521 über die Cyrenaika, 1551 über Tripolitanien (Libyen), 1556 über Algerien und 1574 über Tunesien. Algerien wurde seit 1587 von türkischen Gouverneuren (Paschas) regiert, bis von 1671 bis zur französischen Besetzung 1830 die ansässigen Janitscharen als nur noch formell vom Sultan abhängige Beys das Regiment übernahmen. Auch in Tunesien wurde der osmanische Pascha 1591 zugunsten eines weitgehend autonomen Bey gestürzt. 1640 ergriff Hammuda ibn Murad die Macht und begründete die Dynastie der Muradiden-Beys, die 1702 gestürzt wurde. 1705 installierte Husain ibn Ali die Dynastie der ❹ Husainiden-Beys, die bis zur Ausrufung der Republik 1957 das Land regierte. In Tripolitanien etablierte sich 1711 die bis 1832 herrschende Dynastie der Qaramanli, deren Flotte gefürchtete Freibeuter waren. Ende des 18. Jh. geriet die gesamte Region in den Blick der französischen Kolonialpolitik.

2 Khair ed-Din Barbarossa

4 Mohammed III., Bey von Tunis (1859–82)

5

Ansicht der Stadt Algier von der Seeseite aus

6

Ein Marktplatz in Tunis (Gemälde aus dem 19. Jh.)

Der Kampf um Malta

Nachdem die Türken dem Johanniterorden 1522 seinen Hauptsitz Rhodos entrissen hatten, gab Kaiser Karl V. ihm 1530 die Insel Malta als Lehen. (Seither wurde die Bezeichnung „Malteserorden" üblich.) 1565 versuchte die türkisch-korsarische Flotte unter dem Korsaren Dragut, Malta zu erobern, doch die Johanniter konnten, unterstützt von den Spaniern, die Insel halten. Dragut fiel. Held des Abwehrkampfes war der Ordens-Großmeister Jean Parisot de la Valette.

oben: Belagerung Maltas durch die Türken vom 18. 5.–8. 9. 1565

Marokko unter den Wattasiden und den frühen Alawiten

Die Wattasiden und die ihnen folgenden Dynastien der Sadier und Alawiten verteidigten die Selbstständigkeit Marokkos, das unter Mulai Ismail und seinen Nachfolgern zu Stabilität und Wohlstand gelangte.

Die Provinzhauptstadt Marrakesch liegt in einer großen Dattelpalmenoase

Detail der Sadier-Gräber bei Marrakesch, errichtet unter Sultan Ahmed el Mansur

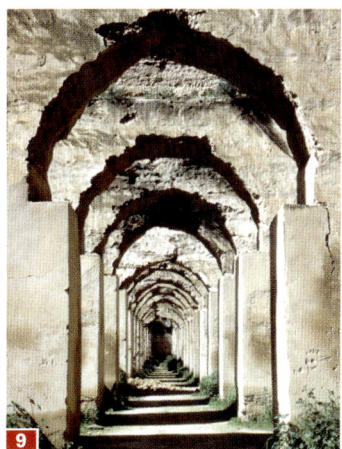

Stallungen des Mulai Ismail in Meknes

🔟 Marokko entzog sich dem Einfluss der Osmanen, musste aber seine Selbstständigkeit gegen Portugal behaupten. Die seit 1472 über Marokko herrschenden Wattasiden verloren weite Küstenregionen und 1504 Agadir an die Portugiesen, die 1515 ❼ Marrakesch belagerten, sowie 1497 Melilla an die Spanier. 1524 erhob sich in Südmarokko die Dynastie der Sadier und setzte 1554 den letzten Wattasidenherrscher ab. Muhammad al-Mahdi, der Begründer der Sadier-Herrschaft, nahm den Sultanstitel an, schloss ein Bündnis mit den Osmanen und erklärte sich zum Nachkommen des Propheten Muhammad (Scherif) und sogar zum Kalifen des Islam. Sein Nachkomme ❽ Ahmed al-Mansur brachte den eingefallenen Portugiesen unter König Sebastian 1578 eine vernichtende Niederlage bei Qasr el-Kebir bei und führte das Land mit einer straffen Verwaltung zu beachtlichem Wohlstand. Durch das System des „Makhzan" band er die Eliten des Landes durch Landvergabe an sich. Seine Söhne teilten das Land in zwei regierende Linien in Fes (bis 1626) und Marrakesch (bis 1659).

Den Sadiern folgte 1666 die bis heute regierende Scherifen-Dynastie der Alawiten. Mulai ar-Rashid, der erste Herrscher, etablierte sich in Fes und eroberte im Bündnis mit den Osmanen 1669 Marrakesch und schließlich ganz Marokko. Sein 1672 folgender Sohn ❾ Mulai Ismail war die bedeutendste Herrscherpersönlichkeit des Maghreb im 18. Jh.: Politisch geschickt, prunkliebend und gewalttätig, brach er den Widerstand lokaler Scheichs und der religiösen Bruderschaften, schuf ein persönliches Elitekorps aus 150 000 schwarzen Sklaven und erbaute die prächtige „Kaiserstadt" Meknes. Mit vielen europäischen Mächten unterhielt er Handelsbeziehungen. Das Erreichte drohte im Bruderkrieg der sieben Söhne Mulai Ismails wieder unterzugehen. Erst sein Enkel Mulai Muhammad stellte die Stabilität durch Reorganisation des Verwaltungssystems und der Finanzen wieder her und förderte die Wirtschaft durch Vergabe von Handelslizenzen v. a. an Frankreich und die jungen USA. Sein Sohn Mulai Sulaiman setzte diese Politik durch Zollerleichterungen für die europäischen Mächte fort. Nach 1810 änderte er seine ursprünglich liberale Religionspolitik, indem er religiöse Bruderschaften verfolgen und lokale Gebräuche unterbinden ließ, was zu Unruhen führte. Um 1800 geriet auch das wohlhabende Marokko ins Blickfeld der kolonialen Interessen Frankreichs und Spaniens.

Marokkanische Landschaft mit Blick auf die Bergkette des Atlasgebirges

| 1574 | Besetzung Tunesiens durch die Osmanen | 1640 | Herrschaft der Muradiden-Beys in Tunesien | 1711 | Dynastie der Qaramanli in Libyen |
| 18. 5.–8. 9. 1565 | Kampf um Malta | 1578 | Schlacht bei Qasr el-Kebir | 1666 | Scherifen-Dynastie in Marokko | 1705 | Dynastie der Husainiden-Beys in Tunesien |

PERSIEN UNTER DEN SAFAWIDEN UND QADSCHAREN UM 1450–UM 1800

Die Herrschaft der schiitischen Safawiden leitete nach 1500 eine religiös und kulturell eigenständige Entwicklung ❶ Persiens ein. Besonders Schah Abbas der Große machte das Land zu einer Großmacht, die in ständiger Konkurrenz zu den Osmanen stand. Nach den Safawiden errichtete Nadir Shah kurzfristig ein Großreich, das jedoch unter seinen Nachfolgern wieder auseinanderbrach. Erst die 1796 an die Macht gelangten Qadscharen vermochten Persien erneut zu einen. Parallel zur iranischen Entwicklung entstand in Zentralasien das Usbekenreich und gelangte unter den Schaibaniden zur Blüte.

1 Landkarte Persiens (Kupferstich, 1681)

2 Seiten aus dem „Shahname" (Königsbuch) von Firdausi (1567)

■ Die Anfänge der Safawiden und die ersten Safawiden-Schahs

Schah Ismail begründete 1501 die safawidische Herrschaft in Persien. Er schuf die Grundlagen für die schiitische Eigenentwicklung des Landes, die seine Nachfolger ausbauten.

Im Machtvakuum der persischen Lokaldynastien, den Erben des Timuridenreiches, etablierte sich der Sufiorden der Safawiya, der Mitte des 15. Jh. zur Zwölferschia übertrat. Die erblichen Ordensscheichs schufen sich unter ihren Anhängern auch eine militärische Basis und konnten so ihre Macht ausbauen. Eigentlicher Dynastiegründer und erster Schah (König) war Ismail I., der bis 1507 den gesamten Iran und den Irak eroberte und die Usbeken nach Osten verdrängte. 1514 erlitt er jedoch bei Tschaldiran eine schwere Niederlage gegen die Osmanen unter Sultan Selim I. (S. 309).

Schah Ismail bemühte sich nun um den inneren Aufbau. Er konzentrierte die religiöse und weltliche Autorität auf seine Person und machte die Zwölferschia zur Staatsreligion, womit er eine fast nationalstaatliche Eigenentwicklung des Iran einleitete. Die stark auf Ismails Charisma beruhende Herrschaft zeigte sich unter seinem 1524 folgenden Sohn Tahmasp I. als wenig gefestigt. Der neue Schah, selbst künstlerisch begabt, förderte insbesondere Malerei und Kalligrafie. Unter ihm entstanden prächtige Ausgaben des ❷, ❸ „Shahname" – bis heute das persische National-

epos – und des „Khamsa" von Nizami. Tahmasp musste während seiner ganzen Regierungszeit Kriege mit den Usbeken um Khorasan im Osten und mit den Osmanen um Aserbaidschan im Westen führen. 1548 verlegte er seine Residenz von Täbris nach Qazwin und verzichtete 1555 in einem Friedensschluss auf den Irak gegen den Erhalt von Aserbaidschan. 1554 besetzte er Georgien, von wo er verstärkt Kaukasier zum Aufbau seiner Armee holte. Während der Herrschaft von Tah-

masps Söhnen Ismail II. (1576/77) und Muhammad Khudabanda (1578–87) kam es zu Unruhen unter den Stammesverbänden im Nordosten, die 1581 Muhammads Sohn Abbas zum Schah ausriefen. 1587 zog Abbas in die Hauptstadt Qazwin ein und zwang seinen Vater zur Abdankung.

Aus dem „Shahname" (Königsbuch) von Firdausi: Der persische König Ardaschir I. besiegt 224 n. Chr. den Parther Artaban IV. (Buchmalerei, 16. Jh.)

Die Safawiden

Die Safawiden gingen aus einem Sufi-Orden des sunnitischen Islam hervor. Dieser wurde um 1300 vom Namensgeber Scheich Safi od-Din (1252–1334) im aserbaidschanischen Ardebil gegründet. Aufgrund seiner sozialrevolutionären Ausrichtung und aktiver Mission in den Nachbarländern erhielt er rasch Zulauf. Militärisch stützte er sich auf eine eigene Truppe, die nach ihren roten Turbanen „Qizilbash" („Rotmützen") genannt wurden.

Mitglieder eines islamischen Ordens (Derwische) bei einem rituellen Tanz (Buchminiatur, frühes 16. Jh.)

| ab 1501 | Herrschaft der Safawiden in Persien | 1514 | Niederlage bei Tschaldiran | 1554/55 | Besetzung Georgiens und Aserbaidschans |
| 1507 | Eroberung von Iran und Irak durch Ismail I. | 1524 | Tod Schah Ismails I. | 1587 | Herrschaftsantritt Schah Abbas I., des Großen |

Das Safawidenreich unter Abbas dem Großen

Schah Abbas der Große führte das Safawidenreich politisch, wirtschaftlich und militärisch auf seinen Höhepunkt. An die von ihm geschaffenen Strukturen konnten seine ersten Nachfolger anknüpfen.

Schah Abbas I., der Große, der bis 1629 regierte, war der bedeutendste Safawidenherrscher. Energisch betrieb er die Reorganisation des Staates. 1590 schloss er Frieden mit den Osmanen, wobei er ihnen zunächst Aserbaidschan und Kurdistan überließ. Er schuf ein stehendes Heer aus christlichen Kaukasiern, Armeniern und Tscherkessen, die er nach dem Vorbild der osmanischen Janitscharen organisierte. 1598 eroberte er Khorasan von den Usbeken zurück, annektierte 1601 Bahrain und eroberte 1603–1608 Aserbaid-

Persische Teppiche

Der Ruhm der Perserteppiche, der bis heute ungebrochen ist, wurde während der Regierungszeit von Schah Abbas I. begründet. Schon vorher wurden in Persien Teppiche in Manufakturen hergestellt und auf den örtlichen Basaren verkauft, aber erst jetzt begann der Export nach Europa. Die Motive wandelten sich in dieser Zeit von figürlichen Darstellungen zu Arabesken, Blüten und Blättern. Die Seide als Hauptmaterial lieferten die nahe Isfahan angesiedelten christlichen Armenier, die ein Monopol auf den Seidenhandel besaßen.

oben: Teppich mit Bäumen, Vögeln und einem Hirsch, im Zentrum ein Teich mit Enten (16. Jh.)

5 Wandfeld aus der Lutfallah-Moschee in Isfahan (Anfang 17. Jh.)

schan, Armenien und Georgien und 1623/24 Kurdistan sowie den Irak von den Osmanen zurück. Damit wurde Persien kurzzeitig zur beherrschenden Macht des Nahen Ostens.

Schah Abbas' größte Leistung lag jedoch auf innenpolitischem Gebiet: Er siedelte kaukasische Handwerker im Iran an und holte christliche und jüdische Händler und Kaufleute ins Land, womit er der Bevölkerung Wohlstand und

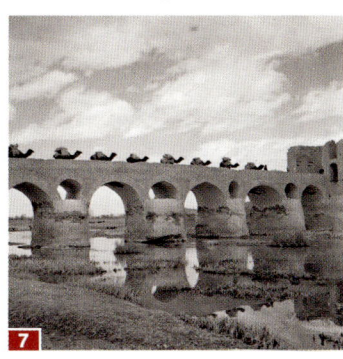

7 Eine Kamel-Karawane zieht über die Schahrestan-Brücke in Isfahan ein

der Staatskasse gewaltige Reichtümer bescherte. ❹ Isfahan ließ er als neue Hauptstadt ❺ prächtig ausbauen. Er vereinheitlichte das Pacht- und Steuersystem, unterhielt enge ❻, ❼ Handelsbeziehungen zu den Moghulen in Indien und eroberte 1622 die Hafenstadt Hormus von den Portugiesen, womit er den Handel am Persischen Golf kontrollierte. Zu dieser Zeit entdeckten auch die Europäer das safawidische Persien. Handelsdelegationen, Künstler und Abenteurer kamen scharenweise ins Land; manche wurden vom Schah ❽ empfangen. Als Schah Abbas der Große im Januar 1629 starb, stand Persien als ein Großreich mit diplomatischen Kontakten in alle Welt auf seinem politischen und wirtschaftlichen Höhepunkt.

Unter Abbas' Enkel Safi I., der im Verfolgungswahn viele Familienmitglieder umbringen ließ, ging 1638/39 der Irak endgültig an die Osmanen verloren. Dafür verblieben Teile Armeniens und Aserbaidschans unter persischer Herrschaft. Safis Sohn Abbas II. war die letzte starke Persönlichkeit der Safawiden.

4 Isfahan (Kupferstich, 1681)

Er sicherte Straßen und Handelswege und betrieb einen intensiven wirtschaftlichen Austausch mit den europäischen Handelskolonien. Im Kampf gegen Korruption und Willkür reformierte er das Rechtswesen grundlegend.

6 Eine Karawane mit Pferden und Elefanten durchquert das iranische Hochland (Gemälde, 19. Jh.)

8 Ein festlicher Empfang am persischen Hof, im Vordergrund ein Orchester (Miniatur, Ende 16. Jh.)

16.–18. Jh.

Frühe Neuzeit

| 1598 | Isfahan wird neue Hauptstadt | 1629 | Tod Schah Abbas des Großen | 1632 | Safi I. lässt seinen Bruder, seine Onkel und andere Angehörige töten |
| 1603–08 | erneute Eroberung von Aserbaidschan, Armenien und Georgien | | | 1638/39 | Grenzverlauf zum Osmanischen Reich wird festgelegt |

■ Vom Ende der Safawiden bis zu den Qadscharen

Unter den letzten Safawidenherrschern erlebte Persien einen Niedergang. Erst der Eroberer Nadir Shah schuf nach 1736 erneut ein Großreich. Nach einer kurzen Regierungszeit der Zand-Dynastie kam die Dynastie der Qadscharen an die Macht.

1 Afghane (Kupferstich, 1810)

2 Qadscharin (Kupferstich, 1810)

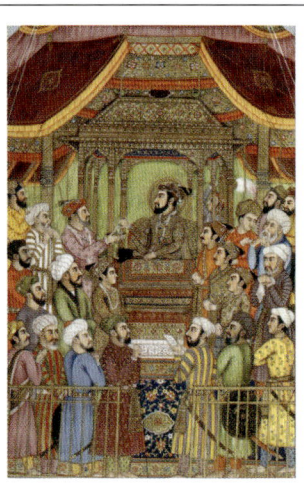

Der „Pfauenthron"

Als Nadir Shah den indischen Großmoghul besiegt hatte, nahm er dessen gewaltige Schätze an sich und brachte auch den „Pfauenthron" nach Persien, der zum Wahrzeichen des Schahs von Persien wurde, sowie den berühmten Diamanten Kohinoor, der sich heute im Tower von London befindet.

oben: Der indische Großmoghul Shajahan auf dem Pfauenthron (persische Miniatur, 18. Jh.)

Nach der Regierung Abbas' II. begann sich der Niedergang der Safawiden abzuzeichnen. Sein Sohn Safi II. überließ die Regierung weitgehend den Palast-Eunuchen. 1668 bestieg er den Thron ein zweites Mal unter dem Namen Schah Sulaiman, während die feindlichen Nachbarn ungehindert auf iranisches Gebiet vordrangen. Safis Sohn Sultan Husain unterwarf sich völlig dem Regiment der schiitischen Geistlichkeit. Als er mit der Zwangsbekehrung der Sunniten im 1648 unterworfenen Afghanistan begann, provozierte er einen Aufstand der Afghanen. 1709 ermordeten diese alle persischen Beamten und Soldaten und erklärten Afghanistan für unabhängig. 1719 zogen sie unter ihrem Führer Mahmud nach Persien und eroberten das Land; Sultan Husain wurde 1726 hingerichtet.

Obwohl sich Mahmud 1722 zum Schah ausgerufen hatte, regierten bis 1736 noch zwei Schattenherrscher aus dem Haus der Safawiden. Unter dem letzten von ihnen, Abbas III., fand der Aufstieg des aus dem turkmenischen Stamm der Afshar stammenden Generals Nadir statt. Nadir vertrieb die ❶ Afghanen 1726 aus Isfahan und bis 1730 aus ganz Persien, eroberte Aserbaidschan und den Kaukasus von den Osmanen und bestieg 1736 den Thron als Nadir Shah. Er verlegte seine Residenz nach Mashad, besetzte 1738 Afghanistan und drang 1739 in Indien bis nach Delhi vor. Anschließend wandte er sich nach Zentralasien und eroberte Chiwa und Buchara. 1747 wurde Nadir Shah im Juni von seinen eigenen Emiren ermordet.

Die Dynastie der Afshariden überlebte das Ende Nadir Shahs nicht lange. Afghanistan unter dem Stamm der Durrani (S. 413), Aserbaidschan und ein Großteil Persiens machten sich schon 1747 selbstständig. In Zentral- und Südiran mit der Hauptstadt Schiras etablierte der kurdische Militärführer Karim Khan Zand 1750 die Herrschaft der Zand-Dynastie. Nach seinem Tod 1779 kam es jedoch unter seinen Nachkommen zu Bruderkriegen. Sie wurden 1794 endgültig von den ❷ Qadscharen beseitigt.

Die Qadscharen waren ursprünglich turkmenische Nomaden im Nordwesten Irans und Anhänger der Safawiden. Nach 1779 brachten sie den gesamten Iran unter ihre Kontrolle. Ihr Führer Agha Muhammad Khan machte 1786 Teheran zu seiner Hauptstadt, setzte 1794 den letzten Zand-Herrscher ab und erhob sich 1796 zum Schah von Persien. Er begründete die bis 1925 herrschende Dynastie der Qadscharen. Als er im Juni 1797 ermordet wurde, war diese bereits so etabliert, dass sein Neffe Fath Ali Shah 1797 ungehindert die Regierung antreten konnte. Mit ihm begann eine starke ❸ Hinwendung des Iran zu den Großmächten Europas, v. a. zu den Briten.

3 Asker-Khan, der persische Gesandte in Frankreich (Gemälde, um 1810)

ab 1500–98	Herrschaft der Shaibaniden in Zentralasien	1719/22–30	Afghanische Vorherrschaft in Persien	1736–47	Herrschaft Nadir Shahs
1599–1785	Herrschaft der Djaniden in Zentralasien	1736	Ende der Safawiden-Dynastie	1739	Kriegszug nach Delhi

Zentralasien

Unter den usbekischen Nachfolgedynastien der Timuriden blieb Zentralasien, besonders die Residenzen Buchara und Samarkand, ein kulturelles Zentrum des östlichen Islam, kam aber im 18. Jh. unter persische, im 19. Jh. unter russische Vorherrschaft.

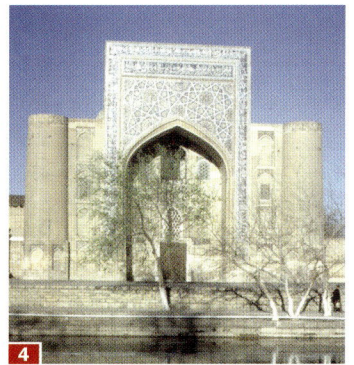

Chanaka Nadir Diwan-Begi, eine Pilgerherberge in Buchara, erbaut 1620

Die kulturelle Blüte der Timuriden (S. 236) führten ihre Nachfolger, die usbekischen Stammeskonföderationen, fort. Ab 1500 eroberte der ❻ Usbekenführer Muhammed Shaibani Khan die Gebiete der Timuriden, besetzte 1507 auch Herat und begründete die Herrschaft der Shaibaniden, einer Dynastie mit mongolischen Wurzeln.

1510 fiel er bei Merw gegen die Perser bei dem Versuch, Khorasan zu erobern, doch die Herrschaft über Buchara und die Residenzstadt Samarkand war gefestigt. Khan Ubaidallah und seine Nachfolger bauten die beiden Städte mit zahlreichen Moscheen, ❽ Medresen und ❹ Pilgerherbergen weiter aus. Die ehemaligen Stammeskrieger nahmen bald die verfeinerte Kultur der Städte an und förderten den ❼ Orden der Naqshbandi, sodass die Region zu einem Zentrum islamischer Mystik wurde. Seit 1540 herrschte eine eigene Linie in Buchara. Khan Abdallah II.,

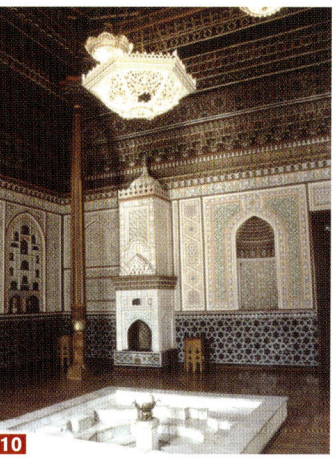

❺ Alim Khan, der letzte Emir von Buchara (1911)

dem letzten Shaibaniden, gelang 1583 von Buchara aus die Wiedervereinigung des Reiches.

1599 übernahm mit Baqi Muhammad ein weiterer usbekischer Stammesverband, die Djaniden oder Astrakhaniden, die Herrschaft über Zentralasien. Sie regierten bis 1785 in Buchara. Im 18. Jh. geriet die Region in den Blick verschiedener Eroberer. Nach 1737 besetzte Nadir Shah von Persien große Teile des Reiches; bis 1770 blieb Chiwa unter der Herrschaft von Persern und Turkmenen. Auch das nach Osten expandierende russische Zarenreich versuchte, auf die zentralasiatischen Khanate Einfluss zu nehmen, bis es die dortigen Fürsten im 19. Jh. vollständig unter seine Kontrolle brachte.

Nach 1747 kam es zu einem rapiden Machtverfall und Bürgerkriegen unter den Djaniden,

❽ Die Medrese Mir-i Arab in Buchara (erbaut 1535/36)

❾ Russische Einheiten bei Kämpfen in Samarkand 1868 (Gemälde, 1871)

❻ Usbekischer Befehlshaber (Gemälde, 1873)

❼ Angehörige eines islamischen Ordens in Taschkent (Gemälde, 1870)

❿ Setareje Mahe Chase, die Sommerresidenz des letzten regierenden Emirs von Buchara, Said Alim Khan

nachdem sich ab 1732 große Gebiete von der Zentralherrschaft losgelöst hatten. Seit 1753/58 standen die Herrscher in Buchara unter Regentschaft der verwandten Mangiten, bis 1785 der seit 1770 als Regent in Buchara amtierende Mir Masum Shah den Titel „Fürst der Gläubigen" annahm. Das Emirat der Mangiten setzte sich im 19. Jh. von Buchara aus in der Region durch. Bis 1873 annektierte ❾ Russland einen Großteil von Zentralasien; Buchara und Chiwa wurden 1868/73 russische Vasallenstaaten. Die letzten ❺, ❿ Fürsten wurden erst 1920/21 von den Sowjets vertrieben.

16.–18. Jh.

Frühe Neuzeit

MOGHUL-INDIEN UND DIE EUROPÄISCHEN HANDELSKOMPANIEN 1526–UM 1800

Ein Moghul-Fürst in der Umgebung von Agra (Miniatur, um 1650)

Das seit 1526 bestehende indische Moghul-Reich erlebte unter Akbar nach 1556 seine politische Blütezeit. Die Pracht und der Luxus, für die die Moghuln berühmt sind, entfalteten sich unter seinen Nachfolgern. Nach dem Tod Aurangzebs, des letzten bedeutenden ❶ Moghulherrschers, verfiel das Reich politisch und kulturell während die europäischen Mächte, die sich seit 1500 an Indiens Küsten festgesetzt hatten, auch politisch immer stärker wurden. Die zunächst führenden Portugiesen wurden von Niederländern und Briten verdrängt. Zur führenden Macht auf dem Subkontinent wurden schließlich ökonomisch wie politisch die Briten.

Die ersten Moghuln bis zu Akbar dem Großen

Der Dynastiegründer Babur errichtete seine Herrschaft über weite Teile Indiens, die jedoch unter seinem Sohn Humayun wieder verloren ging. Erst seinem Enkel Akbar gelang die endgültige Konsolidierung des Reiches, und er führte die indisch-islamische Kultur zu neuen Höhen.

Bis 1526 eroberte ❸ Sahired-din Mohammed Babur Nord- und Mittelindien und gründete das Reich der Moghuln von Indien, das im 16. und 17. Jh. zu märchenhaftem Glanz und unermesslichem Reichtum gelangen sollte. Babur stammte väterlicherseits von Timur Lenk und mütterlicherseits von Dschingis Khan ab, was im Dynastienamen „Moghuln" („Mongolen") zum Ausdruck kommt. 1497 war Babur Herrscher im zentralasiatischen Samarkand, eroberte 1504 Kabul und drang von Afghanistan aus stetig nach Indien vor. Nach sei-

nem Sieg über den letzten Lodi-Herrscher 1526 (S. 240) beherrschte er den Großteil Nordindiens und machte Agra zur Residenzstadt. Wie wenig die Herrschaft allerdings gefestigt war, zeigte sich unter seinem als Herrscher glücklosen Sohn Humayun, der 1540 von dem genialen Feldherrn Shir Shah Suri aus Indien nach Persien vertrieben wurde. Shir Shah etablierte eine eigene Dynastie, doch nach seiner Ermordung 1545 verfiel das Reich und wurde 1555 wieder beseitigt. Humayun kehrte aus seinem persischen Exil zurück, verunglückte

jedoch bald darauf tödlich. Sein Sohn ❷ Akbar bestieg als 13-Jähriger 1556 den Thron. Er wurde zum eigentlichen Gestalter des Moghul-Reiches und führte die indisch-islamische Kultur zu einer neuen Hochblüte. Als Feldherr wie als Politiker gleichermaßen befähigt, dehnte er das Reich in alle Richtungen aus und beherrschte ein Gebiet von Kabul und Kashmir im Westen bis nach Bengalen im Osten und dem nördlichen Dekkhan im Süden, einschließlich der Rajputenstaaten Rajastan und des Sultanats Gujarat. Als neue Residenz errichtete er die ❹, ❺ Palaststadt Fatehpur Sikri. Er schuf eine neue, ihm verpflichtete Adelsklasse aus der Militäraristokratie verschiedenster Völker, gab dem Reich eine moderne Staatsverwaltung und förderte die Wirtschaft. Dazu intensivierte er auch den Handel mit den europäischen Handelskompanien. Akbar liebte den freien religiösen Disput aller Religionen – auch der Christen (Jesuiten) und Juden – an seinem Hof, berief Kolloquien ein und veranstaltete Streitgespräche.

Akbar überquert den Ganges (Miniatur, um 1600)

Babur, der Begründer der Moghul-Dynastie in Indien (Miniatur, 17. Jh.)

Die private Audienzhalle des Kaisers in Fatehpur Sikri

Die Residenz Fatehpur Sikri (Illustration aus dem „Akbar-name", um 1590)

■ Das Reich auf dem Höhepunkt seiner Prachtentfaltung

Akbars Nachfolger Jahangir und Schah Jahan waren politisch eher schwach, traten jedoch als große Kunstförderer und Baumeister hervor. Ihre Verschwendungssucht brachte den Staat in Schwierigkeiten.

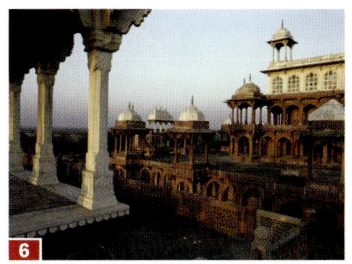

6

Das Akbar-Mausoleum in Sikandra

Weitblickend versuchte Akbar den schwelenden Gegensatz zwischen Muslimen und Hindus in seinem Reich aufzulösen, indem er eine stark auf den Herrscher bezogene Mischreligion zwischen Islam und Hinduismus mit mystischen Zügen durchzusetzen versuchte; er scheiterte jedoch am massiven Widerstand der islamischen Hoforthodoxie. Seine Großbauten und die Einrichtung

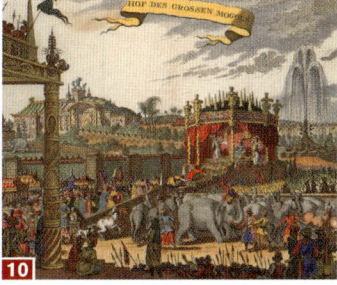

10

„Der Hof des großen Moghuls" (Kupferstich von Jan Caspar Philips, 18. Jh.)

11

Jahangir mit einem Bildnis der Jungfrau Maria

von Hofateliers, in denen u. a. prachtvoll ausgemalte Bücher, ❽ Teppiche und Schmuck entstanden, dienten ebenfalls politischen bzw. repräsentativen Zielen. ❻ Akbar hinterließ ein innerlich gefestigtes Reich, doch zeigte sich unter seinen Nachfolgern bereits eine erste politische Erschlaffung. Sein Sohn ⓫ Jahangir, der ihm 1605 auf den Thron folgte, vernachlässigte die Staatsgeschäfte und geriet unter den Einfluss rivalisierender Hofcliquen. Unter ihm entfaltete sich aber eine ungeheure Pracht in den Künsten und der ❿ Hofhaltung, die die ausländischen Gesandten faszinierte. Seit 1609 bemühte sich v. a. England um die Aufnahme diplomatischer und wirtschaftlicher Beziehungen und erhielt zahlreiche Handelsprivi-

legien. Rebellionen in der eigenen Familie und im Dekkhan (ab 1620) schwächten Jahangirs Herrschaft. Unter seinem Sohn ❼, ❾ Schah Jahan erreichten Pracht und Luxus des Hofes ihren Höhepunkt. Er sammelte Zehntausende Juwelen und exportierte die Erzeugnisse der indischen Malerschulen in alle Welt. Ein bleibendes Denkmal setzte er sich mit dem ⓬ Taj Mahal bei Agra.

Schah Jahan war nicht nur Ästhet und Bauherr, sondern auch ein misstrauischer Charakter, der mit harten Maßnahmen gegen vermeintli-

oben: Schah Jahan
rechts: Schah Jahans Lieblingsfrau Mumtaz-i-Mahal

8

Indischer Teppich mit figürlichen Darstellungen aus Madras

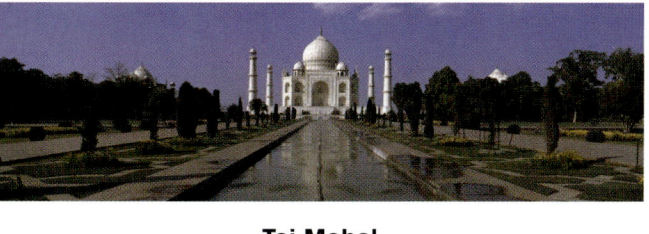

7

9

che und tatsächliche Gegner, so auch 1631 gegen die Christen aus den potugiesischen Kolonien, vorging.

Der „Großmoghul" schloss sich in seinen Haremspalästen immer mehr von der Außenwelt ab und ließ seine Minister und Eunuchen regieren. Als Steuereinnahmen die Hofhaltung nicht mehr decken konnten, drohte dem Moghulreich der Staatsbankrott. Im Juni 1658 wurde Shah Jahan von seinen Söhnen abgesetzt.

16.–18. Jh.

Frühe Neuzeit

Taj Mahal

Zwischen 1630 und 1648 ließ Schah Jahan von 20 000 Arbeitern das Taj Mahal aus weißem Marmor als Mausoleum für seine 1631 im Kindbett verstorbene Lieblingsgemahlin Mumtaz-i-Mahal („Perle des Palastes") errichten. Ein für ihn selbst geplantes paralleles Grabmal aus schwarzem Marmor kam nicht mehr zu Stande. Der auch im Innern prachtvoll ausgestattete Taj Mahal, in dem dann auch Schah Jahan bestattet wurde, wird oft als „achtes Weltwunder" bezeichnet.

oben: Das Taj Mahal in Agra. Der Zentralbau mit seinen 22 Kuppeln und 40 m hohen Minaretten besteht aus Marmor und rotem Sandstein, der wegen der Porosität kontinuierlich ausgebessert und erneuert werden muss.

12

Taj Mahal: Ornamentfeld mit Blütenmotiven vom Kenotaph des Shah Jahan

■ Aurangzeb und der Niedergang der Moghuln in Indien

Unter Aurangzeb erreichte das Reich noch einmal politische Stärke, doch schwächte seine religiöse Intoleranz die gesellschaftliche Stabilität. Seine Nachfolger sanken zu dekadenten Schattenherrschern herab.

1 Der Großmoghul Aurangzeb

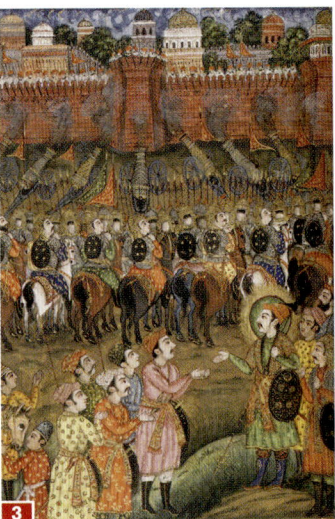

3 Die Eroberung von Kandahar durch Aurangzeb

Der seit 1644 schwelende Konflikt unter den vier Söhnen von Schah Jahan und Mumtaz-i-Mahal entbrannte sofort nach Absetzung des Vaters. Zunächst schien sich der älteste, Prinz **❷** Dara Schukoh, ein Förderer von Kunst und religiösem Austausch, durchzusetzen. Doch sein Bruder **❶** Aurangzeb verbündete sich mit der islamischen Orthodoxie gegen ihn und bestieg im Juni 1658 den Moghulthron. 1659 ließ er Dara Schukoh hinrichten. Aurangzeb war ein streng orthodoxer, asketisch lebender Muslim mit Hang zur Bigotterie. Der begabte Feldherr verdoppelte das Staatsgebiet und führte das Moghulreich auf seine größte Ausdehnung, indem er den Dekkhan, **❸** Kandahar und Kabul eroberte. Im Innern unterdrückte er mit Hilfe einer Geheimpolizei alle „unorthodoxen" Bewegungen. So auch die Sikhs, deren Guru Tegh Bahadur er 1675 hinrichten ließ, woraufhin sich diese Religionsgemeinschaft in einen Kampfverband verwandelte. Systematisch ließ er Hindu-Tem-

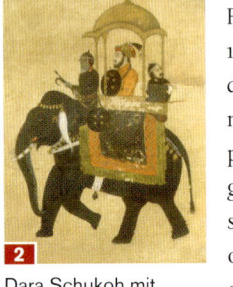

2 Dara Schukoh mit seiner Armee

pel abreißen, an ihrer Stelle **❹**, **❺** Moscheen errichten und führte 1679 die von Akbar abgeschaffte Kopfsteuer für Nicht-Muslime wieder ein. Widerstand gegen seine Politik regte sich v. a. auf dem Dekhan, wo ehemalige Söldnertruppen das Maratha-Reich errichtet hatten, dessen Führer Shivaji sich 1674 formal zum hinduistischen Großkönig ausrufen ließ. Die permanenten Kriege gegen die Marathas schwächten das Reich, obwohl es dem Kaiser gelang, die Dekhan-Sultanate Bijapur 1686 und Golkonda 1687 zu erobern.

Als Aurangzeb, der letzte machtvolle Großmoghul, im März 1707 starb, standen viele Regionen des Reiches in offenem Aufruhr. Seinem Sohn Bahadur Shah I. gelang es noch einmal, günstige Verträge mit den Fürsten Bengalens und den englischen Handelskompanien zu schließen; er reformierte das Steuerwesen und machte die harte Religionspolitik seines Vaters rückgängig. Nach seinem Tod versank die Moghul-Dynastie in Chaos und blu-

tigen Familienfehden; allein 1719 bestiegen nacheinander vier Moghuln den Thron. 1739 fiel Nadir Shah von Persien in Indien ein und plünderte die Schätze der Paläste (S. 316). Die folgenden Moghuln regierten nur noch nominell und verließen die Paläste nicht mehr. 1857/58 wurde der letzte „Moghul", Bahadur Shah II., von den Briten abgesetzt, die nun auch formell die Macht übernahmen.

6 Der portugiesische Seefahrer Vasco da Gama, Entdecker des Seeweges nach Indien (portugiesische Buchmalerei, 1683)

4 Die von Aurangzeb erbaute Gyanvapi-Moschee in Benares (auch Varanasi) am Ganges (Aquarell von R. Smith, 1833)

5 Die Große Moschee von Aurangzeb mit angrenzenden Ghats in Benares (Stahlstich, um 1850)

1497/98	Entdeckung des Seeweges nach Indien	1612	Seeschlacht bei Surat	1675	Hinrichtung Tegh Bahadurs
1531/58	Britische Eroberung der indischen Westküste	1658	Herrschaftsantritt Aurangzeb	1679	Wiedereinführung der Kopfsteuer für Nichtmuslime

■ Die europäischen Handelskompanien bis zur Herrschaft der Briten

Nachdem die Portugiesen im 16. Jh. den Indienhandel beherrscht hatten, wurden sie nach 1600 von Niederländern, Briten und Franzosen verdrängt, wobei die Briten schließlich auch die politische Macht errangen.

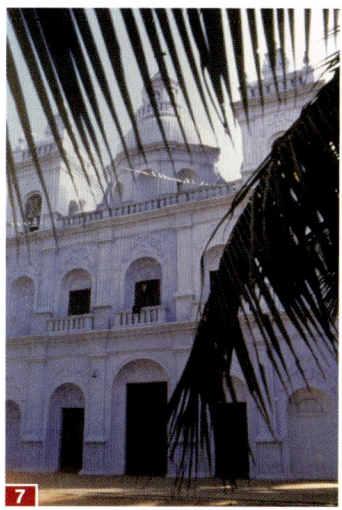

Parallel zum Aufstieg und Fall des Moghulreiches vollzog sich die Festsetzung der ❷ Europäer an Indiens Küsten. Nach ❻ Vasco da Gamas Entdeckung des Seeweges nach Indien 1497/98 (S. 298) schlugen die Portugiesen 1509 die vereinigte Flotte von Ägypten und Gujarat vor Diu und eroberten 1510 ❼ Goa, von wo aus sie

8
„Eine Fregatte der Ostindischen Kompanie vor der indischen Küste in zwei Ansichten" (Gemälde von Thomas Whitcombe)

Teile der indischen Westküste kontrollierten und ein ❿ Handelsmonopol für Waren aus Indien und Indonesien nach Europa errichteten.

Im 17. Jh. nahmen Holländer und Engländer den Kampf mit den Portugiesen auf, nachdem Königin Elisabeth I. 1600 der britischen ❽ Ostindien-Kompanie ein Monopol für den Indienhan-

del ausgestellt hatte. In der Seeschlacht bei Surat unterlagen 1612 die Portugiesen, die nun Handelsniederlassungen in Agra (1608), an der indischen Ostküste sowie an der Westküste gründeten. Madras wurde 1658 Hauptsitz der ⓫ Ostindien-Kompanie, die seit 1603 am Hof des Moghuls diplomatisch vertreten war. 1668 übernahmen die Briten auch Bombay von den Portugiesen und gründeten 1690 Kalkutta.

Die niederländische Ostindien-Kompanie konnte sich 1618 in Surat und 1627 in Bengalen festsetzen und verdrängte nach 1658 die Portugiesen aus Ceylon. Das führte zu einem blutigen ⓭ Konkurrenzkampf der britischen und niederländischen Kompanien, den die Briten für sich entschieden. 1664 griff auch Frankreich unter Finanzminister Colbert in den Kampf um den Indienhandel ein und ließ 1668 Stützpunkte sowohl an der West- als auch an der Ostküste errichten. Joseph François Dupleix, Gouverneur der Ostindien-Kompanie, konnte den

Einfluss der Franzosen aufgrund der ständigen Rivalitäten südindischer Fürsten erheblich erweitern. Während er die eine Gruppierung unterstützte, halfen die Engländer deren Rivalen. So kam es 1746–1763 in Südindien zu den sog. Carnatic-Kriegen, die zugleich das Schlachtfeld englisch-französischer Rivalitäten darstellten. Die Briten konnten diese Kriege für sich entscheiden und das Land 1765 endgültig unter ihre Kontrolle bringen. Damit war die Ostindien-Kompanie zur Territorialmacht aufgestiegen, geriet aber auch stärker unter den Einfluss der britischen Regierung, deren Offiziere in der Folgezeit den energischen Ausbau der englischen Macht auf dem Subkontinent betrieben und das gesamte gesellschaftliche Leben anglisierten. 1773 wurde ❾ Warren Hastings der erste Generalgouverneur von Ostindien. 1784 wurde die Ostindien-Kompanie der britischen Regierung unterstellt und 1858 aufgelöst. Fortan wurde Indien, nach der

9 Warren Hastings

7
Die St. Alex-Kirche in Calangute, Goa (erbaut 1515)

10
Europäische Handelsschiffe, vermutlich Portugiesen, vor der indischen Küste (indische Miniatur, spätes 16. Jh.)

Absetzung des letzten Moghuls, von einem britischen Vizekönig verwaltet, der gleichzeitig Generalgouverneur für den unmittelbaren britischen Besitz war.

16.–18. Jh.

Frühe Neuzeit

11
Zwei britische Offiziere der Ostindischen Kompanie werden mit Musik und Tanz unterhalten

12
Europäer beim Genuss der Wasserpfeife (indische Miniatur, um 1760)

13
Britische Kriegsschiffe vor einer Insel in Holländisch-Ostindien (Gemälde von Dominic Serres d. Ä.)

1690 Gründung von Kalkutta   **1739** Einfall der Perser   **1784** Ostindien-Kompanie unter britischer Regierung

687 Eroberung von Galkonda   **1707** Tod Aurangzebs   **1746–63** Englisch-französischer Krieg um Südindien   **1858** Auflösung der Ostindien-Kompanie

1

CHINA UNTER DEN MING- UND DEN MANDSCHU-KAISERN 1368–UM 1800

Im Jahre 1368 etablierte sich die Hanchinesische Dynastie der Ming, doch die zentrale ❶ Kaisermacht verfiel bereits im 15. Jahrhundert. Auch wurde das Land immer wieder von Mongolenstämmen bedrängt und musste sich gegen das Vordringen der Europäer wehren. Der wirtschaftliche Wohlstand führte zu einer enormen Bevölkerungszunahme. Unter den Mandschu-Kaisern dehnte sich das Reich nach Zentralasien aus, zeigte jedoch im Innern eine Erstarrung in bürokratischem und geistigem Traditionalismus.

Die sog. Verbotene Stadt in Peking, Kaiserresidenz seit den Ming

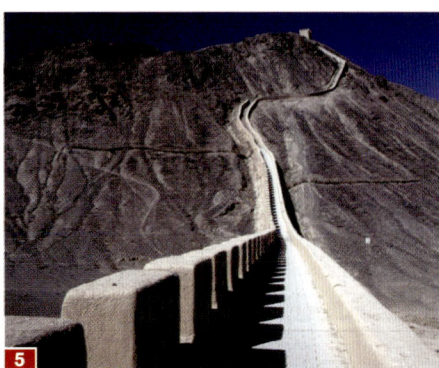

2

Zhu Yuanzhang, Kaiser Taizu

■ Die Anfänge der Ming-Dynastie

Die Ming vertrieben 1368 die Mongolen aus China, mussten ihre Herrschaft jedoch immer wieder gegen äußere und innere Feinde verteidigen. Die Eunuchen am Kaiserhof wurden schließlich zum eigentlichen Machtfaktor.

1368 vertrieb ❷ Zhu Yuanzhang, ein ehemaliger buddhistischer Mönch, von Süden her die mongolische Dynastie der Yuan und gründete als Kaiser Taizu die Dynastie der Ming. Taizu regierte als absoluter Herrscher. ❸, ❹ Beamte und Minister hatten lediglich Beraterfunktionen, und die Regierungen der 13 Provinzen des Reiches waren direkt dem Herrscher unterstellt – in diesem Fall einem Herrscher, der bei kleinstem Fehlverhalten zu grausamen Strafmaßnahmen griff. Da die Machtübernahme der Ming von den

Bauern unterstützt worden war, nahm der Kaiser Landverteilungen vor, sorgte für gerechtere Steuern und errichtete Arbeitskolonien für die Besitzlosen. Militärisch blieb die Abwehr der Mongolen und der die Küsten überfallenden Japaner während der gesamten Mingzeit ein drängendes Problem. Bereits 1387 begann China mit dem Bau von Küstenbefestigungen an der Ost- und Südostküste und baute die

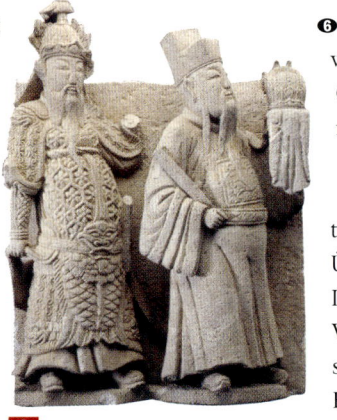

3 Ein Zivilbeamter (r.) und ein Militärbeamter (l.) aus der Mingzeit

❺ Große Mauer weiter aus. Kaiser Chengzu, der 1403 den Thron bestieg, baute eine Flotte und intensivierte den Überseehandel. In der inneren Verwaltung ersetzten nun die Eunuchen immer mehr die Beamtenschaft, bis sie unter Chengzus Nachfolger zum eigentlichen Herrschaftsinstrument wurden. Der führende Eunuch Zheng He war ein bedeutender Seefahrer, der mehrere Handelsreisen bis nach Afrika unternahm. Auf Chengzu folgte eine Reihe schwacher oder sehr junger Kaiser, die zum Spielball der rivalisierenden Hofcliquen, Eunuchen und der mehrfach bis Nanking und Peking vordringenden Mongolenführer wurden. Um 1550 hatte die Cliquen- und Günst-

4

Porträt gebildeter Würdenträger aus der Mingzeit

5

Die Große Mauer

lingswirtschaft die gesamte Beamtenschaft und Bürokratie des Hofes erfasst. Durch die Verfestigung der konfuzianischen Lehre in Akademien und Beamtenschulen blieb das innere Staatsgefüge trotz verschiedener Aufstände in den Provinzen weitgehend stabil.

■ Das Ende der Ming und der christliche Einfluss

Die Herrschaft der Ming wurde im 16. Jh. immer mehr geschwächt, bis die Mandschu sie 1644 absetzten. Zeitgleich gelang es v. a. Jesuiten, am chinesischen Kaiserhof Fuß zu fassen.

Da die Mingkaiser große Heere zur Abwehr äußerer Feinde an den Küsten sowie den Nord- und Südgrenzen des Reiches stationieren mussten, errichteten sie Militärkolonien im Grenzland, was zu einer Besiedlung bis dahin kaum bewohnter Gegenden führte. Ebenfalls, um der Mongolengefahr zu begegnen, wurde die Residenz von Nanking nach Peking verlegt.

Während der Mingzeit erlebte die Landwirtschaft seit Ende des 16. Jh. durch den Anbau neuer Nutzpflanzen wie Kartoffeln, ❼ Tabak, Mais und Erdnüsse einen Aufschwung; der Handel wurde ausgedehnt. Infolge des allgemeinen Wohlstands kam es zu einer explosionsartigen Bevölkerungszunahme. In den rasch anwachsenden Städten entstand eine wohlhabende Kauf- und Bankherrenschicht, die massiv in die Staatsverwaltung drängte, während die Kaiser selber durch Eunuchenherrschaft und Verschwendung schwach blieben.

Unter Kaiser Wan-li erschütterten unzählige Aufstände das Land, und dem Versuch der Japaner, den chinesischen Vasallenstaat Korea zu besetzen (1592), begegneten die Chinesen 1593–98 mit einem kostspieligen Abwehrkampf. 1594–1604 versuchte China erfolglos, durch Kriege in Annam, Burma und Siam den Einfluss der Ostindischen Kompanie in Südostasien zurückzudrängen. Nachdem die Portugiesen 1516 eine Handelskolonie in ⓫ Kanton und 1567 Macao als Handelsstützpunkt v. a. für den ❻ Teehandel erhalten hatten, begann auch die christliche Missionierung in China. Der Jesuit ❿ Matteo Ricci lebte seit 1601 in Peking und erhielt als Gelehrter Zutritt in höchste Hofkreise. Bereits 1613 übertrug der Kaiser den Jesuiten die Kalenderreform. Der daran

beteiligte ❾ Johann Adam Schall von Bell wurde bald auch Direktor der kaiserlichen ⓬ Sternwarte, Mandarin erster Klasse und fungierte ab 1651 als einer der Berater des jungen Kaisers. Die Jesuiten nahmen in Kleidung und Auftreten chinesische Sitten an und hielten den Konfuzianismus mit dem Christentum für vereinbar.

Unter den letzten Mingkaisern erlebte China eine Blüte von Literatur, Wissenschaft, Kunst und v. a. der ❽ Porzellanproduktion. Gleichzeitig kam es aber auch zu großen Bauernaufständen, und die politische Schwäche des Reiches wurde ab dem Ende des 16. Jh. von in der Mandschurei ansässigen tungusischen Stämmen ausgenutzt. Unter ihrem Anführer Nurhachi erhoben sie sich gegen die chinesischen Beamten und verbündeten sich mit den Mongolen. Bis 1621 eroberten sie die Mandschurei und zogen unter Abahai unaufhaltsam gegen Peking. Schließlich erklärten sich

die Mandschu 1636 unter dem Namen Da Qing („Große Reine") zur Kaiserdynastie und zogen nach dem Selbstmord des letzten Mingkaisers 1644 in Peking ein.

❼ Tabakdose aus Elfenbein

❻ Ein Teemanufaktur in China: Pressen, Verpacken und Verkaufen von Tee an einen europäischen Kaufmann (18. Jh.)

❾ Johann Adam Schall von Bell

❽ Blauweiße Kugelvase mit Drachendekor (Anfang des 15. Jh.)

16.–18. Jh.

Frühe Neuzeit

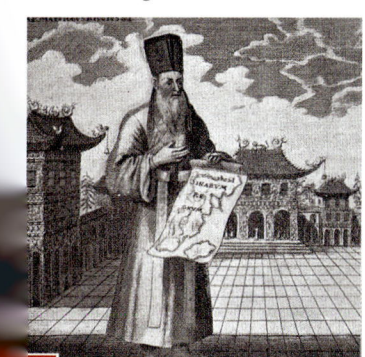

⓾ Der italienische Jesuit Matteo Ricci

⓫ Handelsniederlassungen der Europäer in Kanton

⓬ Die alte Sternwarte in Peking

ab1581	Mission der Jesuiten	**1592**	Angriff der Japaner auf Korea	**1636**	Dynastiegründung der Qing
1567	Portugiesische Handelskolonie in Macao	**1593–98**	Krieg gegen Japan	**1644**	Einnahme Pekings durch die Mandschu

■ Die Herrschaft der Mandschu

Die Mandschuherrscher nahmen schon bald chinesische Sitten und Sprache an, förderten die Wissenschaften und Künste und dehnten den chinesischen Einfluss bis weit nach Zentralasien aus.

Die ❶ Mandschu oder Qing, die letzte chinesische Kaiserdynastie (1644–1911), musste zunächst noch Aufstände von rivalisierenden Rebellengruppen und Resten der Ming-Truppen im Süden niederschlagen. Dann sicherten sie sich die führenden Positionen in Politik und Verwaltung. Im Jahr 1645 erließen die Mandschu ein Gesetz, das alle chinesischen Männer unter Androhung der Todesstrafe zum Tragen eines langen Zopfes zwang. Trotz dieser Unterwerfungsmaßnahme fand sich die Mehrheit der Bevölkerung rasch mit der Herrschaft der „Fremden" ab.

Die lange Herrschaft der nächsten drei Mandschukaiser war eine politische, wirtschaftliche und kulturelle Glanzzeit. Die Kaiser förderten die Herausgabe umfassender Enzyklopädien und literarischer Werke, aber auch Beamtenschaft und ❷ Oberschicht waren hoch gebildet und widmeten sich Literatur und Malerei. Das Christentum wurde zunächst geduldet, sofern seine Vertreter als tolerante Gelehrte auftraten. ❹ Kangxi führte einen weitge-

Kaiser Schi-tsu, der Begründer der Mandschu-(Qing-)Dynastie

henden Ausgleich der unterschiedlichen Völkerschaften im Reich herbei, ging gegen die Bestechlichkeit der Beamten vor und gliederte Taiwan nach der Vertreibung der Holländer 1662 dem Reich an. Bis 1681 konnte er die Herrschaft der Zentralregierung über alle Landesteile herstellen. 1689 schloss er einen Vertrag mit Russland (den ersten Vertrag Chinas mit einer europäischen Macht überhaupt), der die russische Expansion im Amurgebiet beendete. Die nach 1678 in Ostturkestan und der Äußeren Mongolei vordringenden Dsungaren wurden 1696 geschlagen und zurückgetrieben. Als die Dsungaren 1717/18 Tibet besetzten, ❸ begann ein verstärktes Engagement Chinas in Zentralasien: Tibet wurde 1720 als Protektorat dem Reich eingegliedert.

Obwohl weiterhin ein relativer Wohlstand herrschte, brachte die Bevölkerungsexplosion Versorgungsprobleme mit sich: Die Ein-

Infanteristen, die zwei Würdenträger zu Pferde eskortieren

wohnerzahl Chinas stieg (laut Volkszählungen) von 60 Millionen im Jahre 1578 über 100 Millionen (1662) und 143 Millionen (1741) auf 275 Millionen im Jahre 1796 und 374 Millionen Menschen im Jahre 1814. Die landwirtschaftlichen Nutzflächen wuchsen natürlich nicht im selben Maße mit, und die Bewirtschaftungsmethoden blieben rückständig.

Tempel bei Peking, in dem der Pantschen-Lama logierte, als er 1780 den Kaiserhof der Qing besuchte

Zweite Reise von Kaiser Kangxi in den Süden (Rollbild von Wang Hui, Seidenmalerei, um 1700)

■ China unter Yongzheng und Qianlong

Unter Yongzheng endete die Begünstigung der Christen abrupt. Der Qianlong-Kaiser führte das Reich äußerlich noch einmal zu Glanz und Ansehen, legte aber im Innern den Keim zu geistiger Erstarrung und Korruption.

6
Kaiser Yongzheng

Einen politischen wie kulturellen Umschwung Chinas leitete Kangxis Sohn ❻ Yongzheng ein. Er institutionalisierte die Kaisermacht, indem er 1729 das schwerfällige „Innere Kabinett" durch einen modernen Staatsrat als Beratungsorgan ersetzte. Auch unterband er den Einfluss der kaiserlichen Verwandten, schloss die Eunuchen von höheren Ämtern aus

und installierte einen Informationsdienst sowie eine Geheimpolizei. Er erhöhte die Beamtenbezüge und vereinheitlichte das Finanz- und Steuersystem. Unter Yongzheng endete auch die Zeit der Christen in China, was diese selbst verursacht hatten: 1705 hatte der Papst die Unvereinbarkeit von Konfuzianismus und Christentum erklärt, sodass christliche Missionare nun gegen ❽ Konfuzius und seine Lehre predigten. Der Kaiser verbot daraufhin das Christentum, wies die Missionare aus und verfolgte die einheimischen Christen.

Während der langen Regierung von ❺ Qianlong (1736–95) erreichte China die größte Ausdehnung seiner Geschichte, u. a. durch jahrelange Kolonialkriege. Peking wurde mit ❼ Residenzen und ❾ Tempeln prächtig ausgebaut, während das Reich geistig Züge von Erstarrung zeigte: Die chinesischen Beamtenprüfungen waren eher an Fragen der neo-

konfuzianischen Orthodoxie als an praktischem Wissen orientiert, notwendige politische und wirtschaftliche Reformen unterblieben und die Staatsverwaltung war extrem konservativ. Die Willkür der Beamten führte zu Aufruhr und Revolten in der Bevölkerung, und mafiaähnliche Geheimgesellschaften kontrollierten vielfach ganze Regionen. Gegen die stärkste von ihnen, die Geheimsekte des „Weißen Lotus", führte die Regierung 1793–1803 einen regelrechten Feldzug. 1793 und 1816 unternahmen die Briten zwei ❿ diplomatische Missionen an den Kaiserhof, um Handelskonzessionen zu erhalten. Der Hof hielt jedoch an seiner Politik eines kontrollierten und begrenzten Handels fest und wies die Briten ab. Daraufhin brachte die Ostindische Kompanie ab 1816 verstärkt illegal Opium ins Land, um ihr Handelsdefizit auszugleichen. Das Opiumrauchen wurde zu einer Volkssucht der Chinesen.

5
Kaiser Qianlong

7
Ein Sommerpalast in Peking, erbaut unter Kaiser Qianlong 1711–96 (chinesische Seidenmalerei)

8
Verehrung eines Bildnisses von Konfuzius

10
Diplomatische Mission Lord Macartneys zur Erleichterung des Handels mit China 1792/93 (Karikatur)

16.–18. Jh.

Frühe Neuzeit

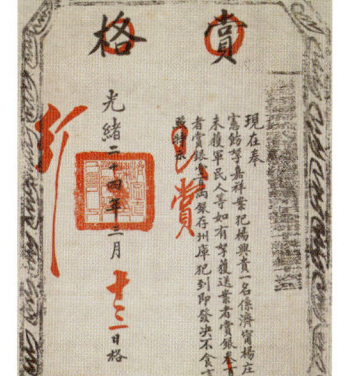

9
Der Himmelstempel in Peking

Offizielle Proklamation gegen den Geheimbund der Großen Messer

Geheimgesellschaften

Geheime Sekten und Bünde finden sich in der gesamten Geschichte Chinas. Meist entstanden sie aus lokalen Bruderschaften, zogen durch wechselseitige Unterstützung, z. T. auch mit religiösen und sozialutopischen Heilsversprechen Mitglieder an und bildeten bewaffnete Truppen aus. Noch der blutige Taiping-Aufstand 1851–1864, der 20 Millionen Chinesen das Leben kostete, und der Boxer-Aufstand von 1900 gingen auf Geheimgesellschaften zurück.

JAPAN VON DER ASHIKAGA-ZEIT BIS ZUM TOKUGAWA-SHOGUNAT 1338–1867/68

In der 1338 beginnenden Ashikaga-Zeit ging die politische Macht dauerhaft auf die Militäraristokratie der Shogune und regionale Machthaber über. Ihre Rivalität begünstigte den Aufstieg lokaler Zentren, des Europahandels und des Christentums. Die drei „großen Einiger" zentralisierten das Land erneut ab 1560. Das Tokugawa-Shogunat verfolgte eine isolationistische Politik, die Japan politische Stabilität im Innern brachte, aber auch die Verfolgung der Christen und die Abschottung gegen europäische Einflüsse bedingte. Dieses System hielt sich bis ins 19. Jahrhundert.

Theateraufführung (Ausschnitt aus einem bemalten Wandschirm der Ashikaga-Zeit)

■ Die Ashikaga-Zeit 1338–1573

Das Shogunat der Ashikaga brachte endgültig die Militäraristokratie an die Macht. Während die Zentralmacht zunehmend schwächer wurde, begann der Aufstieg der lokalen Militärmachthaber.

Der aus einer Samuraifamilie stammende Ashikaga Takauji behauptete sich gegen die Machtansprüche des Kaisers Go-Daigo (S. 245) und setzte 1336 eine neue, ihm ergebene Linie des Kaiserhauses ein. Von dieser erhielt er 1338 den erblichen Titel eines Shogun. In der nun einsetzenden Ashikaga-Zeit war der Shogun der wahre Machthaber im Land, der Kaiser nur noch kultische Repräsentationsfigur. Die Regierungsgewalt ging von der kaiserlichen Verwaltung auf die Militäraristokratie, die sog. Bushi, über. Diese waren ❸, ❹ Schwertkämpfer, die das Hofleben verachteten und in den Provinzen auf ihren

Gütern lebten und in einem persönlichen Gefolgschaftsverhältnis zu einem Fürsten standen. Ihr Ehrenkodex sah den Kampf für Ehre und Familie und gegebenenfalls den rituellen Selbstmord (oft Harakiri genannt) vor. Ihre Heldentaten wurden in den kultischen Spielen des ❶, ❷ No-Theaters verewigt.

In den Provinzen zogen die Militärführer, die sog. Shugo, nach und nach auch die zivile Verwaltung und die Steuerhoheit an sich. Unter dem dritten Ashikaga-

❷ Maske des No-Theaters (um 1500)

Shogun Yoshimitsu wurde 1379 das Machtzentrum von ❺ Kyoto nach Kamakura verlegt. Yoshinori (1428–41) griff als letzter Shogun seiner Familie in die politischen Verhältnisse des Landes ein, während sich seine Nachfolger v. a. den Künsten widmeten. 1467–77 entbrannte der Onin-Krieg um die Erbfolge im Shogunat, der viele Provinzen verwüstete. Die Macht der Shugo brachte dem Land jedoch ein beachtliches Wirtschaftswachstum und forderte große kulturelle

❸ Ein Schauspieler in der Rolle eines Samurai (Farbholzschnitt, Anfang 19. Jh.)

Leistungen heraus; viele Provinzhöfe konnten durchaus mit den höfischen Zentren konkurrieren. Der Ausbau der Flotte durch die Fürsten der Küstenprovinzen führte zu einem blühenden Handel mit China, allerdings auch zu Überfällen auf Chinas Küsten.

❹ Japanisches Samuraischwert mit einer Scheide aus Elfenbein (18. Jh.)

❺ Der Kinkakuji-Tempel, der sog. „Goldene Pavillon", in Kyoto (erbaut 1397)

Die Samurai

Die japanischen Ritter, die Samurai, lebten nach dem Kodex des „Bushido", der drei Traditionen in sich vereinigte: Aus dem Zen-Buddhismus stammte das Ideal der inneren Ruhe und furchtlosen Gelassenheit, aus dem Shintoismus die Verehrung von Familie und Ahnen sowie die unbedingte Treue zum Fürsten. Der Konfuzianismus schließlich erlegte dem Bushi den aktiven Einsatz für das Wohl der Gemeinschaft und des Landes und den Schutz der Schwachen auf.

Rüstung eines Samurai (16./17. Jh.)

Die Herrschaft der Daimyo

Die Herrschaft der rivalisierenden Lokalfürsten, der Daimyo, begünstigte den Aufstieg des Christentums in Japan. Ab 1560 bildeten die drei „großen Einiger" eine neue starke Zentralgewalt aus.

Die politische Schwäche der letzten Ashikaga-Shogune führte nach dem Onin-Krieg zur faktischen Machtübernahme durch die Provinzfürsten, die als „Sengoku-Daimyo" („Fürsten der kämpfenden Provinzen") bezeichnet werden. Die mächtigsten Daimyo, von denen es in ganz Japan zwischen 200 und 300 gab, konnten Armeen von mehreren zehntausend Mann aufstellen und ersetzten den Einzelkampf der ❻ Samurai durch Städtebelagerungen und den Ansturm geordneter Infanterietruppen. Sie betrieben ihre eigene, wechselnde Bündnispolitik. Die Macht der Daimyo begünstigte auch die Ausbreitung des ❼ Christentums in Japan. Im Jahr 1543 landeten erstmals ❾, ❿, ⓫ portugiesische Kaufleute von Macao aus südlich von Kyushu. Da sich die Daimyo von Kyushu – und bald auch andere Daimyo – vom Europahandel Machtzuwachs versprachen, er-

teilten sie den Kaufleuten günstige Konzessionen. 1571 wurde die Hafenstadt Nagasaki zum japanischen Zentrum der Portugiesen, die 1579 sogar die Stadtverwaltung übertragen bekamen. Im Gefolge der Kaufleute befanden sich stets auch christliche Missionare. Bereits 1549 war der Mitbegründer des Jesuitenordens ❽ Francisco de Xavier in Kyushu gelandet und von den dortigen Daimyo ehrenvoll aufgenommen worden; 1560 machte Gaspar Vilela Kyoto zu einem Zentrum christlicher Missionstätigkeit. Im

Jahr 1582 gab es bereits 200 Kirchen und etwa 150 000 getaufte Christen in Japan.

1560 begann in Japan eine neue Periode der politischen Stärke unter den drei „großen Einigern" des Landes, den Shogunen Oda Nobunaga, Toyotomi Hideyoshi und Tokugawa Ieyasu. Auch sie waren zunächst lokale Daimyo, die sich durch eine geschickte Bündnis- und Kriegspolitik zu Herren des Landes gemacht hatten. Dabei erkannten sie die Notwendigkeit einer erneuten Stärkung der Zentralgewalt und setzten auf die Veränderungen, die der erweiterte Handel und die Einführung westlicher Feuerwaffen mit sich brachten. Ab 1560 schaltete Oda Nabunaga rivalisierende Daimyo aus, eroberte 1568 Kyoto, brach den Widerstand der buddhistischen Klöster und beendete 1573 die nur noch formell bestehende Herrschaft der Ashikaga-Shogune.

❻ Japanischer Helm, geschmückt mit einem Kriegsfächer (16. Jh.)

❽ Der Missionar Francisco de Xavier

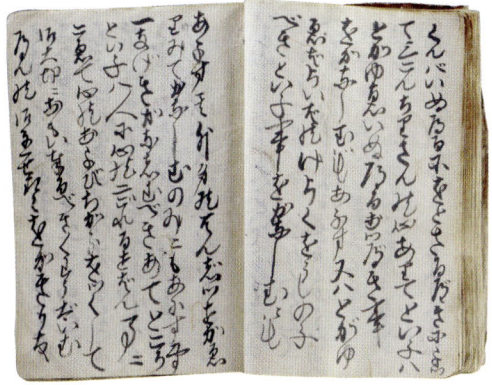
❼ Buch der katholischen Glaubenslehre in japanischer Handschrift (17. Jh.)

❾ Portugiesisches Handelsschiff im Hafen von Nagasaki (Ausschnitt aus einem japanischen Wandschirm, 17. Jh.)

❿ Jesuit und portugiesischer Kaufmann in Japan (Ausschnitt aus einem japanischen Wandschirm, 17. Jh.)

⓫ Portugiesische Händler (Ausschnitt aus einem japanischen Wandschirm, 17. Jh.)

| 1549 | Beginn der Jesuitenmission unter Francisco de Xavier | 1568 | Eroberung Kyotos durch Oda Nobunaga |
| 1543 | Erste portugiesische Händler bei Kyushu | 1560 | Beginn des Aufstiegs von Oda Nobunaga | 1573 | Ende des Ashikaga-Shogunats |

◼ Die Herrschaft der drei „großen Einiger"

Die politische Neuordnung durch Oda Nobunaga, Toyotomi Hideyoshi und Tokugawa Ieyasu veränderte das Gefüge Japans grundsätzlich. Aber erst Ieyasu gelang es, seiner Familie dauerhaft bis 1867/68 hinein das Amt des Shoguns zu sichern.

Oda Nobunaga setzte seine Macht im Land durch, indem er die umliegenden Daimyo zu seinen Vasallen machte oder sie mit seinen Massenheeren und seiner Belagerungstechnik bekämpfte; 1575 setzte er in der Schlacht von Nagashino erstmals Feuerwaffen in größerem Umfang ein. Bis 1582 hatte er den Großteil Japans unter seine Kontrolle gebracht. Daraufhin setzte er eine Vereinheitlichung von Maßen und Gewichten, Steuern und Handelsgesetzen durch, beseitigte die Macht der lokalen Gilden und unterstützte die Kaufleute. Nach seinem Tode 1582 setzte sich sein Gefolgsmann ❸ Toyotomi Hideyoshi durch, der 1584 Kyoto besetzte und sich mit dem mächtigen Tokugawa Ieyasu verbündete. 1585 schaltete Hideyoshi mit brutaler Gewalt die letzten Daimyo

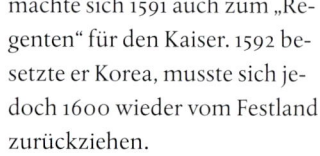

2 Kästchen mit Szenen der Teezubereitung (Lackarbeit)

aus, versuchte aber, die traditionellen Eliten für eine konstruktive Friedenspolitik zu gewinnen, und belohnte auch ehemalige Gegner, die sich als loyal erwiesen, mit Ländereien. Er fasste die Daimyo zu einem Verband zusammen und machte sich zu ihrem obersten Lehnsherrn. Um sie kontrollieren zu können, hielt er ihre Familien oftmals als „Ehrengeiseln" an seinem Hof. Ab 1583 erbaute Hideyoshi das ❶ Schloss von Osaka als Residenz und machte sich 1591 auch zum „Regenten" für den Kaiser. 1592 besetzte er Korea, musste sich jedoch 1600 wieder vom Festland zurückziehen.

Innenpolitisch unternahm Hideyoshi weitreichende Reformen. 1585 hatte er das gesamte Land neu vermessen lassen, um die Dörfer und Familiensitze neu zu

ordnen. Er fasste die Dörfer zu Produktionseinheiten zusammen und bemaß die Steuerabgaben nach dem gesamten Dorf. Diese Maßnahmen brachten eine Trennung von ❷ Bauern und Kriegerkaste, Handwerkern und ❺ Kaufleuten mit sich, die auch in der Zukunft bestimmend blieb. Die Bauern mussten ihre Waffen abgeben, während die Bushi von den Dörfern ferngehalten und ihren Fürsten als persönliche Gefolgschaft zugeordnet wurden. 1590 war Hideyoshi nach einem Sieg über die einstmals mächtigen Hojo (S. 245) der unbestrittene Herr über Japan, doch sein Versuch, ein Shogunat für seine Familie zu schaffen, scheiterte.

Als er 1598 starb, trat sein mächtigster Verbündeter ❹ Tokugawa Ieyasu die Macht an. Er setzte sich 1603 als erblicher Shogun durch. Ieyasu baute auf den Leistungen seiner beiden Vorgän-

1 Das Schloss Osaka (erbaut 1583–87 von Toyotomi Hideyoshi)

3 Audienzhalle Hideyoshis in Kyoto (Teilansicht der Innenausstattung, 16. Jh.)

ger auf und legte den Grundstein für eine eher konservative, isolationistische Politik. Er vereinheitlichte die gesamte Wirtschafts- und Handelspolitik Japans und unterband den Europahandel der lokalen Daimyo.

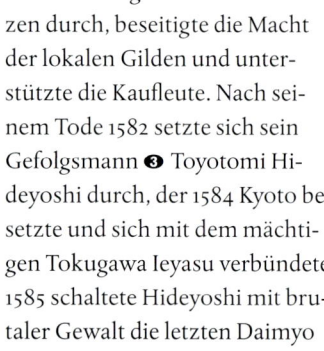

4 Das japanische Staatswappen, die Chrysantheme, am Higashi-Honganji-Tempel (1602 gegründet von Tokugawa Ieyasu)

5 Kaufleute am Marktstand und Badende am Fluss Kamo Gawa in Kyoto (Ausschnitt aus einem bemalten Wandschirm, um 1550)

■ Das Shogunat der Tokugawa 1603–1867/68

Nach der gewaltsamen Befriedung und Reorganisation des Landes unterdrückten die Shogune aus der Familie Tokugawa das Christentum und beschlossen 1639 die weitgehende Abschottung des Landes gegen europäische Einflüsse, welche bis in das 19. Jh. hinein aufrechterhalten wurde.

Ieyasu musste sich zunächst gegen die erneut aufbegehrenden Daimyo-Familien wehren, besiegte aber 1600 seinen größten Rivalen Ishida und dessen „westliche Allianz". Als er sich 1603 endgültig durchgesetzt hatte, waren 87 Daimyo-Geschlechter vernichtet. 1605 übertrug Ieyasu das Shogunat seinem Sohn Hidetada, agierte jedoch bis zu seinem Tod 1616 aus dem Hintergrund und vernichtete 1614/15 die letzten aufständischen Daimyo bei der ➒ Einnahme Osakas. Der dritte Tokugawa-Shogun Iemitsu baute das Herrschaftssystem Ieyasus vollständig aus und befriedete das Reich endlich durch eine strenge Militärkontrolle. Die Zentren der Tokugawa-Macht waren ➑ Kyoto und Edo, das heutige Tokyo.

Iemitsu, der streng nationalistische Heirats- und Kleiderordnungen erließ, erzwang von den Daimyo seine Anerkennung als alleiniger Gesetzgeber und unterstellte 1635 alle religiösen Institutionen der Aufsicht des Shoguns. Das System der persönlichen Treue und Gefolgschaft wurde auf allen Ebenen verankert. 1639 wurde die „Politik der Landesabschließung" verkündet, die Japan für 200 Jahre von der Außenwelt isolierte. Die Religions- und Kulturpolitik bekam extrem nationalistische Züge, nachdem die ➏ Ausländer vertrieben und die einheimischen Christen hingerichtet worden waren. Bereits 1622/23 war es zu ➐ Verfolgungen der nun als „fremdländisch" empfundenen Christen und ihrer Missionare gekommen.

Die Nachfolger Iemitsus hielten sich immer mehr von der aktiven Politik fern und überließen Militärmachthabern die Regierung. Erst der achte Shogun Yoshimune, der ab 1716 regierte, zog die Macht durch Verwaltungs- und Wirtschaftsreformen wieder an sich. Er förderte die Gewinnung von Neuland und den Anbau neuer Pflanzen wie Süßkartoffeln und Maulbeerbäumen zur Seidenraupenzucht, vereinheitlichte die Rechtsprechung und die Abgaben zur Entschuldung der Bauern. Auch lockerte er erstmals das Verbot der Einfuhr europäischer Schriften, um neue Verwaltungs- und Zuchtmethoden kennenzulernen. Seine Politik nahm der elfte Shogun Ienari ab 1787 durch eine aktive Kontrolle des Handels wieder auf. Das Land erlebte einen neuen inneren Aufschwung, doch die Politik des Isolationismus wurde bis zur gewaltsamen ➓ Durchbrechung durch die USA 1853/54 nicht aufgegeben.

Aufstand der Christen

Die religionspolitischen Maßnahmen der ersten Tokugawa-Shogune provozierten 1637–39 den Aufstand der Christen von Schimabara. Die Shogune warfen diese Erhebung blutig nieder und leiteten die Ausrottung des Christentums in Japan ein. Auch als das Einfuhrverbot für westliche Schriften 1720 gemildert wurde, durften keine Texte mit christlichem Inhalt ins Land gelangen.

Madonnadarstellung in einer Gipsform. Christenverfolger in Japan erkannten Katholiken daran, dass diese sich weigerten, in die Form zu treten.

6

Ein einheimischer Junge zeigt einem Europäer einen großen Vogel (japanischer Farbholzschnitt, 18. Jh.)

7

„Martyrium der Jesuiten in Japan 1622" (japanisches Gemälde, 17. Jh.)

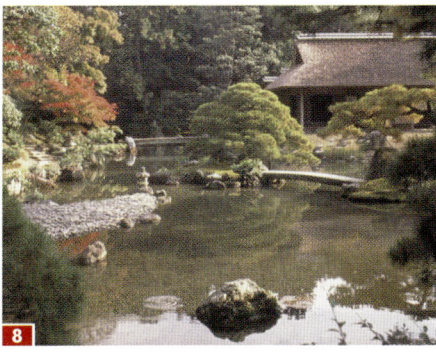

8

Der Nijo-jo-Palast in Kyoto, Residenz der Tokugawa-Dynastie in der Kaiserstadt (erbaut 1603–26)

9

Die Eroberung Osakas 1615 (Ausschnitt aus einem Wandschirm, 17. Jh.)

10

Übergabe eines Briefes von US-Präsident Fillmore durch eine Gesandtschaft an den japanischen Kaiser am 14. 6. 1853 (Lithografie, 19. Jh.)

Frühe Neuzeit   16.–18. Jh.

1622/23 Christenverfolgungen in Japan   **1639** Abschottung Japans nach außen   **1853/54** erzwungene Öffnung Japans

1637–39 Aufstand der Christen von Schimabara   **ab 1720** Zulassung europäischer Bücher   **1867/68** Abdankung des letzten Shoguns

1

Birmanisches Ruderboot, um 1890

SÜDOSTASIEN 1500–1800

Zwischen dem 16. und 18. Jh. bildeten v. a. Birma und Siam (heute Thailand) bedeutende Reiche; speziell in Siam fassten die Portugiesen und andere Europäer mit Handelsverträgen Fuß. Der malaiische Archipel (Indonesien) und der damit verbundene Monopolhandel der Gewürzinseln war zunächst eine portugiesische Domäne, die im 17. Jh. von den Niederländern sukzessive übernommen wurde. Mit bedingt durch den Europahandel erlebten viele südostasiatische Reiche eine neue Blütezeit. Als die Briten Teile Birmas annektierten, kam es 1824 zum ersten anglo-birmanischen Krieg.

2

Vornehmer Mann und Mädchen aus Annam (Farbholzstich)

Birma und Siam

Das starke Reich von Birma konnte seinen Einfluss zeitweise bis nach Siam ausdehnen. Mit Siam (Ayutthaya) schlossen die Portugiesen und andere europäische Mächte günstige Handelsverträge.

In Birma hatten nach dem Untergang des Reiches von Pagan 1287 die Stämme der Shan ein Reich in Oberbirma gegründet; im Süden herrschten die Mon, ein Volk, das schon vor der Einwanderung der ❶, ❷ Birmanen im 9. und 10. Jh. Fürstentümer in Birma gebildet hatte. 1531 setzte sich nun die Dynastie von Toungoo aus Unterbirma durch. König Tabinshwehti unterwarf die Mon und eroberte mit Hilfe potugiesischer Feuerwaffen bis 1544 Zentralbirma mit der Residenz Pegu, ab 1635 Ava. Bis 1559 erlangte sein Nachfolger die Fürstentümer des Nordens und die Shan-Staaten. Das Reich stand in seiner Blüte, prächtige

Bauten entstanden, doch bald verfiel die Macht wieder. Im 17. Jh. errichteten britische und niederländische Handelskompanien Stützpunkte im Reich. Nach Angriffen der Chinesen und Siamesen ging die Toungoo-Dynastie 1752 unter. 1753 gründete der birmanische Führer Alaungpaya das neue Reich von ❺ Birma und eroberte das Land zurück. Sein Sohn Hsinbushin, der viele Gelehrte an seinen Hof zog, baute Ava 1765 als Hauptstadt wieder auf und drang weit nach Siam vor. 1824–26 kam es zum ersten anglo-birmanischen Krieg; die Briten annektierten einen Teil des Landes. In Siam bestand seit dem 14. Jh. das Reich von Ayutthaya, das sich bis zur Malaiischen Halbinsel erstreckte. König Rama Thibodhi II. erlaubte den Portugiesen 1516 die Gründung von Handelsniederlassungen. Seine Nachfolger mussten die erstarkten Birmanen abwehren, die 1549 Ayutthaya belagerten. Gegen die Macht Birmas nutzten die Könige seit Ende

3 Kopf eines Buddhas (Siamesische Plastik im Ayutthayastil)

des 16. Jh. europäische Waffen. Dafür konnten die Europäer (Spanier, Briten, Niederländer) günstige Handelsverträge mit Siam schließen, das zu einem wichtigen Umschlagplatz für Waren aus China und Japan wurde.

1662 schickte Frankreich Jesuitenmissionare in das ❸ buddhistische Siam und richtete 1680 die Französisch-Ostindische Handelsgesellschaft in Ayutthaya ein. Der politischen Einmischung der ❹ Franzosen überdrüssig, ließ König Phra Petraja sie 1688 ausweisen. 1664 erzwangen die Holländer durch Blockade des Flusses Menam ein Monopol auf den Häutehandel. Nach 1700 führte der Handel auch zu beachtlichem Wohlstand im Land selbst. Unter König Boromokot erreichten Literatur und Kunst der Thai einen Höhepunkt. Nach 1770 konstituierte der chinesische General Paya Taksin das von den Birmanen bedrängte Königreich Siam neu und machte ❻ Laos und Kambodscha

zu Vasallenstaaten. Bei seinem Tod war das Reich von Siam so mächtig wie früher. 1782 bestieg General Phraya Chakri als Rama I. den Thron von Siam und begründete die heute noch in Thailand regierende Dynastie der Chakri.

4

Besuch des französischen Gesandten im Palast des Königs von Siam (18. Jh.)

6

Vietnamesisches Nationalheiligtum: der buddhistische Tempel That Luang, Laos

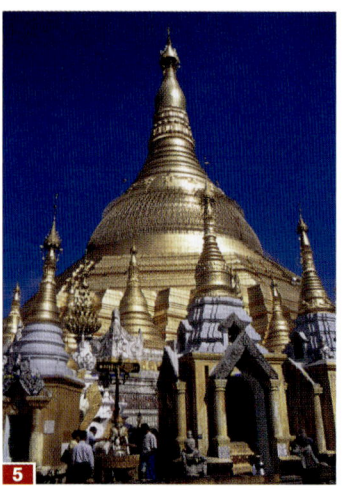
5

Die Shwe-Dagon-Pagode in Rangun, Birma (umgebaut 1768–73)

1431 | Zerstörung des Khmerreiches durch Ayutthaya
1516 | Portugiesische Handelsniederlassungen
1521 | Europäische Entdeckung der Philippinen
1531 | Dynastie der Toungoo in Birma
1549 | Belagerung Ayutthayas durch Birma
1544 | Eroberung Zentralbirmas
1662 | Jesuiten in Siam

■ Indochina und Indonesien

In Indochina gewannen die Franzosen an Einfluss. Um die Handelsfaktoreien im indonesischen Archipel kam es zu Kriegen zwischen Portugiesen und Niederländern.

In Indochina machte sich Annam 1428 unter Kaiser Le Loi (Le Thaito), dem Begründer der Le-Dynastie, von China unabhängig. Mit Hilfe einer effizienten Verwaltung gelang es Annam unter Le Thanhtong, 1471 das Restreich von Champa zu besetzen. Im 16. Jh. verfiel die Zentralgewalt, und das

Land wurde bis ins frühe 17. Jh. von den beiden großen Familien der Trinh und Nguyen beherrscht, die lange Zeit die Landungsversuche der Europäer abwehrten. Erst 1787 schloss Frankreich mit ❼ Nguyen Anh, seit 1802 als Gia Long Kaiser Vietnams, einen Vertrag über die ersten Stützpunkte in Indochina.

In Indonesien und dem ❽ Malaiischen Archipel kämpften muslimische Kaufleute und Portugiesen um Einfluss. Im 16. Jh. nahm ein Großteil der vormals buddhistischen Bevölkerung Indonesiens den Islam an. 1511 eroberten die Portugiesen ❾ Malakka als Hauptstützpunkt, von dem aus sie Faktoreien auf ❿ Java, Amboyna, Banda, Ternate u. a. errichteten und den Gewürzhandel monopolisierten. Die Gründung der Niederländisch-Ostindischen Kompanie 1602 führte zu erbitterten Kämpfen, nachdem sich die Holländer 1610 in Djakarta festgesetzt und dort 1619 Batavia als Verwaltungszentrum gegründet hatten. 1641 eroberten die

Holländer Malakka, 1666 Celebes und 1683 auch Amboyna und Ternate von den Portugiesen. Damit beherrschten sie den Raum, mussten jedoch 1784 den Briten Handel auf ihren Besitzungen gestatten. 1798 erklärte die Niederländisch-Ostindische Kompanie ihren Bankrott und wurde von der niederländischen Regierung aufgelöst, die nun selbst die Gebiete der Kompanie übernahm.

7 Nguyen Anh im Alter von acht Jahren während seines Besuchs in Versailles 1787

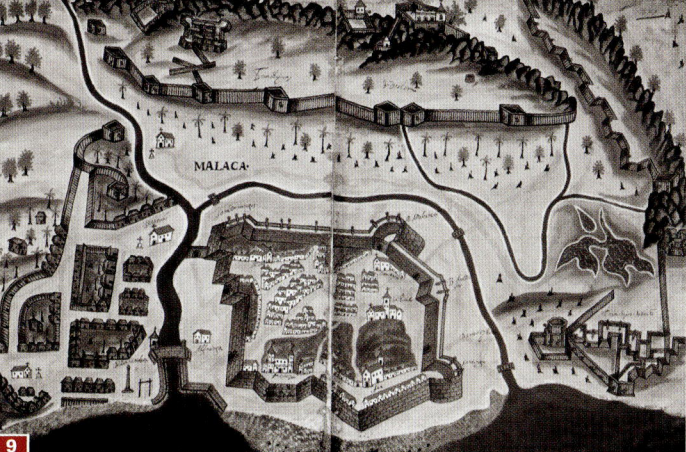

9 Hafen- und Hauptstadt des Teilstaates Malakka, Plan der Stadt als portugiesischer Handelsstützpunkt

8 Landkarte des Malaiischen Archipels (Ausschnitt aus der Weltkarte von Pierre Desceliers, 1550)

10 Niederländischer Handelsplatz an der Küste von Bantam, Java

---

Die philippinischen Inseln

Ende des 15. Jh. hatte sich der Islam über Borneo und Celebes auch auf den Philippinen ausgebreitet, als Magellan 1521 auf seiner Weltreise die Inselgruppe entdeckte und von Eingeborenen getötet wurde. Seit 1543 kam es wiederholt zu Versuchen, die Inseln für Spanien zu erobern, was erst 1571 gelang; die Hauptinsel wurde nach dem spanischen König Philipp II. benannt. Die Strukturen der lokalen Stammesherrschaften wurden als „primitiv" empfunden, die nördlichen Inseln bald christianisiert, während die südlichen Inseln bis heute islamisch blieben.

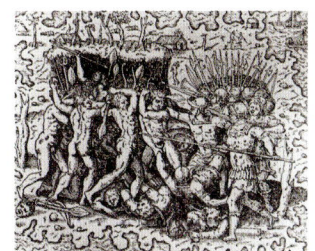

Magellan im Kampf gegen die Eingeborenen auf der philippinischen Insel Cebu

---

| 1680 | Französisch-Ostindische Handelsgesellschaft in Siam | 1753 | Gründung des neuen Reiches von Birma | 1782 | Dynastie der Chakri in Siam |
| 1688 | Ausweisung der Franzosen aus Siam | 1752 | Untergang der Toungoo-Dynastie | 1770 | Neukonstituierung Siams durch Paya Tak | 1785 | Teilbesetzung Siams |

AFRIKA 1500–1800

Besonders die Küstenregionen Afrikas zogen das Interesse der Portugiesen und anderer europäischer Mächte auf sich, die einen groß angelegten Sklaven- und Warenhandel mit den afrikanischen Königen und Häuptlingen organisierten und die rivalisierenden Stämme und Zentren gegeneinander ausspielten. In einigen afrikanischen Reichen kam es zu lang anhaltenden und wechselvollen Kämpfen zwischen Muslimen und Christen in den Oberschichten, während die einfache Bevölkerung meist an ihrer traditionellen Religion festhielt. Äthiopien nahm nach wie vor eine Sonderstellung in Nordostafrika ein.

1 Karte des Indischen Ozeans mit Ostafrika aus dem 16. Jh.

Ostafrika, der Kongo und das Reich von Songhai

Während die Portugiesen den Handel der Ostküste beherrschten, wurde im Kongo ein christliches Königreich etabliert. Das Großreich von Songhai leistete der Christianisierung Widerstand.

Die Ankunft der Portugiesen in Afrika ab 1498 veränderte v. a. die Strukturen ❶ Ostafrikas. Die Rivalitäten der ❻ Häuptlinge und Stadtstaaten an der Küste wurden zur Zerstörung der dortigen Handelszentren genutzt, die muslimischen Händler ausgeschaltet und nach und nach die gesamte Küste unter portugiesische Kontrolle gebracht. Währenddessen konnten sich die Reiche im Innern Ostafrikas halten, und Sansibar wurde zum neuen Zentrum der arabischen Händler. Erfolgreich waren die Portugiesen auch im ❺ Königreich Kongo. König Nzinga Nkuwu bat den portugiesischen König 1482 um Entsendung von Missionaren und trat 1491 als Johann I. zum Christentum über. Er und sein Sohn Alfonso I. (Nzinga

3 Bronzekopf eines Oba, König von Benin, von einem Ahnenschrein

Bemba) errichteten christliche Kirchen und Klöster, ein Sohn Alfonsos wurde 1522 in Rom zum ersten schwarzen Bischof geweiht. Der Kongo erlebte durch die Ansiedlung christlicher Kaufleute und Handwerker einen beachtlichen Wohlstand, doch beteiligte sich die christliche Oberschicht auch hier am ❹ Sklavenhandel. Das christliche Königreich Kongo zerfiel im 17. Jh., und 1668 wurde die Hauptstadt São Salvador do Congo durch nichtchristliche Nachbarstämme verwüstet.

Auch der bedeutendste der Yoruba-Staaten, das ❸ Königreich Benin, betrieb seit 1486 Handel mit den ❷ Portugiesen und duldete deren Niederlassungen im Land. Britische Expeditionen nach Benin ab 1530 stießen regelmäßig mit den Portugiesen zusammen, doch profitierte das Reich selbst stark vom Sklavenhandel mit Europa. Das Verbot der Sklaverei führte ab 1691 zum Niedergang Benins. Auch mit dem Großreich von Mali nahm Portugal 1484 diplomatische und Handelsbeziehungen auf. Es ging jedoch im 16. Jh. durch die Ausbreitung des muslimischen Großreiches von Songhai unter. Songhai war seit dem 11. Jh. durch Handelskontakte zur arabischen Welt zu einem wohlhabenden Reich aufgestiegen. Sonni Ali der Große machte das Reich ab 1464 durch Expansion (1476 Eroberung von Djenné) zur führenden Macht im Sudan und zum Erben der Reiche von Ghana und Mali. ❼ Moham-

2 Portugiese mit Helm und Dreizack (Plastik aus Benin, 16./17. Jh.)

4

Handschellen der Sklavenhändler in Schwarzafrika

med Touré begründete 1493 die Dynastie der Askia (Kaiser) von Songhai, die mit einem stehenden Heer zur führenden Macht Nordafrikas wurden, jedoch 1590/91 Marokko unterlagen.

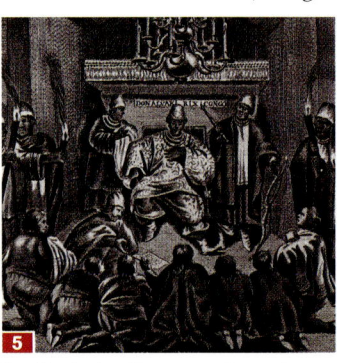

5 Der König des Kongo empfängt eine Gesandtschaft (Kupferstich, 1686)

6 Häuptling des Bantureiches Monomotapa (Kupferstich, 17. Jh.)

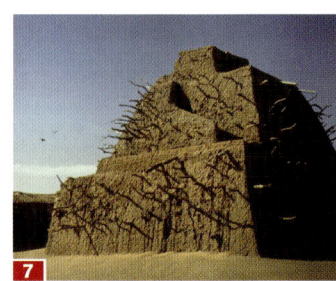

7 Grabmal des Askia Mohammed, König des Songhai-Reiches, in Gao, Mali

1464 Das Songhai-Reich wird zur führenden Macht im Sudan   **16. Jh.** Ausbreitung des muslimischen Großreiches Songhai   **1557** Jesuitenmission in Äthiopie

ab 1491 Kongo wird erstes christliches Königreich in Afrika   **1498** Ankunft der Portugiesen in Afrika   **1527–43** Überfälle der Muslime aus Adal auf Äthiopien

■ Bornu, die Westküste und Äthiopien

Bornu wurde ein mächtiges islamisches Reich, während die Westküste unter die Handelskontrolle der europäischen Mächte geriet. Äthiopien vermochte sein selbstständiges Christentum weitgehend zu bewahren.

9 Schloss an der Goldküste, dem heutigen Ghana (Kupferstich, um 1750)

8 Lederschild aus Äthiopien

in Afrika. Ab dem 16. Jh. nahmen sie – obwohl weiterhin auf politische und **⑩** kulturelle Eigenständigkeit bedacht – die Hilfe der Portugiesen im Kampf gegen den Islam in Anspruch und besiegten so 1543 die Muslime des Reiches von Adal im nördlichen Somaliland, die seit 1527 Äthiopien mit Raubzügen heimgesucht hatten.

Obwohl Claudius und seine Nachfolger die Eigenständigkeit des äthiopischen Christentums betonten, durften ab 1557 Jesuiten im Land missionieren. Der Übertritt des Negus Za Dengel 1605 und des Negus Susneus 1622 zum Katholizismus führte jeweils zu blutigen Volksaufständen, bis Negus Fasilidas die Jesuiten und Katholiken bei Todesstrafe ausweisen ließ. Unter Jasus I., dem Großen, erreichte Äthiopien an der Wende zum 18. Jh. noch einmal einen politischen und kulturellen Höhepunkt, versank aber anschließend durch Palastintrigen und Einfälle der Nachbarvölker in Anarchie und zerfiel in Lokalreiche. Dieser Zustand wurde erst 1855 durch Twodoros II. beendet.

Am Tschadsee löste das aufstrebende Reich von Bornu unter Ali Dunamani, der ab 1472 regierte, das niedergehende Reich von Kanem ab. Mit seiner gepanzerten Reiterei dehnte Ali das Reich nach allen Seiten aus und betrieb Handel mit Nord- und Westafrika. Idris II. setzte im beginnenden 16. Jh. die Expansions- und Handelspolitik fort, die während der Regierungszeit Idris Aloomas 1580–1617 ihren Höhepunkt fand: Nordkamerun, Nordnigeria und sogar die Yoruba-Staaten standen unter dem Einfluss Bornus, der jedoch im 17. Jh. zurückging. In den Haussa- und den Fulbe-Staaten, die ihre Selbstständigkeit weitgehend wahren konnten, war seit dem 16. Jh. der Islam auf dem Vormarsch.

Um die Handelswaren der westafrikanischen Länder entstand ein Konkurrenzkampf zwischen den europäischen Großmächten, in dem sich schließlich Briten und Franzosen durchsetzten. Im 18. Jh. kontrollierten die Briten den Handel in Sierra Leone, Gambia und an der Goldküste (heute Ghana), die Franzosen in Französisch-Guinea, im Senegal und an der Elfenbeinküste. Togo, **⑨** Ghana, Kongo, Nigeria und Angola waren Zentren des Ebenholzhandels.

In Äthiopien **⑧** bekämpften die christlichen Kaiser seit dem 14. Jh. verstärkt das Vordringen des Islam

10 Gastmahl, bei dem Wein aus runden Tonkrügen getrunken wird (äthiopische Buchmalerei, 17. Jh.)

Die Niederländische Westindien-Kompanie

Ebenso wie in Südostasien wurden die Portugiesen nach 1600 auch in Afrika von den Niederländern bedrängt. 1637 vertrieb die Niederländische Westindien-Kompanie die Portugiesen aus El Mina an der Goldküste, übernahm den dortigen Sklavenhandel und schloss eigene Verträge mit den Fanti-Häuptlingen der Küste. 1641 besetzten die Holländer die Insel Loanda in Angola und konnten 1648 nur mit Waffengewalt von den Portugiesen aus Angola vertrieben werden. Schließlich kam es zu einem weitgehend friedlichen Handelsausgleich zwischen Portugiesen und Niederländern.

Dirck Wilre, Generaldirektor der Westindischen Kompanie, an der Südküste Afrikas (Gemälde von Pieter de Wit, um 1669)

DIE ALTAMERIKANISCHEN REICHE UND DIE EROBERUNG DURCH DIE EUROPÄER UM 1500–1800

Die regional zersplitterten späten ❶ Mayakulturen und die Azteken und Inka bildeten – oft erst im 15. Jh. – große und effektiv verwaltete Reiche in Mittel- und Südamerika. Ihr vollständiger Zusammenbruch durch die spanische Eroberung im 16. Jh. mag mit der ungeheuren Konzentration auf die sakrale Macht des Herrschers zusammenhängen, dessen sich die Konquistadoren bemächtigten. Unter spanisch-portugiesischer Herrschaft waren es v. a. Ordensmissionare, die die Indianer bekehrten, aber auch für ihre Rechte stritten. Zusätzlich wurden schwarzafrikanische Sklaven in die Neue Welt gebracht und ausgebeutet. Unter Führung der Jesuiten wurden in einigen Grenzregionen weitgehend selbstverwaltete Missionssiedlungen für die Indianer errichtet.

1 Weihrauchgefäß der Maya-Kultur in Gestalt des Regengottes Chac (bemalter Ton)

16.–18. Jh.

Frühe Neuzeit

■ Das Reich der späten Maya

Die Stämme der späten Mayakultur zerfielen im 15. Jh. in viele autonome Gebilde, die sich in politischen Kämpfen gegenseitig schwächten und im 16. Jh. von den Spaniern eingenommen wurden.

Die klassische Mayakultur („Altes Reich") mit ihren Tempelstädten hatte sich bereits um 300 entwickelt. Um 1000 entstand in Yucatán das „Neue Reich" der Maya unter Führung der von Campeche eingewanderten Tolteken. Ihnen schlossen sich andere Stadtreiche an. Gegen 1200 übernahm die von Mexiko beeinflusste Dynastie der Cocom von

Mayapán die Vorherrschaft, gegen deren harte Herrschaft sich 1441 einige Mayavölker unter Führung der Xiu von ❷ Uxmál erhoben. Eine politische Einigung Yucatáns kam nicht mehr zustande; 18 kleine Stadtstaaten befehdeten sich untereinander, Epidemien und Naturkatastrophen schwächten die Staaten zusätzlich bis zur Ankunft der Spanier.

Im Hochland von Guatemala bestanden gegen Ende des

15. Jh. die toltekisch beeinflussten Staaten der ❸ Quiché mit der Hauptstadt Utatlán, der Cakchiquel mit Iximché und der Tzutujil mit Atitlán. Toltekenvölker besiedelten auch Nicaragua, Nordwest-Honduras und El Salvador.

Trotz des politischen Niedergangs war die ❹ Kultur der Maya auch in der Spätzeit noch hoch entwickelt. Sie benutzten eine ❺ Hieroglyphenschrift, kannten die Zahlenschreibung und hatten einen Kalender entwickelt, der genauer berechnet war als der (ursprüngliche) Gregorianische Kalender des 16. Jahrhunderts. Die Menschen lebten in bevölkerungsreichen Städten mit Steinhäusern und gepflasterten Wegen. Überschüsse beim Maisanbau erlaubten künstlerische und handwerkliche Tätigkeiten. Die Gesellschaft war hierarchisch aufgebaut: Adel und Priesterschaft bildeten die Oberschicht, Sklaven wurden durch Kriegszüge oder Schuldknechtschaft gewonnen. Es existierte ein ausgedehnter Fernhandel, doch Metall und Wagen waren den Maya unbekannt. Begünstigt durch die politische

Landwirtschaft in Uxmál

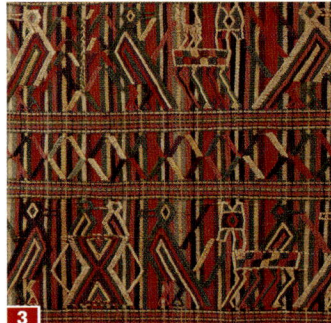

3 Schultertuch mit Tiermotiven der Quiché-Indianer

Zersplitterung, konnten die Spanier das Hochland von ❻ Guatemala bereits in den 1520er-Jahren und Yucatán in den 1540er-Jahren erobern, während sich das guatemaltekische Tiefland bis 1697 dem Zugriff der Spanier entzog.

6 Halskette aus zehn Jaguarmasken aus Guatemala (1200–1500)

4 Tempelanlage der Maya in Yucatán (erbaut zwischen dem 11. und 13. Jh.)

5 Der sog. Codex Tro-Cortes, ein Wahrsagekalender (entstanden im 14. Jh. vermutlich in Yucatán, mit der Hieroglyphenschrift der Maya)

■ Das Reich der Azteken

Im Bund mit anderen Städten errichteten die Azteken von Tenochtitlán aus im 15. Jh. ein mächtiges Reich, wurden jedoch im 16. Jh. in kurzer Zeit von den spanischen Eroberern unterworfen.

Die Azteken wanderten um 1250 von Norden her in Zentralmexiko ein. Zunächst Vasallen der Tepaneken, wurden sie nach 1300 stetig mächtiger. Um 1375 gründeten sie die Hauptstadt ❶ Tenochtitlán und rebellierten 1428 gegen die Herrschaft der Tepaneken, deren Reich sie 1430 im Bündnis mit

7 Aztekische Krieger (indianische Zeichnung aus der „Historia de las cosas de Nueva")

10 Moctezuma II.

den Stadtstaaten von Texoco und Tlatelolco zerstörten. Die Herrscher Moctezuma I., Axayacatl und Ahuitzotl ❼ dehnten das Reich nach Nordosten aus und machten im Süden nahezu alle Völker tributpflichtig. Sie erklärten sich zu den Erben der Tolteken und identifizierten ihren ❾ Kriegsgott Huitzilopochtli mit dem Sonnengott, womit sie ihre Eroberungspolitik ❽ religiös legitimierten. Das Aztekenreich war kein geschlossener Staat, sondern erhielt den Bund mit den Partnerreichen aufrecht, wobei alle drei von den ungeheuren Tributen und Kriegssklaven profitierten, die die unterworfenen Völker abliefern mussten, wenn sie eine gewisse Selbstständigkeit behalten wollten. Zur Zeit der spanischen Eroberung bestand das Großreich aus 38 Stadtprovinzen.

Unter ❿ Moctezuma II. Xocoyotzin, seit 1502 auf dem Thron, gelangte das Reich zu seinem Höhepunkt, der jedoch bald schon überschritten war. Moctezuma unterwarf die Mixteken im Hochland von Oaxaca und gliederte 1516 das Bündnisreich von Texoco an. Er ließ Tenochtitlán zur prächtigsten Stadt Amerikas ausbauen, in der ca. 200 000 Ein-

wohner lebten. Ein starres und religiös aufgeladenes Hofzeremoniell ließ den Herrscher weit über dem Volk stehen. Die Gesellschaft war streng hierarchisch gegliedert und der Adel erblich, doch konnten verdiente Krieger auch in die Adelskaste aufsteigen.

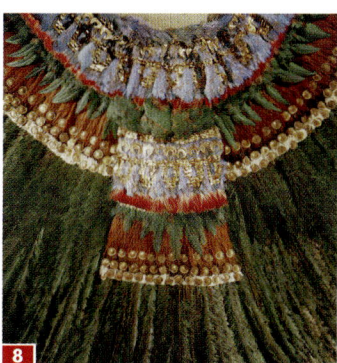

8 Federkrone eines aztekischen Priesters aus dem frühen 16. Jh.

9 Der aztekische Kriegsgott Huitzilopochtli (Federlithografie)

1519 empfing Moctezuma die ⓬ Spanier unter Hernán Cortés freundlich, da angeblich eine Weissagung die Wiederkunft des Gottes Quetzalcoatl angekündigt

Menschenopfer

Dem Kriegs- und Sonnengott der Azteken Huitzilopochtli – der Name bedeutet „Kolibri zur Linken" – wurden auf den steinernen Sonnenaltären der Tempelplattformen regelmäßig blutige Menschenopfer durch Herausschneiden des Herzens bei lebendigem Leib dargebracht. Den zeitgenössischen Berichten zufolge kann man davon ausgehen, dass in den letzten Jahren des Aztekenreiches jährlich etwa 20 000 Menschen geopfert wurden. Die meisten waren vorher durch Rauschgetränke weitgehend betäubt worden.

oben: Menschenopfer auf dem Sonnenaltar in Tenochtitlán

hatte. Doch Cortés nahm Moctezuma gefangen und benutzte ihn, um das Volk zu beruhigen, das gegen die ⓭ Zerstörung ihrer religiösen Stätten durch die Spanier aufbegehrte. Dabei wurde Moctezuma 1520 getötet und das Reich 1521 durch die Spanier erobert.

(rechter Randtext, vertikal) 16.–18. Jh.   Frühe Neuzeit

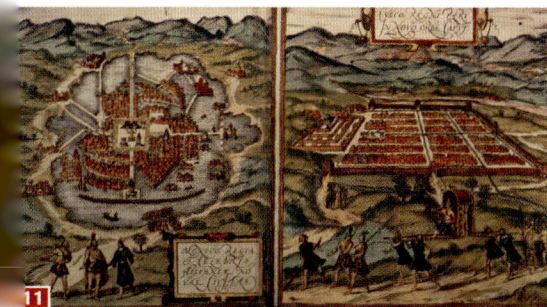

11 Ansichten der aztekischen Hauptstadt Tenochtitlán (links) und der Inka-Stadt Cuzco (rechts)

12 Hernán Cortés mit seinem Gefolge auf dem Weg zu Moctezuma (mexikanische Bilderhandschrift)

13 Hernán Cortés und seine Gefolgsleute stürzen die Götterbilder der Azteken, 1520

441 | Erhebung der Xiu von Uxmál   1520 | Tod Moctezumas II.   1521 | Spanische Eroberung des Aztekenreichs

1519 | Landung der Spanier unter Hernán Cortés   1520er | Spanische Eroberung des Hochlands von Guatemala   1540er | Spanische Eroberung von Yucatán

Frühe Neuzeit 16.–18. Jh.

Aufstieg und Verwaltung des Inkareiches

Von Cuzco (Peru) aus bauten die Inkas im 15. Jh. das größte Reich Altamerikas auf und gaben ihm eine streng zentralistische Staatsverwaltung, die nahezu alle Lebensbereiche organisierte.

In den Zentralanden (Peru, Bolivien) folgte auf den Zusammenbruch der Tiahuanaco-Kultur um 1100 ein Aufstieg lokaler Küstenkulturen, die sich in eine Vielzahl von Kleinstaaten aufteilten. Unter ihnen gewannen alsbald die im Tal von Cuzco ansässigen Inka die Vorherrschaft, die ihrer eigenen Überlieferung zufolge unter dem (weitgehend mythischen) Herrscher Manco Capac um 1200 vom Titicacasee her eingewandert waren. Inka war wohl ursprünglich der Name der herrschenden Familie, dann der Titel des Herrschers und schließlich der Name für das Volk. Der 9. Inka Pachacutec Yupanqui, seit ca. 1438 an der Macht, begann die planmäßige militärische Expansion und schuf die

Kopfschmuck aus geflochtenem Lamahaar mit Federschmuck (15./16. Jh.)

Grundlagen für die Verwaltung des Inkareiches. Die Hauptstadt Cuzco wurde ausgebaut, Städte mit ❹ monumentalen Kultbauten wie ❷ Machu Picchu entstanden. ❸ Tupac Yupanqui eroberte das bolivianische Hochland und stieß bis Nordwestargentinien vor, unterwarf die Küstengebiete mit dem Chimú-Reich und dehnte das Reich bis nach Chile aus. Unter Huayna Capac erreichte das Reich Anfang des 16. Jh. politisch wie ❶ kulturell seinen Höhepunkt. Das „Reich der vier Weltgegenden" war das gewaltigste Imperium in Altamerika und kolonisierte die umliegenden Völker.

Der Staat war zentralistisch verwaltet; seine Wirtschaftsordnung wird oft als früher „Staatssozialismus" bezeichnet. An der Spitze stand der als Sohn der ❺ Sonne verehrte ❻ Herrscher als Sapa Inka („Oberster Inka"). In der strengen Hierarchie des Reiches bildete der Adel das eigentliche Inkavolk, während die unterworfenen Völker zu Dienstleistungen herangezogen wurden. Alle Untertanen waren zu Verwaltungseinheiten zusammengefasst und hatten bestimmte Arbeits- und Militärleistungen zu erbringen; alle Arbeit war dem Staatswohl untergeordnet. Mit Hilfe von Knotenschnüren, sog. ❼ Quipu, wurde über alles in statistischen Ämtern Buch geführt. Ein gut ausgebautes System gerader Straßen diente dem Transport von Truppen, Nachrichten und Gütern, doch kannten die Inkas weder Wagen noch Pferde. Hoch

Die Ruinenstadt Machu Picchu, Peru

Tupac Yupanqui auf dem Thron mit seiner Gemahlin (Fantasieporträt nach einer Beschreibung, 1870)

entwickelt war die Verarbeitung von Edelmetallen und des Kupfers. Zur Vereinfachung der Verwaltung wurde eine einheitliche Verkehrssprache (Quechua) durchgesetzt. Den Einwohnern standen auf verschiedenen Ebenen zahlreiche Beamte gegenüber, die für die Kontrolle aller Lebensbereiche zuständig waren.

Kultanlage für Sonnenbeobachtung und den Sonnenkult der Inka in Machu Picchu

Sonnenopfer der Inkas (kolorierter Kupferstich, 17. Jh.)

Thronender Inka (Holzschnitt, 16. Jh.)

Quipu der Inka (um 1430–1532)

Die Wirtschaftsordnung und das Ende des Inkareiches

Der Agrarkollektivismus verdeutlicht die straffe Verwaltung des Reiches, doch die Passivität der Massen und ein Bürgerkrieg begünstigten die rasche Eroberung durch spanische Konquistadoren.

Grund und Boden gehörten der Dorfgemeinschaft, die den einzelnen Familien je nach Größe bestimmte Anbauflächen zuteilte. Jede Familie konnte von ihren Ernteerträgen leben, die Gemeinschaften mussten jedoch für den Unterhalt des Herrschers, der Kultanlagen und der Priester Arbeitsleistungen erbringen sowie gemeinsam die Felder für die alten, kranken und arbeitsunfähigen Personen der Gemeinschaft bestellen. Wälder und Weiden standen allen Mitgliedern der Gemeinschaft zur Verfügung, Haus und Hof blieben Familieneigentum. Ernteüberschüsse wurden abgeliefert und in eigenen Staatsspeichern für Notzeiten aufbewahrt. Die Landwirtschaft blühte durch ❽ Terrassen- und Bewässerungssysteme und die Verwendung von Dünger, v. a. Guano, doch spielten auch Viehhaltung (Lamas) und die Küstenfischerei eine bedeutende Rolle. Die göttliche Verehrung des Herrschers und seines Staates führte zu einer Unterwürfigkeit und Passivität des Volkes, das den Spaniern später die Eroberung erleichterte.

Um 1527 starb der Inka Huayna Capac, ohne seine Nachfolge zu regeln. Sowohl sein ältester Sohn

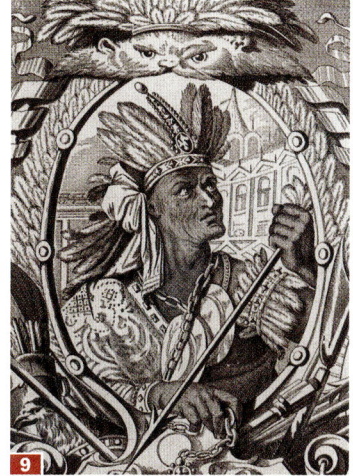

Atahualpa

Huáscar in Cuzco als auch sein Lieblingssohn ❾ Atahualpa in Quito erhoben Anspruch auf den Thron. Ein jahrelanger Bruderkrieg schwächte das Reich, bis Huáscar 1532 von Truppen seines Bruders gefangen genommen und ermordet wurde. Diesen Bürgerkrieg nutzten die Spanier unter Francisco Pizarro ab 1531 zur Eroberung des Inkareiches. 1532 nahm Pizarro den siegreichen Atahualpa ❿ gefangen und ließ ihn 1533 erdrosseln, womit der Staat ohne obersten Inka gelähmt war und in wenigen Jahren nahezu vollständig erobert werden konnte. In der Grenzprovinz Vilcabamba wurde jedoch der Widerstand gegen die Spanier seit 1536 unter Führung eines Angehörigen des Herrscherhauses, Manco Capac II., den die Spanier 1533 selber eingesetzt hatten, fortgeführt. 1545 wurde Manco Capac II. ermordet, doch die Region Vilcabamba, Rückzugsgebiet der Inka, konnte noch bis 1572 Widerstand leisten. Ein letzter Aufstand der Inkas 1565 scheiterte in dem Versuch, die alte Religion wiederherzustellen, doch hielt sich eine ⓫ eigenständige Kultur und es gab noch im 18. Jh. lokale Bestrebungen, das alte Inkareich wieder auferstehen zu lassen.

Bewässerung der Terrassenfelder der Inka-Kultur (Holzschnitt, um 1560/99)

Der Aufstand gegen die Spanier 1780/81

Durch die Reformen des 18. Jh. hatte sich die Ausbeutung der indianischen Bevölkerung noch verstärkt. Dagegen erhob sich die Bevölkerung in Peru 1780/81 unter Tupac Amaru, einem Nachkommen der Inka. Der Aufstand wurde schließlich von den Spaniern niedergeschlagen, doch die Corregidores durch „Intendanten" ersetzt. Diese ließen den Indianern mehr Eigenständigkeit.

16.–18. Jh.

Frühe Neuzeit

Die Gefangennahme des Atahualpa durch Pizarro 1532

Ritueller Trinkbecher im Inka-spanischen Mischstil (um 1650)

■ Die Herrschaft Spaniens und Portugals in Amerika

Nach 1500 wurde die „Neue Welt" von Spaniern und Portugiesen kolonisiert. Infolge von Seuchen, Kriegen und Ausbeutung gab es weniger Indianer und man holte schwarze Sklaven nach Amerika.

1 Erste Landung des Kolumbus 1498

4 Cortés erobert Mexiko (Farblithografie nach mexikanischer Handschrift)

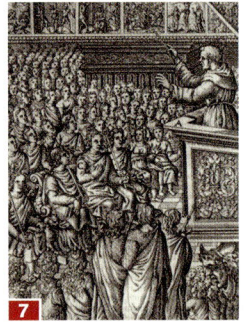

2 Francisco Pizarro (Kupferstich, 1673)

Nach der Entdeckung der Neuen Welt begannen Spanier und Portugiesen mit der Inbesitznahme. 1498 landete ❶ Kolumbus erstmals auf dem Festland (Venezuela). 1499 erkundete Amerigo Vespucci die Küste Kolumbiens. Danach wurde der Kontinent durchstreift und erobert: 1519–1521 Mexiko durch ❸, ❹ Hernán Cortés, 1531–1534 Peru durch ❷ Francisco Pizarro, 1536 Paraguay und 1538 Bolivien, ab 1540 Chile. 1535 ernannte Karl V. ❺ Antonio de Mendoza zum ersten Vizekönig von Neuspanien (Mexiko, Mittelamerika), und 1543 wurde

schen Theologen lange umstritten blieb. Inzwischen waren die ❻ Portugiesen 1500 unter Pedro Alvares Cabral in Brasilien gelandet und errichteten Handelsfaktoreien. Ab den 1530er-Jahren unternahm die Krone von Portugal eine gezielte Kolonisationspolitik und ließ Brasilien ab 1549 durch einen königlichen Generalgouverneur verwalten.

In den spanischen Gebieten erkannte die Krone den Landbesitz der Indianer an und entwarf strenge Ordnungen zum Aufbau der Städte und Siedlungen, betrachtete aber den Handel und die Wirtschaft der Überseeprovinzen in erster Linie als Versorgungsbasis für das Mutterland. ❼ Ordensmissionare bekehrten die Indianer – nicht immer friedlich – zum Christentum, schützten sie aber auch vor der ❽ Willkür der Eroberer. 1542 setzten sie ein gesetzliches Verbot der Versklavung von Indianern durch und Kaiser Karl V. erließ unter dem Einfluss des Dominikaners Bartolomé de las Casas, des „Apostels der Indianer", die „Neuen Gesetze" (Leyes Nuevas), die verbesserte Rechte der Indianer und ihre Befreiung von Zwangsarbeit vorsahen. Begleitet wurde dieser gutgemeinte Akt von der eifrig betriebenen Einfuhr ❾ schwarzafrikanischer Sklaven zur Bewirtschaftung der Plantagen in Südamerika und den Karibischen Inseln. Nachdem zunächst ganze Völkerstämme

6 Kampf zwischen Indianern und Portugiesen 1548/55 (kolorierter Kupferstich)

7 Missionierung von Indios durch einen Franziskaner

das Vizekönigreich Peru, das ursprünglich das ganze spanische Südamerika einschließlich Panama umfasste, gegründet. Die frühen Konquistadoren verbanden ihre Eroberungen mit dem kirchlichen Rechtstitel der „Heidenmission", der auch unter katholi-

3 Hernán Cortés (Gemälde, 16. Jh.)

5 Antonio de Mendoza (Gemälde, 1786)

der Indianer durch eingeschleppte Virusinfektionen der Europäer ausgelöscht worden waren, kam es in der Folgezeit zur Vermischung der in der Neuen Welt geborenen Weißen (Kreolen) sowohl mit den Indianern (Mestizen) als auch mit den Schwarzen (Mulatten). In allen Ländern bildeten die Weißen jedoch nach wie vor die Herrenschicht.

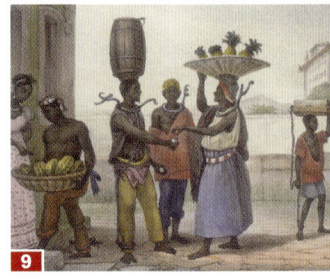

9 Schwarze Sklaven auf Besorgungsgängen in Brasilien

8 Spanische Eroberer treiben Indianer mit Waffengewalt zur Arbeit an (kolorierter Kupferstich, 1596)

1498 | Kolumbus landet in Venezuela   1535 | Antonio de Mendoza erster Vizekönig von Neuspanien   1543 | Gründung des Vizekönigreichs Peru

1499 | Erkundung der kolumbianischen Küste durch Vespucci   1542 | Verbot der Versklavung von Indianern durch Spanien

Die Indianerreduktionen

Unter Leitung der Jesuiten wurden im 17. Jh. selbst verwaltete Schutzgebiete für die Indianer errichtet. Im 18. Jh. begannen die selbstbewusst gewordenen Kreolen nach der politischen Loslösung vom Mutterland zu streben.

Unter Las Casas, seit 1544 Bischof von Chiapas, entwickelten die ⑩ Dominikaner mit der ⑪ Bekehrung der Indianer im Urwald Guatemalas neue Kolonisierungsmodelle und gründeten Missionssiedlungen, in denen die Stammeshäuptlinge unter Anerkennung des Königs von Spanien im Amt blieben. Später entstanden ähnliche Schutzgebiete auch in Mexiko. Schutzbestimmungen für die Indianer wie Entlohnung, feste Arbeits- und Ruhezeiten wurden von den weltlichen Verwaltungen oft nicht eingehalten. Königliche Instruktionen versuchten sie immer wieder per Gesetz durchzusetzen, wurden jedoch überwiegend missachtet.

1604 ließen sich die Jesuiten die Provinz Paraguay übertragen und gründeten 1609 die Guaranireduktionen als autonom verwaltete Indianersiedlungen, aus denen der „Jesuitenstaat" Paraguay entstand. Die in betreuten Siedlungen lebenden Indianer bewirtschafteten zwei bis drei Tage in der Woche Gemeindeland. Die

10 Dominikaner taufen Indios (Gemälde, um 1600)

Erträge finanzierten die Steuer an Spanien, aber auch Kirchenbauten und die Versorgung von Bedürftigen. Die übrigen Tage der Woche bebauten die Indianer ihr eigenes Land. Alle Kinder erhielten Schulbildung, wozu auch eine handwerkliche Ausbildung gehörte. Gegen Überfälle von Sklavenjägern aus dem benachbarten Brasilien stellten die Jesuiten ⑫ eigene Milizen auf. Reduktionen entstanden auch in Ecuador, Nordbolivien und Nordwestmexiko, verfielen jedoch nach der Ausweisung der Jesuiten aus dem spanischen Amerika (1767).

Die aufgeklärte spanische Regierung Karls III. führte in der zweiten Hälfte des 18. Jh. Reformen durch, die Wirtschaft und Steuerleistung ankurbeln sollten und wegen der Durchsetzung einer verstärkten zentralistischen Kontrolle die Kreolen bei der Äm-

11 Ausschnitt einer Bilderhandschrift aus dem 17. Jh. mit dem christlichen Glaubensbekenntnis, entwickelt von Jesuiten zur Bekehrung der Indios des Chaco (Gebiet im heutigen Paraguay und Bolivien)

terbesetzung gegenüber europäischen Spaniern weiter benachteiligten. Die kreolische Oberschicht, zunehmend mit den Ideen der Aufklärung und der Französischen Revolution vertraut, sah mit der napoleonischen Besetzung Spaniens den Zeitpunkt gekommen, sich selbst zu regieren. Zu Beginn des 19. Jh. schlug die Stunde für den Freiheitskampf unter Simón Bolívar.

Die Brüder Pizarro

Die Brüder Pizarro stehen beispielhaft für den Geist der Konquistadoren. Der Eroberer Francisco ließ sich 1529 zum Statthalter von Peru ernennen und gründete 1535 Lima. 1537/38 mit seinen Brüdern in Cuzco eingeschlossen, überwarf er sich mit dem zur Hilfe geeilten spanischen Heerführer Diego de Almagro, den er 1538 hinrichten ließ, wurde aber selber von dessen Sohn 1541 ermordet. Sein Bruder Gonzalo erhob sich 1546 gegen den spanischen Vizekönig, wurde gefangen genommen und hingerichtet. Der jüngste Bruder Hernando ging 1539 nach Spanien, um Almagros Hinrichtung zu rechtfertigen, kam aber bis 1560 in Haft.

Die Gefangennahme des Gonzalo Pizarro

12 Indios hindern einen spanischen Offizier am Betreten der jesuitischen Mission (von Indios gefertigte Holzintarsie, 17. Jh.)

16.–18. Jh.

Frühe Neuzeit

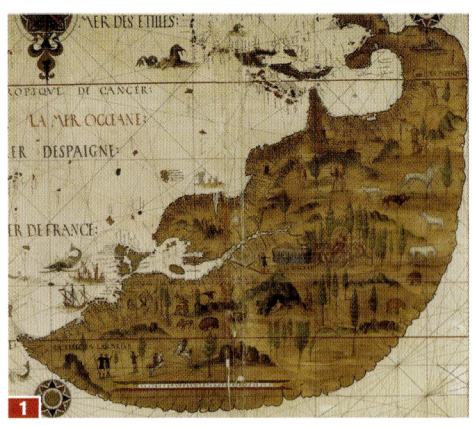

NORDAMERIKA BIS ZUR GRÜNDUNG KANADAS UND DER USA 1497–1789

Die Konkurrenz der Briten und Franzosen um die ❶ Besiedlung Nordamerikas führte mehrfach zu militärischen Auseinandersetzungen, bei denen die Briten letztlich die Oberhand behielten und auch Kanada, das von Anfang an französisch besiedelt worden war, für sich gewannen. Britische Siedler, v. a. Angehörige der streng religiösen Puritaner, hatten seit Anfang des 17. Jh. im Nordosten der heutigen USA Kolonien gegründet („Neu-England"), die schon bald eine wirtschaftliche und kulturelle Eigenständigkeit entwickelten. Wachsendes politisches Selbstbewusstsein führte zu immer stärkerer Gegenwehr gegen die Bevormundung durch das Mutterland und gipfelte 1776 in der Unabhängigkeitserklärung der Vereinigten Staaten von Amerika.

16.–18. Jh.

Frühe Neuzeit

■ Der Kampf um die Küsten und die beginnende Kolonisierung Nordamerikas

An den Küsten Amerikas wurde der Kampf um die Seeherrschaft zwischen Großbritannien und Spanien ausgetragen. Im Norden begannen Briten und Franzosen im 17. Jh. mit der Errichtung dauerhafter Siedlungen.

Während Spanier und Portugiesen Mittel- und ❺ Südamerika eroberten, setzten sich Briten und Franzosen an den Küsten Nordamerikas fest. Die karibischen Inseln, die Antillen und Teile der mittelamerikanischen Küsten blieben bis zur Gründung der USA unruhige und ❹ zwischen den Kolonialmächten umkämpfte Gebiete, von denen aus Freibeuter Kaperfahrten unternahmen und eigene „Freibeuterstaaten" mit teilweise erstaunlicher Organisation errichteten. Am berühmtesten wurde ❷ Henry Morgan, der mit seinen von England unterstützten „Filibustiers" 1671 das spanische Panama besetzte und plünderte; 1674 wurde er stellver-

❷ Sir Henry Morgan, Piratenführer und Vizegouverneur von Jamaika (Kupferstich)

tretender Gouverneur von Jamaika in englischen Diensten.

Die Erkundung der nordamerikanischen Küsten zog sich über ein Jahrhundert hin, bis Franzosen (1604) und Engländer (1607) die ersten dauerhaften Siedlungen errichteten. Bereits 1497 erreichte der Italiener Giovanni Caboto unter englischer Flagge die Küste Labradors, rund 40 Jahre später segelte Jacques Cartier im Auftrag des französischen Königs den St.-Lorenz-

Strom hinauf (S. 342). 1584 nahm der britische Freibeuter Walter Raleigh die gesamte atlantische Küste zwischen 35. und 45. Breitengrad für England in Besitz und nannte das Gebiet zu Ehren der „jungfräulichen Königin" Elisabeth ❸ „Virginia". Zwei britische Kompanien, vorwiegend Kaufleute, erhielten 1607 die königliche Erlaubnis, das Land zu besiedeln. Wenig später erforschte der Brite Henry Hudson weiter die Ostküste Amerikas, während der französische Pater Jacques Marquette und der Pelzhändler Louis Jolliet 1673 erstmals weiter ins Landesinnere vordrangen und das Missis-

❸ Erste englische Siedlungsversuche in Virginia 1584/85 (Kupferstich, 1590)

sippital bis Arkansas erkundeten. Handelsposten und Missionsstationen legten den Grundstein zur französischen Besiedlung des Gebietes „Louisiana", das sich nördlich bis an die Grenze Kanadas und westlich bis zu den Rocky Mountains hin erstreckte.

❹ Seeschlacht der englischen Flotte gegen die französische Flotte bei Domenica in der Karibik, 1782

❺ Seekarte des südlichen Atlantiks mit den angrenzenden Kontinenten Südamerika und Afrika (Zeichnung, um 1519)

■ Die Erschließung der Staaten von Neuengland im 17. und 18. Jh.

Die frühen britischen Kolonien wurden durch private Siedler, v. a. die in England religiös verfolgten Puritaner erschlossen. Pioniergeist und strenge Arbeitsethik führten bald zu wirtschaftlichen und kulturellen Erfolgen. 1636 wurde mit ❶ Harvard die erste Universität gegründet.

6
Kämpfe zwischen Indianern

❸ „Neu-England", das Gebiet der heutigen Bundesstaaten Maine, New Hampshire, Vermont, Massachusetts, Rhode Island und Connecticut, war die Keimzelle der britischen Besiedlung Amerikas. 1620 brachen die ersten 100 ❾ „Pilgrim fathers" (Pilgerväter) nach Übersee auf. Sie waren von der englischen Staatskirche unterdrückte Puritaner, und Amerika erschien ihnen als das „Gelobte Land", wo sie frei nach den Grundsätzen des puritanischen Christentums leben konnten – ein Selbst-

11 Emblem am Haupteingang zur Harvard University

verständnis, das die britischstämmigen Amerikaner noch lange prägen sollte. Die Passagiere der ❷ „Mayflower" landeten am Kap Cod und gründeten dort die Kolonie Plymouth. Es folgten die Gründungen New Hampshire, Connecticut, Rhode Island; bes. Massachusetts wurde ab 1630 durch Masseneinwanderung von Puritanern („Great Migration") großflächig besiedelt. Zur planmäßigen Landerschließung verlieh die britische Regierung Kapitalgesellschaften wie auch Einzelpersonen Freibriefe zur Kolonisation, die sog. „Charters".

Die zwischen Neuengland und den südlicheren britischen Kolonien liegende, 1626 gegründete Kolonie Neu-Niederlande wurde 1664 von den Engländern besetzt (1667 offiziell übertragen) und die Stadt Neu Amsterdam in ❿ New York umbenannt. Einen Teil des Gebiets New Jersey kaufte der Quäkerführer William Penn, der 1681 auch das zu Ehren seines Vaters so benannte „Pennsylvania" erwarb, sowie ein Jahr später Delaware.

12 Die Fahrt der Mayflower

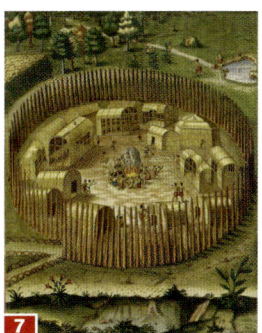

7
Indianerdorf im heutigen Bundesstaat North Carolina

1732 wurde die letzte Eigentümerkolonie „Georgia" – nach König Georg II. – gegründet. Damit war die Ostküste fest in britischem Besitz.

Zunächst versuchten die Siedler mit den ❼ Indianern durch Verträge eine friedliche Koexistenz zu sichern, doch beständige Kolonie-Erweiterungen, gegenseitiges Misstrauen und Vertragsbrüche bedingten 1636 einen ersten Krieg, in dem der Stamm der Pequote fast gänzlich vernichtet wurde. Dies war der Auftakt zu einem jahrhundertelangen Ausrottungsfeldzug, bei dem die weißen Siedler auch die ❻ Fehden der Indianer untereinander nutzten, indem sie sich mit den Feinden des ihnen jeweils missliebigen Stammes verbündeten. Da die Indianer sich in seltensten Fällen zur Knechtschaft unterwerfen ließen, die Urbarmachung des Landes aber viele Arbeitskräfte erforderte, wurden bereits 1619 erste Schwarzafrikaner

8
Landschaft in Neuengland (Gemälde von Frederic Edwin Church, 1851)

9
Landung der „Pilgerväter" in Amerika

10
Stadtansicht von New York (Kupferstich, 1776)

von britischen Privatleuten nach Neuengland gebracht. Der erbliche Sklavenstatus entwickelte sich erst später, zunächst betrachtete man die Afrikaner als „Knechte auf Zeit". Auch weiße Siedler kamen, allerdings freiwillig, als „indentured servants" nach Amerika und leisteten Arbeitsdienst, bis sie ihre Schiffspassage abbezahlt hatten.

William Penn

Als Quäker wurde William Penn in England verfolgt, behielt aber als Sohn des königstreuen Admirals Sir William Penn großen Einfluss bei Hofe. Er konnte die Regierung dazu bewegen, ihm in der Neuen Welt Gebiete zu übertragen, wo er als „Heiliges Experiment" Kolonien friedlicher Quäker-Gemeinschaften gründete. Seine Versuche der Gründung eines Völkerbundes für Europa (1693) und der Vereinigung aller nordamerikanischen Kolonien (1697) waren ihrer Zeit weit voraus und scheiterten.

16.–18. Jh.

Frühe Neuzeit

Kanada und der Widerstand der Staaten von Neuengland gegen die Krone

Im Kampf um die Kolonien verlor Frankreich 1763 seine Besitzungen in Kanada an Großbritannien. In Neuengland formierte sich nach 1765 Widerstand gegen die britische Bevormundung.

Die französische Besiedlung konzentrierte sich v. a. auf den Norden: 1603 begann der französische Offizier ❶ Samuel de Champlains mit der Erschließung des Gebietes um den ❸ St.-Lorenz-Strom, nannte es „Neu-Frankreich" und gründete 1608 Quebec. Mit der Niederlage im „Queen Anne's War" (Spanischer Erbfolgekrieg; S. 280) verlor Frankreich 1713 auch Neufundland, Akadien und die Gebiete an der Hudson Bay an Großbritannien. Der Versuch der Briten, auch das Territorium Ohio zu besetzen, führte

Samuel de Champlains

Frankreich Louisiana östlich des Mississippi an Spanien sowie seinen Kolonialbesitz in Kanada an Großbritannien abtreten. So kam es zu der bis heute bestehenden Zweisprachigkeit in Kanada. Der 1774 erlassene „Quebec Act" sicherte u. a. den katholischen Frankokanadiern Religionsfreiheit zu. Als nach dem Ende des Sezessionskrieges ein weiterer Zustrom britischstämmiger Siedler nach Kanada kam, wurde das Land 1791 im „Canada Act" geteilt, in das vorwiegend englische Oberkanada (Hauptstadt: Ontario) und das französi-

sche Unterkanada (Hauptstadt: Quebec). Als 1812–1814 noch einmal die USA gegen Großbritannien kämpften, waren die britischen Kolonien in Kanada bedroht, konnten von den Kanadiern jedoch verteidigt werden.

Im britisch-französischen Kolonialkrieg (1755–1763) hatte ❷ Neuengland zwar loyal auf Seiten der Briten gestanden, doch die eigene Wirtschaftskraft hatte das Selbstbewusstsein gestärkt, und durch Generationen von in Amerika geborenen Kolonisten war die Bindung zum Mutterland lockerer geworden. Man wollte es nicht akzeptieren, dass König Georg III. nun mit Steuererhöhungen in den Kolonien versuchte, seine durch den Krieg gegen Frankreich entstandenen Staatsschulden auszugleichen. Da die Kolonien selbst nicht im Parlament vertreten waren, betrachteten sie solche Maßnahmen als illegitim. Besonders erbitterten sie die hohen Einfuhrzölle auf Waren

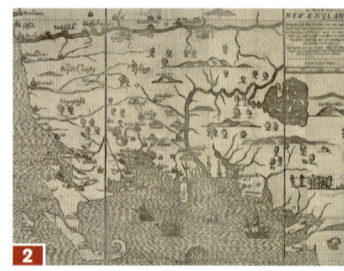
Landkarte von Neuengland (Holzschnitt, 1677)

aus dem britischen Mutterland. Höhepunkt ihres Protests war 1773 die ❻ „Boston Tea Party", bei der als Indianer verkleidete Siedler ein britisches Schiff im Hafen von Boston stürmten und die Teeladung ins Hafenbecken warfen. Als Strafmaßnahme suspendierte das britische Parlament die Verfassung von Massachusetts.

Der französische Seefahrer Jacques Cartier befährt den St.-Lorenz-Strom 1534/42

1755–1763 zum ❹, ❺ Britisch-Französischen Kolonialkrieg, der parallel auch als Siebenjähriger Krieg in Europa geführt wurde. Im Frieden von Paris musste

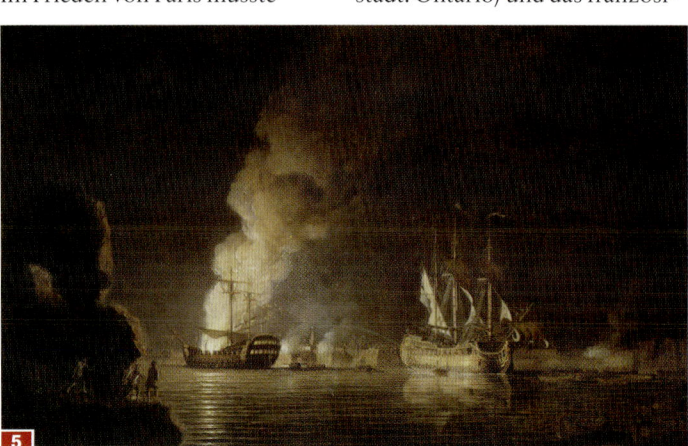
Der Tod des Generals Wolfe in der Schlacht gegen die Franzosen bei Quebec am 13. 9. 1759

Eroberung des französischen Forts Louisbourg durch die Engländer 1758

„Boston Tea Party" am 16. 12. 1773 (kolorierte Lithografie, 1846)

Seitenrand: 16.–18. Jh. / Frühe Neuzeit

1603 Erkundung des Gebietes um den St.-Lorenz-Strom   **1755–63** Britisch-Französischer Kolonialkrieg   **1773** „Boston Tea Party"   **1774** „Quebec Act"

1608 Gründung von Quebec   **1713** Frankreich verliert u. a. Neufundland, Akadien an Großbritannien   **1774** Erster Kontinentalkongress in Philadelphia

Der Amerikanische Unabhängigkeitskrieg

1776 erklärten sich die amerikanischen Kolonien für unabhängig. Bis 1783 dauerte der Kampf gegen Großbritannien, den sie mit Unterstützung der Franzosen gewannen.

Der Widerstand gegen die Zollpolitik der britischen Regierung einte die 13 britischen Kolonien, die im September 1774 den ersten Kontinentalkongress in Philadelphia abhielten. Dort beschlossen die Delegierten, keine Besteuerung ohne Zustimmung der Kolonisten zu akzeptieren, und forderten die Krone zur Wiederherstellung der Verfassung in Massachusetts auf. London antwortete mit der Entsendung von Truppen. Nach ersten Feindseligkeiten beschloss ein zweiter Kontinentalkongress der Kolonisten im Mai 1775 die Aufstellung einer eigenen Armee unter dem Oberbefehl von ❼, ❾ George Washington, dem der französische ⓫ General La Fayette und der preußische General Steuben zur Seite standen. Die schlecht ausgerüsteten, doch begeisterten amerikanischen Truppen zwangen im Oktober 1777 die britische Nordarmee bei Saratoga zur Kapitulation. Der amerikani-

7
Washington überquert den Delaware vor der Schlacht von Trenton, 1776

9
George Washington

10
Benjamin Franklin

sche Botschafter in Paris, ⓾ Benjamin Franklin, erwirkte im Februar 1778 ein Bündnis der Kolonien mit Frankreich. Mit Hilfe französischer Flotteneinheiten gelang es v. a. La Fayette im Oktober 1781, die bis dahin siegreiche britische Südarmee zur ⓬ Kapitulation zu zwingen. Der von Frankreich vermittelte Friede von Paris am 3. 9. 1783 beendete den Krieg. London musste die Unabhängigkeit der Vereinigten Staaten anerkennen und seinen Anspruch auf Oberhoheit über das gesamte Territorium zwischen den Appalachen, dem Mississippi, den großen Seen und Florida aufgeben.

Inzwischen war die Unabhängigkeit auch politisch umgesetzt worden: Am 4. bzw. 9. 7. 1776 ⓭ hatten die 13 Staaten des Bundes (Massachusetts, New Jersey, New York, Rhode Island, Connecticut, New Hampshire, Pennsylvania, Delaware, Virginia, Maryland, North Carolina, South Carolina, Georgia) in Philadelphia eine ❽ Unabhängigkeitserklärung beschlossen, die die Freiheit und Gleichheit aller Menschen betonte. Bis 1777 gaben sich 12 Staaten eine republikanische Verfassung, Massachusetts folgte 1780. In den „Articles of Confederation" (1777/81) schlossen sich die Staaten zu einer Konföderation zusammen, die den Einzelstaaten große Autonomie zusicherte. 1789 wurde, nachdem eine gemeinsame Verfassung ratifiziert worden war, George Washington zum ersten Präsidenten der Vereinigten Staaten von Amerika (USA) gewählt.

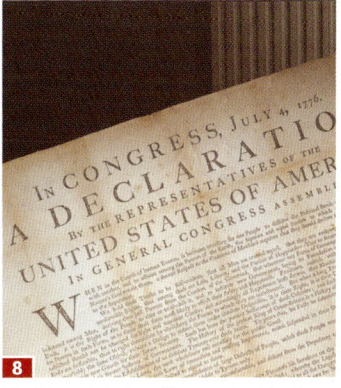

8
Unabhängigkeitserklärung der Vereinigten Staaten von Amerika, 4. 7. 1776

Artikel 1 der „Bill of Rights" von Virginia:

„Alle Menschen sind von Natur gleichermaßen frei und unabhängig und besitzen gewisse angeborene Rechte, deren sie ihre Nachkommenschaft bei der Begründung einer politischen Gemeinschaft durch keinerlei Abmachungen berauben oder zwingen können, sich ihrer zu begeben; nämlich das Recht auf Leben und Freiheit und dazu die Möglichkeit, Eigentum zu erwerben und zu behalten und Glück und Sicherheit zu erstreben und zu erlangen."

16.–18. Jh.

Frühe Neuzeit

11
La Fayettes Empfang bei Washington

12
Die Kapitulation von Yorktown am 19. 10. 1781

13
Unterzeichnung der Unabhängigkeitserklärung der Vereinigten Staaten, 1776

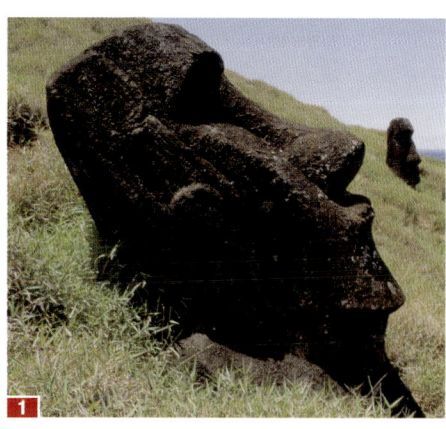

1

OZEANIEN UND AUSTRALIEN BIS ZUR ANKUNFT DER EUROPÄER 16.–18. JH.

In ❶ Ozeanien, Australien und Neuseeland konnten die Ureinwohner ihre alte Kultur sehr lange ungestört entfalten. Im 16. und 17. Jh. wurden die Inselwelt sowie Teile Australiens von den Seefahrernationen entdeckt, doch erfolgte eine genaue Erforschung erst im 18. Jh. durch die Briten. Wegen ihrer friedlichen Lebensweise und Unkenntnis des Privateigentums wurden die Bewohner der Südsee-Inseln von den Aufklärern zu „edlen Wilden" stilisiert. Nach dem Verlust der amerikanischen Kolonien erschlossen die Briten Australien als Strafgefangenenkolonie.

Moai, Statuen aus Tuffgestein auf den Osterinseln

■ Ozeanien

Die vielfältigen Kulturen der Inselwelt bildeten meist lokale Gemeinschaften und besiedelten weite Gebiete. Ab dem 16. Jh. wurden sie von den europäischen Nationen entdeckt und teilweise erschlossen.

In der Inselwelt Ozeaniens bildeten sich die Kulturen der Papua, Melanesier, Mikronesier und Polynesier aus. Ihnen gemeinsam

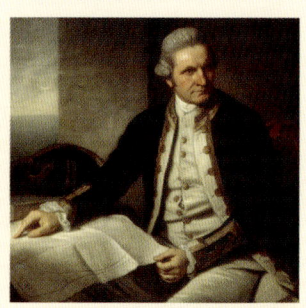

James Cook

Der letzte große Entdecker unter den Seefahrern, James Cook, erkundete auf drei Weltumsegelungen den Raum Ozeanien, Australien und Neuseeland und durchquerte 1773 auf der Suche nach dem geheimnisvollen Südland („Terra Australis") zweimal den südlichen Polarkreis. Auf seiner dritten Fahrt suchte er vergeblich nach einer nördlichen Durchfahrt vom Pazifik zum Atlantik. Im Februar 1779 wurde er auf Hawaii von Eingeborenen erschlagen.

oben: James Cook

war das Leben in ❷ dörflichen Siedlungen, die Verwendung von ❸ Steinwerkzeug, die Bodenkultivierung, Kleinviehzucht und der Fischfang. Die Gesellschaften waren meist ständisch gegliedert und von einem Häuptling bzw. König sowie einer Priesterkaste geleitet. Die Besiedlung vollzog sich über Jahrhunderte in diversen Wanderungen (austronesische Wanderungen ab 750 v. Chr.; malaio-polynesische Wanderungen ab 500 v. Chr.). Die Insel Raiatea (Gesellschaftsinseln) wurde um 700 n. Chr. zum Zentrum der polynesischen Welt. Um 900–1000 erreichten und besiedelten ❻ Polynesier die Osterinseln, Hawaii sowie Neuseeland, wo sie die Maori-Kultur begründeten. Zu Beginn des 16. Jh. begannen spani-

3 Zeremonial-Breitbeil der Maori-Häuptlinge

sche und portugiesische Seefahrer mit der Erforschung Ozeaniens. Bereits Magellan streifte 1519–1521 einige Inseln; 1526 entdeckte der Portugiese Menezes Neuguinea, spanische Seefahrer den Großteil der mikronesischen Inseln 1524–1564.

Von Peru aus erkundete der Spanier Mendaña 1595 den Südosten Melanesiens; die Hauptinseln und die Neuen Hebriden wurden von Fernandez de Quiros 1605/06

entdeckt und erforscht. Der Holländer Tasman kam 1642 nach Neuseeland, sein Landsmann Roggeveen erreichte 1722 die nach seinem Ankunftsdatum benannten Osterinseln. Auf seinen drei Weltreisen 1764–1780 bereiste James Cook 1768–1771 im Auftrag der britischen Royal Society ❺ Tahiti und umsegelte erstmals Neuseeland. 1772–1775 entdeckte er Neukaledonien und kartografierte die ❹ Neuen Hebriden.

Das Dorf Matavai auf Tahiti

4

James Cook auf den Neuen Hebriden, 1774 (Gemälde von William Hodges)

5

„Tahitianerin mit Frucht II" (Gemälde von Paul Gauguin, 1893)

6

Eine Polynesierin mit Fächer von den Tonga-Inseln (1895)

Australien bis zur britischen Kolonisierung

Die australischen Ureinwohner, die „Aborigines", bilden einen eigenständigen Kulturkreis. Im 17. Jh. wurde Australien von Europäern entdeckt, jedoch erst ab der zweiten Hälfte des 18. Jh. von den Briten kolonisiert.

Die ❽ australischen Ureinwohner bilden einen eigenen Kulturkreis. Sie lebten als Jäger und Sammler und erbeuteten Wildtiere mit Speeren und Schlag- oder Wurfkeulen. Gefäße und Gerätschaften fertigten sie aus Holz oder Knochen bzw. Muscheln. Ihre reichhaltigen ❿ religiös-kultischen Vorstellungen kreisen vielfach um die Verbindung der Lebenden mit (Totem-)Tieren und Ahnen und wurden oft in farbigen Felsbildern dargestellt. Die ältesten Besiedlungsfunde Australiens können auf ca. 24 350 v. Chr. datiert werden; die frühesten Einwanderer kamen wahrscheinlich über Südostasien und Melanesien. Fehlende schriftliche Zeugnisse und die starke mythologische Ausprägung der mündlich überlieferten Geschichte machen jedoch genauere Datierungen äußerst schwierig.

Die Entdeckung Australiens durch die Europäer begann 1606 mit der Landung des niederländischen Kapitäns Willem Jansz an der Nordküste. Das ❼ karge, wasserarme Land und das oft feindliche Verhalten der Aborigines boten den Niederländern keinen

❽ Porträt einer Frau der Aborigines

❾ Gruppe von englischen Strafgefangenen bei der Urbarmachung von Land (Stahlstich, 1835)

Anreiz zur Kolonisierung, obwohl sie die Nordküste mehrfach anliefen. Im Auftrag des Gouverneurs von Niederländisch-Indien, Anthony van Diemen, unternahm 1642–1644 Abel Tasman ❿ Entdeckungsfahrten um Australien, auf der er 1642 die nach ihm benannte Insel Tasmanien und 1643 die Südinsel von Neuseeland sowie die Tonga- und Fidschi-Inseln entdeckte. Australien wurde seither „Neu-Holland" genannt, jedoch von den Niederländern nicht erschlossen.

1699 erreichte der britische Seefahrer ⓫ William Dampier über die Marianen und Molukken die Nordwestküste Australiens und beschrieb erstmals die dort lebenden Ureinwohner und ihre Kultur. Im August 1770 landete James Cook vom Pazifischen Ozean aus an der Südostküste Australiens in Botany Bay südlich von Sydney und nahm das Land als „New South Wales" offiziell für die britische Krone in Besitz. Sein Begleiter, der Naturforscher Joseph Banks, lieferte der Krone eine genauere Beschreibung des Landes, das nach dem Verlust der nordamerikanischen Kolonien (S. 343) erhöhtes Interesse erweckte. London beschloss, Australien als Kolonie für britische ⓬ Strafgefangene zu nutzen, die unter Aufsicht das Land erschließen sollten. Im Januar 1788 legte das erste Schiff mit 778 Häftlingen nördlich von Botany Bay an. Hier entstand die Strafkolonie Neusüdwales, die auch Sydney

❼ Wüstenlandschaft in Australien

gründete. Bis 1853 brachte man zur Deportation verurteilte Gefangene nach Australien. 1872 wurde die letzte Gefangenenkolonie auf Tasmanien aufgelöst.

❿ Drei Geister (Baumrindenmalerei der Aborigines)

⓫ Der englische Entdecker und Seeräuber William Dampier

⓬ Die Reiseroute des Entdeckers Abel Tasman, der im 17. Jahrhundert für die Niederlande auf der Suche nach „Südland" den Pazifik erforschte

| 1699 | William Dampier in Australien | 1768–71 | Erste Umsegelung Neuseelands | 1872 | Auflösung der letzten Gefangenenkolonie auf Tasmanien |
| 1722 | Entdeckung der Osterinseln | 1770 | Landung von James Cook in Australien | 1788 | Australien wird britische Strafkolonie |

Neuere Geschichte

1789–1914

Mit einem großen Knall begann die Umwälzung der Herrschafts- und Staatsgefüge in Europa: 1789 brach in Paris die Französische Revolution aus, deren Schlagwörter „Freiheit", „Gleichheit", „Brüderlichkeit" in der Folge nicht mehr auszulöschen waren. Sie wirkten im bürgerlichen Gesetzbuch Napoleons fort, das dieser vielen Ländern Europas aufzwang. Auch von anderer Seite erlebte das 19. Jh. einen gesellschaftlichen Umschwung. Die Industrielle Revolution brachte die Schicht der Arbeiterschaft hervor, die nun dem Bürgertum gegenüberstand. – In den jungen USA entzündete sich über die Frage der Sklavenhaltung ein erbittert geführter Bürgerkrieg. Der danach einsetzende wirtschaftliche Aufschwung ging mit dem Ausbau imperialistischer Bestrebungen und der Entwicklung zur Großmacht einher.

„Die Freiheit führt das Volk" – Allegorie auf die bürgerlich-liberale Julirevolution 1830, die zum endgültigen Sturz der Monarchie in Frankreich führte (zeitgenössisches Ölgemälde von Eugène Delacroix)

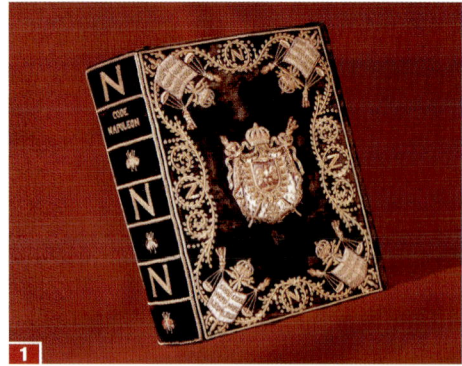

Erstausgabe des „Code civil" vom 21.3.1804

George Stephensons „Rocket"-Lokomotive

In einer Tagelöhnerkate

DAS BÜRGERLICHE ZEITALTER

Mit den Vernunfts- und Emanzipationsideen der Aufklärung artikulierten sich Autoritäts- und Traditionskritik auf allen Ebenen. Die Französische Revolution von 1789 brach das alte Ständesystem auf und legte mit seiner Devise ❹ „Freiheit, Gleichheit, Brüderlichkeit" europaweit die Grundlage für eine neue Gesellschaftsordnung, die auf den Prinzipien von persönlicher Freiheit und Recht beruhte. Das Bürgertum wurde als Träger des Liberalismus im 19. Jh. zur neuen Herrschaftsschicht.

Plakat mit der phrygischen Mütze und der Devise „Einheit, Unteilbarkeit der Republik. Freiheit, Gleichheit, Brüderlichkeit, oder der Tod", 1792

Bürgerbewegungen und prägte ihre Forderungen nach einer konstitutionellen Festlegung der Bürgerrechte.

Die Spannungen zwischen den alten Herrschaftsmächten und den bürgerlichen Bewegungen, die Mitspracherecht forderten, entluden sich in den europäischen Revolutionen 1848, aus denen der bürgerliche Liberalismus siegreich hervorging. Dennoch scheiterte die 1848er-Revolution insofern, als sich das Besitzbürgertum mit den alten Ordnungsmächten arrangierte und darüber hinaus den ❺ Lebensstil des Adels nachzuahmen suchte. Übrig blieben jedoch Verfassungen und Elemente der bürgerlichen Emanzipationsbewegung.

Weg zur politischen Mündigkeit des Bürgers

Napoleon beendete mit seiner Krönung zum ❻ Kaiser der Franzosen 1804 die Französische Revolution und ordnete Kontinentaleuropa nach

„Napoleon auf dem Thron" (Gemälde von Ingres, um 1806)

seinen Vorstellungen. Obwohl er in den Befreiungskriegen besiegt worden war und die alten Ordnungsmächte sich um die Wiederherstellung der vorrevolutionären Verhältnisse bemühten, hatte die napoleonische Herrschaft in Europa tiefe Spuren hinterlassen. Die in der Revolution verbreiteten Ideen und die napoleonischen Reformen machten eine Rückkehr zu den alten Herrschaftsstrukturen unmöglich. Das bürgerliche Gesetzbuch Napoleons, der ❶ „Code civil", war Vorbild nationaler und liberaler

Veränderung von Gesellschaft und Wirtschaft

Hofball in der Wiener Hofburg

Zu Beginn des 19. Jh. beschleunigte sich die Industrialisierung, die in Großbritannien im 18. Jh. begann, durch die Erfindung der ❷ Eisenbahn. Sie erfasste nun auch den europäischen Kontinent. Der Einsatz neuer Technologien verursachte einen rasanten Wandel der Arbeit und der Lebensverhältnisse der Menschen. Es bildete sich mit der Arbeiterschaft eine neue Gesellschaftsschicht heraus. Die Industriearbeiter lebten in vom Elend gezeichneten Arbeitervierteln in den anschwellenden Großstädten. Wegen des einsetzenden Zerfalls der Agrarwirtschaft im Zuge der Industriellen Revolution verloren die Landarbeiter ihre Arbeit und zogen in die Großstädte. Viele Menschen wanderten aus, v. a. nach Amerika. Sie flüchteten vor der ❸ Armut, aber auch vor den verschärften Maßnahmen der Obrigkeit nach den 1848er-Revolutionen.

Diese leiteten den Politisierungsprozess der entstandenen Industriearbeiterschaft ein. Die Forderung der Arbeiter nach staatsbürgerlicher Gleichberechtigung, der Unmut über die mangelnde Demokratisierung und fehlende Wahrnehmung der sozialen Probleme fand ihren Aus-

7 Theoretiker der Arbeiterbewegung: Karl Marx

„Eisenwalzwerk" (Gemälde von Menzel, 1875)

Schlacht bei Verdun 1916

druck im „Kommunistischen Manifest" von ❼ Karl Marx und Friedrich Engels, das einen großen Einfluss auf die Arbeiterbewegung ausübte.

Die Ziele des Bürgertums, das als Gewinner der ❽ Industriellen Revolution zu Macht und Ansehen gelangt war, richteten sich mehr und mehr einseitig an der Wirtschaft aus. Das sog. Wirtschaftsbürgertum vergaß das liberale Ideal der Gleichheit aller und nutzte den liberalen Staat v. a. zur Vermehrung des eigenen Besitzes.

Die stark expandierende Wirtschaft und ihre Industrien verlangten nach der Erschließung neuer Rohstoffquellen und Absatzmärkte außerhalb Europas. Wegen der starken Zunahme der Bevölkerung, die überwiegend in unmenschlichen Lebensverhältnissen lebte, stieg die Wahrscheinlichkeit für eine erneute Revolution. Kolonien wurden auch interessant als Siedlungsgebiete für die europäische Bevölkerung.

Nationalstaaten und Imperialismus

Neben der Industriellen Revolution nahm in den europäischen Staaten der Nationalismus zu, der sich in den letzten Jahrzehnten zum Imperialismus steigerte und einen entscheidenden Beitrag zum Ausbruch des Ersten Weltkrieges leistete.

Die Nationen verknüpften in der zweiten Hälfte des 19. Jh. ihr Selbstverständnis mit dem Streben nach Weltmacht. Die Kolonien hatten wirtschaftlichen Wert, entschieden aber nun auch über Macht und Prestige einer Nation. Einflussnahme in der Welt bedeutete wirtschaftliche Stärke. Aber der Imperialismus entsprang auch der Überzeugung der eigenen zivilisatorischen Überlegenheit und diente der Verbreitung eigener Ideale. Großbritannien z. B. strebte, den liberalen Ideen entsprechend, nach Weltfrieden, aber unter britischer Führung, was seinen Ausdruck im „British Empire" fand.

Nachdem zu Beginn der 1880er-Jahre Frankreich Tunesien und Großbritannien Ägypten besetzt hatten, begann der Wettstreit der europäischen Mächte um die noch nicht besetzten Territorien. Die USA, die eigene koloniale Erwerbungen im Pazifik machten, hatten bereits mit der sog. Monroe-Doktrin 1823 die Autonomie Amerikas durchgesetzt.

Zu den Großmächten gesellten sich auch die jungen Nationalstaaten Italien und das ❿ Deutsche Kaiserreich. Die Interessen v. a. in Afrika führten zu erheblichen Konflikten. Auf der Berliner Kongokonferenz

1884 wurde vergeblich eine Einigung über die Interessensphären gesucht, was nichts weiter als die Aufteilung der Welt meinte.

Die europäischen Mächte verfolgten eine Bündnispolitik, die ihren imperialen Interessen entsprach und die Fronten des Ersten Weltkrieges vorwegnahm. Die erste militärische Auseinandersetzung der Großmächte seit dem Wiener Kongress war der Krimkrieg 1853–1856. Großbritannien und Frankreich schritten an der Seite des Osmanischen Reiches ge-

10 Karikatur: „Der Flug des deutschen Imperialismus", der britische Löwe hindert den deutschen Reichsadler am Flug

gen Russlands Expansionspläne am Schwarzen Meer ein. Darüber entfremdeten sich Österreich und Russland, da die Donaumonarchie wegen der Sicherheitsinteressen auf dem Balkan indirekt Partei gegen Russland nahm. Durch den Expansionsdrang der Großmächte ergaben sich Konflikte. Großbritannien und Frankreich führten einen harten Kampf um ihre Vormachtstellung in Asien und Afrika; die Überschneidung der Interessen in Zentralafrika führte fast zum Krieg. Die schließlich erfolgte Einigung führte zur „Entente cordiale" der beiden Großmächte.

Die imperialistische Expansion wurde von einer verstärkten ⓫ Aufrüstung begleitet. Um eine zügige Verbindung mit den weit entfernten Kolonien zu sichern, wurden v. a. die Flotten mit modernster Technik ausgebaut. Gegenseitiges Misstrauen in den europäischen Staaten erhöhte Anfang des 20. Jh. immer mehr die Kriegsgefahr. Das Attentat auf den österreichischen Thronfolger in Serbien löste im Juli 1914 europaweit eine Krise aus, die schließlich in den ❾ Ersten Weltkrieg mündete.

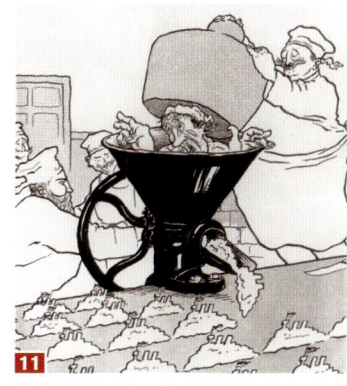

11 Karikatur auf das Flottenwettrüsten: „Aus der Küche der Flottenwüteriche"

DIE FRANZÖSISCHE REVOLUTION 1789–1799

Die Französische Revolution hatte weitreichende Folgen nicht nur für Frankreich, sondern für ganz Europa. Sie versuchte, die Gleichberechtigung aller Menschen unabhängig von ihrer Herkunft in allgemeine Gesetze zu fassen. Die vom Bürgertum getragene Revolution hatte die Abschaffung der Adelsherrschaft, eine Verfassung und geistige Freiheit zum Ziel, betonte den wirtschaftlichen Aufstieg ohne Standesschranken („Freie Bahn dem Tüchtigen!") und erstrebte eine tugendhafte Gemeinschaft, die Nation, in der Gemeinwohl vor Eigennutz gehen sollte: „Freiheit – Gleichheit – Brüderlichkeit!" Allerdings verwandelte Radikalisierung, aber auch der Druck von außen, die Herrschaft der Tugend zeitweise in einen Despotismus eigener Art.

2 Kokarde in den Farben der Trikolore

Die Erstürmung des Bastille-Gefängnisses in Paris

■ Beginn der Revolution

Die innere Krise der Monarchie führte das Zusammentreten der Generalstände 1789 herbei. Zugleich revoltierte die Masse der Besitzlosen in Paris.

Im Mai 1789 ließ König Ludwig XVI. die Vertreter der drei Stände (Adel; Klerus; Bürgertum, Handwerker, Bauern u. a.) zusammentreten, um der katastrophalen Finanzlage Frankreichs Herr zu werden. Der dritte Stand machte 98 % der Bevölkerung aus und trug die Steuerlast, war aber faktisch rechtlos. Gegen die Versuche von König und Adel, die einberufene Nationalversammlung wieder aufzuheben, leisteten die Abgeordneten am 20. 6. 1789 den ❹ „Ballhausschwur", nicht eher auseinander zu gehen, bis Frank-

3 Nationalgarden pflanzen einen Freiheitsbaum (Gouache, um 1790)

reich eine Verfassung habe. Drei Tage später rief ❺ Mirabeau im Konvent: „Wir sind hier durch den Willen der Nation und werden nur der Macht der Bajonette weichen!" Aber der König setzte eine ultrakonservative Regierung ein, woraufhin sich das Volk von Paris erhob und am 14. 7. 1789 das ❶ Bastille-Gefängnis – Symbol der verhassten Staatsmacht – stürmte und zerstörte. Die Revolution begann.

Zwei Tage später zwang die Nationalversammlung den König zur Annahme des Trikolore-Banners in den ❷ Nationalfarben

Blau-Weiss-Rot als Zeichen der „Allianz von König und Volk"; sie bedeutete das Ende der Herrschaft von Gottes Gnaden. Eine revolutionäre Begeisterung durchzog das Land: Am 26. 8. 1789 wurden die Menschenrechte deklariert, zu deren Feier man allerorten ❸ „Freiheitsbäume" pflanzte.

Die Pressefreiheit ermöglichte eine Flut von Zeitungen und Pamphleten, Meinungsvielfalt und Gruppierungen bildeten sich. Die Nationalversammlung setzte Justiz- und Verfassungsreformen durch und schaffte das Feudalsystem ab. Doch das neue Zensus-Wahlrecht löste einen Eklat aus, denn es beteiligte nur wohlhabende Bürger am politischen Geschehen. Die Besitzlosen und das Landvolk lehnten sich auf.

Die meisten Abgeordneten, allen voran Honoré Gabriel de Riqueti, Graf von Mirabeau, traten für eine konstitutionelle Monarchie nach englischem Vorbild ein.

4 Der Ballhausschwur in Versailles am 20.6. 1789 (Radierung, um 1815)

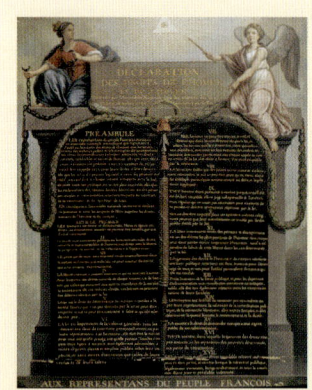

Deklaration der Menschenrechte, 1789

„Art. 1: Die Menschen sind und bleiben von Geburt frei und gleich an Rechten. Soziale Unterschiede dürfen nur im allgemeinen Nutzen begründet sein."

oben: Deklaration der Menschenrechte, 26. 8. 1789

5 Mirabeau während der Sitzung der Generalstände am 23.6. 1789

20. 6. 1789 | Ballhausschwur   26. 8. 1789 | Deklaration der Menschenrechte   5. 10. 1789 | Brotmarsch der Pariser Frauen

14. 7. 1789 | Beginn der Revolution mit der Erstürmung des Bastille-Gefängnisses   14. 7. 1790 | Fest der Verfassungsweihe

■ Phase der Radikalisierung

Als die Revolution auf Widerstand sowohl im Inland als auch im Ausland stieß, begann sie sich seit 1791 zu radikalisieren. Die Frage, ob die Forderungen auch zum Preis von Gewalt und Krieg durchgesetzt werden sollten, spaltete die Revolutionäre.

Die Sansculotten

Die Sansculotten („ohne Kniehosen") sahen sich als die eigentlichen Revolutionäre und Patrioten und lehnten die Perücken und Kniehosen des Adels ab. Sie rekrutierten sich insbesondere aus Lohnabhängigen und städtischen Arbeitern, waren schnell zu Aufruhr bereit und kämpften in vorderster Linie. Ihr Organ war der „Père Duchesne" des Sozialrevolutionärs und Demagogen J.-R. Hébert.

Bewaffneter Sansculotte in Uniform

6 Schlacht zwischen dem französischen Revolutionsheer und dem Koalitionsheer am 20. 9. 1792

Die Radikalisierung der Revolution entzündete sich am Verhalten des Königs wie am Druck von außen. Obwohl Ludwig XVI. am 14. 7. 1790 beim Fest der Verfassungsweihe **❼** auf die Verfassung geschworen hatte, versuchte er diese zu hintertreiben und floh im Juni 1791 mit seiner Familie aus Paris; doch bei Varennes wurde die Flucht gestoppt. 1791 floh auch der Großteil der Adeligen aus Frankreich; die Emigranten arbeiteten im Ausland gegen die Revolution. Die radikaleren Gruppierungen der Revolution forderten die Abschaffung der Monarchie und Ausrufung der Republik.

Im Ausland wuchs die Furcht vor den revolutionären Kräften in Frankreich: Im Februar 1792 schlossen der Kaiser von Österreich und der König von Preußen eine Koalition gegen die Revolution, nachdem Ludwig XVI. beide Mächte heimlich um Waffenhilfe gebeten hatte.

In Frankreich wurden nun die „Girondisten" führend, die politisch gemäßigt, aber für den Krieg waren. Im April 1792 wurde zu den Waffen gegriffen. Die ersten Schlachten endeten vernichtend für die Revolutionsarmee. Erst als der kaiserliche Oberbefehlshaber Herzog von Braunschweig mit Eroberung und Vernichtung drohte, erfasste eine patriotische Begeisterung das ganze Land. Vor allem die Sansculotten beherrschten die Szene, Zehntausende **❽** bewaffneten sich und zogen freiwillig in den Krieg. Am 20. 9. 1792 **❻** besiegten 50 000 begeisterte Revolutionssoldaten die alliierten Truppen bei Valmy, und im November 1792 rückte die Revolutionsarmee in die deutschen Rheinlande und Belgien ein.

Nun richtete sich die revolutionäre Energie auch gegen den König, der seit August 1792 Gefangener im Temple war. Nach der Entdeckung seiner Geheimkorrespondenz wurde er als „Rebell und öffentlicher Feind" zum Tode verurteilt und am 21. 1. 1793 in Paris **❾** guillotiniert.

7 Ludwig XVI. und Marie Antoinette schwören auf die Verfassung

8 Bewaffnung des Volkes im Hôtel des Invalides

9 Die Hinrichtung Ludwigs XVI. auf der Place de la Révolution (heute Concorde)

1789–1914 · Neuere Geschichte

Jakobiner gegen Girondisten

An der Frage eines Krieges gegen das revolutionsfeindliche deutsche Reich entzündete sich der Machtkampf zwischen den Kriegsbefürwortern (Girondisten) und den radikalen Jakobinern.

1

Jean-Paul Marat (Holzstich, um 1860)

Ab Mitte 1792 kam es über den Fortgang der Revolution zum Machtkampf zwischen den gemäßigten Girondisten und den radikalen Clubs der Cordeliers und ❷ Jakobiner (benannt nach ihrem Tagungsort, dem Kloster St. Jacques). Die Führer der Girondisten waren Jean-Pierre Brissot und der Innenminister

Jean-Marie Roland. Sie plädierten für den Krieg und einen Export der Revolution ins europäische Ausland, versuchten aber besonders nach dem Sturm der Massen auf die Tuilerien im August 1792, die „Herrschaft der Straße" in Paris einzudämmen. Auf der radikalen Seite standen die Volkstribunen wie der linke Sozialrevolutionär Jacques-René Hébert als Sprachrohr der Sansculotten, besonders aber der „Volksfreund" ❶ Jean-Paul Marat, der radikalste Redner, der sich selber als „Auge des Volkes" bezeichnete. Sie schufen ein Klima der Gärung und Gewaltbereitschaft, besonders nach dem von Justizminister Danton geduldeten Massaker an Feinden der Revolution im September 1792 („Septembermorde").

Im März 1793 setzten die Radikalen die Einrichtung der gefürchteten Revolutionstribunale durch. Sie gingen mit großer Härte gegen tatsächliche oder vermeintliche Feinde der Revolution vor und verurteilten sie im Schnellverfahren. Zugleich ging der Krieg an den Grenzen Frankreichs weiter. Die durch den Krieg verursachten Teuerungen und Lebensmittelrationierungen schürten eine allgemeine Unzufriedenheit des Volkes.

Die Verhaftung Héberts, der vom Volk befreit wurde, und die Anklage gegen Marat durch die Girondisten leiteten einen Machtkampf ein, in dem die Girondisten im Juni 1793 den Jakobinern unterlagen. Sie wurden hingerichtet oder zum Selbstmord gezwungen. Damit begann die Herrschaft der Jakobiner, denen sich auch Marat als Volksführer anschloss. Der „Volksfreund" wurde am 13. 7. 1793 von der Girondistin

Jean-Paul Marat:

„500 oder 600 abgeschlagene Köpfe hätten euch Ruhe, Freiheit und Glück gesichert. Eine falsch verstandene Menschlichkeit hat eure Arme gelähmt und euch gehindert, Schläge auszuteilen: Sie wird Millionen eurer Brüder das Leben kosten!"

oben: Jean-Paul Marat

Charlotte Corday im Bad erdolcht. Der Kult um den toten Marat, den „Märtyrer der Freiheit", wurde zur Waffe gegen alle Revolutionsfeinde. Die Aufstände gegen die Herrschaft der Jakobiner, die 1793 vor allem in der Vendée und in Lyon ausbrachen, führten zu blutigen Bürgerkriegen und grausamen Strafgerichten der siegreichen Jakobiner.

2

Debatte in einem Pariser Jakobinerclub 1792 (Aquatintaradierung, um 1792)

Frauen in der Revolution

In allen Schichten der Bevölkerung begriffen Frauen die Revolution als Chance zur politischen Mitgestaltung. In den bürgerlichen Kreisen war es besonders Manon Roland, die Ehefrau des girondistischen Innenministers, die in Paris einem Salon der Revolutionsbegeisterten vorstand. Auf Seiten der revolutionären Massen standen Frauen von Anfang an in der vordersten Reihe, etwa beim Sturm auf die Bastille. Sie wurden von Gegnern als „Flintenweiber" verspottet, spielten aber gerade in der Bewegung der Sansculotten während der gesamten Revolution eine bedeutende Rolle.

oben: Bewaffnete Revolutionärin, „Flintenweib"
rechts: Die Republikanerin Manon Roland, guillotiniert 1793

| 1792/93 | Machtkampf zwischen Girondisten und Jakobinern | 2. 6. 1793 | Sturz der Girondisten | 1793/94 | Machtkampf zwischen Danton und Robespierre |
| **März 1793** | Errichtung der Revolutionstribunale | | 13. 7. 1793 | Ermordung Jean-Paul Marats | |

◼ Die Schreckensherrschaft

Die Herrschaft der Jakobiner führte nach der Ausschaltung ehemaliger Mitkämpfer zur Diktatur Maximilien de Robespierres, die als „Terreur" bekannt ist. Die Herrschaft des „Directoire" nach dem Sturz Robespierres gilt als Ausklang der Revolution.

4 Maximilien de Robespierre

5 Antoine de Saint-Just

3 Georges Danton

Im Juni 1794 versuchte Robespierre mit einem pompösen „Fest des Höchsten Wesens" in Paris den Kult der Vernunft zu etablieren. Drei Monate lang wütete die Terreur. Auf ihrem Höhepunkt wurden Robespierre und seine Mitstreiter am 27. 7. 1794 in einer ❼ tumultartigen Szene im Konvent gestürzt und am nächsten Tag aufs Schafott geführt.

Während Paris das Ende der Schreckensherrschaft feierte, drangen die Revolutionsheere im Rheinland und den Niederlanden vor. Das machthabende „Directoire", zumeist ehemalige Jakobiner um Paul Barras, schaffte die Revolutionstribunale ab, lähmte sich aber selbst durch Kompetenzstreitigkeiten. Im Oktober 1795 ❽ schlug General Bonaparte, ein Günstling von Barras, in Paris einen Aufstand gegen den Konvent nieder. Von da an strebte Napoleon Bonaparte an die Macht, die er 1799 an sich brachte.

6 Ein Gefangener vor einem Revolutionstribunal

Auch innerhalb der Gruppe der Jakobiner existierten verschiedene Strömungen. Es kam zu einem Machtkampf der Volkstribunen ❸ Georges Danton, der die Gewaltherrschaft der Massen eindämmen wollte, und ❹ Maximilien de Robespierre, der auf eine Änderung aller Lebensverhältnisse zielte. Robespierre, seit Juli 1793 Präsident des Jakobinerclubs, setzte sich schließlich durch. Er schaltete zunächst im März 1794 die Linksradikalen um Hébert, dann im April die Gemäßigten um Danton aus und ließ seine Gegner hinrichten.

Robespierre errichtete die Diktatur des Wohlfahrtsausschusses, der von einem Triumvirat beherrscht wurde: neben Robespierre von ❺ Antoine de Saint-Just, dem radikalsten Kopf der Revolution, und Georges Couthon. Eine „Herrschaft der Tugend" sollte errichtet werden mit den Mitteln des Schreckens („Terreur"); Massenhinrichtungen und ❻ Prozesse des Revolutionstribunals waren an der Tagesordnung.

7 Der Sturz Robespierres am 27. 7. 1794 (Lithografie, um 1840)

8 Napoleon Bonaparte führt den Angriff auf die Royalisten in der Kirche Saint-Roch

1789–1914

Neuere Geschichte

| 27./28. 7. 1794 | Sturz und Hinrichtung Robespierres | 22. 8. 1795 | Beginn der Direktoriumsregierung |
| 5. 4. 1794 | Hinrichtung Dantons/Beginn der Phase der „Terreur" | 25. 5. 1795 | Abschaffung der Revolutionstribunale | 9. 11. 1799 | Napoleon wird Erster Konsul |

1791

...pril: Papst Pius VI. verurteilt die Zivilver-
...ssung der Geistlichkeit, die die Wahl des
...erus durch politische Körperschaften
...orschlägt. Seine Haltung führt zu einem
...chisma und zur totalen Ablehnung der
...volutionären Ziele durch Ludwig XVI.

.. April: Tod des Grafen Mirabeau, eines
...illanten Redners und Führers der Gemä-
...gten, der für eine konstitutionelle Monar-
...hie eintrat. Fortan beherrschen die Radi-
...alen die Rednerbühnen.

20.–21. Juni: Die Königsfamilie ⑩ flieht in
Verkleidung nach Montmédy, wird aber in
Varennes in Lothringen gestoppt, während
es dem Grafen der Provence (später Ludwig XVIII.) gelingt, nach Belgien zu entkommen. Der König wird als Gefangener
zurück nach Paris gebracht und dort unter
Bewachung gestellt.

. Mai: Beeinflusst von der Französischen
...evolution gibt sich Polen als erster Staat
...uropas eine geschriebene Verfassung.

17. Juli: Die Jakobiner
protestieren gegen die
Unverletzlichkeit des
Königs und rufen auf
dem Marsfeld zu einem
Prozess gegen den
König auf. Die aufge-
hetzte Menge lyncht
zwei Männer, die sie
als „royalistische Spi-
one" verdächtigt. Die
Nationalgarde räumt
das Marsfeld, wobei
50 Menschen zu Tode
kommen. Dieses
⑪ „Massaker auf dem
Marsfeld" führt zum
endgültigen Bruch zwi-
schen Radikalen und
Gemäßigten.

.. August: Treffen von Pillnitz: Kaiser Leopold II., ein Bruder
...arie Antoinettes, und Friedrich Wilhelm II. von Preußen
...hließen ein (zunächst vages) Bündnis gegen die Revolution.

14. September: ⑫ Ludwig XVI. unterzeichnet vor der Nationalversammlung die
neue Verfassung Frankreichs und leistet
den Eid auf sie. Damit ist Frankreich offiziell
eine konstitutionelle Monarchie.

...eptember: Avignon, das seit 1348 zum
...stlichen Besitz gehört, wird von den
...nzösischen Truppen annektiert. Diese
...ndlung schürt den Widerstand der
...opäischen Mächte gegen die revolu-
...ären Bestrebungen.

30. September: Die französische Nationalversammlung wird aufgelöst.

1. Oktober: Die neu gewählte gesetzgebende Nationalversammlung (Assemblée
nationale legislative) nimmt die Arbeit auf.

...November: Die französischen Emi-
...ranten, deren Zahl 1791 ihren Höhepunkt
...icht, werden in Abwesenheit zum Tode
...urteilt und ihr Besitz eingezogen. Be-
...ders die Brüder des Königs machen
...im Ausland für ein Eingreifen der eu-
...äischen Mächte in Frankreich stark.

20. Oktober: Brissot, Wortführer der
Girondisten, startet mit der Kriegspropa-
ganda.

3. Dezember: Geheimes Ersuchen Ludwigs XVI. um eine Intervention Preußens.

6. Januar: Drei Armeen werden an
Frankreichs Nordgrenze zusammenge-
zogen, nachdem die Girondisten die
Angst vor einem Angriff deutscher
Truppen geschürt haben. In großer
Zahl melden sich ⑬ Freiwillige.

7. Februar: Österreich und
Preußen beschließen eine Militärkonvention gegen Frankreich.

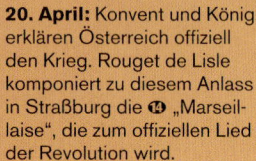

20. April: Konvent und König
erklären Österreich offiziell
den Krieg. Rouget de Lisle
komponiert zu diesem Anlass
in Straßburg die ⑭ „Marseillaise", die zum offiziellen Lied
der Revolution wird.

LA MARSEILLAISE

ROUGET DE LISLE

25. April: Die Guillotine,
eine Erfindung des Medi-
ziners Joseph-Ignace
Guillotin, kommt erstmals
zum Einsatz, nachdem
am 3. 5. 1791 der Vollzug
der Todesstrafe durch
Enthaupten beschlossen
worden war. Sie wird zum
Todesinstrument der Re-
volution und zum Wahr-
zeichen der Phase des
„Terreur" (1793/94).

20. Juni: Tausende Pariser Sansculotten dringen bewaffnet in die Tuilerien ein. Sie zwingen den König, die Jakobinermütze aufzusetzen und auf das Wohl der Sansculotten
zu trinken, verspotten ihn und verwüsten die Räume.

3. August: Die Revolutionäre von Paris
verlangen die Absetzung des Königs.

10. August: ⑮ 80 000 Sansculotten
stürmen die Tuilerien. Die Königsfamilie
kann fliehen, aber die Wachmannschaften
werden getötet. Die bürgerkriegsähnlichen
Zustände fordern 4000 Todesopfer.

13. August: Die Königsfamilie wird im
⑯ Temple interniert. Die Girondisten ü...
nehmen die volle Regierungsgewalt,
Danton wird Justizminister.

17. August: Das erste Revolutionstrib...
wird eingerichtet.

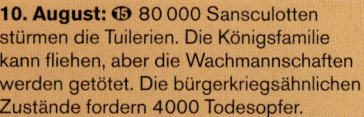

20. September: Die revolutionären
Armeen ⑰ siegen bei Valmy über die
Reichstruppen und das Heer der Emigranten. Seither befinden sich Revolutionstruppen auf dem Vormarsch und überschreiten
die Grenze zum Rheinland, nach Belgien
und in die Niederlande.

22. September: Frankreich wird zur Republik erklärt. Ein neuer republikanischer
Kalender tritt mit dem Jahr 1 in Kraft.

19. August: General Lafayette läuft z...
Österreichern über.

21. Oktober: General Custine marso...
in Mainz ein. In der Stadt wird eine R...
lik nach französischem Modell gegrü...

Die Französische Revolu

4. Mai: Ludwig XVI. beruft auf Drängen seines Finanzministers in Paris eine Versammlung der ❶ Generalstände (Adel, Klerus und Bürgertum) zusammen, um über die Neuordnung der Finanzen des faktisch bankrotten Staates zu beraten.

17. Juni: In einem revolutionären Akt erklärt sich der Dritte Stand zur neuen Nationalversammlung.

20. Juni: Im Ballhaus leisten die Vertreter des Dritten Standes einen ❷ Schwur, nicht auseinander zu gehen, bevor ihre Forderungen von der Krone angehört bzw. erfüllt worden sind.

27. Juni: Unter dem Druck der Pariser Bevölkerung ruft Ludwig XVI. alle Repräsentanten der Geistlichkeit und Aristokratie auf, der Nationalversammlung beizutreten.

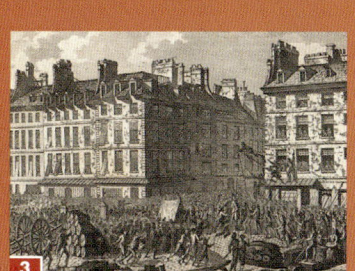

9. Juli: Die Nationalversammlung erklärt sich selbst zum verfassungsgebenden Organ (Assemblée nationale constituante).

14. Juli: Das Volk von Paris erstürmt und ❹ zerstört die Bastille, die als Staatsgefängnis das verhasste Ancien Régime repräsentiert. – Dieses Ereignis gilt als eigentlicher Beginn der Revolution.

Juli: Erste Staatsbeamte und Adlige fallen dem Volkszorn zum Opfer.

17. Juli: Die Trikolore in Blau-Weiß-Rot wird zum Emblem der Revolution.

12. September: Die erste Ausgabe der radikalen Zeitschrift „Ami du peuple" (Volksfreund) von Jean Marat erscheint.

29. September: Die Ständeversammlung beschließt ein neues Wahlrecht, das immer noch an den Zensus (Steueraufkommen) gekoppelt ist. Die Diskussion geht weiter; Radikale fordern erstmals ein allgemeines Wahlrecht.

26. August: Die ❺ Deklaration der Menschenrechte in 17 Artikeln proklamiert die Freiheit und Gleichheit an Rechten sowie das Recht auf Eigentum, Sicherheit und Widerstand gegen Unterdrückung für alle Menschen. Die Erklärung gilt als ein Meilenstein auf dem Weg in die Moderne.

Oktober: Auch im heutigen Belgien beginnen Aufstände, die bis zum Februar 1790 andauern. Einige Revolutionäre wollen den Herzog von Orléans (später Philippe Égalité genannt) zum König eines „befreiten Belgien" machen. Er schließt sich den Radikalen an.

Oktober/November: In Paris werden die ersten Clubs nach englischem Vorbild gegründet. Als bekannteste entstehen die gemäßigten Feuillants (um General Lafayette), die radikalen Cordeliers (um Danton, Desmoulins und Marat) und als radikalste die Jakobiner (um Robespierre, Saint-Just und Couthon). Die Clubs betrachten sich als „Heilige Liga" der Revolution.

5. Oktober: ❻ Hungernde Pariser Frauen marschieren in einem „Brotmarsch" nach Versailles, dringen ins Schloss ein und bedrohen die Königin. Die Protestierenden erzwingen die Übersiedelung des Hofes nach Paris. Wahrscheinlich war Philippe Égalité der Drahtzieher dieser Aktion.

2. November: Die Nationalversammlung beschließt, den kirchlichen Besitz zu konfiszieren und zu verstaatlichen.

Dezember: Protestanten erhalten das passive Wahlrecht.

15. Januar: Frankreich wird in 83 Départements mit festen Grenzen und eigenen Hauptstädten neu eingeteilt.

13. Februar: Im Auftrag des revolutionären Bischofs Talleyrand ❼ hebt der Konvent alle Klöster, Abteien und Ordensgemeinschaften auf

19. Juni: Der Erbadel wird aufgehoben und alle Adelsprivilegien abgeschafft. Allein die Familiennamen behalten ihre Gültigkeit.

14. Juli: Am Jahrestag des Sturms auf die Bastille feiern 300 000 Menschen in Anwesenheit der Königsfamilie und Abordnungen aus allen Départements das „Fest der Brüderlichkeit" auf dem Marsfeld. Unter anderen leistet auch ❽ General Lafayette einen Eid auf die Verfassung, die nun verbindlich wird.

27. November: Das Gesetz über die Zivilverfassung der Kirche stellt die Geistlichkeit der Beamtenschaft gleich und verlangt den Verfassungseid von allen Priestern. Knapp die Hälfte der Geistlichen verweigert dies und verlässt das Land.

Dezember: Die Jakobiner führen die phrygische ❾ rote Mütze, Kennzeichen der Galeerensträflinge in Frankreich, als Ehrenzeichen der radikalen Revolutionäre ein.

BIOGRAFIEN
DIE REVOLUTIONÄRE

Jacques Pierre Brissot (1754–1793)
Ging 1788 als ethischer Idealist in die USA, um Sklaven zu befreien; ab 1789 Abgeordneter der Pariser Commune; wurde führender Kopf der Girondisten, der gemäßigten Republikaner; Verfasser der Kriegserklärungen an Österreich (1792) und die Niederlande (1793); als Gegner des Terrors 1793 mit den Girondisten gestürzt; floh aus Paris, wurde aber verhaftet und am 31. 10. 1793 in Paris hingerichtet.

Jean Paul Marat (1743–1793)
Extremer Demagoge, der Zweckbündnisse mit verschiedenen Radikalengruppen einging; gab seit 1789 das Massenblatt „Ami du Peuple" heraus; drängte sich 1792 in den Pariser Stadtrat und den Konvent und war einer der Hauptorganisatoren der „Septembermorde"; forderte den Tod aller Royalisten und Girondisten; 1793 Machthöhepunkt; dann beginnender Machtkampf mit den Jakobinern; ermordet am 13. 7. 1793.

Lazare Carnot (1753–1823)
Ab 1791 Mitglied des Konvents; ab August 1793 Mitglied des Wohlfahrtsausschusses und als Leiter des Kriegswesens Organisator der militärischen Erfolge der Revolution („Levée en masse"); 1797 als Mitglied des Direktoriums gestürzt; Flucht in die Schweiz; ab 1800 Kriegsminister unter Napoleon; Gegner des Kaisertums; ab 1815 in der provisorischen Regierung; anschließend Flucht nach Preußen.

Honoré Gabriel de Riqueti, Comte de Mirabeau (1749–1791)
Ab 1789 Mitglied der Nationalversammlung; war trotz adliger Herkunft Verhandlungsführer des dritten Standes; strebte eine konstitutionelle Monarchie an; erregte aufgrund seiner schwankenden Position zwischen den Machtblöcken das Misstrauen seiner Standesgenossen und des Konvents; strebte eine friedlichere Ausrichtung der Revolution an.

Georges Jacques Danton (1759–1794)
1789 als mitreißender Redner führend beim Sturm auf die Bastille; Mitbegründer des Clubs der Cordeliers; schuf 1792 als geistiger Wegbereiter des Angriffs auf die Tuilerien und Justizminister das Klima für die „Septembermorde"; plädierte 1793 für Mäßigung, um eine Herrschaft des „Pöbels" zu verhindern; unterlag Anfang 1794 im Machtkampf den radikalen Jakobinern; wurde am 5. 4. 1794 mit Desmoulins hingerichtet.

Maximilien de Robespierre (1758–1794)
Seit 1789 Mitglied der Nationalversammlung; ab 1790 Präsident des Jakobinerclubs; bekämpfte seit 1791 die Monarchie sowie die Girondisten, zu deren Sturz inkl. Hinrichtung des Königs er 1793 beitrug; übte seither als Mitglied des Wohlfahrtsausschusses faktisch eine Diktatur aus (zusammen mit Saint-Just und Couthon); propagierte den „Terreur" als politisches Mittel und schaltete innerparteiliche Gegner radikal aus; wurde im Juli 1794 vom Konvent gestürzt und hingerichtet.

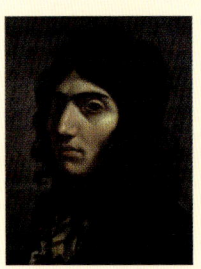

Camille Desmoulins (1760–1794)
Publizist; schloss sich Danton an; war Mitbegründer des Clubs der Cordeliers und organisierte mit diesem den Tuileriensturm und die „Septembermorde"; versuchte 1793 eine Begnadigung der Girondisten durchzusetzen und gab 1794 das Blatt „Vieux Cordelier" heraus, in dem er die Schreckensherrschaft der Jakobiner geißelte; wurde mit Danton verhaftet und mit diesem zusammen am 5. 4. 1794 hingerichtet.

Louis Antoine de Saint-Just (1767–1794)
Ab 1792 Mitglied des Konvents; propagierte einen Staatssozialismus, in dem der Einzelwille zugunsten des Allgemeinwillens unterdrückt werden sollte; ab 1793 Mitglied des Wohlfahrtsausschusses; führte die Nordarmee im April 1794 zu entscheidenden Siegen; bildete mit Robespierre und Couthon ein „Triumvirat" in der Phase des „Terreur"; wurde mit diesen gestürzt und hingerichtet.

Jacques René Hébert (1757–1794)
Radikaler Jakobiner; seit 1789 Herausgeber der revolutionär gesinnten Zeitschrift „Le Père Duchesne"; ab 1792 Mitglied des revolutionären Gemeinderates von Paris; war führend bei den „Septembermorden"; stand danach an der Spitze sozialrevolutionärer Fanatiker, die eine Übertragung der Macht auf die Pariser Commune und eine Abschaffung der Kirche betrieben; unterlag im Machtkampf Robespierre und wurde am 24. 3. 1794 hingerichtet.

Jean Lambert Tallien (1769–1820)
Ab 1792 Generalsekretär der neu gebildeten Pariser Commune; spielte eine führende Rolle beim Sturz Maximilien de Robespierres 1794; ließ als Mitglied des Wohlfahrtsausschusses anschließend den radikalen Jakobinerclub schließen und versuchte die Schreckensherrschaft zu beenden, verlor jedoch an Einfluss; nach der Auflösung des Konvents ab 1795 Mitglied des „Rates der 500".

URSACHEN UND AUSWIRKUNGEN DER FRANZÖSISCHEN REVOLUTION

Unter der Herrschaft Ludwigs XVI. traten in Frankreich die Missstände des Spätabsolutismus deutlicher zutage als in den Nachbarstaaten. Kriege und Mätressenwirtschaft hatten zu einer immensen Staatsverschuldung geführt, und selbst ein Großteil des Adels war nicht mehr bereit, die Verschwendung des Hofstaats von Versailles zu tolerieren. Ende der 1780er-Jahre bildete sich eine offene Opposition mit dem Vetter des Königs, dem Herzog von Orléans, an der Spitze heraus. Gleichzeitig kam es zu Revolten der verarmten und hungernden Bevölkerung sowohl in der Stadt als auch auf dem Land. Das geistige Klima war bestimmt von dem aufstrebenden Bürgertum und den Vernunftsidealen der Aufklärung, deren Zentrum das Frankreich des 18. Jahrhunderts bildete. Besonders die politische und soziale Rückständigkeit des Landes sowie die Macht des Adels und der Kirche wurden von den Aufklärern angeprangert. Die Reformunfähigkeit und die Wirtschaftsprobleme verschärften die Autoritätskrise der absolutistischen Monarchie, die 1789 unmittelbar zu den revolutionären Umbrüchen führte.

Je mehr sich die Revolution radikalisierte, desto mehr wuchs auch im Ausland die Besorgnis über die Entwicklung in Frankreich. Emigranten, die v. a. nach Deutschland und England flüchteten, bestärkten die europäischen Machthaber in ihrem Argwohn. Im August 1791 gaben der österreichische Kaiser und der preußische König eine gemeinsame Erklärung ab, in der sie der Hoffnung auf Wiederherstellung der vollen Königsgewalt in Frankreich Ausdruck gaben. Die feindliche Haltung und militärische Drohgebärden Preußens und Österreichs riefen in Frankreich allerdings Empörung und nationale Begeisterung hervor. Es kam zum Kriegsausbruch, der die Revolution nach Europa trug. Die Siege der Revolutionsheere ab 1792 bewirkten schließlich die Ausrufung von Republiken nach französischem Muster: so in den Niederlanden und Belgien (1795), in Oberitalien (1797), in der Schweiz (1798) sowie in Neapel und Süditalien (1799).

Weltgeschichtlich wirklich bedeutend sind aber die langfristigen Auswirkungen der Französischen Revolution, die durch den Staatsstreich Napoleon Bonapartes 1799 und seine Kaiserkrönung 1804 beendet wurde. Seine Herrschaft kann zumindest in dem Sinn als Vollendung der Französischen Revolution begriffen werden, als sein bürgerliches Gesetzbuch, der „Code civil", die meisten während der Revolution geforderten Grundrechte in Mitteleuropa verankerte. Später beriefen sich fast alle kontinentaleuropäischen Demokratien auf die „Erklärung der Menschen- und Bürgerrechte" vom August 1789 und die Anfänge des parlamentarischen Systems im selben Jahr.

links: Karikatur der Staatsordnung: „Der Bauer, niedergedrückt von Adel und Geistlichkeit."

Mitte: Preußen und Österreich fordern von den europäischen Souveränen Solidarität gegen das revolutionäre Frankreich, 25. 8. 1791

rechts: Napoleon Bonaparte im ehemaligen Thronsaal vor der Inschrift: „Die Monarchie ist abgeschafft", 10. 8. 1792

26

13. März: Verschärfung des „Verdächtigungsgesetzes" vom 17. 9. 1793.

27

5. April: Hinrichtung von Danton und Desmoulins, die vor Gericht noch einmal ihr Rednertalent beweisen; Ausschaltung des gemäßigten Flügels der Jakobiner, der die Gewalt eindämmen will; Beginn der Hochphase des „Terreur"; beherrschend wird das „Triumvirat" des Wohlfahrtsausschusses: Robespierre, Saint-Just, Couthon.

29

26. Juli: Offener Widerstand gegen Robespierre bei seiner Rede vor dem Konvent.

27./28. Juli: ㉙ Tumultartiger Sturz des Triumvirats durch den Konvent; am folgenden Tag werden Robespierre, Saint-Just, Couthon und andere führende Jakobiner hingerichtet. An die Macht gelangen gemäßigte Jakobiner, die „Themidorianer".

1. August: Abschaffung des „Gesetzes des 22. Prairial".

16. Oktober: ㉛ Schließung der politischen Clubs; am 11. November Auflösung der Jakobiner. Ein letzter Aufstandsversuch der Radikalen unter Biliaud-Varenne und Collot d' Herbois wird niedergeschlagen; die Anführer werden nach Südamerika deportiert (Juni 1795).

4. Februar: Der Konvent beschließt einstimmig die ㉕ Abschaffung der Sklaverei in den Kolonien.

8. Februar: Hébert fordert den Wohlfahrtsausschuss mit einem „revolutionären Tag" in Paris heraus und wirft den Jakobinern die Einschränkung der Freiheit vor.

24. März: Hinrichtung von Hébert und anderen Vertretern der Linksradikalen der Pariser Commune („Hébertisten") wegen „Volksaufwiegelung".

28

8. Juni: ㉘ Fest des „Höchsten Wesens", eine Art Gottesdienst der revolutionären Vernunft auf dem Marsfeld.

10. Juni: Das Triumvirat setzt das berüchtigte „Gesetz des 22. Prairial" durch: Ausweitung der ㉚ Todesstrafe für fast alle „Vergehen gegen die Republik". Höhepunkt des „Terreur".

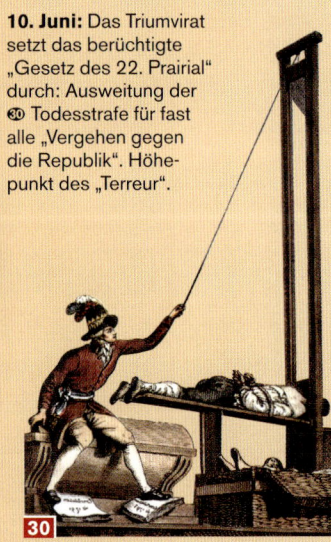

30

August–September: „Weißer Terror" der Gemäßigten gegen die noch lebenden radikalen Jakobiner.

31

3. 2. 1795: Frankreich erobert die Niederlande und erklärt sie zur „Batavischen Republik". Im Frieden von Basel verlassen Preußen und Spanien die Koalition der alliierten Mächte Europas.

März–Mai 1795: Hungerrevolten der Bevölkerung von Paris.

32

25. 5. 1795: Abschaffung der Revolutionstribunale.

22. 8. 1795: Frankreich erhält eine neue Verfassung; als Staatspräsidium wird das fünfköpfige „Direktorium" geschaffen, dessen Führer ㉝ Barras, Tallien und Carnot sind.

21. 2. 1795: Der Konvent beschließt die Trennung von Staat und Kirche, die bis heute besteht.

Mai–Juni 1795: In Paris wird das Ende der Schreckensherrschaft und die Befreiung der Gefangenen aus den Gefängnissen ㉜ gefeiert.

33

6. 9. 1795: Französische Soldaten überqueren bei Düsseldorf den Rhein.

30. 9. 1795: Das Direktorium erklärt den Staatsbankrott.

34

5. 10. 1795: ㉞ General Napoleon Bonaparte rettet im Auftrag von Barras den Konvent vor einem Aufstand der Pariser Massen; Aufstandsversuche der Royalisten.

26. 10. 1795: Letzte Sitzung des Nationalkonvents; das Direktorium übernimmt die Macht.

1795–1799: Herrschaft des Direktoriums (1797 Ausschaltung des Republikaners Carnot). Siegreich, aber mit hohen Verlusten dringen die Revolutionstruppen in Westeuropa vor; Gründung von „Schwesterrepubliken" in verschiedenen Ländern.

9. 11. 1799: Napoleon Bonaparte übernimmt in einem ㉟ Staatsstreich als Erster Konsul die Macht im „Rat der 500".

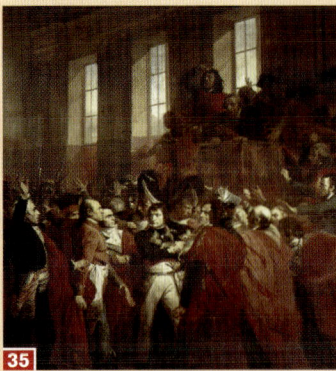

35

8. März: Sturz der gemäßigten Regierung der Feuillants; unter Druck ernennt der König die kriegsbefürwortenden Girondisten Jean-Marie Roland de Platière im Innenminister und Charles-François Dumouriez zum Außenminister.

...ai: Der König legt ein Veto ein gegen den Entscheid, Priester, die den Verfassungseid verweigern, aus Frankreich zu ...treiben; er wird vom Volk „Monsieur ...to" getauft.

...Juli: Das Droh-Manifest des kaiserlichen Oberbefehlshabers, Herzog von Braunschweig, gegen Paris führt zu nationalen Begeisterungsstürmen. Die Idee ⑱ „Levée en masse" ist geboren.

...September: Nach Hetzreden des radikalen Agitators Marat und unter Duldung des Justizministers Danton kommt es in Pariser Gefängnissen zur ⑲ Ermordung ca. 1100 „Feinden der Revolution". Deputierte Volksmassen töten viele Priester, die den Eid auf die Verfassung verweigert haben („Septembermorde"). Sansculotten richten revolutionäre ...tribunale ein.

...ktober: Alle Invasionsarmeen sind ...Frankreich vertrieben. General Custine-...ruppen besetzen Frankfurt am Main.

...ezember: Beginn des Prozesses ...en den „Verräter Louis Capet" – vor-...König Ludwig XVI. –, dessen belas-... Korrespondenz mit dem Ausland ...ckt worden war.

---

16. Januar: Ludwig XVI. wird vom Konvent mit nur einer Stimme Mehrheit (361 gegen 360 Stimmen) zum Tode verurteilt. Auch sein Vetter Philippe Égalité stimmt für die Hinrichtung, die Girondisten dagegen.

3. März: Das ㉑ Revolutionstribunal wird eingerichtet, um politische Oppositionelle zu verurteilen.

6. April: Auf Antrag Dantons wird zur Kontrolle der Regierung der sog. ㉒ Wohlfahrtsausschuss gegründet, der bald zum eigentlichen Entscheidungsorgan wird.

20. Mai: Ein Dekret über eine nationale Zwangsanleihe im Höhe von einer Milliarde Livres wird erlassen.

13. Juli: ㉓ Marat, der „Volksfreund", wird von Charlotte Corday d'Armont erdolcht. Er wird zum Märtyrer der Revolution stilisiert; sie kommt aufs Schafott.

17. Juli: Endgültige entschädigungslose Befreiung der Bauern.

25. August: Auf Antrag von Lazare Carnot wird die „Levée en masse" beschlossen und damit die erste allgemeine Wehrpflicht der Geschichte beschlossen. Im Laufe des Jahres 1793 wird die Armee bis hin zu einer Stärke von einer Million Mann aufgestockt.

16. Oktober: ㉕ Hinrichtung der früheren Königin Marie Antoinette („Witwe Capet").

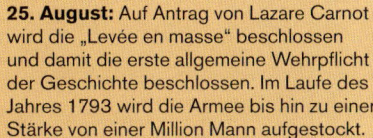

6. November: Philippe Égalité wird hingerichtet, weil er im Verdacht steht, nach dem französischen Thron zu streben.

17. März: Eine Nationalversammlung tritt in Mainz zusammen und ruft den „Rheinisch-Deutschen Freistaat" aus; am 21. März wird der Union mit Frankreich zugestimmt.

22. Mai: Im Machtkampf zwischen Girondisten und Radikalen wird Hébert, Sprecher der revolutionären Pariser Commune, verhaftet und am 27. Mai von den Volksmassen befreit. Marat ruft zum Sturz der Girondisten auf.

16. Juli: ㉔ Revolte der Stadt Lyon gegen die Jakobiner. Die Pariser Kommissare Collot, Herbois und Joseph Fouché lassen im November über 5000 Menschen erschießen. Der Aufstand wird im Februar 1794 erstickt.

28. Juli: Robespierre verdrängt Danton vom Vorsitz des Wohlfahrtsausschusses. Der Machtkampf innerhalb der Jakobiner zwischen den Gemäßigteren um Danton und den Radikalen unter Robespierre beginnt.

10. November: Hébert erklärt Notre Dame de Paris zum „Tempel der Vernunft" und fordert die Abschaffung der Kirche. Beginn der Kirchenplünderungen in Paris.

---

21. Januar: ⑳ Ludwig XVI. wird in Paris guillotiniert.

24. Februar: Beginn anhaltender Unruhen unter der Pariser Bevölkerung wegen Lebensmittelknappheit.

19. März: Beginn des größten royalistischen Aufstandes in der Vendée. Blutige Schlachten, etwa im Oktober 1893, wechseln mit einem grausamen Guerillakrieg, der sich bis Anfang 1794 zieht und 1795 erneut ausbricht. Paris muss immer wieder Truppen von der Grenze abziehen und in der Vendée einsetzen.

4. April: Die Flucht des führenden Revolutionsgenerals Dumouriez und von Louis Philippe von Orléans, Sohn Philippe Égalités und späterer „Bürgerkönig", zu den Österreichern führt zu einer Verschärfung der Prozesse vor dem Revolutionstribunal.

2. Juni: Die Girondisten werden gestürzt und im Laufe des Jahres fast sämtlich hingerichtet. Städte wie Marseille erheben sich für die Girondisten. Paris wird von Marat als Volkstribun beherrscht; er unterhält ein Bündnis mit den Linksradikalen um Hébert sowie den Jakobinern unter Danton und Robespierre.

5. September: Aufstandsversuch der Pariser Sansculotten gegen den Konvent.

17. September: Der Wohlfahrtsausschuss entscheidet, die Inhaftierung von Verdächtigen im Gesetz zu verankern. In den agitatorischen Départements von Nantes und Lyon lassen die Abgeordneten des Konvents Massenhinrichtungen durchführen.

19. Dezember: Einführung der allgemeinen Schulpflicht in Frankreich.

EUROPA UNTER NAPOLEON 1792–1814

Das revolutionäre Frankreich brachte fast ganz Europa gegen sich auf: Zwischen 1792 und 1806 stand es in vier Koalitionskriegen wechselnden Bündnissen gegenüber – und siegte. So gewann es mit ❶ Napoleon Bonaparte an der Spitze die Vorherrschaft in Europa und trug liberale Ideen und Gesetze auch in die besetzten Länder. Doch die napoleonische Herrschaft war ambivalent: Sie stärkte die bürgerliche Emanzipation, unterdrückte aber Opposition und nationale Selbstbestimmung. Diese demokratisch bemäntelte Diktatur weckte bald den Widerstand der Besetzten. Als der Siegeszug Frankreichs 1812 in Russland ein Ende fand, erhoben sich auch die anderen europäischen Mächte: Die Schlacht bei Waterloo besiegelte 1815 Napoleons Ende. Eine Epoche der Restauration setzte nun in Europa ein.

1

„Bonaparte, die Alpen überschreitend" (Gemälde von Jacques-Louis David, 1801)

■ Die Koalitionskriege

Zunächst hatte sich Frankreich noch gegen wechselnde Koalitionen europäischer Mächte zu verteidigen, doch bald schon strebte es unter Führung Napoleons die Vormachtstellung in Europa an.

3

Napoleons Ägyptenfeldzug, 1798

Im ersten Koalitionskrieg (1792–1799) führte neben der „Levée en masse" (Generalmobilmachung) v. a. das Eingreifen Napoleons im Italienfeldzug zum Sieg der Franzosen über die Heere Österreichs, Preußens, Großbritanniens, Spaniens und der Niederlande.

Zwei Jahre später, nach seinem misslungenen ❸ Ägyptenfeldzug, setzte Napoleon mit einem Staatsstreich das Direktorium ab, um sich selbst an die Spitze Frankreichs zu stellen. Er schlug Österreich im zweiten Koalitions-

6 Dreikaiserschlacht bei Austerlitz

krieg (1798–1801/02) in der Schlacht bei Marengo und zwang es zum Frieden von Lunéville. Das linke Rheinufer ging endgültig an Frankreich.

Um Napoleons Macht einzudämmen und das Gleichgewicht der Kräfte auf dem Kontinent zu halten, schmiedete der britische Premierminister ❷ William Pitt der Jüngere immer wieder neue

5

Französische Soldaten durchsuchen Händler in Leipzig nach illegal eingeführten britischen Waren, 1806

Koalitionen gegen Frankreich. Im dritten Koalitionskrieg gelang es Admiral Nelson, die französische Flotte am 21.10.1805 bei ❹ Trafalgar zu schlagen. Diese Niederlage bescherte Frankreich langfristige Verluste im Überseehandel.

Um im Gegenzug Großbritannien zu schaden, verhängte Napoleon 1806 die ❺ Kontinental-

sperre – nachdem er letztlich auch die dritte Koalition, bestehend aus Großbritannien, Österreich, Schweden und Russland, bezwungen hatte. Die Entscheidung fiel in der ❻ „Dreikaiserschlacht" am 2.12.1805 bei Austerlitz. Napoleon diktierte den Frieden von Pressburg und veranlasste die Gründung des Rheinbundes, der das Heilige Römische Reich (Deutsche Reich) aufhob.

Als Preußen daraufhin von Napoleon den Abzug aus den rechtsrheinischen Gebieten verlangte, brach der vierte Koalitionskrieg aus. Und wieder siegten die Franzosen; nach der Doppel-

2

Napoleon und der britische Premierminister William Pitt d. J. teilen sich die Weltherrschaft (Karikatur, 1805)

4

Seeschlacht bei Trafalgar, 1805

schlacht von Jena und Auerstedt am 14.10.1806 ❼ besetzten sie Berlin. Im Frieden von Tilsit wurde Preußen nahezu halbiert.

7

Einzug Napoleons durch das Brandenburger Tor in Berlin, 27.10.1806

| 1792–99 | Erster Koalitionskrieg | 1800 | Schlacht bei Marengo | 21.10.1805 | Schlacht bei Trafalgar | 25.12.1805 | Frieden von Pressburg |
| 1798–1801/02 | Zweiter Koalitionskrieg | Febr. 1801 | Frieden von Lunéville | 2.12.1805 | „Dreikaiserschlacht" bei Austerlitz | | |

■ Verlust der Herrschaft in Europa

1810 stand Napoleon auf dem Gipfel seiner Macht und beherrschte Europa. Die Kriege mit Spanien und Russland leiteten jedoch seinen Niedergang ein.

8 Hinrichtung aufständischer Zivilisten durch französische Soldaten auf der Montana del Principe Pio im Mai 1808 (Gemälde von Francisco Goya, 1814)

9 Napoleon im brennenden Moskau, 1812 (Holzstich, 1879)

Als Napoleon durch Spanien nach Portugal marschierte, dabei spanische Städte besetzte und sogar seinen Bruder Joseph Bonaparte zum König machte, erhob sich die Bevölkerung. Der **8** Spanische Unabhängigkeitskrieg, der v. a. als Guerillakrieg geführt wurde, dauerte insgesamt fünf Jahre, bis es Ende 1813 den Spaniern gelang, die Invasoren zu vertreiben. Dieser Sieg bewies den anderen Nationen, dass Widerstand gegen die französische Besatzung erfolgreich sein konnte.

Österreichs leitender Minister, Johann Philipp Graf von Stadion, glaubte schon 1809, die Zeit sei reif für einen Aufstand gegen Napoleon. Aber dessen **12** Sieg bei Wagram brachte Österreich nur weitere Gebietsverluste. Im Rahmen der österreichischen Erhebung stand auch der **11** Tiroler Volksaufstand, der nach ersten Erfolgen in kurzer Zeit niedergeschlagen wurde; sein Anführer, Andreas Hofer, wurde 1810 in Mantua erschossen. Um Österreich an sich zu binden, erzwang Napoleon die Heirat mit der **10** Kaisertochter Marie Louise.

Im gleichen Jahr scherte Russland aus der Kontinentalsperre gegen Großbritannien aus, woraufhin Napoleon im Juni 1812 mit der „Grande Armée", von deren über 600 000 Soldaten nur etwa die Hälfte Franzosen waren, einmarschierte. Die Russen zogen sich zurück, hinterließen aber „verbrannte Erde", um die Versorgung der Franzosen zu behindern.

Dieses Ziel erreichten die Russen allerdings erst, als sie nach der Schlacht von Borodino – einer der erbarmungslosesten des 19. Jh. – auch **9** Moskau in Brand setzten und Friedens-verhandlungen verweigerten. Napoleon geriet mit seiner großen Armee in solche Versorgungsnot, dass er noch während des Winters den Rückzug antreten musste. Dabei wurde sein Heer durch Angriffe der Russen, v. a. aber durch die Kälte stark dezimiert. Der Mythos von Napoleons Unbesiegbarkeit war endgültig gebrochen.

10 Marie Louise, Tochter des österreichischen Kaisers Franz I.

> *Der Erzherzog Karl von Österreich*
> **„An die deutsche Nazion", 1809:**
>
> „Wir kämpfen ... um Deutschland die Unabhängigkeit und die Nazional-Ehre wieder zu verschaffen, die ihm gebühren. ... Deutsche! würdigt Eure Lage! Nehmt die Hilfe an, die wir Euch bieten; Wirkt mit zu Eurer Rettung! ... Seyd unserer Achtung werth! nur der Deutsche, der sich selbst vergißt, ist unser Feind."

11 Andreas Hofer und die Tiroler Freiheitskämpfer

12 Schlacht bei Wagram am 5./6. 7. 1809

1789–1914

Neuere Geschichte

| ab 1806 | Kontinentalsperre | Juli 1807 | Frieden von Tilsit | 1810 | Tiroler Volksaufstand | Sept. 1812 | Schlacht von Borodino |
| 14. 10. 1806 | Doppelschlacht von Jena und Auerstedt | | 1809 | Schlacht bei Wagram | 1812 | Einmarsch Napoleons in Österreich |

■ Das napoleonische System

Napoleons Vorherrschaft in Europa gründete nicht nur auf seiner erfolgreichen Kriegsführung, sondern auch auf seiner ebenso innovativen wie restriktiven Innenpolitik.

Nach dem ❶ Staatsstreich 1799 war noch im gleichen Jahr die von Napoleon bewilligte und ganz auf seine Person zugeschnittene Konsularverfassung in Kraft getreten. Napoleon ließ sich zum ❷ Ersten Konsul wählen und sicherte sich 1802 das Amt auf Lebenszeit. Bereits zwei Jahre später aber schaffte er das Konsulat wieder ab und ❹ krönte sich am 2. 12. 1804, mit dem Segen von Papst Pius VII., selbst zum Kaiser der Franzosen.

Als Kaiser führte Napoleon das Berufsbeamtentum ein, reformierte Erziehungswesen, Verwaltung und Justiz und zentralisierte die Staatsmacht. Wesentliche Bürgerrechte behielt er jedoch bei. Seit 1804 garantierte die bis

1 Das Direktorium wird im Staatsstreich aufgelöst, 1799 (zeitgenöss. Darstellung)

auf Eigentum und regelte die zivile Eheschließung und Scheidung. Außerdem wurde der Laizismus, die Trennung von Kirche und Staat, eingeführt.

Auch die von ihm eroberten Gebiete ordnete Napoleon verfassungs- und zivilrechtlich nach dem Vorbild des Code Civil. Doch gerade diese neu eingeführten Rechte und Gesetze, die das bürgerliche Selbstbewusstsein in der Bevölkerung stärkten, führten dazu, dass in Europa der Widerstand gegen die napoleonische Vorherrschaft und Besatzung anwuchs.

2 Napoleon und seine Mitkonsuln

heute in einigen Ländern noch gültige Gesetzessammlung, der ❸ „Code Civil" oder „Code Napoléon", dem Einzelnen die Gleichheit vor dem Gesetz, persönliche Freiheit sowie das Recht

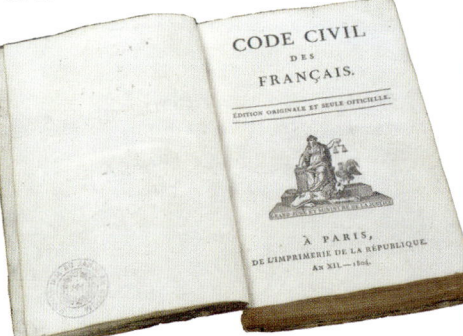

3 Der „Code Civil", 1804

Die Konsularverfassung

Die Konsularverfassung bestand aus einem vom Ersten Konsul ernannten Senat, einem Tribunat sowie dem Corps Législatif. Die drei Konsuln wurden vom Senat für zehn Jahre gewählt. Die Legislative, eigentlich das Herz einer demokratischen Verfassung, war dem Ersten Konsul untergeordnet. Sie konnte über Gesetzesvorschläge nur abstimmen; neue Gesetze vorlegen durfte allein der Erste Konsul, der zudem alle Beamten, Richter und Offiziere bestimmte.

Der Aufstieg Napoleon Bonapartes (1769–1821)

Am 15. 8. 1769 in Ajaccio auf Korsika geboren, kam Napoleon im Alter von neun Jahren auf die „École militaire". Im Jahr 1793 wurde er zum Brigadegeneral befördert, nachdem er entscheidend an der Rückeroberung von Toulon aus den Händen der Engländer mitgewirkt hatte. 1795 zerschlug er in Paris eine Erhebung der Royalisten und wurde dafür zum Befehlshaber der „Armee des Inneren" ernannt, bald darauf erhielt er den Oberbefehl über die Italienarmee. Die Heirat mit der Aristokratin Joséphine de Beauharnais 1796 ermöglichte Napoleon den Kontakt zu politisch einflussreichen Persönlichkeiten.

4 „Die Krönung Napoleons"; Ausschnitt des Gemäldes von Jacques-Louis David (1806/07): Napoleon krönt Joséphine in der Kathedrale Notre-Dame zur Kaiserin

| 15. 8. 1769 | Geburt Napoleons | 1796 | Napoleon erhält Oberbefehl über die Italienarmee | 1802 | Napoleon wird Konsul auf Lebenszeit |
| 1795 | Napoleon wird Befehlshaber der „Armee des Inneren" | 1800 | Gründung der Bank von Frankreich | | |

■ Das Kaiserreich

Innenpolitisch war Napoleons Herrschaft durch repressive Maßnahmen gekennzeichnet.

In der Tagespolitik des napoleonischen Konsulats und des Kaiserreiches wurden Menschen- und politische Rechte oft stark beschnitten. Die Versammlungsfreiheit war eingeschränkt, und die Zensur begrenzte die Presse- und

7 Germaine de Staël-Holstein

8 Hinrichtung des Buchhändlers Johann Philipp Palm, 1806 (Kreidelithografie)

Meinungsfreiheit. Prominentestes Beispiel war die Ausweisung der Schriftstellerin und Publizistin **❼** Germaine de Staël aufgrund ihrer Kritik an Napoleon. Der Rechtsstaat wurde bis hin zum Justizmord missbraucht, wie 1804 bei der skandalösen Hinrichtung des Herzogs von Enghien oder 1806 in Nürnberg, wo der Verleger **❽** Johann Philipp Palm erschossen wurde, weil er ein antifranzösisches Pamphlet gedruckt hatte. Einen Geheimdienst im modernen Sinne etablierte **❺** Polizeiminister Fouché.

Trotz alledem fand Napoleon, der vorgab, die Revolution retten zu wollen, lange Zeit Rückhalt im Volk – auch, als er, in völligem Widerspruch zur Revolution, das Kaiserreich ausrief.

Bereits 1802 hatte Napoleon mit der Gründung der **❾** Ehrenlegion den Grundstein gelegt für eine neue gesellschaftliche Elite, die ihm treu ergeben die Herrschaft

5 Joseph Fouché

sichern sollte. Rang, Stand, Herkunft und Konfession spielten für die Aufnahme allerdings keine Rolle. Nach seiner Kaiserkrönung 1804 wandelte Napoleon die Ehrenlegion in einen Verdienstorden um, der in Frankreich auch heute noch verliehen wird.

Seinen künstlerischen Ausdruck fand das Kaiserreich v. a. in den **❸** Gemälden Jacques-Louis Davids sowie im **❻**, **❿** klassizisti-

6 Schreibtisch Napoleons in Malmaison

schen Empirestil, dessen von römisch antiken und ägyptischen Formen inspirierte Architektur, Inneneinrichtung und Mode sich über ganz Europa verbreitete.

9 Napoleon verleiht das Kreuz der Ehrenlegion (Gemälde von J.-B. Debret, 1812)

10 Prunkzimmer der Kaiserin Joséphine auf Schloss Malmaison bei Paris

---

Die Ermordung des Herzogs von Enghien

Nach einem gescheiterten Attentatsversuch 1803 ging Napoleon mit unerbittlicher Härte gegen mutmaßliche royalistische Verschwörer vor.

An dem im deutschen Exil lebenden Prinzen Louis Antoine Henri von Bourbon-Condé, Herzog von Enghien, statuierte Napoleon ein Exempel: Er ließ den jungen Mann von seinem badischen Schloss verschleppen und vor ein Militärgericht stellen. Beweise fehlten zwar, doch das Urteil stand ohnehin schon fest: Am 21. 3. 1804 wurde Enghien in Vincennes bei Paris erschossen.

Der Herzog von Enghien (Lithografie, um 1830)

	1803	Attentatsversuch auf Napoleon		21. 3. 1804	Hinrichtung des Herzogs von Enghien
1802	Stiftung des Ordens der Ehrenlegion		1804	Kaiserkrönung Napoleons/„Code Civil"	1806	Ermordung Johann Philipp Palms

◼ Das alte Reich löst sich auf

Als Folge der Kriege gegen Napoleon kam es zur Auflösung des „Heiligen Römischen Reiches". In Deutschland wurden viele katholische Ländereien säkularisiert und bisher selbstständige Gebiete anderen Territorien zugeteilt. Österreich wurde geschwächt.

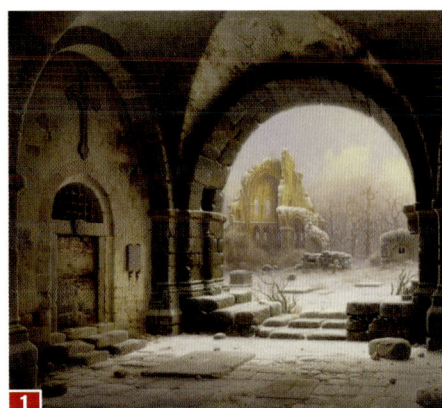

1 Ruine des in der Säkularisation 1803 aufgelösten und später abgerissenen Klosters Heisterbach im Rheinland (Gemälde von Steuerwaldt, 1863)

Blick auf Lunéville, Lothringen (Lithografie, 19. Jh.)

Frühe Industrieanlage in Westfalen, 1. Hälfte 19. Jh.

Im Februar 1803 trat der „Immerwährende Reichstag" des „Heiligen Römischen Reiches" im **4** Rathaus zu Regensburg zum letzten Mal zusammen. Das Ergebnis war eine politische und rechtliche Neuordnung, die im sog. Reichsdeputationshauptschluss zusammengefasst wurde: Die deutschen Fürsten, die im Frieden von **2** Lunéville 1801 ihre linksrheinischen Gebiete an Frankreich hatten abtreten müssen, wurden entschädigt. Außerdem wurden die meisten der geistlichen Gebiete in weltlichen Besitz umgewandelt (Säkularisation) und die Reichsunmittelbarkeit, also die Selbstständigkeit, von 41 Reichsterritorien aufgehoben (Mediatisierung).

Auf diese Weise schrumpften die reichsunmittelbaren, d. h. nur dem Kaiser unterstehenden Gebiete, von 1000 auf etwa 30; alle freien Reichsstädte außer Hamburg, Bremen, Lübeck sowie Augsburg, Nürnberg und Frankfurt verloren ihre Ausnahmestellung.

Von den Gütern der katholischen Kirche wurden insgesamt vier Erzbistümer, 18 Bistümer und etwa 300 Stifte, **1** Klöster und Abteien säkularisiert – seit der Reformation die bedeutendste Minderung ihres Gebietes und Einflusses.

Neben den Landesherren profitierte vor allem das aufstrebende Bürgertum von dieser Landumverteilung: Kaufleute und Manufakturbesitzer konnten nun günstig Grundbesitz erwerben. In dieser Hinsicht förderte die Neuordnung auch die bald beginnende **3** Industrialisierung.

Außenpolitisch verwirklichte der Reichsdeputationshauptschluss nicht nur die Absichten Frankreichs, sondern auch die von Russland, das an einer Schwächung Österreichs interessiert war. Preußen wurde nun Österreich gleichrangig, und die kleineren Staaten erhöhten ihren Einfluss, ohne ihre Abhängigkeit von Frankreich zu verlieren.

Reformen in Bayern

Der Reichsdeputationshauptschluss bot den deutschen Staaten zahlreiche Reformmöglichkeiten. Ein Beispiel dafür war die Politik des bayerischen Staatsmannes Maximilian Graf von Montgelas. Er erwirkte eine bedeutende Erweiterung Bayerns und modernisierte das Land: Er zentralisierte die Verwaltung und bemühte sich, durch ein „bayrisches Staatsbewusstsein" die neu hinzugewonnenen Gebiete in Altbayern zu integrieren. Es entstanden einheitliche Landgerichte, das Religionsedikt sicherte die Gleichstellung der Protestanten, die Schulpflicht wurde eingeführt und Vorrechte des Adels abgeschafft sowie ein liberales Strafgesetzbuch geschaffen. Obwohl die von Montgelas 1808 entworfene Verfassung die allgemeine Gleichheit vorsah, blieb es doch bei der absoluten Monarchie.

Maximilian Joseph Graf von Montgelas

4 Reichssaal im Rathaus zu Regensburg, 1663–1806 Tagungsort des Reichstages

---

Der Rheinbund

Der Zusammenschluss von 16 deutschen Staaten zum Rheinbund bedeutete das Ende und die Zersplitterung des „Heiligen Römischen Reichs". Kaiser Franz II. dankte daraufhin ab.

Nach der Schlacht bei Austerlitz und dem daraus hervorgegangenen Frieden von Pressburg am 26. 12. 1805 war Österreichs Stellung noch weiter geschwächt. Preußen war neutral geblieben, und 1806 wurden Bayern und ❺ Württemberg, nun als Verbündete Frankreichs, zu ❻ Königreichen aufgewertet.

Auf Napoleons Betreiben hin schlossen sich 16 süd- und westdeutsche Staaten am 12. 7. 1806 zum „Rheinbund" zusammen, erklärten sich für souverän und verließen den Reichsverband. Damit, dass der Rheinbund unter französischem Protektorat stand, hatte Napoleon nicht nur seinen politischen Einfluss vermehrt, sondern auch sein militärisches Potenzial, da er die Rheinbundstaaten zur Unterstützung seiner Feldzüge verpflichten konnte.

Um den Zerfall des Reiches zu vollenden, nötigte Napoleon Kaiser Franz II. in einem Ultimatum, auf die römisch-deutsche Kaiserwürde zu verzichten. Daraufhin dankte am 6. 8. 1806 der Kaiser ab: Das „Heilige Römische Reich Deutscher Nation", das über 800

5

König Friedrich I. von Württemberg empfängt Kaiser Napoleon I. 1806 in Stuttgart (Holzstich, frühes 20. Jh.)

6

„Napoleon backt Könige" (britische Karikatur von 1806)

7

Friede von Tilsit: Napoleon mit Zar Alexander I. und König Friedrich Wilhelm II.

Jahre bestanden hatte, war damit Geschichte. Diesen Schritt Napoleons vorausahnend, hatte Franz schon 1804 (als Franz I.) den Titel eines „Kaisers von Österreich" angenommen, um sich den gleichen Rang mit dem französischen Kaiser und dem russischen Zaren zu bewahren.

Auch Preußen war von den Auflösungserscheinungen betroffen. Durch die Schlachten von Jena/Auerstedt, ❽ Preußisch Eylau und Friedland verlor es 1807 im ❼ Frieden von Tilsit alle Gebiete westlich der Elbe. Diese fielen – als Teile des Königreiches Westphalen und des Großherzogtums Berg – an den Rheinbund, dem nun auch die mittel- und norddeutschen Staaten beitraten. Damit stand der überwiegende Teil Deutschlands unter französischer Vorherrschaft.

Sowohl die territoriale Neuaufteilung durch den Reichsdeputationshauptschluss als auch die Auflösung des Reiches machten für viele Gebiete Deutschlands den Weg frei für dringend notwendige politische, juristische und auch wirtschaftliche Modernisierungsmaßnahmen. Erst 1813 löste sich der Rheinbund nach Napoleons Niederlage in der sog. Völkerschlacht bei Leipzig wieder auf.

Aus der Abdankung Kaiser Franz' II.

„Wir Franz der Zweite, von Gottes Gnaden erwählter Römischer Kaiser, zu allen Zeiten Mehrer des Reichs, Erbkaiser von Österreich etc. König in Germanien, zu Hungarn, Böheim, Croatien, Dalmatien, Slavonien, Galizien, Lodomerien und Jerusalem, Erbherzog von Österreich etc. ... erklären ... dass Wir das reichsoberhauptliche Amt und Würde durch die Vereinigung der confödirirten rheinischen Stände als erloschen und Uns dadurch von allen übernommenen Pflichten gegen das deutsche Reich losgezählt betrachten, und die von wegen desselben bis jetzt getragene Kaiserkrone und geführte kaiserl. Regierung, wie hiermit geschieht, niederlegen. ..."

oben: Franz II., römisch-deutscher Kaiser bis 1806, seit 1804 als Franz I. Kaiser von Österreich

8

Dritter Koalitionskrieg: Schlacht bei Preußisch-Eylau am 7./8. 2. 1807

Napoleon in der Verbannung auf Elba

■ Die Befreiungskriege

In den Jahren 1813–1815 kämpften die europäischen Mächte gegen Napoleon und befreiten sich von der französischen Vorherrschaft.

Die Niederlage Napoleons in Russland 1812 war das Fanal für die Befreiungskriege in Europa. ❷ General Graf Yorck von Wartenburg, der bis dahin die preußischen Truppen Napoleons geführt hatte, wechselte die Seiten und sicherte in der ❹ Konvention von Tauroggen Russland Neutralität zu. Wenig später, im Februar 1813, wurde in Kalisch das russisch-preußische Bündnis besiegelt. Umgehend leitete Preußen daraufhin die Mobilmachung der Volksmiliz ein, die unterstützt wurde durch Landwehren und ❺ Freikorps. Zu dieser Zeit wurde auch der Orden des ❸ Eiser-

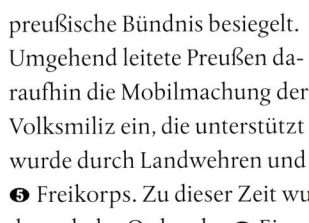
❸ „Eisernes Kreuz"

nen Kreuzes gestiftet, welcher bis heute als Signet der deutschen Bundeswehr präsent ist. König Friedrich Wilhelm III. zögerte zunächst, doch am 27. 3. 1813 erklärte er Frankreich schließlich offiziell den Krieg. Seine Landsleute ermutigte er mit dem Aufruf „An Mein Volk". Österreich schloss sich im August an, Bayern im Oktober. Obwohl die Befreiungskriege größtenteils von regulären Truppen geführt wurden, proklamierten patriotische Dichter wie Theodor Körner (1791–1813) den „Volkskrieg" der Deutschen gegen die Fremdherrschaft.

In der Völkerschlacht bei Leipzig vom 16. bis 19. 10. 1813 siegten die verbündeten Heere von Österreich, Preußen und Russland entscheidend über Napoleon, der sich über den Rhein zurückzie-

hen musste. Auch die Rheinbund-Staaten schlugen sich nun auf die Seite der Koalition, die in Frankreich einmarschierte und im März 1814 Paris besetzte. Napoleon musste abdanken und ins ❶ Exil auf Elba gehen. Der erste Pariser Friede begrenzte Frankreich auf die Ausdehnung von 1792 und brachte mit Ludwig XVIII. die Bourbonen zurück auf den Thron.

❷ Ludwig Graf Yorck von Wartenburg

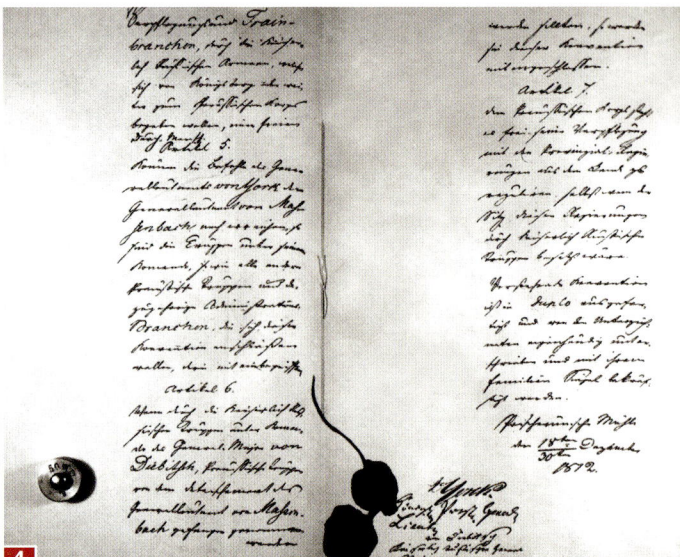
❹ Konvention von Tauroggen, 30. 12. 1812

Die Völkerschlacht bei Leipzig

Völkerschlacht bei Leipzig

Die Völkerschlacht bei Leipzig war die bis dahin vermutlich größte Schlacht der Geschichte. Der Hauptangriff fand nach unentschiedenen Vorgefechten am 18. 10. 1813 statt, nachdem auch die württembergischen und sächsischen Truppen zu den Alliierten übergelaufen waren. Zeitgenössische Berichte erzählen vom großen Elend der vielen Tausenden von Verwundeten, die so gut wie gar nicht versorgt werden konnten. Rund 100 000 Soldaten fielen.

❺ Lützow'sches Freikorps, gebildet aus nichtpreußischen Freiwilligen

| Dez. 1812 | Konvention von Tauroggen | | 27. 3. 1813 | Kriegserklärung an Frankreich | | 6. 4. 1814 | Abdankung Napoleons |
| Feb. 1813 | Vertrag von Kalisch | 16.–19. 10. 1813 | Völkerschlacht bei Leipzig | | 31. 3. 1814 | Besetzung von Paris |

Der Wiener Kongress

Noch einmal kehrte Napoleon 1815 zurück an die Macht, wurde aber in der Schlacht bei Waterloo endgültig besiegt. Erst danach konnte der Wiener Kongress im Juni 1815 die Neuordnung Europas beschließen.

Napoleon war nicht gewillt, sich mit seiner Verbannung abzufinden. Er landete im März 1815 bei Cannes, sammelte Truppen um sich, marschierte mit ihnen auf Paris und riss erneut die Regierungsgewalt in Frankreich an sich, allerdings nur für kurze Zeit: Es wurde eine „Herrschaft der Hundert Tage".

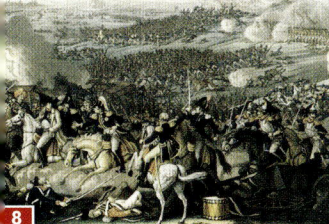

7 Wiener Kongress: Metternich, Castlereagh und Hardenberg

Die Alliierten reagierten schnell. Sie stellten sich ihm in Belgien entgegen und besiegten Napoleon unter Führung von ❼ Generalfeldmarschall Blücher und General Wellington am 18. Juni in der ❾ Schlacht von Belle-Alliance

(Waterloo) endgültig. Napoleon wurde auf die Insel Sankt Helena verbannt, wo er am 15. 5. 1821 starb. König Ludwig XVIII., der vor Napoleon geflohen war, kehrte nun zurück. Frankreich musste im zweiten Pariser Frieden weitere Gebietsverluste und Reparationszahlungen hinnehmen.

Bereits seit September 1814 tagte der ⓫ Wiener Kongress mit dem Ziel, Europa territorial neu zu ordnen und ein Gleichgewicht der Mächte herzustellen. Außer dem Osmanischen Reich nahmen alle europäischen Mächte teil. Dominiert wurden die Verhandlungen von dem österreichischen Staatskanzler und Vorsitzenden des Kongresses, ❽ Fürst Metternich, dem preußischen Staatskanzler Hardenberg, dem britischen Außenminister Castlereagh, Zar Alexander I. und dem französischen Vertreter ❿ Talleyrand, dem es gelang, sei-

nem Land ein Mitspracherecht zu sichern. Dennoch musste Frankreich alle eroberten Gebiete abgeben. Russland, Preußen und Österreich vergrößerten ihr Territorium. Das Königreich der Niederlande wurde neu gegründet, die Schweiz als unabhängiger, neutraler Staat anerkannt; in Spanien kehrten die Bourbonen zurück; Italien blieb in Einzelstaaten geteilt. Es folgte eine Friedenszeit von fast 40 Jahren.

Bestandteil der Wiener Kongressakte war die Bundesakte, die am 8. 6. 1815 von 41 deutschen Staaten unterzeichnet wurde. An die Stelle des 1806 aufgelösten Heiligen Römischen Reiches trat nun der Deutsche Bund, in dem Preußen und Österreich Führungsrollen einnahmen.

6 Blücher und Wellington in der Schlacht bei Belle-Alliance

Wilhelm Freiherr von Humboldt über den Wiener Kongress:

„Es geht aber nicht gut mit den Geschäften … Allein im ganzen liegt es daran, daß die Menschen, die hier die hauptsächlich handelnden Personen sind, jeder aus besonderen Gründen, nicht zu dem Geschäft passen … So geht jeder einen eigenen Weg oder versucht es wenigstens, und die das Ganze zusammenhaltende Macht oder Vernunft wird oft vergebens gesucht."

oben: Wilhelm Freiherr von Humboldt
unten: Karikatur auf den Wiener Kongress

8 Schlacht bei Belle-Alliance, Waterloo am 18. 6. 1815

9 Charles Maurice de Talleyrand-Périgord

10 Der Wiener Kongress, Herbst 1814 bis 9. 6. 1815

1789–1914

Neuere Geschichte

Die Industrielle Revolution in Europa UM 1750–1848

Die gravierendste Veränderung, die Europa im 19. Jh. erfuhr, war die Industrielle Revolution, die zunächst durch ❶ technische Neuerungen angestoßen wurde, dann aber zu gesellschaftlichen Umwälzungen großen Ausmaßes führte. Nach dem Wiener Kongress strebten die europäischen Mächte nach einer Wiederherstellung der politischen und sozialen Strukturen der vornapoleonischen Zeit. Das „System Metternich", als leitendes Prinzip der Politik in Europa, versagte bald. Es kristallisierte sich ein liberaleres Westeuropa heraus, dem ein konservatives Mittel- und Osteuropa gegenüberstand. Überall in Europa entstanden demokratische Bewegungen, die trotz Repressionsmaßnahmen in den Revolutionen von 1848 gipfelten.

Der Dampfhammer, erfunden und gemalt von James Nasmyth

Der englische Erfinder James Watt

Neue Arbeits- und Lebensbedingungen

Die Industrialisierung eroberte im Laufe des 19. Jh. ganz Europa und trug zum Abbau der alten Ordnung bei.

Die Industrielle Revolution verwandelte Europa von einer Agrargesellschaft in eine Industriegesellschaft; der Feudalismus wurde vom Kapitalismus abgelöst. Die-

„Spinning Jenny", die erste Baumwollspinnmaschine von James Hargreaves aus dem Jahr 1764

ser soziale, wirtschaftliche und gesellschaftliche Wandel vollzog sich über das gesamte 19. Jh. hinweg schrittweise von West nach Ost. Besonders früh und kraftvoll setzte er in England ein, was durch die Rohstofflieferungen aus dem Empire begünstigt wurde.

Angestoßen durch naturwissenschaftliche Erkenntnisse, setzte schon seit Mitte des 18. Jh. eine

Flut technischer Neuerungen ein: Die ❷ Spinnmaschine, der mechanische Webstuhl, das Puddel-Verfahren zur Stahlgewinnung, das Dampfschiff, die Dresch- und die Mähmaschine veränderten die Grundlagen der Produktion entscheidend. Dank der universell einsetzbaren ❹ Dampfmaschine von ❸ James Watt ging sie schneller, fehlerfreier und preisgünstiger vonstatten. Hinzu kam die Neuorganisation der Arbeitsprozesse durch die Arbeitsteilung in der Fabrik; ❺ große Fabriken in der Hand kapitalstarker Kaufleute ermöglichten die Massenproduktion von Gütern. Das Investitionskapital kam zunächst aus den Gewinnen des Handels, später stellten Banken gewinnversprechenden Unternehmen Kapital zu Verfügung. Das Zunftwesen wurde von der Gewerbefreiheit abgelöst, die den Unternehmern Unabhängigkeit von allen Regulierungen außer denen des Marktes garantier-

te. Für eine Steuerung und Belebung des Fortschritts sorgte im Sinne des von dem englischen Volkswirtschaftler Adam Smith vertretenen Wirtschaftsliberalismus der Egoismus des Einzelnen, geleitet von einer „unsichtbaren Hand". Erst mit dem Ersten Weltkrieg brach das stetige Wirtschaftswachstum jäh ab.

Borsigs Maschinenbau-Anstalt zu Berlin, 1847

Adam Smith in „Der Wohlstand der Nationen" über den Egoismus des Einzelnen

„Jeder, der einem anderen irgendeinen Tausch anbietet, schlägt vor: Gib mir, was ich wünsche, und du bekommst, was du benötigst ... Wir wenden uns nicht an ihre Menschen-, sondern an ihre Eigenliebe, und wir erwähnen nicht die eigenen Bedürfnisse, sondern sprechen von ihrem Vorteil."

oben: Der britische Moralphilosoph und Volkswirtschaftler Adam Smith

Erste direkt wirkende Niederdruck-Dampfmaschine von James Watt, 1765

| 1764 | Erfindung der Spinnmaschine | 1785 | Beginn der Industriellen Revolution | 1796 | Erster Hochofen in Deutschland |
| 1784 | Erfindung der Dampfmaschine | 1786 | Erste Fabrik in Manchester | 1822 | Erfindung von Maschinenwebstühler |

■ Die Schattenseiten des Fortschritts

Bald traten die negativen Aspekte des wirtschaftlichen Wachstums zutage: Die „soziale Frage" wurde über das 19. Jh. hinaus zu einem der politischen Hauptprobleme.

6 Kinderarbeit in englischem Bergwerk

7 Allgemeine Deutsche Metallarbei- tergesellschaft

Neue Transportmöglichkeiten wie die ❾ Eisenbahn dehnten den Wirtschaftsraum über die Landesgrenzen aus, und der Konkurrenzdruck nahm zu. Die Unternehmen wurden gezwungen, immer preisgünstiger zu produzieren. Die Gewinnspannen sanken ab, was zur Folge hatte, dass die Löhne gedrückt und die Arbeitszeiten verlängert wurden; auch die ❻ Kinderarbeit nahm sprung-

haft zu. Die Arbeiterschaft ❿ verelendete zunehmend, während das Besitz- oder Großbürgertum vom wirtschaftlichen Aufschwung profitierte. Die Gräben zwischen den sozialen Klassen wurden tiefer. Dies führte u. a. 1844 zum ⓫ „Weberaufstand", bei dem 3000 schlesische Weber Fabriken der Textilindustrie stürmten.

Zu einem weiteren Problem entwickelte sich die Landflucht. Durch die sog. Einhegung, bei der Gemeineigentum auf dem Land in Privateigentum von Großgrundbesitzern überging, verarmten viele kleine Bauern und waren gezwungen, in die Stadt zu ziehen. Dies betraf in ganz Europa Millionen von Menschen, die nun als oft ungelernte und rechtlose Arbeiter um ihre Existenz kämpfen mussten. Sie bildeten eine „industrielle Reservearmee",

die untereinander um Arbeit – und sei es für niedrigste Löhne und unter unzumutbaren Bedingungen – konkurrierte. Diesem Missstand entgegenzuwirken war das Ziel der entstehenden Arbeiterbewegung. Es bildeten sich ❼, ❽ Gewerkschaften, Vereine und Parteien, die auf politischer Ebene um die Regulierung des sog. Manchester-Liberalismus durch staatliche Gesetze kämpften. An den liberal orientierten Revolutionen

des 19. Jh., v. a. denen von 1848, waren zu großen Teilen sozialistisch eingestellte Handwerker und Industriearbeiter beteiligt. Sozialpolitik wurde eines der wesentlichen Themen der Innenpolitik in allen Industriestaaten.

8 Gewerkschaftsfahne der Berliner Zigarrenarbeiter, 1858

Karl Marx

Karl Marx, Philosoph und Nationalökonom

1818 in Trier geboren, wurde Karl Marx nach seinem Studium Chefredakteur der liberalen Rheinischen Zeitung, die 1843 verboten wurde. In Paris lernte er 1844 Heinrich Heine, Pierre Joseph Proudhon und Michail Bakunin kennen, ebenso Friedrich Engels, mit dem er von nun an zusammenarbeitete, u. a. am „Kommunistischen Manifest" von 1848. Im selben Jahr musste er in der Folge der 1848er-Revolte nach London emigrieren, wo er bis zu seinem Tod lebte. 1867 erschien der erste Band des „Kapitals", mit dem „Manifest" wohl das einflussreichste Buch der Arbeiterbewegung. Marx, der neben vielen anderen Schriften das Programm für die erste Internationale Arbeiter-Assoziation (IAA) verfasste, war sicherlich die bekannteste und bedeutendste Figur der sozialistischen Bewegung, v. a. aber ihr brillantester Kopf.

1789–1914   Neuere Geschichte

9 Personenzug auf der ersten Eisenbahnstrecke in England

10 Heimarbeit in der Kellerwohnung, Berlin

11 Der Weberaufstand in Schlesien, 1844

1830	Eröffnung der ersten Eisenbahnstrecke	1837	Sendung des ersten Morsetelegramms	1867	„Das Kapital" von Karl Marx
1834	Gründung des Deutschen Zollvereins	1844	„Weberaufstand"	1848	„Kommunistisches Manifest"

■ Restauration und Revolution in Europa 1815–1830

Metternich verband nahezu alle Staaten Europas in einer „Heiligen Allianz", die die Restauration sicherstellen sollte.

Metternich strebte die Wiederherstellung einer obrigkeitsstaatlichen monarchischen Ordnung an, in der alle seit 1789 erkämpften bürgerlichen Freiheiten wieder aufgehoben sein sollten. Sie wurde in den 65 Artikeln der die Deutsche Bundesakte von 1815 ergänzenden Wiener Schlussakte proklamiert, die der ❷ Bundestag in Frankfurt am 20. 7. 1820 als Grundgesetz des Deutschen Bun-

Wiener Kongress 1814/15 (kolorierte Radierung, 1815)

des annahm. Zur Sicherung der Restauration in Europa hatten sich Österreich, Preußen und Russland zur sog. ❸ Heiligen Allianz zusammengeschlossen: Noch auf dem ❶ Wiener Kongress wurde der ❹ Vertrag am 26. 9. 1815 von Zar Alexander I., Kaiser Franz I. und König Friedrich Wilhelm III. unterzeichnet. Später traten ihr alle europäischen Staaten außer Großbritannien, dem Vatikan und dem Osmanischen Reich bei.

Nach der Ermordung des Dichters August von Kotzebue 1819 (S. 376/377), der die deutschen Burschenschaften verspottet hatte, ließ Metternich im August 1819 die Karlsbader Beschlüsse verabschieden, die eine strenge Zensur der gesamten Presse, das Verbot der Burschenschaften und die Entlassung „revolutionär" gesinnter Lehrkräfte verfügten. Der Kampf gegen die „Maulkorb-Politik" Metternichs schweißte liberale und national gesinnte Kräfte zusammen und ließ sie Allianzen mit den fortschrittlichen Kräften eingehen.

Deutscher Bund: Tagung in Frankfurt am Main (kolorierte Zeichnung, 1816)

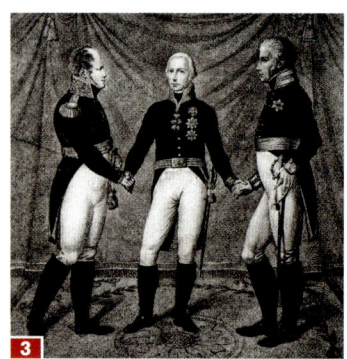

Heilige Allianz zwischen Russland, Preußen und Österreich: Zar Alexander I., Franz I. und Friedrich Wilhelm III.

Fürst von Metternich

Klemens Wenzel Fürst von Metternich floh mit 21 Jahren vor der französischen Besatzung des Rheinlands nach Wien, wo er in der Außenpolitik Karriere machte. Seit 1809 Außenminister, später Staatskanzler, war er maßgeblich an der Organisation der Befreiungskriege beteiligt und wurde zur führenden Figur des Wiener Kongresses 1814/15. Hier verfolgte er mit dem sog. System Metternich die Absicht, in Europa ein Gleichgewicht der Kräfte zur Vermeidung neuer Kriege zu schaffen und gleichzeitig eine innenpolitische Restauration der vorrevolutionären Gesellschaftsordnung zu erreichen. Deutscher Bund und Heilige Allianz dienten diesen Zielen ebenso wie die Karlsbader Beschlüsse. Später verlor er an Einfluss und wurde 1848 mit Beginn der Märzrevolution in Wien gestürzt, versuchte aber weiterhin, innen- wie außenpolitisch zu wirken.

Karikatur auf die Karlsbader Beschlüsse: „Geist unserer Zeit"
oben: Fürst von Metternich

Dreimonarchentreffen 1814: Franz II. empfängt Zar Alexander I. und König Friedrich Wilhelm III. in Wien

Neuere Geschichte

◼ Scheiternde Kongresspolitik und wachsende liberale Bewegungen

Mit dem Viererbund organisierte Metternich einen Verbund der Großmächte, der einen Interessenausgleich schaffen sollte, was langfristig jedoch nicht gelang. Frankreich musste seine restaurative Innenpolitik bald revidieren.

Wiederum auf Anregung Metternichs versuchten Österreich, Preußen, Russland und Großbritannien auf verschiedenen Kongressen, Interessen und Ansprüche auszugleichen und so die Restauration zu sichern. 1820 wurde etwa das Interventionsrecht gegen nationale und liberale Bewegungen beschlossen – entgegen der Intention Großbritanniens, das zunehmend den Liberalismus in Europa unterstützte. Das Bündnis der vier Großmächte sowie die Heilige Allianz zerbrachen schließlich u. a. an unterschiedlichen Haltungen zum ❻ griechischen Unabhängigkeitskampf gegen das Osmanische Reich: Großbritannien, Frankreich und Russland, nicht aber Preußen und Österreich, die an einer Schwächung des Osmanischen Reiches nicht interessiert waren, griffen zugunsten der Griechen ein. In der ❼ Seeschlacht bei Navarino (Pylos) 1827 vernichteten sie die türkische Flotte und erwirkten 1829 die Souveränität Griechenlands. In Frankreich saß nach Napoleons Niedergang mit Ludwig XVIII. wieder ein Bourbone auf dem

❺ Friedrich Ludwig Jahn

Thron. Er betrieb zunächst eine Politik der Amnestie und nationalen Versöhnung, geriet jedoch nach 1815 immer stärker unter den Einfluss seines reaktionären Bruders, des Grafen von Artois, der ihm 1824 als Karl X. nachfolgte und die absolute Herrschaft des Königs wiederherstellen wollte. Dieses Experiment endete jedoch 1830 mit der ❽ Julirevolution, einem Aufstand der Pariser Bevölkerung, die die ❾ Abdankung von Karl X. am 2. August erzwang (S. 386). Der Erfolg gab den demokratischen Bewegungen in ganz Europa Zuversicht, auch in ihren Ländern eine freiheitliche Verfassung erringen zu können. Zwar wurden liberal und national gesinnte Politiker und Intellektuelle, wie etwa ❺ Friedrich Ludwig Jahn (S. 377), verfolgt. Doch vermochte die Restauration den sich ausbreitenden Wunsch nach demokratischer

Freiheit und nationaler Einheit sowie nach Aufhebung sämtlicher Zensurmaßnahmen und nach Gewährung politischer Mitspracherechte für ein selbstbewusstes und zunehmend gebildetes Bürgertum nicht zu unterdrücken, der sich schließlich europaweit in den Revolutionen von 1848 Bahn brach. Gerade die oppositionelle und aufklärerische Presse, die Flut liberaler bürgerlicher Zeitungen in ganz Europa, trug ganz wesentlich zur Vorbereitung der 48er-Revolution bei.

❻ Griechischer Unabhängigkeitskrieg 1821–1829

❼ Die Seeschlacht bei Navarino, Pylos

❽ Die Julirevolution 1830 in Paris

❾ Die Einschiffung Karls X. nach England am 15. 8. 1830 nach der Julirevolution

David Ricardo, englischer Nationalökonom und Bankier

Liberalismus

Die Gegenbewegung zum Konservatismus der europäischen Regierungen war der bürgerliche Liberalismus. Ausgehend von den Prinzipien der Aufklärung, stellt der Liberalismus die Freiheit des Einzelnen in den Vordergrund und verwahrt sich somit gegen jede geforderte Untertanenmentalität und Obrigkeitshörigkeit. Rechtsstaatlichkeit und Bürgerrechte sollen garantiert werden durch das Prinzip der Gewaltenteilung zwischen Legislative, Exekutive und Judikative. Der Wirtschaftsliberalismus, wie er von Adam Smith begründet und später u. a. von David Ricardo vertreten wurde, verlangt völlige Gewerbefreiheit und weist Zollschranken ebenso zurück wie den Eingriff des Staates in die Wirtschaft, selbst wenn er im Interesse einer größeren sozialen Gerechtigkeit erfolgt.

Neuere Geschichte   1789–1914

20. 7. 1820	Wiener Schlussakte wird Grundgesetz des Deutschen Bundes	1830	Julirevolution in Paris	
1819	Karlsbader Beschlüsse über das Verbot der Burschenschaften	1827	Seeschlacht bei Navarino	2. 8. 1830	Abdankung Karls X.

■ Die 1848er-Revolutionen in Europa: Auslöser Frankreich

Von Frankreich gingen mit der „Februarrevolution" 1848 die Impulse zu einer liberalen Revolution aus, die auf ganz Europa außer England und Russland übergriff.

Als im Februar 1848 ein sog. Reformbankett, das waren getarnte politische Versammlungen, verboten wurde, war dies der Auslöser zu ❸ Barrikadenkämpfen zwischen Armee und Oppositionellen in den Straßen von Paris. Sie gipfelten im ❺ Sturm auf das Palais Royal und erzwangen die Abdankung und Flucht des „Bürgerkönigs" Louis Philippe. Die Zweite Republik wurde ausgerufen und eine provisorische Regierung unter ❶ Alphonse de Lamartine gebildet, die aus Liberalen und Sozialisten bestand und das allgemeine und gleiche Wahlrecht (für Männer) einführte. Als diese jedoch wieder abgewählt wurde und die neue, konservativere Nationalversammlung die kurz zuvor gegründeten Nationalwerkstätten für Arbeitslose wieder schloss, brach im Juni 1848 der ❹ erste sozialistische Aufstand in Europa aus. Er wurde von der Regierung, die eine Mi-

Alphonse de Lamartine

litärdiktatur einsetzte, rücksichtslos bekämpft, und im Dezember 1848 stimmte die Mehrheit der Franzosen, die nun nach Sicherheit und Ordnung strebten, für Louis Napoléon, den Neffen Napoleon Bonapartes. Er wurde zunächst neuer Präsident der Republik, machte sich aber schon drei Jahre später im Staatsstreich zum Diktator (Dezember 1851) und ließ sich Ende 1852 als Napoleon III. zum Kaiser krönen.
In Wien sah sich die Regierung im März 1848 nach Erhebungen von Arbeitern und Studenten gezwungen, die Zensur abzuschaffen, demokratische Elemente in die Verfassung aufzunehmen und Reichskanzler Metternich zu entlassen.
Im Vielvölkerstaat Österreich stritten jedoch nicht nur die Liberalen für ihre Ideale. Die nichtdeutschen Nationalitäten forderten ihre Unabhängigkeit. So lehnten sich die Tschechen im Prager

Pfingstaufstand gegen die Habsburger auf, und Ungarn kämpfte vehement für seine Autonomie: ❷ Lajos Kossuth rief im März 1848 den Aufstand aus und wurde die prägende Kraft der ersten eigenständigen ungarische Regierung, die vorübergehend von Österreich akzeptiert wurde. Doch im März 1849 oktroyierte der neue Kaiser Franz Joseph I. eine konstitutionelle Verfassung, die die Erhaltung des österreichischen Gesamtstaats voraussetzte. Kossuth rief daraufhin im April 1849 die Republik aus, doch kai-

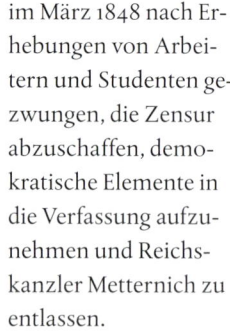

Lajos Kossuth

serliche Truppen warfen die Revolte nieder und verhängten über ihre Führer ein blutiges Strafgericht. Ab 1851/52 regierte der Kaiser mit einer Politik des Monarchismus und Zentralismus.

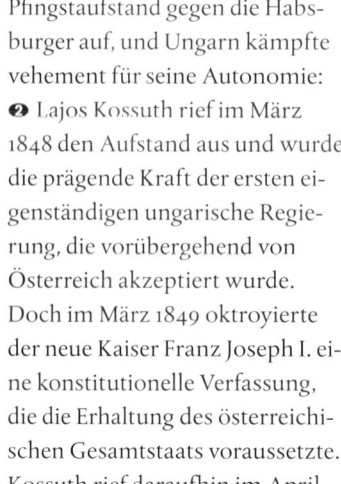

Barrikadenkämpfe in der Februarrevolution 1848 in Paris

Pariser Aufständische erstürmen den Regierungssitz

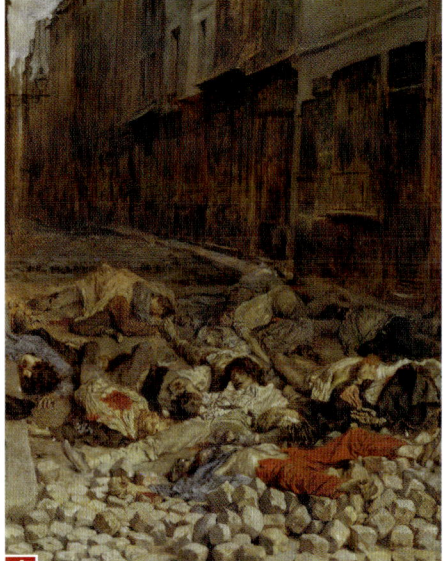

Juni 1848: Aufstand der Pariser Arbeiterschaft

■ Aufstände in Italien und „Märzrevolution" in Deutschland

In Italien und Deutschland stand die nationale Einigung im Zentrum der revolutionären Forderungen. Die ⓫ Aufstände in Italien wurden niederschlagen. In Deutschland führte die ❻ „Märzrevolution" zwar zum ersten demokratischen Verfassungskonvent, scheiterte aber an der Verwirklichung ihrer Ideale.

In Italien strebte die revolutionäre Bewegung neben demokratischen Reformen auch die Einigung des Landes an. Schon im Januar 1848 nötigten Aufstände ❼ König Ferdinand II. von Neapel-Sizilien, eine Verfassung zu erlassen, doch „il re bomba" ließ die aufsässigen Städte bombardieren. Auch der Kampf gegen die Besatzungsmacht Österreich misslang und die Aufstände in Rom, vor denen Papst Pius IX. im November 1848 geflohen war, wurden im Sommer 1849 von französischen und österreichischen Truppen, die der Papst herbeigerufen hatte, niedergeschlagen.

Ferdinand II., König beider Sizilien (Gemälde, 19. Jh.)

Auch in den deutschen Staaten hatte die Pariser Februarrevolution die liberalen Kräfte motiviert. Das Volk, v. a. im Südwesten des Landes, forderte demokratische Rechte, woraufhin viele Klein- und Mittelstaaten bürgerlich-liberal orientierte „Märzministerien" einrichteten. Als der preußische König Friedrich Wilhelm IV. einer Menschenmenge vor dem Berliner Schloss liberale Zugeständnisse verkündete, fielen aus den Reihen der Wachen Schüsse, was schwere ❿ Barrikadenkämpfe auslöste, bei denen mehr als 300 Menschen starben. Friedrich Wilhelm IV. ehrte die ❽ „Märzgefallenen" mit einem Umritt durch die Stadt, wobei er eine Schärpe in Schwarz-Rot-Gold, den Farben der demokratischen Bewegung, trug. Doch die Identifikation währte nicht lange: Schon im November

10
Straßenkämpfe in Berlin am 18. und 19. März 1848

11
Aufstände im Königreich Neapel-Sizilien 1848

ließ er das neue liberale Ministerium durch ein konservatives ersetzen, die im Mai 1848 gewählte preußische Nationalversammlung wurde im Dezember wieder aufgelöst; letzte Aufstände in Baden, Sachsen und der bayerischen Pfalz wurden von preußischen Truppen niedergeschlagen. Damit scheiterte die deutsche Revolution von 1848. Die aus ihr hervorgegangene ❾ Frankfurter Nationalversammlung scheiterte an der Kaiserfrage. Die nationale Einheit wurde in den folgenden Jahrzehnten durch obrigkeitsstaatliche Politik geschaffen.

6
Straßenkämpfe in Berlin während der Revolution 1848/49

8
Aufbahrung der Märzgefallenen in Berlin

9
Die Paulskirche in Frankfurt am Main, Tagungsort der Nationalversammlung Mai 1848 bis Juni 1849

Ursachen für das Scheitern

Das Jahr 1848 steht einzigartig da in der Geschichte des Kontinents. Aber obwohl sich der Freiheitskampf über ganz Europa ausbreitete, scheiterten die Demokratiebestrebungen. Grund dafür waren häufig, neben der Entschlossenheit der herrschenden Mächte, die Uneinigkeit der beteiligten Fraktionen, die sich in Grabenkämpfen erschöpften, anstatt gemeinsam vorzugehen, – und die Angst des Bürgertums vor einer proletarischen Machtübernahme. Die kontinentalen Länder entfalteten jedoch im Laufe des 19. Jh. eine Modernisierung, die eine Demokratisierung früher oder später unumgänglich machen sollte.

Niederschlagung des Prager Aufstandes 1848

| Dez. 1848 | Auflösung der preußischen Nationalversammlung/Louis Napoléon wird „Prinz-Präsident" | Dez. 1851 | Staatsstreich Louis Napoléons |
| Nov. 1848 | Verfassung der Zweiten Republik | Feb. 1849 | Ausrufung der „Römischen Republik" | Dez. 1852 | Kaiserkrönung Napoleons III. |

1 Das ab 1818 erbaute Schauspielhaus auf dem Berliner Gendarmenmarkt von Karl Friedrich Schinkel

DEUTSCHE STAATEN – NEUGESTALTUNGEN IN ÖSTERREICH UND PREUSSEN 1815–1871

Nach dem Wiener Kongress gehörte Österreich wieder zu den Großmächten Europas. Metternichs Restaurationspolitik bestimmte maßgeblich die europäische Politik, führte jedoch im eigenen Land zur Vermeidung von dringend notwendigen Neuerungen. Anders war die Situation in ❶ Preußen, wo die Niederlage gegen Napoleon zu der Einsicht geführt hatte, dass nur Reformen das Land für die Moderne würden rüsten können. So entwickelten sich die beiden deutschen Großstaaten trotz der gemeinsam betriebenen Restaurationspolitik auseinander. Dass Bismarck in den 1860er-Jahren die deutsche Einigung wesentlich ohne, ja gegen Österreich betrieb, wurde daher auch von der Bevölkerung weitgehend akzeptiert.

■ Österreich: Innere Stagnation und Auflösung

Die Metternich'sche Restauration prägte Europa, ließ Österreich selbst jedoch der Moderne hinterherhinken.

Das durch die ❹ Industrialisierung selbstbewusster werdende Bürgertum verlangte nach politischer Beteiligung, die soziale Protestbewegung nach Linderung von Armut und Not. Doch eine politisch-gesellschaftliche Modernisierung wurde von ❷ Metternichs Restaurationspolitik, die unfähig war, dem sozialen Wandel Rechnung zu tragen, erstickt. Erst seit 1835 hatte Metternich in dem fortschrittlicher eingestellten Staatsminister Franz Anton Graf von Kolowrat-Liebsteinsky einen Konkurrenten, der zwar seinen Einfluss minderte, selbst aber nicht die Modernisierungspolitik betreiben konnte, die ihm vorschwebte.

2 Klemens Wenzel Fürst von Metternich

Auch die ❸ ethnische Problematik des Vielvölkerstaates Österreich barg Sprengstoff. In den 30er-Jahren des 19. Jh. kam in den von den Habsburgern beherrschten slawischen Staaten die Bewegung des Panslawismus auf, die sich zur kulturellen Zusammengehörigkeit der Slawen bekannte und ihre Stärkung innerhalb der Donaumonarchie anstrebte. Allerdings machte Uneinigkeit der einzelnen Gruppierungen es den Habsburgern möglich, sie gegeneinander auszuspielen. Seit 1815 verstärkte sich der Drang nach Unabhängigkeit von Österreich auch in Ungarn, was u. a. zur Gründung der Liberalen Partei führte.

„Austroslawismus"

Die slawische Nationalbewegung, die sich im 19. Jh. im Zuge des Panslawismus speziell im Gebiet der Donaumonarchie entwickelte, nannte man „Austroslawismus". Insbesondere die Tschechen wollten sich neben den Deutschen und Ungarn als gleichberechtigt im Vielvölkerstaat anerkannt wissen. Der Historiker Frantisek Palacky, der auch den Ersten Slawenkongress im März 1848 in Prag leitete und später Abgeordneter im österreichischen Herrenhaus und im böhmischen Landtag war, förderte durch seine Zeitschrift „Böhmisches Museum" und seine Schriften zur böhmischen Geschichte den tschechischen Nationalstolz.

Frantisek Palacky, 1870

oben: Revolution in Böhmen 1848; Trennung der deutsch-böhmischen und tschechischen Bevölkerung in Prag (zeitgenöss. Holzstich)

3 Zusammenstoß zwischen Tschechen und kaiserlichen Truppen in Prag am 12. 6. 1848 (Holzstich, 19. Jh.)

4 Die österreichische Südbahn von Wien nach Baden (Aquarell von Leander Russ, 1847)

Okt. 1807 | Oktober-Edikt   1808 | Preußische Gemeinden erhalten Selbstverwaltung   1812 | Staatliche Gymnasialordnung in Preußen

1808 | Einführung der Wehrpflicht in Österreich   1810 | Gründung der Berliner Universität

■ Die preußische Reformpolitik

Preußen reagierte auf die Niederlagen gegen Napoleon in Jena und Auerstedt 1806 mit Reformen, die das absolutistische System einem Verfassungsstaat moderner Prägung annäherten.

5 Graf Neidhardt von Gneisenau

6 Carl von Clausewitz

Preußen wurde während der Napoleonischen Kriege auch innerlich stark erschüttert. Reformen in großem Umfang waren nötig. Die Generäle **❺** von Gneisenau und von Scharnhorst begannen mit der Reform des preußischen Heeres: Durch die Verkürzung der Wehrdienstzeit schufen sie schnell ein Volksheer mit etwa 150 000 Reservisten. Auch Bürgerliche erhielten die Möglichkeit, die Offizierslaufbahn einzuschlagen;

die Prügelstrafe wurde abgeschafft. 1813 kam es zur Einführung der Wehrpflicht und zur Einrichtung einer Allgemeinen Kriegsschule in Berlin, deren Verwaltungsdirektor später **❻** Carl von Clausewitz war.

❼ Freiherr vom und zum Stein und sein Nachfolger Fürst von Hardenberg reformierten die überholte Staatsverwaltung. Sie organisierten die staatlichen Behörden neu und sprachen den einzelnen Gemeinden die Selbstverwaltung zu; das sog. **❽** Oktoberedikt von 1807 befreite die Bauern von ihrer Erbuntertänigkeit. Es wurde die Gewerbefrei-

7 Die Reformer Scharnhorst, Hardenberg und Freiherr vom Stein

heit eingeführt, die Zunftordnung beseitigt und die Judenemanzipation eingeleitet.

Um das notwendige Personal für die modernisierte Verwaltung auszubilden, erneuerte Wilhelm von Humboldt als Erziehungsminister das preußische Bildungssystem und schuf damit ein Exempel für ganz Deutschland. Um die humanistische Bildung, die „harmonische Ausbildung des Geistes", zu gewährleisten, beaufsichtigte der Staat das gesamte Unterrichtswesen, das die durchgängige Ausbildung vom Kleinkind bis zum Studenten sicherte. Seit 1809 wurden landesweit humanistische Gymnasien und andere Bildungsanstalten eingerichtet, und 1810 erfolgte die Gründung der **❾** Berliner Universität, der heutigen Humboldt-Universität. Die Neugestaltung des Landes und des Heeres bildete die Grundlage für die spätere europäische Großmachtstellung Preußens und des Deutschen Reiches.

Wilhelm Freiherr von Humboldt

Nach seiner Tätigkeit als preußischer Erziehungsminister ab 1810 war Humboldt Botschafter in Wien, damit auch Teilnehmer am Wiener Kongress und anschließend Botschafter in London. 1819 trat er aus dem Staatsdienst aus und wirkte als Privatgelehrter. Humboldt widmete sich v. a. der Sprachwissenschaft, wobei er tote wie lebende Sprachen von Europa bis in den ostasiatischen Raum erforschte. Neben seinen Übersetzungen klassischer Werke der Antike verfasste er auch Schriften zur politischen Philosophie und Bildungstheorie.

oben: Wilhelm Freiherr von Humboldt (Farblithografie, 1827)

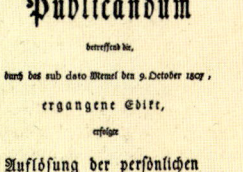

8 Oktober-Edikt von 1807, Teil der sog. Stein-Hardenberg'schen Reformen

Die Berliner Universität um 1860, erbaut von J. Boumann 1748–55 als Palais des Prinzen Heinrich (Bleistiftzeichnung, 1860)

1789–1914

Neuere Geschichte

■ Restaurationspolitik des Deutschen Bundes

Die vom Deutschen Bund praktizierte Restaurationspolitik richtete sich gegen die Intellektuellen des Vormärz, deren liberale und demokratische Tendenzen durch die ❶ Karlsbader Beschlüsse radikal eingedämmt werden sollten.

„Der Denker-Club", Karikatur auf die Unterdrückung der Meinungs- und Pressefreiheit durch die Karlsbader Beschlüsse (Radierung um 1825)

Die Anfangsseite der Bundesakte vom 8. 6. 1815

Am 10. 6. 1815 unterzeichneten 37 souveräne Fürsten und vier freie Städte Deutschlands die ❷ Bundesakte, in der – ergänzt durch die 65 Artikel der Wiener Schlussakte vom 20. 7. 1820 – die Verfassung des Deutschen Bundes geregelt wurde. Dieser trat die Nachfolge des 1806 aufgelösten Heiligen Römischen Reiches an. Alle beteiligten Einzelstaaten blieben selbstständig und entsandten ihre Vertreter in den ❸ Bundestag, der in Frankfurt tagte und vom österreichischen Staatskanzler Fürst von Metternich geleitet wurde. Dessen Ziel war es, die Außenpolitik der Einzelstaaten so aufeinander abzustimmen, dass eine für Österreich günstige Politik dabei heraussprang, d. h. die Einigung Deutschlands hintertrieben wurde. Zur Debatte stand die „kleindeutsche Lösung", die von großen Teilen der Deutschen gefordert wurde. Sie sah einen deutschen Staat ohne Österreich mit preußischer Vormacht vor. Die „großdeutsche Lösung" hätte Österreich einbegriffen, die Konkurrenz zwischen den Großmächten Österreich und Preußen wäre vorprogrammiert gewesen.

Nach der gescheiterten Märzrevolution von 1848 wurde der Deutsche Bund, der zwischenzeitlich abgeschafft worden war, erneut eingerichtet. Von nun an stand bis zum Deutschen Krieg von 1866 der Konflikt zwischen Preußen und Österreich im Mittelpunkt der deutschen Politik.

Der Deutsche Bund war bemüht, die sich immer stärker entfaltende nationale Bewegung in Deutschland, die in weiten Teilen zudem liberal-demokratisch geprägt war, zu unterdrücken. Träger der liberalen Ideen waren u. a. die studentischen Burschenschaften, die 1819 in den „Karlsbader Beschlüssen" verboten wurden, nachdem ein Burschenschaftler den Dramatiker von Kotzebue als „Verräter des Vaterlandes" ermordet hatte. Eine regelrechte Verfolgung von Liberalen unter dem Vorwurf der Demagogie setzte ein.

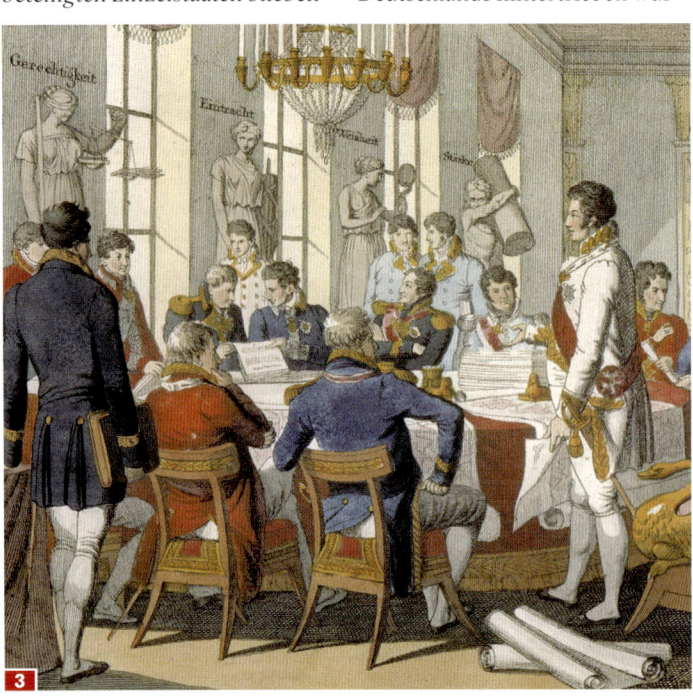

Tagung des Bundestags in Frankfurt am Main, 1815 (kolorierte Radierung, 1816)

Burschenschaften

Johann Gottlieb Fichte

Die Burschenschaften gingen aus den Freikorps hervor, die in den Befreiungskriegen 1812–15 gegen Napoleon gekämpft hatten. Die Uniformfarben des Lützowschen Freikorps, Schwarz-Rot-Gold, übernahmen sie als „deutsche Farben". In ihren Ideen zur nationalen Einheit und Freiheit orientierten sie sich an Johann Gottlieb Fichte und Ernst Moritz Arndt. Auf dem Wartburgfest 1817 und in ihrer Denkschrift 1818 stellten sie demokratische Forderungen auf; 1833 stürmten Burschenschaftler die Frankfurter Hauptwache.

Studenten und Handwerker stürmen 1833 die Frankfurter Hauptwache

| 10. 6. 1815 | Verabschiedung der Bundesakte | 20. 7. 1820 | Verfassung des Deutschen Bundes | 3. 4. 1833 | Sturm auf die Frankfurter Hauptwach |
| 18. 10. 1817 | Wartburgfest | 1819 | Karlsbader Beschlüsse | 27.–30. 5. 1832 | Hambacher Fest |

■ Der deutsche „Vormärz"

Radikale Einigungsforderungen und Zurückziehung in die private heile Welt existierten in den Jahrzehnten vor der Märzrevolution 1848 nebeneinander.

Die Unterdrückung der Liberalen erfolgte gemäß den „Karlsbader Beschlüssen" durch Pressezensur und die Einsetzung einer Zentraluntersuchungskommission in Mainz, deren Aufgabe darin bestand, „revolutionäre Umtriebe und demagogische Verbindungen" auszuspähen. In diesem Zuge wurden auch die Universitäten kontrolliert und unbequeme Lehrkräfte entlassen, so auch 1837 die ❼ „Göttinger Sieben", darunter die Herausgeber der berühmten Märchensammlung, die Gebrüder Grimm, die gegen die Aufhebung der Verfassung im Königreich Hannover protestiert hatten. Es kam zu Maßregelungen, Verhaftungen und Verurteilungen. Auch der Begründer der deutschen Turnerbewegung ❻ Friedrich Ludwig Jahn wurde fünf Jahre lang in Haft gehalten, das Turnen in ganz Preußen verboten.

Im Zuge der französischen Julirevolution 1830 bildete sich v. a. in der Pfalz, die von 1797 bis zum Wiener Kongress zu Frankreich gehört hatte, eine starke demokratische Bewegung. Dort erlebte die deutsche Einheits- und Freiheitsbewegung im Mai 1832 mit

dem ❹ Hambacher Fest einen Höhepunkt. Mehr als 30 000 Menschen aus allen Bevölkerungsschichten zogen mit den „deutschen Farben" Schwarz-Rot-

5
Biedermeierzimmer, um 1840

Gold bei Neustadt an der Weinstraße zum Hambacher Schloss und verlangten die Volkssouveränität sowie ein vereintes Deutschland als Republik. Die Obrigkeit verbot daraufhin alle politischen Vereine, Versammlungen und Feste und verschärfte die Pressezensur. Die Organisatoren des Festes wurden verhaftet, beteiligte Professoren suspendiert.

Neben den radikalen Strömungen des „Vormärz", der Periode zwischen Wiener Kongress und

Märzrevolution 1848, die von Literaten wie Heinrich Heine oder Georg Büchner („Friede den Hütten! Krieg den Palästen!") unterstützt wurden, gab es gleichzeitig eine Strömung mit dem Namen „Biedermeier". Sie repräsentierte die Lebenshaltung des politisch eher zum Konservativen neigenden oder auch gänzlich unpolitischen Kleinbürgertums. Typisch für die Biedermeierkunst ist die Malerei von Franz Carl Spitzweg, dessen freundlich-satirische ❽ Gemälde das Leben des deutschen Kleinbürgers als „heile Welt" darstellen. Der Biedermeierstil stellte sich bewusst gegen den prunkvollen Empirestil; auch in der ❺ Inneneinrichtung strebte man nach schlichter Gemütlichkeit und Bescheidenheit ohne opulenten Zierrat.

4
Das Hambacher Fest vom 27. bis 30. 5. 1832

6
Friedrich Ludwig Jahn, Politiker und Begründer der Turnbewegung in Deutschland

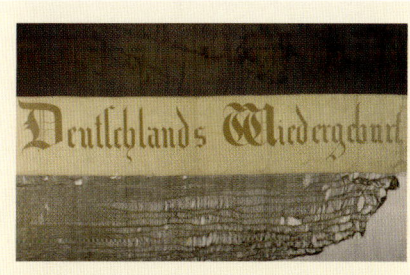
Deutschlands Wiedergeburt

Aus dem „Hambacher Lied"

„Wir wollen uns gründen ein Vaterhaus
Und wollen der Freiheit es weihen;
Denn vor der Tyrannen Angesicht
Beugt länger der freie Deutsche sich nicht.
…
Wenn einer im Kampfe für alle steht,
Und alle für einen, dann blühet
Des Volkes Kraft und Majestät
Und jegliches Herz erglühet
Für ein einiges Ziel, für ein einziges Gut;
Er brennet die Freiheit, des Vaterlandes
*   Gut."*

oben: Fahne vom Hambacher Fest, 1832

7
Die „Göttinger Sieben": W. E. Albrecht, F. Ch. Dahlmann, H. Ewald, G. G. Gervinus, J. und W. Grimm, W. Weber

8
Das Gemälde „Der Sonntagsspaziergang" (1841) von Carl Spitzweg zeigt mit feiner Ironie eine bürgerliche Familie bei ihrem sonntäglichen Ausflug.

1789–1914

Neuere Geschichte

■ Österreichische Restaurationspolitik

Durch die Bevorzugung der Deutschen brachte die Donaumonarchie die anderen Nationalitäten ihres Landes gegen sich auf. Innerhalb Deutschlands hielt sie Preußen zunächst noch in Schach.

1

Felix Fürst zu Schwarzenberg

1789–1914 · Neuere Geschichte

Metternichs Nachfolger, ❶ Felix Fürst zu Schwarzenberg, wirkte noch während der Märzrevolution 1848 darauf hin, dass ❷ Kaiser Ferdinand I. abdankte. Die Nachfolge trat sein Neffe ❹ Franz Joseph I. an. Dieser heiratete 1854 seine Cousine Elisabeth, genannt „Sisi", die Tochter von Herzog Maximilian in Bayern. Der neue Kaiser brach jedoch nach der blutigen Niederwerfung der 1848er-Revolten sein vorher gegebenes Versprechen, demokratische Reformen durchzuführen. Mit dem „Silvesterpatent" vom 31. 12. 1851 wurde die von den Revolutionären erreichte liberale Verfassung wieder aufgehoben und mit dem Konkordat von 1855 sogar der katholische Klerus beträchtlich gestärkt. Innenminister Alexander Freiherr von Bach errichtete ab 1849 das „System Bach", einen bürokratisch ausgerichteten Neoabsolutismus mit unbeschränkter Autorität der Wiener Zentralgewalt. Schließlich fand nun auch in Österreich die Bauernbefreiung statt. Das liberale Bürgertum protestierte zwar gegen den Obrigkeitsstaat, profitierte jedoch von den Maßnahmen, die eine Industrialisierung begünstigten.

Außenpolitisch unterstützte Österreich 1854–56 im ❸ Krimkrieg (S. 402) Russland nicht so, wie dieses es sich wünschte. Daraufhin entfremdeten sich die beiden Staaten, was Österreich mit der Zeit in die Isolation führte. Außerdem hatte Österreich durch die fortschreitende Einigungsbewegung Italiens, die durch Napoleon III. (S. 386) unterstützt wurde, viele seiner italienischen Gebiete verloren, so auch die Lombardei. Darauf musste Franz Joseph I. innenpolitisch reagieren: Bach wurde seines Amtes enthoben und eine konstitutionelle Verfassung auf föderalistischer Basis erlassen, die kurze Zeit später allerdings revidiert wurde. Das „Februarpatent" vom 26. 2. 1861 sah wieder einen stärkeren Zentralismus vor und sicherte den Deutschen eine klare Bevorzugung im habsburgischen Vielvölkerstaat. Dies brachte die anderen Nationalitäten noch stärker gegen Wien auf.

Innerhalb Deutschlands rang Österreich mit Preußen um die Vormacht. Tatsächlich konnte Schwarzenberg die Gründung eines deutschen Staatenbundes ohne Österreich unter preußischer Führung, die das „Erfurter Unionsparlament" im März/April 1850 beschließen sollte, verhindern. Preußen musste sich vorerst damit abfinden, dass die Habsburger Monarchie die Führungsrolle in Deutschland übernahm.

2

Kaiser Ferdinand I. von Österreich

„Sisi"

Kaiserin Elisabeth, genannt „Sisi", war außerordentlich freiheitsliebend und wollte sich nicht dem Zeremoniell am österreichischen Hof unterordnen. Sie reiste viel und pflegte Kontakt zur revolutionären ungarischen Aristokratie. Ihrem Drängen ist es zu verdanken, dass es 1867 zum Ausgleich mit Ungarn kam und dieses seine Verfassung wieder erhielt. Am 10. 9. 1898 wurde sie – mehr zufällig – von einem italienischen Anarchisten ermordet. Schon zu Lebzeiten v. a. ihrer Schönheit wegen verehrt, wurde sie nach ihrem Tod zum Mythos stilisiert.

oben: Kaiserin Elisabeth (Gemälde von Franz Xaver Winterhalter)

3

Krimkrieg 1854–56, Schlacht bei Silistra

4

Kaiser Franz Joseph I. von Österreich

März 1848	Abdankung Ferdinands I.		31. 12. 1851	„Silvesterpatent"		1855	Konkordat
	1849	Neoabsolutismus mit dem System Bach		1854–56	Krimkrieg		26. 2. 1861	„Februarpatent"

■ Preußens Aufstieg und Österreichs Abstieg

Der Deutsche Krieg von 1866 beendete Österreichs Einfluss auf die deutsche Politik. Preußen bildete nun mit 17 norddeutschen Kleinstaaten den Norddeutschen Bund.

In Preußen regierte seit 1858 Wilhelm I. als Nachfolger seines Bruders Friedrich Wilhelm IV. und Sohn Friedrich Wilhelms III. Als er 1862 in einen ❺ Verfassungskonflikt geriet, betraute er Otto von Bismarck mit dem Amt des preußischen Ministerpräsidenten, der die angestrebte Heeresreform gegen den Landtag durchführte. Bismarck war es auch, der Habsburg brüskierte, indem er 1863 den Frankfurter Fürstentag, der österreichische Reformvorschläge für den Deutschen Bund diskutieren sollte, boykottierte und sich Russland zuwendete, um sich dessen Neutralität in einem späteren Konflikt mit Österreich zu sichern. Aber zunächst besiegten Preußen und Österreich 1864

noch einmal gemeinsam Dänemark im ❻ Krieg um Schleswig und Holstein.

1866 schürte Bismarck den Streit um die Vorherrschaft erneut durch die Besetzung Holsteins durch Preußen. Österreich erwirkte daraufhin einen Beschluss des Bundestags zur Mobilmachung der neutralen Bundestruppen, woraufhin Preußen Österreich den Krieg erklärte. Preußen und die mit ihm verbündeten 18 norddeutschen Staaten besiegten im sog. Deutschen Krieg Österreich mit den angeschlossenen 13 deutschen Bundesstaaten am 3. 7. 1866 bei ❼ Königgrätz. Der Friede von Prag am 23. 8. 1866 brachte das Ende des Deutschen Bundes. Preußen dominierte den kurz darauf gegründeten Norddeut-

schen Bund, dem sich die süddeutschen Staaten bald durch Abkommen verbanden.

Noch aber hatte Bismarck die deutsche Einheit unter preußischer Führung nicht erreicht. Dazu diente ihm der ❽ Deutsch-Französische Krieg, den in der Schlacht bei Sedan am 1. 9. 1870 die Deutschen für sich entschieden. Am 18. 1. 1871 wurde im Spiegelsaal von Versailles Wilhelm I. zum Deutschen Kaiser ❾ ausgerufen und die Einigung Deutschlands vollzogen. Zwar hatte der Deutsch-Französische Krieg dem Deutschen Reich in Europa nun eine führende Rolle verschafft, der Graben zu Frankreich allerdings war, besonders durch die Abtretung von Elsass-Lothringen, tiefer geworden.

5 Karikatur auf Bismarcks Haltung zur Verfassung

6 Deutsch-dänischer Krieg 1864, Erstürmung der Düppeler Schanzen (Lithografie 19. Jh.)

7 Bismarck und Moltke bei Königgrätz, 1866

8 Die Schlacht bei Wörth während des Deutsch-Französischen Kriegs 1870/71 (Farblithografie 1899)

9 König Wilhelm I. von Preußen wird im Spiegelsaal des Schlosses von Versailles zum Deutschen Kaiser ausgerufen (Gemälde von Anton von Werner, 1885)

Bismarck am 30. 9. 1862 vor dem preußischen Landtag:

„Nicht auf Preußens Liberalismus sieht Deutschland, sondern auf seine Macht … nicht durch Reden und Majoritätsbeschlüsse werden die großen Fragen der Zeit entschieden – das ist der große Fehler von 1848 und 1849 gewesen –, sondern durch Eisen und Blut."

Otto von Bismarck (Gemälde, 1886)

1789–1914

Neuere Geschichte

DAS DEUTSCHE REICH 1871–1914

Nach der Reichsgründung betrieb ➊ Bismarck eine Bündnispolitik, die ein Gleichgewicht der Kräfte sowie die weitgehende Isolierung Frankreichs zum Ziel hatte. Innenpolitisch bekämpfte er im „Kulturkampf" die Macht des Katholizismus; gegen den sich ausbreitenden Sozialismus ging er mit „Zuckerbrot und Peitsche" vor. Nach seiner Entlassung 1890 entstand durch die Verbindung von Russland und Frankreich für das Deutsche Reich genau jene Zweifrontenlage, die Bismarck immer hatte abwenden wollen. Der „Neue Kurs" Wilhelms II. war v. a. getragen von der selbstherrlichen Ignoranz des Kaisers. Die „Belle Epoque" war innen- wie außenpolitisch ein Tanz auf dem Vulkan.

Berliner Kongress 13.6.–13.7. 1878: Bismarck und der russische Bevollmächtigte Graf Schuwalow

■ Europäische Bündnispolitik

Dreikaiserbund, Dreibund und Rückversicherungsvertrag sicherten das Deutsche Reich im Geflecht der europäischen Großmächte vorübergehend ab.

Am 16. 4. 1871 trat die Verfassung des Deutschen Reiches in Kraft, das aus 22 Einzelstaaten und drei Freien Städten bestand. Regiert wurde die konstitutionelle Monarchie durch den vom Kaiser ernannten Reichskanzler, der in der Regel, wie auch ➌ Bismarck, zugleich preußischer Ministerpräsident und Außenminister war.

1873 schloss Bismarck mit Österreich und Russland den Dreikaiserbund, der jedoch bereits 1878 auf dem Berliner Kongress ins Wanken geriet, woraufhin sich das Deutsche Reich mit Österreich im ➎ Zweibund arrangieren musste. Dieser wurde zum ➋ Dreibund, als 1882 Italien beitrat. Schon 1881 war es Bis-

➌ Otto von Bismarck

marck jedoch gelungen, einen an den Dreikaiserbund angelehnten Neutralitätsvertrag zu initiieren. Streitpunkt war aber immer wieder der ➍ Balkan, an dem sich die österreichischen und russischen

Interessen rieben. Um eine Eskalation zu verhindern, ging Deutschland 1887 mit Russland den Rückversicherungsvertrag ein, der beide zu Neutralität verpflichtete. Großbritannien hatte sich 1887 durch die Mittelmeerentente Italien und Österreich angeschlossen und damit indirekt auch dem Deutschen Reich, das nun mit allen europäischen Großmächten außer mit Frankreich durch Bündnisse verknüpft war. Nach Bismarcks Entlassung 1890 wurde der Rückversicherungsvertrag nicht verlängert. Russland schloss mit Frankreich 1892 eine Militärkonvention und nahm damit Deutschland geopolitisch in die Zange.

Frz. Karikatur auf den Dreibund Deutsches Reich, Österreich-Ungarn und Italien mit Bismarck als Dompteur

Wilhelm II. nach Bismarcks Entlassung

„Das Amt des wachhabenden Offiziers auf dem Staatsschiff ist Mir zugefallen, der Kurs bleibt der alte. Voll Dampf voran!"

„Der Lotse verlässt das Schiff" (Karikatur auf die Entlassung Bismarcks durch Kaiser Wilhelm II.)

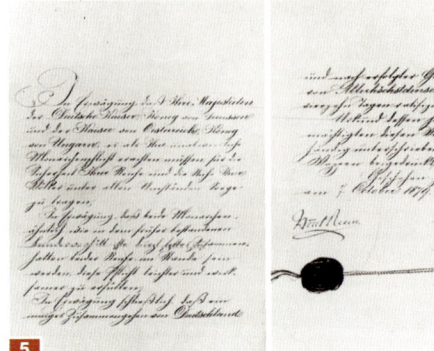

Russisch-türkischer Krieg 1877/78

Zweibund, unterzeichnet am 16./17. Oktober 1879

| 18. 4. 1871 | Verfassung des Deutschen Reiches | 1878 | Sozialistengesetz / Berliner Kongress | 1882 | Abschluss des Dreibund-Vertrages |
| 1873 | Wiener Börsenkrach; Dreikaiserbund | 1879 | Zweibund mit Österreich | 1881 | Erneuerung des Dreikaiserbundes |

■ Innenpolitische Misserfolge

Im Kampf gegen den Katholizismus ebenso wie gegen die Arbeiterbewegung blieb Bismarck erfolglos.

Bismarcks Freihandelspolitik führte in den „Gründerjahren" des Deutschen Reiches, begünstigt durch die hohen französischen Reparationszahlungen, zu einem durch Bautätigkeit und Aktienspekulationen gekennzeichneten Aufschwung, der jedoch nach dem ❽ Wiener Börsenkrach von 1873 schnell wieder abflaute. Die von Bismarck daraufhin eingeführte Schutzzollpolitik spaltete 1879 die ⓫ Nationalliberale Partei, die ihm bis dahin stets zur Seite gestanden hatte. Sie vertrat besonders die Hoffnungen des Großbürgertums auf industriellen Fortschritt sowie des protestantischen Bildungsbürgertums auf die Eindämmung des katholischen Einflusses, der im Parlament von der ⓾ Zentrumspartei ausgeübt wurde. Daher unterstützte sie Bismarck im ❻ Kulturkampf gegen den politischen Einfluss des papsttreuen Katholizismus. Anfang der 70er-Jahre wurden Gesetze erlassen, die den katholischen Geistlichen politische Äußerungen im Amt untersagten, ihre Ausbildung staatlich

7
Kaiser Wilhelm II.

kontrollierten, den Jesuiten die Verbreitung untersagten, die Schulaufsicht dem Staat übertragen und die Schließung von Klöstern ermöglichten. Geistliche, die die Gesetze nicht anerkannten, wurden z. T. strafrechtlich verfolgt. Die Maßnahmen blieben jedoch erfolglos: In den 80er-Jahren musste Bismarck die meisten Gesetze wieder zurücknehmen.

Gegen den sich unter den Arbeitern ausbreitenden Sozialismus ging Bismarck mit einer Doppelstrategie vor. Das Sozialistengesetz von 1878 sollte „wider

die gemeingefährlichen Bestrebungen der Sozialdemokratie" wirken: Schriften und Organisationen der Arbeiterbewegung wurden verboten. Der Erfolg indes blieb aus: Bis das Gesetz 1890 aufgehoben wurde, hatten die Sozialdemokraten die SPD gegründet und ihren Stimmenanteil verdreifacht. Die schrittweise Einführung der ❾ Sozialversicherungen von 1883 bis 1889 griff einige soziale Anliegen der Arbeiter auf, sollte aber eigentlich weitergehende politische Forderungen abwehren.

Am 15. 6. 1888 war ❼ Wilhelm II. deutscher Kaiser geworden. Damit, dass er die Arbeiter durch weitere Sozialreformen mäßigen wollte, war Bismarck ebensowenig einverstanden wie mit anderen Vorstellungen des neuen Kaisers. Wilhelm II. entließ ihn daraufhin am 20. 3. 1890. Eine Ära war zu Ende.

6
Kulturkampf 1871–89 (Karikatur auf Bismarck und Papst Leo XIII.)

8
Wiener Börsenkrach am 9. 5. 1873

9
Karikatur auf die Sozialgesetze: Der Arbeitslose verlangt Arbeit statt staatlicher Fürsorge

10
Die Führer der Zentrumspartei: Ludwig Windthorst, Hermann v. Mallinckrodt, August Reichensperger

11
Rudolph von Benningsen, Führer der Nationalliberalen Partei (Holzstich von A. Neumann, um 1880)

„Dreikaiserjahr"

Das Jahr 1888 wird in Deutschland das „Dreikaiserjahr" genannt. Als am 9. 3. 1888 Kaiser Wilhelm I. im Alter von 91 Jahren starb, war sein Sohn Friedrich III. bereits schwer an Kehlkopfkrebs erkrankt und unfähig zu sprechen. Im Volk wurden ihm aufgrund seiner liberalen politischen Gesinnung viele Hoffnungen entgegengebracht, doch er verstarb noch im selben Sommer. Die Nachfolge auf dem Thron trat sein Sohn Wilhelm II. an.

oben: Gedenkmünze zum Dreikaiserjahr

1887 Rückversicherungsvertrag mit Russland	**15. 6. 1888** Kaiserproklamation Wilhelms II.
1883–89 Sozialgesetzgebung　　**1887** Zusammenschluss zur Mittelmeerentente	**20. 3. 1890** Entlassung Bismarcks

■ Das Deutsche Reich von 1890 bis 1914: Der „Neue Kurs"

Mit der Entlassung des Reichskanzlers Bismarck läutete ❶ Wilhelm II. 1890, zwei Jahre nach seiner Thronbesteigung, eine neue Epoche ein. Dennoch verharrte die wilhelminische Gesellschaft in überholten Traditionen.

Wilhelm II. setzte Bismarcks harte Politik nicht fort. Der „Neue Kurs" weckte viele Hoffnungen, schien er doch die innenpolitische Stagnation zu beenden: Das Sozialistengesetz wurde nicht verlängert, den im Kulturkampf verprellten Katholiken wurden wieder Zugeständnisse gemacht, und mit dem neuen Arbeiterschutzgesetz zeigte sich die Monarchie von ihrer sorgenden Seite. Doch das soziale Interesse des Kaisers schwand, als sich die Arbeiterschaft durch diese „Geschenke" nicht von der Sozialdemokratischen Partei (SPD) abwerben ließ.

Mit ❸ Leo Graf von Caprivi stand Wilhelm II. nun ein weniger dominanter Kanzler zur Seite, der ihn in seinem „persönlichen Regiment" nicht behinderte. Caprivi blieb jedoch nicht lange im Amt. Seine pragmatisch-versöhn-

liche Innenpolitik ging den Konservativen zu weit; seine Handelspolitik, die in den 90er-Jahren zwar Deutschlands Aufstieg zu einer führenden Weltmacht förderte, trug ihm die Feindschaft

❷

Der Sozialdemokrat August Bebel bei einer Reichstagsrede

der Großgrundbesitzer ein, da er die Einfuhrzölle für Agrargüter gesenkt hatte. 1892 musste Caprivi als preußischer Ministerpräsident und 1894 als Reichskanzler zurücktreten.

Prägend für die Problematik der Wilhelminischen Ära war der

innere Widerspruch zwischen wirtschaftlicher Modernisierung und Traditionalismus der Eliten. Der ❹ Adel versuchte immer noch an seiner gesellschaftlichen Führungsrolle festzuhalten, obwohl er diese längst an das (Groß-) Bürgertum der Industrie- und Finanzmärkte verloren hatte. Eine konsequente Modernisierung wurde nicht vollzogen, v. a. nicht in Preußen, dem einflussreichsten Land des Reiches. Hier bestimmte das Dreiklassenwahlrecht noch bis 1918 den Landtag, der dadurch immer stärker dem weit fortschrittlicheren ❷ Reichstag hinterherhinkte. Die Zabernaffäre 1913 bewies, was für die ganze wilhelminische Epoche galt: dass ein Parlament gegen eine obrigkeitsstaatliche Regierung, die allein dem Kaiser verantwortlich war, nichts ausrichten konnte.

❶

Kaiser Wilhelm II.

❸

Leo Graf von Caprivi

❹

„Das Ballsouper" (Gemälde von Adolph von Menzel, 1878)

Die Zabernaffäre

Die Zabernaffäre verdeutlichte 1913 die Ohnmacht des Parlaments. Ohne Rechtsgrundlage hatten deutsche Soldaten in Zabern Elsässer verhaftet, die gegen die deutsche Garnison protestiert hatten, von denen sie diskriminiert wurden. Widerstrebend musste Reichskanzler Theobald von Bethmann Hollweg den preußischen Kriegsminister Erich von Falkenhayn unterstützen, der gemeinsam mit dem Kaiser dieses Vorgehen deckte. Der Reichstag sprach daher zum ersten Mal am 4. 12. 1913 der Regierung das Misstrauen aus und verlangte den Rücktritt des Kanzlers. Doch die verfassungsrechtliche Grundlage dafür fehlte.

oben: Theobald von Bethmann Hollweg, **vorne links:** Erich von Falkenhayn

■ Diplomatie ohne Fingerspitzengefühl

Auch außenpolitisch bewies Wilhelm II. wenig Geschick. Das Deutsche Reich geriet durch unkluge Diplomatie in Europa zunehmend in Isolation.

Wilhelm II.

Mit seiner berüchtigten „Hunnenrede" vom 27. 7. 1900 verabschiedete Wilhelm II. großspurig die Truppen, die zur Niederschlagung des gegen die Europäer und Amerikaner gerichteten Boxeraufstandes nach China aufbrachen: „Pardon wird nicht gegeben; Gefangene nicht gemacht. Wie vor tausend Jahren die Hunnen ... sich einen Namen gemacht, ..., so möge der Name Deutschland in China in einer solchen Weise bekannt werden, daß niemals wieder ein Chinese es wagt, etwa einen Deutschen auch nur scheel anzusehen."

oben: Kaiser Wilhelm II. verabschiedet in Bremerhaven ein Expeditionskorps zur Niederschlagung des Boxeraufstands, 27. 6. 1900

In der Außenpolitik begann Wilhelm II. seinen „Neuen Kurs" damit, dass er die von Russland 1890 gewünschte Verlängerung des Rückversicherungsvertrags verweigerte. Frankreich erkannte

5
Karikatur auf die erste Marokkokrise 1905/06

seine Chance und verband sich 1894 mit Russland, was einen künftigen Zweifrontenkrieg gegen das Reich möglich machte. Wilhelm II. strebte seinerseits eine enge Bindung an Großbritannien an. 1896 aber verärgerte er die Briten durch die sog. ❽ „Krügerdepesche", ein Glückwunschtelegramm, das er dem Präsiden-

ten der Südafrikanischen Republik Transvaal, Paulus Krüger, nach dem Sieg der Buren über die Briten schickte.

Zudem wollte Wilhelm II. mit Hilfe von Admiral von Tirpitz unbedingt eine ❾ deutsche Hochseeflotte aufbauen. So fand seit Mitte der 90er-Jahre ein Wettrüsten mit Großbritannien statt, das das Deutsche Reich an seine finanziellen Grenzen brachte.

Als sich das Deutsche Reich seit 1898 dem Osmanischen Reich annäherte und im Nahen Osten die ❻ Bagdadbahn baute, betrachteten die Briten dies als Eingriff in ihren Einflussbereich und zogen ihre Konsequenzen, indem sie sich 1904 zuerst mit Frankreich, dann 1907 auch mit Russland zusammenschlossen.

In der Kolonialpolitik strebte das Deutsche Reich nach seinem „Platz an der Sonne", wie Reichskanzler von Bülow es 1897 formulierte, und engagierte sich in Afrika, China und dem Pazifik. Aufstände wie die der ❼ Herero und Hottentotten in Deutsch-Südwestafrika wurden rücksichtslos

niedergeschlagen. Die Konflikte mit Frankreich spitzten sich in den beiden ❺ Marokko-Krisen zu: 1905 intervenierte Wilhelm II. gegen die verstärkte französische Expansion in Marokko, 1911 entsandte er, nachdem Frankreich Fès und Rabat besetzt hatte, ein Kanonenboot, der sog. „Panthersprung nach Agadir".

Diese Machtdemonstrationen des Kaisers waren nicht der letzte Grund dafür, dass das Deutsche Reich in Europa bald isoliert und ohne einen Bündnis-partner außer Österreich-Ungarn dastand; militärisch war es eingekreist. Als 1914 in Sarajevo der österreichische Thronfolger erschossen wurde, schien der Erste Weltkrieg unausweichlich.

6
Bagdadbahn (erbaut zwischen 1903 und 1940)

7

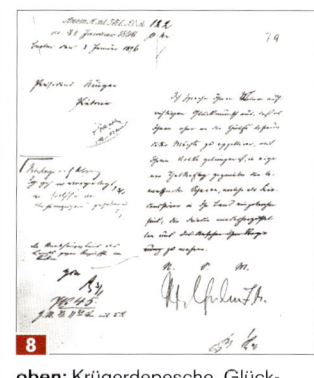

8
oben: Krügerdepesche, Glückwunschtelegramm Kaiser Wilhelms II. an den Burenpräsidenten Paulus „Ohm" Krüger
links: Deutsch-Südwestafrika, Hereroaufstand 1904/05

9
„S.M. Großer Kreuzer Kaiserin Augusta"

1898	Beginn des Flottenbauprogramms		1911	Zweite Marokkokrise		1913	Zabernaffäre	
	1903	Bau der Bagdadbahn	1905	Erste Marokkokrise	1912/13	Balkankriege	28. 6. 1914	Ermordung von Franz Ferdinand

ÖSTERREICH-UNGARN 1867–1914

Österreich musste nach der Niederlage gegen Preußen 1866 seine führende Rolle in Deutschland abgeben und war außen- wie innenpolitisch stark geschwächt. Konservative Kräfte suchten die alte Habsburgermonarchie zu erhalten, aber durch die Industrialisierung und ihre Folgen hielt die Moderne Einzug. Das wachsende Nationalgefühl der einzelnen Ethnien im Vielvölkerstaat, besonders das der Ungarn und Slawen, rang Wien immer weitere Zugeständnisse ab, was umgekehrt Fremdenfeindlichkeit und ❶ Antisemitismus förderte. Inmitten dieses Pulverfasses, das 1914 in den Ersten Weltkrieg hinein explodierte, bildete sich mit der Wiener Moderne eine der wichtigsten kulturellen Strömungen des 19. und 20. Jh. in Europa.

1

Der Wiener Bürgermeister Karl Lueger, ein Vertreter des Antisemitismus, auf einem Ball

■ Die Errichtung der Doppelmonarchie

1867 kam es zum Ausgleich zwischen Österreich und Ungarn. In einer Phase der Liberalisierung traten auch nationalistische und antisemitische Strömungen hervor.

1867 wurde der ungarische Reichstag, der in der 1848er-Revolution (S. 372) kurz existiert hatte, wieder eingerichtet und ein ungarisches Ministerium geschaffen. Der österreichische Kanzler ❷ Graf von Beust musste den Vertretern Ungarns Ferenc von Deák und ❹ Graf Andrássy weiter entgegenkommen:

2

Friedrich Ferdinand Graf von Beust (Holzstich, 1866)

Nur die Person des österreichischen Kaisers, der zum ❺ König von Ungarn gekrönt wurde, und ein gemeinsamer Ministerrat für Außen- und Finanzpolitik verband die beiden Länder noch.

Am 21. 12. 1867 verkündete ❸ Kaiser Franz Joseph I. die sog. Dezemberverfassung, die bis 1918 in Kraft blieb und die Vertretung der einzelnen Kronländer im Reichsrat regelte. Dieser bestimmte nun gemeinsam mit dem Monarchen die Politik des Landes. Eine zehnjährige liberale Phase begann, während der einige fortschrittliche Gesetze entstanden: 1868 endete der Einfluss der katholischen Kirche auf Unterricht und Familienpolitik. Im Jahr darauf folgten die Einführung der allgemeinen Wehrpflicht und ein Volksschulgesetz.

Eduard Graf von Taaffe paktierte als österreichischer Ministerpräsident 1868–70 und 1879–93 wieder stärker mit den christlichen Konservativen und legte den

Grundstein des österreichischen Sozialstaats. Um Mehrheiten zu gewinnen, musste er sich aber v. a. auf die slawischen Reichsratsabgeordneten stützen und deren Wünsche berücksichtigen, besonders die der Tschechen: In Böhmen wurde Tschechisch 1880 zur Amtssprache, 1882 zur Unterrichtssprache etwa an der Universität von Prag. Durch dieses Entgegenkommen provozierte Taaffe den Widerstand der deutschnationalen und antisemitischen Rechten. Zu diesen gehörten z. B. der sehr populäre christlich-soziale Bürgermeister von Wien, Karl Lueger, und der einflussreiche Abgeordnete Georg Ritter von Schönerer, der mit seinem Gedankengut auch auf den jungen Hitler wirkte.

3

Franz Joseph I. (Gemälde, 1895)

4

Gyula Graf Andrássy (Foto, um 1865)

5

Krönung Kaiser Franz Josephs I. zum König von Ungarn am 8. 6. 1867 in Budapest (Holzstich, 1889)

■ Die Bündnispolitik der Donaumonarchie

Die Nationalitätenpolitik des Vielvölkerstaates scheiterte. Außenpolitisch sucht sich die Donaumonarchie mit dem Deutschen Reich gegen Russland zu verbünden.

Unterzeichnung des Zweibundes am 17. 10. 1879: Kaiser Wilhelm I. und Kaiser Franz Joseph mit den Ministern Bismarck und Andrássy (Holzstich)

Die Integration der vielen Ethnien Österreich-Ungarns gelang nicht zufriedenstellend. In Bezug auf Wahlrecht und politische Mitgestaltung waren Deutsche und Ungarn begünstigt. Die Minderheiten wurden z. T. mit Polizeigewalt unterdrückt, was nicht nur nationalen, sondern auch internationalen Sprengstoff barg. Besonders slawische Volksgruppen fühlten sich politisch und kulturell benachteiligt. Die Versuche der ungarischen Regierung seit den 70er-Jahren, südslawische Minderheiten im Königreich Ungarn wie Kroaten und Serben zu „magyarisieren", trugen mit zu

den Spannungen auf dem Balkan bei, die 1914 in der Ermordung des österreichisch-ungarischen Thronfolgers Franz Ferdinand in Sarajewo durch einen serbischen Nationalisten gipfelten und den Ersten Weltkrieg auslösten.

Die Konkurrenz mit den Russen um den Einfluss auf dem Balkan, wo Russland die slawischen Nationalisten unterstützte, bestimmte die Außenpolitik Österreich-Ungarns. Zwar hatte man noch 1872 mit dem Deutschen Reich und Russland den Dreikaiserbund gegen „revolutionäre Umtriebe" abgeschlossen, doch ging die Donaumonarchie 1879 mit

dem Deutschen Reich den sog. ❻ Zweibund ein, in dem sich beide Länder Hilfe gegen einen russischen Angriff zusicherten. 1882 wurde der Zweibund durch den Beitritt Italiens zum Dreibund erweitert. Die anderen europäischen Mächte fühlten sich mit der Zeit von dieser Konstellation bedroht, zumal Österreich-Ungarn durch diese Bündnisverpflichtung nach 1890 in das Fahrwasser der aggressiven Außenpolitik Kaiser Wilhelms II. geriet. 1907 bildeten daher Großbritannien, Russland

und Frankreich die sog. Tripelentente. Damit war Europa in die beiden militärischen Blöcke des Ersten Weltkrieges geteilt. Italien wechselte erst 1915 bei Kriegseintritt die Seiten, da es sich von einer Niederlage Österreich-Ungarns Gebietsgewinne versprach.

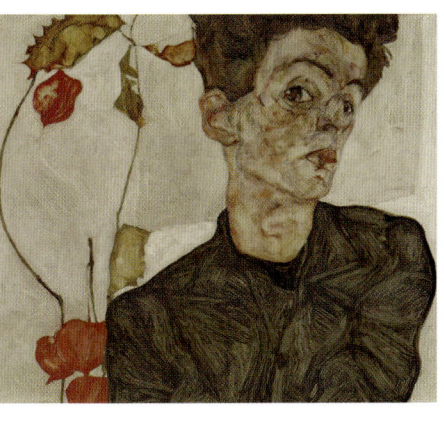

oben: Mitglieder der „Wiener Secession"
rechts: Egon Schiele (Selbstbildnis, 1912)

Ausstellungsgebäude der „Secession" in Wien, erbaut 1897/98 von Joseph Olbrich

Die Wiener Moderne

In den zwei Jahrzehnten um die Jahrhundertwende bildete sich das „Junge Wien" als literarische Strömung des Jugendstils um Arthur Schnitzler und Hugo von Hofmannsthal, dessen „Jedermann" den Wiener Zeitgeist morbider Oberflächlichkeit und tiefsinniger Dekadenz gleichnishaft erfasst. In der Malerei, die sich gegen den Klassizismus der Belle Époque absetzte, machte sich neben Egon Schiele v. a. Gustav Klimt, eines der Gründungsmitglieder der „Wiener Secession", einen Namen. Der Spätromantiker Gustav Mahler und die Vertreter der Zwölftontechnik Arnold Schönberg und Alban Berg traten als Komponisten hervor, Joseph Olbrich und Adolf Loos als Architekten. Die von Schnitzlers Freund Sigmund Freud entwickelte Psychoanalyse stand in enger Wechselwirkung zur Wiener Moderne.

Gustav Mahler (Gemälde, um 1905)

Sigmund Freud, Begründer der Psychoanalyse (Foto, 1909)

1789–1914   Neuere Geschichte

FRANKREICH 1814–1914

Frankreich kehrte nach dem Rücktritt Napoleons I. wieder in den Kreis der europäischen Großmächte zurück. Die Bourbonen versuchten, ihre vorrevolutionäre Herrschaft wieder herzustellen, aber politische Unterdrückung und soziale Ungerechtigkeit führten bald zu ❶ Revolutionen. Die Zweite Republik, die das Ergebnis der Revolution von 1848 war, wurde von ihrem Präsidenten Louis Napoléon durch einen Staatsstreich wieder zum Kaiserreich. Mit der Zeit wuchs jedoch von neuem der Wunsch nach einer liberalen Politik, und die konservativen Kräfte gerieten mehr und mehr unter Druck. Mit der Niederlage gegen Deutschland 1870/71 war das Kaiserreich am Ende, und die Dritte Republik überwand im Kampf zwischen republikanischen und konservativen Ideen den „Bonapartismus" endgültig.

„Die Freiheit führt das Volk": Allegorie auf die Julirevolution 1830 (Gemälde von Eugène Delacroix, 1830)

■ Die Bourbonenherrschaft und die Revolution von 1830

Frankreich wurde eine konstitutionelle Monarchie unter dem Regime der Bourbonen, deren restaurative Politik 1830 zur Julirevolution führte.

Fast genau ein Jahr vor der Schlacht von Waterloo, in der Napoleon endgültig besiegt wurde, erhielt Frankreich währenddessen Exil auf Elba am 4. 6. 1814 mit der „Charte constitutionelle" die Verfassung einer konstitutionellen Monarchie mit einigen demokratischen Elementen wie dem „Code civil" und einem Zweikammersystem mit einer vom König ernannten Pairskammer und einer gewählten Deputiertenkammer. Der Bourbone ❷ Ludwig XVIII. war das Oberhaupt eines restaurativen Regimes, das Adel und Besitzbürgertum bevorzugte. Auch nach dem Intermezzo der

König Ludwig XVIII.

„Hundert-Tage-Herrschaft" Napoleons (S. 367) blieb es dabei. 1818 beschloss der Aachener Kongress, der erste Kongress der Heiligen Allianz (S. 370), Frankreich

wieder als europäische Großmacht anzuerkennen.

Ludwigs Bruder Karl war ein führendes Mitglied der Ultraroyalisten, die ab 1820 starken Einfluss auf die Innenpolitik gewannen: Sie setzten Einschränkungen des Wahlrechts, die Wiederbelebung der Pressezensur und die Rückübertragung von Kirchengütern durch. Als Ludwig XVIII. 1824 starb, bestieg sein Bruder als ❸ Karl X. den Thron und setzte die reaktionäre Politik fort. So erhielten etwa während der Französischen Revolution emigrierte Adelige Wiedergutmachungen. Als daraufhin die liberale bürger-

Karl X., König von Frankreich

liche Opposition unter ❻ Adolphe Thiers 1830 in der zweiten Kammer die Mehrheit gewann, löste Karl X. sie auf. Am nächsten Tag brach die sog. ❹ Julirevolution aus, die die ❺ Abdankung Karls X. und seine Emigration nach England zur Folge hatte.

Julirevolution in Paris: Straßenkämpfe in der Rue de Rohan am 29. 7. 1830

König Karl X. nach seiner Abdankung auf dem Weg nach England ins Exil

Adolphe Thiers, 1871–73 Präsident der Dritten Republik (Foto, um 1860)

■ Die Revolution von 1848 und der Staatsstreich Louis Napoléons

Unter der Regierung des „Bürgerkönigs" Louis Philippe führten soziale Probleme 1848 zur Revolution. An deren Ende stand ein konservatives Präsidialsystem, das bald vom Zweiten Kaiserreich abgelöst wurde.

Die bislang durch das Zensuswahlrecht unterrepräsentierten Wähler der Arbeiterschaft und des Kleinbürgertums wollten eine Republik. Aber die vom Großbürgertum dominierte zweite Kammer entschied sich für die Fortsetzung der konstitutionellen Monarchie mit dem ❽ „Bürgerkönig" Louis Philippe von Orléans. In den folgenden Jahren erlebte Frankreich eine starke Industrialisierung, deren Folge gravierende soziale Probleme waren. Gesellschaftskritische Denker wie Pierre Joseph Proudhon oder ❾ Charles Fourier brachten die Forderungen der unteren Bevölkerungsschichten nach einer Verbesserung der Lebensverhältnisse in ihren Schriften zum Ausdruck.

Die Kritik an den Verhältnissen entlud sich zunächst in den Lyo-

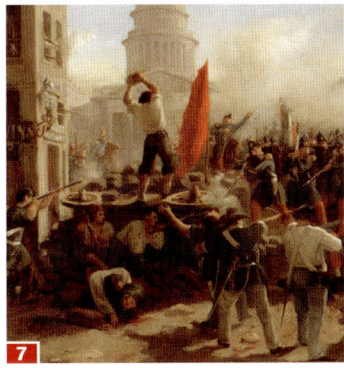

7 Barrikadenkampf der Pariser Arbeiterschaft während des Juniaufstands

ner Weberaufständen von 1831 und 1834. Missernten und ökonomische Krisen sowie das ungebrochene Verlangen nach einer echten Demokratie führten 1848 schließlich zur ⓬ Februarrevolution. Die provisorische Regierung rief nun die Zweite Republik aus und Louis Philippe und der Ministerpräsident François Guizot nah-

men ihren Abschied. Nach der Niederschlagung des ❼ Juniaufstands der Arbeiter durch die neu gewählte gemäßigte Regierung erhielt Frankreich im November 1848 eine Verfassung, und im Dezember wurde Louis Napoléon, ein Neffe Napoleons I., vom Volk zum Präsidenten bestimmt.

Mit seinem restaurativen Kurs des „Bonapartismus" suchte Louis Napoléon den Rückhalt beim Kleinbürgertum, nicht bei der Parlamentsmehrheit. Als das Ende seiner Regierungszeit von vier Jahren nahte, ⓾ löste er 1851 das Parlament auf und ließ seine wichtigsten politischen Gegner verhaften. Im Januar 1852 wurde durch Volksentscheid zunächst eine neue Verfassung beschlossen, die eine Amtszeit des Präsidenten von zehn Jahren vorsah.

8 Der „Bürgerkönig" Louis Philippe schwört auf die Charte vom 7. 8. 1830

Einige Monate später besiegelte Louis Napoléon das Ende der Zweiten Republik und ⓫ bestieg am 2. 12. 1852 als Napoléon III. den Kaiserthron.

9 Charles Fourier

1789–1914

Neuere Geschichte

„Bereichert Euch!"

Auf die Forderung des Volkes nach der Abschaffung des Zensuswahlrechts soll François Guizot, der Ministerpräsident des „Bürgerkönigs" Louis Philippe, geantwortet haben: „Eine Reform wird es nicht geben. Bereichert euch, und ihr werdet wahlberechtigt sein."

Pierre Joseph Proudhon formulierte in seinem 1840 erschienenen Pamphlet „Was ist Eigentum?" den berühmten Satz „Eigentum ist Diebstahl". Als Anarchist lehnte Proudhon jegliche Form des Staates ab und träumte von einer Gesellschaft, in der Menschen aus freien Stücken ohne Eigennutz im Interesse aller leben und arbeiten. Proudhon war nach 1848 Mitglied der Nationalversammlung und wurde 1849 als Gegner Louis Napoléons verhaftet. Nach seiner Entlassung 1852 lebte er im Exil in Belgien, konnte aber nach seiner Begnadigung 1862 nach Frankreich zurückkehren. Die Schriften Proudhons hatten großen Einfluss auf die entstehende Gewerkschaftsbewegung.

10 Staatsstreich Louis Napoléons am 2. 12. 1851: Verhaftung von oppositionellen Stadtverordneten in Paris

11 Von links nach rechts: Napoleon III., sein Sohn Louis Napoléon, Napoleon I. Bonaparte und sein Sohn Napoleon

„Proudhon und seine Kinder, 1863" (Gemälde von Gustave Courbet)

12 Februarrevolution 1848: Die Trikolore bleibt die Nationalflagge der Zweiten Republik.

1830–48	„Bürgerkönig" Louis Philippe	**1848**	Februarrevolution/Juniaufstände in Paris
Nov. 1848	Annahme einer neuen Verfassung	**Dez. 1848**	Louis Napoléon wird Präsident

2. 12. 1852 Kaisertum Napoleons III.

Neuere Geschichte

Das Zweite Kaiserreich

Die Regierungszeit Napoleons III. begann mit einem autoritären Kurs, den er zugunsten der liberalen Entwicklungen weitgehend aufgeben musste.

Im Kaiserreich Napoleons III. war das Parlament weitgehend ohne Bedeutung; größeren Einfluss hatten Armee und Kirche. Das Kleinbürgertum akzeptierte den Obrigkeitsstaat aus Angst vor sozialistischen Ausschreitungen. Die unteren Bevölkerungsschichten konnten durch die Schaffung von Arbeitsplätzen im Zuge der sog. Haussmannisierung beruhigt werden. Georges Eugène Baron Haussmann, Präfekt von Paris, plante die Stadt neu und legte die breiten ❶ Boulevards und Parkanlagen – z. B. den Bois de Boulogne – an. Bauliche Maßnahmen wie diese sowie ❹, ❺ die Weltausstellungen in Paris demon-

❷ Abd el-Kader

strierten Frankreichs kulturellen und industriellen Fortschritt.

In den Krimkrieg von 1853 bis 1856 griff Frankreich zugunsten des Osmanischen Reiches gegen Russland ein. Gewinnbringend war auch die Beteiligung am Italienischen Krieg von 1859 gegen Österreich, die Frankreich – u. a. durch den Sieg in der ❻ Schlacht bei Solferino am 24. 6. 1859 – Nizza und Savoyen einbrachte. Nachdem Frankreich Algerien 1834 annektiert und 1847 im Kampf gegen ❷ Abd el-Kader endgültig erobert hatte, wurde das Land von den „colons", ausgewanderten Franzosen, landwirtschaftlich ausgebeutet. In

Indochina (S. 420 f.), Syrien und im Senegal konnte sich Frankreich ebenfalls festsetzen. Anders verhielt es sich mit Mexiko, wo der von Frankreich eingesetzte Kaiser 1867 gestürzt wurde (S. 434). Auch der Plan, Gebiete Luxemburgs und Belgiens einzugliedern, scheiterte.

Innenpolitisch siegte 1869 die liberale Opposition. Napoleon III. musste im sog. „Empire libéral" sein autoritäres Regime weitgehend aufgeben. Der von Preußen provozierte Deutsch-Französische Krieg von 1870/71 führte mit

Die Niederlage der Franzosen bei Sedan am 1. 9. 1870

der ❸ Schlacht von Sedan am 1. 9. 1870 zum Untergang des Zweiten Kaiserreiches. Der Kaiser wurde gefangen genommen und im Verlauf der Friedensverhandlungen musste Frankreich Elsass und Lothringen an Deutschland abtreten.

❶ Boulevard des Italiens in Paris

Charles Baudelaire

Charles Baudelaire war der vermutlich bedeutendste französische Lyriker der Moderne. Berühmt wurde er mit seinem Hauptwerk, der Gedichtsammlung „Les fleurs du mal" („Die Blumen des Bösen"), die 1857 erschien und einen Skandal auslöste. Nach einem Gerichtsverfahren wegen Verletzung der öffentlichen Moral musste er sechs Gedichte zurückziehen. Die wichtigsten Motive seiner „Ästhetik des Hässlichen", die sich von der Literatur der Romantik abhob, waren Tod und Eros, deren ästhetizistische Verklärung ihn zu einem der Gründerväter der modernen Poesie machte. Vorübergehend lebte er in Belgien, starb jedoch in seiner Heimatstadt Paris am 31. 8. 1867 an Syphilis.

oben: Charles Baudelaire (Selbstporträt von 1860)

❹ Eiffelturm in Paris (eingeweiht zur Weltausstellung 1889)

❺ Aquarium auf der Pariser Weltausstellung 1867

❻ Kaiser Napoleon III. in der Schlacht bei Solferino

| 1834 | Annexion Algeriens | 1853–56 | Krimkrieg | 24. 6. 1859 | Schlacht bei Solferino | 1870/71 | Deutsch-Französischer Krieg |
| 1847 | Eroberung Algeriens | 1859 | Italienischer Krieg | 1869 | „Empire libéral" |

Die Dritte Republik

Dem Zweiten Kaiserreich folgte die Dritte Republik, die mit innenpolitischen Skandalen konfrontiert wurde. Außenpolitisch gelang Frankreich die schrittweise Wiedereingliederung in den europäischen Staatenverband.

Kurz nach der Kapitulation der französischen Armee in Sedan wurde in Paris die Dritte Republik ausgerufen. 1871 wählte die Nationalversammlung Adolphe Thiers zum Regierungschef. In Paris errichteten im März Kommunisten und Sozialisten, die sich zur ❾, ❿ Pariser Kommune zusammenschlossen, eine Art sozialistische Republik, die von den Truppen ❼ Marschall Maurice Graf von Mac-Mahons im Mai in der „Blutigen Woche" zerschlagen wurde. Der Marschall wurde daraufhin von einer konservativen Mehrheit zum Präsidenten bzw. „Platzhalter der Monarchie" gewählt, trat jedoch 1879 aufgrund der Erstarkung der Republikaner zurück.

Die bis 1887 bestehende republikanisch-gemäßigte Mehrheit unter Staatspräsident Jules Grévy geriet bald durch Krisen und Skandale ins Wanken. Die Stimmung in der Bevölkerung verschlechterte sich mit der Wirtschaftskrise von 1882, das sorgte für einen Aufschwung der Konservativen. ❽ Georges Boulanger hoffte mit seiner „Partei der Unzufriedenen" auf eine Revanche gegen Deutschland und sammelte Konservative, Radikale und Monarchisten in einer autoritär-nationalistischen Bewegung, die die Republik ernsthaft bedrohte. Der Wahlsieg der Republikaner 1889 verhinderte eine Diktatur Boulangers. In den 90er-Jahren erschütterten der Panama-Skandal und die Dreyfus-Affäre die Republik. Die Mehrheit von Republikanern und Linksradikalen, die ab 1898 bestand, setzte 1905 gemeinsam mit den Sozialisten

Aristide Briand und Ministerpräsident Georges Clemenceau die Trennung von Kirche und Staat sowie sozialstaatliche Maßnahmen durch.

Nach außen verfolgte Frankreich eine Bündnispolitik, um seine kolonialen Interessen zu wahren und sich angesichts der drohenden Kriegsgefahr abzusichern. Es erhielt 1902 für den Fall eines deutschen Angriffs die Zusicherung der Neutralität Italiens. 1907 wurde das Bündnis zwischen Frankreich und Russland von 1894 zur Tripelentente mit Großbritannien erweitert. Die antideutsche Stimmung im französischen Bürgertum, durch die Marokkokrise verschärft, wurde ab 1913 von dem revanchistischen Präsidenten ⓫ Raymond Poincaré vertreten.

7 Marschall Maurice Mac-Mahon, der zweite Präsident der Dritten Republik

8 Georges Boulanger, Führer der nationalistischen Oppositionspartei

9 Barrikadenbau der Pariser Kommune an der Place de la Concorde

Hauptmann Alfred Dreyfus wird degradiert (Farblithografie, 1985)

Die Dreyfus-Affäre

Der jüdische Hauptmann Alfred Dreyfus war zu Unrecht der Spionage für die Deutschen bezichtigt worden. 1890 verurteilte ihn ein Militärgericht zu lebenslanger Haft auf der Teufelsinsel und schloss ihn aus der Armee aus. Die Dreyfus-Affäre spaltete die Nation: Während etwa Émile Zola mit seinem offenen Brief „J'accuse" eine Wiederaufnahme des Verfahrens erwirkte, sammelten sich im Gegenlager Anhänger des Antisemitismus, Nationalismus und Antiparlamentarismus. 1898 erwies sich das Hauptbelastungsdokument als Fälschung, und Dreyfus wurde 1906 rehabilitiert. Die Affäre war ein Kampf zwischen restaurativen und republikanischen Ideen, aus dem die Republik gestärkt hervorging.

Le Petit Journal

Le nouveau Président de la République M. RAYMOND POINCARÉ

11 Präsident Raymond Poincaré nach seinem Regierungsantritt 1913 (Ausgabe vom 26. 1. 1913)

10 Die Ruine des Rathauses, von Pariser Kommunarden am 24. 5. 1871 in Brand gesetzt

März bis Mai 1871 | Aufstand der Pariser Kommune   **1892/93** | Panama-Skandal   **1905** | Trennung von Kirche und Staat

1870 | Proklamation der Dritten Republik   **1871** | Adolphe Thiers wird Regierungschef   **1894–1906** | Dreyfus-Affäre   **1905** | Tripelentente

1789–1914

Neuere Geschichte

GROSSBRITANNIEN 1830–1914

England war der wirtschaftlichen Entwicklung auf dem Kontinent durch seine frühe Industrialisierung zwar um fast ein halbes Jahrhundert voraus, die Arbeitsbedingungen waren jedoch katastrophal und führten zur Verelendung der Arbeiterschaft. Dies machte Gesetze zum Arbeitsschutz erforderlich und die schrittweise Ausdehnung des Wahlrechts auf immer weitere Bevölkerungskreise. Unter der seit 1837 regierenden ❶ Königin Viktoria florierte zunächst die Wirtschaft, doch die sozialen Probleme waren längst nicht gelöst und die Arbeiterbewegung verlangte weitere Reformen. Das britische Kolonialreich wurde im 19. Jh. allmählich umstrukturiert und wurde zum „Commonwealth of Nations".

Königin Viktoria von Großbritannien und Irland, Kaiserin von Indien im Jahre ihres 50. Thronjubiläums 1887

■ Politische Reformen der Konstitutionellen Monarchie

Die 1830er- und 40er-Jahre brachten für Großbritannien eine Reihe folgenreicher Reformen.

Nach dem Tod ❸ Georgs IV. (S. 287) hatte mit Wilhelm IV. 1830 ein reformfreudiger König den Thron bestiegen. In der Reform Bill vom Juni 1832 wurden Modernisierungen des Wahlrechts und damit eine Vergrößerung der Macht des Parlaments beschlossen. Da die städtische ❷ Bevölkerung durch Landflucht schnell gewachsen war, entsprach die Verteilung der Parlamentssitze nicht mehr der Anzahl der Wähler, weshalb die Wahlbezirke zugunsten der Städte neu aufgeteilt wurden. 1835 wurde auch die Wahl von Stadträten erlaubt. Der Protest gegen die liberale Wahlrechtsreform von 1832 war die Geburtsstunde der „Conservative

Armenquartier in London, um 1850

Karikatur auf das Reformgesetz zur Emanzipation der Katholiken: „The Mountain in Labour – or Much ado about nothing"

and Unionist Party" Großbritanniens, die sich um die nun angewachsene Wählerschaft bemühte. Die Konservative Partei spaltete sich aber bereits 1846 durch das Eintreten des Innenministers Sir Robert Peel für den Freihandel.

Auch im Verhältnis der Konfessionen waren Reformen nötig. Gegenüber den Angehörigen der anglikanischen Staatskirche waren die Katholiken in ihren bürgerlichen Rechten stark einge-

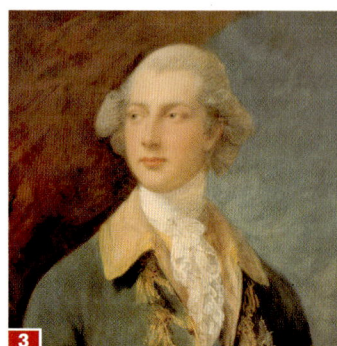
König von Großbritannien: „Georg IV. als Prinz von Wales" (Gemälde von Thomas Gainsborough, 1781)

schränkt. Erst im April 1829 wurde, u. a. durch den Einfluss des ❺ Premierministers Herzog von Wellington, die ❹ „Roman Catholic Relief Bill", die sog. Katholikenemanzipation, verabschiedet: Katholiken wurden nicht mehr diskriminiert und durften nun auch in öffentlichen Ämtern und als Parlamentsmitglieder wirken.

Premierminister Arthur Wellesley, Herzog von Wellington (Gemälde von Francisco Goya, 1814)

Die Chartisten

Zwar bedeutete die Wahlrechtsreform von 1832 eine Stärkung der Mittelschichten, doch die Anzahl der Wählenden war mit etwa 4 % der Bevölkerung immer noch gering. 1837 präsentierte daher der Londoner Arbeiterverein dem Unterhaus die sog. „People's Charter". Die Chartisten forderten eine endgültige Demokratisierung des Wahlrechts. Die Wahlen sollten die tatsächlichen Bevölkerungsverhältnisse repräsentieren. Das House of Commons lehnte dies ab. Es reagierte weder auf Petitionen mit bis zu 3 Millionen Unterschriften noch auf einen Generalstreik. Bei Unruhen in Wales 1839 wurden Führer der Chartisten festgenommen.

Friedrich Engels auf einer Versammlung der Chartisten, 1843

| 1802 | Erste „Factory Acts" | | 16. 8. 1819 | „Massaker von Peterloo" | | 1824 | Einführung des Streikrechts |

| | 1815 | Corn Laws | | 1819 | Verbot der Kinderarbeit in Baumwollfabriken | | April 1829 | „Roman Catholic Relief Bill" |

■ Soziale Reformen des „Manchester-Kapitalismus"

Verschiedene Neuerungen verbesserten mit der Zeit die Lebensbedingungen der unteren Bevölkerungsschichten.

6
Frauen in einer Korkenfabrik

Am 16. 8. 1819 wurde beim „Massaker von Peterloo" in Manchester eine Arbeiterdemonstration zusammengeschossen. Den Konservativen war jedoch bald klar, dass

soziale Reformen notwendig waren, wenn der innere Friede bewahrt werden sollte. 1824 erhielten die Arbeiter das Koalitions- und ❼ Streikrecht. Als einer der ersten „Factory Acts" stellte schon 1802 ein Gesetz die Nachtarbeit für Kinder unter Strafe und beschränkte die Arbeitszeit für Lehrlinge auf 12 Stunden am Tag. Die ❿ Arbeit von Kindern unter 9 Jahren in Baumwollfabriken wurde 1819 gänzlich untersagt.

Ohne staatliche Kontrollen waren die Gesetze leicht zu umge-

hen. Erst 1833 wurde ein wirksames Fabrikgesetz erlassen, das ❻ Frauen- und Kinderarbeit begrenzte: Kinder unter 13 Jahren durften nicht mehr als 9 Stunden am Tag arbeiten. Eine Aufsichtsbehörde kontrollierte die Umsetzung des Gesetzes. Einige Verbesserungen der Arbeits- und Lebensbedingungen gingen auch auf ⓫ Anthony Ashley Cooper zurück. Er regte „Sozialbauten" an und richtete Schulen für die Kinder der Armen ein. Mehrere Gesetze brachte er mit auf den Weg wie 1842 das Verbot von Frauen- und Kinderarbeit im Kohleabbau, 1847 die Festlegung des 10-Stunden-Tages in der ❾ Fabrikarbeit für Frauen und Jugendliche.

Um die Preise für britisches Getreide hoch zu halten, hatte das Parlament 1815 in den sog. „Corn Laws" Schutzzölle gegen den Import erlassen. Der folglich hohe Brotpreis rief Aufstände der Bevölkerung hervor. Darauf reagierte die Regierung unter Georg IV. mit dem Eingriff in die Bürgerrechte, die Versammlungs- und Pressefreiheit. Erst unter dem Druck der Manchesterschule, einem Kreis von Textilfabrikanten

7
Arbeiterfamilie während des 1889 von den Trade Unions angeregten Hafenarbeiterstreiks in England

8
Richard Cobden

um ❽ Richard Cobden, die sich wegen ihres Interesses am Freihandel mit der Arbeiterschaft verbündet hatte, wurden 1846 die Corn Laws wieder abgeschafft. Die von Richard Cobden und John Bright 1838 gegründete Anti-Corn Law League forderte außerdem die allgemeine Volksbildung und eine Wahlreform.

Robert Owen

1799 wurde Robert Owen mit 28 Jahren Mitbesitzer einer Baumwollspinnerei im schottischen New Lanark. Der Frühsozialist ließ keine Kinderarbeit zu, begrenzte die Arbeitszeit auf zehneinhalb Stunden am Tag und wurde so zum Anreger der frühen Arbeitsschutzgesetze.

Unterrichtssaal von Robert Owens Gründung New Lanark

Seine Arbeiter lebten in einer für sie gebauten Siedlung, in der ihre Kinder zur Schule gingen und sie Lebensmittel günstig einkaufen konnten. Wirtschaftlich war seine Fabrik dennoch erfolgreich. Die 1844 im englischen Rochdale gegründete Genossenschaftsbewegung nahm seine Ideen auf, die auch heute noch anerkannt sind.

9
Kanal-Pumpwerk in Birmingham mit Watts einfachwirkender Pumpmaschine

10
Kinderarbeit in einem englischen Steinkohlebergwerk (Gemälde, 19. Jh.)

11
Anthony Ashley Cooper, 7. Earl of Shaftesbury (Gemälde, um 1870)

1789–1914

Neuere Geschichte

■ Wirtschaftsblüte und Sozialstaat im Viktorianischen Zeitalter

Der Wirtschaftsboom in den ersten Jahren der Regierung Königin Viktorias flaute bald wieder ab, und die soziale Frage trat erneut in den Vordergrund.

1 Kristallpalast im Londoner Hyde Park, errichtet für die Weltausstellung 1851

2 Warteschlange vor einem Obdachlosenasyl (Ölgemälde von Sir Luke Fields, 1874, nach Motiven von Charles Dickens)

Königin Viktoria

Am 20. 6. 1837 bestieg Viktoria den Thron und prägte mit ihrer fast 64 Jahre langen Regierungszeit eine ganze Epoche in der Geschichte Großbritanniens. Das „Viktorianische Zeitalter" war gekennzeichnet durch wirtschaftlichen Wohlstand und die führende Stellung des „British Empire" in der Welt. Viktoria stand aber auch für einen konservativen Lebensstil und Prüderie. Ihr Mann, Prinz Albert von Sachsen-Coburg-Gotha, erwärmte die ursprünglich eher liberal eingestellte Königin für konservativere Optionen.

oben: Königin Viktoria bei ihrem goldenen Regierungsjubiläum

Nach der stürmischen Reformära erlebte Großbritannien seit 1837 unter Königin Viktoria ruhigere Jahrzehnte. Die erste ❶ Weltausstellung in London 1851 demonstrierte die blühende Wirtschaft. Durch die Reformen der 30er-Jahre hatten sich bereits parlamentarische Strukturen etabliert, weshalb die europaweiten demokratisch-liberalen Revolutionen von 1848 auf den Inseln ausblieben.

Doch der langen Hochkonjunktur folgte eine Wirtschaftskrise, die alle ungelösten sozialen Probleme verschärfte. Gewerkschaften bekamen regen Zulauf, und mit Streiks bewiesen die Arbeiter ein neues Selbstbewusst-

3 Auswanderer, die auf ein überfülltes Schiff klettern

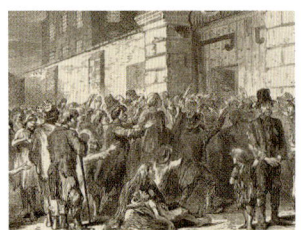

Der irische Unabhängigkeitskampf

Enormer Bevölkerungszuwachs sowie die Kraut- und Knollenfäule im Jahr 1845 führten in Irland zu einer großen Hungersnot, die bis 1849 anhielt. Premierminister Lord John Russell verweigerte staatliche Hilfe weitgehend und entsandte stattdessen Soldaten, um ausbrechende Unruhen niederzuschlagen. Über eine Million Iren starben an Hunger und Epidemien, etwa die doppelte Zahl wanderte aus. Die Nationalisten forderten politische Selbstständigkeit für Irland, und Geheimbünde wie die Fenier ermordeten britische Regierungsvertreter. Aber erst 1922 wurde Irland – bis auf den Norden – unabhängig.

oben: Hungernde Landbevölkerung vor einem Armenhaus während der großen Hungersnot in Irland 1846–49

sein; viele aber ❸ wanderten des ❷ sozialen Elends wegen nach Amerika oder Australien aus.

Das 1900 gegründete „Labour Representation Committee" (seit 1906 Labour Party) gewann rasch an Einfluss im Parlament. Liberale Politiker wie David Lloyd George und ❹ Winston Churchill setzten sich für die soziale Absicherung ein. In wenigen Jahren wurden Altersrente, Arbeitslosen- und Kranken- und Invaliditätsversicherung eingeführt und z.T. Mindestlöhne festgelegt.

Schon 1867 hatten die Ergänzungen zur Reform Bill der Arbeiterschaft in den Städten das Wahlrecht zugesichert, ab 1884 durften auch Landarbeiter wählen. Auch die Frauen kämpften, vertreten durch die ❺ „Suffragetten", für ihr Wahlrecht.

4 Sir Winston Churchill in der Camberwell Labour Exchange, einer Arbeitervermittlung, um 1910

5 Titelblatt der von Christabel Pankhurst herausgegebenen Zeitschrift „The Suffragette" vom 23. 5. 1913

■ Kolonialpolitik bis zum Ersten Weltkrieg

Großbritannien erweiterte sein Kolonialreich, geriet jedoch zunehmend in Konflikt mit dem Deutschen Reich, das seinen „Platz an der Sonne" (S. 383) suchte.

6 Indische Kaiserkrone, angefertigt für die Krönung Georgs V. zum Kaiser von Indien, 1911

Die Regierungszeit Königin Viktorias war v. a. von imperialen Ansprüchen gekennzeichnet, die sich in der steten Ausweitung des Kolonialreiches äußerten. Als die Ostindische Kompanie 1858 nach dem Sepoy-Aufstand (S. 414) aufgelöst wurde, übernahm die **6** britische Krone die Herrschaft in Indien, und Königin Viktoria nahm 1877 den Titel der „Kaiserin von Indien" an. **11** Hongkong, das England 1842 durch den Opiumkrieg im Frieden von Nanking ge-

wonnen hatte, und Singapur sicherten den Briten in Asien zwar die Möglichkeit, weiter nach China und in den Pazifik auszugreifen, doch geriet Großbritannien dabei in Konflikt mit russischen Interessen.

Mit Frankreich und Deutschland stritt sich Großbritannien im „Scramble for Africa" um die letzten zu kolonisierenden Gebiete der Welt. Ägypten wurde 1882 v. a. wegen des Suezkanals (S. 410) zum britischen Protektorat erklärt. Um die Herrschaft im Sudan kam es 1898 fast zum Krieg mit Frankreich. Die sog. **7** „Faschoda-Krise" wurde vertraglich geschlichtet, der Sudan unter beiden Kolonialmächten aufgeteilt. 1904 schlossen Großbritannien und Frankreich die „Entente cordiale", ein gegen das **9** Deutsche Reich gerichtetes Bündnis, dem 1907 auch Russland beitrat.

Danach machte sich Großbritannien zügig an die Unterwerfung Südafrikas, wobei es v. a. um

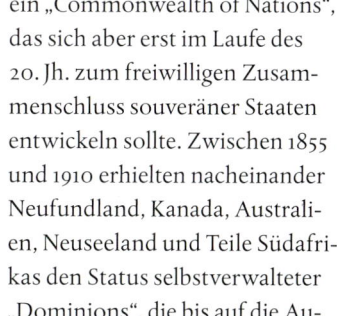

8 Vorrückende indische Hilfstruppen der englischen Armee während der Kämpfe südwestlich von Ypern im Mai 1915 (Entwurf für einen Lichtschirm)

die Gold- und Diamantvorkommen ging. Die für beide Seiten verlustreichen Burenkriege (1899–1902) endeten mit einem britischen Sieg und – zumindest für den weißen Bevölkerungsteil der neuen südafrikanischen Kolonien – moderaten Friedensbedingungen wie der Verleihung britischer Bürgerrechte.

Die weißen Siedlungskolonien in Übersee hatten schon früh nach einer Selbstverwaltung verlangt: Mit dem sog. „Durham-Bericht" von 1839, der die Vereinigung und Selbstverwaltung **12** kanadischer Provinzen einleitete, begann langsam die Umwandlung des British Empire in ein „Commonwealth of Nations", das sich aber erst im Laufe des 20. Jh. zum freiwilligen Zusammenschluss souveräner Staaten entwickeln sollte. Zwischen 1855 und 1910 erhielten nacheinander Neufundland, Kanada, Australien, Neuseeland und Teile Südafrikas den Status selbstverwalteter „Dominions", die bis auf die Au-

7 Hissen der ägyptischen Flagge in Faschoda, Sudan, nach dem Abzug der Franzosen, 1898

9 Karikatur „Die Zukunft auf dem Wasser./Der Michel wagt im Meerbeherrschungswahne/Sich in die offne See ..."

ßenpolitik recht unabhängig waren. Der Einsatz im **8**, **10** Ersten Weltkrieg an der Seite des Mutterlandes stärkte die Dominien in ihrem Souveränitätsstreben.

10 Soldaten der indischen Hilfstruppen und englische Soldaten im Ersten Weltkrieg, 1914

11 Hongkong von der Seeseite aus gesehen, 1847

12 Quebec, Kanada, am Fluss St. Laurent (Gemälde, um 1850)

1789–1914   Neuere Geschichte

1

DIE BENELUX-LÄNDER 1815–1914

Österreich hatte im Frieden von Campo Formio 1797 seine Besitzungen in den südlichen Niederlanden (S. 291) an Frankreich abtreten müssen. Auf dem Wiener Kongress wurde dieses Gebiet mit den nördlichen Niederlanden zu den sog. Vereinigten Niederlanden zusammengefasst, die als Puffer zu Frankreich dienen sollten. Jedoch führten konfessionelle, kulturelle und politische Gegensätze 1830 zur Abspaltung Belgiens. Hier setzte der Industrialisierungsprozess früh ein. Die Wirtschaft profitierte dabei vom belgischen Kolonialbesitz in Afrika. Als Großherzöge regierten die niederländischen Könige auch über Luxemburg. Unterschiedliche Erbfolgeregelungen führten 1890 aber zum Ende dieser Union.

Wilhelm II., König der Niederlande und Großherzog von Luxemburg

■ Die Niederlande und Luxemburg

In den von der Dynastie Oranien-Nassau regierten Niederlanden setzten sich allmählich demokratische Strukturen durch. Luxemburg trennte sich 1890 von den niederländischen Königen.

1815 entstand das Vereinigte Königreich der Niederlande, das auch das heutige Belgien umfasste. ❶ Wilhelm II., Sohn des konservativen Wilhelm I., musste im Verlauf des Revolutionsjahres 1848 einer konstitutionellen Monarchie zustimmen. Nach seinem Tod 1849 bestieg sein Sohn ❻ Wilhelm III. den Thron, in dessen Regierungszeit das Parlament seine Kompetenzen noch erweitern konnte. Der Wirtschafts-

3 Napoleon III., Kaiser der Franzosen (Gemälde Franz Xaver Winterhalters, 1857)

boom der 80er-Jahre förderte die Entwicklung der ❷, ❹ Arbeiterbewegung, aus der 1894 die Sozialdemokratische Arbeiterpartei hervorging. 1890 bestieg Königin ❺ Wilhelmina den Thron. In Luxemburg waren Frauen zu diesem Zeitpunkt noch von der Thronfolge ausgeschlossen, sodass hier ein Vetter Wilhelminas, Adolf von Nassau, als Großherzog nachfolgte.

Luxemburg hatte 1815 auf dem Wiener Kongress den Status eines

Großherzogtums erhalten. 1839 trat es den westlichen wallonischen Teil an das mittlerweile unabhängig gewordene Belgien ab. Anders als die Niederlande gehörte Luxemburg zum Deutschen Bund bis zu dessen Auflösung 1866/67. Als 1867 ❸ Napoleon III. versuchte, das Land zu kaufen, kam es zur sog. Luxemburgkrise, weil Preußen das nicht hinnehmen wollte. Daraufhin sicherte das Londoner Protokoll vom 11. 5. 1867 Luxemburg Unabhängigkeit und Neutralität zu. Beides missachteten die Deutschen mit Beginn des Ersten Weltkriegs, als sie das Land besetzten.

2 „Weber am Webstuhl nach links mit Haspel" (Gemälde von Vincent van Gogh, 1884)

4 Kongress der Zweiten Sozialistischen Internationale im Concertgebouw von Amsterdam, 14.–20. 8. 1904

5 Feier zur Volljährigkeit Königin Wilhelminas der Niederlande am 31. 8. 1898

Wilhelm I.

Wilhelm von Oranien-Nassau aus der Familie der Erbstatthalter der Niederlande kämpfte zwischen 1793 und 1795 gegen die französische Revolutionsarmee und lebte später im englischen Exil. 1815 wurde er als Wilhelm I. König der Niederlande und Großherzog von Luxemburg. Er tat sich v. a. als Förderer der Wirtschaft hervor, doch seine unsensible Politik führte 1830 zur Unabhängigkeit Belgiens. Er verweigerte eine Einschränkung seiner Macht durch ein Parlament und musste 1840 zugunsten seines Sohnes Wilhelm II. abdanken.

Wilhelm I. (Stahlstich, 19. Jh.)

6 Wilhelm III., König der Niederlande und Großherzog von Luxemburg, um 1865

■ Der politische und wirtschaftliche Fortschritt in Belgien

Belgien fand bereits 1830 zu einer liberaleren Staatsform und war – begünstigt durch seine Kolonien in Afrika – nach Großbritannien das am stärksten industrialisierte Land Europas.

Der Wiener Kongress schloss 1815 die katholischen Gebiete der ehemaligen Österreichischen Niederlande mit der nördlich davon gelegenen ehemaligen Republik der Vereinten Niederlande zusammen, an deren Spitze das protestantische Haus Oranien-Nassau stand. Niederländisch wurde die einzige Amtssprache, was die französischsprachigen Bevölkerungsgruppen in ihrem Nationalstolz verletzte. Dies und andere Schikanen sowie politische und

8
Revolution der Belgier gegen das niederländische Königtum Wilhelms I. im Jahr 1830 (Holzstich, 1864)

wirtschaftliche Beeinträchtigungen führten im Zuge der Pariser Julirevolution am 25. 8. 1830 zum **8** Aufstand in Brüssel.

Die niederländischen Soldaten wurden in der „Septemberrevolution" am 26. 9. 1830 aus Brüssel verjagt, und am 4. 10. 1830 erklärte die provisorische belgische Regierung die Unabhängigkeit des Landes. Belgien gab sich am 7. 2. 1831 eine liberale Verfassung und führte eine konstitutionelle Monarchie ein. Zum König wurde der probritische **9** Leopold I. von Sachsen-Coburg und Gotha gewählt. Die Niederlande erkannten die Unabhängigkeit erst mit dem Londoner Protokoll vom 19. 4. 1839 an. Belgiens Grenzen waren nun festgelegt und seine Neutralität wurde von den Großmächten garantiert.

7 Wirtschaftlich war das Land in der ersten Jahrhunderthälfte auf dem Kontinent führend. Innenpolitisch konnte der Konflikt zwischen katholischen und liberalen Richtungen in der Schulpolitik 1879 durch ein liberales

7
Das sog. Luftschloss auf der Weltausstellung in Antwerpen, Belgien, 1894

Schulgesetz gelöst werden. Unterschiede bestanden zwischen den Flamen im Norden und den französischsprachigen Wallonen im Süden nicht nur auf sprachlich-kulturellem, sondern auch auf wirtschaftlichem Gebiet, da die Industrialisierung sich vor allem im Süden entwickelte. Erst 1893 wurde infolge eines von den Sozialdemokraten initiierten **10** Generalstreiks das allgemeine Wahlrecht für Männer eingeführt.

Die belgische Kolonialpolitik

König Leopold II., der seinen Vater Leopold I. 1865 abgelöst hatte, ließ u. a. durch Sir Henry Morton Stanley Zentralafrika erforschen. Das Ergebnis der Expedition war die Gründung des Kongo-Freistaats. Auf der Berliner Kongokonferenz von 1885 wurde dem König dieser als Privatbesitz mit Neutralitätsstatus bestätigt. Als aber bekannt wurde, mit welch unmenschlichen Methoden er das Land ausplündern ließ und dass es deshalb dort zu Unruhen gekommen war, musste er es 1908 an Belgien abtreten. Sein Nachfolger Albert I., der im Jahr darauf den Thron bestieg, ordnete die Verwaltung der Kolonie neu.

9
Staatsakt auf der Place Royale in der belgischen Hauptstadt Brüssel anlässlich der Thronbesteigung von König Leopold I. am 21. 7. 1831 (Gemälde, 1856)

10
Das Militär geht gegen die streikenden Bergleute von Mons vor, 1893

oben: Henry Morton Stanley und einige seiner afrikanischen Begleiter (Holzstich, um 1880)
unten: Ein Elfenbeinlager am Kongo dokumentiert die Ausbeutung der natürlichen Ressourcen Afrikas (Holzstich, 1890)

DIE NATIONALE EINIGUNG ITALIENS 1815–1914

1

Nach der Wiederherstellung der italienischen Königreiche und Staaten im Wiener Kongress verfolgten diese eine restaurative Politik, die zur Sammlung nationaler Kräfte in der Einigungsbewegung führte. Diese erreichte schließlich die Gründung des Königreichs Italien. Die politische Einigung des Landes war jedoch keine gesellschaftliche und wirtschaftliche. Insbesondere der landwirtschaftlich geprägte Süden fühlte sich dem industrialisierten Norden, der die Politik des Landes bestimmte, unterlegen. Die Regierung des Ministerpräsidenten Crispi, der Italien international mehr Gewicht verleihen wollte und die koloniale Erweiterung plante, wurde von der Ära Giolitti abgelöst, in der soziale Reformen durchgeführt wurden und die Wirtschaft aufblühte. Der von Giolitti fortgesetzte außenpolitische Kurs führte schließlich zum Kriegseintritt 1915 an der Seite der Alliierten.

Garibaldi-Denkmal in Rom, erbaut 1895

■ Der Ruf nach Freiheit und gewaltsame Einheitsbestrebungen

Der restaurative Kurs der wiederhergestellten Königreiche und Staaten stand der nationalen Einigungsbewegung gegenüber.

Im Wiener Kongress wurde Italien weitgehend in den vornapoleonischen Zustand versetzt: Neapel und Sizilien wurden unter dem ❸ Bourbonenkönig Ferdinand IV. zum „Königreich beider Sizilien" zusammengefasst und das Königreich Sardinien mit der Republik Venedig vereinigt; die Lombardei und Venetien fielen an Österreich.

Neben der regionalen Neuordnung wurden auch der „Code civil" und politische Reformen aus der napoleonischen Zeit revidiert. Die restaurative Politik der italienischen Reiche rief Empörung v. a. beim liberalen Bürgertum hervor, das politische Mitwirkungsrechte und die nationale Selbstständigkeit Italiens forderte. Die Aufstände von Geheimbünden wie der ❺ „Carboneria" und des „Giovane Italia" waren Ausdruck der Einigungsbewegung des „Risorgi-

2 Porträtbüste von Giuseppe Garibaldi (um 1870)

mento" („Wiedererstehen"). König Karl Albert von Sardinien-Piemont versuchte 1848/49 vergeblich, Österreich die italienischen Gebiete abzunehmen, er trat daraufhin zugunsten seines Sohnes ❹ Viktor Emanuel II. zurück. Derweil wurde Papst Pius IX. Ende 1848 aus dem Kirchenstaat vertrieben und unter Mazzini und ❶, ❷ Garibaldi 1849 in Rom die ❻ Republik ausgerufen. Garibaldi hielt der darauf folgenden Intervention französischer und österreichischer Truppen bis Juli stand.

3

„Jugendbildnis König Ferdinands IV." (Gemälde von A. R. Mengs, 1760)

4

Viktor Emanuel II., König von Italien

Giuseppe Mazzini

Giuseppe Mazzini, der zunächst der „Carboneria" angehört hatte, gründete 1831 im Exil den Geheimbund „Giovane Italia" („Junges Italien"). Er wurde in Abwesenheit zum Tode verurteilt, weil er eine Meuterei in der sardisch-piemontesischen Armee anstiften wollte. Sämtliche Rebellionen, die er unermüdlich anzettelte, schlugen fehl: 1833 in Piemont, 1843 in Bologna, 1844 in Kalabrien und 1845 in Rimini. Auch Aufstände in Mantua und Mailand scheiterten. Mazzini lehnte das Königtum in Italien ab, sein Ziel war die Einigung Italiens als demokratische Republik. Er starb 1872 in Pisa.

Giuseppe Mazzini

5

Versammlung des Geheimbundes „Carboneria" (Holzstich, 19. Jh.)

6

Menschenmenge vor der Kirche S. Maria Maggiore am Tag der Ausrufung der Römischen Republik, 9. 2. 1849 (Holzstich, 19. Jh.)

1789–1914

Neuere Geschichte

Der Weg zur Einheit und außenpolitische Träume

Cavour und Garibaldi erkämpften die Einheit Italiens. Innenpolitische Reformen wurden begleitet vom Traum von einem starken Italien.

Nach der Revolution 1848 behielt nur Sardinien-Piemont eine parlamentarische Verfassung. ❿ Camillo Benso di Cavour, seit 1852 Ministerpräsident des Königreichs Sardinien, setzte auf Reformen und suchte Bündnispartner für die Einigung Italiens. Mit Frankreich siegte er in der ❾ Schlacht bei Solferino am 24. 6. 1859 gegen Österreich, was ihm die Lombardei einbrachte. 1860 stimmten die Emilia Romagna, die Toskana, Modena und Parma-Piacenza für den Anschluss an Sardinien. Im Mai 1860 eroberte Garibaldi mit dem ❽ „Zug der Tausend" Sizilien und kurz darauf Neapel, das sich wie die Marken und Umbrien an-

König Umberto I. und Kronprinz Viktor Emanuel von Italien, späterer König Viktor Emanuel III.

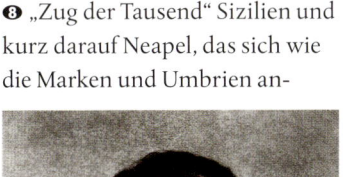

Camillo Benso di Cavour, um 1855

schloss, sodass nun fast ganz Italien geeint war.

Nach ersten Parlamentswahlen wurde 1861 das Königreich Italien mit ⓫ Viktor Emanuel II. als König ausgerufen. 1866 erwarb Italien im Krieg gegen Österreich auch Venetien, verzichtete jedoch auf das Trentino und Istrien. Nach der Besetzung des Kirchenstaates 1870 besaß der Papst nur noch die Hoheit über den Vatikan, und Rom wurde 1871 die Hauptstadt Italiens.

Die Liberalen unter Ministerpräsident Depretis sorgten für soziale Verbesserungen und erweiterten das Wahlrecht auf nun ca. 7 % der Bevölkerung. Mit der Partito Socialista Italiano (PSI) gründe-

dete sich 1892 die erste sozialistische Partei.

In der Regierungszeit ❼ König Umbertos I. ab 1878 wurde der Bund „Italia Irredenta" gegründet, mit dem Ziel der Angliederung der „unerlösten italienischen Gebiete". Das Trentino und Istrien standen im Zentrum der Bemühungen und bestimmten die Bündnispolitik Italiens bis in den Ersten Weltkrieg hinein. Ministerpräsident Crispi strebte ein international stärkeres und aktiveres Italien an und plante unter Anlehnung an den Dreibund, den Italien 1882 mit Österreich-Ungarn und dem Deutschen Reich schloss, koloniale Erweiterungen. Aber v. a. die Niederlage im Krieg gegen die Abessinier 1896 nahm Italien die Illusion von einem ostafrikanischen Kolonialreich.

Als Umberto I. 1900 einem Attentat zum Opfer fiel, bestieg Viktor Emanuel III. den Thron. Der linksliberale Ministerpräsident Giolitti führte in den folgenden Jahren Reformen durch: Streikrecht und Sozialversicherungen wurden beschlossen, das Wahlrecht so weit liberalisiert, dass nun fast alle erwachsenen Männer wählen durften. Außenpolitisch setzte Giolitti den bisherigen Kurs fort. 1911 wurde Tripolis besetzt, und im Krieg gegen die Türkei gewann Italien die Dodekanes und das 1912 autonom gewordene Libyen. Im Ersten Weltkrieg schloss Italien mit den En-

Einschiffung am 6. 5. 1860 in Quarto bei Genua für Garibaldis „Zug der Tausend"

Italienische Bersaglieri, Elitetruppen der Infanterie, mit österreichischen Kriegsgefangenen während des Krieges Sardinien-Piemonts und Frankreichs gegen Österreich, 1859

tente-Mächten am 26. 4. 1915 den Londoner Geheimvertrag, nach dem es im Fall eines Sieges Trient, Triest sowie Südtirol und Dalmatien erhalten sollte. Italien erklärte Österreich-Ungarn am 23. 5. 1915 und dem Deutschen Reich am 28. 8. 1916 den Krieg.

Papst Pius IX.

Papst Pius IX., der 1870 die Unfehlbarkeit des Papstes proklamierte, soll das Ende des Kirchenstaates mit den Worten quittiert haben: „Ich mag wohl unfehlbar sein, aber jedenfalls bin ich bankrott."

oben: Pius IX., Papst von 1846–78

Denkmal für Viktor Emanuel II. in Rom (erbaut 1885–1911)

1789–1914   Neuere Geschichte

| 1894 | Krieg gegen Abessinien | 1896 | Schlacht bei Adua | 1911 | Besetzung von Tripolis | 26. 4. 1915 | Londoner Geheimvertrag |
| 1892 | Gründung der ersten sozialistischen Partei | 1900 | Ermordung Umbertos I. | 1911/12 | Krieg gegen die Türkei |

PORTUGAL UND SPANIEN 1815–1914

Die ❶ Iberische Halbinsel lag wirtschaftlich wie politisch hinter anderen Teilen Europas zurück und litt beträchtlich unter den durch die Unabhängigkeit der südamerikanischen Kolonien verursachten Verluste. Portugal konnte das ganze 19. Jh. über industriell keinen Anschluss finden. Zu einer Demokratisierung kam es erst nach der Jahrhundertwende. Auch in Spanien ging die Modernisierung nach der Wiedereinsetzung der Bourbonen nur schleppend voran, zu stark war noch die Macht der Kirche, der Armee und der Großgrundbesitzer. Nach den beständigeren 1870er- und 1880er-Jahren führten kolonialpolitische Konflikte erneut zu einer Destabilisierung, die begonnene Reformen wieder bremste.

Der Fluss Douro (Duero) entspringt im spanischen Hochgebirge und mündet bei Porto im Norden Portugals in den Atlantik (Stahlstich, 1835)

■ Portugal: Kampf der Liberalen und Staatsbankrott

Die Kämpfe zwischen konservativen und liberalen Kräften lähmten Portugal. Der Prestigeverlust der Krone führte am Ende zur Abschaffung der Monarchie.

❷ König Johann VI. kehrte 1821 aus seinem brasilianischen Exil (S. 299) nach Portugal zurück. Er bestätigte die im Vorjahr nach einer liberalen Revolution von den Cortes ausgearbeitete Verfassung, die Portugal in eine konstitutionelle Monarchie umwandelte.

Nach Johanns Tod 1826 war die Nachfolge ungeklärt, denn sein ältester Sohn regierte seit 1822 als Kaiser Peter I. das unabhängige Brasilien. Dieser nahm zwar als Peter IV. die portugiesische Krone an, trat aber nach wenigen Wochen sein Erbrecht an seine minderjährige Tochter Maria II. da Glória ab. Vorher erließ er aber noch eine neue Verfassung, die die Rechte des Monarchen wieder stärkte. 1827 musste Peter auf Druck der Heiligen Allianz seinen als konservativ bekannten Bruder Dom Miguel zum Regenten für Maria da Glória ernennen. Ein Jahr später ließ sich dieser nach einer Konterrevolution als Michael I. zum König ausrufen und führte den Absolutismus wieder ein. Um die Rechte Maria da Glórias zu verteidigen, aber auch wegen innenpolitischer Schwierigkeiten in Brasilien, dankte Peter 1831 als Kaiser ab, kehrte nach Europa zurück und vertrieb in den sog. Miguelistenkriegen mit Hilfe der Briten Michael bis 1834 aus Portugal.

Unter ❹ Maria II. da Glória bekämpften sich liberale Setembristen (benannt nach der Verfassung von 1822) und konservative

Emanuel II. geht 1911 ins Exil

Cartisten (benannt nach der Verfassung von 1826) weiter; ein Volksaufstand wurde 1846/47 erstickt. Auch die Regierungen von Peter V., ❻ Ludwig I. und ❺ Karl I. waren durch innenpolitische Unruhen gekennzeichnet. Portugal blieb ein verarmtes und rückständiges Land, die Wirtschaft war abhängig von ausländischem Kapital, 1892 musste der Staatsbankrott erklärt werden. In dieser Situation erstarkten die Republikaner. Antimonarchisten verübten 1908 ein Attentat, bei dem Karl I. und sein ältester Sohn starben. Daraufhin bestieg der erst 19-jährige Emanuel II. den Thron. Der unerfahrene König musste zwei Jahre später ins ❸ Exil gehen, als nach einem Staatsstreich am 5. 10. 1910 die Republik proklamiert wurde. Doch auch die Republik, in der sich die Regierungen in rascher Folge ablösten, konnte die Probleme des Landes nicht lösen.

Johann VI., König von Portugal

Maria II. da Glória, Königin von Portugal

Ludwig I., König von Portugal

König Karl I. von Portugal mit seiner Ehefrau Amélie von Orléans und dem Erstgeborenen Luíz Filipe (Foto, 1888)

■ Spanien: Familienzwist und verschleppte Modernisierung

Karlistenkriege und Rebellionen behinderten den Fortschritt Spaniens im 19. Jahrhundert. Eine Phase der Stabilität nach 1876 endete um die Jahrhundertwende.

Der spanische ❼, ❾ König Ferdinand VII. verfolgte nach dem Ende der napoleonischen Herrschaft (S. 361) eine restaurative Politik: 1814 aus Frankreich zurückgekehrt, hob er die liberale Verfassung von 1812 auf. Eine liberale Revolution von 1820 wurde mit französischer Hilfe niedergeschlagen. 1830 ernannte der bis dahin kinderlose Ferdinand seine gerade geborene Tochter ❿ Isabella zur Thronerbin. Dies löste die ❽ Karlistenkriege aus. Daneben kam es in der Regierungszeit Isabellas II. noch zu zahlreichen weiteren Unruhen und Parteikämpfen. 1868 stürzten liberale Generäle die Königin. Nachdem man die spanische Krone einem Hohenzollernprinzen angeboten hatte, wurde 1870 Prinz Amadeus von Savoyen zum König gewählt. Ein weiterer Karlistenkrieg sowie Erhebungen der Republikaner zwangen Amadeus schon 1873 zur Abdankung. Eine instabile Republik endete nach einem Jahr, als 1874 Putschisten Isabellas Sohn ❸ Alfons XII. zum König ausriefen.

Eine neue Verfassung von 1876 verbot sowohl König als auch Armee politisches Engagement. Ein Zweiparteiensystem bildete sich heraus, das für fast 20 Jahre Stabilität garantierte. Karlistische Revolten wurden ebenso niedergeschlagen wie der ⓫ kubanische Aufstand 1878, der allerdings 1895 wieder aufflammte. Durch das ❿ Eingreifen der USA kam es 1898 zum Krieg, in dessen Verlauf Spanien Kuba und Puerto Rico aufgeben musste und die Philippinen sowie Guam an die USA verlor.

Innenpolitisch führte dies zur Destabilisierung: Anarchistische, sozialistische und regionalistische Gruppen erstarkten. Der Versuch, die kolonialen Verluste durch Gebietsgewinne in Marokko auszugleichen, stießen auf heftige Proteste, die 1909 z. T. blutig unterdrückt wurden. Im Ersten Weltkrieg blieb Spanien neutral, wovon seine Wirtschaft profitierte. Doch der Reichtum blieb ungerecht verteilt. Es kam zu Streiks und Militärrevolten.

9 Ferdinand VII., König von Spanien

12 Isabella II., Königin von Spanien

13 Alfons XII., König von Spanien

7 Silbermünze „8 Real" mit Bildnis Ferdinands VII. und dem Wappen der spanischen Krone, geprägt 1822

8 Zumala-Carregui, General des Prätendenten Don Carlos, erobert 1835 während des Ersten Karlistenkrieges Bilbao (Kreidelithografie, 1835)

Karikatur über die USA, die im Jahr 1895 auf Kuba Aufstände gegen die spanische Regierung unterstützte: „I've had my eye on that morsel for a long time, guess I'll have to take it in!"
10

11 Aufständische Kubaner brennen die Zuckersiederei Los Ingenios bei Trinidad de Cuba nieder

---

Die Karlistenkriege

Die Karlistenkriege entbrannten um die Nachfolge Ferdinands VII., der 1830 die rein männliche Erbfolge aufgehoben und seine Tochter Isabella zur Thronerbin bestimmt hatte. In einem Bürgerkrieg bekämpften sich seit 1833 die Karlisten, die Ferdinands Bruder Don Carlos auf den Thron bringen wollten, und die Anhänger von Isabella. Mit Hilfe des Auslands wurden die Karlisten 1839 zunächst besiegt. Doch kam es in der Folge zu weiteren Erhebungen und Kämpfen. Neben streng klerikalen und absolutistischen Gruppen wurden die Karlisten auch von Basken und Katalanen unterstützt, die auf ihre alten Sonderrechte bestanden und die Zentralregierung in Madrid prinzipiell ablehnten. So spiegeln die Karlistenkriege auch die Heterogenität Spaniens wider, die sich bis heute erhalten hat.

Erhebung in Spanien gegen Königin Isabella II. (Holzstich, 1868)

1873–74	Erste spanische Republik	1892	Staatsbankrott in Portugal	1898	Spanisch-Amerikanischer Krieg	1909	Generalstreik in Barcelona
1874–85	Alfons XII. von Spanien	1895	Aufstand in Kuba	1908	Ermordung Karls I. von Portugal	1910/11	Portugal wird Republik

SKANDINAVIEN UM 1800–1917

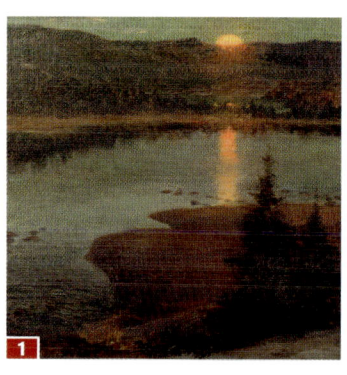

Die skandinavischen Länder Dänemark, Norwegen und ❶ Schweden entwickelten sich im 19. Jh. allmählich zu modernen Demokratien. Um die Jahrhundertwende entfaltete sich hier eine starke politische Orientierung am Sozialstaat, wie sie für Skandinavien im 20. Jh. charakteristisch wurde. Dänemark hatte zu Beginn des Jahrhunderts Gebietseinbußen und Wirtschaftsprobleme zu verkraften; Finnland verblieb weitgehend in der Abhängigkeit von Russland. Schweden erlebte eine Phase des Aufschwungs, die Union mit Norwegen war jedoch nicht von langer Dauer.

"Mondaufgang in Valdres" (Gemälde von Eugen Prinz von Schweden, 1890)

■ Abstieg Dänemarks und Finnlands Abhängigkeit

Dänemark verlor Norwegen an Schweden und erlebte eine wirtschaftliche Krisenzeit. Finnland konnte sich erst 1917 von Russland lösen.

In den Jahren 1801 und 1807 hatte ❹ Großbritannien in ❷ Kopenhagen die dänische Flotte zerstört: Dänemark musste sich Napoleon anschließen und wurde

Bombardierung und Besetzung Kopenhagens durch die britische Flotte, 1807

dafür im Kieler Frieden von 1814 mit dem Verlust von Helgoland und Norwegen bestraft. Der Verlust vieler Märkte, Inflation und schließlich der Staatsbankrott bestimmten eine bis 1828 andauernde wirtschaftliche Krisenzeit. Seit 1849 war das Land eine konstitutionelle Monarchie mit allgemeinem Wahlrecht. Schon im Jahr zuvor war es zum ersten deutsch-dänischen Krieg um ❻ Schleswig und Holstein gekommen, dem 1864 der ❺ zweite deutsch-dänische Krieg folgte, in dem Dänemark beide Herzogtümer sowie Lauenburg verlor. Seither bewahrte es seine Neutralität, an der es auch im Ersten Weltkrieg festhielt. Eine parlamentarische Verfassung und die soziale Gesetzgebung unter Ministerpräsident Jacob Estrup in den 1890er-Jahren brachten Dänemark den Ruf eines

"sozialen Musterstaates" ein.

Russlands Plan, Finnland vollständig zu annektieren, konnte nach dem Frieden von Tilsit 1807 umgesetzt werden. Nationale Bestrebungen hatten unter der restaurativen Politik des russischen Zaren ❸ Nikolaus I. keinen Erfolg. Die liberalen Reformen Alexanders II., wie die Gleichberechtigung der finnischen Sprache und die Wiedereinsetzung des finnischen Landtags 1869, wurden von Alexander III. wieder zurückgenommen. 1899 verlor Finnland im Februarmanifest von Nikolaus II. seinen Autonomiestatus, der durch die revolutionären Ereignisse des Jahres 1905 in Russland wiederhergestellt werden musste. Am 31.12. 1917 bestätigte Lenin die Unabhängigkeit Finnlands.

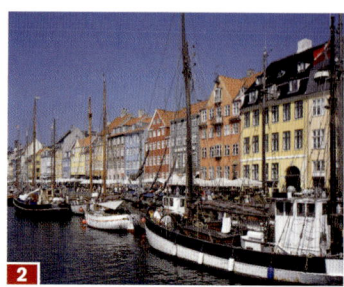

oben: Nyhavn in Kopenhagen
links: Porträtbüste des russischen Zaren Nikolaus I. (Marmorbüste von Christian Daniel Rauch)

Søren Aabye Kierkegaard

Dänemark brachte in der Zeit seiner Krise einen der größten Philosophen des 19. Jh. hervor: Søren Kierkegaard wurde 1813 in Kopenhagen geboren. Nach seinem Studium veröffentlichte er seit 1843 in nur etwa zehn Jahren die philosophischen Schriften, die die Grundlage für den Existenzialismus als einer der bedeutendsten philosophischen Richtungen des 19. und 20. Jh. legten. Nur 42 Jahre alt, starb Kierkegaard 1855 in seiner Heimatstadt Kopenhagen.

oben: Søren Kierkegaard

Erstürmung der Düppeler Schanzen bei Sonderburg, Dänemark, durch preußische Truppen am 18. 4. 1864

Flucht der Dänen vor den preußischen Truppen aus Flensburg, 1848

1814	Kieler Frieden	1821	Abschaffung des Storting	1864	Zweiter deutsch-dänischer Krieg
1815	Norwegen erhält Selbstverwaltung	1848–50	Erster deutsch-dänischer Krieg		

■ Die Modernisierung Schwedens und die Union mit Norwegen

Schweden wurde im 19. Jh. zu einer modernen Demokratie. Es vereinigte sich mit Norwegen, das sich um die Jahrhundertwende aber wieder unabhängig machte.

1809 zwang ein Putsch den schwedischen König Gustav IV. Adolf zur ❽ Abdankung. Sein Onkel und Nachfolger, Karl XIII., musste bedeutende Gebiete Finnlands und die Åland-Inseln an Russland abgeben und adoptierte, um sich

8 Entthronung des schwedischen Königs Gustav IV. Adolf am 13. 3. 1809 durch eine Offiziersverschwörung

an Frankreich anzulehnen, den französischen Marschall ❿ Jean-Baptiste Bernadotte als Thronfolger. Schweden erhielt 1814 von Dänemark Norwegen, trat dafür seine pommerschen Gebiete ab und verlor in der Folge jeglichen Besitz in Deutschland.

Bernadotte wurde 1818 unter dem Namen Karl XIV. Johann schwedischer und norwegischer König, und Schweden wie Norwegen blühten ⓫ kulturell und wirtschaftlich auf. Sein Sohn ❼ Oskar I. trat für liberale Reformen und für den sog. Skandinavismus ein, der die Vereinigung der skandinavischen Länder zum Ziel hatte. Oskars Sohn Karl XV. führte die Reformen fort und machte Schweden zu einem modernen Verfassungsstaat westlicher Prägung. Unter der Regierung seines Bruders ❾ Oskar II. trennte sich Norwegen im Juni 1905 nach einer Volksabstimmung von Schweden. Sein innenpolitischer Schwerpunkt lag auf der Verbesserung der Sozialgesetzgebung. Während der Regierungszeit ⓬ Gustavs V. erhielt Schweden das allgemeine Wahlrecht.

Die schwedisch-norwegische Union von 1815 gestand Norwegen eine eigene Ver-

waltung, Gesetzgebung und Armee zu. Das norwegische Parlament schaffte 1821 den Adel ab. Die europäischen Revolutionen 1848 führten zu einer stärkeren nationalen Begeisterung und damit zum Wunsch nach Autonomie: 1898 wurde das allgemeine Wahlrecht eingeführt, und 1905 stimmten die Norweger für die Loslösung von Schweden. Im November 1905 wurde ⓭ Prinz Carl von Dänemark als Håkon VII. König von Norwegen. Norwegen betrieb eine vorbildliche Sozialgesetzgebung und blieb im Ersten Weltkrieg ebenso wie alle anderen skandinavischen Länder neutral. Sowohl in Schweden als auch in Norwegen kam es in der zweiten Hälfte des 19. Jh. zu beträchtlichen Auswanderungen v.a. nach Nordamerika: In Schweden wanderten rund 1,5 Millionen aus, in Norwegen ebenfalls Hunderttausende.

7 Oskar I., König von Schweden und Norwegen (Gemälde, 1823)

9 Oskar II., König von Schweden und Norwegen (Holzstich, 1897)

10 Bernadotte als Karl XIV. Johann, König von Schweden und Norwegen

11 Edvard Grieg, norwegischer Komponist (Gemälde v. Franz v. Lenbach, um 1900)

12 Gustav V. Adolf, König von Schweden mit seiner Gemahlin Victoria von Baden

13 Håkon VII., König von Norwegen (Prinz Carl von Dänemark)

Die beiden norwegischen Sprachen

Im Zuge der Nationalbegeisterung wollten die Norweger auch eine „eigene" Sprache haben. Bislang war in Norwegen v. a. ein norwegisch geprägtes Dänisch gesprochen worden, das als Amts- und Literatursprache galt, die sog. Riksmål („Reichssprache"). Der Sprachwissenschaftler Ivar Aasen schuf um die Mitte des 19. Jh. die Landsmål („Landsprache"), die allein auf die norwegischen Dialekte zurückgriff. Heute sind beide Sprachen, die nun Bokmål („Buchsprache"), und Nynorsk („Neunorwegisch") heißen, gleichberechtigt und werden in der Schule unterrichtet.

RUSSLAND – VOM FRIEDEN VON TILSIT BIS ZUR ABDANKUNG DES LETZTEN ZAREN 1807–1917

Russland vollzog im 19. Jh. die Entwicklung der westeuropäischen Länder weder politisch noch wirtschaftlich mit. Autokratisch in der Innenpolitik, konservativ in der Außenpolitik und wenig industrialisiert, wurde der Graben zwischen dem Volk und der Monarchie der Romanows immer größer. Es kam zur sozialen Revolution. Auch wenn Russland große Gebiete eroberte, so bewirkten andere außenpolitische Misserfolge eine Schwächung des ❶ Zarismus. Reaktionäre Maßnahmen wurden durch zaghafte Reformansätze bestenfalls verschleiert, konnten aber auf Dauer die Auflehnung der Bevölkerung nicht unterdrücken.

1 Winterpalais St. Petersburg (erbaut 1754–64)

1789–1914   Neuere Geschichte

■ Expansionskurs, Kongresspolen und Dekabristenaufstand

Russland konnte sein Territorium ausdehnen, doch Polen versuchte seine Selbstständigkeit zurückzugewinnen. Junge Offiziere strebten nach Veränderungen.

Der Pakt mit Napoleon im Frieden von Tilsit 1807 gab dem russischen Zaren ❷ Alexander I. zunächst die Gelegenheit zur Erweiterung des eigenen Reiches:

3 Die Warschauer bereiten sich während des Novemberaufstands 1830 auf die Verteidigung der Stadt vor

4 „Polnischer Prometheus": Personifikation der Aufständischen in den Fängen des Adlers, Wappentier Russlands

Im Russisch-Türkischen Krieg ab 1806 bis 1812 gewann Russland Bessarabien, erhielt von Schweden 1809 die Ålandinseln und Finnland. Im Krieg gegen Persien 1813 konnte Russland Dagestan erobern. Das benachbarte Georgien hatte Paul I. bereits 1801 besetzt. Nachdem Napoleon auf seinem Russlandfeldzug besiegt und nach der Schlacht von Waterloo endgültig ausgeschaltet worden war, sprach der Wiener Kongress Russland 1815 nun auch den größten Teil des Großherzogtums Warschau zu.

Polen war jedoch nicht bereit, die russische Fremdherrschaft hinzunehmen, obwohl es zunächst ein selbstständiges Königreich blieb. Der ❸ Novemberaufstand 1830 wurde von den Russen niedergeschlagen und Polen verlor nun seine Autonomie vollständig. Nachdem ein weiterer Aufstand 1863 ❹ erstickt worden war, löste Russland fünf Jahre später das Königreich auf.

In Russland leitete Alexander I. zunächst liberale Reformen ein. Dazu gehörten z. B. die Neuorganisation der Staatsverwaltung

und die Umgestaltung des Bildungssystems. Die Heilige Allianz, die Russland mit Österreich auf dem Wiener Kongress 1815 zum Zweck der Wahrung der monarchischen Ordnung in Europa gebildet hatte, bewirkte aber eine restaurative Politik des Zaren seit 1820, die er mittels Zensur und Polizeigewalt durchsetzte.

2 Zar Alexander I. Pawlowitsch (Gemälde von François Gérard, 1814)

Dekabristen

Viele russische Intellektuelle waren von westlichen Reformideen geprägt und mit dem russischen Autokratismus nicht einverstanden. Sie schlossen sich in Geheimgesellschaften zusammen. Kurz nach dem Tod Alexanders I. begehrten im Dezember 1825 in Sankt Petersburg junge liberale Offiziere auf, die eine konstitutionelle Monarchie errichten wollten. Nikolaus I., der neue Zar Russlands, ließ den Aufstand niederschlagen. 600 der sog. Dekabristen, eine Bezeichnung, die vom russischen Wort für Dezember abgeleitet ist, wurden verurteilt, fünf hingerichtet und über 100 verbannt.

Hinrichtung von Dekabristen an Bord des Schiffes „Großfürst Wladimir"

Medaillon mit den Führern des Dekabristenaufstandes: Pestel, Ruilejew, Bestuschew, Murawjew, Kachowski

Gebietsgewinne und Krimkrieg

Nikolaus I. verschärfte die Restaurationspolitik und führte sein Land in den Krimkrieg.

❻ Nikolaus I., Bruder und Nachfolger Alexanders I., verstärkte die Repression durch die Kontrolle der Universitäten und die Verhaftung von Oppositionellen. Nach den europäischen Revolten 1848 verschärfte er diesen Kurs noch und schickte 1849 für Österreich russische Truppen gegen die ungarische Revolution. Zudem plante er, die Nichtrussen im Reich durch sprachliche und religiöse Russifizierung zu treuen Untertanen zu machen.

Außenpolitisch setzte er den Expansionskurs fort: 1828 musste Persien Gebiete in Armenien abtreten. Der sechste Russisch-Türkische Krieg sicherte Russland im Frieden von Adrianopel am 14. 9. 1829 die Oberhoheit über den Kaukasus und die „Schutzherrschaft" über die ❼ Walachei und Moldawien. Als Nikolaus I. diese Gebiete 1853 militärisch besetzen ließ und die Kontrolle über die Dardanellen wegen der Zufahrt zum Schwarzen Meer übernehmen wollte, überspannte er den Bogen und trieb sein Land in den verhängnisvollen Krimkrieg. Gegen Russland hatte sich das Osmanische Reich mit Frankreich, Großbritannien und dem Königreich Sardinien verbündet. Die osmanische Flotte konnte jedoch von den Russen am 30. 11. 1853 ❾ vernichtet werden. Als die Koalition Russland 1854 den Krieg erklärte und auch Österreich ultimativ den Rückzug aus den beiden Donaufürstentümern verlangte, musste der Zar schließlich nachgeben und seine Truppen abziehen. Im September 1854 griffen die Alliierten die Krim mit dem Haupthafen der russischen Schwarzmeerflotte ❺ Sewastopol an. Nach der elfmonatigen Belagerung der Stadt mussten sich die Russen am 9. 9. 1855 geschlagen geben und verloren im ❽ Frieden von Paris vom 30. 3. 1856 Armenien und Gebiete von Bessarabien sowie die „Schutzherrschaft" über Moldawien und die Walachei. Das Schwarze Meer wurde nun zu einer militärisch neutralen Zone erklärt.

5 Die Erstürmung des Forts Malakoff in Sewastopol durch die Franzosen unter General Mac-Mahon am 8. 9. 1855

6 Zar Nikolaus I. Pawlowitsch

7 Bewohner der Walachei

8 Pariser Kongress von Januar bis Ende März 1856

1789–1914

Neuere Geschichte

Die Bedeutung des Krimkriegs

Die Bedeutung lag weniger in dem Konflikt um eine bestimmte Region. Er stellte vielmehr einen Wendepunkt im 19. Jh. dar, indem er das Ende des europäischen Ausgleichs, der 40 Jahre zuvor vom Wiener Kongress beschlossen worden war, besiegelte. Die Großmächte stritten sich untereinander, insbesondere die Heilige Allianz war zerrissen. Der Krimkrieg bewies, dass den Großmächten der eigene Vorteil wichtiger war als die Bewahrung des Friedens in Europa. Das kontinentale Gewicht, das Russland unter den Zaren Alexander I. und Nikolaus I. erlangt hatte, wurde durch den Krimkrieg geschwächt.

9 Zerstörung eines Teils der osmanischen Flotte im Hafen von Sinope durch die Russen am 10. 11.1853

Russland unter Alexander II.

Zar Alexander II. dehnte das Land bis an die Pazifikküste aus. Vorsichtige Reformen reichten den demokratischen Bewegungen nicht aus, und der Zar wurde schließlich ermordet.

1 Bau der Brücke über den Fluss Jenissej für die Transsibirische Eisenbahn, errichtet 1891–1904

2 Das Arbeitszimmer des Zaren Alexander II. im Winterpalais in St. Petersburg

3 Zar Alexander II. Nikolajewitsch (Foto, 1878)

(Seitenrand links:) 1789–1914   Neuere Geschichte

❷, ❸ Alexander II., seit 1855 Zar, beendete den Krimkrieg. Russland wandte sich nun mit seinen Expansionsplänen verstärkt dem Osten zu: Noch im selben Jahr der Niederlage auf der Krim annektierte Russland Teile der Insel Sachalin sowie 1858 das Gebiet bis an die Pazifikküste, an der 1860 ❻ Wladiwostok gegründet wurde. 1867 verkaufte der Zar Alaska an die USA. Um die weitläufigen Gebiete miteinander zu verbinden, begann 1891 der ❶ Bau der Transsibirischen Eisenbahn. In den 1860er- und 1870er-Jahren eroberten die Russen weitere Gebiete im Südosten; die Grenzen reichten nun fast bis nach Indien.

4 Wera Iwanowa Sassulitsch, Anhängerin der Narodniki in Michajlowka im Gouvernement Smolensk

Den Reformwünschen im Innern kam Alexander II. nach und hob 1861 die Leibeigenschaft auf. 1864 richtete er die sog. Semstwos, gewählte ländliche Selbstverwaltungseinheiten, ein und führte die Wehrpflicht ein. Da jedoch eine Verfassung weiterhin verweigert wurde, blieben die Geheimbünde aktiv: Die sog. ❹ Volksfreunde (Narodniki) agitierten v. a. in ländlichen Gebieten.

Eine Rebellion der Serben und Montenegriner gegen die türkische Herrschaft im Jahr 1876 bot Russland eine Möglichkeit, den alten Traum von der Beherrschung der Dardanellen zu verwirklichen. Russland stellte sich auf die Seite der Rebellen und löste damit im Januar 1877 den achten Russisch-Türkischen Krieg aus, der das Osmanische Reich weiter ❺ schwächte. Im Vorfrieden von San Stefano bei Konstantinopel am 3. 3. 1878 erhielt Russland große Gebiete des Osmanischen Reiches und damit die Vorherrschaft im Schwarzmeerraum. Die Großmächte korrigierten daher auf dem Berliner Kongress (S. 380) diese Regelung: Der Berliner Frieden vom 13. 7. 1878 beschnitt Russlands Macht. Das konnte allerdings weder die „orientalische Frage" lösen noch die drohende Balkankrise verhindern.

5 Kapitulation der türkischen Festung Plewna im heutigen Bulgarien am 10. 12. 1877: Der verwundete Osman Pascha vor Alexander II.

Fürst Peter Alexejewitsch Kropotkin

Mit 20 Jahren schloss sich Fürst Peter Alexejewitsch Kropotkin 1862 der Armee an, arbeitete als Geograf in Sibirien und reiste für die Russische Geographische Gesellschaft in den 70er-Jahren auch nach Westeuropa. Hier lernte er sozialrevolutionäre Theorien kennen, von denen er v. a. dem Anarchismus zuneigte. 1874 wieder in Sankt Petersburg, wurde er wegen Agitation gegen den Zaren verhaftet, konnte aber zwei Jahre später nach Westeuropa fliehen, wo er in Frankreich 1882 für vier Jahre in Haft genommen wurde. Bis 1917 lebte er im englischen Exil, wo er auch seine Schriften verfasste, insbesondere die berühmt gewordene anarchistische Utopie der „Gegenseitigen Hilfe" von 1902. Da er, nach Russland zurückgekehrt, den Bolschewismus Lenins verurteilte, wurde er politisch nicht mehr aktiv.

oben: Fürst Peter Alexejewitsch Kropotkin

6 Blick auf den Hafen von Wladiwostok in Sibirien

| 1860 | Gründung Wladiwostoks | 1867 | Verkauf Alaskas an die USA | 1876 | Aufstand Serbiens und Montenegros | 3. 3. 1878 | Vorfrieden von San Stefano |
| 1861 | Abschaffung der Leibeigenschaft | 1874 | Einführung der Allgemeinen Wehrpflicht | 1877 | Russisch-Türkischer Krieg | | |

■ Der Russisch-Japanische Krieg und die erste Revolution

Russland verlor den Krieg gegen Japan. Damit wurde indirekt auch die Revolution von 1905 ausgelöst, nach der sich der Zarismus noch einmal behaupten konnte.

7 Die Ermordung des Zaren Alexander II. am 13. 3. 1881 in St. Petersburg

8 Zar Nikolaus II. Alexandrowitsch

9 Zar Alexander III. Alexandrowitsch (Gemälde von Iwan Nikolajewitsch Kramskoj, 1886)

Russland trotz der zahlenmäßigen Überlegenheit seine Landschlachten ebenso wie die Seeschlacht in der Straße von Tsushima im Mai 1905. Im Frieden von Portsmouth/USA von 1905 musste Russland seine Niederlage eingestehen, was den Zarismus entscheidend schwächte.

1905 brach die erste ❿ Revolution in Russland aus. Das Ergebnis war ein neues Zensuswahlrecht, das für eine dem Zaren genehme konservative Mehrheit in der dritten Duma, der Volksvertretung, sorgte, die zwar bis 1912 tagte, aber nichts bewirkte. Das Bedürfnis nach Veränderung wuchs weiter an. Die Oktoberrevolution von 1917 bewirkte die Abdankung des letzten Zaren. Zar Nikolaus II. und seine Familie wurden 1918 ermordet.

10 Lenin mit Revolutionären während des Aufstandes im Dezember 1905

11 Judenpogrom in Russland in der zweiten Hälfte des 19. Jh.

12 Kosakeninfanterie im Russisch-Japanischen Krieg, 1904/05

❼ Zar Alexander II. wurde 1881 von Angehörigen der terroristischen Gruppe „Volkswille" („Narodnaja Wolja") durch ein Bombenattentat getötet. Sein Sohn ❾ Alexander III. nahm während seiner Regierungszeit viele Reformen wieder zurück: Die Zuständigkeiten der Semst-

wos wurden beschnitten, die Zensur verschärft, die politische Polizei gegründet, ⓫ Juden diskriminiert und die Russifizierung ethnischer Minderheiten verstärkt. Alle diese Maßnahmen gaben dem antizaristischen Widerstand Auftrieb. Zwar war Russland noch relativ schwach industrialisiert – in den 1880er-Jahren wurden wirtschaftsfördernde Maßnahmen in Angriff genommen, um die Fabrikproduktion zu steigern –, doch verbreiteten sich unter den Arbeitern langsam sozialistische Ideen und es bildeten sich Organisationen, die häufig von Exilierten geführt wurden.

1890 schloss sich Russland mit Frankreich gegen die Mittelmächte zusammen, womit die Konstellation der Kriegsparteien im Ersten Weltkrieg geschaffen war. Der letzte Zar ❽ Nikolaus II., 1894 gekrönt, verfolgte eine Expansionspolitik im Osten, die zu Konflikten mit Japan führte, das sich auf dem Kontinent nach Westen hin ausdehnen wollte. Wegen der Mandschurei kam es zum Streit: Im ⓬ Russisch-Japanischen Krieg, der 1904 mit einem japanischen Angriff auf den russischen Hafen Port Arthur begann, verlor

---

Der „Blutige Sonntag" am 22. 1. 1905

Eine Zusammenkunft der Semstwos in Sankt Petersburg forderte vom Zaren demokratische Veränderungen. Der Onkel des Zaren ließ während einer Kundgebung von ca. 200 000 Menschen am 22. 1. 1905 in die Menge schießen, wobei Hunderte zu Tode kamen. Dieser Blutige Sonntag löste eine landesweite Empörung aus: Trotz des Oktobermanifests von Nikolaus II. kam es überall zu Unruhen. Mit Hilfe des Militärs beendete die Regierung Anfang 1906 die Revolution. Die versprochene Volksvertretung wurde nach ihrem Protest gegen die neuen antidemokratischen „Reichsgrundgesetze" vom 6. 5. 1905 aufgelöst.

oben links: Der „Blutige Sonntag" in St. Petersburg am 22. 1. 1905
oben rechts: Karikatur auf Nikolaus II. und die russische Revolution 1905

1891	Baubeginn der Transsibirischen Eisenbahn	1905	Seeschlacht bei Tsushima/Frieden von Portsmouth/Erste russische Revolution		
13. 7. 1878	Berliner Frieden	1904/05	Russisch-Japanischer Krieg	9. 1. 1905	„Blutiger Sonntag"

24./25. 10. 1917 | Oktoberrevolution

DER BALKAN 1821–1914

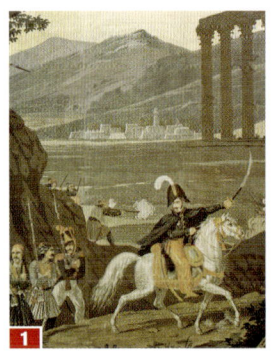

Bis zur Mitte des 19. Jh. war der Balkan fast vollständig in der Hand des Osmanischen Reiches, das allerdings im Niedergang begriffen war und vor dem Ersten Weltkrieg in Europa auf einen kleinen Landstrich zusammenschmolz. Die Griechen waren die Ersten, die mit ihrem Unabhängigkeitskampf in den 1820er-Jahren ❶ gegen die Osmanen aufbegehrten. Ihnen folgten andere Völker nach, unterstützt von Russland, das sich als Schutzherr der slawischen nationalistischen Bewegungen verstand. Dabei kämpften die Balkanländer auch untereinander um Gebiete. All dies schuf eine explosive politische Lage, die mitverantwortlich für die Entstehung des Ersten Weltkriegs war.

Oberst Favier führt die Griechen im Kampf gegen die Osmanen an (Bildtapete, 1827/28)

◼ Freiheit in Griechenland

Der Unabhängigkeitskrieg brachte Griechenland als erstem Balkanland die Befreiung von der osmanischen Herrschaft ein.

Am Ende des 18. Jh. entstand in Griechenland ein Nationalgefühl, das die Griechen ermutigte, sich von der Herrschaft des Osmanischen Reiches zu befreien (S. 408).

Alexander Ypsilanti   Lord Byron

Zwar scheiterte 1821 der Aufstand von ❷ Alexander Ypsilanti, dem Anführer des Geheimbundes „Hetairia Philikon", doch zeitgleich erhob sich die Peloponnes,

die von ihrem ❻ Bischof Germanos von Patras geführt wurde. Europa unterstützte die Griechen: Geld und v. a. freiwillige Kämpfer wie ❸ Lord Byron kamen nach Griechenland, um sich dem ❺ Kampf anzuschließen, der auf beiden Seiten mit ❼ Massakern an der Zivilbevölkerung einherging. Die Peloponnes war fast vollständig von den Freiheitskämpfern erobert, und der osmanische Sultan Mahmud II. musste den ägyptischen Statthalter Mohammed Ali

❹ Georg I., König von Griechenland

um Hilfe bitten, dessen Soldaten bis 1826 die südliche Peloponnes zurückeroberten. Im selben Jahr schickten Russland, Großbritannien und Frankreich eine Flotte nach Griechenland, die 1827 die Osmanen und Ägypter bei Navarino schlug. Russland siegte 1829 im russisch-türkischen Krieg, und Griechenland erhielt im Londoner Protokoll am 3. 2. 1830 den Status eines Königreichs.

Das Land, das zunächst wenig mehr als die Peloponnes umfasste, wurde von Otto von Bayern regiert, der 1832 gekrönt wurde. Außenpolitisch wenig erfolgreich, kämpfte er im Innern mit Aufständen, die 1862 zu seiner Absetzung führten. Sein Nachfolger wurde 1863 Prinz Wilhelm Georg von Dänemark als ❹ Georg I., der 1913 in Saloniki ermordet wurde. Durch Kriege gegen das zerfallende Osmanische Reich und mit Unterstützung der Großmächte, zuletzt durch die Balkankriege 1912/13, gelang es den Griechen, ihr Staatsgebiet bedeutend auszudehnen.

„Hellas mit ihren Kindern" u. a. mit Kapodistrias, Ypsilanti, Lord Byron und Bischof Germanos (Gemälde von Theodoros Vryzakis)

Graf Ioannis Antonios Kapodistrias

Graf Ioannis Antonios Kapodistrias war 1815 Unterhändler Zar Alexanders I. auf dem Wiener Kongress. Er trat jedoch aus dem russischen Dienst aus, als sich zwischen ihm und dem Zaren Unstimmigkeiten über das Schicksal Griechenlands ergaben. Kapodistrias beteiligte sich am Unabhängigkeitskampf und wurde 1827 zum ersten Präsidenten gewählt. Am 9. 10. 1831 kam er in Nauplia durch ein Attentat ums Leben.

oben: Graf Ioannis Antonios Kapodistrias

Bischof Germanos von Patras weiht die Fahne des Freiheitskampfes (Gemälde von Theodoros Vryzakis)

„Das Massaker von Chios", Vergeltungsschlag der Osmanen im April 1822 (Gemälde von Delacroix, 1824)

■ Krisenherd Balkan

Die Balkanstaaten erhielten ihre Unabhängigkeit vom Osmanischen Reich, kämpften aber nun untereinander um Land.

Nach dem russisch-türkischen Krieg von 1877/78 führte der Vorfriede von San Stefano bei Istanbul zur Unabhängigkeit Rumäniens – 1861 aus der Vereinigung der Walachei mit der Moldau hervorgegangen –, Montenegros und Serbiens, Bulgarien wurde ein dem osmanischen Sultan tributpflichtiges Fürstentum.

Serbiens König  Milan I. Obrenovic führte 1885 Krieg gegen Bulgarien um Makedonien. Österreich-Ungarn sorgte jedoch dafür, dass Serbien nur einen kleinen Gebietszuwachs erhielt. Fürst Alexander I. von Bulgarien wurde durch eine Verschwörung gestürzt und verlor seinen Thron an ❿ Ferdinand I. aus dem Haus Sachsen-Coburg-Gotha, der 1908 die völlige Loslösung vom Osmanischen Reich erklärte und den Zarentitel annahm.

Bosnien und Herzegowina wurden im selben Jahr von Österreich-Ungarn besetzt, was in der sog. ⓫ Annexionskrise fast zum Krieg mit Serbien geführt hätte, das seine Träume von einem serbischen Großreich zerstört sah.

Serbien, Montenegro, Griechenland, Bulgarien und die Albaner schlossen sich im Balkanbund zusammen und begannen im Oktober 1912 einen Krieg gegen das Osmanische Reich. In

❽ Einäscherung der Stadt Melnik durch ihre Bewohner vor ihrer Flucht

kurzer Zeit eroberten sie die noch verbliebenen osmanischen Provinzen auf dem Balkan fast vollständig. Der sog. Präliminarfrieden von London am 30. 5. 1913 ließ den Osmanen nur noch ein kleines Gebiet in Europa.

Das Makedonienproblem war jedoch nach wie vor ungelöst. Serbien und Griechenland eröffneten am 29. 6. 1913 gegen Bulga-

rien den ❽ Zweiten Balkankrieg: Im Juli kämpften auch Rumänien, das Osmanische Reich und Montenegro gegen Bulgarien. Der Friede von Bukarest vom 10. 8. 1913 legte fest, dass Bulgarien Territorien an Rumänien abzutreten hatte, Makedonien zum größten Teil in Serbien und Griechenland aufging und Albanien unabhängig wurde. Die Spannungen auf dem Balkan waren damit nicht beseitigt: Serbien war bedeutend gestärkt, was der Vielvölkerstaat Österreich-Ungarn mit seiner großen serbischen Minderheit mit Misstrauen beobachtete. Als der österreichische Thronfolger Erzherzog Franz Ferdinand am 28. 6. 1914 in Sarajevo von Gavrilo Princip, einem serbischen Geheimbündler, ⓬ erschossen wurde, erklärte Wien im Verlauf der „Julikrise" 1914 Serbien den Krieg, in den sich bald andere Großmächte einmischten und der in den Ersten Weltkrieg führte.

❾

Milan I. Obrenovic, König von Serbien

❿

Ferdinand I., Zar der Bulgaren

1789–1914   Neuere Geschichte

⓫ Annexionskrise: „Die Friedensglocke am Balkan will gar nicht recht klingen – sollten zu viele daran ziehen?"

⓬ Ermordung des österreichisch-ungarischen Thronfolgers Erzherzog Franz Ferdinand und seiner Gattin

---

Der Berliner Kongress

Vom 13. 6. bis 13. 7. 1878 setzten sich die Großmächte Österreich-Ungarn, Großbritannien, Frankreich, Italien, Russland, das Deutsche und das Osmanische Reich an einen Tisch, um das „Pulverfass" Balkan zu entschärfen und nach ihren Interessen umzugestalten. Insbesondere Russlands Vormarsch am Schwarzen Meer in Richtung Dardanellen sollte kontrolliert, seine Vormachtstellung verhindert werden. Unter anderem wurden der Norden Bulgariens für selbstständig und Ostrumelien im Süden zur autonomen Provinz erklärt.

„Der Kongress zu Berlin" (Gemälde von Anton von Werner, 1881)

DAS OSMANISCHE REICH UM 1800–1914

Das Osmanische Reich, das sich in seiner Blütezeit von Algerien bis in den Irak und von der Krim bis in den Jemen erstreckte, erlebte im 19. Jh. eine Zeit des politischen und wirtschaftlichen Niedergangs. Die osmanischen ❶ Sultane reagierten darauf ab dem Ende des 18. Jh. mit Reformen von oben, die jedoch von den alten Eliten nicht unterstützt wurden und den erstarkenden liberalen und nationalistischen Jungtürken nicht weit genug gingen. Die Zeit der Reformen wurde begleitet von Gebietsverlusten, die die Auflösung des Großreiches einleiteten.

Dolmabahçe Saray, die 1856 eingeweihte neue Residenz der osmanischen Sultane am Ufer des Bosporus in Istanbul (Foto, um 1890)

■ Territoriale Verluste und innere Reformen

Vor allem auf dem Balkan musste das Osmanische Reich seit dem 18. Jh. immer größere territoriale Verluste hinnehmen. Im Innern leiteten die Sultane erste Reformen ein.

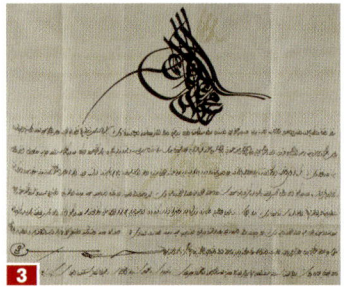

Dekret Sultan Mahmuds II. von 1833

Die Französische Revolution und die Befreiungskriege gegen Napoleon weckten das Freiheits- und Nationalgefühl auch in den von den Osmanen beherrschten europäischen Gebieten. Als erstes erhoben sich Serben und ❷ Griechen, die 1817 bzw. 1830 einen eigenen Staat erhielten. Im Verlauf des 19. Jh. blieb der Balkan in Aufruhr. Die europäischen Großmächte, v. a. Russland, mischten

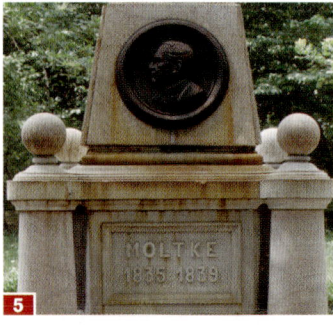

Denkmal in Istanbul für Helmuth Graf von Moltke, 1835–39 Militärberater bei der Heeresreform Sultan Mahmuds II.

sich zunehmend ein und verhalfen auf dem „Berliner Kongress" 1878 Serbien, Rumänien, Montenegro und Bulgarien zur vollen Unabhängigkeit bzw. zu einer eigenen Staatsbildung.

In Nordafrika erlangte Ägypten in der ersten Jahrhunderthälfte weitgehende Autonomie. Hier wie auch in den Maghrebstaaten wurde der Einfluss der Europäer immer größer. Frankreich besetzte und kolonisierte ab 1830 Algerien und machte Tunesien 1881 zum französischen Protektorat.

Auch im Innern mussten sich die osmanischen Sultane mit der Schwächung der Zentralmacht auseinander setzen. Mit Selim III. bestieg 1789 der Erste der sog. Reformsultane den Thron, der die Staats- und Finanzverwaltung sowie die Armee nach westeuropäischem Vorbild umgestaltete. Dem Widerstand der traditionellen Eliten, v. a. der Janitscharen, war er aber nicht gewachsen und wurde 1807 von ihnen ermordet. Selims Pläne wurden schließlich von ❸ Mahmud II. umgesetzt. Dieser schaffte die Janitscharen nach einer ❹ Revolte 1826 endgültig ab und ersetzte sie durch eine von der Zentralregierung kontrollier-

te Wehrpflichtigenarmee. Zudem förderte er die Wissenschaften durch Einrichtung staatlicher Schulen, womit er auch eine allgemeine Säkularisierung vorantrieb. Die Reformperiode (Tanzimat) erreichte 1856 unter Sultan Abdülmecit I. ihren Höhepunkt.

Niederschlagung des Janitscharen-Aufstandes 1826 (Kreidelithografie)

Eisenbahnviadukt in Ostanatolien, Türkei (koloriertes Foto, um 1895)

„Angreifende Janitscharen während der Unterdrückung des griechischen Freiheitskampfes durch die Türken" (Gemälde von Eugène Delacroix, 1827)

Neben einer erneuten ❺ Heeresreform wurde die Umbildung der Verwaltung nach französischem Vorbild und die rechtliche Gleichstellung aller Untertanen durchgesetzt. Auch neue Straßen, ❻ Eisenbahnen und Telegraphen wurden gebaut. Dafür mussten Auslandskredite in Anspruch genommen werden, für die die Regierung ab 1875 die Zinsen nicht mehr zahlen konnte. Zusammen mit Korruption und dem enormen Luxus, in dem die Sultane lebten – Abdülmecit I. hatte sich von einem Teil der Kredite einen neuen ❼ Palast am Bosporusufer bauen lassen –, führte dies letztlich zum Staatsbankrott.

Treppenhaus mit Kristallgeländern im Dolmabahçe Saray (Foto, vor 1886)

| 1805–48 | Herrschaft Mohammed Alis in Ägypten | 1839–78 | Tanzimat-Periode | 1875 | Staatsbankrott | 1878 | Berliner Kongress |
| 1826 | Auflösung der Janitscharen | 1830 | Verlust Griechenlands und Algeriens | 1876–1909 | Herrschaft Abdülhamids II. | 1881 | Verlust Tunesiens |

1789–1914

Neuere Geschichte

Ende der Reformen und Aufstieg der Jungtürken

Nach dem autoritären Regime Abdülhamids II. wollten die Jungtürken die politische und wirtschaftliche Modernisierung des Landes durchsetzen, scheiterten aber mit ihrer Politik.

Auf ❽ Sultan Abdülmecit I. folgte 1861 dessen Bruder Abdülaziz. Dieser wurde 1876 wegen der zerrütteten Staatsfinanzen und außenpolitischen Misserfolge abgesetzt. Im selben Jahr wurde sein Neffe Abdülhamid II., der die Reformpolitik fortführen wollte, zum Sultan erhoben. Tatsächlich erließ er zunächst eine Verfassung, garantierte Religions- und Pressefreiheit und richtete 1877 ein ⓫ Parlament ein. Doch nach den großen Gebietsverlusten auf dem Berliner Kongress 1878 versuchte er, durch Gewaltmaßnahmen und einen straffen Zentralismus das Auseinanderbrechen des Reiches zu verhindern. In seine Regierungszeit fielen z. B. ❿ Massenmorde an ca. 200 000 Armeniern im Jahr 1896. Der Sultan verbesserte zwar die wirtschaftliche Situation, erregte aber durch sein autokratisches Regime den Widerstand der Liberalen.

❾ Enver Pascha, 1914

Diese formierten sich v. a. in der Bewegung der Jungtürken. 1909 kam es mit Unterstützung General ❾ Enver Paschas zum Aufstand. Die Jungtürken stürzten Abdülhamid II., machten seinen Bruder ⓬ Mehmed V. zum neuen Sultan und setzten Verfassung und Parlament wieder ein. Sie beschnitten den Einfluss der Religion im Schulwesen wie in der Rechtsprechung und betrieben eine auf Industrialisierung ausgerichtete Wirtschaftspolitik.

Doch auch dies konnte das Osmanische Reich nicht retten. Die beiden ⓭ Balkankriege von 1912/13 und 1913 schwächten das Reich weiter und ließen ihm in Europa nur ein kleines Gebiet in Ostthrakien. Im Ersten Weltkrieg wollten die Osmanen eigentlich neutral bleiben, ließen sich aber u. a. durch das Versprechen auf Unterstützung nach dem Sieg vom Deutschen Reich auf die Seite der Mittelmächte ziehen.

❽ Abdülmecit I. (Holzstich, um 1845)

❿ Massengrab ermordeter Armenier (Holzstich, 1896)

⓫ Sitzung des ersten osmanischen Parlaments im Jahr 1876

⓬ Mehmed V. wird zum Sultan proklamiert (Farbdruck, 1909)

⓭ Türken fliehen aus den nach den Balkankriegen verlorenen Gebieten (1912)

Die Jungtürken

Etwa seit den 1860er-Jahren sammelten sich meist junge Offiziere, Beamte und Gelehrte, die durch Modernisierungen z. T. nach westlichem Vorbild das Osmanische Reich wieder erstarken lassen wollten, in der Bewegung der „Jungtürken". Zunächst mussten sie teilweise als Geheimbund noch aus dem ausländischen Exil agitieren, doch durch den wachsenden Einfluss im Offizierskorps gelang 1909 der politische Umsturz. In der Folgezeit wurde ihre Regierung jedoch zunehmend diktatorisch, v. a. der „Osmanismus", die Vereinheitlichung bzw. Türkisierung aller Nationalitäten des Vielvölkerreiches, rief heftigsten Widerstand hervor. Schließlich führten die Jungtürken das Reich in die Niederlage am Ende des Ersten Weltkrieges.

Sultanstreue Soldaten erschießen während des Aufstandes von 1909 ihren jungtürkischen Kommandanten (Farbdruck, 1909)

1789–1914   Neuere Geschichte

ab 1881 | Internationale Verwaltung der Staatsschulden   ab 1903 | Bau der Bagdad-Bahn mit deutscher Beteiligung   1912 | Verlust Libyens an Italien

1896 | Aufstände und Massenmorde in Armenien   1909 | Aufstand der Jungtürken   1912/13 | Erster und Zweiter Balkankrieg

ÄGYPTEN 1798–1914

Ägypten wurde seit der Eroberung durch die Osmanen 1517 von Statthaltern aus den Mamluken-Familien (S. 233) verwaltet. Der Feldzug Napoleons beendete deren Herrschaft. Nach der Vertreibung der Franzosen setzte sich der osmanische Offizier ❶ Mohammed Ali als Herrscher über Ägypten durch. Er und seine Nachkommen legten mit ihrer Politik den Grundstein für den modernen ägyptischen Staat. Die dafür benötigten finanziellen Mittel stellten europäische Mächte zur Verfügung, die so immer größeren Einfluss erlangten, v. a. Großbritannien, das 1882 Ägypten besetzte.

1

Mohammed Ali, Statthalter von Ägypten (Kreidelithografie, 1840)

■ Ägypten unter Mohammed Ali

Mohammed Ali dehnte Ägyptens Herrschaftsbereich aus und begann mit der Modernisierung.

Mit der Landung Napoleons in Alexandria 1798 begann die ❹ Eroberung Ägyptens, die mit einer ❸ Erforschung und Plünderung der archäologischen Schätze einherging. Damit forderten die Franzosen Großbritannien, das mit ihnen im Wettstreit um koloniale Eroberungen stand und eigene Interessen in Nordafrika verfolgte, sowie das Osmanische Reich heraus. Nach dem Abzug der Franzosen 1803 usurpierte der osmanische Offizier ❺ Mohammed Ali, der selbst gegen Napoleon gekämpft hatte, die Macht in Ägypten. Er wurde 1805 vom osmanischen Sultan, dessen Oberhoheit er nominell anerkannte, zum Statthalter ernannt, regierte das Land aber praktisch auto-

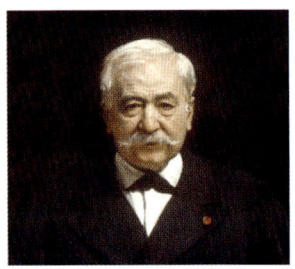

Der Bau des Suezkanals

Schon im Altertum gab es zeitweilig eine künstliche Verbindung des Mittelmeeres mit dem Roten Meer. Von den Untersuchungen der napoleonischen Wissenschaftler angeregt, erteilte Ägypten 1856 dem Franzosen Lesseps die Konzession für den Bau eines Kanals, der 10 Jahre dauerte. Die Aktien der Gesellschaft, die nach der Eröffnung des Kanals 1869 die Konzession besaß, gelangten zum größeren Teil in französischen Besitz, der Rest an Ägypten. Der Suezkanal war besonders interessant für die Briten, verkürzte er doch den Seeweg nach Indien. 1875 kauften sie deshalb den Aktienanteil der bankrotten Ägypter und besetzten 1882 die Kanalzone militärisch.

oben: Ferdinand Vicomte de Lesseps (Gemälde, 1870)

nom. Um seine Macht zu festigen, beseitigte Mohammed Ali 1811 die alte ❷ mamlukische Führungsschicht. In den folgenden Jahren investierte er in Ausbau und Modernisierung von Armee, Industrie und Landwirtschaft.

So gerüstet versuchte Mohammed Ali, seinen Herrschaftsbereich auszudehnen. Sein Sohn Ibrahim Pascha besiegte 1819 die auf der arabischen Halbinsel beheimateten Wahhabiten, eroberte 1820/22 den Sudan und 1833 Syrien. Damit bedrohte er die Herrschaft des osmanischen Sultans, den er noch einige Jahre zuvor im Kampf gegen die aufständischen Griechen unterstützt hatte. Erst das Eingreifen der europäischen Mächte beendete das Vordringen der Ägypter. Die Flotte Ibrahim Paschas wurde 1827 in der ❻ Seeschlacht bei Navarino geschlagen. Nach einem erneuten Angriff 1839 verloren die Ägypter ihre Eroberungen in Syrien und Arabien. Mohammed Ali hatte die volle Unabhängigkeit Ägyptens nicht durchsetzen können, ihm wurde aber 1841 die erbliche Würde eines Vizekönigs zugesprochen.

2

Mamlukischer Reiter (1810)

3

Teilnehmer der französischen Expedition vermessen die Sphinx in Giseh

4

Napoleon besiegt die Mamluken in der Schlacht bei den Pyramiden

5

Mohammed Ali, begleitet von seinem Sohn Ibrahim Pascha, 1841

6

Schlacht bei Navarino vor der griechischen Küste

Innerer Ausbau des Staates und wachsende Einflussnahme der europäischen Mächte

Der Bau des Suezkanals und der Ausbau der Infrastruktur führten Ägypten in den finanziellen Ruin. Innere Unruhen und den Mahdi-Aufstand im Sudan nutzte Großbritannien zur Besetzung Ägyptens, das aber erst 1914 offiziell den Status eines Protektorats erhielt.

Schiffe auf der ersten Fahrt durch den Suezkanal am 17. 11. 1869 nach der feierlichen Eröffnung (Farbholzstich)

Die Nachfolger Mohammed Alis, der 1849 gestorben war, setzten die Modernisierung des Landes fort, gerieten jedoch mehr und mehr in die Abhängigkeit der europäischen Großmächte. Mo-

Said Pascha (Gemälde, 1854)

hammed Alis Sohn ❽ Said Pascha machte hohe Schulden im Ausland, die sich durch die Entwicklungsprojekte seines Nachfolgers ❾ Ismail Pascha, der 1867 den Titel „Khedive" (Herrscher) annahm, vergrößerten. Neben der Errichtung von Fabriken, dem Ausbau von Straßen und dem Aufbau der Post belastete v. a. der Bau des ❼ Suezkanals – von Said Pascha 1854 in Auftrag gegeben – die Staatskasse. Die wachsende Verschuldung zwang die Ägypter zur Aufnahme eines französischen und eines britischen Ministers ins Kabinett. Ismail Pascha, der einst siegreich im Süden des Landes gekämpft und die ägyptische Herrschaft bis an die Grenzen Äthiopiens ausgedehnt hatte, wurde 1879 abgesetzt und durch seinen Sohn Taufik ersetzt, der das Finanzwesen neu regelte.

Derweil arbeitete Großbritannien an der Sicherung seines Herrschaftseinflusses am ❿ Suezkanal. Nachdem die Briten bereits seit 1875 die ägyptischen Aktienanteile besaßen, kam ihnen 1881 ein Putsch der ägyptischen Offiziere unter dem Kriegsminister Arabi Pascha gegen Taufik gelegen. Sie schlugen den Aufstand nieder und kontrollierten ab 1882 das Land vollständig.

Taufiks Sohn und Nachfolger seit 1892, ⓫ Abbas II. Hilmi, unterstützte ägyptische Unabhängigkeitsbestrebungen und galt darum den Briten als politisch unzuverlässig. Bei Ausbruch des Ersten Weltkrieges 1914 setzten die Briten den Khediven ab und

beendeten die formelle Oberhoheit des osmanischen Sultans, der auf der Seite der Mittelmächte in den Krieg eingetreten war. Ägypten wurde nun offiziell zu einem britischen Protektorat, an die Stelle von Abbas II. Hilmi trat sein Onkel Hussein Kamil, der den Titel eines Sultans annahm.

Ismail Pascha (Gemälde, 1863)

Die Besetzung des Suezkanals durch britische Truppen (Holzstich, 1882)

Karikatur auf das Verhältnis des Khediven Abbas II. Hilmi zur britischen Besatzungsmacht (Farbdruck, 1893)

Der Mahdi-Aufstand

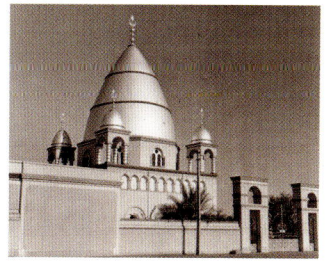

Das Grabmal des Mahdis in der Großen Moschee von Omdurman bei Khartum, Sudan (Foto, 1958)

Nach Mohammed Ali setzten die Ägypter im Sudan bis 1874 ihre Eroberungen fort, seit 1877 verwalteten britische Gouverneure das Land. 1881 brach gegen die Besatzung ein Aufstand aus, der von Mohammed Achmed angeführt wurde. Als selbst ernannter „Mahdi", so die Bezeichnung des von den Muslimen erwarteten Welterneuerers, predigte er den heiligen Krieg gegen Ägypten und eroberte 1883 Kordofan und zwei Jahre später nach einem Sieg über die Briten Khartum. Er war nun unbestrittener Herrscher des Ostsudans. Der Staat des Mahdi – er starb im selben Jahr in Omdurman – existierte bis zur Invasion der Ägypter und Briten, die 1898 in Omdurman über die Mahdisten siegten. Der Sudan war ab 1899 anglo-ägyptisches Kondominium.

1789–1914   Neuere Geschichte

PERSIEN UND AFGHANISTAN UM 1800–1914

Der Interessenkonflikt Großbritanniens und ❶ Russlands um die Eroberung der „Drehscheibe Asiens" bestimmte die Geschichte des unabhängigen Afghanistans und Persiens im 19. Jahrhundert. Die russischen Expansions pläne in Südasien stellten eine Gefahr für Indien, das Kronjuwel des Briti schen Empire, dar. Während die europäischen Großmächte Persien und Afghanistan von außen bedrohten und im Innern nach Einflussnahme trach teten, nutzten die einheimischen Herrscher den Konflikt geschickt aus, um die Entwicklungen im eigenen Land voranzutreiben.

Empfang in der russischen Botschaft von Teheran in den 1830er Jahren

■ Persien: Abhängigkeit von Briten und Russen

Die beiden Großmächte Großbritannien und Russland versuchten, Persien zu beherrschen, teilten das Land in Interessengebiete auf und mischten sich in die Innenpolitik ein.

Fath Ali Shah, Herrscher von Persien aus der Qadscharen-Dynastie, musste während seiner Regierungszeit mehrere Niederlagen gegen Russland hinnehmen. So verloren die Perser 1813/28 den Kaukasus. In den 70er- und 80er-Jahren bedrängten die Russen das Land erneut. Sie besetzten das ehemalige persische Hoheitsgebiet östlich des Kaspischen Meers und südlich des Aralsees, 1884 das Gebiet um Merw (Mary).

Auch im Innern wuchs der Druck. ❷ Schah Nasir ad-Din,

der durch Europa gereist war, betrieb in seiner Regierungszeit von 1848 bis 1896 eine vorsichtige Reformpolitik. Die Wirtschaft wurde v. a. von Großbritannien beherrscht. Deshalb warfen die einheimischen Kaufleute, die mehr Mitspracherechte für sich forderten, und die traditionsbewusste schiitische Geistlichkeit dem Schah „Europäisierung" vor.

Seit 1840 bekämpften die Schahs die Bab-Bewegung, aus der die spätere ❸ Bahai-Bewegung hervorging. Sie ergriffen gegen

diese schiitische Sonderrichtung scharfe Maßnahmen und vernichteten die Anhänger nach einem Attentat auf Schah Nasir ad-Din im Jahr 1852 fast vollständig.

Die inneren Spannungen wuchsen mit jedem Eingeständnis, das der Schah den Briten machte. Diese verlangten u. a. eine Konzession zum Eisenbahnbau und zur Industrialisierung des Landes. Besonders die Vergabe des Tabakhandel-Monopols an Großbritannien rief den Unwillen der Bevölkerung hervor.

Im Oktober 1906 war der Druck auf Schah Muzaffar ad-Din so groß geworden, dass er die Einberufung einer Nationalversammlung erlauben und eine Verfassung erlassen musste, die das Land zu einer konstitutionellen Monarchie machte. Schah Mohammed Ali, der im folgenden Jahr an die Macht gelangte, versuchte die liberalen Tendenzen zu unterbinden. ❹ Unruhen und Rebellionen zwangen ihn jedoch zum Rücktritt. Derweil teilten Russen und Briten 1907 im Vertrag von St. Petersburg Persien in Interessenzonen auf, die sie 1909 dann auch besetzten.

Schah Nasir ad-Din (Foto, um 1875)

Abdul Baha, Sohn des Religionsstifter der Bahai, predigt zu seinen Anhänger im Exil (Farbdruck, 1913)

Bewaffnete Aufständische während de Unruhen im Jahr 1909 (Foto)

Erdölquelle (Holzstich)

Erdöl in Persien

In Persien wurde 1908 zum ersten Mal Erdöl gefunden. Schon ein Jahr später entstand die erste Raffinerie. Die „Anglo Persian Oil Company" erschloss die Ölfelder in der südwestlichen Provinz Chusistan am Persischen Golf, wo sich über 10 Prozent des Weltöls befinden. Die britische Regierung sicherte sich die Aktienmehrheit der Company und besetzte die eigentlich mit Russland als neutral vereinbarte Zone des Landes, denn seit 1912 setzte die britische Kriegsmarine Erdöl als Treibstoff ein. Dennoch scheiterte ihr Versuch in den folgenden Jahrzehnten, die vollständige Kontrolle über Land und Öl zu erhalten, u. a. am Widerstand der Bevölkerung gegen die Fremdherrschaft. Später wurde die Erdölindustrie verstaatlicht

| 1747–1818 | Durrani-Dynastie in Afghanistan | 1813 | Vertrag von Golstan | 1828 | Vertrag von Turkmanchay | 1855 | Vertrag von Peshaw |
| 1796–1925 | Qadscharen-Dynastie in Persien | 1826–1973 | Barakzai-Dynastie in Afghanistan | 1838–42 | Erster britisch-afghanischer Krieg | | |

■ Afghanistan: Geduldete Unabhängigkeit

Anders als in Persien konnten sich Briten und Russen in Afghanistan nicht auf eine Aufteilung und Besetzung einigen. Dies bewahrte dem Land eine relativ große Unabhängigkeit.

Die Dynastie der Durrani, die seit 1747 herrschte, hatte die Grenzen Afghanistans in fast jede Himmelsrichtung erweitert. Durch innere Spannungen zerfiel das Reich allerdings bis 1818 völlig. Mit der Eroberung Kabuls 1826 begann Dost Mohammed Khan aus der Familie Barakzai ein Emirat zu errichten, das durch seine Ausdehnung und Stärke bald die Expansionsbestrebungen der Briten und Russen gefährdete.

Nachdem Dost Mohammed ❺ Verhandlungen mit den Russen geführt hatte, ergriffen die Briten die Initiative und besetzten das Land. Während des ersten britisch-afghanischen Krieges von 1838 bis 1842 eroberten die Briten Kandahar und Ghasni und setzten ein Mitglied der Durrani-Familie als Marionettenherrscher ein. Ein Gegenangriff von Akbar Khan, einem Sohn von Dost Mohammed, war jedoch erfolgreich. Die britischen Truppen mussten sich zurückziehen, und Dost Mohammed übernahm 1842 wieder den Thron. Der Vertrag von Peshawar beendete 1855 den Konflikt.

Nachdem sich Dost Mohammeds Sohn ❻ Sheir Ali Khan 1878 wieder den Russen angenähert hatte, marschierten die Briten erneut in Afghanistan ein. Im zweiten britisch-afghanischen Krieg von 1878 bis 1880 eroberten die Briten ❾ Kabul und verhalfen 1880 dem probritischen Abd ar-Rahman, einem Neffen von Sheir Ali Khan, auf den Thron. Dieser trat den strategisch bedeutenden Khaiber-Pass im ❼ Hindukusch und andere Gebiete an Großbritannien ab. Dafür hatten sich die Briten 1879 im Vertrag von ❿ Gandamak u. a. zum Schutz Afghanistans vor äußeren Angriffen verpflichtet. Gleichzeitig hat-

5

Afghanische Diplomaten in traditioneller Kleidung (Farbholzstich, 19. Jh.)

ten sie aber auch die Erlaubnis zur Einfuhr britischer Waren sowie Einfluss auf die auswärtigen Angelegenheiten erhalten. 1893 regelte das sog. Durand-Abkommen den Grenzverlauf zwischen Afghanistan und Britisch-Indien. Die sog. Durand-Linie entspricht der heutigen Grenze zwischen Afghanistan und Pakistan.

1907 einigten sich ❽ Russland und Großbritannien darauf, keine weiteren Gebietsansprüche in Afghanistan mehr zu stellen. Dadurch wurden die Grenzen des Landes garantiert und Afghanistan zum Pufferstaat zwischen den Großmächten. Großbritannien behielt dennoch Einfluss im Land und bestimmte bis 1919 die afghanische Außenpolitik.

6

Sheir Ali Khan gibt während der Auseinandersetzungen mit den Briten Anweisungen (Holzstich, 1869)

8

Russen und Briten begegnen sich an einer afghanischen Grenzfestung

7

Gipfel des Hindukusch

9

Eroberung Kabuls durch britische Truppen 1879 (Holzstich)

10

Vertrag von Gandamak vom 19. 5. 1879 (Holzstich)

Djamal ad-Din al-Afghani

Der bei Kabul 1839 geborene Djamal ad-Din al-Afghani war ein islamischer Reformer und politischer Agitator. Er predigte den ursprünglichen Islam als Weg zur Einigung der Muslime und zum Widerstand gegen die europäische Kolonialisierung islamischer Gebiete. Er hatte an der Medrese in Kabul studiert, lebte dann in Indien, Arabien, der Türkei und Ägypten, bereiste Europa, Russland und die USA. 1879 wiesen ihn die Briten aus Ägypten aus. In Persien heizte er die Stimmung an, weil er die Abhängigkeit der islamischen Herrscher von Europa anprangerte und Reformgedanken vertrat. In das Osmanische Reich abgeschoben, wurde er dort verhaftet, als 1896 Schah Nasir ad-Din von einem vermutlichen Anhänger Afghanis erschossen wurde.

1789–1914

Neuere Geschichte

1878–80	Zweiter britisch-afghanischer Krieg	1893	Durand-Abkommen	1907	Vertrag von St. Petersburg	1909	Erste Erdöl-Raffinerie
1879	Vertrag von Gandamak	1906	Erste persische Nationalversammlung	1909	Russen und Briten teilen und besetzen Persien		

INDIEN UM 1800–1914

Die Eroberung weiterer Gebiete Indiens durch die Briten erforderte eine einheitliche Verwaltung und den Ausbau der Infrastruktur. Im Zuge des Imports westlicher Ideen und der Einigung des zersplitterten Landes wuchs bei den Indern das Bewusstsein der eigenen ❺ Kultur, ❶ Religion und Geschichte. Das führte im Laufe des 19. Jh. zu konkreten Forderungen, zunächst nach Mitbestimmung, schließlich nach Selbstbestimmung. Der Indische Nationalkongress war das Organ der liberalen Nationalisten, die ihren Kampf um die Unabhängigkeit im 20. Jh. begannen.

Göttin Durga kämpft gegen den Dämon Mahishasura

■ Ausdehnung des britischen Herrschaftsgebietes und die Zuspitzung der Proteste im Sepoy-Aufstand

Die Ostindische Kompanie drang weiter ins Land vor. Die Einführung eines westlichen Verwaltungs- und Bildungssystems ließ eine indische intellektuelle Oberschicht entstehen, die bald demokratische Rechte forderte.

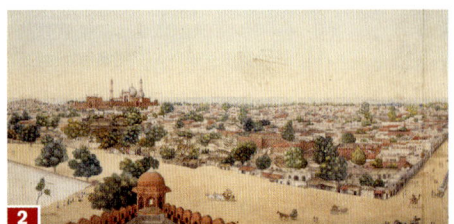

Panorama der Stadt Delhi

Indien war zersplittert in über 500 Herrschaftsgebiete, die sich die Briten Stück für Stück, z. B. in den Kriegen gegen die Marathen-Konföderation 1775–82, 1803–05 und 1817/18, aneigneten. Die eroberten Territorien wurden entweder direkt verwaltet oder unter der Herrschaft ❹ indischer Fürsten belassen, die die britische Krone anerkennen mussten.

Der Ausbau der Verwaltung und der Infrastruktur, v. a. der Aufbau eines riesigen ❸ Eisenbahnnetzes zur Erschließung des Landesinneren, wurde vorangetrieben. Im Zuge der administrativen Einigung des Landes wurde eine einheitliche Rechtsprechung und eine allgemeingültige Währung eingeführt. Der Bedarf an einheimischen Arbeitskräften, die für die Bewältigung der Bürokratie qualifiziert sind, führte zu Beginn des 19. Jh. auch zur Übernahme westlicher Bildungsinstitutionen,

Szene am Bahnsteig einer indischen Bahnstation (Foto, 1906)

in denen sich Inder als Beamte, Anwälte oder Lehrer ausbilden lassen konnten. So entstand allmählich eine westlich geprägte indische Bildungsschicht, die sich zunehmend ablehnend gegen die Eroberungen und Annektionen der Ostindischen Kompanie äußerte. Politische Vereinigungen verfassten bald Petitionen, in denen u. a. die Gewährung demokratischer Rechte verlangt wurde. Diesen kritischen Stimmen wurde von britischer Seite zunächst kein Interesse geschenkt. Dies änderte sich erst mit dem sog. Sepoy-

Aufstand 1857, bei dem kurzzeitig u. a. das britisch besetzte ❷ Delhi erobert worden war. Der Aufstand, der v. a. mit loyalen Sepoy-Truppen und Sikhregimentern niedergeschlagen wurde, blieb zwar auf Nord- und Zentralindien begrenzt, wirkte sich aber auf ganz Indien aus.

Wappen der indischen Rajas

❺ Indisches Astrolabium

Der Sepoy-Aufstand

Die Sepoys waren indische Soldaten, seit dem 18. Jh. im Dienst der Ostindischen Kompanie. 1857 kam es zum Sepoy-Aufstand, weil angeblich oder tatsächlich neue, mit tierischem Fett geschmierte Patronen verteilt worden waren. Das verletzte die religiösen Reinheitsvorschriften der Sepoys, die dahinter eine Zwangsbekehrung zum Christentum vermuteten. Sie befreiten in Mirath bei Delhi gefangene Sepoys, wobei auch Briten getötet wurden. Die Meuterei war das Signal zum Aufstand zuvor entmachteter Fürsten, die die Erhebung für ihre Zwecke zu instrumentalisieren suchten. Ein Teil Delhis wurde erobert und der letzte Mogul Bhahadur Shah II. zum „Kaiser von Indien" ausgerufen. Delhi und der in Lucknow eingeschlossene Sitz der Briten wurden noch 1857 zurückerobert.

Hinrichtung von aufständischen indischen Soldaten

■ Das Erwachen der indischen Nation

Gegen die britische Herrschaft organisierte sich die indische Bildungsschicht in politischen Vereinigungen und forderte die Mitbestimmung in Britisch-Indien.

Nach dem Sepoy-Aufstand wurde der letzte Mogul, Bahadur Shah II., verbannt, und die britische Krone übernahm die Herrschaft in Indien, nachdem 1858 die Ostindische Kompanie aufge-

7 Inder bitten Engländer um Nahrung (Farbdruck, „Le Petit Journal", 1873)

löst worden war. ❻ Königin Viktoria nahm 1877 den Titel einer „Kaiserin von Indien" an. Der Generalgouverneur, zuvor das Haupt der Ostindischen Kompanie, wurde gleichzeitig zum Vizekönig ernannt, zu dessen Herrschaftsgebiet auch die heutigen Staaten Sri Lanka, Pakistan, Bangladesh und eine Zeit lang Myanmar gehörten.

Die Briten setzten den Ausbau von Verwaltung und Infrastruktur fort. Aus Grundsteuer, Opiummonopol und Salzsteuer gewonnene Gelder wurden nach London geschickt, während die

8 Aufstand gegen die Briten (Farbdruck, „Le Petit Journal", 1897)

indische Bevölkerung unter der rücksichtslosen Ausbeutung des Landes litt. Bei ❼ Hungersnöten verloren Millionen ihr Leben.

Die neue Generation der indischen Intellektuellen orientierte sich zunehmend an den westlichen Ideen von Demokratie und Nationalismus, der in den 1870er-Jahren seine Kraft zu entfalten be-

gann. Neben dem Wunsch nach Anerkennung durch den Westen stand der ❿ kulturelle und religiöse Stolz. Dieser Widerspruch bestimmte die Auseinandersetzungen der Nationalisten bis ins 20. Jh. hinein. Die Regierung des liberalen Vizekönigs Lord Ripon gab den Nationalisten weiteren Auftrieb. 1885 gründete sich der Indische Nationalkongress (INC), der in den folgenden Jahrzehnten die politischen Verhandlungen mit den Briten um Mit-, später um Selbstbestimmung führte.

Als die Briten 1905 Bengalen teilten, um eine Provinz mit muslimischer Mehrheit zu bilden, kam es zu Attentaten auf Briten, Boykotten und ❽ Aufständen der Bevölkerung. Die Teilung wurde schließlich aufgehoben. Die indischen Muslime gründeten 1906 mit der Muslim-Liga eine Partei, die sie als Minderheit besser vertreten sollte. Das rebellische Bengalen war für den Vizekönig gefährlich geworden, und der Regierungssitz wurde 1911 von Kalkutta nach ❾ Delhi verlegt.

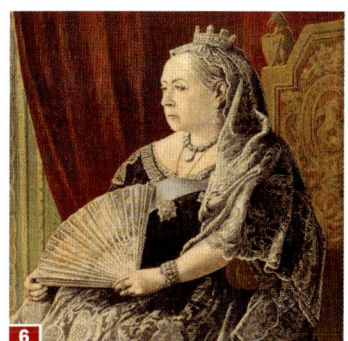

6 Viktoria, Königin von Großbritannien und Irland, Kaiserin von Indien

Rabindranath Tagore

Rabindranath Tagore war 1913 der erste Asiate, der den Nobelpreis für Literatur erhielt. So wurde das Nationalbewusstsein der Inder gestärkt, da die indische Kultur damit vom Westen als ebenbürtig anerkannt worden war. Tagore setzte sich für die Bauern in den Dörfern Bengalens ein, gründete u. a. genossenschaftliche Getreidespeicher, Banken und ließ Straßen und Krankenhäuser bauen. Er kritisierte das englische Schulsystem und die Vernachlässigung der Muttersprache. Deshalb gründete er im westbengalischen Shanti Niketan eine Schule nach altindischem Vorbild, Ashram genannt, wo sich heute eine Universität befindet.

oben: Rabindranath Tagore

9 Georg V., König von Großbritannien und Irland, bei der Krönung zum Kaiser von Indien in Delhi am 12. 12. 1911

10 Sita-Spielerin (Miniatur aus Dhubela, Rajasthan, um 1800)

| 1880–84 | Regierung des Vizekönigs Lord Ripon | 1905 | Aufstände in Bengalen | 1911 | Delhi wird Regierungssitz |
| 1885 | Gründung des Indischen Nationalkongresses (INC) | 1906 | Gründung der Muslim-Liga | 1913 | R. Tagore erhält den Literaturnobelpreis |

CHINA BIS ZUM ENDE DER KAISERZEIT

UM 1840–1912

Der Höhepunkt der Mandschu-Dynastie (1644–1912) war überschritten: China verlor immer mehr politische wie auch wirtschaftliche Macht an die Briten, die nach den Opiumkriegen China zu ungleichen Verträgen zwangen. ❶ Neben Großbritannien konnten auch Russland und Frankreich zunehmend chinesisches Gebiet annektieren. Auch innenpolitisch hatten die Mandschu mit erstarkenden Geheimbünden und religiösen Bewegungen zu kämpfen. So geschwächt, kam es nach zögerlichen Reformen zur Auflösung des Mandschu-Staates, der 1912 von einer Republik abgelöst wurde.

1 Chinesisches Plakat, das sich gegen die europäische Einflussnahme in China richtet (1900)

1789–1914

Neuere Geschichte

■ Opiumhandel und europäische Vertragshäfen

Die Opiumkriege zwangen China den wirtschaftlichen und kulturellen Einfluss der Europäer auf.

Die Briten begannen, in China illegal Opium aus Indien einzuführen, um ihre Handelsbilanz zu verbessern. Als die chinesische Regierung in Kanton große Mengen von Opium beschlagnahmte, kam es 1840 zum Ersten Opiumkrieg, weil die Briten sich weigerten, den ❷ Drogenhandel aufzugeben. Britische Truppen griffen Kanton an und erzwangen die Legalisierung des Opiumhandels. Die unterlegenen Chinesen mussten im ersten „ungleichen Ver-

4 Hong Xiuquan (Holzstich, 1851)

trag", der am 29. 8. 1842 in Nanking geschlossen wurde, der Zahlung einer Kriegsentschädigung, der Abtretung Hongkongs und der Öffnung fünf weiterer Häfen für den britischen Handel zustim-

men. Doch die erzwungene „Öffnung" ging den Briten noch nicht weit genug, da sie nicht ihrer Idee des Freihandels und des wirtschaftlichen Profits entsprach.

Auch im Zweiten Opiumkrieg, auch Lorchakrieg genannt (1856–60), siegten die Europäer aufgrund militärischer Überlegenheit. Im ❸ Vertrag von Tientsin 1858 sicherten sie sich zehn weitere „Vertragshäfen". Im Jahr darauf zerstörten britische und französische Soldaten den ❺ Sommerpalast des Kaisers. Mit dem Vertrag von Peking wurde 1860 der Handel mit Opium legalisiert. Außerdem kamen zunehmend billigere europäische Waren nach China, nachdem die Einfuhrzölle gesenkt worden waren, was die chinesische Wirtschaft stark schädigte und ihre Modernisierungschancen zerstörte.

Im Innern wurde die sog. Taipingbewegung („höchster Friede"), die eine Synthese traditionell religiöser und christlicher Anschauungen und die Forderung nach einem egalitären Gesellschaftssystem vertrat, zu einem ernst zu nehmenden Gegner für die Mandschu. Unter Führung des Revolutionärs ❹ Hong Xiuquan

erhob sie sich 1851 im Taipingaufstand gegen die kaiserliche Regierung und errichtete einen eigenen Staat, der große Teile des Südens und Südostens Chinas mit der Hauptstadt Nanking umfasste. 1864 wurde der Aufstand, der an die 20 Millionen Menschenleben gefordert hatte, von den Mandschu mit Hilfe von Briten und Franzosen beendet. Danach erschütterten zwischen 1864 und 1878 mehrere muslimische Aufstände die Provinz Yünnan. In Sinkiang, im Westen des chinesischen Reiches, errichtete Jakub Beg als Khan von Kashgar 1865 bis 1877 ein muslimisches Reich.

2 Engländer zwingen die Chinesen zum Kauf des britischen Opiums aus Indien

3 Friedensvertrag von Tientsin zwischen England und China am 26. 6. 1858

5 Der kaiserliche Sommerpalast in Peking (Aquarell, 1908/09)

Das Ende des Kaisertums

Chinas Einfluss in Asien schwand. Der Boxeraufstand demonstrierte die Schwäche des Kaiserreiches, das von der Republik abgelöst wurde.

Nachdem China bereits 1860 nördliche Territorien an Russland verloren hatte, verlor es im chinesisch-französischen Krieg von 1884/85 Vietnam an Frankreich und 1886 Birma an Großbritannien. Die Einmischung Japans und Chinas in einen Aufstand in Korea 1894 löste den ❼ chinesisch-japanischen Krieg aus. Trotz der zahlenmäßigen Überlegenheit der chinesischen Truppen endete der Krieg v. a. nach der verlorenen Seeschlacht an der Mündung des Yalu mit einer Niederlage und großen Gebietsverlusten. Korea, das jetzt unabhängig wurde, musste aufgegeben werden.

Gegen Ende des 19. Jh. erreichten die Stimmen, die immer lauter eine Reform nach japanischem Vorbild (S. 418) forderten, den Kaiser Dezong. Er war auch zur Umwandlung Chinas in eine konstitutionelle Monarchie bereit und stimmte weiteren Moderni-

sierungen zu. Doch ein Staatsstreich der mächtigen Kaiserinwitwe Cixi und ihrer konservativen Anhänger beendete die Reformphase frühzeitig. Sie arbeiteten seit 1899 mit dem ❻ Geheimbund der „Boxer" zusammen, dessen Ziel es war, eine weitere Ausplünderung des Landes durch die Europäer zu verhindern. Zu diesem Zweck ❽ überfielen sie ausländische Einrichtungen und verübten Morde. Obwohl den kaum 11 000 Europäern, die sich selbstherrlich Privilegien verschafften, rund 470 Millionen Chinesen gegenüberstanden, hatten die Boxer letzlich keinen Erfolg. Ihr ❿ Aufstand im Sommer 1900 wurde von internationalen Truppen, bestehend aus Europäern, Japanern und Amerikanern, ❾ niedergeschlagen. Blutige Strafexpeditionen gegen die Aufständischen und die Bevölkerung insgesamt folgten, die Sou-

Chinesisch-japanischer Krieg 1894/95

Gruppe bewaffneter Boxer

Europäische Truppen schlagen die Boxer und führen Strafexpeditionen durch

veränität Chinas wurde weiter eingeschränkt.

1905 wurden vom chinesischen Hof Reformen geplant, so die Verabschiedung einer Verfassung und die Bildung von Provinzparlamenten; schrittweise wurde mit der Umsetzung begonnen.

Eine Militärrevolte in Wuhan, die sich 1911 auf das ganze Reich ausweitete, zwang schließlich den letzten Kaiser, Pu Yi, zur Abdankung. Ende des Jahres riefen die Revolutionäre die Republik aus. Übergangspräsident wurde ⓫ Sun Yatsen, Gründer der nationalen Volkspartei Kuo-min-tang.

Boxer verwüsten den Norden Pekings

Sun Yatsen, um 1920

❻ Boxer-Signet

Die Ermordung des deutschen Gesandten Klemens Freiherr von Ketteler am 20. 6. 1900 in Peking

Der Boxeraufstand

Der Name des Geheimbundes Yihe tuan bedeutet „Vereinigung für Recht und Einigkeit". Vom Ausland wurden die Aufständischen nach der von ihnen praktizierten Kampfkunst des Schattenboxens (Tai-Chi-Chuan) „Boxer" genannt. 1900 gaben sie mit der Ermordung des deutschen Gesandten in Peking den Kolonialmächten Anlass zum militärischen Eingreifen. Im August gelang es dem internationalen Expeditionskorps unter dem deutschen Generalfeldmarschall von Waldersee, Peking zu besetzen. Das sog. Boxerprotokoll vom 7. 9. 1901 beendete den Konflikt und verpflichtete China u. a. zu hohen Reparationszahlungen und zur Duldung von ausländischen Truppenstützpunkten.

1789–1914

Neuere Geschichte

JAPAN 1854–1912

Unter den Tokugawa-Shogunen hatte sich Japan seit dem 17. Jh. stark vom Westen isoliert. Es wurde von einer adligen Oberschicht mit dem Shogun an der Spitze regiert. Dies bescherte dem Reich eine lange, friedliche ❶ kulturelle Blütezeit, verhinderte aber auch den Anschluss an die westlichen Modernisierungen auf den Gebieten der Technik und der Politik. Unter innenpolitischem Druck musste der letzte Shogun 1868 zurücktreten und dem Kaiser Platz machen, der die Modernisierung vorantrieb. Japan trat während der Meiji-Epoche in kurzer Zeit an die Spitze der asiatischen Industrienationen und konnte außenpolitische Erfolge verzeichnen.

„Die große Woge" (Farbholzschnitt von Hokusai, 1830)

■ Das Ende der Abschottung und innenpolitischer Wandel

Die westlichen Staaten begannen, Japan als Markt- und Umschlagplatz zu erschließen. Die daraus folgende innenpolitische Krise führte zum Ende des Shogunats.

In der ersten Hälfte des 19. Jh. versuchten die Tokugawa-Shogune, Japan gegenüber der westlichen Welt abzuschotten. 1854 aber erzwangen die USA den ❷ Vertrag von Kanagawa, der ihnen die Nutzung zweier Häfen für Handel und Versorgung sicherte. ❸ Europäische Staaten schlossen ähnliche Verträge, und ab 1860 reisten japanische Gesandte selbst nach Europa, um Handel mit dem Westen anzubahnen. Viele der geschlossenen Verträge waren unausgewogen und versprachen den Ausländern große Privilegien.

In der Konsequenz wurden die Fremden in Japan als feindliche Eindringlinge abgelehnt. Als nationalistisch gesonnene ❹ Samurai ausländische Kaufleute attackierten, beschossen europäische Kriegsschiffe 1863 Kagoshima, 1864 Shimonoseki. Es bildete sich in Japan eine einflussreiche Gruppe, die eine politische Neuordnung sowie die Wiedereinsetzung des Kaisers (Tenno) mit sei-

nen alten Rechten verlangte. Sowohl die einheimischen Neuerer als auch die Ausländer mit ihren modernen Feuerwaffen konfrontierten das Tokugawa-Shogunat mit seiner Schwäche. Der Shogun erkannte, dass sich Japans Innen- und Außenpolitik den neuen Bedingungen anpassen musste. Dem kamen die Militärmachthaber der Provinzen Satsuma, Choshu und Tosa zuvor, die am 3. 1. 1868 den Kaiserpalast in Kyoto einnahmen. Tokugawa Yoshinobu gab die Regierungsgewalt, nach 250 Jahren Shogunat, an den Tenno zurück. Edo wurde unter dem Namen ❺ Tokio 1868 zur Hauptstadt erklärt, wo Tenno Mutsuhito seit 1869 residierte.

Abschluss des Handelsvertrags zwischen USA und Japan, 31. 3. 1854

Ausländische Schiffe vor Yokohama (japanischer Farbholzschnitt, um 1850)

Der Ukiyoe-Stil

Ursprünglich im 17. Jh. v. a. in Form von Farbholzschnitten mit Themen aus der Bohème entstanden, zeigte die Kunst des Ukiyoe-Stils Porträts von Schauspielern oder Halbweltdamen. Später kamen auch Naturmotive und Stadtansichten hinzu. Im 19. Jh. gehörten Künstler wie Ando Hiroshige und Hokusai zu den herausragenden Vertretern des Ukiyoe, der in der Meiji-Zeit ausklang.

„Flusslandschaft mit aufgehendem Mond" (Farbholzschnitt von Ando Hiroshige, um 1040)

Samurai in Rüstung (Foto, 1870)

Kaiserlicher Palast in Tokio, um 1900

| 1854 | Vertrag von Kanagawa | 1864 | Europäischer Angriff auf Shimonoseki | 1871 | Abschaffung der Feudalstruktur |
| 1863 | Europäischer Angriff auf Kagoshima | | | 3. 1. 1868 | Besetzung des Kaiserpalastes in Kyoto |

■ Modernisierung und Gebietsgewinne

Die sog. Meiji-Reformen führten Japan in die Moderne und machten es zur führenden Macht in Ostasien. Die rasch fortschreitende Industrialisierung drängte Japan zur Expansion.

Der Boshinkrieg, ein kurzer Bürgerkrieg gegen die letzten Anhänger der Tokugawa, leitete die Meiji-Epoche ein. ❻ Tenno Mutsuhito, genannt Meiji („der Erleuchtete"), hatte sich die Modernisierung Japans durch umfassende

❻ Die Herrscherfamilie um Kaiser Mutsuhito (Zeichnung nach Photographie)

❼ Chinesen verteidigen sich gegen angreifende Japaner (zeitgenössischer Holzstich)

Reformen zum Ziel gesetzt. Diese wurden insbesondere mit Hilfe seiner Minister Kido Takayoshi, Saigo Takamori und Okubo Toshimichi umgesetzt. Sie schafften in einem Erlass von 1871 die traditionelle Feudalstruktur ab und

setzten Präfekten ein. Europäische Militärberater und Ingenieure strukturierten Armee, Industrie und ❼ Verkehrswesen um und reformierten Gesetzgebung und Bildungseinrichtungen nach westlichem Vorbild. Das rasante Tempo dieser Veränderungen erregte aber auch Widerstand. So musste, als 1877 die Kriegerkaste der Samurai aufgelöst wurde, der Kriegsminister Yamagata Aritomo, der nach dem Vorbild Preußens eine allgemeine Wehrpflicht

eingeführt hatte, den Satsuma-Aufstand der Samurai niederschlagen.

Preußen diente auch als Vorbild für die neue Verfassung von 1889, die Japan formell zur konstitutionellen Monarchie erklärte. Der Tenno konnte trotz des seit 1890 existierenden Parlaments mit Ober- und Unterhaus durch Dekrete in die Politik eingreifen oder auch das Unterhaus auflösen. Das Militär hatte ein Vetorecht bei der Besetzung von Ministerposten.

Die Industrialisierung Japans erforderte nicht nur die Erschließung von neuen Absatzmärkten im Ausland, sondern auch die territoriale Expansion, um an die benötigten Rohstoffe zu gelangen. In den 70er-Jahren einigte sich Japan mit Russland u. a. über die Kurilen im Norden Japans und besetzte die chinesischen Riu-Kiu-Inseln im Süden. In Korea nutzten die Japaner einen Aufstand, um Gebiete Chinas zu erobern. Sie siegten im ❽ chinesisch-japanischen Krieg von 1894/95 und erhielten im Frieden von Shimonoseki Taiwan und die Pescadores-Inseln. Um die Mandschurei und Korea entbrannte 1904/05 der ❾ russisch-japanische Krieg, in dem Japan siegte. Im Frieden von Portsmouth/USA 1905 erhielt es u. a. den Süden Sachalins sowie die Pacht über die Halbinsel Liaodong; 1910 annektierte Japan Korea.

Tenno Mutsuhito ❿ starb 1912 in Tokio. Während seiner Regierungszeit hatte sich Japan zum industriell fortschrittlichsten Land in Asien und zu einer Groß- und Kolonialmacht entwickelt.

❽ Station der Eisenbahnstrecke Ueno–Nakasendo (Farbholzschnitt, 1885)

Saigo Takamori

Im Boshinkrieg war Saigo Takamori ein Führer der kaiserlichen Truppen. Mit Takayoshi und Toshimichi war er einer der „Drei Helden" der Meiji-Regierung, zog sich aber zurück und gründete eine Schule für Samurai, die ihre Ämter niedergelegt hatten. Er führte 1877 den Aufstand der Samurai in der Provinz Satsuma an, die sich durch den Verlust ihrer Privilegien entehrt fühlten. In der Schlacht schwer verletzt, bat er einen seiner Kameraden, ihn zu enthaupten, um der Entehrung durch eine Gefangennahme zu entgehen.

Samurai beim Angriff

❾ Offizielle Kriegserklärung Japans an Russland am 10. 2. 1904

❿ Volk vor dem Palast des sterbenden Tenno Mutsuhito (Farbdruck, 1912)

(seitlicher Rand rechts:) 1789–1914   Neuere Geschichte

SÜDOSTASIEN BIS 1914

Außer Siam, dem heutigen ❶ Thailand, gerieten im 19. Jh. fast alle südostasiatischen Länder unter die Herrschaft europäischer Kolonialmächte. Neben den Briten, die ihre Gebiete von Indien aus auch weiter nach Osten hin ausdehnten, waren Holland, das v. a. Indonesien kontrollierte, und Frankreich die bedeutendsten Kolonialmächte in Südostasien. Eingekeilt zwischen dem britisch besetzten Birma und dem von den Franzosen beherrschten Indochina, gelang es Siam durch die kluge Politik der Könige Mongkut und Chulalongkorn Rama V., der Kolonisierung zu entgehen, indem sie in eigener Regie ihr Land für westliche Vorstellungen öffneten.

Wächterfigur am Wat Phra Kaeo Tempel (Tempel des Smaragd-Buddha) in Bangkok (19. Jh.)

■ Französische und britische Eroberung Südostasiens

Indochina und Birma fielen den Expansionsbestrebungen Frankreichs und Großbritanniens zum Opfer.

1802 beendeten die Franzosen die Machtkämpfe in Vietnam, indem sie Nguyen Anh halfen, die nur kurz regierende Dynastie Tay Son zu besiegen. Nguyen Anh bestieg 1806 als Kaiser Gia Long den Thron. Er zentralisierte die Verwaltung nach chinesischem Vorbild und dehnte das Herrschaftsgebiet bedeutend aus. Nachdem er noch versucht hatte, die Grundbesitzer als Verbündete gegen aufständische Bauern zu gewinnen, konnte sein Nachfolger Minh Mang die Aufstände nicht mehr verhindern. Die ❸ Christenverfolgung unter ihm bot den Franzosen den Anlass, Vietnam anzugreifen. Bis 1867 eroberten sie Cochinchina, den Süden Vietnams. Annam und ❷ Tongking, der mittlere und nördliche Teil Vietnams, wurden 1883/84 zu ❺ Protektoraten.

Kambodscha war in der ersten Hälfte des 19. Jh. von Siam und Vietnam bedrängt worden. Schließlich wurde 1845 zwischen beiden Ländern eine gemeinsame Verwaltung des alten Khmer-Reiches beschlossen. Auf Bitten des Khmer-Königs Norodon errichteten die Franzosen – interessiert an Kautschuk und Reis – dort 1863 ihre ❹ „Schutz-

Französisch-chinesischer Krieg um die Provinz Tongking; die Schlach von Nam Dinh, 1883 (Lithografie, 19. Jh.)

Enthauptung des französischen Missionars Pierre Borie, 1838

herrschaft". Sie erhielten die Monarchie und traten als deren „Berater" auf. Eine einheimische Elite für die Verwaltung wurde ausgebildet und die Infrastruktur des Landes modernisiert. Die 1887 gegründete ❻ „Union von Indochina", in der Vietnam und Kambodscha vereint wurden, war neben dem afrikanischen Besitz das zweite Zentrum des französischen Kolonialreiches.

Derweil geriet Birma, das heutige Myanmar, in das Blickfeld der britischen Expansionspläne. Als die Birmanen große Teile Siams besetzten, nutzte die Ostindische Kompanie die Gelegenheit zur Ausweitung ihres Machtbereiches im Osten Indiens. Im ersten britisch-birmani-

schen Krieg, der 1824 mit der Stürmung der Hauptstadt Rangun begann, konnten die Briten nur geringe territoriale Gewinne verzeichnen. Doch im zweiten britisch-birmanischen Krieg 1852 annektierte Großbritannien den Süden mit seiner fruchtbaren Reisebene und machte sie zum wichtigsten Reisexportgebiet Asiens. Nach dem dritten britisch-birmanischen Krieg 1885/86 gehörte ganz Birma zum britischen Kolonialbesitz.

Errichtung einer französischen „Schutzherrschaft" im Königreich Annam, 1883

Kambodscha als französisches Protektorat (Gemälde, 1885)

Gefangene der Franzosen in Indochina

1789–1914

Neuere Geschichte

| 1802 | Absetzung der Tay-Son-Dynastie | 1824 | Erster britisch-birmanischer Krieg | 1855 | Bowring-Vertrag |
| 1806 | Kaiser Gia Long | 1852 | Zweiter britisch-birmanischer Krieg | 1863 | Französische „Schutzherrschaft" in Kambodscha |

■ Modernisierung und Unabhängigkeit in Siam

Die Könige Mongkut und Chulalongkorn öffneten sich westlichen Einflüssen, und Siam entging auf diese Weise der Kolonisierung.

Chakri Maha Prasat (Großer Palast) in Bangkok, erbaut unter Rama V.

Die seit Rama I. (S. 330) in Siam herrschende Dynastie der ❽ Chakri wurde mit den Expansionsplänen der Briten konfrontiert. 1826 ging Siam daher ein Handelsabkommen ein, das zwar eine verstärkte Machtposition der Briten zuließ, die unmittelbare Kolonisierung aber verhinderte. Diese Strategie blieb das Prinzip der siamesischen Könige. Sie kamen den westlichen Modernisierungsideen so weit entgegen, dass sie deren Vorteile nutzen und zugleich die Besetzung ihres Landes abwehren konnten.

Seit Vietnam unter französischer Herrschaft stand, wurde Siam von den Franzosen und den Briten in Birma bedroht. Deshalb schloss das Land 1855 mit Großbritannien den sog. Bowring-Vertrag, der den „ungleichen Verträgen" der europäischen Nationen mit China ähnelte (S. 416). Auch Siam musste Zugeständnisse machen, die den Briten Vorteile verschafften.

König Mongkut Rama IV., ein ehemaliger Mönch, der die für Thailands Identität wichtigen Aufzeichnungen des Königs Rama Kamhaeng aus dem 13. Jh. wiederfand, hatte sich intensiv mit der Gedankenwelt Europas auseinander gesetzt. Nach seinem Regierungsantritt gab er die bisherige Isolationspolitik auf. Von Europäern beraten, verbesserte er die Infrastruktur des Landes, ließ neue Straßen und Kanäle bauen, modernisierte die Landwirtschaft und strukturierte das Militär nach europäischem Vorbild um.

Sein Sohn ❼ Chulalongkorn Rama V. setzte während seiner langen ❾ Regierungszeit von 1868 bis 1910 diesen Weg fort. Die Verwaltung wurde reformiert und strenger zentralistisch organisiert sowie ein modernes Rechtssystem geschaffen, das sich an die Idee des europäischen Rechtsstaats anlehnte und die Menschenrechte berücksichtigte. In diesem Sinne beseitigte Chulalongkorn auch die Sklaverei. Krankenhäuser wurden errichtet, das Postwesen aufgebaut, der Straßenbau fortgesetzt und mit dem Ausbau eines Eisenbahnnetzes begonnen.

Im Zuge der Bildung Französisch-Indochinas verlor ❿ Siam Laos sowie Gebiete in Kambodscha und in Siam selbst. Das Kernland Siams aber konnte vor der Kolonisierung bewahrt werden und seine Unabhängigkeit beibehalten.

Chulalongkorn Rama V., König von Siam, mit seiner Familie (Foto, um 1905)

Chulalongkorn Rama V.

Chulalongkorn Rama V. wurde 1868 zum König von Siam gekrönt. Er teilte mit seinem Vater König Mongkut die Ansicht, sein Land müsse der Modernisierung nach europäischem Muster entgegengehen. Als erster siamesischer König außer Rama Kamhaeng verließ er sein Land und bereiste 1871 Indien, Birma, Java und Singapur. 1897 und 1907 besuchte er Europa. Mehrere Umsturzversuche konnte er zwar abwehren, musste aber seine Reformen in der Folge behutsamer durchführen. „Der geliebte große König", wie ihn die Thailänder nannten, starb am 23. 10. 1910, heute ein nationaler Feiertag.

1789–1914

Neuere Geschichte

Leichenzug des siamesischen Königs Chulalongkorn Rama V.

Besuch Chulalongkorn Ramas V., König von Siam, bei Otto von Bismarck in Friedrichsruh, 1898

LE CONFLIT AVEC LE SIAM

Französische Kanonenboote setzen in Siam den Anspruch auf Laos durch (Bilderbogen, 19. Jh.)

AFRIKA – STAATENBILDUNG UND KOLONIALISIERUNG 1812–1914

Zu Beginn des 19. Jh. war Afrika bis auf die Küstengebiete kaum kolonialisiert. Die europäischen Stützpunkte wurden nach dem ❶ Verbot des Sklavenhandels auf dem Wiener Kongress 1814/15 unrentabel. Afrikanische Staaten an der Westküste und das ostafrikanische Sultanat Sansibar lebten jedoch noch bis weit ins 19. Jh. hinein vom Sklavenhandel. Die Staaten, die sich in Afrika bildeten, standen oft unter der „Schutzmacht" europäischer Länder. Dennoch behaupteten sich viele der afrikanischen Staaten, bis die Europäer ins Landesinnere vordrangen und Afrika auf der Kongokonferenz 1884/85 unter sich aufteilten.

Die Briten überbringen den Afrikanern die Nachricht von der Abschaffung des Sklavenhandels auf dem Wiener Kongress (Radierung, koloriert, 19. Jh.)

■ Staatenbildung im 19. Jahrhundert

In West- und Ostafrika, geprägt vom Sklavenhandel der vorangegangenen Jahrhunderte, wurden Staaten gegründet, die die Kolonialzeit überdauerten.

Während der Wiener Kongress 1814/15 den europäischen Kolonialmächten den ❹ Sklavenhandel verbot, verdankten ihm westafrikanische Staaten wie Aschanti und Dahomey, Gebiete im heutigen Ghana, sowie das ostafrikanische Sultanat ❺ Sansibar ihren Reichtum.

Wappen von Liberia: Sonne, Segelschiff, Taube mit Brief im Schnabel, Palme, Pflug

Im weiteren Verlauf des 19. Jh. wurden in Afrika zahlreiche Staaten neu gegründet oder erweitert. Befreite und aus den USA zurückgekehrte Sklaven ließen sich ab 1822 in ❸ Liberia nieder, das 1847 zur unabhängigen Republik wurde (S. 502). Die Hauptstadt Monrovia wurde nach dem amerikanischen Präsidenten James Monroe benannt. Das Handelsreich des Mohammed bin Hamed („Tippu Tib") im östlichen Kongogebiet wurde 1870 aus rein wirtschaftlichen Interessen gegründet. Im christlichen, auch Abessinien genannten Äthiopien begründete Ras („Fürst") Kasa 1853/55 die zentrale Kaisermacht neu, die im 18. Jh. von den Provinzstatthaltern stark beschnitten worden war (S. 333). Als Kaiser Twodoros II. regierte Kasa bis 1868. Kaiser Johannes IV., der mit britischer Hilfe an die Macht gekommen war, bekämpfte erfolgreich Übergriffe Ägyptens. Sein Nachfolger ❷ Menelik II. ging ein Bündnis mit Italien ein, das nach Einfluss in Äthiopien trachtete. Als der Kaiser den Bund aufkündigte, führten die Italiener Krieg. In der Schlacht von ❻ Adua siegten die Truppen Meneliks, der Frieden von Addis Abeba 1896 sicherte die Unabhängigkeit des Landes.

In Westafrika predigte Usman dan Fodio aus dem Volk der Ful

Menelik II., Kaiser von Äthiopien

Überfall von Sklavenjägern auf ein Eingeborenendorf (Holzstich, 1884)

zu Beginn des 19. Jh. den „Heiligen Krieg" gegen die Muslime der Haussa-Stadtstaaten im heutigen Nordnigeria. Nach ihrer fast vollständigen Eroberung errichtete Usman dan Fodio ein Kalifat mit der Hauptstadt Sokoto. Sein Sohn Mohammed Bello schuf in wenigen Jahren mit den Eroberungen bis ins Yorubaland und dem Sieg über Adamaua, heute Nordkamerun, ein in Emirate gegliedertes Großreich. Auch unter britischem Protektorat seit 1902/03 und über die Kolonialzeit hinaus behielten die Emire ihre Macht.

Amerikanische und britische Handelsschiffe im Hafen von Sansibar

Menelik II. in der Schlacht bei Adua

■ Südafrika zwischen Zulus, Buren und Briten

In Südafrika entstand der Kriegerstaat der Zulus, die bald in Konflikt mit den Buren gerieten. Großbritannien eroberte nach großem Widerstand schließlich die Burenrepubliken.

In Südafrika gründete ❼ Chaka den Staat der ⓫ Zulus, den er als König bis zu seiner Ermordung im Jahr 1828 regierte. Seine Macht innerhalb des Zulureiches stützte sich auf eine strenge Organisation des Volkes. Seine militärischen Reformen – die Einführung einer neuen Schlachtordnung und der Einsatz eines neuartigen Wurfspeers für den Nahkampf – sorgten für den erfolgreichen Verlauf der Kriege der Zulus. Durch ihre Eroberung großer Territorien lösten sie die Fluchtbewegungen der Bantu-Völker, insbesonder der Herero und Matabele, aus. Chakas Halbbruder und Nachfolger Dingane setzte dessen Politik fort. Er geriet jedoch bald in Konflikte mit den Buren, den Nachfahren der holländischen Siedler in der Kapkolonie.

9 Cecil Rhodes

Diese befand sich seit 1806 unter britischer Herrschaft. Wegen innenpolitischer Spannungen, v. a. vom Verbot des Sklavenhandels hervorgerufen, begaben sich 1837 etwa 5000 Buren auf den „Großen Treck" ins Landesinnere, wo sie auf die Zulus trafen. Diese töteten Piet Retief, den Anführer der Buren, die in der darauf folgenden Schlacht 1838 unter Andries Pretorius mehr als 3000 Zulus töteten. Nach dem Sieg gründeten die Buren 1839 die Republik Natal, die von den Briten 1843 annektiert wurde, ebenso wie die daraufhin gegründeten Burenrepubliken Oranjefreistaat und Transvaal. Anfang der 1850er-Jahre erkannte Großbritannien die Unabhängigkeit der Republiken an. Als Diamanten im Grenzgebiet zwischen Kapkolo-

nie und Burengebieten sowie Gold bei Johannesburg gefunden wurden, verstärkten die Briten wieder den Druck auf die Buren. Nach der Annexion Transvaals 1877 erhoben sich die Buren und fügten den Briten eine Niederlage zu. In den folgenden Jahren kreiste ❾ Cecil Rhodes, seit 1890 Premierminister der Kapkolonie, mit

7
Grabmal für den Zulukönig Chaka am Ort seiner Ermordung in Stanger (Kwadukuza), wo sich die ehemalige Residenz des Zulukönigs befand

8
Karikatur auf „Ohm" Krüger und König Eduard VII. von England: „Der neue Aschenbecher von Mr. Krüger"

der Eroberung von Rhodesien und Betschuanaland die Burenrepubliken ein.

Durch den Aufmarsch von Truppen provozierten die Briten 1899 den Präsidenten Transvaals, ❽ Paulus „Ohm" Krüger, zur Kriegserklärung. Im Burenkrieg verloren die Briten zunächst gegen die Generäle ⓬ Smuts, Botha und Hertzog erste Gefechte in Natal und der Kapkolonie. Aber 1900 eroberte Frederick Sleigh Roberts Bloemfontein, die Hauptstadt des Oranjefreistaates; im Mai fiel Johannesburg und im Juni Pretoria, Hauptstadt von Transvaal. Krüger musste nach Europa fliehen, aber die Buren gingen nun zum Guerillakrieg über. Zwei Jahre lang hielten sie den britischen Übergriffen stand, bis Lord Kitchener sie schließlich besiegte. Er ließ burische Farmen zerstören und Frauen und Kinder in ❿ „concentration camps" inhaftieren. Im Frieden von Veree-

niging 1902 wurden Transvaal und der Oranjefreistaat zu britischen Kolonien mit Selbstverwaltung erklärt. 1910 wurden die Buren und ihre Staaten in die „Südafrikanische Union" integriert, die von nun an Dominion des „British Empire" war.

10
Konzentrationslager der Briten zur Internierung der Buren ab Mai 1900

11
Zulufrauen beim Tanz anlässlich einer Hochzeit (Foto, 1970)

12
Jan Christiaan Smuts, späterer Ministerpräsident von Südafrika (Foto, 1910)

1789–1914

Neuere Geschichte

Afrika: Die Aufteilung des Kontinents durch die Europäer

Mit den Expeditionen Henry Stanleys ab 1878 im Auftrag des belgischen Königs Leopold II. begann der Vorstoß ins Innere Afrikas. Um Krieg zu vermeiden, einigten sich die Kolonialmächte auf der Kongokonferenz 1884 in Berlin über die Aufteilung des Kontinents untereinander.

Nachdem der ❸ Sklavenhandel im Zuge der von der Aufklärung ausgehenden Diskussion über die Menschenrechte Proteste herausgefordert hatte, wurde in der Akte des Wiener Kongresses 1815 ein allgemeines Verbot des Sklavenhandels aufgenommen. Die Stützpunkte der europäischen Handelsgesellschaften verloren

3

Muschelgeld aus Kaurischnecken, ein Zahlungsmittel im Sklavenhandel in Schwarzafrika

damit ihre Haupteinnahmequelle und ihren wirtschaftlichen Wert, Letzteres auch wegen des 1869 eröffneten Suezkanals, der den Seeweg nach Indien erheblich verkürzte.

Mit der ❶ Erforschung des Kongogebietes seit 1878 durch

Die Berliner Kongokonferenz

Unter Leitung des deutschen Reichskanzlers Bismarck einigten sich die Kolonialmächte 1884/85 auf der Berliner Kongokonferenz über ihre Interessen in Afrika. Als sie im Februar 1885 den Vertrag der Konferenz unterzeichnet hatten, war das Ergebnis für Afrika alles andere als erfreulich. Hatte z. B. ein Land afrikanisches Gebiet erforscht und in Beschlag genommen, durfte es dies ab jetzt auch behalten, solange es die anderen darüber informierte. Da somit das Recht auf Land daran gebunden war, dass man als Erster dort war, begann nun der Endspurt im „Wettrennen um Afrika". Ähnliches galt für Niederlassungen an Küsten: Die Grenzen konnten so weit in den Kontinent hinein vorgeschoben werden, bis man auf das Gebiet einer anderen Macht traf. Grenzen wurden mit dem Lineal gezogen und setzten sich über die gewachsenen Strukturen und Kulturen sowie historischen Grenzen Afrikas hinweg.

oben: Berliner Kongokonferenz vom 15. 11. 1884 bis 26. 2. 1885

1

Henry Stanleys Treck transportiert ein Boot durch den Urwald

2

Henry Stanley und seine Offiziere (Holzstich, um 1890)

❷ Henry M. Stanley im Auftrag des belgischen Königs Leopold II. begann der Vorstoß der Europäer in das Innere des Kontinents. ❹ Leopold II. ließ sich den „Kongo-Freistaat", den er gegründet hatte, als seinen Privatbesitz von den Großmächten anerkennen. Diese teilten 1884/85 auf der sog. ❺ Kongokonferenz in Berlin den Kontinent endgültig unter sich auf.

Seit Anfang der 1880er-Jahre begann sich der wirtschaftliche Wert der Kolonien zu vergrößern. Die Rohstoffbedürfnisse der expandierenden Industrien machten sie wieder wirtschaftlich rentabel; oft trugen die Kolonien den europäischen Kolonialmächten sogar enorme Gewinne ein. Neben dem wirtschaftlichen Faktor spielte aber auch das Selbstverständnis der europäischen Staaten eine entscheidende Rolle. Im Glauben an die eigene zivilisatorische Überlegenheit wollten die Nationen ihre Ideale hinaus in die Welt tragen, rücksichtslos und ohne Respekt für die Kultur der kolonialisierten Länder.

4

Leopold II., König der Belgier

5

„Jedem sein Teil", Karikatur auf Bismarck, der Afrika als Kuchen verteilt (1885)

ab 1830	Franzosen erobern Algerien	1869	Eröffnung des Suezkanals	1881	Annexion Tunesiens durch Frankreich
1865–1909	Leopold II. von Belgien	ab 1878	Erforschung des Kongogebiets	ab 1881	Mahdi-Aufstand im Sudan gegen die Briten

■ Die großen Kolonialmächte

Frankreich und Großbritannien kamen sich im Gebiet südlich von Ägypten ins Gehege; die Faschoda-Krise führte beinahe zum Krieg.

Die Briten verfolgten unter ❼ Premierminister Benjamin Disraeli seit den 1870er-Jahren offen und mit Nachdruck das Ziel der Errichtung eines „Weltreiches" (S. 393). Die Absicht bestand darin, sich so viel Land wie möglich und damit auch Wirtschaftsmacht anzueignen. Rohstoffe, Arbeitskräfte, Absatzmärkte und nicht zuletzt Soldaten aus den Kolonien machten Großbritannien zur Weltmacht.

7 Königin Viktoria und Premierminister Benjamin Disraeli (um 1879)

Etwa zehn Jahre später begannen die Franzosen, das gleiche Ziel anzustreben. Auf die gleiche Weise, wie die Briten 1882 ❻ Ägypten eroberten, übernahm Frankreich 1881 die ❽ „Schutzherrschaft" über Tunesien. Das Land befand sich am Rande des Bankrotts; die Franzosen nutzten diese Situation für einen „Schutzvertrag", den sie teilweise auch mit Gewalt durchsetzten. Frankreich errichtete ausgehend von seinen Küstenstützpunkten am Senegal, an der Elfenbeinküste, in Dahomey und am Kongo ein koloniales Großreich, dass sich fast über ganz Westafrika erstreckte und durch die Sahara die nördlich gelegenen Kolonien Tunesien und Marokko einband.

Die französischen Eroberungen führten bald zu Konflikten mit Großbritannien, das die sog. Kap-Kairo-Linie plante, eine durchgehende Kolonienkette vom Kap der Guten Hoffnung bis zum Mittelmeer. Die ❾ „Faschodakrise" (benannt nach einem Ort im südlichen Sudan) löste 1898 beinahe einen Krieg zwischen Franzosen und Briten aus.

Während die beiden großen Kolonialmächte den größten Teil Afrikas unter sich aufgeteilt hatten, bemühten sich auch die jungen Nationen Italien und das Deutsche Reich um Gebiete in Afrika. Die Deutschen hatten sich – zunächst als private Handelskolonien, die aber 1891 dem Deutschen Reich untergeordnet wurden – in Togo und Kamerun engagiert sowie in Deutsch-Ostafrika (Tansania) und Deutsch-Südwestafrika (Namibia), wo sie 1904 und 1905–1907 mit ❿ großer Brutalität gegen Aufstände der Hereros und Maji-Maji vorgingen.

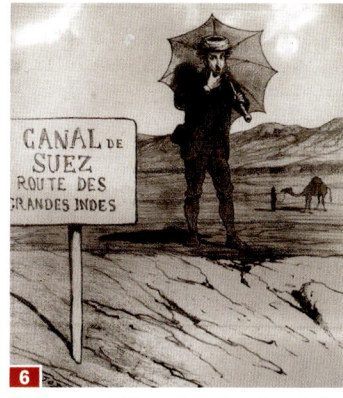

6 Karikatur auf Disraeli am Suezkanal, der kürzesten Verbindung nach Indien: „Ach, warum gehört dieser Weg zu mir nach Hause nicht mir?" (Lithografie)

Italiens Traum von einem ostafrikanischen Kolonialreich zerplatzte, als die Italiener 1896 nach der vernichtenden Niederlage in der Schlacht bei Adua von den Äthiopiern vertrieben wurden (S. 422).

8 Unruhen und Erhebungen unter den Einheimischen gaben Frankreich 1881 den Anlass zur Besetzung Tunesiens (Lithografie, koloriert, um 1910)

Die Faschodakrise 1898

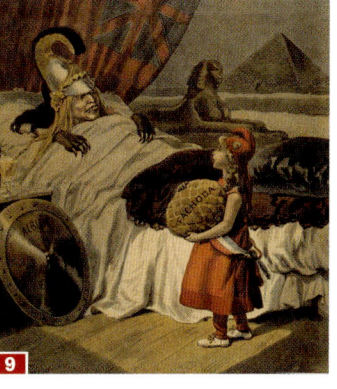

Nachdem Lord Kitchener das sudanesische „Reich des Mahdi" zerstört hatte, zog er nach Süden, wo er in Faschoda auf französische Truppen unter J.-B. Marchand traf und sie zum Rückzug zwang. Großbritannien betrachtete den Sudan als Herrschaftsgebiet des britischen Ägyptens, die Franzosen als freies Gebiet, das besetzt werden konnte. Ihr Außenminister Théophile Delcassé setzte sich für einen Kompromiss ein. 1899 wurde festgelegt, dass die Briten die Hoheit über das obere Nilgebiet erhielten, Frankreich das Gebiet von Darfur zum Tschadsee, das sog. Äquatorialafrika.

oben: Zusammentreffen des französischen Majors Marchand mit dem Abgesandten des britischen Generals Kitchener in Faschoda (Zeichnung, 1898)

9 Karikatur auf den Konflikt der Kolonialmächte Großbritannien und Frankreich: Frankreich als Rotkäppchen dargestellt, Großbritannien als Wolf (1898)

10 Die Schädel gefallener oder gehängter Hereros werden verpackt und an das Pathologische Institut in Berlin geschickt (Foto, 1905)

1882	Britische Besetzung Ägyptens	1891	Togo und Kamerun werden dem Deutschen Reich untergeordnet	1904	Aufstand der Hereros
	1884/85	Kongokonferenz in Berlin	1896	Schlacht bei Adua	1898	Faschodakrise	1905–07	Aufstand der Maji-Maji

USA – Anfänge und Aufstieg zur Weltmacht 1789–1917

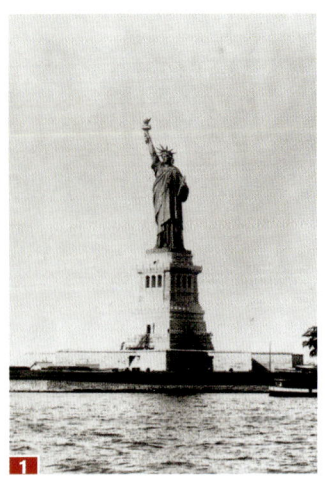

Die jungen ❶ USA, seit 1789 der erste moderne Verfassungsstaat, vervielfachten im 19. Jh. ihr Staatsgebiet durch Erwerbungen und Annexionen nach Westen hin, was der stark anwachsenden Bevölkerung große Entfaltungsmöglichkeiten bot. Doch die Uneinigkeit zwischen den handelsorientierten Nordstaaten und den agrarisch geprägten Südstaaten wuchs und eskalierte 1861 über der Frage der Sklavenhaltung. Bis 1865 erschütterte ein blutiger Bürgerkrieg das Land. Mit dem Sieg des Nordens, der „Föderalisten", blieb die Union jedoch weiterhin erhalten. – Die permanente Gefahr, sich in Konflikte des alten Europa verwickeln zu lassen, führte zu einem außenpolitischen Isolationismus, den die USA spätestens mit ihrem Eintritt in den Ersten Weltkrieg nicht mehr aufrechterhalten konnten.

1 Die Freiheitsstatue von New York, enthüllt am 28. 10. 1886

Die Jahre der Unionsgründung

In den Jahren nach der Unionsgründung war die gesellschaftspolitische Ausrichtung der jungen Republik heftig umstritten. Die Verwicklung der USA in europäische Konflikte führte 1823 unter Präsident Monroe zur Festschreibung einer isolationistischen Außenpolitik.

Nachdem die 13 ehemaligen Kolonien 1788/89 die Verfassung der Vereinigten Staaten angenommen hatten, wählten sie am 4. 2. 1789 George Washington zum ersten Präsidenten (bis 1797). Uneinigkeit über die Ausrichtung der jungen Demokratie führte zur Parteibildung: Die „Föderalisten" traten unter Außenminister Alexander Hamilton für eine zentralistische Bundespolitik ein, dage-

gen plädierten die „Demokraten" um Finanzminister Thomas Jefferson für starke Einzelstaaten.

Außenpolitisch stellten die Kriege des revolutionären Frankreich gegen die Koalitionsstaaten, zu denen auch Großbritannien gehörte, die USA auf eine Probe. Präsident Washington beharrte auf Nichteinmischung in europäische Angelegenheiten. Unter seinem Nachfolger John Adams (1797–1801) jedoch stand die Frage der Bindung an Frankreich oder Großbritannien im Vordergrund. Der dritte Präsident, ❷ Thomas Jefferson (1801–

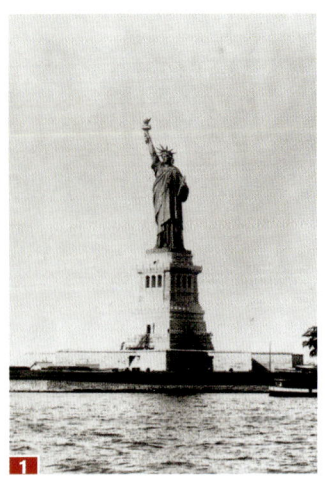
Thomas Jefferson

1809), wiederum verhängte über beide Staaten gleichermaßen ein Handelsembargo, das die USA vor Verwicklungen in die Napoleonischen Kriege schützen sollte. Missachtung der amerikanischen Neutralität von britischer Seite sowie Unterstützung der gegen die ❸ Siedler kämpfenden ❹ Indianer führten 1812 unter Präsident James Madison zur Kriegserklärung an Großbritannien. Der Versuch, auch Kanada für die Vereinigten Staaten zu erobern, scheiterte, und 1814 wurde der Status quo wiederhergestellt. 1823 formulierte Präsident Monroe (1817–1825) die später sog. Monroe-Doktrin: Keine Einmischung in europäische Konflikte, aber auch keine Duldung von Kolonisationsversuchen europäischer Mächte auf dem amerikanischen Doppelkontinent.

In den folgenden Jahren lag der Schwerpunkt auf der Besiedlung des Westens. Bereits 1803 hatte

3 Siedlertreck in den Black Hills

Der „Supreme Court"

Die jungen USA waren bemüht, die von dem französischen Philosophen Montesquieu entwickelte Gewaltenteilung einzuhalten. Der erste Oberste Bundesrichter, John Marshall, der von 1801 bis 1835 amtierte, beschnitt mehrfach die Kompetenz der Präsidenten Jefferson und Madison. So setzte er 1803 im Rechtsfall „Marbury versus Madison" das Recht des Supreme Court durch, über die Verfassungsmäßigkeit von Bundesgesetzen zu entscheiden und diese gegebenenfalls zu verwerfen.

George Washington, 1793

„Die richtige Politik für uns ist, dauernde Bündnisse mit irgendeinem Teil der übrigen Welt glücklich zu umgehen."

oben: George Washington

Präsident Jefferson im „Louisiana Purchase" von Frankreich das riesige Gebiet zwischen Mississippi und den Rocky Mountains erworben, wodurch das Staatsgebiet der USA verdoppelt worden war.

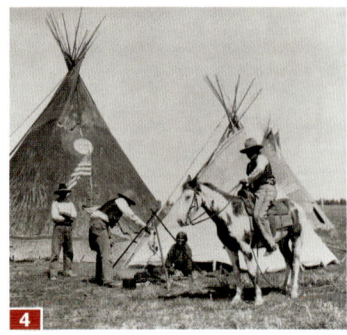
4 Indianer in einem Reservat, 1906

1788/89 | Annahme der Verfassung   1797 | John Adams wird 2. US-Präsident   1803 | „Louisiana Purchase", Erwerb Louisianas von Frankreich

4. 2. 1789 | George Washington wird 1. US-Präsident   1801 | Thomas Jefferson wird 3. US-Präsident   18. 6. 1812 | Kriegserklärung der USA an England

■ Politische Umorientierung und Expansion

Während der Präsidentschaft Andrew Jacksons ab 1829 begann sich das politische System in Richtung Massendemokratie und Parteienherrschaft zu entwickeln. Präsident Polk annektierte nach 1845 weite Gebiete im Süden (auf Kosten Mexikos) und Nordwesten des Landes.

5

Geronimo, der letzte Apachenhäuptling

servatspolitik („Indian Removal Act"). Die ❺ Indianerstämme wurden in den äußersten Westen abgedrängt oder in ❻ Reservate umgesiedelt, die ständig beschnitten wurden, da die Westexpansion ungebrochen weiterging.

Unter den folgenden Regierungen verstärkte sich die Dominanz der Südstaaten. 1836 hatte sich Texas von Mexiko losgelöst und strebte den Anschluss an die USA an. Dies versuchte Mexiko zu verhindern. Spätestens seit dem Massaker an amerikanischen Siedlern von Fort Alamo durch mexikanische Truppen im Februar 1839 standen die Zeichen auf Krieg.

Die Zeit politischer Schwäche endete mit der Präsidentschaft von ❽ James K. Polk (1845–1849). Polk verkündete die Bestimmung der freien US-Bürger, sich über den Kontinent auszubreiten, und setzte im März 1845 im Kongress den Anschluss von Texas durch. ❿ Damit provozierte er den Krieg mit Mexiko, der im Juni 1846 begann. Die US-Truppen siegten an allen Fronten, annektierten auch Kalifornien und New Mexico. Im Februar 1848 musste Mexiko um Frieden bitten.

Daneben schloss die Regierung im Juni 1846 mit Großbritannien den Oregon-Vertrag, der den USA den Großteil des Gebietes zwischen Rocky Mountains und Pazifik sicherte. Die Grenze zwischen den USA und Kanada verläuft seither am 49. Breitengrad. Als in Kalifornien 1848

reichhaltige Goldfelder entdeckt wurden, brach der ❾ „Goldrausch" aus; Abenteurer und Glücksritter strömten in der Hoffnung auf Reichtum gen Westen.

6

Sioux und General William T. Sherman bei der Unterzeichnung des Vertrages von Fort Laramie, in dem den Sioux ein Schutzgebiet eingeräumt wurde, 1868

Nachdem sich in den Wirtschaftskrisen der 1820er-Jahre viele Farmer bei den großen Banken verschuldet hatten, kam es 1828 zum politischen Umschwung. ❼ Andrew Jackson war der erste Präsident (1829–1837), der nicht der Ostküstenelite entstammte. Er betrieb eine „Politik des einfachen Mannes", zerschlug die amerikanische Nationalbank und setzte Hilfsprogramme für Farmer und Siedler um. Seine „Jacksonian Democracy" prägte die US-Politik bis 1860. Sie beinhaltete eine Dominanz des Mittelstandes über die Wirtschaftseliten, die Ausbildung des Parteiensystems und eine politische Vorherrschaft des Westens und Südens über den Nordosten.

Das Schutzzollgesetz von 1828, das die Südstaaten heftig ablehnten, führte zu einer Kontroverse um das Recht der Einzelstaaten auf Nichtannahme von Bundesgesetzen („Nullification Crisis"). Jackson drohte dem Süden mit militärischer Intervention und rettete so die Union. Seit 1830 betrieb er eine rabiate Re-

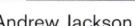

7

Andrew Jackson

8

James K. Polk

9

Goldgräber an einem Gebirgsfluss (um 1890)

Neuere Geschichte

„Nullification Crisis"

1832 verabschiedete der Staat South Carolina die „Ordinance of Nullification", die die antiprotektionistischen Zollgesetze von 1828 und 1832 für ungültig erklärte und mit dem Austritt des Staates aus der Union drohte. Präsident Jackson machte Anstalten, militärisch einzugreifen. Der Konflikt hatte im April 1830 bei einem Präsidentendinner begonnen. Jackson brachte den Toast aus: „Unsere föderative Union – sie muss bewahrt werden!"; worauf Vizepräsident Callhoun konterte: „Die Union – nach unserer Freiheit das Teuerste!"

10

Einnahme der Hauptstadt Mexikos durch die US-Truppen unter General W. Scott, 14. 9. 1847

2. 12. 1823 | Monroe-Doktrin   **1830** | Indian Removal Act   **1845** | James K. Polk wird Präsident   **1846–48** | Krieg mit Mexiko

1829 | Andrew Jackson wird Präsident   **1836** | Unabhängigkeit Texas' von Mexiko   **März 1845** | Anschluss Texas' an die USA   **5. 6. 1846** | Oregon-Vertrag

■ Der Beginn des Bürgerkriegs

Aus Protest über die Wahl des Sklaverei-Gegners Abraham Lincoln zum Präsidenten der USA 1860 sagten sich elf Südstaaten von der Union los und erklärten die Sezession. 1861 begann ein blutiger Bürgerkrieg, der „Sezessionskrieg".

1 Schwarze Sklaven auf einer Baumwollplantage in den Südstaaten (Holzstich, 1885)

Die offene Frage der ❶ Sklavenhaltung trieb bis Mitte des 19. Jh. eine tiefe Kluft zwischen die überwiegend bürgerlich-handelsorientierten Nordstaaten und den patriarchalisch-agrarischen Süden. In allen Staaten nördlich von Maryland war bereits gegen Ende des 18. Jh. die Sklaverei abgeschafft worden, während der Süden mit seiner ausgedehnten Plantagenwirtschaft nicht auf die Arbeitskraft der Sklaven verzichten wollte. Die Diskussion entzündete sich erneut, als nach dem Krieg gegen Mexiko 1848 neue Territorien (Kalifornien, New Mexico, Texas) in die Union aufgenommen wurden. Der Norden wollte die Sklaverei dort verbieten, der Süden sie in das Belieben der einzelnen Staaten stellen. Uneinigkeit über

2 Niederlage der Unionstruppen in der Schlacht von Bull Run, 21. 7. 1861

die Sklavenfrage schwächte die führende Demokratische Partei auch im Innern, und 1860 siegte mit Abraham Lincoln (1861–1865) erstmals ein Kandidat der Republikaner, die Sklaverei-Gegner verschiedener Richtungen unter sich gesammelt hatten. Aus Protest erklärte South Carolina daraufhin die Sezession, d. h. seine Unabhängigkeit von der Union. Zehn weitere Staaten (Mississippi, Florida, Alabama, Louisiana, Georgia, Texas, Virginia, Arkansas, Tennessee, North Carolina) schlossen sich an. Sie bildeten im Februar 1861 die „Konföderierten Staaten von Amerika", gaben sich eine eigene Verfassung und wählten ❸ Jefferson Davis zu ihrem Präsidenten.

Am 12. 4. 1861 beschossen die Truppen von South Carolina die in ❹ Fort Sumter stationierten Truppen der Union. ❷ Der Sezessionskrieg begann. Nach anfänglichen Erfolgen der Konföderierten wendete sich 1863 das Blatt zugunsten der Union.

4 Angriff auf das Unionsfort Sumter in Charleston, 1861

3 Jefferson Davis

Die „Republican Party"

Die Republikanische Partei wurde 1854 durch Zusammenschluss von Sklavereigegnern aus den Parteien der Demokraten und Whigs gegründet. Ihr vorrangiges Ziel war zunächst die Aufhebung des „Kansas-Nebraska Act" von 1854, der die nördlichen Territorien für die Sklaverei öffnete. Hauptsächlich waren die Republikaner im Norden und Westen der USA vertreten.

Abraham Lincoln

Abraham Lincoln am 19. 11. 1863 in Gettysburg

„Wir müssen uns der großen Aufgabe widmen, die noch vor uns liegt: damit wir von diesen ehrwürdigen Toten eine größere Hingabe an die Sache mitnehmen. ... Damit wir hier den hohen Entschluss fassen, dass diese Toten nicht umsonst gestorben sein sollen. Damit diese Nation mit Gottes Führung eine Wiedergeburt zur Freiheit erlebe. Und damit die Herrschaft aus dem Volk, durch das Volk und für das Volk nicht von der Welt verschwinde."

Neuere Geschichte
1789–1914

■ Sieg der Union und „Reconstruction"

Nach dem Sieg der Union im Jahr 1865 war die Politik bis 1877 vom Streit um den Wiederaufbau des zerstörten Südens bestimmt. Einen wirtschaftlichen Aufschwung brachte der Bau der transkontinentalen Eisenbahnlinien.

5 Freudenkundgebung über die Sklavenbefreiung, 1865

Anfang 1864 ernannte Lincoln General **❼** Ulysses S. Grant zum Oberbefehlshaber der Unionstruppen; dieser zwang Konföderiertengeneral **❽** Robert E. Lee am 9. 4. 1865 bei Appomattox zur Kapitulation, womit der Krieg faktisch zu Ende war. Fünf Tage später wurde Lincoln von einem fanatischen Südstaatler in Washington erschossen. Am 18. 12. 1865 erhielten die Sklaven mit dem 13. Zusatzartikel zur Verfassung endgültig ihre **❺** Freiheit.

Wie Lincoln plädierte sein Nachfolger Andrew Johnson für eine Politik der Versöhnung mit dem weitgehend zerstörten Sü-

den („Reconstruction Policy"). Doch die mehrheitlich radikalen Republikaner im Kongress bestanden auf einer gründlichen Zerschlagung der Herrschafts- und Gesellschaftsstruktur und setzten zur Kontrolle der Südstaaten Militärregierungen ein.

Das 1867 zum Schutz der befreiten Sklaven eingerichtete „Freedman's Bureau" war mit den mehr als 3 Millionen Freigelassenen – fast die Hälfte der Südstaatenbevölkerung – überfordert. Die Weißen wollten sich nicht damit abfinden, dass ihre einstigen Sklaven nun dieselben Bürgerrechte wie sie besitzen sollten. Es entwickelte sich eine rassistische Bewegung; der **❻** Ku-Klux-Klan terrorisierte die freigelassenen Sklaven und deren Fürsprecher. Insgesamt blieb eine fundamentale Reform der südstaatlichen Gesellschaft unter Ulysses S. Grant, der als Präsident

(1869–1877) weit weniger erfolgreich denn als General war, in Ansätzen stecken; besonders seine zweite Amtszeit war von Korruptionsskandalen überschattet.

Auf den Plantagen im Süden konnten sich nach dem Abzug der Unionstruppen 1870 und dem offiziellen Ende der „Reconstruction Policy" die alten Herrschaftsverhältnisse, wenn auch nicht mit offener Sklaverei, bald wieder einschleichen. Ende des 19. Jh. wurde eine strikte Rassentrennung in Schulen, Verkehrsmitteln, Gaststätten etc. eingeführt.

Der Norden erlebte nach Ende des Bürgerkrieges einen kräftigen wirtschaftlichen Aufschwung, v. a. durch den Bau der **❾** transkontinentalen Eisenbahnlinien. Bis 1893 wurden fünf Routen zur Erschließung des dünn besiedelten Westens fertiggestellt.

7 Unionsgeneral Ulysses S. Grant

8 Konföderiertengeneral Robert E. Lee

6 Aufmarsch des Ku-Klux-Klan

9 Atlantic-Pacific Railway, 1868

Siedler gegen Indianer

Sitting Bull

Siedler, Goldgräber und Eisenbahnbauer betreiben die Erschließung des Westens rücksichtslos auf Kosten der Indianer. Land wurde enteignet, Indianer in Reservate gepfercht und Stämme, die ihr Territorium verteidigten, rigoros bekämpft, oft vernichtet. – Zu den größten Zusammenstößen gehört die Schlacht am Little Bighorn, wo 1876 die Sioux unter Häuptling Sitting Bull eine Strafexpedition von General Custer überfielen. Als drei Jahre später ein neuer Aufstand drohte, wurde Sitting Bull vorsorglich verhaftet und erschossen. Einige Jahre später, am 29. 12. 1890, beging die US-Kavallerie das Massaker am Wounded Knee Creek und tötete über 400 Männer, Frauen und Kinder der Sioux.

Die Schlacht am Little Bighorn

| 15. 4. 1865 | Lincoln wird ermordet | 18. 12. 1865 | Endgültige Befreiung der Sklaven | 29. 12. 1890 | Massaker am Wounded Knee Creek |
| 9. 4. 1865 | Kapitulation der Südstaaten; Ende des Bürgerkriegs | 24. 12. 1865 | Gründung des Ku-Klux-Klan | Mai 1869 | Transkontinentale Eisenbahnstrecke fertig |

■ Wirtschaftlicher Aufstieg

Das rasche Anwachsen der Städte zwischen 1877 und 1897 durch Einwanderer und Industriearbeiter brachte soziale und wirtschaftliche Probleme mit sich.

Haymarket Affair, Chicago, 1886

Chicago, State Street, 1903

Der Aufstieg der USA zur Weltmacht begann zunächst auf ökonomischem Gebiet. Nach dem Eisenbahnbau führte die Entdeckung von ❹ Erdöl zu neuem Wirtschaftsaufschwung. 1870/82 gründete John D. Rockefeller mit der „Standard Oil Company" den ersten Trust in den USA und kontrollierte bis 1911 rund 90 % des Ölgeschäfts. 1873 begann Andrew Carnegie mit dem Aufbau der Stahlindustrie. – Das rapide Anwachsen der ❷ Städte und eine

sich ständig erhöhende Zahl meist mitteloser ❸ Einwanderer aus Europa und Asien führte zum Entstehen ethnisch geprägter Viertel in den Großstädten sowie zum explosionsartigen Ansteigen des Industrieproletariats. Es gab keine verbindliche Regelung der Arbeitsverhältnisse; Gewerkschaften waren nur lokal organisiert, wilde Streiks und Gewaltaktionen waren an der Tagesordnung.

Die sog. ❶ Haymarket Affair im Mai 1886 zeigte die Dringlichkeit sozialer Lösungen: Nachdem bei einer Massendemonstration in Chicago die Polizei etliche Streikende erschossen hatte, wurden zwei Tage später bei einem Bombenattentat mehrere Polizisten getötet, woraufhin vier „Anarchis-

ten" zum Tode verurteilt und gehängt wurden, obwohl Beweise für ihre Schuld fehlten. Seit der Haymarket Affair wird der 1. Mai international als „Kampftag der Arbeiterklasse" begangen.

Während sich die Gewerkschaften fester organisierten, forderte das Wirtschaftsbürgertum endlich eine Angleichung der Politik an die expansive ökonomische Entwicklung des Landes. Ein brisantes Thema waren die Schutzzölle, die einerseits den Absatz amerikanischer Güter vor ausländischen begünstigten, andererseits aber den Branchen schadeten, die auf Importware angewiesen waren. Präsident Grover Cleveland (1885–1889 und 1893–1897), ein Gegner übersteigerter Zollpolitik, konnte es jedoch nicht verhindern, dass seine jeweiligen Nachfolger die Einfuhrzölle

1890 („McKinley-Tarif") und 1897 („Dingley-Tarif") auf ihren Höhepunkt führten: Bis 1909 war der Schutzzoll auf 57 % festgesetzt.

1893 kam es durch den Zusammenbruch der Auslandsmärkte und riskante Spekulationen der Trusts zu einer schweren Wirtschaftskrise in den USA.

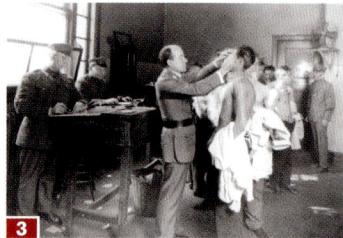

Medizinische Untersuchung von Immigranten, Ellis Island, New York, 1900

Die Trusts

„Trust" bedeutet „Treuhandgesellschaft" und ist ein Zusammenschluss ehemals selbstständiger Unternehmen zu einer Kapitalgesellschaft (Konzern) mit dem Ziel der Marktbeherrschung (Monopol). Im Unterschied zum Kartell bildet

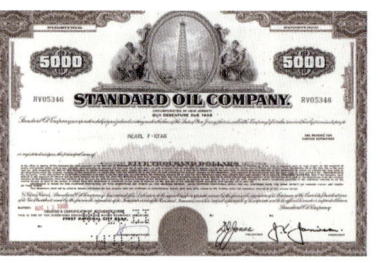

„Standard Oil"-Aktie

J. D. Rockefeller, 1936

der Trust eine straff organisierte Einheit von Verwaltung und Kapital. Seit Entstehung der Trusts versuchten die Regierungen der USA, diese zu verhindern und den freien Wettbewerb zu gewährleisten, jedoch oft nur mit mäßigem Erfolg. Wichtige Anti-Trust-Gesetze der USA waren der Sherman Act (1890), der Elkins Act (1903), der Federal Trade Commission und der Clayton Act (beide 1914).

Erdölfeld in Kalifornien, 1925

Die Politik des Imperialismus

Ab 1897/98 forcierten die Präsidenten McKinley und Roosevelt das imperialistische Ausgreifen der USA auf den amerikanischen Kontinent und den Karibikraum. Präsident Wilson konzentrierte die Politik nach 1913 auf die Innenpolitik, doch erzwangen die politischen Verhältnisse 1917 den Kriegseintritt der USA an der Seite der Alliierten.

Mit dem Republikaner William McKinley (1897–1901) zog der erste „moderne" Präsident der USA ins Weiße Haus ein. Er stärkte die persönliche Macht des Präsidenten, erhöhte die Schutzzölle, führte den Goldstandard des Dollars ein und stärkte das Vertrauen der Wirtschaft, auch der Gewerkschaften, in die Regierung. 1898 griff er in den Befreiungskampf Kubas gegen die Spanier ein; das Interesse der Regierung richtete sich nun offen auf die neuen Märkte und Rohstoffquellen des Kontinents sowie des pazifischen Raumes bis hin zum Fernen Osten. Im Frieden von Paris wurde Kuba zur Republik; Puerto Rico, Guam und die Philippinen gingen aus spanischem in US-amerikanischen Besitz über, was in demokratischen Kreisen 1899 zur Bildung der kritischen Antiimperialistischen Liga führte.

Nach McKinleys Ermordung 1901 verstärkte sein Nachfolger, Theodore Roosevelt (1901–1909) die expansive Politik. Innenpolitisch setzte er auf eine wirksamere Kontrolle der Trusts und schlich-

5
Eröffnungsfahrt auf dem Panamakanal, 1914

tete aktiv Arbeitskämpfe. 1904 wiedergewählt, intervenierte er in mehreren mittelamerikanischen Ländern und vermittelte 1904/05 im russisch-japanischen Krieg, wofür er als erster Amerikaner 1906 den Friedensnobelpreis erhielt. – Nachdem er 1903 in Panama eine US-hörige Regierung installiert hatte, erwarb Roosevelt die dortige Kanalzone für die USA und ließ den Atlantik und Pazifik verbindenden ❺ Panama-Kanal erbauen (1914 eingeweiht).

Mit ❻ Woodrow Wilson gelangten 1913 wieder die Demokra-

ten an die Macht. Er schränkte die Expansionspolitik ein und wandte sich verstärkt inneren Fragen zu; seine „New Freedom"-Politik setzte auf soziale Reformen, eine liberale Kulturpolitik und versprach, die Rechte anderer Völker zu achten. Auf den Ausbruch des Ersten Weltkrieges reagierte Wilson mit einer Neutralitätserklärung der USA. Sein Kurs war umstritten, doch das Versprechen der Nichteinmischung sicherte ihm 1916 die Wiederwahl. Allerdings wurde er v. a. aus republikanischen Kreisen zum Handeln gedrängt, zumal der uneingeschränkte U-Boot-Krieg auch die US-Schifffahrt betraf. Nach Zustimmung des Kongresses erklärte Wilson am 6. 4. 1917 dem Deutschen Reich den ❼ Krieg.

Präsident William McKinley am 5. 9. 1901 zur Monroe-Doktrin

„Isolation ist nicht länger möglich oder wünschenswert ... Die Periode der Exklusivität ist vergangen. Die Ausweitung unseres Handels und Geschäfts bildet das beherrschende Problem."

oben: William McKinley

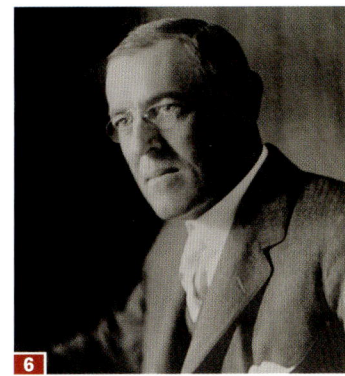

6
Präsident Woodrow Wilson

Roosevelt Corollary

Am 6. 12. 1904 verkündete Präsident Theodore Roosevelt den „Roosevelt Corollary" offiziell als Zusatz zur Monroe-Doktrin. Er legte ein Interventionsrecht der USA in der westlichen Hemisphäre (amerikanischer Kontinent und Pazifikraum) fest und erklärte den Anspruch der USA, eine internationale Polizeigewalt auf dem amerikanischen Kontinent auszuüben. Mit ihm begann die bis heute nicht unumstrittene Rolle der USA als „Weltpolizist".

Theodore Roosevelt

7
Einschiffung amerikanischer Soldaten nach Europa, 1917

| 14. 9. 1901 | Theodore Roosevelt wird Präsident | 5. 11. 1912 | Wahl Wilsons zum Präsidenten | 1916 | Wiederwahl Wilsons/USA bleiben noch neutral |
| 6. 12. 1904 | Verkündung des Roosevelt Corollary | 15. 8. 1914 | Eröffnung des Panamakanals | 6. 4. 1917 | Eintritt der USA in den Ersten Weltkrieg |

LATEINAMERIKA 1810–1914

Als Napoleon die Iberische Halbinsel besetzte, nutzten die spanischen und portugiesischen Kolonien in Lateinamerika die Niederlage ihrer Mutterländer, um für Selbstbestimmung und Unabhängigkeit zu kämpfen. In den ersten beiden Jahrzehnten erlangten die meisten der südamerikanischen Staaten unter Führung der einheimischen Kreolen, der Nachfahren der spanischen Kolonisten, ihre Unabhängigkeit. Dabei war ❶ Brasilien als portugiesische Kolonie das einzige Land, das sich ohne Kämpfe vom Mutterland löste. Bürgerkriege und innenpolitische Kämpfe bestimmten lange Zeit das Geschehen in den meisten Staaten Lateinamerikas. Monarchien, Diktaturen und Republiken wechselten einander ab.

1
Kaiserpalast in Petropolis bei Rio de Janeiro, Brasilien (erbaut 1845)

3
Einzug des „Libertador" Simón Bolívar 1813 in Caracas, Venezuela

Seitenrand: 1789–1914 · Neuere Geschichte

■ Der Unabhängigkeitskampf Südamerikas

Simón Bolívar erkämpfte die Unabhängigkeit Venezuelas und Kolumbiens, während José de San Martín von Argentinien aus Chile befreite und danach mit Simón Bolívar zusammen die Spanier aus Peru vertrieb.

Einer der Führer des Unabhängigkeitskampfes war ❷ Simón Bolívar, der in einer Kreolenfamilie im venezolanischen Caracas geboren wurde. Zusammen mit ❹ Francisco de Miranda, dem „Vater der südamerikanischen Unabhängigkeitsbewegung", bewirkte er 1811 die Loslösung ❸ Venezuelas von den Spaniern, die ihre Herrschaft jedoch wiederherstellen konnten. Von Neugranada, dem heutigen Kolumbien, aus nahm Bolívar den

2 Simón Bolívar

Kampf wieder auf. 1817 war Venezuela befreit. 1819 verkündete er die Vereinigung Venezuelas mit Neugranada zu Groß-Kolumbien, dessen erster Präsident er wurde. Nachdem sich 1821 Panama und 1822 Ecuador Groß-Kolumbien angeschlossen hatten, zog Bolívar nach Süden, wo er in Peru auf die argentinischen Truppen unter ❺ José de San Martín traf. Dieser war von Río de La Plata, dem heutigen Argentinien, aus nach Norden gezogen.

Im Vizekönigreich Río de la Plata hatten lokale Eliten die Schwäche der Zentralregierung im von Napoleon besetzten Spanien genutzt, um den Vizekönig 1810 abzusetzen. Ein Kongress in Tucamán hatte 1816 die Unabhängigkeit der „Vereinigten Provinzen des Río de la Plata" erklärt, zu denen auch das heutige Uruguay gehörte. Nachdem die Spanier

4 Francisco de Miranda

nach mehreren Schlachten aus dem Nordwesten des Landes vertrieben worden waren, brach die argentinische Armee unter San Martín auf, um Chile und Peru zu befreien. Zusammen mit dem chilenischen Revolutionär Bernardo O'Higgins überquerte San Martín die Anden. Ihre Armee konnte 1817 bei Chacabuco die Spanier schlagen und 1818 die Unabhängigkeit Chiles verkünden.

Als San Martín nach Peru weiterzog und ❻ Lima erreichte, hatten die Spanier die Stadt bereits aufgegeben, und Peru wurde 1821 für unabhängig

erklärt. San Martín wurde vorläufig Protektor und verband sich mit der Armee von Simón Bolívar, der ihm von Norden her entgegengezogen war. Bei den peruanischen Städten Junín und Ayacucho kam es 1824 zu Kämpfen. Sie besiegelten endgültig das Ende der spanischen Herrschaft in Südamerika.

5
Enthüllung des Denkmals für José de San Martín, 1909

6
Zeitgenössische Darstellung der peruanischen Hauptstadt (Stahlstich, 1850)

1817 Unabhängigkeit Venezuelas · **1819** Entstehung Groß-Kolumbiens · **1824** Ende der spanischen Herrschaft in Südamerika

1818 Unabhängigkeit Chiles · **1821** Unabhängigkeit Perus · **1828** Machtergreifung durch Santa Cruz

■ Entwicklungen nach der Unabhängigkeit

Nach der Erlangung der Unabhängigkeit kam es in vielen südamerikanischen Staaten zu inneren Unruhen und Militärdiktaturen.

Nachdem Peru und Venezuela von Groß-Kolumbien abgefallen waren, dankte ❽ Simón Bolívar 1830 ab, und sein Land zerfiel in Neugranada – seit 1863 Kolumbien –, Bolivien und Ecuador. In Bolivien hatte während des Bürgerkrieges 1828 der peruanische General Andrés de Santa Cruz die Macht ergriffen und erzwang 1836 die Vereinigung Boliviens mit Peru. Chile und Argentinien lösten jedoch diese Konföderation auf und setzten Santa Cruz ab.

8 Simón Bolívar

In den folgenden Jahrzehnten gelang es General R. Castilla, Peru innenpolitisch zu beruhigen. Das Land erlebte einen wirtschaftlichen Aufschwung, und die Rohstoffe Guano und Salpeter brach-

ten den Eliten Wohlstand. In Bolivien gelang die Stabilisierung im Innern nicht. Schwere Bürgerkriege erschütterten das Land. Ähnlich erging es den anderen Ländern, nachdem sie unabhängig geworden waren. Oft führte der Konflikt um den Staatsaufbau zu politischen Machtkämpfen.

In Argentinien verlieh die Politik General Juan Manuel de Rosas, die durch autoritäre Maßnahmen die nationale Einigung förderte, dem Land lange Zeit Stabilität. General ❼ Justo José Urquiza stürzte 1852 die Diktatur und wurde, nachdem eine föderalistische Verfassung in Kraft getreten war, Präsident der Republik Argentinien. Die Provinz ⓫ Buenos Aires, die im Bürgerkrieg zur Annahme der Verfassung gezwun-

gen worden war, erhob sich 1861 unter General Bartolomé Mitre und erzwang dessen Präsidentschaft. Der „Wüstenkrieg" von General J. A. Roca 1879/80 gegen die Indios brachte dem Land landwirtschaftlich nutzbare Gebiete in der ❾ Pampa ein. Mit Chile einigte er sich über die Aufteilung ❿ Feuerlands. Mit den USA als Schiedsrichter erhielt Argentinien 1895 Gebiete von Brasilien. Durch die Vermittlung Englands, das 1833 die Falkland-Inseln erobert hatte, regelte es einen Grenzkonflikt mit Chile in Patagonien zu seinen Gunsten.

Chile konnte 1826 die letzten spanischen Truppen vertreiben. Die 1833 erlassene restaurative Verfassung von General Joaquín Prieto wurde von den Liberalen bis 1859 erfolglos bekämpft. Seine und die folgenden Regierungen sorgten für innenpolitische Stabilität, die einen wirtschaftlichen und kulturellen Aufschwung be-

7 Ermordung von Justo José de Urquiza am 11. 4. 1870 in San José (Holzstich, 1870)

9 Straußenjagd mit der Bola in den argentinischen Pampas (kolorierte Radierung, 1821)

wirkte. Die Förderung von Kupfer, Silber und Salpeter, die Erschließung von Absatzmärkten für landwirtschaftliche Güter, der Ausbau des Schiffs- und Eisenbahnverkehrs und die Verbesserung der Bildung waren Eckpfeiler des Aufschwungs. 1891 wurde der amtierende Präsident Fernández gestürzt. Der folgende Bürgerkrieg endete mit der Einnahme von Santiago, die über 10 000 Menschenleben kostete.

Salpeterkrieg 1879–83

Die chilenischen Salpetergesellschaften sollten an Bolivien Steuern zahlen, woraufhin die chilenische Flotte 1879 den Hafen von Antofagasta besetzte und die Provinzen Tacna und Arica in Peru eroberte. Bolivien gab daraufhin den Kampf auf; Chile besetzte 1881 für zwei Jahre Lima in Peru und diktierte den Frieden von Ancón am 20. 10. 1883: Peru verlor Tacna, Arica und Tarapacá an Chile. Bolivien büßte 1884 mit Antofagasta den Zugang zum Meer und die Provinz Atacama ein.

oben: Abbau von Salpeterlagern

10 Die 1868 gegründete Stadt Ushuaia in der Provinz Feuerland gilt als südlichste Stadt der Welt.

11 Blick vom Hafen auf die argentinische Provinz Buenos Aires. (Stahlstich, um 1840)

| 1833 | Regierung Prietos in Chile | 1879/80 | Argentinischer „Wüstenkrieg" gegen die Indios | 1881–83 | Chilenische Besetzung Limas |
| 1830 | Zerfall Groß-Kolumbiens | 1852 | Sturz der Diktatur de Rosas in Argentinien | 1879–83 | Salpeterkrieg in Chile |

■ Mexiko im 19. Jahrhundert

Mexiko erkämpfte sich seine Unabhängigkeit. Unter den wechselnden Monarchien und Republiken gelang die schrittweise Liberalisierung und der Aufbau der Wirtschaft.

1

Antonio López de Santa Anna

2

Porfirio Diaz, Präsident von Mexiko

3

General Agustín de Itúrbide unterzeichnet die Unabhängigkeitserklärung

Auch in Neu-Spanien (Mexiko) wuchs das Verlangen nach Selbstbestimmung. 1810 rief der Pfarrer Hidalgo y Costilla die Bevölkerung zum Kampf gegen die Spanier auf. 1813 wurde eine republikanische Verfassung erlassen und die Unabhängigkeit erklärt. Offiziell unabhängig wurde das Land aber erst, als sich der Anführer der Kreolen, ❸ Agustín de Itúrbide, mit Rebellionsführer Vicente Guerrero verbündete und 1821 eine Monarchie ausrief.

Die kreolische Oberschicht und der höhere Klerus hatten sich zum Bündnis mit Vicente Guerrero entschlossen, um die Annahme der liberalen spanischen Verfassung zu verhindern. Als Kaiser Augustín I. von Mexiko regierte Itúrbide nur kurze Zeit. 1823 wurde er von General ❶ A. López de Santa Anna gestürzt. Von der Republik Mexiko trennten sich im selben Jahr die Vereinigten Staaten von Zentralamerika ab, aus denen später die meisten der mit-

telamerikanischen Länder hervorgingen.

Die junge Republik wurde von Konflikten zwischen Vertretern des Zentralstaats und des Föderalismus beherrscht. Manuel F. G. Victoria war nach der Verabschiedung einer republikanischen und föderativen Verfassung 1824 zum Präsidenten gewählt worden. 1833 stürzte ihn Santa Anna und beherrschte lange Zeit die Politik des Landes.

Nach dem Krieg gegen die USA musste Mexiko 1848 das Territorium nördlich des Río Grande abtreten. Die USA griffen auch in die Innenpolitik ein, als sie den Liberalen Benito Juárez im politischen Kampf gegen die Konservativen unterstützten. Als Präsident plante Juárez den Wiederaufbau des Landes u. a. durch die Einstellung der Zinszahlungen für Auslandsanleihen. Daraufhin intervenierten die betroffenen Länder Großbritannien, Spanien und Frankreich. Frankreich eroberte 1863 Mexico City. Der österreichische Erzherzog Maximilian wurde zum Kaiser von Mexiko ernannt. Doch Juárez eroberte das Land zurück und ließ ❹ Maximilian 1867 standrechtlich erschießen.

1876 gelangte der liberale General ❷ Porfirio Díaz an die Macht. Der Unmut der aufstre-

benden Bourgeoisie und der landlosen Bauern entlud sich 1910 in der ❺ Mexikanischen Revolution unter der Führung u. a. von Emiliano Zapata und Venustiano Carranza. Letzterer wurde Präsident Mexikos und verabschiedete 1917 eine sozialere und liberalere Verfassung.

4

„Die Erschießung Kaiser Maximilians von Mexiko" (Gemälde von Edouard Manet, 1868/69)

5

Anhänger des Revolutionärs Emiliano Zapata auf dem Marsch während der Mexikanischen Revolution

Die Mexikanische Revolution

Nach der Wiederwahl von Díaz brach 1910 zunächst eine von Politikern geführte Revolution aus. Schnell entwickelte sie sich jedoch zum Aufstand der durch die Politik von Díaz besitzlos gewordenen Kleinbauern (Campesinos). Im Süden kämpften sie unter Zapata für die Rückgewinnung der Ländereien, im Norden unter Villa für selbstständige kleine Agrarbetriebe. Nach mehreren Konflikten untereinander besiegte Carranza, der dritte Führer des Aufstands, die anderen und beschloss als Präsident eine Agrarreform.

Flugblatt aus der mexikanischen Revolution mit Porträt Zapatas

■ Brasilien im 19. Jahrhundert

Brasilien löste sich als einziger Staat ohne Kämpfe vom portugiesischen Mutterland.

Anfang des 19. Jh. wurde Brasilien der Zufluchtsort für den portugiesischen König Johann VI., als er von Napoleon vertrieben wurde. Er machte ❻ Rio de Janeiro zur Hauptstadt des portugiesischen Reiches. Nach dem Wiener Kongress 1815 kehrte er 1820 wieder nach Europa zurück, um in Lissabon zu herrschen, während sein Sohn ❼ Peter als Regent zurückblieb. Dieser wehrte sich gegen die Pläne Portugals, aus Brasilien wieder eine Kolonie zu machen, und stellte sich an die Spitze der Unabhängigkeitsbewegung Brasiliens. Am 7. 9. 1822 rief er die Unabhängigkeit aus und wurde im selben Jahr als ❿ Peter I. zum Kaiser von Brasilien gekrönt. 1825 erkannte Portugal die Unabhängigkeit an.

Das Land musste nach dem Krieg mit Argentinien 1825–27 im Frieden von Montevideo 1828 seine Ansprüche auf die Provinz nördlich des Río de la Plata, die als Uruguay selbstständig wurde, aufgeben. Die außenpolitischen Misserfolge sowie die Konflikte mit dem Parlament und den führenden gesellschaftlichen Schichten zwangen Peter I. 1831 schließlich zur Abdankung.

Unter der liberalen Regierung ❽ Peters II. ab 1840 stabilisierte sich das Land innenpolitisch, und die Wirtschaft entwickelte sich gut im Zuge der Einwanderung von Europäern und des zunehmenden ❾ Kaffeeanbaus v. a. im Süden Brasiliens. Das größte innenpolitische Problem stellte die ⓫ Sklaverei dar, da eine einflussreiche Gruppe von Sklavereigegnern deren Verbot forderte. Schon 1850 war die Sklaverei eingeschränkt worden. Peter II. schaffte sie 1888 endgültig ab, ohne die ehemaligen Sklavenbesitzer zu entschädigen. Damit trieb er die betroffenen Pflanzer, bis dahin wichtige Stützpfeiler der Monarchie, ins republikanische Lager. Nach einem Aufstand der Garnison von

❻ Blick über den Stadtteil Copacabana in Rio de Janeiro, ca. 1915

Rio de Janeiro unter General Manuel Deodoro da Fonseca 1889 erklärte sich Brasilien zur Republik, dessen erster Präsident Fonseca wurde. Die kaiserliche Familie ging ins Exil nach Europa.

1891 beschloss eine konstituierende Versammlung die neue Verfassung der Vereinigten Staaten von Brasilien. Nach dem Sturz Fonsecas im selben Jahr durch Floriano Peixoto wechselten sich in den folgenden Jahren Diktatoren mit der Herrschaft in Brasilien ab. Bis zum Ersten Weltkrieg gelang die innenpolitische Stabilisierung, und Verträge mit den Nachbarstaaten erweiterten das Territorium Brasiliens. Während des Ersten Weltkrieges wurde die Industrialisierung eingeleitet und die Infrastruktur ver-

❽ Peter II., Kaiser von Brasilien, um 1870

stärkt ausgebaut. Auch Erfolge v. a. beim Kaffeeexport begünstigten die wirtschaftliche Entwicklung des Landes und führten auch zu Veränderungen in der Gesellschaftsstruktur.

❾ Kaffeeernte in Brasilien

❿ Akklamation Peters I. in Rio de Janeiro, 1822

⓫ Auspeitschen eines schwarzen Sklaven in Brasilien

1848 | Frieden von Guadalupe Hidalgo   1876 | Putsch von Porfirio Díaz in Mexiko   1889 | Brasilien wird Republik

1864–67 | Maximilian Kaiser von Mexiko   1888 | Abschaffung der Sklaverei in Brasilien   1910 | Beginn der Mexikanischen Revolution

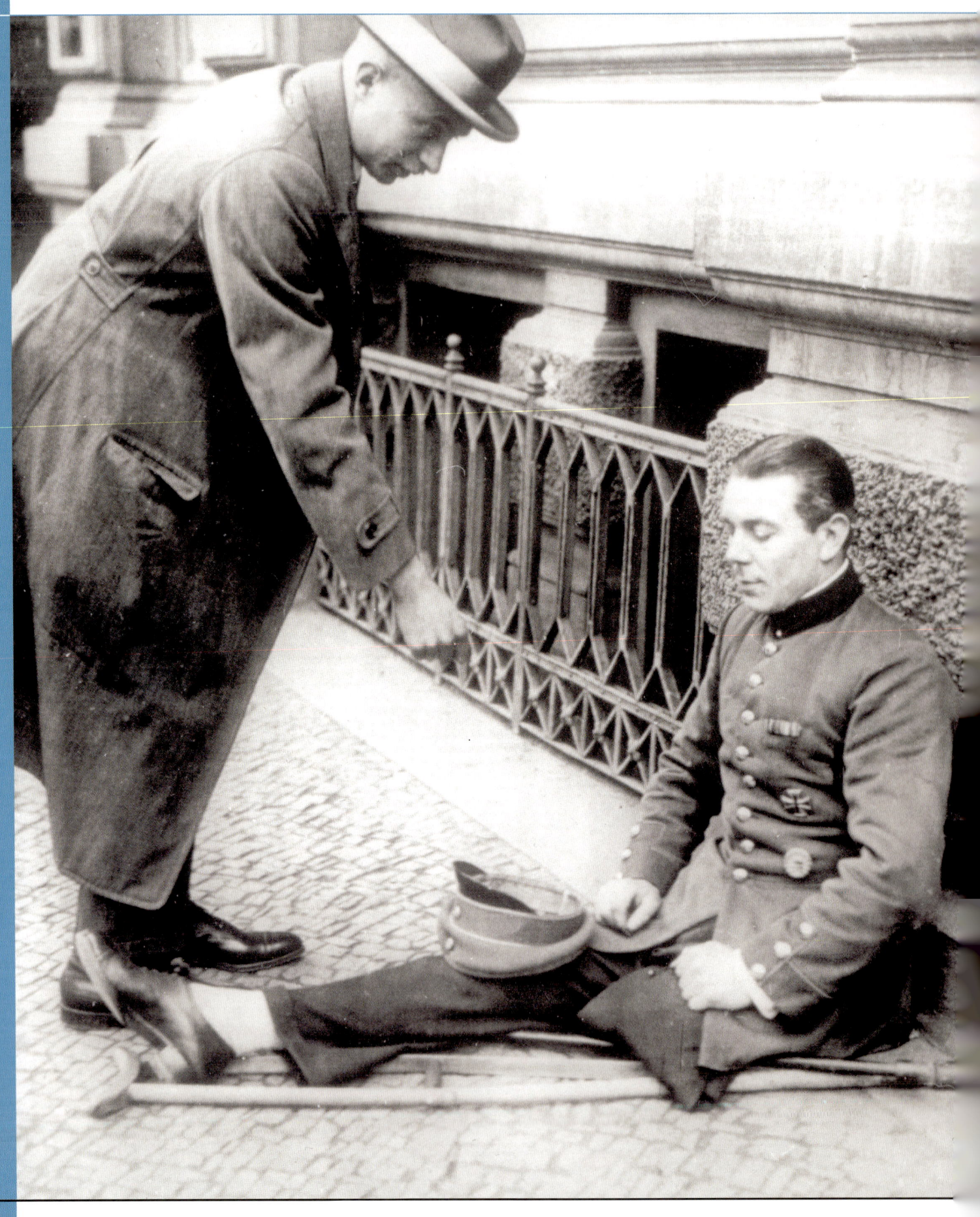

Weltkriege und Zwischenkriegszeit

1914–1945

Die erste Hälfte des 20. Jh. war geprägt von zwei Kriegen, die mit bis dahin unerreichter Brutalität geführt wurden. Aus einem europäischen Konflikt entwickelte sich durch die Einbeziehung der Kolonien und den Kriegseintritt der USA der Erste Weltkrieg, der die Landkarte Europas tiefgreifend veränderte und weltweit die Kräfteverhältnisse verschob. Zwanzig Jahre später wurden durch die aggressive Großmachtpolitik des nationalsozialistischen Deutschen Reichs die Staaten Europas, Asiens, Amerikas und Afrikas erneut in einen Krieg gezogen. Mit modernster Kriegstechnik geführt, kostete der Zweite Weltkrieg mehr als 60 Millionen Menschen das Leben. Der Holocaust, die planmäßige Vernichtung der europäischen Juden, wurde zum historischen Trauma.

Die Wiedereingliederung der Kriegsversehrten nach den Weltkriegen stellte alle kriegführenden Nationen vor ein gesellschaftliches Problem; oft waren Invaliden gezwungen, auf der Straße zu betteln.

Das Ende der europäischen Monarchen (Karikatur, 1918)   Britische Geografen ändern die Landkarte Europas   Parade auf dem Roten Platz in Moskau, 1927

DAS ZEITALTER DER WELTKRIEGE

Übersteigerter Nationalismus und allgemeine Aufrüstung verwandelten Anfang des 20. Jh. Europa in ein Pulverfass. Es reichte ein Attentat auf den österreichischen Thronfolger im Juli 1914, um einen Weltkrieg auszulösen. Die ❶ alte Staatenordnung brach zusammen, aus den sozialen und wirtschaftlichen Krisen der Nachkriegszeit gingen totalitäre politische Kräfte gestärkt hervor. Der deutsche Nationalsozialismus stürzte die Welt 1939 in den bisher verheerendsten Krieg der Geschichte, an dessen Ende 1945 Europa in Schutt und Asche lag.

Folgen des Ersten Weltkrieges: Staatliche Neuordnung

Der Erste Weltkrieg verschob die weltweiten Kräfteverhältnisse und ordnete die europäische ❷ Landkarte neu. Auch die militärisch siegreichen Staaten Großbritannien und Frankreich waren nach Kriegsende wirtschaftlich geschwächt. Eigentliche Gewinner waren die USA, die Großbritannien als Weltmacht ablösten. Die von den Siegermächten in Paris geschaffene Nachkriegsordnung war allerdings einseitig, schürte neue Konflikte und begünstigte den nächsten Krieg. Die militärischen Verlierer empfanden die ihnen aufgebürdete Anerkennung der alleinigen Kriegsschuld und die Reparationslasten als zutiefst ungerecht. V. a. Deutschland, das seine Kolonien und weite Teile seines Reiches abtreten musste, zielte von Anfang an auf Revision des Friedensvertrages. Die Auflösung des Vielvölkerstaates Österreich-Ungarn und des Osmanischen Reiches schuf in Ostmitteleuropa labile Nationalstaaten mit starken ethnischen Minderheiten. Im Nahen Osten brachen die Siegermächte ihr Versprechen, den Arabern die nationale Selbstständigkeit zu gewähren. Die ehemaligen Gebiete des Osmanischen Reiches wurden in britische, französische und internationale Mandatsgebiete aufgeteilt; die wider-

Juden demonstrieren in New York für das Recht auf freie Einwanderung in Palästina, 20er-Jahre

sprüchliche Haltung Großbritanniens zur ❺ jüdischen Einwanderung in Palästina legte den Grundstein für den Nahost-Konflikt, der nach 1945 offen ausbrechen sollte.

Politische Ideologien: Kommunismus und Faschismus

Der Erste Weltkrieg mobilisierte und politisierte zum ersten Mal ganze Völker. Er erschütterte die alte Gesellschaftsordnung in vielen Ländern und führte zu Aufständen und Revolutionen. In Russland, Deutschland, Österreich und Ungarn brachen jahrhundertealte Monarchien zusammen; vielerorts etablierten sich parlamentarische Demokratien. Als folgenreichste Entwicklung erwies sich der Sieg der ❸ Bolschewisten in Russland 1917. Die Gründung der Sowjetunion 1922 beeinflusste die Entwicklung in ganz Europa. Das sowjetische Ziel einer Weltrevolution schürte in den labilen europäischen Demokratien der ❹ Nachkriegszeit die Angst breiter Teile der Bevölkerung vor kommunistischen Umstürzen. Überall erstarkten als Gegenbewegung neuartige faschistische Gruppierungen, die sich zwar z. T. erheblich unterschieden, denen aber eine nationalistisch-militaristische, radikal antidemokratische und antikommunistische Grundhaltung gemeinsam war. Vor dem Hintergrund der weltweiten Wirtschaftskrise gewannen diese Bewegungen in den 30er-Jahren in Deutschland, Spanien, in Italien bereits in den 20er-Jahren die Oberhand. Auch in Südamerika etablierten sich autoritäre Systeme und in Japan strebten nationalistische Militärs nach der Vorherrschaft in Asien. In China, dem bevölkerungsreichsten Land der Erde, lieferten sich Nationalisten und Kommunisten blutige Kämpfe. Allein die Führungsmächte USA und Großbritannien blieben ihrer demokratischen Tradition treu.

Bettelnder Kriegsinvalide, Berlin 1923

6 Zerstörte deutsche Stadt nach Bombardement, 1944

7 Alexander Fleming, Entdecker des Penicillins, 1940

8 Fließbandmontage von Automobilen, USA, um 1940

Rassenwahn und Massenmord

Mit den Nationalsozialisten gelangte in Deutschland eine besonders aggressive faschistische Partei an die Macht. Das Ziel, Europa nach den Prinzipien der Rassentheorie völlig neu zu ordnen, trieb das Deutsche Reich 1939 in den **6** Zweiten Weltkrieg. In Osteuropa begann ein verbrecherischer Vernichtungsfeldzug, der in dem industriellen millionenfachen Mord an den europäischen Juden gipfelte. Erst das Ideologien übergreifende Bündnis zwischen den USA, Großbritannien und der Sowjetunion schlug unter großen Opfern die nationalsozialistische Gewaltherrschaft nieder und besetzte 1945 das Deutsche Reich. Japan kapitulierte erst nach dem Abwurf der ersten Atombomben durch die USA. Der Zweite Weltkrieg, mit hochentwickelter Kriegstechnik und unter Einsatz riesiger Menschenmassen geführt, forderte ca. 62 Mio. Opfer. Als Folge des Krieges stieg die Sowjetunion neben den USA zur zweiten Weltmacht auf; nach 1945 traten jedoch die ideologischen Gegensätze offen zu Tage und führten zu einer Zweiteilung Europas und der ganzen Welt.

Moderne Massengesellschaft: Alltag, Technik und Kultur

Zwischen den Kriegen hatten rasante Entwicklungen in Wissenschaft und Technik in den Industriestaaten das Fundament für die moderne Massengesellschaft gelegt. Bereits 1915 publizierte der Physiker **9** Albert Einstein seine Allgemeine Relativitätstheorie und revolutionierte die Vorstellungen von Raum und Zeit. Die Entdeckung des **7** Penicillins 1929 setzte einen Meilenstein in der Medizin. Die Großtechnik entwickelte ein atemberaubendes Tempo: Dank **8** moderner Fließbandproduktion wurde das Automobil v. a. in den USA zum Fortbewegungsmittel breiter Bevölkerungsschichten und erhöhte damit deren Mobilität. Nahrungsmittel, Kleidung und Ge-

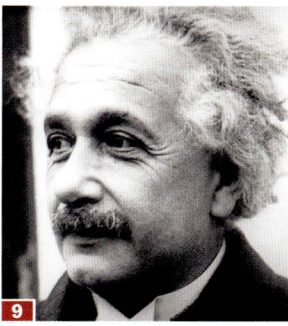

9 Albert Einstein, um 1930

brauchsgegenstände wurden zunehmend industriell hergestellt.

Das Leben in den Städten nahm an Hektik und Dynamik zu. Rundfunk und **10** Film kamen als neue Leitmedien auf und schufen eine konsum- und freizeitorientierte Massenkultur, die neue Moden und Vorbilder prägte. Boulevardzeitungen buhlten um die Gunst der Leser. Leuchtreklamen und große Werbeplakate etablierten im Straßenbild eine neue Form der Kommerzialisierung. Der boomende Amüsierbetrieb mit **11** Nachtclubs und Tanzlokalen bestimmte den Mythos der „Goldenen Zwanziger Jahre".

Der massenhafte Zugang zu Konsumgütern und die mediale Verbreitung von Lebensstilen verwischten die Milieugrenzen zwischen Bürgertum und Arbeiterschaft. Auch die Geschlechterrollen begannen sich zu wandeln. In den meisten Industriestaaten wurde nach 1918 das aktive und passive Frauenwahlrecht eingeführt. Die Frauenbewegung hatte mit der politischen Emanzipation eines ihrer Ziele erkämpft. Auch wurden Frauen zunehmend **12** erwerbstätig; verantwortliche Positionen blieben ihnen in der Regel jedoch noch lange Zeit versperrt.

Diese gesellschaftlichen Veränderungen fanden v. a. in Europa und den USA statt und wurden dort positiv bewertet. Die übrige Welt hatte nicht nur wenig Anteil daran, sondern setzte den modernen abendländischen Lebensmodellen ihre eigenen traditionelleren Modelle entgegen.

11 Die Tänzerin Josephine Baker im Kostüm, um 1930

10 Zwei Filmstars der 30er-Jahre: Myrna Loy und William Powell

12 Geografie-Studentinnen bei der Landvermessung, USA 1920

1929	Entdeckung des Penicillins		**1. 9. 1939**	Beginn des Zweiten Weltkrieges
b 1929	Weltwirtschaftskrise	**30. 1. 1933** Machtantritt Hitlers in Deutschland	**8. 8. 1945**	Abwurf der ersten Atombombe

1

DER ERSTE WELTKRIEG 1914–1918

Der Erste Weltkrieg gilt als die „Urkatastrophe des 20. Jahrhunderts". Der nicht zuletzt aufgrund der imperialistischen Kolonialpolitik der europäischen Mächte erste globale Krieg forderte rund 10 Millionen Tote und 13 Millionen Verletzte. Die Mobilmachung ganzer Völker und eine nie gekannte Brutalisierung der ❶ Kriegsführung durch moderne Waffen lösten gesellschaftliche Umbrüche aus, deren politische und soziale Folgen noch heute spürbar sind.

Soldaten schützen sich und ihre Maulesel mit Gasmasken, 1916

■ Die Entfesselung des Ersten Weltkrieges

Unmittelbarer äußerer Kriegsanlass war das Attentat auf den österreichischen Thronfolger im Juni 1914. Die „Juli-Krise" zwischen den europäischen Mächten entwickelte sich mehr oder weniger gewollt zu einem Flächenbrand, der sich bis nach Übersee ausdehnte.

Nachdem am 28. 6. 1914 der serbische Nationalist Gavrilo Princip den österreichischen Thronfolger Franz Ferdinand und seine Gattin in Sarajewo ❸ ermordet hatte, drängte Österreich-Ungarn auf einen schnellen militärischen Vergeltungsschlag, um das politisch labile Serbien zu disziplinieren. Da hinter Serbien Russland und hinter Österreich das Deutsche Reich als Bündnispartner standen, bedrohte der Konfliktherd Balkan (S. 407) erneut den Frieden Europas. Im folgenden Monat diplomatischer Aktivitäten („Juli-Krise") standen die Großmächte zu ihren Vertragsverpflichtungen. Der deutsche Kaiser Wilhelm II. stellte am 5./6. 7. 1914 Österreich den sog. „Blankoscheck" aus. Nach dieser Zusicherung der unbedingten Rückendeckung stellte Kaiser Franz Josef I. Serbien ein scharfes

3

Das Attentat auf Erzherzog Franz Ferdinand in Sarajewo am 28. 6. 1914

❺ Ultimatum. Britische Vermittlungsversuche scheiterten, sodass Österreich-Ungarn am 28. 7. 1914 Serbien den Krieg erklärte.

Russland unter Zar Nikolaus II. reagierte mit der ❷ Generalmobilmachung am 30. Juli, die auch nach einem deutschen Ultimatum nicht eingestellt wurde. Am 1. August erklärte das Deutsche Reich Russland den Krieg. Da Frankreich als russischer Bündnispartner potenzielle Kriegspartei war und bereits seine Truppen mobilisierte, fühlte sich das Deutsche Reich von zwei Seiten bedroht und erklärte zwei Tage später auch Frankreich den Krieg. Nach Überzeugung der deutschen Generalität hatte das

Reich in einem Zweifrontenkrieg nur eine Siegeschance, wenn es die langsame russische Mobilmachung mit einer schnellen Entscheidung gegen Frankreich ausnutzte.

Als auf dem Weg nach Frankreich deutsche Truppen ❹ in Belgien einrückten, nahm Großbritannien diese Neutralitätsverletzung als Anlass für einen Kriegseintritt. Aufgrund der offensiven ❻ Flottenpolitik des deutschen Kaisers fühlten sich die Briten schon lange „vor ihrer Haustür" herausgefordert. Dadurch, dass in den britischen Dominien Kanada,

Australien, Neuseeland und Südafrika britisches Recht herrschte, wurden diese automatisch in den Krieg einbezogen. Innerhalb kürzester Zeit war aus einem vermeintlich regionalen Konflikt ein Weltkrieg geworden.

2

Zar Nikolaus II. beim Gottesdienst mit ausrückenden Truppen, August 1914

4

Einmarsch deutscher Truppen in Antwerpen, Belgien, August 1914

Kriegsgegner im Ersten Weltkrieg:

Die „Mittelmächte"
Österreich-Ungarn, Deutsches Reich, Bulgarien, Osmanisches Reich

Die „Ententemächte"
Frankreich, Großbritannien, Russland, Serbien, Belgien, Japan, Italien (1915), USA (1917)

Die Flaggen der Mittelmächte

5

Der österreichische Abgesandte übergibt das Ultimatum an die serbische Regierung, Juli 1914

6

Kaiser Wilhelm II. spricht zu Marineangehörigen, 1915

| 30. 7. 1914 | Generalmobilmachung in Russland | 28. 7. 1914 | Kriegserklärung Österreichs an Serbien | 4. 8. 1914 | Einmarsch der Deutschen in Belgien |
| 28. 6. 1914 | Attentat in Sarajewo | Juli 1914 | „Juli-Krise" | 1. 8. 1914 | Kriegserklärung Deutschlands an Russland |

1914–1945   Weltkriege und Zwischenkriegszeit

■ Kriegsverlauf 1914–1916

Der deutsche Vorstoß nach Westen wurde kurz vor Paris gestoppt, und die Westfront verfestigte sich in einem Stellungskrieg. Im Osten und im Südosten gewannen die Mittelmächte Gebiete hinzu, ohne die Entente entscheidend zu schwächen.

Mit großer ➒ Begeisterung zogen Deutsche und Franzosen im August 1914 in den Krieg. Da der französischen Generalität der deutsche Plan, über Belgien nach Frankreich einzumarschieren, bekannt war, wurden die ersten Gefechte bereits auf belgischem Boden ausgetragen. Der von den Deutschen erhoffte schnelle Durchmarsch nach Paris wurde von einer Gegenoffensive der Ententemächte kurz vor dem Ziel gestoppt. Das „Wunder an der Marne" zwang die Deutschen zum Rückzug. Der Vormarsch an der Westfront stagnierte in einer Breite von 750 km. Ein jahrelanger zermürbender ➐ Stellungskrieg begann (S. 442).

Obwohl nach der Haager Landkriegsordnung von 1907 ausdrücklich verboten, wurde von Anfang an auf beiden Seiten mit Giftgas experimentiert. Nachdem Frankreich 1914 Tränengas verwendet hatte, setzten die Deutschen 1915 bei Ypern in Flandern das tödliche Chlorgas ein; später zogen die Franzosen mit Phosgen nach. Der ➒ Gaskrieg wurde an allen Fronten geführt, ohne einer Seite Vorteile zu bringen.

An der Ostfront marschierten russische Truppen Mitte August 1914 in Ostpreußen ein. Sie wurden in den Schlachten bei Tannenberg und in Masuren geschlagen und zogen sich bis Februar 1915 endgültig zurück. Unter Führung von Generaloberst Hindenburg eroberte das deutsche Heer Russisch-Polen, das Kurland und Litauen. Die Offensive blieb in Ostgalizien stecken. Es folgten auf beiden Seiten Angriffe ohne nennenswerten Zugewinn, bis 1917 die Revolution in Russland (S. 480) die Lage an der Ostfront entscheidend änderte.

Der Balkanraum, der den Kriegsanlass gegeben hatte, wurde zum Nebenschauplatz. ➑ Serbien wurde im Oktober 1915 von Truppen der Mittelmächte komplett erobert, um die Landverbindung zum verbündeten Osmanischen Reich zu sichern. Die Entente-Verbündeten Rumänien und Montenegro wurden Ende 1916 besetzt. Die zurückgedrängten Entente-Mächte bezogen in Saloniki Stellung und zwangen das neutrale Griechenland 1917 in den Krieg. Am Frontverlauf im Südosten änderte dies aber nichts.

7

Französische Soldaten im Schützengraben, 1915

8

Bei der Winterschlacht in Masuren 1915/16 zerstörtes Schulhaus in Soldau, Ostpreußen

9

Deutsche Soldaten auf dem Weg zur Westfront, August 1914

10

Vom Giftgas verletzte Soldaten, 1918

Fritz Haber

Im Rüstungswettlauf um das Giftgas als Waffe erlangte der deutsche Chemiker Fritz Haber zweifelhafte Berühmtheit. Im Ersten Weltkrieg stellte er sein Forschungsinstitut dem Militär zur Verfügung und überwachte persönlich die ersten Gasangriffe an der Front. Nach Kriegsende ging Haber vorsorglich in die Schweiz – doch er wurde nicht verfolgt, im Gegenteil: Er bekam den

Fritz Haber

Chemie-Nobelpreis für 1918 verliehen. Auch das Gas Zyklon B, das später die Nationalsozialisten in den Vernichtungslagern einsetzten, wurde von Haber entwickelt. Er selbst war wegen seiner jüdischen Abstammung 1933 aus dem akademischen Dienst entlassen worden und emigriert.

26.–30. 8. 1914	Schlacht bei Tannenberg	6.–15. 9. 1914	Schlacht in Masuren	1916	Einnahme Bukarests
3. 8. 1914	Kriegserklärung Deutschlands an Frankreich	4. 8. 1914	Britische Kriegserklärung	1915	Schlacht auf dem Amselfeld	1917	Russische Revolution

Der Zermürbungskrieg an der Westfront

An der Westfront zerrieben sich die Kriegsparteien in selbstzerstörerischen Materialschlachten. Mit dem Kriegseintritt der USA wendete sich der Kriegsverlauf zugunsten der Ententemächte.

Untergang der von einem deutschen U-Boot torpedierten „Lusitania", 1915

Anfang 1916 versuchte die deutsche Militärführung mit einem Angriff auf ❶ Verdun die Stagnation an der ❺ Westfront mit allen Mitteln zu durchbrechen. Ohne reelle Aussicht auf Landgewinn ging es in den folgenden Materialschlachten in erster Linie darum, den Gegner auszubluten. Die monatelangen Kämpfe um Verdun entwickelten sich zu einer zermürbenden Schlacht um jeden Meter Boden und forderten insgesamt etwa 700 000 Tote und Verletzte. Während des erfolglosen britisch-französischen Gegenangriffs im Juni 1916 an der ❸ Somme verloren innerhalb der ersten Stunden 57 000 britische Soldaten das Leben; insgesamt waren es mehr als eine Million auf beiden Seiten. Beide Schlachten symbolisierten das sinnlose ❻ Massensterben im technisierten Krieg mit gravierenden Auswirkungen auf Psyche und Moral der Soldaten und Kriegsparteien. Das Deutsche Reich und Frankreich schwächten sich gegenseitig, ohne dass ein Sieger abzusehen war. Aufgrund der Misserfolge wechselten die Generalstabschefs auf französischer und deutscher Seite: Robert Nivelle löste Joseph Joffre ab; Falkenhayn wurde durch Hindenburg und Ludendorff ersetzt. Diese stellten den Kampf um Verdun im Dezember 1916 schließlich ein.

Auf den Meeren war die Überlegenheit der Ententemächte von Anfang an durch die britische Kriegsflotte überwältigend; Ende 1914 setzte das Deutsche Reich seine ❹ U-Boote auch zur Zerstörung von Handelsschiffen kriegführender und neutraler Staaten ein, um die Versorgung der Briten zu behindern; bei der Versenkung des britischen Passagierdampfers ❶ „Lusitania", der auch Kriegsmaterial und Munition geladen hatte, kamen im Mai 1915 auch 139 Amerikaner ums Leben. Nach heftigen Protesten der bisher neutralen USA stellte die deutsche Marine den uneingeschränkten U-Bootkrieg ein. Am 1. 2. 1917 wurde er aber erneut aufgenommen. Die große Seeschlacht am Skagerrak (Mai 1916) hatte die Briten zwar geschwächt, effizient war für die Deutschen aber nur der U-Boot-Krieg. Die ❼ USA erklärten dem Deutschen Reich daraufhin am 6. 4. 1917 den Krieg, später auch Österreich-Ungarn. Die Mittelmächte waren von da an den Ententemächten materiell hoffnungslos unterlegen.

Französisches Plakat mit dem Aufruf, Verdun zu halten, 1916

Schützengraben und Gräber, Westfront 1916

Englischer Soldatenfriedhof an der Somme (Zeichnung von Louis Étienne Dauphin, 1916)

Französische Artillerie mit britischen Geschützen an der Somme, 1917

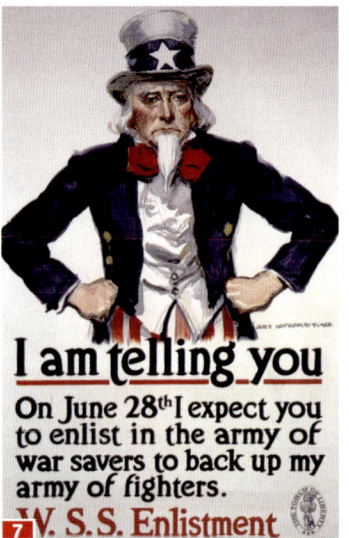
US-Plakat zur Anwerbung Kriegsfreiwilliger, 1917

Deutsches Werbeplakat für die Marine: „U-Boote heraus!", 1914

Die Psychologie

Der sich neu bildenden Wissenschaft der Psychologie lieferte der Erste Weltkrieg scharenweise Versuchsobjekte: An der Westfront erlitten viele Soldaten schwere Nervenstörungen. V. a. die erzwungene Passivität in den Schützengräben und das anhaltende Trommelfeuer machten aus gesunden jungen Männern Neurotiker, Zitterer, psychosomatisch Gelähmte. Die damals herrschende Meinung, Hysterie sei eine weibliche Krankheit, wurde widerlegt.

8. 12. 1914 | Schlacht bei den Falkland-Inseln　　7. 5. 1915 | Versenkung der „Lusitania"　　31. 5.–1. 6. 1916 | Seeschlacht am Skagerrak

22. 2. 1915 | Beginn des U-Boot-Handelskriegs　　21. 2.–21. 7. 1916 | Kampf um Verdun　　24. 6.–26. 11. 1916 | Schlacht an der Somme

■ Nebenkriegsschauplätze und erste Widerstandsbewegungen

Durch den Kolonialbesitz der europäischen Mächte verteilten sich die Kriegsschauplätze über die ganze Welt. Aufgrund der enormen materiellen und menschlichen Opfer kam es ab 1917 zu ersten Meutereien auf allen Seiten.

Die europäischen Kolonialmächte bekämpften sich zu Wasser auf allen Meeren der Erde. So kämpften z. B. deutsche Kreuzer unter der Flagge des türkischen Bündnispartners im Schwarzen Meer gegen Russland und vor Südamerika gegen die Briten. Kaiser Wilhelms II. Schlachtschiffe – 1914 ein Hauptkriegsgrund der Briten – blieben weitgehend inaktiv.

Japan hatte sich als erste unabhängige überseeische Macht bereits 1914 dem Seekrieg der Entente angeschlossen, weil das Deutsche Reich nicht bereit war, sein chinesisches Pachtgebiet ❾ Kiautschou abzutreten. – In Afrika kämpften die Entente-Mächte um den deut-

8 Der Stab der 3. osmanischen Armee unter Wehib Pascha, 1916

schen Kolonialbesitz. Bereits im ersten Kriegsjahr wurden Togo, Kamerun und Deutsch-Südwestafrika erobert. Allein Deutsch-Ostafrika konnte mit Hilfe der ⓫ Askari bis zum offiziellen Kriegsende 1918 gehalten werden.

Im arabischen Raum hatte sich das ❽ Osmanische Reich früh den Mittelmächten angeschlossen. Es war aber trotz aller Unterstützung dem Mehrfrontenkrieg nicht gewachsen. Die Niederlage der Mittelmächte von 1918 führte zu seiner vollständigen Zerschlagung. Ebenso wie Österreich-Ungarn wurde das Osmanische Großreich auf sein Kernland reduziert (S. 486).

Um die weltweite Kriegsmaschinerie am Laufen zu halten, wurde die heimische Wirtschaft in den kriegführenden Staaten auf die Bedürfnisse der ❿, ⓬ Kriegsindustrie umgestellt. Besonders im blockadegeschädigten Deutschen Reich litt die Bevölkerung Mangel an Lebensmitteln und Medikamenten. Aber auch in anderen europäischen Staaten schürte die Versorgungskrise den Widerstand gegen den Krieg – in der Zivilbevölkerung, aber auch an der Front. So desertierten russische Soldaten nach einer gescheiterten Offensive gegen die deutsche Armee im Mai 1917 und verbrüderten sich mit dem Feind. Zuvor war es nach verlustreichen Schlachten an der Westfront schon zu Meutereien französischer Soldaten gekommen. Anfang August verweigerten auch deutsche Matrosen wegen der schlechten Versorgungslage den Gehorsam. Erste zivile Aufstände fanden im Januar 1918 statt, als in deutschen Großstädten Arbeiter für einen raschen Friedensschluss streikten. Doch noch ließ die deutsche Militärführung unverdrossen weiterkämpfen.

9 Deutsche Kriegspostkarte zum Kampf um Kiautschou, 1914

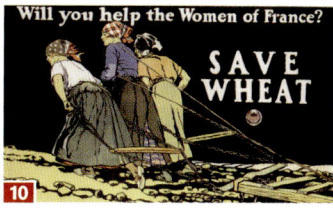

10 US-Plakat mit dem Aufruf, Getreide für die Soldaten aufzusparen, die in Europa kämpften, 1918

Der Luftkrieg

Erstmals wurde auch ein Krieg aus und in der Luft geführt. Deutsche Zeppeline warfen Bomben über London ab. Berühmt geworden sind aber v. a. die Flieger-Asse beider Seiten, die sich mit ihren kleinen, wendigen Doppel- und Dreideckern Luftduelle lieferten.

Britischer Jäger ist von deutschem Jäger getroffen worden

11 Askari-Hilfstruppen in Deutsch-Ostafrika, 1915

12 Frauen in der französischen Rüstungsindustrie, 1915

■ Der Zusammenbruch der Mittelmächte: Kriegsende

Obwohl seit dem Kriegseintritt der USA die Entente-Mächte in allen Bereichen überlegen waren, setzten die Mittelmächte unbeirrt auf den militärischen Sieg.

Seit 1916 sondierte ❶ US-Präsident Woodrow Wilson die Möglichkeiten zu einem einvernehmlichen Friedensschluss zwischen den Kriegsparteien. Unter dem Stichwort „Frieden ohne Sieg" trat er für einen Ausgleichsfrieden ein, während Frankreich und Großbritannien die völlige Niederwerfung des Deutschen Reiches („knock-out blow") anstrebten. Am 8. 1. 1918 formulierte Wilson mit den „14 Punkten" seine Richtlinien für den Weltfrieden, auf denen – mit etlichen Einschränkungen – auch die späteren Friedensverträge basierten: Wichtigste Grundsätze waren die Räumung sämtlicher er-

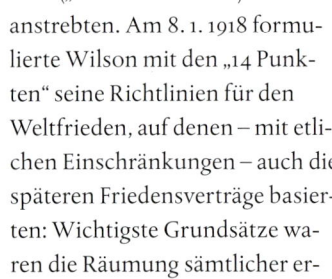

US-Präsident Thomas Woodrow Wilson

oberter Gebiete durch die Mittelmächte, die ❷ Rückgabe von Elsass-Lothringen an Frankreich, internationale Abrüstung, das Recht aller Völker auf nationale Selbstbestimmung und der allgemeine Zusammenschluss der Nationen zur gegenseitigen Garantie von politischer Unabhängigkeit und territorialer Integrität (Völkerbund).

Das Deutsche Reich verfolgte allerdings weiter das Ziel eines „Siegfriedens", zumal nach den revolutionären Entwicklungen in Russland (S. 480) an der Ostfront seit Dezember 1917 Waffenstillstand herrschte. Im ❸ Frieden von Brest-Litowsk vom 3. 3. 1918

erzwangen die Mittelmächte von den Sowjets den Verzicht auf Polen, Litauen und das Kurland; die Ukraine, Finnland und später auch die neu gegründeten baltischen Staaten (S. 474) wurden formal selbstständig, blieben aber tatsächlich unter deutschem Einfluss. Teile Georgiens und Armeniens fielen an das Osmanische Reich.

Die deutschen Hoffnungen, dass die erreichte Entlastung im Osten nun an der Westfront zu militärischer Überlegenheit und schließlich einem Sieg führen würde, erwiesen sich schnell als Illusion. Nach erfolgreichen Gegenoffensiven der Entente-Mächte im Sommer 1918 und nachdem Ende Oktober die Fronten der deutschen Hauptverbündeten Österreich und Osmanisches Reich zusammengebrochen waren und diese ihrerseits Frieden schlossen, war das Deutsche Reich endgültig geschlagen. Um einen harten Frieden zu verhindern, akzeptierte die Reichsregierung Wilsons „14 Punkte" als Bedingung für Friedensgespräche.

In Deutschland überschlugen sich nun die Ereignisse. Die Weigerung deutscher Matrosen am 28. 10. 1918, noch einmal zu einer Seeschlacht auszulaufen, bildete

2

Marschall Pétain auf dem Triumphzug durch das rückeroberte Metz, 1918

3

Friede von Brest-Litowsk: Trotzki (rechts) u. a. russische Delegierte auf dem Weg zur Verhandlung, 1918

den Auftakt zur sog. ❺ Novemberrevolution, die zum Sturz der Monarchie führte (S. 448). Am 9. November ❻ dankte der Kaiser ab und in Berlin wurde die „deutsche Republik" ausgerufen.

Zwei Tage später unterzeichnete der Zentrumspolitiker Matthias Erzberger als Stellvertreter für das Deutsche Reich den ❹ Waffenstillstand von Compiègne. Der Krieg war ❼ beendet, der Frieden allerdings noch lange nicht geschlossen.

4

Die Unterzeichnung des Waffenstillstands bei Compiègne, 11. 11. 1918

5

Bewaffnete Matrosen und Zivilisten, 1918

6

Kaiser Wilhelm II. verlässt für immer Berlin

7

Auf dem Weg in die Heimat

12. 12. 1916	Erstes Friedensangebot Deutschlands	8. 1. 1918	Wilsons „14 Punkte"	3./4. 10. 1918	Friedensangebot Deutschlands an Wilson
22. 1. 1917	Wilson propagiert den „Frieden ohne Sieg"	3. 3. 1918	Frieden von Brest-Litowsk	23. 10. 1918	Annahme des „14 Punkte"-Friedens

■ Die Friedensschlüsse

Nach internen Machtkämpfen verständigten sich die Siegermächte im Versailler Vertrag auf harte Friedensbedingungen für das Deutsche Reich. Ihm und seinen Verbündeten wurde die alleinige Kriegsschuld zugewiesen und hohe Reparationszahlungen auferlegt.

Nur die Siegermächte trafen im Januar 1919 in Paris zusammen, um über eine neue Friedensordnung zu beraten. Bis in den Juni dauerten die Verhandlungen von über 100 Diplomaten. Der Schwerpunkt der Verhandlungen lag beim „Rat der Vier", der sich aus US-Präsident ❶❸ Wilson, dem britischen Premierminister ❽ Lloyd George, dem französischen Regierungschef ❾ Clemenceau und dem italienischen Ministerpräsidenten Orlando zusammensetzte. Außer dem Deutschen Reich waren auch die Vertreter des bolschewistischen Russland nicht geladen.

❽ David Lloyd George

Die Ziele der Siegermächte waren höchst verschieden. Wilson wollte dauerhaft den Frieden sichern und mit der Bildung eines Völkerbundes ein entsprechendes Instrument dazu schaffen.

Während Großbritannien Deutschland schonen wollte – aus Furcht, die geschlagene Mittelmacht könne sich dem Bolschewismus anschließen –, ging es Frankreich um eine materielle, territoriale und moralische Schwächung seines Nachbarn.

❾ Georges Clemenceau

Friedensbedingungen. Das Deutsche Reich verlor rund 13 % seines Territoriums. Die linksrheinischen Reichsgebiete sollten für 15 Jahre von den Alliierten besetzt, das Heer auf 100 000 Mann ❶ verkleinert werden. Die Reparationen waren im Vertrag noch nicht festgelegt, doch es war klar, die Höhe würde immens sein. Bis 1932 wurden 53 Milliarden Goldmark gezahlt; verlangt waren mehrere 100 Millarden, deren Zahlung das Deutsche Reich Jahrzehnte lang klein halten sollte. Besonders umstritten war der „Kriegsschuldparagraf", der Deutschland und seinen Verbün-

Ulrich Graf von Brockdorff-Rantzau

❿ Konferenzraum in Versailles, 1919

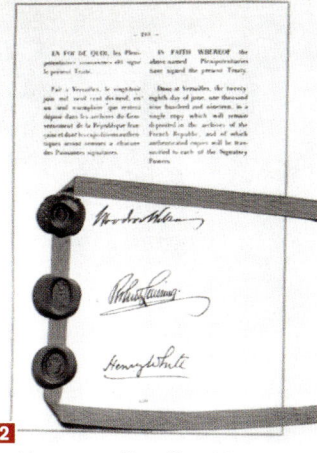
⓫ Demontage eines deutschen Panzers, 1920

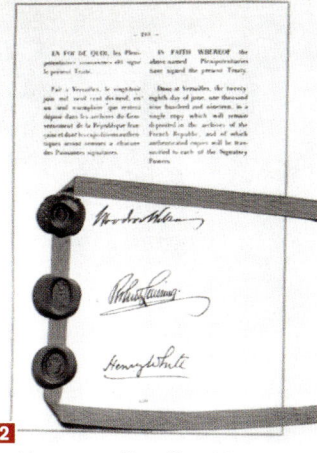
⓬ Der Vertrag von Versailles, 28. 6. 1919

⓭ Präsident Wilson in Paris, 1918

Im abschließenden Vertragswerk von ❿ Versailles setzte sich weitgehend die harte französische Linie durch; Frankreich akzeptierte dafür die von Wilson gewünschte Bildung des Völkerbundes. Nur unter dem Druck der Sieger ⓬ unterschrieb die deutsche Vertretung am 28. 6. 1919 die

deten die Alleinschuld am Ausbruch des Krieges zuwies.

Mit den übrigen Mittelmächten wurden separate Friedensverträge geschlossen, so am 10. 9. 1919 mit Österreich in St.-Germain. Es musste die Unabhängigkeit Ungarns, der Tschechoslowakei und Polens sowie den Verlust aller Ter-

ritorien außerhalb des Kernlandes anerkennen; eine Fusion mit dem Deutschen Reich wurde untersagt. Im Vertrag von Sèvres vom 10. 8. 1920 musste das Osmanische Reich alle nicht türkischen Gebiete abtreten; die Meerengen Bosporus und Dardanellen kamen unter internationale Kontrolle.

1918	Novemberrevolution	**11. 11. 1918**	Waffenstillstand von Compiègne	**28. 6. 1919**	Unterzeichnung des Versailler Vertrags
9. 11. 1918	Ausrufung der Republik	**18. 1. 1919**	Pariser Friedenskonferenz	**10. 9. 1919**	Friedensvertrag von St. Germain

IDEOLOGIEN DES 20. JAHRHUNDERTS

Nach den sozialen Verwerfungen des Ersten Weltkrieges gelangten mit dem Faschismus und dem Kommunismus zwei gegensätzliche Weltanschauungen zur politischen Macht, die sich als totalitäre Gegenentwürfe zum „westlichen" Modell einer liberalen Demokratie verstanden. Versprach der ❶ Kommunismus weltweit das „Paradies auf Erden", propagierte der Faschismus die nationale Unterordnung unter einen absoluten Führerwillen. Der deutsche Nationalsozialismus stellte eine besonders menschenverachtende Form des Faschismus dar.

Marx, Engels, Lenin, Stalin, Mao (chinesisches Plakat)

Demokratie: Selbstbestimmung der Bürger

Als „Regierung des Volkes durch das Volk für das Volk" beschrieb Abraham Lincoln die demokratische Herrschaftsform, die sich auf das Prinzip der Volkssouveränität und der politischen Gleichheit aller gründete. Die ❻ USA unter Präsident ❹ Woodrow Wilson rechtfertigten ihren Eintritt in den Ersten Weltkrieg ideologisch als „Kreuzzug für die Demokratie", „to make the world safe for democracy". Nach Kriegsende führten Forderungen nach mehr Selbstbestimmung in fast allen Ländern Europas zu Wahlrechtsreformen. Es setzte sich zunächst jenes Modell der Demokratie durch, das auf gewaltfreie Parteien-

Wahllokal in Spanien, 1936

konkurrenz setzte, individuelle Freiheitsrechte und Minderheitenrechte garantierte und jeden Staatsbürger durch Wahlen nach dem ❷ Mehrheitsprinzip an den politischen Entscheidungen teilnehmen ließ.

Gegenüber den sozialen Krisen der Nachkriegsgesellschaften zeigten sich allerdings viele demokratische Regierungen hilflos. Sie wurden in zahlreichen Ländern zwischen den Radikalen von links und rechts zerrieben. Von den großen Ländern zeigten sich nur die traditionellen Demokratien Großbritannien und die USA immun gegen totalitäre Weltbeglückungsutopien. Nach dem Zweiten Weltkrieg setzte sich in Westeuropa die liberale Demokratie durch. Seit dem Zusammenbruch des Sowjetimperiums 1989/91 bekennen sich weite Teile der Welt zu liberal-demokratischen Prinzipien.

Woodrow Wilson

❻ Briefmarke mit der Freiheitsstatue von New York

Kommunismus: Erlösungsanspruch und Erziehungsdiktatur

Karl Marx und Friedrich Engels entwarfen 1848 mit dem „Kommunistischen Manifest" eine geschichtsphilosophische Theorie, die das ideologische Fundament der revolutionären Arbeiterbewegung des 20. Jh. bildete. Sie schrieb den Arbeitern die historische Aufgabe zu, die Menschheit von Unterdrückung und Ungerechtigkeit zu befreien. („Proletarier aller Länder, vereinigt Euch!")

Sowjetisches Propagandaplakat (1945)

Aufruf zum Klassenkampf, 1919

Marx und Engels interpretierten die Geschichte als Abfolge von ❺ Klassenkämpfen zwischen Herrschern und Beherrschten. Erst mit dem historisch notwendigen Sieg des Proletariats über die Bourgeoisie sei die freie Selbstentfaltung jedes Menschen möglich. Die bürgerlich-kapitalistische Gesellschaft müsse überwunden und die Produktionsmittel in Gemeineigentum überführt werden, wodurch der Mensch von allen Zwängen befreit würde.

Im Namen des Kommunismus siegte die Oktoberrevolution unter Lenin 1918 in Russland. Die ❸ „Union der sozialistischen Sowjet-Republiken" blieb bis 1945 das einzige sozialistische Land. Eine sozialistische „Diktatur des Proletariats" durch eine revolutionäre Kaderpartei sollte die Voraussetzungen für eine zukünftige kommunistische „klassenlose Gesellschaft" schaffen.

Mit ihrem Selbstverständnis, die historische Vorhut einer kommunistischen Weltrevolution zu sein, legitimierten die sowjetischen Kommunisten unter Lenin ihren absoluten Führungsanspruch gegenüber allen anderen kommunistischen Parteien. Unter Stalin entwickelte sich die Sowjet-

| 1848 | „Kommunistisches Manifest" | 1918 | „Vierzehn Punkte" Wilsons | 1922 | Gründung der Sowjetunion |
| 1917 | „Oktoberrevolution" in Russland | 1922 | Machtübernahme von Mussolini in Italien | 1933 | Machtübernahme Hitlers in Deutschland |

union zu einer totalitären Diktatur, die Gegner systematisch ausschaltete. Erst mit dem Sieg der Sowjetunion im Zweiten Weltkrieg und der Ausbreitung des Kommunismus auf der Welt suchten einige Staaten wie z. B. China einen eigenen Weg zum Kommunismus. Während des „Kalten Krieges" nach 1945 bildete sich in vielen Ländern des Westens eine spezielle Form des „Eurokommunismus" aus, der einen evolutionären Weg zum Sozialismus innerhalb des demokratischen Systems propagierte. Mit dem Umbruch in Osteuropa 1989 und dem Zusammenbruch der Sowjetunion 1991 verlor der Kommunismus seine Machtbasis. Als einziges großes Land beruft sich bis heute China auf die Lehren von Marx und Engels.

Faschismus: Gewalt und Führerkult

Nach dem altrömischen Machtsymbol der Rutenbündel (lat.: fasces) nannten sich die italienischen Rechtsnationalisten um ➒ Benito Mussolini „Faschisten". Als er 1922 die Macht in Italien eroberte, errichtete er eine völlig neuartige Führerdiktatur, die Vorläufer und

Adolf Hilter (NS-Gemälde, 1935)

Siegesparade der Francotruppen in Spanien, 1939

teils Vorbild, aber nie sklavisch nachgeahmtes Modell für faschistische Bewegungen in der ganzen Welt wurde.

In einigen europäischen Staaten eroberten verschiedene fa-

Benito Mussolini, 1935

schistoide, autoritäre Gruppierungen die Staatsapparate. Nach dem Bürgerkrieg in Spanien errichtete dort General Francisco Franco 1939 eine ➐ Diktatur, in Portugal schuf António de Oliveira Salazar den „Estado Novo", in Österreich entwickelte sich der Austrofaschismus. Auch in Südamerika gab es autoritäre Regime mit faschistoiden Zügen.

Gemeinsamkeiten aller Bewegungen bildeten v. a. hierarchische Organisationsstrukturen sowie ein Kult um eine sozial integrative Führerfigur, eine suggestive Symbolik und eine totale Massenmobilisierung, die dem Ein-

zelnen kaum noch Rechte zusprach. Der Staat durchdrang mit seinem politischen Polizeiapparat fast alle Lebensbereiche.

Ideologisch verfolgten die faschistischen Staaten mehr eine Anti-Ideologie: antidemokratisch und antiliberal, antikommunistisch und antikapitalistisch, antimodern, dabei extrem nationalistisch und auf Gewalt als entscheidendes Mittel der Politik setzend. Rassismus hingegen war kein wesentlicher Bestandteil des Faschismus.

Nach dem Zweiten Weltkrieg verlor der Faschismus außer in Spanien fast jede Bedeutung.

Nationalsozialismus: Judenhass und Rassenwahn

Der deutsche Nationalsozialismus mit seiner Leitfigur ⓫ Adolf Hitler war in seiner Staatsorganisation in gewisser Weise eine Variante des Faschismus, durch die zentrale Bedeutung des Antisemitismus, der Rassenideologie und Lebensraumdoktrin jedoch eine Weltanschauung ganz eigener Art. Sie bezeichnete Geschichte als Kampf der Völker um Vermehrung des jeweiligen ➑ „Lebensraums". Am Ende würden die „rassisch wertvollsten" Völker, die Arier, als „Herrenmenschen" über minderwertige Völker herrschen. Die NS-Propaganda diffamierte v. a. Polen, Russen und Slawen als „Untermenschen". Den Krieg im Osten erhöhte Hitler zum Krieg um „deutschen Lebensraum".

Der Hauptfeind im nationalsozialistischen Weltbild war das ⓾ „Weltjudentum", das diese „Naturgesetze" nicht anerkennen wolle. Die Juden beherrschten internationale Bewegungen gleich welcher Art – ob Demokratie, Pazifismus, Kommunismus und Ka-

„Blut und Boden"-Mythos: Schwert und Ähre auf dem Hakenkreuz, 1933

pitalismus – und zerstörten die nationale „Reinheit" des Volkes. Zentrales Ziel war deshalb die Verfolgung der Juden. Direkt nach der Machtübernahme in Deutschland begannen die Nationalsozialisten, mit juristischen, ökonomischen und kriminellen Mitteln Bürger jüdischen Glaubens aus allen Bereichen zu verdrängen, zu diskriminieren, zu entrechten und wegzusperren.

Im Zweiten Weltkrieg organisierte das NS-Regime den fabrikmäßigen Massenmord an den europäischen Juden. Insgesamt lag die Zahl jüdischer Opfer bei ca. sechs Millionen. Weitere Opfer des NS-Terrors waren Minderhei-

Antisemitische NS-Propaganda (1942)

ten wie Sinti und Roma, Homosexuelle und politische Gegner wie Kommunisten und Sozialisten. Nach dem Sieg der Alliierten über NS-Deutschland wurde die Ideologie des Nationalsozialismus international geächtet.

1939 | Franco-Diktatur in Spanien   **1945** | Zusammenbruch des NS-Regimes   **1989/90** | Demokratische Revolutionen in Osteuropa

27. 1. 1945 | Befreiung des KZ Auschwitz   **1946** | Kommunistische Volksrepublik China   **1991** | Auflösung der Sowjetunion

DAS DEUTSCHE REICH – DIE UNGELIEBTE DEMOKRATIE 1918–1933

1

In der ❶ Revolution von 1918 setzte sich in Deutschland die parlamentarische Demokratie durch. Innerlich von weiten Teilen der Bevölkerung nie akzeptiert, war sie von Anfang an von radikalen politischen Kräften in ihrer Existenz bedroht. Das Gefühl der nationalen Demütigung durch den verlorenen Ersten Weltkrieg, wirtschaftliche Probleme und die innere Schwäche der Demokraten begünstigten den Aufstieg der Nationalsozialisten unter Adolf Hitler, der 1933 Reichskanzler wurde.

Trauerzug für die Opfer der Novemberrevolution in Berlin, 20. 1. 1919

■ Die ersten Jahre der deutschen Republik

Nach dem Sturz der Monarchie ließen Hyperinflation und Umsturzversuche die erste deutsche Demokratie nicht zur Ruhe kommen.

1918 war die militärische Lage (S. 444) Deutschlands ausweglos. Nach Arbeiter- und Soldatenunruhen brach im November die Monarchie zusammen; Kaiser Wilhelm II. musste am 9. 11. 1918 abtreten. Aus den Auseinandersetzungen um die zukünftige Regierungsform ging die gemäßigte Linke als Sieger hervor: Eine Nationalversammlung in Weimar am 19. 1. 1919 etablierte eine parlamentarische Republik mit ❷ Friedrich Ebert als Reichspräsidenten. Um der Proklamierung einer sozialistischen Räterepublik zuvorzukommen, hatte der Sozialdemokrat ❸ Philipp Scheide-

3

Philipp Scheidemann redet zum Volk (nachgestelltes Bild), 1918

mann am 9. November in Berlin bereits die Republik ausgerufen.

Die radikale Linke fühlte sich von der Sozialdemokratie wegen fehlender Sozialisierungsmaßnahmen verraten. ❹ Kommu-

nistische Aufstände wurden vom Militär brutal niedergeschlagen, die auch in den nächsten Jahre zu bürgerkriegsähnlichen Zuständen führten. Die Rechte verstand die staatstragenden Politiker als „Erfüllungspolitiker", die den „Schandvertrag von Versailles" (S. 445) unterschrieben hatten. Rechtsextremisten ermordeten den Unterzeichner des Waffenstillstands, Matthias Erzberger. 1920 wurde ein ❻ Putsch der Königstreuen und 1923 der Hitler-Putsch niedergeschlagen.

Zu den Unruhen kamen die finanziellen Probleme des Landes. Der Krieg hatte hohe Summen

2

SPD-Politiker Friedrich Ebert, um 1918

4

Generalstreik in Berlin 3.–12. 3. 1919; Regierungstruppen im Straßenkampf

5

Geldschein der Deutschen Reichsbank vom 15. 11. 1923

verschlungen, die Siegermächte forderten hohe Reparationen. Um den Staatsbankrott zu verhindern, wurde immer mehr Geld gedruckt und die ❺ Inflation stieg ins Unermessliche. Im Oktober 1923 kostete ein Dollar 40 Milliarden Reichsmark. Erst die Einführung der „Rentenmark" stabilisierte den Staatshaushalt.

6

Flugblätterverteilung während des Kapp-Putsches, März 1920 in Berlin

Der Hitler-Putsch 1923

Mit einem „Marsch auf die Feldherrnhalle" in München versuchte am 9. 11. 1923 der bis dahin unbekannte Adolf Hitler eine Diktatur in Deutschland zu errichten. Nach der Niederschlagung des Putschversuches verfasste er während seiner Festungshaft die ideologische Schrift „Mein Kampf". Wegen guter Führung wurde er bereits 1924 entlassen. Er versprach nun, auf legalem Weg die Macht anzustreben.

Nach dem Putsch-Versuch der NSDAP: Die Angeklagten; in der Mitte die Hauptinitiatoren Kriebel, Ludendorff und Hitler (in Zivil), München, Februar 1924

| 9. 11. 1918 | Übergangsregierung unter Ebert | 19. 1. 1919 | Weimarer Verfassung | 26. 8. 1921 | Ermordung Erzbergers | 8./9. 11.1923 | Hitler-Putsch |
| Dez. 1918 | Spartakusaufstand | 15. 1. 1919 | Ermordung Liebknechts und Luxemburgs | 13.–17. 3. 1920 | Kapp-Putsch | 1923 | Inflation |

■ Niedergang der Weimarer Republik

Nach einer kurzen Phase der Stabilisierung profitierten die Nationalsozialisten von der Weltwirtschaftskrise. Mit Hilfe der Deutschnationalen übernahm Adolf Hitler mit seiner Partei 1933 die Macht in Deutschland.

Ab 1924 schien sich die Republik zu konsolidieren. Durch die neue Währung und die Regelung der Reparationszahlungen im „Dawes-Plan" erholte sich die Wirtschaft. Kulturell setzte Berlin weltweit Maßstäbe. Außenpolitisch verfolgte Gustav Stresemann einen Weg der Aussöhnung mit den Nachbarn. Im ❼ Vertrag von Locarno erkannte er 1925 die Westgrenze mit Frankreich an. Mit der Sowjetunion schloss Deutschland 1926 einen politisch-wirtschaftlichen Kooperationsvertrag ab. Im selben Jahr wurde es in den Völkerbund aufgenommen.

Die Wahl des überzeugten Monarchisten Paul von Hindenburg zum Reichspräsidenten 1925 dokumentierte allerdings die anhaltende Distanz weiter Teile der Bevölkerung zur Republik. Die Weltwirtschaftskrise 1929 (S. 506) führte zu einer Stärkung der Staatsfeinde und leitete die Auflösung der Demokratie ein.

Nach dem Zerfall der sozialdemokratisch angeführten Regierung Müller 1930 ernannte Hindenburg Heinrich Brüning zum Reichskanzler, ohne dass dieser über eine parlamentarische Mehr-

heit verfügt hätte. Mit seiner Sparpolitik verschärfte er die ❽ Massenarbeitslosigkeit. Auch die Politik von Brünings Nachfolgern von Papen und von Schleicher blieb weitgehend wirkungslos. Anfang 1933 waren fast sechs Millionen Menschen ohne Arbeit.

Wahlplakat der NSDAP, 1932

Wachsende Armut, soziale Abstiegsängste und Perspektivlosigkeit hatten v. a. Mittelstand und Jugend in die Hände der radikalen ❾ Nationalsozialistischen Deutschen Arbeiterpartei (NSDAP) Adolf Hitlers getrieben und ihr bei der Reichstagswahl 1930 enorme Stimmenzuwächse beschert. Ihre antisemitische und nationa-

listische Hetze gegen das System der „Novemberverbrecher" popularisierte die deutschnationale ⓫ „Dolchstoßlegende", nach der die Revolution von 1918 dem „im Felde unbesiegten deutschen Heer" in den Rücken gefallen sei. Als 1932 die NSDAP bei den Wahlen stärkste Partei wurde, versuchten die Deutschnationalen im Zusammenschluss zu einer „nationalen Opposition" vom Massenerfolg der NSDAP zu profitieren.

Am 30. 1. 1933 ernannte ❿ Hindenburg Hitler zum Reichskanzler einer Koalition von Nationalsozialisten und Deutschnationalen. „In zwei Monaten haben wir Hitler in die Ecke gedrückt, dass er quietscht": Die Aussage von Vizekanzler Franz von Papen sollte sich schnell als fataler Irrtum erweisen.

Konferenz von Locarno, 1925. Von links: Gustav Stresemann, Austen Chamberlain, Aristide Briand

Arbeitslose lesen Stellenanzeigen, Berlin 1932

Die „Goldenen Zwanziger"

Das Berlin der Weimarer Zeit war weltoffene Metropole mit lebendiger Kunst- und Kulturszene. Ob Stummfilme von Fritz Lang, der neue Expressionismus in der Malerei, das politische Theater Bertolt Brechts oder der Glamour der Unterhaltungsindustrie, wie ihn z. B. Marlene Dietrich personifizierte, das kulturelle Leben der deutschen Hauptstadt vibrierte und zog Intellektuelle aus aller Welt an. Der Sieg des Nationalsozialismus in Deutschland beendete diese schöpferische Epoche von Weltrang abrupt.

Bertolt Brecht, 1930
oben: Die Schauspielerin Brigitte Helm, 1929

Hindenburg und Hitler auf der Fahrt durch Berlin, 1933

Der „Dolchstoß" (Propagandabild, 1924)

Herbst 1923	„Kabinett der großen Koalition"	1925	Wahl Hindenburgs zum Reichskanzler	30. 3. 1930	Brüning wird Reichskanzler
16. 8. 1924	Dawes-Plan	16. 10. 1925	Vertrag von Locarno	Juli 1932	NSDAP wird stärkste Partei	30. 1. 1933	Ernennung Hitlers zum Reichskanzler

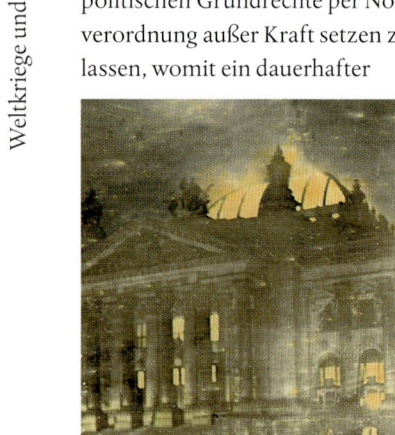

UNTER DEM HAKENKREUZ – DAS NATIONALSOZIALISTISCHE DEUTSCHLAND 1933–1939

Mit dem Machtantritt Hitlers begann in Deutschland die zwölfjährige Schreckensherrschaft des ❶ Nationalsozialismus, die 1939 Rassenwahn und Krieg in die Welt trug. Eine Führerdiktatur versuchte Staat und Gesellschaft im Sinne der nationalsozialistischen Ideologie umzuformen („gleichzuschalten"). Trotz brutaler Unterdrückung der Opposition und der zielstrebigen Entfernung der Juden aus dem gesellschaftlichen Leben unterschätzte das Ausland bis zuletzt den menschenverachtenden Charakter des Regimes.

Reichsadler und Hakenkreuz, Symbole des Nationalsozialismus

◼ Errichtung des Führerstaates

Innerhalb kürzester Zeit kontrollierte Adolf Hitler in Deutschland die staatlichen Institutionen und die nationalsozialistische Partei.

Vom 30. 1. 1933 bis 2. 8. 1934 vollzog sich in Deutschland der Umbau der Demokratie zur Diktatur. Am Ende dieses Prozesses war alle Macht in der Person ❷ Adolf Hitlers vereint. Ohne die Weimarer Verfassung formal außer Kraft zu setzen, wurden scheinlegal die Voraussetzungen geschaffen, die NS-Ideologie (S. 445) in Staat und Gesellschaft durchzusetzen.

Nach dem ❹ Brand des Reichstagsgebäudes in Berlin am 27. 2. 1933 wurden erste Verfolgungsaktionen gegen Sozialdemokraten und Kommunisten eingeleitet. Hitler nutzte die Gelegenheit, die politischen Grundrechte per Notverordnung außer Kraft setzen zu lassen, womit ein dauerhafter

Ausnahmezustand begründet wurde. Bei der letzten halbfreien Wahl am 5. 3. 1933 verfehlten die Nationalsozialisten trotz massiver Einschüchterung der Bevölkerung die absolute Mehrheit, erlangten mit den Deutschnationalen aber über 50 %. In der ersten Parlamentssitzung stimmten alle Parteien außer den Sozialdemokraten und den bereits verhafteten kommunistischen Abgeordneten dem ❻ „Ermächtigungsgesetz" zu, das der Regierung Hitler die volle gesetzgebende Gewalt für vier Jahre übertrug.

Die NS-Regierung schaffte nun den deutschen Föderalismus ab und setzte die Einparteiherrschaft durch. Die Länderparlamente

wurden bis 1934 aufgelöst und durch regimekonforme „Reichsstatthalter" ersetzt. Nach dem Verbot der Sozialdemokratie im Juli 1933 lösten sich in rascher Folge die bürgerlichen Parteien auf oder wurden wie auch der deutschnationale Bündnispartner zur Selbstauflösung gezwungen. Die NSDAP erklärte sich zur Staatspartei.

Wenig später entledigte sich Hitler der innerparteilichen Opposition. Die SA war ihm mit ihrer Forderung nach Übernahme der militärischen Macht im Land gefährlich geworden. Unter dem Vorwand, einen Putsch verhindern zu wollen, wurde mit Unterstützung der Reichswehr am 30. 6. 1934 die Führung der SA ❸ ermordet. Die Willküraktion wurde im Nachhinein als „Staatsnotwehr" legitimiert.

Als Reichspräsident Hindenburg am 2. 8. 1934 starb, übernahm Hitler auch das Amt des Staatsoberhauptes und erklärte sich zum „Führer und Reichskanzler" des Deutschen Reiches. Die ❺ Reichswehr musste einen persönlichen Eid auf Hitler schwören. Deutschland war endgültig zu einem Führerstaat geworden.

Adolf Hitler, 1937

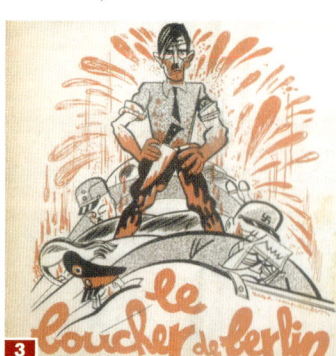

Französische Karikatur zu Hitlers Liquidierung der SA, 1934

Hitler während seiner Regierungsrede zum „Gesetz zur Behebung der Not von Volk und Reich", dem sog. Ermächtigungsgesetz, 23. 3. 1933

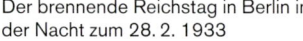

Der brennende Reichstag in Berlin in der Nacht zum 28. 2. 1933

Reichswehrsoldaten marschieren durch Berlin, 1934

| 27. 2. 1933 | Reichstagsbrand | 23. 3. 1933 | „Ermächtigungsgesetz" | Juli 1933 | Verbot der Sozialdemokratie |
| 5. 3. 1933 | Letzte halbfreie Wahl | 10. 5. 1933 | Bücherverbrennung | | |

Gleichschaltung der Gesellschaft

Propaganda, Verführung und Gewalt waren die Prinzipien, mit denen die Nationalsozialisten sich die Gesellschaft gefügig machten.

Nicht ein hierarchisch organisierter Herrschaftsblock wie von der Propaganda behauptet, sondern das anarchische Nebeneinander von Staats- und Parteiapparaten charakterisierte den NS-Führerstaat. Hitler blieb indes einziger Bezugspunkt der rivalisierenden Machtgruppen. Neben Terror- und Kontrollmaßnahmen stärkten außenpolitische Erfolge (S. 453) und gezielte Sozialmaßnahmen den Führermythos in der Bevölkerung. Dank staatlicher ❿ Arbeitsbeschaffung sank die Arbeitslosigkeit innerhalb von zwei Jahren um die Hälfte. Riesige Rüstungsprogramme sollten ab 1936 die Wirtschaft kriegsfähig machen und führten bald zu einem Arbeitskräftemangel.

Um die in der „Deutschen Arbeitsfront" (DAF) zwangsorganisierten Wirtschaftstätigen ruhig

7
Hitlerjungen und BDM-Mädchen singen, 1937

zu halten, erhielten die Arbeitnehmer teils üppigen Lohn, Kündigungsschutz und bezahlten Urlaub. Die DAF-Organisation ⓫ „Kraft durch Freude" organisierte neben Kulturveranstaltungen preiswerte Erholungsreisen. Auch in der Freizeit beaufsichtigte das Regime die „Volksgenossen". Der 1. Mai wurde als „Tag der nationalen Arbeit" gesetzlicher Feiertag.

Besondere Aufmerksamkeit galt der ideologischen Schulung der Jugend. Alle Jugendgruppen hatten in der ❼ Hitlerjugend (HJ) bzw. dem ⓬ Bund Deutscher Mädel (BDM) aufzugehen. Spätestens ab 1940 mussten alle 10- bis 18-Jährigen Mitglied werden. Das Kulturleben überwachte die „Reichskulturkammer" unter der Ägide des Propagandaministers ❽ Joseph Goebbels. Der Ideologie nicht entsprechende Literatur wurde in öffentlichen Bücherverbrennungen symbolisch vernichtet.

Der Totalitätsanspruch des Nationalsozialismus wurde er-

gänzt durch ein Geflecht von staatlichen und parteilichen Überwachungsorganen. Nach Ausschaltung der SA wurde 1934 die ❾ Schutzstaffel (SS) Heinrich Himmlers wichtigstes Zwangsinstrument zur Bekämpfung politischer Gegner. Bei Kriegsbeginn 1939 saßen Zehntausende politisch oder anderweitig unerwünschter Personen, darunter auch viele Juden, in KZs.

8
Begnadeter Demagoge: Propagandaminister Joseph Goebbels

Die Bücherverbrennung 1933

Auf Initiative der NS-Studentenvereinigung kam es am 10. 5. 1933 zu öffentlichen Bücherverbrennungen in den deutschen Universitätsstädten. Mit einer Schmährede von Joseph Goebbels gegen „undeutsche" Literatur wurden in Berlin u. a. Werke von Walter Benjamin, Erich Kästner, Sigmund Freud, Thomas Mann und Carl von Ossietzky in Flammen gesetzt. Hunderte Schriftsteller wanderten aus, unter ihnen Bertolt Brecht und Stefan Zweig. Ossietzky wurde 1934 in das KZ Esterwegen eingeliefert. Er starb 1938 an den Folgen seiner Haft.

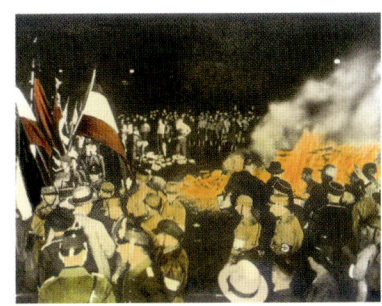
Bücherverbrennung in Berlin, 10. 5. 1933

9
Heinrich Himmler (links) und Adolf Hitler schreiten eine SS-Formation ab, 1935

10
Arbeitslose wurden zum Bau der Autobahn angestellt, 1933

11
Werbeplakat für KdF-Urlaub: „Auch du kannst jetzt reisen!" (1938)

12
Werbeplakat für den Bau von Jugendherbergen (1933)

Weltkriege und Zwischenkriegszeit   1914–1945

30. 6. 1934 | Ermordung der SA-Führung   ab 1936 | Umfassende Rüstungsprogramme   ab 1936 | Pflichtmitgliedschaft in der HJ bzw. BDM

2. 8. 1934 | Tod Hindenburgs   1936 | Friedensnobelpreis an Carl von Ossietzky

■ Die Judenverfolgung

Schritt für Schritt wurden die deutschen Juden bis 1939 zunächst entrechtet, enteignet und zur Auswanderung gezwungen.

Aufgehetzt durch das antisemitische Blatt „Der Stürmer", kam es nach der NS-Machtübernahme an vielen Orten zu unkontrollierten Gewaltausbrüchen gegenüber der jüdischen Bevölkerung durch SA-Schlägertrupps. Aus Rücksicht auf Proteste von Wirtschaft und alter Elite versuchte die NS-Führung in der Folge durch zentral gesteuerte Aktionen und scheinlegale Gesetzgebung, die Judenverfolgung in geregeltere Bahnen zu lenken.

Zum 1. 4. 1933 organisierte Propagandaminister Josef Goebbels einen reichsweiten ❶ Boykott jüdischer Geschäfte. Das „Gesetz zur Wiederherstellung des Berufsbeamtentums" vom 7. 4. 1933 leitete eine Flut von diskriminierenden Verordnungen ein, die jüdische Menschen aus ihren Berufen drängten und bis 1939 gesellschaftlich völlig isolierten. Neben dem Staatsdienst wurden Juden kulturelle Berufe und Tätigkeiten als ❷ Arzt oder Rechtsanwalt verboten. Schließlich wurde ihnen der Kontakt zur „arischen"

Bevölkerung vollständig untersagt. Die ❹ „Rassengesetze" von 1935 sprachen den Juden alle politischen Rechte ab. Als Jude galt, „wer von drei der Rasse nach voll-

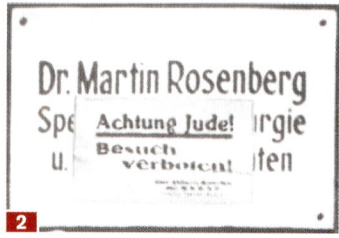

❷ Schilder von einem jüdischen Arzt, überklebt mit der Warnung: „Achtung, Jude!", 1933

❸ Verhaftete jüdische Männer in Baden-Baden, 9. 11. 1938

jüdischen Großeltern abstammte". Dass das Kriterium für einen „Volljuden" seine jüdische Religionszugehörigkeit war, dokumentiert den Widersinn der NS-Rassenideologie (S. 445).

Ein Attentat auf einen deutschen Diplomaten in Paris nahm die NS-Führung zum Vorwand, im November 1938 ein groß angelegtes ❺ Judenpogrom zu inszenieren. Deutschlandweit wurden in der Nacht vom 9. auf den 10. 11. 1938 nahezu alle Synagogen in Brand gesetzt und ❻ jüdische Geschäfte zerstört. Mehr als 100 Menschen wurden

ermordet, rund 30 000 in KZs ❸ verschleppt. Den deutschen Juden wurde eine „Sühnezahlung" von einer Milliarde Reichsmark auferlegt. Alle jüdischen Kapitalvermögen wurden eingezogen, Grundeigentum, Wertpapiere und Schmuck zwangsveräußert. Es folgte die Liquidierung aller jüdischen Geschäfte und Unternehmen. Die deutsche Wirtschaft wurde „zwangsarisiert".

Die NS-Führung ging zu einer forcierten Auswanderungspolitik über und gründete 1939 die „Reichszentrale für die jüdische Auswanderung". Doch finanzielle Notlagen und restriktive Einwanderungsbestimmungen des Auslands erschwerten die Ausreise. 1941 wurde die Auswanderung schließlich verboten, nachdem die Ermordung der Juden beschlossen worden war. In Polen begann der organisierte Massenmord an Juden wie auch an „Zigeunern", Homosexuellen und anderen Minderheiten (S. 520).

❶ SA-Männer hängen Plakate auf: „Deutsche wehrt Euch! Kauft nicht bei Juden!", 1. 4. 1933

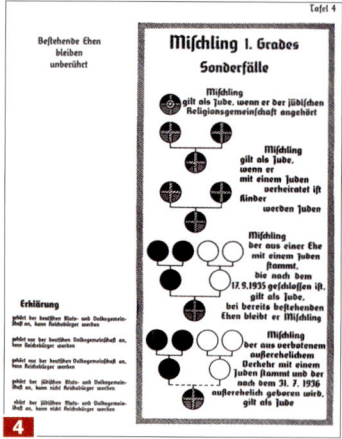

❹ Anschauungstafel der rassischen Vererbungslehre, 1940

Emigration

Insgesamt gingen seit 1933 fast eine Million Menschen freiwillig oder zwangsweise ins Exil. Dort gelang jedoch nicht die Bildung einer geeinten starken Opposition. Der in der Welt hoch angesehene Schriftsteller Thomas Mann gab mit seinen kritischen Reden aus seinem US-Exil dem „anderen Deutschland" ein Gesicht. Etliche Exilanten traten im Zweiten Weltkrieg in die Armee ihres Asyllandes ein.

Thomas Mann (links) mit seiner Familie im Exil in den USA, 1940

❺ Reichspogromnacht 1938: SA-Truppen setzen die Synagoge in Bielefeld in Brand

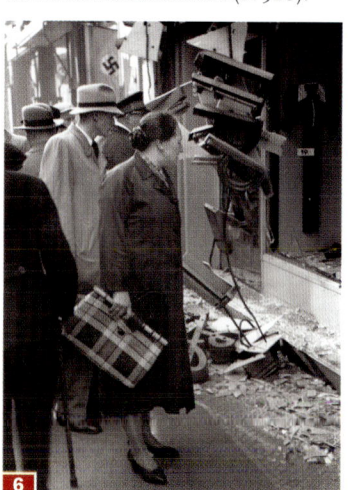

❻ Am Tag danach: Passanten vor einem zerstörten jüdischen Geschäft

Die NS-Außenpolitik bis 1939

Taktisch geschickt tarnte die NS-Führung ihre Eroberungspläne mit einer friedlichen Revisionspolitik des Versailler Vertrages.

Adolf Hitler plante von Anfang an den großen Krieg: In einer Geheimrede vor deutschen Offizieren im Februar 1933 sprach er offen vom Ziel der „Eroberung neuen Lebensraumes im Osten und dessen rücksichtsloser Germanisierung". Um die hierfür notwendige Machtposition des Deutschen Reiches wiederherzustellen, ❽ revidierte die NS-Führung bis 1938 erfolgreich die Beschränkungen des Versailler Vertrages (S. 447). Um die kriegsmüden europäischen Nachbarn zu beruhigen, verschleierte sie ihre Ziele mit einer offiziellen Verständigungspolitik.

Trotz des ❼ Austritts aus dem Völkerbund 1933 beteuerte Hitler den deutschen Friedenswillen und bekannte sich zum abendländischen Kulturerbe. Das „Reichskonkordat" mit dem Vatikan, das die Rechte der katholischen Kirche in Deutschland sichern sollte, Nichtangriffspakte mit anderen

Staaten und die Ausrichtung der ❿ Olympischen Spiele 1936 schienen dies zu untermauern. Als 1935 das Saarland in einer Volksabstimmung für den Beitritt zum

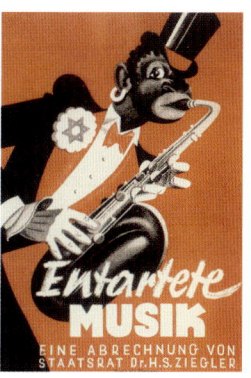

8
Propagandaplakat für den „Anschluss" Österreichs unter dem Titel: „Zug um Zug zerriß Adolf Hitler das Diktat von Versailles!" (1938)

Deutschen Reich votierte, akzeptierten die Westmächte das proklamierte „Selbstbestimmungsrecht der Deutschen" und nah-

men im Folgenden die Verletzungen des Versailler Vertrags hin. Hitler führte die Wehrpflicht wieder ein, kündigte die Wiederaufrüstung an und schloss mit Großbritannien ein Flottenabkommen (S. 464). 1936 wurde das ⓫ entmilitarisierte Rheinland besetzt. Der Eintritt in den Spanischen Bürgerkrieg (S. 473), die ❾ „Achse Berlin–Rom" (S. 471) und der Antikominternpakt mit Japan (S. 498) waren Koalitionen mit klarer antisowjetischer Ausrichtung, die spätere Kriegsbündnisse ankündigten.

Hatten die Westmächte 1938 den Einmarsch in Österreich (S. 455) akzeptiert und die Annektierung des Sudetenlandes durch das Münchner Abkommen

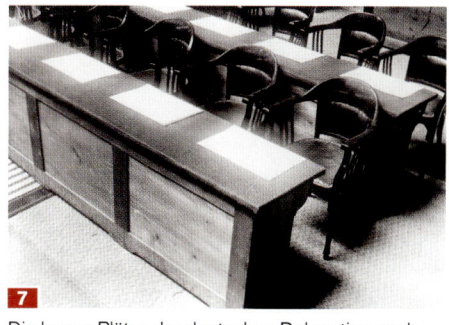

7
Die leeren Plätze der deutschen Delegation nach dem Austritt aus dem Völkerbund, 1933

9
Briefmarke mit Hitler und Mussolini unter dem Titel: „Zwei Völker und ein Kampf" (1938)

(S. 465) legalisiert, gaben sie nach der Zerschlagung der CSR (S. 479) im März 1939 ihre Befriedungspolitik auf und drohten bei der nächsten Expansion mit Krieg. Am 1. 9. 1939 überfiel das Deutsche Reich Polen. Der Zweite Weltkrieg begann (S. 510).

10
Offizielles Plakat der Olympischen Spiele 1936 in englischer Sprache

---

Die Olympischen Spiele 1936 in Berlin

Während der Olympischen Spiele täuschte Deutschland die Gäste mit einer demonstrativen Weltoffenheit. In den Bars durfte Jazz gespielt werden und die Verfolgung politischer Gegner und Juden wurde zeitweilig ausgesetzt. Die perfekt inszenierten Olympia-Propagandafilme Leni Riefenstahls beeindruckten auch im Ausland und wurden international prämiert.

Im Deutschen Reich wurde Jazz als „entartet" verfemt und verboten; Filmplakat von 1938
rechts: Bild aus Riefenstahls Olympia-Film „Fest der Völker", 1936

11
Einmarsch der deutschen Wehrmacht in das entmilitarisierte Rheinland am 7. 3. 1936

1

Die Deutsche Wehrmacht übertritt die österreichische Grenze, 1938

ÖSTERREICH – ERSTE REPUBLIK UND DEUTSCHE „OSTMARK" 1918–1945

Nach dem Ende des Ersten Weltkrieges zerfiel der Vielvölkerstaat Österreich-Ungarn und verlor drei Viertel seines Territoriums. Die neu gegründete „Republik Österreich" war als Kleinstaat von Anfang an durch wirtschaftliche Probleme und politische Radikalisierung in seiner Existenz bedroht. Die Errichtung eines halb-faschistischen Regimes 1933 konnte nicht verhindern, dass sich wenig später das nationalsozialistische Deutsche Reich ❶ Österreich einverleibte.

■ Der Zerfall der Habsburgermonarchie

Nach dem Zerfall des Habsburgerreichs 1918 konstituierte sich das deutschsprachige Kernland zur „Republik Österreich". Die Siegermächte verboten dem Rumpfstaat den durchaus angestrebten Zusammenschluss mit dem Deutschen Reich.

2

Kaiser Karl I. mit der ungarischen Krone

Der Erste Weltkrieg, der sich aus dem österreichischen Demütigungsversuch gegen Serbien wegen des ❺ Mordes an Erzherzog Franz Ferdinand 1914 entwickelte (S. 440), leitete den Untergang der habsburgischen Doppelmonarchie ein. Österreich-Ungarn hatte sich ❻ militärisch übernommen und war während des ganzen Krieges auf die Hilfe deutscher Truppen angewiesen. Als ab Frühjahr 1918 die österreichischen Fronten zusammenbrachen

3

Karl Renner

(S. 444), waren Auflösungserscheinungen im Reich unverkennbar: Versorgungsengpässe führten zu öffentlichem Aufruhr, in Heer und Marine kam es zu Meutereien und die Völker des Reichs kämpften um Eigenständigkeit.

Bereits 1917 bildeten Polen, Tschechen und Slawen von den Entente-Mächten anerkannte Exilregierungen. Im Oktober 1918 erklärte sich Ungarn von Österreich unabhängig. ❷ Kaiser Karl I. versuchte vergeblich, die

Donaumonarchie durch einen Umbau zu einem Bundesstaat mit Selbstbestimmung der Völker zu retten. Unter dem Druck der Bevölkerung verzichtete er im November 1918 auf den Thron. 1919 hob die österreichische Nationalversammlung alle Herrscherrechte der Habsburger auf und zog deren Vermögen ein. Am 12. 11. 1918 wurde die ❹ Republik „Deutsch-Österreich" ausgerufen. Erster Staatskanzler wurde der Sozialdemokrat ❸ Karl Renner.

In den Friedensverträgen 1919 (S. 445) verboten die Siegermächte den Anschluss Österreichs an das Deutsche Reich und erzwan-

gen weitere Gebietsabtrennungen. Der Rumpfstaat kämpfte von Anfang an mit schweren wirtschaftlichen Problemen. 1922 vermittelte der Völkerbund der Republik einen hohen Kredit zur Sanierung der Staatsfinanzen. Mit der Einführung des Schillings als neue Währung 1924 konsolidierte sich die Republik langsam.

4

Ausrufung der Republik Österreich

5

Antiserbische Ausschreitungen in Sarajevo nach dem Attentat vom 28.6. 1914

6

Kampf gegen Italien (Feldpostkarte)

| 1918 | Zusammenbruch der österreichischen Fronten | Nov. 1918 | Karl I. verzichtet auf den Thron | 1919 | Versailler Vertrag |
| Okt. 1918 | Unabhängigkeit Ungarns von Österreich | 12. 11. 1918 | Proklamierung der Republik „Deutsch-Österreich" | | |

Österreichs „Anschluss" an das Deutsche Reich

Eine innenpolitische Radikalisierung führte 1933 zur Etablierung eines autoritären Herrschaftssystems. Die Austrofaschisten konnten allerdings die Angliederung Österreichs an das nationalsozialistische Deutsche Reich nur verzögern.

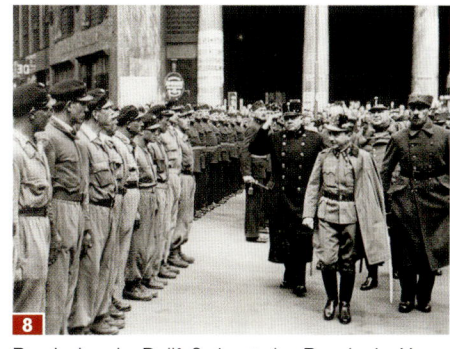

Bundeskanzler Dollfuß nimmt eine Parade der Vaterländischen Front ab

Ab 1927 verschärfte sich die politische und ideologische Polarisierung zwischen den Staatsparteien der Republik, der Christlichsozialen Partei und der Sozialdemokratie. Zusätzlich erschütterten Auseinandersetzungen zwischen faschistischen und sozialistischen Gruppierungen das Gemeinwesen. Weil die Regierungen sich unfähig zeigten, die andauernde Wirtschaftskrise und die sozialen Unruhen in den Griff zu bekommen, schaltete ❼ Bundeskanzler Dollfuß 1933 staatsstreichartig das Parlament aus und errichtete per Notverordnung ein autoritäres Regierungssystem nach dem Vorbild des faschistischen Italien (Austrofaschismus).

Bundeskanzler Engelbert Dollfuß

Er übertrug der „Heimwehr" Polizeivollmachten, gründete die überparteiliche ❽ „Vaterländische Front", verbot alle anderen Parteien und errichtete „Anhaltelager" zur Inhaftierung von Regimegegnern. Der Februarputsch der Sozialdemokraten 1934 wurde blutig niedergeschlagen; bei einem Putschversuch der Nationalsozialisten im Juli 1934 wurde Dollfuß getötet. Sein Amtsnachfolger Kurt von Schuschnigg widmete sich v. a. dem Kampf für die Eigenständigkeit Österreichs. Der in den 20er-Jahren noch erstrebte Anschluss an Deutschland wurde mit der Machtübernahme Adolf Hitlers 1933 zur Bedrohung. Österreich hätte sich in diesem Fall dem nationalsozialistischen Machtanspruch unterordnen müssen. ❾ Schuschnigg setzte auf die engen Beziehungen zu Italien, das sich zum Garanten für die österreichische Souveränität erklärte und beim NSDAP-Putsch 1934 auch Truppen am Brenner aufziehen ließ. Hitler drängte Schuschnigg 1936 jedoch zum „Juliabkommen", das Österreich zu einer „deutschen Außenpolitik" und zur Amnestie für alle in haftierten Nationalsozialisten verpflichtete. Zwei Jahre später musste er den Nationalsozialisten ❿ Seyß-Inquart zum Innenminister ernennen.

Schuschniggs letzter Versuch, die Vereinnahmung durch das Deutsche Reich abzuwenden, war eine ⓬ Volksabstimmung über die Unabhängigkeit, die er für den 13. 3. 1938 ansetzte. Am 12. März jedoch rückten ⓭ Wehrmachtstruppen in Österreich ein, und drei Tage später hielt Hitler auf dem Heldenplatz in Wien unter dem Jubel der Masse eine Rede. In einer Volksabstimmung wurde mit überwältigender Mehrheit der „Anschluss" bejaht. Selbst der Sozialdemokrat Renner stimmte öffentlich dafür. Kirchen schmückten sich mit Hakenkreuzfahnen. Österreich hieß nun „Ostmark". Schon im August wurde das erste Konzentrationslager in ⓫ Mauthausen errichtet.

Kurt Schuschnigg (links) zu Besuch bei Mussolini (Mitte), 1934

Arthur Seyß-Inquart mit Adolf Hitler, 1938

Befreite Häftlinge aus dem KZ Mauthausen, 1945

Plakat mit Aufruf Schuschniggs zur Stimmabgabe für die Unabhängigkeit Österreichs, März 1938

Parade der deutschen Wehrmacht in Wien am 15.3. 1938 nach ihrem Einmarsch in Wien am 12. 3. 1938

1

Schweizer Soldaten sichern die Grenze, 1939

SCHWEIZ – INSEL DER STABILITÄT 1914–1945

Seit 1848 ein parlamentarisch verfasster Bundesstaat, blieb die Schweiz in beiden Weltkriegen **❶** neutral. Weder die ökonomischen Probleme im Ersten Weltkrieg noch die Umkreisung durch die Achsenmächte im Zweiten Weltkrieg konnten die demokratische Tradition grundlegend gefährden. Um eine mögliche Besetzung durch Hitler-Deutschland zu vermeiden, wurde allerdings eine umstrittene Kompromisspolitik gegenüber den Nationalsozialisten verfolgt.

◼ Strikte Neutralität im Ersten Weltkrieg

Die im Wiener Kongress 1815 garantierte immerwährende Neutralität der Schweiz wurde im Ersten Weltkrieg nicht angetastet. Trotz wirtschaftlich-sozialer Schwierigkeiten blieb die traditionelle Demokratie stabil.

Die Schweiz spielte schon im 19. Jh. eine Sonderrolle. Als Land ohne Expansionsbestrebungen war sie immer ein Ort für internationale Verhandlungen. Der Wiener Kongress (S. 367) hatte 1815 den Eidgenossen die Neutralität im Interesse Europas für alle Zeiten zugestanden. Daran änderte auch der Erste Weltkrieg nichts. Der kleine Staat stand weder den Kriegszielen der Großmächte im Weg, noch verfügte er über kriegswichtige Rohstoffe. Während des Krieges wurde vorbeugend das Schweizer Heer mobilisiert, zum Einsatz kam es jedoch nicht. Die Bevölkerung litt indes unter der kriegsbedingten wirtschaftlichen Krise. Infolge er-

Schweizer Bahnstrecke

schwerter Importbedingungen versuchte man, die Binnenwirtschaft zu stärken. Der Getreideanbau wurde vorangetrieben, und die **❷** Schweizer Bahn setzte als Erste Elektroloks statt kohlebetriebener Dampflokomotiven ein.

Die wachsende Notlage in der Bevölkerung führte 1916 zu Aufruhr mit linksgerichteten Forderungen. Dennoch war der große „Landesstreik" von 1918 weniger ein Revolutionsversuch als der Ruf nach sozialer Veränderung und mehr politischer Teilhabe. Der Streik wurde mit Militärgewalt beendet, staatliche Sozialreformen wirkten allerdings den Spannungen entgegen. Die liberal-demokratische Tradition des

seit 1848 bestehenden **❸** Bundesstaates überstand die Nachkriegswirren unbeschadet.

Der Versailler Vertrag (S. 445) erkannte die Neutralität der Schweiz vorbehaltlos an. Der von US-Präsident Wilson initiierte **❹** Völkerbund nahm seinen **❺** Sitz in Genf; die Schweiz trat ihm 1920 mit Sonderkonditionen bei.

Die Bedrohung durch die Achsenmächte im Zweiten Weltkrieg stellte für die Neutralität der Schweiz eine noch größere Herausforderung dar als der Erste Weltkrieg.

3
Das Schweizer Bundeshaus in Bern

Liechtenstein

Das kleine Fürstentum Liechtenstein zwischen Österreich und der Schweiz war seit 1806 souverän. Nach wirtschaftlichen Krisen in Folge des Ersten Weltkrieges lehnte sich Liechtenstein politisch und ökonomisch eng an die Schweiz an. Auch Liechtenstein bewahrte während der NS-Zeit seine Neutralität. Bis heute verfügen die Fürsten über mehr Rechte als alle anderen Monarchen Europas.

Schloss Vaduz in Liechtenstein
oben: Wappen des Fürstentums Liechtenstein

4
Völkerbundsitzung 1934 in Genf

5
Das Völkerbundpalais in Genf

■ Die nationalsozialistische Bedrohung

In den 1930er-Jahren wurde die neutrale und freiheitliche Schweiz zur ersten Anlaufstelle für deutsche Flüchtlinge. Auf dem Höhepunkt des Zweiten Weltkrieges konnte sie ihre Unabhängigkeit nur durch eine begrenzte Anpassung an das nationalsozialistische Deutschland sichern.

Obwohl in der Schweiz seit 1927 die wirtschaftlichen Probleme wieder zunahmen, blieb der Einfluss der dem Nationalsozialismus nahe stehenden „Frontenbewegung" in den 1930er-Jahren gering und konnte den parlamentarischen Bundesstaat nicht erschüttern. Nach der Machtübernahme der Nationalsozialisten in Deutschland suchten viele Flüchtlinge Zuflucht in der benachbarten Schweiz, die allerdings oft nur als Zwischenstation diente. Mit dem Schlagwort „das Boot ist voll" wurde die Zuwanderung eingeschränkt. Insgesamt wurden bis Ende des Zweiten Weltkrieges mehr als 20 000 Juden an der Grenze abgewiesen.

Die latente Bedrohung von außen ließ die Schweizer enger zusammenrücken und einte sie innenpolitisch. 1939 geriet die Landesausstellung der Schweiz, eigentlich eine Leistungsschau, zu einer Demonstration von Unabhängigkeit, Freiheitssinn und der Bereitschaft, diese Ideale auch zu ❽ verteidigen. Doch die ❼ Mobilmachung im Zweiten Weltkrieg war lediglich symbolischer Natur; die Schweiz blieb ❾ unbesetzt und leistete humanitäre Dienste. Dafür nahm Bundesrat Marcel Pilet-Golaz eine hoch umstrittene Kompromisspolitik gegenüber den prinzipiell feindlichen Achsenmächten in Kauf, aus der die Eidgenossen auch finanziellen Nutzen ziehen konnten. Die ❿ Gotthardbahn wurde zwischen Deutschland und Italien für militärische Transporte zur Ver-

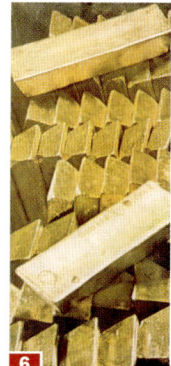
Goldbarren der deutschen Reichsbank, 1941

fügung gestellt und 1939 die Pressefreiheit eingeschränkt. Die Wirtschaft profitierte von verstärkten Waffenlieferungen an das Deutsche Reich; auch lukrative Gold- und Devisengeschäfte rückten nach 1945 die Schweizer Neutralität in ein schlechtes Licht. So wurde deutsches ❻, ⓫ Raubgold, d. h. von den Nationalsozialisten beschlagnahmtes jüdisches Vermögen, auf Schweizer Depots eingelagert. Die mehr oder weniger freiwillige wirtschaftliche Kollaboration führte die Schweiz nach Ende des Krieges kurzfristig in die Isolation.

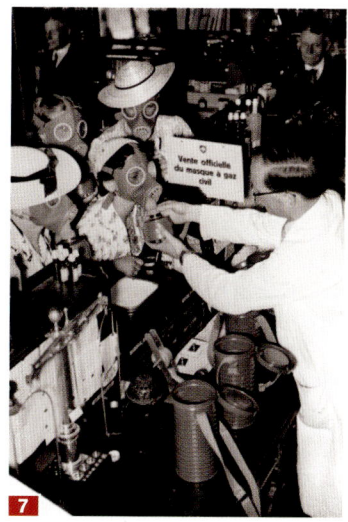
Verkauf von Gasmasken in der Apotheke, 1937

Sicherung der Schweizer Grenze, 1939

Friedliche Begegnung von schweizerischen und deutschen Soldaten an der Grenze, 1939

Das Internationale Rote Kreuz (IRK)

Das Internationale Rote Kreuz (IRK) als neutrale Hilfsorganisation für Kriegsverwundete war eine Schweizer Erfindung. Auf Anregung des Schweizer Geschäftsmannes Henri Dunant wurde 1863 das „Internationale Komitee vom Roten Kreuz" geschaffen. Es war der Beginn einer weltweiten Bewegung, die sich im Laufe des 20. Jh. zu einer kultur- und staatsübergreifenden Hilfsorganisation entwickelte. Das Rote Kreuz war in

Japanische Rot-Kreuz-Sanitäter in Frankreich, 1914

beiden Weltkriegen an allen Fronten im Einsatz und ermöglichte Verwundeten aller Seiten, sich als Internierte in der neutralen Schweiz zu erholen. 1917 und 1944 erhielt das IRK den Friedensnobelpreis.

oben: US-Plakat 1914 für den Beitritt zum Roten Kreuz

Ein Werbeplakat für die Gotthardbahn, 1924

Goldbarren im Banktresor, 1941

1931	Wirtschaftsdepression	8. 9. 1939	Pressezensur	1939	Schweizer Landesausstellung
Nov. 1920	Erste Tagung des Völkerbunds in Genf	1938	Bestätigung der absoluten Neutralität durch den Völkerbund	1949	Schweizer Beitritt zur UNESCO

FRANKREICH – VERUNSICHERUNG UND BESETZUNG 1918–1945

Trotz seines ❶ Sieges im Ersten Weltkrieg fühlte sich das innenpolitisch instabile und durch den Krieg geschwächte Frankreich durch den deutschen Nachbarn bedroht und sah zunächst nur in einem harten Kurs gegenüber dem „Erbfeind" eine Garantie französischer Sicherheit. Gegenüber der aggressiven Machtpolitik Hitlers in den 1930er-Jahren schien es allerdings fast gelähmt. Nach dem Blitzsieg 1940 besetzte die deutsche Wehrmacht den Norden Frankreichs, während das französische Vichy-Regime mit den Deutschen kollaborierte.

Siegesfeiern 1919 in Paris

◼ Innenpolitische Turbulenzen der Zwischenkriegszeit

Trotz zahlreicher Regierungswechsel und wirtschaftlicher Spannungen setzten sich antidemokratische Bewegungen in der Dritten Republik nicht durch.

Frankreich hatte in der Zwischenkriegszeit innenpolitisch mit den wirtschaftlichen, finanziellen und sozialen Kriegsfolgen zu kämpfen. Der Krieg hatte rund 10 % der erwachsenen männlichen Bevölkerung das Leben gekostet, hinzu kamen 4,27 Millionen Verwundete. Doch im Vergleich mit Großbritannien (S. 462) oder Russland (S. 480) blieb Frankreich wirtschaftlich recht stabil und wurde auch durch den Gebietszuwachs die führende Festlandsmacht. Die Industrieproduktion wuchs in den 1920er-Jahren in zahlreichen Bereichen an. Aufgrund des immer noch großen ❸ Agrarsektors wurde Frankreich von den Auswirkungen der Weltwirtschaftskrise später erreicht als die vollindustrialisierten Länder. Ab 1931 stieg die Arbeitslosenzahl, was die Stabilität der Dritten Republik erschütterte.

Insgesamt 42-mal wechselten die Regierungen bis 1940. Für ein wenig Kontinuität sorgten einige

Édouard Daladier bei einer Rundfunkansprache, 1938

Minister, die über die Kabinettswechsel hinaus im Amt blieben oder zurückkamen, so z. B. Raymond Poincaré oder ❷ Édouard Daladier. Bis 1924 regierte mehrheitlich der rechte Bloc National, dann übernahm ein reformsozialistisches Linkskartell für zwei Jahre die Macht. Die Uneinigkeit der gemäßigten Kräften stärkte indes den Links- und Rechtsradikalismus. Die Kommunisten erreichten bei den ❺ Wahlen immer um die 10 % der Stimmen, waren aber niemals wirklich systemgefährdend. Antidemokratische rechtsradikale Gruppen wie die „Action Française" oder das „Croix de Feu" („Feuerkreuz"), eine Organisation von Frontsoldaten, gewannen in den 1930er-Jahren an Einfluss. Letztere scheiterte im Februar 1934 mit einem ❹ Putschversuch.

Um die Gefahr eines faschistischen Regimes, wie es sich in Italien etabliert hatte, zu bannen, bildete sich 1936 unter dem sozialistischen Ministerpräsidenten ❻ Léon Blum ein Volksfrontbündnis aus Sozialisten, Radikalsozialisten und Kommunisten. Es führte u. a. die 40-Stunden-Woche ein und verstaatlichte Teile der Rüstungsindustrie.

Französischer Bauer mit Pflug in den 1940er-Jahren

Straßenkämpfe in Paris, Februar 1934

Ein Mann studiert Wahlplakate

Léon Blum (links) mit KP-Generalsekretär M. Thorez

| 1923 | Französische Besetzung des Ruhrgebiets | 16. 10. 1925 | Locarnopakt | Juni bis Dez. 1932 | Radikales Mehrheitskabinett Herriot |
| 1925 | Räumung des Ruhrgebiets | 1932–40 | Präsidentschaft Albert Lebruns | 1934 | Putschversuch des „Croix de Feu" |

■ Frankreichs Außenpolitik bis 1939

Zwischen Bestrafung und Versöhnung: Die Angst vor einer erneuten Aggression des Deutschen Reichs bestimmte wesentlich die französische Außenpolitik in der Zwischenkriegszeit.

In den Friedensverhandlungen von 1919 glaubte Frankreich sein Verlangen nach nationaler Sicherheit nur durch eine maximale territoriale und wirtschaftliche Schwächung des Deutschen Reiches befriedigen zu können. Im Versailler Vertrag (S. 445) wurden ihm Elsass-Lothringen, deutsche Kolonien wie Kamerun, die wirtschaftliche Nutzung des ab dem 10. 1. 1920 auf 15 Jahre einer Völkerbundregierung unterstellten ❼ Saarlands und der Hauptteil der deutschen Reparationen zugesprochen. Zusätzlich zu der vereinbarten Reduzierung des deutschen Heeres auf 100 000 Mann forderte Frankreich die völlige Entmilitarisierung des Rheinlandes als waffenfreie Pufferzone.

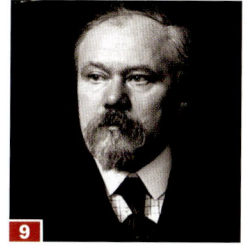

❽ Deutsches Plakat mit dem Aufruf zum passiven Widerstand: „Nein! Mich zwingt ihr nicht!", 1923

Aufgrund wachsender Differenzen mit den anderen Siegermächten und einer fehlenden militärischen Sicherheitsgarantie seitens der USA verfolgte Frankreich Anfang der 1920er-Jahre eine unnachgiebige Politik der Reparationen – ungeachtet der faktischen Unfähigkeit des Deutschen Reiches, die immensen Forderungen zu begleichen. Gegen den Widerstand der USA und Großbritanniens ließ der französische Ministerpräsident ❾ Poincaré am 11. 1. 1923 das deutsche Wirtschaftszentrum ❿ Ruhrgebiet besetzen, um die Reparationsleistungen zu erzwingen. Die Bevölkerung leistete ❽ passiven Widerstand, und 1925 wurde das Ruhrgebiet wieder geräumt.

Die neue Linksregierung leitete ab 1924 eine Verständigungspolitik gegenüber Deutschland ein. Mit dem Locarnopakt 1925 garantierte Deutschland die

❼ Ein französischer Soldat bewachen die Wahlurnen der Volksabstimmung im Saarland über die Rückgliederung ans Deutsche Reich, 13. 1. 1935

❾ Raymond Poincaré

Unverletzlichkeit der Westgrenze Frankreichs. Der aggressiven Machtpolitik des nationalsozialistischen Deutschland ab 1933 (S. 450) versuchte Frankreich durch ein internationales Bündnissystem (1935 Beistandspakt mit der UdSSR; 1939 englisch-französisches Militärbündnis) zu begegnen. Unter Einfluss Großbritanniens verfolgte es 1938 eine Beschwichtigungspolitik gegenüber Deutschland. Ministerpräsident Daladier tolerierte den Anschluss Österreichs und unterschrieb das ⓫ Münchner Abkommen (S. 465). Erst nach dem Angriff auf Polen zogen Großbritannien und Frankreich zögernd Konsequenzen.

Die Maginot-Linie

Um sich vor einem neuen deutschen Einfall zu schützen, errichtete Frankreich von 1929 bis 1940 ein umfassendes Festungssystem an der französischen Nordostgrenze, die Maginot-Linie. Benannt nach dem französischen Kriegsminister, bestand es aus zahllosen Artillerie- und Infanteriewerken, Kommunikations- und Bunkeranlagen. Das rund drei Milliarden Francs teure Abwehrbollwerk galt als unüberwindlich. Im Mai 1940 umgingen die Deutschen die Maginot-Linie unter Verletzung der belgischen Neutralität im Norden.

Zerstörter Bunker der Maginot-Linie nach einem deutschen Angriff, 1940
oben: Skizze der unterirdischen Anlagen der Maginot-Linie

❿ Französischer Soldat bewacht einen beschlagnahmten Kohlenzug, 1923

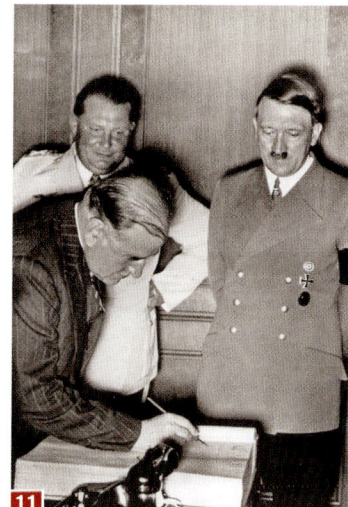

⓫ Münchner Abkommen; Daladier trägt sich in Hitlers Gästebuch ein, 1938

| 1935 | Französisch-Sowjetischer Beistandspakt | Sept. 1938 | Münchner Abkommen | Aug. 1939 | Englisch-französisches Militärbündnis |
| 1936–37 | Volksfrontkabinett unter Léon Blum | Nov. 1938 | Generalstreik | 3. 9. 1939 | Kriegserklärung Frankreichs an Deutschland |

▪ Frankreich 1940–1944: Die Vichy-Regierung

Nach der Besetzung Frankreichs durch deutsche Truppen im Mai 1940 ließ sich im unbesetzten Teil in Vichy die von Deutschland abhängige Regierung „État français" nieder.

Frankreich hatte nach Hitlers Einmarsch in Polen am 3. 9. 1939 Deutschland den Krieg erklärt, aber auf einen Militäreinsatz noch verzichtet. Am 10. 5. 1940 ❷ marschierten deutsche Truppen über Belgien in Frankreich ein. Die Franzosen waren vom schnellen Vorstoß überrascht und der Widerstand brach bereits nach sechs Wochen zusammen. (S. 510 ff.) ❶ Marschall Philippe Pétain als neuer französischer Regierungschef bat um Waffenstillstand. Um Frankreich zu demütigen, wurde der entsprechende ❹ Vertrag im Wald von Compiègne unterzeichnet – an demselben Ort, an dem 1918 die Franzosen den Deutschen den Waffenstillstand des Ersten Weltkriegs aufgezwungen hatten. Die dritte Republik war zusammengebrochen.

Während die deutschen Truppen den Norden und Westen Frankreichs inklusive Paris be-

Marschall Philippe Pétain

setzten, bildete sich im unbesetzten Süden Frankreichs, in Vichy, der „État français". Es handelte sich um ein autoritäres Regierungssystem, das sich als Partner des deutschen NS-Regimes verstand und u. a. von den USA und der UdSSR anerkannt wurde. Staatschef mit nahezu absoluter Vollmacht war der 84-jährige

Pétain, sein Stellvertreter ❸ Pierre Laval. Trotz großer Anpassung geriet das Regime zunehmend unter deutschen Druck. Im April 1942 übernahm Laval als Ministerpräsident praktisch die Führung des Staates. Ende 1940 hatte Pétain ihn verhaften lassen, weil er für den Kriegseintritt an der Seite von Deutschland plädierte.

Nach der Landung der Alliierten in Nordafrika besetzte die deutsche Wehrmacht auch den südlichen Teil Frankreichs. Das Vichy-Regime war dadurch in seinem Bewegungsspielraum noch stärker als zuvor eingeengt. Es wirkte ab Sommer 1942 maßgeblich an der ❺ Deportation französischer Juden, v. a. nach Auschwitz, mit. Die Landung der Briten und Amerikaner in der Normandie am 6. 6. 1944 und an der Mittelmeerküste (S. 523) führte zum Zusammenbruch des Vichy-Regimes und zur Befreiung von Paris.

Siegesparade deutscher Truppen in Paris, 1940

Philippe Pétain und Pierre Laval (rechts), 1942

Waffenstillstand von Compiègne, 1940: Der historische Eisenbahnwaggon, der schon 1918 als Unterzeichnungsort gedient hatte, wird wieder abtransportiert.

Verladen von verhafteten Juden in einen Lastwagen durch SS und französische Polizei, um 1942

| 1940 | Exilkabinett unter Charles de Gaulles | 5.–24. 6. 1940 | „Schlacht um Frankreich" | 10. 7. 1940 | Bildung der Vichy-Regierung unter Pétain |
| Mai 1940 | Einmarsch der Deutschen in Frankreich | | 16. 6. 1940 | Waffenstillstand in Compiègne |

■ Die Résistance und der Aufstieg von Charles de Gaulle

Der französische General Charles de Gaulle einte im Exil 1943 die kleinen Widerstandsgruppen zu einer mächtigen politischen Kraft, die direkt nach der alliierten Befreiung 1944 eine provisorische französische Regierung bildete.

Seit der Besetzung von Paris durch die deutsche Wehrmacht organisierte sich in Frankreich Widerstand gegen die Besatzungsmacht und die Erfüllungsgehilfen des Vichy-Regimes, der brutal verfolgt wurde. Die Kämpfer der „Résistance" wehrten sich durch ❼ Sabotageakte und Streiks gegen die Besatzer und verhalfen aus politischen oder rassistischen Gründen Verfolgten zur Flucht. Insgesamt wurden rund 30 000 Widerstandskämpfer hingerichtet, 75 000 starben in Konzentrationslagern. 1944 rotteten SS-Truppen als Vergeltungsmaßnahme für Partisanenangriffe fast die gesamte Bevölkerung des Dorfes ❻ Oradour-sur-Glane aus.

7 Résistance-Kämpfer befestigt Sprengsatz an Eisenbahnschienen, 1944

8 Sitzung des „Freien Frankreich" in Algier, 1943

Im Londoner Exil gründete ⓫ General Charles de Gaulle bereits 1940 die Bewegung ❽ „Freies Frankreich", die sich als legitime Vertretung Frankreichs verstand. Im Mai 1943 gelang es de Gaulle, die verschiedenen Gruppierungen des Widerstands wie

„Combat", „Franc-Tireur" u. a. zum „Nationalen Widerstandsrat" zusammenzuführen. Zur gleichen Zeit siedelte die Exilregierung nach Algier über.

Nach ihrer Landung in der Normandie im Juni 1944 unterstützte die Résistance die alliierten Truppen bei ihrem Vordringen. Kurz vor der Ankunft in Paris organisierte sie am 18. 8. 1944 den ❿ Aufstand in der Hauptstadt. Eine Woche später zog de Gaulle in Paris ein. Der „Nationale Widerstandsrat" wurde von den Alliierten als provisorische Regierung anerkannt. De Gaulle gelang es, die konservativen Mitglieder der Exilregierung mit der mehrheitlich links orientierten Widerstandsbewegung zu vereinen. Gemeinsames Ziel war die Säuberung der Gesellschaft von Vichy-Anhängern. Pierre Laval wurde 1945 hingerichtet, Marschall Pétain zum Tode verurteilt, später allerdings begnadigt und auf die Insel Yeu verbannt. Immer wieder

6 Das Dorf Oradour-sur-Glane nach der Zerstörung durch SS-Truppen, 1944

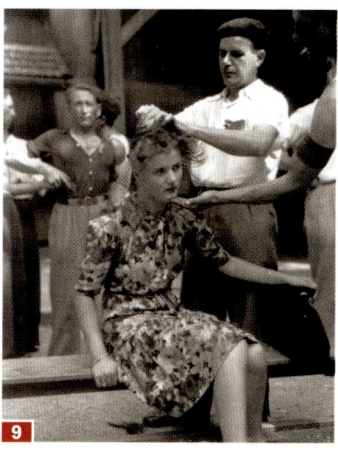

9 Einer Kollaborateurin werden öffentlich die Haare geschoren, 1944

kam es zu Ausschreitungen gegen Bürger, die der Kollaboration verdächtigt wurden, und auch gegen ❾ Frauen, die sich mit Deutschen eingelassen hatten.

Charles de Gaulle am 18. 6. 1940

Von London aus rief Charles de Gaulle über BBC die Franzosen in seiner berühmten Radiobotschaft auf: „Ich, General de Gaulle, gegenwärtig in London, lade die französischen Offiziere und Soldaten ein, … sich mit mir in Verbindung zu setzen. Was auch immer geschieht, die Flamme des französischen Widerstands darf nicht erlöschen, sie wird nicht erlöschen."

oben: Charles de Gaulle inspiziert französische Exiltruppen, 1941

10 Aufstand in Paris: Widerstandskämpfer, 1944

11 Charles de Gaulle

(rechter Seitenrand, vertikal:) 1914–1945   Weltkriege und Zwischenkriegszeit

GROSSBRITANNIEN ZWISCHEN DEN WELTKRIEGEN 1919–1939

Das britische Reich erreichte nach dem Ersten Weltkrieg die größte Ausdehnung seiner Geschichte, verlor aber aufgrund der inneren Schwächung des Königreichs durch belastende Wirtschaftskrisen und hohe Arbeitslosigkeit an Macht. Die ❶ wirtschaftlich-soziale Problemlage gefährdete zu keiner Zeit die parlamentarische Tradition Großbritanniens, zwang es allerdings international zu einer defensiven Friedenspolitik fast um jeden Preis.

1 Transportarbeiterstreik in London, 1936

Wirtschaftsschwäche nach dem Ersten Weltkrieg

Strukturprobleme und Schuldenberge stürzten Großbritannien nach dem siegreichen Ersten Weltkrieg in eine Wirtschaftskrise, die bis Mitte der 1930er-Jahre anhielt.

2 Schlange streikender Textilarbeiter vor dem Streikbüro in Lancashire, 1929

4 Britische Polizei im Mandatsgebiet Palästina, 1938

Das Ende des Ersten Weltkrieges brachte dem Königreich Großbritannien vordergründig nur Erfolge: Das Deutsche Reich war am Boden, die deutsche Kriegsflotte wurde ausgeliefert; ferner erhielt Großbritannien einen Großteil des deutschen Kolonialbesitzes und Teile des ehemaligen Osmanischen Reiches als ❹ Mandate des Völkerbundes. Dem territorialen Gewinn standen 900 000 Tote und zwei Millionen Verwundete sowie eine schwere wirtschaftliche Schwächung gegenüber. Die Kriegskosten hatten die Staatsschulden bis 1918 verzehnfacht.

3 Winston Churchill, 1915

Großbritannien wurde zum Schuldner der USA und verlor seine Position als führende Finanzmacht.

Finanzielle Abhängigkeit, Modernisierungsrückstände in wichtigen Industrien wie Stahl und Kohle sowie die schwache Kaufkraft auf dem Kontinent bewirkten eine lang anhaltende Wirtschaftskrise. Weiter verschärft wurde die Lage, als Schatzkanzler ❸ Winston Churchill 1925 den Goldstandard für das Pfund wiederherstellte, was zu einer enormen Verteuerung britischer Exportgüter führte. Die Arbeitslosigkeit unter den Arbeitern stieg rasant an.

Ab 1919 kam es in den wichtigsten Industrien wiederholt zu langen ❷ Streiks, die, beeinflusst von der russischen Revolution (S. 480), soziale Verbesserungen einforderten und ihrerseits die Wirtschaft schwer schädigten. Höhepunkt war ein Bergarbeiteraufstand 1926, der von einem ❺, ❻ Generalstreik der Gewerkschaften unterstützt wurde. Der Arbeitskampf endete mit einer empfindlichen Niederlage für die erstarkten Gewerkschaften. 1927 wurde deren Freiheit gesetzlich eingeschränkt. Gleichzeitig machte die Regierung den Arbeitern Zugeständnisse in der Sozialgesetzgebung. Bereits 1920 war die Arbeitslosenversicherung gesetzlich eingeführt worden.

Antideutsche Stimmung

Die antideutsche Stimmung in Großbritannien war im Ersten Weltkrieg so ausgeprägt, dass das englische Königshaus 1917 seinen deutschen Namen „Sachsen-Coburg-Gotha" aufgab. Die nachfolgenden Generationen trugen fortan den Nachnamen „Windsor", nach der königlichen Residenz Windsor Castle.

oben: Windsor Castle

5 Gegendemonstration britischer Frauen gegen den Generalstreik, Mai 1926

6 Stau auf Londons Straßen während des Generalstreiks im Mai 1926

| 1919–22 | Streikwelle der Bergleute | 1922 | Bildung der „Transportarbeiter-Gewerkschaft" | Febr. 1924 | Anerkennung der UdSSR |
| 1920 | Einführung der Arbeitslosenversicherung | 1924 | Bildung des ersten Labour-Kabinetts | Okt. 1924 | Wahlsieg der Konservativen |

■ Hort der parlamentarischen Stabilität

Die traditionellen Parteien versuchten im Verbund mit der erstarkten Labour Party die sozialen und wirtschaftlichen Probleme in den Griff zu bekommen. Radikale system-feindliche Kräfte hatten in der parlamentarischen Monarchie keine Chance.

7 Konferenz der Labour Party in London, 1929 (in der Mitte MacDonald)

Trotz wirtschaftlich-sozialer Dauerkrise blieb die parlamentarische Grundordnung des Königreichs in der Zwischenkriegszeit stabil. Massenrevolutionäre Parteien hatten, anders als auf dem Kontinent, keine Chance. Die in den 1930er-Jahren von Sir Oswald Mosley gegründete „National Fascist Party" blieb ebenso bedeutungslos wie die Kommunisten.

1918 war das Parlamentsrecht vollständig demokratisiert worden. Alle Männer ab vollendetem 21. Lebensjahr waren wahlberechtigt, Frauen ab dem 30. Lebensjahr. 1928 wurden die Frauen den Männern gleichgestellt.

Der Erste Weltkrieg hatte innenpolitisch zu einer Stärkung der ❼ Labour Party geführt. Die reformsozialistische, systemkonforme Arbeiterpartei stieg zu Lasten der Liberalen zur stärksten Oppositionspartei auf und sprengte das traditionelle liberal-konservative Zweiparteiensys-

8 Stanley Baldwin

tem. 1924 kam mit Unterstützung der Liberalen der erste Labour-Politiker an die Macht. Als Premierminister Ramsay MacDonald die Sowjetunion anerkannte, wurde er nach nur elf Monaten im Amt abgewählt; der konservative ❽ Stanley Baldwin übernahm die politischen Geschäfte. 1929 gewann Labour erneut und MacDonald bildete sein zweites Kabinett. Doch die Labour Party verließ die

Regierung, als auf dem Höhepunkt der Wirtschaftskrise die Arbeitslosenunterstützung gekürzt wurde. Auf Druck von ❿ König Georg V. stand Mac Donald bis 1935 einem Kabinett aus Konservativen und Liberalen vor. Mit Sparpolitik und Steuererhöhungen versuchte das „National Government" vergeblich, die wirtschaftlichen Probleme zu lösen. Erst staatliche Konjunkturpolitik und ein Aufrüstungsprogramm linderten ab 1937 spürbar die Arbeitslosigkeit. 1940 schloss sich auch die ganze Labour Party der Allparteienregierung unter ❾ Winston Churchill an.

9 Winston Churchill, 1939

Edward VIII.

Edward VIII. regierte nach dem Tod seines Vaters George V. 1936 nicht einmal ein Jahr. Premierminister Baldwin erzwang seine Abdankung, als er sich auch nach ausdrücklicher Missbilligung des Kabinetts weigerte, auf die Heirat mit der zweimal geschiedenen Amerikanerin Wallis Simpson zu verzichten. Edward führte als „Herzog von Windsor" mit seiner Gattin ein luxuriöses Jetset-Leben.

oben: Herzog Edward von Windsor mit seiner Gattin, 1937

10 Die Königsfamilie, 1929; in der Mitte König George V.

1914–1945

Weltkriege und Zwischenkriegszeit

| 1925 | Stabilisierung des Pfunds | 1927 | Gewerkschaftsgesetz | 1934 | Beginn der Wiederaufrüstung |
| 1926 | Bergarbeiter- und Gewerkschaftsstreik | 1929–31 | Zweites Kabinett MacDonald | 1940 | Koalitionskabinett unter W. Churchill |

■ Britische Außenpolitik zwischen den Weltkriegen

Das Königreich wollte durch eine Politik der internationalen Friedenswahrung die britische Weltmachtstellung sichern. Starke Nationalbestrebungen in den Kolonien ließen das britische Empire bröckeln. Vielen Kolonien wurde die formelle Selbstständigkeit zugestanden.

Die Überzeugung, dass ❷ Großbritannien auf Frieden angewiesen sei, um den weltweiten Einflussbereich des Empires zu erhalten, war Kern britischer Außenpolitik ab 1919. Konsequente Konfliktvermeidung, diplomatische Vermittlung und das Streben nach einem möglichst freien Handel wurden als „peace and trade" Leitmotive britischer Außenpolitik bis 1939.

1921/22 beschlossen Großbritannien, Frankreich, Japan und die USA eine Eindämmung der Flotten. Großbritannien gestand den USA die gleiche Stärke zu und verzichtete damit auf seine traditionelle Flottenüberlegenheit. In Europa unterstützte es die Friedensbemühungen der einstigen Kriegsparteien. Im ❶, ❸ Locarnopakt von 1925 unterzeichneten Großbritannien, Frankreich, Bel-

1 Locarnopakt, 1925; von links: Stresemann (Deutschland), Chamberlain (Großbritannien), Briand (Frankreich)

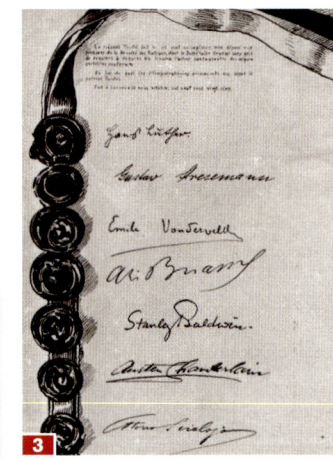
2 Houses of Parliament, London (um 1900)

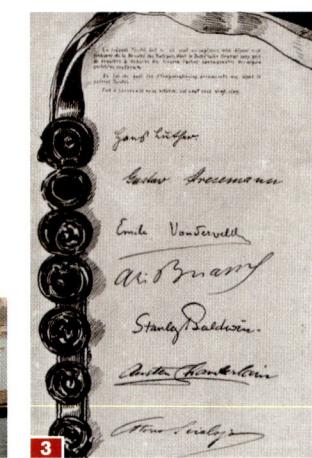
3 Locarnopakt (Urkunde)

Arthur Neville Chamberlain, 1938

Im Völkerbund förderte Großbritannien die Reglementierung der Waffenproduktion durch den Völkerbund und wurde treibende Kraft der Abrüstungsbemühungen nach dem Krieg. Auf der ❹ Washingtoner Konferenz

gien, Italien und Deutschland die Absichtserklärung, Konflikte friedlich zu regeln.

In seinen Kolonien sah sich das britische Empire nationalen Bewegungen gegenübergestellt. Irische Unabhängigkeitsbestrebun-

gen führten 1921 zur Teilung des Landes; Südirland wurde zum selbstverwalteten Dominion (S. 466). Großbritannien, das seit 1801 vollständig „Vereinigtes Königreich von Großbritannien und Irland" hieß, modifizierte 1927 sei-

nen Namen in „Vereinigtes Königreich von Großbritannien und Nordirland". Auch darüber hinaus musste das Empire Gebiete abgeben. In Ägypten gab es 1923 seine Protektoratsherrschaft auf (S. 502), 1932 entließ es den Irak in die Unabhängigkeit (S. 488). Gegenüber den imperialistischen Bestrebungen Japans in Ostasien (S. 496) und Italiens im Mittelmeerraum in den 30er-Jahren verhielt es sich abwartend. In Ostasien konzentrierte man sich v. a. auf Hongkong und Singapur. Die starke Unabhängigkeitsbewegung in Indien wurde allerdings noch mit Gewalt unterdrückt (S. 492).

Seit 1926 waren die selbstständig gewordenen Dominions gleichberechtigte Teile des britischen Reiches als Mitglieder des ❺ „British Commonwealth of Nations" geworden. Sie blieben durch die Krone mit dem Empire verbunden. (S. 500)

4 Washingtoner Konferenz, 1921/22

5 Gründungskonferenz der „Commonwealth of Nations", 1926

„Appeasement"-Politik gegenüber Nazi-Deutschland

Um Krieg in Europa zu verhindern und Deutschland als Handelspartner nicht zu verlieren, duldete Großbritannien zunächst die aggressive Revisionspolitik des NS-Regimes. Erst nach dem Überfall auf Polen 1939 erklärte es Deutschland den Krieg.

Großbritannien hatte schon in den Friedensverhandlungen von 1919 vor einer Ausgrenzung des Deutschen Reichs gewarnt und später die hohen Reparationsforderungen Frankreichs kritisiert. Es machte sich in den 1920er-Jahren für eine wirtschaftliche und politische Rehabilitierung

7 „Hitlers außenpolitischer Berater" Joachim von Ribbentrop auf dem Weg ins Foreign Office, London, 4. 6. 1935

Deutschlands stark und erhoffte sich damit eine Beruhigung in der Mitte Europas und einen gesteigerten Absatzmarkt für britische Güter. Der Machtantritt Hitlers änderte an dieser Haltung wenig, wenn auch Großbritannien langsam mit der ❾ Wiederaufrüstung begann. Durch Verhandlungen sollten der Krieg vermieden und maßvolle Revisionsforderungen Deutschlands akzeptiert werden.

Im ❼ deutsch-britischen Flottenabkommen von 1935 wurden Hitler 35 % der britischen Seeflotte und Parität in der U-Boot-Flotte zugestanden. Obwohl es klare Verstöße gegen den Versailler Vertrag waren, wurde der Einmarsch in das entmilitarisierte Rheinland 1936 ebenso toleriert wie der „Anschluss" Österreichs 1938 (S. 454). Im Münchner Abkommen 1938 ❻ akzeptierte der

6 Gespräch über die Sudetenkrise: Chamberlain (links) bei Hitler (Mitte),1938

britische Premierminister Neville Chamberlain die Eingliederung der deutschen Siedlungsgebiete der Tschechoslowakei in das Deutsche Reich und rettete damit in letzter Minute scheinbar den Frieden.

Als Hitler erneut den Vertrag brach und im März 1939 in Prag einmarschierte, erkannte Chamberlain das Scheitern seiner „Appeasement-Politik" und traf erste

❽ Kriegsvorbereitungen. Die allgemeine Wehrpflicht wurde eingeführt, Polen und Rumänien im Fall einer deutschen Invasion militärischer Beistand zugesichert. Nach Hitlers Überfall auf Polen erklärte Großbritannien Deutschland den Krieg. Chamberlain erklärte 1940 seinen Rücktritt. Sein Nachfolger ❿ Winston Churchill sagte der deutschen Aggression entschlossen den Kampf an.

8 Premierminister Chamberlain (unten Mitte) und sein Kriegskabinett, u. a. Churchill (zweite Reihe Mitte), Februar 1939

Münchner Abkommen

Im Münchner Abkommen gestanden Großbritannien und Frankreich Hitler die deutschbesiedelten Sudetengebiete zu. Hitler hatte mit Krieg gedroht und von seiner „letzten territorialen Forderung" gesprochen. Paradoxerweise wäre ohne den international bejubelten „Friedenscoup" vielleicht der Zweite Weltkrieg verhindert worden: Hitler gewann durch den von

Chamberlain im Gespräch mit Mussolini während der Münchner Konferenzen, 1938

ihm nicht gewollten Vertragsabschluss in der kriegsmüden deutschen Bevölkerung enorm an Popularität. Das vereitelte in letzter Minute die lange geplanten Putschpläne von Teilen der deutschen Militärführung, die nun weder auf die Unterstützung der eigenen Bevölkerung noch der europäischen Großmächte hoffen konnten.

9 Rüsten gegen Hitler: Fertigung von Granatwerfern für die britische Marine, 1940

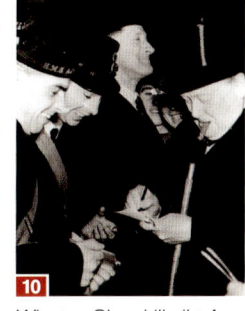

10 Winston Churchill gibt Autogramme, 1940

| 1935 | Beginn der Wiederaufrüstung | 1936 | Tod Georges V. | Sept. 1938 | Münchner Abkommen |
| Juni 1935 | Deutsch-britisches Flottenabkommen | 1937–40 | Kabinett N. Chamberlains | 1940 | Churchill wird Premierminister |

1

Irische Dorfstraße

IRLAND – SPALTUNG UND UNABHÄNGIGKEIT 1914–1949

Die irische Nationalbewegung „Sinn Féin" erkämpfte sich 1922 im Süden ❶ Irlands die Unabhängigkeit vom britischen Königreich, musste dafür allerdings die Spaltung des Landes hinnehmen. Nach jahrelangem Bürgerkrieg in Irland um die Frage der Einheit wurde das Land Ende der 30er-Jahre endgültig geteilt. Während Nordirland Teil des britischen Königreichs blieb, wurde Irland 1949 offiziell unabhängige Republik.

1914–1945 Weltkriege und Zwischenkriegszeit

Vom Unabhängigkeitskrieg bis zum Anglo-irischen Vertrag

Irland erhielt nach einem blutigen Unabhängigkeitskrieg 1922 vom britischen Königreich den Status eines selbstverwalteten Dominions. Die nördlichen Provinzen Irlands blieben in britischem Besitz.

Der seit Jahrhunderten schwelende Konflikt zwischen Iren und Briten (S. 392) flammte erneut auf, als die britische Regierung 1914 die „Home Rule Bill" mit Kriegsausbruch auf Eis legte. Das Gesetz sicherte Irland eine Teilautonomie zu. Die irisch-katholische Unabhängigkeitsbewegung Sinn Féin („Wir selbst") besetzte am 24. 4. 1916 öffentliche Gebäude in Dublin und rief die Irische Republik aus. Britisches Militär schlug diesen ❸ „Osteraufstand" blutig nieder; mehrere hundert Men-

schen wurden getötet, die Rädelsführer erschossen oder zu langen ❺ Haftstrafen verurteilt. Es folgte eine weitere ❹ Radikalisierung auf beiden Seiten, die sich zu einem jahrelangen Kleinkrieg in Irland entwickelte.

Unter Eamon de Valera bildete sich 1918 ein illegales revolutionäres Parlament; die meisten Mitglieder stellte Sinn Féin. Ein Jahr später gründete sich die Kampftruppe der Irisch-Republikanischen Armee (IRA), die Attentate gegen die britische Obrigkeit ver-

übte. 1921 vereinbarte die britische Regierung mit Valera einen Waffenstillstand und schloss mit Sinn Féin den Anglo-Irischen Vertrag, der Irland den Status eines „Freistaates" zugestand. Davon ausgenommen war die mehrheitlich protestantische ❷ Provinz Ulster, die sich im Volksentscheid für einen Verbleib im Vereinigten Königreich aussprach. 1922 wurde dem Irischen Freistaat der Dominion-Status verliehen. Die Annahme dieser Teilsouveränität war vom irischen Parlament

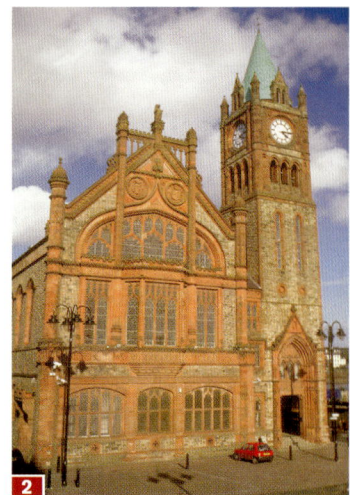

2

Rathaus von Derry-Londonderry in der Provinz Ulster, Nordirland

nur mit der knappen Mehrheit von 64 zu 57 Stimmen beschlossen worden. Am 6. 12. 1922 trat die irische Verfassung in Kraft.

„Bloody Sunday"

Der „Bloody Sunday" („blutiger Sonntag") am 21. 11. 1920 steht stellvertretend für die blutigen Gewaltexzesse in Irland: Nach der Exekution von rund 50 englischen Offizieren durch die IRA in Dublin schoss britisches Militär bei einem Gaelic-Football-Spiel wahllos in die irische Zuschauermenge und richtete ein Blutbad an.

Tote Zivilisten in Dublin nach Straßenkämpfen

3

Das Stadtzentrum von Dublin nach den Kämpfen des Osteraufstands, 1916

4

Entgleister englischer Zug nach irischem Bombenanschlag, 1916

5

Gefängniszelle für die Anführer des Osteraufstandes

Vom Bürgerkrieg zur Unabhängigkeit

Die Spaltung des Landes führte zu blutigen Auseinandersetzungen innerhalb der irischen Unabhängigkeitsbewegung um die Frage der Einheit. Die südliche Republik Irland erhielt 1949 die volle Souveränität und verließ das Commonwealth.

Der Anglo-irische Vertrag teilte nicht nur das Land, sondern auch die Unabhängigkeitsbewegung Sinn Féin. Vertragsbefürworter und Vertragsgegner kämpften nun gegeneinander. Die Radikalen unter Valera, aus denen die Fianna-Fáil-Partei hervorging, akzeptierten die ❼ Abtrennung Nordirlands nicht, sondern strebten eine Wiedervereinigung an. Die Fine Gael um Ministerpräsident William T. Cosgrave propagierte dagegen den Ausgleich mit Großbritannien. Ebenso spaltete sich die IRA; ein Teil ging zur offi-

6
In Nordirland stationierte US-Soldaten in einer Kampfpause (Foto, 1942)

ziellen irischen Armee über, während die radikalen ❾ „Irregulars" 1922/23 gegen die Regierung des Irischen Freistaates kämpften.

Als die Radikalen immer mehr Unterstützung verloren, ordnete

Valera ein Ende der Kampfhandlungen an. Vereinzelt kam es noch in den 30er-Jahren zu ❽ Gewaltanschlägen, woraufhin die IRA verboten wurde.

Im März 1932 wurde Eamon de Valera zum irischen Ministerpräsidenten gewählt und schaffte 1933 den Treueeid gegenüber dem englischen König ab. Seine Fianna-Fáil-Partei blieb bis 1959 fast durchgehend an der Macht, doch die angestrebte Wiederherstellung der Einheit des Landes misslang. In der Folge wurde die Teilung zementiert.

7
Parade zur Parlamentseröffnung in Belfast, Nordirland, 1925

9
Irische Freiwillige mit Feldgeschütz und Panzerwagen im Kampf gegen britische Truppen, 1921

Nach einer Verfassungsänderung 1937 nannte sich Südirland „Éire" und blieb im Zweiten Weltkrieg neutral. ❿ Nordirland beteiligte sich als Teil des britischen Königreichs am ❻ Krieg. Am 18. 4. 1949, dem Jahrestag des Osteraufstandes, verließ Éire das Commonwealth und wurde zur unabhängigen Republik.

Michael Collins und Eamon de Valera

Michael Collins und Eamon de Valera waren die führenden Köpfe der Sinn Féin und stehen auch symbolisch für ihre Spaltung. Geprägt vom Osteraufstand 1916, waren beide Mitglieder der Untergrundregierung, Valera wurde Vorsitzender des Sinn Féin, Collins Begründer der IRA. Nach dem Friedensvertrag mit Großbritannien trennten sich ihre Wege: Collins akzeptierte die Abtrennung Nordirlands und trat in die offizielle irische Armee über. Valera kämpfte zunächst blutig, dann friedlich um die Einheit. Während Collins 1922 im „Bruderkampf" erschossen wurde, blieb Valera bis 1973 an der Spitze der irischen Politik.

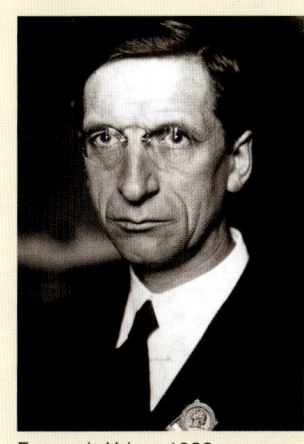

Eamon de Valera, 1932
oben: Denkmal für Michael Collins in Dublin

8
Löscharbeiten nach einem IRA-Anschlag in London, 1939

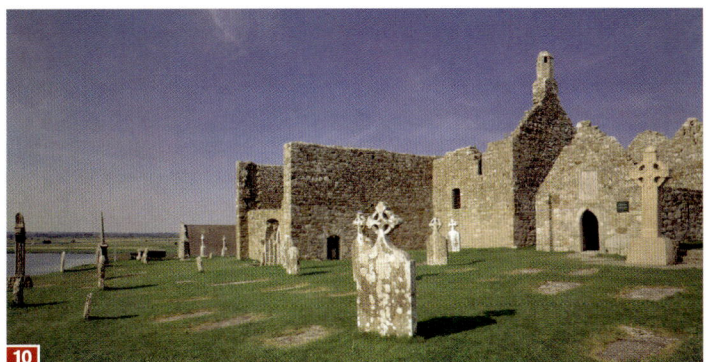

10
Irische Landschaft: Kloster in Clonmacnoise, Provinz Leinster

1922/3	Bürgerkrieg	6. 12. 1922	Annahme der irischen Verfassung	1937	Umbenennung Südirlands in „Éire"
1922	Proklamation des Irischen Freistaats	1933	Abschaffung des britischen Treueeids	18. 4. 1949	Austritt Irlands aus dem Commonwealth

1

BELGIEN UND NIEDERLANDE: OBJEKTE DEUTSCHER GROSSMACHTPOLITIK 1914–45

Während Belgien in beiden Weltkriegen zum militärischen Durchmarschgebiet für die deutschen Truppen wurde, überstanden die Niederlande den Ersten Weltkrieg unbeschadet. Im Zweiten Weltkrieg konnten sie den ❶ Angriff des Deutschen Reiches nicht abwehren und wurden zum Operationsfeld für nationalsozialistische Rassen- und Machtpolitik.

Einmarsch deutscher Truppen in den Niederlanden, 1940

▨ Belgien: Opfer zweier Weltkriege

Gegen seinen Willen war Belgien als strategisch wichtiges Land zwischen dem Deutschen Reich und Frankreich in beiden Weltkriegen Kampfgebiet.

Für den Angriff auf Frankreich 1914 forderte das Deutsche Reich von Belgien freien Durchmarsch (S. 440). Als ❸ König Albert I., der sein Land neutral halten wollte, dies verweigerte, besetzten deutsche Truppen Belgien. Der teilweise heftige Widerstand der Bevölkerung führte zu brutalen Übergriffen deutscher Soldaten, wie z. B. in der Stadt ❷ Löwen. Die Regierung floh. Der Westen des Landes, wo französische und deutsche Truppen aufeinander stießen, blieb während des gesamten Krieges

3

König Albert I. von Belgien, um 1910

hart umkämpft; viele ❻ Städte wurden zerstört, Teile flandrischen Bodens vom Dauerbeschuss für immer ❹ verwüstet.

Nach Kriegsende annektierte Belgien das deutschsprachige Gebiet Eupen-Malmedy. Mit Frankreich wurde ein Militärabkommen geschlossen, mit Großbritannien ein Defensivbündnis gegen das Deutsche Reich. 1925 schloss sich Belgien dem deutsch-französischen Versöhnungsvertrag, dem ❺ „Locarnopakt", an, der die Landesgrenzen sichern sollte und die friedliche Regelung aller Konflik-

te vorsah. Doch im Mai 1940 ließ auch Hitler seinen Feldzug gegen Frankreich (S. 510) in Belgien beginnen. Wenige Wochen später kapitulierte die belgische Armee unter König Leopold III., der bis Kriegsende von den Deutschen unter Arrest gestellt wurde. Die belgische Regierung konstituierte sich in London als Exilregierung, die nach der Befreiung Belgiens Ende 1944 mit dem Neuaufbau begann. König Leopold III. musste unter Kollaborationsverdacht abdanken.

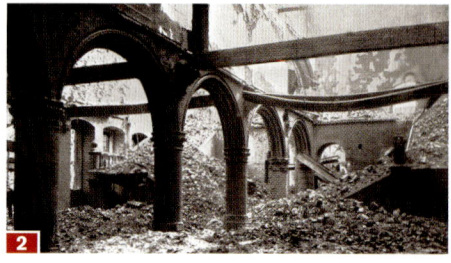

2

Die ausgebrannte Bibliothek von Löwen, 1914

4

Schlachtfeld bei Paschendaele, 1917

5

Konferenz zum Locarnopakt, 1925

6

Ypern nach der Bombardierung, 1915

Gräuelpropaganda

Im Ersten Weltkrieg wurde Gräuelpropaganda von allen Seiten als Teil der psychologischen Kriegsführung eingesetzt. Während des Belgienfeldzugs lancierten die Briten die Falschmeldung, deutsche Soldaten würden belgischen Kindern die Hände abhacken, damit sie später nicht zur Waffe greifen könnten. Obwohl kein einziges derart verstümmeltes Kind gefunden werden konnte, hielt sich diese Propagandalüge beharrlich am Leben.

Französische Propagandapostkarte, 1914

2. 8. 1914	Deutschland fordert freien Durchmarsch	1917	Allgemeines Wahlrecht in den Niederlanden	
4. 8. 1914	Einmarsch deutscher Truppen in Belgien	1918	Wilhelm II. sucht Asyl in den Niederlanden	1920	Belgisch-Französisches Militärbündnis

■ Die Niederlande zwischen Selbstbehauptung und Nationalsozialismus

Trotz wirtschaftlicher Probleme konnten die Niederlande bis 1940 ihre Neutralität behaupten und blieben innenpolitisch stabil. Nach der Eroberung durch Hitlers Truppen versuchten die neuen Machthaber, die Niederländer als rassisch verwandtes Volk nach nationalsozialistischem Muster gleichzuschalten.

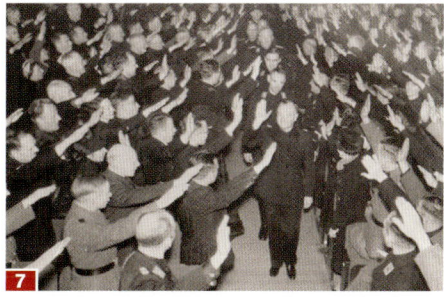

7 12-Jahres-Feier der niederländisch-nationalsozialistischen Bewegung unter A. Mussert (Mitte), 1941

Die Niederlande überstanden den Ersten Weltkrieg ohne innere Umbrüche. Mit der Einführung des allgemeinen Wahlrechts 1917 wurde die konstitutionelle Monarchie weiter ausgebaut, eine 1918 von Pieter Jelles Troelstra eingeleitete sozialistische Revolution blieb erfolglos. Die Flüchtlingswelle aus Belgien nach 1914 hatten die Niederlande wirtschaftlich gut verkraftet. Erst der Ausbruch der Weltwirtschaftskrise (S. 506) ließ auch im Königreich die Arbeitslosigkeit rasant steigen.

Außenpolitisch verpflichtete sich das Land zu strikter Neutralität, war aber an guten Beziehungen zum deutschen Nachbarn interessiert. So gewährte die Regierung 1918 dem abgedankten Kaiser Wilhelm II. Asyl.

Der Sieg der Nationalsozialisten im Deutschen Reich spaltete die Gesellschaft. Die einheimischen Hitler-Anhänger, die sich 1931 unter ❼ Anton Adriaan Mus-

8 Antisemitische Karikatur aus den Niederlanden, 1939

10 Verbotsschild während der deutschen Besatzungszeit in den Niederlanden: „Für Juden verboten", 1941

sert formierten, blieben zwar eine Minderheit. Doch nach den ersten Zuwanderungsströmen von jüdischen Flüchtlingen war die Furcht vor ❽ „Verjudung" v. a. in

Bombardierung Rotterdams

Wie Guernica oder Dresden steht Rotterdam symbolisch für die Schrecken des Bombenkrieges gegen die Zivilbevölkerung. Der deutsche Luftangriff am 14. 5. 1940 zerstörte weite Teile der Stadt, rund 78 000 Menschen wurden obdachlos, 900 starben. Die Alliierten nahmen später die deutsch besetzte Stadt weiter unter Beschuss.

oben: Die, bis auf St. Laurentius, „ausradierte" Innenstadt von Rotterdam, 1940

protestantischen Kreisen weit verbreitet. Die Regierung sah die deutsche Expansionspolitik mit Sorge und ordnete 1939 die allgemeine Mobilmachung an.

Dem deutschen Angriff im Mai 1940 war die Armee nicht gewachsen. Nach der Bombardierung Rotterdams kapitulierte die Regierung und floh zusammen mit der Königsfamilie nach London. Der von der Besatzungsmacht eingesetzte Reichskommissar Seyß-Inquart begann, den Staat nach den wirtschaftlichen und rassistischen Zielen des NS-Regimes auszurichten. Niederländer mussten z. T. Zwangsarbeit leisten, die Konzentrationslager Westerbork und Herzogenbusch wurden errichtet und die systematische ❿ Judenverfolgung organisiert. Während sich freiwillig ❾ niederländische Waffen-SS-Divisionen bildeten und teilweise offen mit den neuen Machthabern kooperiert wurde, organisierte sich daneben eine Widerstandsbewegung, die mit Streiks und Sabotageakten das Regime bekämpfte.

Obwohl die Alliierten bereits im September 1944 im Süden der

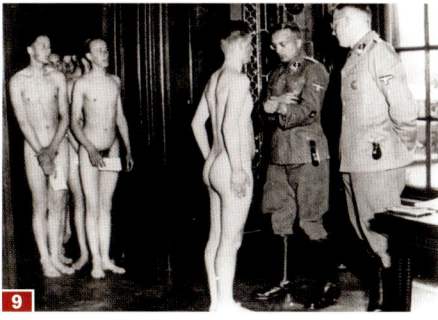

9 Musterung von Niederländern, die sich freiwillig zur Waffen-SS gemeldet haben, 1940

Niederlande erste Erfolge erzielten, gelang die ⓫ Befreiung erst am 5. 5. 1945.

Die 1942 von Japan besetzte Kolonie Niederländisch-Ostindien konnte nach Kriegsende zurückgewonnen werden, wurde aber wenig später als Indonesien in die Unabhängigkeit entlassen.

11 US-Truppen befreien die Niederlande, 1945

1922	Belgisch-britisches Defensivbündnis	14. 5. 1940	Bombardierung Rotterdams / Kapitulation der Niederlande	5. 5. 1945	Befreiung der Niederlande
1939	Mobilmachung	**10. 5. 1940**	Einmarsch der Deutschen in die Niederlande	**Juni 1940**	Belgische Exilregierung in London

DAS FASCHISTISCHE ITALIEN 1919–1945

Hohe Opferzahlen, unerfüllte Annexionswünsche und schließlich schwere Wirtschaftskrisen radikalisierten nach dem Ersten Weltkrieg die politischen Kräfte in Italien und führten 1922 zur Errichtung der ersten ❶ faschistischen Diktatur Europas unter Führung von Benito Mussolini. Nach einer ideologischen und machtpolitischen Annäherung an das deutsche NS-Regime führte der „Duce" Italien an der Seite Deutschlands in den Zweiten Weltkrieg gegen die Alliierten.

Sitzung der faschistischen Kammer, 1939

■ Errichtung der Mussolini-Diktatur

Aus den innenpolitischen Unruhen nach dem Ersten Weltkrieg ging die faschistische Bewegung 1922 als Sieger hervor. Zielstrebig formte Mussolini den Staat zu seiner persönlichen Diktatur um, die jedoch die Monarchie unangetastet ließ.

it der Aussicht auf territorialen Zugewinn und finanzielle Vorteile lockten Großbritannien, Frankreich und Russland 1915 das vormals neutrale Italien in den Ersten Weltkrieg (S. 397). 1918 jedoch empfand sich die Siegermacht Italien als politischer Verlierer des Krieges: Über eine halbe Million Tote, wirtschaftliche Depression und nur geringe Gebietsgewinne führten zu schweren inneren Gegensätzen, die das Land an den Rand eines Bürgerkrieges brachten.

Mit der populären Parole vom „verstümmelten Sieg" entwickelte sich die nationalistische Rechte

3 König Viktor Emanuel III.

um ❷ Benito Mussolini zu einer gewaltbereiten ❺ Massenbewegung. Die „Fascisti" lieferten sich u. a. in Rom heftige Straßenschlachten mit sozialistischen und kommunistischen Gruppen, während die gemäßigten Parteien unfähig waren, der Lage Herr zu werden. Als Mussolini im Oktober 1922 mit einem Marsch auf Rom die Macht im Staate einforderte, gab ❸ König Viktor Emanuel III. nach und berief ihn zum Ministerpräsidenten mit weitgehenden Vollmachten.

Die innenpolitische Staatskrise infolge der Ermordung des Sozialisten Matteotti 1924 nutzte Mussolini mit Billigung des Königs zielstrebig zum Aufbau einer „Führer-Diktatur". Alle oppositionellen Parteien wurden verboten, das Parlament ausgeschaltet, individuelle Freiheitsrechte aufgehoben und Mussolinis persönliche Machtposition institutionell abgesichert.

Traditionelle Elemente wie Kirche und König behielten im Rahmen des Regimes ihre Rechte. 1929 schloss Mussolini mit Papst Pius XII. die ❹ „Lateranverträge" ab, die dem Vatikan den noch heute gültigen Status der Autonomie verliehen.

Gegenüber dem deutschen NS-Regime hielt Mussolini zunächst Distanz: So versprach er, Österreich vor einem gewaltsamen „Anschluss" (S. 455) zu schützen, und bildete zusammen mit Frankreich und Großbritannien 1935 die Streda-Front, die weitere Vertragsverletzungen durch das Deutsche Reich verhindern sollte.

2 Benito Mussolini, 1940

4 Unterzeichnung der Lateranverträge mit dem Vatikan, 1929; rechts Mussolini, sitzend Kardinal Gasparri

5 Aufmarsch der faschistischen Jugendorganisation Balilla, 1939

Der Marsch auf Rom, 1922

Die faschistischen Demonstrationen vom 27. bis zum 31. 10. 1922 sind als „Marsch auf Rom" bekannt geworden und dienten Hitlers Anhängern als Vorbild. Nach der Ankündigung Benito Mussolinis in Neapel, notfalls auch mit Gewalt in die Regierung einzutreten, drangen faschistische Gruppen bis auf wenige Kilometer nach Rom vor. Der große Sternmarsch in Rom am 30. Oktober mit rund 30 000 Teilnehmern fand bereits ohne Benito Mussolini statt – seit einem Tag war er Ministerpräsident.

Mussolini beim Marsch auf Rom, 1922

■ Bündnis mit dem NS-Regime

In den 1930er-Jahren rückten Italien und das Deutsche Reich immer näher zusammen. Mussolini hoffte, an Hitlers Seite den imperialistischen Traum auf ein neues Mittelmeerreich unter italienischer Herrschaft verwirklichen zu können.

Der Feldzug gegen ❻ Abessinien (Äthiopien) 1935 (S. 505) stand am Anfang der Kooperation der Diktatoren Mussolini und Hitler: Das Deutsche Reich war das einzige Land, das die imperialistische Annexion des bis dahin unabhängigen Abessinien und die Ausrufung König Viktor Emanuels III. zum „Kaiser von Äthiopien" unterstützte.

In den folgenden Jahren festigte sich die ❼ „Achse" Berlin–Rom. Italien trat 1937 ebenfalls aus dem Völkerbund aus und intervenierte nicht, als Hitler im Jahr 1938 Österreich dem Deutschen Reich „anschloss" (S. 455). Im Spanischen Bürgerkrieg unterstützten Italien und Deutschland gemeinsam die Aufständischen unter General Franco (S. 473).

Auch ideologisch näherte sich der italienische Faschismus dem Nationalsozialismus an. Die anfangs noch abgelehnte Rassenlehre fand nun auch in Italien Zuspruch; die Juden verloren ihre staatsbürgerlichen Rechte und wurden von öffentlichen Ämtern ausgeschlossen. Im Mai 1939 schlossen die beiden ❽ Diktatoren den „Stahlpakt", ein Militärbündnis, das u. a. die Modalitäten eines gemeinsamen europäischen Krieges klärte.

Beim deutschen Einmarsch in Polen 1939 (S. 510) verhielt Italien sich noch zögerlich, doch ließ der deutsche Siegeszug in Frankreich die Bedenken schwinden: Am 10. 6. 1940 erklärte Italien Frankreich und England den Krieg mit dem Ziel, die Alleinherrschaft über den ❾ Mittelmeerraum samt

❻ Einzug der Italiener in Gondar (Äthiopien), 1935

❽ Hitler auf Staatsbesuch in Italien, 1938

Griechenland und Nordafrika zu gewinnen und ein neues „Römisches Reich" zu begründen. Der Dreimächtepakt vom 27. 9. 1940 zwischen Italien, Deutschland und Japan verpflichtete zum gemeinsamen Kampf gegen jede Nation, die sich den feindlichen Alliierten anschloss.

Zahlreiche Misserfolge (S. 523) führten militärisch wie politisch

zu einer völligen Abhängigkeit Italiens vom ❿ Deutschen Reich und schürten innere Krisen, die das Ende von Mussolinis Herrschaft einleiteten.

Nach Massenstreiks und der Landung der Alliierten auf Sizilien musste Mussolini am 25. 7. 1943 unter dem Druck des Königs zurücktreten und wurde inhaftiert. Als US-General Eisenhower Anfang September den Waffenstillstand mit Italien bekanntgab, besetzten deutsche Truppen Rom. Fallschirmjäger befreiten Mussolini, der nun unter deutschem Schutz die „Italienische Sozialrepublik", auch „Republik von Salò" genannt, gründete, die – obwohl Rom bereits am 9. 6. 1944 von den Alliierten eingenommen wurde – noch bis Ende April 1945 als Marionettenstaat existierte. Am 28. 4. 1945 wurde der „Duce" von kommunistischen Partisanen auf seiner Flucht in die Schweiz ⓫ erschossen.

❼ Aufbau der italienisch-faschistischen Symbole für Mussolinis Besuch in Berlin, 1937

❾ Ein italienisches Torpedoboot im Mittelmeer, 1942

⓫ Die aufgehängten Leichen von Mussolini und seiner Lebensgefährtin Clara Petacci, 1945

❿ Deutsche Stukas zur italienischen Unterstützung über dem Mittelmeer, 1941

Weltkriege und Zwischenkriegszeit   1914–1945

| Mai 1939 | Stahlpakt | 27. 9. 1940 | Dreimächtepakt | 25. 7. 1943 | Gefangennahme Mussolinis | 28. 4. 1945 | Ermordung Mussolinis |
| ab 1935 | Abessinien-Feldzug | 10. 6. 1940 | Kriegserklärung Italiens an die Alliierten | 9. 6. 1944 | Einnahme Roms durch die Alliierten | | |

SPANIEN UND PORTUGAL 1914–1945

Portugal und Spanien gerieten in den 1930er-Jahren in den Bann starker rechtsautoritärer Strömungen. Während sich in Portugal schnell ein diktatorisches System unter Salazar durchsetzte, tobte in Spanien zwischen 1936 und 1939 mit internationaler Beteiligung ein blutiger ❶ Bürgerkrieg zwischen rechten und linken Kräften. Der siegreiche General Franco baute Spanien zu einer brutalen Militärdiktatur aus.

1

Spanischer Bürgerkrieg: Front von Málaga, 1936

Portugal: Das Salazar-Regime

Die politischen Wirren der Nachkriegszeit nutzte Ministerpräsident Salazar in den 1930er-Jahren zum Aufbau eines diktatorischen Systems, das sich aus der Weltpolitik weitgehend heraushielt.

Hatte ❸ Portugal außenpolitisch im Ersten Weltkrieg die Entente unterstützt, herrschten innenpolitisch seit der Republikgründung 1911 (S. 398) chaotische Zustände: 44-mal wechselten die Regierungen unter acht Präsidenten, bis ❷ im Mai 1926 nach einem weiteren Militärputsch die Republik vollends zusammenbrach. Der neue Regierungschef, General António de Fragoso Carmona, ernannte 1928 ❹ António de Oliveira Salazar zum Finanzminister. Ihm gelang es innerhalb kurzer Zeit mit Hilfe weitgehender Vollmachten, den Staat wirtschaftlich zu konsolidieren. 1930 gründete Salazar die faschistische „União Nacional" und richtete die Politik in Portugal über den Zweiten Weltkrieg hinaus neu aus. 1932 Ministerpräsident geworden, errichtete er mit einer neuen Verfassung 1933 den „Estado Novo" (Neuer Staat),

3

Traditioneller Fischfang an der Atlantikküste Portugals, 1930er Jahre

2

Militärparade 1928 zum Jahrestag der Errichtung der Diktatur am 28. 5. 1926

4

António de Oliveira Salazar, um 1950

ein diktatorisches Regierungssystem auf ständischer Grundlage, das wirtschaftlich Arbeitgeber und Arbeitnehmer in ein staatlich ❻, ❼ kontrolliertes, hierarchisch gegliedertes Zwangssystem band.

Außenpolitisch unterstützte das offiziell neutrale Portugal während des Spanischen Bürgerkrieges 1936–1939 die Aufständischen

unter General Franco. Portugal und Spanien schlossen 1939 einen Freundschafts- und Nichtangriffspakt.

Im Zweiten Weltkrieg blieb Salazar erst neutral, schlug sich aber ab 1943 auf die Seite der Alliierten und ließ die Einrichtung von Stützpunkten auf den portugiesisch beherrschten ❺ Azoren zu.

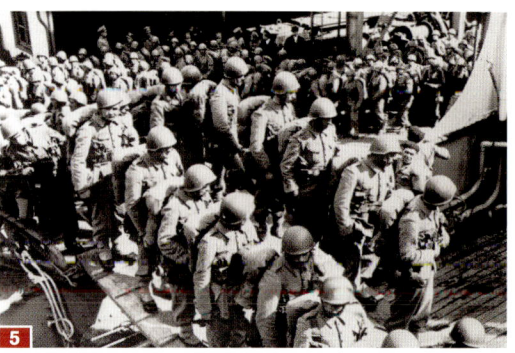

5

Einschiffung von portugiesischen Verstärkungstruppen nach den Azoren, 1941

6

Berittene Mitglieder der paramilitärischen Organisation „Légion Portuguesa", 1936

7

Aufmarsch der Jugendorganisation „Mocidade", 1936

1923 | Militärputsch unter Primo de Rivera   1928 | Wahl Carmonas zum Staatspräsidenten   1931 | Gründung der zweiten Republik in Spanien

1926 | Auflösung der Republik Portugal   1930 | Rücktritt de Riveras/Gründung der „União Nacional"   1932 | Salazar wird Ministerpräsident

■ Spanien: Bürgerkrieg und Franco-Diktatur

Die innenpolitischen Spannungen in Spanien entluden sich 1936 im Spanischen Bürgerkrieg, der 1939 in einen faschistisch geprägten Ständestaat unter Francisco Franco mündete.

Nach dem Ersten Weltkrieg wurde Spanien über 20 Jahre lang von politischen Unruhen erschüttert. Korruption, separatistische Bestrebungen wie in Katalonien und der Unabhängigkeitskrieg in Marokko schwächten die parlamentarische Monarchie. 1923 errichtete General Primo de Rivera nach einem Militärputsch eine von König Alfons XIII. geduldete persönliche Diktatur. Trotz erfolgreicher Beendigung des Marokkokriegs musste er u. a. wegen ungelöster sozialer Probleme 1930 zurücktreten. Im Pakt von San Sebastián beschlossen im selben Jahr sozialistische und bürgerliche Parteien sowie ❶ Intellektuelle wie José Ortega y Gasset den Sturz der Monarchie. 1931 verließ König Alfons XIII. das Land. Sozialisten und bürgerliche Parteien begründeten die Zweite Republik, die schnell unter Beschuss der sich radikalisierenden politischen Kräfte von links und rechts geriet.

1933 kam es zu heftigen ❿ Aufständen der gewerkschaftlich organisierten Arbeiterschaft für soziale Reformen und zu einer Erstarkung faschistisch beeinflusster Bewegungen. 1933 bildete sich die antidemokratische ❾ „Falange Español", die nach dem Zusammenbruch der Republik 1939

Internationale Brigaden

Viele linke Idealisten kämpften in den Internationalen Brigaden gegen die Franco-Truppen. Aus Frankreich, Großbritannien, Deutschland und den USA engagierten sich u. a. André Gide, George Orwell, Egon Erwin Kisch, Octavio Paz, Ernst Busch oder Ernest Hemingway als Kämpfer oder Berichterstatter für die Republik.

oben: Freiwillige der Internationalen Brigaden, 1936

10 Aufständische setzen Kirchen und Klöster in Brand, 1931

zum bestimmenden Instrument des diktatorischen Herrschaftssystems ❽ Francos werden sollte. Generalstreiks und politische Morde verschärften weiter die Kluft zwischen konservativ-nationalistischen und republikanisch-radikalsozialistischen Kräften. Eine rechtsgerichtete Militärrevolte General Francos gegen die linke Volksfrontregierung 1936 löste einen dreijährigen ⓬ Bürgerkrieg aus, der die internationale Öffentlichkeit erregte und mit militärischer Unterstützung von außen geführt wurde. Anfang 1939 löste sich die Republik nach der Einnahme Barcelonas durch Francos Truppen auf. Im zerstörten Spanien errichtete Franco eine Diktatur, verbot politische Parteien und unterdrückte brutal jede Opposition. Mehr als 350 000 Gegner wurden hingerichtet, Hunderttausende inhaftiert.

Trotz des Beitritts zum Antikomintern-Pakt blieb das Franco-Regime im Zweiten Weltkrieg weitgehend neutral. Selbst die „Kampftruppe gegen den Bolschewismus" wurde 1944 von der Ostfront zurückgerufen. Als sich die Niederlage der Achsenmächte abzeichnete, näherte sich Franco den Alliierten an und schränkte die Verfolgungen ein.

8 Francisco Franco, 1935

9 Nachwuchs-Falangisten lernen marschieren, 1935

Guernica

Während des Spanischen Bürgerkriegs wurde die kleine baskische Stadt Guernica am 25. 4. 1937 durch die deutsche Luftwaffe vollständig zerstört – ein Vorgeschmack auf die verheerenden Flächenbombardements des Zweiten Weltkriegs. Der Luftangriff auf schutzlose Zivilisten rief 1937 weltweite Proteste hervor. Berühmt wurde Pablo Picassos Gemälde „Guernica", mit dem er die Grausamkeit der Zerstörung anklagte.

Das zerstörte Guernica, 1936

11 Studenten demonstrieren für die Republik, 1931

12 Spanische Flüchtlinge an der Grenze zu Frankreich, 1939

1933	Verfassung des „Estado Novo" in Portugal	**Juli 1936**	Militäraufstand unter Franco, bis 1939 Bürgerkrieg	**1939**	Spanisch-Portugiesisches Bündnis
1934	Gründung der „Falange Español"	**Jan. 1939**	Auflösung der Republik	**Sept. 1939**	Franco wird neuer Regierungschef

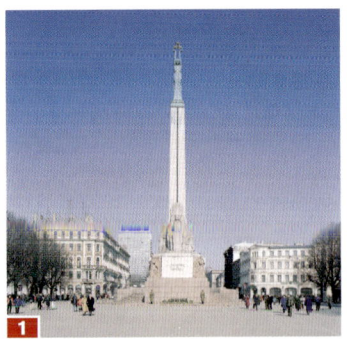

1

SKANDINAVIEN UND DAS BALTIKUM 1917–1944

Innenpolitisch beschritten nach dem Ersten Weltkrieg die skandinavischen Monarchien Dänemark, Schweden und Norwegen den Weg hin zum Wohlfahrtsstaat. Außenpolitisch konnte allein Schweden bis 1945 die skandinavische Tradition der Neutralität bewahren, während Dänemark und Norwegen im Zweiten Weltkrieg von deutschen Truppen besetzt waren und Finnland für die gerade gewonnene Selbstständigkeit kämpfte. Die neu geschaffenen ❶ baltischen Staaten wurden zwischen den Kriegsparteien zerrieben.

Freiheitsdenkmal in Riga, Lettland (errichtet 1935)

2

Parlamentsgebäude des lettischen Freistaates in Riga, um 1930

■ Kurze Unabhängigkeit: Die baltischen Republiken

Gegen Ende des Ersten Weltkriegs erreichten die baltischen Staaten mit deutscher Hilfe ihre staatliche Unabhängigkeit. Ab 1939 wurden sie zu Objekten der Großmachtpolitik von Hitler und Stalin, nach dem Zweiten Weltkrieg Sowjetrepubliken.

Im Friedensschluss von Brest-Litowsk 1918 (S. 444) zwischen dem Deutschen Reich und Sowjetrussland mussten die Bolschewiki den baltischen Provinzen im Nordosten Europas die Unabhängigkeit zusichern. Unter anhaltenden Kämpfen konstituierten sich bis 1920 Estland, ❷ Lettland und Litauen als liberale Verfassungsstaaten. Mit Hilfe Deutschlands als Besatzungs- und Schutzmacht konnten sie ihre Eigenständigkeit gegen Eingriffe Polens und der Sowjetunion verteidigen. Das ehemalige deutsche Memelland, das 1920 Litauen unterstellt wurde, erhielt 1924 einen Autonomie-

3

Die Außenminister unterzeichnen den Nichtangriffspakt. Sitzend von links: Munsters (Lettland), von Ribbentrop (Deutschland), Selter (Estland), 1939

5

Rotarmisten ziehen in Wilna (Litauen) ein, Juli 1944

status, bis es 1939 wieder Hitlers Großdeutschem Reich angegliedert wurde. Der im Mai 1939 mit Lettland und Litauen geschlossene ❸ Nichtangriffspakt wurde mit dem Hitler-Stalin-Pakt im

Oktober 1939 hinfällig und die baltischen Staaten zum Spielball der Großmächte. In einem geheimen Zusatzprotokoll des Pakts wurden nämlich im Kriegsfall u. a. Estland, Lettland und Finnland der Sowjetunion zugesprochen.

So rückte 1940 die Rote Armee ins Baltikum ein. Doch im Rahmen des Russlandfeldzuges eroberte die deutsche Wehrmacht die Gebiete wieder zurück. Lettland, Estland und Litauen wurden dem Reichskommissariat Ost angegliedert, deutsche Einwohner ins Reich ❹ ausgesiedelt. Auch in der Hoffnung, dass sich das Deutsche Reich nach dem Krieg noch einmal für die Unabhängigkeit der kleinen Republiken einsetzen würde, meldeten sich viele ❼ antikommunistische Balten freiwillig zur Waffen-SS.

Mit den Rückschlägen für die Wehrmacht fielen ❺ Lettland, Litauen und Estland 1944 wieder an die Rote Armee und wurden nach dem Krieg der ❻ Sowjetunion einverleibt. Erst nach deren Zusammenbruch 1991 wurden die baltischen Staaten wieder unabhängig.

4

Ankunft baltendeutscher Aussiedler in Stettin, Oktober 1939

GRĀMATA VAIRO ZINĀŠANAS

REVOLUCIONARAIS PROGRESS UN GRĀMATA IET ROKU ROKA

6

Sowjetische Propaganda nach dem Anschluss Lettlands an die Sowjetunion

7

Auszeichnungen für baltische Soldaten, die aufseiten der Wehrmacht kämpften, 1944

1914–1945 Weltkriege und Zwischenkriegszeit

■ Skandinavien und Finnland bis 1945

Während des Ersten Weltkrieges gelang es den skandinavischen Ländern, ihre traditionelle Neutralität zu wahren. Im Zweiten Weltkrieg jedoch wurde einzig Schweden nicht in Kampfhandlungen verwickelt.

Aus den Konfliktfeldern des Ersten Weltkrieges hielten sich Norwegen, Schweden und Dänemark weitgehend heraus. Wegen seines regen Handels mit Deutschland wurde Schweden aber zeitweise von der Entente boykottiert; Norwegen schickte seine Handelsflotte gegen die Mittelmächte. Allerdings wurde die Unabhängigkeit der skandinavischen Länder von keiner Seite angetastet, und nach Kriegsende blieben soziale Verwerfungen aus. Die skandinavischen Monarchien entwickelten sich in der Zwischenkriegszeit zu parlamentarischen Demokratien weiter und bauten sie kontinuierlich zu Wohlfahrtsstaaten aus. Die Sozialdemokraten als Mehrheitspartei milderten die Auswirkungen der Weltwirtschaftskrise (S. 506) für die Bevölkerung durch stärkere staatliche Fürsorgeleistungen.

Einen Sonderfall in Skandinavien stellte Finnland dar, das als ehemaliges Herrschaftsgebiet des Zarenreiches ❿ von der Sowjetunion ständig bedroht war. Erst 1917 hatte Finnland sich, unter Ausnutzung der Revolutions-

wirren (S. 480), in Russland eine Verfassung gegeben und 1918 eine selbstständige Republik ausgerufen. Trotz eines 1922 geschlossenen Nichtangriffspakts blieb die Beziehung zur Sowjetunion ge-

9 Vidkun Quisling (rechts) im Gespräch mit SS-Führer Heinrich Himmler, 1942

spannt. Gemäß den Vereinbarungen im Hitler-Stalin-Pakt marschierte am 30. 11. 1939 die Rote Armee in Finnland ein. Erst nach schweren Gefechten entschieden die Sowjets den ❷ „Winterkrieg" für sich, konnten aber nur rund 10 % Finnlands ❽ besetzt halten, weil die Westmächte einzugreifen drohten. Als Hitler 1941 den Russlandfeldzug startete, schlossen sich die Finnen an und kämpften bis 1944 auf deutscher Seite gegen die Sowjetunion.

Einzig Schweden überstand den Zweiten Weltkrieg schadlos. Durch kleinere Zugeständnisse

wie z. B. die Erlaubnis, deutsche Truppen durch schwedisches Gebiet zu transportieren, blieb Schweden weitgehend unbehelligt und gewährte bis Kriegsende Flüchtlingen im Land Asyl. Ende 1943 wandte sich Schweden stärker den Westmächten zu.

❶ Dänemark und ❸ Norwegen wurden im April 1940 von deutschen Truppen besetzt. Der Widerstand in Norwegen war erbittert; rund 40 000 Norweger wurden in Konzentrationslager deportiert. 1942 ernannten die Besatzer den norwegischen Faschistenführer ❾ Vidkun Quisling zum Ministerpräsidenten.

Als 1943 in Dänemark die Deutschen mit der Judendeportation begannen, verschärfte sich auch hier die Lage: Nach Streiks und Sabotageakten wurde das Kriegsrecht verhängt. Dänische Fischer brachten 7900 Juden über den Öresund nach Schweden in Sicherheit. Im Mai 1945 wurde Dänemark von britischen Truppen befreit. In Norwegen kapitulierte die deutsche Wehrmacht kampflos.

8 Schwedische Freiwillige, die auf finnischer Seite kämpfen, 1940

10 Deutsche Soldaten bringen 1918 eine finnische Familie, die vor der Roten Armee geflohen war, zurück in ihre Heimat.

11 Deutscher Einmarsch in Dänemark, 1940

13 Deutsche Soldaten in Norwegen, 1940

12 Finnische Infanterie auf Skiern, 1939

1914–1945   Weltkriege und Zwischenkriegszeit

---

30. 11. 1939 | Einmarsch der Roten Armee in Finnland   **1940** | Norwegische Exilregierung in London / Deutsche Besetzung Dänemarks und Norwegens

1939–40 | Finnisch-sowjetischer Winterkrieg   **1942** | Quisling wird Ministerpräsident Norwegens   **1944** | Angliederung der Balten-Staaten an die UdSSR

POLEN 1914–1939

Nach 123 Jahren Fremdherrschaft entstand nach dem Ersten Weltkrieg wieder ein ❶ souveräner polnischer Staat, der jedoch aufgrund der umstrittenen Grenzziehungen von außen immer in seiner Existenz bedroht war. Politische Zerrissenheit und das ungelöste Minderheitenproblem ließen das Land aber auch innenpolitisch nicht zur Ruhe kommen. 1939 teilten Hitler und Stalin Polen unter sich auf.

■ Durchsetzung des polnischen Staates bis 1921

1918 erklärte sich Polen als Staat unabhängig. Die Kämpfe um die endgültigen Grenzziehungen zogen sich jedoch bis 1921 hin.

1 Polnische Unabhängigkeit (1918)

2 Rückeroberung Kiews durch die Rote Armee, 1920

4 Frieden von Riga, 1921: die polnische Delegation

3 Soldaten des k.u.k. Heeres in Polen, 1915

Seit 1795 teilten sich Preußen, Österreich und Russland die polnischen Gebiete. Der Ausbruch des Ersten Weltkrieges belebte die Hoffnung auf Wiederherstellung der Unabhängigkeit. Polnische Legionäre unterstützten die ❸ Mittelmächte, die 1916 die Rückkehr der polnischen Erbmonarchie erklärten. Die sich abzeichnende Niederlage der Mittelmächte und die Zusicherung der Entente, die Wiedererrichtung eines souveränen Polens zu fördern, leiteten einen Stimmungsumschwung zugunsten der späteren Siegermächte ein.

Die provisorische russische Regierung erkannte nach dem Sturz des Zaren im März 1917 (S. 480) das Selbstbestimmungsrecht der Polen an und verzichtete 1918 im Frieden von Brest-Litowsk auf das polnische Gebiet. Nach der Kapitulation der Mittelmächte erklärte Józef Pilsudski am 11. 11. 1918 Polen für unabhängig und ernannte sich zum Vorläufigen Staatschef der Republik.

Der Versailler Vertrag von 1919 sprach dem neuen Staat die Provinz Posen sowie große Teile Westpreußens zu und schuf mit dem „polnischen Korridor", einem schmalen Gebietsstreifen entlang der Weichsel, einen Zugang zur Ostsee. Pilsudski strebte allerdings eine Wiederherstellung der Grenzen von 1772 (S. 304) an, was die russisch dominierten Gebiete Weißrusslands und der Ukraine sowie Litauen einschloss.

Mit einer Militäraktion wurde das litauische Wilnagebiet unter polnische Hoheit gestellt. Ein polnischer Vorstoß auf ❷ Kiew im März 1920 löste den polnisch-sowjetischen Krieg aus; die Gegenoffensive Sowjetrusslands scheiterte bei Warschau („Wunder an der Weichsel"). Der am 18. 3. 1921 geschlossene Friedensvertrag von ❹ Riga dehnte die russisch-polnische Grenze um etwa 250 km nach Osten aus. 1921 teilte der Völkerbund das ❺ umstrittene deutsch-polnische Grenzgebiet von Oberschlesien auf. Polen erhielt das kohlereiche ❻ Ostoberschlesien, der Rest verblieb beim Deutschen Reich. Die Stadt Danzig wurde zur „Freien Stadt" erklärt, was das deutsch-polnische Verhältnis zusätzlich belastete.

6 „Herrgott, lass meine Heimaterde deutsch bleiben!" (Plakat Oberschlesien, 1921)

5 Aufstand in Oberschlesien 1921: Polnische Zivilisten holen sich Waffen ab

| 1916 | Proklamation des Königreichs Polen | April–Okt. 1920 | Russisch-polnischer Krieg | 18. 3. 1921 | Frieden von Riga | 1926 | Militärputsch Pilsudskis |
| 3. 11. 1918 | Proklamation der polnischen Republik/Pilsudski wird Staatschef | | 1921 | Militärbündnis mit Frankreich/Aufteilung Oberschlesiens |

■ Kurze Souveränität

Auch die innenpolitische Wandlung von der Demokratie hin zu einem autoritären Staat konnte Polen nicht vor dem Expansionsstreben der mächtigen Nachbarn schützen. 1939 teilten das Deutsche Reich und die Sowjetunion Polen unter sich auf.

Nach Festlegung der Staatsgrenzen konstituierte Polen sich 1921 zu einem demokratischen Verfassungsstaat. Die innere Konsolidierung des neu formierten Staates war von Anfang an erschwert durch wirtschaftliche Rückständigkeit und politische Zersplitterung der Parteien. Die schnell wechselnden Regierungen scheiterten an der Aufgabe, die in der Teilungszeit entstandenen unterschiedlichen Verwaltungs- und Wirtschaftssysteme zu koordinieren und die Minderheiten zu integrieren. Insgesamt lebten auf dem polnischen Staatsgebiet weniger als 70 % Polen. Das Wahlrecht gestand den Minderheiten

7

Beisetzung Józef Pilsudskis, 1935

nur ein beschränktes Mitspracherecht im Parlament zu. In Ostgalizien gab es zahlreiche Aufstände der Ukrainer.

Staatsgründer ❽ Pilsudski fühlte sich zum Retter der Nation berufen und führte 1926 einen Militärputsch durch. Unter formaler Beibehaltung der demokratischen Verfassung errichtete er ein diktatorisches Regime, das jede Opposition unterdrückte. Nach seinem ❼ Tod 1935 verfiel das auf sein persönliches Prestige gestützte Regime, und wechselnde Militärführer wurden staatsbestimmend.

Infolge der umstrittenen Grenzziehungen blieb der Staat außenpolitisch immer von den mächtigen Nachbarn, dem Deutschen Reich und der Sowjetuni-

9

Hitler kündigt den Nichtangriffspakt mit Polen auf, 1939

on, bedroht. Daran änderte auch das 1921 geschlossene Bündnis mit Frankreich nichts. Die Nichtangriffspakte mit der Sowjetunion und dem Deutschen Reich von 1932 bzw. 1934 erwiesen sich schnell als nur ❾ vorläufige Waffenruhe.

1938 erhielt auch Polen nach der von Hitler erzwungenen Auflösung der Tschechoslowakei Gebiete zugesprochen, was den außenpolitischen Druck des Deutschen Reiches erhöhte. Im geheimen Zusatzprotokoll zum deutsch-sowjetischen Nichtangriffspakt vom 23. 8. 1939 vereinbarten die beiden Mächte die Aufteilung Polens. Deutsche Truppen überschritten am 1. 9. 1939 die

8

Józef Pilsudski bei einer Truppenparade in Warschau, 1926

polnische ❿ Westgrenze. Mitte des Monats fielen sowjetische Truppen im Ostteil des Landes ein. Am 27. 9. 1939 besetzte die Wehrmacht Warschau.

„Freie Stadt" Danzig

Danzig war 1919 mit dem Versailler Vertrag vom Deutschen Reich abgetrennt worden und hatte den völkerrechtlichen Status einer „Freien Stadt" erhalten. Sie stand seitdem unter internationalem Mandat und war wirtschaftlich Polen zugeschlagen worden. Die Wiedereingliederung der zu mehr als 90 % von Deutschen bewohnten Stadt ins Reich benutzte Hitler 1939 als Rechtfertigung für seinen Angriff auf Polen.

Danzig nach der Wiedereingliederung ins Deutsche Reich, 1939

10

Wehrmachtssoldaten reißen den Grenzbaum zu Polen nieder, 1939

| 1932 | Nichtangriffspakt mit der UdSSR | 12. 5. 1935 | Tod von Józef Pilsudski | 1./17. 9. 1939 | Deutscher bzw. sowjetischer Angriff auf Polen |
| 26. 1. 1934 | Nichtangriffspakt mit Deutschland | 25. 8. 1939 | Polnisch-britisches Bündnis | 28. 9. 1939 | Kapitulation Warschaus |

UNGARN UND DIE TSCHECHOSLOWAKEI 1914–1945

Aus der untergegangenen Doppelmonarchie Österreich-Ungarn gingen 1918 die neuen Republiken ❶ Ungarn und Tschechoslowakei (CSR) hervor, die über Jahre miteinander und mit anderen Nachbarstaaten über ihre Grenzen stritten. Während der 30er-Jahre gerieten beide Staaten in den Bann des expandierenden Deutschen Reiches. Unter Druck löste sich die CSR ab 1938 als Staat wieder auf. Das nationalistische Regime Ungarns sympathisierte mit den deutschen Nationalsozialisten und zog auch an ihrer Seite in den Zweiten Weltkrieg. – 1945 wurden beide Staaten von der Roten Armee besetzt und in den „Ostblock" eingegliedert.

Elisabeth-Brücke in Budapest, Ungarn (erbaut 1897–1903)

Ungarn: Von der Republik zum Rechtsregime

Nach revolutionären ersten Nachkriegsjahren etablierte sich im verkleinerten Ungarn ein autoritäres Regime, das sich im Zweiten Weltkrieg an Hitler-Deutschland anlehnte.

Nach dem Zusammenbruch der Habsburger Doppelmonarchie 1918 (S. 444) nutzte Mihályi Graf Karolyi in Ungarn die bürgerlich-demokratische „Asternrevolu-

Teilnehmer der Friedenskonferenz von Trianon

Hitler und Reichsverweser Horthy, 1941

tion" zur Übernahme der Regierung. Am 16. November rief er die Republik aus. Sie war von Anfang an durch Parteikonflikte und Gebietsverluste schwer belastet,

denn gemäß dem Versailler Vertrag von 1919 musste Ungarn weite Gebiete im Süden und Osten des Landes räumen: Die Tschechen besetzten die Slowakei, die Rumänen Siebenbürgen und die Serben Südungarn. Außerdem erzwang der Vertrag eine Reduzierung des ungarischen Heeres und verpflichtete das Land zu Reparationszahlungen. Karolyi trat aus Protest zurück, und die Kommunisten unter ❷ Béla Kun proklamierten im März 1919 die Räterepublik. Doch Gegendruck von rechts sowie der Krieg gegen die CSR und Rumänien um

die verlorenen Gebiete stürzten das linke Regime. Am Ende des Krieges stand 1920 der ❸ „Frieden von Trianon", durch den Ungarn zwei Drittel seines Territoriums verlor. Revisionsforderungen bestimmten fortan die Politik und förderten nationalistische Kräfte.

Seit 1920 war Ungarn formal wieder eine Monarchie. Das Parlament wählte ❹ Miklós Horthy zum Reichsverweser und errichtete ein autoritäres Rechtsregime. Zentrales Problem blieb die Finanzkrise, die durch eine Völkerbundanleihe 1923 nur vorübergehend gelindert wurde. In den 30er-Jahren begünstigten die sozialen Folgen der Weltwirtschaftskrise die Einflussnahme der nationalsozialistischen ❺ „Pfeilkreuzer", und die Regierung näherte sich innen- wie außenpolitisch Hitler-Deutschland an. Antisemitische Gesetze beschränkten die Rechte der Juden im öffentlichen Leben.

Die „Wiener Schiedssprüche" Deutschlands und Italiens (1938/40) befriedigten einige Gebietsansprüche Ungarns: Ein Teil der Slowakei und rumänisch besetzte Gebiete fielen

Kommunistenführer Béla Kun hält eine Rede vor dem Volk, 1919

Trauer nach Pogromen der nationalistischen Pfeilkreuzer, 1944

an Ungarn zurück. Im Verbund mit Deutschland marschierte Ungarn 1941 in Jugoslawien ein und beteiligte sich am deutschen Russlandfeldzug. Als 1944 Ungarn die Kämpfe einstellen wollte, besetzten deutsche Truppen das Land, verloren es aber schnell wieder an die vorrückende ❻ Rote Armee. Am 4. 4. 1945 hatten die Sowjets Ungarn vollständig erobert.

Monarchie

Ungarn war seit der Proklamation vom 23. 3. 1920 eine Monarchie ohne Monarch. Die Thronansprüche des ehemaligen österreichischen Kaisers und ungarischen Königs, Karls IV., lehnte die ungarische Volksvertretung kategorisch ab. Als Karl eigenmächtig nach dem Thron greifen wollte, wurde er im Oktober 1920 inhaftiert und nach Madeira ins Exil geschickt.

Der ehemalige Kaiser Karl mit seiner Familie im Exil, 1921

Russischer Sodat auf Beobachtungsposten, 1945

| 1918 | Vertrag von Pittsburgh/Tschechische und slowakische Exilregierung | 1. 8. 1919 | Flucht Béla Kuns | 1920 | Horthy wird Reichsverweser |
| 16. 11. 1918 | Proklamation der Republik Ungarn | März 1919 | Proklamation der Räterepublik | 4. 6. 1920 | Frieden von Trianon |

Republik Tschechoslowakei 1918–1938

Die 1918 gegründete Tschechoslowakische Republik wurde 1938 zerschlagen und als „Protektorat Böhmen und Mähren" dem Deutschen Reich angeschlossen.

Noch während des Ersten Weltkrieges bildeten tschechische und slowakische Emigranten in den USA eine Exilregierung und beschlossen 1918 im Vertrag von Pittsburgh den staatlichen Zusammenschluss der beiden Nationen nach dem Krieg. 1920 wählte die Nationalversammlung den Tschechen ❽ Tomás Masaryk zum gemeinsamen Staatspräsidenten der parlamentarisch-demokratischen Republik. Er blieb zusammen mit dem langjährigen Außenminister Edvard Benes bis 1935 an der Macht, scheiterte aber mit dem

Konrad Henlein, Turnlehrer und Nationalistenführer

Versuch, die verschiedenen Kulturkreise der einzelnen Staaten unter einem gemeinsamen Nationalgefühl zu einen; in dem neuen Vielvölkerstaat lebten nur rund 60 % Tschechen und Slowaken. Neben Ungarn, Ukrainern und Polen bildeten die Sudetendeutschen mit fast 25 % die stärkste Minderheit und strebten, gestärkt vom Machtantritt der Nationalsozialisten in Deutschland, zunehmend nach Autonomie.

Zusammen mit der „Sudetendeutschen Heimatfront" ❼ Konrad Henleins (ab 1935 „Sudetendeutsche Partei") brach Hitler 1938 die „Sudetenkrise" vom Zaun. Gegen den territorialen Machtanspruch des NS-Regimes konnten weder die Bündnisse 1920/21 mit Frankreich und Polen noch die ❾ „kleine Entente" mit Jugoslawien und Rumänien etwas ausrichten.

Wehrmachtssoldaten beseitigen den Grenzpfosten zum Sudetenland, 1938

Im Münchner Abkommen zwischen den Großmächten (S. 464) wurde die CSR gezwungen, das ❿, ⓫ Sudetenland an das Deutsche Reich abzutreten. Der Zerfall des Staates war nicht mehr aufzuhalten. Polen und Ungarn bekamen Gebiete in der Grenzregion zugesprochen. Als am 14. 3. 1939 unter deutschem Schutz die Slowakei ihre Unabhängigkeit erklärte, marschierten einen Tag später deutsche Truppen in die Rest-Tschechei ein und unterstellten sie als „Protektorat Böhmen und Mähren" dem Deutschen Reich. Die CSR war aufgelöst; Auflehnung gegen die deutsche Besatzung gab es kaum; erst im Mai 1945 kam es zum ⓬ Prager Aufstand.

Präsident Benes arbeitete unterdessen von seinem Londoner Exil aus am Wiederaufbau eines tschechoslowakischen Staates. Die Exilregierung schloss 1943 ein Abkommen über die Besetzung der Gebiete durch die Rote Armee. Am 10. 9. 1945 konstituierte sich die CSR neu unter russischem Schutz.

Staatspräsident Tomás Masaryk bei einem Ausritt, 1926

Tagung der „kleinen Entente" (gegründet 1920); rechts Kamill Krofta, Außenminister der Tschechoslowakei

Slowakei

In der Slowakei entstand nach der Unabhängigkeitserklärung ein faschistischer Satellitenstaat des Deutschen Reiches. Er beteiligte sich 1939 am deutschen Einmarsch in Polen, trat 1940 dem Dreimächtepakt bei und ließ sich ab 1941 in die Vernichtungspolitik gegen die Juden einbinden. Nach der Besetzung durch die Rote Armee im April 1945 wurden der Staatspräsident Jozef Tiso und drei Minister gehängt.

Pfarrer Jozef Tiso erhält Glückwünsche nach der Wahl zum Staatspräsidenten, 1939

Sudetenland 1938: Aussiedlung tschechischer Bürger

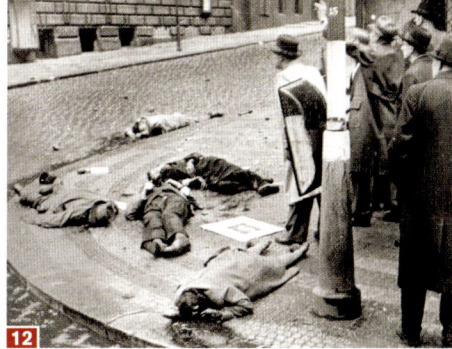
Tote des Prager Aufstandes, 1945

1938	Sudetenkrise	2. 11. 1938	Erster Wiener Schiedsspruch	4. 4. 1945	Besetzung Ungarns durch die Rote Armee
29. 9. 1938	Münchner Abkommen	15. 3. 1939	Einrichtung des „Protektorats Böhmen und Mähren"	10. 9. 1945	Neukonstituierung der CSR

DIE SOWJETUNION 1917–1939

Noch vor Ende des Ersten Weltkrieges wurde 1917 der russische Zar gestürzt. Aus der Auseinandersetzung zwischen der bürgerlichen Provisorischen Regierung und den revolutionären Arbeiter- und Soldatenräten gingen die linksradikalen Bolschewiki als Sieger hervor. Unter der Führung ❶ Lenins kamen sie in der „Oktoberrevolution" 1917 an die Macht, beendeten den Krieg, schlugen in einem Bürgerkrieg gegenrevolutionäre Aufstände nieder und konstituierten 1922 mit der „Union der sozialistischen Sowjetrepubliken" den ersten kommunistisch regierten Staat der Welt. Nach dem Tod Lenins 1924 entwickelte sich die Sowjetunion in den 1930er-Jahren unter Stalin zu einer blutigen Diktatur, der Millionen Menschen zum Opfer fielen.

Lenin bei der Enthüllung des Marx-Engels-Denkmals auf dem Platz der Revolution in Moskau, 1918

1914–1945 · Weltkriege und Zwischenkriegszeit

■ Das Ende des Zarenreiches

Der Sturz von Zar Nikolaus II. führte 1917 zu erheblichen Spannungen zwischen den parallel regierenden sozialistischen Arbeiter- und Soldatenräten und der liberalen Provisorischen Regierung.

Versorgungsengpässe, Korruption sowie die hohe Zahl von Gefallenen an der Front führten im Verlauf des ❷ Ersten Weltkrieges in Russland zu einer großen Unzufriedenheit mit der zaristischen Autokratie. Sowohl in der Zivilbevölkerung als auch im Militär wurden die ❹ Forderungen nach Beendigung des Krieges lauter; Soldaten desertierten und verbrüderten sich z. T. mit dem Gegner.

Die Situation eskalierte, als im März 1917 in Petrograd (bis 1914 St. Petersburg) Truppenteile den Befehl des ❺ Zaren verweigerten,

Demonstration, 1917

mit aller Härte gegen streikende Arbeiter vorzugehen. Die Petrograder Garde verbündete sich mit den Streikenden und sie zwangen in der sog. „Februarrevolution" Nikolaus II. am 15. 3. 1917 zur Abdankung; im Jahr darauf wurde er mit seiner Familie ❼ ermordet.

Unter Fürst Lwow wurde eine provisorische liberale Regierung eingesetzt, die politische Freiheit verkündete und auch von gemäßigten Sozialdemokraten (Menschewiki) unterstützt wurde. Parallel dazu organisierten sich Arbeiter und Soldaten in vielen Städten zu ❸ „Sowjets" (Räten), die drastischere soziale Veränderungen forderten und sich als Gegenmacht zur provisorischen Re-

gierung verstanden. – Im April 1917 kehrte der kommunistische Revolutionsführer der Bolschewiki, Wladimir Iljitsch Uljanow, genannt ❻ Lenin, aus seinem Schweizer Exil nach Petrograd zurück. In seinen „Aprilthesen" forderte er den sofortigen Friedensschluss und die Verteilung des Landes an die Bauern. Auch forderte er die Beendigung der spannungsreichen Doppelherrschaft von Sowjets und Provisorischer Regierung und daraus folgernd die alleinige Machtübernahme der Sowjets. Der bolschewistische Putschversuch im Juli 1917 scheiterte jedoch.

Russische Kriegsgefangene in Ostpreußen, 1915

Versammlung des Petrograder Sowjets, März 1917

Zar Nikolaus II. (Ölgemälde, 1916)

Oktoberrevolution: „Lenin auf der Tribüne" (Gemälde von Alexander Michailowitsch Gerassimow, 1930)

Die russische Zeitrechnung

Da der russischen Zeitrechnung bis zum 14. 2. 1918 der julianische Kalender zugrunde lag, fiel die „Februarrevolution" nach dem in der westlichen Welt üblichen gregorianischen Kalender auf den 12. März. Auch die „Oktoberrevolution" fand dementsprechend am 7. November statt.

Das Zimmer in Jekaterinburg, in dem die Zarenfamilie am Morgen des 17. 7. 1918 erschossen wurde

Der Sieg der Bolschewiki

Der Machtübernahme der Bolschewiki in der „Oktoberrevolution" folgte ein blutiger Bürgerkrieg, aus dem die „Rote Armee" siegreich hervorging.

Da die bürgerliche Regierung unter dem neuen Ministerpräsidenten ❽ Alexander Kerenskij den Krieg weiter fortsetzte und den Forderungen nach sozialen Verbesserungen nicht nachkam, spitzte sich der Konflikt zwischen Regierung und Sowjets in der zweiten Jahreshälfte 1917 zu. Ab September planten Lenin und die Bolschewiki erneut den bewaffneten Aufstand gegen die Regierung. Am 7. 11. 1917 schließlich brach die ❾ „Oktoberrevolution" aus: Die bolschewistischen Rotgardisten besetzten unter der Führung ⓫ Leo Trotzkijs die wichtigsten Punkte von Petrograd und ⓬ stürmten das Winterpalais, den Sitz der Provisorischen Regierung. Die Regierung Kerenskij wurde verhaftet und Lenin bildete den „Rat der Volkskommissare". Die neue Sowjetregierung beendete den Krieg gegen die Mittelmächte im Frieden von Brest-Litowsk (S. 444) am 3. 3. 1918 und leitete

❾ „Der Hammer des Proleten schlug zurück" (Karikatur, 1917)

eine kommunistische Umwandlung der Gesellschaft ein: Großgrundbesitzer und Industriebetreiber wurden entschädigungslos enteignet, Banken verstaatlicht, gegnerische Parteien verboten und das demokratisch-parlamentarische Element zugunsten des von den Bolschewiki beherrschten Rätesystems abgeschafft. Der neu gegründete Sicherheitsdienst Tscheka sollte die alleinige Macht der Bolschewiki sichern. Mit dem

❽

Alexander Kerenskij (oben) bei Truppenparade, 1917

Umzug der Sowjetregierung in den Moskauer ⓭ Kreml im März 1918 endete die erste Phase der revolutionären Umgestaltung in Russland. Sie war allerdings noch keineswegs gesichert.

Ein gegenrevolutionäres Bündnis aus Monarchisten, Menschewiki und bürgerlichen Kräften hatte 1918 die ❿ „Weiße Armee" gebildet, die in einem fast dreijährigen Bürgerkrieg die ⓮ „Rote Armee" bekämpfte. Trotz der Unterstützung der „Weißen" durch frühere Kriegsverbündete setzte sich die straff geführte „Rote Armee" bis 1922 endgültig durch. Sie eroberte mit Georgien, der Ukraine, Armenien und Aserbaidschan auch Staaten, die sich nach dem Frieden von Brest-Litowsk unabhängig erklärt hatten. Der polnisch-russische Krieg von 1920 (S. 476) und auch die schwere Hungersnot im Winter 1921/22 waren keine ernsthafte

❿

General Judenitsch von der „Weißen Armee" mit seinem Stab, 1919

Gefährdung der Sowjetmacht mehr. 1922 hatte Sowjetrussland fast wieder die Ausdehnung des Zarenreichs erlangt. Im selben Jahr schloss sich die „Russische Sozialistische Föderative Sowjetrepublik" mit der Ukrainischen, Weißrussischen und anderen Sowjetrepubliken zur „Union der Sozialistischen Sowjetrepubliken" (UdSSR) zusammen. Ein mächtiger kommunistischer Staatenbund war entstanden.

Leo Trotzkij, 1917

⓬
Sturm auf das Winterpalais, Oktoberrevolution 1917

⓭
Der Kreml und das Lenin-Mausoleum (vorn)

⓮
Reiter der Roten Armee, 1919

1914–1945

Weltkriege und Zwischenkriegszeit

| 17. 7. 1918 | Ermordung von Zar Nikolaus II. | 1920 | Polnisch-russischer Krieg | 1922 | Gründung der UdSSR |
| März 1918 | Umzug der Regierung in den Moskauer Kreml | 1918 | Gründung der „Weißen Armee" | Winter 1921/22 | Hungersnot in Russland |

Der Aufstieg Stalins 1924–1929

Nach Lenins Tod übernahm Stalin die Führung der Partei und stieg bis 1929 zum Alleinherrscher auf. Außenpolitisch war die ❶ Sowjetunion v. a. auf die Sicherung ihrer Macht bedacht.

Seit Lenin 1922 krank wurde, bestimmten parteiinterne Machtkämpfe um seine Nachfolge die innere Entwicklung des Landes. Stalin nutzte seine Macht als Generalsekretär der Partei, um wichtige Staats- und Parteiposten mit seinen Anhängern zu besetzen, und baute sein Amt zu einer Schlüsselposition im Parteiapparat aus. Obwohl Lenin in seinem „politischen Testament" Stalins Ablösung als Generalsekretär empfahl, konnte dieser sich nach ❷ Lenins Tod gegen seine Konkurrenten behaupten.

Bis 1929 gelang es Stalin, in wechselnden Koalitionen seine Konkurrenten in der Partei- und Staatsführung auszuschalten. Seinen mächtigsten Rivalen Leo Trotzkij drängte er 1927 aus der Partei und ließ ihn 1928 des Landes verweisen; 1940 wurde er vom sowjetischen Geheimdienst in seinem ❸ mexikanischen Exil ermordet. Während Trotzkij die Haltung vertreten hatte, die Sowjetmacht könne nur gesichert werden, wenn sich in den hoch industrialisierten Ländern Europas die ❶ kommunistische Revolution fortsetze, konzentrierte sich Stalin ab 1925 v. a. auf die rücksichtslose Durchsetzung des „Sozialismus in einem Land". Parallel zur verstärkten Industrialisierung und Zwangskollektivierung der ❹ Landwirtschaft entwickelte sich die Stalin-Diktatur in den 30er-Jahren zu einem blutigen Unterdrückungssystem.

Außenpolitisch war der kommunistische Staat bis 1924 von den meisten europäischen Staaten anerkannt worden. Die Sowjetunion strebte gegenüber dem Ausland in erster Linie die Sicherung des eigenen Herrschaftssystems an. Sie trat 1934 in den Völkerbund ein (wurde aber wegen des Angriffs auf Finnland 1939 wieder ausgeschlossen) und schloss diverse Beistandsabkommen und Nichtangriffspakte. Als das nationalsozialistische Deutschland in den 30er-Jahren seine Machtstellung rapide ausbaute (S. 453) und die Westmächte im Münchner Abkommen (S. 465) Hitlers Expansionsstreben beträchtliche Zugeständnisse machten, entschied Stalin sich 1939 für ein ideologisch paradox erscheinendes ❺ Bündnis mit Deutschland. Der ❼ „Hitler-Stalin-Pakt" sicherte ihm die Beteiligung an der ❻ Aufteilung Polens wie auch einen Zeitaufschub bis zum unweigerlichen militärischen Zusammenstoß mit den Nationalsozialisten. Am 22. 6. 1941 fiel die deutsche Wehrmacht in die Sowjetunion ein (S. 512).

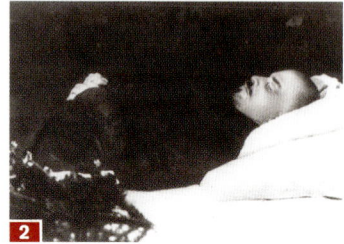

„Proletarier aller Länder vereinigt euch!" (Propagandaplakat, 1932)

Lenin aufgebahrt, Januar 1924

Trotzkijs Ankunft in Mexiko, 1937

Kolchosbauer beim Pflügen, 1931

Außenminister Molotow bei Hitler in Berlin, 1940

Deutsch-sowjetisches Treffen an der Demarkationslinie im gemeinsam besetzten Polen, 1939

Französische Karikatur auf den Hitler-Stalin-Pakt, 1939

Stalin, der „Stählerne"

Stalin, eigentlich Josif Dschugaschwili, war Sohn eines Schuhmachers und hatte Priester werden wollen. Weil er jedoch Streiks und Demonstrationen organisiert hatte, wurde er 1899 aus dem orthodoxen Priesterseminar ausgeschlossen. Erst nach der Ankunft Lenins in St. Petersburg schloss sich das Mitglied der Sozialdemokratischen Arbeiterpartei Russlands den radikalen Bolschewiki an. Lenin schätzte Stalins Organisationstalent, erkannte seinen immensen Machthunger aber erst, als es schon zu spät war.

oben: Sowjetisches Propagandaplakat, 1944: Lenin und Stalin

21. 1. 1924 | Tod Lenins   1928 | Zwangskollektivierung der Landwirtschaft unter Stalin   1934 | Eintritt der UdSSR in den Völkerbund

1928 | Ausweisung Leo Trotzkijs   1932 | Programm des „Sozialistischen Realismus"   1935–39 | „Große Säuberungen" Stalins

Die Terrorherrschaft Stalins in den 1930er-Jahren

Mit groß angelegten „politischen Säuberungsaktionen" in den 30er-Jahren erreichte Stalins persönliche Diktatur über Staat und Partei ihren blutigen Höhepunkt.

Stalins Diktatur war seit den 20er-Jahren verbunden mit einem zunehmenden ❷ Kult um seine Person und dem Aufbau eines straff zentralistisch geführten Verwaltungsapparates. Seine Politik wurde zum sozialistischen Dogma erklärt und 1936 der Führungsanspruch der kommunistischen Partei auf allen Ebenen der Gesellschaft und des Staates offiziell festgesetzt. Die staatliche Geheimpolizei überwachte die Bevölkerung und schaltete mit Maßnahmen wie ⓫ Erschießungen, Zwangsarbeit und Deportationen jegliche Opposition aus.

Ohne Rücksicht auf Menschenleben wurde 1928 die Zwangskol-

lektivierung der Landwirtschaft eingeleitet, die Bauernhöfe zu großen Produktionsgenossenschaften zusammenfassen sollte. Die landbesitzenden Mittel- und

❾ Verhungerte Kinder im Winter 1921/22

Großbauern wurden als „Volksfeinde" und „Ausbeuter" diffamiert, enteignet und in sibirische ❽ Arbeitslager verschleppt. Ein vorläufiger Zusammenbruch der Landwirtschaft war die Folge, besonders in der Ukraine, wo rund vier Millionen Menschen ❾ verhungerten.

In den „Großen Säuberungen" zwischen 1935 und 1939 schaltete Stalin alle vermeintlichen oder potenziellen Gegner aus. Die ⓭ Verfolgungen erstreckten sich auf alle Ebenen des Partei-, Staats-, Wirtschafts- und Kulturapparates. Als „Schädlinge", „Spione" oder „Sa-

boteure" wurden Millionen Menschen in Straf- und Arbeitslager geschickt. 1937/38 ließ Stalin den Großteil der militärischen Führungselite eliminieren. 35 000 Offiziere wurden verhaftet, etwa 30 000 hingerichtet. Auch nichtrussische Völkerschaften wurden Opfer des stalinistischen Verfolgungswahns. So wurde z. B. 1941 die Republik der ❿ Wolgadeutschen aufgelöst und die Bewohner in Lager deportiert. Prominente Parteimitglieder wurden in großen öffentlichen Schauprozessen der „Konterrevolution" bezichtigt und zum Tode verurteilt.

Von den 1934 gewählten Mitgliedern des Zentralkomitees der Partei überlebten zwei Drittel die Jahre 1937/1938 nicht. Bis zum Ende der Terrorwelle 1939 war praktisch die gesamte revolutionäre Elite von 1917 ausgelöscht und in allen Bereichen durch Parteiapparatschiks ersetzt, die Stalin völlig ergeben waren.

❽ Zwangsarbeiter im Steinbruch, 1930

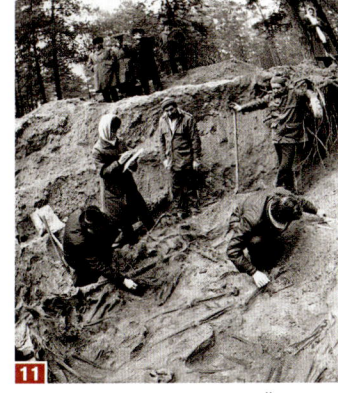

❿ Eine Versammlung zur Kollektivierung Wolgadeutscher Bauern, 1931

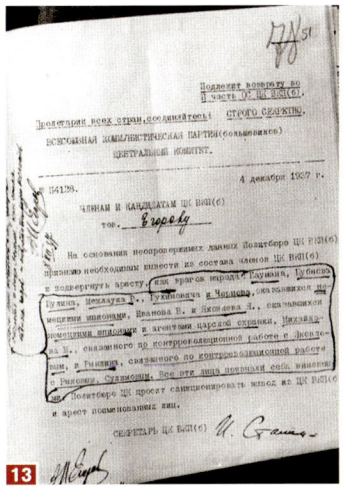

⓫ Massengräber aus der Stalin-Ära in der Region Kursk (1987 entdeckt)

Der sozialistische Realismus

1932 wurde der sog. Sozialistische Realismus in allen Kulturbereichen verbindlich. Literatur und bildende Kunst hatten den Sowjetbürger im Geiste des Sozialismus zu erziehen. Zentrales Motiv war die Glorifizierung des „arbeitenden Helden", der den sozialistischen Fortschritt repräsentierte.

oben: Arbeiterpropaganda, 1942

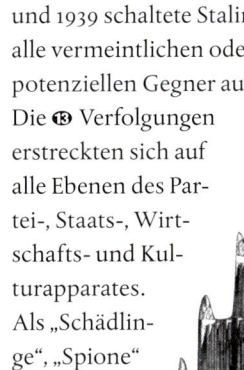

⓬ Preisgekrönter Entwurf für den Sowjetpalast (inkl. Lenin-Denkmal fast 500 Meter hoch) von Boris M. Iofan im Rahmen des Wettbewerbs von 1931/33

⓭ Von Stalin unterzeichnete Anordnung zu einer Massenverhaftung, 1937

1936 Durchsetzung des Führungsanspruchs Stalins   **1940** Ermordung Trotzkijs in Mexiko   **22. 6. 1941** Deutscher Überfall auf die Sowjetunion

1939 Hitler-Stalin-Pakt   **1941** Auflösung der Republik der Wolgadeutschen

Weltkriege und Zwischenkriegszeit   1914–1945

SÜDOSTEUROPA: WELTKRIEGE UND ZWISCHENKRIEGSZEIT 1914–1945

Mit dem Niedergang des Osmanischen Reiches waren seit Anfang des 20. Jh. in allen Staaten Südosteuropas unabhängige Königreiche entstanden. Auf dem Krisenherd Balkan verbanden sich nach 1918 Kroatien, Serbien und Slowenien zu dem neuen Staat Jugoslawien, der im Zweiten Weltkrieg von deutschen Truppen besetzt wurde. Mit dem ❶ Vormarsch der Roten Armee seit 1944 gerieten alle Balkanstaaten dauerhaft unter kommunistischen Einfluss. Nur Griechenland konnte seine Unabhängigkeit behaupten.

1   Besetzung Bulgariens durch die Rote Armee, September 1944

Griechenland

Nach dem Ersten Weltkrieg und dem verlorenen Krieg gegen die Türken wurde das Land innenpolitisch von Krisen geschüttelt. Gegen die deutsche Besetzung 1941 leistete es erfolgreich Widerstand.

Zu Beginn des Ersten Weltkrieges beharrte Griechenlands ❷ König Konstantin I. auf der Neutralität seines Landes, während Ministerpräsident ❸ Eleutherios Venizelos den Kriegseintritt an der Seite der Ententemächte forderte. Gegen den Willen des Königs und der Mehrheit des griechischen Volkes förderte er die Landung der Briten und Franzosen in Saloniki. 1917 dankte Konstantin zugunsten seines Sohnes Alexander ab, den eine Küstenblockade durch die ❺ Ententemächte zwang, den Mittelmächten den Krieg zu erklären. Dafür erhielt Griechenland nach Kriegsende 1918 etliche Gebiete. Der Streit mit der Türkei um

3   Eleutherios Venizelos

Smyrna/Izmir führte zu einem zweijährigen Krieg, der mit einer Niederlage Griechenlands endete. Über 1 Millionen griechischstämmige Bewohner wurden aus der Türkei vertrieben; gleichzeitig wanderten die in Griechenland lebenden Türken wieder ab.

Nach langem Streit wurde 1924 die griechische Republik ausgerufen, doch innenpolitische Stabilität konnte nach mehreren kurzen Militärdiktaturen erst mit dem Machtantritt von Präsident Venizelos 1928 hergestellt werden. Die Weltwirtschaftskrise (S. 506) traf Griechenland sehr hart; 1932 wurde Venizelos nicht wiedergewählt. In der Krise erstarkten die radikalen Kräfte von

rechts und links. Die Royalisten setzten 1935 die republikanische Verfassung außer Kraft und riefen die Monarchie unter ❻ König Georg II. aus. Als dem König keine innere Befriedung gelang, putschte sich ❼ General Ioannes Metaxas 1936 an die Macht und errichtete eine an faschistischen Regimen orientierte Militärdiktatur.

2   Konstantin I., König der Hellenen

Mit dem Einfall der Italiener 1940, der noch abgewehrt werden konnte, wurde Griechenland in den Zweiten Weltkrieg gezogen. 1941 besetzten ❹ deutsche Truppen das Land. Die Kommunisten organisierten im Widerstand einen erfolgreichen Partisanenkrieg gegen die Besatzer und brachten große Teile des Landes unter ihre Kontrolle. Im Oktober 1944 zogen die deutschen Truppen ab. Als unter dem Schutz der Briten in Athen die konservativ-republikanische Exilregierung eingesetzt wurde, lösten die Kommunisten einen Aufstand aus; 1945 wurde ein Waffenstillstand geschlossen.

4   Deutscher Panzer in Athen, 1944

5   Französische und britische Truppen in Saloniki, 1915

6   König Georg II. im Manöver, 1940

7   Ioannes Metaxas (Zweiter von rechts)

1917 Abdankung Konstantins I.	**1918** Proklamation des „Königreichs der Serben, Kroaten und Slowenen"	**1935** Ausrufung der Monarchie unter Georg II.
1917 Kriegseintritt Griechenlands	**1924** Proklamation der Republik Griechenland	**1928** Machtantritt Venizelos'

■ Die Balkanstaaten

Mit der Gründung von Jugoslawien entstand nach dem Ende des Ersten Weltkrieges auf dem Balkan ein neuer Staat. Ebenso wie Bulgarien und Albanien geriet es im Zweiten Weltkrieg in die Einflusssphäre der Achsenmächte.

Nach dem Zerfall der Großreiche im Ersten Weltkrieg (S. 440) schlossen sich Montenegro, Bosnien und Herzegowina sowie Kroatien dem Königreich Serbien an. Am 1. 12. 1918 proklamierte König Peter I. das „Königreich der Serben, Kroaten und Slowenen", das ab 1929 Jugoslawien hieß. Aufgrund wirtschaftlicher und sozialer Probleme und v. a. wegen der Opposition der Kroaten gegen den serbischen Führungsanspruch blieb der Staat politisch instabil. Er geriet in den 30er-Jahren unter ❾ deutschen Einfluss, wurde 1940 im Zweiten Weltkrieg von Hitlers Truppen zerschlagen und unter den Achsenmächten aufgeteilt. 1944 einigten sich die kommunistischen Partisanen unter Tito mit der Exilregierung über eine provisorische Regierung.

Bulgarien gehörte nach dem Ersten Weltkrieg zu den großen Verlierern. Nachdem es bereits im zweiten Balkankrieg Gebietsverluste erlitten hatte (S. 407), wurde Bulgarien als ❽ Verbündeter der Mittelmächte durch den Friedens-

vertrag von Neuilly zu hohen Reparationen verpflichtet und verlor West-Thrakien an Griechenland, somit auch den Zugang zum Ägäischen Meer. Um sich vor Gebietsansprüchen der Nachbarlän-

Zar Boris III. von Bulgarien mit seiner Familie, 1940

der zu schützen, näherte sich 1939 Bulgarien unter ❿ Zar Boris III. den Achsenmächten an und unterzeichnete 1941 den ⓫ Dreimächtepakt. Nach Einmarsch der Roten Armee 1944 übernahmen die Kommunisten in Sofia die Regierung. Bulgarien schloss einen

Friedensvertrag mit der Sowjetunion und erklärte dem Deutschen Reich den Krieg.

Albanien erlangte nach den Balkankriegen 1912/13 (S. 406) die Souveränität. Im Ersten Weltkrieg wurde das Land zum Kriegsschauplatz der rivalisierenden Großmächte. Als einziger Balkanstaat blieb Albanien nach dem Ersten Weltkrieg territorial unverändert. Die Gebietsforderungen von Griechenland, Jugoslawien und Italien wurden auf den Pariser Konferenzen (S. 445) abgewiesen. Italien, das im Ersten Weltkrieg den Norden des Landes besetzt hatte, erkannte 1921 Albanien als unabhängig an, strebte aber weiter nach Einflussnahme. Der seit 1925 die Republik Albanien regierende Präsident ⓬ Achmed Zogu, ab 1928 auch „König der Albaner", versuchte erfolglos, die italienische Vorherrschaft ab-

❽ Karikatur auf den von den Mittelmächten „angeschobenen" Kriegseintritt Bulgariens 1915

❾ Das jugoslawische Prinzregent Paul mit seiner Gattin auf Staatsbesuch in Berlin, 1941

zuwehren. Im April 1939 besetzte Mussolini Albanien; König Viktor Emmanuel III. von Italien wurde als ⓭ „König von Albanien" eingesetzt. Während Italien das Land als Stützpunkt im Zweiten Weltkrieg nutzte, formierte sich der Widerstand gegen die Besatzer, wobei Kommunisten und Nationalisten sich ab 1943 auch untereinander bekämpften. 1944 siegten die Kommunisten; die Staatsführung übernahm Enver Hoxha.

⓫ Jugoslawiens Beitritt zum Dreimächtepakt am 25. 3. 1941

⓬ Achmed Zogu, ab 1925 Präsident, seit 1928 König der Albaner (Foto, 1930)

⓭ Empfang einer albanischen Delegation im römischen Quirinalspalast anlässlich der Ausrufung König Viktor Emanuels III. zum König von Albanien, 1939

| 1936 | Militärputsch von Ioannes Metaxas | 1940 | Italienischer Überfall auf Griechenland | 1941 | Besetzung Griechenlands durch deutsche Truppen |
| April 1939 | Besetzung Albaniens durch italienische Truppen | 1941 | Beitritt Bulgariens zum Dreimächtepakt | 1944 | Prov. Regierung unter Tito in Jugoslawien |

DAS ENDE DES OSMANISCHEN REICHES UND DIE TÜRKISCHE REPUBLIK 1914–1945

Das Osmanische Reich wurde nach dem Ende des Ersten Weltkrieges von den Siegermächten besetzt. Nach einem vierjährigen Befreiungskampf rief ❶ Mustafa Kemal, Atatürk genannt, auf dem anatolischen Kerngebiet die türkische Republik aus. Er brachte die Türkei endgültig auf den Weg zu einem modernen, laizistischen Staat mit westlicher Orientierung.

Mustafa Kemal, genannt Atatürk („Vater der Türken")

Besatzung und nationaler Befreiungskrieg

Nach der Besetzung des besiegten Osmanischen Reiches erkämpfte die Nationalbewegung von Mustafa Kemal die Souveränität des türkischen Staates.

Nach Ausbruch des Ersten Weltkrieges wollte das geschwächte Osmanische Reich (S. 408) zunächst neutral bleiben. Auf Betreiben des jungtürkischen Kriegsministers ❷ Enver Pascha erfolgte jedoch im November 1914 der Kriegseintritt ❹ aufseiten der Mittelmächte. Drei der fünf türkischen Armeen standen unter deutschem Oberkommando.

Der Kriegsverlauf zugunsten der Ententemächte (S. 442) führte zu weiteren territorialen Verlusten des Osmanischen Reiches und leitete dessen Untergang ein. Den arabischen Provinzen gelang

es, sich 1916 mit britischer Unterstützung von der osmanischen Oberhoheit loszusagen. Nach der Niederlage der Mittelmächte 1918 besetzte die Entente den Großteil des verbliebenen Reiches. Im Vertrag von Sèvres 1920 wurde die Türkei auf das anatolische Kerngebiet und ein kleines Stück des europäischen Festlands beschränkt und das Sultanat einer alliierten Militär- und Finanzkontrolle unterworfen.

Unter Führung von Mustafa Kemal kämpfte ab 1919 eine nationale Widerstandsbewegung gegen das Besatzungsregime, die sich auch als weltliche Gegenregierung zum islamischen Sultanat verstand. Griechische Truppen hatten mit Zustimmung der Alliierten weite Teile Westanatoliens besetzt. Die türkischen ❺ Befreiungstruppen vertrieben bis 1922 nicht nur die griechische Armee, sondern auch einen Großteil der alteingesessenen griechischstämmigen Zivilbevölkerung. Der Befreiungskrieg endete mit

der Zerstörung der Stadt ❸ Izmir. Nachdem bereits 1920 die bolschewistische Regierung Russlands die Ostgrenze der Türkei anerkannt hatte, schlossen die alliierten Besatzungsmächte am

2 Enver Pascha

11. 10. 1922 Frieden mit der neuen türkischen Regierung. Ein Jahr später wurde der Vertrag von Sèvres revidiert. Im Vertrag von Lausanne erlangte die Türkei ihre volle Souveränität und im Wesentlichen ihren heutigen territorialen Umfang.

3 Gouverneurspalast in Izmir, um 1900

Der Völkermord an den Armeniern 1914/15

1914/15 führten die Jungtürken eine brutale Zwangsaussiedlung der Armenier in die Wüstengebiete Syriens und des Irak durch. Den unmenschlichen Deportationsbedingungen und zahlreichen Massakern, die sich in den 20er-Jahren fortsetzten, fielen schätzungsweise 1,5 Millionen Armenier zum Opfer. Internationale Organisationen sprechen von einem gezielten Völkermord. Die Türkei leugnet bis heute einen Genozid und spricht von „nur" 30 000 Opfern.

4 Die Türken als Verbündete der Mittelmächte

5 Mustafa Kemal mit seinem Stab während der griechisch-türkischen Kämpfe, 1921

„Das Massaker an den Armeniern" (Farbdruck aus der französischen Zeitschrift „Le Petit Journal", 1916)

| ab 1914/15 | Zwangsaussiedlung und Massaker an Armenien | 1920 | Vertrag von Sèvres | 29. 10. 1923 | Proklamierung der Republik |
| ab 1919 | Befreiungskampf unter Mustafa Kemal | 1922 | Abschaffung des Sultanats | | |

Weltkriege und Zwischenkriegszeit 1914–1945

Die türkische Republik

Nach der Republikgründung 1923 modernisierte Mustafa Kemal die Türkei grundlegend und wandte sich dabei offen gegen islamische Institutionen.

Im Verlauf der Befreiungskriege hatte die Reformbewegung unter Mustafa Kemal auch innenpolitisch die Macht an sich gezogen. Als Kemal 1922 die Abschaffung des Sultanats verkündete, floh der letzte türkische Sultan ❽ Mehmed VI. nach England. Am 29. 10. 1923 rief die Nationalversammlung die Republik aus und wählte Mustafa Kemal zum Präsidenten. Zur Hauptstadt der neuen Türkei, wurde Ankara erklärt.

Während seiner 15-jährigen Regierungszeit führte Kemal Reformen durch, die einen grundsätzlichen politisch-gesellschaftlichen Wandel hin zu einem säkularen, westlich orientierten Staat einleiteten und bis heute im Wesentlichen die ideelle Basis der Türkei bilden. 1924 schaffte Kemal auch das Kalifat ab, wenig später die religiösen Gerichte. 1925 wurde im Zuge einer umfassenden „Kleiderreform" der Fez, die traditionelle Kopfbedeckung der Männer, verboten; der ❿, ⓫ Schleier für die

Frau war ab sofort verpönt. Im selben Jahr wurden der gregorianische Kalender sowie das metrische System eingeführt, in der Folge auch die ❻ lateinische Schrift. Ganze Rechtssysteme wurden aus europäischen Ländern übernommen, so das

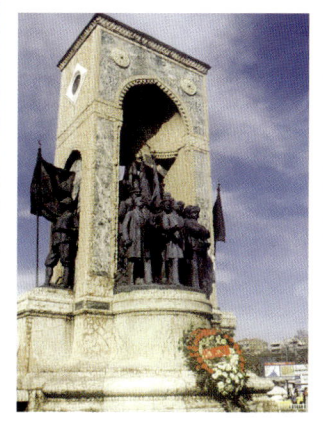

„Kemalismus"

Der sog. Kemalismus, die politisch-gesellschaftlichen Leitlinien Mustafa Kemal Atatürks, basiert auf sechs Pfeilern, die 1931 von der Republikanischen Volkspartei formuliert wurden: dem Nationalismus, d. h. der Einheit und Unabhängigkeit des Landes; dem Laizismus, d. h. der strikten Trennung von Staat und Religion; dem Republikanismus, d. h. dem Gedanken der Volkssouveränität; dem Etatismus, d. h. der staatlichen Lenkung der Wirtschaft; dem Modernismus und dem Populismus. Der Aufbau einer modernen Türkei wurde autoritär gelenkt. 1925 wurde die religiöse Opposition verboten.

oben: Denkmal der Republik in Istanbul von 1928; Kemal Atatürk mit seinen Kampfgefährten

Schweizer Zivilrecht, deutsches Handelsrecht und italienisches Strafrecht. Die Durchsetzung der Einehe und der Gleichstellung von Mann und Frau gelang nur bruchstückhaft, doch wurde 1930 das aktive, 1934 auch das passive Frauenwahlrecht eingeführt.

Für seine Verdienste erhielt Mustafa Kemal 1934 den Beinamen „Atatürk" (= Vater der Türken). Nach seinem Tod 1938 folgte ihm Ministerpräsident ❾ Ismet Inönü als Staatspräsident. Er versuchte den Modernisierungskurs fortzusetzen.

Außenpolitisch war die Türkei in der Zwischenkriegszeit bestrebt, die Souveränität der jungen Republik zu sichern; 1925 schloss sie einen Nichtangriffspakt mit der Sowjetunion, 1934 den ❼ Balkanpakt mit Griechenland, Rumänien und Jugoslawien.

6   Atatürk propagiert bei einem Besuch in der Provinz die lateinische Schrift, 1929

7   Unterzeichnung des Balkanpaktes am 9. 4 .1934 (türkischer Abgesandter Zweiter von links)

Aus internationalen Konflikten hielt die Türkei sich heraus und blieb auch im Zweiten Weltkrieg neutral. Erst im Februar 1945 schloss sie sich der Anti-Hitler-Koalition an und erklärte dem Deutschen Reich den Krieg.

8   Der letzte Sultan, Mehmed VI., bei seiner Inthronisierung 1918

9   links: Ismet Inönü; Mitte: Kemal Atatürk mit einer jungen Pilotin, 1937

10   Türkische Frau, 1917 (Farbdruck nach koloriertem Foto)

11   Bewaffnete junge Türkin nach der Kleiderreform, um 1935

| 1923 | Revidierung des Vertrags von Sèvres | 1924 | Abschaffung des Kalifats | 1925 | Sowjetisch-türkischer Nichtangriffspakt | 1930 | Freundschaftspakt mit Griechenland | 1930 | Einführung des aktiven Frauenwahlrechts | 1938 | Tod Atatürks |

DIE NEUORDNUNG ARABIENS 1918–1945

Mit Ende des ➊ Ersten Weltkriegs und der Auflösung des Osmanischen Reiches stand die arabische Welt vor einem Neuanfang. Das Streben der ehemaligen osmanischen Provinzen in Arabien nach nationaler Selbstständigkeit kollidierte mit den britischen und französischen Großmachtinteressen, was zu dauernden Spannungen führte. In Palästina trafen arabische und israelische Besitzansprüche zusammen, die von der britischen Mandatsherrschaft nicht zusammengeführt werden konnten. Der Grundstein für den bis heute andauernden Nahost-Konflikt (S. 596 ff.) war gelegt.

Einnahme Jerusalems durch die Briten unter General Allenby, Dezember 1917

◼ Nachkriegsordnung in Syrien, Libanon, Palästina

Großbritannien und Frankreich teilten nach Kriegsende das besiegte Osmanische Reich untereinander auf. Großbritannien scheiterte allerdings in Palästina an der Vermittlung zwischen arabischen und jüdischen Interessen.

Palästina 1915: Erklärung des „Heiligen Krieges" gegen die britische Vorherrschaft

Um das Osmanische Reich als Kriegsgegner zu schwächen, unterstützte im Ersten Weltkrieg die britische Regierung die Forderung der osmanischen Provinzen Syrien, Libanon und Irak nach Selbstständigkeit. Sie versprach

ihnen die ➍ Unabhängigkeit, wenn sie für die Entente kämpften. Der aus England stammende „Lawrence von Arabien" organisierte erfolgreich den ➌ Aufstand der Araber gegen die Türken und trug wesentlich zum Zusammenbruch des Osmanischen Reiches bei. Auf der Konferenz von San Remo 1920 missachteten die Ententemächte jedoch den Wunsch nach arabischer Unabhängigkeit und legten ihre Einflusssphären fest.

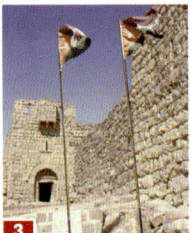

Das Wüstenschloss Qasr al-Azraq, Jordanien, in dem Lawrence von Arabien sein Hauptquartier aufgeschlagen hatte

Frankreich erhielt die Mandatshoheit über Libanon und Syrien, Großbritannien die Kontrolle über ➋ Palästina und Irak. Als sich Syrien im selben Jahr zum unabhängigen „Vereinigten Königreich" erklärte, griff das französische Militär schnell durch und vertrieb König Faisal mit Waffengewalt.

Auch in den anderen Kolonialgebieten regte sich Widerstand gegen die Europäer. Im Irak hat-

Araber feiern den Zusammenbruch des Osmanischen Reiches und die Befreiung von Mekka, Juni 1916

ten die Briten zahlreiche Aufstände abzuwehren, und in Palästina gelang es der britischen Besatzung nicht, die Forderung des Völkerbundes nach Ausgleich der jüdischen und arabischen Interessen zu erfüllen.

(S. 596 ff.)

Lawrence von Arabien

Thomas Edward Lawrence, genannt „Lawrence von Arabien"

Der englische Archäologe Thomas Lawrence wurde durch seinen Kampf für die arabische Unabhängigkeit als „Lawrence von Arabien" legendär. Er arbeitete ab 1916 im Untergrund erfolgreich am arabischen Aufstand gegen die Osmanen. Die imperialistische Neuordnung der Region empfand er als Verrat an seinen arabischen Freunden; er lehnte alle Auszeichnungen ab und lebte bis zu seinem Tod 1935 zurückgezogen.

Ölförderung im Nahen Osten

Seit Beginn der Industrialisierung stieg der Bedarf der Großmächte an Öl ständig an. 1920 wurden die erdölreichen Provinzen Bagdad, Mosul und Basra unter britischem Mandat zum heutigen Irak zusammengefasst. Die Rechte an den Erdölvorkommen teilten sich die Briten mit Frankreich, den USA und den Niederlanden. Die irakische Regierung indes profitierte kaum. Sie erhielt von den Gewinnen nur wenig ausgezahlt.

Erdölgewinnung in Irak, 1937

| 1881 | Erste jüdische Einwanderung nach Palästina | 1918 | Ende des Osmanischen Reiches | 1920 | Konferenz von San Remo |
| 1917 | Britische Eroberung Palästinas / „Balfour-Deklaration" | 1919 | Weizmann-Feisal-Übereinkunft | | |

Palästina: Ein religiös-politischer Konflikt entsteht

Nach 1917 prallten die arabische und die jüdische Nationalismusbewegung auf religionsgeschichtlich sensiblem Gebiet aufeinander.

5 Straßenszene in Jericho, um 1900

6 Transjordanische Emire

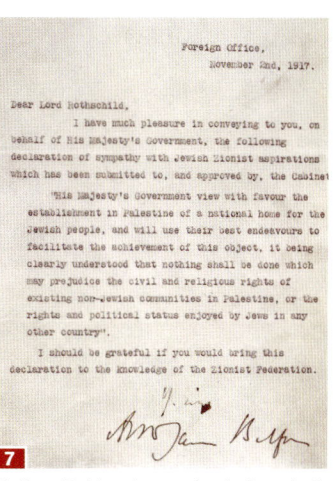

7 Balfour-Deklaration zur Ansiedlung jüdischer Einwanderer in Palästina, 1917

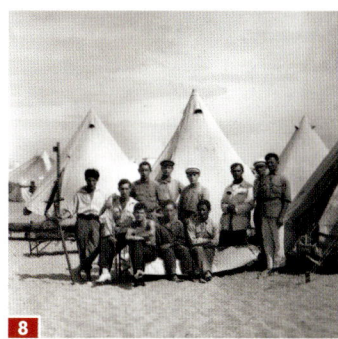

8 Blick auf ein Lager jüdischer Einwanderer in Palästina, 1920

Bereits Ende des 19. Jh. hatte die arabisch-nationalistische Bewegung für eine Wiederbelebung des Islam gesorgt und verstärkt begonnen, sich gegen die von der osmanischen Herrschaft ausgehende Säkularisierung zu wehren. Zeitgleich erstarkte auch der jüdische Nationalismus, der Zionismus. Er wollte die Juden in aller Welt in ❺ Palästina, im heiligen „Land der Väter", zusammenführen. Da sich dieser Anspruch auch gegen die Türken richtete, versprach Großbritannien 1917 in der ❼ „Balfour-Deklaration" den Juden eine „nationale Heimstatt in Palästina". Damit schürte es Erwartungen in beiden Bewegungen, die eingelöst werden wollten, als 1918 das Osmanische Reich zusammenbrach und Großbritannien Palästina eroberte. Erste Verhandlungen zwischen zionistischen und arabischen Nationalisten führten 1919 zu der Weizmann-Feisal-Übereinkunft, in der die Araber die ❽ Ansiedlung der Juden akzeptierten, solange ihre eigene Unabhängigkeit in Palästina gesichert wäre. Territoriale Konflikte sollten diese Absichtserklärung schnell vergessen lassen.

Der ❾ arabische Widerstand gegen die zunehmende zionistische Besiedlung Palästinas machte sich immer stärker bemerkbar, woraufhin die britische Regierung die Balfour-Deklaration nunmehr auf Palästina westlich des Jordans beschränkte und das quasi selbstständige ❻ Emirat Transjordanien im abgetrennten Bereich errichten ließ. Während des Zweiten Weltkrieges kämpfte Transjordanien auf britischer Seite und nahm 1941 an der Invasion in den produetschen Irak teil.

Die Konflikte zwischen Juden und Arabern nahmen weiter zu, als die nationalsozialistische Verfolgung in Europa ab den 1930er-Jahren (S. 452) die jüdische Einwanderung sprunghaft ansteigen ließ. Der arabische Palästinaaufstand 1936–39 forderte einen unabhängigen palästinensischen Staat und einen jüdischen Einwanderungsstopp. Dagegen verlangten die , Juden das Recht auf uneingeschränkte Zuwanderung und forderten auf einer Konferenz in New York 1942 die Bildung eines jüdischen Staates in Palästina.

9 Antizionistischer Demonstrationszug von Arabern im britischen Mandatsgebiet, Frühjahr 1920

Jüdische Einwanderung in Palästina

Die erste Welle der jüdischen Einwanderung nach Palästina erfolgte 1881 nach Pogromen in Russland. Der um die Jahrhundertwende in ganz Europa stark ansteigende Antisemitismus stärkte die zionistische Bewegung, die die Schaffung einer „öffentlich-rechtlich gesicherten Heimstätte in Palästina" forderte. 1896 hatte Theodor Herzl das programmatische Buch „Der Judenstaat" veröffentlicht und ein Jahr später den ersten Zionistenkongress einberufen. Trotz arabischer Gegenwehr stieg der jüdische Anteil der palästinensischen Landesbevölkerung. Lag er um die Jahrhundertwende noch unter 10 %, stieg er bis Ende des Zweiten Weltkrieges auf über 30 % stark an.

Ankunft im Hafen von Tel Aviv, 1936

Theodor Herzl

1920/21 Errichtung des Emirats Transjordanien   **1936–39** Arabischer Palästina-Aufstand

1920 Gründung des Irak   **1932** Unabhängigkeit des Irak   **1942** Konferenz von Washington

1914–1945 Weltkriege und Zwischenkriegszeit

IRAN UND AFGHANISTAN – KAMPF UM DIE UNABHÄNGIGKEIT UM 1900–1945

Afghanistan und ❶ Persien (seit 1935 Iran) mussten sich in der ersten Hälfte des 20. Jh. gegen imperialistische Interessen wehren und rangen mit Großbritannien mehr oder weniger erfolgreich um ihre Unabhängigkeit. In den Weltkriegen nutzten beide Seiten der kriegführenden Großmächte Persien gegen seinen Willen als Militärstützpunkt für ihre Truppen. Innenpolitisch strebten die Machthaber eine Modernisierung nach türkischem Vorbild an, die v. a. im Iran verwirklicht wurde.

Gebirgslandschaft in Luristan, Iran

Persien/Iran: Modernisierung im Schatten der Großmächte

Außenpolitisch war Persien um die Sicherung seiner Souveränität bemüht, während innenpolitisch ein umfangreiches Reformprogramm angesetzt wurde.

Persien, seit 1905 in eine britische, eine russische und eine neutrale Zone aufgeteilt, wurde im Ersten Weltkrieg von Russland, Großbritannien und der Türkei besetzt. Russland zog sich allerdings nach der Machtübernahme der Bolschewiki (S. 481) 1917 aus Persien zurück und erkannte dessen Souveränität an. Obwohl die Briten daraufhin fast das ganze Land besetzten, konnten sie Persien keinen Protektoratsvertrag aufdrängen und zogen sich ebenfalls zurück; aus Angst vor einer sowjetischen Expansion förderten sie dennoch den Aufbau einer stabilen persischen Regierung.

1921 übernahm Kriegsminister ❷ Resa Khan die Macht und

Verschleierte Frauen in Teheran, 1930

stärkte die persische Zentralgewalt. Er veranlasste 1925 das Parlament, den letzten Qadscharen abzusetzen und ihn selbst zum Schah zu wählen. Als Resa Schah Pahlawi begann er das Land nach dem Vorbild Atatürks (S. 486 f.) kulturell, geistig und industriell zu modernisieren. Er ließ die transiranische Eisenbahn bauen und mit der Verabschiedung von Zivil- und Strafgesetzbüchern europäische Rechtssysteme einführen. 1935 wurde in Teheran die erste moderne Universität gegründet. Seit 1929 hatten Männer ausschließlich westliche Kleidung zu tragen; Frauen

Mohammed Resa Schah, 1937

begannen, auf den ❸ Schleier zu verzichten. In einer Landreform zwang Pahlewi die ❺ Nomaden, sesshaft zu werden. Aufstände gegen seine Politik wurden ❹ niedergeschlagen und widerstrebende Stammesführer getötet.

Außenpolitisch bemühte sich Persien um seine Unabhängigkeit. Es erzwang 1933 günstigere Vertragsbedingungen gegenüber der „Anglo-Persian Oil Company" und änderte 1935 den Staatsnamen in die landessprachliche Bezeichnung „Iran". Im Zweiten Weltkrieg scheiterte erneut der Versuch, neutral zu bleiben. Um die großen Ölvorkommen deutschem Zugriff zu entziehen, besetzten britische, sowjetische, später auch amerikanische Truppen 1941 das Land. Der mit den Achsenmächten sympathisierende Schah musste abdanken und ins Exil gehen. Nachfolger wurde sein Sohn ❻ Mohammed Resa Schah, der mit den Alliierten kooperierte. Auf der ❼ Konferenz von Teheran 1943 sicherten

Resa Schah Pahlawi, 1925

Persische Strafgefangene, um 1928

Roosevelt, Stalin und Churchill dem Iran nach dem Krieg erneut Unabhängigkeit zu und stellten wirtschaftliche Hilfe in Aussicht. 1945 verließen die USA und Großbritannien das Land, die Sowjetunion ein Jahr später.

Persischer Nomadenjunge mit Lamm, 1937

Konferenz von Teheran, 1943. Im Zentrum: Stalin, Roosevelt, Churchill

30. 12. 1906	Verfassung Persiens nach belgischem Vorbild	8. 8. 1919	Unabhängigkeit Afghanistans	1926	Sowjetisch-afghanischer Nichtangriffspak...
	1919	Dritter britisch-afghanischer Krieg/Frieden von Rawalpindi	1925	Inthronisation Resa Schah Pahlawis

1914–1945

Weltkriege und Zwischenkriegszeit

■ Afghanistan: Befreiung von britischem Einfluss

❽ Afghanistan setzte 1919 gegen Großbritannien endgültig seine Unabhängigkeit durch. Staatsreformen nach türkischem Vorbild konnten sich jedoch gegen konservative Kräfte nur bedingt durchsetzen.

Unter Emir Habib Ullah konnte Afghanistan im Ersten Weltkrieg seine Neutralität bewahren. Zunächst wurde – v. a. der probritischen Haltung Emir Habib Ullahs wegen – keine Gegenwehr geleistet, als Britisch-Indien den Südosten Afghanistans jenseits der Durand-Linie (S. 413) besetzte. Als Habib Ullah 1919 ermordet wurde, stieg sein Sohn und Thronfolger ❿ Aman Ullah rasch zum Volkshelden auf, da er umgehend den dritten Britisch-Afghanischen Krieg begann und auch erfolgreich beendete: Mit dem Friedensvertrag von Rawalpindi ent-

❾ Straßenszene in Afghanistan

❾ Emir Aman Ullah zu Besuch bei einem Reichswehrmanöver in Berlin, um 1925

Jungafghanen

Vor dem Hintergrund der britisch dominierten Außenpolitik entstand Anfang des 20. Jh. die Bewegung der Jungafghanen. Beeinflusst von den panislamischen Aufklärern des 19. Jh. und den Ideen des türkischen Reformpolitikers Atatürk wollten sie das Nationalbewusstsein stärken und das Land erneuern.

❿ Sahir Schah, 1937

nach Aufständen abdanken.

Nach neun Monaten blutiger Herrschaft von Habib Ullah II. eroberte Mohammed Nadir Khan im Oktober Kabul und übernahm als Nadir Schah die Macht. Vorsichtig setzte er die Reformpolitik seines Vorgängers fort, war allerdings um Ausgleich mit den traditionellen Kräften bemüht. Er griff auf die Scharia als Rechtsgrundlage zurück und setzte den sunnitischen ❸ Islam als Staatsreligion fest.

Unter seinem Nachfolger ❿ Sahir Schah konnte Afghanistan außenpolitisch auch im Zweiten Weltkrieg seine Unabhängigkeit wahren. Mit der Sowjetunion war

ließ Großbritannien am 8. 8. 1919 ❾ Afghanistan in die Unabhängigkeit – allerdings unter der Bedingung, dass die Durand-Linie anerkannt wurde.

Aman Ullah, ab 1926 Schah, stand den säkular gesinnten Jungafghanen nah und leitete in seiner Regierungszeit ein weitreichendes Modernisierungsprogramm nach dem Vorbild der laizistischen Türkei ein. Seine Pläne zur Gleichstellung der Frau, Säkularisierung des Rechts und zum staatlichen Schutz religiöser Minderheiten scheiterten jedoch an den konservativen Kräften im Land, die an ❿ Stammestraditionen und religiöser Vormacht festhielten. 1929 musste Aman Ullah

❽ Felswand mit buddhistischen Höhlenklöstern und „Kleinem Buddha", Afghanistan

❿ Afghanische Würdenträger, um 1910

bereits 1926 ein Nichtangriffspakt geschlossen worden. Die Alliierten akzeptierten die neutrale Haltung Afghanistans, verlangten jedoch von Sahir Schah, dass er die diplomatischen Vertreter der Achsenmächte des Landes verwies.

❿ Blaue Moschee in Kabul, Afghanistan

1919–29 | Reformversuche in Afghanistan unter Aman Ullah   **1935** | Namensänderung Persiens in „Iran"   **28. 11.–1. 12. 1943** | Alliierte Konferenz von Teheran

ab 1926 | Durchführung westlicher Reformen in Persien unter Resa Schah Pahlawi   **1941** | Einmarsch sowjetischer und britischer Truppen im Iran

INDIENS WEG IN DIE UNABHÄNGIGKEIT BIS 1947

Führungsfigur des indischen Unabhängigkeitskampfes war ❶ Mahatma Gandhi. Sein Programm des gewaltlosen Widerstandes und der Nichtzusammenarbeit zog die Masse der Bevölkerung ebenso an wie die Intellektuellen und entwickelte sich zu einer machtvollen Protestbewegung, die die Briten zu immer mehr Zugeständnissen zwang. 1947 wurde Indien in die Unabhängigkeit entlassen. Die muslimische Minderheit in Indien erhielt mit Pakistan einen eigenen Staat.

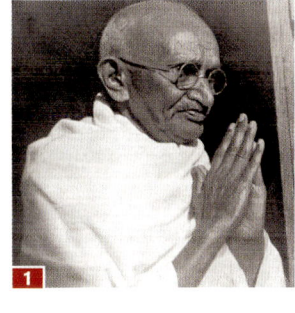

1 Mohandas Karamchand Gandhi, ganannt Mahatma

1914–1945

Weltkriege und Zwischenkriegszeit

▮ Gandhis gewaltloser Kampf

Das britische Massaker in Amritsar 1919 stärkte die indische Unabhängigkeitsbewegung. Gandhis Kampagne des zivilen Ungehorsams entwickelte sich zu einer mächtigen politischen Kraft.

Trotz der militärischen Loyalität gegenüber den Briten im ❸ Ersten Weltkrieg (S. 440 ff.) erfüllte sich 1919 die Hoffnung der indischen Unabhängigkeitsbewegung nach politischer Gleichberechtigung nicht. Weitere Notstandsgesetze schränkten die Mitsprache der Inder weiter ein und stärkten gleichzeitig die nationalindische Kongresspartei um Mahatma Gandhi und ❷ Jawaharlal Nehru. Nachdem die Briten 1919 in Amritsar eine friedliche Protestversammlung blutig niedergeschlagen hatten, führte Mahatma Gandhi seine erste Kampagne des „zivilen Ungehorsams" und der „Nichtzusammenarbeit" durch. Die bis dahin v. a. von Honoratioren besetzte Kongresspartei wuchs schnell zu einer machtvollen Massenbewegung an und Gandhi wurde ihr unumstrittener Führer. Er rief zum Boykott britischer Staatsorgane und Waren auf und regte gleichzeitig die Wiederbelebung des indischen ❹ Handwerks an.

Der Erfolg der Kampagne wurde verstärkt, als sich ihr auch die Muslimliga um ❺ Mohammed Ali Jinnah anschloss. Die britische Beteiligung an der Zerschlagung des Osmanischen Reiches (S. 486) hatte deren Abneigung gegenüber den Besatzern erhöht.

1922 brach Gandhi die Kampagne allerdings ab, als aufgebrachte ❻ Demonstranten gegen das Gewaltverbot verstießen. Gandhi wurde zu sechs Jahren Haft verurteilt, kam jedoch 1924 wieder frei und zog sich zurück. Erst 1930 wurde er wieder politisch aktiv.

3 Indische Truppen im Ersten Weltkrieg

2 Jawaharlal Nehru

4 Gandhi am Spinnrad

5 Gandhi mit Muslimführer Mohammed Ali Jinnah

6 Unruhen in Kalkutta

Nichtzusammenarbeit und gewaltloser Widerstand

Nichtzusammenarbeit und gewaltloser Widerstand waren die Mittel, mit denen Gandhi in Südafrika erfolgreich für die Rechte der indischen Minderheit gekämpft hatte. Auch in Indien verfolgte er diesen Weg, denn er glaubte, dass die Herrschaft der Briten nur durch die Zusammenarbeit der Inder ermöglicht wurde. Die Inder sollten sich wehren durch das „Festhalten an der Wahrheit", einer altindischen Idee. Beruft man sich auf eine Wahrheit, muss man sie beweisen und allein die Beweislast tragen. Man schadet also niemandem, außer höchstens sich selbst. Darum setzte Gandhi das „Festhalten an der Wahrheit" mit Gewaltlosigkeit gleich.

■ Indien: Unabhängigkeit und Teilung

Nur zögerlich gaben die Briten dem Druck der Kongresspartei nach und entließen nach dem Zweiten Weltkrieg Indien und den muslimischen Teilstaat Pakistan in die Unabhängigkeit.

Die Weigerung der Briten 1930, Indien den geforderten Status des Dominions zuzugestehen, löste die zweite Massenbewegung aus: Um gegen das britische Salzmonopol zu protestieren, führte Gandhi einige 100 000 Menschen in einem Demonstrationszug zu den Salzfeldern am Meer. Es folgten zahlreiche friedliche Proteste im ganzen Land. Die Verfassungskonferenz in London 1931 brachte einen Teilerfolg. Im ❼ Gandhi-Irwin-Pakt wurde das Salzmonopol aufgehoben, die Forderung nach nationaler Selbstbestimmung aber weiter abgelehnt. Der 1935 vom britischen Parlament verabschiedete Government of India Act gestand den Indern die autonome Regierungsbildung auf Provinzebene zu, ließ die Zentralregierung unter britischer Obhut aber unverändert. Aus den Wahlen in den Provinzen 1936 ging mehrheitlich die Kongresspartei als Sieger hervor. Aus Protest gegen die Notstandsgesetze der britischen Gouverneure übernahm sie nur teilweise Ministerämter. Als Vizekönig Lord Linlithgow 1939 den Eintritt Indiens in den Zweiten Weltkrieg verkündete, ohne die spätere Unabhängigkeit zu garantieren, verweigerte der ❽ Nationalkongress seine Unterstützung und rief erneut zu ❾ zivilem Ungehorsam auf. Ein halbherziges Entgegenkommen der Briten 1942 wurde von Gandhi mit der Forderung „Quit India" („Verlasst Indien") beantwortet. Daraufhin wurde die gesamte Führung des Kongresspartei ❿ verhaftet. Der Kriegsverlauf und die zunehmenden inneren Spannungen in Indien erhöhten den Druck auf die Briten, eine kooperative Lösung zu finden.

Die Muslimliga hatte sich Ende der 30er-Jahre von der hinduistischen Kongresspartei entfernt. Mohammed Ali Jinnah vertrat die These, dass Hindus und Muslime zwei Nationen seien, und forderte seit 1940 verstärkt die Schaffung eines eigenen Staates im Norden des Subkontinents. Um einen blutigen Bürgerkrieg zwischen Hindus und Muslimen zu verhindern, beschlossen die Briten, nach dem Zweiten Weltkrieg das Land zu teilen: 1947 wurden ⓫ Pakistan (muslimische Gebiete) und Indien (hinduistische Gebiete) als Dominions in die Unabhängigkeit entlassen. Mahatma Gandhi, der unbeirrt für den Frieden zwischen Muslimen und Hindus eintrat, wurde 1948 von einem fanatischen Hindu ermordet.

8

Indischer Nationalkongress

10

Überfüllte Gefängniszelle mit verhafteten Anhängern der Unabhängigkeitsbewegung

7

Gandhi auf dem Weg zur Unterzeichnung des Gandhi-Irwin-Paktes, 1931

9

Frauen demonstrieren für die Unabhängigkeit von Großbritannien

Der „Salzmarsch"

Der sog. Salzmarsch ans Meer erregte international großes Aufsehen. Gandhi und seine Anhänger entnahmen dem Meer wenige Salzbrocken und verstießen damit demonstrativ gegen das britische Salzmonopol. 60 000 Teilnehmer, darunter auch Gandhi, wurden verhaftet. Die britischen Gefängnisse waren zum Bersten überfüllt.

Demonstrationen gegen das Salzmonopol

11

Massenflucht von Hindus und Sikhs aus Pakistan, 1947

1935	„Government of India Act"	1942	„Quit India"-Resolution	30. 1. 1948	Ermordung Gandhis
12. 9. 1931	Gandhi-Irwin-Pakt	1940	„Pakistan Resolution" der Muslimliga	1947	„Indian Independence Act"

CHINA ZWISCHEN KAISERREICH UND KOMMUNISMUS 1911–1949

In den Kriegs- und Bürgerkriegsjahren zwischen 1911 und 1949 war China geprägt von dem ❶ Kampf gegen japanische Expansionsbestrebungen, dem Ringen um die nationale Einheit und blutigen innenpolitischen Auseinandersetzungen. Der innere Machtkampf zwischen Republikanern und Kommunisten konnte nur kurzzeitig beigelegt werden. Nach dem Zweiten Weltkrieg setzte sich mit sowjetischer Hilfe der Kommunismus durch.

Maschinengewehrposten an der Chinesischen Mauer

■ Bürgerkrieg und japanische Aggression

Dem Ende des Kaiserreichs folgten in der Republik China Jahre des politischen Chaos und der territorialen Zersplitterung, die v. a. Japan zum eigenen Machtzuwachs zu nutzen versuchte.

Mit der Ausrufung der Republik China Ende 1911 zwangen die Revolutionäre um General ❷ Yuan Shikai Kaiser Pu Yi, abzudanken. Yuan Shikais Versuch, eine neue Dynastie zu begründen, scheiterte 1915 am Widerstand der Provinzen. Mit Yuans Tod 1916 zerfiel die Zentralgewalt, und China wurde bis 1928 Schauplatz andauernder Bürgerkriege. Regionale Militärmachthaber beherrschten v. a. im Norden das Land und kämpften untereinander um die Macht. Japan versuchte die Wirren für seine Ziele zu nutzen. Die „21 Forderungen" von 1915 zielten auf die Kolonialisierung des ganzen Landes. 1917 trat China in den Ersten Weltkrieg ein, darauf hoffend, Verbündete zur Abwehr des japanischen Imperialismus zu finden.

Als 1919 die Erwartungen enttäuscht wurden, erstarkte der chinesische Nationalismus. Um das Land zu einigen, mobilisierte Sun Yat-sen seit 1923 die republikanische Nationalpartei (Kuomintang). Nach seinem Tod 1925 übernahm Chiang Kai-shek die Führung der Partei. Ihm gelang mit der Einnahme Pekings 1928 der Sieg über die „Warlords" im Norden, womit bis 1937 die Einheit Chinas im Wesentlichen wiederhergestellt war. Die Regierung unter Chiang Kai-shek (ab 1928) zerrieb sich im innenpolitischen Kampf gegen die Kommunisten und stärkte damit die Expansionsgelüste der Japaner.

Bereits 1931 hatte Japan fast ohne Gegenwehr die ❸ Mandschurei besetzt und den Staat „Mandschukuo" ausgerufen. Als 1937 Peking angegriffen wurde, bildeten Chiang Kai-shek und die Kommunisten zum Schutz des Landes eine ❹ Einheitsfront. Die Japaner drangen allerdings weiter ins Land vor. Nach der brutalen ❺ Einnahme Nankings 1937 musste sich die Landesregierung in den Westen zurückziehen.

Als die USA Japan 1942 den Krieg erklärte, erhielt China massive materielle sowie militärische Unterstützung. Nach der japanischen Kapitulation vor den Alliierten verließen die Japaner China. Der Marionettenstaat „Mandschukuo" wurde aufgelöst.

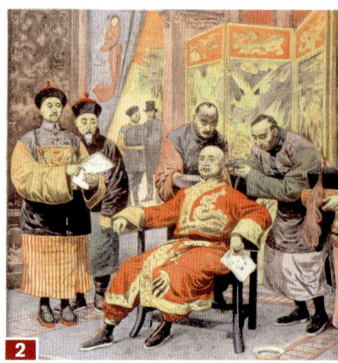

Yuan Shikai lässt sich den traditionellen Zopf abschneiden, 1912

Chinesische Soldaten im Straßenkampf gegen japanische Besatzungstruppen in der Mandschurei, 1932

Kommunistin wirbt für die Einheitsfront mit den Nationalisten, 1937

Einmarsch von japanischen Truppeneinheiten in Nanking, 1937

Pu Yi, der letzte Kaiser

Pu Yi, der letzte Kaiser der Qingdynastie, war gerade fünf Jahre alt, als er 1912 abdanken musste. 1924 unterstellte er sich dem Schutz der Japaner, die ihn 1934 zum Kaiser des neu geschaffenen Satellitenstaates Mandschukuo ernannten. Am Ende des Zweiten Weltkrieges geriet Pu Yi in Gefangenschaft und blieb bis 1959 zur „Umerziehung" inhaftiert.

Das chinesische Kaiserpaar Pu Yi und Wan Jung, um 1934

■ Aufstieg der Kommunisten unter Mao Zedong

In den 20er- und 30er-Jahren wuchs kontinuierlich der Einfluss der Kommunisten unter Mao Zedong. Trotz blutiger Verfolgung konnten sich die Kommunisten nach dem Ende des Zweiten Weltkrieges gegen die Republikaner durchsetzen.

Mit dem Eintritt in den Ersten Weltkrieg und dem Sieg der Bolschewiki in Russland drang westlich-revolutionäres Gedankengut nach China, das in der „Vierten-Mai-Bewegung" weiter verbreitet wurde. Aus deren marxistischen Studierzirkeln ging 1921 die Kommunistische Partei Chinas (KPCh) hervor, die mit sowjetischer Hilfe schnell zu einem wichtigen Machtfaktor im Land wurde.

Im Zuge der nationalen Einigungsbestrebungen traten ab 1922 die Kommunisten zunächst der republikanischen Partei (Kuomintang) bei. Als der Einfluss der Kommunisten immer größer wurde, kam es 1927 zum Bruch. ❻ Chiang Kai-shek ließ die Kommunisten blutig verfolgen. Beim

❻
Kuomintang-Politiker Chiang Kai-shek mit seiner Frau, 1927

„Vierte-Mai-Bewegung"

Benannt nach dem Datum einer Pekinger Studentendemonstration gegen die japanfreundliche Regierung, entwickelte sich 1919 die „Vierte-Mai-Bewegung" zu einer landesweiten politischen Emanzipationsbewegung der städtischen Schichten. Neben nationaler Unabhängigkeit wurden v. a. die Abkehr vom traditionellen Konfuzianismus, mehr Freiheitsrechte und gesellschaftliche Reformen gefordert.

Studentendemonstration 1920

Der „Lange Marsch"

Der Lange Marsch der Kommunisten in den Norden Chinas führte 1934/35 über eine Strecke von etwa 12 000 Kilometern. Viele Soldaten starben an Krankheit und Erschöpfung oder im Kampf. Von den 90 000 kamen am Ende nur 8 000 in Yan'an an. Die KP stilisierte den „Langen Marsch" später zum Symbol ihres politischen Durchhaltevermögens.

Mao Zedong

---

schlimmsten Übergriff am 12. 4. 1927 wurden in Shanghai mehrere tausend Kommunisten und Gewerkschafter ❼ ermordet. Die Kommunisten zogen sich mit der Volksbefreiungsarmee in ländliche Regionen zurück und bauten eine lokale Machtbasis auf. Nach einer Agrarrevolution errichteten sie in der Provinz Jiangxi in Südostchina eine Räterepublik. Unter dem Druck der „Vernichtungsfeldzüge" der republikanischen Regierung wich die KPCh mit ihren Truppen nach Norden aus. Die Kommunisten retteten sich

1935 im ❽ „Langen Marsch" nach Yan'an, das sie zu ihrem zentralen Stützpunkt ausbauten. Inzwischen war ⓫ Mao Zedong (S. 614) zum unumstrittenen Führer der KPCh aufgestiegen.

Während des ❾, ❿ Krieges gegen Japan dehnten die Kommunisten ihren Herrschaftsbereich kontinuierlich aus. Als die Sowjetunion 1945 die Mandschurei besetzte, übernahm die KPCh dort die Macht. Nach der Kapitulation Japans besetzten die Kommunisten bis 1949 mit sowjetischer Hilfe das ganze Land.

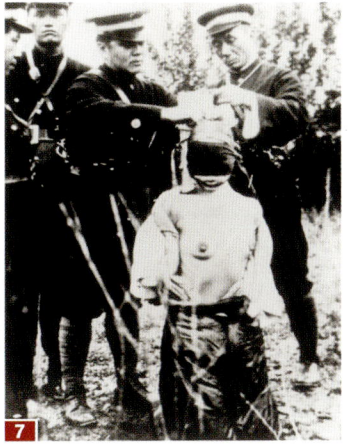

❼
Erschießung einer kommunistischen Studentin, 1927

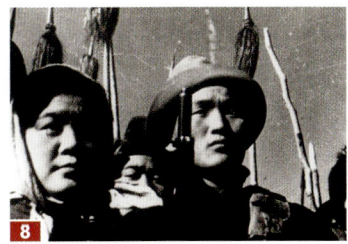

❽
Kommunistische Kämpfer auf dem „Langen Marsch", 1935

❾
Shanghai nach einem japanischem Bombenangriff, 1937

❿
Japanische Infanteristen mit chinesischen Gefangenen

⓫
Mao Zedong bei einer kommunistischen Propagandarede, 1933

1921 Gründung der KP   **1934/35** „Langer Marsch" Mao Zedongs   **1937–45** Chinesisch-japanischer Krieg

1931 Japanische Besetzung der Mandschurei   **1937** Eroberung Nankings durch die Japaner   **1. 10. 1949** Proklamation der VR China

DAS IMPERIALISTISCHE JAPAN UND SÜD-OSTASIEN 1914–1945

Aggressive Expansionspolitik und nationalistische Überhöhung kennzeichnen die Politik des japanischen Kaiserreichs von 1914 bis 1945. Gegen China führte Japan ab 1931 einen fast 15 Jahre dauernden Eroberungsfeldzug. Aber die Ziele Japans waren noch viel weiter gesteckt: Es ging um die Vorherrschaft im gesamten ostasiatischen Raum und in diesem Sinne auch um die Vertreibung der westlichen Kolonialmächte. Mit der Kriegserklärung an die ❶ USA 1941 übernahm sich Japan allerdings; es musste 1945 nach dem Abwurf der ersten Atombomben auf Hiroshima und Nagasaki bedingungslos kapitulieren. Die meisten ostasiatischen Staaten erlangten nach dem Krieg ihre Unabhängigkeit.

US-Bomber im Angriff auf japanischen Zerstörer, um 1943

■ Ausbau japanischer Stärke bis 1931

Nach dem Ersten Weltkrieg erweiterte Japan seinen Machtbereich um die ehemaligen deutschen Kolonien im Pazifik. In dem wirtschaftlich aufblühenden Land gewann nationalistisches Gedankengut zunehmend an Einfluss.

Auch nach dem Tod von Meiji-Tenno ❹ Mutsuhito 1912 und der Thronbesteigung seines Sohns Yoshihito baute Japan seine erworbene Vormachtstellung in Ostasien (S. 419) weiter aus. Als sich das Deutsche Reich weigerte, seinen Pachtbesitz und Flottenstützpunkt ❸ Kiautschou in der chinesischen Provinz Shantung aufzugeben, trat Japan auf Seiten der Entente in den Ersten Weltkrieg ein. Es besetzte die deutschen Kolonien im Pazifik, die Marshall-, Karolinen- und Maria-

Gouvernementsgebäude in Tsingtau, Hauptstadt von Kiautschou (Foto, 1913)

nen-Inseln. Der Völkerbund übertrug Japan nach dem Krieg diese Inseln und auch Kiautschou als Mandatsgebiet zur Verwaltung. Kiautschou musste aber 1922 mit dem Shantung-Vertrag an China zurückgegeben werden.

In internationalen Verträgen wurde der territoriale Status quo bestätigt. Im ❷ „Viermächtevertrag" versicherten Frankreich, Großbritannien, Japan und die USA, die pazifischen Besitzungen der jeweils anderen zu respektieren und sich

Tenno Mutsuhito (zeitgenössische Darstellung, ohne Datum)

im Falle eines Angriffs durch Dritte gegenseitig zu helfen. Im „Neunmächtevertrag" 1922 sicherte Japan China die staatliche Souveränität zu.

Ökonomisch setzte nach einer kurzen Nachkriegsschwäche eine längere Aufschwungphase ein, die von dem verheerenden ❻, ❼ Erdbeben 1923 um Tokio und Yokohama nur unwesentlich aufgehalten wurde. Die Weltwirtschaftskrise ab 1929 traf aber auch Japan empfindlich; sie ruinierte u. a. die ❺ Seidenbauern.

Innenpolitisch wurde das Land nach dem Krieg formal demokratisiert. Durch die Einführung des allgemeinen freien Wahlrechts 1925 verzehnfachte sich die Wählerschaft auf 14 Millionen. Im Laufe der 20er-Jahre gewan-

Viermächtevertrag, November 1921

nen antidemokratische ultranationalistische Offiziersgruppen mit außerparlamentarischen Gremien wie dem „geheimen Staatsrat" und dem „Militärsenat" immer mehr Einfluss auf die Regierung und den Kaiser. Sie waren die treibenden Kräfte, wenn es um weitere Expansionen ging. Im Land war es eng geworden. Die Zahl der Bevölkerung hatte sich in den letzten 40 Jahren verdoppelt.

Japanische Seidenmalerei, um 1850

Erdbeben, 1923

Erdbebenopfer, 1923

Japans Eroberungskrieg in China 1931–1945

Mit der Besetzung der chinesischen Mandschurei 1931 begann ein Jahrzehnt der aggressiven Expansionspolitik gegenüber China. Innenpolitisch übernahmen endgültig rechtsgerichtete Militärs die Macht im Kaiserreich.

1928 hatte ❾ Kaiser Hirohito den Thron bestiegen; chauvinistische und antidemokratische Militärgruppen bestimmten die japanische Politik der 30er-Jahre hinter den Kulissen, bis das ganze parlamentarische System offiziell zusammenfiel. Seit 1932 entwickelte sich die Armee zum alleinigen Machtfaktor im Land. 1940 mussten sich die alten Parteien auflösen; an ihre Stellen trat eine Art Einheitspartei, die „Vereinigung zur Unterstützung der Kaiserherrschaft". Die neue Regierung unter Ministerpräsident Fürst Fumimaro Konoye verstaatlichte die Wirtschaft und schränkte wichtige Freiheitsrechte ein.

Auf Betreiben der Militärs waren im September 1931 japanische Truppen in die ❿ Mandschurei eingefallen und hatten in den fol-

8 Marco-Polo-Brücke bei Peking

genden Monaten die gesamte Region besetzt. Sie konstituierten den Marionettenstaat Mandschukuo mit dem ehemaligen chinesischen Kaiser Pu Yi an der Spitze, der 1934 zum ⓫ Kaiser von Mandschukuo ernannt wurde (S. 494). Japan setzte die Kolonialisierung Chinas fort und eroberte auch die Provinz Jehol. Bei der Einnahme Shanghais 1935 kam es zu Gewaltexzessen. Das militärisch unterlegene, zerrissene Chi-

na konnte den Aggressoren wenig entgegensetzen.

Japan hatte sich internationaler Kontrolle immer mehr entzogen. Als der Völkerbund den Staat Mandschukuo nicht anerkennen wollte, erklärte Japan 1933 seinen Rücktritt aus dem Bund. Es kündigte 1936 das Flottenabkommen, erklärte wenig später den Austritt aus der Londoner Abrüstungskonferenz und schloss mit dem nationalsozialistischen Deutschland den ⓬ „Antikominternpakt".

Mit einem Zusammenstoß chinesischer und japanischer Soldaten an der ❽ Marco-Polo-Brücke bei Peking begann im Juli 1937 der ⓭ Chinesisch-Japanische Krieg, der bis zum September 1945 andauerte. In kurzer Zeit annektierte Japan den Norden Chinas und fast die gesamte Küste. Die Gebirge Zentralchinas stoppten 1938 ein weiteres Vordringen in das Landesinnere. Die vielfach absichtlich brutale Kriegsführung forderte hohe Verluste unter der chinesischen Bevölkerung. Schätzungen gehen von 20 Millionen Toten – überwiegend Zivilisten – aus. Mit seiner Niederlage am Ende des Zweiten Weltkriegs musste sich Japan komplett aus China zurückziehen.

9 Kaiser Hirohito, 1930

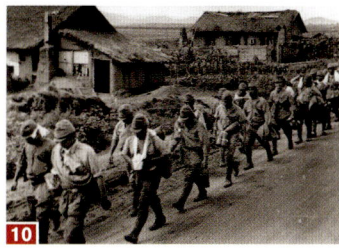

10 Japanische Soldaten in der Mandschurei, 1945

11 Kaiser Pu Yi auf Staatsbesuch bei Kaiser Hirohito in Tokio, 1935

12 Unterzeichnung des Antikominternpaktes, 25. 11. 1936

13 Japanische Infanterie in Winterausrüstung, um 1937

Propaganda-Gedicht von Ushiyama Kinichi

zum deutsch-japanischen Bündnis in einer zeitgenössischen Übersetzung von 1938:

„Entstanden ist das Bündnis, Blutsbrüdern gleich
Die Länder beide vereint streben zur Macht empor.
Strahlend die Kultur, die Rechtlichkeit ehrfurchtgebietend,
Deutsche Seele, wie gleichest Du dem japanischen Geist!"

Fahnenschmuck anlässlich des Besuchs des japanischen Außenministers Matsuoka in Berlin, März 1941

| 1933 | Austritt Japans aus dem Völkerbund | 1936 | Kündigung des Flottenabkommens | 25. 11. 1936 | Unterzeichnung des Antikominternpakts |
| 1935 | Eroberung Shanghai | 1936 | Austritt Japans aus der Londoner Abrüstungskonferenz | Juli 1937 | Beginn chinesisch-japanischer Krieg |

■ Die gescheiterte Neuordnung Ostasiens im Zweiten Weltkrieg

Im Pazifischen Krieg 1941–1945 gegen die Alliierten kämpfte Japan um die Herrschaft über den gesamten ostasiatischen Raum. Erst der Abwurf amerikanischer Atombomben über Hiroshima und Nagasaki zwang Japan zur Kapitulation.

Japaner bombardieren Pearl Harbor, 7. 12. 1941

Der Kriegsausbruch 1939 in Europa veränderte nicht die imperialistische Zielsetzung Japans: das Projekt einer „Neuen Ordnung Ostasiens". Die ganze Region – von Indien bis Australien – sollte als sog. „Großostasiatische Wohlstandssphäre" unter japanischer Vorherrschaft politisch und ökonomisch geeint werden. Die Propagierung des japanischen Kaisers als „Gottkaiser" versuchte,

diesen Anspruch ideologisch zu legitimieren.

Um sich gegen jede Einmischung abzusichern, schloss Japan mit Deutschland und Italien am 27. 9. 1940 den Dreimächtepakt, ohne im Kriegsfall zum Beistand verpflichtet zu sein. Mit der Sowjetunion schloss Japan am 14. 4. 1941 einen Neutralitätspakt. Eine Annäherung an die USA schlug fehl. Diese hatten 1939 den

Handelsvertrag mit Japan gekündigt. Als japanische Truppen im Juli 1941 in Saigon einmarschierten, verhängte US-Präsident Roosevelt ein Öl-Embargo über Japan. Ministerpräsident Konoye trat zurück. Sein extrem nationalistischer Nachfolger General Hideki Tojo entschloss sich, die Amerikaner anzugreifen.

Am 7. 12. 1941 bombardierten die Japaner den Stützpunkt der US-Pazifikflotte ❶ Pearl Harbor. Der darauf folgende Kriegseintritt der USA weitete den europäischen Krieg zum Weltkrieg aus.

Im ❷, ❸ Pazifischen Krieg gelang es Japan zunächst, ganz Südostasien zu erobern. In schneller Folge besetzte Japan die Philippinen, Hongkong, Singapur und Birma; es drang bis an die Grenze Indiens vor und stand vor der Eroberung Australiens. Mit dem britischen Einmarsch in Birma 1943 wendete sich das Blatt. Nach der Landung der Amerikaner auf den Marianen-Inseln und der vernichtenden Niederlage in der Flugzeugträgerschlacht bei ❹ Saipan trat das Kriegskabinett unter Tojo zurück.

Als die Amerikaner die japanischen Inseln Iwojima und Okinawa eroberten, war die Niederlage trotz der ❺ Kamikaze-Einsätze japanischer Piloten nicht mehr abzuwenden. Doch erst nachdem die USA Hiroshima und Nagasaki mit dem Abwurf der ersten Atombomben am 6. und 9. 8. 1945 in Schutt und Asche gelegt hatten, erklärte Kaiser Hirohito die ❻ bedingungslose Kapitulation seines Landes.

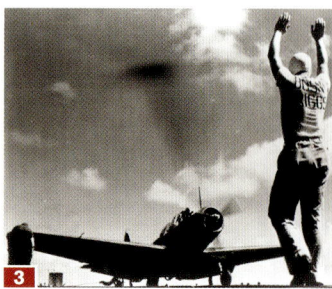

Feuernde Bordgeschütze eines US-Schlachtschiffes, 1943

Einweisung eines US-Kampfflugzeugs auf einem Flugzeugträger, 1944

US-Truppen erobern die Insel Saipan (Marianen), Juni 1944

Japanische Kamikaze-Piloten beten vor dem Start, 1945

Kriegsgefangene japanische Soldaten in Guam, 1945

Atombombenabwürfe auf Hiroshima und Nagasaki

Mit dem Abwurf der ersten Atombomben beendeten die USA den Zweiten Weltkrieg und leiteten das Zeitalter der nuklearen Aufrüstung ein. Die verheerende Zerstörungskraft der neuartigen Waffe schockierte die Menschheit. Auf einen Schlag starben 200 000 Menschen, rund 100 000 weitere starben an den Spätfolgen. Ob der Einsatz der Atombombe militärisch notwendig war oder nicht, ist umstritten. Er diente wohl v. a. der Machtbezeugung gegenüber der UdSSR, um die amerikanische Verhandlungsposition über die Nachkriegsordnung zu stärken.

Atomexplosion über Nagasaki, 9. 4. 1945

| 1938 | „Neuordnung Ostasiens" | 27. 9. 1940 | Dreimächtepakt | 7. 12. 1941 | Angriff auf Pearl Harbor | 1941 | Gründung der Viet-minh durch Ho Chi Minh |
| 1939 | USA kündigen Handelsvertrag mit Japan | 14. 4. 1941 | Sowjetisch-Japanischer Neutralitätspakt | 8. 12. 1941 | Kriegserklärung USA und GB an Japan |

Ostasiens Weg in die Unabhängigkeit

Nach dem Ende des Zweiten Weltkrieges wurden die Staaten Ostasiens von den Japanern sowie von der jahrzehntelangen Kolonialherrschaft befreit.

Anfang des 20. Jh. war ganz Ostasien in den Händen westlicher Kolonialmächte: Indochina gehörte Frankreich, die Philippinen den USA, Indien, ❼ Malaysia sowie der nördliche Teil Borneos Großbritannien, das heutige Indonesien den Niederlanden. Einzig ❽ Siam (heute Thailand) war formal unabhängig, stand jedoch unter französischem und japanischem Einfluss; Korea war seit 1905 japanisches Protektorat.

Innenpolitische Widerstandsgruppen wie die Kommunisten, die sich erstmals 1914 in Indonesien, gegen Ende der 20er-Jahre auch in den übrigen ostasiatischen Ländern bildeten, gefährdeten die kolonialen Machthaber kaum. Allein in Birma erreichten nationalistische Studenten mit einem Aufstand 1937 die Loslösung des Landes aus dem indischen Imperium Großbritanniens. Souverän wurde Birma zwar noch nicht, bekam aber eine Teilautonomie zugestanden.

Japans Pläne zur Schaffung einer „Großostasiatischen Wohlstandssphäre" setzten die Vertreibung der Europäer aus der Region voraus, was alle ostasiatischen Widerstandsgruppen prinzipiell begrüßten. Die Pläne beförderten allerdings auch eine politische Spaltung des antikolonialen Widerstandes. Linksgerichtete Kreise wollten sich nicht dem japanischen „Gottkaiser" unterstellen und bildeten wie z. B. auf den Philippinen und in Malaysia kommunistische antijapanische Volksarmeen. Dagegen hofften die Nationalisten, dass eine projapanische Haltung ihnen schnel-

❼ Japaner mit erbeutetem britischem Flugzeug auf Malaysia, 1941

ler zu nationaler Souveränität verhelfen würde. So unterstützte ein birmanisches Freiwilligenheer aktiv die ❾ Japaner. Anders verhielt es sich in Indochina, dem heutigen Vietnam. Als Japan dort 1941 in den östlichen Teil des Landes einmarschierte, schlossen sich unter der Führung von Ho Chi Minh Nationalisten und Kommunisten gegen die japanische Herrschaft zu einer „Liga für die Unabhängigkeit Vietnams", zum ❿ Viet-minh, zusammen.

Nach der bedingungslosen Kapitulation Japans 1945 zogen sich auch die ehemaligen Kolonialmächte langsam aus der Region zurück. Vietnam, Nord- und Südkorea, die Philippinen, Indonesien, Kambodscha, Laos und Birma erklärten sich noch Ende der 40er-Jahren zu souveränen Staaten; Malaysia erhielt erst 1963 die Unabhängigkeit.

Ho Chi Minh, um 1960

❽ Bangkok, Hauptstadt von Siam, 1930

Japanische Soldaten in Birma, 1944

❿ Viet-minh-Truppe, vorn Ho Chi Minh, 1950

2. 1. 1942	Besetzung Manilas	Juni 1944	Flugzeugträgerschlacht bei Saipan	6./9. 8. 1945	Atombombenabwürfe auf Hiroshima und Nagasaki
ab 1941/42	Pazifischer Krieg	1942	Seeschlacht bei den Midway-Inseln	19. 2. 1945	Landung der USA in Japan	2. 9. 1945	Demokratische Republik Vietnam

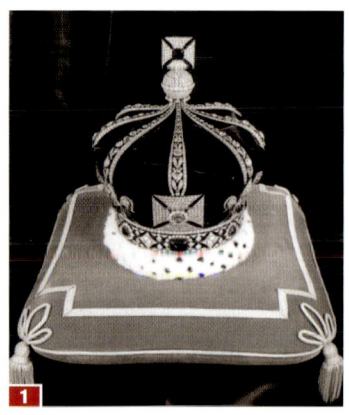

BRITISH COMMONWEALTH – DIE EMANZIPATION DER BRITISCHEN KOLONIEN 1914–1945

Im Zuge der erstarkten Nationalbewegungen wurden die Kolonien des britischen Weltreichs Schritt für Schritt in die Freiheit entlassen. Zunächst selbstverwaltete „Dominions", wurden sie 1931 mit dem Westminster-Statut vollständig unabhängig. Die Gemeinschaft gleichberechtigter und souveräner Staaten unter der Klammer der ❶ britischen Krone, das „British Commonwealth of Nations", trat an die Stelle des britischen Weltreichs.

Krone für die Krönung Georgs V. zum Kaiser von Indien, 1910

▇ Dominion – die Vorstufe zur Unabhängigkeit

Anfang des 20. Jh. gestand Großbritannien zahlreichen Kolonien als „Dominions" innere Selbstständigkeit zu. Aber erst 1931 erlangten sie formal die staatsrechtlich bestätigte Unabhängigkeit.

Londoner Konferenz, 1926

König Georg V.

Kanada wurde 1867 als erste britische Kronkolonie selbstständig. Anfang des 20. Jh. folgten schnell Australien, Neuseeland, Neufundland, die Südafrikanische Union, bestehend u. a. aus Kapland und dem Oranje-Freistaat, sowie 1922 Irland (S. 466). Als „Dominions" waren sie autonome Völkerrechtssubjekte mit innerer Selbstregierung geworden. Die Bindungen an das Mutterland v. a. in Fragen der Weltpolitik blieben allerdings noch bestehen: Der ❸ britische König war weiter das

Kanadische Soldaten im Einsatz an der Westfront im Ersten Weltkrieg, 1916

formale Staatsoberhaupt. Mit der britischen Kriegserklärung an Deutschland 1914 standen damit automatisch auch die ❺ Dominions im Krieg. Sie wehrten sich nach dem Krieg gegen die Bevormundung. 1919 unterzeichneten sie einzeln den Versailler Vertrag und traten dem Völkerbund bei.

Auf der ❷ Londoner Konferenz 1926 sicherte die „Balfour-Formel" den Dominions die vollständige Unabhängigkeit zu, die 1931 mit dem Westminster-Statut ihre staatsrechtliche Bestätigung fand. Als „autonome Gemeinschaften innerhalb des Empires, gleich im Status" waren sie frei von britischem Einfluss auf Gesetzgebung, Innen- und Außenpolitik, „aber doch durch eine gemeinsame Bindung an die Krone vereint und als Mitglieder des British Commonwealth of Nations

frei assoziiert" (❹ Balfour). Die ehemaligen Kolonien traten alle freiwillig dem Commonwealth bei, aus dem sie jederzeit wieder austreten konnten. Australien und Neuseeland traten erst 1942 bzw. 1947 bei. Ein Sonderfall war Neufundland: Das Land wurde seit den 30er-Jahren wieder direkt von Großbritannien regiert und trat 1949 Kanada bei.

Arthur James Balfour, britischer Außenminister

Das Dominion Südafrika

Das Dominion Südafrika legte seit 1910 die Grundlagen für den späteren Apartheid-Staat. In der Unterdrückung der Schwarzafrikaner waren sich niederländischstämmige weiße „Afrikaander" und Briten einig: Grundbesitz war Nichtweißen nur innerhalb von Reservaten erlaubt, die Erwerbstätigkeit stark beschränkt, der Zuzug in städtische Gebiete sowie der Geschlechtsverkehr mit Weißen verboten. Die Schwarzafrikaner gründeten 1912 den African National Congress (ANC) als gemeinsame Protestorganisation gegen die Ungerechtigkeit.

Straßenszene aus Durban, Provinz Natal, Südafrika, um 1910; rechts: Grabmal des ANC-Gründers John Langalibalele Dube in Inanda, Natal, Südafrika

Weltkriege und Zwischenkriegszeit   1914–1945

Zerfall des britischen Imperiums

Am Ende des Ersten Weltkriegs war das britische Weltreich so groß wie nie zuvor. Doch finanzielle Überforderung und starke Befreiungsbewegungen in den Kolonien ließen das stolze Imperium nach dem Zweiten Weltkrieg allmählich zusammenbrechen.

Nach dem Ersten Weltkrieg expandierte das britische Empire ein letztes Mal: Großbritannien übernahm die Völkerbundmandate über Palästina, Irak und den größeren Teil der ehemals deutschen Kolonie Ostafrika, ❻ Tanganjika; Einfluss auf Neuguinea bestand nur indirekt, da dieses von dem Dominion Australien verwaltet wurde.

Real wurde die britische Macht in ihren Herrschaftsgebieten immer schwächer. In den Kolonien

7

Australische Soldaten im Dienst der britischen Krone in Burma, 1944

6

Junge Bantufrauen, 1936

reduzierten die Briten Verwaltung und Militär. Das unter einer schweren Wirtschaftskrise (S. 462) leidende Mutterland konnte nicht mehr genug Gelder dafür aufbringen. Außerdem forderten die afrikanischen und asiatischen Völker nach dem ❽ Ersten Weltkrieg wenn nicht die ❿ Unabhängig-

keit, so doch zumindest mehr Selbstbestimmung und ein Ende der Herabwürdigung durch die Weißen.

Im Gegensatz zu den selbständig gewordenen Dominions mussten die Kolonien Mitglieder des neu gegründeten „British Commonwealth" werden. Nach

dem ❼ Zweiten Weltkrieg verschärfte sich die Problemlage weiter. Finanzielle Schwäche und immer mächtigere ❾ Unabhängigkeitsbestrebungen in den Kolonien ließen das Weltreich langsam zusammenbrechen. 1947 schüttelte Indien als die wichtigste britische Kolonie die britische Herrschaft ab. (S. 492). Birma und ⓫ Ceylon folgten 1948. Die Phase der Entkolonialisierung war endgültig nicht mehr aufzuhalten.

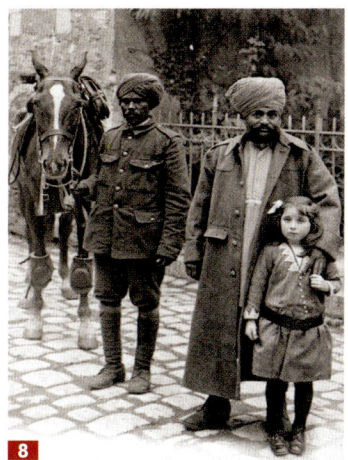

8

Indische Soldaten, 1914

Kronkolonien

Nach 1918 besaß das britische Weltreich Kronkolonien auf allen Kontinenten. In Asien waren es Britisch-Indien, Birma, Malaya, Britisch-Nordborneo, Britisch-Neuguinea, Sarawak und Aden; in Afrika (S. 502) – abgesehen vom Sonderstatus Ägyptens – die Goldküste (Ghana), der Sudan, St. Helena, Nigeria, Britisch-Somaliland (Somalia), Sierra Leone, Britisch-Ostafrika (Tansania, Uganda, Kenia) und Gambia. Auf dem amerikanischen Kontinent befanden sich Britisch-Guyana, Britisch-Honduras und die Inseln Barbados, Jamaika, die Bermudas und die Bahamas in britischem Hoheitsbesitz.

9

Unabhängigkeitsverhandlungen zwischen dem britischen Vizekönig Lord Mountbatten (2. von rechts) und dem Führer der indischen Muslimliga Mohammed Ali Jinnah (rechts), 1947

10

Der junge Mahatma Gandhi als Unabhängigkeitsaktivist in Südafrika, 1913

Grandhotel von Aden, um 1890

11

Teepflückerin aus Ceylon (Foto, undatiert)

| 1931 | Statut von Westminster | 15. 8. 1947 | Unabhängigkeit Indiens | 1948 | Abgabe des Palästina-Mandats |
| 1942 | Eintritt Australiens in das Commonwealth | 1948 | Unabhängigkeit Birmas und Ceylons | 1949 | Beitritt Neufundlands zu Kanada |

AFRIKA UNTER DEN KOLONIALMÄCHTEN BIS 1939

Mit Ausnahme Äthiopiens und Liberias war ganz Afrika seit Ende des 19. Jh. unter den europäischen Kolonialmächten aufgeteilt. Im Ersten Weltkrieg wurden die deutschen Kolonialherren durch britische, ❶ französische oder belgische ersetzt. Gleiches widerfuhr im Zweiten Weltkrieg den italienischen Kolonien. Eingeschränkte Souveränität erlangten nur Ägypten 1922 und die Südafrikanische Union, die seit 1910 den Status eines Dominion innehatte. Im restlichen Afrika organisierten sich erst nach dem Zweiten Weltkrieg Unabhängigkeitsbewegungen.

Franzose mit Eingeborenen aus Kamerun, ca. 1917

■ Afrika im Ersten Weltkrieg

Mit der Niederlage im Ersten Weltkrieg verlor Deutschland seine afrikanischen Kolonien. Sie wurden 1920 unter Mandate des Völkerbundes gestellt.

Afrikanische Kriegsschauplätze waren im Ersten Weltkrieg neben Ägypten (S. 504) v. a. die deutschen Kolonien. Togo, Kamerun und Südwest-Afrika konnten von Franzosen, Belgiern, Briten und deren Kolonialtruppen schnell erobert werden. Einzig in Deutsch-Ostafrika verteidigten die ❷ Askari-Schutztruppen unter General von Lettow-Vorbeck die Kolonie bis über das offizielle Kriegsende hinaus. Erst auf Weisung Berlins stellten sie im November 1918 die Kampfhandlungen ein.

Die Kolonialmächte im Ersten Weltkrieg griffen auf Truppen der einheimischen Bevölkerung zurück. Getrennt von den weißen Soldaten und schlechter bezahlt, kämpfte fast eine halbe Million Afrikaner etwa auf ❸ französischer Seite. Senegalesen und marokkanische Tirailleurs wurden auch in ❹ Europa eingesetzt. Nach Kriegsende verstärkte sich der Wunsch nach Unabhängigkeit. In den Augen der heimkehrenden Soldaten hatten sich die Kolonialisten im „Krieg der weißen Stämme" moralisch diskredi-

Askari-Hilfstruppen im Ersten Weltkrieg, um 1915

tiert. Die Stärkung des Selbstbestimmungsrechts der Völker durch die Friedensverträge von Versailles brachte tendenziell die Entkolonialisierung auf den Weg.

Zumindest formal wurden die Formen der Kolonialherrschaft reformiert. 1920 wurden Kamerun, Togo, ❺ Südwest-Afrika und Deutsch-Ostafrika, das heutige Tansania, unter das Mandat des Völkerbundes gestellt. Theoretisch setzte dies den Kolonialverwaltungen Grenzen. Sie hatten sich nun vor einer größeren internationalen Öffentlichkeit zu verantworten; für die Afrikaner änderte sich in der Praxis wenig. Sie blieben weiterhin Spielball europäischer Machtinteressen.

Kolonialtruppen im Dienste Frankreichs

Schwarzafrikanische Soldaten der französischen Armee an der Westfront bei Verdun, um 1916

Bauern in Südwest-Afrika

Sonderfall Liberia

Dass Kolonialismus nicht von der Hautfarbe abhängt, zeigt der Sonderfall Liberia. Der kleine Staat an der afrikanischen Westküste, 1822 als amerikanische Kolonie zur Rücksiedlung freier Schwarzer gegründet, war seit 1847 unabhängige Republik. Laut Verfassung genossen nur die amerikanischen Einwanderer Bürgerrechte – die einheimischen Afrikaner wurden größtenteils wie Sklaven behandelt. Das kulturelle Überlegenheitsgefühl der schwarzen Siedler ähnelte dem der weißen in anderen Kolonien. Erst unter dem 1944 gewählten Präsidenten Tubman erhielten alle Liberianer das allgemeine Wahlrecht.

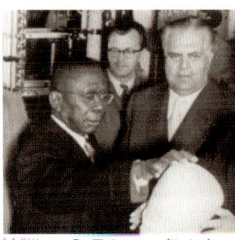

William S. Tubman (links)

◼ Die wirtschaftliche Entwicklung

Die Weltwirtschaftskrise 1929 beendete abrupt den wirtschaftlichen Aufschwung in Afrika. Der Zweite Weltkrieg gab den Kolonien mehr Machtmittel in die Hand.

Der Erste Weltkrieg hatte den kriegstreibenden Kolonialmächten vor Augen geführt, welches ökonomische Potenzial in Afrika steckte. Mit ❼ Infrastrukturmaßnahmen wurde nun begonnen, den Kontinent systematisch wirtschaftlich zu erschließen und auszubeuten. Bis Ende der 1920er-Jahre entstand in ganz Afrika ein ❻ Eisenbahnnetz, das in seiner Ausdehnung schon fast dem heutigen entsprach.

Die Weltwirtschaftskrise 1929 unterbrach diesen Modernisierungsschub, der auch den Einheimischen relativen Wohlstand beschert hatte. Europäische Importgüter wurden plötzlich unbezahlbar und rund die Hälfte der afrikanischen Lohnarbeiter verloren ihre Arbeit. Während sich die weißen Kolonialbehörden u. a. durch Steuererhöhungen zu bereichern versuchten, standen die Afrikaner dieser Entwicklung machtlos gegenüber. Viele versuchten in urbanen ❽ Industriegebieten ihren Lebensunterhalt zu verdienen, während man in

❻ Älteste Dampflokomotive der Zambesi Saw Mills Railway (gebaut 1925)

❽ Arbeiter in einer Kupferfabrik in Belgisch-Kongo

ländlichen Gebieten zum Tauschhandel zurückkehrte.

Der Ausbruch des Zweiten Weltkriegs 1939 verbesserte die materielle Lage wieder und brachte der Wirtschaft einen deutlichen Aufschwung. Da die weiße Bevölkerung großenteils zum Kriegsdienst in ihre jeweiligen Heimatländer zurückkehrte und der

Rohstoffbedarf stieg, entstanden viele neue Arbeitsplätze. Die neue Abhängigkeit Europas von einer funktionierenden Kolonialwirtschaft bot den Afrikanern die Chance, durch Streiks und Proteste Lohnerhöhungen und bessere Arbeitsbedingungen zu erringen. Großbritannien erließ 1940 den „Colonial Welfare Act" mit dem Ziel, in seinem Herrschaftsgebiet weitere Streiks zu verhindern.

Nach dem Zweiten Weltkrieg waren die Briten die Ersten, die 1951 mit ❾ Libyen einem afrikanischen Staat die völkerrechtliche Souveränität zugestanden. Damit lief in Afrika langsam eine Welle der mehr oder weniger gewaltsamen Entkolonialisierung an.

❼ Verteilung der Radiostationen über den afrikanischen Kontinent, 1936

Panafrikanische Bewegung

Nach dem Zweiten Weltkrieg wuchs die Bedeutung der Panafrikanischen Bewegung. Die aktive Kriegsteilnahme und die Erfahrung, wirtschaftlich unverzichtbar zu sein, stärkte das Selbstbewusstsein der Afrikaner gegenüber den Kolonialmächten. Ernsthafte Autonomiebestrebungen fehlten jedoch noch. Für die Rückkehr zur traditionellen Ordnung waren die westlichen Einflüsse der Vergangenheit schon zu stark, zur Bildung eigener Nationalstaaten nach europäischem Vorbild allerdings noch zu schwach.

Wüstendurchquerung auf traditionelle und auf moderne Art, 1911

Unabhängigkeitsbewegung im Senegal, 1947

❾ Moderne Wohnsiedlung für italienische Kolonisten in Tripolis, Libyen, 1935

1939 | Wirtschaftsaufschwung in Afrika durch Rüstungsindustrie für Europa   1951 | Libyen erhält als erste afrikanische Kolonie die Unabhängigkeit

1940 | Großbritannien erlässt „Colonial Welfare Act"   1944 | Wahl Präsident Tubmans; Einführung des allgemeinen Wahlrechts in der Republik Liberia

Weltkriege und Zwischenkriegszeit   1914–1945

1

ÄTHIOPIEN UND ÄGYPTEN – ERFOLGREICHES RINGEN UM DIE UNABHÄNGIGKEIT BIS 1945

Ägypten und Äthiopien nahmen in der Kolonialgeschichte Afrikas Sonderstellungen ein. ❶ Ägypten war seit 1882 britisch besetzt und bis 1916 ans Osmanische Reich gebunden, unterwarf sich allerdings nie der Fremdherrschaft und konnte 1936 den Abzug der Briten durchsetzen. Bis zu diesem Zeitpunkt widerstand Äthiopien den italienischen Kolonialisierungsversuchen. Mussolinis Armee wurde 1941 mit britischer Hilfe wieder aus dem Land gedrängt.

US-Transportflugzeug mit Nachschub für die alliierten Truppen, 1943

◼ Ägypten: Zwischen Souveränität und britischer Vormundschaft

Ägypten war in beiden Weltkriegen ein wichtiges Operationsfeld für das britische Militär. Obwohl es zu Beginn des Zweiten Weltkrieges bereits formal unabhängig war, wurde Ägypten über die Bündnisverpflichtung mit England in den Krieg eingebunden.

1882 besetzten britische Truppen Ägypten und kontrollierten das Land, ohne dessen formale Zugehörigkeit zum Osmanischen Reich zu beenden. Bei Ausbruch des Ersten Weltkriegs erklärte Großbritannien Ägypten offiziell zum Protektorat, verhängte das Kriegsrecht und kappte damit die letzten Bindungen an die Türken. Britische Truppen stoppten 1914 den osmanisch-deutschen Vorstoß

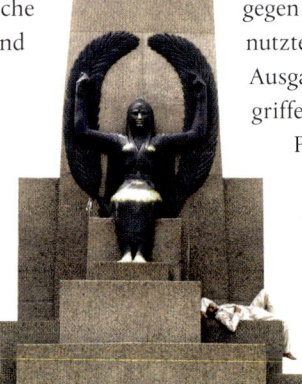

3 Denkmal für Saghlul Pascha, Gründer der Wafd-Partei, in Alexandria

gegen den Suezkanal und nutzten Ägypten als Ausgangsbasis für Angriffe auf Syrien und Palästina.

Als nach Kriegsende Großbritannien äyptischen Nationalisten der ❸ Wafd-Partei die Teilnahme an den Versailler Konferenzen untersagte, kam es 1919 im Land zu Streiks und schweren Unruhen. 1922 gewährten die Briten dem Land die Unabhängigkeit, blieben aber militärisch präsent und lenkten die

ägyptische Außenpolitik im eigenen Interesse. Als ❷ König Fuad I. 1936 starb, bekräftigte Großbritannien in einem Bündnisvertrag die Souveränität Ägyptens und zog mit Ausnahme der Suezzone seine Truppen ab. Es bestand aber ausdrücklich auf seinem Recht zur Intervention im Kriegsfall. So wurde Ägypten im Zweiten Weltkrieg wieder besetzt und als militärisches Aufmarschgebiet im Kampf gegen das deutsch-italienische Bündnis genutzt. Unter Leitung von General Montgomery schlugen die ❻ Briten 1942 bei El-Alamein (S. 511) die deutschen Truppen zurück, die daraufhin den Rückzug bis nach Libyen antraten. Der ägyptische ❹ König Faruk I., der angeblich mit den Achsenmächten sympathisierte, wurde gezwungen, eine pro-britische Regierung einzusetzen. Erst im

2 König Fuad I. von Ägypten

Februar 1945 erklärte Ägypten offiziell Deutschland den Krieg. Bis auf den Bereich der ❺ Suezzone zog sich das britische Militär 1946 wieder aus dem Land zurück.

4 König Faruk I. bei seiner Hochzeit, 1938

5 Der das Rote Meer mit dem Mittelmeer verbindende Suezkanal, 1940

6 Panzer der britischen und ägyptischen Armee formieren sich zur Parade, 1940

■ Äthiopien unter Haile Selassie I.

Dank eines modernen Staatswesens konnte Äthiopien lange seine Unabhängigkeit bewahren. Nur zwischen 1936 und 1941 hielt Italien das Land besetzt.

7 Italienische Infanterie; Abessinien-Feldzug, 1935

8 Haile Selassie in seiner Inthronisierungsrobe, 1930

Der Friede von Addis Abeba im Oktober 1896 sicherte Äthiopien unter dem Namen „Abessinien" für 40 Jahren die Unabhängigkeit, während Eritrea unter italienischer Herrschaft verblieb (S. 422).

Äthiopien hielt auch nach dem Tod von Kaiser Menelik II. 1913 an seinem Modernisierungskurs fest. Neue Hauptstadt wurde Addis Abeba, wo sich auch europäische Botschaften niederließen. Ras Tafari Makonnen übernahm 1916 mit britischer Hilfe als Regent für Kaiserin Zauditu, die Tochter des verstorbenen Menelik II., die Macht im Land. 1928 ließ er sich zum König ausrufen und wurde nach Zauditus Tod 1930 unter dem Namen **8** Haile Selassie I. zum Kaiser gekrönt. In einer neuen Verfassung verankerte

Haile Selassie Wahl- und Bürgerrechte und führte sein Land 1930 in den Völkerbund.

Jedoch blieb internationale Hilfe aus, als im Oktober 1935 das faschistische Italien unter Benito Mussolini (S. 470) seinen **7**, **10** Eroberungsfeldzug in Äthiopien (Abessinien) startete. Der Völkerbund beschränkte sich auf wirkungslose Proteste. Am 5. 5. 1936 nahmen italienische Truppen die Hauptstadt Addis Abeba ein. Kaiser Haile Selassie I. musste nach London ins Exil fliehen, und Äthiopien wurde mit Eritrea und Italienisch-Somaliland zur Kolonie „Italienisch-Ostafrika" zusammengefasst.

Die Bevölkerung leistete mit einem **9** Guerillakrieg den Invasoren erbitterten Widerstand und unterstützte 1940 die britische Offensive gegen die Italiener in

Afrika; 1941 wurde Äthiopien wieder befreit. Haile Selassie I. kehrte aus seinem britischen Exil zurück und konnte sich bis 1974 an der Macht halten.

9 Äthiopier im Guerillakrieg, 1941

10 Äthiopischer Stammesfürst von italienischen Soldaten gefangen genommen, 1935

1914–1945

Weltkriege und Zwischenkriegszeit

Die Rastafari

Die Rastafari, eine nach der Krönung Haile Selassies entstandene und nach ihm benannte Religion, verehren den Kaiser als göttlich. Vor allem im karibischen Raum verbreitet, verstehen sie sich als Nachfahren der äthiopischen Könige aus der Linie von Salomo und der Königin von Saba und verbinden sozialkritische Forderungen mit dem Wunsch, einstmals nach Afrika zurückzukehren. Sie zeichnen sich durch eine betont natürliche Lebensweise aus und tragen die verfilzten „Dreadlocks". In der ganzen Welt bekannt sind die Rastafari durch den in den 1940er-Jahren entstandenen Musikstil Reggae.

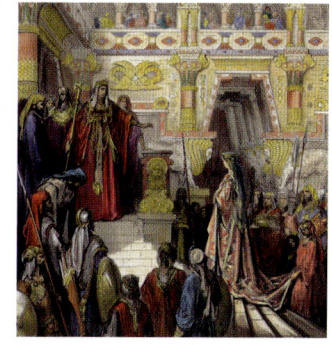

König Salomo und die Königin von Saba (Gemälde, 19. Jh.)

USA IN DER ZWISCHENKRIEGSZEIT – EUPHORIE UND DEPRESSION 1917–1945

Nach dem Ende des Ersten Weltkriegs verfolgten die USA wieder eine isolationistische Außenpolitik. Im Inneren begann ein rasanter wirtschaftlicher ❶ Aufschwung. Blinder Fortschrittsglaube führte zu Euphorie an den Aktienmärkten. Als 1929 an der New Yorker Börse die Spekulationsblase platzte, wurde die Weltwirtschaft in den Abgrund gerissen. Die staatsinterventionistische „New Deal"-Politik von Präsident Roosevelt milderte die sozialen Auswirkungen der wirtschaftlichen Depression. Ab 1940 unterstützten die offiziell neutralen USA England im Krieg gegen die Achsenmächte. 1941 traten sie offen in den Krieg ein.

Arbeiten am Empire State Building (erbaut 1930–1932)

1914–1945 Weltkriege und Zwischenkriegszeit

■ Isolationismus und Wohlstand

Nach dem Ersten Weltkrieg zogen sich die USA aus Europa zurück. Technischer Fortschritt und enorme Wachstumsraten ließen in den „Goldenen Zwanzigern" den allgemeinen Wohlstand in der Bevölkerung scheinbar unaufhörlich ansteigen.

Mit dem Ziel der langfristigen Befriedung Europas waren die USA unter Woodrow Wilson nach langem Zögern (S. 431) 1917 in den Ersten Weltkrieg (S. 442) eingetreten. Nach dem Sieg über die Mittelmächte setzte Wilson im Friedensvertrag von Versailles die Bildung eines Völkerbundes durch, der als Staatenvereinigung den Weltfrieden zukünftig sichern sollte (S. 445). Der Senat befürchtete allerdings eine Einschränkung der außenpolitischen Freiheit der USA und verweigerte 1920 die Ratifizierung des Versailler Vertrags und damit den Beitritt der USA zum Völkerbund. Auf einer Werberede für den Völkerbund hatte Wilson im Okto-

❷ Luxus vor Palmen: Ein Pärchen vor einer stattlichen Limousine, um 1935

❸ Zu kurze Badeanzüge: Verhaftung von Frauen am Strand, New Jersey 1920

ber 1919 einen Schlaganfall erlitten und sich 1920 aus der Politik zurückgezogen. Präsident ❺ Warren G. Harding schloss 1921 separate Friedensverträge mit den ehemaligen Kriegsgegnern. Das Prinzip der Nichteinmischung in europäische Konflikte bestimmte bis in die 30er-Jahre die US-Außenpolitik.

Innenpolitisch sorgte ein Modernisierungsschub in der Industrie für eine prosperierende Wirtschaft und steigenden Wohlstand. Vor allem die Bau- und die Automobilbranche

boomte. Rationalisierung, Verbilligung und steigende Einkommen ließen erstmals eine Konsumgesellschaft mit neuen Formen der Massenunterhaltung wie Radio, Kino und Sport entstehen. Rauschende Feste, große ❷ Limousinen und neureiche „Selfmademen" prägten das Bild der ❻ „Roaring Twenties".

Daneben beeinflussten v. a. im ländlichen Amerika religiöser Fundamentalismus, ❸ Sittenstrenge und Fremdenhass das geistige Klima im Land. Sichtbarster Ausdruck war das strikte Alkoholverbot. Der rassistische ❹ Ku-Klux-Klan hatte v. a. im Süden regen Zulauf.

❹ Mitglieder des Ku-Klux-Klan bei einer Versammlung, 1940

Prohibition

1920 wurde überall in den USA der 18. Verfassungszusatz – der Konsum von Alkohol und der Handel damit – gesetzlich verboten. Daraufhin blühte der Schmuggel mit privat gebranntem Schnaps. In sog. Flüsterkneipen („Speakeasies") wurde weiterhin Alkohol ausgeschenkt. 1933 wurde das Gesetz unter Roosevelt aufgehoben.

❺ Warren Gamaliel Harding, 1923

❻ Zwei Damen in Charleston-Kleidern, 1920er-Jahre

Alkoholversteck zur Zeit der Prohibition: Kerzenständer als Versteck für eine Flasche, um 1926

Weltwirtschaftskrise und Kriegseintritt

Der New Yorker Börsenkrach 1929 wurde zum Auslöser einer weltweiten Wirtschaftskrise, die alle bisherigen Rezessionen übertraf und in den USA sozialstaatliche Reformen nach sich zog. Unter Präsident Roosevelt traten die USA 1941 in den Zweiten Weltkrieg ein.

Die Hochkonjunktur hatte zu übermäßigen Investitionen und Aktienkäufen geführt. Als im Oktober 1929 die Überproduktion deutlich wurde, brachen die Kurse an der ❽ New Yorker Börse ein. Der massive Preisverfall führte zum Bankrott von einem Drittel aller amerikanischen Banken. Kapitalmangel und Firmenpleiten ließen Industrieproduktion und Binnennachfrage zusammenbrechen. Bruttosozialprodukt, privates Einkommen und Außenhandel schrumpften bis 1933 auf die Hälfte zusammen. Folge war eine ❼ Rekordarbeitslosigkeit. Bis 1933 verloren fast 15 Millionen US-Amerikaner ihre Arbeit.

Aufgrund der globalen Vernetzung der Wirtschaftsströme hatte sich die Krise schnell auf die europäischen Industrieländer übertragen. Europa, das nach dem Ersten Weltkrieg zum größten Schuldner der USA geworden war, finanzierte seinen Aufschwung v. a. mit amerikanischen Krediten. Als diese ab 1929 ausblieben, kam es auch hier überall zu Konkursen und hoher Arbeitslosigkeit. Sich wechselseitig verstärkende Preis- und Produktionsrückgänge führten schließlich

❽ Anleger beobachten die Kursbewegung an der Börse, 1929

weltweit zu einer Rezession, die 1932 ihren Höhepunkt erreichte.

Während die Krise v. a. in Deutschland (S. 449) demokratiefeindliche Kräfte stärkte, baute US-Präsident ❿ Franklin Roosevelt ab 1932 sozialstaatliche Strukturen auf. Seine „New-Deal"-Politik bekämpfte die Arbeitslosigkeit durch staatliche Beschäftigungsmaßnahmen, unterstützte sozial Schwache und schuf mit dem ⓫ Social Security Act erste Ansätze für eine Sozialversicherung. Die Krise konnte allerdings erst durch die Rüstungsprogramme seit 1938 überwunden werden.

Die Neutralität der USA war 1935 zwar gesetzlich festgelegt worden, Roosevelt hatte aber bereits 1937 ange-

sichts der deutschen Machtpolitik (S. 453) von einem kommenden Existenzkampf zwischen Demokratie und Diktatur gesprochen. Der Verteidigungshaushalt wurde 1938 aufgestockt und 1940 die Wehrpflicht eingeführt. Nach Ausbruch des Krieges in Europa 1939 erklärten die USA ihre Neutralität, unterstützten aber ab 1940 v. a. Großbritannien mit Waffenlieferungen im Krieg gegen die Achsenmächte. Nach dem

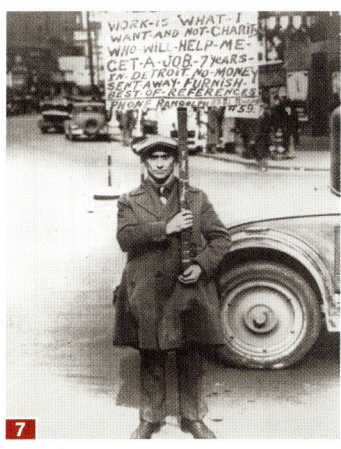

❼ Arbeitsloser mit einem Schild, das besagt, er wolle Arbeit, keine Almosen, Detroit 1932

❾ Nach dem Luftangriff der Japaner: Wracks im Hafen von Pearl Harbor, 7. 12. 1941

japanischen Überfall auf die US-Pazifikflotte in ❾ Pearl Harbor (S. 498) traten die USA im Dezember 1941 offiziell in den Krieg ein. Sie übernahmen die Führungsrolle beim Aufbau eines Bündnisses gegen die Achsenmächte (S. 523); seine gewaltigen Ressourcen an Menschen und Material waren letztlich für den Sieg der Alliierten entscheidend. Roosevelt, der entgegen der politischen Tradition 1944 zum vierten Mal zum Präsidenten gewählt wurde, starb 1945 kurz vor Ende des Krieges.

❿ Roosevelt in seinem Arbeitszimmer im Weißen Haus, Washington, 1936

⓫ New Yorker Briefträger mit Anträgen für die Sozialversicherung, 1935

1914–1945

Weltkriege und Zwischenkriegszeit

| 1938 | Verstärkte Rüstungsprogramme | ab 1940 | Waffenlieferungen an Großbritannien | 12. 4. 1945 | Tod Roosevelts |
| 1935 | Festlegung der Neutralität der USA | 1940 | Wiedereinführung der Wehrpflicht | Dez. 1941 | Kriegseintritt der USA |

LATEINAMERIKA 1914–1945

Dank einer boomenden Exportwirtschaft erlebte ❶ Lateinamerika nach dem Ersten Weltkrieg Jahre der relativen innenpolitischen Ruhe. Soziale Spannungen infolge der Weltwirtschaftskrise brachten in den 30er-Jahren fast überall autoritäre Regime an die Macht, die mit sozialen Reformen durchaus populär waren. Außenpolitisch erklärten sich ab 1942 fast alle lateinamerikanischen Staaten teils unter Druck, teils aus panamerikanischer Verbundenheit mit den USA solidarisch und erklärten Deutschland und Japan den Krieg.

1 Christusstatue in Rio de Janeiro (errichtet 1931)

■ Panamerikanismus und Wirtschaftsstärke

Wirtschaftliche Stärke und innenpolitische Stabilität der lateinamerikanischen Länder führten in den 20er-Jahren zu mehr Gleichberechtigung mit den mächtigen USA auf dem Kontinent.

Nach Bürgerkriegen und Putschversuchen in der ersten Phase ihrer Unabhängigkeit (S. 432) hatte sich Lateinamerika seit den 1880er-Jahren im Inneren konsolidiert. Größere innenpolitische Spannungen wie die Mexikanische Revolution (1910–20), der Generalstreik in Buenos Aires 1919, Aufstände in Brasilien 1924 und das kurze Intermezzo einer Militärdiktatur in Chile 1924/25 blieben Ausnahmen. Wesentlichen Anteil an der Stabilisierung hatte die Öffnung des Kontinents für den Weltmarkt. Der boomende ❷ Export von Rohstoffen sorgte bis Ende der 20er-

Jahre für hohe Wachstumsraten. Auch das ❹, ❺ Bauwesen florierte. Die Weltwirtschaftskrise beendete jäh den Aufschwung und bewirkte politische Umbrüche.

Parallel dazu wurde seit Beginn des Ersten Weltkrieges der europäische Einfluss immer schwächer, die US-amerikanische Vorherrschaft auf dem amerikanischen Doppelkontinent dafür immer stärker. Die „Panamerikanische Union", eine 1910 gegrün-

3 US-Präsident Franklin D. Roosevelt, 1936

dete Vereinigung aller amerikanischen Staaten zur Förderung gegenseitiger Solidarität, entwickelte sich zu einem Instrument der USA, Wirtschaft und Politik der lateinamerikanischen Staaten in ihrem Interesse zu kontrollieren. Die ökonomischen Erfolge halfen in den 20er-Jahren den lateinamerikanischen Staaten, mehr Gleichberechtigung in der Panamerikanischen Union durchzusetzen.

Auf der Konferenz von Santiago de Chile setzten die lateinamerikanischen Länder die Wahl des Vorsitzenden des Verwaltungsrates der Panamerikanischen Union durch; bislang hatte der US-Außenminister dieses Amt bekleidet. ❸ Präsident Roosevelt schlug 1933 mit einer Politik der „guten Freundschaft" einen neuen Kurs ein, der die Beibehaltung des Führungsanspruches mit gegenseitiger Achtung und Solidarität zu verbinden bemüht war. Im selben Jahr unterschrieben die USA eine Resolution, die den Eingriff in die Innenpolitik anderer Staaten verbot.

2 Auslese der Kaffeebohnen, Brasilien

Angesichts des Kriegsausbruches 1939 in Europa stand bei der panamerikanischen Konferenz 1940 in Habana die gemeinsame Abwehr auswärtiger Bedrohung im Vordergrund. Als Japan und Deutschland 1941 den USA den Krieg erklärten, folgten nach und nach alle Staaten Mittel- und Südamerikas in den Krieg.

5 Salvador de Bahia, Brasilien: 1930 gebauter Aufzug, der die Ober- und Unterstadt verbindet (Foto, 2004)

4 Copacabana in Rio de Janeiro, 1935

1910 | Gründung der Panamerikanischen Union   1924 | Aufstände in Brasilien   seit 1930 | US-Politik der „guten Freundschaft"

1919 | Generalstreik in Buenos Aires   1924/25 | Militärdiktatur in Chile

■ Lateinamerika im Zeichen der Krise: Beispiel Brasilien

Soziale Unruhen infolge der Wirtschaftskrise brachten in den 1930er-Jahren in Lateinamerika militärgestützte Diktaturen an die Macht. In Brasilien schuf General Vargas eine
populistische Diktatur, die Unterwerfung mit sozialen Wohltaten verband.

Die Weltwirtschaftskrise (S. 506) traf die ❽ exportabhängige Wirtschaft Mittel- und Südamerikas besonders schwer und führte zu einem ökonomischen Zusammenbruch. Überall kam es in der Folge zu politischen Aufständen. Diktatoren, meist aus dem Militär, kamen an die Macht und versprachen, Arbeitsplätze zu schaffen und die ❻, ❾ Armut in der breiten Bevölkerung zu bekämpfen. Durch eine staatlich gelenkte Wirtschaftspolitik versuchten viele lateinamerikanische Staaten die außenwirtschaftliche Abhängigkeit zu reduzieren. Konsumgüter sollten im Inland hergestellt und entsprechende Industrien aufgebaut werden.

Exemplarisch ist die Entwicklung in Brasilien. Dort stellte sich ❼ General Getulio Vargas 1930 an

❼
General Getulio Donelles Vargas

die Spitze der im Zuge der Weltwirtschaftskrise entstandenen Aufstandsbewegung. Durch das Militär gelangte er am 3. 11. 1930 an die Macht, wurde 1934 durch

❻
Elendsviertel in Buenos Aires, Argentinien

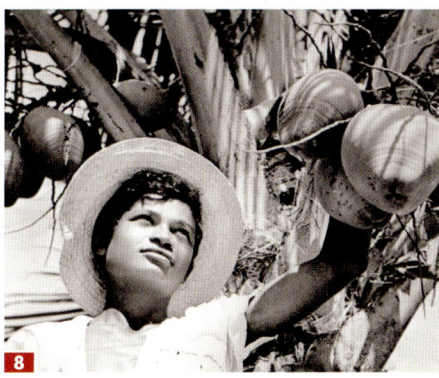

❽
Junge bei der Kokosernte, 1935

eine Wahl bestätigt und regierte seit 1937 mit diktatorischer Vollmacht, wobei er sich der Unterstützung mal der Kommunisten, mal der Faschisten bediente. Umsturzversuche von beiden Seiten wurden niedergeworfen. Nach dem Vorbild Portugals (S. 472) etablierte er unter dem Schlagwort „Neuer Staat" („Estado Novo") einen autoritären Ständestaat, in dem sich der einzelne Mensch bzw. kleine Gruppierungen dem nationalen Ganzen zu unterwerfen hatten. Soziale Konflikte sollten nicht über den „Klassenkampf", sondern kooperativ zwischen den Institutionen und Organisationen geregelt werden. Trotz allgegenwärtiger Gängelung und Kontrolle machten Reformen und materielle Verbesserungen Vargas v. a. in ärmeren Schichten populär. Gewerkschaften wurden zugelassen, Renten- und Krankenversicherungen eingerichtet. Dazu garantierte der Staat einen Mindestlohn.

1942 trat Brasilien an der Seite der Anti-Hitler-Koalition in den Krieg ein und schickte als einziges lateinamerikanisches Land 1944 Truppen nach Europa. Ein Expeditionskorps von rund 25 000 Mann kämpfte bis zum Kriegsende an der Front in Italien.

Vargas wurde 1945 vom Militär zum Rücktritt gezwungen, aller-

dings aufgrund seiner weiterhin sehr hohen Popularität 1950 in freien Wahlen wieder zum Ministerpräsidenten gewählt. 1954 wurde er erneut von der Armee zum Rücktritt gezwungen. Im selben Jahr beging er Selbstmord.

❾
Ein Junge bietet ein Faultier zum Verkauf an, 1935

Argentinien

In Argentinien gelangten in den 30er-Jahren mit Rückendeckung der Streitkräfte mehrere Generäle bzw. konservative Politiker an die Macht, ohne die Wirtschaftsprobleme beheben und die innenpolitischen Radikalisierungen entschärfen zu können. Dem Kriegseintritt zugunsten der Alliierten entzog sich das Land bis zum 27. 3. 1945 beharrlich, unterstützte teilweise sogar indirekt die Achsenmächte. Der seit 1943 mitregierende Oberst Juan Domingo Peron, ab 1946 Staatspräsident, duldete die Einreise deutscher Geheimagenten und gewährte nach Kriegsende auch gesuchten Nationalsozialisten und Kriegsverbrechern Zuflucht.

Staatspräsident Perón mit Gattin Evita in Buenos Aires, 1952

Einreisepapiere von Josef Mengele, KZ-Arzt in Auschwitz, der sich 1945 unter falschem Namen in Argentinien niederließ

DER ZWEITE WELTKRIEG 1939–1945

Mit dem Überfall auf Polen gab das deutsche NS-Regime (S. 450 ff.) im September 1939 den Auftakt zum bislang verheerendsten militärischen Konflikt der Weltgeschichte. Bis zur bedingungslosen Kapitulation Deutschlands und Japans 1945 forderte der Zweite Weltkrieg insgesamt etwa 62 Millionen Menschenleben. Die starke ❶ Ideologisierung der Kriegsführung führte zu unfassbaren Verbrechen. Politisch veränderte der Zweite Weltkrieg die internationale Lage grundlegend: Die siegreichen USA und die Sowjetunion wurden zu den beiden führenden Weltmächten.

Propagandaplakat der Alliierten (1943)

1914–1945   Weltkriege und Zwischenkriegszeit

■ Blitzkriege: Deutsche Erfolge 1939–1940

Das hochgerüstete Deutschland kontrollierte bis 1940 fast das gesamte europäische Festland. Nur die Eroberung Englands scheiterte.

Am 1. 9. 1939 entfesselte der deutsche Überfall auf Polen den Zweiten Weltkrieg. Obwohl Großbritannien und Frankreich Deutschland den Krieg erklärten, griffen sie nicht aktiv in den Konflikt ein. Polens Armee, die z. T. noch mit Kavallerie operierte, war den deutschen Truppen ❹ unterlegen. Nach der Bombardierung Warschaus kapitulierte Polen am 6. Oktober. Vereinbarungsgemäß (S. 476) hatten ❺ Sowjettruppen am 17. September Polen von Osten her angegriffen und die östlichen Landesteile der Sowjetunion einverleibt. Deutschland annektierte die Gebiete Nord- und Westpolens und bildete aus dem Rest das ❷ „Generalgouvernement", das zum Exerzierfeld des NS-Rassenwahns werden sollte (S. 520).

Um Deutschland von der Rohstoffzufuhr aus Skandinavien abzuschneiden, blockierte die britische ❻ Royal Navy seit Kriegsbeginn den deutschen Handelsverkehr in der Nordsee. Im April 1940 begann ein regelrechter britisch-deutscher „Wettlauf nach Skandinavien". Den deutschen Truppen gelang es, am 9. 4. 1940, Dänemark an einem Tag zu besetzen; Norwegen wurde gegen heftigen britisch-norwegischen Wi-

derstand und unter schweren Verlusten der deutschen Marine bis Juni 1940 erobert. Schweden wurde zur Duldung der deutschen Interessen gezwungen (S. 475). Ab 10. 5. 1940 überrollten deutsche Truppen die Niederlande, Belgien und Luxemburg. Auch Frankreich hatte der deutschen Blitzkriegtaktik nichts entgegenzusetzen und kapitulierte am 22. Juni. Frankreich wurde von Deutschland zu drei Fünfteln besetzt, der südliche Teil des Landes der deutschfreundlichen ❸ Regierung von Vichy unterstellt (S. 460).

Um den Rücken frei zu haben für sein Hauptbestreben, den „Lebensraum-Krieg" (S. 446) gegen die Sowjetunion (S. 512), hoffte Hitler auf einen Ausgleichsfrieden mit England. Als England die Kapitulation verweigerte, sollten ❼ Luftangriffe (S. 524) ab August 1940 die deutsche Invasion auf der Insel vorbereiten. Das Vorhaben wurde nach schweren Verlusten zunächst vertagt, später ganz aufgegeben.

❷ Briefmarke des Generalgouvernements, 1941

Unter Pétain eingerichtete Jugendorganisation, ähnlich der Hitlerjugend, 1941

Polnische Kriegsgefangene, September 1940

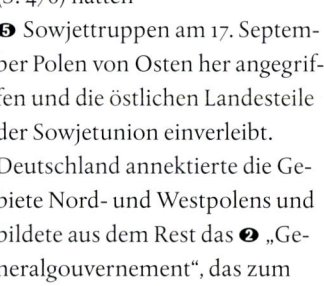

Deutsche und russische Soldaten als Verbündete in Polen, 1939

Britisches U-Boot bei der Rückkehr aus norwegischen Gewässern, 1940

„Blitzkriege"

Die schnellen deutschen Eroberungen sind als „Blitzkriege" bekannt geworden. Strategie war, durch plötzliche, schnelle und unerwartete Truppenbewegungen aller Streitkräfte dem zuvor isolierten Gegner keine Zeit zu lassen, eine stabile Verteidigung zu organisieren.

Deutsche Jäger im Anflug auf England, 1940

| 1. 9. 1939 | Deutscher Überfall auf Polen | ab 27. 9. 1939 | Bombardierung Warschaus | 9. 4. 1940 | Besetzung Dänemarks | ab 10. 5. 1940 | Westfeldzug |
| 17. 9. 1939 | Sowjetischer Angriff auf Polen | 6. 10. 1939 | Kapitulation Polens | 9. 4.–10. 6. 1940 | Besetzung Norwegens | | |

■ Balkanfeldzug und Krieg in Nordafrika 1941–1943

Die jeweils rasch scheiternden Eroberungsversuche des italienischen Bündnispartners zwangen Hitler zu aufwändigen Feldzügen auf dem Balkan und in Afrika.

8 Ungarische Artillerie, 1941

9 Lehrtruppen der deutschen Luftwaffe in Rumänien, 1940

10 Durch britischen Beschuss brennende rumänische Raffinerieanlage, 1943

11 Landung deutscher Fallschirmjäger auf der griechischen Insel Kreta, 1940

Deutschland, Italien und Japan schlossen sich im Dreimächtepakt am 27. 9. 1940 zusammen, wobei sowohl Japan (S. 498) als auch Italien in „Parallelkriegen" eigene Kriegsziele verfolgten. ❾ Rumänien, ❽ Ungarn, Bulgarien sowie die Slowakei und Kroatien schlossen sich 1940 bzw. 1941 den Achsenmächten an.

Italien unter Mussolini (S. 470 f.) strebte die Vorherrschaft über den gesamten Mittelmeerraum und Eroberungen in Afrika an, scheiterte allerdings mit seinen Vorstößen und zwang den deutschen Bündnispartner immer wieder zu militärischer Unterstützung. Der Einsatz an den vielen Fronten schwächte die deutsche Armee

und damit insgesamt die Stellung der Achsenmächte.

Von seiner Provinz Albanien aus griff Italien im Oktober 1940 das von Großbritannien unterstützte Griechenland an. Britische Truppen drängten die Italiener allerdings bis in das Innere Albaniens zurück. Um das militärische Ansehen der Achsenmächte wiederherzustellen, den Zugriff auf die ❿ rumänischen Ölquellen zu sichern und den geplanten deutschen Angriff auf die Sowjetunion gegen eine Flankenbedrohung abzuschirmen, entschloss Hitler sich im April 1941 zu einem ⓫ Balkanfeldzug, bei dem ein letztes Mal die Blitzkriegtaktik gelang. Jugoslawien wurde zerschlagen (S. 485) und die britischen Truppen zogen sich aus Griechenland zurück.

Die gescheiterte italienische Offensive gegen das britisch dominierte Ägypten 1940 (S. 504), die zur Vernichtung der eigenen Verbände in Libyen führte, zwang Deutschland zum militärischen Eingreifen in Nordafrika. Das Deutsche Afrikakorps unter General Erwin Rommel drängte zwischen Februar und April 1941 die Briten aus Libyen bis an die ägyptische Grenze zurück. Ab Januar 1942 drangen deutsche Panzer in die ⓬ Wüste Ägyptens, kamen aber im Juni bei El-Alamein ins Stocken. Die ⓭ britische Gegenoffensive trieb die deutschen Truppen bis weit nach Tunesien

zurück. Mit der Kapitulation der deutsch-italienischen Heeresgruppe am 13. 5. 1943 endeten die Kämpfe in Afrika.

12 Deutsche Kradschützen beim Einsatz in der Wüste, 1942

13 General Bernard Montgomery, Oberbefehlshaber der britischen Truppen in Nordafrika, 1942

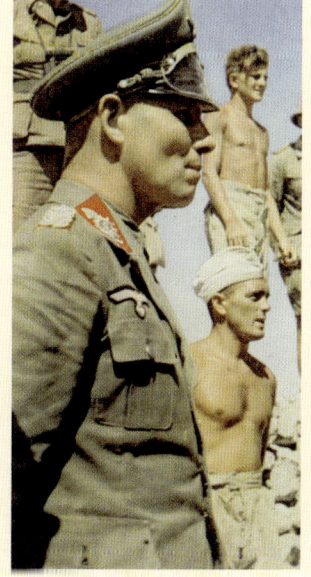

Erwin Rommel

Der als „Wüstenfuchs" gefeierte General Erwin Rommel war wegen seines taktischen Geschicks auch von den Gegnern geachtet. Nachdem er entgegen Hitlers Befehl den Rückzug von El-Alamein befohlen hatte, wurde er an die Westfront versetzt, wo er die Abwehr der alliierten Invasion vorbereitete. Obwohl nicht aktiv an den Putschplänen beteiligt, sympathisierte Rommel mit der militärischen Widerstandsbewegung und drängte Hitler 1944 zu Waffenstillstandsverhandlungen. Nach dem gescheiterten Attentat auf Hitler vom 20. 7. 1944 (S. 525) wurde er als „Verräter" zum Selbstmord gezwungen.

ab Aug. 1940	„Luftschlacht um England"	Okt. 1940	Angriff Italiens auf Griechenland	13. 5. 1943	Kapitulation der Achsenmächte in Afrika
22. 6. 1940	Kapitulation Frankreichs	27. 9. 1940	Dreimächteabkommen	April 1941	Beginn des Balkanfeldzugs

■ „Unternehmen Barbarossa": Der deutsche Krieg gegen die Sowjetunion

Der deutsche Angriff auf die Sowjetunion kam im Winter 1941 vor Moskau zum Stillstand. Unter großen menschlichen Opfern und Aufbietung aller Reserven schlugen die Sowjets ab 1942 die deutschen Eindringlinge zurück.

Seit Sommer 1940 plante Hitler den ❷ ideologischen „Hauptkrieg" gegen die Sowjetunion. Den deutsch-sowjetischen Nichtangriffspakt (S. 482) brechend, begann am 22. 6. 1941 das „Unternehmen Barbarossa". Ein riesiges Heer von über 3 Millionen Soldaten, 3500 Panzern und 2000 Flugzeugen fiel in die Sowjetunion ein.

Da Stalin mit einem deutschen Angriff zu diesem Zeitpunkt nicht rechnete und die ❶ Aufrüstung und Umstrukturierung des Heeres noch nicht abgeschlossen war, schien die Absicht, die sowjetischen Truppen innerhalb weniger Wochen zu schlagen, realistisch zu sein. Deutsche Truppen rieben in gewaltigen Kesselschlachten einen Großteil der sowjetischen Streitkräfte auf und standen im Oktober 1941 kurz vor Moskau.

1 Arbeiten in der sowjetischen Rüstungsindustrie, 1941

Stalin hatte inzwischen mit aller Energie die Verteidigung organisiert. Ein beträchtlicher Teil der Rüstungsindustrie wurde in das Hinterland verlegt, die Produktion enorm gesteigert. ❹ Appelle an den Patriotismus – der Krieg wurde als „Großer Vaterländischer Krieg" bezeichnet – und die verbrecherische Besatzungspolitik der Deutschen ließen die Bevölkerung zusammenrücken. Unterstützend wirkten auch die schier unerschöpflichen Reserven des Landes. Durch den Neutralitätspakt mit Japan 1941 (S. 498) konnte Stalin Verbände aus dem Fernen Osten an die Moskauer Front dirigieren. – Zunehmend hemmten die extremen Wetterbedingungen die

deutschen Operationen. Der Vorstoß nach Moskau versackte regelrecht im Schlamm. Auf den ❺ Wintereinbruch mit minus 40 °C waren die deutschen Soldaten nicht vorbereitet. Trotz Sammelaktionen von Winterkleidung in der deutschen Bevölkerung erfroren zahlreiche Soldaten. Die deutsche Armee zog sich erstmals zurück. Das Scheitern vor Moskau machte die deutschen Pläne eines „Blitzsieges" zunichte. Versorgungsschwierigkeiten und die langfristige materielle Überlegenheit der Sowjets drängten die Deutschen immer mehr in die Defensive.

Endgültiger Wendepunkt war die Schlacht um Stalingrad im Winter 1942/43. Nach dem Angriff auf die strategisch wichtige Stadt im Sommer 1942 wurden alle 250 000 deutschen Soldaten durch sowjetische Truppen eingekesselt. Die gesamte 6. Armee kapitulierte nach für beide Seiten extrem ❻ verlustreichen Kämpfen. Die überlebenden 90 000

2 NS-Propaganda gegen den „jüdischen Bolschewismus" (1942)

Deutschen wurden ❼ gefangen genommen; nur 6000 von ihnen kehrten je wieder heim. Nach der letzten deutschen Offensive bei ❽ Kursk eroberte die Rote Armee Stück für Stück verlorenes Gebiet zurück und überschritt im Januar 1945 die deutsche Ostgrenze.

3 Partisanen legen Sprengstoff an eine Bahnlinie bei Kursk, 1943

4 Sowjetisches Propagandaplakat: „Für die Heimat! Für Stalin" (1944)

5 Luftwaffe versorgt deutsche Soldaten, 1942

6 Gefallene deutsche Soldaten bei Stalingrad, 1943

7 Deutsche Kriegsgefangene bei Stalingrad, 1943

◼ Weltanschauungs- und Vernichtungskrieg

Im Eroberungskrieg gegen die Sowjetunion versuchte die verbrecherische NS-Führung, ihr rassistisches Programm in die Tat umzusetzen.

8 Von der sowjetischen Geheimpolizei ermordete Ukrainer, die mit den Deutschen sympathisiert hatten, 1942

Gemäß ihrer Ideologie (S. 446) plante die NS-Führung den Krieg gegen die Sowjetunion nicht als rein militärische Operation, sondern als einen „Krieg zweier Weltanschauungen", als „Vernichtungskampf" gegen das „jüdisch-bolschewistische System". Bereits der Polenfeldzug war als Kampf deutscher „Herrenmenschen" gegen slawische **9** „Untermenschen" und als Kampf um „Lebensraum im Osten" propagiert worden. Tragischerweise wurden in vielen unter Stalins Regime leidenden Sowjetrepubliken wie der **8** Ukraine (S. 482) die Invasoren zunächst als Befreier begrüßt. Tatsächlich aber trugen die deutschen Besatzer seit 1941 Terror und Zerstörung ins Land.

Auf persönliche Anweisung Hitlers sollten alle gefangen genommenen Politoffiziere der Roten Armee völkerrechtswidrig sofort erschossen werden. Der „Kommissarbefehl" vom 6. 6. 1941 bezog auch die Armee in die NS-Vernichtungspolitik ein. Auch gegen sowjetische Kriegsgefangene sollte „rücksichtslos durchgegriffen werden". Durch Hunger, Erschießungen oder Sklavenarbeit kamen mehr als 3,3 Millionen von ihnen ums Leben.

Dem vorrückenden deutschen Ostheer folgten unmittelbar die sog. „Einsatzgruppen" nach, bestehend aus SS und Sicherheitspolizei, die sofort begannen, mit

„МСТИТЬ БЕСПОЩАДНО НЕМЕЦКИМ ЗАХВАТЧИКАМ ЗА КРОВЬ И СЛЕЗЫ НАШИХ ЖЁН И ДЕТЕЙ, МАТЕРЕЙ И

10 ... В, БРАТЬЕВ И СЕСТЕР." (И. СТАЛИН)

10 Sowjetisches Plakat mit dem Aufruf zu gnadenloser Rache an der deutschen Bevölkerung (1943)

Massenerschießungen „rassisch Minderwertige", v. a. **11** Juden, systematisch auszurotten. Der organisierte Massenmord an den europäischen Juden war in Polen bereits angelaufen (S. 520).

Ein „Generalplan Ost" sah 1941 vor, die slawischen Völker durch Vertreibung und Ausrottung um ca. 30 Millionen zu dezimieren und Osteuropa stufenweise zu „germanisieren". Die eroberten Gebiete Weißrusslands und der Ukraine wurden dem „Reichsminister für die besetzten Ostgebiete" unterstellt. Mit den Erfolgen der Roten Armee rückte die Realisierung des Planes im Laufe des Krieges in immer weitere Ferne.

Die Gewalt- und Mordexzesse der deutschen Besatzer radikalisierten den Widerstand auf der sowjetischen Seite. Propagandist Ilja Ehrenburg rief zu grausamer **10** Rache auf. Ein Großteil der deutschen Gefangenen starb unter erbärmlichen Bedingungen. Widerstandsgruppen führten seit Kriegsbeginn überall in der Sowjetunion einen **12** Partisanenkrieg gegen die Besatzer. Ab 1942 wurden die deutschen „Vergeltungsmaßnahmen" für Anschläge und Sabotageakte immer brutaler: Dörfer wurden dem Erdboden gleichgemacht, z. T. sogar die Erschießung von Kindern angeordnet.

Als die Rote Armee im Januar 1945 deutschen Boden erreichte, rächten sich die sowjetischen Soldaten hasserfüllt an der Zivilbevölkerung für all die

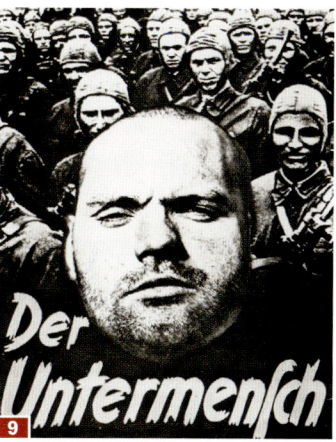

9 Titelbild einer nationalsozialistischen Propagandaschrift (1942)

Ilja Ehrenburg

Ehrenburg schrieb am 8. 3. 1945 in der in London publizierten Zeitung „Sowjet News": „Die einzige historische Mission, wie ich sie sehe, besteht bescheiden und ehrenwert darin, die Bevölkerung von Deutschland zu vermindern."

oben: Propagandist Ilja Grigorjewitsch Ehrenburg, 1935

deutschen Verbrechen in ihrer Heimat. Insgesamt verlor die Sowjetunion im Zweiten Weltkrieg rund 20 Millionen Menschen, davon einen großen Teil aufgrund der NS-Ausrottungspolitik.

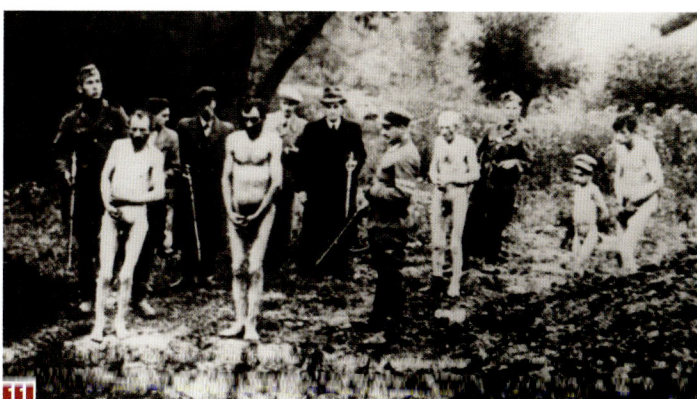

11 Erschießung von Juden bei Sniatyn durch deutsche Einsatzgruppen, Polen 1941

12 Weißrussischer Partisan mit Töchtern, 1944

16. 9.–18. 11. 1942	Einnahme des Großteils von Stalingrad durch deutsche Truppen	**ab 19. 11. 1942**	Gegenoffensive der Roten Armee
November 1942	Einschluss der 6. deutschen Armee vor Stalingrad	**31. 1.–2. 2. 1943**	Kapitulation der Deutschen vor Stalingrad

Januar 1941: Mussolini und Hitler verein-baren die Aufstellung des ⑩ „Deutschen Afrikakorps" unter General Erwin Rommel.

6. 1. 1941: ⑪ Franklin D. Roosevelt hält in Washington die Rede von den „Vier Frei-heiten der Menschheit", die später auch in die UN-Charta eingingen.

1. 3. 1941: Bulgarien tritt dem „Dreimäch-tepakt" bei.

25. 3. 1941: ⑫ Jugoslawien tritt dem „Drei-mächtepakt" bei, widerruft dies aber zwei Tage später.

. 3. 1941: Das amerikanische Leih- und Pachtgesetz („Land-Lease-t") erlaubt Waffenlieferungen an die Alliierten auch ohne Bezahlung.

4. 1941: Mit dem deutschen Luftangriff auf Belgrad beginnt der Krieg f dem ⑬ Balkan. Gleichzeitig erfolgt ein Angriff auf ⑭ Griechenland.

4. 1941: Die UdSSR schließt einen Neutralitätspakt mit Japan und geht damit die Gefahr eines drohenden Zweifrontenkrieges.

4. 1941: Kapitulation Jugoslawiens.

4. 1941: Deutsche Truppen erreichen Athen.

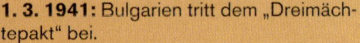

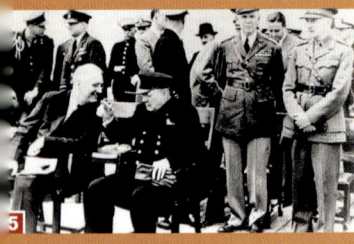

. 6. 1941: Deutschland fällt ohne Kriegs-klärung in die Sowjetunion ein. Stalin ernimmt den militärischen Oberbefehl er die Rote Armee.

12. 7. 1941: Großbritannien und die UdSSR schließen ein Bündnis gegen Deutschland.

14. 8. 1941: ⑮ Winston Churchill und Franklin D. Roosevelt verkünden die „Atlantik-Charta", die die alliierten Kriegs-ziele formuliert und grundlegende politische und ökonomische Prinzipien einer Nach-kriegsordnung festlegt.

25. 8. 1941: Großbritannien und die UdSSR besetzen den Iran, um die Ölfelder zu sichern.

31. 7. 1941: Auf Befehl Hitlers bestimmt Reichsmarschall Göring den SS-Gruppenführer Reinhard Hedyrich, einen Plan zur ⑯, ⑰ „Endlösung der Judenfrage" auszuarbeiten.

10. 1941: Konferenz in Moskau von den SA, Großbritannien und der Sowjetunion. en Sowjets wird umfangreiche amerikani-che Militärhilfe zugesagt.

1. 1942: „Washington-Pakt" der 26 egen die Achsenmächte kriegführenden ationen. Verbot eines separaten Waffen-illstands mit einer der Achsenmächte.

März 1942: Besetzung Niederländisch-diens durch Japan.

6.–7. 6. 1942: In der Seeschlacht bei en Midway-Inseln besiegen die Alliierten rstmals japanische Truppen.

1. 11. 1942: Die deutsche Wehrmacht arschiert in das bisher unbesetzte Frank-ich ein („Unternehmen Attila"), nachdem e französischen Truppen der Vichy-Regie-ng zu den Alliierten übergegangen sind.

9. 11. 1942: Sowjetische Truppen starten egenoffensive in Stalingrad.

5. 12. 1941: Gegenoffensive der Roten Armee schlägt deut-sche Truppen kurz vor Moskau zurück.

8. 12. 1941: Die USA erklären Japan den Krieg

20. 1. 1942: In der ⑲ Wannsee-Konferenz wird die Durchfüh-rung der Vernichtung des europäischen Judentums festgelegt.

17. 4. 1942: Kapitulation der jugoslawi-schen Armee.

18.–26. 6. 1942: In der 2. Washington-Konferenz wird die Errichtung einer zweiten Front in Europa beschlossen.

7. /8. 5. 1942: Mit der Schlacht im Korallenmeer stoppen die Alliierten den japanischen Vormarsch nach Australien.

16. 9.–18. 11. 1942: Der ⑳ deutsche Angriff auf Stalin-grad trifft auf erbitterten Wider-stand; deutsche Truppen erobern über 80 % der zerstörten Stadt.

22. 11. 1942: Die deutschen Truppen werden während der russischen Gegenoffensive in Stalingrad eingeschlossen.

27. 11. 1942: Deutsche Truppen besetzen den Hafen Toulon. Die französische Flotte versenkt sich selbst.

7. 12. 1941: Die Japaner greifen Pearl Harbor an.

11. 12. 1941: ⑱ Japanische Invasion Birmas.

11. 12. 1941: Deutschland und Italien erklären den USA den Krieg.

15. 2. 1942: Japanische Besetzung Sin-gapurs.

30./31. 5. 1942: Alliierter Bombenangriff auf die deutsche Stadt Köln.

22./23. 12. 1942: Hitler verbietet deut-schen Truppen in Stalingrad die Kapitula-tion trotz auswegloser Lage.

Der Zweite Weltkrieg

1939–1940

1. 9. 1939: Unter einem Vorwand ❶ überfällt die deutsche Wehrmacht Polen und löst damit den Zweiten Weltkrieg aus.

3. 9. 1939: Großbritannien und Frankreich erklären Deutschland den Krieg.

17. 9. 1939: Die Rote Armee marschiert in Ostpolen ein.

27. 9. 1939: Kapitulation Warschaus.

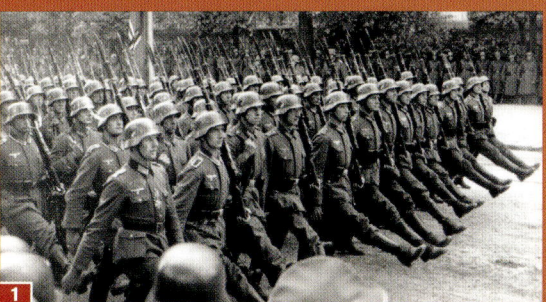

30. 11. 1939: Der ❷ finnisch-sowjetische Winterkrieg beginnt mit dem Angriff der UdSSR auf Finnland. Sowjetische Truppen stoßen auf starken Widerstand der kleineren finnischen Truppen.

14. 12. 1939: Ausschluss der UdSSR aus dem Völkerbund. Um Finnland zu unterstützen, landen die Westmächte in Norwegen.

12. 3. 1940: Die UdSSR diktiert Finnland den Frieden von Moskau. Finnland muss die karelische Landenge und Teile Ostkareliens abtreten.

5. 5. 1940: Bildung einer norwegischen Exilregierung in London. In Norwegen wird ❸ Josef Terboven von den Deutschen als Reichskommissar eingesetzt.

9. 4. 1940: In dem Unternehmen „Weserübung" fällt Deutschland in Dänemark und Norwegen ein, um sich die skandinavischen Rohstoffe zu sichern. Dänemark ergibt sich kampflos.

15. 5. 1940: Kapitulation der Niederlande.

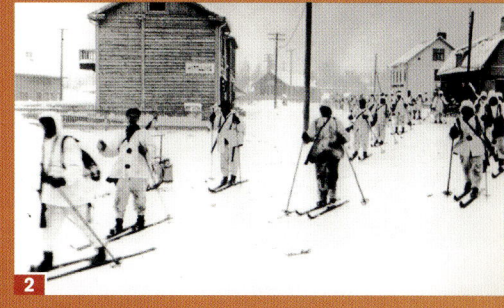

10. 5. 1940: In Großbritannien wird unter dem Kriegsminister Winston Churchill ein Koalitionskabinett mit allen Parteien gebildet.

28. 5. 1940: Kapitulation Belgiens.

10. 6. 1940: Italien tritt auf der Seite Deutschlands in den Krieg ein und eröffnet einen Parallelkrieg im Mittelmeer.

10. 5.–4. 6. 1940: Deutschland fällt in die neutralen Länder Niederlande, Luxemburg und Belgien ein, um die Ausgangsbasis für einen Angriff auf Frankreich zu schaffen.

5. 6. 1940: Die zweite Phase der Westoffensive beginnt mit dem Feldzug gegen ❹ Frankreich.

14. 6. 1940: ❺ Paris wird ohne französischen Widerstand besetzt.

10. 7.–31. 10. 1940: Die deutsche Luftwaffe kämpft mit der Royal Air Force in der ❻ „Schlacht um England"; sie kann aber nicht die Lufthoheit über Südengland gewinnen.

25. 8. 1940: Erster Bombenangriff der Royal Air Force auf Berlin.

September 1940: Italienische Offensive von Libyen aus gegen Ägypten.

20. 5. 1940: Deutsche Panzer landen bei Abbéville (Frankreich) und schließen französische, britische und belgische Streitkräfte vor Dünkirchen ein.

7. 6. 1940: Endgültige Kapitulation der Streitkräfte Norwegens.

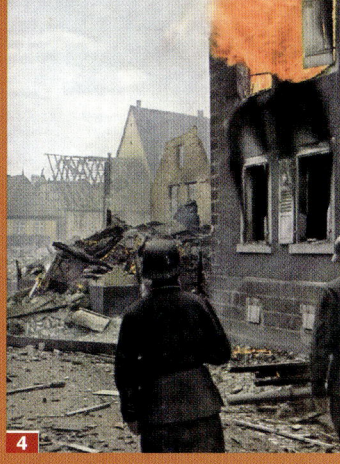

18. 6. 1940: In London bildet General Charles de Gaulle ein ❺ „provisorisches National-Komitee der freien Franzosen".

15. 9. 1940: Deutsche Luftwaffe erleidet bei Angriffen auf ❼ London und Coventry schwere Verluste.

22. 6. 1940: Frankreichs neu eingesetzter Regierungschef Marschall Philippe Pétain unterzeichnet das Waffenstillstandsabkommen von Compiègne. Das Land wird in ein besetztes und ein unbesetztes Gebiet geteilt. Elsass, Lothringen und Luxemburg werden faktisch von Deutschland annektiert. Pétain wird mit der Einrichtung eines autoritären Regimes im unbesetzten Teil Frankreichs mit Hauptsitz in Vichy beauftragt („Vichy-Regime").

17. 9. 1940: Die deutsche NS-Führung verschiebt den geplanten Angriff auf England auf unbestimmte Zeit.

27. 9. 1940: Um einen Kriegseintritt der USA zu verhindern, schließen Deutschland, Italien und Japan ein militärisches Bündnis, den ❽ „Dreimächtepakt".

Dezember 1940: Auf die italienische Offensive in Ägypten reagieren die Briten mit einem erfolgreichen Gegenangriff.

28. 10. 1940: Ohne Absprache mit Hitler veranlasst Mussolini einen italienischen Angriff auf Griechenland. Die Griechen reagieren mit der Besetzung von Teilen Albaniens.

20.–24. 11. 1940: Ungarn, Rumänien und Tschechoslowakei treten dem „Dreimächtepakt" bei.

18. 12. 1940: Hitler erteilt den Befehl zum „Unternehmen Barbarossa". Damit beginnt die militärische Vorbereitung des Angriffs auf die Sowjetunion.

BIOGRAFIEN
DIE KRIEGSHERREN

Adolf Hitler (1889–1945)

Entwickelte in Wien sein nationalistisches und rassistisches Weltbild; bemühte sich vergeblich um die Aufnahme in die Akademie der Bildenden Künste, ging 1913 nach München und wurde 1914 Soldat; trat 1919 der radikalen „Nationalsozialistischen Arbeiterpartei Deutschlands" bei, die er schnell dominierte; schaffte 1930 den Durchbruch auf Reichsebene; errichtete als Reichskanzler 1933 einen totalitären Führerstaat und entfesselte 1939 den Zweiten Weltkrieg; übernahm 1941 den Oberbefehl über das deutsche Heer; setzte nach dem Angriff auf die Sowjetunion 1941 eine beispiellose Vernichtungsmaschinerie, v. a. gegen Juden, in Gang; überlebte ein Attentat 1944, wurde dabei nur leicht verletzt; nahm sich am 30. 4. 1945 in Berlin das Leben.

Stalin (1878–1953)

Schloss sich 1903 den Bolschewisten an; baute in der Sowjetunion ab 1922 als Generalsekretär der Partei systematisch seine Machtposition aus; errichtete nach Lenins Tod eine diktatorische Herrschaft mit Personenkult und schaltete in einer „großen Säuberung" seine Gegner aus; besetzte 1939 Ostpolen und löste 1940 den finnisch-sowjetischen Winterkrieg aus; rief nach Hitlers Überfall den „Vaterländischen Krieg" aus und übernahm bis 1945 den militärischen Oberbefehl; wehrte mit westlicher Hilfe den deutschen Angriff ab, eroberte die Länder Mittel- und Südosteuropas und erzwang kommunistische Herrschaften nach sowjetischem Muster; geriet damit in scharfen Gegensatz zur von den USA geführten westlichen Welt; starb im März 1953.

Winston Churchill (1874–1965)

Trieb seit 1911 als britischer Flottenadmiral die Aufrüstung voran; wurde nach dem Ersten Weltkrieg erst Kriegsminister, später Schatzmeister in konservativen Kabinetten; warnte früh vor Hitler; wurde 1940 Premierminister einer Allparteienregierung und zur Symbolfigur des englischen Widerstandswillens; zimmerte mit Roosevelt die „Anti-Hitler-Koalition"; strebte frühzeitig die Eindämmung der sowjetischen Expansion an; prägte 1946 den Begriff des „Eisernen Vorhangs"; war 1951 bis 1955 erneut Premierminister.

Franklin D. Roosevelt (1882–1945)

Wurde 1933 zum Präsidenten der USA gewählt; bewirkte 1933 die Anerkennung der Sowjet-union und erklärte die USA bei Kriegsbeginn 1939 für neutral; unterstützte seit 1940 mit Waffenlieferungen die Gegner Hitlers; trat nach dem japanischen Überfall auf Pearl Harbor in den Krieg ein und führte die „Anti-Hitler-Koalition" an; setzte bei der Nachkriegsplanung auf eine kooperative Zusammenarbeit mit der Sowjetunion, was ihm den Vorwurf einbrachte, die kommunistische Expansion zu fördern; starb kurz vor Endes des Krieges.

Charles de Gaulle (1890–1970)

Kämpfte 1940 im Zweiten Weltkrieg als Kommandeur gegen die Deutschen; rief von London aus zum Widerstand gegen Hitler von den französischen Kolonien aus auf; einte die verschiedenen Widerstandsgruppierungen und baute eigene politische und militärische Strukturen auf; stellte sich 1944 an die Spitze einer provisorischen Exilregierung und befreite mit Hilfe der USA 1944 das Land; wurde 1945 zum vorläufigen Staatspräsidenten Frankreichs gewählt; erkämpfte Frankreichs Gleichberechtigung mit den Siegermächten des Krieges; begründete 1958 die Fünfte Republik.

Benito Mussolini (1883–1945)

Gründete nach dem Ausschluss aus der Sozialistischen Partei 1919 die faschistische Partei Italiens; riss 1922 die Macht an sich und konstituierte den ersten Führerstaat; verfolgte seit 1935 eine expansive Außenpolitik und trat 1940 an der Seite Hitlers in den Zweiten Weltkrieg ein; wurde aufgrund der militärischen Misserfolge 1943 auf Befehl des Königs gefangen genommen; errichtete im deutsch besetzten Teil Italiens die Republik von Salò; wurde auf der Flucht in die Schweiz am 28. April von Widerstandskämpfern erschossen.

Hirohito (1901–1989)

Wurde 1926 der 124. „gottgleiche" Tenno (Kaiser von Japan); seine Rolle bei der Expansionspolitik seit 1937 ist bis heute umstritten; er unterstützte die Angriffspläne der politisch-militärischen Führung und gab dem Angriff auf den US-Flottenstützpunkt Pearl Harbor statt; drängte nach dem Atombombenabwurf auf Hiroshima auf das Ende der Kampfhandlungen; verkündete am 15. 8. 1945 die japanische Kapitulation und wandte sich erstmals an die Öffentlichkeit; wurde ab 1947 zur reinen Repräsentationsfigur degradiert.

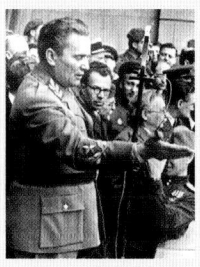

Tito (1892–1980)

Baute in Kroatien ab 1920 die Kommunistische Partei auf; organisierte nach der Besetzung Jugoslawiens 1941 eine starke Partisanenarmee; versprach die Wiederherstellung eines unabhängigen jugoslawischen Staates, in dem alle Nationalitäten gleichberechtigt wären; behauptete sich gegen verschiedene deutsche Offensiven und konkurrierende Widerstandsgruppen; wurde 1943 erster Ministerpräsident einer provisorischen Regierung und war nach der Gründung der „Föderativen Volksrepublik Jugoslawiens" 1945 bis zu seinem Tod die bestimmende Persönlichkeit in Staat und Partei.

ÜBERBLICK
DER ZWEITE WELTKRIEG

Die 1919 nach dem Ende des Ersten Weltkriegs durchgesetzte politische Ordnung geriet in den 1930er-Jahren durch die revisionistischen Staaten Deutschland, Italien und Japan in eine schwere Krise. Die Expansionspolitik Japans (ab 1937 Krieg gegen China), Italiens (1935 Eroberung Äthiopiens) und Hitler-Deutschlands (1938 Eingliederung Österreichs) zerstörte das Fundament der internationalen Ordnung und mündete 1939 in den Zweiten Weltkrieg. Italien und Deutschland verbündeten sich 1936 zu den „Achsenmächten", denen sich 1940 auch Japan anschloss. Die USA, Großbritannien und die Sowjetunion bildeten ab 1941 die „Anti-Hitler-Koalition", die die Achsenmächte gemeinsam militärisch bekämpfte.

Mit dem Ziel, „Lebensraum" im Osten zu gewinnen und Europa nach den Prinzipien der nationalsozialistischen Rassenideologie neu zu ordnen, hatte Deutschland am 1. 9. 1939 Polen angegriffen und schnell erobert. Mit überfallsartigen „Blitzkriegen" sicherte sich Hitler die Vorherrschaft auf dem Festland. In rascher Folge wurden Dänemark, Norwegen und die Beneluxstaaten erobert. Frankreich kapitulierte im Mai 1940; allerdings misslang der deutsche Angriff auf Großbritannien. 1941 eroberten deutsche Truppen Griechenland und Jugoslawien. In Afrika unterstützten sie Italiens Feldzug gegen Libyen, der von den Briten gestoppt wurde.

Mit dem deutschen Angriff auf die Sowjetunion 1941 begann der Vernichtungsfeldzug gegen das „jüdisch-bolschewistische System". Der deutsche Vormarsch kam im Dezember 1941 kurz vor Moskau zum Stillstand. Hinter den vorrückenden Einheiten ermordeten SS-Truppen systematisch Millionen „rassisch minderwertige" Menschen. Bis zum Ende des Krieges wurden in ganz Europa sechs Millionen Juden umgebracht.

Nach dem japanischen Überfall auf einen US-Flottenstützpunkt im Pazifik am 7. 12. 1941 traten die USA offiziell in den Krieg ein. Die personelle und materielle Überlegenheit der „Anti-Hitler-Koalition" leitete die Wende zu Ungunsten der Achsenmächte ein. Im Mai 1943 brach die Front in Afrika zusammen; im September stürzten die Alliierten in Italien die Herrschaft Mussolinis. Am 6. 6. 1944 landeten die Alliierten an der französischen Nordküste und zogen am 26. 8. 1944 in Paris ein. Im Osten wurden bis Ende 1944 die deutschen Truppen ins Reichsgebiet zurückgedrängt. Anfang 1945 rückten die Alliierten von allen Seiten aus ins Deutsche Reich und erzwangen am 8. 5. 1945 die bedingungslose Kapitulation.

Im Pazifik gingen die Kämpfe weiter. Bis 1942 hatte die japanische Armee fast ganz Südostasien besetzt, bis 1943 alliierte Großoffensiven die Japaner Stück für Stück zurückdrängten. Um sie zu einer schnellen Kapitulation zu zwingen, entschied sich die US-Regierung am 6. bzw. 8. 8. 1945 für den Abwurf zweier Atombomben auf Hiroshima und Nagasaki. Am 2. 9. 1945 unterzeichneten die Japaner die bedingungslose Kapitulation. Der Zweite Weltkrieg war zu Ende. Ihm waren insgesamt zwischen 55 und 62 Millionen Menschen zum Opfer gefallen.

links: Alliierte Truppen landen in der Normandie, 6. 6. 1944

Mitte: Hitler erklärt im Reichstag am 1. 9. 1939 Polen den Krieg

rechts: Blick auf das zerstörte Hiroshima nach dem Atombombenabwurf

12. Januar: Sowjetische Großoffensive nimmt den Deutschen Gebiete Polens, Ober- und Niederschlesien ab. Ostpreußen wird abgeschnitten. Für die Flüchtlinge wird der Weg blockiert.

13./14. Februar: Ein verheerender Bombenangriff der Alliierten auf Dresden löscht die Stadt nahezu aus.

13./14. Februar: Die Rote Armee erreicht Budapest und nimmt die Stadt ein.

17. Januar: Eroberung Warschaus durch die Rote Armee.

4. Februar: Japan besetzt Manila.

19. Februar: Die Amerikaner landen in Japan und erobern die Iwo Jima.

19. April: Die westalliierten Truppen nehmen Leipzig ein.

4.–11. Februar: Auf der Konferenz von Jalta verfassen Churchill, Roosevelt und Stalin die Erklärung über das „befreite Europa". Die Regierungsvertreter einigen sich auf eine gemeinsame Nachkriegspolitik gegenüber Deutschland.

19. März: Hitler gibt die Anweisung, alle militärischen Einrichtungen, Verkehrs-, Nachrichten-, Industrie- und Versorgungsanlagen im Reichsgebiet zu zerstören („Nero-Befehl").

25. April: Berlin wird von der sowjetischen Armee umschlossen. Bei Torgau treffen die Westalliierten mit der Roten Armee zusammen.

28. April: US-amerikanische Truppenverbände befreien das erste von den Nationalsozialisten errichtete Konzentrationslager Dachau bei München

28. April: Mussolini wird auf der Flucht von italienischen Widerstandskämpfern erschossen.

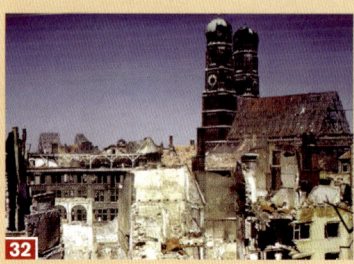

30. April: Die westalliierten Truppen besetzen München. Hitler begeht im Befehlsbunker unter der Reichskanzlei in Berlin Selbstmord. In seinem Testament ernennt er den Groß-Admiral Karl Dönitz zum Reichspräsidenten und Oberbefehlshaber der Wehrmacht. Goebbels wird zum Reichskanzler ernannt, Göring und Himmler aus der Partei und von Ämtern ausgeschlossen.

5. Mai: Aufstand der Tschechen gegen die deutsche Besatzung in Prag.

2. Mai: Berlin ist vollständig besetzt. Die deutschen Truppen kapitulieren in Italien.

4. Mai: General von Friedburg unterzeichnet in Lüneburg die Kapitulation der deutschen Streitkräfte u. a. in Holland, Dänemark und Norwegen.

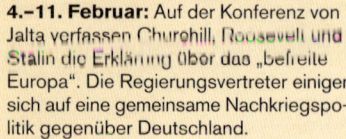

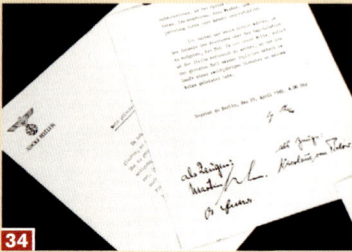

5. Juni: Die oberste Regierungsgewalt in Deutschland wird von den vier Militärbefehlshabern der Siegermächte übernommen.

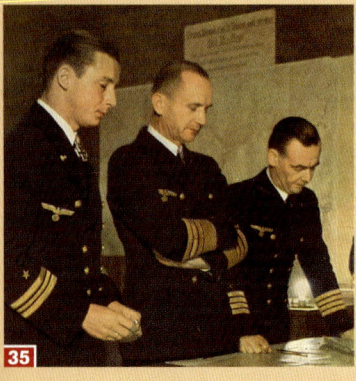

8. 5. 1945: Wiederholung des Kapitulationsakts im sowjetischen Hauptquartier in Berlin-Karlshorst durch Generalfeldmarschall Keitel.

7. Mai: Deutsche Wehrmacht unterzeichnet in Reims die „bedingungslose Kapitulation".

9. Mai: Die Gesamtkapitulation der deutschen Wehrmacht tritt in Kraft.

23. Mai: Absetzung und Verhaftung der Regierung Dönitz.

17. Juli–2. August: In Potsdam beraten die alliierten Sieger über die deutsche Nachkriegsordnung.

6. August: US-Streitkräfte werfen die erste Atombombe über Hiroshima ab.

8. August: Kriegserklärung der Sowjetunion an Japan.

9. August: Einmarsch der Roten Armee in die Mandschurei und in Korea. Die US-Luftwaffe wirft eine zweite Atombombe über Nagasaki ab.

2. September: Japan unterschreibt die bedingungslose Kapitulation. Der Zweite Weltkrieg ist zu Ende

10. August: Die japanische Regierung erklärt die Bereitschaft zur Kapitulation.

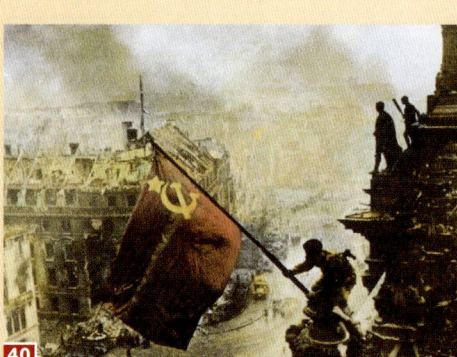

1943

1944

14.–24. Januar: In der Konferenz von Casablanca einigen sich Roosevelt und Churchill auf die Forderung nach „bedingungsloser Kapitulation". Grundsätze für die systematische Bombardierung des Deutschen Reiches werden ausgearbeitet.

31. Januar–2. Februar: Nach der deutschen Kapitulation in ❷❶ Stalingrad geraten über 90 000 Soldaten in Gefangenschaft.

18. Februar: ❷❷ NS-Propagandaminister Goebbels ruft vor einem aufgeputschten Publikum zum „totalen Krieg" auf.

19. April–19. Mai: Der ❷❸ Aufstand der Juden im Warschauer Ghetto wird von den deutschen Besatzern brutal niedergeschlagen.

13. Mai: Durch die Kapitulation der deutsch-italienischen Heeresgruppe endet der Krieg in Nordafrika.

. Juli: Mit der Landung der Alliierten in New Georgia beginnt ie ❷❹ Großoffensive egen Japan im Südestpazifik.

0.–17. Juli: Britische nd amerikanische treitkräfte landen uf Sizilien und wingen die Deutchen zur Räumung er Insel.

. Juli: Der Große Faschistische Rat ürzt Mussolini durch ein Misstrauenstum; König Viktor Emanuel III. veranlasst essen ❷❺ Verhaftung.

3. September: Nach geheimen Beratungen schließt Italien mit den Alliierten einen Waffenstillstand.

8. September: Deutsche Truppen besetzen Rom und die strategisch wichtigen Punkte Italiens.

12. September: Hitler lässt Mussolini befreien, der sich an die Spitze der neu gegründeten faschistischen „Repubblica Sociale Italiana" (Republik von Salò) setzt.

13. Oktober: Italien erklärt Deutschland den Krieg.

. November–1. Dezember: Auf der eran-Konferenz verhandeln Roosevelt, urchill und Stalin über die Grundzüge r Nachkriegsordnung.

19. März: Besetzung Ungarns durch deutsche Verbände.

6. Juni: Nach systematischen Luftangriffen ❷❻ landen die westlichen Alliierten in Nordfrankreich („Overlord") unter General Eisenhower.

22. Juni: Eine sowjetische Großoffensive fügt den deutschen Truppen schwere Verluste zu und drängt sie zurück in Richtung Reichsgrenze.

20. Juli: Ein Bombenattentat auf Hitler in dem ❷❼ ostpolnischen Führerhauptquartier „Wolfsschanze" überlebt Hitler leicht verletzt. Der Staatsstreich misslingt.

August: Der Aufstand der Warschauer Heimatarmee misslingt und endet mit der fast völligen Vernichtung der Heimatarmee durch die Deutschen.

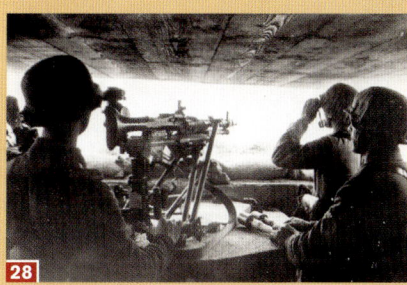

15. August: Die ❷❽ alliierten Truppen landen in Südfrankreich („Operation Dragoon").

23. August: Rumänien schließt Waffenstillstand mit den Alliierten.

25. August: Unter dem Jubel der Bevölkerung zieht ❷❾ Charles de Gaulle in Paris ein.

30. August: Mit der Besetzung der rumänischen Erdölfelder von Ploesti durch die Rote Armee verlieren die Deutschen ihre wichtigste Quelle für den Treibstoffnachschub.

5. September: Die UdSSR erklärt Bulgarien den Krieg.

8. September: Die Rote Armee besetzt Bulgarien und setzt eine pro-sowjetische Regierung ein. Am 10. September erklärt Bulgarien Deutschland den Krieg.

10. September: Finnland schließt Waffenstillstand mit der UdSSR.

25. September: Aufruf aller waffenfähigen Männer im Alter zwischen 16 und 60 Jahren zum ❸❶ „Deutschen Volkssturm".

11. Oktober: Ungarn schließt einen geheimen Waffenstillstand mit der UdSSR.

23. Dezember: Kriegserklärung Ungarns an Deutschland.

Der Mord an den europäischen Juden

Nach der Entfesselung des Krieges radikalisierte die NS-Führung die Judenverfolgung und leitete im besetzten Osten den systematischen Massenmord ein.

2 Juden bei der Zwangsarbeit im Warschauer Ghetto, um 1942

1 Judenstern im Nationalsozialismus, 1941

Mit den militärischen Erfolgen Deutschlands bis 1941 wurde auch die rassistische Politik (S. 452) der NS-Führung in Europa verbreitet. Die jüdische Ausgrenzung wurde weiter verschärft. Seit September 1941 mussten Juden im gesamten deutschen Herrschaftsgebiet einen ❶ gelben Davidsstern tragen. Ab Sommer 1940 erfolgte die organisierte Konzentrierung sowie Deportierung der europäischen Juden in polnische Ghettos. Nach dem Prinzip „Vernichtung durch Arbeit" wurden viele Juden als ❷ Arbeitssklaven eingesetzt. Unter der Leitung von SS-Führer ❹ Heinrich Himmler wurde die Anzahl der Konzentrationslager in den besetzten Gebieten bis 1944 auf 22 erhöht, denen insgesamt 165 Arbeitslager angegliedert waren.

Spätestens im Sommer 1941 traf Hitler die Entscheidung, alle Juden in seinem Herrschaftsbereich ermorden zu lassen. Unter dem Vorsitz von ❸ Reinhard Heydrich definierten hohe NS-Bürokraten auf einer Konferenz in Berlin-Wannsee im Januar 1942 penibel die zu tötenden Personengruppen und planten die reibungslose Zusammenarbeit der Dienststellen bei der Durchführung der Mordaktionen.

Den Beginn des organisierten Völkermordes markierten die Massenexekutionen der SS nach dem Überfall auf die Sowjetunion (S. 512), denen nahezu die ganze jüdische Bevölkerung im Baltikum, in Weißrussland und in der Ukraine zum Opfer fiel. Ab Herbst 1941 entstanden in Polen Vernichtungslager, in denen Juden v. a. mit Giftgas ermordet wurden: Auschwitz, Treblinka, Belzec, Majdanek, Sobibór, Kulmhof (Chelmno). Aus allen Teilen Europas wurden Millionen von Juden in Viehwagen in diese Lager transportiert. Größte „Todesfabrik" war ❻, ❼ Auschwitz-Birkenau. Allein hier starben mindestens 1 Million Menschen in den ❺ Gaskammern. Als die Rote Armee Ende 1944 näher rückte, wurden die Vergasungen eingestellt und das Lager aufgelöst. Auf „Todesmärschen" ins Innere des Reiches kamen noch im Frühjahr 1945 unzählige Menschen ums Leben. Insgesamt fielen um die 6 Millionen europäische Juden dem NS-Rassenwahn zum Opfer. Mindestens 500 000 andere „unerwünschte" Menschen, v. a. Sinti und Roma, fanden ebenso den ❽ Tod.

3 Reinhard Heydrich, 1940

4 SS-Führer Heinrich Himmler, 1940

5 Gaskammer in Auschwitz

6 Selektion an der Rampe in Auschwitz, 1944

7 Identifizierungsfoto eines ungarischen Jungen im KZ Auschwitz, 1942

Das KZ Theresienstadt

Theresienstadt, 60 km nördlich von Prag, diente als Zwischenstation auf dem Weg in die Vernichtungslager. In dem Propagandafilm „Der Führer schenkt den Juden eine Stadt" wurde der Weltöffentlichkeit eine beschauliche heile Welt vorgespielt. Auch ausländische Abgesandte des Roten Kreuzes, die Theresienstadt persönlich besuchten, ließen sich täuschen.

Theresienstadt, heute Ghettomuseum

8 Leichen von Häftlingen des KZ Buchenwald, 1945

| 1940 | Gründung der „Division Wiking" | ab Sept. 1941 | Pflicht der Kennzeichnung durch das Tragen des Davidsterns |
| Sommer 1941 | Bau des Konzentrationslagers Auschwitz | 31. 7. 1941 | Hitler veranlasst die „Endlösung der Judenfrage |

■ Raub und Verfolgung: Deutsche Besatzungspolitik

Neben der „völkischen" Neuordnung im Osten bestimmte wirtschaftliche Ausbeutung die deutsche Besatzungspolitik in allen besetzten Ländern. Nicht wenige Einheimische arbeiteten den NS-Besatzern zu.

Polen, ➒ Dänemark, Norwegen, Belgien, Frankreich, Jugoslawien, Griechenland, Teile der Sowjetunion, später auch Italien, Ungarn und die Slowakei: Im gesamten deutsch beherrschten Europa zielte die NS-Besatzungspolitik neben der Judenverfolgung auf Ausbeutung der Länder für deutsche Kriegsziele; Industrie und Landwirtschaft wurden den Erfordernissen der deutschen Kriegswirtschaft unterworfen. Um den im Laufe des Krieges ansteigenden Bedarf an Rüstungsgütern decken zu können, setzten die NS-Machthaber auch im Reich verstärkt ➓ sog. Fremdarbeiter

10

Fremdarbeiterin aus Russland, erkennbar an dem Schild „Ost", 1943

ein, v. a. zwangsverpflichtete Kriegsgefangene. Zivilisten aus den besetzten Ländern wurden zunächst regulär ⓭ angeworben, später meist aber gewaltsam verschleppt. Insgesamt setzten Industrie und Wirtschaft rund 12 Millionen Zwangsarbeiter ein.

Stand in den östlichen Ländern die Unterjochung der slawischen Völker im Mittelpunkt, warben die deutschen Machthaber in den besetzten Ländern West- und Nordeuropas auch aktiv um ⓫ Unterstützung. Inmitten einer Bevölkerung, die sich zumeist abwartend verhielt und nur wenig Widerstand leistete, waren einige – aus Überzeugung oder Eigennutz – zur Zusammenarbeit mit den Deutschen bereit. Ohne Kol-

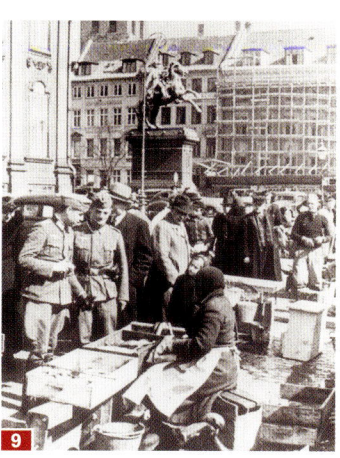

9

Deutsche Soldaten auf dem Fischmarkt in Kopenhagen, 1940

laborateure wären auch die Massendeportationen der Juden aus ganz Europa in die Vernichtungslager in diesem Unfang kaum möglich gewesen. Zusätzlich unterstützten insgesamt 21 ausländische ⓬ Freiwilligenverbände die deutsche Armee in ihren Eroberungszügen. Als Erste bildeten Holländer, Norweger, Dänen und Finnen 1940 die „Division Wiking". Besonders starken Zulauf bekam die Waffen-SS zu Beginn des Angriffs auf die Sowjetunion. Noch 1944 baute der russische Generalleutnant ⓮ Andrej Wlassow eine antikommunistische Armee aus Kriegsgefangenen und russischen Freiwilligen auf. Als die deutsche Niederlage absehbar war, sank die militärische Unterstützung. Anfang 1945 umfassten die Freiwilligenverbände immer noch rund eine Million Nichtdeutsche.

11

Werbung in Frankreich für die internationalen Verbände der Waffen-SS, 1941

12

Muslimische Freiwillige als Gebirgsjäger der Waffen-SS, 1944

13

Plakat zur Anwerbung von Niederländern für den landwirtschaftlichen Dienst im Osten, 1942

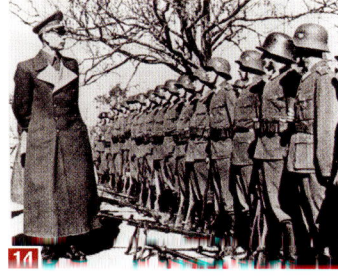

14

General Andrej Wlassow inspiziert seine Truppen, 1944

| 20. 1. 1942 | „Wannsee-Konferenz" | ab 1943 | Verstärkte Verschleppung von Zwangsarbeitern ins Reich |
| 30. 4. 1942 | Mobilisierung aller KZ-Häftlinge als Arbeitskräfte der Wehrwirtschaft | Ende 1944 | Räumung der Vernichtungslager, „Todesmärsche" |

■ Die alliierten Kriegskonferenzen

Nach dem deutschem Überfall auf die Sowjetunion schlossen die USA, Großbritannien und die Sowjetunion ein gemeinsames Bündnis gegen Deutschland. Auf mehreren Konferenzen beschlossen die „Großen Drei" die Grundzüge der europäischen Nachkriegsordnung.

Erst der deutsche Angriff auf die Sowjetunion (S. 512) im Sommer 1941 ließ die ideologischen und machtpolitischen Interessengegensätze der drei Großmächte USA, Großbritannien und Sowjetunion vorübergehend in den Hintergrund treten und führte zur „Anti-Hitler-Koalition". Im Oktober schlossen sie ein gegenseitiges Rüstungsabkommen ab. Im März 1941 hatten sich die USA durch das Leih- und Pachtgesetz bereits zur Unterstützung aller deutschen Kriegsgegner verpflichtet. Im Januar 1942 richteten die USA und Großbritannien einen ❶ gemeinsamen Militärstab ein, um die strategische Kriegsführung zu koordinieren.

Trotz des japanischen Überfalls auf Pearl Harbor (S. 498) einigten sich US-Präsident Roosevelt und

Konferenz in Casablanca, 1943:
Roosevelt und der französische General Henri Giraud (rechts)

Konferenz von Teheran, 1943: Stalin, Roosevelt, Churchill (von links)

Atlantik-Charta, 1941: Churchill im Gespräch mit Roosevelt (links)

der britische Premierminister Churchill darauf, dass der Sieg über Deutschland Vorrang habe. In der ❷ Atlantik-Charta vom 14. 8. 1941 hatten sie den unterdrückten Ländern Europas das „Ende der Nazityrannei" angekündigt und erklärten das freie Selbstbestimmungsrecht der Völker sowie die Abkehr vom politischen und wirtschaftlichen Imperialismus zu den Prinzipien der zukünftigen Nachkriegsordnung. Da Stalin um die Anerkennung der im Hitler-Stalin-Pakt (S. 476) gewonnenen Gebiete fürchtete und die zur Entlastung der Roten Armee zugesagte „zweite Front" im Westen sich verzögerte, kam es 1942 zu Spannungen innerhalb der Anti-Hitler-Koalition. Stalin sondierte sogar die Möglichkeit von Friedensgesprächen mit Hitler. Er schloss sich aber der Forderung nach bedingungsloser Kapitulation Deutschlands an, die auf der ❹ Konferenz von Casablanca im Januar 1943 von Großbritannien und den USA verkündet wurde. Auf der ersten

gemeinsamen ❺ Konferenz der „Großen Drei" in Teheran Ende 1943 trugen die USA und Großbritannien den Erfolgen der Roten Armee Rechnung (S. 512) und stimmten der „Westverschiebung" Polens zugunsten der Sowjetunion zu.

Kurz vor der endgültigen militärischen Niederlage Deutschlands (S. 526) wurde auf der ❸ Konferenz von Jalta im Februar 1945 die Aufteilung Deutschlands in ❻ vier Besatzungszonen mit einem gemeinsamen Kontrollrat unter Beteiligung Frankreichs beschlossen. Gegen die

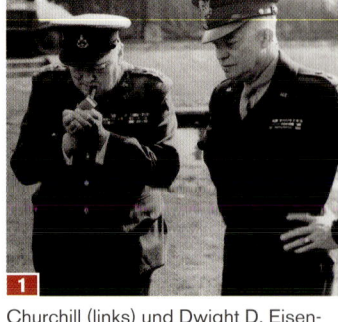

Churchill (links) und Dwight D. Eisenhower, seit 1944 Oberbefehlshaber der Alliierten Streitkräfte, März 1945

Verpflichtung, nach der deutschen Kapitulation in den Krieg gegen Japan (S. 498) einzutreten, gaben die USA und Churchill Stalin freie Hand für die politische Neuordnung in Ost- und Südosteuropa. Damit war das Fundament für die kommunistischen „Satellitenstaaten" des Sowjetimperiums (S. 576 ff.) nach 1945 gelegt.

Auf der Konferenz von Jalta, 1945

Karte der deutschen Besatzungszonen, 1945

Weltkriege und Zwischenkriegszeit   1914–1945

1941	Vereinigung der drei Großmächte zur „Anti-Hitler-Koalition"	11. 12. 1941	Kriegserklärung Deutschlands und Italiens an die USA
März 1941	Leih- und Pachtgesetz der USA	14. 8. 1941	„Atlantik-Charta"	7. 12. 1941	Japanischer Überfall auf Pearl Harbour

Der Vormarsch der Alliierten

Seit 1943 befand sich die deutsche Armee an allen Fronten auf dem Rückzug. Die erfolgreiche alliierte Invasion auf das französische Festland im Juni 1944 trug erheblich zur entscheidenden Wende des Krieges zugunsten der Alliierten bei.

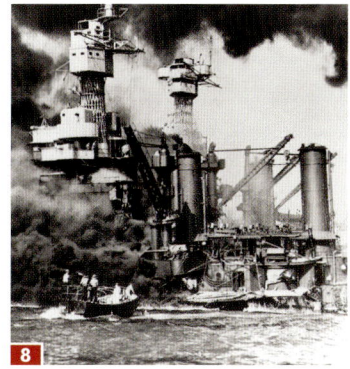

Nach dem japanischen Angriff auf Pearl Harbor, 1941

Wie schon im Ersten Weltkrieg leitete der Kriegseintritt der materiell und ❼ personell überlegenden US-Streitkräfte die Niederlage der Achsenmächte ein. Nach dem Überfall der Japaner auf den amerikanischen Stützpunkt ❽ Pearl Harbor (S. 498) und der anschließenden Kriegserklärung Deutschlands und Italiens an die USA am 11.12.1941 war aus dem europäischen Konflikt endgültig ein weltweiter Krieg geworden. Die alliierte Übermacht drängte die deutschen Besatzungstruppen ab 1943 von Westen und Süden

her in die Defensive und zwang sie zum Rückzug an die deutschen Grenzen.

Nach der deutsch-italienischen Kapitulation in Nordafrika (S. 511) ❶❷ landeten alliierte Truppen ab Juli 1943 in Italien. Mit dem Sturz Mussolinis am 25.7.1943 brach die faschistische Herrschaft zusammen (S. 471), ❶❶ Italien schied nach einem Waffenstillstand aus dem Krieg aus. Mit der Landung in der Normandie eröffnete eine riesige alliierte Streitmacht am 6.6.1944 im Westen die von Stalin geforderte „zweite Front". In

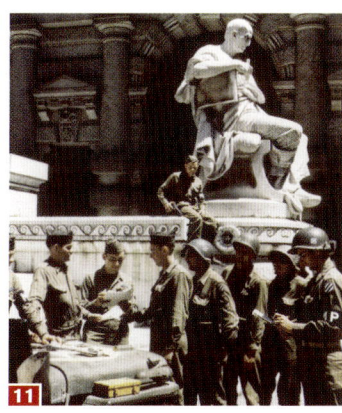

US-Truppen in Neapel, 1945

einer gewaltigen Militäroperation gingen 326 000 Soldaten mit über 50 000 Fahrzeugen innerhalb von fünf Tagen unter ❾ schweren Verlusten an der französischen Atlantikküste an Land. 10 000 Flugzeuge sicherten den Luftraum. Unterstützt wurden die Amerikaner von der französi-

Omaha Beach, US-Soldatenfriedhof in der Normandie

schen Widerstandsorganisation Résistance (S. 461). Auch die regulären französischen Soldaten, die 1940 vor der deutschen Besatzung nach Großbritannien evakuiert worden waren, kamen zurück. Am 25.8.1944 marschierten sie in ❶❶ Paris ein. Auch von Osten war die Rote Armee bis zur deutschen Grenze vorgerückt (S. 512). Seit 1944 wurden die deutschen Verbündeten Rumänien und Bulgarien nacheinander zum Waffenstillstand gezwungen, deutsche Truppen mussten Griechenland und Teile Jugoslawiens räumen. Im August 1944 stand die Rote Armee vor Ostpreußen. Trotz der aussichtslosen Lage leisteten die Deutschen weiter erbitterten Widerstand; die NS-Führung mobilisierte die Bevölkerung zum „totalen Krieg" (S. 525). Erst die blutige Eroberung ganz Deutschlands konnte den Krieg beenden (S. 526).

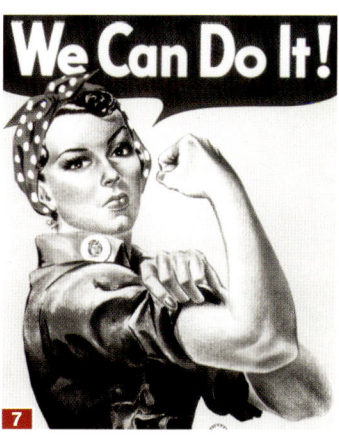

Plakat zur Anwerbung amerikanischer Frauen für die Rüstungsindustrie, 1943

Deutsche Soldaten ergeben sich in Paris, 25.8.1944

Der „D-Day"

Die alliierte Invasion in Frankreich war die größte Militäroperation des Krieges und ist als „D-Day" in die Geschichtsbücher eingegangen. Der Begriff steht nicht, wie fälschlicherweise oft angenommen wird, für „Decision Day" (Entscheidungstag) oder „Disembarkation Day" (Landungstag), sondern ist die englische Codierung für den Tag des Beginns einer größeren militärischen Operation mit festgelegtem Ablauf.

Eisenhower spricht mit Invasionssoldaten, Juni 1944

Landung der Alliierten in der Normandie am 6.6.1944

14.–24.1.1943 | Konferenz von Casablanca | 25.7.1943 | Sturz Mussolinis | 25.8.1944 | Alliierte Rückeroberung von Paris
Juli 1943 | Landung der Alliierten in Italien | 6.6.1944 | Landung der Alliierten in der Normandie (D-Day) | 4.–11.2.1945 | Konferenz von Jalta

Weltkriege und Zwischenkriegszeit 1914–1945

■ Der Luftkrieg

Der mit modernster Technik geführte Luftkrieg sorgte für schwere Verwüstungen auf beiden Seiten. Die alliierten Bombenangriffe auf Deutschland in der Endphase des Krieges zielten v. a. auf die Demoralisierung der Zivilbevölkerung.

1 Angriff von US-Bombern auf Frankfurt, 29. 1. 1944

2 Nürnberg, 1945

3 Zerstörung in London, 1940

5 Nach dem Bomberangriff auf Dresden: Leichenverbrennung wegen Seuchengefahr, Februar 1945

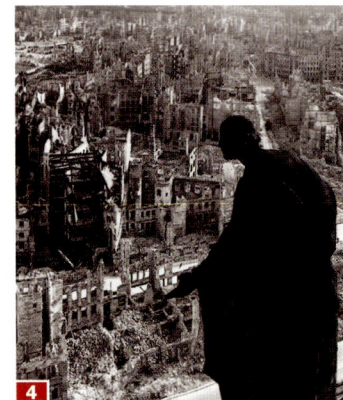

4 Dresden, 1945

Seit Kriegsbeginn spielte der Luftkrieg eine entscheidende Rolle. Erfolgreich im Spanischen Bürgerkrieg (S. 473) erprobt, trugen deutsche Bombenangriffe auf militärische Ziele wesentlich zur Eroberung Polens 1939 und Norwegens 1940 bei (S. 510). Im Mai 1940 zerstörten die Deutschen mit Rotterdam (S. 468) erstmals eine komplette Stadt. Mit den gezielten Flächenbombardements, d. h. der systematischen Bombardierung auch besiedelter Gebiete,

radikalisierte sich der Luftkrieg. Beide Seiten nahmen zunehmend den Massenmord an Zivilisten in Kauf und setzten ihn als Instrument der Kriegsführung ein. Bereits im Luftkrieg gegen England 1940/41 (S. 510) sollten die deutschen Bombenangriffe auf Coventry und ❸ London nicht nur Rüstungsbetriebe zerstören, sondern auch die Kampfmoral der Zivilbevölkerung untergraben.

Die materielle und personelle Übermacht der Alliierten drängte die Deutschen seit 1943 auch im Luftkrieg ganz in die Verteidigung. Gezielte Angriffe auf deutsche Stellungen an den Frontlinien ebneten dem alliierten Vormarsch am Boden den Weg. Seit

1942 erreichten ❶ amerikanisch-britische Bomberangriffe immer häufiger Städte im Norden und Westen, v. a. die Industriezentren an Rhein und Ruhr. Um den Widerstandswillen der deutschen Zivilbevölkerung zu brechen, wurden auch gezielt ganze ❷ Städte zerstört. In Tag- und Nachtoffensiven legten alliierte Bomberstaffeln bis 1945 u. a. große Teile von Köln, Lübeck, ❻ Berlin, ❹ Dresden und Hamburg in Schutt und Asche und zwangen die deutsche Bevölkerung zu einem Leben in überfüllten Luftschutzbunkern oder zur Flucht in die östlichen Reichsgebiete. Nahezu 2 Millionen Tonnen Bomben wurden abgeworfen; in allen großen und mittleren deutschen Städten lagen bei Kriegsende unglaubliche Trümmermengen: in Berlin waren es 51 Millionen Kubikmeter. Fast jede fünfte Familie war ❼ obdachlos geworden, rund 600 000 Deutsche ❺ hatten bei den alliierten Bombenangriffen ihr Leben verloren.

6 Der zerstörte Anhalter Bahnhof in Berlin, 1945

7 Ausgebombte suchen Obdach im Bunker, 1944

Der Seekrieg

Auch im Seekrieg gewannen ab 1943 die Alliierten v. a. durch Verbesserung ihres Radarsystems das Übergewicht. Bis dahin hatten die deutschen U-Boote den alliierten Handelsverkehr empfindlich stören können. Wegen zu hoher Verluste brach der Oberbefehlshaber der Marine, Karl Dönitz, im Mai 1943 die Atlantik-Schlacht ab.

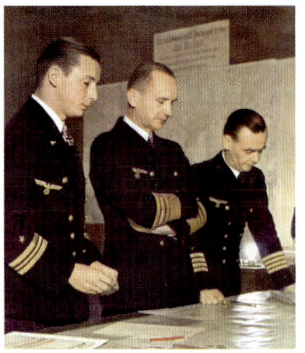

Karl Dönitz bespricht U-Booteinsatz, 1943

| Mai 1940 | Zerstörung Rotterdams | 30./31. 5. 1942 | Bombenangriff auf Köln | 20. 7. 1944 | Attentat Graf von Stauffenbergs auf Hitler |
| 1940/41 | „Luftschlacht um England" | 18. 2. 1943 | Proklamierung des „totalen Krieges" | | |

■ Totaler Krieg und Widerstand in Deutschland

Trotz der ausweglosen militärischen Lage organisierte die NS-Führung seit 1943 die Mobilmachung der gesamten Gesellschaft. Ein Umsturzversuch am 20. 7. 1944 scheiterte.

Je näher die militärische Niederlage (S. 523) rückte, umso fanatischer versuchte die NS-Führung, die letzten Reserven in der Heimat und an der Front zu mobilisieren. Nach der Niederlage bei Stalingrad (S. 512) proklamierte Propagandaminister Joseph Goebbels den „totalen Krieg". Für den angestrebten „Endsieg" konnten ab Herbst 1944 alle Männer zwischen 16 und 60 sowie Frauen zwischen 17 und 45 Jahren zur Reichsverteidigung herangezogen werden. Zum Teil wurden Hitlerjungen direkt aus Wehrertüchtigungslagern (S. 451) an die Front geschickt. Weite Teile der Bevölkerung wurden zur Arbeit in der Rüstungsindustrie eingezogen, verstärkt auch Zwangsarbeiter rekrutiert.

8 Der Volksempfänger, das extra preiswerte Radio – mit Absicht ohne Auslandsempfang, 1938

❾ Durchhalteparolen, über Propagandaplakate oder den ❽ „Volksempfänger" verkündet, sollten die „opferbereite Heimatfront" zu Höchstleistungen animieren. Auch die alliierte Forderung nach „bedingungsloser Kapitulation" wurde für Propagandazwecke ausgenutzt. Gleichzeitig wurde das Kriegsstrafrecht verschärft, Deserteure von Standgerichten an Ort und Stelle erschossen oder gehängt, um die Bevölkerung einzuschüchtern.

Die Terrormaßnahmen gegen die Bevölkerung radikalisierten sich, nachdem der ❿ deutsche Widerstand mit dem gescheiterten Attentat auf Hitler am 20. 7. 1944 erstmals ins Bewusstsein der Weltöffentlich-

9 *wird gehalten!*

Durchhaltepropaganda, 1945: „Frontstadt Frankfurt wird gehalten!"

10 Volksgerichtshof zur Verurteilung mutmaßlicher Widerständler, 1944

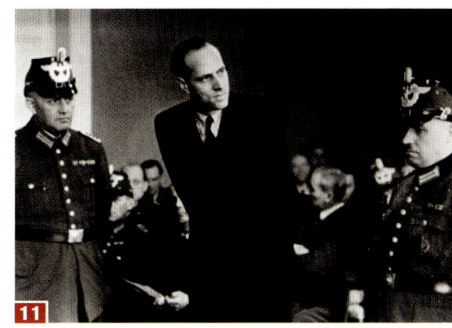

11 Helmuth James Graf von Moltke, Gründer des Widerstandszirkels „Kreisauer Kreis", vor dem Volksgerichtshof; hingerichtet 1945

12 Der evangelische Pastor Dietrich Bonhoeffer, hingerichtet 1945

keit getreten war. Deutsche Widerständler aus dem Bereich der ⓬ Kirche und der ⓫ politischen Opposition kämpften seit 1933 unter den Bedingungen des Polizeistaates (S. 450 f.) weitgehend wirkungslos gegen eine Herrschaft, die von einem erheblichen Teil des Volkes gewollt oder zumindest geduldet wurde.

Aus Joseph Goebbels' Rede im Berliner „Sportpalast" am 18. 2. 1943

„Die Engländer behaupten, das deutsche Volk wehrt sich gegen die totalen Kriegsmaßnahmen der Regierung. Es will nicht den totalen Krieg, sondern die Kapitulation. Ich frage euch: Wollt ihr den totalen Krieg? Wollt ihr ihn, wenn nötig, totaler und radikaler, als wir ihn uns heute überhaupt vorstellen können?"

Goebbels redet im Sportpalast: über der Tribüne ein Banner „Totaler Krieg – kürzester Krieg!", 18. 2. 1943

Der „Zwanzigste Juli"

Am 20. 7. 1944 zündete Oberst von Stauffenberg im Führerhauptquartier „Wolfsschanze" in Ostpreußen eine Bombe. Dieses Attentat auf Hitler war seit 1943 von einem Verschwörerkreis aus allen Teilen des Widerstands geplant worden und sollte einen sofortigen Umsturz einleiten. Nach Hitlers Tod sollten Staats-, Partei-, Polizei- und SS-Führung verhaftet und eine neue Regierung eingesetzt werden. Friedensverhandlungen waren geplant. Als Hitler das Attentat leicht verletzt überlebte, brach der Putschversuch schnell zusammen. Rund 200 Widerständler wurden hingerichtet, 7000 inhaftiert.

oben: Oberst Claus Graf Schenk von Stauffenberg, 1934
rechts: Hitler zeigt Mussolini das zerstörte Führerhauptquartier, 20. 7. 1944

---

25. 9. 1944 | Einberufung aller waffenfähigen Männer zwischen 16 und 60 Jahren   19. 3. 1945 | „Nero-Befehl" Hitlers

13./14. 2. 1945 | Zerstörung Dresdens   5. 3. 1945 | Kürzung aller Lebensmittelrationen   12. 4. 1945 | Befehl Hitlers zur Verteidigung deutscher Städte

1914–1945

Weltkriege und Zwischenkriegszeit

Der militärische Zusammenbruch Deutschlands

Erst nachdem die alliierten Streitkräfte das ganze Land erobert hatten, kapitulierte Deutschland am 8. 5. 1945 bedingungslos. Hitler entzog sich durch Selbstmord der Verantwortung.

Weltkriege und Zwischenkriegszeit   1914–1945

Von Russen gefangen genommene Hitlerjungen, 1945

Sowjetfahne über dem deutschen Reichstag, 30. 4. 1945

Sowjetsoldaten in den Trümmern der Reichskanzlei in Berlin, Mai 1945

Der „Nero-Befehl"

Mitte März 1945 verlangte Adolf Hitler mit dem sog. Nero-Befehl von Rüstungsminister Albert Speer die völlige Zerstörung Deutschlands. Ohne jede Rücksicht auf die eigene Bevölkerung sollten alle dem Feind nützlichen Einrichtungen wie Industrie-, Versorgungs- und Verkehrsanlagen beim Rückzug der Armee zerstört werden. Der Befehl wurde weitgehend ignoriert.

Im Dezember 1944 war in Südfrankreich die letzte deutsche Offensive („Ardennenoffensive") gescheitert. Von Westen drangen Anfang 1945 amerikanische, britische und französische Truppen auf deutschen Boden vor und eroberten nach und nach die meist noch umkämpften Städte. Am 25. April reichten sich amerikanische und sowjetische Soldaten bei Torgau an der Elbe die Hände.

Im Januar 1945 hatte die Rote Armee die deutsche Ostgrenze überschritten und den Marsch auf Berlin eingeleitet. Dabei kam es zu brutalen Racheakten an der deutschen Zivilbevölkerung, v. a. an Frauen. Trotz der erdrückenden sowjetischen Überlegenheit leisteten die Deutschen weiter heftigen Widerstand. Hitler ließ nun auch ❶ Alte, Kranke und Kinder bewaffnen. Am 2. Mai, nach einem 13-tägigen blutigen Kampf um jedes Haus und jede Straße, fiel Berlin; schon am 30. April wehte die ❷ Rote Fahne über dem Berliner Reichstag. Am selben Tag beging Hitler im Bunker unter der ❸ Reichskanzlei Selbstmord, ❺ Goebbels am 1. Mai. Insgesamt verloren allein in der ❹ „Schlacht um Berlin" bis zu 200 000 Rotarmisten und 50 000 Deutsche ihr Leben.

Die deutsche Armee unterzeichnete zunächst am 7. Mai im US-Hauptquartier in Reims, einen Tag später im sowjetischen Hauptquartier in Berlin-Karlshorst die ❼ bedingungslose Kapitulation Deutschlands, die einen Tag später in Kraft trat. Das gesamte deutsche Reichsgebiet wurde besetzt, sämtliche Streitkräfte zu ❻ Kriegsgefangenen gemacht. Der Zweite Weltkrieg in Europa war zu Ende.

Japan allerdings kapitulierte erst nach den beiden Atombombenabwürfen der Amerikaner im September (S. 498).

Zerstörungen im Berliner Regierungsviertel am Brandenburger Tor, 1945

Deutsche Kriegsgefangene werden in die Sowjetunion gebracht, Mai 1945

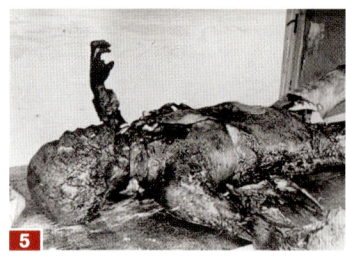

Leiche von Joseph Goebbels im Führerbunker, 1945

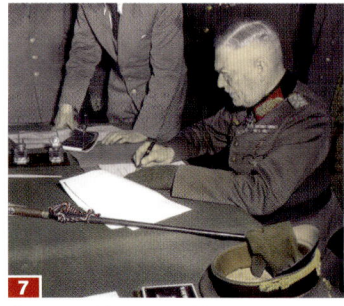

Generalfeldmarschall Keitel unterzeichnet die Kapitulation am 8. 5. 1945

| Dez. 1944 | Scheitern der Ardennenoffensive | 30. 4. 1945 | Einnahme Berlins durch die Rote Armee/Selbstmord Hitlers |
| Jan. 1945 | Beginn des Angriffs auf Berlin | 8. 5. 1945 | Inkrafttreten der bedingungslosen Kapitulation Deutschlands |

Der Zweite Weltkrieg 527

Ende und Neuanfang: Deutschland 1945

Auf der Potsdamer Konferenz legten die alliierten Siegermächte den politisch-wirtschaftlichen Rahmen für die Neuordnung Deutschlands fest. Aus den Trümmern begann der Wiederaufbau.

Gemäß den Vereinbarungen der alliierten Kriegskonferenzen (S. 522) teilten die Siegermächte Deutschland in eine amerikanische, britische, sowjetische und französische ❽ Besatzungszone auf. Parallel dazu wurde Berlin wie auch Wien (S. 546) in vier Stadtsektoren unterteilt. Bei einer ❾ Konferenz in Potsdam im Ju-

Potsdamer Konferenz im Juli 1945: Sitzend von links: Clement Attlee, Harry S. Truman und Stalin

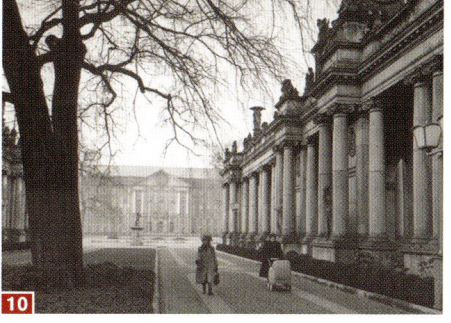

10 Sitz des Alliierten Kontrollrates in Berlin-Schöneberg (Foto, 1954)

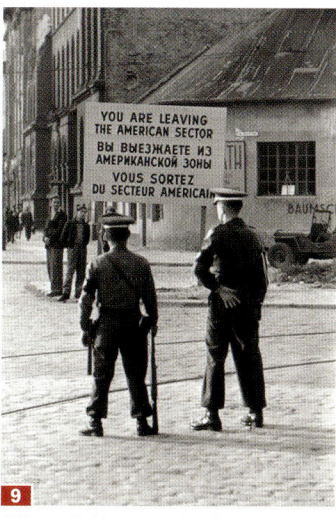

9 Alliierte Soldaten an der Grenze zwischen amerikanischem und sowjetischem Sektor in Berlin

12 Einer der Hauptangeklagten in Nürnberg: Hermann Göring, 1945

11 Junge radelt über Schuttberge, Berlin 1945

li/August 1945 betonten der neue US-Präsident Harry S. Truman, Stalin und Churchill, der später durch den neuen britischen Premierminister Clement Attlee ersetzt wurde, die gemeinsame Verantwortung für Deutschland als Ganzes. Ein ❿ „Alliierter Kontrollrat" sollte die „oberste Regierungsgewalt" ausüben, die deutsche Wirtschaft unter alliierte Kontrolle gestellt werden. Die Siegermächte einigten sich auf Ent-

militarisierung, Entnazifizierung, Dezentralisierung und Demokratisierung als politische Grundsätze für den Neuaufbau Deutschlands. Die Prinzipien wurden nach den jeweiligen ideologischen Vorstellungen später in den Besatzungszonen durchaus unterschiedlich umgesetzt (S. 538).

Ab November 1945 wurde führenden Vertretern des NS-Regimes in Nürnberg wegen Kriegsverbrechen, Verbrechen gegen die

Menschlichkeit und Verbrechen gegen den Frieden der ⓬ Prozess gemacht. Die geplante Überprüfung jedes einzelnen Bürgers auf seine Verstrickung in das NS-System wurde im Zeichen des beginnenden Ost-West-Konflikts (S. 532) nur halbherzig betrieben.

Wie in den alliierten Kriegskonferenzen (S. 522) geplant, wurde der Norden Ostpreußens auf der Potsdamer Konferenz endgültig der Sowjetunion und das restliche deutsche Gebiet östlich von Oder und Neiße Polen zugeschlagen. Die „Umsiedlung" der deutschen Bevölkerung aus Osteuropa wurde gebilligt. Mehr als 16 Millionen Deutsche wurden teilweise brutal ⓮ vertrieben, mehr als 2 Millionen starben auf der Flucht.

Unterdessen begann in den ⓫, ⓯ Ruinen Deutschlands der Wiederaufbau. In Schwerstarbeit befreiten v. a. ⓰ Frauen die Städte von Trümmern. Mit der Wiedergründung der SPD und anderer Parteien im Juni 1945 wurden unter alliierter Kontrolle erste Schritte in die Demokratie getan. Inmitten der Trümmer erwachte auch das ⓭ kulturelle Leben wieder: Das Zeitungswesen boomte, Theater und Konzerte waren überfüllt.

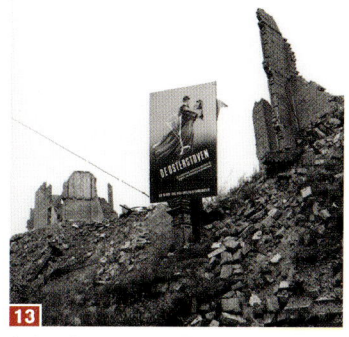

13 Ankündigung für ein Tanzlokal im zerstörten Hannover, 1946

14 Flüchtlinge kommen in Berlin an, 1945

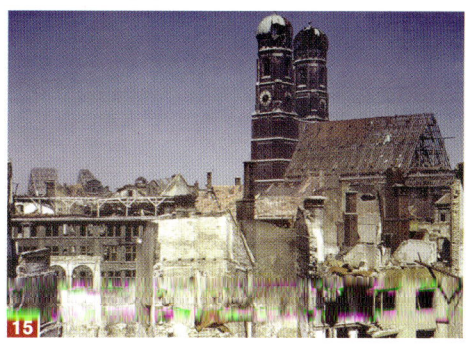

15 Das zerstörte München, 1945

16 Frauen beseitigen Trümmer in Berlin, 1945

1914–1945

Weltkriege und Zwischenkriegszeit

Juni 1945 | Gründung der KPD, SPD, CDU und FDP   **2. 9. 1945** | Kapitulation Japans

Juli 1945 | Potsdamer Konferenz   **Nov. 1945** | Beginn der Nürnberger Prozesse

Zeitgeschichte

seit 1945

Nach dem Zweiten Weltkrieg bildete sich eine neue Weltordnung heraus, in der die beiden Supermächte USA und UdSSR die Hauptrolle spielten. Ihr ideologischer Gegensatz führte in das Wettrüsten des Kalten Krieges, der die Angst vor einem Atomkrieg schürte. Auch der Rest der Welt wurde in die Blockbildung einbezogen; nur wenige Staaten konnten „blockfrei" bleiben. Durch den Zusammenbruch der Sowjetunion und mit ihr des ganzen Ostblocks ging der Ost-West-Konflikt 1990 zu Ende. Seither wird die Welt von der Globalisierung, der weltweiten ökonomischen und politischen Vernetzung, bestimmt. Die Zweiteilung der Welt aber hat sich erhalten: Den reichen Staaten Europas, Nordamerikas und Ostasiens stehen die Entwicklungsländer der sog. Dritten Welt gegenüber.

Mit der ersten Landung auf dem Mond wurden 1969 Science-Fiction-Träume wahr. Seitdem entwickelt sich die Raumfahrttechnik stetig weiter und erkundet Nutzungs- und Lebensmöglichkeiten im All.

1 US-Atomtest auf dem Bikini-Atoll, 1952

2 Abrüstungsverhandlungen in Moskau, 1991

3 „Love-Parade" in Berlin, 1997

ZEITGESCHICHTE SEIT 1945

Die Bilanz des Zweiten Weltkrieges nach 1945 war verheerend: 62 Millionen Tote weltweit, etwa 20 Millionen Menschen befanden sich auf der Flucht und weite Teile Europas und Asiens waren zerstört. Die massenhafte Ermordung der europäischen Juden durch das NS-Regime und seine Helfershelfer bedeutete einen Zivilisationsbruch schockierenden Ausmaßes. Viele Anstrengungen internationaler Politik in der unmittelbaren Nachkriegszeit hatten die Intention, Katastrophen dieser Art zukünftig zu verhindern.

Zwischen Ost-West-Konflikt und Globalisierung

Die weltpolitische Situation bis 1989 wurde entscheidend durch den ❹ Ost-West-Konflikt geprägt. Die neuen Führungsmächte USA und UdSSR versuchten jeweils, der Nachkriegsordnung ihren Stempel aufzudrücken. Aufgrund der gegensätzlichen Vorstellungen von Staatsordnung und Wirtschaftsform standen sich die Weltmächte bald im „Kalten Krieg" gegenüber. Immer mehr Staaten gerieten in den Sog des Ost-West-Konflikts und positionierten sich in einem der beiden Machtblöcke. Das permanente Wettrüsten ließ die Gefahr der globalen ❶ nuklearen Vernichtung ständig anwachsen.

4 DDR-Grenzsoldaten an der Berliner Mauer, 1978

Gegen die Vereinnahmung durch das Blocksystem schlossen sich viele der ehemaligen Kolonien, die in der Folge des Zweiten Weltkrieges in die Unabhängigkeit entlassen worden waren, als „Blockfreie" zusammen. Der Kalte Krieg endete erst mit der Öffnung der ungarischen Westgrenze und dem Fall der Berliner Mauer 1989 bzw. 1991 mit der Auflösung der ❷ Sowjetunion. Danach wurde die Welt jedoch nicht sicherer: Die Zahl der Kriege und Konflikte zwischen einzelnen Staaten – oft ethnisch oder religiös motiviert – ist angestiegen, und ABC-Waffen sind in noch mehr Hände gelangt.

Mittlerweile wird die Weltpolitik stark vom Prozess der Globalisierung bestimmt. Europa, Ostasien und Nordamerika sind die Zentren der Entwicklung geblieben. Doch durch die Einbindung der ganzen Welt in ein übergreifendes Wirtschafts- und Kommunikationsnetz haben politische und ökonomische Entscheidungen und Abläufe oft grenzüberschreitende Auswirkungen. Wie in keinem Zeitalter zuvor hat die Menschheit seit 1945 auf fast allen Wissensgebieten Fortschritte gemacht. Jedoch sind die Früchte dieses Fortschritts ungleich verteilt. Profitiert haben größtenteils die westlichen Industrienationen. Die weltpolitischen Konfliktlinien verlaufen nun nicht mehr zwischen Ost und West, sondern zwischen Nord und Süd, zwischen Arm und Reich. Zum neuen Brandherd wurde der international agierende Terrorismus. Ihn und seine Ursachen wirksam zu bekämpfen ist eine der Herausforderungen des 21. Jahrhunderts.

Lebensgestaltung und Werte

In den wohlhabenderen Staaten der Welt haben sich Lebensgestaltung und Wertvorstellungen in den letzten 50 Jahren stark gewandelt. Da sich die Ausbildungszeiten verlängert haben, hat sich die ❸ Jugend, früher nur eine kurze Vorstufe des Erwachsenenalters, zur eigenen Lebensphase ausgedehnt. Jugend – verbunden mit Reichtum und Schönheit – ist zu einem Ideal geworden, das Wirtschaft, Werbung und Lebensalltag bestimmt. Seit den 60er-Jahren hat sich eine neue Freizeitkultur herausgebildet. Urlaub und Reisen sind wichtige Strukturelemente in der Lebensgestaltung geworden. – Seit den 1970er-Jahren hat die Automatisierung dazu geführt, dass der Anteil schwerer körperlicher Arbeit im Berufsalltag abgenommen hat. Dies eröffnete besonders Frauen viele neue Arbeitsfelder. Solche entstanden auch im Dienstleistungssektor, der überall einen höheren Stellenwert erlangt hat.

5 Yin & Yang: taoistisches Symbol der Harmonie und Balance von Gegensätzen

1945	Potsdamer Konferenz	1962	Kubakrise	1969	Erster Mensch auf dem Mond
1948	Sowjetische Blockade Westberlins	1968	Studentenbewegung in Industrienationen	1973	Erste Ölkrise

6 Demonstration gegen unislamische Kleidung, Iran 2004   7 Buddhistische Mönche am Computer, 2005   8 Das Ozonloch (dunkelblau) über der Antarktis, 2000

Eine Entwicklung der jüngeren Zeit ist die Abkehr vom traditionellen Christentum, begleitet von einer verstärkten Suche nach Lebenssinn. Die Hinwendung zu esoterischen oder ❺ ostasiatischen Lebensentwürfen hat stark zugenommen, doch ist der angebliche Weg zum Glück ständig wechselnden Moden unterworfen. Zur Jahrtausendwende ist auf der anderen Seite der religiöse Fundamentalismus auch im Christentum, aber v. a. im Islam erstarkt. Seine ❻ Kritik, die sich auch gewalttätig äußert, gilt dem westlichen Lebensstil, der von ungehemmter Diesseitigkeit geprägt ist und auf der ganzen Welt als vorbildlich verbreitet wird.

Massenmarkt Kultur und Wissenschaft

Kulturelle Strömungen finden heute immer schnellere und weitere Verbreitung, sind dabei aber zunehmend den Gesetzen des Marktes unterworfen. War die Musik etwa in den 1940er-Jahren noch ganz auf den Freizeitbereich beschränkt, begleitet sie die Menschen seit den 1970er-Jahren, wo immer sie sich befinden. Dabei bekam die Pop-Musik gegenüber der klassischen einen immer größeren Stellenwert.

Auch die „Hochkultur" ist unübersichtlich geworden. Trends wie die ❿ abstrakte Malerei setzten sich rasch weltweit durch, doch spätestens seit den 1970er-Jahren kann man kaum noch von klar umgrenzten Phasen und Stilrichtungen sprechen.

Die Entwicklungsbeschleunigung prägt auch die Wissenschaften. Nie gab es so viele Wissenschaftler wie nach 1945, und nie waren Forschungsergebnisse so schnell wieder überholt, nie gab es eine so starke Differenzierung der Forschungsgebiete. Englisch hat sich als weltweite Wissenschaftssprache endgültig durchgesetzt, Zeitschriften präsentieren Forschungsergebnisse schneller, als Bücher es vermochten. Die schnellste und einfachste Form der Wissensvermittlung und der Kommunikation ist heute jedoch das ❼ Internet, auf das immer mehr Menschen Zugriff haben.

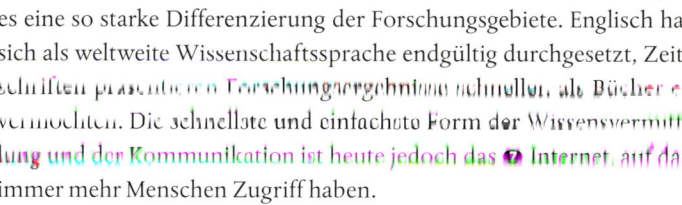

10 „Streifenbild IV" von Sigmar Polke (1968)

Erfolge und Gefahren des Fortschritts

Die wissenschaftlichen Erfolge der letzten 60 Jahre waren ohne Zweifel bahnbrechend. Auto, Flugzeug, Radio, Fernseher, Großrechner, PC und schließlich das Internet haben die Welt kleiner gemacht. Fast das gesamte Wissen der Menschheit steht zur Verfügung und ist jederzeit überall abrufbar. Zur Jahrtausendwende wurde die Telekommunikation mobil. 1969 standen die ersten Menschen auf dem ❾ Mond, und ab 1987 ermöglichte die Raumstation MIR menschliches Leben im Weltall. Die Medizin hat solche Fortschritte gemacht, dass Seuchen wie Cholera und Kinderlähmung ihren Schrecken verloren haben.

Allerdings sind neue Seuchen wie Aids aufgetaucht. Und schon auf dem Höhepunkt des Fortschrittsglaubens zeigten sich die Kehrseiten des „Immer mehr, immer weiter". Ein Ende der Ölvorräte war plötzlich absehbar, und die Ölkrise ließ vorausahnen, welche Folgen dies weltweit haben könnte.

Die weltweite Schädigung der Natur und die fortgeschrittene Zerstörung der ❽ Erdatmosphäre haben sich als Kehrseite des industriellen Fortschritts herausgestellt. Auch die vermeintlich saubere Kernenergie hat durch die Reaktorkatastrophe in ⓫ Tschernobyl enorme Schäden verursacht, die noch Jahrhunderte nachwirken werden. Der Schutz der Umwelt, die Bekämpfung von Hunger und Armut wie auch die Eindämmung kriegerischer Gewalt kann nur durch eine weitreichende staatenübergreifende Einigung erfolgversprechend gestaltet werden. Dies sind die Anforderungen, vor die die Welt im 21. Jh. gestellt ist.

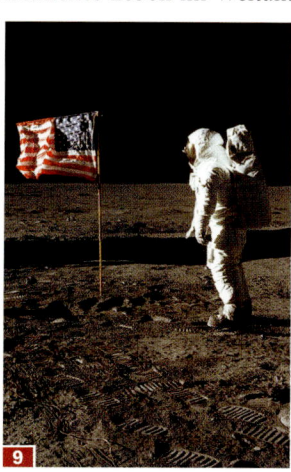

9 Erste Mondlandung amerikanischer Astronauten, 20. 7. 1969

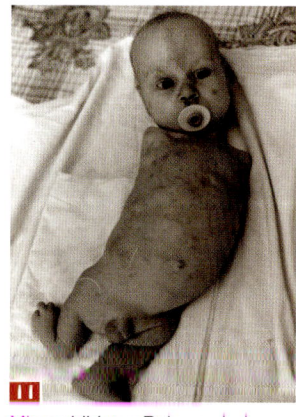

11 Missgebildetes Baby nach der Tschernobyl-Katastrophe 1986

seit 1985 | Reformpolitik Gorbatschows   1987 | AIDS tritt ins öffentliche Bewusstsein   1991 | Auflösung der Sowjetunion

1986 | Reaktorunglück in Tschernobyl   9. 11. 1989 | Fall der Berliner Mauer   11. 9. 2001 | Islamistische Terroranschläge in New York

TENDENZEN DER WELTPOLITIK SEIT 1945

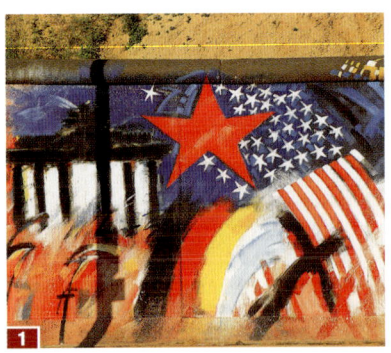

Nach der endgültigen Auflösung der Anti-Hitler-Koalition 1947 prägte der Ost-West-Gegensatz zwischen den Supermächten USA und Sowjetunion die internationalen Beziehungen bis 1989. Der ideologische und militärische Systemkonflikt spaltete die Welt in feindliche Blöcke und hemmte die Wirkung der UNO als globales Friedensinstrument. Der Zusammenbruch des Sowjetimperiums 1989 beendete den sog. ❶ Kalten Krieg, aber islamistischer Terror und unkontrollierte Verbreitung von Massenvernichtungswaffen schufen neue Probleme und Konfliktfelder.

Blick auf eine Wandmalerei an der Ostseite der einstigen Berliner Mauer (Foto, 1990)

■ Der Kalte Krieg

Nach 1945 teilten sich der europäische Kontinent und die ganze Welt in Einflusszonen der neuen atomaren Supermächte USA und Sowjetunion.

Millionen Flüchtlinge, Verschleppte, ❷ Kriegsgefangene, ehemalige Zwangsarbeiter und KZ-Häftlinge, sog. Displaced Persons, stellten die Nachkriegsgesellschaften vor ein großes Integrationsproblem.

Politisch hatten Churchill, Roosevelt und Stalin ihre Machtansprüche in Europa bereits 1944

Vietnamkrieg: Zivilist zeigt südvietnamesischen Soldaten sein totes Kind, 1965

abgesteckt (S. 522). Nach Kriegsende installierten die Siegermächte in den jeweiligen Ländern ihr eigenes politisch-ideologisches System. Die Aufteilung Deutschlands in vier Besatzungszonen bereitete die staatliche Teilung in die Bundesrepublik und die ❸ DDR 1949 vor (S. 539). Den liberalen Demokratien im Westen standen

diktatorische „Volksdemokratien" im Osten feindlich gegenüber. Winston Churchill prägte bereits 1946 den Begriff „Eiserner Vorhang", der Ost- und Westblock für lange Zeit teilte.

Auch wirtschaftlich teilte sich der Kontinent. Im Westen wurde der Wiederaufbau durch die amerikanische ❺ Marshallplanhilfe gefördert, an dessen Stelle im Osten der Rat für gegenseitige Wirtschaftshilfe (COMECON) trat.

Die Trennung in zwei feindliche Blöcke betraf alle Weltteile. Mit dem Sieg der KP Chinas wurde auch das bevölkerungsreichste Land der Erde Teil des sozialistischen Lagers. In ❻ Korea brach 1950 der erste „Stellvertreterkrieg" zwischen Ost und West (S. 622) aus, später folgten die Kriege in ❹ Vietnam (S. 617) und Afghanistan (S. 608). Die Kubakrise 1962 führte beinahe zu einem dritten Weltkrieg. In der Periode der Entspannungspolitik der 70er-Jahre sollten mehrere Kontrollabkommen die gegenseitige Aufrüstung begrenzen. Die „Konferenz für Sicherheit und Zusammenarbeit in Europa" (KSZE) versuchte ab 1974 über Wirtschafts- und Menschenrechtsfragen einen Entspannungsprozess einzuleiten.

Die Kubakrise

Die Stationierung sowjetischer Atomraketen auf Kuba führte im Oktober 1962 zu einem Konflikt zwischen den USA und der UdSSR, der fast einen dritten Weltkrieg ausgelöst hätte. US-Präsident Kennedy forderte den sofortigen Abzug der Waffen. Als Generalsekretär Chruschtschow sich weigerte, verhängten die USA eine Seeblockade, worauf sich die militärische Lage zuspitzte. In letzter Minute ließ Chruschtschow die Flotte abdrehen und befahl die Demontage der Raketen. Die USA bauten Waffen in der Türkei ab.

Chruschtschow und der kubanische Ministerpräsident Fidel Castro in New York, 24. 9. 1960

Holztafeln mit Suchplakaten von vermissten deutschen Soldaten im Heimkehrerlager Friedland, 1955

Marx, Engels, Lenin: Plakat für einen Aufmarsch in Ostberlin, 1988

Lieferung von Eisenbahnwaggons an die Deutsche Reichsbahn im Rahmen des Marshallplans, November 1948

Während des Koreakrieges bewachen US-Marines gefangen genommene Nordkoreaner (Foto, 1950)

| 1941 | Verkündung der „Vier Freiheiten" durch Roosevelt | 24. 10. 1945 | Gründung der UNO | ab 1955 | Beginnende Entkolonialisierung |
| 4.–11. 2. 1945 | Konferenz von Jalta | 1945 | Internationaler Währungsfonds | | |

■ Die Vereinten Nationen

Nach dem Krieg schufen die Alliierten mit der UNO ein Instrument zur globalen Friedenssicherung, das allerdings bis heute von den Interessen der Großmächte abhängig geblieben ist.

Die Vereinten Nationen (UNO) gingen unmittelbar aus dem Militärbündnis gegen Deutschland hervor. Mitglied durfte anfangs nur werden, wer dem Dritten Reich bis zum 1. 3. 1945 den Krieg erklärt hatte. Erst 1973 traten Bundesrepublik und DDR als Nachfolgestaaten des Deutschen Reiches der UNO bei.

Ziele der ❼ UNO-Charta waren seit ihrem Inkrafttreten am 24. 10. 1945 die Sicherung des Weltfriedens und die Förderung der internationalen Zusammenarbeit. Ihre Hauptorgane waren die Vollversammlung, der ❽ Weltsicherheitsrat mit seinen ständigen und wechselnden Mitgliedern, der Generalsekretär und schließlich der internationale Gerichtshof.

Der Ost-West-Gegensatz hemmte allerdings die Schaffung eines globalen Friedenssystems: Durch das Veto der einen oder der anderen Großmacht im Weltsicherheitsrat verhinderten die Weltmächte immer wieder einstimmige Beschlüsse. Erst die Entspannungspolitik führte zu gemeinsamen Verträgen der Weltmächte, z. B. über die Nichtweitergabe von Kernwaffen.

Durch die Entkolonialisierungswelle ab 1955 (S. 626) veränderte sich die UNO sowohl quantitativ als auch qualitativ. Binnen kurzem verdreifachte sich die Zahl der Mitglieder. Zahlreiche ehemalige Kolonialländer kamen hinzu, und das Gewicht der Industriestaaten verringerte sich. Daraufhin warben die Weltmächte in der Vollversammlung verstärkt um die Unterstützung der blockfreien Staaten.

Die Leitlinien der UNO wurden den neuen politischen Erfordernissen angepasst. Neben dem Schutz der Kinder (UNICEF), des ❿, ❶ kulturellen Welterbes (UNESCO) und der ❾ Gesundheit (WHO) war es seit den 70er-Jahren auch wichtiges Ziel, das Nord-Süd-Gefälle zu mildern und den Raubbau an den natürlichen Rohstoffen einzuschränken.

Seit den 60er-Jahren änderten sich auch die Instrumentarien zur Friedenssicherung. War die UNO anfangs auf diplomatische Mittel beschränkt, so konnte sie nun auch militärische Kräfte einsetzen, die ❶ „Blauhelme". Trotz mancher Erfolge hemmten immer wieder Interessenkonflikte der Mitgliedsstaaten, die diese Truppen bereitstellen, die gewünschte Rolle der UNO als „Weltregierung". Daran änderte sich auch nach dem Ende des Kalten Krieges nichts Prinzipielles. Seit 1992 wird innerhalb der Weltgemeinschaft wieder verstärkt diskutiert, wie die UNO durch Institutionelle Reformen den neuen Herausforderungen des 21. Jh. gerecht werden kann.

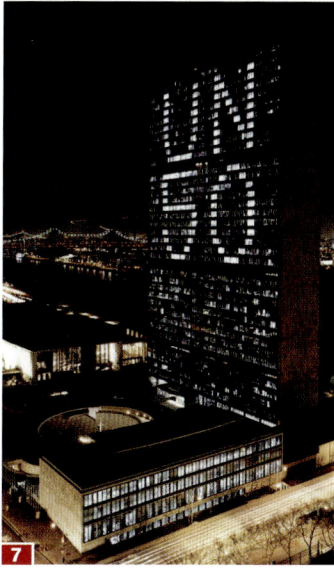
Festbeleuchtung am United Nations Building, New York, anlässlich des 50-jährigen Bestehens der UNO 1995

Kampagne der Weltgesundheitsorganisation WHO gegen die Schlafkrankheit; Untersuchung von Blutproben in Angola, 1959

Tagung des UNO-Sicherheitsrates in New York zum Problem des Ungarn-Aufstandes, November 1956

Stonehenge, England, 1986 zum UNESCO-Weltkulturerbe erklärt

Britische „Blauhelme", UN-Soldaten, im ehemaligen Jugoslawien, 1995

UNESCO-Hilfe für Analphabeten in Mexiko, 1980

1950–53 | Koreakrieg   1960 | UN-Befriedung des Kongo

Sept. 1949 | Proklamation der VR China   Oktober 1962 | Beginn der Kubakrise   1990 | UN-Resolution gegen die irakische Annexion Kuwaits

■ Entkolonialisierung und Auflösung der Blöcke

Seit den 50er-Jahren setzte eine Welle der Entkolonialisierung ein. Aus ihr gingen Staaten hervor, die weder in das westliche noch in das östliche Lager einzuteilen waren. Die sowjetische Reformpolitik ab 1985 leitete die Implosion des Ostblocks und damit das Ende des Kalten Krieges ein.

Mit der Entlassung Indiens aus der britischen Kolonialherrschaft (S. 493) begann 1947 die Periode der Entkolonialisierung. 1949 wurden auch südostasiatische Länder wie Indonesien unabhängig, und in den 50er- und 60er-Jahren erlangten fast alle Kolonien in ❸ Afrika ihre Eigenständigkeit (S. 626–29). Die Zahl der souveränen Staaten erhöhte sich auf diese Weise von ca. 50 um 1900 auf 180 im Jahre 1990.

Der Prozess der Entkolonialisierung vollzog sich entweder gewaltsam wie in Algerien oder aufgrund von Vereinbarungen wie in Indien. Zum Teil wurden die Kolonialherrscher von diktatorischen Regimen abgelöst – unabhängig davon, ob sich die Länder dem westlichen oder dem sozialis-

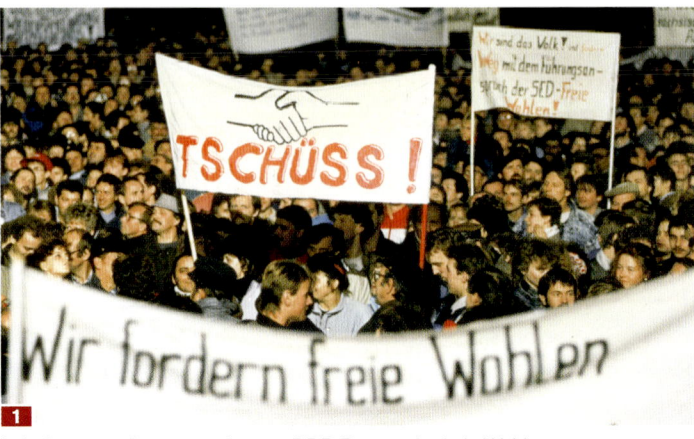

1

Leipzig, 1989: Demonstration von DDR-Bürgern für freie Wahlen

tischen Lager zurechneten. Um nicht zum Spielball der Großmächte zu werden, schlossen sich ab 1955 v. a. Länder der Dritten Welt zur „Bewegung der Blockfreien" zusammen.

Das Ende der starren Blockkonfrontation leitete 1985 der Amtsantritt von ❷ Michail Gorbatschow als neuem Generalsekretär der KPdSU ein. Hochrüstung, ineffiziente Staatstrukturen und starrer Dogmatismus hatten während der vorangegangenen Breschnew-

Ära in der Sowjetunion zu einer wirtschaftlich-gesellschaftlichen Krise geführt (S. 588). Unter den Schlagworten „Glasnost" (Öffnung) und „Perestroika" (politisch-wirtschaftlicher Umbau) wurde eine radikale Reformpolitik begonnen, die auch eine Abkehr des sowjetischen Vormachtanspruchs gegenüber den Staaten des Ostblocks bedeutete. Hatte 1968 die Sowjetunion noch mit ❹ Panzern den tschechischen Reformwillen unterdrückt und 1981 in Polen das

2

Gorbatschow spricht, vor einer Lenin-Statue stehend, zum Volksdeputiertenkongress, 1989

Kriegsrecht erzwungen (S. 577), nutzten die Gesellschaften in den Satellitenstaaten ihre neue Bewegungsfreiheit zu einer revolutionären Wende: ❶ Demonstrationen und Fluchtbewegungen ließen 1989 die kommunistischen Regime zusammenbrechen. Mit dem Verschwinden des Ostblocks endete der Kalte Krieg gewaltlos.

„Wer zu spät kommt, den bestraft das Leben!"

Das berühmte Zitat von Michail Gorbatschow ist in der Öffentlichkeit nie gefallen. Als Gorbatschow am 5. 10. 1989 von Erich Honecker am Berliner Flughafen Schönefeld empfangen wurde, sagte er dem staatlichen DDR-Fernsehen: „Ich glaube, Gefahren warten nur auf jene, die nicht auf das Leben reagieren."

3

Feier in Nigeria anlässlich des fünften Jahrestages der Unabhängigkeit des Landes, 1965

Die „Bewegung der Blockfreien"

Auf der Bandung-Konferenz im April 1955 konstituierten sich 29 Länder v. a. aus Asien und Afrika zur Bewegung der Blockfreien. Staaten wie China, Indien, Indonesien oder Jugoslawien verurteilten Hochrüstung und Blockkonfrontation. Hier wurde der Begriff der „Dritten Welt" in Abgrenzung zu den Lagern der beiden Supermächte geprägt.

Konferenz von Bandung, April 1955

Michail Gorbatschow begrüßt Erich Honecker mit dem sozialistischen Bruderkuss, 1987

4

Sowjetische Panzer in Prag, 1968

1947 | Unabhängigkeit Indiens   **1955** | Gründung der „Bewegung der Blockfreien"   **1985** | Amtsantritt Michail Gorbatschows

1949 | Unabhängigkeit Indonesiens   **1968** | Sowjetischer Einmarsch in die CSSR

■ Die „neue Weltordnung"

Der kampflose Sieg des Westens im Kalten Krieg brachte Osteuropa Freiheit und Demokratie. Der freiere Zugriff auf Vernichtungswaffen und nicht-staatlicher Terror stellen die globalisierte Welt allerdings im 21. Jh. vor neue Herausforderungen.

Der ➑ Fall der Berliner Mauer am 9.11.1989 symbolisierte den Sieg des Freiheitswillens der osteuropäischen Völker und beschleunigte den Zusammenbruch des Sowjetimperiums. Kurz nacheinander implodierten die kommunistischen Regime in der Tschechoslowakei, Rumänien und Bulgarien (S. 578). Polen und Ungarn hatten sich bereits zuvor vom

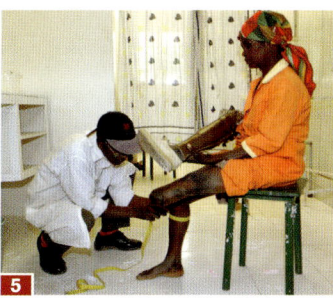

5

Von einer Landmine verstümmelte Angolanerin bekommt eine Beinprothese angepasst, 2003

7

Verwüstungen in New York nach dem Anschlag auf das World Trade Center, 2001

Kommunismus befreit. Der Fall der Berliner Mauer leitete auch die deutsche Wiedervereinigung nach westlichen Vorgaben ein. Die DDR wurde ein Jahr später Teil der Bundesrepublik Deutsch-

land und der NATO. Der Warschauer Pakt als Verteidigungsbündnis des Ostblocks brach zusammen. Seine osteuropäischen Mitgliedsländer traten – nach amerikanischen Sicherheitsga-

rantien für die Sowjetunion bzw. Russland – dem Westbündnis bei. Am 1. 5. 2004 wurden acht osteuropäische Staaten, darunter die baltischen Staaten, Mitglied der ➏ Europäischen Union (S. 536 f.). An der Stelle der untergegangenen Sowjetunion war 1991 die Gemeinschaft Unabhängiger Staaten (GUS; S. 588 ff.) getreten.

Der Kollaps des Kommunismus brachte ganz Europa Demokratie und Marktwirtschaft. Der Untergang der hochgerüsteten Sowjetunion gebar allerdings neue Gefahren. Da nun die zentrale Kontrolle fehlte, konnten Massenvernichtungswaffen oder atomares Know-how in die Hände kleinerer Staaten gelangen, was die potenzielle Gefahr eines Atomkrieges steigerte. Aber auch „einfache" Waffen wie Gewehre und ➎ Landminen wurden in riesigen Mengen unkontrolliert vertrieben. Sie kamen in brutalen ➓ Bürgerkriegen wie u. a. in ➒ Jugoslawien Anfang der 90er-Jahre (S. 580) oder in Somalia 1995 zum Einsatz.

Eine neue Bedrohung für die Weltgemeinschaft bildet die Internationalisierung des ⓫ Terrors durch die gleichzeitige Privatisierung der Gewalt. Nach den ➐ Terroranschlägen auf New York am 11. 9. 2001 durch islamistische „Gotteskrieger" riefen die USA und ihre Verbündeten den politischen, ökonomischen und militärischen „Kampf gegen den internationalen Terrorismus" aus, dessen gesellschaftspolitische Folgen für die Demokratien noch nicht abzusehen sind.

6

Eine Sitzung des EU-Parlaments in Brüssel, 2005

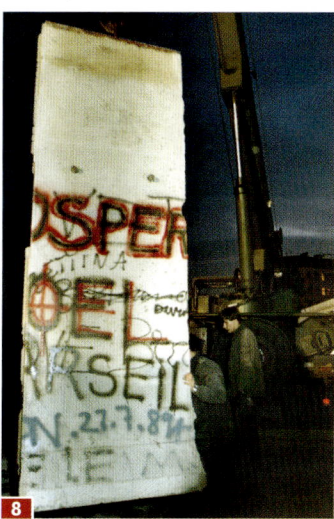

8

Ein Teil der Berliner Mauer wird abgetragen, 1989

11

Zerstörtes Gebäude einer britischen Bank in Istanbul, Türkei, nach einem Bombenanschlag, 2003

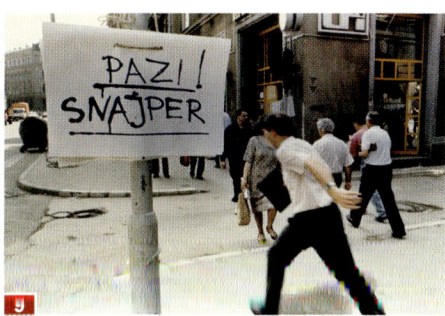

9

Bürgerkrieg im ehemaligen Jugoslawien 1992: Ein Schild in Sarajevo warnt vor Scharfschützen

10

Kindersoldat im Kongogebiet, 2003

seit 1945 · Zeitgeschichte

| 9. 11. 1989 | Fall der Berliner Mauer | 1. 7. 1991 | Auflösung des Warschauer Paktes | 11. 9. 2001 | Terroranschläge in New York und Washington |
| 3. 10. 1990 | Wiedervereinigung Deutschlands | 8. 11. 1991 | Gründung der GUS | | |

DER WEG ZUR EUROPÄISCHEN EINIGUNG

1 Werbeplakat für den Marshallplan (1948)

Unmittelbar nach Kriegsende galt es, das in Trümmern liegende Europa wieder aufzubauen. Im Westen des Kontinents ❶ förderten die USA die Etablierung der Marktwirtschaft, im Osten verordnete die UdSSR den Aufbau der Planwirtschaft. Die politischen Strukturen entwickelten sich auseinander; es kam zur Ausbildung zweier macht- und wirtschaftspolitischer Blöcke. Bis zum Ende der Blockkonfrontation blieben die Einigungsbestrebungen v. a. auf den Westen begrenzt. Nach 1989 überwand die Ausweitung der Einigung in Richtung Osten langsam die über 50-jährige Spaltung des Kontinents.

◼ Zwischen Spaltung und Annäherung in Europa

Die unterschiedliche Wirtschaftspolitik der Alliierten spaltete Europa und sorgte für ein Zusammenwachsen innerhalb der Blöcke.

Der amerikanische Außenminister George Marshall kündigte am 5. 6. 1947 ein Wiederaufbauprogramm für Europa an. Dieser ❷ „Marshallplan" richtete sich formell an alle europäischen Staaten. Die Sowjetunion lehnte die Beteiligung ab und verhinderte

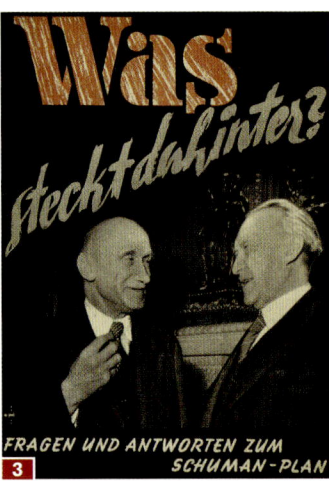

3 „Was steckt dahinter?"; Broschüre zum Schumanplan (Robert Schuman, links, Konrad Adenauer), 1951

die Annahme des Plans in ihrem Einflussbereich. Die Verteilung der Marshallplanhilfe in der westlichen Welt übernahm die OEEC, ein übernationales Gremium. Nachfolgeorganisation wurde 1960 die Organisation für wirtschaftliche Zusammenarbeit und Entwicklung, OECD. In Osteuropa regelte der Rat für Gegenseiti-

ge Wirtschaftshilfe (RGW) den Aufbau der Planwirtschaft.

In Westeuropa waren bereits direkt nach Ende des Zweiten Weltkriegs Pläne zur europäischen Einigung aufgekommen. Die wurden zunächst auf wirtschaftlicher und militärischer Ebene umgesetzt. So regte der französische Außenminister ❸ Robert Schuman an, die Kohle- und Stahlproduktion gemeinsam zu bewirtschaften. Dies sollte der wirtschaftlichen Entwicklung zugute kommen und zur Kriegsverhinderung in Europa beitragen. Frankreich, Deutschland, die Benelux-Staaten und Italien wurden 1951 Mitglieder dieser „Montanunion" (EGKS). In der Folge kam es 1957 zur Unterzeichnung der ❺ „Römischen Verträge". Sie enthielten einen Vertrag zur Gründung der Europäischen Wirtschaftsgemeinschaft (EWG) mit dem Ziel, einen gemeinsamen

Markt zu errichten und die Wirtschaftspolitik zu vereinheitlichen. Weiterer Bestandteil war die Europäische Atomgemeinschaft (Euratom) für eine friedliche Kernenergienutzung.

Eine westeuropäische Militärkooperation sollte die „Europäi-

2 Marshallplan-Programm für Frankreich: In Le Havre trifft eine Lieferung Traktoren aus den USA ein; um 1948

sche Verteidigungsgemeinschaft" (EVG) bringen, die 1954 allerdings in der französischen Nationalversammlung scheiterte. 1948 hatten Frankreich, Großbritannien und die Beneluxstaaten den Brüsseler Beistandspakt geschlossen, der 1949 im von zehn Staaten Westeuropas sowie den USA und Kanada unterzeichneten NATO-Vertrag aufging. Als Pendant zur ❹ NATO schlossen die Ostblockstaaten den ❻ Warschauer Pakt.

4 NATO-Konferenz in Paris, 1959

5 Feierliche Unterzeichnung der Römischen Verträge durch europäische Regierungschefs, 25. 3. 1957

6 Beitritt der DDR zum Warschauer Pakt am 28. 1. 1956

5. 6. 1947 Unterzeichnung des Marshallplans	**1949** NATO-Vertrag	**1957** Römische Verträge
1948 Brüsseler Beistandspakt	**1955** Gründung des Warschauer Paktes	

■ Von der EWG zur EU

1965 entstanden die Europäischen Gemeinschaften (EG). 1993 in Europäische Union (EU) umbenannt, nahmen sie im Laufe ihres Bestehens zahlreiche neue Mitglieder auf und dehnten sich geografisch aus. Gleichzeitig wuchsen die wirtschaftlichen und politischen Herausforderungen.

Die Weiterentwicklung Europas in Richtung einer politischen Union ging zunächst nur stockend voran. Frankreich und v. a. Großbritannien verweigerten sich der politischen Einbindung in einen übernationalen Rahmen. Frankreich intensivierte stattdessen die Zusammenarbeit mit Deutschland: De Gaulle und Adenauer unterzeichneten am 22. 1. 1963 den ❼ deutsch-französischen Vertrag, der gegenseitige Konsultationen bei allen wichtigen Vorhaben auf außenpolitischem und kulturellem Gebiet vorsah. Doch der europäische Integrationsprozess war auf Dauer nicht aufzuhalten. 1965 bildeten EGKS, EWG und Euratom die Europäischen Gemeinschaften (EG). Sie gründeten einen Ministerrat, in dem die einzelnen Regierungen vertreten sind, und eine gemeinsame ⓫ Kommission, die länderunabhängig über die Interessen der Gemeinschaft wacht. Weitere Organe sind das ❿ Europäische Parlament, das von der

❼ Unterzeichnung des Vertrages über die deutsch-französische Zusammenarbeit in Paris, Elysée-Palast, 22. 1. 1963; am Tisch: Konrad Adenauer und Charles de Gaulle

Bevölkerung der Mitgliedsländer direkt gewählt wird, sowie der Europäische Gerichtshof.

Meilenstein auf dem Weg in ein vereinigtes Europa war der am 1. 11. 1993 in Kraft getretene Vertrag von Maastricht über die Europäische Union. Er bildete die Grundlage für eine gemeinsame Außen- und Sicherheitspolitik, eine engere Zusammenarbeit in den Bereichen Justiz und Inneres und die Schaffung einer Wirtschafts- und Währungsunion. 2002 löste in elf EU-Län-

dern der ❽ Euro die Landeswährungen ab. Nun ist die ⓬ Europäische Zentralbank (EZB) verantwortlich für die EU-Geldpolitik. Viele europäische Staaten strebten danach, am Potenzial des stetig größer werdenden Wirtschaftsraums teilzuhaben. Die Zahl der Mitglieder wuchs ständig an. Vor dem Zerfall des Ostblocks 1989 (S. 535) traten nur westeuropäische Staaten bei, nach 1989 gab es zahlreiche Bewerber aus Mittel- und Osteuropa. Acht von ihnen wurden 2004 feierlich aufgenommen.

Inzwischen beeinflussen die EU-Regelungen spürbar die Arbeit der nationalen Regierungen, was auch die Kritik an undurchsichtigen Entscheidungsstrukturen und Bevormundung durch die ❾ Brüsseler Bürokratie befördert. Auch die Zielvorstellungen, ob die EU sich stärker politisch oder wirtschaftlich orientieren soll, sind unterschiedlich. Der Vertrag von Nizza 2001 hat beide Möglichkeiten offen gelassen.

❽ Die länderübergreifende Währung Euro gilt seit 2002

Die Mitglieder der EU in der Reihenfolge ihres Beitritts

1958: Frankreich, Deutschland, Italien, Belgien, Niederlande, Luxemburg.
1973: Großbritannien, Irland, Dänemark.
1981: Griechenland.
1986: Spanien, Portugal.
1995: Österreich, Finnland, Schweden.
2004: Estland, Lettland, Litauen, Polen, Tschechien, Slowakei, Ungarn, Slowenien, Malta, Zypern.

EU-Beitritt Polens am 1. 5. 2004: Ein polnischer und ein deutscher Grenzbeamter weihen einen neuen Grenzübergang ein

❾ Landwirte protestieren gegen die EU-Agrarreform „Agenda 2000" in Schwerin, 1999

❿ Tagungsort des Europarats und des Europäischen Parlaments in Straßburg, Frankreich

⓫ Sitz der von den Mitgliedsstaaten eingesetzten Exekutive der EU: die EU-Kommission in Brüssel, Belgien

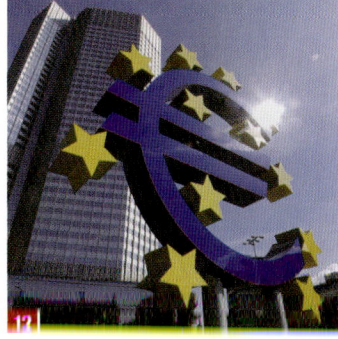
⓬ Gebäude der Europäischen Zentralbank in Frankfurt am Main

DEUTSCHLAND SEIT 1945

Auch nach der Niederlage des NS-Regimes galt Deutschland als „Schlüssel zu Europa". Wegen seines wirtschaftlichen Potenzials und seiner militärstrategisch günstigen Lage wurde es zum Zankapfel zwischen West und Ost. Dies zog die ❶ Teilung des Landes in zwei Staaten nach sich. Brennpunkt des Kalten Krieges (S. 532) war die Viersektorenstadt Berlin. 1989 wurde die Öffnung der Berliner Mauer zum Symbol für den Untergang des kommunistischen Staatensystems. Seit 1990 ist Deutschland wiedervereinigt.

Erste Absperrungsmaßnahmen in Berlin am Brandenburger Tor durch Stacheldrahtverhau am 14./15. 8. 1961

■ Die „Stunde Null"

Mit der bedingungslosen Kapitulation der Wehrmacht 1945 endete die nationalsozialistische Gewaltherrschaft. Deren Folgen sowie Hunger und Vertreibung prägten die ersten Nachkriegsjahre.

Die politische Neugestaltung Deutschlands lag nach 1945 in den Händen der ❺ Alliierten: Sie vereinbarten die Aufteilung des Landes und seiner Hauptstadt in je vier Besatzungszonen, die Gründung eines Alliierten Kontrollrats sowie die Entmilitarisierung und Entnazifizierung des Landes. Österreich erlangte 1955 die Selbstständigkeit zurück (S. 546); das Sudetenland wurde der Tschechoslowakei angegliedert, das

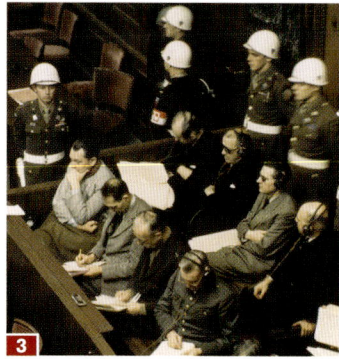

Kriegsverbrecherprozesse in Nürnberg; in der 1. Reihe die Angeklagten Göring, Heß, Ribbentropp, Keitel (von links)

Saarland Frankreich. Alle Gebiete östlich Oder und Neiße kamen unter polnische und sowjetische Verwaltung. Die deutsche Bevölkerung wurde ❷ vertrieben.

Wichtige Bausteine der Entmilitarisierung waren die Auflösung der Wehrmacht und des preußischen Staates. Die Entnazifizierung gipfelte in den ❸ Nürnberger Prozessen gegen die Hauptkriegsverbrecher. Diese führten vielen Deutschen das Ausmaß der Verbrechen erstmals deutlich vor Augen. Trotzdem kam schnell Kritik an den unterschiedlichen Verfahren der Alliierten auf. In der sowjetisch besetzten Zone (SBZ) wurde die Entnazifizierung mit einer Wirtschafts- und Gesellschaftsreform verbunden und nachdrücklich durchgeführt. In den Westzonen musste ab 1946

Aus dem Osten Vertriebene auf dem Weg nach Berlin, 1945

Entlastungszeugnis, 1949

jeder Deutsche einen ❹ Meldebogen zur politischen Überprüfung ausfüllen. Zahlreiche Täter konnten sich durch Entlastungsschreiben, sog. Persilscheine, reinwaschen und blieben unbestraft.

Der demokratische Wiederaufbau begann im Westen zunächst auf lokaler und regionaler Ebene. Bundesländer wurden gebildet und im Herbst 1946 fanden die ersten Wahlen statt. Im Osten hatte die sowjetische Besatzungsmacht schon im Juni 1945 die Gründung von Parteien erlaubt. Sie unterstützte die KPD, die von den sowjetischen Emigranten der „Gruppe Ulbricht" geführt wurde.

Der Alliierte Kontrollrat

Die vier Oberbefehlshaber der alliierten Streitkräfte übernahmen mit der Berliner Erklärung vom 5. 6. 1945 als Alliierter Kontrollrat die oberste Regierungsverantwortung für „Deutschland als Ganzes". Der Kontrollrat besaß keine Exekutivgewalt, war also auf die Zusammenarbeit der jeweiligen Militärgouverneure angewiesen. Die unterschiedlichen Interessen der Alliierten verhinderten fast jede Übereinkunft, die über die Entmilitarisierung und Entnazifizierung hinausging. Am 20. 3. 1948 zogen die sowjetischen Vertreter aus dem Kontrollrat aus, der daraufhin nicht mehr zusammentrat.

Schaulustige vor dem Kontrollratsgebäude während einer Sitzung

Symbolischer amerikanisch-russischer Händedruck auf der zerstörten Brücke bei Torgau, 25. 4. 1945

| 5. 6. 1945 | Berliner Erklärung des Alliierten Kontrollrates | April 1946 | Zwangsvereinigung von SPD und KPD zur SED |
| 1945/46 | Energiekrise und Lebensmittelknappheit | 1. 1. 1947 | Vereinigung der amerikanischen und britischen Besatzungszonen |

■ Die Gründung von Bundesrepublik und DDR

Eine wirtschaftliche Zusammenarbeit zwischen Plan- und Marktwirtschaft kam auch in härtester Not nicht zustande. Auf die Währungsreformen folgten zwei deutsche Staatsgründungen.

Im harten ❻ Winter 1945/46 brach die Energie- und Nahrungsmittelversorgung zusammen. Die unmittelbarste Not wurde durch ❽ „Care-Pakete" der Alliierten gelindert. Nach dem Ausbleiben hinreichender Nahrungslieferungen aus der Ostzone verweigerten die Westalliierten die Auszahlung

satzungsgebiet am 1. 1. 1947 zur Bizone. Der ❾ Marshallplan (S. 536) wurde ins Leben gerufen, um dem zerstörten Europa kontrolliert zu einem Aufschwung zu verhelfen. Zu dessen Umsetzung wurde in der Bizone eine Währungsreform durchgeführt und am 21. 6. 1948 die ❿ Deutsche

6

„Trümmerfrauen" wärmen sich die von der Arbeit starren Hände, 1945/46

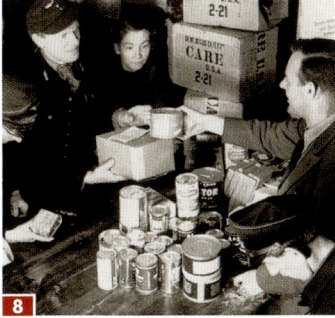

8

Verteilung von Care-Paketen, 1946

Kundgebung auf dem Platz der Republik vor dem Reichstag, Ernst Reuter fordert Beistand für das blockierte Berlin, 9. 9. 1948

7

Ankunft eines „Rosinen-Bombers" mit Verpflegung in Berlin, 1948

deutscher Reparationen an die Sowjetunion. Der Vorschlag der USA vom Juli 1946 zur wirtschaftlichen Vereinigung der Besatzungszonen wurde von der Sowjetunion als „Wirtschaftsimperialismus" gebrandmarkt und abgelehnt. Seit 1945 ebneten Landreform und Enteignungen in der sowjetisch besetzten Zone (SBZ) den Weg in die Planwirtschaft. Im April 1946 wurden SPD und KPD zur SED (Sozialistische Einheitspartei Deutschland) zwangsvereinigt und die anderen Parteien in einem Block zusammengeschlossen. Amerikaner und Briten vereinigten ihr Be-

10   Vorläufiges Papiergeld, 1948

Mark eingeführt. Als die Westmächte die D-Mark auch in ihren Sektoren in Berlin einführten, reagierten die Sowjets mit einer Blockade der Stadt.

Elf Monate lang wurde Berlin über eine ❼ Luftbrücke versorgt, 277 000 Flüge brachten 2,2 Millionen Tonnen Güter in die Stadt, bis die Sowjets die Blockade im Mai 1949 wieder aufhoben. Im Juli 1948 forderten die Westalliierten die Ministerpräsidenten der Länder auf, zur Wahl einer Verfassunggebenden Nationalversammlung aufzurufen. Die Minister ließen stattdessen ein „Grundgesetz" als Provisorium bis zur Wie-

kündung einer gesamtdeutschen Verfassung ausarbeiten. Es wurde am 1. 9. 1948 vom „Parlamentarischen Rat", der aus den Länderparlamenten gebildet worden war, unterzeichnet, von den Alliierten genehmigt und am 23. 5. 1949 verkündet. Die wichtigsten Grundlagen zur Bildung der Bundesrepublik Deutschland aus den westalliierten Besatzungszonen waren damit geschaffen.

In der SBZ verabschiedete ein von der SED dominierter „Deutscher Volksrat" am 7. 10. 1949 eine ⓫ Verfassung für eine „Deutsche Demokratische Republik" (DDR). Sie erhob ebenfalls den Anspruch, für ganz Deutschland zu gelten. Die staatliche Teilung Deutschlands war für die nächsten 40 Jahre besiegelt.

9

Bau von Wohnhäusern für Flüchtlingsfamilien, 1950

ES LEBE DIE NATIONALE FRONT DES DEMOKRATISCHEN DEUTSCHLAND

11

Gründung der Deutschen Demokratischen Republik (DDR) am 7. 10. 1949; am Mikrofon Wilhelm Pieck

20. 3. 1948	Auflösung des Kontrollrates	1948/49	Berlin-Blockade	20. 5. 1040	Verkündung des Grundgesetzes
21. 6. 1948	Einführung der Deutschen Mark	Mai 1949	Aufhebung der Berlin-Blockade	7. 10. 1949	Gründung der DDR

■ Die DDR: Die Ära Ulbricht 1948–1971

Nie durch freie Wahlen legitimiert, hatte die Staatsführung der DDR mit der Ablehnung durch die Bevölkerung zu kämpfen. Eine Konsolidierung gelang nur durch Zwangsmaßnahmen.

Walter Ulbricht

Generalsekretär der SED war seit Juli 1950 ❶ Walter Ulbricht. Im selben Jahr wurde die DDR in den „Rat für gegenseitige Wirtschaftshilfe" (RGW) aufgenommen, dem Pendant zum Marshallplan (S. 536). 1951 legte die SED den ersten Fünfjahresplan vor.

1952 lehnten die westlichen Alliierten Stalins Vorschläge für ein neutrales Gesamtdeutschland ab. Die Politik der Sowjetunion zielte nun darauf ab, die Integration der DDR in das östliche Bündnis voranzutreiben. Der Aufbau einer Armee brachte die junge Republik

Land des Ostblocks. ❹ Sowjetische Panzer schlugen die Erhebung schließlich nieder. Anschließend verstärkte die Staatsführung die Geheimpolizei des Ministeriums für Staatssicherheit („Stasi") unter Leitung von ❻ Erich Mielke. Unter z. T. massivem

Brennendes Polizeirevier während des Aufstands in Ostberlin am 17. 6. 1953

An der deutsch-deutschen Grenze (Foto, 1988)

in wirtschaftliche Schwierigkeiten, die durch Mehrarbeit und Lohnkürzungen ausgeglichen werden sollten. Widerstände in Partei und Gesellschaft wurden mittels „Säuberungen" und Repressionen gebrochen. Nachdem die SED im Mai 1953 eine weitere Arbeitsnormerhöhung für Industriebetriebe beschlossen hatte, kam es am 16. und 17. 6. 1953 in Berlin und fast allen größeren Städten zum ❷ Aufstand, dem ersten Volksaufstand in einem

Aufstand in Ostberlin am 17. 6. 1953: Sowjetpanzer auf dem Potsdamer Platz

Druck wurde seit 1952 die ❺ Verstaatlichung der Landwirtschaft zu LPGs (Landwirtschaftlichen Produktionsgenossenschaften) und der Wirtschaftsbetriebe zu VEBs (Volkseigenen Betrieben) durchgeführt. Die Versorgungslage verbesserte sich jedoch nicht. Auch deshalb standen weite Teile der Bevölkerung in Opposition zur Regierung. Das kurze „Tauwetter" nach 1956 änderte nichts an der mangelhaften Situation. Am deutlichsten zeigte sich die Ablehnung in der „Abstimmung mit den Füßen". Die ❸ Abriegelung der Grenze sollte die DDR auch vor dem wirtschaftlichen Zusammenbruch ret-

ten. Am 13. 8. 1961 wurde die Berliner Mauer errichtet und als „antifaschistischer Schutzwall" ideologisch gerechtfertigt.

In der Folgezeit trugen Lebensmittelimporte aus der UdSSR zu einer entspannteren Versorgungslage bei. Das politische System öffnete sich vorsichtig, und wirtschaftliche Reformen sorgten kurz für Aufbruchstimmung.

„Abstimmung mit den Füßen"

Im Gründungsjahr der DDR flohen 130 000 Menschen Richtung Westen, im Jahr des Aufstandes 1953 waren es 330 000. Insgesamt verließen bis zum Mauerbau 2 686 942 Menschen die DDR – ein Siebtel der Gesamtbevölkerung, von dem 60 % Erwerbstätige waren.

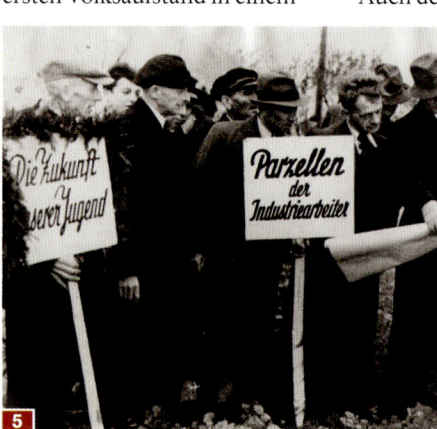

DDR-Grenzpolizei stellt einen Bürger, der durch die Kanalisation flüchten wollte, 1962

Ein ehemaliges Rittergut wird in Parzellen an Industriearbeiter verteilt, 1945

Erich Mielke, Minister für Staatssicherheit der DDR 1957–1989 (Foto, 1980)

■ Die Ära Honecker 1971–1989

Die Versorgungslage verbesserte sich, doch die DDR war wegen ihrer hohen Schulden vom Westen abhängig. Die Verweigerung von Reformen leitete den Untergang des Staates ein.

Der seit 1971 amtierende Generalsekretär ❶ Erich Honecker verkündete den „real existierenden Sozialismus": Das hieß, man vertröstete nicht mehr auf ein kommendes kommunistisches Paradies, sondern strebte die Verbesserung der gegenwärtigen Le-

waren ein Erfolg auf dem Weg zur internationalen Anerkennung. Als im September 1987 Erich Honecker mit allen Ehren eines Staatschefs vom westdeutschen Bundeskanzler Helmut Kohl in Bonn empfangen wurde, konnte man das als eine De-facto-Aner-

kennung der DDR ansehen. Den Anstieg der Sozialausgaben konnte das Land jedoch nicht finanzieren. Aufgrund unzureichender Modernisierungen stagnierte die Arbeitsproduktivität. Die Finanzierungslücke wurde durch Kredite aus dem Westen

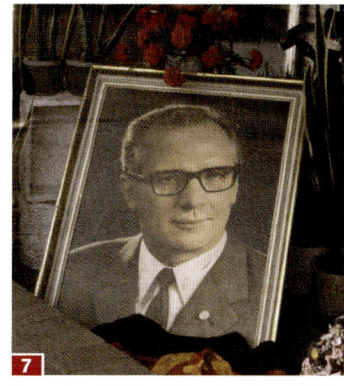
7 Honecker-Bild im Schaufenster, 1986

8 Verbotene Demonstration für mehr Freiheitsrechte in Dresden, 1987

Der „Trabbi" als Spielzeugauto, 1970

10 Blick auf Wohnhäuser in Berlin, die im Rahmen eines staatlichen Bauprogramms errichtet wurden, 1955

11 Der Erste Sekretär des ZK der SED, Erich Honecker, nach einer Ansprache auf dem VIII. Parteitag der SED am 15. 6. 1971

bensbedingungen an. Tatsächlich wuchs das Nationaleinkommen bis 1975 stetig, und bis 1980 hatte die ❷ DDR den höchsten Lebensstandard im Ostblock erreicht. Nun wurde der ❿ Wohnungsbau vorangetrieben. Hatte ein Westdeutscher etwa 20 % seines Einkommens für die Miete aufzubringen, so musste ein Ostdeutscher nur knapp 5 % aufwenden. Die medizinische Versorgung war kostenlos, und die Unterstützung der Familien führte zu einem Anstieg der Geburtenzahlen.

Die 1974 gleichzeitig mit der Bundesrepublik erfolgte Aufnahme der DDR in die UNO und die gleichberechtigte Teilnahme beider Staaten an der Konferenz über Sicherheit und Zusammenarbeit in Europa (KSZE; S. 537)

Kommerzielle Koordinierung

Schon in den 60er-Jahren hatte der Stasi-Offizier Alexander Schalck-Golodkowski begonnen, ein Schattenwirtschaftsimperium aufzubauen, um Geldmittel für den Schuldendienst zu besorgen. Man importierte Müll und veräußerte enteignete Antiquitäten, Waffen und Blutprodukte der DDR-Bürger. Geld brachten auch politische Häftlinge, die vom Westen freigekauft wurden.

gedeckt. 1983 verschaffte der bayerische Ministerpräsident Franz Josef Strauß mit einem „Milliardenkredit" der DDR-Regierung eine Verschnaufpause. Die Löhne stiegen weiter, jedoch gab es dafür immer weniger zu kaufen. Einen ❾ „Trabbi", das typische Auto der DDR, erhielt der

Uniformen der staatlichen DDR-Jugendorganisationen Jungpioniere und Freie Deutsche Jugend (FDJ)

Normalbürger erst nach zehn Jahren Wartezeit. Fernseher waren dagegen in 90 % der Haushalte vorhanden. Die meisten empfingen auch „Westfernsehen". Abend für Abend verglichen die Bürger ihren Lebensstandard mit dem im Westen. Auf den wachsenden Verdruss reagierte die Staatsführung mit ❼ Propaganda und dem Ausbau der Stasi.

Die Ausbürgerung des Liedermachers Wolf Biermann 1976 trieb die kulturelle Elite in die ❽ Opposition. Unter dem Schutz der Kirche sammelten sich u. a. Friedensgruppen. Die Zahl der Ausreiseanträge vervierfachte sich zwischen 1984 und 1988. Die Weigerung, die sowjetischen Reformen seit 1985 (S. 588) zu übernehmen, brachte das Fass zum Überlaufen.

Zeitgeschichte · seit 1945

Zeitgeschichte

■ Die Bundesrepublik: Von Adenauer bis Brandt 1949–1974

Konrad Adenauer band die Bundesrepublik eng an das westliche Staatenbündnis. Willy Brandts außenpolitische Leistung war der Abschluss der Ostverträge.

Während in der DDR die SED als Einheitspartei regierte, bildete sich in der Bundesrepublik ein Mehrparteiensystem heraus, in dem die Christlich-Demokratische Union (CDU) und die Sozialdemokratische Partei Deutschland (SPD) dominierten.

Am 14. 8. 1949 fand die erste Bundestagswahl statt. Einen Monat später wurde ❶ Konrad Adenauer (CDU) mit einer Stimme Mehrheit erster Bundeskanzler der Bundesrepublik. Seine Politik stand im Zeichen der Einbindung des Landes in das westliche Staatenbündnis. So erreichte er den Eintritt der Bundesrepublik in die ❻ Montanunion, Euratom und die EWG (S. 536). Mit den Pariser Verträgen von 1955 wurde die Bundesrepublik ein souverä-

Konrad Adenauer

Prof. Dr. Walter Hallstein

ner Staat und trat der NATO bei. Adenauer machte sich für die Aussöhnung mit Frankreich stark, was zur Unterzeichnung des Elysée-Vertrags 1963 führte, der eine enge Zusammenarbeit in der Außen-, Verteidigungs-, Bildungs- und Jugendpolitik festlegte. 1952 unterzeichnete Adenauer

Demonstration gegen den Vietnamkrieg, Berlin, 18. 2. 1968

Fernsehen, der Inbegriff des neuen Wohlstandes, 1952

das Wiedergutmachungsabkommen mit Israel. Innenpolitisch beharrte er auf dem Alleinvertretungsanspruch der Bundesrepublik für alle Deutschen, der sich in der ❷ Hallsteindoktrin von 1955 spiegelte: Die diplomatischen Beziehungen wurden mit jedem Staat abgebrochen, der die DDR anerkannte.

Adenauers Nachfolger wurde 1963 der bisherige Wirtschafts-

minister Ludwig Erhard, der als „Vater des ❹ Wirtschaftswunders" in die Geschichte einging. Als er 1966 scheiterte, übernahm eine Große Koalition aus SPD und CDU die Regierung. Wegen seiner NSDAP-Mitgliedschaft wurde der neue CDU-Kanzler Kurt Georg Kiesinger im In- und Ausland heftig kritisiert. Aus Protest gegen erstarrte Strukturen, gegen den Vietnamkrieg (S. 617) und die Notstandsgesetze von 1968 hatte sich eine ❸ Außerparlamentarische Opposition (APO) formiert, die v. a. von Studenten getragen wurde. Diese Bewegung prägte das gesellschaftliche Klima bis in die 70er-Jahre. Die seit 1969 regierende sozialliberale Koalition (SPD und FDP [Freie Demokratische Partei]) unter Willy Brandt wollte „mehr Demokratie wagen" und das Land durch Reformen modernisieren. Die außenpolitisch herausragende Leistung Brandts war die Entspannungspolitik gegenüber dem Osten. Sie gipfelte in dem Abschluss der Ostverträge (1970–1973). Die offizielle Anerkennung der polnischen Westgrenze wurde von der CDU/CSU vehement angefeindet.

Wiedergutmachung

Konrad Adenauer war daran gelegen, sich mit dem jungen Staat Israel auszusöhnen. In dem am 10. 9. 1952 unterzeichneten Wiedergutmachungsabkommen mit Israel verpflichtete sich die Bundesrepublik, drei Milliarden DM in Form von Sachwerten an Israel zu zahlen. Das Abkommen wurde am 18. 3. 1953 vom Bundestag erst in dritter Lesung gebilligt. Zahlreiche Abgeordnete der Regierungsparteien verweigerten ihre Zustimmung. Die Stimmen der SPD sicherten schließlich die Annahme der Vorlage.

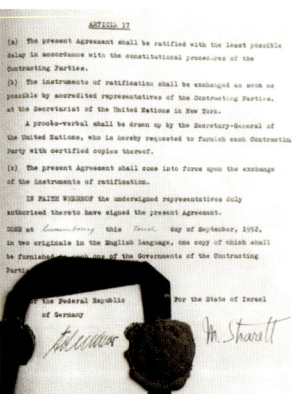

Deutsch-israelischer Vertrag, 1952

Gespräche zur Montanunion: Zweiter von links Robert Schuman, rechts neben ihm der deutsche Bundeskanzler Konrad Adenauer, 1951

■ Von Schmidt bis Kohl 1974–1989

Nach der Ölkrise 1973 geriet die Bundesrepublik in eine wirtschaftliche Krise. Der Europäische Integrationsprozess und die Öffnung nach Osten wurden vorangetrieben.

Nach der Enttarnung des Kanzleramtsreferenten ⑩ Günter Guillaume als DDR-Agent trat Willy Brandt 1974 als Kanzler zurück. Amtsnachfolger wurde Helmut Schmidt (SPD). In seine Regierungszeit fiel die erste schwere Wirtschaftskrise der Bundesrepublik. Das innenpolitische Klima war von Terrorakten der Rote-Armee-Fraktion (RAF) und staatlichen Gegenmaßnahmen geprägt. Außenpolitisch setzte Schmidt den Kurs der Verständigung fort: Er besuchte die ❼ DDR und nahm an den KSZE-Tagungen teil. Die Vertiefung der Europäischen Einigung gelang in Zusammenarbeit mit dem französischen Staatspräsidenten Giscard d'Estaing. Beide Regierungschefs initiierten 1975 die ❾ wirtschaftspolitische Zusammenarbeit der sog. G7-Staaten (heute G8).

Um 1980 geriet die Politik wieder stärker unter den Einfluss der weltpolitischen Spannungen. Schmidt befürwortete den NATO-Doppelbeschluss zur Stationierung von Mittelstreckenraketen in Europa, was weite Teile seiner eigenen Partei und eine erstarkte ❽ Friedensbewegung nicht mittragen wollten. Dies und die Sorge um die Erhaltung der Umwelt gab 1980 den Anstoß zur Gründung der Partei ❻ „Die Grünen", die 1983 als vierte Kraft in den Bundestag einziehen konnte.

1982 endete die sozialliberale Ära durch den Austritt der FDP aus dem Regierungsbündnis. Sie ging mit der CDU/CSU eine Koalition ein. Der neue Kanzler hieß ⑪ Helmut Kohl (CDU), Außenminister blieb Hans-Dietrich Genscher (FDP). Die Regierung Kohl stabilisierte bis 1989 die Staatsfinanzen, senkte Steuerbelastungen für Unternehmen und Privathaushalte und sicherte die Preisstabilität. Die Arbeitslosigkeit jedoch bekam sie nicht in den Griff. Notwendige Reformen unterblieben. In der Bevölkerung machte sich Politikverdrossenheit breit; die Wahlbeteiligung sank.

Außenpolitisch setzte die Regierung Kohl den Kurs ihrer Vorgängerinnen fort: Die Kontakte zum Osten wurden ausgebaut, und die europäische Einigung konnte gemeinsam mit dem französischen Staatspräsidenten Mitterrand vertieft werden.

Ein Wahlplakat der Grünen aus dem Jahr 1983: „Wir haben die Erde von unseren Kindern nur geborgt"

Helmut Schmidt (links) zu Besuch bei DDR-Staatschef Erich Honecker, 1981

Weltwirtschaftsgipfel am 16. 7. 1978 in Bonn (rechts neben Bundeskanzler Schmidt der französische Staatspräsident Giscard d'Estaing)

Nach der Bundestagswahl 1982: Helmut Kohl leistet den Amtseid

Anstecker mit dem Symbol der Friedensbewegung

Bundeskanzler Willy Brandt (links) mit dem Kanzleramtsreferenten Günter Guillaume

RAF

In den 70er-Jahren bestimmte der Linksterrorismus der „Rote-Armee-Fraktion" das politische Klima der Bundesrepublik. Ihre Kampfmittel waren Anschläge, Entführungen, Morde und Erpressungen, die sie einsetzten, um den Staat zu destabilisieren. 60 Menschen fielen ihr zum Opfer, darunter im Jahr 1977 auch der Arbeitgeberpräsident Hanns-Martin Schleyer. Die meisten Terroristen konnten verhaftet werden. 1992 stellte die RAF den Kampf ein und löste sich 1998 auf.

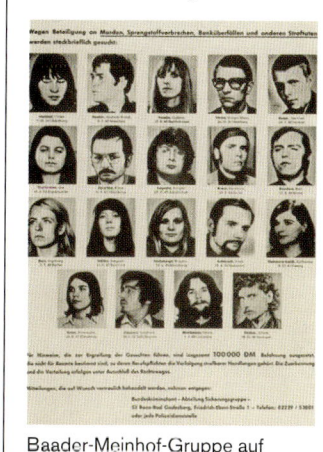

Baader-Meinhof-Gruppe auf einem Fahndungsplakat des Bundeskriminalamtes (1972)

■ Die deutsche Wiedervereinigung 1989/90

Der rasche Zusammenbruch des DDR-Regimes beschleunigte den Einigungsprozess. Die Regierung Kohl/Genscher erreichte die Zustimmung der vier Alliierten zur Wiedervereinigung.

1

Unterzeichnung des Staatsvertrags zwischen Bundesrepublik und DDR

Seit der Öffnung der ungarischen Westgrenze im Zuge der Perestroika (S. 586) am 10./11. 9. 1989 verließen Zehntausende DDR-Bürger ihr Land über Ungarn in Richtung Westen. Andere flüchteten über die bundesdeutschen Botschaften in Warschau und Prag. In Leipzig formierte sich seit Anfang September 1989 friedlicher Protest gegen die reformunwillige Regierung. Die Teilnehmerzahl an den sog. ❷ „Montagsdemonstrationen" stieg beständig. Am 23. Oktober zogen 300 000

2

Leipzig, Oktober 1989: „Montagsdemonstration" für politische Reformen

Menschen mit der Losung „Wir sind das Volk" durch die Leipziger Innenstadt. ❹ Am 4. 11. 1989 forderten auf dem Berliner Alexanderplatz etwa eine Million Bürger Meinungs- und Reisefreiheit sowie freie Wahlen. Schließlich öff-

Altbundeskanzler Willy Brandt am 10. 11. 1989 nach dem Fall der Mauer

„Nun wächst zusammen, was zusammengehört."

Willy Brandt während einer Kundgebung der SPD in Leipzig am 25. 2. 1990

nete die SED am 9. 11. 1989 die ❺ Grenze zur Bundesrepublik. Bald ging es nicht mehr darum, die DDR zu reformieren. Forderungen nach einer Vereinigung der beiden deutschen Staaten wurden laut. Die ersten ❻ freien Wahlen zur Volkskammer in der DDR am 18. 3. 1990 brachten der SED-Nachfolgepartei PDS nur 16 % der Stimmen. Eine konservative „Allianz für Deutschland" unter Ministerpräsident de Maizière (CDU) übernahm in einer großen Koalition mit Sozialde-

mokraten die Regierung und handelte mit der Bundesregierung den Einigungsvertrag aus.

Die sich verschlechternde ökonomische Lage in der DDR und die anhaltende Ausreisewelle führten zum Abschluss einer ❶ Wirtschafts-, Währungs- und Sozialunion zwischen beiden Staaten. Sie trat am 1. 7. 1990 in Kraft und war eine wichtige Vorstufe zur Wiedervereinigung. Die Vereinigung beider deutscher Staaten zu einem Gesamtdeutschland konnte nur mit Zustimmung der Siegermächte des Zweiten Weltkrieges erfolgen. In ❸ „2+4-Gesprächen" zwischen beiden deutschen Regierungen und den Außenministern der Alliierten

3

Erste Ministerrunde der 2+4-Konferenzen über die Zukunft des vereinten Deutschland, 5. 5. 1990

Der Beitritt der DDR zur Bundesrepublik

Am 22. 7. 1990 waren auf dem Gebiet der DDR die Länder Brandenburg, Mecklenburg-Vorpommern, Sachsen, Sachsen-Anhalt und Thüringen wieder gegründet worden. Diese fünf neuen Länder traten am 3. 10. 1990 der Bundesrepublik bei. Einen Tag später traf sich der erste gesamtdeutsche Bundestag zu seiner ersten Sitzung in Berlin. Fünf bisherige DDR-Politiker wurden als neue Bundesminister vereidigt. Damit endete die Geschichte der DDR.

wurde ein Vertrag ausgehandelt, der den Beitritt der DDR zur Bundesrepublik im Einvernehmen mit den Siegermächten regelte. 45 Jahre nach Kriegsende erhielt Deutschland die volle Souveränität zurück. Die staatliche Einheit wurde am 3. 10. 1990 vollzogen.

4

Demonstranten fordern vor dem „Palast der Republik" in Ostberlin Reformen, 4. 11. 1989

5

Berlin, nach der Öffnung des Grenzübergangs Glienicker Brücke, 10. 11. 1989

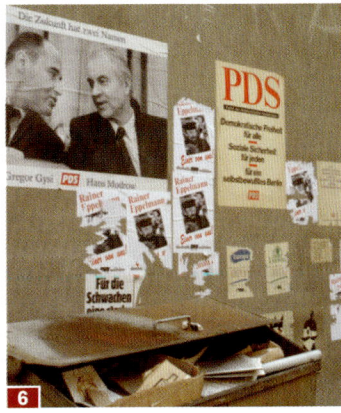

6

Plakate für die Wahlen zur Volkskammer der DDR am 18. 3. 1990

■ Deutschland in der Gegenwart

Das vereinigte Deutschland hat bis heute mit wirtschaftlichen und innenpolitischen Schwierigkeiten zu kämpfen. Außenpolitisch beteiligt sich die Bundesrepublik aktiv an der Einigung Europas.

Die Protestbewegung in der DDR hatte zahlreiche oppositionelle Parteien und Gruppierungen hervorgebracht. 1990 schlossen sich die ostdeutschen Bürgerrechtsgruppen mit den westdeutschen „Grünen" zur Partei „Bündnis 90/Die Grünen" zusammen. Die Vertreter der Bürgerrechtsbewegungen hatten maßgeblichen Anteil an der ❶ Auflösung des Ministeriums für Staatssicherheit und der Sicherung der Geheimdienstunterlagen.

Die ersten gesamtdeutschen Bundestagswahlen am 2.12.1990 brachten einen klaren Sieg der bestehenden Regierungskoalition unter Kanzler Helmut Kohl. Auf diese Weise demonstrierten weite Teile der Bevölkerung ihre Zustimmung zum Einigungsprozess.

Die Umsetzung der Vereinigung erwies sich als immense wirtschaftliche und politische Herausforderung. Die ❽ marode Industrie im Osten brach fast vollständig zusammen. Arbeits-

Deutsche UN-Blauhelmtruppe

platzverlust und Sozialabbau führten in vielen ostdeutschen Städten zu Massenprotesten. Etwa ein Jahr nach der Vereinigung erschütterten zahlreiche Überfälle

8

Schwermaschinenbau AG Wildau, ab 1951 VEB Schwermaschinenbau „Heinrich Rau", 1994

9

Das neue Bundeskanzleramt in Berlin, erbaut zwischen 1997 und 2001

10

Blick auf den Potsdamer Platz in der deutschen Hauptstadt Berlin, neu bebaut auf dem ehemaligen „Todesstreifen" an der Mauer, 2000

gestaltet worden. Während der Zeit des Kalten Krieges hatte die Bundesrepublik auf ein weltweites Engagement weitgehend verzichtet. Seit dem Zusammenbruch des Ostblocks übernimmt das Land auch militärische Sicherheitsaufgaben in der Welt. Ausdruck dafür ist etwa die Beteiligung von Bundeswehrsoldaten an einer ❼ UN-Blauhelm-Aktion im Kosovo 1999, beschlossen von der rot-grünen Regierungskoalition unter ❾ Kanzler Gerhard Schröder, die 1998 und 2002 die Bundestagswahl gewann.

Rechtsradikaler auf Ausländer- und Asylbewerberheime das ganze Land. Die Ausschreitungen wurden im In- und Ausland mit Sorge beobachtet. Ende 1992 demonstrierten aber auch Hunderttausende Deutsche gegen Ausländerhass und Rassismus.

Heute ist Deutschland mit über 80 Millionen der bevölkerungsreichste Staat in Europa und weiterhin ❿ wirtschaftlich stark. Nach der erfolgreichen Wiedervereinigung hat es sich aktiv für die Einigung Europas eingesetzt: Währungsunion und die Erweiterung nach Osten (S. 537) sind von der Bundesrepublik prägend mit-

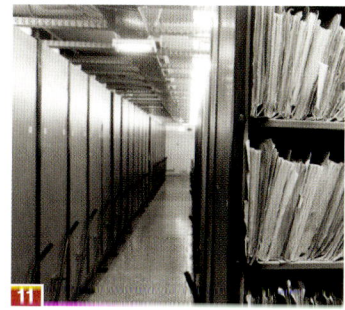

11

Berlin Lichtenberg, ehem. Ministerium für Staatssicherheit der DDR

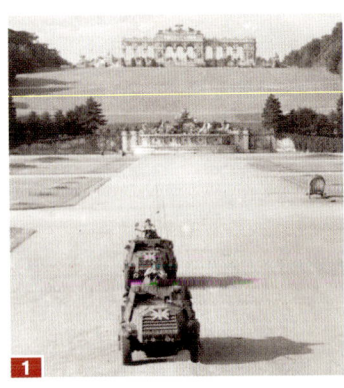

1

ÖSTERREICH SEIT 1945

Nach dem ❶ Ende des Zweiten Weltkrieges wurde die Unabhängigkeit Österreichs wieder-hergestellt. Mit dem Staatsvertrag von 1955 erhielt es seine Souveränität zurück. Bedingung war die immerwährende Neutralität, die Österreich später zu guten Kontakten mit west-lichen Landern und den Staaten des Ostblocks verhalf. Seit dem Ende des Kalten Krieges und Österreichs EU-Beitritt 1995 steht die Neutralitätspolitik jedoch in der Diskussion. Innen-politisch wurde die Republik über Jahrzehnte von den Großparteien SPÖ und ÖVP geprägt, die zu einem stabilen Interessenausgleich zusammenfanden.

April 1945: Britische Panzer vor Schloss Schönbrunn in Wien

■ Unabhängigkeit und Neutralität

Nach Kriegsende wurde Österreich wieder eigenständig und verpflichtete sich 1955 zu strikter Neutralität. Die Alpenrepublik wurde zum Amtssitz vieler internationaler Organisationen.

1938 hatte die Regierung unter breiter Zustimmung des Volkes den Anschluss Österreichs an das Deutsche Reich vollzogen (S. 455). Schon 1943 verständigten sich die Siegermächte auf die Wiederher-stellung der Unabhängigkeit Österreichs, teilten das Land und seine ❻ Hauptstadt Wien aber in vier eigene ❸ Besatzungszonen auf und setzten einen gemeinsa-men Kontrollrat ein.

Die Sozialdemokratische Partei Österreichs (SPÖ), die Kommunis-tische Partei (KPÖ) und die bür-gerliche Österreichische Volks-partei (ÖVP) einigten sich 1945 auf die Erklärung der Unabhän-gigkeit. Die Sowjets setzten Karl Renner (SPÖ) als ersten provisori-schen Regierungschef ein. Die Verfassung von 1929 wurde wie-der in Kraft gesetzt und alle natio-

2
Abzug der Besatzungstruppen nach Abschluss des Staatsvertrages, 1955

nalsozialistischen Gesetze annul-liert. Die erste Wahl am 25. 11. 1945 erbrachte eine Mehrheit für die ÖVP, die mit der SPÖ und der KPÖ eine Regierung bildete.

5
OPEC-Hauptsitz in Wien

Nach langwierigen Verhand-lungen zwischen Österreichs Re-gierungen und den Alliierten kam es 1955 zum Abschluss eines ❹ Staatsvertrags. Er wurde am 15. Mai in Wien unterzeichnet und stellte die ❷ Souveränität des Landes wieder her. Bedingung dafür war die Zusicherung „im-merwährender Neutralität", wel-che am 26. Oktober im „Bundes-verfassungsgesetz" festgeschrie-ben wurde. Seit 1967 wird dieser Tag als Nationalfeiertag began-gen. Österreich schloss sich 1960 wie alle neutralen Staaten Euro-pas der Europäischen Freihandels-assoziation EFTA an. Enge Wirt-schaftskontakte entwickelten sich besonders auch zu den umliegen-den Ostblockstaaten.

Seit 1955 gehört Österreich den Vereinten Nationen (UNO) an,

3
Symbolische Einheit der Alliierten: Ein US-amerikanischer, britischer, französi-scher und sowjetischer Militärpolizist geben sich in Wien die Hand

4
Die Unterzeichner des Staatsvertrags auf dem Balkon von Schloss Belvedere, 15.5. 1955

1979 wurde Wien wurde zu einem der vier ❼ Amtssitze der UNO. Auch darüber hinaus sind dank des Neutralitätsstatus in Öster-reich viele wichtige internationale Organisationen beheimatet. Dazu gehören die Internationale Atom-energie-Behörde IAEO, die Orga-nisation für Sicherheit und Zu-sammenarbeit in Europa OSZE sowie die ❺ Organisation Erdöl exportierender Staaten OPEC, die auch in Wien ihren Hauptsitz hat.

6
Kriegsschäden am Donaukanal in Wien, 1945

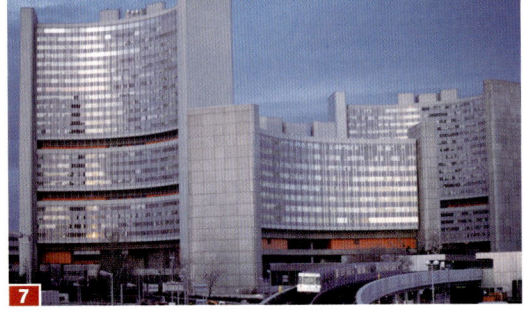

7
Die UNO-Stadt in Wien

| 1938 | „Anschluss" Österreichs an das Deutsche Reich | 25. 11. 1945 | Erste Wahlen | 26. 10. 1955 | Gesetz über die immerwährende Neutralität Österreichs |
| 1943 | Übereinkunft der Alliierten über die Unabhängigkeit Österreichs | | | 15. 5. 1955 | Souveränität Österreichs |

■ Wirtschaftliche Entwicklung und Krise der Neutralität

Österreich entwickelte sich zu einem Dienstleistungsland mit starker Tourismusbranche. Neben den großen Parteien SPÖ und ÖVP erstarkte seit den 90er-Jahren die rechtspopulistische FPÖ.

Der Marshallplan (S. 536) gab Österreich in den ersten Nachkriegsjahren wirtschaftliche Starthilfe. 1946 wurden Schwerindustrie und Banken verstaatlicht, was dem raschen Wiederaufbau ebenso diente wie die sog. Sozialpartnerschaft, die in Österreich bis heute praktizierte enge Zusammenarbeit der großen wirtschaftlichen Interessenverbände untereinander und mit der Regierung. Die Eingriffe der sowjetischen Besatzungsmacht in Niederösterreich führten zu einer Industrieflucht in den früher rein agrarischen Westen und veränderten so die Wirtschafts- und Sozialstruktur des Landes dauerhaft. Seit den 1970er-Jahren überflügelte der Dienstleistungssektor die Industrie. Seine übernationale Bedeutung verdankt Österreich bis heute v. a. dem ❽, ❾,

Skifahrer im Karwendelgebirge, 2003

❿ Tourismus sowie dem Status Wiens als Verwaltungs- und Kongressmetropole.

Seit 1947 bildeten SPÖ und ÖVP meist Koalitionsregierungen, in der „Ära Kreisky" regierte die SPÖ allein. Den Großparteien stand lange Zeit nur die FPÖ als Opposition gegenüber, die „Freiheitliche Partei Österreichs". Sie ging aus dem (Wahl-)Verband der Unabhängigen hervor, einer Art Auffangbecken für minderbe-

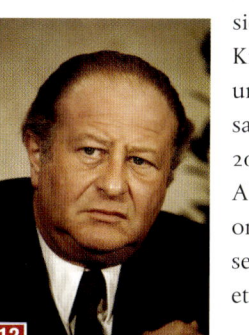

❷

Bruno Kreisky, 1973

❸

Der österreichische Bundeskanzler und Vorsitzende der SPÖ, Franz Vranitzky, 1992

lastete Ex-Nationalsozialisten, gegründet 1949. Unter ihrem rechtspopulistischen Vorsitzenden Jörg Haider stieg die Beliebtheit der Partei seit den 90er-Jahren sprunghaft an. Bei den Nationalratswahlen am 3. 10. 1999 wurde sie zweitstärkste Kraft nach der ÖVP und bildet mit ihr zusammen seit dem Jahr 2000 die Regierung. Als zweite Oppositionspartei haben sich seit 1986 die Grünen etabliert.

Seit der Regierungszeit von Bundeskanzler ❷ Bruno Kreisky (1970–83) hat Österreich seine Neutralität für eine aktive Friedenspolitik genutzt. Unter anderem stellte das Land Militärkontingente für die friedenssichernden UNO-Aktivitäten (S. 533) auf den Golan-Höhen und in Zypern

sowie in Bosnien-Herzegowina und im Kosovo. Außerdem nimmt Österreich an dem NATO-Programm „Partnerschaft für den Frieden" teil.

Seit Mitte der 1980er-Jahre war der Neutralitätsstatus Österreichs jedoch immer wieder innenpolitischer Diskussionsgegenstand. Anlass war der Vorschlag, der EG beizutreten, um am europäischen Binnenmarkt teilzunehmen (S. 537). 1989 stellte die SPÖ/ÖVP-Regierung unter ❸ Franz Vranitzky den Aufnahmeantrag. Nach erfolgreicher Volksabstimmung 1994 trat das Land 1995 der ⓫ EU bei. Seine Neutralität hat Österreich offiziell nicht aufgegeben.

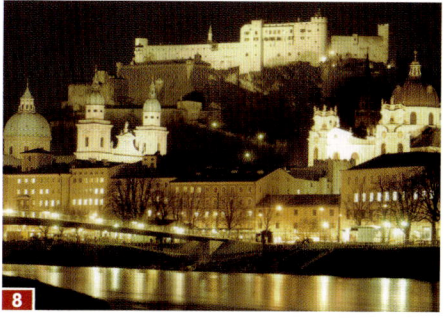

❽

Festung Hohensalzburg; vorne rechts die Kollegienkirche, links der Dom, 2002

❿

Fiaker-Fahrt am Salzburger Festspielhaus vorbei

⓫

Auf dem Wiener Heldenplatz feiert eine ausgelassene Menschenmenge die Übernahme des EU-Ratsvorsitzes durch Österreich 1998

Die Waldheim-Affäre

Kurt Waldheim, um 1985

Zu heftigen Kontroversen im In- und Ausland führte die Wahl von Kurt Waldheim zum österreichischen Bundespräsidenten im Juni 1986. Waldheim war von 1972 bis 1981 UN-Generalsekretär gewesen und trat bei den Wahlen als Kandidat der ÖVP an. Über seine Vergangenheit als Offizier der deutschen Wehrmacht äußerte er sich wie folgt: „Ich habe im Krieg nichts anderes getan als hunderttausende Österreicher auch, nämlich meine Pflicht als Soldat erfüllt." Kriegsverbrechen konnten ihm nicht nachgewiesen werden, dennoch blieb Waldheim außenpolitisch isoliert.

Zeitgeschichte — seit 1945

1955 | Eintritt in die UNO
1960 | Beitritt Österreichs in die EFTA
1970–83 | Bundeskanzler Bruno Kreisky
Juni 1986 | Waldheim-Affäre
1995 | Beitritt Österreichs zur EU
seit 2000 | ÖVP/FPÖ-Regierung Schüssel

DIE SCHWEIZ SEIT 1945

Das traditionell stabile Schweizer Regierungssystem beruht auf Konsens, direkter Demokratie und Föderalismus. Die Schweiz gehört v. a. durch ein florierendes Banken- und Versicherungswesen zu den wohlhabendsten Staaten der Welt. Die Beziehungen zur EU sind eng, aber ein Beitritt wird von der Bevölkerung bislang ❶ abgelehnt. Der ansteigende Rechtspopulismus stellt das Schweizer Konsensmodell vor neue Herausforderungen.

Mit „Nein" votierte Stimmzettel der Volksabstimmung über EU-Beitritt, 6. 12. 1992

▪ Wirtschaftsaufschwung und Kritik nach dem Zweiten Weltkrieg

Nach dem Zweiten Weltkrieg erlebte die Schweiz einen raschen Aufschwung ihrer Wirtschaft. Unter schwere Kritik geriet das Verhalten der Banken während des Nationalsozialismus.

Als neutraler Staat war die Schweiz nicht aktiv am Zweiten Weltkrieg beteiligt (S. 457). Ihre Produktionsanlagen waren deshalb weitgehend unbeschädigt geblieben. Dies begünstigte den ❷, ❹ Wirtschaftsaufschwung des Landes. Die Schweiz erarbeitete sich eines der höchsten Pro-Kopf-Einkommen weltweit, hat eine niedrige Arbeitslosenquote sowie ein geringes Haushaltsdefizit. Dem Dienstleistungssektor wuchs mit der Zeit eine immer größere Rolle zu, Hauptwirtschaftszweige sind das Banken- und Versicherungswesen sowie der ❺, ❻ Tourismus.

Der ❸ Finanzplatz Schweiz, der seine Bedeutung der Verbindung des strikten Bankgeheimnisses mit der Neutralität des Landes und der besonderen Sicherheit von „Schweizer Nummern-

Blick auf den Hauptsitz der Schweizer Bank UBS in Zürich, 2001

konten" verdankt, geriet nach dem Ende des Zweiten Weltkriegs stark in Kritik. Die Nationalsozialisten hatten während ihrer Herrschaft einen Großteil der von ihnen geraubten Vermögenswerte in die Schweiz verschoben, wo-

durch die Banken an den Verbrechen mitverdienten. 1946 wurde das verbliebene deutsche Auslandsvermögen zu Reparationszwecken an die Alliierten überwiesen. Verträge mit Polen und Ungarn 1949 führten zur Rückgabe von Vermögenswerten an die Erben der von dort stammenden Opfer. 1962 erließ man eigens ein Gesetz, um die Banken zu zwingen, die restlichen Vermögen von Verfolgten des nationalsozialistischen Regimes nachzuweisen und auszuzahlen. 1995 sah sich die Schweiz erneut angeklagt, an der Verschiebung von geraubtem Gut verdient zu haben. Als Reaktion setzte die Schweizer Regierung eine Internationale Expertenkommission zur Untersuchung der Vorgänge ein. Der Druck von außen wurde so stark, dass man vor Abschluss der Un-

Erfolgreiche Schweizer Tradition: Arbeiterinnen in einer Schokoladenfabrik

Schweizer Uhrenhandwerk gilt weltweit als Qualitätsmarke: hier moderne Uhren mit farbigen Armbändern, 2003

tersuchungen eine Zahlung vereinbarte. Trotz dieser Verfahrensweise hat das Verhalten der Banken dem Ansehen der Schweiz einigen Schaden zugefügt. Erschwerend kam hinzu, dass auch die Schweizer Flüchtlingspolitik im Zweiten Weltkrieg in die Kritik geriet. Aus antisemitischen Motiven waren etwa 25 000 jüdische Flüchtlinge an den Grenzen abgewiesen worden. 1996 musste sich Bundespräsidentin Ruth Dreyfuss formell für das Versagen der Schweiz gegenüber den Flüchtlingen entschuldigen.

Das Matterhorn in den Schweizer Alpen

Luzern, Kapellbrücke über die Reuss (Rekonstruktion, 2000)

■ Das politische System und die Neutralität

Die Schweiz blieb nach dem Krieg ein der Neutralität verpflichteter parlamentarischer Bundesstaat mit 26 Kantonen. Politische Entscheidungen werden im Konsens getroffen.

1848 hatte sich die Schweiz eine Verfassung gegeben, die nach einer Revision 1874 bis 1999 gültig war. Eine neue Version der Verfassung ist seit 2000 in Kraft. Die Schweiz ist seit 1959/60 eine „Konkordanz- oder Konsensdemokratie", ein Form der Demokratie, in der möglichst viele Parteien, Verbände und gesellschaftliche Gruppen in den politischen Prozess mit einbezogen sind und Entscheidungen im Konsens getroffen werden. Dieses Prinzip liegt auch dem regierenden ❶ Bundesrat zugrunde. Nach der sog. Zauberformel setzt er sich aus Vertretern der vier Parteien zusammen, die einvernehmlich nach politischen Lösungen suchen. Durch das Fehlen einer Opposition ist dieses Regierungssystem sehr stabil. Die Regierung hat jedoch nur die Befugnisse, die ihnen die Kantone zugestehen. Entscheidungen auf Bundes- und Kantonsebene können sich auch widersprechen. So führte man etwa 1971 das ❼ Frauenwahlrecht auf Bundesebene ein, die Appenzellerinnen konnten dagegen erst

1990 in ihrem Kanton mitbestimmen. Durch die Wahl des Rechtspopulisten Christoph Blocher in den Bundesrat wurde 2003 die sog. Zauberformel gesprengt und stellt seitdem die Konsensdemokratie auf eine ernste Probe.

Das Mitspracherecht der Bevölkerung reicht in der Schweiz traditionell sehr weit. Dies gilt gera-

❾

EU-Normen schränken auch die Schweizer Käsetradition ein

de auch für Verfassungsänderungen. So entschieden sich die Schweizer in Volksbefragungen 1992 gegen den Beitritt zum Europäischen Währungssystem und

2001 gegen den zur EU. 1960 war die Schweiz Gründungsmitglied der Europäischen Freihandelsassoziation EFTA (S. 551) gewesen, was aber nicht im Gegensatz zum Prinzip der Neutralität stand. Ein Beitritt zur EU würde dagegen eine ❾ politische Einbindung in die Gemeinschaft europäischer Staaten bedeuten. Wirtschaftlich ist die Schweiz durch bilaterale Verträge eng mit der EU verflochten, z. B. durch die Vereinbarung zum ❽ Alpentransit für den Schwerverkehr. Die generelle Aufgabe der traditionellen Neutralität der Schweiz wird von den meisten Bürgern abgelehnt. Dem ❿ UNO-Beitritt stimmten die Schweizer 2002 jedoch mehrheitlich zu.

❼

Die Wahlleiter der Landgemeinde Hundswill treffen zur Abstimmung über das Frauenwahlrecht zusammen, 1989

❽

Weiße Berglandschaft: Verschneite Brücke der Nord-Süd-Achse am Gotthard

❿

Plakate für und gegen eine UN-Mitgliedschaft der Schweiz am 20. 2. 2002 in Grabs; zweite Abstimmung der Schweiz nach 1986 über den Beitritt zu den Vereinten Nationen

     Zeitgeschichte

❶

Nationalratssaal im Bundesrat

Die „Zauberformel"

Die 1953 erstmals angewendete „Zauberformel" beschreibt die Zusammensetzung des Schweizer Bundesrates aus je zwei Mitgliedern der Liberalen Partei (FDP), der Christlich-Konservativen Partei (CVP), der Sozialdemokraten

(SP) sowie einem Vertreter der Schweizerischen Volkspartei (SVP). Die Zauberformel wurde 2003 gesprengt. Nach Wahlerfolgen beanspruchte die SVP erfolgreich einen zweiten Sitz im Bundesrat, die CVP musste einen Sitz abgeben.

oben: Die sieben Mitglieder der Schweizer Regierung, 1999

1

GROSSBRITANNIEN – VOM COMMONWEALTH ZUR EUROPÄISCHEN UNION SEIT 1945

Trotz des Verlustes seiner vorherigen Weltmachtstellung gestaltete ❶ Großbritannien nach 1945 die Neuordnung der Welt maßgeblich mit. Als enger Verbündeter der USA stand das Land in politischer Gegnerschaft zur Sowjetunion bei der Teilung Europas und der Welt. Großbritannien war Mitbegründer der UNO und ist Ständiges Mitglied des Weltsicherheitsrats. Der Prozess der Entkolonialisierung trug zu einer grundlegenden Wandlung des Landes und seiner Außenpolitik bei. Seit 1973 ist Großbritannien ein skeptisches, aber aktives Mitglied der EU und gilt in Brüssel als „loyale Opposition".

Blick auf den Trafalgar Square in London, um 1950

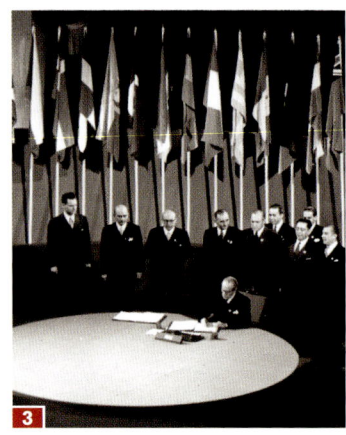

2

Potsdamer Konferenz, 17. 7.–2. 8. 1945; Churchill, Truman und Stalin vor dem Schloss Cecilienhof

■ Der Wandel einer Weltmacht

Die Außenpolitik Großbritanniens nach 1945 war durch die Konfrontation des Kalten Krieges und die Entkolonialisierung bestimmt.

Winston Churchill, bis Juli 1945 britischer Premierminister, hatte in den Konferenzen der Alliierten während des Krieges eine entscheidende Rolle gespielt (S. 532) und gegenüber dem Verbündeten Stalin eine harte Haltung eingenommen. In der ❷ NachkriegsKonferenz von Potsdam einigten sich die Alliierten noch relativ einvernehmlich über die Aufteilung der Einflusszonen. Doch schon bald danach begann die Konfrontationspolitik des Kalten Krieges. Im Schatten der neu entstandenen Weltmächte USA und UdSSR wurde der Gestaltungsspielraum für die britische

Unterzeichnung der UN-Charta, 1946

Außenpolitik enger. Die kriegs bedingte Schuldenlast band das Land an die Seite der USA, denen man sich aber durch das histo-

risch-kulturell bedingte „besondere Verhältnis" ohnehin verbunden fühlte.

Noch 1945 hatte der britische Kolonialbesitz ein Viertel der Erde umfasst. Doch bereits 1947 musste mit ❺ Indien das Kernstück des Empires in die Unabhängigkeit entlassen werden (S. 493). Innerhalb der nächsten 20 Jahre lösten sich fast alle Kolonien auf vorwiegend friedliche Weise vom einstigen Mutterland. Sie schlossen sich im Commonwealth of Nations (S. 500) zusammen. Als Gründungsmitglied der ❸ UNO und ehemalige alliierte Siegermacht erhielt Großbritannien einen ständigen Sitz im Weltsicherheitsrat (S. 533).

Wie begrenzt der außenpolitische Einfluss Londons war, zeigte sich u.a. 1956 in der ❹ „Suezkrise". Gemeinsam mit Frankreich hatte Großbritannien den vom ägyptischen Staatspräsidenten Nasser verstaatlichten Suezkanal (S. 600) besetzt. Doch das Unternehmen scheiterte am Einspruch der UdSSR und der USA. Nationale Machtpolitik war ohne Absprache mit den beiden Supermächten kaum mehr möglich.

4

Kriegsschiffe auf dem umkämpften Suezkanal, November 1956

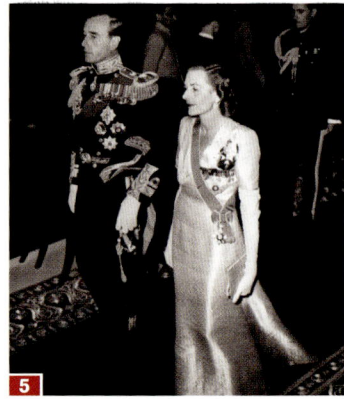

5

Lord Mountbatten, Generalgouverneur von Indien, mit Ehefrau während einer Festveranstaltung im Gouverneurssitz Neu-Delhi, 1948

Elisabeth II.

Geboren 1926, heiratete Elisabeth 1947 Philip Mountbatten, Duke of Edinburgh. Schon 1952 folgte sie ihrem Vater Georg VI. auf den Thron. Seit einem halben Jahrhundert ist sie Staatsoberhaupt der konstitutionellen Monarchie Großbritannien und damit auch Oberhaupt des 53 Mitgliedstaaten umfassenden Commonwealth of Nations. Sie verkörpert Kontinuität in einer Zeit, in der sich der Inselstaat grundlegend verändert hat.

Elisabeth II., Königin von Großbritannien und Nordirland sowie Oberhaupt des „Commonwealth of Nations", um 1953

1945 –51	Labour-Regierung unter Clement Attlee	1946	Gründungsmitglied der UNO	4. 9. 1949	Gründungsmitglied der NATO
	Dez. 1945	Verstaatlichung der Bank von England	**1948–51**	Verstaatlichung der Eisen- und Stahlindustrie	

Zeitgeschichte   seit 1945

■ Die wirtschaftliche Entwicklung nach Kriegsende

Nach dem Ende des Zweiten Weltkrieges wurden umfangreiche Sozial- und Wirtschaftsreformen durchgeführt. Die wirtschaftlichen und politischen Verflechtungen mit dem
Kontinent wurden enger.

Nach dem ❻ Zweiten Weltkrieg
entstand ein nationaler Konsens
zur Schaffung besserer Lebensverhältnisse, der einen grundlegenden Umbau des Staates erlaubte. Die 1945 neu gewählte La-
bour-Regierung unter Premierminister ❼ Clement Attlee führte
ein sozialstaatliches Reformprogramm durch. Kernpunkte waren
die Einführung des kostenfreien
staatlichen Gesundheitsdienstes
und der Arbeitslosenversicherung. 1946 wurde die ❽ Bank von
England verstaatlicht, gefolgt
vom Fernmeldewesen, der zivilen
Luftfahrt, Hauptteilen des Ener-
gie- und Transportwesens und
seit 1948 der Eisen- und Stahlindustrie. Der 1951 wiedergewählte
Churchill und seine konservativen Nachfolger steuerten wieder
zum Wirtschaftsliberalismus
zurück. Das bedeutete zunächst
den Verzicht auf einen weiteren
Ausbau des Sozialstaates und

Clement Attlee, um 1935

schon 1952 den Beginn der Repri-
vatisierung.

Wegen seiner engen wirtschaftlichen Verbindungen zu den Staaten des Commonwealth (S. 500)
und seiner über Europa hinausge-
henden Interessenpolitik blieb
Großbritannien der neu gegründeten Europäischen Wirtschafts-

gemeinschaft EWG
zunächst fern. Um die
Wirtschaftskontakte
zum Kontinent zu in-
tensivieren, gründete
Großbritannien 1960
gemeinsam mit Däne-
mark und Österreich
die Europäische Frei-
handelsassoziation
EFTA. In Bezug auf
wirtschaftlichen Erfolg
konnte es diese Ver-
tragsgemeinschaft
nicht mit der EWG und
späteren EU aufneh-
men. Nach zwei vergeb-
lichen Beitrittsanträgen
trat 1973 Großbritanni-
en der EU bei. Durch
die ❾ NATO-Mitglied-
schaft sind darüber hi-
naus die militärisch-
politischen Bindungen
an den Kontinent und
die USA gewährleistet.

Zerstörungen in London nach einem deutschen
Luftangriff; im Hintergrund die Kuppel der St. Paul's
Cathedral, 1941

Die Europäische Freihandels-
assoziation EFTA

*Die „European Free Trade Association"
EFTA wurde am 4. 1. 1960 in Stockholm
gegründet mit dem Ziel, Wachstum und
Wohlstand der Mitgliedsländer sowie Han-
delsbeziehungen und wirtschaftliche Zu-
sammenarbeit in Westeuropa und der Welt
zu fördern. Gründungsmitglieder waren
Dänemark, Großbritannien, Norwegen,
Österreich, Portugal, Schweden und die
Schweiz, gefolgt von Finnland, Island und
Liechtenstein. Nach dem Wechsel von
Großbritannien, Dänemark, Portugal,
Finnland, Österreich und Schweden zur EU
umfasst die EFTA heute noch vier Staaten.
Mit Ausnahme der Schweiz bilden diese
EFTA-Staaten seit 1994 zusammen mit
den EU-Mitgliedern den Europäischen
Wirtschaftsraum (EWR).*

oben: Konferenz des Ministerrates der EFTA in
Bern, 11. 10. 1960

Blick auf das Gebäude der Bank of England in London
(erbaut 1788–1833)

Der britische Außenminister Anthony Eden (Mitte) auf
einer NATO-Konferenz in Paris, 1952

seit 1945

Zeitgeschichte

■ Britische Innenpolitik von den 60er-Jahren bis heute

Bis in die 1960er-Jahre herrschte in Großbritannien ein relativer wirtschaftlicher Wohlstand. Danach geriet das Land in eine lang anhaltende Krise.

Das Mutterland der Industrialisierung hatte schon um 1900 seinen technisch-industriellen Vorsprung gegenüber der europäischen und amerikanischen Konkurrenz eingebüßt. Da aber London als ❶ Welthandelsplatz florierte, reagierte die britische Wirtschaftspolitik nicht auf diese Entwicklung. Als aber ab den 1960er-Jahren das Pfund immer stärker nachgab, wurden die Wurzeln der ökonomischen Krise offen gelegt: veraltete Produktionsanlagen, Produktivitätsverluste durch übermäßig viele Streiks, aber auch eine Budgetüberlastung durch ständig steigende Sozialausgaben. Konservative und Labour-Regierungen wechselten einander ab, ohne die Krise in den Griff zu bekommen.

Seit 1979 verfolgte die konservative Premierministerin Margaret Thatcher einen streng marktliberalen Kurs. Dazu gehörten der Rückzug des Staates aus der Wirtschaft, umfassende Privatisierungen und Steuersenkungen, aber auch ❸ Abbau von Arbeitnehmerrechten und staatlichen Sozialleistungen. Der Inflationsanstieg konnte so zwar ver-

langsamt und die Investitionsrate gesteigert werden, jedoch kam es auch zu zahlreichen Firmenzusammenbrüchen. Die Arbeitslosenrate erreichte im August 1982 eine Rekordzahl von drei Millionen. Die Einkommensschere öffnete sich wieder stärker. Als sich Anfang der 90er-Jahre der Beginn

2 John Major, Premierminister von Großbritannien 1990–1997 (Foto, 1992)

einer weiteren Rezession abzeichnete und Thatcher gegen landesweiten Widerstand eine ❹ Gemeindesteuer („Poll Tax") einführen wollte, rebellierte auch die Konservative Partei. Sie wählte 1990 ❷ John Major zu ihrem Nachfolger als Premierminister.

Die von ihm vorgenommene Privatisierung von Bahn, Post und Kohlebergbau war nicht sehr populär. 1992 ❻ stürzte das britische Pfund ein weiteres Mal ab, was England sogar zwang, aus dem Europäischen Wechselkurssystem auszuscheren.

Die Parlamentswahlen von 1997 brachten einen erdrutschartigen Sieg für die Labour-Partei von Tony Blair. Unter dem Schlagwort „New Labour" versucht seitdem der neue Premierminister einen dritten Weg für das Land zu finden, der sowohl dem freien Unternehmertum wie sozialen Anforderungen gerecht wird. Blair wurde 2001 mit klarer Mehrheit wiedergewählt. Als bislang erster Labour-Premier erhielt er 2005 das Mandat für eine dritte Amtszeit.

1 Londoner Börse, Royal Exchange, Foto 2000

3 Streikende Bergarbeiter in Nottinghamshire, 1984

4 Demonstrationszug gegen die „Poll Tax", 1991

5 Hektisches Treiben in der Effektenbörse in London

Margaret Thatcher

Die Chemikerin und Rechtsanwältin Margaret Thatcher war 1959–92 Abgeordnete der Konservativen im Unterhaus, seit 1975 Parteivorsitzende und Oppositionsführerin, 1979–90 Premierministerin und sitzt seit 1992 als Baroness Thatcher of Kesteven im Oberhaus. Wegen ihrer Durchsetzungsfähigkeit erhielt sie den Beinamen „Eiserne Lady". Das Schlagwort „Thatcherism" steht für die Reduzierung der wirtschaftlich-sozialen Staatsaufgaben, die Freisetzung der „Kräfte des freien Unternehmertums" und den Kampf gegen die Gewerkschaften.

Margaret Thatcher, 1983

ab 1949	Pfundabwertung	1973	Beitritt zur EWG	1982	Krieg um die Falkland-Inseln
1961	Antrag auf Beitritt zur EWG	Mai 1979	Premierministerin Margaret Thatcher	1990	Premierminister John Major

■ Britische Außenpolitik von den 60er-Jahren bis heute

Die EU-Skepsis in Großbritannien bleibt auch nach dem Beitritt des Landes bestehen. Das „besondere Verhältnis" zu den USA prägt die Außenpolitik in vielen Bereichen.

6 Kurz vor dem Irak-Krieg nimmt ein britischer Flugzeugträger Kurs auf die Golfregion, Februar 2003

Großbritannien stellte schon 1961, kurz nach der Gründung der EFTA (S. 551), den Antrag, in die EWG aufgenommen zu werden. Das Anliegen scheiterte zweimal am Einspruch Frankreichs. Erst 1973 konnte der Beitritt vollzogen werden. Zu diesem Zeitpunkt war der Wachstumsschub, von dem die EWG-Länder durch die Einführung des freien Marktes profitiert hatten, bereits abgeflaut. Stattdessen bremste die Explosion des Ölpreises 1973 und die daraus resultierende Wirtschaftskrise die ökonomische Entwicklung. Eine positive Wirkung der Mitgliedschaft war daher in Großbritannien kaum zu verspüren. 1984 gelang es Premierministerin Margaret Thatcher, bei der EU beträchtliche Beitragserleichterungen durchzusetzen.

Auch in der Folgezeit blieb das Verhältnis Großbritanniens zur europäischen Staatengemeinschaft zwiespältig. Die Kritik erreichte einen Höhepunkt, als die EU 1996 angesichts des massiven Auftretens der Rinderseuche BSE

auf der Insel ein Einfuhrverbot für britisches Rindfleisch verhängte. Generell steht hinter der Skepsis gegenüber der EU v. a. die

7 Enge Verbündete: Der britische Premierminister Tony Blair (links) und US-Präsident George W. Bush, 2004

Angst vor einer Bevormundung durch die Brüsseler EU-Zentrale. Gleichzeitig schreitet die Annäherung an den Kontinent fort. Einen wichtigen Beitrag dazu leistet der 1994 fertig gestellte **9** Eisenbahntunnel unter dem Ärmelkanal, der Großbritannien und Frankreich verbindet. Nach dem Rückzug der britischen Regierung aus

der Finanzierung des Projekts übernahm ein internationales Konsortium die Garantie für die Fertigstellung.

Neben der europäischen Anbindung prägt besonders das historisch gewachsene intensive Verhältnis zu den USA die britische Außenpolitik. So trug etwa die amerikanische Satellitenaufklärung 1982 zum britischen Sieg über Argentinien im Krieg um die Kronkolonie der **8** Falkland-Inseln bei. Als ihr wichtigster **7** Verbündeter unterstützte Großbritannien die USA auch in den **6** Kriegen gegen den Irak 1991 und 2003.

8 Krieg um die Falkland-Inseln: Britische Fallschirmjäger durchsuchen argentinische Kriegsgefangene nach Waffen, 1982

BSE

Die Bovine Spongiforme Enzephalopathie BSE ist eine Erkrankung, die zu Veränderungen im Gehirn führt. Die Verarbeitung von verseuchten Schafskadavern zu Futtermehl ermöglichte das Übergreifen der Krankheit auf Rinder und schließlich sogar auf Menschen. Die Seuche tauchte ab 1986 in Großbritannien auf und führte auch durch das 1996 verhängte Einfuhrverbot britischen Rindfleischs seitens der EU zu einer schweren Krise der Viehwirtschaft. Im Kampf gegen BSE hat sich bislang nur die Kontrolle der Herstellung bzw. das Verbot von tierischem Futtermehl (2000) bewährt.

9 Die Verbindung zum Kontinent ist hergestellt (Hohenstufen hat im Ann Durchbruch der ersten Tunnelröhre für den Eurotunnel, 1990

Immer noch herrscht Unsicherheit in der BSE-Früherkennung

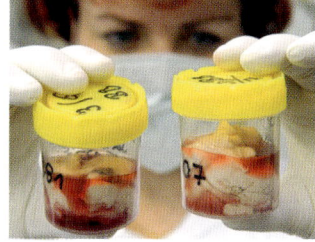

Untersuchung von Rinderhirn im Sicherheitslabor

IRLAND SEIT 1945

Die Republik Irland schied 1949 aus dem Commonwealth aus. Trotzdem blieben die wirtschaftlichen Beziehungen zu Großbritannien eng. Vom Eintritt in die EG 1973 profitierte Irland mehr als Großbritannien. Dank seines Wirtschaftswachstums stieg das Land zu einem der wohlhabenderen EU-Staaten auf. Diese erfolgreiche, eigenständige Entwicklung erleichterte es, im ❶ Nordirland-Konflikt mit Großbritannien eine Einigung zu finden.

Trauriger Bürgerkriegsalltag in Belfast. Mutter mit Kind neben einem britischen Soldaten mit Maschinengewehr, 1996

■ Die wirtschaftliche Entwicklung

Nach einer Nachkriegskrise ging es seit den 60er-Jahren mit der irischen Wirtschaft stetig bergauf. Der Beitritt zur EG beschleunigte den Aufschwung.

Im Zweiten Weltkrieg blieb die Republik Irland neutral. Dennoch litt das Land unter der Nachkriegsrezession. Sie konnte durch über den Marshallplan (S. 536) verteilte Gelder nur kurzzeitig abgemildert werden. In den 1950er-Jahren befand sich das Land in einer wirtschaftlichen Talsohle: Die Zahlungsbilanz war negativ, die Inflation hoch und viele Leute verließen das Land. Der Aufschwung setzte Ende der 50er-Jahre ein. Die Regierungspartei Fianna Fáil (S. 467) stellte mit Sean F. Lemass von 1959 bis 1966 den Premierminister. Sie nutzte den Wirtschaftsboom zur Durchsetzung einer liberalen Wirtschaftspolitik.

Großbritannien war und blieb der wichtigste Handelspartner. In rascher Folge schloss Irland mit der Nachbarinsel Handelsverträge ab. Durch das Einräumen von

Die Staats- und Regierungschefs der EU-Länder vor dem Außenministerium der irischen Hauptstadt Dublin, 1990

Vorteilen im wirtschaftlichen Austausch entspannte sich das ❷ Verhältnis zwischen beiden Staaten. Die irische Wirtschaftspolitik strebte jedoch auch die Eroberung anderer Märkte an, etwa

den ❹, ❺ Tourismusmarkt. Die Situation verbesserte sich, aber Inflationsraten und ❻ Arbeitslosenzahlen schnellten immer wieder hoch. Der ❸ Beitritt zur EG im Jahr 1973 hatte langfristig positive Auswirkungen auf das Wirtschaftsleben. Die von der EG verteilten Fördermittel wurden zukunftsträchtig im Verkehrs- und Schulwesen eingesetzt. Dank des Aufschwungs verminderte sich die Arbeitslosigkeit und die Auswanderung wurde gestoppt. So stieg die Bevölkerung von 2,9 Millionen im Jahr 1970 auf 3,6 Millionen im Jahr 1998 an. Inzwischen gehört Irland zu den wirtschaftlich dynamischsten Staaten der EU.

Unterzeichnung des Anglo-Irish Ulster Agreement; rechts die britische Premierministerin Thatcher, links ihr irischer Amtskollege Fitzgerald, 15. 11. 1985

Grüne Idylle: Der 160 km lange „Ring of Kerry" gilt als eine der schönsten Küstenstrecken Europas

Touristenmagnet: Pub in Dublin, 2002

Neuere irische Literatur

Die irische Literatur erlebte im 20. Jh. eine Phase der Erneuerung und Blüte. Es wurde sowohl in Gälisch als auch in Englisch geschrieben. P. O'Leary und P. H. Pearse verfassten Kurzgeschichten auf Gälisch. International renommierte Romanschriftsteller waren Liam O'Flaherty, Flann O'Brien und Brendan Behan, die sowohl auf Gälisch als auch auf Englisch schrieben. Weltruhm erlangten James Joyce mit seinem Roman „Ulysses" sowie der mit ihm befreundete Dramatiker und Dichter Samuel Beckett, der 1969 den Nobelpreis für Literatur erhielt. Sein absurdes Drama „Warten auf Godot" war eines der wegweisenden Stücke des modernen Theaters. Einen weiteren bedeutenden Dramatiker hat Irland mit Sean O'Casey hervorgebracht.

Samuel Beckett (Foto, um 1960)

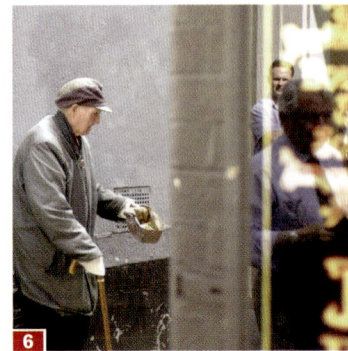

Armut in Dublin: Älterer Mann bettelt um Almosen, 2003

| 1949 | Austritt Irlands aus dem Commonwealth | 1959–66 | Premierminister Sean F. Lemass | 1965 | Britisch-irisches Freihandelsabkommen |
| 1955 | Beitritt zur UNO | 1965 | Gründungsmitglied der EFTA | 1965 | „Northern Ireland Civil Rights Association" |

■ Der Nordirland-Konflikt

Nach der Trennung vom Commonwealth wurde die junge Republik Mitglied in internationalen Organisationen. Die Innenpolitik war jedoch vom Nordirland-Konflikt überschattet.

Der Austritt aus dem Commonwealth und die Proklamation der Republik Irland 1949 löste die letzten staatsrechtlichen Bindungen an Großbritannien. Neue Bindungen entstanden innerhalb von internationalen Organisationen. So trat Irland 1955 der UNO bei und war 1960 Gründungsmitglied der EFTA (S. 551).

Doch wurde das seit 1921 geteilte Land (S. 466) in den 1950er-Jahren vom erneut aufflammenden Konflikt um Nordirland erschüttert. Die verbotene Irisch-Republikanische Armee IRA meldete sich mit Überfällen auf Posten an der ❽, ⓬ Grenze zu Nordirland zurück. Beide irischen ❾ Regierungen versuchten durch gemein-

10 Premierminister Tony Blair (Mitte) mit David Trimble (links) von den protestantischen Ulster Unionists (UUP) und John Hume von den katholischen Sozialdemokraten (SDLP) in Belfast, 1998

7 Fassade im katholischen Viertel Derrys: Erinnerung an ein Schulmädchen, das durch britische Gummigeschosse getötet wurde

sames Vorgehen dieser Anschläge Herr zu werden. In der Republik Irland führte diese Zusammenarbeit mit einer nordirischen Behörde zur Regierungskrise. In Nordirland gründete sich 1967 die „Northern Ireland Civil Rights Association", eine Bürgerrechtsbewegung, die für die Katholiken in Nordirland die Gleichberechtigung erkämpfen wollte. Doch die zunächst friedlichen Proteste wurden mit Gewalt beantwortet.

So entwickelte sich vom Ende der 1960er-Jahre an in Nordirland ein blutiger Bürgerkrieg, in dem

bis Ende der 90er-Jahre an die 4000 Menschen starben. Es standen sich gegenüber: die ⓫ „Unionisten" im protestantischen Norden, die die Union mit Großbritannien erhalten wollten, und die ❼ nationalistischen „Republikaner" im katholischen Süden, die die Vereinigung mit Irland anstrebten. Einen Höhepunkt der Konfrontationen stellte der ⓭ „Bloody Sunday" am 30. 1. 1972 dar, an dem zahlreiche Katholiken durch britisches Militär getötet wurden. Im März löste die britische Regierung das nordirische Parlament auf, worauf die IRA mit zahlreichen Bombenanschlägen reagierte. Verhandlungen zwischen Dublin, Belfast und London scheiterten.

Einen Durchbruch bedeutete das am 10. 4. 1998 abgeschlossene ❿ Karfreitagsabkommen, das von den Regierungen von Großbritannien, Irland, Nordirland und den verschiedenen nordirischen Parteien unterzeichnet wurde. Darin verzichtete Irland auf das Verfassungsziel einer Wiedervereinigung, man beschloss die Zusammenarbeit der Behörden, und die paramilitärischen Einheiten stimmten einer Entwaffnung zu. Großbritannien bestätigte eine Verringerung seiner Truppen und eine Polizeireform. Es sagte zu, die katholische Sinn Féin stärker an der Verwaltung Nordirlands zu beteiligen. Getrennte Volksabstimmungen in beiden Ländern verhalfen dem Abkommen schließlich zum Erfolg. Das Leben in Nordirland begann sich langsam wieder zu normalisieren.

8 Mit einem Stahltor gesperrte Straße zwischen Protestanten und Katholiken in Belfast (Foto, 2004)

9 Blick auf Stormont Castle in Belfast, Sitz des nordirischen Parlaments und Kabinetts (Foto, 2004)

11 Fassadenmalerei der protestantischen UFF (Ulster Freedom Fighters) in Belfast (Nordirland), Stadtteil Shankill

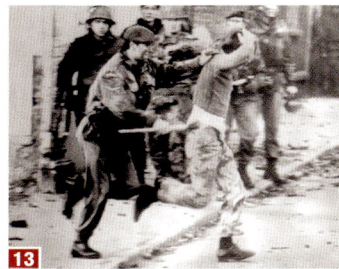

13 „Bloody Sunday" 1972: Mitglied einer britischen Fallschirmjäger-Einheit schlägt auf Demonstranten ein

12 Schutz vor Anschlägen: Ein vergitterter britischer Armeewachturm in Derry

seit 1945

Zeitgeschichte

FRANKREICH AB 1945

Frankreich hatte schwer unter dem Zweiten Weltkrieg gelitten. General Charles de Gaulles provisorische Regierung ging gegen Kollaborateure vor und nahm den Wiederaufbau in Angriff. Die Vierte Republik war nur von kurzer Dauer. Ein Aufstand in der Kolonie Algerien führte zur Regierungskrise und schließlich zur Gründung der präsidialen Fünften Republik. Ihr Präsident ❶ de Gaulle verfolgte eine Politik der Unabhängigkeit von den Machtblöcken des Kalten Krieges. Seine Nachfolger engagierten sich wieder stärker in Europa.

Beginn der deutsch-französischen Freundschaft: Staatspräsident de Gaulle (rechts) und der deutsche Bundeskanzler Adenauer

Von der Vierten zur Fünften Republik 1946–1958

In den ersten Nachkriegsjahrzehnten wandelte sich Frankreich zum Industrieland. Die instabile Vierte Republik brach 1958 zusammen und wurde durch ein Präsidialsystem ersetzt.

Bei Kriegsende war Frankreich ein in vielen Teilen ❸ zerstörtes Land. Nach der „Säuberung" der Gesellschaft von tatsächlichen und vermeintlichen Kollaborateuren begann die ❷ Provisorische Regierung unter Charles de Gaulle (S. 461) mit dem Wiederaufbau. Im Zuge dessen wurden Banken, Versicherungen und Großunternehmen wie Renault und Air France verstaatlicht sowie sozialstaatliche Reformen durchgesetzt. Mit dem Instrument der Wirtschaftsplanung

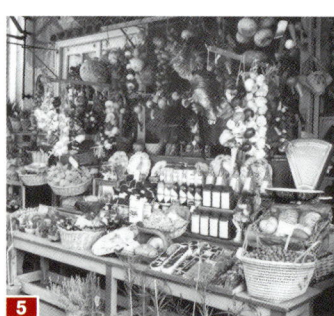

Lebensmittelgeschäft mit Produkten der Region, um 1960

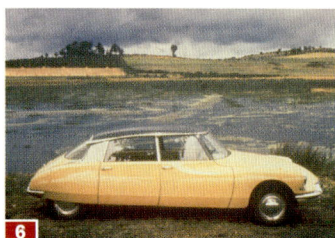

Wirtschaftsfaktor Auto: Der Citroën DS, 1960er-Jahre

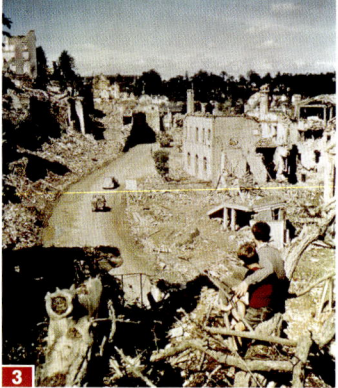

Alliierter Vormarsch in eine zerstörte Stadt in der Normandie, 1944

steuerte der Staat die Wirtschaftsentwicklung über die Wiederaufbauphase hinaus. So wandelte sich Frankreich in der zweiten Jahrhunderthälfte vom ❺ Agrarland zur ❻ Industrienation.

Nach dem Rücktritt de Gaulles als Ministerpräsident wurde am 13. 10. 1946 die Verfassung der Vierten Republik beschlossen. Die Nationalversammlung erhielt viele Befugnisse; von ihr waren Regierung und Präsident abhängig. Aus der Provisorischen Republik wurden u. a. das Frauenwahlrecht und das Verhältniswahlrecht übernommen. Letzteres führte zu einer Zersplitterung der Parteienlandschaft. Die Regierungen wechselten fast halbjährlich, was die Tätigkeit der

Exekutive stark beeinträchtigte. Die Vierte Republik scheiterte 1958 an der ❹ „Algerienkrise" (S. 595). Um eine Militärdiktatur und einen Bürgerkrieg abzuwenden, beschloss die Nationalversammlung, ❼ de Gaulle wieder an die Macht zu rufen. Seine Regierung arbeitete die Verfassung der Fünften Republik aus, die das Präsidentenamt stärkte. Der Entwurf wurde von der Bevölkerung in einer Volksabstimmung mit 79 % gebilligt. Die Fünfte Republik dauert bis heute an.

Die Fünfte Republik

Gemäß der 1958 angenommenen Verfassung der Fünften Republik ist Frankreich eine semipräsidiale Demokratie: Sowohl das Staatsoberhaupt als auch der Regierungschef haben einen Anteil an der Regierungsführung. Jedoch hat der seit 1962 direkt vom Volk gewählte Staatspräsident besondere Vollmachten. Er ernennt den Regierungschef und das Kabinett, ist Oberbefehlshaber der Streitkräfte, hat gegenüber den Gesetzesbeschlüssen des Parlaments ein Vetorecht und kann die Nationalversammlung auflösen.

Eröffnungssitzung der verfassungsgebenden Nationalversammlung im befreiten Paris, November 1944

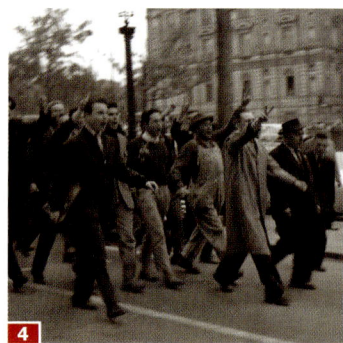

Proteste in Paris gegen die Regierung nach Armeeputsch in Algier, Mai 1958

Charles de Gaulle (rechts) mit Staatspräsident René Coty, 1958

■ Von der Kolonialpolitik zur Entwicklungshilfe

Die Entkolonialisierung war für Frankreich ein krisenhafter Prozess, doch kam es später mit den ehemaligen Kolonien zu neuen Formen der Zusammenarbeit.

8

Vietminhs auf einer abgeschossenen französischen B 26, 1954

9

Algerienkrieg 1954–1962: Französische Propagandapostkarte mit einem lachenden französischen Soldaten und algerischen Kindern

10

Charles de Gaulle bei seinem Besuch in Algier im Juni 1958

In der Kolonie Indochina (S. 420) fand 1946–1954 ein für beide Seiten verlustreicher ❽ Befreiungskrieg statt, in dessen Folge Frankreich seinen Rückzug aus der Region erklärte. Die Protektorate Marokko und Tunesien wurden 1956 bzw. 1957 in die Unabhängigkeit entlassen (S. 594). In der Kolonie Algerien lebten etwa eine Million europäischer Siedler, die das Land als zu Frankreich gehörig ansahen. Doch die Bevölkerung forderte die Unabhängigkeit. Mit einem Aufstand begann 1954 der erbittert geführte ❾ Unabhängigkeitskrieg (S. 595). Dabei nutzten die in Algerien stationierten französischen Militärs die Schwäche der Pariser Regierung, die zur Anerkennung eines algerischen Selbstbestimmungsrechts bereit waren, zu eigenständigem Handeln. Rechtsradikale Algerienfranzosen gründeten eine Terrorgruppe, die Organisation Armée Secrète (OAS). Da Ägypten die algerische Befreiungsbewegung unterstützte, besetzte Frankreich gemeinsam mit Großbritannien den Suezkanal. Doch USA, UdSSR und ⓫ UNO zwangen die europäischen Mächte zum Rückzug. Gegen den erbitterten Widerstand einiger Generäle leitete ❿ de Gaulle Verhandlungen mit der algerischen Exilregierung ein. Der Vertrag von Evian vom 18. 3. 1962 brachte Algerien die staatliche Unabhängigkeit von Frankreich.

Die Volksabstimmung zur Einführung der Verfassung der Fünften Republik 1958 wurde nicht nur im Mutterland, sondern auch in den Überseeterritorien Frankreichs durchgeführt. In der Verfassung war die Gründung einer „Communauté française" als Auffangbecken für die Kolonien festgeschrieben. Die Annahme der Verfassung bedeutete die Aufnahme in diese Gemeinschaft. Nur Guinea lehnte dies ab. Nach der Verfassungsänderung von 1960 konnten auch die bereits unabhängig gewordenen ehemaligen Kolonien beitreten, was die afrikanischen Territorien mit wenigen Ausnahmen taten.

Frankreich versuchte in der Folge, mit seinen ehemaligen Kolonien eine „gleichberechtigte" Partnerschaft aufzubauen. Die französische Entwicklungshilfe konzentriert sich weitgehend auf diese Länder und die Zusammenarbeit in der Außen-, Sicherheits-, Kultur- und Wirtschaftspolitik ist vertraglich geregelt. Sie versteht sich dezidiert als Schutzmacht, die auch militärisch eingreift.

Frankreichs Besitzungen in Übersee

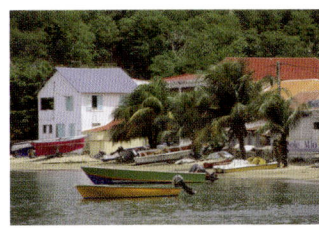

Iles de Saintes, Guadeloupe

Die vier Übersee-Départements Französisch-Guyana, Guadeloupe, Martinique und Réunion sind rechtlich fast vollständig den französischen Départements gleichgestellt. Die Übersee-Territorien Französisch-Polynesien, Neukaledonien und Wallis-et-Futuna besitzen darüber hinaus eine eigene Exekutive und ein beratendes „Parlament". Französische Gesetze erhalten hier nur Gültigkeit, wenn dies ausdrücklich vorgesehen ist. Allerdings kann Paris per Verordnung in die Regierung der Länder eingreifen.

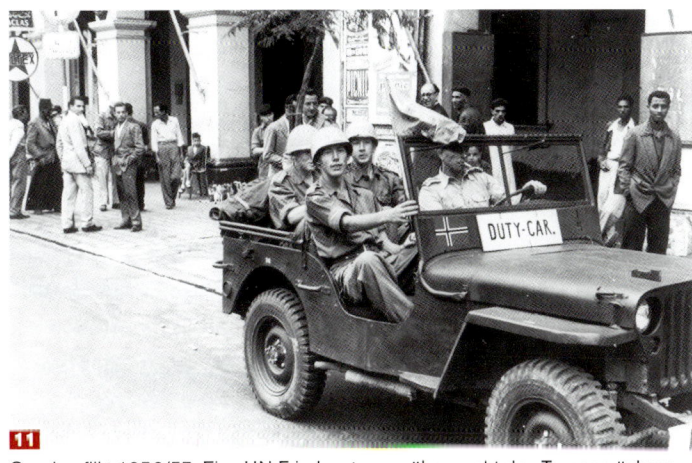

11

Suezkonflikt 1956/57: Eine UN-Friedenstruppe überwacht den Truppenrückzug der kriegführenden Parteien

■ Wirtschaft und Innenpolitik der Fünften Republik 1958 bis heute

Die Politik der Fünften Republik wird hauptsächlich von dem jeweiligen Präsidenten gestaltet.

Nach dem Ende der Kolonialkriege gelang es Präsident de Gaulle, die Staatsfinanzen zu sanieren. Obwohl bald ein Wirtschaftswachstum zu verzeichnen war, verspürten besonders Bauern, Arbeiter und der ❷ selbstständige Mittelstand die negativen Folgen des Wandels zur Industriegesellschaft. Ihre Unzufriedenheit traf 1968 mit dem politischen Unmut und den revolutionären Bestrebungen von Studenten und Intellektuellen zusammen. Es kam vermehrt zu ❻ Demonstrationen, ❹ Straßenschlachten, Betriebsbesetzungen und schließlich zum Generalstreik. Zwar konnte de Gaulle diese Staatskrise meistern, doch trat er schon 1969 nach einem erfolglosen Referendum zurück.

Sein Nachfolger ❶ Georges Pompidou (1969–1974) leitete Reformen ein, doch die Arbeitslosenzahlen stiegen, ebenso die Preise und die Staatsschulden. Die Regierung von ❺ Valéry Giscard d'Estaing (1974–1981) war v. a. außenpolitisch erfolgreich. Gemeinsam mit dem deutschen Bundeskanzler Helmut Schmidt rief er jährliche Gipfeltreffen der Staatschefs der wichtigsten Industriestaaten (G7) ins Leben, die dem Kampf gegen die Wirtschaftskrise dienen sollten. Den Anstieg der Arbeitslosigkeit konnte aber auch Giscard d'Estaing nicht stoppen.

Durch die Wahl des Sozialisten ❸ François Mitterrand (1981–1995) zum Staatspräsidenten und den Sieg der Sozialistischen Partei bei der Parlamentswahl kam 1981 die Linke an die Macht. Mitterrand hatte sich eine demokratische Wirtschaftsplanung und eine Einkommensumschichtung zum Ziel gesetzt. Doch Haushaltsdefizit und zweistellige Preissteigerungsraten zwangen ihn schon 1983 zum Kurswechsel. Die Einrichtung des gemeinsamen Binnenmarktes der EG ab 1984 engte seinen Spielraum weiter ein.

1986 verlor Mitterrand die absolute Mehrheit im Parlament, und der Gaullist ❼ Jacques Chirac wurde zum Premierminister gewählt. Damit begann die Phase der „Cohabitation". Um solche erzwungenen Koalitionen der Vertreter unterschiedlicher Parteien zu vermeiden, führte Frankreich das Mehrheitswahlrecht ein. Doch 1997 kam es mit Chirac als Staatspräsident und dem Sozialisten Lionel Jospin als Premierminister erneut zu einer Cohabitation.

1 Amtseinführung des französischen Staatspräsidenten Georges Pompidou, Paris, 20. 6. 1969

2 Bäckerei in Frankreich (Foto, um 1960)

3 François Mitterrand (Foto, 1991)

4 Studenten werfen Steine auf Polizisten, Paris 1968

5 Staatspräsident Valéry Giscard d'Estaing (links) bei einem Treffen mit dem deutschen Bundeskanzler Helmut Schmidt 1975 in Bonn

6 Studentendemonstration, Paris 1968

Cohabitation

In Frankreichs semi-präsidentiellem Regierungssystem haben Staatspräsident und Premierminister umfangreiche Machtbefugnisse. Zu einer Cohabitation (wörtl.: Zusammenleben) kommt es, wenn beide unterschiedlichen Parteien angehören, aber trotz dieser politischen Rivalität die Regierungsgeschäfte gemeinsam ausüben müssen. So einigte sich Mitterrand 1984 mit Chirac auf eine Aufgabenteilung: Der Präsident gestaltete die Außenpolitik und der Premierminister die Innenpolitik.

7 Jacques Chirac (Foto, 2003)

| 22. 1. 1963 | Deutsch-französischer „Elysée"-Vertrag | 28. 4. 1969 | Rücktritt von Staatspräsident de Gaulle | 1974–81 | Giscard d'Estaing Staatspräsident |
| Mai 1968 | Revolutionäre Studentenunruhen | 1969–74 | Pompidou Staatspräsident | | |

■ Frankreich in Europa

De Gaulles Vorstellung von einem „Europa der Vaterländer" betonte die Eigenständigkeit Frankreichs. Heute versteht sich die „Grande Nation" stärker als Teil Europas.

Frankreich gilt heute zusammen mit Deutschland als ❽ Motor der Europäischen Union. Beide Staaten brachten wichtige Initiativen zur Erweiterung der Gemeinschaft auf den Weg. Frankreichs Rolle in der EG bzw. EU vollzog aber im Laufe der letzten 50 Jahre einen bedeutenden Wandel. Nach der bitteren Erfahrung der Niederlage gegen das Deutsche Reich während des Zweiten Weltkriegs ging es zunächst darum, sich gemeinsam mit Großbritannien

band der ❿ deutsch-französische Vertrag von 1963 (S. 542) den einst feindlichen Nachbarstaat fest an Frankreich. Londons Anträge, in die EG aufgenommen zu werden, lehnte Staatspräsident de Gaulle gleich zweimal ab, da er fürchtete, der Beitritt Großbritanniens könne Frankreichs Führungsrolle in Europa gefährden. Der Rückzug Frankreichs aus dem militärischen Bereich der NATO diente v. a. der Wahrung der Eigenständigkeit des Landes.

WEIMAR 1997

8

70. deutsch-französische Konsultation; hinten Mitte Jacques Chirac, links neben ihm der deutsche Bundeskanzler Helmut Kohl, Weimar 1997

9

Der neue Airbus A380 – ein gemeinsames Projekt von Frankreich, Deutschland, England und Spanien, 2004

und den Benelux-Staaten gegen den Nachbarstaat abzusichern. Die ersten europäischen Verträge – die gemeinsame Bewirtschaftung von Kohle, Stahl und Atomenergie (S. 536) – waren von der Absicht geprägt, militärische Auseinandersetzungen zwischen Deutschland und Frankreich künftig unmöglich zu machen.

Durch die zunehmende wirtschaftliche Bedeutung der Europäischen Gemeinschaften wurden die französischen Interessen von ihrem Kolonialreich in Richtung ❾ Europa gelenkt. Allerdings ging es weiterhin darum, die unabhängige Machtposition des eigenen Staates innerhalb und außerhalb der Gemeinschaft abzusichern und auszubauen. So

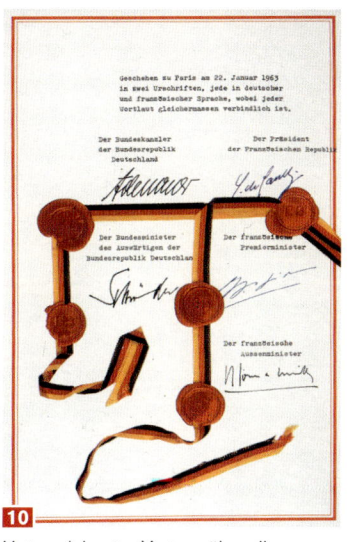

10

Unterzeichneter Vertrag über die deutsch-französische Zusammenarbeit, Paris 1963

Nach de Gaulles Rücktritt änderte Frankreich seine Europapolitik. Unter Staatspräsident Pompidou wurde dem Beitritt Großbritanniens zur EG zugestimmt, und unter Giscard d'Estaing und Mitterrand nahm Frankreich führend am Einigungsprozess teil. Zum Ende des Jahrhunderts wurde Frankreich ein Fürsprecher der ⓫ EU-Erweiterung und macht sich heute für eine einheitlichere europäische Verteidigung und Sicherheit stark. – Allerdings stimmten die Franzosen am 29. 5. 2005 bei der Volksabstimmung über die Annahme der Europa-Verfassung zu 54,8 % mit Nein.

11

Staats- und Regierungschefs nach dem EU-Gipfel zur Aufnahme neuer Länder in die Union, Amsterdam 1997

François Mitterrand

François Mitterrand schloss sich im Zweiten Weltkrieg dem Widerstand an, wurde 1944 Minister der Provisorischen Regierung de Gaulles und war in der Vierten Republik als Abgeordneter und Minister tätig. In der Fünften Republik einte er die zersplitterte Linke zur Parti Socialiste, deren Vorsitzender er bis 1980 war. 1981–1995 amtierte er als erster Sozialist als Präsident Frankreichs. Nach sozialreformerischen Anfängen pflegte er danach wieder den Zentralismus. Besonders machte er sich für das deutsch-französische Verhältnis und die Hinwendung Frankreichs zur Europäischen Integration stark.

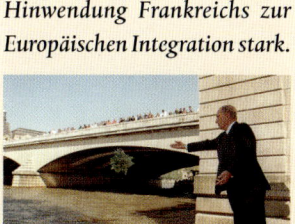

Präsident Mitterrand wirft Blumen in die Seine, wo Rechtsradikale einen Marokkaner getötet hatten, Paris 1995

1984 | Jacques Chirac Ministerpräsident; Beginn der Cohabitation   **1997** | Cohabitation Chirac/Jospin   **2002** | Wiederwahl Chiracs

1981–95 | François Mitterrand Staatspräsident   **1995** | Wahl Chiracs zum Staatspräsidenten   **29. 5. 2005** | Franzosen stimmen gegen EU-Verfassung

Die Benelux-Länder Belgien, Niederlande und Luxemburg SEIT 1945

Nach Ende des Zweiten Weltkriegs entschieden sich die Königreiche von Belgien und der Niederlande sowie ❶ das Großherzogtum Luxemburg, unter dem Sammelnamen „Benelux" eine enge wirtschaftliche, kulturelle und politische Zusammenarbeit einzugehen. Sie schlossen sich an das westliche Bündnissystem an und gaben dafür ihre Neutralität auf. Die Benelux-Staaten waren führend an der (west-)europäischen Einigung beteiligt. Zusammen haben sie das Potenzial einer wirtschaftlichen Großmacht. Die einzelnen Entwicklungen der Staaten nach 1945 verliefen jedoch sehr unterschiedlich.

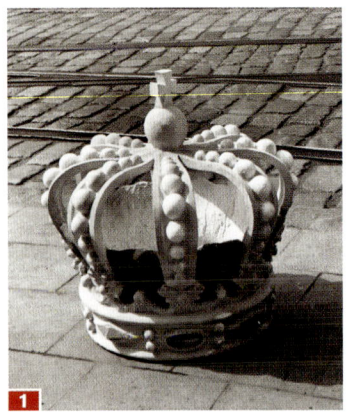

1 Dekoration zur Vermählung des luxemburgischen Erbgroßherzogs Jean, 1953

2 Flaggen der Mitgliedsstaaten vor dem NATO-Sitz in Brüssel, Belgien

◼ Die Benelux-Idee

Während des Krieges waren Belgien, die Niederlande und Luxemburg von deutschen Truppen besetzt worden und wurden zu Opfern nationalsozialistischer Kriegspolitik. Nach dem Krieg rief man die Benelux-Union ins Leben, um gemeinsam mehr Gewicht in Europa zu erlangen.

Belgien, die Niederlande und Luxemburg hatten zu den ersten Opfern der nationalsozialistischen Kriegs- und Eroberungspolitik gehört (S. 468 f.). Um zukünftig mehr Stärke zeigen zu können, beschlossen die Exilregierungen der drei Staaten noch im September 1944 eine Zoll- und Wirtschaftsunion, die den Sammelnamen »Benelux« erhielt. Die Zollunion trat am 1. 1. 1948 in Kraft. 1949 folgte die Vereinbarung einer „Vorunion", die die Wirtschaftsstrukturen anpassen und die Handelsbeschränkungen abbauen sollte. 1958 wurde im

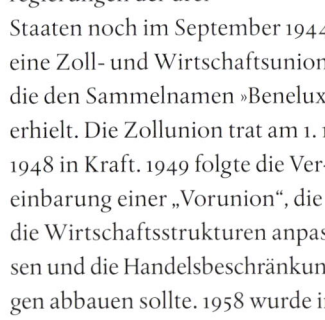

3 NATO-Generalsekretär Willy Claes (Foto, 1995)

Haager Vertrag eine Wirtschaftsunion vereinbart, die im November 1960 in Kraft trat. 1970 hob man die Binnengrenzen auf. Diese Form der Kooperation hatte Vorbildcharakter für den Prozess der europäischen Einigung. Dass die drei Länder fortan mit einer Stimme sprachen, erleichterte aber nicht nur das Zusammenwachsen Westeuropas, diese Stimme gewann durch das gemeinsame Auftreten auch zusätzliches Gewicht. Mit einer Gesamteinwohnerschaft von 27 Millionen zu Beginn des 21. Jh. gelten die Benelux-Staaten als viertgrößter Wirtschaftsakteur der Welt, auch wenn die Benelux-Union in letzter Zeit etwas in den Schatten der sich stetig vergrößernden ❺ EU geraten ist. Die fortdauernde enge Zusammenarbeit sichert den drei Ländern

jedoch vielfach eine größere Durchsetzungsmacht, als sie andere „kleine" EU-Staaten für sich allein haben.

In der Nachkriegszeit fand noch ein weiterer Politikwechsel statt. Mit der Teilnahme am Marshallplan (S. 536) stellten sich die Benelux-Staaten während der Zeit des Kalten Krieges bewusst auf die Seite der Westmächte. Das bedeutete das Ende ihrer traditionellen Neutralität. Schon 1945 waren sie ge-

4 NATO-Generalsekretär Joseph Luns (Foto, 1976)

meinsam der UNO beigetreten. 1948 schlossen sie den Brüsseler Verteidigungspakt mit England und Frankreich ab und wurden 1949 Gründungsmitglieder der ❷, ❻ NATO. Von den zehn NATO-Generalsekretären kamen bisher vier aus den Benelux-Staaten: Paul-Henri Spaak und ❸ Willy Claes aus Belgien, Dirk Stikker und ❹ Joseph Luns aus den Niederlanden.

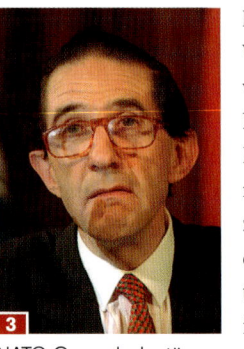

5 Das Europaratsgebäude in Brüssel (Foto, 2003)

6 Sitzung des NATO-Rates in Mons, Belgien, um 1949

■ Belgien: Vom Einheits- zum Föderalstaat

Nach dem Krieg verlagerte sich der Schwerpunkt von Belgiens Wirtschaft in den flämischen Landesteil. Der Streit zwischen Flamen und Wallonen führte zur Errichtung des Föderalstaats.

Die im Zweiten Weltkrieg nahezu unversehrt gebliebene belgische Schwerindustrie bescherte dem Land in den 1940er-Jahren einen Aufschwung. Nachdem deren Bedeutung geschwunden war, geriet Belgien in eine Wirtschaftskrise. Diese wurde durch die positiven Auswirkungen der Benelux-Union und die Mitgliedschaft in der EWG (S. 536) aufgefangen. Investitionen flossen jedoch v. a. in den flandrischen Landesteil, so z. B. in den ❿ Hafen von Antwerpen. Hatte in den Jahrzehnten zuvor der wallonische, französischsprachige Landesteil die Wirtschaft getragen, so übernahm jetzt der flämische Teil des Landes die Vorreiterrolle. Dies schürte den Konflikt zwischen den beiden Bevölkerungsgruppen, der immer wieder zu innenpolitischen Krisen führte. Es kam zu zahlreichen Verfassungsreformen. Seit 1993 ist Belgien eine bundesstaatlich organisierte parlamentarische Monarchie, die sich aus den Regionen ❽ Flandern, Wallonien und der Hauptstadtregion ❼, ❾ Brüssel zusammensetzt. Wirtschaft und Verwaltung sind weitgehend dezentralisiert, und den Regionen wurde kulturelle Autonomie zugestanden.

8 Wappen von Flandern

Die ersten Nachkriegsjahre wurden zusätzlich vom Streit um König Leopold III. überschattet. Ihm hing der Vorwurf des Verrats und der Kollaboration an (S. 468). Er kehrte zwar 1950 auf den belgischen Thron zurück, jedoch brachen daraufhin Unruhen aus, sodass er 1951 zu Gunsten seines

7 Das Atomium, Wahrzeichen der Weltausstellung in Brüssel 1958

9 Rathaus der belgischen Hauptstadt Brüssel

Sohnes abdankte. Baudouin I. gelang es durch strikte Neutralität im Sprachenstreit, das Land zusammenzuhalten. Ihm folgte sein Bruder Albert II. auf den Thron. Er trat kein leichtes Erbe an: Eine Bestechungsaffäre, in die zahlreiche Minister verwickelt waren, führte 1994 zum Regierungsrücktritt, und die Neuwahlen brachten den Durchbruch rechtsgerichteter Parteien. Zwischen 1990 und 2000 wurde Belgien von zahlreichen Korruptionsskandalen und den Verbrechen des Kinderschänders Dutroux erschüttert. Am 20. 10. 1996 versammelten sich 325 000 Bürger zum ⓫ „Weißen Marsch auf Brüssel". Es war eine schweigende Kundgebung gegen politische Verfilzung, moralischen Verfall und die Laxheit der Justiz im Prozess um den Kindermörder und seine Hintermänner.

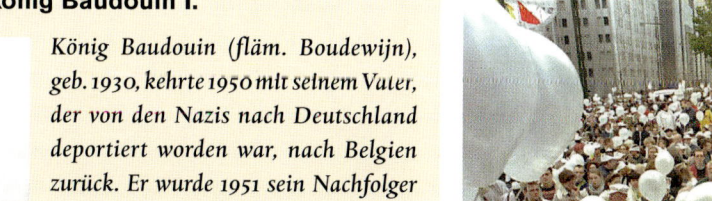

10 Verladekais mit riesigen Kränen im Hafen der belgischen Stadt Antwerpen

König Baudouin I.

König Baudouin (fläm. Boudewijn), geb. 1930, kehrte 1950 mit seinem Vater, der von den Nazis nach Deutschland deportiert worden war, nach Belgien zurück. Er wurde 1951 sein Nachfolger auf dem Königsthron. 1960 erklärte er die belgische Kolonie Kongo für unabhängig. Er starb 1993 tief betrauert nach 42 Jahren Regentschaft. Das belgische Königshaus dient als einigendes und stabilisierendes Moment des von Zerrissenheit bedrohten Föderalstaats.

Baudouin I., König der Belgier (1951–1993)

11 Massendemonstration gegen Kinderschändel, 1996

1960 | Unabhängigkeit Belgisch-Kongos
1993 | Tod Baudouins I./Albert II. wird belgischer König
1958 | Haager Vertrag
1970 | Aufhebung der Binnengrenze
2. 10. 1996 | Weißer Marsch auf Brüssel

Zeitgeschichte   seit 1945

Luxemburg

Luxemburgs Entwicklung wird von seinem Verhältnis zu den Nachbarn bestimmt. Die Stahlindustrie ist ebenso wie die Finanzwirtschaft auf die Zusammenarbeit mit den angrenzenden Ländern angewiesen.

Bereits in den 1920er-Jahren hatte ❶ Luxemburg durch die wirtschaftlichen Verbindungen mit Belgien Erfahrungen mit einer Zoll-, Handels- und Währungsunion sammeln können. International besonders bedeutsam war die Eisen- und Stahlindustrie aufgrund der reichen lothringischen Erzvorkommen. Nach dem Ende

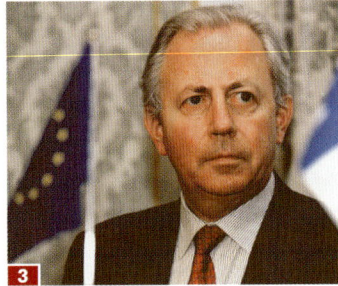

2
Unterzeichnung des Vertrags zur Montanunion, 18. 4. 1951

des Zweiten Weltkriegs wurde das Großherzogtum Luxemburg ein Vorkämpfer für die ❷ Europäische Gemeinschaft für Eisen und Stahl (EGKS) und unterstütz-

te damit maßgeblich den europäischen Einigungsprozess. Entsprechend nahm die Hohe Behörde dieser „Montanunion" 1952 in Luxemburg ihren Sitz. Weil der Vertrag auf 50 Jahre befristet war, wurde die Hohe Behörde 2002 ordnungsgemäß wieder aufgehoben. Auch andere wichtige europäische Behörden sind in Luxemburg ansässig: der ❺ Europäische Gerichtshof, die Europäische Investitionsbank und das Sekretariat des Europarates.

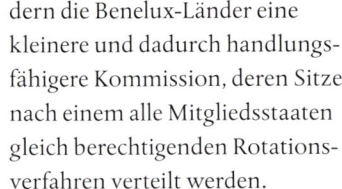

3
Jacques Santer, Präsident der EU-Kommission (Foto, 1996)

1949 gab Luxemburg seine Neutralität auf und trat der NATO bei; seine Außenpolitik wird fast ausschließlich von der EU-Politik bestimmt. Die lange Amtszeit der

luxemburgischen Politiker qualifiziert diese im besonderen Maße für die europäische Bühne. Dazu zählen etwa ❸ Jacques Santer, von 1995–1999 Präsident der EU-Kommission, oder der amtierende luxemburgische Premierminister Jean-Claude Juncker, der sich als Vermittler innerhalb der EU einen Namen gemacht hat. Als Kleinstaat ist Luxemburg sehr darauf bedacht, in den europäischen Gremien nicht übergangen zu werden. Seit 2003 fordern die Benelux-Länder eine kleinere und dadurch handlungsfähigere Kommission, deren Sitze nach einem alle Mitgliedsstaaten gleich berechtigenden Rotationsverfahren verteilt werden.

Luxemburg ist zudem einer der wichtigsten ❹ Finanzplätze der Welt. Die Finanzwirtschaft hat

1
Die von der UNESCO zum Weltkulturerbe erklärte Altstadt Luxemburgs

4
Gebäude der DG-Bank Luxembourg auf dem Kirchberg in Luxemburg (Foto, 1997)

für das Land existenzielle Bedeutung. Die Bemühungen der EU um eine Zinsbesteuerung und die Aufhebung des Bankgeheimnisses wurden deshalb als ökonomische Bedrohung angesehen. Ein entsprechendes EU-Abkommen hatte Luxemburg bereits 1989 durch sein Veto verhindert.

5
Das ehemalige Gebäude des Europäischen Gerichtshofes auf dem Gelände des Europazentrums Kirchberg in Luxemburg

Karlspreis an das Volk von Luxemburg

Das Volk von Luxemburg wurde 1986 mit dem Karlspreis der Stadt Aachen ausgezeichnet. Dieser Preis wird seit 1949 alljährlich für Verdienste um die europäische Einigung verliehen. Die Luxemburger erschienen deshalb preiswürdig, weil sie als Gründungsmitglied der EU zu überzeugten Europäern der ersten Stunde zählen und luxemburgische Politiker wesentliche Beiträge zur Einigung Europas geleistet haben. Als Stellvertreter für die luxemburgische Bevölkerung nahm Großherzog Jean Preisgeld und Medaille in Empfang.

Großherzog Jean mit seiner Gattin (1953)

■ Niederlande

Nach dem Ende des Zweiten Weltkrieges entwickelten sich die Niederlande zu einer Dienst-leistungs- und Industrienation. Auch die Gesellschaftsstruktur wandelte sich.

Nach 1945 kam es in den Nieder-landen zu massiven „Säuberun-gen" und einer strafrechtlichen Verfolgung der Kollaborateure (S. 469). Anders als das Nachbar-land Belgien waren die Niederlan-de im Krieg stark ❻ zerstört wor-den. Dank der Marshallplanhilfe gelang ein rascher Wiederaufbau. An die Vergangenheit als Agrar-land und Kolonialmacht konnten die Niederländer nicht mehr an-knüpfen: Niederländisch-Indien (das heutige Indonesien) war von Japan besetzt worden und hatte sich 1945 unabhängig erklärt, was von den Niederlanden 1949 aner-kannt wurde. 1963 erlangten West-Guinea und 1975 Surinam die Unabhängigkeit.

Der Prozess der Entkolonialisie-rung trug dazu bei, dass sich die Niederlande nach 1945 zu einer ❾ Industrie- und Dienstleistungs-nation wandelten. Die Eisen ver-arbeitende Industrie, die Elektro-geräteindustrie und die ❿ Petro-chemie gehören seitdem zu den weltweit erfolgreichen Wirt-schaftszweigen. Seit Mitte der 1970er-Jahre änderte sich auch die

niederländische Gesellschafts-struktur. Bis dahin hatten die ein-zelnen Bevölkerungsgruppen in „Säulen" nebeneinander hergelebt

Königin Juliana der Niederlande

(„Verzuiling"): Dabei handelte es sich um kulturell in sich geschlos-sene Gemeinschaften mit eigenen sozialen Einrichtungen, die kaum miteinander in Berührung ka-men. Es gab ein katholisches, ein protestantisches, ein sozialdemo-kratisches und ein liberales Mi-lieu. Mit dem Bedeutungsverlust der Religionen und einer allge-meinen Liberalisierung lösten sich diese allmählich auf.

Nach 1945 etablierte sich eine katholisch-sozialdemokratische Koalition. Sie endete 1958 mit dem Auszug der sozialdemokra-tischen Partei der Arbeit (PvdA). Danach regierten wechselnde bürgerlich-konservative Koalitio-nen. Nur wenige Jahre saßen die Sozialdemokraten wieder auf der Regierungsbank.

Die Monarchie geriet in den 1960er- und 1970er-Jahren in eine Krise. Der Ehemann von ❼ Köni-

Königin Beatrix der Niederlande (2004)

gin Juliana, Prinz Bernhard, war in einen Bestechungsskandal ver-wickelt und trat 1976 von seinen militärischen Ämtern zurück. 1966 heiratete die spätere Königin ❽ Beatrix einen Deutschen, was heftige antideutsche Ressenti-ments auslöste. In jüngster Zeit

Ruinen der niederländischen Hafen-stadt Rotterdam, 1940

Europoort

1958–1981 wurde an einem Rheinarm bei Rotterdam ein Außenhafen für Schiffe mit größerem Tiefgang errichtet. Der Europoort ist einer der mo-dernsten und nach dem Waren-umschlag der größte Hafen der Welt. Um ihn gruppieren sich Ölindustrie und chemische In-dustrie, Lagerhallen für Autos, Getreide und Eisenerz.

oben: Hochsee-Containerschiffe im Europoort bei Rotterdam

werden Konflikte zwischen Ein-wanderern und Einheimischen sichtbar. In der Folge des Mordes an dem Regisseur Theo van Gogh durch einen radikalen Muslim am 2. 11. 2004 kam es zu Anschlägen auf islamische und im Gegenzug auf christliche Einrichtungen.

Erasmusbrücke in Rotterdam

Öltank der Shell-Raffinerie in Rotterdam

seit 1945

Zeitgeschichte

ITALIEN SEIT 1945

Obwohl Italien im Zweiten Weltkrieg erheblich ❷ zerstört worden war, gelang dem einstigen Verbündeten des Deutschen Reiches (S. 471) ein rascher Wiederaufbau. Doch auf das ❶ Wirtschaftswunder der 1950er-Jahre folgte bald eine Krise. Das politische System Italiens ist „stabil instabil". Schwerwiegende Probleme des Landes waren und sind das organisierte Verbrechen und die Korruption. Sie reichen in Einzelfällen bis in staatliche Institutionen und die Wirtschaft hinein. Anfang der 90er-Jahre brach das wirtschaftlich-politische System zusammen, was jedoch nicht zu strukturellen Änderungen führte.

„Fiat 1400, der Wagen des Fortschritts" (Werbeanzeige, 1951)

■ Italiens politisches System seit 1945

Nach dem Zweiten Weltkrieg wurde Italien zu einer Republik umgeformt. Die bürgerliche „Democrazia Cristiana" war in wechselnden Koalitionen an allen Regierungen beteiligt.

Gäste in Harry's Bar in Venedig (Foto, um 1950)

Aldo Moro (um 1971)

Das zerstörte Kloster von Montecassino, 1944

König Umberto II. bei seiner Hochzeit mit Maria José von Belgien, Rom 1930

Nach einer Volksabstimmung am 2. 6. 1946 wurde Italien eine Republik mit einer parlamentarisch-demokratischen Verfassung. ❺ König Umberto II. – der erst einen Monat zuvor den Thron bestiegen hatte – verließ daraufhin das Land.

Führende Regierungspartei wurde die bürgerliche Democrazia Cristiana (DC). Sie regierte 1947–1953 mit absoluter Mehrheit, danach in wechselnden Koalitionen, wobei sie regelmäßig über etwa ein Drittel der Stimmen verfügte. Die Sozialistische Partei (PSI) verlor in den 1950er-Jahren ihre zweite Position in der Parteienlandschaft an die Kommunistische Partei (PCI). Auf der äußersten Rechten etablierten sich die Neofaschisten (MSI).

Zwischen 1945 und 1989 kam es zu 48 Regierungswechseln. Dies

hatte seine Ursache sowohl in einigen Besonderheiten der italienischen Verfassung als auch in dem Bestreben, die PCI dauerhaft von der Regierungsbeteiligung fernzuhalten.

In der zweiten Hälfte der 70er-Jahre machte sich Ministerpräsident ❹ Aldo Moro (DC) dennoch dafür stark, mit Hilfe des „Histo-

rischen Kompromisses", d. h. durch Unterstützung der PCI, die Wirtschaftskrise in den Griff zu bekommen. Moro wurde im März 1978 von den linksterroristischen Roten Brigaden entführt und ermordet.

Bis in die frühen 90er-Jahre erschütterten zahlreiche Regierungskrisen das Land. Es bildeten sich diverse Koalitionsregierungen, bestehend aus vier bis fünf Parteien. Eine wirksame Opposition existierte in diesem System praktisch nicht mehr. Der Einfluss der Parteien durchdrang das ❸ gesellschaftliche und politische Leben Italiens fast lückenlos. So entstand ein durch Korruptionsgelder am Leben gehaltenes Klientelsystem.

Die italienische Verfassung

Die Verfassung Italiens war ein Kompromiss, entstanden in der unmittelbaren Nachkriegszeit aus einem Zusammenschluss der antifaschistischen Parteien. Kennzeichnend ist die starke Mitwirkungsmöglichkeit der Bürger an der Gesetzgebung sowie die Machtfülle des aus zwei Kammern bestehenden Parlaments. So kann etwa eine Kammer allein die Regierung stürzen. Der Ministerpräsident verfügt über geringen formalen Einfluss und hat keine Richtlinienkompetenz. Im Koalitionsfall wird dadurch die Regierung erheblich geschwächt.

Abgeordnetenhaus im italienischen Parlament, Rom 1999

■ Wirtschaftsentwicklung und EU-Einbindung

Marshallplan und Europäische Einigung haben in Italien die ökonomische Entwicklung befördert und das wirtschaftspolitische System längerfristig stabilisiert.

7 Unterzeichnung der Römischen Verträge 1957; rechts der italienische Ministerpräsident Antonio Segni

8 Alcide de Gasperi (Foto, um 1950)

6 Plakette der G7-Konferenz zur Beschäftigungspolitik, 1996

auf Export ausgerichtete Wirtschaft existenziell wichtig.

Der Prozess der europäischen Integration erwies sich auch in anderen Bereichen als förderlich: Um dem Europäischen Währungssystem beitreten zu können, war es z. B. notwendig, die Inflationsrate zu senken und Schulden abzubauen. Beide Parlamentskammern gaben ihre Zustimmung zur Durchführung der notwendigen Maßnahmen. Zusammen mit zehn anderen Staaten trat Italien 1999 in die letzte Stufe der Europäischen Wirtschafts- und Währungsunion und führte den Euro als neue gemeinsame Währung ein. Der europäische Einigungsprozess wirkt sich in wirtschaftlicher wie politischer Hinsicht stützend und stabilisierend auf Italien

aus. So gehört Italien dank seiner von der EU beförderten Wirtschaftskraft zu der Gruppe der **6** sieben wichtigsten Industriestaaten (G7). Diese Einbindung gibt dem Staat die Möglichkeit zur Mitgestaltung bei überregionalen Wirtschaftsfragen sowie politischen Prozessen.

10 Käseverpackung am Fließband, Monza 1950

Die **9** Partito Communista Italiano (PCI) war in der Nachkriegszeit eine der stärksten kommunistischen Parteien Westeuropas. Der von den USA ins Leben gerufene Marshallplan (S. 536) sollte u. a. dazu dienen, ihren Einfluss einzuschränken. Ministerpräsident **8** Alcide de Gasperi (DC) kündigte 1947 die Koalition mit den Kommunisten auf, die fortan von der Regierung ausgeschlossen blieben. Mithilfe der nun fließenden Gelder wurde der Wiederaufbau der **10** Wirtschaft in Angriff genommen sowie die Durchführung einer Sozial- und Agrarreform. Trotz des nun folgenden ökonomischen Aufschwungs blieb allerdings die Zahl der Auswanderungen weiterhin hoch.

Italien gehörte zu den Mitbegründern der NATO (1949), der Montanunion (1951) und der Europäischen Wirtschaftsgemeinschaft (EWG). Die **7** EWG-Verträge wurden 1957 in Rom unterzeichnet. Der gemeinsame Markt wirkte sich sehr positiv auf die Wirtschaft aus, und besonders die Anbindung der norditalienischen Industrie an das übrige Westeuropa war und ist für die

9 Der Gründer, Generalsekretär und führende Theoretiker der Kommunistischen Partei Italiens (PCI), Antonio Gramsci (Foto, um 1920)

Der Vatikan

Die sich mitten in der italienischen Hauptstadt Rom befindende Vatikanstadt, Sitz des Oberhauptes der katholischen Kirche, gehört zum UNESCO-Weltkulturerbe. Italien versteht sich zwar als laizistischer Staat, doch die Bedeutung der Kurie in einem fast ausschließlich katholischen Land ist nicht nur religiöser Natur. Sie ist auch ein Wirtschaftsfaktor und konnte über die Democrazia Cristiana politisch Einfluss nehmen.

Der 1656–67 angelegte Petersplatz vor dem Petersdom in Rom gehört zum Territorium des unabhängigen Stadtstaates Vatikan

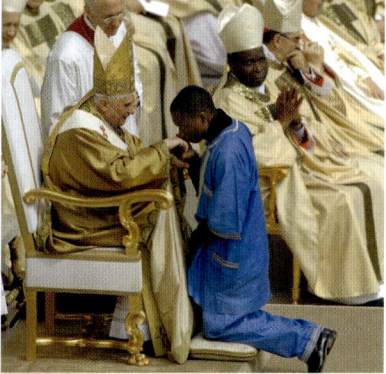

Amtseinführung von Papst Benedikt XVI. auf dem Petersplatz in Rom, 24. 4. 2005

Zeitgeschichte   seit 1945

■ Die Besonderheiten der italienischen Wirtschaft

Seit den 1960er-Jahren mehrten sich in Italien die Anzeichen einer Wirtschaftskrise. Eine besondere Rolle spielt das organisierte Verbrechen.

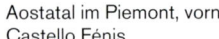

Aostatal im Piemont, vorn Castello Fénis

Die Stadt Turin in Piemont, Norditalien, mit der Kuppel der Mole Antonelliana

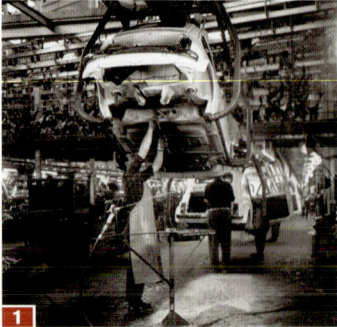

Fiat-Werke in Turin (Foto, um 1965)

Trotz aller Erfolge in der Nachkriegszeit zeigte die italienische ❶ Wirtschaft ab den 1960er-Jahren deutliche Krisensymptome. Die Inflation war hoch, die Lira geradezu sprichwörtlich schwach. Die Staatsverschuldung erreichte 1997 einen Höchststand von 120 % des Bruttoinlandsproduktes, wovon 42 % Staatsunternehmen erwirtschafteten. Dieser hohe Anteil von staatlichen Unternehmen trug zur Entstehung der Krise bei: Firmen, die in Schwierigkeiten gerieten, wurden staatlich unterstützt bzw. konnten dem Staat Unternehmensteile verkaufen. Nach der wirtschaftlichen Gesundung war es möglich, diese günstig zurückzukaufen. Auf diese Weise fielen unproduktive Bereiche unter die Verantwortlichkeit des Staates, Firmensanierungen erfolgten auf Kosten der Allgemeinheit.

Italien leidet unter einem starken Nord-Süd-Gefälle. Die norditalienischen Regionen Lombardei, ❷, ❸ Piemont, Venetien und das zentrale Latium haben einen hohen Grad an Industrialisierung und einen gut entwickelten Dienstleistungssektor. ❹ Norditalien zählt zu den reichsten Regionen Europas. Der Süden des Landes, der „Mezzogiorno", ist hauptsächlich ❻ agrarisch geprägt. An der wirtschaftlichen Schwäche dieser Region konnten auch die Strukturhilfen des Staates und der EU nichts ändern. Die unüberwindbar scheinende Zweiteilung des Landes beeinträchtigt die gesellschaftliche und politische Stabilität: Im Norden ist der Separatismus eine oft geäußerte politische Forderung, im Süden wandern wegen der hohen Arbeitslosigkeit große Teile der Bevölkerung nach Norditalien oder ins Ausland ab.

Süditalien war und ist darüber hinaus Opfer des ❺ organisierten Verbrechens, der Mafia. Der Kampf gegen sie wird immer schwieriger, da viel Mafia-Kapital in die legale Wirtschaft eingeflossen ist und vielfältige internationale Beziehungen bestehen.

Modestadt Mailand: Models posieren im Schaufenster (Foto, 2002)

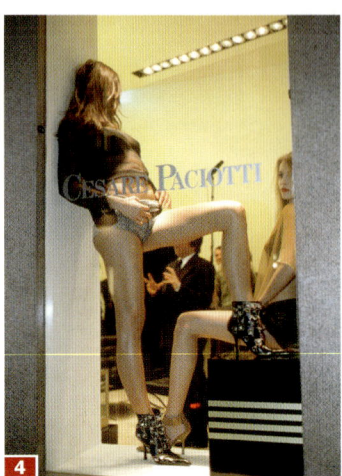

Der neapolitanische Mafiaboss „Lucky" Luciano (Foto, 1958)

Die Mafia

Ursprünglich als Geheimbund sizilianischer Großpächter und ihrer Feldhüter entstanden, ist die Mafia heute ein Synonym für organisierte Kriminalität, deren Einfluss längst über Sizilien hinausreicht. Haupteinnahmequellen sind Drogenhandel, Waffenschmuggel, Prostitution, Menschenhandel sowie Schutzgelderpressung. Außerdem steht sie für Subventionsbetrug und Korruption bei der Vergabe von öffentlichen Aufgaben etwa in der Bau- und Wohnungswirtschaft. Ihr Verhaltenskodex wird durch die Schweigepflicht (Omertà) bestimmt sowie durch Rache (Vendetta). Die heimliche Zusammenarbeit von staatlichen Funktionsträgern und mafiösen Kriminellen ließ die Mafia im Laufe der Zeit in Süditalien zu einem politischen Machtfaktor werden.

Einsatz eines Sonderkommandos im Kampf gegen die Mafia, Neapel 2004

Sizilianischer Olivenbauer bei der Ernte (Foto, 2004)

| 1980 | Sprengstoffanschlag auf den Bahnhof von Bologna | ab 1992 | Korruptionsskandale führen zur Staatskrise |
| ab 1990 | Starke Abwertung der Lira | 1992 | Scalfaros wird Staatspräsident |

■ Die italienische „Revolution" in den 1990er-Jahren

Anfang der 1990er-Jahre kollabierte das politische System. Trotz einer beispiellosen Prozesswelle gegen korrupte Industrielle, Beamte und Politiker wurde es jedoch nicht reformiert.

Bettino Craxi, Minister-präsident 1983–87

Antonio Di Pietro, ehema-liger Korruptionsermittler

Massimo D'Alema, Partei-chef der PDS

In den 1990er-Jahren eskalierten in ❶ Italien verschiedene struktu-relle Probleme des politischen Systems. Nach dem Zusammen-bruch des Ostblocks ab 1989 ließ sich die Ausgrenzung der kom-munistischen Partei PCI (S. 565) nicht länger rechtfertigen. Auch die Verflechtung der Parteien mit Wirtschaft und Staat geriet zuneh-mend in die Kritik. Der Einbruch der Lira zu Beginn der 90er-Jahre förderte zwar den norditalieni-schen Export, vernichtete aber gleichzeitig gewaltige Kapital-massen.

Die separatischen Bestrebun-gen in den nördlichen Landes-teilen wurden stärker: Die Partei „Lega Nord" forderte immer lau-ter die Teilung des Landes. Einige Staatsanwälte gingen engagiert gegen das organisierte Verbre-chen vor, wogegen sich die Mafia mit ❷ Terroranschlägen wehrte. Ihre Verbindungen zu Justiz und Politik traten offen zu Tage. Selbst bis dahin unbescholtene Politi-ker wie ❼ Bettino Craxi (PSI) und Giulio Andreotti (DC) wurden angeklagt.

Nachdem die Kor-ruption von Parteien bei der Vergabe von öf-fentlichen Aufträgen aufgeflogen war, löste sich zuerst die Demo-crazia Cristiana auf, gefolgt von fast allen anderen Parteien. Durch die Verhaftung von Beamten wurden ganze Behörden lahm-gelegt. Bis 1994 ermit-telte man gegen 6050

Personen, von denen die Hälfte direkt ins Gefängnis kam. „Mani pulite" – „Saubere Hände" hieß diese Aktion, deren Schlüs-selfigur der Mailänder Staatsan-walt ❽ Antonio di Pietro war. Verantworten mussten sich auch neue Parteien wie die Lega Nord und die Forza Italia von Silvio Berlusconi.

Aus der ehemaligen DC ent-standen neue christdemokrati-sche Parteien. Sozialisten, Repub-likaner, Sozialdemokraten und Liberale wurden bedeutungslos. Die PCI gründete sich als ❾ Par-tito Democratico della Sinistra (PDS) neu. ❿ Forza Italia und Lega Nord legten in der Wähler-gunst ebenso zu wie die Nach-folgepartei der neofaschistischen MSI, die Alleanza Nationale.

Die Wahlen von 1994 brachten über 70 % neue Abgeordnete ins Parlament. Trotzdem konnten sich die beiden Kammern nicht auf einen Reformausschuss eini-gen. Der Vorschlag, das Mehr-heitswahlrecht zur Bündelung der politischen Kräfte einzu-führen, wurde 2000 in einem Referendum abgelehnt. Die klei-nen Parteien und die Forza Italia hatten sich dagegen ausgespro-chen. So unterblieb die Reform des politischen Systems.

Silvio Berlusconi am Rednerpult (2004)

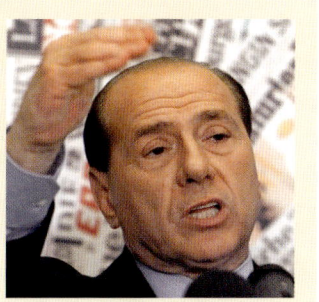

Silvio Berlusconi

Seit er 1994 als Vorsitzender der von ihm gegründeten rechtso-rientierten Partei „Forza Italia" erstmals zum Ministerpräsi-denten gewählt wurde, ist der Medienunternehmer Silvio Ber-lusconi, seit 2001 wieder amtie-render Ministerpräsident, eine dominante Figur in der italie-nischen Politik. Der Machtpoli-tiker musste sich mehrfach vor Gericht verantworten und steht wegen seines starken Einflusses auf die Medien in der Kritik.

oben: Der italienische Medien-unternehmer und Präsident Silvio Berlusconi (2000)

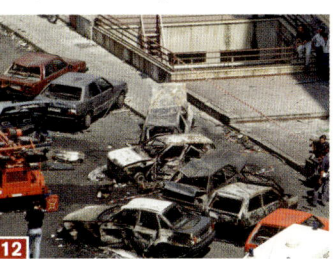
Mafia-Anschlag in Palermo, Sizilien, auf den Richter Borsellino am 19. 7. 1992; es gab fünf Tote und 17 Verletzte

Die italienische Trikolore in Rom

Zeitgeschichte   seit 1945

1994 | Berlusconi wird Ministerpräsident   1996 | Romano Prodi wird Ministerpräsident   2001 | Wiederwahl Berlusconis zum Ministerpräsidenten

1994 | Gründung der Forza Italia   2000 | Ablehnung des Mehrheitswahlrechts

1

SPANIEN: VON DER MILITÄRDIKTATUR ZUR PARLAMENTARISCHEN MONARCHIE SEIT 1945

Die Regierung General Francos war neben derjenigen Salazars in Portugal die letzte faschistische Diktatur Europas. Seine Herrschaft über Spanien dauerte bis 1975. Nach dem Ende des Zweiten Weltkrieges war das Land wirtschaftlich isoliert, und erst mit der Öffnung Mitte der 1950er-Jahre besserte sich die ökonomische Lage. Spanien entwickelte sich zum Industrie- und Urlaubsland, blieb jedoch Diktatur. ❶ Francos Nachfolger König Juan Carlos I. gelang es binnen weniger Jahre, das Land zur Demokratie zu führen. Das ermöglichte die Mitgliedschaft in der EU, in der Spanien eine wichtige Rolle spielt.

General Franco mit seinem Nachfolger Juan Carlos

■ Die Diktatur Francos 1945–1975

Das faschistische Spanien konnte sich nach dem Krieg nur langsam aus der Isolation befreien. Politische Reformen fanden nur begrenzt statt.

Der aus dem Spanischen Bürgerkrieg (S. 473) siegreich hervorgegangene Diktator ❷ Francisco Franco ließ 1947 die Monarchie wieder einführen und ernannte sich selbst zum Regenten. Don Juan de Borbón y Battenberg weigerte sich jedoch, von ihm die Krone anzunehmen. Damit war Spanien ein Königreich ohne König. Es entstand eine monarchistische Opposition, die ebenso gewaltsam unterdrückt wurde wie die liberale; die Presse litt unter Zensur. Im Bildungswesen dominierte die katholische Kirche.

2

Diktator Francisco Franco y Bahamonde

3

Ministerpräsident Luis Carrero Blanco

Der Kalte Krieg bewirkte 1953 die Aufhebung der außenpolitischen Isolierung durch ein Stützpunktabkommen mit den USA. Im selben Jahr kam es zu einem Konkordat mit dem Vatikan, und 1955 wurde Spanien Mitglied der UNO. Zu Beginn der 1960er-Jahre kam es neben wirtschaftspolitischen Reformen auch zu begrenzten politischen Veränderungen. Die Arbeiterschaft erhielt die Möglichkeit, unabhängige Gewerkschaften zu gründen und zu streiken. Dabei wurde sie von Teilen der Kirche unterstützt. Im Baskenland und in Ka-

talonien forderten ❹ Oppositionsbewegungen vehement ihre Unabhängigkeit von Spanien.

Obwohl Franco 1966 eine „kosmetische" Verfassung erließ, verlor das Regime des alternden Diktators an Stabilität. 1969 ernannte er Don Juan Carlos de Borbón y Borbón zum Thronprätendenten, 1971 zu seinem Stellvertreter. Im Dezember 1973 wurde Francos Ministerpräsident ❸ Luis Carrero Blanco von der baskischen Untergrundbewegung ETA (S. 571) ermordet. Die politischen Repressionen nahmen nun wieder zu. Unter

Ministerpräsident Carlos Arias Navarro ab 1974 standen sich Franquisten und Reformer unversöhnt gegenüber. Der Diktator ❺ starb am 20. 11. 1975.

> ### Das Regime Franco
>
> *General Franco stützte sein Regime auf die faschistische Staatspartei, die Falange, auf das Militär und die Kirche. Deren Unterstützung vergrößerte den Macht- und Wirkungsbereich des Diktators bedeutend. Die Falange verlor als politische Kraft mit der Zeit hingegen an Einfluss und löste sich 1977 im Zuge der Demokratisierung Spaniens auf.*
>
>
>
> **oben:** Abzeichen der Falange (Joch und gebündelte Pfeile)

4

Die sechs Hauptangeklagten in einem Prozess gegen baskische Nationalisten

5

Beisetzung Francos im sog. Tal der Gefallenen (Valle de los Caídos), einem Denkmal, das an den Bürgerkrieg erinnert

Zeitgeschichte · seit 1945

■ Die wirtschaftliche Entwicklung bis 1975

Seit den 1960er-Jahren begann der Wandel Spaniens vom Agrarland zur Industrienation und zum Urlaubsland. Die Verteilung des Wohlstandes blieb ungleichmäßig.

6

Elendsquartiere in einer Vorstadt Madrids (Foto, um 1950)

Weil Spanien von der Verteilung der Marshallplangelder (S. 536) ausgeschlossen war, wirkte nach 1945 das wirtschaftliche Autarkie-Programm der Staatspartei Falange weiter. Beim Wiederaufbau nach dem Bürgerkrieg ab 1939 konzentrierte sich Spanien auf die Schwerindustrie. Doch erst 1950 erreichte die Industrie das Produktionsniveau von 1929. Spanien war noch immer ein Agrarland, das zudem seine Bevölkerung in den 1940er- und 1950er-Jahren nicht ausreichend ernähren konnte. Vier Fünftel der Bevölkerung gehörten einer verarmten ❻ Unterschicht an.

Die krisenhafte Lage verbesserte sich erst ab Mitte der 1950er-Jahre. Ein Stützpunktabkommen mit den USA 1953 brachte Spanien US-amerikanische Wirtschaftshilfe. Mit der Verkündigung eines Stabilisierungsplans im Juli 1959 wurde eine radikale wirtschaftspolitische Reform eingeleitet, die auch die Voraussetzung für eine Aufnahme in den

Internationalen Währungsfonds IWF war. Die wirtschaftliche Öffnung des Landes kurbelte die Industrie an: Am Ende der 1960er-Jahre waren bereits 33 % der arbeitenden Bevölkerung in der Industrie beschäftigt.

7

Fabrikanlagen in Sant Adrià del Besòs

Unter dem Einfluss der neuen Machtelite, u. a. der Mitglieder des rechtskonservativen „Opus Dei", wurde der Außenhandel liberalisiert und Kredite aufgenommen. Die 1960er-Jahre standen im Zeichen der Privatisierung und der Öffnung für ausländische Investitionen. Es gab Wirtschaftspläne mit Zielvorgaben: Der erste Vierjahresplan von 1964 setzte einen Schwerpunkt auf Verkehr und Energie, der zweite Vierjah-

resplan bis 1971 förderte Volksbildung und Landwirtschaft. Bis 1974 lagen die Wachstumsraten über 5 %. Spanien schloss 1970 mit der EWG (S. 536) ein Freihandelsabkommen und entwickelte sich zur zehntgrößten ❼ Industrienation der Welt. Der Tourismus hatte dabei eine wachsende Bedeutung; Spanien wurde zum ❿ Urlaubsland Nummer eins in Europa. Auch das Geld, das spanische „Gastarbeiter" aus dem Ausland schickten, trug zum wachsenden Wohlstand bei.

Dieses Wirtschaftswunder hatte einige Kehrseiten: So befanden sich weite Teile der Industrie in der Hand ausländischer Unternehmen. Der (Massen-)Touris-

9

Nachtschwärmer sitzen in einem Straßencafé in Barcelona (Foto, 2002)

8

Landschaft in der Provinz Extremadura

mus beschränkte sich größtenteils auf die Mittelmeerküste, während das ❽ Landesinnere davon nicht profitieren konnte. Industrieansiedlungen wurden fast ausschließlich um Madrid, ❾ Barcelona und im Baskenland gefördert, was dazu führte, dass die Landflucht anhielt.

10

Der Strand von Cala Bassa auf der spanischen Mittelmeerinsel Ibiza (Foto, 2000)

Opus Dei

Das Opus Dei („Werk Gottes") ist eine internationale rechtskonservative (Laien-)Bewegung innerhalb der katholischen Kirche. Sie wurde 1928 von dem spanischen Priester Josemaría Escrivá de Balaguer y Albas gegründet. Ihr Ziel ist die Durchsetzung katholischer Prinzipien im Privat- und Berufsleben. Das Opus Dei steht u. a. wegen seiner sektenartigen Rekrutierungs- und Gehirnwäschepraktiken sowie der Zusammenarbeit mit Franco in der Kritik.

Josemaría Escrivá de Balaguer y Albas, 2002 heilig gesprochen

seit 1945

Zeitgeschichte

■ Die Entwicklung der parlamentarischen Monarchie 1975 bis heute

Nach Francos Tod 1975 wandelte sich Spanien unter König Juan Carlos I. von einer Dikatur zu einer parlamentarischen Monarchie. Dieser Systemwechsel verlief weitgehend friedlich.

Am 22. 11. 1975 bestieg ❶ Juan Carlos I. den spanischen Königsthron. Gemeinsam mit dem 1976 von ihm ernannten Ministerpräsidenten ❸ Adolfo Suárez leitete der König den Aufbau eines demokratischen Systems ein. Bei der Wahl zur Verfassunggebenden Nationalversammlung 1977 erlangte die bürgerliche „Union der demokratischen Mitte" von Adolfo Suárez den Sieg. Die 1978 von der Bevölkerung mit großer

Mehrheit angenommene Verfassung machte Spanien zu einer parlamentarischen Monarchie. Dadurch sowie durch die 1977 erfolgte Auflösung der einstigen Staatspartei Falange (S. 568) wurde das halbfaschistische System Francos schon kurze Zeit nach seinem Tod beendet.

Dies geschah jedoch nicht völlig ohne Gegenwehr: Am 23. 2. 1981 stürmte ❹ Oberstleutnant Tejero mit Angehörigen der paramilitärischen Guardia Civil das Parlament und nahm Abgeordnete als Geiseln. Das Militär verhielt sich abwartend, z. T. zustimmend. Doch das entschlossene öffentliche Bekenntnis des Königs zur Demokratie ließ den Putsch schnell zusammenbrechen.

Die Wahlen von 1982 brachten den Regierungswechsel. Siegreiche Partei war die linke Partido

1 Zwei Tage nach dem Tod von Franco leistet Juan Carlos am 22. 11. 1975 seinen Eid als König von Spanien auf die Bibel und die Verfassung

4 Mit gezogener Pistole steht der Putschist Antonio Tejero im spanischen Parlament

Socialista Obrero Español (PSOE). Regierungschef ❺ Felipe González war mit einem unzufriedenen Militär und dem Anstieg der Arbeitslosigkeit konfrontiert. Gleichzeitig fand eine Annäherung an Europa und den

2 Hissen der spanischen Nationalflagge vor dem Hauptquartier der EG in Brüssel am 25. 12. 1985

Westen statt: 1982 wurde Spanien NATO-Mitglied und trat 1986 der ❷ EG bei. 1996 gab González nach verlorenen Wahlen die Regierung an die konservative Partido Popular (PP) ab. Auf den neuen Ministerpräsidenten ❻ José María Aznar warteten die spanischen Dauerprobleme: Konzentration der Industrie auf wenige Ballungszentren, schwacher Mittelstand an der ❼ Armutsgrenze sowie hohe Arbeitslosigkeit.

Trotz allem hatte Spanien binnen einer Generation den Sprung vom Agrarland zu einem modernen Industriestaat bewältigt und sich damit dem übrigen Westeuropa fast vollständig angepasst.

3 Adolfo Suárez wird in Anwesenheit des Königs als Ministerpräsident vereidigt

5 Felipe González

6 Der spanische Ministerpräsident José María Aznar (links) gratuliert seinem 2004 gewählten Nachfolger José Luis Rodríguez Zapatero

Juan Carlos I.

Juan Carlos de Borbón y Borbón, geboren 1938, besuchte mehrere Militärakademien und die Universität Madrid. 1969 willigte er ein, Francos Nachfolge zu übernehmen. Dies geschah am 22. 11. 1975. Mit Hilfe eines von ihm eingeleiteten Reformprogramms und dank seiner Autorität gelang es ihm, die spanische Diktatur ohne große politische Erschütterungen in eine Demokratie umzuwandeln. Juan Carlos' größte Stunde schlug während des Putschversuchs von 1981. Mit seinem Auftritt als Oberbefehlshaber des Militärs, der sich via Fernsehen eindeutig für die neue Regierungsform aussprach, schaffte er es, die Aufrührer zu isolieren, das Militär auf seine Seite zu bringen und den Bestand der Demokratie zu sichern.

7 Ein Bettler vor einer Bankfiliale in Madrid (Foto, 2002)

◼ Die Regionen Spaniens

Durch die Demokratisierung erhielten die Regionen Spaniens mehr Rechte zugestanden. Gegenwärtig wandelt sich Spanien zum Föderalstaat.

Um den Bedürfnissen nach kultureller Identität in den Regionen Baskenland, Katalonien und Galizien entgegenzukommen, erklärte König Juan Carlos I. schon 1975 die Sprachen Baskisch, Katalanisch und Galizisch in den jeweiligen Landesteilen zu Nationalsprachen. Den Autonomiebestrebungen war damit noch nicht Genüge getan. Im September 1977

wurde Spanien in 17 autonome Regionen aufgeteilt. Dem gesamtstaatlichen Parlament, den Cortes, stand fortan ein Senat als Länderkammer gegenüber. Im Text der Verfassung sind die Kompetenzen der Regionen in Abgrenzung zu zentralstaatlichen Aufgaben festgeschrieben. So haben die Regionen das Recht zur Selbstverwaltung etwa bei

öffentlichen Arbeiten, Umweltschutz und Wirtschaftsförderung. Der Zentralstaat regelt u. a. die ❽ Verteidigung und die Außenpolitik. Die Kompetenzen unterscheiden sich im Detail jedoch von Region zu Region. Einen hohen Autonomiestandard hatten von Beginn an Katalonien, ⓫ Galizien und das ❾ Baskenland. Nicht alle Bevölkerungsteile

❽ Der spanische Kronprinz Felipe (rechts oben) inmitten spanischer Luftwaffensoldaten (Foto, 2002)

❾ Museo Guggenheim in der baskischen Stadt Bilbao

❿ Katalanische Fahnen in Barcelona

⓫ Windturbinen an der Küste von Galizien (Foto, 1998)

forderte ❿ Katalonien die Autonomierechte ein, die dem Landesteil formal schon 1931 gewährt worden waren. Demonstrationen in anderen Regionen folgten; es bildeten sich neue Parteien, die Forderungen nach Autonomie erhoben. Mit der Verfassung von 1978 kam es zu einer gesamtstaatlichen Lösung. Gemäß Artikel 2

⓬ Bombenattentat der ETA in Santander (Foto, 2003)

reagierten positiv auf das Erreichte. Wegen gewalttätiger Ausschreitungen geriet zunächst sogar der Prozess der Demokratisierung in Gefahr. Die Streitkräfte lehnten die Autonomiebestrebungen strikt ab und es kam zu zahlreichen Anschlägen. Immer wieder forderten Rechtsextreme das Militär auf, die Macht zu übernehmen. Auf der anderen Seite kämpfte die separatistische Terrororganisation ETA mit ⓬ Attentaten und Entführungen für eine gänzliche Loslösung des Baskenlandes.

Seit 2002 wird in Spanien verstärkt über die Neuregelung von Kompetenzen zwischen den autonomen Regionen und dem Zentralstaat diskutiert. Weil sich der Senat bislang eher schwach zeigte, wird von einigen Regionen mehr Unabhängigkeit gefordert.

Die ETA

ETA ist eine Abkürzung für „Euzkadi ta Azkatasuna" („Baskenland und Freiheit"). Diese bewaffnete Untergrundbewegung entwickelte sich 1959 aus der Baskischen Nationalpartei (PNV). Ihr Ziel ist die Bildung eines baskischen Staates aus spanischen und französischen Landesteilen. Nach Francos Tod verzehnfachten sich ihre Terroranschläge. Seit 1968 gehen etwa 800 Todesfälle auf ihr Konto. Im Jahr 2000 demonstrierten viele Tausend Spanier gegen den ETA-Terror. Die Zentralregierung lehnt Verhandlungen mit der ETA ab und fordert eine vollständige Niederlegung der Waffen.

Detonation einer Autobombe in Madrid (Foto, 2000)

1982 | Felipe González wird Regierungschef   1. 1. 1986 | Beitritt Spaniens zur EG

23. 2. 1981 | Putschversuch unter Tejero   1982 | Beitritt Spaniens zur NATO   1996 | José María Aznar wird Ministerpräsident

1

PORTUGAL SEIT 1945

Der „Estado Novo", der ❶ Neue Staat des Diktators Salazar, war ein autoritäres, klerikalfaschistisches System. 1974 beendete die gewaltlose „Nelkenrevolution" die Diktatur. Die portugiesischen Kolonien erlangten ihre Unabhängigkeit. Nach den ersten Präsidentschaftswahlen 1976 bewegte sich Portugal in Richtung parlamentarische Demokratie. 1986 erfolgte die Aufnahme in die EG, wodurch sich die ökonomische Situation des Landes verbesserte.

Die Tejo Brücke von Lissabon, errichtet unter Salazar 1966

■ Der Estado Novo

Das Regime Salazar fuhr einen strengen wirtschaftspolitischen Kurs. Außenpolitisch orientierte sich das Land am Westen. In den afrikanischen Besitzungen kam es zu brutalen Kolonialkriegen.

Unter dem diktatorischen Regime ❻ António de Oliveira Salazars, das 1926 an die Macht gekommen war (S. 472), verhielt sich Portugal im Zweiten Weltkrieg zunächst neutral. Gegen Ende des Krieges gestattete der Diktator den Alliierten allerdings die Einrichtung von Militärbasen auf den Azoren im Atlantik. Dieser außenpolitische Kurs Richtung Westen wur-

de beibehalten; 1949 gehörte Portugal zu den Gründungsmitgliedern der NATO. Der Beitritt zur UNO erfolgte erst 1955, der zur Organisation für wirtschaftliche Zusammenarbeit und Entwicklung OECD im Jahr 1960.

Innenpolitisch blieb das ständisch-korporative Herrschaftssystem auch nach 1945 bestehen. Trotz einiger weniger Liberalisierungen sorgten die Zensur, die Geheimpolizei (PIDE) und das Einparteiensystem weiterhin für die Unterdrückung der portugiesischen Bevölkerung. Salazar konnte mit seinem rigiden wirtschaftspolitischen Kurs zwar die Staatsschulden verringern, jedoch förderte er die Industrie nur wenig und die Landwirtschaft blieb in der Krise. Nur wenige ausländische Investoren durften ins Land. Dafür mussten viele ❹ Portugiesen im Ausland nach Arbeit suchen.

Um die Unabhängigkeit der portugiesischen Kolonien zu ver-

hindern, erklärte Salazar sie 1951 zu Überseeprovinzen Portugals. 1961 besetzte jedoch die indische Armee die ❸ portugiesischen Besitzungen auf dem Subkontinent, und auch in Angola, Mosambik und Guinea wurden ❺ Unabhängigkeitsforderungen laut. Der erbittert und brutal geführte Kolonialkrieg belastete den portugiesischen Staatshaushalt so sehr,

3

Katholische Barockkirche aus dem 17. Jh. in Goa, einer ehemaligen portugiesischen Besitzung

5

Eine Einheit der Befreiungsarmee in Portugiesisch-Guinea in Westafrika (Foto, 1968)

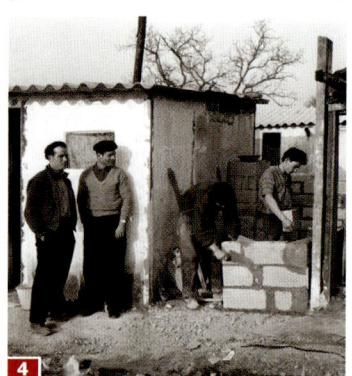

2

Marcelo Caetano (Foto, 1973)

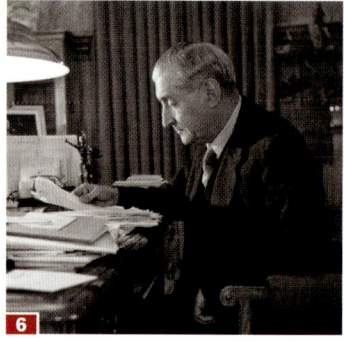

4

Portugiesische Gastarbeiter in Frankreich bauen sich eine provisorische Unterkunft (Foto, 1963)

dass Salazar das Land für ausländische Investoren öffnen musste.

Im September 1968 trat Salazar von seinem Amt zurück. Sein Nachfolger ❷ Marcelo Caetano lockerte zwar die Zensur und versuchte eine leichte Öffnung des politischen Lebens. Seine Reformen gerieten jedoch zu halbherzig. Als immer klarer wurde, dass die Kolonialkriege militärisch

nicht zu gewinnen waren, eine politische Lösung nicht in Sicht und das Land zudem von den Auswirkungen der 1973 einsetzenden Weltwirtschaftskrise stark mitgenommen war, putschte im Jahr 1974 das Militär gegen die Regierung. Es bekam massenhafte Unterstützung von der portugiesischen Bevölkerung. Die „Nelkenrevolution" genannte friedliche Volkserhebung läutete das Ende der Diktatur und des Kolonialreiches ein.

6

António de Oliveira Salazar an seinem Schreibtisch

■ Die Nelkenrevolution und ihre Folgen

Nach dem friedlichen Umsturz verfügten sozialistische Kräfte Verstaatlichungen. Nachfolgende Regierungen machten diese wieder rückgängig.

Der ❾ Militärputsch am 25. 4. 1974 war von einer Vereinigung von Offizieren, dem „Movimento das Forças Armadas" (MFA), durchgeführt worden. Die daraus entstandene, zwei Jahre dauernde ⓫ „Nelkenrevolution" bekam ihren Namen nach den Blumen, die die Soldaten in ihren Gewehrläufen trugen. Noch 1974 erhob eine Junta der MFA den konservativen General António de Spínola zum Präsidenten. Die Zensur wurde aufgehoben, die ❼ Geheimpolizei aufgelöst. Im März 1975 versuchte Spínola einen rechten Gegenputsch, nach dessen Scheitern er floh. Nun gründeten sozialistische MFA-Offiziere einen Revolutionsrat. Es gab Wahlen für eine Verfassunggebende Versammlung, die Portugal auf den Weg zum Sozialismus brachte. Die Regierung verstaatlichte die Banken, das Transportwesen, die Schwerindustrie und die Medien. Bis zum Herbst 1975 erhielten alle Kolonien ihre ❽ Unabhängigkeit. Fast eine Million Siedler kehrten ins Mutterland zurück, was die Wirtschaft des Landes stark belastete.

Bei den ersten Präsidentschaftswahlen nach Verabschiedung der neuen Verfassung im Juni 1976 setzte sich der gemäßigte General António Ramalho Eanes gegen den Kandidaten der radikalen Linken durch. Noch im Sommer 1975 hatte der Vorsitzende der Sozialistischen Partei, Mário Soares, eine Minderheitsregierung gebildet, die jedoch nur bis 1977 Bestand hatte. Danach kam es in rascher Folge zu zahlreichen Regierungswechseln. 1979 gewann das erste Mal nach der Nelkenrevolution eine bürgerlich-rechte Gruppierung die Wahl. Mit der sozialistischen Opposition einigte sie sich auf eine Verfassungsänderung. Sie trat 1982 in Kraft und hob die sozialistischen Elemente aus den Tagen der Nelkenrevolution auf: Der Rat der Revolution wurde abgeschafft, die Wirtschaft wieder privatisiert und das Land auf den ❿ EG-Beitritt vorbereitet.

Dieser fand am 1. 1. 1986 statt. Bei seinem Eintritt war Portugal noch der rückständigste Mitgliedsstaat, dank einer ⓬ Wachstumsrate von 5 % hat es aber inzwischen Griechenland überholen können. Seit 2004 stellt Portugal außerdem mit dem konservativen Politiker José Manuel Durão Barroso den Kommissionspräsidenten der EU.

In Portugiesisch-Guinea, dem heutigen Guinea-Bissau, rufen Rebellen die Unabhängigkeit von Portugal aus (Foto, 1973)

Eine Gruppe Soldaten jubelt nach dem Sturz der Diktatur (Foto, 26. 4. 1974)

Die aufgebrachte Bevölkerung versucht, einen Panzerwagen zu stoppen (Foto, 26. 4. 1974)

Drei Geheimpolizisten werden nach ihrer Festnahme von einem Soldaten bewacht und vor der aufgebrachten Menge geschützt (Foto, 1974)

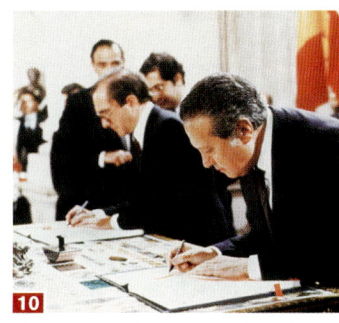

Mário Soares (vorn) unterzeichnet das Beitrittsabkommen zur EU

Die Weltausstellung 1998 in Lissabon dokumentiert den Fortschritt des Landes

Fado

Der portugiesische Schicksalsgesang (von port. „Verhängnis") ist vermutlich ein Erbe aus Portugals Zeit als See- und Kolonialmacht. Angeblich wurde er von afrikanischen Sklaven in Brasilien aus einem Tanz entwickelt und gelangte erst später nach Portugal. Vielleicht haben aber auch Seeleute in Erinnerung an ihre Heimat die sehnsuchtsvollen Melodien angestimmt. Im 19. Jh. galt der Fado noch als anrüchig, war er doch v. a. in zwielichtigen Hafenvierteln verbreitet. Erst später wurde der Fado salonfähig und berühmte „fadistas" machten ihn auch international bekannt.

| 1973 | Weltwirtschaftskrise | 1974 | Präsidentschaft von António de Spínola | 1. 1. 1986 | Beitritt Portugals zur EG |
| 1968 | Rücktritt Salazars | 1974 | Militärputsch der MFA, „Nelkenrevolution" | 1975 | Unabhängigkeit aller Kolonien |

1

SKANDINAVIEN SEIT 1945

Die ❶ skandinavischen Staaten orientierten sich nach Ende des Zweiten Weltkrieges ökonomisch nach Westen. Politisch blieben Schweden und Finnland neutral. Beide Staaten setzten sich intensiv für die Verständigung und den Frieden in der Welt ein. Zur Verbesserung ihrer Zusammenarbeit gründeten die Skandinavier den Nordischen Rat. Am europäischen Einigungsprozess nahmen sie in unterschiedlichem Maße teil. Die nordischen Länder mit ihrer sozialstaatlichen Struktur und politischen Kultur zählen heute zu den wohlhabendsten Staaten der Welt.

Die Öresundbrücke zwischen Dänemark und Schweden bindet Skandinavien an das europäische Festland

■ Der europäische Norden nach 1945: Die Gemeinsamkeiten

Nach 1945 scheiterte der Plan eines skandinavischen Verteidigungsbündnisses, jedoch fand der Norden auf politisch-kultureller Ebene zusammen.

Von den skandinavischen Staaten hatte nur Schweden nicht unter den Auswirkungen des Zweiten Weltkrieges (S. 510 ff.) leiden müssen. Nach den Erfahrungen von Besetzung und massenhafter Deportation (S. 475) planten die nordeuropäischen Länder ein eigenes skandinavisches Verteidigungsbündnis zum Schutz ihrer Küsten und ihres Hinterlandes. Dies scheiterte zwar 1949, doch wurde dafür die Zusammenarbeit auf anderen Ebenen vertieft. So gründeten Schweden, Dänemark

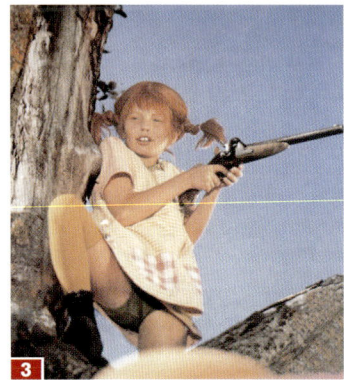

3

Die Romanfigur Pippi Langstrumpf der schwedischen Schriftstellerin Astrid Lindgren verkörpert das Ideal von Freiheit und antiautoritärer Kindererziehung (Filmszene)

und die Vereinheitlichung der Gesetzgebung auf wirtschaftlichem, sozialem und kulturellem Gebiet. Diesem Gremium trat 1971 der Nordische Ministerrat an die Seite. Obwohl beides nur beratende Organe sind, haben sie doch die Annäherung der Länder sehr gefördert. Wesentlichen Anteil an der Angleichung von politischer Kultur und Lebensverhältnissen hatte die in allen Staaten starke Sozialdemokratie. Wegen dieser Dominanz spielten außer in Finnland die Kommunisten kaum eine

2

„Hippies" in der dänischen Hauptstadt Kopenhagen (Foto, 1972)

4

Das 1822 erbaute Senatshaus in der finnischen Hauptstadt Helsinki

wichtige Rolle im politischen Leben. Es gab ein eindeutiges Bekenntnis zur sozialen Marktwirtschaft, und nach dem Krieg nahm der gesamte Norden den Aufbau des Wohlfahrtsstaates in Angriff. Die ❸ ausgeprägte Liberalität in den skandinavischen Ländern führte zu einer großen Akzeptanz auch gegenüber ❷ alternativen Lebensentwürfen. Ökonomische Einbrüche, u. a. bedingt durch weltwirtschaftliche Krisen, konnten bisher immer aufgefangen werden. Die Sorge um die Stabilität des Erreichten bestimmt das Verhältnis der nordeuropäischen Staaten zur EU, der sie über Mitgliedschaft oder Verträge verbunden sind.

5

Blick auf die isländische Hauptstadt Reykjavik

und Norwegen 1952 den Nordischen Rat, dem im selben Jahr ❺ Island und 1955 auch ❹ Finnland beitrat. Es handelt sich dabei um ein gemeinsames beratendes Organ, das von den Länderparlamenten beschickt wird. Ziel ist die Förderung der Zusammenarbeit der skandinavischen Staaten

Grönland

Die größte Insel der Welt gehört zum flächenmäßig kleinsten skandinavischen Land: Dänemark. 1945 errichteten die USA an der Westküste Militärstützpunkte, worüber 1951 ein Verteidigungsvertrag mit Dänemark abgeschlossen wurde. 1979 erhielt die Insel ihre Autonomie. Grönland trat 1973 zusammen mit Dänemark in die EG ein, schied aber nach einer Volksabstimmung 1985 wieder aus.

Ein Dorf auf Grönland (Foto, 1990)

■ Der europäische Norden nach 1945: Die Unterschiede

Unterschiede zwischen den nordischen Staaten bestehen in der militärischen Einbindung, in den wirtschaftlichen Grundlagen sowie im Verhältnis zur EU.

Anders als Norwegen war Dänemark nach 1945 wenig vom Krieg zerstört. Vom Marshallplanprogramm (S. 536) konnten beide Staaten profitieren und beide gehörten 1949 zu den Gründungsmitgliedern der NATO. Schweden und Finnland entschieden sich dagegen für die Neutralität. Island und Grönland schlossen im Rahmen der NATO Verteidigungsabkommen mit den USA ab.

Die enge Handelspartnerschaft mit Großbritannien bewog ❼ Norwegen und Dänemark, sich 1960 der Europäischen Freihandelsassoziation EFTA anzuschließen (S. 551). Die Wege trennten sich, als es um die Aufnahme in die EG ging: Während ❿ Dänemark 1973 nach einem zustimmenden Volksentscheid EG-Mitglied wurde, lehnte die Norweger den Beitritt sowohl 1972 wie 1994 ab. Norwegen ist allerdings über seine Mitgliedschaft im Europäi-

6 Eine britische Fregatte kollidiert im „Kabeljau-Krieg" mit einem isländischen Patrouillenboot (Foto, 1976)

8 Der sowjetische Generalsekretär Leonid Breschnew auf dem KSZE–Gipfel in Helsinki (Foto, 1975)

schen Wirtschaftsraum EWR mit der EU verbunden, die sein Hauptwirtschaftspartner ist. Die ❿ reichhaltigen Ölvorkommen machten Norwegen zu einem der reichsten Staaten der Erde.

Zum Schutz seiner Fischindustrie unterblieb bisher Islands Eintritt in die EU. Durch die Mitgliedschaft stünden die Fanggründe auch der europäischen Konkurrenz offen, was fatale Folgen für die einheimische Wirtschaft hätte. Die Ausdehnung der Hoheitsgewässer löste seit 1952, besonders 1972/73, einen Fischereikonflikt aus, den ❼ „Kabeljau-

Krieg". Island ist seit 1970 EFTA-Mitglied und gehört seit 1993 auch zum EWR.

⓫ Schweden und Finnland sind seit 1995 Teile der EU, doch ist in beiden Ländern auch viel Skepsis gegenüber der Staatengemeinschaft vorhanden. Sie befürchten, als kleinere Staaten mit ihren Anliegen nicht genug Gehör finden zu können. Während Finnland dennoch 1999 über die Europäische Wirtschafts- und Währungsunion den Euro einführte, sprach sich die schwedische Bevölkerung im September 2003 gegen die Einführung der gemeinsamen Währung aus. Auch Dänemark hielt bisher an seiner nationalen Währung fest.

Finnland und Schweden kommen große Verdienste bei der überregionalen Konfliktbewältigung zu. So fand in Finnland ab Juli 1973 die erste ❽ „Konferenz über Sicherheit und Zusammenarbeit in Europa" (KSZE) statt, deren Beschlüsse u. a. zur Durchsetzung der Bürgerrechte in Osteuropa geführt haben. Der Schwede

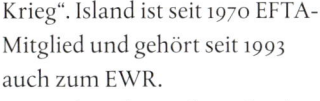

7 Staatsoberhäupter unter sich: König Harald V. von Norwegen und Königin Margarete II. von Dänemark, 1997

9 Trauerzug bei der Beisetzung von Olof Palme (Foto, 1986)

⓬ Dag Hammarskjöld war in den 1950er-Jahren zweimal UNO-Generalsekretär; für seine zahlreichen Friedensbemühungen wurde ihm 1961 posthum der Nobelpreis verliehen. Mit Olof Palme hat Schweden hat einen weiteren engagierten Außenpolitiker hervorgebracht. Der zweimalige Ministerpräsident Olof Palme wirkte v. a. in Abrüstungsinitiativen, agierte als UNO-Vermittler und war international hoch angesehen. Am 28. 2. 1986 wurde er in Stockholm auf offener Straße erschossen. Das bis heute nicht aufgeklärte Attentat war ein ❾ Schock für das ganze Land.

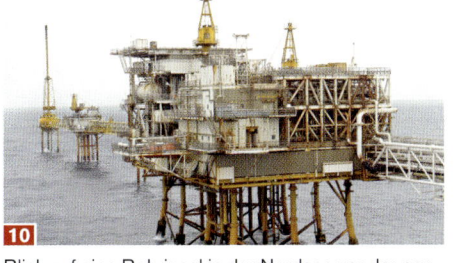

10 Blick auf eine Bohrinsel in der Nordsee vor der norwegischen Küste (Foto, 2003)

11 Das schwedische Königspaar Carl XVI. Gustav und Silvia mit seinen Kindern (Foto, 2004)

12 Dag Hammarskjöld mit der israelischen Politikerin Golda Meir (Foto, 1956)

OST- UND OSTMITTELEUROPA SEIT 1945

Nach dem Ende des Zweiten Weltkrieges wurden die Staaten Ost- und Ostmitteleuropas Teil der sowjetischen ❶ Integrationszone, allerdings mit unterschiedlich starken Bindungen an die Hegemonialmacht. Nach der Bildung einer Volksfrontregierung übernahm in der Regel die Kommunistische Partei die Macht, deren Stellung von der Roten Armee gesichert wurde. Als die Sowjetunion ab 1985 ihren Satellitenstaaten immer mehr Freiheit zugestand, brachen die kommunistischen Regime ab 1989 schnell in sich zusammen. Die neu entstandenen Demokratien westlichen Musters suchen seitdem den Anschluss an die „Wohlstandszone" der EU.

Zerschlagung des Stalindenkmals in Budapest während des ungarischen Volksaufstandes 1956

Imre Nagy (Foto, 1954)

Ungarn

Der ungarische Volksaufstand von 1956 wurde blutig niedergeschlagen. Als erstes Ostblockland öffnete Ungarn 1989 seine Grenzen.

Gegen Ende des Zweiten Weltkrieges war das mit Hitler-Deutschland verbündete Ungarn von der Roten Armee besetzt worden (S. 478). Am 1. 2. 1946 wurde die Volksrepublik Ungarn ausgerufen. Gestützt auf das sowjetische Militär übernahmen Mitglieder der ungarischen Kommunistischen Partei die Verwaltung, schalteten die Parteien gleich und vereinigten die Sozialdemokratische mit der Kommunistischen Partei zur Partei der Ungarischen Werktätigen (MDP, seit 1956 USAP). Den Posten des Generalsekretärs übernahm ❹ Mátyás Rákosi, der einen streng stalinistischen Kurs mit „Säuberungen" und Schauprozessen verfolgte.

Demontage des Grenzzauns zwischen Österreich un Ungarn am 2. 5. 1989

Nach Stalins Tod 1953 bemühte sich der neue Ministerpräsident ❸ Imre Nagy (MDP) um eine Lockerung des Systems. Er beendete die mit Gewalt durchgeführte Kollektivierung der Landwirtschaft, drosselte das Tempo der Industrialisierung und stoppte den staatlichen Terror. Sein Programm scheiterte jedoch am stalinistischen Widerstand um Rákosi. Aus Unzufriedenheit mit der Kommunistischen Partei und der Staatsführung erhob sich am 23. 10. 1956 das Volk. Nagy bildete eine Koalitionsregierung und erklärte den Austritt aus dem Warschauer Pakt. Sein Engagement musste er nach dem Einmarsch der sowjetischen Truppen 1958 mit seiner Hinrichtung büßen.

Nach der Niederschlagung des Aufstandes durch ❺ sowjetische Militäreinheiten übernahm der neue Parteiführer ❻ János Kádár noch 1956 die Regierungsmacht. Er schaltete die parteiinterne Opposition aus und lehnte sich eng an die UdSSR an. Zu Beginn der 1960er-Jahre wurden wirtschaftliche Eigeninitiativen zugelassen. Dieser „Gulaschkommunismus" bewirkte einen gewissen Wirtschaftsaufschwung. Nach Kádárs Rücktritt als Parteichef 1988 waren politischen Reformen nicht mehr aufzuhalten. Ein Mehrparteiensystem bildete sich aus. Die Öffnung der ungarisch-österreichischen ❷ Grenze im September 1989 schlug eine Bresche in den „Eiserne Vorhang" zwischen Ost und West, was den Reformdruck auf den gesamten Ostblock erhöhte. Nach den ersten freien Wahlen in Ungarn übernahm 1990 das Demokratische Forum die Regierung. Die sowjetischen Truppen verließen 1991 das Land. 1999 trat Ungarn der NATO bei und wurde 2004 gemeinsam mit zehn anderen Staaten in die EU aufgenommen.

Mátyás Rákosi (Foto, 1952)

Sowjetische Panzer in Budapest (Foto, 1956)

János Kádár (Foto, 1956)

■ Polen

Polens Bevölkerung erzwang immer wieder Reformen und Regierungswechsel. Dem Land gelang als erstem Staat im Ostblock der Systemwechsel.

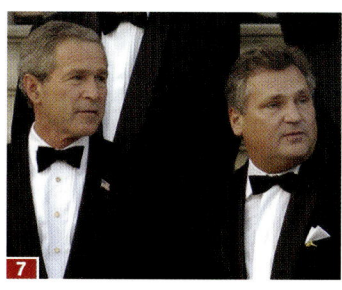

Der polnische Präsident Alexander Kwasniewski neben US-Präsident George W. Bush beim NATO-Gipfeltreffen (Foto, 27. 6. 2004)

Nach Ende des Zweiten Weltkrieges beschlossen die Alliierten, die deutschen Ostgebiete unter polnische Verwaltung zu stellen. Gleichzeitig musste Polen Gebiete im Osten an die UdSSR abtreten. Daraus folgten größere Umsiedlungsmaßnahmen, die das Bevölkerungsbild stark veränderten. Im Krieg hatte Polen besonders große Opfer bringen müssen: Sechs Millionen Polen waren im Krieg umgekommen – darunter 90 % der jüdischen Bevölkerung.

Nach den ersten Wahlen 1947 versuchte die Regierung unter ❾ Wladyslaw Gomulka einen eigenen Weg zum ❽ Sozialismus einzuschlagen, doch 1948 passte man sich den Vorgaben der UdSSR an. Nach Stalins Tod 1953 kam es abwechselnd zu Reformversuchen und Führungswechseln. Im

Der Kulturpalast in Warschau im Stil des sog. sozialistischen Klassizismus („stalinistischer Zuckerbäckerstil"; erbaut 1952–1955)

1978 wurde Karol Wojtyla, der Kardinal-Erzbischof von Krakau, zum Papst gewählt. Seine ❿ Polenreise im Jahr 1979 geriet zum Triumphzug und provozierte die Staatsführung. Sie demonstrierte

Juli eine landesweite Streikwelle aus. Wichtigste Forderung der Streikkomitees war die Zulassung freier, parteiunabhängiger Gewerkschaften, die von Regierungsseite schließlich zugesagt wurde. Im Oktober 1980 kam es zur offiziellen Registrierung des unabhängigen Gewerkschaftsverbands „Solidarnosc" (Solidarität) unter Führung von ⓫ Lech Walesa. Die Gewerkschaft vertrat bald 90 % der organisierten Arbeiterschaft. Im Sommer 1981 drohte die Sowjetunion der polnischen Regierung mit dem Einmarsch, sollte sie der Lage nicht Herr werden. Am 13. 12. 1981 verhängte Ministerpräsident ⓬ General Wojciech Jaruzelski den bis Juli 1983 dauernden Kriegszustand. Die Solidarnosc wurde verboten, führende Mitglieder interniert. Im Gegensatz zum „Prager Frühling" 1968 (S. 578) blieben die sowjetischen Truppen allerdings in ihren Kasernen. Kirche und Gewerkschaft ließen sich auf Dauer nicht weiter einschüchtern.

Wladyslaw Gomulka (rechts) im Gespräch mit Leonid Breschnew (Mitte) und Walter Ulbricht (Foto, um 1968)

1988 musste sich die politische Führung mit der Opposition an einen ⓭ „Runden Tisch" setzen und Reformen aushandeln, zu denen u. a. die Zulassung von Privatunternehmen und Oppositionsgruppen gehörte. Die ersten freien Wahlen 1989 brachten der Solidarnosc den Sieg. Polen entwickelte sich zu einer parlamentarischen Republik, zu deren erstem Präsidenten 1990 Lech Walesa gewählt wurde. 1995 verlor er sein Amt an Alexander Kwasniewski. 1999 wurde Polen in die ❼ NATO aufgenommen, seit 2004 ist es Mitglied der Europäischen Union.

Papst Johannes Paul II. wird in Warschau von der Bevölkerung begrüßt (Foto, 1979)

Der Solidarnosc-Führer Lech Walesa (Foto, 1981)

Dezember 1970 schloss die polnische Regierung mit der deutschen Bundesregierung unter Kanzler Willy Brandt den sog. Warschauer Vertrag ab. Dieser war ein Meilenstein in der Geschichte der Aussöhnung zwischen Deutschland und Polen und beinhaltete ein Gewaltverzichtsabkommen sowie die Anerkennung der Oder-Neiße-Linie als polnische Westgrenze.

die bei der Bevölkerung weithin empfundene Einheit zwischen polnischer Nation und Katholizismus und beschleunigte den Machtverlust der Staatspartei. Nach seinem Tod 2005 würdigte man sein Engagement bei der Überwindung der kommunistischen Diktaturen in Osteuropa.

1980 verschärfte sich die Wirtschaftslage immer mehr. Die Erhöhung der Fleischpreise löste im

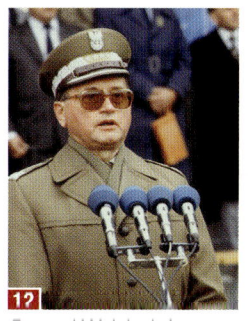

General Wojciech Jaruzelski (Foto, 1981)

Vertreter von Regierung und Opposition am Runden Tisch in Warschau (Foto, 1989)

Tschechoslowakei, Tschechische und Slowakische Republik

Die Reformversuche des „Prager Frühlings" in der Tschechoslowakei wurden gewaltsam zerschlagen. Aus der „samtenen Revolution" 1989/90 resultierte letztlich die Zweiteilung des Landes.

1945 wurde die vom NS-Regime zerschlagene (S. 479) Tschechoslowakei wieder hergestellt. Die Vertreibung der ❷ deutschen und ungarischen Minderheiten brachte dem Land spürbare wirtschaftliche Verluste.

1947 zwang die UdSSR die Tschechoslowakei, die Marshallplanhilfe (S. 536) abzulehnen. Un-

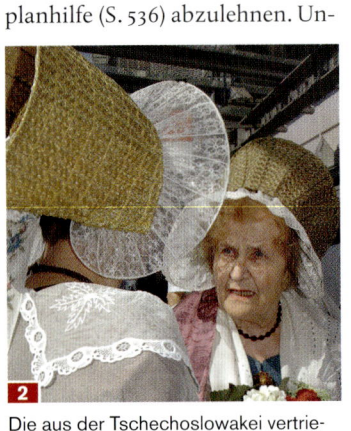

2

Die aus der Tschechoslowakei vertriebenen Deutschen halten an ihren alten Traditionen und teilweise auch an ihren Besitzansprüchen fest (Foto, 2004)

4

Bei einer Kundgebung in Prag werden Plakate von Klement Gottwald und Josef Stalin durch die Straßen getragen (Foto, 1948)

5

Staatspräsident Václav Havel (Foto, 2004)

6

Ministerpräsident Vladimír Meciar (Foto, 2004)

terdessen eroberten die Kommunisten unter ❹ Klement Gottwald die Schlüsselpositionen im Staat. Aus Protest traten Staatspräsident Edvard Benes und die nicht kommunistischen Minister im Juni 1948 zurück. Gottwald wurde neuer Präsident und bildete eine rein kommunistische Regierung. 1949 trat die Tschechoslowakei dem sowjetisch bestimmten Rat für Gegenseitige Wirtschaftshilfe RGW bei. 1952 erschütterte eine Reihe von Schauprozessen gegen prominente Kommunisten mit anschließenden Hinrichtungen das Land.

1968 wurde ❸ Alexander Dubcek zum neuen Staats- und Parteichef gewählt. Er setzte sich zum Ziel, das System zu liberalisieren und einen Marxismus „mit menschlichem Antlitz" zu schaffen. Auf diplomatischem Wege konnte die UdSSR die Reformen nicht stoppen. So ❶ besetzten am 21. 8. 1968 Truppen des Warschauer Paktes die Hauptstadt des Landes und zerschlugen den „Prager Frühling". Unter dem neuen Parteiführer Gustav Husák wurde die Tschechoslowakei einer der linientreuesten kommunistischen Staaten. Dennoch entwickelte sich 1976/77 unter dem Eindruck der KSZE-Schlussakte eine neue Oppositionsgruppe, die sog. Charta 77.

1

Die Prager Bevölkerung versucht, die Panzer der Interventionstruppen des Warschauer Paktes am Vorrücken zu hindern (Foto, 1968)

Charta 77

Die bekannteste Oppositionsbewegung des Ostblocks berief sich 1977 mit ihrer Forderung nach Bürgerrechten auf die KSZE-Schlussakte. Die Charta hatte binnen kurzem 800 Unterzeichner, darunter die Schriftsteller Václav Havel und Pavel Kohout. In regelmäßigen Veröffentlichungen deckte sie Menschenrechtsverletzungen auf. Führende Mitglieder wurden in den Umbruchjahren ab 1989 politisch aktiv.

Václav Havel (links) diskutiert in seiner Prager Wohnung mit anderen Regimekritikern (Foto, 1985)

Nach Ende des Kalten Krieges zeigten die Umbruchprozesse im gesamten Ostblock auch in der Tschechoslowakei ihre Wirkung. Im Zuge der gewaltfreien „samtenen Revolution" 1989/90 endete

3

Alexander Dubcek (Foto, 1968)

die Alleinherrschaft der kommunistischen Partei. Zum neuen Staatspräsidenten wurde 1990 der Dramatiker und Bürgerrechtler ❺ Václav Havel gewählt; Dubcek bekam das Amt des Parlamentspräsidenten. Aus der sozialistischen Republik sollte nun ein föderativer Staat werden. Doch die Slowakei unter ihrem Regierungschef ❻ Vladimír Meciar strebte nach Unabhängigkeit. Es kam zu keiner Einigung. Am 1. 1. 1993 erfolgte die Trennung des Landes in zwei selbstständige Staaten. Meciars autoritärer Führungsstil isolierte die Slowakei zeitweilig, doch 2004 wurden sowohl Tschechien als auch die Slowakei in die EU aufgenommen.

| 1948 | Rücktritt von Edvard Benes | 1965 | Amtsantritt Ceausescus | 21. 8. 1968 | Zerschlagung des Prager Frühlings |
| 1949 | Tschechoslowakei tritt RGW bei | 1968 | Regierung Alexander Dubceks | | |

Bulgarien, Rumänien und Albanien

Die autoritären nationalkommunistischen Systeme der drei Balkanstaaten brachen 1989 zusammen. Unruhen und Armut gehören zu den fortlebenden Grundproblemen.

In Bulgarien begann nach Kriegsende unter Führung der KP unter ihrem Generalsekretär **8** Georgi Dimitrow der Aufbau einer Volksdemokratie. Die Opposition wurde gewaltsam ausgeschaltet und liquidiert. Generalsekretär der KP war 1954–1989 **11** Todor Schiwkow, der außerdem 1962–1971 als Ministerpräsident und 1971–1989 als Staatsratsvorsitzender amtierte. Die starke türkische Minderheit sollte ab 1981 „bulgarisiert" werden, woraufhin es zur Massenflucht kam. Der politische Umbruch 1989 destabilisierte Land und Regierung. 1996/97 führten Hungersnöte zu schweren Unruhen. Die Parlamentswahlen von 2001 gewann die Partei des 1946 abgesetzten Zaren **9** Simeon II. aus dem Haus Sachsen-Coburg und Gotha, der eine deutliche Verbesserung des Lebensstandards versprochen hatte.

9 Simeon Sakskoburggotski (Foto, 2001)

10 Nicolae Ceausescu (Foto, 1984)

In Albanien übernahmen 1944 die kommunistischen Partisanen unter **7** Enver Hoxha die Macht. Als Parteichef regierte er autokratisch und schaltete jegliche Opposition blutig aus. Zunächst lehnte er sich an Jugoslawien (S. 580) an, 1961–1977 an China, und schließlich isolierte er das Land vollkommen. Unter seinem Nachfolger Ramiz Alia kam es ab 1985 zu einer außenpolitischen Öffnung. Der Umbruchprozess ab 1989 ermächtigte zunächst die Nachfolgepartei der Kommunisten; nach 1995 wechselten die Regierungen schnell. Durch dubiose Anlagegeschäfte verloren 1996 Hunderttausende ihr weniges Geld. Bei den darauf folgenden Unruhen wurden Kasernen gestürmt und Waffen entwendet. Seit 1989 flohen die Menschen in **14** Massen. Armuts- und Sterblichkeitsrate sind bis heute hoch, und das Verhältnis zum albanisch besiedelten Kosovo ist ungeklärt.

Rumänien verlor 1945 Gebiete an die UdSSR, erhielt jedoch Siebenbürgen von Ungarn zurück und damit eine deutsche und ungarische Minderheit. Der stalinistische KP-Chef Georghe Gheorg-

7 Denkmal von Enver Hoxha in Tirana, Albanien (Foto, 1989)

11 Todor Schiwkow, Generalsekretär der bulgarischen KP (Foto, 1987)

hiu-Dej band das Land in den Ostblock ein. Nach 1960 strebte er nach größerer Unabhängigkeit von der UdSSR. Dieser nationalkommunistische Kurs wurde vom nächsten Staats- und Parteichef **10** Nicolae Ceausescu ab 1965 fortgesetzt. Für dieses Abrücken von der UdSSR erhielt er westliche **12** Wirtschaftshilfe, von der die hungernde **13** Bevölkerung jedoch nicht profitierte. Die Hauptstütze seines Regimes war die Ge-

8 Josef Stalin und Georgi Dimitroff im vertraulichen Gespräch (Foto, 1936)

heimpolizei Securitate. Mit ihrer Hilfe wurden die Minderheiten brutal umgesiedelt und die Menschen unterdrückt. Ceausescu wurde 1989 gestürzt und erschossen. Danach wechselten die Regierungen schnell. Die Machthaber versuchten, Sicherheitskräfte, Arbeiter und Minderheiten gegeneinander auszuspielen.

Alle drei Länder sind inzwischen in das NATO-Programm „Partnerschaft für den Frieden" aufgenommen worden. Bulgarien und Rumänien haben die Aufnahme in die EU beantragt.

12 Ceausescu verschwendete die Wirtschaftshilfe für aufwendige Prestigebauten wie das „Haus des Volkes" in Bukarest

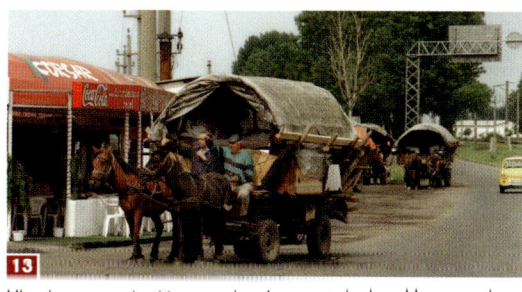

13 Pferdewagen der Roma nahe der rumänischen Hauptstadt Bukarest (Foto, 2001)

14 Albanische Flüchtlinge in der italienischen Hafenstadt Bari (Foto, 1991)

Zeitgeschichte   seit 1945

25. 12. 1989	Ermordung Ceausescus	1. 1. 1993	Teilung der Tschechoslowakei
1976/77	Bildung der Charta 77	1990	Václav Havel wird Staatspräsident	2004	Aufnahme von Tschechien und Slowakei in die EU

JUGOSLAWIEN SEIT 1945

Das im Zweiten Weltkrieg von der deutschen Wehrmacht besetzte Jugoslawien war von der Partisanenarmee unter Tito befreit worden (S. 485), nicht von der Roten Armee. Nach 1945 konnte Tito daher die Einmischung Stalins zurückweisen. Er entwickelte einen „eigenen Weg zum Kommunismus" und engagierte sich führend in der Bewegung der Blockfreien. Nach seinem Tod zerbrach das von ihm austarierte Staatsgefüge. Gegen die Dominanz Serbiens setzten die anderen Teilrepubliken eigene nationalistische Bestrebungen. Es folgten ❶ „Nationenbildungskriege" mit einem beispiellosen Ausmaß an Brutalität.

Eine Behelfsbrücke ersetzt die im Bürgerkrieg zerstörte historische Brücke zwischen dem kroatischen und dem muslimischen Teil der herzegowinischen Stadt Mostar

◼ Jugoslawien unter Tito 1945–1980

Tito praktizierte einen von der UdSSR unabhängigen Kommunismus. Das Land wurde in Teilrepubliken aufgeteilt, die Armee blieb serbisch dominiert.

Die kommunistische Partisanenarmee unter ihrem Anführer Josip Broz, genannt ❸ Tito, trug beim Kampf gegen die italienischen und deutschen Truppen, die Jugoslawien während des Zweiten Weltkrieges besetzt hatten, den Sieg davon. Mit Tito an der Regierungsspitze bekam Jugoslawien nach 1945 eine kommunistische Gesellschaftsordnung. Allen in Jugoslawien lebenden Nationalitäten wurden die gleiche Rechte versprochen.

Titos Regierung orientierte sich zunächst an der UdSSR. Stalins Versuche, seine Machtansprüche durchzusetzen und die

Tito und seine Frau (rechts) als Gast des iranischen Kaiserpaares, daneben der Kaiser von Äthiopien (Foto, 1971)

ideologische Führung der KPdSU zu postulieren, wies Tito jedoch zurück. Daraufhin kam es 1948 zum Bruch. Den von Stalin verhängten Wirtschaftsboykott überstand Jugoslawien mit westlicher Hilfe. Das Jahr 1955 brachte eine ❺ Wiederannäherung zwi-

schen beiden Regierungen, allerdings gehörte Jugoslawien seit 1961 zu den Mitbegründern der ❹ „Blockfreien", einer Organisation von Staaten, die keinem Militärblock angehörten und sich im Ost-West-Konflikt neutral verhielten. Tito versuchte so, durch eine eigenständige Außenpolitik seine Handlungsfreiheit zu wahren und auch zu ❷ westlich orientierten Staaten ein gutes Verhältnis aufzubauen. Zudem stand der in Jugoslawien praktizierte „Titoismus" für eine unabhängige Form des Kommunismus mit Arbeiterselbstverwaltung und föderativen Elementen.

Um den Bedürfnissen der einzelnen Nationalitäten gerecht zu werden, hatte man das Land in sechs Teilrepubliken, die autonome Region Wojwodina und das autonome Gebiet Kosovo-Metohija aufgeteilt. Die KP wurde 1952 zum föderalen „Bund der Kommunisten Jugoslawiens" (BdKJ) umstrukturiert, und die Polizei bekam 1966 eine bundesstaatliche

Tito nach Kriegsende in Belgrad (Foto, 1945)

Konferenz der blockfreien Staaten im indonesischen Bandung (Foto, 1955)

Organisation. Nur die Armee blieb zentralstaatlich und war serbisch dominiert. Trotz der föderalen Struktur des Staates kam es gelegentlich zu nationalistischen Demonstrationen wie etwa während des „Kroatischen Frühlings" 1969–1971, die jedoch vehement unterdrückt wurden.

Mit der Verfassung von 1974 wuchs die Selbstständigkeit der Teilrepubliken. Nach Titos Tod 1980 wechselte der Vorsitz im Staatspräsidium und im BdKJ jährlich zwischen den Nationalitäten – nicht jedoch in den einzelnen Teilrepubliken. Die Auflösung des Staates bahnte sich an.

Tito (rechts) prostet Nikita Chruschtschow zu (Foto, 1963)

| 1945 | Regierungsantritt Titos in Jugoslawien | 1961 | Jugoslawien wird Mitglied der „Blockfreien" | 1974 | Erneuerung der Verfassung |
| 1948 | Entzweiung mit UdSSR | 1969–71 | Kroatischer Frühling |

seit 1945

Zeitgeschichte

■ Der Zerfall Jugoslawiens 1980 bis heute

Nach dem Ende des kommunistischen Zentralstaates erklärten sich fast alle Teilrepubliken für unabhängig, was mit der blutigen Vertreibung von Minderheiten einherging.

6

Slobodan Milosevic und seine Frau (Foto, 1997)

Nach 1945 war die albanische Minderheit im Kosovo zu einer Mehrheit von 90 % angewachsen. Ab 1981 kam es in dem Landesteil zu Unruhen. ❻ Slobodan Milosevic machte sich zum Fürsprecher der serbischen Minderheit. 1986 stieg er zum Ersten Sekretär der KP bzw. der Sozialistischen Partei Serbiens auf. 1989 annullierte er die Autonomie des Kosovo und ließ die albanische Elite durch Serben ersetzen.

7

Abertausende von muslimischen Bosniern flüchten vor den Übergriffen der Serben (Foto, 1995)

Ende der 1980er-Jahre übernahmen in allen Teilrepubliken nationalistische Kräfte die Macht. Kroatien und Slowenien erklärten sich am 26. 6. 1991 unabhängig. In beide Länder marschierte die jugoslawische Armee ein. Slowenien wurde wieder freigegeben, Kroatien blieb zu einem Drittel besetzt: Dort hatte die serbische Minderheit die Republik Krajina ausgerufen.

9

UÇK-Soldaten mit der albanischen Fahne (Foto, 1999)

In Bosnien ergaben die Wahlen im November 1990 eine Mehrheit für die muslimisch-bosnische Partei unter ❽ Alija Izetbegovic, der das Land 1991 für unabhängig erklärte. Gegenreaktion war die Ausrufung einer Bosnisch-Serbischen Republik unter Radovan Karadzic. Mit Unterstützung der jugoslawischen Armee gelang es den Serben, zwei Drittel Bosniens zu besetzen. Es kam zu brutalen „ethnischen Säuberungen" mittels Vertreibung und Völkermord. Erst das Eingreifen der NATO

1995 konnte die Gewalt beenden. Bis dahin waren bereits 2,2 Millionen Menschen ❼ geflohen und 200 000 grausam zu ⓫ Tode gekommen. Unter UNO-Aufsicht wurde das Land in eine bosnisch-kroatische Föderation und eine serbische Republik geteilt, die einen gemeinsamen Staat bilden.

1995 eroberte Kroatien die Krajina zurück. Die serbische Bevölkerung floh oder wurde vertrieben, auch ins Kosovo. Dort hatten die Albaner 1992 eine „Republik Kosovo" unter Ibrahim Rugova ausgerufen. Auf die Eroberung der Hälfte des Landes 1996 durch die albanische Befreiungsarmee ❾ UÇK folgte eine serbische ❿ Großoffensive. Nun griff die NATO in Serbien ein und besetzte das Kosovo.

Auch Makedonien hatte sich 1991 unabhängig erklärt. Eine albanische Minderheit rief die „Republik Ilyria" aus und gründete im Jahr 2000 eine Befreiungsarmee. Etwa 250 000 kosovarische Flüchtlinge verschärften die Lage. Doch bisher konnten NATO und UNO den Ausbruch eines weiteren Krieges verhindern.

8

Alija Izetbegovic präsentiert während einer Pressekonferenz eine „Karte des Völkermordes" in Bosnien (Foto, 1993)

10

Von Serben ermordete und brutal verstümmelte Kosovaren (Foto, 1999)

Das Kriegsverbrechertribunal in Den Haag

Das Internationale Tribunal für Verbrechen im früheren Jugoslawien (ICTY) wurde 1993 als unabhängiges Hilfsorgan des UNO-Sicherheitsrats eingerichtet. Es befasst sich mit der Verfolgung der Kriegsverbrechen im ehemaligen Jugoslawien. Der Serbenführer Milosevic befindet sich seit 2001 in Untersuchungshaft, nach Karadzic und anderen wird weiterhin gefahndet. Bis zum Jahr 2000 waren 14 Haftstrafen verhängt worden.

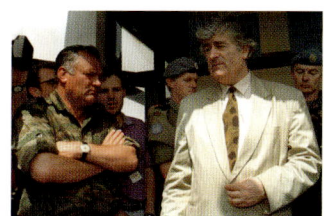

Der als Kriegsverbrecher gesuchte bosnische Serbenführer Radovan Karadzic (Foto, 1993)

11

Untersuchung eines Massengrabes in Bosnien (Foto, 2002)

1989 Milosevic annulliert die Unabhängigkeit des Kosovo	**ab 1991** Kosovokrieg
ab 1981 Unruhen und Aufstände im Kosovo	**26. 6. 1991** Unabhängigkeit Kroatiens und Sloweniens **2001** Inhaftierung Milosevics

GRIECHENLAND UND TÜRKEI SEIT 1945

Bevor die beiden Nachbarstaaten Griechenland und Türkei zu demokratischen Republiken wurden, hatten sie eine Reihe von Militärdiktaturen zu überstehen. Beide Länder wandelten sich nach dem Zweiten Weltkrieg zu Industrie- und Handelsstaaten. Konfliktträchtige Streitobjekte waren die Bodenschätze der Ägäis sowie die Insel ❶ Zypern, auf die Türken und Griechen gleichermaßen Ansprüche stellten und immer noch stellen. Während Griechenland bereits seit Anfang der 80er-Jahre zur Europäischen Union gehört, ist die Türkei noch Beitrittskandidat.

Eine Mauer trennt den griechischen von dem türkischen Teil der zyprischen Hauptstadt Nikosia (Foto, 1999)

■ Griechenland: Königreich und Diktatur 1945–1974

Nach Krieg und Bürgerkrieg stabilisierte sich Griechenland unter rechtsgerichteten Regierungen. Gegen die erste Mitte-Links-Regierung putschte das Militär.

1941 war Griechenland von der deutschen Wehrmacht besetzt worden. Es bildeten sich verschiedene Partisanenbewegungen, die sich aber auch untereinander bekämpften. Nach Kriegsende boykottierte die radikale Linke die ❷ Wahlen von 1946, sodass eine konservative Allianz den Sieg davontrug und die Monarchie beibehalten wurde. 1952 wurde das Land NATO-Mitglied, im Friedensvertrag mit Italien erhielt es 1947 die ❹ Dodekanes-Inseln. Bis 1952 wechselten sich 20 rechtsgerichtete Regierungen ab. Ihr gemeinsames Kennzeichen war ein rigider Antikommunismus. Die erste stabile Regierung bildete

erst Marschall Alexander Papagos mit seiner „Hellenistischen Sammlungsbewegung". Sie wurde 1956 in die „Nationalradikale Union"

König Konstantin II. (Mitte) mit Regierungsmitgliedern; ganz links: Georgios Papadopoulos, der kurze Zeit später die Macht ergreift (Foto, 1967)

(ERE) umgewandelt, geführt von ❺ Konstantin Karamanlis. Nach 20 Jahren Polizeistaat wählten die Griechen 1963 die linksgerichtete „Zentrumsunion" von Georgios Papandreu, der dem Land sozialstaatliche Reformen versprach. Doch im April 1967 putschten konservative Offiziere um Oberst ❸ Georgios Papadopoulos und errichteten ein diktatorisches Regime. Ein Gegenputsch König Konstantins II. im Dezember 1967 scheiterte. Am 1. 6. 1973 wurde in Griechenland die Republik ausgerufen. Verhaftung, Deportation, Folter und Gleichschaltung waren an der Tagesordnung. – Nach einem unblutigen Putsch unter Ge-

neral Demetrios Ioannidis wurde Phaidon Gisikis 1973 neuer Präsident. Über die Bodenschätze der Ägäis geriet er mit der Türkei in Konflikt. Ein von Athen aus gelenkter, fehlgeschlagener Putsch auf Zypern gegen Präsident Makarios 1974 führte schließlich zum Sturz des unpopulären griechischen Militärregimes.

Griechische Soldaten marschieren zu einem Wahllokal in Athen (Foto, 1946)

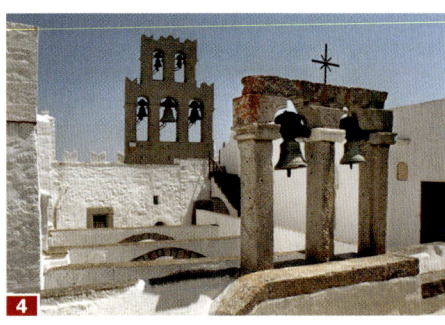

Das Johanneskloster auf der Dodekanes-Insel Patmos, eine der heiligsten Stätten Griechenlands

Konstantin Karamanlis (rechts) mit dem amerikanischen Präsidenten Jimmy Carter (Foto, 1978)

Die Unabhängigkeit Zyperns

Um den Anschluss der britischen Kolonie Zypern an Griechenland zu bewirken, begann ab 1955 die Untergrundbewegung E.O.K.A. unter General Georgios Grivas einen Krieg gegen die Kolonialmacht, begleitet von Kämpfen gegen die türkische Minderheit. Doch am 16. 8. 1960 wurde die Insel in die von Großbritannien, Griechenland und der Türkei garantierte Unabhängigkeit entlassen. Der erste Ministerpräsident, Erzbischof Makarios III., änderte das Regierungssystem zugunsten der Griechen. Nach blutigen Unruhen zogen sich die Türken aus der Regierung zurück und errichteten eine provisorische Verwaltung. 1964 entsandte die UNO eine Friedenstruppe.

rechts: Bronzedenkmal von Erzbischof Makarios III.

(Seitenrand: seit 1945 · Zeitgeschichte)

■ Die griechische Republik seit 1974

Nach Ende der Diktatur etablierte sich in Griechenland demokratisches Leben. Das Verhältnis zur Türkei prägte weiterhin die Außenpolitik.

1974 musste ❼ General Gisikis die Macht an Konstantinos Karamanlis abgeben, der Ministerpräsident wurde. Griechenland kehrte zur parlamentarisch-demokratischen Regierungsweise zurück. Mit seiner Partei „Neue Demokratie" (ND) leitete Karamalis den Beitritt zur EG ein, der 1981 erfolgte. Im selben Jahr verlor die ND die Mehrheit an die sozialdemokratische PASOK, die mit Andreas Papandreu 1981–1989 den Minister-

Gesicherter Grenzübergang auf Zypern

präsidenten stellte. Seine Sparmaßnahmen lösten 1985 schwere soziale Unruhen aus. Ein Korruptionsvorwurf zwang ihn 1989 zum Rücktritt. Nach einer knapp gewonnenen Wahl 1990 führte die ND unter Konstantinos Mitsotakis ein Reformprogramm durch, und Karamanlis wurde zum Staatspräsidenten gewählt. Aus Protest gegen soziale Missstände traten die Gewerkschaften 1992 in den Generalstreik. 1993 siegte erneut die PASOK mit Papandreu, der vom Korruptionsvorwurf freigesprochen worden war. Aus Gesundheitsgründen trat er jedoch 1996 zu-

gunsten von ❽ Konstantinos Simitis zurück.

So wechselvoll die politische Nachkriegsgeschichte Griechenlands war, so bruchlos verlief der wirtschaftliche Aufschwung. Anteil daran hatten die Gelder des Marshallplans (S. 536) und die Mitgliedschaft in der EG seit 1981. Zudem durchlief Griechenland einen kulturellen Wandel: Heimkehrende „Gastarbeiter" brachten nicht nur technisches Know-how, sondern auch andere Lebensvorstellungen mit. Eine ausgedehnte Landflucht bewirkte, dass heute ein Drittel der Griechen im Großraum ❾, ⓫ Athen lebt. Durch den ❿ Massentourismus hat der westliche Lebensstil dauerhaft Einzug gehalten.

Das beherrschende außenpolitische Thema blieb auch in der demokratischen Republik die Auseinandersetzung mit der Türkei. Dabei ging es um die Hoheitsrechte in der Ägäis, um Verkehrsfragen und um Rechte bei der Ölförderung. Die NATO-Partnerschaft beider Staaten konnte nicht verhindern, dass es im Rahmen des ❻ Zypern-Konflikts auch zu kriegerischen Handlungen kam.

Phaedon Gisikis (am Tischkopf) mit politischen Führern aus der Zeit vor dem Militärputsch von 1967

Konstantinos Simitis, 2002

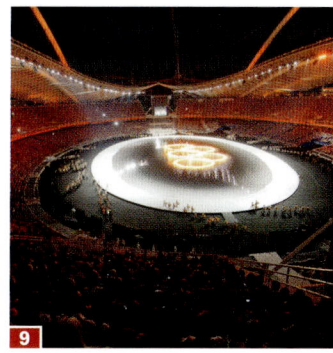

Eröffnung der 28. Olympischen Spiele in Athen (Foto, 2004)

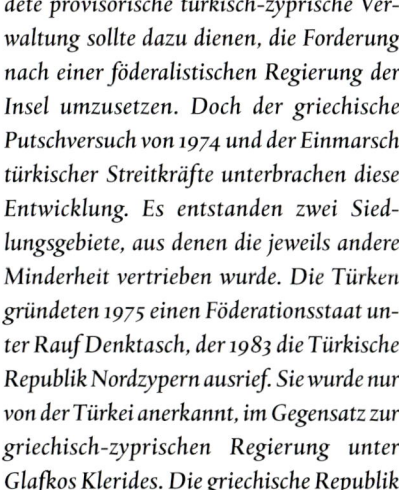

Die zwei Staaten Zyperns

Die 1961 von den Zypern-Türken gegründete provisorische türkisch-zyprische Verwaltung sollte dazu dienen, die Forderung nach einer föderalistischen Regierung der Insel umzusetzen. Doch der griechische Putschversuch von 1974 und der Einmarsch türkischer Streitkräfte unterbrachen diese Entwicklung. Es entstanden zwei Siedlungsgebiete, aus denen die jeweils andere Minderheit vertrieben wurde. Die Türken gründeten 1975 einen Föderationsstaat unter Rauf Denktasch, der 1983 die Türkische Republik Nordzypern ausrief. Sie wurde nur von der Türkei anerkannt, im Gegensatz zur griechisch-zyprischen Regierung unter Glafkos Klerides. Die griechische Republik Zypern wurde 2004 Mitglied der EU.

Oben: Die beiden zyprischen Präsidenten reichen sich die Hände: Glafkos Klerides (rechts) und Rauf Denktasch (Foto, 2001)

Touristenströme auf der Akropolis, 2001

Abendstimmung in Athen, 2004

1974	Griechischer Putschversuch auf Zypern/Türkischer Militäreinmarsch	2004	Die griechische Republik Zypern wird EU-Mitglied
1. 6. 1973	Ausrufung der Republik Griechenland	1981	Beitritt Griechenlands zur EG	1983	Proklamation der türkischen Republik Nordzypern

■ Die Türkei: Auf dem Weg zur Demokratie 1945–1970

Nach dem Ende des Zweiten Weltkrieges entwickelte sich die Türkei zum Industriestaat. Der Weg in die Demokratie brachte viele Rückschläge.

Nach dem Tod Kemal Atatürks 1938, des Begründers der modernen Türkei auf laizistischer Grundlage(S. 486), übernahm Ismet Inönü die Regierungsspitze in der Türkei. Nach 1945 suchte er als Staatspräsident erfolgreich Unterstützung im Westen: Die Türkei , wurde in das Marshallplanprogramm (S. 536) aufgenommen.

Die Mitgliedschaft in der NATO erfolgte 1952. Die Vergabe von westlichen Hilfsmitteln knüpfte sich an die Bedingung, den Demokratisierungsprozess voranzutreiben. Die Türkei gab sich ein Mehrparteiensystem, und bei den Wahlen 1950 errang die neu gegründete marktwirtschaftlich orientierte Demokratische Partei (DP) um Adnan Menderes eine Mehrheit.

Auf den Wirtschaftsboom zu Beginn der 1950er-Jahre folgte ei-

Der hingerichtete Adnan Menderes (Foto, 1961)

ne ökonomische Krise, wodurch die DP unter Druck geriet. Zudem verurteilten laizistische Eliten die religionsfreundliche Politik der Partei. Ministerpräsident Menderes reagierte auf die Kritik mit Unterdrückungsmaßnahmen. Gegen die Herrschaft von Menderes putschte im Mai 1960 ein „Komitee der Nationalen Einheit", angeführt von ❶ General Cemal Gürsel. Er verbot die DP und inhaftierte ihr Führungspersonal; ❷ Menderes wurde hingerichtet. Die 1961 verabschiedete neue Verfassung hatte liberalere Züge, doch wurde der Regierung ein „Nationaler Sicherheitsrat" mit den Oberbefehlshabern der Streitkräfte an die Seite gestellt.

Bei den Wahlen 1965 siegte die DP-Nachfolgepartei, die Gerechtigkeitspartei. Regierungschef

❸ Süleyman Demirel sah sich mit wachsenden sozialen Problemen und steigendem Radikalismus konfrontiert. In seiner Wirtschaftspolitik orientierte sich Demirel am Westen und folgte den Beratern der Weltbank. Die Industrie überflügelte den ❹ Agrarsektor, wovon allerdings nur eine Minderheit profitierte. Links und rechts der beiden großen Parteien entstanden extremistische, auch islamistische Gruppierungen. Seit Ende der 1960er-Jahre trugen Terroraktionen dieser Gruppen immer wieder zur politischen Destabilisierung des Landes bei. Zahlreiche Türken ❺ gingen ins Ausland.

Cemal Gürsel (Mitte; Foto, nach 1961)

Süleyman Demirel (Foto, 2000)

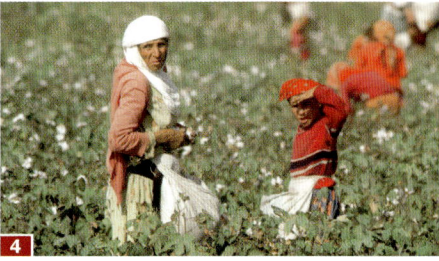

Türkische Frauen und Mädchen bei der Ernte von Baumwolle (Foto, 1989)

5 Türkische Gastarbeiter warten auf einem deutschen Flughafen (Foto, 1970)

Die kurdische Minderheit

Wie im Iran und Irak lebt in der Türkei eine kurdische Minderheit, die sich von der türkischen Regierung unterdrückt sieht. Die separatistische Untergrundorganisation Arbeiterpartei Kurdistans (PKK) machte sich zum Sprachrohr kurdischer Autonomiebestrebungen, seit 1984 vermehrt mit gewalttätigen Aktionen. In den von der PKK ausgelösten Kämpfen starben bis 1999 etwa 37 000 Menschen. Erst 1991 wurden die Kurden als Minderheit anerkannt. Seit der Verhaftung des PKK-Chefs Abdullah Öcalan 1999 haben die Gewalthandlungen abgenommen, Nachfolgeorganisationen bemühen sich verstärkt um friedliche Lösungen.

Ein türkischer Soldat mit einem getöteten PKK-Anhänger (Foto, 1996)

| 1938 | Tod Atatürks | 1960 | Militärputsch unter Cemal Gürsel | 1965 | Regierung Süleyman Demirel |
| 1952 | Beitritt der Türkei zur NATO | 1961 | Liberalisierung der Verfassung | | |

■ Die starke Rolle des Militärs   seit 1970

Die Türkei erlebte zwei weitere Militärputsche. Gleichzeitig erfolgte eine Wandlung vom Entwicklungs- zum Schwellenland.

Ministerpräsident Demirel wurde 1971 vom Militär zum Rücktritt gezwungen. Die Armee übernahm die Macht. Unter Einschränkung der Freiheitsrechte bekämpfte sie zwei Jahre lang die radikalen Gruppierungen brutal,

Ministerpräsidentin Tansu Çiller (Foto, 1997)

aber wirkungsvoll. Das politische System blieb unangetastet.

1973 übernahm die sozialdemokratisch orientierte Republikanische Volkspartei (CHP) unter ❻ Bülent Ecevit die Regierung. Sie koalierte mit der islamistischen Nationalen Heilspartei Necmettin Erbakans. Ecevit wurde für den Einmarsch in Zypern (S. 582 f.) nach dem griechischen Putsch bejubelt, was sich jedoch

nicht in Wählerstimmen niederschlug. In den folgenden Jahren lösten er und Demirel sich im Führungsamt ab, ohne die andauernden Probleme des Landes lösen zu können: ❾ Wirtschaftskrise, ❿ Islamismus und Terrorismus. 1975 gab es 34 Gewaltopfer, 1980 bereits 1500.

Am 12. 9. 1980 putschte das Militär ein drittes Mal. General Kenan Evren löste Parlament, Parteien und Gewerkschaften auf. Im Kampf gegen den Terror wurden Tausende verhaftet, es kam zu Folterungen und Hinrichtungen. Die terroristischen Aktionen gingen zurück. Nachdem 1982 eine neue Verfassung im Referendum angenommen war, zog sich das Militär wieder zurück. Der Zentralismus lässt den Landesteilen weiter nur wenig Autonomie.

In den Wahlen 1983 siegte die rechtsliberale Mutterlandspartei (ANAP). Ministerpräsident

❽ Turgut Özal förderte Demokratie und freie Marktwirtschaft und minderte den Einfluss des Militärs. Politisch-wirtschaftlich orientierte er sich am Westen und stellte 1987 den Aufnahmeantrag bei der EG. 1991 gab er den Kurden kulturelle Autonomie. 1989 war er zum Staatspräsidenten gewählt worden. Die Wahlen 1991 gewann Demirel als Chef der Partei des Rechten Weges. Er wurde nach Özals Tod 1993 Staatspräsident, seinen Platz als Ministerpräsident nahm mit ❼ Tansu Çiller erstmals eine Frau ein.

Seit den 1980er-Jahren verstärkten sich die islamischen Tendenzen in der Türkei. So errang bei den Wahlen 1995 die islamistische Wohlfahrtspartei die meisten Stimmen. Der Wahlerfolg der neu gegründeten konservativ-islamischen AKP im Jahr 2002 war auch eine Reaktion der Bevölkerung auf die das Land erschütternde Wirtschaftskrise.

Ministerpräsident ⓫ Recep Tayyip Erdogan nimmt im Herbst 2005 die Beitrittsverhandlungen

Bülent Ecevit vor einem Bild von Kemal Atatürk (Foto, 1998)

Turgut Özal (rechts) mit seinem griechischen Amtskollegen Andreas Papandreou (Foto, 1988)

der Türkei mit der EU auf. Voraussetzungen sind Fortsetzung des Reformkurses, die Verbesserung der Menschenrechtssituation und die Anerkennung Zyperns. Auch die türkische Haltung zum Völkermord an den Armeniern im Ersten Weltkrieg spielt eine Rolle (S. 487). Verbindungen mit der EU bestehen seit 1963 durch ein Assoziationsabkommen. 1996 schloss die Türkei eine Zollunion mit der EU.

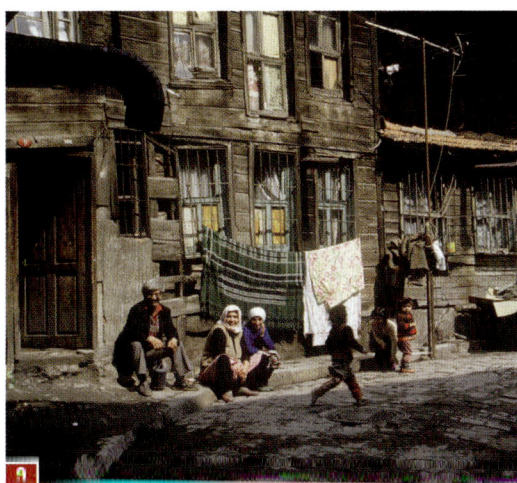

Wohnquartiere aus Holz und wenig Hoffnung auf sozialen Aufstieg: Bewohner eines Elendsviertels in Istanbul

Türkische Musliminnen mit Tschador bzw. Kopftuch im heutigen Istanbul

Recep Tayyip Erdogan nach einem Moscheebesuch (Foto, 2003)

DIE SOWJETUNION UND IHRE NACHFOLGE-STAATEN SEIT 1945

Nach dem Zweiten Weltkrieg geriet ganz Osteuropa unter den Einfluss des totalitären Systems Stalins, der die ❶ Sowjetunion in den Kalten Krieg führte. Unter seinen Nachfolgern, die zunehmend in eine „kollektive Führung" eingebunden waren, lockerte sich das System etwas. Der Alleinherrschaftsanspruch der Partei wurde jedoch erst unter Gorbatschow in Frage gestellt. In den dramatischen Jahren 1989–1991 brach zunächst das Gefüge des Ostblocks, dann auch die Sowjetunion selbst zusammen. Sie zerfiel in eine Föderation autonomer Staaten. Während die europäischen Länder den Anschluss an Mittel- und Westeuropa suchten, setzten sich in den vorderasiatischen Staaten Präsidialregime durch.

Militärparade zum 70. Jahrestag der Oktoberrevolution auf dem Roten Platz in Moskau (Foto, 7.11.1987)

■ Die Sowjetunion bis zu Stalins Tod

Nach 1945 sicherte Stalin seinen Machtbereich in Osteuropa und forcierte den industriellen Wiederaufbau. Die zunehmenden Gegensätze zu den anderen Siegermächten führten in den „Kalten Krieg".

1945 gehörte die Sowjetunion zu den ❷ Gewinnern des Krieges. Stalin hatte sich auf den Konferenzen von Jalta 1943 und Potsdam 1945 (S. 522, 527) mit Roosevelt und Churchill über eine Aufteilung des Einflusses in Europa verständigt und ging planmäßig an die Errichtung osteuropäischer Satellitenstaaten. Bis 1948 hatten die Kommunisten, zunächst im Bündnis mit bürgerlichen Antifaschisten, überall – Ausnahmen waren Griechenland und Jugoslawien (S. 580) – die Macht übernommen; 1949 entstand auf dem sowjetisch besetz-

Stalin (Gemälde, 1949)

ten Gebiet Deutschlands die DDR.

Bereits 1946 entwickelte ❸ Stalin seine „Zwei-Lager-Theorie" vom Gegensatz der kommunistischen und der kapitalistischen Welt, auf die die USA ab 1947 mit dem Konzept der Eindämmung des Kommunismus („Containment") antworteten (S. 636). Die Beziehungen zwischen den ehemaligen Verbündeten verschlechterten sich stetig und mündete in den „Kalten Krieg" (S. 532), der in der sowjetischen Berlin-Blockade 1948/49 (S. 539) seinen ersten Höhepunkt erreichte.

Im Innern war der Terror der „Säuberungen" (S. 483) vorbei, doch der politische Druck Stalins und ❹ Lawrentij Berijas, des allmächtigen Chefs des Geheimdienstes NKWD, ließ nicht nach.

„Generalissimus" Stalin in einer Porträtaufnahme um 1945

Der gefürchtete Chef des sowjetischen Geheimdienstes: Lawrentij Pawlowitsch Berija (Foto, 1953)

So wurden alle Soldaten und Offiziere, die im Krieg „Feindberührung" mit dem Westen gehabt hatten, kaltgestellt, darunter der Kriegsheld Marschall Schukow. Im Rahmen des vierten Fünfjahresplans forcierte Stalin den Wiederaufbau der ❻ Industrie, der rasch vorankam. Dagegen blieb die Entwicklung der Landwirtschaft zurück. Bereits 1952 hatte die Industrie der UdSSR die Vorkriegsproduktion verdoppelt, doch stieg der Lebensstandard nicht.

Die durch den Kulturfunktionär Andrej Schdanow 1947/48 betriebene „Schdanowschtschina" etablierte den ❺ Personenkult um Stalin und die Verherrlichung der Sowjetunion. Schriftsteller und Künstler, die sich diesem Kurs verweigerten, wurden unter dem

Siegesparade auf dem Roten Platz in Moskau: Sowjetsoldaten mit erbeuteten Fahnen der deutschen Wehrmacht (Foto, 24.6.1945)

Vorwurf des „Formalismus" und „Kosmopolitismus" Repressionen ausgesetzt. 1952 schlug die „Stalinnote" dem Westen eine Wiedervereinigung Deutschlands auf der Basis der Entmilitarisierung und blockfreien Neutralität vor. Doch die Fronten waren schon zu sehr verhärtet.

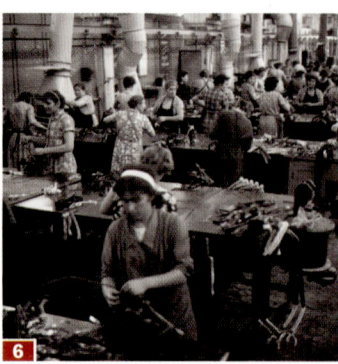

Arbeiterinnen in Lokomotivfabrik, 1967

seit 1945   Zeitgeschichte

| 1943 | Konferenz von Jalta | 1946 | „Zwei-Lager-Theorie" Stalins | 1948/49 | Berliner Blockade |
| 1945 | Konferenz von Potsdam | 1947/48 | „Schdanowschtschina" | 5.3.1953 | Tod Stalins |

■ Machtkampf und Sieg Chruschtschows

Nach Stalins Tod lockerte das Regime seine Politik. Im Machtkampf schien sich zunächst Malenkow durchzusetzen, der jedoch ab 1955 durch Nikita Chruschtschow verdrängt wurde.

Bevor es nach der Aufdeckung eines „Ärztekomplotts" gegen das Leben Stalins im Januar 1953 zu einer weiteren, antisemitisch ausgerichteten Säuberungswelle

Georgij M. Malenkow, 1952–55 sowjetischer Ministerpräsident (Foto, um 1953)

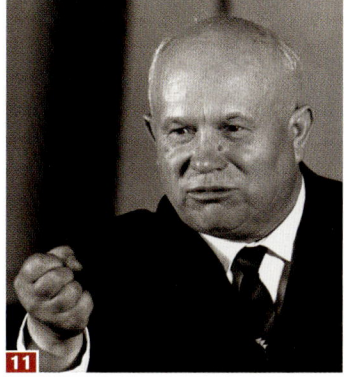

Nikita Sergejewitsch Chruschtschow (Foto, 1960)

kommen konnte, ❿ starb Stalin am 5. 3. 1953. Sofort setzte der Machtkampf um seine Nachfolge ein. Georgij Malenkow, der den Regierungsapparat hinter sich hatte, und Nikita Chruschtschow, hinter dem der Parteiapparat stand, verbündeten sich zunächst gegen Innenminister Berija, der im Juni gestürzt und im Dezember 1953 erschossen wurde.

Der zunächst dominierende ❾ Malenkow verkündete am 8. 8. 1953 den „Neuen Kurs", der eine

Stärkung von Landwirtschaft und Konsumgüterindustrie, Neulanderschließung sowie „sozialistische Gerechtigkeit" vorsah. 1954 begann eine „Tauwetter-Periode" für Schriftsteller und Kulturschaffende. Auch außenpolitisch kam es zu ersten Entspannungen, z. B. dem Adenauer-Besuch 1955 (S. 542). Allerdings wurde im Mai 1955 der „Warschauer Pakt" der Ostblockstaaten als Pendant zur NATO (S. 636) gegründet.

Im Februar 1956 konnte sich auf dem XX. Parteitag der KPdSU ⓫ Chruschtschow gegenüber Malenkow behaupten. Er wurde Parteisekretär und 1958 auch Ministerpräsident. Chruschtschow rechnete deutlich mit den Verbrechen Stalins v. a. auch gegen die Partei ab. Im Zuge der „Entstalinisierung" kam es zu Aufständen in Polen und Ungarn (S. 576), die militärisch unterdrückt wurden. In einem Kurs von Zuckerbrot und Peitsche lockerte Chruschtschow die Zügel der ⓬ Kulturpolitik, löste die Strafgefangenenlager (Gulags) weitgehend auf und setzte verstärkt auf landwirtschaftliche Produktion, auf eine Verbesserung des Lebensstandards und

die Förderung der Technologie. Der Start des ersten Erdsatelliten ❼ „Sputnik" im Oktober 1957 war ein Schock für die westliche Welt. 1961 war ❽ Jurij Gagarin in der Raumkapsel „Wostok I" der erste Mensch im Weltall.

Außenpolitisch schwankte Chruschtschow zwischen einem forcierten Wettlauf der Systeme und der propagierten „friedlichen Koexistenz". Er versuchte stetig, den Machtbereich der Sowjetunion in der Welt auszubauen, nutzte dafür u. a. das Unabhängigkeitsstreben asiatischer und afri-

Aufbahrung der Leiche Stalins in der Säulenhalle des Moskauer Gewerkschaftshauses (Foto, 7. 3. 1953)

kanischer Länder, nahm auch Beziehungen zu vielen blockfreien Staaten auf. Seit der Suezkrise (S. 600) engagierte er sich vordergründig besonders für die Förderung arabischer Interessen.

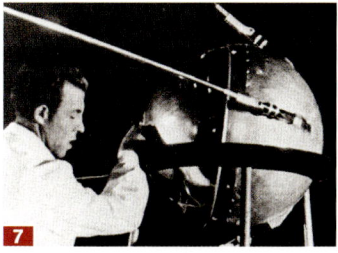

7

Techniker mit dem Sputnik 1, dem ersten künstlichen Erdsatelliten der UdSSR

8

Jurij Aleksejewitsch Gagarin umkreiste am 12. 4. 1961 als erster Mensch die Erde in einer Raumkapsel

Dmitrij Schostakowitsch

Der Wechselkurs der Kulturpolitik Chruschtschows zeigte sich exemplarisch am Schicksal des Komponisten Dmitrij Schostakowitsch. Dieser komponierte immer wieder glorifizierende Hymnen auf Stalin und die Sowjetunion, um Freiraum für sein Schaffen zu erhalten, und galt einige Zeit als Repräsentant der sowjetischen Kultur. 1936 erstmals als „dekadent" und „formalistisch" diffamiert, wurde er 1948 gezwungen, „Selbstkritik" zu üben und zu verstummen. Als er 1960–1968 Erster Sekretär des Sowjetischen Komponistenverbandes war, wandte er sich gegen den „westlichen Avantgardismus", was nun wieder Chruschtschows Linie entsprach.

oben: Dmitrij Schostakowitsch

Nikita S. Chruschtschow und seine Regierungsvertreter empfangen Künstler und Schriftsteller in einem Garten (Propagandagemälde, 1957)

seit 1945

Zeitgeschichte

| 8.8.1953 | „Neuer Kurs" unter Malenkow | 1957 | Start von „Sputnik" | 14.10.1964 | Sturz Chruschtschows |
| Mai 1955 | Warschauer Pakt | 1958 | Chruschtschow wird Parteisekretär |

Der Sturz Chruschtschows und die Ära Breschnew

Nach dem Sturz Chruschtschows 1964 wurde Leonid Breschnew neuer Sowjetführer, dessen Macht jedoch stärker kontrolliert wurde. Schrittweise wurde eine außenpolitische Entspannungspolitik begonnen, die aber immer wieder Rückschläge in Kauf nehmen musste.

Chruschtschows außenpolitischer Kurs führte ab 1959 zu einer wachsenden ideologischen Entfremdung von China (S. 618). Auf der anderen Seite führte die heimliche Stationierung von Atomraketen auf Kuba die Welt im Oktober 1962 an den Rand eines Dritten Weltkrieges, wobei ein Einlenken der Sowjetunion die Eskalation verhinderte (S. 532). Seit 1961 zeigte Chruschtschow verstärkt eine Neigung zu sprunghaften und für die Partei oft unberechenbaren Entscheidungen und Kurswechseln. Dies führte am 14.10.1964 zu seinem Sturz durch die Mitglieder der sowjetischen Parteiführung.

Der neue starke Mann wurde als Generalsekretär der KPdSU ❷ Leonid Breschnew, dem Alexej Kossygin als Vorsitzender des Ministerrates und Nikolaj Podgorny als Staatsratsvorsitzender zur Seite standen. Eine Ein-Mann-Herrschaft im Stile Chruschtschows sollte zukünftig verhindert werden. Die Ära Breschnew gilt als Zeit einer „Normalisierung" und Bürokratisierung des sozialistischen Alltags. Seit Mitte der 70er-Jahre zeigte die sowjetische

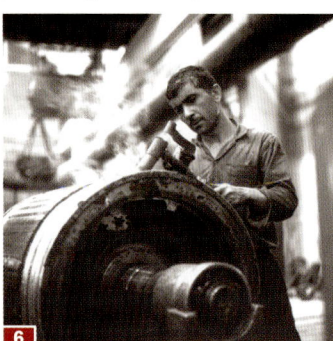

6
Arbeiter in einer Lokomotivfabrik in Tiflis, Georgien (Foto, 1967)

1
Die greise sowjetische Staatsführung zeigt sich am 1.5.1982 dem Volk; von links nach rechts: K.Tschernenko, N.Tichonow, Staatschef Breschnew, Grischin und A.Kirilenko

„Altherrenriege" an der Staatsspitze Züge von ❶ politischer Verknöcherung.

Der XXIII. Parteitag der KPdSU 1966 zementierte die Vorherrschaft der ❻ Schwerindustrie in der Wirtschaft sowie das Ziel eines ❺ rüstungspolitischen „Gleichgewichts" mit den USA.

5
Demonstration militärischer Stärke: Aufmarsch motorisierter Infanterie zum Jahrestag der Oktoberrevolution auf dem Roten Platz , 7.11.1967

Die hohen Ausgaben für Atomwaffen und U-Boote führten v. a. in den 70er-Jahren zu gewaltigen Engpässen in der Versorgung der Bevölkerung. Der stärker werdenden Opposition von Künstlern, Intellektuellen und Dissidenten (❼ Andrej Sacharow u. a.) begegnete der Staat meist mit Repressionsmaßnahmen, der Einweisung in Arbeitslager sowie dem Einsatz der „politischen Psychiatrie". Nachdem die Sowjetführung 1968 den „Prager Frühling" gewaltsam unterdrückt hatte (S. 578), be-

grüßte sie die v. a. vom westdeutschen Bundeskanzler Willy Brandt betriebene ❸ Entspannungspolitik: Ab 1970 kam es zu einer Reihe von Abkommen zwischen der UdSSR und der Bundesrepublik sowie anderen westlichen Staaten bis hin zu den SALT I- und ❹ SALT II-Abkommen 1974 und 1979 mit den USA und der KSZE-Schlussakte von Helsinki (1975) über eine internationale Sicherheitspolitik, Rüstungsbegrenzung und -kontrolle. Der Entspannungsprozess erlitt immer wieder Rückschläge, wie sie etwa der „NATO-Nachrüstungsbeschluss" 1977, der sowjetische Einmarsch in Afghanistan 1979 und der westliche Boykott der ❽ Olympiade in Moskau 1980 darstellten. Während einige innenpolitische Reformen wie u. a. die Verbesserung der Volksbildung und die Stärkung der nationalen Besonderheiten der Sowjetrepubliken erfolgreich waren, führte der Wirtschaftskurs mit dem Ziel, aus der UdSSR mit Mitteln der Planwirtschaft eine moderne Industrienation zu machen, immer wieder zu Versorgungskrisen und Korruption in den Verwaltungsstellen.

7
Der sowjetische Regimekritiker und Physiker Andrej Sacharow während eines Interviews am 7.3.1973

2
Der sowjetische Staats- und Parteichef Leonid Iljitsch Breschnew (Foto, 1980)

3
Praktische Entspannungspolitik: Der deutsche Bundeskanzler Willy Brandt (rechts) und Leonid Breschnew am 17.9.1971 während einer Bootsfahrt vor der Küste der Krim

4
Unterzeichnung des SALT-II-Vertrages durch US-Präsident Jimmy Carter (links) und Leonid Breschnew (Foto, 1979)

8
Plakat für die 22.Olympischen Sommerspiele, die vom 19.7.–2.8.1980 in Moskau stattfanden.

| 1968 | „Prager Frühling" | 1975 | KSZE-Schlussakte von Helsinki | 1979 | SALT II-Abkommen/Sowjetischer Einmarsch in Afghanistan |
| 1974 | SALT I-Abkommen | 1977 | NATO-Nachrüstungsbeschluss | 1980 | Olympische Spiele in Moskau |

◼ Gorbatschow und das Ende der Sowjetunion

Mit der Wahl Gorbatschows zum Generalsekretär 1985 vollzog sich ein radikaler Kurswechsel, der 1989–1991 zum Zusammenbruch des Ostblocks und schließlich auch der Sowjetunion führte.

Nach ❾ Breschnews Tod kamen nacheinander für kurze Zeit 1982 ⓫ Jurij Andropow und 1984 ⓭ Konstantin Tschernenko an die Macht. Nachdem Tschernenko am 10. 3. 1985 verstorben war,

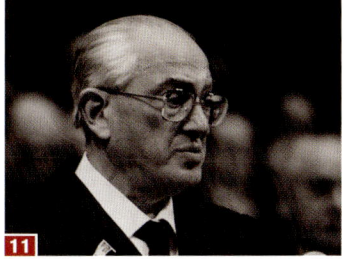

11
Jurij Andropow während einer Festansprache (Foto, 21.12.1982)

10
Revolution von oben: Michail Gorbatschow spricht auf der Parteikonferenz über seine Reformen zu Perestroika („Umbau") und Glasnost („Öffnung") (Foto, 1988)

de Gorbatschow 1990 der Friedensnobelpreis zuerkannt.

Gorbatschow geriet innerhalb der Partei zunehmend unter Druck: Die traditionellen Parteikader sabotierten seinen Reformkurs, westlich orientierten Reformern ging er nicht weit genug. Die katastrophale Wirtschaftslage führte zu Streiks und das Land war zunehmend auf umfassende Finanzhilfe durch den Westen angewiesen. Im April 1986 ereignete sich mit dem ⓬ Reaktorbrand von Tschernobyl (Ukraine) die bisher schwerste Kernkraftwerkskatastrophe.

Außerdem brachen Nationalitätenkonflikte auf: 1986 begannen sie mit Unruhen in Kasachs-

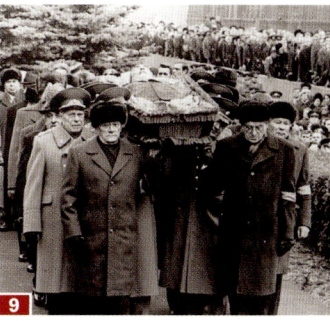

9
Mitglieder der sowjetischen Partei- und Staatsführung tragen den offenen Sarg von Leonid Breschnew zu Grabe (Foto, 15.11.1982)

12
Blick in den zerstörten Reaktorblock des Kernkraftwerks Tschernobyl, 1986

nehmen per Gesetz; eine rapide Inflation behinderte allerdings vielfach die Wirtschaftsreformen. Unter den Schlagworten Glasnost („Öffnung") und Perestroika („Umbau") wurde die gesamte Kultur- und Bildungspolitik liberalisiert und westliche Kultureinflüsse strömten ins Land. Gorbatschows Reformkurs strahlte sofort in die verbündeten sozialistischen Länder aus, wo das Volk in den Ländern Mittel- und Osteuropas 1989 den Fall der Berliner Mauer (S. 544) und die Auflösung des gesamten „Ostblocks" erzwang. Auch für seine Ablehnung jeder gewaltsamen Lösung in diesem revolutionären Prozess wur-

13
Übergangslösung: Konstantin Ustinowitsch Tschernenko amtierte nur gut ein Jahr als Staats- und Parteichef

wurde am 11. 3. 1985 ❿ Michail Gorbatschow zum Generalsekretär der KPdSU gewählt. Zusammen mit seinem Außenminister Eduard Schewardnadse und jüngeren Führungskadern setzte er schrittweise umfassende Reformen durch. Noch 1985 nahm er in Genf den ⓯ Abrüstungsdialog mit den USA wieder auf und 1987–1989 wurde die Sowjetarmee aus Afghanistan abgezogen.

Im Innern legalisierte die Sowjetführung 1987 die Privatwirtschaft und beschloss 1988 die Eigenverantwortlichkeit der Unter-

14
Forderung nach mehr Freiheit: Demonstration von über 20 000 Sowjetbürgern in Moskau am 16. 9. 1990

tan; 1990 beschlossen Reformbewegungen und Volksvertretungen v. a. in den Baltischen Republiken ihren Austritt aus der Union. Im selben Jahr kam es zu ersten ⓮ Demonstrationen gegen die Alleinherrschaft der KPdSU. Am 19. 8. 1991 unternahmen konservative Kräfte aus Armee- und Parteiführung einen Putschversuch und isolierten den im Urlaub weilenden Gorbatschow.

15
Michail Gorbatschow und der US-Präsident Ronald Reagan treffen sich zu einem Gespräch (Foto, 9.12.1987)

Andrej Gromyko

Fast 30 Jahre lang, von 1957 bis 1985, vertrat der Wirtschaftswissenschaftler und langjährige Botschafter in Washington und bei der UNO als Außenminister unter wechselnden politischen Führungen die Interessen der UdSSR auf internationalem Parkett. Der zunächst oft grimmig auftretende „Mister Njet" verhandelte schließlich über Abrüstungs- und Gewaltverzichtsabkommen und wurde 1973 auch Mitglied des Politbüros. Im Juli 1985 schob ihn Michail Gorbatschow auf den repräsentativen Posten des Staatsratsvorsitzenden ab.

oben: Andrej Gromyko während einer Rede im Jahr 1985

11. 3. 1985 | Gorbatschow wird Generalsekretär der KPdSU   1987–89 | Sowjetabzug aus Afghanistan   1990 | Friedensnobelpreis an Gorbatschow

1986 | Reaktorunfall von Tschernobyl   9. 11. 1989 | Fall der Berliner Mauer

■ Russland unter Jelzin

1991 zerfiel das Sowjetimperium in eine Föderation der ehemaligen Republiken. Unter Boris Jelzin wurden weitreichende politische Reformen durchgesetzt, es begann aber auch der Krieg in Tschetschenien.

Am Widerstand der Bevölkerung und der Armee zerbrach der Moskauer Putsch des 19. 8. 1991 sofort, doch der zurückgekehrte Michail Gorbatschow war faktisch ❶ entmachtet. Neuer starker Mann wurde sein ehemaliger Mitstreiter, der Reformer ❷ Boris Jelzin, der als Staatspräsident ❹ Russlands die Unabhängigkeit der Baltischen

1 Nach missglücktem Putsch überrumpelt Jelzin Gorbatschow im russischen Parlament, 23. 8. 1991

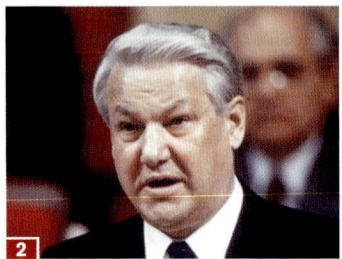

2 Boris Jelzin löste 1991 Gorbatschow als russischer Staatspräsident ab

4 Soldaten einer russischen Ehrengarde während einer Parade zum Tag der Unabhängigkeit, 1999

Staaten anerkannte und die KPdSU auflöste. Am 21. 12. 1991 endete die Sowjetunion mit dem Austritt von 11 ehemaligen Sowjetrepubliken, die mit Russland die „Gemeinschaft Unabhängiger Staaten" (GUS) v. a. als Wirtschaftskooperation bildeten: Armenien, Aserbaidschan, Georgien, Kasachstan, Kirgistan, Moldawien, Tadschikistan, Turkmenistan, Ukraine, Usbekistan und Weißrussland. Jelzin lehnte sich

in der Folgezeit v. a. wirtschaftlich stark an den Westen an und trieb die Abrüstung voran. 1993 setzte er gegen das Parlament eine neue Verfassung durch und vereitelte einen Putschversuch konservativer Kräfte.

Nachdem Russland bereits seit 1991 die Autonomiebestrebungen Südossetiens abgewehrt hatte, besetzten ❺ russische Truppen 1994 Tschetschenien. Der Kampf gegen die dortigen Unabhängigkeits- und Guerillabewegungen dauert bis heute an und wird von beiden Seiten mit großer Härte geführt; eine freie Berichterstattung wird weitgehend verhindert. Ihr brutales Vorgehen führt seit 1996 zu einem internationalen Imageverlust der russischen Regierungen, zumal nach einem vorübergehenden Friedensschluss 1997 im September 1999 nach Anschlägen eine erneute russische Militäroffensive gestartet wurde.

Im Juni 1994 trat Russland der NATO-„Partnerschaft für den Frieden" bei und unterzeichnete im Mai 1997 ein Sicherheitsabkommen mit der NATO. Nach einem rapiden Kurssturz des Rubels ging es bergab mit der Wirtschaft, die mehr und mehr von

5 Russische Soldaten gehen in der Region um die tschetschenische Hauptstadt Grosny mit Panzern gegen die Unabhängigkeitskämpfer vor

Mafia-ähnlichen Strukturen in Wirtschaft und Verwaltung bestimmt wird. Eigenmächtige Entscheidungen, Krankheit und der Verdacht der persönlichen Bereicherung führten seit 1998 zu Protesten gegen Jelzin, der Anfang 2000 zugunsten des

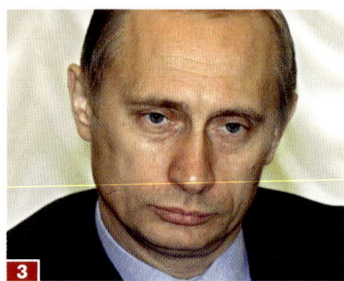

3 Waldimir Putin, 2000

ehemaligen Sicherheitsdienst-Vorsitzenden ❸ Wladimir Putin zurücktrat. Putin zeigt größere Energie im Kampf gegen die Korruption, steht aber für ein weiter-

hin hartes militärisches Vorgehen in Tschetschenien. Sein Konzept der „gelenkten Demokratie" greift stark in die Freiheit von Kultur und Presse ein und wird vom Westen zunehmend kritisch beurteilt.

Putin bemüht sich um Einbindung Russlands in die internationale Staatengemeinschaft und näherte sich seit dem 11. 9. 2001 im Kampf gegen den Terrorismus vorsichtig auch den USA an. Nach Ausschaltung seines innenpolitischen Gegners Chodorkowski 2003 wurde Putin mit über 71 % der Stimmen im März 2004 als Präsident wiedergewählt.

Der Tschetschenien-Konflikt

Der gewaltsame Konflikt begann im Dezember 1994 mit der Besetzung Tschetscheniens durch russische Truppen nach einer Geiselnahme russischer Soldaten durch Separatisten. Nach der Einnahme der Hauptstadt Grosny erklärte Präsident Jelzin im Mai 1997 den Krieg offiziell für beendet. Der gewählte tschetschenische Präsident Aslan Maschadow wurde von Russland nicht anerkannt und ging nach Beginn des sog. zweiten Tschetschenien-Krieges 1999 in den Untergrund. Im März 2005 wurde er von russischen Truppen erschossen.

Weinende tschetschenische Frau vor schwer zerstörten Häusern in Grosny, 1994

Tschetschenischer Kämpfer überwacht in Grosny das Areal vor dem zerstörten Präsidentenpalast, 1995

19. 8. 1991 Moskauer Putsch, Jelzin wird Präsident	1994 Kutschma wird Präsident der Ukraine	Dez. 1994 Russische Besetzung Tschetscheniens
21. 12. 1991 Bildung der GUS	1993 Erneuerung der Verfassung	Juni 1994 Beitritt Russlands zur NATO-„Partnerschaft für den Frieden"

■ Ukraine und Weißrussland

Während die Ukraine sich zu einer freiheitlichen Demokratie zu entwickeln scheint, werden die politischen Verhältnisse in Weißrussland autoritärer.

Die Ukraine zeigte bereits seit 1942 Autonomiebestrebungen. Ihre „Aufstandsarmee" lieferte sich bis 1957 blutige Kämpfe mit der Sowjetmacht. Im Dezember 1991 wurde sie Mitglied der GUS, wobei ein Großteil der Bürger für eine enge Kooperation mit Russland stimmte. ❻ Leonid Kutschma, der mit starker Hand regierende Staatspräsident von 1994 bis 2004, öffnete das Land der Marktwirtschaft, lehnte sich aber politisch eng an Russland an. Unregelmäßigkeiten bei den Wahlen um die Nachfolge Kutschmas führten 2004/05 zu friedlichen ❿ Dauerprotesten breiter Bevölkerungskreise, der „Orangen Revolution", die in einer Nachwahl im Januar 2005 die Präsidentschaft des Reformpolitikers und ehemaligen Ministerpräsidenten ❼ Viktor Juschtschenko herbeiführte, der die Ukraine enger an Westeuropa anbinden will.

Auch Weißrussland, das sich im Juli 1990 für souverän erklärte

Der ukrainische Staatspräsident Leonid Kutschma auf einer Konferenz am 29.11. 2004

Moldawier auf einem Pferdekarren

und als „Republik Belarus" seit 1991 Mitglied der ⓫ GUS ist, orientiert sich politisch an Russland und bemüht sich seit 1994 immer wieder um eine Union. Der ursprünglich als marktwirtschaftlich orientierter Reformer angetretene ❾ Alexander Lukaschenko, Staatspräsident seit 1994, ließ sich 1996 in einem Referendum seine Machtbefugnisse erweitern und regiert seitdem als „Europas letzter Diktator". Presse und Opposition werden massiv eingeschüchtert und sogar mit physischer Gewalt bedroht. Nach Ablauf seiner Amtszeit 1999 regierte er einfach weiter und erreichte durch massiven politischen Druck im September 2001 seine Wiederwahl mit angeblichen 75,6 % der Stimmen.

In Moldawien, Mitglied der GUS seit 1991, regieren seit 1994 die ehemaligen kommunistischen Parteien in verschiedenen Bündnissen. Immer wieder kommt es zu Unruhen zwischen den Bevölkerungsgruppen der Moldawier, Russen und Gagausen, v. a. in der Dnjestr-Region Transnistrien, wo die Unabhängigkeit angestrebt wird. Das Land steckt in permanenten Wirtschaftskrisen und rund 80 % der Bevölkerung leben in ❽ Armut.

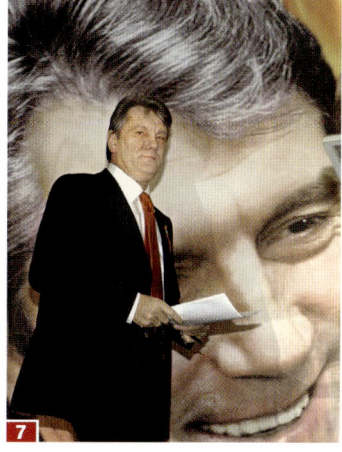

Der neue Ministerpräsident Viktor Juschtschenko will das Land demokratisieren, 2004

Der weißrussische Staatspräsident Aleksandr Lukaschenko, 1997

„Orangene Revolution": Anhänger von Viktor Juschtschenko demonstrieren in Kiew vor der Präsidentschaftswahl, Dezember 2004

Lukaschenko (Weißrussland), Nasarbajew (Kasachstan), Putin (Russland), Kutschma (Ukraine) bei einer GUS-Beratung über eine gemeinsame Freihandelszone

| 1996 | Diktatur Lukaschenkos in Weißrussland | 1999 | Beginn des zweiten Tschetschenienkrieges | 2002 | Russland unterzeichnet Klimaprotokoll von Kyoto |
| Mai 1997 | Sicherheitsabkommen mit der NATO | 1999/2000 | Rücktritt Jelzins/Amtsantritt Putins | März 2004 | Wiederwahl Putins |

■ Die baltischen Staaten und Georgien

Den baltischen Staaten gelang der Anschluss an Mitteleuropa und die EU. Georgien durchlief mehrere Krisen und scheint sich erst seit 2003 auf einem deutlicher demokratischen Kurs zu befinden.

In den baltischen Staaten traten bereits ab 1987 starke Unabhängigkeitsbewegungen auf, die an die eigenständigen Traditionen ihrer Länder nach 1918 anknüpften. Als Litauen und Lettland 1990 als erste Sowjetrepubliken ihre ❷, ❸ Unabhängigkeit erklärten, kam es 1991 in beiden Staaten zu gewaltsamen Putschversuchen moskautreuer Kräfte, die jedoch abgewehrt wurden. In allen drei Staaten entschied sich die Bevölkerung in Volksbefragungen für die Unabhängigkeit, welche beim Putsch gegen Gorbatschow im August 1991 (S. 589) faktisch vollzogen wurde. Durch die Mitgliedschaft in der UNO (1991) und im Europarat (1993/95) wurde der Übergang zu stabilen demokratischen Verhältnissen nach westlichem Vorbild ebenso erleichtert wie durch massive Wirtschaftshilfe und Kooperationsverträge mit dem Westen. Der ❶ Abzug der Sowjettruppen und Grenzabkommen mit den Nachbarn wurden bis 1994 abgeschlossen. Am 27. 10. 1995 beantragte Lettland als erstes baltisches Land die ❹ Mitgliedschaft in der EU, ❽ Estland und Litauen folgten. Nach der Stärkung des parlamentarischen Systems und der Marktwirtschaft gehörten Estland, Lettland und Litauen zu den 10 Ländern, die

1

Die sowjetischen Truppen werden nach dem Grenzabkommen aus Litauen abgezogen, 1992

4

Litauische Jugendliche mit litauischen und Europafahnen feiern in Wilna die Aufnahme ihres Landes in die Europäische Union, 2004

5

Sowjetische Panzer an der Grenze zu Armenien und Nachitschewan, 1990

am 1. 5. 2004 zusätzlich Mitglieder der EU wurden („Osterweiterung").

Zwischen den GUS-Mitgliedsstaaten Armenien und Aserbaidschan entbrannten bereits 1989 blutige Kämpfe um die ❺ Region

2

Demonstranten schwenken vor dem Parlamentsgebäude in Wilna die litauische Fahne, 1991

Nagorny-Karabach, die sich 1991 von Aserbaidschan abspaltete. Der Konflikt konnte erst 1994 weitgehend beigelegt werden. Beide Länder wurden im Januar 2001 Mitglieder des Europarates. In Aserbaidschan gelangten 1993 die Altkommunisten unter Geidar Alijew als Staatspräsident erneut an die Macht, während die Region Nagorny-Karabach seit 1997 einen eigenen Präsidenten wählt, der jedoch von Aserbaidschan nicht anerkannt wird.

Zum Krisenherd entwickelte sich Georgien, wo es bereits 1988 zwischen Georgiern und Abchasen zu politischen und ethnischen Unruhen kam, die Moskau niederschlagen ließ. 1990 wurde der Ausnahmezustand verhängt, und die nationale Opposition unter ❼ Swiat Gamsachurdia setzte sich zunächst durch. Nach schweren Kämpfen wurde Gamsachurdia aber im Januar 1992 als Staatspräsident gestürzt und der

3

Ein junger Mann mit der lettischen Flagge während einer Demonstration für die Unabhängigkeit Lettlands von der Sowjetunion, 1991

frühere sowjetische Außenminister ❻ Eduard Schewardnadse zum Nachfolger gewählt. Durch Erdöllieferungen und Verträge mit dem Westen stabilisierte Schewardnadse das Land, baute

6

Der georgische Staatspräsident Eduard Schewardnadse vor der Nationalfahne seines Landes, 2000

aber durch seine Präsidialverfassung eine persönliche Macht auf, die auch vor Repressionen und Korruption nicht zurückschreckte. Anhaltende friedliche Proteste der Bevölkerung erzwangen nach manipulierten Parlamentswahlen am 22. 11. 2003 den Rücktritt Schewardnadses. Aus den Neuwahlen im Januar 2004 ging der Oppositionspolitiker und Führer der „Vereinigten Nationalen Bewegung", Michail Saakaschwili, als Sieger und neuer Staatspräsident hervor.

7

Der georgische Präsident Swiad Gamsachurdia, 1991

8

Straßencafés am Rathausplatz in Tallinn /Estland, 2001

1989 | Krieg in Armenien und Aserbaidschan   **1992** | Schewardnadse wird Staatspräsident in Georgien (bis 2003)   **1993** | Lettland und Litauen treten Europarat bei

1991 | Unabhängigkeit Litauens und Lettlands; Beitritt beider Länder zur UNO/Unabhängigkeit Tadschikistans

■ Die vorderasiatischen Staaten

Die vorderasiatischen ehemaligen Sowjetrepubliken bildeten fast durchgehend autoritäre Präsidialregime aus, die Wirtschaftsreformen mit alten Politstrukturen verbinden.

Neben dem Kaukasus erwiesen sich auch die ehemaligen Sowjetrepubliken Vorderasiens als politische Brennpunkte. Gemeinsam ist ihnen ein erstarkter und oft unruhiger politisierter ❹ Islam, dessen radikale Anhänger durch die unkontrollierbaren Grenzen zu Afghanistan mit Waffen und Propagandamaterial versorgt wurden und teilweise noch werden. In fast allen Staaten entstanden daher autoritäre Präsidialre-

Saparmurad Nijasow, Präsident der mittelasiatischen GUS-Republik Turkmenien, 1997

Der seit 1990 amtierende Staatspräsident von Usbekistan, Islam Karimow, 1995

12 Emomali Rachmonow, Präsident von Tadschikistan, 1993

gierungen ehemaliger KP-Chefs, die das öffentliche Leben zu kontrollieren versuchen.

In Turkmenistan wurde der KP-Chef ❾ Saparmurad Nijasow 1990 zum Staats- und Regierungschef gewählt, der in einer neuen Verfassung 1992 seine Befugnisse er-

weiterte. Bei den Wahlen stehen fast ausschließlich Kandidaten Nijasows auf der Liste. Selbst machte er sich im Dezember 1999 zum Staatspräsidenten auf Lebenszeit. Im seit 1991 unabhängigen Tadschikistan trat 1992 ❿ Emomali Rachmonow als Staatsoberhaupt die Macht an, der den Islamisten den Kampf ansagte und 1993/94 GUS-Truppen gegen islamistische Rebellen zu Hilfe rief. Als die von Afghanistan unterstützten Rebellen 1996 Teile des Landes kontrollierten, schloss Rachmonow 1997 Frieden mit ihnen und beteiligte sie 1998 sogar an der Regierung. Ein starker Personenkult stützt

die Macht des Präsidenten und sorgte für seine – massiv beeinflusste – Wiederwahl mit 97 % der Stimmen im November 1999.

Ein ebenso starker Personenkult und Wahlergebnisse von über 98 % sichern auch die autoritäre Macht des Staatspräsidenten Nursultan Nasarbajew in dem seit 1990 ⓫ unabhängigen Kasachstan. Durch Wirtschaftsverträge mit dem Westen und gute politische Beziehungen zu Russland und China sowie die ⓯ Erdöl- und Erdgasvorräte des Landes erhielt Nasarbajew Kasachstan relativ stabil. Er ließ sich 2000 mit weit-

13 Askar Akajew, Präsident der Kirgisischen Republik, 1998

11 Das Denkmal der Unabhängigkeit in der kasachischen Hauptstadt Astana, Foto, 2004

reichenden Vollmachten auf Lebenszeit ausstatten.

In Usbekistan hat Staatspräsident ❿ Islam Karimow seit 1990 die Macht inne, die allerdings durch Unruhen von Islamisten (1999 Bombenattentat auf Karimow) immer wieder erschüttert wird. Seit 2001 stellt Usbekistan den USA und ihren Verbündeten Kampfbasen und Flugplätze für ihren Kampf gegen die Taliban in Afghanistan zur Verfügung. In der kirgisischen Republik war ⓭ Askar Akajew von 1990 bis April 2005 als Staatspräsident der starke Mann, doch bekennt sich das Land zu einer sozial orientierten Marktwirtschaft und wurde 1998 als erste ehemalige Sowjetrepublik in die Welthandelsorganisation (WTO) aufgenommen. Ab 2000 ging Akajew nach schweren Kämpfen zwischen islamistischen Rebellen und Regierungstruppen hart gegen Oppositionelle vor. Im März 2005 wurde er aus dem Amt gedrängt und ging ins Exil.

14 Usbekische Muslime beim Gebet in der Hauptstadt Taschkent, 2001

15 Erdölförderung in Kasachstan Bahrin... im Kaspischen Meer, 2005

27. 10. 1995 | Antrag Lettlands auf Beitritt zur EU

1. 5. 2004 | Beitritt der baltischen Staaten zur EU

2001 | Aserbaidschan und Armenien werden Mitglieder des Europarats/Usbekistan unterstützt die USA im Kampf gegen die Taliban

DIE MAGHREB-STAATEN SEIT 1945

Zwischen 1956 und 1962 löste sich der Maghreb aus der Abhängigkeit von Frankreich, wobei sich der Befreiungskrieg in Algerien blutig und langwierig gestaltete. Die bis heute eher autoritär regierten Staaten übernahmen vielfach eine politische und wirtschaftliche Mittlerrolle zwischen Europa und Afrika bzw. der islamischen Welt und modernisierten sich in raschem Tempo. Der Versuch, sich enger an die westliche Industriegesellschaft anzuschließen, geht mit dem Bestreben einher, ❶ islamistische Gruppen von der politischen Mitbestimmung fernzuhalten.

Im Kampf gegen islamistische Fundamentalisten: Ein Milizionär der algerischen Staatsmacht hält über dem Dorf Ben Achour Wache (Foto, 23.7.1997)

■ Marokko und Tunesien

In beiden Ländern etablierten sich nach der Unabhängigkeit 1956/57 autoritäre, personal geprägten Herrschaften, die jedoch politische Stabilität schufen.

In Marokko kämpften v. a. die Nationalisten (Istiqlal-Partei) für eine ❸ Unabhängigkeit des Landes. Als sich Sultan Mohammed V. ihren Forderungen anschloss, zwangen ihn die Franzosen 1953 ins Exil. Daraufhin kam es zu Protesten von Berbern und Arabern, was die am 2. 3. 1956 vollzogene Unabhängigkeit des Landes beschleunigte. ❹ Mohammed V. wurde König und regierte mit Unterstützung der Nationalisten. 1956 erhielt Marokko auch das bis dahin spanische Tanger zurück und erhob Forderungen auf die Westsahara. Nach dem Tod Mohammeds 1961 folgte ihm sein Sohn Hassan II., der zunehmend von einer linksgerichteten Opposition und der Istiqlal-Partei kriti-

Westlich orientierte Marokkanerinnen in Tanger (Foto, 16. 9. 2004)

siert wurde. Nach Unruhen rief er 1965 den Notstand aus. Ein Putschversuch von Armeeeinheiten im August 1972 zog neue Repressionen nach sich. 1975/76 schloss der König mit dem „Grünen Marsch" Teile der Spanischen Sahara an Marokko an. Nach 1977 lockerte Hassan den innenpolitischen Druck und betrieb eine vorsichtige Modernisierung. In der arabischen und afrikanischen Welt

war er als kluger Vermittler geschätzt. Sein Sohn ❺ Mohammed VI. setzt seit 1999 den Reformkurs fort, amnestierte Tausende Häftlinge und bemüht sich um eine bessere ❷ rechtliche Stellung der Frauen, berücksichtigt aber auch den konservativen Islam Marokkos.

In Tunesien führten die Nationalisten unter Habib Bourguiba den Kampf um die Unabhängigkeit. Nach Zubilligung der Autonomie durch Frankreich 1954 wurde Tunesien am 25. 7. 1957 als Republik unabhängig. Staatspräsident ❻ Habib Bourguiba verfolgte einen „eigenen Weg zum Sozialismus", er modernisierte das Land, führte eine umfassende Sozial- und Medizinversorgung

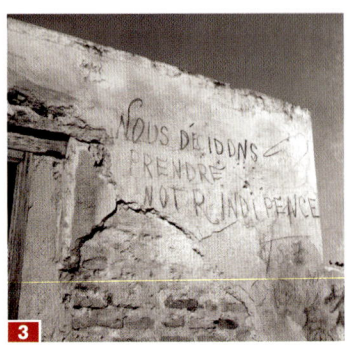

Auf Wänden Forderungen nach Unabhängigkeit (Foto, um 1944)

v. a. in den Städten ein und trieb die gesellschaftliche Säkularisierung voran. Außenpolitisch öffnete er das Land für den Westen und den ❼ Tourismus, ging allerdings hart gegen die Opposition vor. Im November 1987 wurde er durch seinen bis heute amtierenden Nachfolger Ben Ali zwangspensioniert. Ben Ali demokratisierte die Staatsstrukturen, unterdrückt aber weiter besonders die islamistische Opposition.

Mohammed V. während einer Rundfunkansprache, 1955

Blick in Richtung Westen: Der marokkanische König Mohammed VI.

Staatspräsident Habib Bourguiba in seinem Amtssitz in Tunis

Blick auf das kleine tunesische Oasendorf Tamerza

| Nov. 1954 | Beginn des Algerienkriegs | 25. 7. 1957 | Unabhängigkeit Tunesiens | 1961 | Hassan II. wird König von Marokko |
| 2. 3. 1956 | Unabhängigkeit Marokkos | Mai 1958 | Ende der Vierten Republik in Frankreich |

■ Algerien

Nach dem blutigen Unabhängigkeitskrieg bis 1962 kam das Land nur vorübergehend zur Ruhe. Von 1991 bis 1999 tobte ein erneuter Bürgerkrieg zwischen Regierung und Islamisten.

In der ❾ französischen Kolonie Algerien wurde der Unabhängigkeitskampf mit äußerster Brutalität auf beiden Seiten geführt. Die Algerienfranzosen gingen rücksichtslos gegen die Araber vor, worauf diese mit Guerillakämpfen und Attentaten – auch in Frankreich – antworteten. Im November 1954 schlossen sich die verschiedenen bewaffneten Befreiungsbewegungen zur „Nationalen Befreiungsfront" FLN unter der Führung von Ahmed Ben Bella zusammen und der ❽ Algerienkrieg begann. Als sich die französische Regierung gegenüber Algerien zu Zugeständnissen bereit erklärte, stürzte ein Putsch der radikalen Algerienfranzosen im Mai 1958 die Vierte Republik in Frankreich. General de Gaulle vereitelte weitere Putschversuche der Armee und bereitete den Rückzug der Franzosen vor.

Am 18. 3. 1962 wurde Algerien in die Unabhängigkeit entlassen. Politischer Führer als Staats- und Regierungschef wurde ❿ Ben

9

Charles de Gaulle nach seiner Wahl zum französischen Ministerpräsidenten im Juni 1958 in Algerien

11

M. Diefenbacher, Präfekt von Tlemcen, ruft die Bevölkerung zum Bleiben, 1962

Bella. Die meisten Europäer ⓫ wanderten in der Folge aus Algerien ab, wodurch das Land seine wirtschaftliche und technische Elite verlor. Im Juni 1965 wurde

Ben Bella durch ⓭ Verteidigungsminister Houari Boumedienne entmachtet, der einen national verstandenen Sozialismus einführte, weitgehend durch das Militär herrschte und die französischen Ländereien, Industriezweige und Ölgesellschaften verstaatlichte. V. a. mit sowjetischer Hilfe wurden umfangreiche Industrieprojekte ins Leben gerufen und eine „Agrarrevolution" durch Landverteilung an besitzlose Bauern durchgeführt. Nach Boumediennes Tod regierte General Chadli Ben Dschedid 1979–1991 als Staatspräsident. Gleichzeitig etablierte sich die radikalislamische Heilsfront (FIS) als politische Kraft, die bei den ersten freien Präsidentenwahlen im Dezember 1991 die Mehrheit errang.

Eine Machtübernahme durch die FIS verhinderte das Militär – mit stillschweigender internationaler Billigung. Militärrepressionen sowie Attentate der Islamisten, denen prominente Algerier wie Präsident Mohammed Boudiaf (im Juni 1992) zum Opfer fielen, stürzten das Land erneut in einen ⓬ blutigen Bürgerkrieg. Dem seit Januar 1999 amtierenden Staatspräsidenten Bouteflika gelang durch Amnestieangebote eine weitgehende Befriedung des Landes, doch bleibt die Lage weiter gespannt.

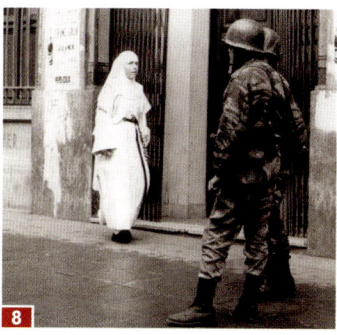

8

Französischer Soldat auf Posten vor der Fakultät von Algier während des Algerienkriegs (Foto, 28. 2. 1962)

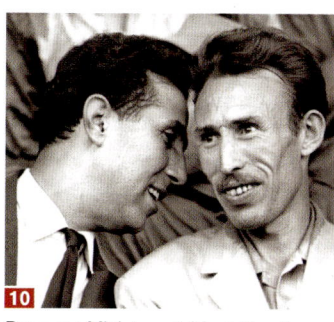

10

Der erste Ministerpräsident Algeriens, Ahmed Ben Bella (links), und sein späterer Widersacher Houari Boumedienne (Foto, 10. 9. 1962)

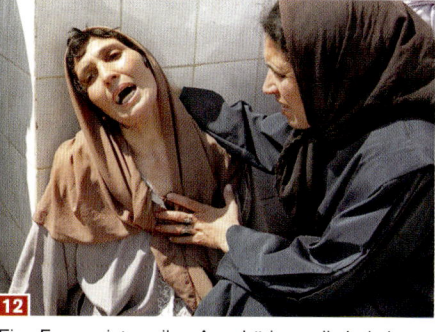

12

Eine Frau weint um ihre Angehörigen, die bei einem Massaker im algerischen Vorort Bentalha am 23. 9. 1997 getötet wurden. Muslimische Extremisten hatten mindestens 85 Menschen ermordet

13

Der neue Mann an der Spitze Algeriens, Houari Boumedienne (Dritter von rechts), gibt zusammen mit (von links) Taibi Mohammed, Oberst Hassan, Boumbilder, Oberst Mohand Oulhadj und Boumazo am 22. 7. 1965 eine Pressekonferenz

---

Algerien heute

Nach Jahren des Bürgerkriegs, dem von 1992 bis Mitte 2004 rund 95 000 Menschen zum Opfer fielen, propagiert Präsident Bouteflika seit 1999 einen Kurs der „nationalen Versöhnung". Die „Nachwehen" des Krieges dauern aber an: Im September 2003 tötete die Armee in den Bergen östlich von Algier 150 islamistische Kämpfer und im Juni 2004 den Führer der terroristischen Salafisten-Gruppe, Nabil Sahraoui. Sein 2004 im Tschad gefasster Stellvertreter Amari Saifi ist wohl für die Entführung von 32 europäischen Sahara-Touristen im August 2003 verantwortlich.

oben: Präsident Abdelaziz Bouteflika mit seinen Anhängern auf einer Wahlveranstaltung am 10. 4. 1999

18. 3. 1962	Unabhängigkeit Algeriens	**1987**	Ben Ali wird Staatspräsident Tunesiens	**1999**	Mohammed VI. wird König von Marokko
		1975/76	Marokkos „Grüner Marsch"	**1991–99**	Bürgerkrieg in Algerien

ISRAEL SEIT 1948

Der Kampf um die ❶ Existenz ihres Staates prägt die Politik und das Selbstverständnis Israels bis heute. Nach den Erfahrungen des Holocaust besiedelten die Juden Palästina und bebauten das Land mit viel Ausdauer und großem Idealismus. Für die damit einhergehende Vertreibung der Palästinenser wurde von Anfang an keine zufrieden stellende politische Lösung gefunden, wodurch seitdem das Verhältnis Israels zu seinen arabischen Nachbarn schwer belastet ist. Phasen des Krieges wechselten mit Phasen von Verhandlungen. Nach zahllosen Rückschlägen und Gewalttaten scheint seit den 90er-Jahren auf beiden Seiten das Bewusstsein zu wachsen, eine friedliche Lösung finden zu müssen. Es bahnt sich langsam ein Verständigungsprozess an, dessen genaue Gestalt aber noch nicht absehbar ist.

Hinter Stacheldraht: Eine israelische Staatsflagge weht über einem Kibbuz (Aufnahme 1988)

▰ Israel bis zum Sechstagekrieg 1967

1948 erkämpfte Israel sein Existenzrecht gegen die Briten und die arabischen Staaten. Es rief die Unabhängigkeit des Staates aus. In den Auseinandersetzungen mit den Palästinensern behauptete sich das Land seitdem wirtschaftlich, militärisch und politisch.

Israel kämpfte hart um die Existenz des Staates. Hatte die britische Mandatsmacht 1939 noch die Einwanderung der Juden nach Palästina auf 75 000 Menschen beschränkt, ❷ strömten nach dem Holocaust in Europa (S. 522) seit 1945 – unterstützt durch jüdische Flüchtlingsorganisationen – Tausende von Juden meist illegal ins Land. Sie lebten v. a. in Kommunen und kämpften entschlossen um ihr Existenzrecht. Bis 1948 kam es zu zahlreichen Repressionen der Briten, die jüdische Untergrundgruppen mit blutigen Anschlägen beantworteten.

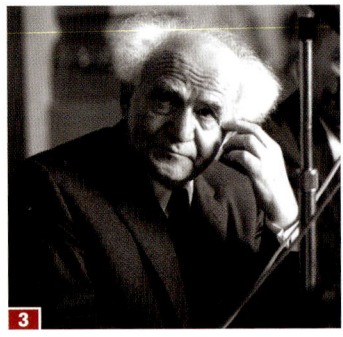

Erster Ministerpräsident Israels: David Ben Gurion (Foto, um 1950).

Der erste Ministerpräsident und Führer der Arbeiterpartei ❸ David Ben Gurion proklamierte am 14. 5. 1948 den ❹ eigenständigen Staat Israel. 1949 trat die

Knesset als Einkammerparlament erstmals zusammen und wählte Chaijim Weizmann zum Staatspräsidenten. Bis 1954 wanderten bereits 576 000 Juden ein, die 300 000 Hektar arabisches Land requirierten und es rasch ❺ landwirtschaftlich erschlossen. Der Konflikt mit den Palästinensern blieb ungelöst, Jerusalem war eine zwischen Israelis und Arabern geteilte Stadt. Bereits 1948 waren 500 000 Palästinenser in die Nachbarländer, v. a. nach Jordanien, geflohen, weitere 300 000 folgten in den nächsten Jahren. Mit Finanzhilfe aus den USA und bundesdeutschen „Wiedergutmachungszahlungen" erlebte Israel einen Wirtschaftsaufschwung und baute eine moderne und schlagkräftige Armee auf.

Nachdem sich Israel bereits im Palästinakrieg vom Mai bis November 1948 behauptet hatte, kam es im ❼ Suezkrieg im Oktober/November 1956 durch die Besetzung von Gaza und Sinai einem wahrscheinlichen Angriff Ägyptens zuvor. Im Sechstagekrieg (5.– 10. 6. 1967) siegte Israel

Jüdische Einwanderer versuchen im Schutz der Nacht in Schlauchbooten an die Küste Palästinas zu gelangen (Foto, Dezember 1947)

Ministerpräsident David Ben Gurion proklamiert am 14. 5. 1948 im Stadtmuseum von Tel Aviv die Unabhängigkeit des Staates Israel

Mobilmachung für die Besetzung von Gaza und Sinai in Tel Aviv, 31.10.1956

gegen eine von Ägypten geführte Koalition arabischer Staaten. Es besetzte die ❻ Golanhöhen (von Syrien) sowie Ostjerusalem und Teile der Palästinensergebiete.

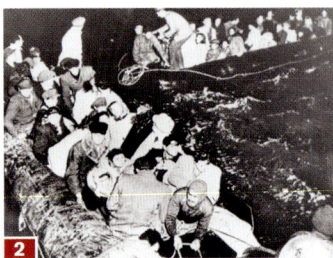

Bewirtschaftung des Bodens in einem frühen Kibbuz (Foto, 1962)

Die Golanhöhen stehen seit 1967 unter israelischer Verwaltung (Foto, 1986)

seit 1945

Zeitgeschichte

| 14.5. 1948 | Proklamierung des Staates Israel | Okt./Nov. 1956 | Suezkrieg | 1972 | Israelische Besetzung des Libanon |
| 1949 | Wahl Weizmanns zum Staatspräsidenten | 5.–10.6. 1967 | Sechstagekrieg | | |

■ Israel von 1967 bis heute

Die Friedensschlüsse mit Ägypten und Jordanien waren Meilensteine der israelischen Außenpolitik. Im bis heute umstrittenen Umgang mit den Forderungen der Palästinenser kam es zu zahlreichen Vermittlungsversuchen, die aber bisher noch nicht den Durchbruch gebracht haben.

Unter Ministerpräsidentin ❾ Golda Meir besetzten israelische Truppen 1972 den Süden des Libanon, von dem aus palästinensische Kämpfer gegen Israel operierten. Im Jom-Kippur-Krieg (6.–26. 10. 1973) wehrten sie den Überraschungsangriff Ägyptens und Syriens ab. Durch Vermittlung u. a. der UNO und der USA kam es seit der Genfer Nahost-Friedenskonferenz 1973 zu einem vorsichtigen Ausgleich mit Ägypten und Jordanien, zeitweise auch mit Syrien. Die Terroranschläge

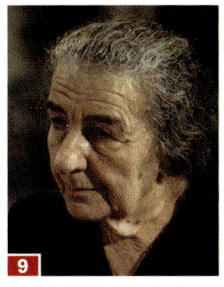

9

Golda Meir, israelische Ministerpräsidentin von 1969 bis 1974

10

Ministerpräsident Ariel Scharon auf einer Pressekonferenz, 2004

radikale Siedlergruppen ihre Stimme, auch Friedensaktivisten sind unüberhörbar.

Finanzprobleme durch die verstärkte Einwanderung von Juden aus der ehemaligen UdSSR seit 1990 und irakische Raketenangriffe auf Israel führten 1992/93 zu einer Akzeptanz der PLO als Verhandlungspartner in den Friedensgesprächen von Camp David. Der Verständigungsprozess erlitt einen schweren Rückschlag durch die Ermordung von Ministerpräsident Rabin am 4. 11. 1995 durch einen jüdischen Fanatiker. Trotz aller politischen Härte der Regierung Netanjahu begann 1997 die palästinensische Selbstverwaltung einiger Städte. Die Regierung Barak war 2000 zu weiten Zugeständnissen an die Palästinenser bis hin zum eigenen Staat bereit, scheiterte jedoch an den Hardlinern im eigenen Land und der Unflexibilität der Palästinenserführung.

8

Israelische Arbeiter bauen am 17. 11. 2003 in Kalkilia, Westjordanland, an dem Grenzwall, der die palästinensischen Gebiete von Israel trennt

Ministerpräsident ❿ Ariel Scharon antwortet seit 2001 mit militärischen Vergeltungsschlägen auf die Selbstmordanschläge junger Palästinenser in israelischen Städten. 2002 begann er mit dem Bau einer ❽ Mauer als Schutz vor militanten Palästinensern, propagiert die Aufgabe der jüdischen Siedlungen in Gaza und Sinai, wofür er heftig angefeindet wird.

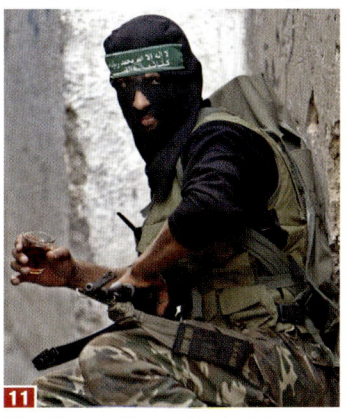

11

Ein militanter Hamas-Aktivist hält Wache in einem palästinensischen Flüchtlingslager im Gaza-Streifen (Foto, 1. 10. 2004)

und die ⓫ Kampfbereitschaft v. a. der PLO blieben vordringliche Probleme und führten zu ⓭ verschiedenen diplomatischen Initiativen.

1974 stand Israel vor einer schweren Finanz- und Wirtschaftskrise. Zugleich begann innerhalb der führenden Parteien der bis heute andauernde Konflikt um eine Verständigung mit den Palästinensern, der auch die Nation spaltet. 1979 wurde mühsam der Frieden mit Ägypten erreicht. Im Amt des Ministerpräsidenten wechselten Hardliner mit Politikern ab, die eine dauerhafte Verständigung mit den Palästinensern anstrebten. Immer stärker erheben ⓬ streng orthodoxe und

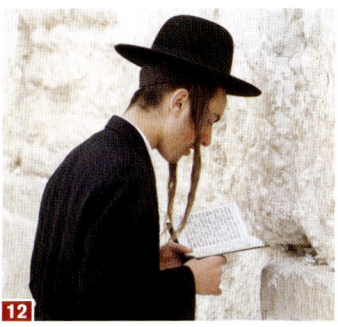

12

Ein orthodoxer Jude mit Schläfenlocken und schwarzem Hut an der Klagemauer in Jerusalem (Foto, Mai 1992)

seit 1945   Zeitgeschichte

10

Vorsichtige Annäherungsversuche: PLO-Chef Arafat spricht 1994 mit dem israelischen Ministerpräsidenten Itzhak Rabin während einer Begegnung in Madrid

Itzhak Rabin

Der langjährige Stabchef der israelischen Armee, führender Stratege des Sieges von 1973, wandelte sich vom Hardliner zum Verständigungspolitiker. Als Ministerpräsident unterband er 1992 den Bau weiterer jüdischer Siedlungen in den besetzten Palästinensergebieten und nahm Gespräche mit der PLO auf. Am 13.9. 1993 kam es zu dem historisch gewordenen Händedruck zwischen Rabin und Jasir Arafat im Beisein von US-Präsident Clinton im Garten des Weißen Hauses. Für seine Verständigungspolitik erhielt er den Friedensnobelpreis.

oben: Itzhak Rabin; am 4. 11. 1995 wurde er von einem orthodoxen Fanatiker nach einer Friedenskundgebung in Tel Aviv ermordet.

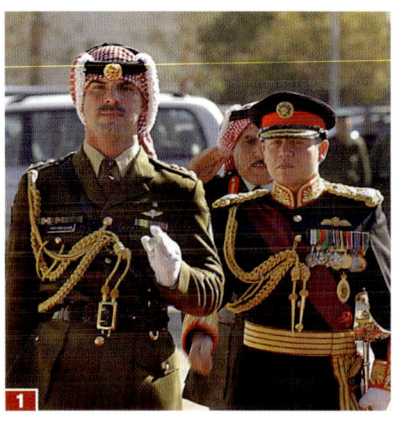

DIE ARABISCHE WELT UND DER NAHE OSTEN SEIT 1945

Nahezu alle arabischen Staaten wurden und werden ❶ autoritär regiert und mussten nach 1945 das Erbe des Kolonialismus bewältigen. Ihre jüngere Geschichte ist von Krisen wie dem Konflikt zwischen Israel und Palästinensern oder dem Bürgerkrieg im Libanon ebenso geprägt wie von panarabischen Bewegungen und dem seit den 70er-Jahren virulenten Problem eines sich radikalisierenden politischen Islamismus. Die Regierungsformen reichen von konservativen Monarchien wie Saudi-Arabien über Parteienregime wie in Syrien bis hin zu autoritären Präsidialherrschaften wie in Ägypten.

Jordaniens König Abdallah II. (rechts) in Begleitung seiner Ehrenformation

■ Palästina und Jordanien bis zum „Schwarzen September" 1970

Eine Teilung Palästinas scheiterte 1947/48. Die nach Jordanien fliehenden Ströme der Palästinenser destabilisierten das Land, bis König Husain II. ihre militärische Präsenz 1970 brach.

Das Palästinenser-Problem ist aufs Engste mit der Geschichte Israels verknüpft (S. 596 f.). Die von der UNO am 29.11.1947 beschlossene Teilung Palästinas in einen jüdischen und einen arabischen Staat scheiterte. Nach der Gründung Israels setzte eine Massenflucht der Palästinenser v. a. nach Jordanien ein. Ihr Grund und Boden wurde von Israel enteignet. Das bevölkerungs- und strukturschwache Jordanien, das im Mai 1946 als Königreich unabhängig geworden war, hatte im Palästinakrieg 1948 Ostpalästina (seit 1950 Westjordanien) besetzt, war aber nur unzureichend auf die Flüchtlingsmassen vorbereitet. Die Bevölkerung bestand nun aus einem Drittel Jordanier, einem Drittel Ostpalästinenser und einem Drittel Israel-Flüchtlingen. Während der Großmufti von Jerusalem, ❸ Amin al-Hussaini, als politischer Führer der Palästinenser den Vernichtungskampf gegen Israel forderte, suchte ❷ König Abdallah I. von Jordanien eine Verständigung mit Israel. Am 20.7. 1951 wurde er in der Al-Aksa-Moschee in Jerusalem von einem Anhänger Husainis erschossen.

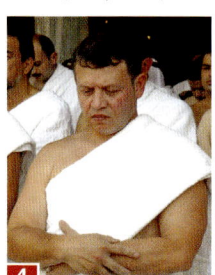

Hadji Amin al-Hussaini, Großmufti von Jerusalem (Foto, 1941)

König Abdallah II. von Jordanien bei seiner Pilgerreise nach Mekka, (Foto, 6.11.2004)

König Husain von Jordanien in der Uniform eines Düsenjägerpiloten (Foto, 1955)

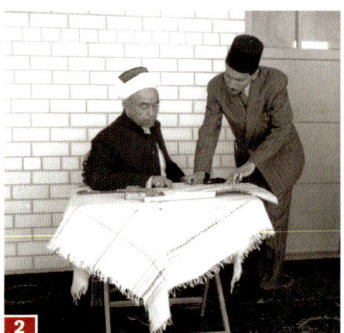

Blick auf die stark befahrene Straße King Talal in der Innenstadt der jordanischen Hauptstadt Amman

Die sich zunehmend radikalisierenden Palästinenser riefen die arabische Welt um Hilfe an und setzten in den 50er-Jahren v. a. auf den ägyptischen Präsidenten Nasser. Doch auch andere Länder der Region nahmen massiven Einfluss und rüsteten verschiedene mehr oder weniger radikale Palästinensergruppen aus. Es kam zu Anschlägen und Scharmützeln mit Israel. In Jordanien regierte seit August 1952 Abdallahs Enkel ❺ König Husain II., der bis 1956 die Militärpräsenz Großbritanniens im Land beendete. Auch auf Druck der Palästinenser schloss er sich Ägypten unter Nasser an, pflegte aber daneben auch Kontakte zum Westen. Er entging mehreren Attentaten und Putschversuchen. 1999 folgte ihm

König Abdallah I. von Jordanien im Gespräch mit seinem Sekretär, 1946

sein Sohn ❹ Abdallah II. auf den Königsthron.

Als der Chef der „Palästinensischen Befreiungsorganisation" (PLO) ❼ Jasir Arafat seit 1969 gezielte Guerilla-Attacken gegen Israel von Jordanien aus vorbereitete, drohten die Palästinenser die militärische Macht in der Hauptstadt ❻ Amman zu übernehmen. Nach schweren Kämpfen brach König Husain im „Schwarzen September" 1970 gewaltsam ihre militärische Präsenz in Jordanien.

Jasir Arafat, Foto 1978.

| 1947 | Teilung Palästinas | 1951 | Ermordung Abdallahs I. von Jordanien | 1969 | Jasir Arafat leitet die PLO | 1977 | Entführung des Flugzeugs „Landshut" |
| 1948 | Palästinakrieg | 1964 | Gründung der PLO | 1970 | „Schwarzer September" | 1987 | Beginn der ersten Intifada |

■ Auf dem Weg zum Palästinenserstaat

Nach spektakulären Anschlägen verhandelte die PLO unter Arafat seit Ende der 70er-Jahre mit internationalen Partnern über einen Palästinenserstaat, der durch die Einrichtung der Autonomiegebiete ab 1994 schrittweise an Gestalt gewinnt.

1970/71 kam es zu einer weitgehenden Aussöhnung Jordaniens sowohl mit den Palästinensern als auch mit Ägypten und Syrien, die 1970 auf Seiten der Palästinenser gestanden hatten. Nach der Besetzung Südlibanons durch Israel 1972 strömten die dort operieren-

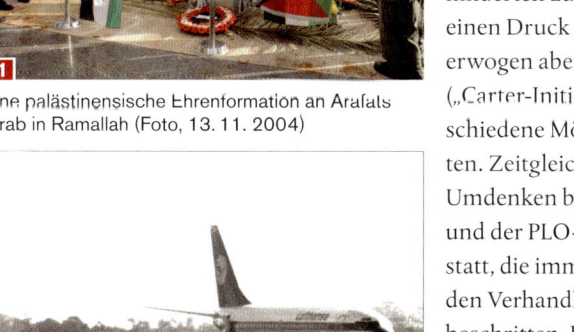
Intifada: Israelische Polizei geht mit Tränengas gegen demonstrierende palästinensische Jugendliche in Nordjerusalem vor (Foto, 21. 12. 1987)

Eine palästinensische Ehrenformation an Arafats Grab in Ramallah (Foto, 13. 11. 2004)

Palästinensische Terroristen entführten am 13. 10. 1977 die deutsche Passagiermaschine „Landshut". Foto nach der Zwangslandung in Mogadischu

den radikalen Fedajin-Kämpfer der Palästinenser verstärkt nach Jordanien und Syrien. Arafat und andere Palästinenserführer initiierten ab 1972 eine Reihe spekta-

kulärer Anschläge und v. a. Flugzeugentführungen wie die der „Landshut" 1977, um internationale Aufmerksamkeit zu erzielen. Fast jährlich stattfindende Palästinakonferenzen der UNO, der Arabischen Liga u. a. Gremien führten zu keiner dauerhaften und von allen Parteien akzeptierten Lösung.

Nach dem Ausscheren Ägyptens und Jordaniens aus der Anti-Israel-Koalition lehnten sich die Palästinenser ab Mitte der 70er-Jahre verstärkt an andere arabische Länder (Syrien, Libyen, Irak) an, während die PLO ihr Ziel, die Gründung eines Palästinenserstaates, vor der UNO vortrug; die USA verhinderten zunächst einen Druck auf Israel, erwogen aber seit 1977 („Carter-Initiative") verschiedene Möglichkeiten. Zeitgleich fand ein Umdenken bei Arafat und der PLO-Führung statt, die immer mehr den Verhandlungsweg beschritten. Die Verhandlungen erlitten einen schweren Rückschlag, als Israel 1982 nach der Besetzung Westbeiruts ein Massaker christlicher Milizen in den Palästinenserlagern Sabra und Schatila nicht verhinderte. 1987 begann der Volksaufstand (Intifada) der Palästinenser in Gaza

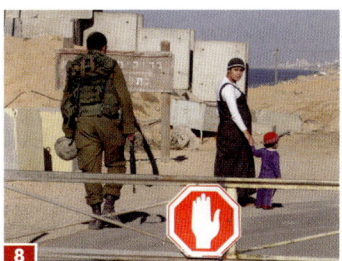
Unter Kontrolle: Im Gaza-Streifen läuft ein israelischer Soldat Streife

und der Westbank; es kam zu schweren Gewalttaten sowie israelischen Vergeltungsschlägen. Arafat forderte seit 1988 verstärkt den autonomen Palästinenserstaat und erkannte das Existenzrecht Israels an. 1994 begann die Teilautonomie der Palästinenser im Gaza-Streifen und dem

Auszug aus der PLO-Charta von 1964

„Artikel 12: Arabische Einheit und die Befreiung Palästinas sind zwei sich ergänzende Ziele. Die Arbeit für beide Ziele muss parallel verlaufen. ..."

„Artikel 25: Diese Organisation ist mit den Maßnahmen des palästinensischen Volkes in seinem Kampf um die Befreiung des Heimatlandes betraut, vor allem mit organisatorischen, politischen und finanziellen Angelegenheiten, die die Befreiung betreffen. ..."

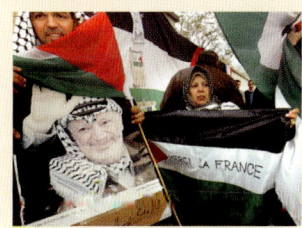
Anhänger feiern Jasir Arafat (Foto, 6. 11. 2004)

Blick über die Dächer der Stadt Hebron (Foto, undatiert)

Westjordanland, 1996 wurde eine Autonomiebehörde unter dem Vorsitz Arafats eingerichtet und 1997 Hebron an die Palästinenser übergeben. Verschiedene Abkommen zwischen Israel und der PLO 1998/99 wurden von den Radikalen auf beiden Seiten heftig kritisiert. Nach Einsetzen der

Der israelische Truppenabzug aus Hebron ist perfekt: Israels Ministerpräsident Netanjahu und Arafat am 15. 1. 97

zweiten Intifada 2000 drang die israelische Armee ab April 2001 in die palästinensischen Autonomiegebiete ein und belagerte vom März bis Mai 2002 Arafats Hauptquartier in Ramallah. Im April 2003 legten die USA eine „Roadmap" für einen Palästinenserstaat vor. Als Präsident Jasir Arafat im November 2004 starb, wurden seine Aufgaben geteilt. Als Führer der gemäßigten Mehrheit scheint sich Mahmud Abbas als Präsident seitdem durchzusetzen.

■ Ägypten unter Nasser und Sadat, Libyen unter Gaddhafi

Ägypten erreichte unter Nasser eine Vormachtstellung in der arabischen Welt. Sein Nachfolger Sadat beendete den Anti-Israel-Kurs, während Libyen unter Gaddhafi den „Nasserismus" fortführte.

In Ägypten wurde das von den Briten gestützte korrupte Regime König Faruks am 23. 7. 1952 durch den „Bund Freier Offiziere" gestürzt und am 18. 6. 1953 die Republik proklamiert. Minister- und Staatspräsident wurde im April/November 1954 ❸ Gamal Abd el-Nasser, der gegen Kommunisten und die islamistische Muslimbruderschaft vorging und einen auf Sozialismus und Nationalismus beruhenden Weg zur Modernisierung des Landes proklamierte. Er machte sich zum Sprecher des Panarabismus (S. 224) und wurde 1955 neben dem indischen Premierminister Nehru Führer der „Blockfreien-Bewegung" gegen die Dominanz

Der ägyptische Staatspräsident Anwar el-Sadat (Foto, undatiert)

Blick auf ein Verteilerkreuz einer Ölleitung auf dem Ölfeld As Sarah in Libyen

der Supermächte. Mit der Verstaatlichung des Suezkanals im Juli 1956 provozierte Nasser im Oktober die ❺ internationale „Suezkrise" und setzte sich trotz militärischer Niederlagen gegen Israel, Großbritannien und Frankreich politisch weitgehend durch, was sein Prestige in der Dritten Welt noch steigerte.

1958–1961 amtierte er als ❻ Präsident der „Vereinigten Arabischen Republik", bestehend aus Ägypten und Syrien. 1962 proklamierte er die „totale Revolution" und startete Großprojekte wie ❼ den Bau von Staudämmen und Kraftwerken in Ägypten.

Obwohl er durch die Niederlage im Sechstagekrieg gegen Israel 1967 (S. 596)schwer angeschlagen war, wirkte seine Staatsdoktrin („Nasserismus") beispielgebend auf viele Nachbarländer, v. a. auf das konservative Libyen, wo am 1. 9. 1969 der „Revolutionäre Kommandorat" unter ❹ Oberst Muammar

al-Gaddhafi die Regierung an sich zog. Gaddhafi übernahm mit seiner institutionalisierten Revolution Nassers Prinzip der Massenmobilisierung und den Personenkult. Er beseitigte radikal alle potenziellen Gegner. Er betrieb die Modernisierung des Landes und erreichte v. a. durch den seit 1969 verstaatlichten ❷ Ölexport eine

Kriegsschiffe kreuzen im November 1956 auf dem umkämpften Suezkanal

Bau des Assuan-Staudammes (Foto, 1963)

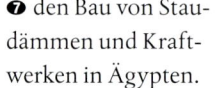

Gamal Abd el-Nasser (Foto, 1955)

Muammar al-Gaddhafi (Foto, 1975)

Präsident Abd el-Nasser (links) und sein syrischer Amtskollege Schukri el-Kuwatli nach der feierlichen Unterzeichnung der Urkunde (Foto, 1. 2. 1958)

Gaddhafis Panarabismus

Nach Nassers Tod versuchte Gaddhafi an die Spitze der Panarabischen Bewegung zu treten, wobei seine Ideologie dem Islam einen größeren Stellenwert einräumte. In der „Charta von Tripolis" (Dezember 1969) versuchte er eine Vereinigung Libyens mit Ägypten, Syrien und dem Sudan in die Wege zu leiten. Im Januar 1974 gab er die bevorstehende Vereinigung seines Landes mit Tunesien bekannt, die jedoch v. a. an Gaddhafis unbedingtem Führungsanspruch scheiterte.

Anhebung des Lebensstandards. Seine oft unberechenbare Politik und seine Unterstützung terroristischer Gruppen führten in den 1980er- und 90er-Jahren zur Isolierung Libyens, die Gaddhafi seit 2000 durch internationale Kompromisse aufzuheben versucht.

In Ägypten führte nach Nassers plötzlichem Tod 1970 sein Nachfolger ❶ Anwar el-Sadat dessen Politik zunächst fort, entschloss sich aber Mitte der 70er-Jahre zu einem Kurswechsel (1974 Verkündung der „Öffnungspolitik") und rückte deutlich vom Sozialismus ab. Der Friedensvertrag mit Israel am 26. 3. 1979 bewirkte eine weitgehende Isolierung Ägyptens in der arabischen Welt und seine Anlehnung an den Westen.

1943	Gründung der Baath-Partei in Syrien	1953	Proklamierung der Republik	1958	Gamal Abd el-Nasser wird Präsident
1952	Sturz König Faruks	1956	Suezkrise	1963	Staatsstreich unter Amin Hafis in Syrien

■ Ägypten unter Mubarak, Syrien von 1946 bis heute

Hosni Mubarak führt das Präsidialregime in Ägypten fort. In Syrien setzte sich nach anfänglicher Instabilität die Baath-Partei unter Präsident Hafiz al-Assad durch.

Sadats innenpolitisch autoritärer Kurs, der sich 1978 im Verbot aller politischen Betätigungen äußerte, sein Kampf gegen den Islamismus und seine Israelfreundlichkeit waren wohl der Grund für seine ❽ Ermordung durch Islamisten während einer Militärparade am 6. 10. 1981. Sein Nachfolger ❾ Hosni Mubarak setzt Sadats Kurs bis heute fort, bemüht sich aber auch um eine stärkere Wiederannäherung an das arabische

❽ Nach dem Attentat auf Anwar el-Sadat bemühen sich Sicherheitskräfte um am Boden liegende Opfer (Foto, 6. 10. 1981)

❾ Ägyptens Präsident Mohammed Hosni Mubarak (Foto, 30. 3. 1993)

❿ Ägyptische Touristenattraktion: einer der sog. Memnonkolosse (Foto, 22. 11. 2004)

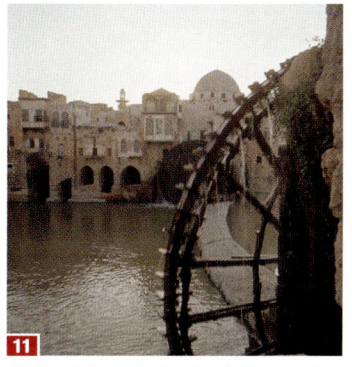

⓫ Blick auf die syrische Stadt Hama mit Wasserrad im Vordergrund

Lager. 1989 wurde Ägypten wieder Vollmitglied der Arabischen Liga. Er öffnet Ägypten verstärkt für den ❿ Tourismus. Mubaraks autoritäres Präsidialregime er-

leichtert zwar den Kampf gegen die Muslimbruderschaft, stößt im Westen jedoch zunehmend auf Kritik. Im Februar 2005 sagte Mubarak die Zulassung mehrerer Präsidentschaftskandidaten bei künftigen Wahlen zu.

In ⓫ Syrien mit seiner Hauptstadt ⓮ Damaskus waren die Verhältnisse in den ersten Jahren seit der von Frankreich erlangten Unabhängigkeit 1946 aufgrund der religiösen, ethnischen und politischen Heterogenität der Bevölkerung sehr instabil. Nach Staatsstreichen des Militärs 1949 und 1951 stieg die 1943 gegründete und 1955 legalisierte Baath-("Wieder-

geburt")-Partei zur führenden Macht des Landes auf, die einen panarabischen Nationalismus und Sozialismus propagierte und mit Ägypten unter Nasser kooperierte. Nach der von den Baathisten betriebenen Vereinigung mit Ägypten löste sich Syrien als Republik am 30. 9. 1961 wieder aus der Union. Im März 1963 gelangte die Baath-Partei mit einem Staatsstreich unter General Amin Hafis an die Regierung. Außenpolitisch rückte Syrien von Nasser ab und wandte sich dem Irak und den Palästinensern zu. Im israelisch-arabischen Krieg 1967 verlor es die Golanhöhen an Israel. Ein Linksruck innerhalb der Baath-Führung 1966 führte zu einer engen Kooperation mit der UdSSR.

Die Unterstützung der Palästinenser im „Schwarzen September" 1970 (S. 598) führte zu einem Machtkampf innerhalb der Baath-Partei, den der alawitische ⓬ Verteidigungsminister Hafiz al-Assad im November 1970 für sich entschied. Seit dem 11. 3. 1971

amtierte er als Staatspräsident, unterdrückte islamistische Aufstände, schaltete mögliche Rivalen aus und modernisierte das Land auf sozialistischer und nationalistischer Grundlage. 1976 griff er militärisch in den libane-

⓬ Der spätere Staatspräsident Hafiz al-Assad Ende der 60er-Jahre

⓭ Syriens Präsident Baschar al-Assad (Foto, 8. 4. 2005)

sischen Bürgerkrieg ein. Der sich bereits 1968 abzeichnende Bruch mit dem Irak verschärfte sich seit den 70er-Jahren bis hin zum Eintritt Syriens in die antiirakische Kriegskoalition 1991. Inzwischen hatte Assad die Herrschaft seiner Familie im Land gefestigt, sodass nach seinem Tod 2000 die Macht an seinen ⓭ Sohn Baschar al-Assad überging, der sich zunehmendem internationalen Druck wegen der Militärpräsenz im Libanon (S. 602) ausgesetzt sieht.

⓮ Blick über die Altstadt von Damaskus mit Großer Moschee (Foto, um 1991)

seit 1945

Zeitgeschichte

| 1967 | Sechstagekrieg | 1969 | Charta von Tripolis | 1979 | Friedensvertrag Ägyptens mit Israel |
| 1969 | Regierung Muhammar al Gaddhafis in Libyen | 1970 | Amtsantritt Anwar el-Sadats in Ägypten | 1981 | Mubarak wird Präsident |

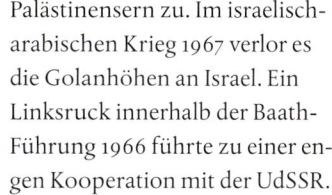

■ Der Libanon

Die religiöse Zusammensetzung der Bevölkerung sorgte stets für Krisen, die in einen verheerenden Bürgerkrieg 1975–1990 mündeten. Trotz der syrischen Militärpräsenz kommt das Land politisch nicht zur Ruhe.

Der Libanon erwies sich seit seiner Unabhängigkeit von Frankreich am 31.12.1946 als Krisenherd. Bereits 1943 war im „Nationalpakt" ein Religionsproporz zwischen Christen und Muslimen ausgehandelt worden, doch die folgende Entwicklung polarisierte die Bevölkerung in die wohlhabenderen, westlich orientierten ❹ Christen des Nordens und die ärmeren, panarabisch ausgerich-

3 Christliche Libanesen (Falangisten) in einer Militärstellung im Südlibanon im Frühjahr 1978

4 Eine restaurierte Kirche in Beirut

6 Beschir Gemayel nach seiner Wahl zum Staatspräsidenten 23.8.1982 vor der Presse

7 Amin Gemayel bei einem Staatsbesuch in Deutschland (Foto, 25.11.1987)

teten Muslime des Südens. Bereits vom Mai bis Juli 1958 kam es um die Wiederwahl des christlichen Präsidenten Camille Chamoun erstmals zum Bürgerkrieg, der mit US-Hilfe beigelegt wurde. Das Einsickern radikaler Palästinenser in den Südlibanon führte zu einer Radikalisierung der ansässigen Muslime, sodass im Oktober 1969 die religiöse Spaltung des Landes nur durch Einrichtung einer Militärverwaltung verhindert wurde. Im 1975 beginnenden ❸ Bürgerkrieg griff Syrien auf Seiten der Muslime ein und besetzte seit 1976 auch gegen Israel weite Teile des Libanon.

In Beirut kämpften Christen gegen Palästinenser und radikale Muslime, während der Drusenführer Kamal Dschumblat versuchte, einen sozialrevolutionären Staat ohne religiösen Proporz zu errichten. Er wurde 1977 ermordet. Durch Vermittlung der Arabischen Liga flauten die unmittelbaren Kämpfe, die Beirut u. a. Städte des Libanon zerstörten, ab Oktober 1976 weitgehend ab, doch häuften sich in der Folgezeit Attentate, Bombenanschläge und ❺ Überfälle, denen auch führende Politiker

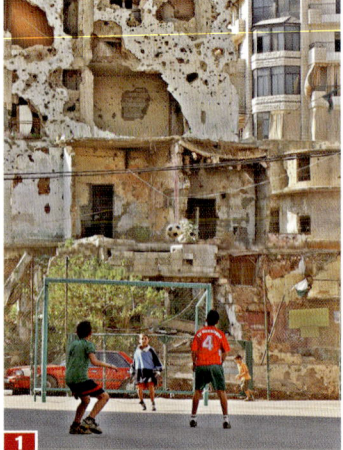

1 Alltag nach dem Krieg: Vor vom Bürgerkrieg zerstörten Häusern spielen Jungen auf dem Hof einer Kirche in Beirut Fußball (Foto, 24.10.2003)

zum Opfer fielen. So wurde im September 1982 der neu gewählte ❻ Präsident Beschir Gemayel ermordet, was zu einem ❺ Massaker der Christenmilizen in den Palästinenserlagern führte (S. 599). Unter seinem Bruder ❼ Amin Gemayel begannen 1983 in Genf Friedensverhandlungen aller am Bürgerkrieg beteiligten Parteien. Doch 1988 lieferten sich

5 Trauer und Fassungslosigkeit nach einem Massaker von rechtsgerichteten christlichen Milizen in einem palästinensischen Flüchtlingslager, 19.9.1992

die nun von Syrien unterstützten christlichen Milizen des Nordens Gefechte mit den Kämpfern der 1982 entstandenen radikalschiitischen Hizbollah. 1987–1989 kam es zu weiteren Attentaten und 1989 propagierte der christlichmaronitische General Michel Aoun den „Befreiungskrieg gegen Syrien". 1991 erkannte Syrien die

2 Mit wehenden Nationalfahnen fordern Hunderttausende von Libanesen den Abzug der syrischen Truppen (Foto, 8.3.2005)

Unabhängigkeit des Libanon formell an, hielt aber gegen die Milizen an seiner Militärpräsenz fest und machte das Land faktisch zum syrischen Protektorat. Der Bürgerkrieg 1975–1990 kostete über 144 000 Menschen das Leben.

Mit Unterstützung von UN-Truppen ❶ stabilisierten sich die Verhältnisse seit 1992 weitgehend, doch bleiben die nicht völlig entwaffneten Milizen und die ❽ radikalen Palästinenser im Land ein ebenso großes Problem wie die regelmäßigen Militärschläge Israels gegen deren Stellungen im Südlibanon. Die Ermordung des Ministerpräsidenten Rafiq al-Hariri im Februar 2005 löste im Land andauernde Massendemonstrationen für einen ❷ Abzug der syrischen Truppen aus, worauf Präsident Assad seit März 2005 einzugehen scheint.

8 Palästinensische Guerillakämpfer in den Bergen des Südlibanon (Foto, 22.9.1979)

1946	Unabhängigkeit des Libanon	1962–69/70	Bürgerkrieg im Jemen	1975–90	Erneuter Bürgerkrieg im Jemen
1958	Bürgerkrieg im Libanon	1964	Faisal wird König von Saudi-Arabien	1976	Besetzung libanesischer Gebiete durch Syrien

■ Saudi-Arabien, die Scheichtümer und der Jemen

Saudi-Arabien und die ölfördernden Scheichtümer vollziehen einen Spagat zwischen traditioneller Herrschaftsform und moderner Wirtschaftspolitik. Der Jemen war 1967–1990 politisch geteilt.

Saudi-Arabien ist durch die strenge Staatsideologie der Wahhabiten politisch und ❷ religiös das konservativste aller islamischen Länder. Die Entscheidungsgewalt liegt allein bei der Herrscherfamilie as-Saud und ihrer Klientel; demokratische Strukturen fehlen. Diesem Konservativismus stehen eine hochmoderne Wirtschaft, Technik und städtische Infrastruktur gegenüber, die das Land aus seiner umfangreichen ❸ För-

13

Erdölraffinerie bei Dhahran an der Ostküste Saudi-Arabiens

derung und Export des Erdöls finanziert.

Dem 1953 verstorbenen Gründer des Königreichs, ❶ Abdalaziz ibn Saud, folgten seine Söhne Saud, Faisal, Khalid und Fahd auf den Thron. ❾ Saud überließ bereits 1958 seinem Bruder ❿ Faisal weitgehende Kompetenzen und 1964 das Königtum. Faisal führte vorsichtige Reformen durch und wurde zum Führer der konservativ-islamischen Welt gegen den „Nasserismus" (S. 600). Fahd wurde 1975 zum eigentlichen Leiter der politischen Angelegenheiten. Aus Furcht sowohl vor der islamischen Revolution im Iran (S. 607) als auch vor der militärischen Dominanz des Irak rüstete er ab 1980 Saudi-Arabien v. a. mit Hilfe der USA auf und wurde in den Krie-

gen gegen den Irak (1991 und 2003) zum wichtigsten Verbündeten der USA in der Region. Trotz Forderungen nach ⓮ demokratischeren Strukturen halten die Saudis an ihrer Macht fest. Ähnliche Verhältnisse herrschen in abgemilderter Form auch in Kuwait unter der Herrscherfamilie as-Sabbah, in den Vereinigten Arabischen Emiraten, Bahrain, Katar und dem Sultanat Oman.

Eine von Kronprinz Fahd im November 1979 niedergeschlagene Besetzung der Moschee von Mekka durch Islamisten machte das Problem des Islamismus erstmals offenbar. Heute ist das Regime der Saudis zuneh-

9

Der bis 1958 regierende saudi-arabische König Saud I.

10

Kronprinz Faisal von Saudi-Arabien wurde 1964 König (Foto 1958)

12

Tausende Muslime umkreisen die Kaaba vor der Großen Moschee von Haram Sharif in Mekka sieben Mal (Foto, 28. 1. 2004)

mend unter Druck geraten, da führende islamistische Terroristen, nicht zuletzt Osama bin Laden, aus Saudi-Arabien stammen.

11

Der Gründer und König von Saudi-Arabien, Abdalaziz ibn Saud III. (Foto, 1935)

Die religionspolitische Sonderentwicklung des Jemen endete mit dem Sturz der absolut regierenden Zaiditen-Imame im September 1962 nach über 1000 Jahren Herrschaft. Ein Bürgerkrieg zwischen Republikanern und Imam-Anhängern (Royalisten) tobte bis 1969/70. Im November 1967 kam es zur offiziellen Teilung des Landes, die schon seit der osmanischen Herrschaft 1849 angelegt war: Südjemen wurde eine von der UdSSR und China unterstützte, laizistische „Demokra-

Vereinigte Arabische Emirate

1971 schlossen sich sieben Emirate des Persischen Golfs, die bis dahin unter britischem Protektorat gestanden hatten, zu den Vereinigten Arabischen Emiraten zusammen. Unter ihnen sind Abu Dhabi, das auch Hauptstadt ist, und Dubai die wichtigsten. Sie prosperieren durch die Ölförderung und treten mit modernsten Häfen, Großbauprojekten und luxuriösen Hotelbauten hervor. Staatsoberhaupt ist seit 1971 der Scheich von Abu Dhabi, Premierminister der Scheich von Dubai.

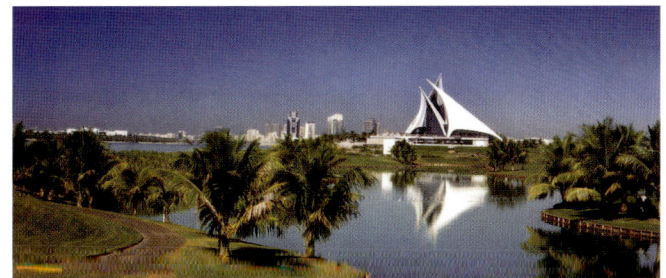

Blick auf das futuristisch anmutende Gebäude des Marina Yacht Clubs in Dubai (Foto, 2004)

14

Sitzung des Schura-Rates in Riad nach den ersten demokratischen Wahlen (Foto, 10. 2. 2005)

tische Volksrepublik" nach sowjetischem Vorbild, Nordjemen blieb eine „Arabische Republik". Nach schweren Kämpfen verhandelten beide Teile ab 1980 über einen Ausgleich. Am 22. 5. 1990 wurde die Republik Jemen unter dem bis heute amtierenden Präsidenten Ali Abdullah Saleh wiedervereinigt.

seit 1945

Zeitgeschichte

1979 | Islamistische Besetzung der Moschee in Mekka   **1983** | Friedensverhandlungen in Genf   **1990** | Wiedervereinigung der Republik Jemen

1982 | Gründung der Hizbollah   **1989** | Proklamierung des Befreiungskriegs in Syrien   **2005** | Ermordung Rafiq al Hariris

■ Der Irak bis 1979

Seit der Revolution von 1958 herrschten im Irak eine Reihe persönlich geprägter, nationalistischer Präsidialregime. 1968 übernahm die Baath-Partei die Macht im Land.

seit 1945

Zeitgeschichte

Blick auf die Goldene Moschee in Kadhimain bei Bagdad (Foto, 1958)

Das neue irakische Kabinett von General Abdel Kassem (Zweiter von links) und Abdel Salam Aref (links) in Bagdad (Foto, Juli 1958)

Im Irak wuchsen nach 1945 die ❷ religiösen (zwischen Sunniten und Schiiten) und ethnischen (zwischen Kurden und Arabern) Spannungen. ❶ König Faisal II. wurde von seinem Onkel, dem Regenten Abd al-Ilah, und dem Ministerpräsidenten Nuri as-Said dominiert, die beide probritisch eingestellt waren; Großbritannien kontrollierte einen Großteil

der Wirtschaft des Landes (S. 488). Am 14.7. 1958 beseitigte ein ❹ Staatsstreich der Armee die Monarchie durch Ermordung der Königsfamilie und Nuri as-Saids. Präsident der Republik wurde ❸ General Abd al-Karim Kassem, der Führer des Putsches. Er leitete sofort umfassende Verwaltungs-, Sozial- und Agrarreformen ein, verstaatlichte die Erdölförderung weitgehend und trieb 1959 die Briten aus dem Land. Im März 1961 begann der Aufstand der Kurden im Nordirak unter Mustafa Barsani, der einen eigenen Kurdenstaat proklamierte. Die folgenden Regierungen mussten in ❺ Verhandlungen mit den Kurden treten, denen 1966 ein Autonomiestatus zugestanden wurde.

Ab 1960 baute Kassem eine persönliche Diktatur auf und erklärte Kuwait 1961 zur Provinz des Irak. Im Februar 1963 unterlag er im ❽ Machtkampf seinem ehe-

maligen Vize, Oberst Abd as-Salim Mohammed Aref. Er ergriff die Macht mit Hilfe der nationalistisch-sozialistischen Baath-Partei, die 1963 Kommunisten und Regimegegner blutig verfolgte. Im November 1963 schaltete Aref die zerstrittenen Baathisten jedoch aus und setzte nun auf die traditionellen Nationalisten. Als er im April 1966 bei einem Hubschrauberabsturz ums Leben kam, trat sein Bruder Abd ar-Rahman Aref die Regierung an, wurde aber am 17.7.1968 durch einen Militärputsch gestürzt.

Innerhalb der Putschisten setzte sich die wieder erstarkte Baath-Partei mit ❼ General Ahmed Hasan al-Bakr an der Spitze durch, die durch umfangreiche „Säuberungen" und öffentliche Exekutionen (1969) die Vormacht der Partei gegenüber der Armee festigte. Nach weitgehender Befriedung der Kurden (1970) begann die Regierung mit dem Aufbau eines sozialistischen Einheitsstaates und ehrgeizigen Sozialprojekten. Nach Beschleunigung und Reform der Landkultivierung begann im Juni 1972 die Verstaatlichung des gesamten Erdölsektors. Die Staatseinnahmen stiegen und die Wirtschaft des Landes expandierte. Der Konflikt mit dem Iran um das Gebiet Schatt el-Arab am Persischen Golf wurde im März 1975 beigelegt. Iran gab die Unterstützung der erneut ❻ rebellierenden irakischen Kurden auf, woraufhin diese den Waffenstillstand der Regierung annahmen. 250 000 Kurden, die erneute Repressionen befürchteten, flohen daraufhin in den Iran.

König Feisal II. leistet nach seiner Inthronisation vor dem Parlament in Bagdad den Eid auf die Verfassung. (Foto, 2.5.1953)

Nach dem Sturz der Monarchie: Soldaten sammeln die aus dem zerstörten Königspalast geworfenen Gegenstände und Gemälde zusammen

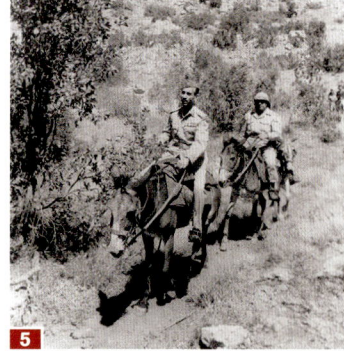

Irakischer Präsident unterwegs im Kurdengebiet: Abdel Salam Aref (vorn) auf einem Esel (Foto, Juli 1958)

Ein Panzer und Soldaten in einer Straße in Bagdad zwei Tage nach dem Sturz des Generals Kassem (Foto, Februar 1963)

Kurdische Freiheitskämpfer, die sich in den Bergen Iraks verschanzt haben, präsentieren stolz ihre Waffen (Foto, undatiert)

Anführer der Baath-Partei: General Ahmed Hassan el Bakr (Foto, 1968)

| 1958 | Putsch unter Abd al-Karim Kassem | 1961 | Aufstand der Kurden/Kassem erklärt Kuwait zur Provinz | 1968 | Militärputsch von General Ahmed Hassan el Bakr |
| 1959 | Ausweisung der Briten | 1963 | Putsch unter Abd as-Salim Mohammed Aref | 1979 | Saddam Hussein wird Staatspräsident |

■ Der Irak von Saddam Hussein bis heute

Ab 1979 baute Saddam Hussein seine persönliche Macht aus. Nach dem Krieg mit dem Iran besetzte er 1990 Kuwait, wurde aber 1991 besiegt und 2003 durch die USA gestürzt.

9 Ein Diktator lässt sich von seinen Anhängern feiern: Saddam Hussein in der irakischen Stadt Kirkuk (Foto, 2. 4.1988)

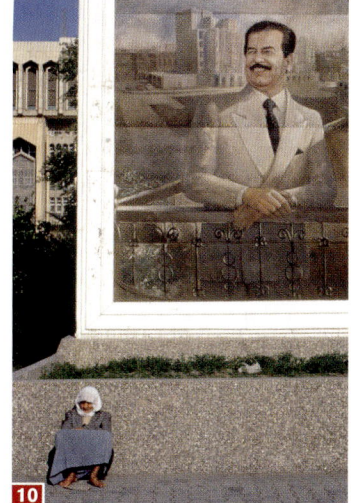

10 Großformatige Propaganda: Eine Frau sitzt vor einem überdimensionalen Bildnis Saddam Husseins

Der aus Tikrit stammende al-Bakr begann mit der Begünstigung seines Clans, zu dem auch **9** Saddam Hussein gehört, der 1968 al-Bakrs Stellvertreter wurde und seit 1972 mit brutaler Zielstrebigkeit die Politik dominierte. Am 16. 7. 1979 trat ihm al-Bakr das Amt des Staatspräsidenten und Führers des „Revolutionären Kommandorates" ab. Durch zahlreiche Hinrichtungen schaltete er von Anfang an mögliche Konkurrenten aus.

Geschickt auf die allgemeine Furcht vor einem Übergriff der islamischen Revolution in Iran (S. 607) bauend, rüstete er mit Hilfe des Westens, v. a. der USA, den Irak zur stärksten Militärmacht der arabischen Welt auf und sicherte seine eigene Herrschaft durch **10** Personenkult, ein ausgeklügeltes Überwachungssystem sowie die Begünstigung seiner Familie, v. a. seiner Söhne Udai und Qusay, bei der Vergabe von Regierungsämtern. Im September 1980

begann er mit einem Überfall auf den Iran den ersten Golfkrieg, der zum blutigen Stellungskrieg wurde und sich bis 1988 hinzog. Nachdem er im Februar 1988 Tausende von rebellierenden Kurden durch den **12** Einsatz von Giftgas getötet hatte, wurde im August 1988 der Waffenstillstand zwischen Iran und Irak unterzeichnet. Ansprüche früherer Regierungen aufgreifend, besetzten irakische Truppen am 2. 8. 1990 Kuwait, das zur „19. Provinz des Irak" erklärt wurde. Die Nichtbeachtung der UNO-Resolutionen führte zum zweiten Golfkrieg (16. 1.–3. 3. 1991), der mit der Vertreibung der Iraker aus Kuwait durch eine von den USA geführte Koalition endete.

Anschließende Aufstände der Schiiten im Süden und der Kurden im Norden des Landes ließ Saddam Hussein brutal niederschlagen, woraufhin die Alliierten Schutzzonen für die kurdische Bevölkerung einrichteten. Den nach dem zweiten Golfkrieg vereinbarten Verpflichtungen zur UN-Inspektion und Beseitigung von Vernichtungswaffen kam das Regime nur zögerlich nach. Das von der UNO verhängte Handelsembargo traf nur die Bevölkerung und führte vielerorts zu Hunger und Mangelversorgung.

Nach den Anschlägen vom 11. 9. 2001 (S. 643) geriet das Regime Saddam Husseins als Teil der „Achse des Bösen" besonders ins Visier der USA unter George Bush (S. 643). Obwohl die als Kriegsgrund angegebenen Vernichtungswaffen bislang nicht gefunden wurden, begann am 20. 3. 2003 die Invasion v. a. von

US- und britischen Streitkräften in den Irak zur Beseitigung des Regimes. Der Widerstand brach schnell zusammen, und bereits im Mai galt der **11** Krieg als beendet. Die politische Führung im Irak übernahm ab Mai 2003 zunächst ein Regierungsrat, ab Juni 2004 eine Übergangsregierung unter Ministerpräsident **13** Allawi. Die Militärpräsenz der Alliierten und der Machtkampf zwischen den bisher herrschenden Sunniten und der schiitischen Bevölkerungsmehrheit führen seither fast täglich zu

Selbstmordanschlägen. Bei den ersten freien Wahlen am 30. 1. 2005 (die allerdings von den Sunniten überwiegend boykottiert wurden) siegte das schiitische Bündnis „Vereinigte Irakische Allianz"unter Ibrahim Dschaafari, der im Februar 2005 Ministerpräsident wurde.

11 Der Diktator ist gestürzt: US Marines gehen an einer zerstörten Statue Saddam Husseins vorbei (Foto, 10. 4. 2003)

12 Ein Opfer der irakischen Bombenangriffe mit chemischen Waffen. Ein Vater hält in der irakischen Stadt Halabdscha sein totes Baby im Arm, März 1988

13 Der irakische Interimspräsident Iyad Allawi (Foto 4. 3. 2005)

Zeitgeschichte   seit 1945

1980–88 Erster Golfkrieg | **20. 3. 2003** Invasion der USA und Großbritanniens | **2005** Dschaafari wird Ministerpräsident

1991 Zweiter Golfkrieg; Befreiung Kuwaits | **Juni 2004** Übergangsregierung unter Allawi

■ Der Iran bis zum Sturz des Schahs

Mit Hilfe des Westens modernisierte Schah Resa Pahlawi den Iran, errichtete aber gleichzeitig ein autoritäres und korruptes Regime, das den Widerstand bürgerlicher Kreise und der schiitischen „Geistlichkeit" unterschätzte.

In dem Prozess vor einem iranischen Kriegsgericht sitzt Mossadegh zusammen mit Gesinnungsgenossen auf der Anklagebank (Foto, 9. 11. 1953)

Schah Mohammed Resa Pahlawi als junger Mann (Foto, um 1941)

Das umkämpfte „schwarze Gold": Erdölförderung im Iran

Glamouröses Paar: Kaiserin Soraya und Schah Resa Pahlawi bei einem Staatsbesuch in der Bundesrepublik Deutschland (Foto, 1955)

Nach 1945 wurde der Iran von den USA und Großbritannien gefördert, die 1941 die Einsetzung des jungen Schahs ❷ Mohammed Resa Pahlawi erzwungen hatten (S. 490); als das am westlichsten orientierte Land des Nahen Ostens und damaliger Hauptlieferant für ❸ Erdöl rüsteten die USA den Iran auch militärisch auf, zumal es 1946 zu Konflikten mit der UdSSR um Aserbaidschan kam. Gegen eine zu starke britische Beteiligung am Ölhandel opponierte der seit April 1951 als Ministerpräsident amtierende Mohammed Mossadegh mit der Verstaatlichung der iranisch-britischen Erdölgesellschaft AIOC. Im anschließenden Machtkampf floh der Schah kurzfristig außer Landes, kehrte aber im August 1953 zurück und stürzte ❶ Mossadegh und seine nationalistische Tudeh-Partei mit Hilfe der CIA. Die AIOC wurde wiederhergestellt und das Kriegsrecht bis 1957 verhängt.

Die wachsende Opposition im Land versuchte der Schah ab 1960 durch Reformen aufzufangen. Im Januar 1963 startete er die sog. „Weiße Revolution" von oben mit einer Aufteilung des Großgrundbesitzes und Kampagnen zur Alphabetisierung und ❺ Frauenemanzipation, die aber fast nur der städtischen Oberschicht zugute kamen. Der westliche Lebensstil der ❹ Schah-Familie und seine politische Anlehnung an den Westen, Korruption und ein völliges Unterschätzen der islamischen Kräfte entfremdete den Herrscher seinem Volk immer mehr. Unter Ministerpräsident Amir Abbas Howeida wurde ab Mitte der 60er-Jahre der Kurs zunehmend autoritärer, Regimegegner wurden durch die Geheimpolizei SAVAK gefoltert und 1975 das faktisch bereits bestehende Einparteiensystem institutionalisiert. Die sich seit 1977 massiv formierende Opposition versuchte der Schah 1978 durch Reformversprechen zu beruhigen, doch seit Januar 1978 kam es v. a. in den heiligen Städten der Schiiten zu regelmäßigen Massendemonstrationen für den 1963 ins Exil getriebenen Großayatollah Ruhollah Khomeini, der zum Sprecher der islamischen Opposition im Iran geworden war. Seit September 1978 rief Khomeini vom Exil aus zum kompromisslosen Kampf gegen den Schah und für eine „Islamische Revolution" auf. Daraufhin überschlugen sich die Ereignisse.

Die Oberschicht um den Schah brachte ihr Kapital ins Ausland und Streikwellen legten die Ölproduktion weitgehend lahm; eine im November eingesetzte Militärregierung war nicht mehr Herr der Lage, und Khomeini verbündete sich in Paris mit der bürgerlichen „Nationalen Front" der Oppositionellen; als gemeinsames Ziel wurde eine „Islamische Republik" proklamiert. Am 16. 1. 1979 verließ der Schah den Iran und am 1. Februar kehrte Khomeini in einem ❻ Triumphzug in den Iran zurück. Die ❼ iranische Revolution war im Gange.

„Weiße Revolution": Frauen demonstrieren vor dem Schah-Palast, um ihm für die Zusicherung eines allgemeines Wahlrechts für Frauen zu danken (Foto, 27. 2. 1963)

Bei seiner Rückkehr in den Iran wird Ayatollah Ruhollah Khomeini von seinen Anhängern triumphal empfangen (Foto, 16. 1. 1979)

Symbol der Iranischen Revolution: Während der Unruhen wird ein Bild von Schah Mohammed Resa Pahlawi öffentlich verbrannt

| 1951 | Amtsantritt Mohammed Mossadeghs | 1963 | „Weiße Revolution" | 1975 | Institutionalisierung des Einparteiensystems |
| 1953 | Sturz Mossadeghs durch Schah Resa Pahlawi | 1963 | Exil Ruhollah Khomeinis | 16. 1. 1979 | Flucht des Schahs |

Der Iran seit der Islamischen Revolution 1979

Mit ❾ Ayatollah Khomeini dominierten streng islamische Kräfte die Revolution und das Land. Erst nach seinem Tod kam es zu Liberalisierungen, doch kämpfen bis heute Traditionalisten und gemäßigte Reformer um die Macht.

9 Der iranische Revolutionsführer Ayatollah Ruhollah Khomeini auf einem Foto aus dem Pariser Exil

Nach den strengen Vorschriften des Islam muss die Frau ihren Körper mit einem knöchellangen Gewand und die Haare mit einem eng gebundenen Kopftuch verhüllen (Foto, 3. 9. 2004)

8 Zwei tote iranische Soldaten nach Kämpfen am Ufer eines Gewässers. (Foto, März 1985)

Am 1. 4. 1979 proklamierte Khomeini die „Islamische Republik Iran", trat jedoch nicht sofort als politischer Führer hervor. Zunächst wurden bürgerliche Oppositionspolitiker zu Staatspräsidenten gewählt, doch radikalisierte sich die Revolution im November mit der Besetzung der US-Botschaft in Teheran durch Studenten und dem Wahlsieg der streng religiösen „Islamisch-Republikanischen Partei" (IRP) bei den Parlamentswahlen im Mai 1980. Anschließend begann eine radikale Reislamisierung des öffentlichen Lebens (u. a. Alkoholverbot, ❿ Tschador für Frauen, Wiedereinführung der Scharia) und eine starke ideologische Ausrichtung gegen die USA. ❾ Khomeini und die radikalen geistlichen Führer (Mullahs) drängten die in sich zerstrittenen bürgerlichen Kräfte zunehmend aus der Regierung bzw. ins Exil. Der im September 1980 vom Irak begonnene ❽ Golfkrieg brachte den endgültigen Sieg der Mullahs. Auch ihre Gegner beteiligten sich an der Verteidigung des Landes, die Khomeini v. a. mit Hilfe seiner fanatischen „Glaubenswächter" organisierte. 1988 akzeptierte der Iran die Vermittlung eines Friedensschlusses durch die UNO. Inzwischen hatte das Beispiel einer „Islamischen Revolution" eine große Ausstrahlung auf andere Länder entfaltet, so

v. a. auf die Hizbollah im Libanon und den Sudan.

Erst der Tod ⓫ Ayatollah Khomeinis (3. 6. 1989) brachte eine Lockerung des innenpolitischen Drucks. Sein Nachfolger als geistliches Oberhaupt (bis heute) wurde der 1981–1989 auch als Staatspräsident amtierende ⓬ Ayatollah Ali Khamenei, der die eher konservative Macht der Mullahs repräsentiert. Sein Nachfolger als Staatspräsident wurde 1989 der pragmatisch ausgerichtete Parlamentspräsident Ali Akbar Rafsandjani, der eine Entspannungs- und Wirtschaftspolitik mit dem Westen einleitete. Auf den 1997–2005 amtierenden ⓭ Mohammed Khatami, der als Vertreter eines gemäßigten Islam galt, setzten viele Reformkräfte im Land ihre Hoffnungen. Er musste jedoch immer wieder Machtkämpfe mit den Vertretern der Konservativen ausfechten; so wurde im Juni 2002 ein bereits verabschiedetes Anti-Folter-Gesetz vom konservativen „Wächterrat" wieder zurückgenommen. Seit 2004 steht der Iran wegen seiner Atompolitik im Visier der USA, die gewährleistet sehen wollen, dass der Iran keine Atomwaffen produziert.

11 Massenhysterie an der Bahre mit dem Leichnam Khomeinis (Foto, 6. 6. 1989)

12 Hüter der islamischen Revolution: Ayatollah Ali Khamenei (Foto, 2004)

13 Der iranische Präsident Mohammed Khatami (Foto, 4. 4. 2005)

Aus Ayatollah Ruhollah Khomeinis Kampfprogramm zur Schaffung eines islamischen Staates; 1970

„Wir sind verpflichtet, uns für die Schaffung eines islamischen Staates einzusetzen. Propaganda für dieses Ziel ist unsere erste Aufgabe. Durch Propaganda kommen wir voran. Das ist in der ganzen Welt immer so gewesen. Einige Menschen haben sich zusammengesetzt, Überlegungen angestellt, Beschlüsse gefasst und dann mit der Propaganda begonnen. Allmählich sammelten sich die Leute um sie. Schließlich wurden sie zu einer großen Kraft, drangen in die Regierung ein oder kämpften gegen sie und stürzten sie."

Khomeini auf einer Großveranstaltung, 1986

| 1. 2. 1979 | Rückkehr Khomeinis | 1981–89 | Ali Khamenei Staatspräsident | 1997–2005 | Mohammed Khatami Staatspräsident |
| 1. 4. 1979 | Proklamierung der „Islamische Republik Iran" | 3. 6. 1989 | Tod Khomeinis | 2005 | Amtsantritt Mahmud Ahmadinedschads |

Afghanistan bis zum Bürgerkrieg

Eine Modernisierung des ❶ Landes scheiterte lange an der Macht der Stämme. 1973 wurde die Monarchie gestürzt. Ein moskaufreundliches Regime rief 1979 die UdSSR um Beistand an, womit die Besetzung und der Bürgerkrieg begannen.

König Mohammed Sahir Schah bei einem Besuch in den USA, 1973

Lehrerausbildung in Afghanistan: Angehende Pädagogen während des Unterrichts (Foto, 1963)

Afghanische Männer und Frauen vor den Toren der Stadt Ghazni

1979 zum Aufstand der meisten Stämme sowie der Armee, was zur Anarchie in weiten Landesteilen führte. Zunehmend bedrängt, rief der neue Ministerpräsident ❺ Hafisollah Amin die Sowjetunion zu Hilfe, deren Truppen am 27. 12. 1979 in Afghanistan ❻ einmarschierten. Die Sowjetregierung setzte den von ihr abhängigen Exilpolitiker Babrak Karmal als Staats- und Regierungschef ein. Obwohl das neue Regime den Islam und die afghanische Tradition weitgehend achtete, organisierten sich sofort verschiedene islamistische und nationalistische Gruppen, die Mudjahedin, die einen ❼ Guerillakrieg gegen das Regime in Kabul und die sowjetischen Truppen begannen. Sie wurden in den folgenden Jahren auch vom Westen und vielen arabischen Ländern unterstützt.

In Afghanistan herrschte seit 1933 ❷ Mohammed Sahir Schah über ein Land mit traditionellen und autonomen Stammesstrukturen. Die eigentliche Macht lag bei seinen drei Onkeln, Brüdern des 1933 ermordeten Nadir Schah, deren Modernisierungsbemühungen am Widerstand der Stämme scheiterten. Ab 1953 setzte Sardar Mohammed Daud, der Vetter und Schwager des Königs, als Ministerpräsident ❸ Modernisierungen mit internationaler Hilfe, v. a. durch die UdSSR, durch, wurde aber 1963 gestürzt. Bürgerliche Kräfte erzwangen 1963/64 eine weitere Demokratisierung des Landes. 1965 wurde das Parlament erstmals frei gewählt.

Am 17. 7. 1973 setzte ❹ Mohammed Daud in einem Staatsstreich den König ab, proklamierte die Republik und begann als Staats- und Ministerpräsident einen vorsichtigen Re-

formkurs mit Bodenreform und Bankenverstaatlichung. Er sicherte sich die Unterstützung der arabischen Welt und etablierte im Februar 1977 ein autoritäres Präsidialregime. Im April 1978 putschte die kommunistisch orientierte Demokratische Volkspartei mithilfe der Armee, ermordete Daud und rief unter dem neuen Ministerpräsidenten Mohammed Taraki die „Demokratische Republik Afghanistan" mit enger Anlehnung an die Sowjetunion aus. Der antitraditionelle und antiislamische Kurs der Regierung führte

Der afghanische Ministerpräsident Prinz Sadar Mohammed bei seinem Staatsbesuch in der Bundesrepublik Deutschland (Foto, 3. 7. 1961)

Holte die sowjetischen Truppen ins Land: Präsident Hafisollah Amin

Ein sowjetisches Panzerfahrzeug auf Patrouillenfahrt in Kabul, Februar 1980

Bewaffnete Mudjahedin-Rebellen in den afghanischen Bergen nahe der pakistanischen Grenze (Foto, 14. 2. 1980)

| 1933 | Herrschaft Mohammed Sahir Schahs | 1965 | Erste freie Parlamentswahl | 1977 | Präsidialregime unter Daud | 27. 12. 1979 | Einmarsch sowjetischer Truppen |
| 1953 | Sardar Mohammed Daud wird Ministerpräsident | 17. 7. 1973 | Proklamierung der Republik | 1978 | Militärputsch unter Mohammed Taraki |

seit 1945

Zeitgeschichte

■ Afghanistan von 1979 bis heute

Nach Abzug der Sowjets bekämpften sich die islamistischen Gruppen untereinander, unter denen erst die Mudjahedin und dann die Taliban dominierten. Diese wurden 2001/02 weitgehend von der Macht vertrieben.

8

Ein Kulturerbe der Menschheit fiel den Taliban zum Opfer: Die kolossalen Buddha-Statuen wurden 2001 zerstört

9

Widerstandskämpfer auf einem verlassenen sowjetischen Panzer

Besonders in den Bergregionen bildeten sich Zentren eines radikal-islamischen ❾ Widerstandes mit weitreichenden Verbindungen nach Pakistan und zu islamistischen Untergrundkämpfern. Bis 1983 flohen 20 % der Bevölkerung in die Nachbarländer, mehrere Friedensmissionen der UNO blieben erfolglos. Die auf beiden Seiten begangenen Brutalitäten ließen den Krieg immer mehr eskalieren. Auf sowjetischen Druck hin löste Mohammed Najibollah 1987 Karmal als Staatspräsident ab, der einen Kurs der „nationalen Versöhnung" propagierte. Während die radikal-islamischen Mudjahedin immer mehr an Boden gewannen, zog die Sowjetunion unter Michail Gorbatschow nach verlustreichen Kämpfen ihre Truppen 1988/89 nach ei-

nem Friedensschluss aus Afghanistan ab.

Die Macht Najibollahs brach weitgehend zusammen; im April 1992 wurde er vom radikalen Flügel der Mudjahedin aus Kabul vertrieben. Die neue Mudjahedin-Regierung mit Sibghatullah Mojaddedi als Staatspräsident wurde in vielen Regionen und von anderen Mudjahedin-Gruppen nicht anerkannt und der blutige Bürgerkrieg ging weiter. Im September 1996 eroberten die islamistischen Taliban-Milizen Kabul und errichteten ein Schreckensregime, das einen ❽, ⓫ fundamentalistischen Islam mit brutalen Methoden durchsetzte und zuließ, dass der ❿ afghanische Opium-Anbau 75 % der Weltproduktion erreichte. Gegen die Taliban erhob sich im Oktober der Norden Afghanistans in der sog. Nord-Allianz mit westlicher Unterstützung. 1997/98 wiesen die Taliban unter ihrem Führer Mullah Omar alle westlichen

Hilfsorganisationen aus und zeigten ihre offene Unterstützung islamistischer Terroristen, v. a. von Osama bin Laden. Der ⓬ offene Kampf gegen die Taliban begann im August 1998 mit der Beschießung afghanischer Ausbildungslager Bin Ladens (nach dessen Anschlägen auf die US-Botschaften in Nairobi und Daressalam) durch US-Raketen. Der Versuch einer Einigung mit den Taliban 1999/2000 scheiterte. Als die Taliban einem Auslieferungsbegehren der USA für Osama bin Laden nach dem 11. 9. 2001 (S. 642) nicht nachkamen, begann im Novem-

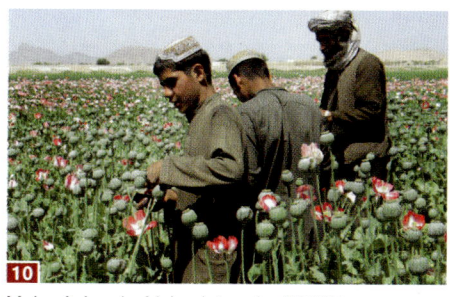

10

Mohn-Anbau in Afghanistan, April 2005

ber 2001 der parallele ⓭ Einmarsch der US- und britischen Truppen sowie der Nordallianz unter dem Usbekengeneral Dostum in Afghanistan. Am 13. November wurde Kabul erobert. Die Taliban konnten zwar relativ

rasch aus den Städten vertrieben werden, halten sich aber bis heute v. a. im Süden des Landes an der Grenze zu Pakistan.

Unter der Präsenz einer internationalen Schutztruppe wählte die Stammesversammlung am 13. 6. 2002 Hamid Karsai zum Staats- und Ministerpräsidenten.

Hamid Karsai

Karsai studierte in Indien internationale Beziehungen und war in den 90er-Jahren stellvertretender Außenminister in zwei Mudjahedin-Regierungen. Als Regierungschef sucht er die Anbindung seines Landes an die Weltgemeinschaft und verspricht, den Opiumanbau zu unterbinden und die Rechte der Frauen zu stärken. Seine Regierung ist immer noch auf die internationale Militärpräsenz in den Städten angewiesen. Nachdem im Juli 2002 sein Stellvertreter Hadji Abul Kadir in Kabul erschossen worden war, entging auch er im September nur knapp einem Mordanschlag.

oben: Hamid Karsai soll Afghanistan in eine demokratische Zukunft führen (Foto, 4. 11. 2004)

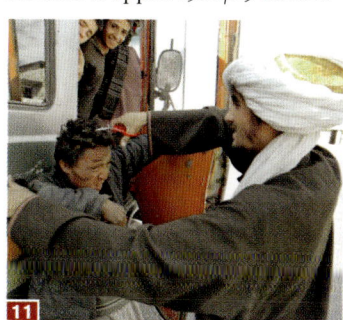

11

Ein Taliban-Milizionär zwingt einem Fahrgast einen islamischen Haarschnitt auf

12

Ein Taliban-Kämpfer hilft einem verwundeten Soldaten (Foto, 1997)

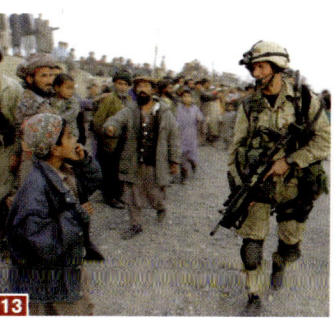

13

US-Spezialeinheiten in Afghanistan (Foto, 12. 11. 2001)

1992	Vertreibung Najibollahs	ab 1998	Angriffe auf Bin Ladens Ausbildungslager	2002	Regierung Hamid Karsais
1988/89	Abzug der sowjetischen Truppen	1996	Die Taliban erobern Kabul	Nov. 2001	Eroberung Kabuls durch britische und amerikanische Truppen

PAKISTAN UND INDIEN SEIT 1947

Aus dem erfolgreichen Unabhängigkeitskampf gegen die britischen Kolonialherren (S. 492) gingen 1947 mit Indien und Pakistan zwei eigenständige Staaten hervor. Der Anspruch beider Länder auf die Kaschmir-Region führte zu einem politisch-militärischen Dauerkonflikt. Während Indien sich zu einer parlamentarischen Demokratie entwickelte, regierten in Pakistan zumeist autoritäre Militärmachthaber. Religiöse Spannungen führten 1971 zur Loslösung Ostpakistans als ❶ Bangladesch.

Verkehrschaos in Dhaka, der Hauptstadt von Bangladesch (Foto, November 2004)

■ Pakistan und Bangladesch

1947 entstand Pakistan als muslimischer Staat auf dem indischen Subkontinent. Laizisten und Islamisten kämpften erbittert um den politischen Kurs. Der Ostteil trennte sich als Bangladesch ab.

Bereits während des ❻ indischen Unabhängigkeitskampfes vom britischen Empire (S. 493) hatte Mohammed Ali Jinnah für die muslimische Minderheit einen eigenen Staat gefordert. Unruhen zwischen Hindus und Muslimen führten 1947 zur Abtrennung der mehrheitlich muslimischen Gebiete Indiens und zur Gründung des Staates Pakistan. Das räumlich weit voneinander getrennte Staatsgebiet teilte sich in West-Pakistan und Ost-Pakistan auf. Mohammed Ali Jinnah wurde 1947 erster Generalgouverneur.

Spannungen zwischen Laizisten und Islamisten über die Rolle der Religion im Staat, separatistische Bestrebungen im Land und

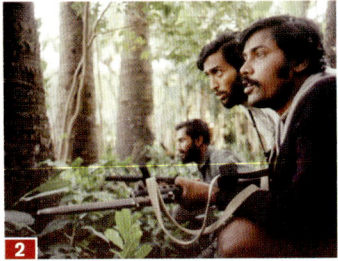
Kämpfer für ein unabhängiges Bangladesch auf pakistanischem Gebiet

der Dauerkonflikt mit Indien um die Kaschmir-Region bestimmten die Innenpolitik. Als die Spannungen eskalierten, wurde 1958 das Kriegsrecht verhängt, und der laizistische General Mohammed Ayub Khan stabilisierte das Land mit harter Hand. Er betrieb eine ausgleichende Außenpolitik zwischen den Machtblöcken und begann ab 1965 eine Entspannungspolitik mit Indien.

In den ersten freien Wahlen setzten sich in Ost-Pakistan die Separatisten unter Scheich Mujibur Rahman klar durch. Als dieser am 26. 3. 1971 die unabhängige Volksrepublik Bangladesch ausrief, setzte die Zentralregierung Gewalt ein. Die ❷ militärische Unterstützung Indiens sicherte Bangladesch die staatliche Unabhängigkeit. Demokratische Regierungen wechselten immer wieder mit autoritären Militärregimen

ab. Das häufig von Flutkatastrophen heimgesuchte Land gehört heute zu den ärmsten der Erde.

1971 wurde aus West-Pakistan Pakistan. Bis 1977 regierte der Laizist ❺ Zulifikar Ali Bhutto mit diktatorischen Vollmachten in Pakistan. 1977 gelangte General Zia ul-Haq mit einem Staatsstreich an die Macht und islamisierte das öffentliche Leben. Die Spannungen zwischen laizistischen und islamistischen Kräften prägten weiter die Innenpolitik und führten immer wieder zu Kurswechseln in der Regierung. Mit ❸ Benazir Bhutto wurde 1988–1990 erstmals eine Frau Ministerpräsidentin in einem muslimischen Land. Seit einem unblutigen Staatsstreich 1997 regiert ❹ General Pervez Musharraf Pakistan. Er unterstützt die USA seit 2001 im Kampf gegen die afghanischen Taliban (S. 609), während im Inneren viele islamistische Kräfte mit ihnen sympathisieren.

Die pakistanische Ministerpräsidentin Benazir Bhutto nach ihrem Wahlsieg am 16. 11. 1988

General Pervez Musharraf auf einer Pressekonferenz am 1. 2. 2005

Der pakistanische Ministerpräsident Zulfikar Ali Bhutto (Foto, 1976)

Verhandlungsrunde über die Unabhängigkeit Indiens 1947 unter Leitung des britischen Vizekönigs Louis Lord Mountbatten (Zweiter von rechts)

| 14. 8. 1947 | Unabhängigkeit Pakistans, Jinnah wird Generalgouverneur | 26. 11. 1949 | Konstituierung der Republik Indien | 1962 | Indisch-Chinesischer Krieg |
| 15. 8. 1947 | Unabhängigkeit Indiens, Nehru wird Regierungschef | 30. 1. 1948 | Ermordung Gandhis | 26. 1. 1950 | Erste indische Verfassung |

■ Indien

Seit der Unabhängigkeit 1947 verfolgte Indien eine weitgehend säkulare Modernisierungspolitik, wobei die Familie Nehru-Gandhi lange Zeit politisch dominierte. Zahlreiche Konflikte prägen bis heute den Vielvölkerstaat.

Mit der Erlangung der Unabhängigkeit trennte sich Pakistan von Indien ab; die 566 indischen Fürstentümer des Subkontinents schlossen sich jedoch meist ohne größeren Widerstand dem neuen Staat an. Neben dem Dauerkonflikt mit Pakistan um die ❼ Region Kaschmir waren fortan die Bekämpfung der Armut und die Integration der verschiedenen

❼ Nomaden im nordindischen Jammu-Kaschmir

❾ Jawaharlal Nehru (Foto, 1962)

Ethnien die drängendsten Probleme. Gesellschaftlich schwankte das Land zwischen laizistischer Modernisierung und traditionellem Hinduismus. Nach der Er-

mordung von Mahatma Gandhi durch einen Hindufanatiker am 30.1.1948 wurde der seit 1946 als Ministerpräsident amtierende ❾ Jawaharlal Nehru zur beherrschenden Figur im Land.

Bestimmt von sozialistischen Grundüberzeugungen, versuchte er im Rahmen von Fünfjahresplänen das wirtschaftlich rückständige Land zu modernisieren. Immer wieder kam es zu Unruhen in einzelnen Provinzen, und der chinesisch-indische Krieg 1962/63 führte zum Verlust einiger Grenzprovinzen. Als Nehru im Mai 1964 ohne Nachfolgeregelung starb, folgten ihm Lal Bahadur Shastri und 1966 seine Tochter

❿ Indira Gandhi. Diese führte den Kurs ihres Vaters fort, regierte jedoch zunehmend autoritär. 1972 schloss sie ein Abkommen mit Pakistan. Nach ihrer Abwahl 1977 gelangte sie nach dem Wahlsieg 1980 noch einmal an die Macht. Als sie im Juni 1984 militärisch gegen radikale ❽ Sikhs vorging, die sich seit Juli 1982 im ⓫ Tempel von Amritsar verschanzt hatten, wurde sie von ihren Sikh-Leibwächtern er-

❿ Indira Gandhi (Foto, 1972)

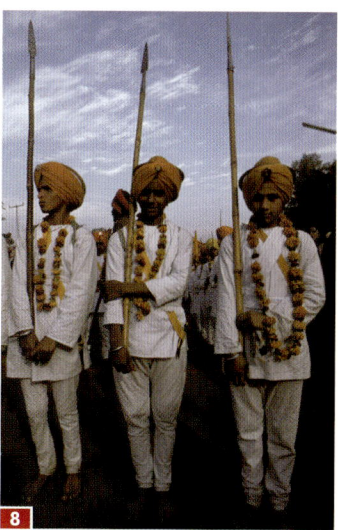
❽ Junge Sikh-Krieger in Allahabad, 1993

schossen. Danach kam ihr Sohn Rajiv Gandhi an die Regierung, der 1991 bei einem Bombenattentat getötet wurde. Eine seit den 90er-Jahren zu beobachtende Radikalisierung des politischen Hinduismus, Naturkatastrophen sowie der Widerstand gegen Großbauprojekte und Korruptionsskandale führen seitdem immer wieder zu Unruhen. Von 1998 bis 2004 war der Hindu-Chauvinist Atal Bihari Vajpayee Regierungschef. Mit Ministerpräsident Manmohan Singh steht seit 2004 erstmals ein Sikh und Nicht-Hindu an der Spitze Indiens.

seit 1945

Zeitgeschichte

Der Kaschmir-Konflikt

Um die Region Kaschmir streiten Indien und Pakistan bis heute. Das mehrheitlich von Muslimen bewohnte Fürstentum Kaschmir wurde seit 1846 von einem hinduistischen Herrscher regiert und trat trotz Protesten Pakistans 1947 der Indischen Union bei. Durch Aufstände von muslimischen Rebellen, die von Pakistan unterstützt wurden, kam es trotz UNO-Vermittlungen seit 1951 immer wieder zu verstärkten Konflikten um die Region, die 1965 in einen Krieg mündeten. Nach vorübergehender Verständigung kommt es seit den 1980er-Jahren in der Kaschmirregion immer wieder zu gewalttätigen Auseinandersetzungen und Anschlägen.

Indische Soldaten feuern an der indisch-pakistanischen Grenze in Kaschmir auf Freischärler-Stellungen, 31.5.1999

Srinagar, Kaschmir, Indien

⓫ Heiligtum der Sikhs: Der Goldene Tempel von Amritsar (Foto, 9.1.2003)

26.3.1971 | Unabhängigkeit Bangladeshs   1984 | Ermordung Indira Gandhis   1997 | Regierung Musharrafs in Pakistan

1966–77 | Regierung Indira Gandhis   1977 | Putsch Zia ul-Haqs in Pakistan   1988–90 | Regierung Bhuttos in Pakistan   2004 | Regierung Manmohan Singhs in Indien

SÜDOSTASIEN SEIT 1945

Südostasien war nach 1945 zunächst vom antikolonialen Befreiungskampf geprägt. In den meisten Ländern, etwa in ❶ Malaysia, Singapur oder Indonesien, entstanden rasch relativ stabile Verhältnisse. Allerdings blieb das Problem der ethnischen Minderheiten in den Vielvölkerstaaten bestehen. Der Einfluss Chinas und der USA führte in Vietnam und in Kambodscha zu brutalen „Stellvertreterkriegen" der Großmächte. Seit den 80er-Jahren stabilisieren sich langsam auch die einstigen Krisenregionen, und die meisten Staaten lassen eine Demokratisierung erkennen.

Blick über ein Bergtal mit terrassenförmigem Gemüseanbau in Zentral-Malaysia.

Sri Lanka und Indonesien

Sri Lanka ist seit seiner Unabhängigkeit durch die Konflikte zwischen der singhalesischen Mehrheit und der tamilischen Minderheit geprägt. In Indonesien versuchte Achmed Sukarno einen eigenen Weg. Seit 1998 zeigen sich Ansätze einer demokratischen Herrschaft.

Am 4. 2. 1948 wurde ❾ Sri Lanka (bis 1972 Ceylon) als Mitglied des Commonwealth (S. 500) unabhängig. Von Anfang an sorgte neben einer schwierigen Wirtschaftslage das Verhältnis der singhalesischen Bevölkerungsmehrheit zur ❸ Minderheit der indischstämmigen Tamilen für politische Spannungen. 1956 siegte die singhalesisch-nationalistische „Freiheitspartei" (SLFP) unter Solomon Bandaranaike, der die Schlüsselindustrien verstaatlichte. Sein Versuch, das Singhalesi-

Sri Lankas Präsidentin Chandrika Kumaratunga vor der Presse, 17. 10. 1997

sche 1958 zur Staatssprache zu machen, ließ den Dauerkonflikt mit den Tamilen eskalieren. Nach seiner Ermordung 1959 verschärfte seine Witwe Sirimawo Banda-

ranaike die Politik ihres Mannes; Militäreinsätze gegen die Tamilen kennzeichneten ihre Regierung. Seit 1994 amtiert die Tochter der Bandaranaikes, ❷ Chandrika Kumaratunga, als Staatspräsidentin. Kämpfe mit der radikalen Tamilen-Organisation LTTE führten 2000/01 zu bürgerkriegsartigen Zuständen in weiten Teilen des Landes.

Seit der Unabhängigkeit Indonesiens als Republik 1945 waren ethnisch-religiöse Konflikte prägend für das „Reich der 1000 In-

Eine tamilische Fischerfrau mit ihrem Kind auf dem Arm, 2005

litischer Führer war Präsident Achmed Sukarno, der 1957 im Bündnis mit den Kommunisten eine „gelenkte Demokratie" auf Grundlage eines nationalen Sozialismus und eines gemäßigten Islam zu verwirklichen suchte. Nach Putschversuchen gegen die Vorherrschaft der „Javaner" löste er 1960 das Parlament auf und stützte seine Macht v. a. auf das Militär und die Kommunisten.

Achmed Sukarno am 1. 6. 1945 über
Die fünf Grundsätze Indonesiens

„Das indonesische Volk sollte nicht nur an Gott glauben; vielmehr sollte klar sein, dass jeder Indonesier seinen eigenen Gott anbeten darf. Die Christen sollten Gott nach der Lehre Jesu Christi dienen. Die Moslems nach der Lehre des Propheten Mohammed. Die Buddhisten sollten ihre Religion nach ihren Büchern pflegen. ... Der indonesische Staat soll ein Staat sein, in dem jeder Einzelne zu seinem Gott beten kann ohne religiöse Eifersucht! Der indonesische Staat sollte ein Staat sein, zu dem Glauben an Gott gehört ... auf eine zivilisierte Weise, auf dem Weg gegenseitigen Respekts!"

Sukarno in der Technischen Universität Berlin, 20. 6. 1956

Machtwechsel: Sukarno (links) zeigt auf den neuen starken Mann Indonesiens, General Suharto 1966

seln". Während die Mehrheit der Bevölkerung auf der Hauptinsel Java islamisch ist, herrschen auf den nichtmuslimischen Inseln (z.B. Bali) der Hinduismus oder Naturkulte vor. Überragender po-

Die seit 2001 amtierende Präsidentin Megawati Sukarnoputri (links) neben Ex-Präsident Abdurrahman Wahid

Umsturzversuche von Teilen des Militärs und der Kommunisten im Jahre 1965 wurden niedergeschlagen; es kam zu Pogromen gegen die kommunistenfreundliche chinesische Minderheit, denen mehrere Hunderttausend Menschen zum Opfer fielen. Im März 1966 übernahm eine Militärjunta unter ❹ General Suharto die Regierungsgewalt und entmachtete Sukarno schrittweise.

Nach 1968 errichtete Suharto ein prowestliches, militärgestütztes Herrschaftssystem. Die Spannungen zwischen den Bevölkerungsgruppen hielten an, v. a. nachdem sich 1976 die Region Osttimor unabhängig erklärt hatte. Das brutale Vorgehen der indonesischen Regierung auf Timor rief die Öffentlichkeit auf den Plan. Im September 1999 erklärte Osttimor nach Gewalttaten pro-

Brennende Häuser in Dili, der Hauptstadt von Osttimor (Foto, 4. 12. 2002)

indonesischer Milizen seine Unabhängigkeit. Bis heute halten die

ethnischen und religiösen ❻ Unruhen an. Nach Studentenunruhen mit über 500 Toten war das korrupte Regime von Präsident Suharto 1998 auf internationalen Druck zurückgetreten. Nach ersten Liberalisierungsversuchen unter den Präsidenten Jusuf Habibie und Abdurrahman Wahid regiert seit 2001 ❺ Megawati Sukarnoputri, die Tochter des Staatsgründers Achmed Sukarno, das Land. Am 20. 10. 2004 wurde Susilo Yudhoyono neuer Präsident.

◾ Malaysia und Singapur

Die 1963 neu entstandene „Föderation Malaysia" wurde durch autoritäre Regime politisch stabil gehalten. Der Stadtstaat Singapur entwickelte sich seit 1965 zu einer wirtschaftlichen Boomtown.

Das Staatsoberhaupt von Singapur, Jusuf Ishak (Mitte), während der Feierlichkeiten zur Ausrufung der Föderation (Foto, 15. 9. 1963)

1963 schlossen sich die Malaiische Halbinsel, ❼ Singapur, Sarawak und Sabah 1963 zur eigenständigen „Föderation Malaysia", bestehend aus neun Sultanaten, zusammen. Daraufhin erhob Indonesien Besitzansprüche auf Sarawak und Sabah, doch der Konflikt

wurde nach dem Sturz des Sukarno-Regimes beigelegt. Staatsoberhaupt Malaysias ist bis heute der König, der jeweils für fünf Jahre aus dem Kreis der neun Sultane gewählt wird. Das Sultanat Brunei, heute eines der wohlhabendsten Länder der Erde, schloss sich wegen seines Ölreichtums nie der Föderation an. Der erste Ministerpräsident der Föderation, ❽ Abdul Rahman Putra, verfolgte eine Ausgleichspolitik zwischen den rivalisierenden ethnischen Gruppen. Trotzdem blieb die Lage instabil. Seit 1965 kam immer es

wieder zu politischen und ethnischen Unruhen. Der 1981–2003 autoritär regierende Ministerpräsident Mahathir bin Mohammad modernisierte v. a. die Industrie des Landes und wurde durch seine Vermittlungspolitik zu einer anerkannten moralischen Autorität in Ostasien.

Politische Rivalitäten, ethnische Spannungen und ökonomische Interessengegensätze führten am 9. 8. 1965 zum Austritt des mehrheitlich chinesischen Singapur (bis 1948 britische Kronkolonie) aus der Föderation. Lee Kwan Yew, von 1959 bis 1990 Premierminister von Singapur, verwandelte das Land mit autoritärer Hand aus einer heruntergekommenen Kolonie zu einem „Musterland" des ❿ technischen Fortschritts, wobei seine Methoden einer durchgehenden Kontrolle des Gesellschaftslebens umstritten waren. Sein Nachfolger ⓫ Goh Chok Tong will den Stadtstaat seit 2000 durch groß angelegte Bildungsoffensiven zur „Wissensgesellschaft" machen.

8

Der erste Premierminister Malaysias, Tunku Abdul Rahman, bei der Vertragsunterzeichnung zur eigenständigen Föderation im Juli 1963

11

Der Ministerpräsident von Singapur, Goh Chok Tong, beim Commonwealth-Gipfeltreffen im australischen Coolum

Die Heilige Stadt Kandy auf Sri Lanka wurde 1988 von der Unesco zum Weltkulturerbe erklärt

Metropole und wirtschaftliche Boomtown: Blick auf das Banken- und Geschäftszentrum von Singapur

Zeitgeschichte   seit 1945

1966 | Regierung Suhartos in Indonesien   **1981–2003** | Mahathir bin Mohammed Präsident Malaysias   **2001** | Regierung Sukarnoputris in Indonesien

1976 | Unabhängigkeit Ost-Timors   **1998** | Rücktritt Suhartos

■ Die Philippinen und Myanmar

Auf den Philippinen wurde erst nach dem Sturz des Diktators Marcos 1986 eine demokratische Entwicklung eingeleitet. Myanmar wird seit 1962 vom Militär beherrscht und steht zunehmend in internationaler Kritik.

Die Philippinen wurden am 4. 7. 1946 von den USA formell in die Unabhängigkeit entlassen. Sie kontrollierten jedoch weiterhin das Land militärisch und wirtschaftlich. Eine prowestliche Oligarchie herrschte seither über eine relativ arme Bevölkerung. 1965 wurde der Nationalist ❷ Ferdinand Marcos zum Staatspräsident gewählt. Er versprach eine Bodenreform, verhängte 1972 jedoch das Kriegsrecht über das Land und baute eine persönliche Diktatur mit Verhaftung von Oppositionellen, Pressezensur u. a. auf. Seit 1973 kommt es immer wieder zu Aufständen und Gewalttaten von Seiten muslimischer Rebellen, die eine Abtrennung der mehrheitlich islamischen Südinseln durchsetzen wollen. Die Ermordung des Oppositionsführers (1983), Wahlfälschungen und maßlose Bereicherung erzwangen 1986 Marcos' Rücktritt.

1 Die extremistische Moslemgruppe Abu Sayyaf mit ihrem Sprecher Abu Ahmad Sabaya in einem Waldversteck

Unter Staatspräsidentin ❹ Corazon Aquino setzten sich nach Vereitelung mehrerer Putschversuche bis 1992 stärker demokratische Strukturen durch. Bis heute hat das Land, seit 2001 von Gloria Macapagal Arroyo regiert, immer wieder mit Wirtschaftskrisen, Korruptionsskandalen und radikalen Islamisten zu kämpfen. Zwischen 2000 und 2003 lieferte sich die Regierung viele Gefechte mit der islamischen Terrorgruppe ❶ Abu Sayyaf auf Sipadan, die westliche Touristen entführte.

3 Aung San Suu Kyi nach dem Ende ihres Hausarrests 1995

Seit der Unabhängigkeit von ❺ Birma (ab dem 26. 5. 1989: Myanmar) 1948 hatte die Zentralregierung der föderativen Regierung mit Konflikten zwischen Buddhisten und Muslimen sowie Kommunisten und Nationalisten zu kämpfen. Beherrschende Figur war der mehrfach als Ministerpräsident amtierende U Nu, der einen buddhistisch-sozialistischen Wohlfahrtsstaat aufbaute. Als die Union auseinander zu brechen drohte, putschte sich 1962 die Armee unter General Ne Win an die Macht und proklamierte einen „birmesischen Weg zum Sozialismus" mit weitgehenden Verstaatlichungen; im Dezember 1973 wurde die „Sozialistische Union Birma" proklamiert. 1988 zerschlugen Militärs unter der Führung von Saw Maung die Demokratiebewegung und erklärten den Sozialismus für abgeschafft. Die ersten freien Wahlen 1990 erbrachten einen Sieg der oppositionellen Demokraten, doch das Militärregime unter dem seit 1992 als Staatspräsident amtierenden

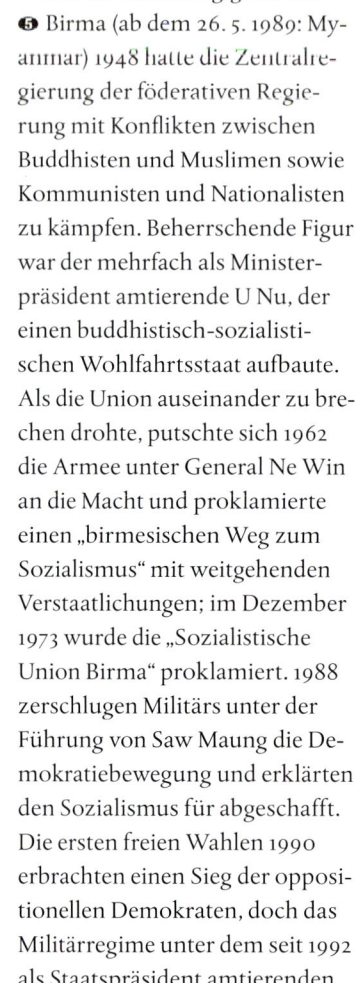

2 Ferdinand E. Marcos auf einer Pressekonferenz in Manila am 12. 4. 1976

4 Die philippinische Staatspräsidentin Corazon Aquino (Foto, 1986)

General Than Shwe hält sich trotz weltweiter Kritik an der Macht. Die Regimekritikerin ❸ Aung San Suu Kyi, zeitweise unter Hausarrest stehend, erhielt 1991 den Friedensnobelpreis.

5 Reger Verkehr in der myanmarischen Hauptstadt Rangun (Foto, 1997)

Sithu U Thant

Der dritte Generalsekretär der UNO hieß Sithu U Thant und stammte aus Birma. Er war 1947–1957 Informationsminister Birmas und vertrat sein Land 1957–1961 bei der UNO, bis er 1962 zum Generalsekretär gewählt wurde. 1967 versuchte er vergeblich im israelisch-arabischen Konflikt zu vermitteln. Als ihm die birmesische Militärregierung im Dezember 1974 wegen seiner Verbindung zu U Nu ein Staatsbegräbnis verweigerte, kam es zu schweren Unruhen.

oben: Sithu U Thant, dritter Generalsekretär der UNO

| 1946 | Rama IX. wird König von Thailand | 1948 | Unabhängigkeit Birmas | 1962 | Staatsstreich Ne Wins in Birma |
| 1946 | Formelle Unabhängigkeit der Philippinen | 1949 | Formelle Unabhängigkeit von Laos | 1965 | Marcos wird Staatspräsident der Philippinen |

Thailand und Laos

Das Königreich Thailand wird immer wieder von Militärherrschern dominiert, während sich in Laos nach harten Kämpfen seit 1975 ein sozialistisches Einparteienregime durchsetzte.

Nach der Ermordung von König Rama VIII. 1946 bestieg im Königreich Thailand sein Bruder ❻ Rama IX. den Thron und regiert seither als dienstältester Monarch der Welt mit religiöser und traditioneller Autorität über den Parteien. Gestützt auf die Armee, errichtete Pibul Songahram im selben Jahr eine Militärdiktatur. Er nahm eine prowestliche Haltung ein und liberalisierte das Land ab 1955, wurde jedoch im September 1957 durch eine Offiziersver-

7 Die Qual der Wahl: In Bangkok studiert eine Passantin die Wahlplakate der verschiedenen Kandidaten

schwörung gestürzt. Der neue Ministerpräsident Sarit Thanarat und seine Nachfolger errichteten ein Militärregime; die Sozial- und Medizinversorgung der Bevölkerung war katastrophal. Die

während des Vietnamkrieges (S. 617) in Thailand stationierten US-Truppen sorgten für einen zeitweiligen Wirtschaftsaufschwung und das Regime war seit 1972 verstärkten Forderungen nach demokratischen Freiheiten ausgesetzt.

Das Herrschaftssystem schwankte fortan zwischen diktatorischem Stil und dem Versuch, ❼ demokratische Strukturen aufzubauen. Nach ❾ Parlamentswahlen 1975 übernahm 1977/78 erneut das Militär die Macht. 1986–1991 regierten verschiedene Koalitionsregierungen und banden das Land an den Welthandel an; 1991 kam es zu einem erneuten Militärputsch. Seit 2001 ist der Wirtschaftsunternehmer Thaksin Shinawatra Regierungschef. Der ❿ Tourismus als wichtige Einnahmequelle beschert dem Land inzwischen bescheidenen Wohlstand. Er bringt aber auch alle Erscheinungen des „Sex-Tourismus" mit sich.

In Laos setzten die Franzosen 1946 König Sisavang Vong als König ein und vertrieben die links-

gerichtete Regierung von „Pathet Lao" (Land Laos). Frankreich gewährte dem Land 1949 die formelle Unabhängigkeit. Die Exilregierung spaltete sich in einen rechten Flügel unter Fürst ❽ Souvanna Phouma und eine linke „Pathet Lao"-Bewegung unter

6 König Rama IX. mit seiner Gemahlin Sirikit unter dem Thronbaldachin (Foto, wahrscheinlich um 1977)

8 Die beiden Prinzen von Laos: Prinz Souvanna Phouma und Prinz Utthong Souphanouvong

Fürst ⓫ Souphanouvong, der sich 1950 mit dem kommunistischen Nordvietnam (S. 617) verbündete. Ab 1953 eroberte der „Pathet Lao" weite Teile des Landes und trat 1956 in die Regierung ein. Als er

1958 die Wahlen gewann, lancierten die USA einen Putsch rechtsgerichteter Royalisten und Militärs, wodurch ein jahrelanger blutiger Bürgerkrieg ausgelöst wurde. 1962 übernahm Souvanna Phouma mit Hilfe der USA die Macht, während der Nordosten in kommunistischen Händen blieb und seit 1964 von der US-Luftwaffe bombardiert wurde. 1973 führten Verhandlungen zur Bildung einer „Regierung der Nationalen Einheit". Nach dem kommunistischen Sieg in Vietnam setzten die linken Kräfte den König ab und riefen die sozialistische „Demokratische Republik" aus, die unter starkem Einfluss Vietnams stand. „Pathet Lao" wurde allein regierende Staatspartei. Khamtay Siphandone amtiert seit 1998 als Staatspräsident.

9 Blutige Studentenunruhen nach der erneuten Machtübernahme durch das Militär

10 Ausländische Touristen schlendern in einem der Urlaubszentren an der thailändischen Küste an der Straße entlang

11 „Der rote Prinz", Prinz Utthong Souphanouvong, während einer Rede

| 1973 | Proklamation der „Sozialistischen Union in Birma" | 1990 | Erste freie Wahlen in Birma | 1998 | Staatspräsident Khamtay Siphandone |
| 1973 | Regierung der Nationalen Einheit in Laos | 1991 | Friedensnobelpreis an Aung San Sun Kyi | 2001 | Regierung Thaksin Shinawatra |

Kambodscha

Ab 1955 etablierte in Kambodscha König Norodom Sihanouk eine sozialistische Herrschaft. Der „Steinzeitkommunismus" der Roten Khmer 1975–1979 ging mit Terror und Völkermord einher.

Am 12. 3. 1945 erklärte ❸ König Norodom Sihanouk Kambodscha für unabhängig; die Franzosen als bisherige Kolonialherren akzeptierten die Eigenständigkeit bis 1948 nicht; erst nach dem Ende des Indochina-Krieges 1954 wurde die Souveränität des Landes voll anerkannt. Sihanouk dankte 1955 als König zugunsten seines Vaters ab und wurde nach einem Wahlerfolg Ministerpräsident. Als Führer einer Einheitspartei näherte er sich China an, woraufhin die Westmächte die rechts-

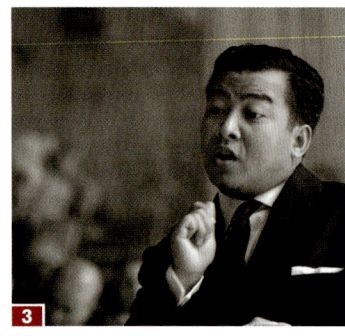

Guerilla-Einheiten der Roten Khmer im Jahr 1980

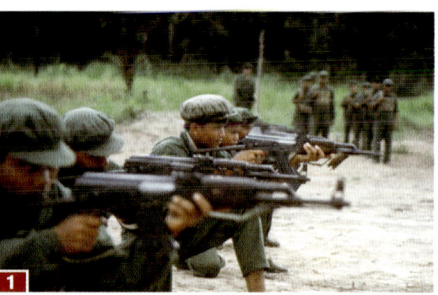

Sihanouk, König von Kambodscha, während einer Festrede 1966

gerichteten Khmer Serai unterstützen. Seit der Bombardierung von Grenzdörfern durch die US-Luftwaffe 1965 verschärfte sich der Konflikt mit den USA.

Staatschef Sihanouk unterdrückte im Inneren jede Opposition, darunter auch militante Kommunisten, die 1967 in den

Untergrund gingen und als ❶ „Rote Khmer" bekannt wurden. 1969 wurde der Militär ❺ Lon Nol Ministerpräsident, der eine engere Anlehnung an die USA forderte. Er stürzte 1970 Sihanuk und richtete Massaker unter der vietnamesischen Bevölkerung Kambodschas an. Sihanuk, der ins Exil geflohen war, schloss ein Bündnis mit den Roten Khmer, die aufgrund seiner Popularität starken Zulauf bekamen. Sie führten einen erbitterten Bürgerkrieg gegen die Regierung Lon Nol, die immer mehr an Boden verlor. Am 17. 4. 1975 eroberten die Roten Khmer die Hauptstadt Phnom Penh.

Der Führer der Roten Khmer, ❷ Pol Pot, übernahm zusammen mit Staatspräsident Khieu Samphan im April 1976 die Macht. Sie unterwarfen das Land einem radikalen gesellschaftlichen Umformungsprozess, der auf die Schaffung agrarkommunistischer Verhältnisse zielte. Die Stadtbewohner wurden aufs Land umgesiedelt und mit der dortigen Bevölkerung vereint, wo sie zu rechtlosen Arbeitssklaven wurden. Dem ❹ Terror von Mord, Folter und Umerziehung fielen etwa zwei Millionen Kambodschaner zum Opfer; ganze Bevölkerungsgruppen wurden systematisch ausge-

rottet. Mit der Einnahme Phnom Penhs durch vietnamesische Truppen 1979 endete der Terror weitgehend, doch kämpften die Roten Khmer weiter im Untergrund. Prinz Sihanouk bildete 1982 eine Exilregierung gegen die vietnamesische Besatzung zusammen mit den Roten Khmer und steht seit 1991 an der Spitze des Staates. Im April 1989 erklärte die neue Verfassung Kambodscha zum ideologisch neutralen Staat mit dem Buddhismus als Staatsreligion. Als politischer Führer setzte sich 1998 der Chef der „Volkspartei" CPP, Hun Sen, durch.

Diktator Pol Pot

Totenschädel und Gebeine von etwa 2000 Opfern erinnern im Nordwesten Kambodschas an die Terrorherrschaft von Pol Pot

Einer der großen Verbrecher des 20. Jh.: Pol Pot

Pol Pot

Der 1928 geborene Pol Pot, der eigentliche „Organisator" der Roten Khmer, hieß eigentlich Saloth Sar. Er studierte 1949–1953 in Frankreich und arbeitete dann als Lehrer in Phnom Penh. Ab 1960 stieg er kontinuierlich in der KP auf, bildete jedoch mit Gesinnungsgenossen die auch antivietnamesisch ausgerichteten „Roten Khmer", deren Führer er wurde. Nach seinem Sturz 1979 kämpfte er im Untergrund weiter und wurde trotz seiner Verbrechen wegen seiner antivietnamesischen Haltung jetzt von den USA unterstützt. Seit 1991 geriet er zunehmend in Isolation und wurde 1997 von seinen eigenen Leuten vor ein „Volksgericht" gestellt und zu lebenslanger Haft verurteilt. Pol Pot starb am 15. 4. 1998 im sog. „Hausarrest".

Ministerpräsident Lon Nol (links) bei einem Sektempfang mit hohen Militärs (Foto, 12. 3 1975)

■ Vietnam-Krieg

Zwischen 1946 und 1976 wurde in Vietnam Krieg um die Einheit und Unabhängigkeit des Landes geführt. Er wurde 1964 durch das militärische Eingreifen der USA zu einem der ❼ blutigsten Konflikte nach dem Zweiten Weltkrieg.

Kurz nach der Proklamation der kommunistischen „Demokratischen Republik Vietnam" im nordvietnamesischen Hanoi im Jahr 1945 brach der erste Krieg, der „Indochina-Krieg" (1946 – 1954), aus: Obwohl Frankreich dem Staat unter der Präsident-

7
Der südvietnamesische Polizeichef Nguyen Ngoc Loan erschießt am 1. 2. 1966 einen Offizier der Vietcong-Truppen in Saigon auf offener Straße

schaft ❾ Ho Chi Minhs 1946 eine Teilautonomie innerhalb der „Französischen Union" zuerkannte, versuchte es vom südvietnamesischen Saigon aus, seine Kolonialherrschaft über das Land wiederherzustellen. Frankreich provozierte damit einen militäri-

9
Revolutionär Ho Chi Minh

schen Konflikt mit den kommunistischen Machthabern im Norden, die v. a. durch die Guerillatruppen der Vietminh erbitterten Widerstand leisteten. Nach internationalen Vermittlungen wurde 1954 ein vorläufiger Waffenstillstand und die Teilung des Landes beschlossen. Während den Kommunisten der nördliche Teil zugewiesen wurde, etablierte sich im Süden die prowestliche „Republik Vietnam" unter dem Katholikenführer Ngo Dinh-Diem, die nach dem Abzug der Franzosen aus Indochina seit 1955 v. a. von den USA militärisch unterstützt wurde. Korruption und Unterdrückung durch die Ngo-Brüder stärkte die „Nationale Befreiungsfront" (FNL) unter der Führung des kommunistischen Vietcong, der ab 1956 einen Guerillakrieg begann. Mit dem Ziel, die weitere Ausbreitung kommunistischer Staats- und Gesellschaftssysteme zu verhindern, griffen die USA 1964 in den Konflikt ein.

Nach der angeblichen Beschießung von zwei amerikanischen Zerstörern im Golf von Tongking am 2. 8. 1964 begann die zweite, „amerikanische" Phase des Vietnamkrieges: Nordvietnamesische Städte und Versorgungswege wurden ab Februar 1965 systematisch bombardiert. ❻ Napalmeinsätze, der Einsatz von chemischen ❽ „Entlaubungs-

6
Das Bild, das um die Welt ging: Kinder und Soldaten fliehen nach einem US-Napalmangriff in Panik und völliger Verzweiflung auf die Straße

mitteln" und die andauernden Bombardements sollten die Moral und Lebensbasis der FNL-Truppen zerstören. Trotz der enormen Truppenüberlegenheit der USA konnten sie keinen Sieg erringen. Der Krieg gegen Zivilisten und ❿ Gewaltexzesse der US-Truppen wie etwa das Massaker von My Lai ließen den internationalen Widerstand gegen die US-Kriegsführung auch im eigenen Land (S. 638) anwachsen. Nach Beginn der FNL-Offensive gegen Saigon im Januar 1968 zogen sich die USA schrittweise aus dem Krieg zurück, der nun von den Vietnamesen weitergeführt wurde. Im Januar 1973 wurde ein Waffenstillstand geschlossen, im April 1975 rückten FNL-Truppen in Saigon ein, und am 2. 7. 1976 wurde Vietnam als „Sozialistische Republik" wiedervereinigt.

Nach dem Engagement Vietnams in Kambodscha 1978 kam es bis 1984 zu gewalttätigen Grenzstreitigkeiten mit China. Innenpolitisch leitete das kommunistische Regime seit 1986 wirtschaftliche Reformen

8
Amerikanische Bomber versprühen Herbizide über das Land

mit marktwirtschaftlicher Orientierung ein, ohne bis heute das Herrschaftsmonopol der Kommunisten in Frage zu stellen. Erst 1995 nahmen Vietnam und die USA wieder diplomatische Beziehungen auf.

10
US-Soldaten zerstören ein Vietconglager

seit 1945

Zeitgeschichte

April 1975	FNL-Truppen in Saigon		**ab 1986**	Wirtschaftliche Reformen
Jan. 1973	Waffenstillstand	**2. 7. 1976**	Wiedervereinigung der „Sozialistische Republik Vietnam"	**1995**	Diplomatische Beziehungen zu den USA

CHINA, JAPAN UND KOREA SEIT 1945

Mit der ❶ Machtübernahme der Kommunisten unter Mao Zedong in China 1949 vollzog sich im bevölkerungsreichsten Land der Erde eine der tiefgreifendsten Umwälzungen der neueren Geschichte. Durch wirtschaftliche Flexibilität überstand das kommunistische System dort den Zusammenbruch des sowjetischen Machtimperiums 1989/91. Japan entwickelte sich zu einem Land des Wirtschaftsbooms, während das geteilte Korea in die kommunistische Diktatur des Nordens und die – inzwischen – demokratische Republik im Süden zerfällt.

Umjubelter Einmarsch der Kommunisten in Peking im Januar 1949

■ Die Machtübernahme Maos Zedongs in China

Seit der Ausrufung der „Volksrepublik China" 1949 setzte unter Mao Zedong in China ein tiefgreifender gesellschaftlicher Umgestaltungsprozess ein.

Nach der bedingungslosen Kapitulation Japans 1945 fiel in China die Einheitsfront zwischen der Kuomintang (KMT) unter Chiang Kai-Shek und den kommunistischen Truppen unter Mao Zedong auseinander (S. 494); 1947 brach erneut der Bürgerkrieg aus. 1949 besetzten die Kommunisten Peking und Chiang Kai-Shek floh im Laufe des Jahres nach Taiwan, wo er bis zu seinem Tode 1975 als Präsident amtierte.

In Peking stellte sich ❺ Mao Zedong an die Spitze einer „Zentralen Volksregierung" und rief am 1. 10. 1949 die „Volksrepublik China" aus, deren Staatspräsident er bis 1959 blieb. Ministerpräsident wurde ❻ Zhou Enlai. 1951 besetzte das neue Regime ❷ Ti-

Ein „Volkstribunal" hält im Januar 1953 Gericht über einen Landbesitzer

bet und gliederte es der Volksrepublik ein. Tibets geistlich-politisches Oberhaupt, der Dalai Lama, floh 1959 ins Exil nach Indien.

Innenpolitisch leitete Mao eine radikale Umgestaltung in Staat und Gesellschaft ein und etablierte in der ❹ Neuen Verfassung von 1954 die kommunistische Alleinherrschaft (S. 446). Unter brutaler Ausschaltung der alten Führungseliten führte die Regierung eine

❸ Bodenreform durch, verstaatlichte Schwerindustrie und Handel und forcierte mit sowjetischer Unterstützung die Industrialisierung des Landes, was zu einer Landflucht der Bevölkerung führte. Er verbesserte die Volksbildung und stärkte mit einem neuen Ehegesetz 1950 die Gleichberechtigung der Frau.

Die Partei begann die gesamte Gesellschaft in ihrem Sinn zu kontrollieren. Durch „Indoktrination" sollten die Chinesen systematisch ideologisch umerzogen werden. „Volksverräter" wurden öffentlich bloßgestellt

Chinesische Truppen in Tibet 1950/51

Der Zentrale Volksregierungsrat verabschiedet die neue Verfassung am 14. 6. 1954.

und in Lager eingewiesen. 1959 forderte die Parteiführung Intellektuelle in der „Hundert-Blumen-Bewegung" zu Kritik auf, um das Meinungspotenzial zu kanalisieren und notfalls einzugreifen.

Mao Zedong ruft am 1. 10. 1949 die Volksrepublik China aus

Ministerpräsident unter Mao Zedong: Zhou Enlai (Foto, 1957)

Tenzin Gyatso, der 14. Dalai Lama

Als die chinesischen Besatzer 1959 einen Aufstand der Tibeter blutig niederschlugen, ging der 14. Dalai Lama ins Exil nach Indien. Seither wirkt der bedeutende Lehrer des Buddhismus für Weltfrieden und Völkerverständigung und tritt als Exil-Oberhaupt für ein neutrales und entmilitarisiertes Tibet ein. 1989 wurde ihm gegen den heftigen Protest Chinas der Friedensnobelpreis zuerkannt.

Der Dalai Lama in Berlin (Foto, 2003)

| 2. 9. 1945 | Kapitulation Japans | 1950 | Besetzung Tibets durch China | ab 1954 | Kommunistische Alleinherrschaft Maos |
| 1. 10. 1949 | Ausrufung der „Volksrepublik China" | 1951 | Eingliederung Tibets in die VR China | 1958–61 | Kampagne „Großer Sprung nach vorn" |

■ China bis zur „Großen Kulturrevolution"

Gegen parteiinterne Kritiker und in Opposition zur Sowjetunion verschärfte Mao seit Mitte der 1950er-Jahre den sozialistischen Kurs. Die von ihm angestoßene Kulturrevolution (1966–1969) verursachte chaotische Zustände und Zerstörungen.

Außenpolitisch versuchte die Volksrepublik vergeblich, den Anschluss Taiwans an das Mutterland durchzusetzen, und geriet damit in scharfe Opposition zu den USA, die die Regierung Chiang Kai-Sheks als einzig legitime Vertretung von ganz China anerkannten. China griff zudem auf Seiten der Kommunisten in den Korea-Konflikt (S. 622) und die Auseinandersetzungen in Vietnam und Kambodscha ein (S. 616 f.). Nach dem Tod Stalins

8

Mao Zedong und Lin Biao (rechts) auf einer Parteiveranstaltung 1957

(S. 586) verschlechterten sich die Beziehungen zur Sowjetunion. Es entwickelten sich ideologisch-machtpolitische Spannungen, die bis zum Zusammenbruch der UdSSR bestehen blieben. China bestritt v. a. den sowjetischen Führungsanspruch innerhalb der kommunistischen Weltbewegung und strebte mit dem Besitz der Atombombe 1964 die Gleichberechtigung mit den Supermächten USA und Sowjetunion an.

Innenpolitisch erreichte die Kollektivierungs- und Umerziehungspolitik im Rahmen der Kampagne vom „Großen Sprung nach vorn" 1958–1961 ihren ersten Höhepunkt. Um das Wirtschafts-

9

„Baue die Idee des Kommunismus auf", offizielles Propagandaplakat aus dem Jahr 1967

10

Propaganda-Grafik um Mao Zedong aus dem Jahr 1967

wachstum zu steigern, wurden „Produktionsbrigaden" in Industrie und ❾ Landwirtschaft eingesetzt, Massenmobilisierungen beim Bau von Straßen und Bewässerungsanlagen sollten den „Übergang zum Kommunismus" einleiten. Die Landbevölkerung wurde in über 25 000 „Volkskommunen" zusammengefasst.

Als es infolge der Umgestaltungen 1960 zu Hungesnöten mit Millionen von Toten kam, formierte sich eine parteiinterne Opposition um Liu Shaoqi und Deng Xiaoping, die für eine Liberalisierung eintrat. Mao trat 1959 zu Gunsten von Shaoqi zurück, blieb aber ❷ führender Ideologe der Partei. Mithilfe seines „Kronprinzen" ❽ Lin Biao machte er die Volksbefreiungsarmee zu maoistischen Garden und verschärfte den parteiinternen Kampf gegen die „Rechtsabweichler".

Um die parteiinterne Opposition auszuschalten, proklamierten Mao und seine Anhänger Ende 1965 die „Große Proletarische Kulturrevolution" und riefen zum Kampf gegen Vertreter des „kapitalistischen Weges" und des traditionellen chinesischen Denkens auf. Die Kampagne wurde begleitet von einer ❿ kultischen Verehrung Maos. Die ❼, ⓫ studentischen „Roten Garden" schufen ein landesweites Spitzelnetz, terrorisierten und demütigten Maos Kritiker und zerstörten weite Bereiche der altchinesischen Kultur

7

Rotgardisten mit Fahnen und Spruchbändern bei einer Kundgebung in Peking in den 60er-Jahren

Mit dem „Januarsturm" 1967 in Shanghai übernahmen in vielen Städten die Garden die Macht. Als die Exzesse der Rotgardisten zunehmend außer Kontrolle gerieten, griffen mit Billigung Maos Militär und Partei ein. Sie stellten nach harten und blutigen Kämpfen die Staatsordnung erst Ende 1967 weitgehend wieder her.

Die Kulturrevolution führte zur Zerschlagung des Staats- und Parteiapparats. 1969 wurde sie offiziell für beendet erklärt. Lin Biao war inzwischen zum Stellvertreter und designierten Nachfolger des gesundheitlich angeschlagenen Mao aufgestiegen.

seit 1945   Zeitgeschichte

11

Fanatische Angehörige der Roten Garden schwenken auf dem Pekinger Tiananmen-Platz ihre Mao-Bibeln

12

Personenkult um Mao Zedong (Propagandaplakat aus dem Jahr 1967)

■ China 1969–1989

Den Machtkampf zwischen dem alternden Mao und den Reformern um Deng Xiaoping konnten Letztere für sich entscheiden. Die Gruppe um Deng öffnete das Land wirtschaftlich dem Westen.

Deng Xiaoping

Tianjin im Nordosten Chinas mit dem zweitgrößten Handelshafen des Landes wurde 1984 zur „offenen Stadt" für Auslandsinvestitionen erklärt, 23. 10. 2001

Nach dem offiziellen Ende der Kulturrevolution 1969 gewann die gemäßigte Strömung innerhalb der Kommunistischen Partei wieder an Stärke. Mao blieb zwar trotz schwerer Krankheit höchste Autorität im Staat, doch wurden zahlreiche während der Kulturrevolution vertriebene Funktionäre rehabilitiert. Nach dem ungeklärten Unfalltod von Lin Biao 1971 trugen mit Ministerpräsident Zhou Enlai und seinem Protegé Deng Xiaoping erstmals pragmatische Kräfte parteiintern den Sieg davon. Doch erst nach dem

Tod von Zhou Enlai 1976 und v. a. dem Tod von Mao setzten sich die Reformer um ❶ Deng Xiaoping, der bereits seit 1956 im Politbüro führend war und als Wirtschaftsreformer während der Kulturrevolution entmachtet wurde, endgültig durch. Die linksradikale „Viererbande" um Maos Witwe ❺ Jiang Qing wurde entmachtet und von einem Sondergericht 1981 abgeurteilt. Nachfolger Maos als Parteivorsitzender wurde Ministerpräsident ❻ Hua Guofeng, während die Wirtschaftspolitik von Deng Xiaoping bestimmt

wurde. Dieser war nach Maos Tod der ❹ „starke Mann im Hintergrund" und setzte die wirtschaftliche Öffnung durch. Im Juni 1981 löste der Reformer ❼ Hu Yaobang, ein Protegé Dengs, Hua Kuofeng als Parteivorsitzender ab. Damit setzte sich der Kurs Dengs auch politisch durch.

Deng leitete zunächst eine Reihe von wirtschaftlichen Modernisierungen und Liberalisierungen in nahezu allen Bereichen ein, öffnete das Land ab 1979 mit der Einrichtung von „Wirtschaftssonder-

Mao Zedong (links) begrüßt am 21. 2. 1972 den US-Präsidenten Nixon

zonen" für den internationalen Handel, schloss eine Reihe von Handelsverträgen und strebte eine sozialistische, aber ❷ marktorientierte Wirtschaft an, in der es auch Einkommensunterschiede geben und das Leistungsprinzip gelten sollte. Auch politisch liberalisierte sich das Land. Der Alltag wurde zunehmend entideologisiert, ein westlich orientiertes Rechtswesen langsam aufgebaut und die eigene Kulturtradition wieder gepflegt. Am politischen Alleinvertretungsanspruch wurde allerdings eisern festgehalten; Meinungs- und Versammlungsfreiheit blieben verboten.

Auch außenpolitisch setzte sich die pragmatische Linie durch. Nach schweren Grenzstreitigkei-

ten mit der UdSSR 1969 zeigte sich eine außenpolitische Entspannung durch die Aufnahme der Volksrepublik in die UNO 1971 und den ❸ Besuch von US-

Deng Xiaoping fährt an chinesischen Soldaten vorbei

Präsident Nixon in China 1972. 1982 eingeleitete Verhandlungen mit der Sowjetunion führten langsam zu einer Normalisierung der Beziehungen und zum Botschafteraustausch 1986.

Jiang Qing, die Führerin der „Viererbande", vor Gericht in Peking 1981

Erster Nachfolger von Mao Zedong als Parteivorsitzender, Hua Guofeng

Reformer in der Tradition von Deng: Hu Yaobang (Foto, 16. 6. 1986)

| 1971 | Tod Lin Biaos | 1972 | Besuch Nixons in China | 1979 | Einrichtung von Wirtschaftssonderzonen |
| 1971 | Beitritt Chinas zur UNO | 9. 9. 1976 | Tod Maos | 1981 | Verurteilung der „Viererbande" |

■ China seit 1989

Die Verweigerung politischer Freiheitsrechte führte 1989 zum Massaker auf dem Platz des Himmlischen Friedens. Trotz weltweiten Protests hält China bis zum heutigen Tage am Prinzip der ❿ Wirtschaftsliberalität ohne politische Mitbestimmung fest.

Die Liberalisierung von Wirtschaft und Lebensstil in China führte dazu, dass Studenten und Intellektuelle auch ❽ Forderungen nach politischer Mitgestaltung innerhalb und außerhalb der Partei stellten. Der parteiinterne Streit um den weiteren Kurs verschärfte sich. Im Januar 1987 wurde Generalsekretär Hu Yaobang wegen allzu großer Liberalität gestürzt und durch Ministerpräsident Zhao Ziyang ersetzt; neuer Ministerpräsident wurde Li Peng.

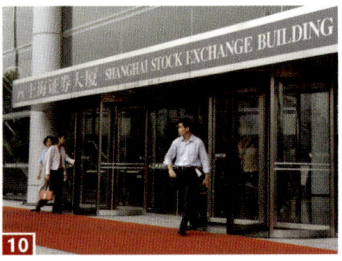

10
Kapitalismus in einem kommunistischen Staat: Die Börse in Shanghai

Im Mai 1989 demonstrierten Studenten und Bürgerrechtler in mehreren Städten, v. a. in Peking, für Freiheit, Bürgerrechte und Demokratie. Gegen den verhandlungsbereiten Zhao Ziyang, der

12
Setzte den wirtschaftlichen Reformkurs Dengs durch: Jiang Zemin

8
Studenten demonstrieren für Freiheit und Demokratie im Juni 1989

im Juni gestürzt wurde, setzten sich Deng und Li Peng mit ihrem harten Kurs durch und beendeten am 3./4. 6. 1989 den friedlichen Protest auf dem Pekinger „Platz des Himmlischen Friedens" blutig durch Einsatz von Militär und Panzern. Der weltweite Protest verhallte weitgehend ungehört; trotz Wirtschaftssanktionen der meisten westlichen Länder gegen China ergingen anschließend Todesurteile und hohe Haftstrafen gegen die Anführer der Proteste.

Li Peng und der neue Parteigeneralsekretär ❷ Jiang Zemin wurden in den folgenden Jahren zu Garanten des Wirtschaftskurses von Deng Xiaoping auch über dessen Tod 1997 hinaus sowie des Festhaltens am alleinigen Machtanspruch der Partei, der 1990 ausdrücklich bestätigt wurde. 1993 wurden der Aufbau der „sozialistischen Marktwirtschaft" beschlossen und die Wirtschafts- und Handelsbeziehungen zu den westlichen Industrieländern intensiviert. Das harte Vorgehen gegen Anhänger der ❾ Falun-Gong-Sekte 1999/2000 zeigte jedoch den ungebrochenen Herrschaftsanspruch der Partei. Im März 2003 kam es mit Staatsprä-

sident Hu Jintao, der seit November 2002 auch Generalsekretär der Partei ist, und Ministerpräsident Wen Jiabao zu einem Generationswechsel in der politischen Führung. Angesichts des ⓫, ⓭ enormen Wirtschaftspotenzials Chinas sind die kritischen Stimmen im Westen zur Menschenrechtssituation immer leiser geworden.

Außenpolitisch normalisierten sich zwischen 1990 und 1993 die gespannten Beziehungen zu den Nachbarländern (Vietnam, Laos, Japan) durch Verträge und Grenzabkommen. Der jahrzehntelange

11
Jedem ein Handy: China ist zum weltgrößten Konsumentenmarkt geworden

9
Demonstration von Anhängern der Falun-Gong-Sekte in Hongkong, 2001

Ideologiestreit zwischen sowjetischer und chinesischer KP wurde 1989 beigelegt. Der Ton gegenüber Taiwan verschärfte sich ab 1996; der Plan einer Unabhängigkeitserklärung Taiwans führt seit 2004 zu militärischen Drohungen Chinas. Die ehemalige Kronkolonie Hongkong wurde am 1. 7. 1997 wieder angegliedert. Der Furcht vor politischem Druck und einer Kapitalflucht aus der finanzstarken Großstadt begegnet China bis heute mit der Einräumung von „westlichen" Sonderrechten für Hongkong.

13
Wohnhäuser in Shanghai, 2005

Zeitgeschichte   seit 1945

Korea

Korea ist seit dem Koreakrieg (1950–1953) geteilt. Die straffe kommunistische Diktatur im Norden gerät zunehmend in die Isolation, während der Süden seit 1997 weitgehend demokratisiert ist.

1945 wurde das 1910 von Japan okkupierte Korea (S. 419) im Norden von Sowjettruppen und im Süden von US-Truppen besetzt. Im Norden bildete der Führer des Kampfes gegen Japan, Kim Il Sung, im Februar 1946 eine provisorische Regierung nach sowjetischem Vorbild und proklamierte am 9. 9. 1948 die „Volksdemokra-

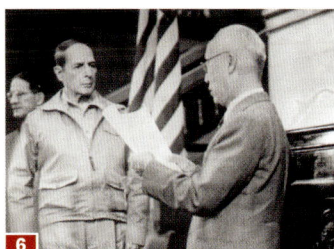

Ehrenformation von US-Marines mit Flaggen Koreas und der USA, 1950

tische Republik". Nach dem Rückzug der Sowjettruppen (1949) fielen Truppen des Nordens im Juni 1950 in Südkorea ein, womit der Koreakrieg begann. ❸ US- und ❷ UN-Truppen trieben die Nordkoreaner zurück, doch griff China auf Seiten des Nordens ein. Nach blutigen Kämpfen wurde am 27. 7. 1953 der Waffenstillstand unterzeichnet, der das Land endgültig teilte.

Der Norden lehnte sich politisch eng an die UdSSR und China an und verfolgte mit der Juche-Ideo-

logie das Ziel einer wirtschaftlichen ❶ „Eigenständigkeit" (1955). Staatspräsident ❹ Kim Il Sung (ab 1972) etablierte ein nationalkommunistisches Regime mit einem maßlosen Personenkult. Nach 1989 geriet das Land verstärkt in die Isolation. 1997 übernahm ❺ Kim Jong Il, der Sohn Kim Il Sungs, die Regentschaft. Seit 2001 ist Nordkorea durch sein trotz internationaler Proteste betriebenes atomares Aufrüstungsprogramm zunehmend ins Visier der USA geraten.

In Südkorea etablierten sich seit 1948 westlich orientierte autoritäre Präsidialregime. Der Präsident der sog. Ersten Republik, ❻ Syngman Rhee, wurde im April 1960 gestürzt. Im August übernahm die oppositionelle Demokratische Partei die Regierung und etablierte die Zweite Republik, die jedoch bereits 1961 von einer Militärregierung abgelöst wurde. General Park Chung Hee errichtete im Dezember 1963 die Dritte Republik als autoritären Präsidialstaat. Die anhaltenden Feindseligkeiten zwischen Nord- und Südkorea ließen ab 1972 nach.

Auf die Ermordung General Parks im Oktober 1979 folgten verschiedene Militärherrschaften. Im Oktober 1987 leitete eine neue Ver-

Erhob die wirtschaftliche Autarkie zur quasi-religiösen Staatsdoktrin: der Ministerpräsident Kim Il Sung, 1966

fassung demokratischere Reformen ein, doch der neue Präsident Roh Tae Woo ging weiter mit autoritären Methoden gegen den zunehmenden Protest von Studenten und Bürgerrechtlern vor. Erst mit Präsident Kim Dae Jung eta-

Der „Große Führer": Diktator Kim Il Sung (Foto, 1976)

Artilleriefeuer der UN-Truppen gegen angreifende nordkoreanische Verbände (Foto, 27. 4. 1951)

blierten sich seit 1997 deutlich demokratischere Verhältnisse; er schlug einen Kurs der nationalen Versöhnung ein. Diese Politik führt der seit 2002 als Präsident amtierende ehemalige Weggefährte Kims, ❼ Roh Moo-hyun, fort.

Der „Geliebte Führer": der Sohn von Kim Il Sung, Kim Jong Il, 1988 bei einem Treffen mit Mitgliedern der koreanischen Volksarmee

Syngman Rhee verleiht dem US-General MacArthur einen militärischen Verdienstorden am 5. 10. 1950 in Seoul

Südkoreas Präsident Roh Moo-hyun stellt sich am 23. 6. 2004 in Seoul den Frage der Journalisten

Kim Dae Jung

Kim Dae Jung ist seit 1956 Aktivist der Demokratischen Partei. Nachdem er 1971 als Gegenkandidat zu Präsident Park antrat, musste er 1972 nach Japan fliehen, von wo er 1973 nach Südkorea zurück entführt wurde. 1976 forderte er die Wiederherstellung der Grundrechte und wurde dafür zu fünf Jahren Haft und 1980 sogar zum Tod verurteilt. Jedoch musste die Regierung das Urteil nach internationalen Protesten aufheben. Seit 1987 war Kim Führer der demokratischen Opposition und siegte 1997 bei den Präsidentschaftswahlen. 2000 wurde ihm der Friedensnobelpreis verliehen.

oben: Setzte verstärkt auf Dialog der beiden verfeindeten koreanischen Staaten: Kim Dae Jung (Foto, 9. 3. 2000)

1945 | Besetzung Koreas   3. 11. 1946 | Parlamentarische Demokratie in Japan   9. 9. 1948 | „Volksdemokratische Republik" in Nordkorea

1946 | Regierung Kim Il Sungs in Nordkorea   1948 | Erste Republik in Südkorea unter Syngman Rhee   1950–53 | Koreakrieg

■ Japan

In Japan installierten die US-Besatzer nach 1945 demokratische Strukturen, die sich als beständig erwiesen. Der rasche Wirtschaftsaufschwung machte Japan zu einer führenden Industrienation.

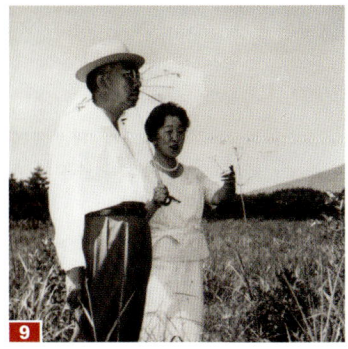

Der Kaiser von Japan, Hirohito, und seine Ehefrau beim Spaziergang (Foto, 1. 9. 1964)

Nachdem US-Truppen mit dem Abwurf der Atombomben auf Hiroshima und Nagasaki die Kapitulation Japans am 2. 9. 1945 erzwungen hatten (S. 498), sorgte die amerikanische Besatzung für einen raschen Aufbau demokratischer Verhältnisse. Bereits im Januar 1946 verzichtete Tenno ❾ Hirohito auf seinen Anspruch auf „Göttlichkeit". Es bildeten sich Gewerkschaften und demokratische Parteien, die am 3. 11. 1946 die neue Verfassung Japans als

parlamentarische Demokratie proklamierten und verschiedene Koalitionsregierungen bildeten. Im April 1952 erhielt Japan seine volle Souveränität offiziell zurück. Die demokratischen Kabinette amtierten oft nur sehr kurz, insgesamt erwies sich das neue System aber als stabil. Im November 1955 schlossen sich Liberale und Demokraten zur „Liberal-Demokratischen Partei" zu-

Geschäftshäuser in der japanischen Hauptstadt Tokio mit großen Reklametafeln, 15. 12. 2004

sammen und bilden seither die ❿ Mehrheitspartei, die in wechselnden Bündnissen das Land regiert, jedoch immer wieder auch über Korruptionsskandale und Finanzaffären in den eigenen Reihen stolpert. Die Sozialisten mit ihren verschiedenen Gruppierungen bilden die permanente Opposition, sind aber auch immer wieder an Regierungen beteiligt.

In der Außenpolitik gestalteten sich die Beziehungen zu den Nachbarn, v. a. China und Korea, oft schwierig, da Japan nicht durchgehend bereit war, sich seiner Verantwortung für die Verbrechen bis 1945 zu stellen und auf Entschädigungsforderungen einzugehen. Seit den 80er-Jahren ist hier jedoch ein Fortschritt erkennbar. Am 15. 8. 1995 entschuldigte sich Ministerpräsident Murayama für die japanischen Kriegsverbrechen im Zweiten Weltkrieg.

Nach dem raschen Wiederaufbau des Landes mit US-Finanzhilfe erlebte Japan seit den 50er-Jahren wirtschaftlich einen gewaltigen ❽ Modernisierungs- und Industrialisierungsschub, der aber auch zur Aufweichung vieler ⓬ traditioneller gesellschaftlicher Strukturen führte. Die gesellschaftliche Realität ist auch durch zahlreiche Neureligionen geprägt.

Japan entwickelte sich zu einem der ⓫ führenden Länder Asiens und konkurrierte erfolgreich mit den westlichen Ländern auf dem Weltmarkt, erlebte jedoch seit 1976 auch immer wieder Wirtschaftskrisen und ist von den Schwankungen des Weltmarktes betroffen. Nach dem Tod Kaiser Hirohitos 1989, dessen Rolle vor 1945 in einem nationalen Konsens nicht beleuchtet wurde, amtiert sein Sohn ❿ Akihito

Tradition und moderne Technik: drei junge japanische Frauen in traditionellen Kimonos mit Handys, 1999

LDP-Ministerpräsident Toshiki Kaifu feiert seinen Wahlsieg am 18. 2. 1990 mit einer japanischen Glücksfigur

Blick über eine Steinbrücke auf den Kaiserlichen Palast in der japanischen Hauptstadt Tokio (Foto, 1994)

als konstitutioneller Monarch ohne religiöse Legitimierung. Seit 1992 erlebt Japan immer wieder Phasen politischer und wirtschaftlicher Instabilität und rasch wechselnder Regierungen. Der seit 2001 amtierende Ministerpräsident ⓭ Junichiro Koizumi bemüht sich verstärkt um eine Wiederbelebung der Konjunktur.

Junichiro Koizumi hält am 21. 3. 2005 in Yokosuka eine Ansprache vor geladenen Gästen

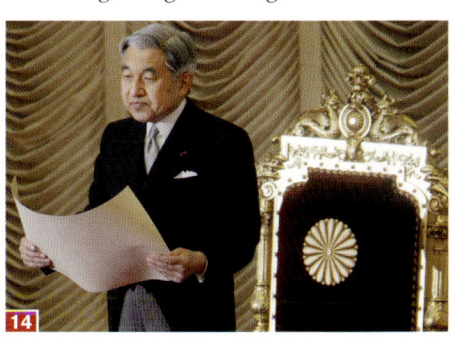

Der japanische Kaiser Akihito spricht am 21.1. 2005 auf der Eröffnungssitzung des neu gewählten japanischen Parlaments

27. 7. 1953 | Teilung Koreas   1987 | Regierungsantritt Roh Tae Woos   2000 | Friedensnobelpreis an Kim Dae Jung

1955 | Staatsdoktrin der „Eigenständigkeit" in Nordkorea   1997 | Machtübernahme Kim Jong Ils in Nordkorea/Regierung Kim Dae Jungs in Südkorea

AUSTRALIEN, NEUSEELAND UND OZEANIEN SEIT 1945

❶ Australien und Neuseeland sind klassische Einwanderungsländer der neueren Zeit und stabile Demokratien nach angelsächsischem Muster, in denen sich Konservative und Sozialdemokraten in der Regierung abwechseln. In beiden Ländern fordern die Ureinwohner, die Aborigines in Australien und die Maori in Neuseeland, eine stärkere Beachtung ihrer jahrhundertelang unterdrückten kulturellen Eigenheiten. Die Inseln Ozeaniens erkämpften sich stückweise ihre Freiheit und Unabhängigkeit, wobei sie verschiedene Regierungsformen und wirtschaftliche Bündnisse eingegangen sind.

Wahrzeichen der australischen Hauptstadt: Die Oper von Sydney (Foto, 1996)

■ Australien

Australien erwies sich nach 1945 als eine stabile westliche Demokratie, die bis zum Ost-West-Konflikt fest an der Seite der USA stand. Ein bis heute nicht vollständig gelöstes Problem bildet der Umgang mit den Rechten und der Kultur der Aborigines.

Australien, konstitutionelle Monarchie und ❹ Commonwealth-Mitglied, wurde 1942 im pazifischen Krieg (S. 498) von Japan angegriffen und dadurch eng an die Seite der USA geführt. Nach 1945 behielt es diese enge Bindung bei, schloss 1951/52 ebenso wie Neuseeland mit den USA den ❺ AN-ZUS-Pakt (Australia, New Zealand, United States) zur Sicherung des pazifischen Raums und unterstützte die USA mit Truppenkontingenten im Korea- und Vietnamkrieg (S. 622, 617). Mit Hilfe der USA setzte Australien 1961/62 seine Interessen auf Papua- und Ost-Neuguinea durch, trat aber 1966/67 auch dem süd-

Formelles Staatsoberhaupt Australiens: Elisabeth II. (Foto, 22. 3. 2000)

Ureinwohner Australiens: Aborigine mit Tanzbemalung

ostasiatischen Paktsystem bei und intervenierte u. a. in Malaysia für ein westliches und gegen kommunistische Regierungssysteme. Seit Ende des Ost-West-Konflikts orientiert sich das Land verstärkt nach Asien.

Innenpolitisch kämpften Liberale, Konservative und Sozialdemokraten in wechselnden Bünd-

Treffen der ANZUS-Mitgliedstaaten, (Foto, 7. 8. 1952)

nissen um die Regierungsbildung. Nach einer langen Regierungsperiode der Labour Party (1983–1996) regieren seit 1996 die Liberalen mit John Winston Howard als Premierminister. Wirtschaftlich lebt das Land v. a. vom Außenhandel; seit 1966 ist Japan Australiens größter Handelspartner. Seit den 50er-Jahren werden verstärkt Bodenschätze (Bauxit, Nickel, Erdöl) abgebaut. Aufgrund der investitionsfreundlichen Wirtschaftspolitik („Politik der offenen Tür") dominieren v. a. europäische und US-Firmen die Schlüsselindustrien des Landes.

Die zunehmende Landerschließung führte seit den 70er-Jahren zu Problemen im Umgang mit den Ureinwohnern des Landes, den ❷, ❸ Aborigines, deren Kultur und Lebensraum lange Zeit unterdrückt und zurückgedrängt wurden. Inzwischen wurde ihnen weitgehende Kulturautonomie und 1994 erstmals ein Rechtsanspruch auf Rückgabe ihres früheren Landes zugestanden. Ebenfalls seit den 70er-Jah-

Eingeborener spielt auf einer Straße in Brisbane (Foto, 3. 6. 2004)

ren kommt es immer wieder zu massiven ❻ Protesten weiter Bevölkerungskreise gegen Atomversuche im Pazifik und die Kernwaffenpolitik der Atommächte. Der Vorschlag der Verfassunggebenden Versammlung 1998, Australien in eine eigenständige Republik umzuwandeln, scheiterte beim Referendum im November 1999.

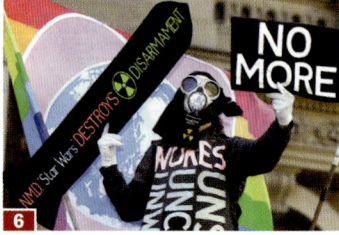
Australischer Demonstrant protestiert gegen Atomwaffentests (Foto, 2001)

| 1942 | Angriff Japans im Pazifischen Krieg | 1951/52 | ANZUS-Pakt | 1979 | Proklamation der „Vereinigten Staaten von Mikronesien" |
| 25. 11. 1947 | Unabhängigkeit Neuseelands | | | 1971 | Gründung des „Südsee-Forums" |

■ Neuseeland und die Inseln Ozeaniens

Neuseeland ist eine stabile Demokratie. Die Inseln und Reiche Ozeaniens erlangten nach 1945 schrittweise ihre Unabhängigkeit, sind jedoch meist in Wirtschaftsverbände mit den Großmächten eingebunden.

Neuseeland wurde am 25.11.1947 ein souveräner Staat innerhalb des Commonwealth. In der Außenpolitik erfolgt seither eine enge Anlehnung an Australien bzw. die USA. Innenpolitisch kämpfen Konservative und die Labour Party um die Macht, wobei die National Party nach 1945 die meisten Regierungen stellte. Seit 1999 ist die Labour-Vorsitzende ❾ Helen Clark Premierministerin in wechselnden Koalitionen. Grundlage der Wirtschaft Neuseelands ist die ❿ Viehzucht (v. a. Schafe), aber auch die Erschließung von Bodenschätzen. 1987 erklärte sich Neuseeland zur nuklearfreien Zone, was zu Spannungen mit den USA führte.

Helen Clark, die erste Frau als Premierminister (Foto, 28.11.1999)

Männer in Papua-Neuguinea mit Ketten und Kopfschmuck aus Pflanzen

Die meisten Inseln Ozeaniens (S. 344) erkämpften nach 1945 ihre Unabhängigkeit, wobei das Verhältnis zu den Weißen und ehemaligen Kolonialmächten sich vielfach problematisch gestaltete. Die meisten Inseln werden heute durch gewählte Regierungen geführt. Auf einigen kommt es immer wieder zu gewalttätigen Konflikten zwischen Bevölkerungsgruppen, so z. B. auf der Salomoninsel Guadalcanal 1998. 1971 gründeten die meisten Inselgruppen Ozeaniens zusammen mit Australien und Neuseeland das „Südsee-Forum" für wirtschaftliche und kulturelle Zusammenar-

beit. Es erklärte 1985 den Südpazifik zur atomwaffenfreie Zone.

In ⓫ Mikronesien übernahmen 1947 zunächst die USA die Verwaltung. Nach der Proklamation der „Vereinigten Staaten von Mikronesien" 1979 schlossen sie 1983 einen Assoziationsvertrag mit den USA. 1986 wählten auch die Marshallinseln die freie Assoziation mit den USA. Sie erklärten sich 1990 für unabhängig.

1956/57 erhielten die französisch kontrollierten Gebiete Ozeaniens bzw. Polynesiens eigene Verfassungen. Seither erklärten viele Gebiete ihre Unabhängigkeit bzw. Selbstverwaltung, so z. B. 1970 die Fidschi-Inseln.

Auf den ❼ Fidschi-Inseln übernahm 1987 ein Militärregime die Macht und erklärte sich gegen den Protest Großbritanniens zur Republik. Der seit 1988/89 immer wieder aufflammende Bürgerkrieg in ❽ Papua-Neuguinea zwi-

Kontraste: Arkadenhaus aus der Kolonialzeit neben modernem Hochhaus auf der Fidschi-Insel Viti Levu Island

schen der Zentralregierung und der Separatistenbewegung auf der Salomoninsel Bougainville forderte bis zum Jahr 2000 rund 10 000 Tote. Er endete erst 2001 mit einem Friedensvertrag zwischen Regierung und Rebellen.

Königreich Tonga

Das Königreich Tonga umfasst rund 170 Inseln und wird seit 1965 von König Taufa'ahau Tupou IV. regiert. Obwohl sich der König für die Erhaltung der traditionellen Lebens- und Wirtschaftsweise einsetzt, wirbt die Regierung der marktwirtschaftlich orientierten Inseln mit Steuervergünstigungen verstärkt ausländische Unternehmen zur Ansiedlung an. 2001 erhielt ein Biotechnologie-Unternehmen die Erlaubnis, das gesamte Erbgut der Bevölkerung zu erfassen und zu erforschen, die als eine der ethnisch homogensten der Welt gilt.

Tupou IV., König von Tonga

Traumhafte Idylle für Touristen, hoher Nutzen für die Landwirtschaft: Blick auf die grünen Wiesen der neuseeländischen Berge

Junge Frauen und Mädchen mit Kopfschmuck und Tanzkostümen auf Mikronesien

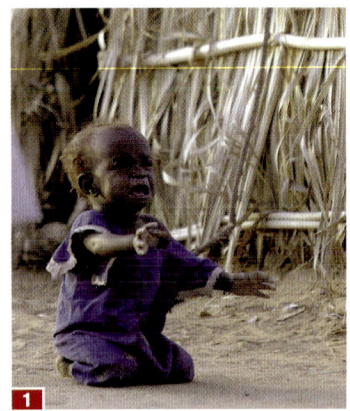

AFRIKA SEIT DER UNABHÄNGIGKEIT SEINER LÄNDER SEIT 1945

Bis heute leiden die seit 1960 unabhängig gewordenen Länder Schwarzafrikas an den Folgen des Kolonialismus. Noch immer dominieren in vielen Ländern europäische Firmen die Wirtschaft und beuten die oft schlecht ausgebildete Bevölkerung aus. In den Ländern Schwarzafrikas leben 300 Millionen Menschen mit einem Tageseinkommen von unter einem Dollar. Weitere gravierende Probleme sind regelmäßig auftretende Klima-, ❸ Dürre- und ❶ Hungerkatastrophen, der in vielen Regionen schwierige Zugang zum Trinkwasser, die große Verbreitung von Aids und oftmals autoritäre, korrupte Regime.

1 Hunger bleibt das zentrale Problem; Kind in sudanesischem Flüchtlingslager

◼ Dekolonialisierung: Gründe und Probleme

Geschwächte europäische Kolonialmächte und ein gestiegenes Selbstbewusstsein der Bewohner führten nach dem Zweiten Weltkrieg die afrikanischen Staaten in die Eigenständigkeit. Bis heute sind sie mit sozialen, politischen und ethnischen Problemen konfrontiert.

Nach dem Zweiten Weltkrieg formierten sich in den Kolonien Afrikas ❺ mächtige Dekolonialisierungsbewegungen, die seit 1960 zur Unabhängigkeit der afrikanischen Staaten führten. Der Hauptgrund für die nach 1945 erfolgreiche panafrikanische Bewegung lag in dem gestiegenen afrikanischen Selbstbewusstsein. Der Zweite Weltkrieg, in dem viele Truppen aus den ❹ Kolonien an der Seite ihrer „Mutterländer" gestanden hatten, wurde als Bankrott der europäischen Vorherrschaft empfunden. Eine wichtige Rolle spielte auch die Ausbildung „eigener" Formen des ❻ Islams und v. a. des Christentums, die sich von der abendländischen Lehre deutlich unterschieden. Vor

3 Ein Viehhirte mit seiner abgemagerten Rinderherde (Foto, 1985)

allem aber setzte in den nach dem Zweiten Weltkrieg geschwächten europäischen Großmächten ein Umdenken ein.

Die meisten ❷ Begründer der afrikanischen Unabhängigkeit entstammten der einheimischen intellektuellen und technischen Elite, die in den kolonialen „Mutterländern" ausgebildet worden war und den Vorteil einer funktionierenden Verwaltung und des technisch-sozialen Fortschritts erkannt hatte. Beides wollten sie in der Heimat umsetzen.

An der Schwelle zur Unabhängigkeit stand Afrika jedoch vor schwer lösbaren Problemen, die oft ein Erbe des Kolonialismus (S. 422 ff.) waren. Die Kluft zwischen der gebildeten Elite und

einer ❼ analphabetischen Bevölkerungsmehrheit war riesig, und die Wirtschaft der Länder lag noch lange Zeit in den Händen der ausgebildeten Europäer. Dazu waren die Kolonien keine „Nationen" im eigentlichen Sinne: Durch willkürliche Grenzziehungen wurden unterschiedliche Stämme und Bevölkerungsgruppen in einem Staatsgebilde zusammengehalten. Stammesrivalität und fehlende Minderheitenrechte sind bis heute in etlichen afrikanischen Ländern große Probleme – ein blutiges Beispiel ist die Rivalität zwischen den Hutu und den Tutsi in

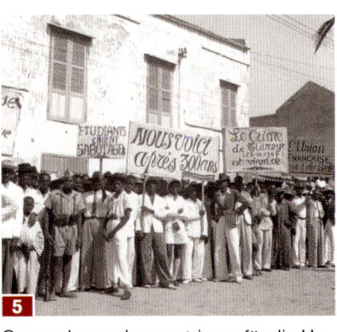

2 Julius Nyerere, der in England studierte, wurde 1964 erster Staatspräsident von Tansania

4 Senegalesische Soldaten in deutscher Kriegsgefangenschaft, 1940

Ruanda (S. 629). Auch politische Rivalitäten innerhalb der afrikanischen Emanzipationsbewegungen steigerten sich nach der Unabhängigkeit in einigen Ländern zu anhaltenden Bürgerkriegen.

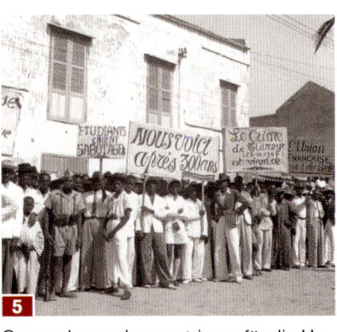

5 Senegalesen demonstrieren für die Unabhängigkeit ihres Landes (Foto, 1946)

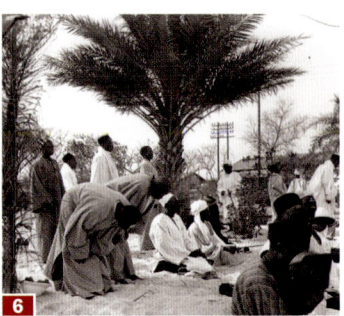

6 Senegalesische Muslime zum Gebet versammelt, um 1950

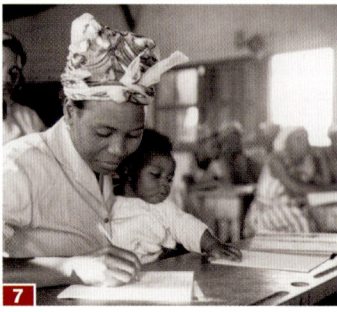

7 Abendkurs für Analphabeten in Kamerun (Foto, 1960er-Jahre)

| 1957 | Unabhängigkeit Ghanas | 1960 | Unabhängigkeit von Nigeria, Kamerun, Somalia | 1961 | Unabhängigkeitskrieg in Angola und Mosambik |
| 1946 | Abschaffung der Zwangsarbeit in den französischen Kolonien | **ab 1960** | Unabhängigkeit der französischen Kolonien | | |

◼ Das Ende des Kolonialismus

Ab 1960 entließen die Kolonialmächte Großbritannien, Frankreich und Belgien nach und nach ihre Kolonien in die Unabhängigkeit, bewahrten sich aber weiter die Einflussnahme.

9 Sonnenuntergang über dem Niger in der malischen Hauptstadt Bamako

8 Unabhängigkeitsfeier in Niger, 1965

10 Der erste Staats- und Regierungschef der souveränen Elfenbeinküste, Félix Hophouët-Boigny (Foto, um 1965)

Großbritannien, Frankreich und Belgien als die großen Kolonialmächte Afrikas verhielten sich gegenüber den afrikanischen Unabhängigkeitsbestrebungen sehr unterschiedlich. Die Briten nutz-

11 Kwame Nkrumah nach seiner Vereidigung zum ersten Staatspräsidenten der Republik Ghana, 1960

ten zunächst die einheimischen Sozialstrukturen, um ihre Kolonien „indirekt" zu verwalten. Gemäß ihrer Vorstellung von der pädagogischen „Bürde des weißen Mannes" führten sie die farbige

Bevölkerung langsam an die „Selbstregierung" heran, sicherten sich aber wirtschaftliche Vorteile. Angefangen mit ❶ Ghana 1957, wurden die Kolonien nach und nach souveräne Mitglieder im britischen Commonwealth (S. 500), so u. a. 1960 Nigeria, Kamerun und Somalia, 1962 Uganda, 1963 Kenia und Sansibar und 1974 Sambia. Rhodesien und Südafrika (S. 633) bildeten Sonderfälle.

Frankreich versuchte früh, seinen schwarzafrikanischen Kolonien Freiheiten zuzugestehen und sie gerade damit an das „Mutterland" zu binden. Um sich Unterstützung für den Kampf gegen das Vichy-Regime (S. 460) zu sichern, hatte der Führer der französischen Exilregierung, General de Gaulle, 1944 einigen späteren afrikanischen ❸ Unabhängigkeitsführern die französischen Bürgerrechte für alle Einwohner der Kolonien zugesichert. 1946 wurde die Zwangsarbeit in den Kolonien abgeschafft. Da aber v. a. die zugesicherte wirtschaft-

liche Anbindung an Europa ausblieb, wurden die Forderungen nach Selbstständigkeit wieder lauter. De Gaulles Plan einer Staatengemeinschaft unter französischer Führung scheiterte. Mit Ausnahme von Algerien (S. 595) wurden ab 1960 die Kolonien weitgehend friedlich in die Unabhängigkeit entlassen, so u. a. die ❿ Elfenbeinküste, Guinea, Kamerun, ❽ Niger, der Tschad, Senegal und die Zentralafrikanische Republik. Allein das strategisch wichtige Djibuti wurde erst 1977 politisch selbstständig.

Von den belgischen Kolonien galt der Kongo lange Zeit als „Musterkolonie", doch gestaltete sich

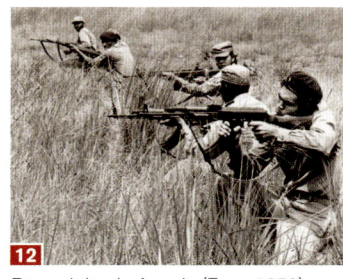

12 Bürgerkrieg in Angola (Foto, 1976)

hier die Dekolonialisierung durch das Eingreifen der USA besonders schwierig (S. 630). 1962 wurden Ruanda und Burundi unabhängig.

Portugal ging seit 1960 in seinen Kolonien mit Söldnertruppen gegen die Freiheitskämpfer vor. ⓬ Angola und Mosambik, wo der Krieg seit 1961 besonders grausam tobte, gewannen erst 1975 die Selbstständigkeit (S. 632).

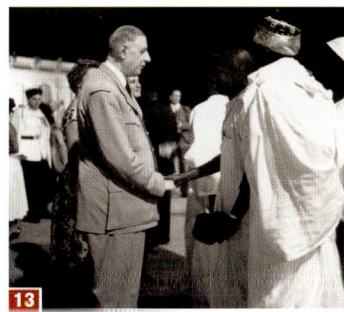

13 De Gaulle trifft in Brazzaville mit Unabhängigkeitsführern zusammen, 1956

Kwame Nkrumah, ghanaischer Politiker
„Unser Weg in die Freiheit", 1961

„Die afrikanische Unabhängigkeitsbewegung, die nach dem Zweiten Weltkrieg an Bedeutung gewann, hat sich wie ein Buschbrand weit und breit über Afrika ausgedehnt. Der helle, hallende Ruf nach Freiheit ... ist zu einem kräftigen Orkan geworden, der das alte koloniale Afrika hinwegfegt. Das Jahr 1960 war das Jahr Afrikas. Allein in jenem Jahr entstanden 17 afrikanische Staaten als stolze und unabhängige souveräne Nationen.

Kwame Nkrumah, geistiger Führer des Panafrikanismus und des afrikanischen Sozialismus

seit 1945

Zeitgeschichte

■ Westafrika

Von den westafrikanischen Ländern erweist sich v. a. Nigeria bis heute als Krisenherd. Ghana, der Senegal und die Elfenbeinküste konsolidierten sich nach ihrer Unabhängigkeit langsam.

2

John Kufour in traditionellem Gewand bei seiner Vereidigung zum neuen Präsidenten von Ghana, 2001

3

Der Name Biafra ist zum Synonym für Elend, Hunger, Verzweiflung und Massensterben geworden

1

Schrein einer Asafo-Kompanie der Fanti an der Küste von Ghana. Bemalter Zement, 1952

Am 6. 3. 1957 wurde ❶ Ghana als erstes schwarzafrikanisches Land unabhängig. Kwame Nkrumah, einer der geistigen Führer der Befreiung Afrikas und Premierminister seit 1952, wurde Staatspräsident und installierte ein Präsidialregime. Im Februar 1966 wurde er durch einen Militärputsch gestürzt und emigrierte nach Guinea. Nach einer kurzen demokratischen Phase ergriff das Militär seit 1972 mehrfach die Macht. Ende 1981 übernahm Leutnant Jerry L. Rawlings in einem Staatsstreich die Macht, demokratisierte ab den 90er Jahren das Land und konsolidierte es wirtschaftlich. 2001 übergab er die Macht

nach einer Wahl friedlich an den siegreichen Oppositionsführer ❷ John Kufuor.

In Nigeria kam es nach der Entlassung in die Unabhängigkeit 1960 zu ethnischen und religiösen Konflikten, die zur Separation von Landesteilen und Parallelregierungen führten. Seit 1966 bis 1999 folgten mehrere Militärputsche und -regime aufeinander, unterbrochen von kurzen Phasen der Demokratisierung. Ein Bürgerkrieg entbrannte 1967–1970 um die Region ❸ Biafra, die sich vorübergehend für unabhängig erklärte. Unter Staatspräsident ❻ Olusegun Obasanjo stabilisierte sich seit 1999 das Land und

suchte Anschluss an die internationale Staatengemeinschaft. Wegen religiöser Auseinandersetzungen kommt es in den vielfach autonomen Gebieten jedoch immer wieder zu Unruhen.

Im Senegal regierte seit 1960 ❹ Leopold Sédar Senghor, ein demokratischer Sozialist und anerkannter Dichter, der als Sprecher des Kontinents und internationaler Vermittler hoch geachtet war. Bis 1980 war er Staatspräsident innerhalb eines autoritären, doch modern orientierten Präsidialsystems. Seine Nachfolger Abdou Diouf (ab 1980) und Abdoulaye Wade (ab 2000) hielten das Land im Inneren stabil.

In Guinea errichtete der 1961–1984 als Präsident amtierende Ahmed Sékou Touré ein sozialistisches Präsidialregime, das nach Vereitelung mehrerer Putschversuche, Attentate und Verschwörungen immer härter gegen Oppositionelle einschritt. Sein Nachfolger ❺ Lansana Conté regiert seit 1998 weiterhin diktatorisch. Da wegen fehlender Demokratisierung die EU ihre Hilfsgelder eingestellt hat, steht das Land heute faktisch vor dem Bankrott.

Die seit 1960 unabhängige Elfenbeinküste wurde bis 1993 von Félix Houphouet-Boigny als Staatspräsident regiert, der das Land wirtschaftlich nach oben brachte und stabilisierte. Seit den

80er-Jahren herrschte er an der Spitze seiner Staatspartei zunehmend autoritär. Seine Nachfolger Henri Bédié (ab 1993) und der Sozialist ❼ Laurent Gbagbo (ab 2000) setzten den autoritären Präsidialkurs fort, ließen unter Druck aber in begrenztem Maß eine Opposition zu. Seit 2002 herrscht ein ethnisch und wirtschaftlich bedingter Bürgerkrieg zwischen Norden und Süden des Landes, in dem Frankreich und die UNO zu vermitteln suchen.

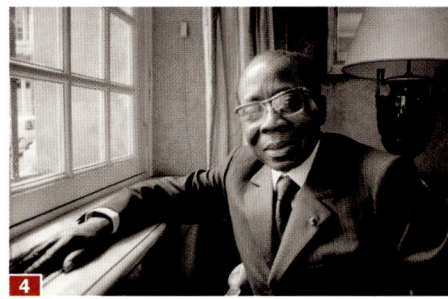

4

Leopold Sédar Senghor, 1986

5

Guineas Präsident Lansana Conté

6

Olusegun Obasanjo

7

Laurent Gbagbo (Foto, 26. 10. 2000)

| ab 1960 | Regierung Leopold Sédar Senghors im Senegal | 1967–70 | Bürgerkrieg in Nigeria | 1981 | Regierung Jerry L. Rawlings in Ghana |
| 1961–84 | Regierung Ahmed Sékou Tourés in Guinea | 1972–79 | Bokassa-Regime in der Zentralafrikanischen Republik |

seit 1945

Zeitgeschichte

■ Zentralafrika

In den meisten Ländern Zentralafrikas bildeten sich ab 1960 autoritäre Regierungssysteme.

Der ehemalige Oberst Tandja Mamadou (Foto, 1999)

Libysche Panzer sichern im Aouzou-Grenzstreifen des nördlichen Bürgerkriegsgebiets des Tschad die Sprengung einer Straße (Foto, 7. 4. 1987)

In Niger errichtete ab 1960 Präsident Hamani Diori eine autoritäre Einparteienherrschaft und band wie sein Nachfolger Seyni Kountché das Land eng an Frankreich an. Unruhen führten 1996 zum Militärputsch, doch das Militär trat 1999 die Macht an den Präsidenten ❽ Mamadou Tandja ab, der ein Mehrparteiensystem einführte und das Land seitdem langsam demokratisiert.

Der Tschad litt von Anfang an unter den religiösen Spannungen zwischen dem islamischen Norden und dem christlichen Süden. Der Konflikt eskalierte in langjährigen Bürgerkriegen, in die bis 1984/88 auch Frankreich und ❾ Libyen eingriffen. Nach 1993 stabilisierten sich die Verhältnisse im Land langsam, doch ist die Regierung unter Staatspräsident Idriss Déby (ab 1990) immer wie-

der in Kämpfe mit Rebellengruppen verwickelt; 1994 zog Libyen allerdings seine Truppen aus dem Land zurück.

Die Zentralafrikanische Republik wurde bis 1966 zunächst von Präsident David Dacko autoritär geführt. Im Januar 1966 stürzte ihn Armeechef Jean-Bedel Bokassa, der ab 1972 eines der brutalsten Regimes Afrikas errichtete und sich im Dezember 1977 in einer ❿ größenwahnsinnigen Zeremonie zu „Kaiser Bokassa I." krönte. Bokassa wurde im September 1979 mit internationaler Billigung gestürzt. David Dacko übernahm erneut die Macht, doch das Land kam nicht zur Ruhe. Auch Präsident ⓫ Ange-Félix Patassé, aus umstrittenen Wahlen 1993 hervorgegangen, konnte keine stabilen Verhältnisse herstellen. Immer wieder probten verschiedene Rebellengruppen den Aufstand.

In der ehemals deutschen Kolonie Kamerun herrschte von 1960 bis 1982 der frankreichfreundliche Staatspräsident Ahmadou Ahidjo in einem Einparteiensystem. Sein seit 1982 amtierender Nachfolger Paul Biya verfolgte die gleiche Politik, musste aber 1990 nach massiven Protesten ein Mehrparteiensystem zulassen.

In Ruanda kam es seit 1959 zu

Jean-Bedel Bokassa mit Krone während der Krönungsfeierlichkeiten in Bangui am 4. 12. 1977

Ange-Félix Patassé auf einer Pressekonferenz mit Waffe, 26. 9. 1979

gewalttätigen Auseinandersetzungen, als die ⓬ Bevölkerungsmehrheit der Hutu gegen die von den Kolonialmächten begünstigte und an der Herrschaft beteiligte Minderheit der Tutsi rebellierte. Rund 150 000 Tutsi flohen von Ruanda nach Burundi und in die Nachbarländer. Nach der Unabhängigkeit 1962 herrschten zumeist Militärmachthaber der Hutu. Nach immer wieder aufflammenden Auseinandersetzungen mit Tutsi-Rebellen kam es 1994 zum Massaker.

Der Völkermord in Ruanda

Seit 1990 verschärften sich die Spannungen zwischen Tutsi-Rebellen und Hutu-Machthabern. Als im April 1994 Präsident Habyarimana unter ungeklärten Umständen bei einem Flugzeugabsturz ums Leben kam, begannen Hutu-Extremisten – propagandistisch unterstützt von der Regierung – systematisch Tutsis und gemäßigte Hutus zu massa-

Im Angesicht des Horrors: Ein Mädchen sucht unter den Leichen von zu Tode gefolterten Ruandern nach seinen Eltern (Foto, 18. 7. 1994)

krieren. Innerhalb weniger Wochen fielen 800 000 Menschen dem Genozid zum Opfer, an dem sich nahezu alle Schichten der Bevölkerung beteiligten. Anfang Juli setzten sich die Tutsi-Truppen durch und eroberten das Land.

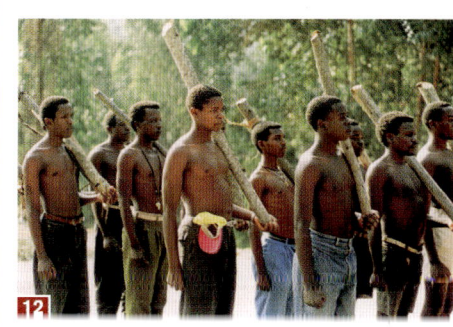

Eine Gruppe junger Hutu-Milizen bei einer militärischen Übung, 1994

seit 1945

Zeitgeschichte

■ Republik Kongo und Demokratische Republik Kongo

Die Staaten des ❶ Kongogebiets kommen seit ihrer Unabhängigkeit nicht zur Ruhe. In der „Demokratischen Republik Kongo" folgte dem „Volksbefreier" Lumumba das korrupte Regime Mobutus.

Seit Ende des 19. Jh. erhoben sowohl Belgien als auch Frankreich Ansprüche auf das Kongogebiet (S. 424). Belgien besaß das größere Gebiet um die Hauptstadt Léopoldville, Frankreich beanspruchte das kleinere um Brazzaville nördlich des Kongounterlaufs.

Nach dem Zweiten Weltkrieg (S. 510 ff.) setzte sich in Kongo (Brazzaville) Fulbert Youlou als politischer Führer der Unabhängigkeitsbewegung durch. Als das Land 1960 schließlich unabhängig wurde, wurde er erster Präsident des Landes und etablierte eine brutale Herrschaft. Youlou wurde 1963 vom Militär abgesetzt, das einen sozialistischen Einparteienstaat einführte. Nach Machtkämpfen setzte sich 1968 Marien Ngouabi durch, der 1970 die kommunistische Volksrepublik Kongo ausrief und 1977 in einem blutigen Putsch ermordet wurde. 1979–1992 regierte Oberst Sassou-Nguesso. Er stimmte 1990 der Bildung eines Mehrparteiensystems zu und leitete demokratische Reformen ein. Seit 1990 heißt der Staat „Republik Kongo".

Belgisch-Kongo, das nicht zuletzt wegen seines Reichtums an ❷ Bodenschätzen von internationalem Interesse ist, entwickelte sich seit seiner ❹ Unabhängigkeit 1960 zu einer Dauerkrisenregion. In der „Demokratischen Republik Kongo" standen zunächst mit Staatspräsident ❸ Joseph Kasawubu und Premierminister ❻ Patrice Lumumba zwei Führer der schwarzen Unabhängigkeitsbewegungen an der Spitze des Staates. Lumumba wurde mit seinen Forderungen nach einer völligen Dekolonialisierung Afrikas zur Symbolfigur der Schwarzenbefreiung. Als sich die reiche Provinz Katanga 1960 unter ❺ Moise Tschombé abspaltete, rief die Zentralregierung die UNO zu Hilfe und ihre Truppen beendeten im Januar 1963 gewaltsam die Sezession Katangas. Bereits im Januar 1961 war Lumumba nach Katanga entführt und dort ermordet worden.

Im November 1965 putschte sich General ❽ Mobutu Sese-Seko an die Macht und stabilisierte das Land weitgehend. Er herrschte diktatorisch mit fast messianischen Zügen, orientierte sich politisch und ökonomisch am Westen, insbesondere an den USA. Er zielte auf die „Afrikanisierung" aller Lebensbereiche, die sich an der alten Stammeskultur orientieren sollten. Von 1971 bis 1997 hieß der Staat „Zaire". Korruption und hemmungslose Bereicherung des Sese-Seko-Clans zerstörten die Wirtschaft, was zusammen mit dem Fehlen jeglicher demokratischer Strukturen seit 1990 wiederholt zu Aufständen in der Bevölkerung führte. Im Mai 1997 floh der todkranke Mobutu außer Landes; die Rebellenallianz unter ❼ Laurent-Désiré Kabila übernahm die Macht. Dieser setzte die autoritäre Staatsführung fort und wurde 2001 ermordet. Ihm folgte sein Sohn Joseph Kabila, der sich mit Hilfe der UNO um Verständigung mit den Rebellen und eine Stabilisierung des Landes bemüht.

Hüttendorf in Belgisch-Kongo, 1960

Blick auf die Kupferfabriken in Jadotville, Belgisch-Kongo (Foto, 1959)

Joseph Kasawubu (Foto, 1965)

Während des Festaktes zur Unabhängigkeit der „Demokratischen Republik Kongo" 1960 hält König Baudouin von Belgien (links) eine Ansprache. Rechts: Joseph Kasawubu.

Der Präsident der kongolesischen Provinz Katanga, Moise Tschombé (Foto, 1961)

Freiheitskämpfer für die Unabhängigkeit Kongos: Patrice Lumumba in Brüssel im Januar 1960

Der zairische Rebellenchef Laurent-Désiré Kabila, 1997

Mobutu Sese Seko (Foto, 5. 12. 1994)

| 1960 | Regime Fulbert Youlous in Kongo (Brazzaville) | 1965 | Putsch Mobutu Sese-Sekos in Belgisch-Kongo | 1971–97 | Belgisch-Kongo nennt sich Zaire |
| 1963–75 | Regierung Jomo Kenyattas in Kenia | 1970 | Proklamierung der Volksrepublik Kongo | | |

■ Ostafrika

Während v. a. Somalia und der Sudan dauerhafte Krisenregionen bleiben, entwickelten sich in ⑩ Tansania und Kenia relativ stabile Herrschaftssysteme.

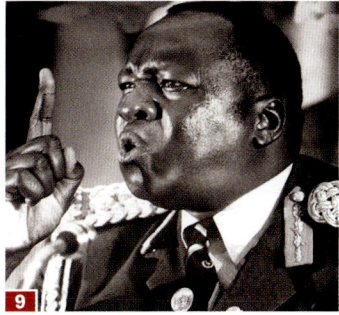

Als „Schlächter von Afrika" bekannt geworden: Idi Amin

Typische Savannenlandschaft in Tansania

Staatspräsident Milton Obote, aufgenommen während einer OAU-Konferenz Anfang der 80er-Jahre in Nairobi

Nachdem 1961 Tanganyika und 1963 die Insel Sansibar von Großbritannien in die Unabhängigkeit entlassen worden waren, schlossen sie sich 1964 zu Tansania zusammen. Der erste Präsident Julius Nyerere amtierte bis 1985 und führte ein sozialistisch orientiertes Einparteiensystem ein. Nach seinem Rücktritt installierte Ali Hassan Mwinyi ein Mehrparteiensystem. Trotz vieler ungelöster politischer und sozialer Probleme blieb das Land auch unter seinem Nachfolger Benjamin William Mkapa stabil.

Uganda wurde 1963 als Republik unabhängig, 1966 errichtete Ministerpräsident ⑫ Milton Obo-

te einen sozialistischen Einparteienstaat. Nach einem Staatsstreich der Armee 1971 etablierte ⑨ General Idi Amin eines der blutigsten Schreckens- und Terrorregime Afrikas. Ihm fielen mindestens 200 000 Menschen zum Opfer. Im April 1979 wurde er gestürzt. Der seit 1986 amtierende Präsident Yoweri Museveni versucht, das von Bürgerkrieg zerrüttete Land zu stabilisieren.

Kenia wurde seit der Unabhängigkeit 1963 bis 1975 von Jomo Kenyatta autoritär regiert. Er leitete in Kooperation mit Großbritannien einen wirtschaftlichen Aufschwung ein. Sein Nachfolger Daniel Arap Moi ließ nach Unruhen 1991 ein Mehrparteiensystem zu. Seit 1997 gerät er allerdings zunehmend unter Druck.

In Somalia übernahm 1969 das Militär unter General Siad Barre die Macht. Schwere Kämpfe mit Rebellengruppen führten 1991 zur Flucht Barres und zur Abspaltung der Republik Somaliland.

1992–1995 griffen ⑬ UNO-Truppen in den Bürgerkrieg ein, doch kommt es immer noch zu Kämpfen zwischen den Warlords einzelner Regionen; die zentrale Regierungsgewalt ist faktisch zusammengebrochen.

In Äthiopien wurde 1974 das Feudalsystem Kaiser Haile Selassies (S. 505) gestürzt. 1977 setzte sich ein „Äthiopischer Sozialismus" unter Mengistu Haile Mariam durch, der 1991 durch Befreiungsbewegungen der Eritreer und der Tigray gestürzt wurde. Eritrea trennte sich von Äthiopien, das zu einem Bundesstaat auf ethnischer Grundlage wurde. Das Land leidet immer wieder unter Dürrekatastrophen und Kriegen mit den Nachbarländern Eritrea (seit 1998) und Somalia. Die politischen Verhältnisse stabilisieren sich seit 1994 langsam.

Der Sudan wird seit seiner Unabhängigkeit 1956 von religiösen Konflikten zwischen Muslimen, Christen und Anhängern der afrikanischen Naturreligionen erschüttert. Ein Militärputsch 1989 brachte radikal-islamistische

Sudanesische Geheimpolizei im Einsatz gegen oppositionelle Rebellen (Foto, 14. 10. 2004)

Kräfte an die Macht, die eine Islamisierung aller Lebensbereiche durchsetzten. Krisenregion ist heute die Provinz Darfur, wo arabische Reitermilizen Einheimische ⑪ verfolgen und vertreiben.

Aids in Schwarzafrika

Neben Hunger und Armut stellt die Verbreitung von Aids ein großes Problem in Afrika dar. Mehr als 70 % aller mit HIV infizierten Menschen der Welt stammen aus Schwarzafrika. Besonders betroffen ist der Süden des Kontinents. Viele Länder, z. B. Uganda, versuchen durch Aufklärung, die Zahl der Neuansteckungen zu verringern.

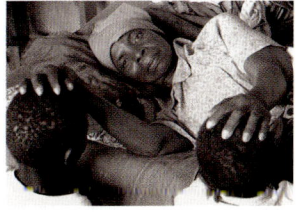

Aids ist mit die häufigste Todesursache in Afrika.

Ein somalisches Kind rennt in Baidoa einem UNO-Hilfskonvoi entgegen. Links ein französischer Soldat mit Waffe im Anschlag, der die Ankunft des Transports sichern soll (Foto, 17. 12. 1992)

seit 1945

Zeitgeschichte

■ Das südliche Afrika

Außer in Sambia gestaltete sich im südlichen Afrika der antikoloniale Befreiungskampf besonders langwierig und blutig. In Rhodesien etablierte sich ein Apartheidsystem.

Der Staatspräsident von Mosambik, Samora Machel (Foto, 10. 10. 1986)

Präsident Joaquím Alberto Chissano an der Wahlurne, 1. 12. 2004

In den beiden portugiesischen Kolonien Angola und Mosambik war der Unabhängigkeitskampf lang und blutig. In Angola führten drei politisch untereinander zerstrittene Befreiungsbewegungen ab 1961 einen bewaffneten Kampf gegen die weiße Kolonialherrschaft. 1975 übertrug Portugal den Kommunisten unter ❻ Agostinho Neto die Rechte zur Bildung eines unabhängigen Staates. Gegen die von den USA unterstützte Widerstandsgruppe um Jonas Savimbi baute er das Land zu einer „sozialistischen Volksrepublik" aus. Netos Nachfolger José Eduardo dos Santos führte nach 1987 freie Marktwirtschaft und 1992 freie Wahlen ein.

Auch in Mosambik, seit 1975 unabhängig, errichteten die Kommunisten unter ❶ Samora Machel ein sozialistisches Staatssystem und bekämpften Rebellengruppen. ❷ Joaquím Alberto Chissano, seit 1986 Staatspräsident, ließ 1994 erstmals freie Wahlen zu, die er seither gewann.

Sambia gehörte 1953–1963 als „Nordrhodesien" mit Südrhodesien (Simbabwe) und Nyasaland (Malawi) zur britisch verwalteten „Zentralafrikanischen Föderation". Nach der Unabhängigkeit 1964 wurde Premier ❽ Kenneth David Kaunda erster Staatspräsident Sambias. Bis 1991 etablierte er eine starke Präsidialherrschaft ohne diktatorische Züge. 1991 verlor Kaunda gegen ❸ Frederick Chiluba, der ein Mehrparteiensystem verfocht, jedoch nach Putschversuchen 1997/98 den Ausnahmezustand verhängte. Seit 2002 ist Levy Mwanawasa Präsident Sambias.

Frederick Chiluba   Joshua Nkomo, 1978

Als Reaktion auf die Unabhängigkeit Sambias erklärte die radikale weiße Siedlerpartei Südrhodesiens ihr Land gegen den Protest Großbritanniens für ❼ eigenständig. 1970 wurde die Republik Rhodesien ausgerufen. Ministerpräsident Ian Smith installierte ein Apartheid-Regime nach südafrikanischem Vorbild (S. 633), gegen das die zeitweilig vom Ausland operierenden Befreiungsbewegungen ZAPU unter ❹ Joshua Nkomo und die radikalere ZANU unter ❺ Robert Mugabe den Guerillakampf aufnahmen. Durch Vermittlung Großbritanniens kam es 1978/79 zu Verhandlungen der Regierung Smith mit den seit 1976 zur „Patriotischen Front" vereinigten Befreiungsbewegungen. Nach Garantien für die weißen Siedler gewann die ZANU bei Wahlen 1980 die Mehrheit: Rhodesien wurde als Republik Simbabwe am 18. 4. 1980 unabhängig und Mugabe der seither amtierende Staatspräsident; in der Folgezeit kam es zu Zusammenarbeit und Konkurrenz zwischen Mugabe und Nkomo. Mugabe reagierte auf innere Spannungen zunehmend mit der Bildung einer autoritären Präsidialherrschaft und Repressionen gegen Oppositionelle. Seit 2000 steht er wegen seiner Duldung der Besetzung weißer Farmen durch schwarze Landarbeiter in der internationalen Kritik.

Bestimmt immer noch die Geschicke Zimbabwes: Präsident Robert Mugabe (Foto, 2. 4. 2005)

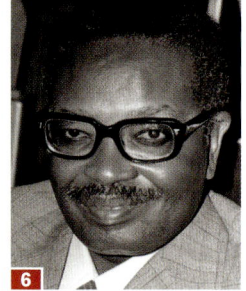

Agostinho Neto, auch ein bekannter Dichter, 1973

Ministerpräsident Ian Smith (Mitte) bei der Unterzeichnung der Unabhängigkeitserklärung am 11. 11. 1965

Kenneth David Kaunda, erster Staatspräsident Sambias

■ Südafrika

In Südafrika herrschte bis 1990 ein rassistisches Apartheidregime. Nach einem friedlichen politischen Umbruch wurde der Führer der schwarzen Oppositionsbewegung, Nelson Mandela, 1994 der erste schwarze Präsident.

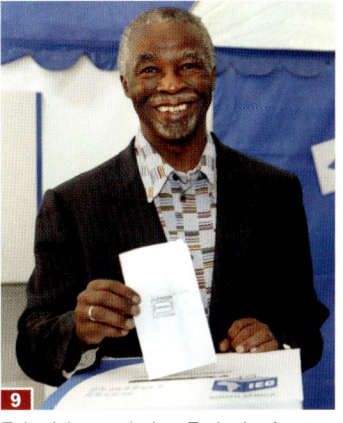

Zehn Jahre nach dem Ende der Apartheid die dritten freien Parlamentswahlen: Thabo Mbeki gibt am 14. 4. 2004 in Pretoria seine Stimme ab

10

Unterdrückungsstaat Südafrika: Polizeieinsatz mit Tränengas und Hunden in der schwarzen „Township" Soweto bei Johannesburg (Foto, 12. 5. 1986)

11

Pieter Willem Botha während einer Rede (Foto, Februar 1989)

12

Wurde 1966 in Kapstadt ermordet: Premierminister Hendrik Verwoerd

Die weiße Regierung Südafrikas erließ ab 1949 umfangreiche Apartheidsgesetze, die Schwarze von Leitungspositionen ausschlossen und zu Bürgern zweiter Klasse herabsetzten. Gegen diese Diskriminierungsgesetze versuchte der „African National Congress" (ANC) seit 1952, den schwarzen Widerstand zu aktivieren, und organisierte Massendemonstrationen. Unter dem Einfluss von Nelson Mandela setzten sich innerhalb des ANC zunehmend die militanten Gruppen gegenüber gemäßigteren Kräften und dem durch Gandhi angeregten gewaltfreien Widerstand durch. Unter Premierminister ❶ Verwoerd (1958–1966) wurden die Apartheidsbestimmungen weiter verschärft. Dieser Politik der Rassentrennung entsprach die Schaffung von als „Homelands" bezeichneten Reservaten, wodurch die Schwarzen aus den weißen Gebieten ferngehalten werden sollten. 1960 kam es daraufhin zu großen Unruhen in den schwarzen Townships, insbesondere zum „Massaker von Sharpeville", bei dem zahlreiche schwarze Demonstranten von der Polizei getötet wurden. Darauf verhängte die Regierung den Ausnahmezustand und verbot den ANC. Seither agierte dieser aus dem Untergrund mit Guerillamethoden. 1964 wurden ANC-Führer, u. a. Nelson Mandela, zu lebenslangen Haftstrafen verurteilt.

Premier Balthazar J. Vorster baute seit 1966 den Sicherheitsapparat aus und ging hart gegen schwarze Rebellionsversuche vor. Südafrika geriet immer mehr in die internationale Kritik. Unter außenpolitischem Druck schaffte sein Nachfolger ❶ Pieter Botha ab 1978 mehrere Apartheidgesetze ab, verschärfte allerdings weiter die Repressalien gegen Schwarze. Nach blutigen ❿, ⓭ Unruhen 1985/86 verhängte er den nationalen Ausnahmezustand. Sein Nachfolger ⓮ Willem de Klerk leitete ab 1990 eine radikale Wende in der Innenpolitik ein und schaffte die Apartheid ab. Das Verbot des ANC wurde aufgehoben. Klerk organisierte mit dem aus der Haft entlassenen Mandela den friedlichen Übergang zur Demokratie. 1992 entschied sich die weiße Bevölkerung in einem Referendum für die Abschaffung der Rassentrennung. 1994 fanden die ersten Wahlen mit schwarzer Beteiligung statt; der ANC siegte mit klarer Mehrheit und Nelson Mandela wurde Staatspräsident. Er betrieb eine Politik der nationalen Versöhnung. 1999 folgte ihm Vizepräsident ❾ Thabo Mbeki, der Mandelas Kurs fortführt.

Nelson Mandela

Der 1964 zu lebenslanger Haft verurteilte studierte Jurist wurde zur internationalen Symbolfigur des schwarzen Widerstands gegen die Apartheid. Im Februar 1985 lehnte er seine Entlassung aus dem Gefängnis ab und forderte stattdessen die Abschaffung der Rassentrennung. Unter dem Druck der Weltöffentlichkeit wurde er im Februar 1990 aus der Haft entlassen. Seit 1989 organisierte er in Verhandlungen mit der Regierung die gewaltfreie Machtübergabe. Zusammen mit Präsident de Klerk erhielt er 1993 den Friedensnobelpreis. Bis heute genießt er weltweite Achtung als internationaler Vermittler.

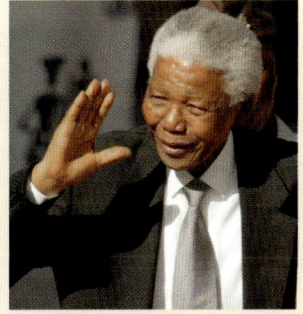

Anerkannter „Elder Statesman" in der ganzen Welt: Nelson Mandela (Foto, 27. 12. 2004)

seit 1945

Zeitgeschichte

10

Demonstration in Middelburg gegen das Apartheid-Regime (Foto, 9. 3. 1986)

14

Frederik Willem de Klerk, (Foto, 27. 4. 2004)

| 1987 | Einführung der freien Marktwirtschaft in Angola | 1992 | Freie Wahlen in Angola | 1994 | Freie Wahlen in Mosambik |
| 1990 | Abschaffung der Apartheid in Südafrika | 1993 | Friedensnobelpreis an Nelson Mandela | 1994 | Mandela wird Präsident in Südafrika |

KANADA SEIT 1945

Seit 1931 souveräner Staat im Rahmen des britischen Commonwealth, entwickelte sich Kanada zu einem ❶ modernen Industriestaat, der als stabile Demokratie fest in das westliche Bündnissystem und die Friedensmissionen der UNO eingebunden ist. Das Ungleichgewicht zwischen der kulturell dominierenden anglokanadischen Mehrheit und der frankokanadischen Minderheit führte v. a. in der frankophonen Provinz Quebec immer wieder zu Separationsbestrebungen. Mit Gesetzen und Verfassungsänderungen muss die Bundesregierung immer wieder für Ausgleich auf kulturellem und sprachlichem Gebiet sorgen.

Blick auf die Skyline von Toronto, Kanada

■ Kanada bis in die 60er-Jahre

Kanada bildet seit 1945 politisch einen festen Bestandteil der westlichen Welt. Zu Problemen führt immer wieder die Existenz der zwei Kulturen im Land.

Nachdem Kanada im Zweiten Weltkrieg (S. 525 f.) erfolgreich an der Seite der Alliierten kämpfte, lehnte sich das souveräne Commonwealth-Mitglied nach 1945 außenpolitisch und wirtschaftlich eng an die USA an. Seit 1949 schloss es mehrere Wirtschafts- und Verteidigungsabkommen mit den USA, so z. B. 1959 das Abkommen zur gemeinsamen Nutzung von Kernenergie und 1963 über die Lagerung von US-Atomwaffen auf kanadischem Boden. Seit 1947 wurden verstärkt Rohstoffe (Erdöl, Erdgas, Erze) gefördert, und zwar zu 75 % von US-Unternehmen. Damit einher ging die zunehmende infrastrukturelle Erschließung des Landes. 1963 wurde etwa der „Trans Canadian Highway" als Verbindung zwischen West- und Ostküste fertig

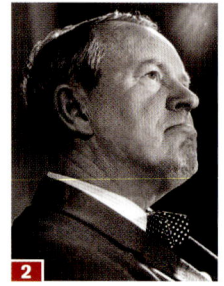

Der Friedensnobelpreisträger Lester Bowles Pearson (Foto, 25. 6. 1962)

Der kanadische Ministerpräsident Pierre Elliott Trudeau (Foto, 10. 6. 1982)

gestellt. Durch die forcierte Industrialisierung erlebten v. a. die größeren Städte wie ❻, ❼ Montreal in den 50er-Jahren einen raschen Wirtschaftsaufschwung, der sich in den 60er-Jahren wieder verlangsamte.

Innenpolitisch wechselten konservative mit liberalen Regierungen ab. Nach einer langen Periode liberaler Regierungen wurde 1957

mit John Diefenbaker ein Konservativer Premierminister und verbannte die Liberalen auf die Oppositionsbänke, bis 1963 ❷ Lester Bowles Pearson die Regierung übernahm. 1968–1979 und 1980–1984 führte mit ❸ Pierre Elliott Trudeau ein Frankokanadier das Kabinett an, der versuchte, die Einheit des Landes durch die Förderung der zweisprachigen Kultur zu bewahren. 1969 wurden Englisch und Französisch zu gleichberechtigten Amtssprachen erklärt. Ein Ausgleich mit den separatistischen Kräften in ❺ Quebec gelang nur unzureichend. Vor dem Hintergrund wachsender sozialer und wirt-

Ausschreitungen von Separatisten in Quebec (Foto, undatiert)

schaftlicher Unzufriedenheit der französisch sprechenden Kanadier hatten sich in den 60er-Jahren in der mehrheitlich von Frankokanadiern bewohnten Provinz Quebec starke Autonomiebewegungen gebildet. Militante ❹ Extremisten organisierten Anschläge auf Politiker. Die Ermordung des Arbeitsministers Pierre Laporte 1970 führte zur Verhängung des Ausnahmezustandes.

Blick in die Altstadt von Quebec City

Blick auf die Skyline von Montreal

Montreal in der Provinz Quebec

| 1957 | Friedensnobelpreis an Pearson | 1963 | Bau des Trans Canadian Highway/Abkommen mit den USA über die Lagerung von Atomwaffen in Kanada |
| 1959 | Abkommen mit den USA über die gemeinsame Nutzung von Kernenergie | 1970 | Ermordung Pierre Laportes |

◼ Kanada von den 60er-Jahren bis heute

Die kanadischen Regierungen engagieren sich seit 1945 politisch und militärisch für den Weltfrieden. Innenpolitisch sind die separatistischen Tendenzen der Provinz Québec immer wieder aktuell.

Seit den 60er-Jahren strebte Kanada außen- und wirtschaftspolitisch eine vorsichtige Loslösung von der einseitigen Bindung an die USA an und nahm mit seiner „Third-Opinion-Politik" engere Beziehungen zu Europa und Japan, 1970 auch zur Volksrepublik China auf, nachdem bereits vorher Wirtschaftsabkommen be-

Nationen regelmäßig mit ❼ militärischen Truppenkontingenten, wie z. B. im Kongo 1960 (S. 630) oder in Zypern 1964 (S. 582). Auch diplomatisch engagierte sich Kanada erfolgreich in zahlreichen Konflikten. Für seine Vermittlung in der Suezkrise (S. 600) erhielt Außenminister Pearson 1957 den Friedensnobelpreis.

nister Trudeau einen Verfassungsentwurf vor, der stärker regionale und eigensprachliche Interessen berücksichtigte, und das Staatsoberhaupt, Königin Elisabeth II., proklamierte 1982 ein neues „Verfassungsgesetz", das den Provinzen mehr Entscheidungskompetenz zugestand. 1987 wurden im „Meech Lake Accord" der Provinz

8
Zwei junge Inuit-Mädchen in traditioneller Kleidung (Foto, 1996)

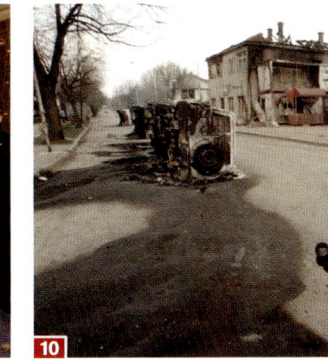

9
Die Finanzminister der sieben führenden Industriestaaten (G7); Zweiter von links: Paul Martin (Foto, 12. 6. 1999)

Ein kanadischer Soldat der UNO-Friedenstruppen im westbosnischen Drvar (Foto, April 1998)

ckenzie-Tals als Eigentum zugesprochen. Unter dem neuen Premierminister Jean Chrétien bemühte sich die Regierung verstärkt um einen Ausgleich mit den Ureinwohnern, die vielfach ihr Land zurückfordern.

Der seit 2003 amtierende Premier ❿ Paul Martin von den Liberalen gilt als Finanzexperte und soll v. a. die kanadische Konjunktur ankurbeln.

standen hatten. In den 70er- und 80er-Jahren nahm Kanada an der Konferenz für Sicherheit und Zusammenarbeit in Europa (KSZE) und ihren Nachfolgekonferenzen teil (S. 535) ebenso wie an den regelmäßigen ❾ Gipfeltreffen der führenden Industrienationen.

Als Gründungsmitglied der UNO förderte Kanada die Friedensbemühungen der Vereinten

Innenpolitischer Brennpunkt blieben die Separationsbestrebungen der Provinz Quebec. 1976 gewann die radikalautonomistische Partei unter Führung von René Lévesque dort die absolute Mehrheit, der aber 1980 in einer Volksbefragung mit seinem Plan, Quebec politisch aus dem Staatenverband Kanadas zu lösen, scheiterte. 1978 legte Premiermi-

Quebec Sonderrechte gewährt, die aufgrund des Protests anderer Provinzen nicht in Kraft traten. 1995 scheiterte eine neuerliche ❶ Abstimmung in Quebec über eine Separation denkbar knapp: Mit 50,56 % Stimmen gegen eine Abspaltung konnte die Einheit Kanadas gerade noch gewahrt bleiben. Die größte Verfassungsreform Kanadas traf schließlich im Jahr 1992 eine verbindliche Sprachregelung für die Staatsämter und mehr Autonomierechte für die Provinzen.

Unter dem konservativen Premierminister ⓭ Brian Mulroney, der von 1984 bis 1993 regierte, kam es zu Spannungen mit den kanadischen Ureinwohnern, den ❻ Inuit und ⓫ Indianern. 1988 erhielten sie nach langen Unruhen ein großes Gebiet des Ma-

11
Ein kanadischer Indianer in seiner traditionellen Kleidung mit prächtigem Federschmuck

12
Demonstration für die Einheit Kanadas und gegen eine Abspaltung Quebecs im Oktober 1995

10
Premierminister Brian Mulroney (Foto, Mai 1989)

14
Paul Martins Handschlag mit dem US-Präsidenten George W. Bush, 2004

WELTMACHT USA SEIT 1945

Aus dem Zweiten Weltkrieg gingen die USA wirtschaftlich und politisch gestärkt hervor. Das Land entwickelte sich zur ❶ politisch-kulturellen Führungsmacht des „freien Westens", die im „Kalten Krieg" bis 1991 dem sowjetischen Machtblock entgegentrat. Innenpolitisch leiteten die schwarze Emanzipationsbewegung und die Proteste gegen den Vietnamkrieg in den 60er-Jahren eine Liberalisierung ein. Die Implosion der Sowjetunion und des kommunistischen Ostblocks 1989/91 ließen die USA als einzige Supermacht zurück, die seitdem zwischen weltpolitischer Kooperation und unilateralem Hegemonialstreben schwankt. Seit den Terroranschlägen vom 11.9.2001 sehen sich die USA im weltweiten Kampf mit dem internationalen Terrorismus und nehmen dabei auch Konflikte mit den Verbündeten in Kauf.

Straße in New York im Stadtteil Manhattan, 2001

■ Die USA unter Präsident Truman

Nach 1945 entwickelten sich die USA im beginnenden „Kalten Krieg" zur führenden ökonomischen und politischen Macht der westlichen Welt.

Der Zweite Weltkrieg hatte in den USA wirtschaftlich und militärisch ungeheure Kräfte freigesetzt. Die Kriegswirtschaft führte zur Vollbeschäftigung und leitete ab 1942 einen Aufschwung ein, der nach 1945 einen nahtlosen Übergang zu einer prosperierenden Friedenswirtschaft ermöglichte. Die 1929 durch die beginnende Wirtschaftskrise (S. 507) jäh unterbrochene Entwicklung zur Konsumgesellschaft beschleunigte sich in den 50er-Jahren wieder und sorgte für einen ❷ Wirt-

Das Auto als Symbol des Wohlstands: Werbung für eine Cadillac-Limousine (1953)

schaftsboom, der sich bis in die 60er-Jahre fortsetzte. Innenpolitisch versuchte der demokratische ❸ US-Präsident Harry S. Truman bis 1953, die sozialstaatliche „New Deal"-Politik seines Vorgängers Franklin D. Roosevelt (S. 507) fortzuführen.

Angesichts der kommunistischen Machtexpansion in Osteuropa (S. 576 ff.) zerbrach außenpolitisch nach 1945 die „widernatürliche" Kriegsallianz mit der Sowjetunion (S. 522). Die Nachkriegsordnung in Europa und Asien stand bereits ganz im Zeichen des ausbrechenden „Kalten Kriegs" (S. 532) zwischen Ost und West. Die USA verabschiedeten sich endgültig von ihrer isolationistischen Haltung (S. 506) und übernahmen politisch-ideologisch eine Führungsrolle in den Ländern ihres Einflussbereichs.

Seit 1947 stellte die Eindämmung („Containment") der sowjetischen Expansion eine Leitlinie der US-Politik dar. Präsident Truman versprach allen Ländern militärische und wirtschaftliche Hilfe zur Bewahrung ihrer Unabhängigkeit. Der Wiederaufbau Westeuropas wurde großzügig unterstützt und leitete insbeson-

Amerikanische Soldaten in Regenschutzanzügen während einer Kampfpause im Koreakrieg

dere in dem 1949 gegründeten westdeutschen Teilstaat einen rasanten Wirtschaftsaufschwung ein (S. 542).

Militärisch besaßen die USA seit dem Abwurf der ersten Atombombe (S. 498) bis 1949 ein ❺ Atomwaffenmonopol. Im Koreakrieg von 1950–1953 (S. 622) unterstützten ❹ amerikanische Truppen die südkoreanische Seite und griffen erstmals direkt in den

US-Atombombentest in der Wüste von Nevada am 22.4.1952

Nach 1945 der erste „Führer der freien Welt": Harry S. Truman bei einer Rede

Konflikt eines anderen Staates ein. 1949 schlossen die Staaten Westeuropas unter Führung der USA ein militärisch-politisches Bündnis. Die ❻ NATO verpflichtete die Mitglieder bei einem Angriff auf ein Mitgliedsland zur gemeinsamen Verteidigung.

US-Staatssekretär Acheson unterzeichnet den NATO-Pakt: Truman (rechts) und Vizepräsident Barkley

Zeitgeschichte · seit 1945

Die USA in den 1950er-Jahren

Innen- und außenpolitisch standen die USA in den 1950er-Jahren im Bann der Auseinandersetzung mit der Sowjetunion. Gleichzeitig errang die schwarze Bürgerrechtsbewegung erste Erfolge im Kampf um mehr Gleichberechtigung.

Mit dem Republikaner ❽ Dwight D. Eisenhower stand zwischen 1953 und 1961 ein populärer Kriegsheld an der Spitze der USA. Während seiner Präsidentschaft verschärfte sich der „Kalte Krieg" weiter, der wesentlich die Außenpolitik prägte. Seit dem ersten sowjetischen Atomwaffentest 1949 und der erfolgreichen Erdumkreisung des Satelliten Sputnik I 1957 war die technologische und militärische Vormachtstellung der USA infrage gestellt, sodass auf allen Gebieten aufgerüstet wurde. Die Regierung legte Weltraumrüstungsprogramme auf und erhöhte die atomare Schlagkraft. Außenminister ❼ John Dulles verfolgte eine Politik der Zurückdrängung („rollback") des Ostblocks. 1954 intervenierten die USA in Guatemala (S. 645). Die Suezkrise 1953 (S. 600), der Aufstand in Ungarn

John Foster Dulles spricht vor Rundfunk und Presse, 1953

Joseph Raymond McCarthy im Ausschuss am 16. 4. 1950

1956 (S. 576) und andere Konfliktherde verstärkten immer wieder die Ost-West-Spannungen, führten aber zu keinem direkten militärischen Eingreifen. 1959 gliederten die USA Alaska und Hawaii als 49. und 50. Bundesstaat der Union an. Im selben Jahr entstand durch die kommunistische Revolution in Kuba (S. 646) „im Hinterhof der USA" ein neuer Krisenherd.

Der „Kalte Krieg" wurde in den 50er-Jahren auch innenpolitisch geführt. ❾, ⓫ Senator Joseph McCarthy stand ab 1950 dem „Ausschuss gegen antiamerikanische Umtriebe" vor und war treibende Kraft einer antikommunistischen Verfolgungswelle in Verwaltung und öffentlichem Leben der USA. In einem für die US-Geschichte beispiellosen Klima von Massenhysterie und Verdächtigungen wurden Liberale, Künstler

Dwight David Eisenhower (Gemälde von Thomas E. Stephens)

und Intellektuelle diffamiert und Angst vor „Verrat" in Regierungskreisen geschürt. 1954 wurde McCarthy abgesetzt und gerügt.

Wirtschaftlich führte der anhaltende Aufschwung in dieser Zeit zu neuem Wohlstand. Es setzte ein „Baby Boom" ein; Auto, Waschmaschine und andere Güter gehörten zum Standard einer ❿ Durchschnittsfamilie. Zusammen mit einer neuen Jugendkultur in ⓭ Musik und ⓬ Film eroberte der „American way of life" die gesamte westliche Welt.

In den 50er-Jahren verschärfte sich unter Führung von Martin Luther King der Kampf der

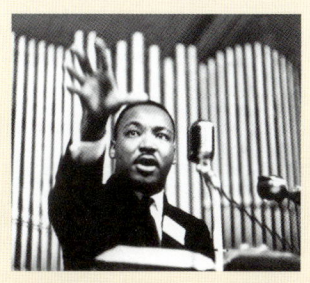

Martin Luther King

Der Baptistenpfarrer aus Atlanta war die charismatische Führungsgestalt im gewaltlosen Widerstand gegen rassistische Diskriminierung. Von ihm initiierte Aktionen wie der „Marsch auf Washington" machten ihn Anfang der 60er-Jahre zum Symbol der Protestbewegung. Als Wortführer einer friedlichen Rassenintegration erhielt er 1964 den Friedensnobelpreis. Am 4. 4. 1968 wurde er von einem Rassenfanatiker auf dem Balkon eines Hotels in Memphis ermordet.

oben: „I have a dream": Martin Luther King während einer Rede. (Foto, um 1966)

schwarzen Bürgerrechtler gegen die fortdauernde Rassendiskriminierung und Ghettoisierung der Schwarzen. 1954 wurde die Rassentrennung an den Schulen aufgehoben, 1956 schließlich die getrennte Sitzordnung in den öffentlichen Verkehrsmitteln.

Wohnsiedlung mit Einfamilienhäusern in einem Vorort von Los Angeles (Foto, um 1958)

McCarthy erläutert die Ausbreitung kommunistischer Sympathisanten in den USA (Foto, um 1950)

Das Gesicht der 50er-Jahre: Marilyn Monroe

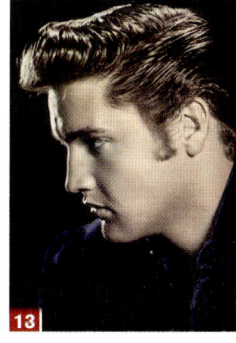
Das Musikidol der 50er-Jahre: Elvis Presley

seit 1945

Zeitgeschichte

1956 | Aufstand in Ungarn   1964 | Friedensnobelpreis an Martin Luther King

1954 | Amerikanische Intervention in Guatemala   1959 | Angliederung Alaskas und Hawaiis   4. 4. 1968 | Ermordung Martin Luther Kings in Memphis

■ Reform und Krise: Die USA unter Kennedy und Johnson

Anfang der 1960er-Jahre wurde Präsident Kennedy zum Hoffnungsträger eines jungen und dynamischen Amerika. Nach seiner Ermordung setzte sein Nachfolger Johnson dessen innenpolitische Reformvorhaben um, begann aber auch die folgenschwere Invasion in Vietnam.

seit 1945

Zeitgeschichte

Hoffnung des jungen Amerika: John Fitzgerald Kennedy (Foto, 1961)

Eine moderne „Lady" im Weißen Haus: Jacqueline Kennedy (Foto, 50er-Jahre)

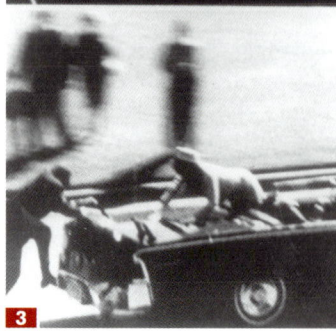

Momente, in denen die Welt den Atem anhielt: Jackie Kennedy flüchtet nach den Schüssen auf Präsident John F. Kennedy auf das Heck des Wagens; Dallas, 22. 11. 1963

Mit dem Versprechen von sozialen Reformen und Fortschritten in der Rassenfrage gewann ❶ John F. Kennedy knapp die Präsidentschaftswahl 1960. Mit seiner Vision eines Aufbruchs zu „neuen Grenzen" wurde der jungdynamische Demokrat zum Hoffnungsträger der jungen Generation, der mit seiner eleganten Ehefrau ❷ Jackie an seiner Seite einen modernen Regierungsstil im Weißen Haus einführte. Seine kurze Amtszeit war allerdings weniger innenpolitisch geprägt als von äußeren Krisen beeinflusst.

Der Bau der Berliner Mauer (S. 540) und der missglückte Invasionsversuch von US-Truppen im kommunistischen Kuba 1961

(S. 644) spitzten den ❹ Ost-West-Konflikt erneut zu. Nach der Entdeckung sowjetischer Raketen auf Kuba stand die Welt im Oktober 1962 tagelang am Rande eines neuen Weltkrieges (S. 532). Danach drängte Kennedy verstärkt auf Entspannung mit der Sowjetunion. Eine direkte Telefonleitung von Moskau nach Washington („heißer Draht") wurde eingerichtet, im August 1963 eine Beendigung der Kernwaffenversuche vereinbart, der sich aber u. a. China und Frankreich verweigerten. Der bis heute nicht zweifelsfrei aufgeklärte ❸ Mord an Kennedy am 22. 11. 1963 in Dallas erschütterte die amerikanische Nation. Sein Nachfolger ❺ Lyndon B. Johnson setzte unter dem Stichwort „Great Society" Kennedys innenpolitische Reformversprechen, v. a. zur Rassenfrage, um. Das Bürgerrechtsgesetz von 1964 gewährte den Schwarzen Schutz bei der Ausübung des

Wahlrechts, förderte die Schulintegration und verbot Rassendiskriminierung. Da die wirtschaftliche Benachteiligung blieb, kam es 1964–1968 in den Schwarzenghettos der Großstädte zu zahlreichen ❻ blutigen Unruhen und einer Radikalisierung der schwarzen Protestbewegung. Organisationen wie „Black Panther" bzw. „Black Muslims", die die Überlegenheit der Schwarzen propagierten und Gewalt als legitim ansahen, gewannen gegenüber Kings gewaltloser Widerstandsbewegung immer mehr an Einfluss.

Außenpolitisch entschied sich Johnson 1964 für ein direktes militärisches Eingreifen in den Vietnamkonflikt (S. 617), der bis Anfang der 70er-Jahre stetig eskalier-

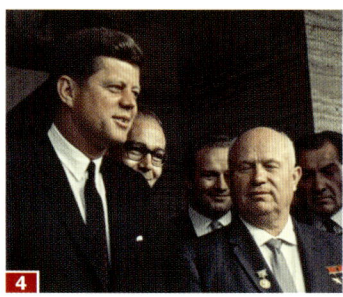

Krisengespräch: Kennedy und Chruschtschow in Wien 1961

Versuchte Kennedys Politik fortzuführen: Lyndon B. Johnson

te. Militärische Misserfolge und die immer stärker werdende Protestbewegung gegen den Krieg ließen den Reformkurs im Inneren in den Hintergrund treten und trieben Johnson 1968 zu einem Verzicht auf eine erneute Präsidentschaftskandidatur. Die Morde an dem populären Demokraten ❼ Robert Kennedy 1968 und an Martin Luther King im selben Jahr bildeten das blutige Ende der US-Reformperiode.

Rassenunruhen in Cambridge, 21. 6. 1963

Justizminister Robert Kennedy spricht zu Demonstranten, 14. 6. 1963

1960	John F. Kennedy wird Präsident	Aug. 1963	Vereinbarung über Atomteststopps	1964	US-Intervention in Vietnam
Okt. 1962	Kubakrise	22. 11. 1963	Ermordung Kennedys	1964	Bürgerrechtsgesetz

■ Spaltung der Nation: Die USA unter Nixon

Die Polarisierung zwischen Protestbewegung und Establishment zerstörte Ende der 1960er-Jahre den innenpolitischen Konsens. Der verlorene Vietnamkrieg und die Watergate-Affäre verunsicherten die USA in ihrem Selbstverständnis.

Richard Nixon an seinem Schreibtisch im Weißen Haus (Foto, Januar 1971)

Die Proteste gegen den Vietnamkrieg gingen ab Mitte der 60er-Jahre in eine allgemeine Auflehnung der Jugend gegen das „Establishment" über, die bis 1968 die gesamte westliche Welt erfasste.

Mondlandung am 16. 4. 1972: Der US-Astronaut Young stellt vor dem Mondauto die US-Flagge auf

Enthüller des „Watergate-Skandals": Die Journalisten Carl Bernstein (links) und Robert Woodward (Foto, 7. 5. 1973)

Mit unangepasster Kleidung und Musik verweigerten sich Teile der Jugend der traditionellen Ordnung. Die pazifistische ❽ „Hippie"-Bewegung rebellierte gegen Leistungsdruck und provozierte mit ihrer Verherrlichung von „freier Liebe" und Drogen die Vertreter bürgerlicher Wertevorstellungen. Die Protestbewegung spaltete die mehrheitlich konservative amerikanische Gesellschaft grundlegend.

Bei den Wahlen 1968 war mit dem Republikaner ❾ Richard Nixon ein Antikommunist und konservativer Hardliner Präsident geworden. Mit der Parole „law and order" ging er im Inneren hart gegen die Protestbewegung vor. International beachtete Erfolge errang die amerikanische Raumfahrt: Am 20. 7. 1969 landeten die ersten Menschen auf dem ❿ Mond.

Außenpolitisch bemühte sich Nixon mit seinem sicherheitspolitischen Berater ⓫ Henry Kissinger um eine Verbesserung der Beziehungen zu den kommunistischen Staaten. 1972 besuchte er als erster US-Präsident China und schloss mit der Sowjetunion ein Rüstungsbegrenzungsabkommen ab. Die Besuche leiteten eine Phase der Handelsbeziehungen mit beiden Ländern ein.

Ein weiteres Ziel Nixons war, einen für die USA erträglichen Friedensschluss in Vietnam zu erreichen. Angesichts des ⓬ militärischen Desasters (S. 617) hatten sich ab 1969 US-Truppen schrittweise aus Vietnam zurückgezogen. 1973 wurde nach zähen Verhandlungen schließlich ein Waffenstillstand vereinbart. Zum ersten Mal in ihrer Geschichte hatten die USA einen Krieg verloren. Der Vietnamkrieg kostete etwa 58 000 Amerikaner das Leben und löste im Land ein regelrechtes „Vietnamtrauma" aus.

Immer noch die graue Eminenz der US-Außenpolitik: Henry Kissinger, 2001

Ein Hippie in San Francisco, 1967

Zusätzlich erschütterte die ⓭ „Watergate-Affäre" das Vertrauen in die amerikanische Demokratie. Im Mai 1973 war bekannt geworden, dass Nixon im Präsidentschaftswahlkampf 1972 einen Einbruch in das Hauptquartier seines Konkurrenten veranlasst hatte, um Abhörgeräte anzubringen. Nixons Vertuschungsversuche führten zu einem Amtsenthebungsverfahren gegen ihn. Am 9. 8. 1974 trat Nixon zurück.

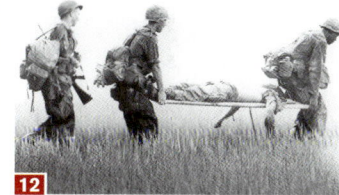

Vietnam: US-Soldaten beim Transport eines Gefallenen (Foto, Februar 1966)

Woodstock

Das Freiluft-Rock-Festival in Woodstock vom 15. bis 17. 8. 1969 wurde zum Synonym für die auf politisch-kulturelle Erneuerung hoffende „Hippiegeneration". 400 000 bis 500 000 Teilnehmer feierten friedlich Größen der rebellischen Pop- und Bluesmusik. Joe Cocker, Jimmy Hendrix, Janis Joplin und Joan Baez hatten hier ihre unvergessenen Auftritte.

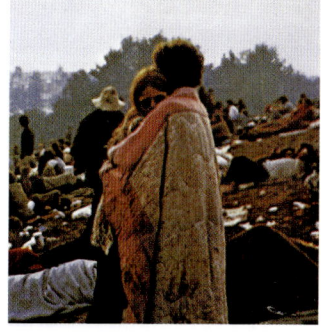

Three Days of Love and Music: Standfoto aus dem Woodstock-Film von Michael Wadleigh

| 1969 | Rückzug der Amerikaner aus Vietnam | 1973 | Waffenstillstandsabkommen mit Vietnam/„Watergate-Affäre" |
| 1968 | Ermordung Robert Kennedys/Nixon wird Präsident | 15.–17. 1969 | Festival in Woodstock | 9. 8. 1974 | Rücktritt Nixons |

■ Konsolidierung und Entspannung: Die USA unter Ford und Carter

Unter Gerard Ford konsolidierte sich das angeschlagene Amt des US-Präsidenten. Sein demokratischer Nachfolger Jimmy Carter agierte in der Außenpolitik nicht immer glücklich.

Amerikanische Autofahrer warten an einer Tankstelle in Los Angeles

James Earl „Jimmy" Carter, 1983

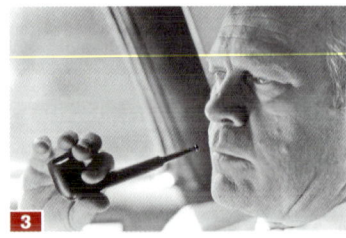
Übergangspräsident: Präsident Gerald R. Ford (Foto, 11. 8. 1974)

Nixons Nachfolger wurde 1974 der bisherige Vizepräsident ❶ Gerald R. Ford. Er bemühte sich durch korrekte Amtsführung, das angeschlagene Image des Präsidentenamtes wieder zu heben. Kongress und Senat erhielten größere Machtbefugnisse und beleuchteten 1975 erstmals öffentlich die Auslands- und Inlandspraktiken der CIA.

In der Ära Ford verschärften sich innere Probleme wie Arbeitslosigkeit und Preisinflation. Die ❷ internationale Ölkrise 1973/74 führte die Abhängigkeit der westlichen Industrienationen von den arabischen Ölexporten deutlich vor Augen; Mitte der 70er Jahre bildete sich auch erstmals ein öffentliches Bewusstsein für die von der Industrie verursachten Umweltbelastungen aus. Chancen und Risiken der friedlichen Nutzung von Kernenergie wurden äußerst kontrovers diskutiert. Außenpolitisch wurde 1976 mit einem Vertrag zu gegenseitiger Atominspektion die Entspan-

nungspolitik mit der Sowjetunion fortgesetzt.

1976 gewann der Demokrat ❸ Jimmy Carter die Präsidentschaftswahlen. Carter stärkte in der Tradition seiner Partei den internationalen Einsatz der USA für Menschen- und Bürgerrechte, was sich auch in verbesserten Beziehungen zu den Regimen Lateinamerikas (S. 644) ausdrückte. Sein größter außenpolitischer Erfolg war die ❹ Vermittlung eines Separatfriedensvertrags zwischen Israel und Ägypten 1979 (S. 597). Nach der Unterzeichnung eines weiteren ❺ Rüstungsbegrenzungsabkommens 1979 geriet die Entspannungspolitik 1980 durch den Einmarsch von Sowjettruppen in Afghanistan (S. 608) in eine schwere Krise. Amerikanische Weizenlieferungen an die UdSSR wurden eingestellt und die Olympiade in Moskau boykottiert; ein Großteil der Verbündeten der USA schloss sich dieser Politik an.

Zusätzlich brachte die islamische Revolution im Iran 1979 (S. 607) die USA, die das Schah-Regime gestützt hatten, in außenpolitische Schwierigkeiten. Seit November 1979 wurden über 50 US-Bürger in der ❻Teheraner US-Botschaft als

Geiseln gefangen gehalten. Die missglückte militärische Befreiung im April 1980 trug erheblich dazu bei, dass Carter die Präsidentschaftswahl im selben Jahr gegen den Konservativen Ronald Reagan deutlich verlor.

Unterzeichnung des Friedensvertrages zwischen Israel und Ägypten im Weißen Haus, 26. 3. 1979

Erste Begegnung zwischen Carter und Breschnew: Unterzeichnung des SALT-II-Vertrages über die Begrenzung strategischer Waffen, Wien 15. 6. 1979

Amerikanische Geiseln werden mit verbundenen Augen auf das Gelände der US-Botschaft in Teheran geführt, November 1979

Der Reaktorunfall von Harrisburg 1979

Der Störfall am 28. 3. 1979 im Druckwasserreaktor von Harrisburg (Pennsylvania) war zu diesem Zeitpunkt der schwerste Unfall in der Geschichte der friedlichen Nutzung von Kernenergie. Durch technische Fehler waren nicht nur Schäden am Reaktor entstanden, sondern es wurde auch Radioaktivität freigesetzt. Widersprüchliche Stellungnahmen wurden charakteristisch für den misstrauisch beobachteten Umgang mit den Risiken der Kernenergie und gaben der Anti-Atomkraft-Bewegung insbesondere in der westlichen Welt Auftrieb.

Blick zwischen Wohnhäusern hindurch auf zwei Kühltürme des Atomkraftwerks Harrisburg

■ Antikommunismus und Abrüstung: Die USA in den 1980er-Jahren

Ronald Reagan verfolgte bis 1984 innen- und außenpolitisch einen strikt antikommunistischen Kurs. Den Machtantritt Gorbatschows nutzte er ab 1985 zu Abrüstungsgesprächen.

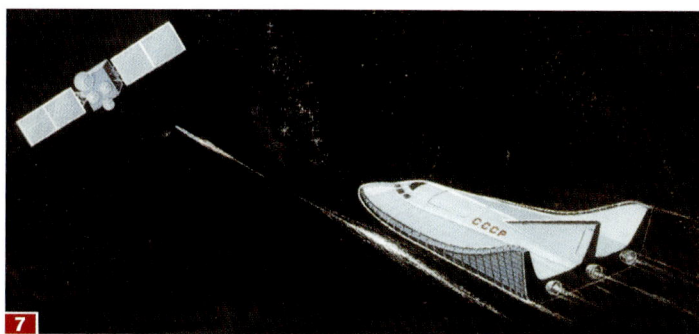

7

Grafik eines sowjetischen Shuttle. Aus einer Studie über die militärische Stärke der Sowjetunion, die das amerikanische SDI-Programm rechtfertigt

8

Vom Kalten Krieger zum Friedensengel: Präsident Ronald Reagan, um 1984

Das Versprechen, die militärische und politische Weltmachtstellung der USA wiederherzustellen, verhalf dem ehemaligen Gouverneur von Kalifornien ❽ Ronald Reagan 1980 zur Präsidentschaft. Mit ihm gewann innen- und außenpolitisch das konservative Amerika wieder die Macht. Im Inneren kurbelte Reagan durch einen starken Abbau der Staatsausgaben, v. a. im Sozialbereich, und gleichzeitige Steuersenkungen erfolgreich die Wirtschaft an, vertiefte aber dadurch auch die Kluft zwischen armen und reichen Bevölkerungsschichten. Gleichzeitig wurden die Rüstungsausgaben drastisch erhöht. Die Planung eines ❼ gigantischen Raketenabwehrsystems im Weltall (SDI) verschlang Milliarden. Christlich-fundamentalistische Gruppierun-

gen, die in den 70er-Jahren in den Hintergrund getreten waren, gewannen wieder an Einfluss.

Außenpolitisch verschärfte Reagan zunächst rhetorisch den Kurs gegen die Sowjetunion, die

9

Ronald Reagan (rechts) und Michail Gorbatschow unterzeichnen den historischen INF-Vertrag, 1987

er als „Reich des Bösen" bezeichnete, und verhängte nach der sowjetischen Unterstützung des Kriegsrechts in Polen 1981 (S. 577) Wirtschaftssanktionen. Vor allem in Lateinamerika und dem Nahen Osten unterstützten die USA antikommunistische Bewegungen, ungeachtet möglicher Menschenrechtsverletzungen. In Nicaragua wurden die gegen die linken Sandinisten operierenden Contras (S. 645) unterstützt. 1982 griffen US-Truppen in den ❷ Bürgerkrieg im Libanon (S. 602) ein und stürzten im Oktober 1983 den linksgerichteten Militärrat auf der karibischen Insel Grenada. Nach

geschieterten Abrüstungsgesprächen mit der Sowjetunion wurden 1983 Mittelstreckenraketen auf dem Gebiet der Bundesrepublik Deutschland stationiert.

Nachdem er 1984 wiedergewählt worden war, nutzte Reagan die Chancen zum Ausgleich, die sich seit 1985 durch die vom neuen sowjetischen Generalsekretär Gorbatschow eingeleitete sowjetische Reformpolitik (S. 586) boten. Nach mehreren amerikanisch-sowjetischen Gipfeltreffen kam es 1987 zu einem Durchbruch in der Abrüstungsfrage: Infolge des ❾ Abkommens zur weltweiten Beseitigung der landgestützten Mittelstreckenrake-

ten (INF-Vertrag) wurden erstmals ❿ atomare Waffenarsenale real abgebaut. Innenpolitisch lösten die im November 1986 bekannt gewordenen Waffenlieferungen an den Iran (für den Bürgerkrieg im Libanon) sowie die Umleitung der hierbei eingenommenen Gelder an die Contras in Nicaragua eine schwere Krise aus und schwächten die Reagan-Regierung innenpolitisch.

1988 wurde der bisherige ⓫ Vizepräsident George Bush zu Reagans Nachfolger gewählt. Unter seiner Präsidentschaft vollzog sich ein vollständiger Wandel der weltpolitischen Lage, ausgelöst durch den Zusammenbruch des Ostblocks und Auflösung der Sowjetunion 1989/91.

10

Abrüstung; Vorbereitungen für die Zerstörung der ersten sowjetischen Mittelstreckenraketen, 1988

11

Der Republikaner George Bush auf Wahlkampftour im Oktober 1000

12

US Marines ziehen aus Beirut ab (Foto, Februar 1984)

1979	Islamische Revolution im Iran	**1980**	Ronald Reagan wird Präsident	**1988**	George Bush wird Präsident
28. 3. 1979	Reaktorunfall in Harrisburg	**1987**	Abrüstungsvertrag mit der UdSSR		

■ Zeitenwende und Wirtschaftsboom: Die USA in den 1990er-Jahren

Unter Präsident Bush wurden die USA ab 1990 einzige Supermacht innerhalb einer „neuen Weltordnung". Die Präsidentschaft von Bill Clinton ab 1992 war von wachsendem Wohlstand geprägt und von privaten Skandalen überschattet.

„Operation Desert Storm": alliierte Nachschubtruppen aus US- und UNO-Verbänden rücken in den Irak ein (Foto, 25. 2. 1991)

Mit dem Versprechen sozialer Reformen und der Belebung der Wirtschaft zog 1992 der Demokrat ❸ Bill Clinton ins Weiße Haus ein. Er nahm Vertreter aller ethnischen Minderheiten in die Regierung auf. Ausgelöst von der Entwicklung neuer Technologien v. a. im Kommunikationsbereich setzte ein ❶ jahrelanger Wirtschaftsboom ein, der die Arbeitslosigkeit spürbar verringerte und Millionen neuer Arbeitsplätze schuf. Der gesetzliche Mindestlohn wurde erhöht. Clintons Gesundheitsreform, die eine Versicherungspflicht für alle US-Bürger vorsah, scheiterte an der konservativen Mehrheit im Kongress.

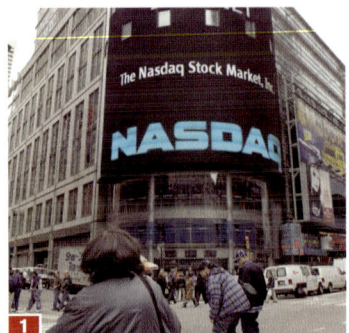

Boomte in den Zeiten der „New Economy": die Technologiebörse Nasdaq

Außenpolitisch vermied Clinton eine zu starke Betonung der US-Dominanz. Er vermittelte 1993 die Teilautonomie der Palästinensergebiete im Nahostkonflikt (S. 599). Russland wurden hohe Wirtschaftshilfen zugesichert. 1997 gehörten die USA zu den Initiatoren des Weltklimaprotokolls von Kyoto zur Verringerung des Schadstoffausstoßes. Seit 1998 stand die Präsidentschaft Clintons im Schatten der ❻, ❼ „Lewinsky-Affäre". Als er eine außereheliche Affäre mit der Praktikantin Monica Lewinsky zugeben musste, die er vorher abgestritten hatte, wurde von konservativer Seite im Januar 1999 ein Amtsenthebungsverfahren wegen Meineids eingeleitet. Es endete einen Monat später allerdings mit einem Freispruch.

Den friedlichen Umbruchsprozess in Osteuropa (S. 534) unterstützte die Regierung Bush ideell, politisch und wirtschaftlich. Mit der Wiedervereinigung Deutschlands (S. 544) und dem Zusammenbruch der Sowjetunion 1991 (S. 589) endete der Ost-West-Konflikt, der Denken und Handeln der amerikanischen Politik seit 1945 bestimmt hatte. In der sich seit 1991 neu formierenden Weltordnung übernahmen die USA als einzig verbliebene Weltmacht die unangefochtene Führungsrolle. Bereits im Dezember 1989 hatten US-Truppen durch eine Militärintervention in Panama den Diktator ❹ Manuel Noriega gestürzt.

Nach dem Überfall des Irak auf Kuwait 1990 schmiedete Präsident Bush eine ❷ internationale Allianz, die im Auftrag der UNO im Februar/März 1991 die irakischen Truppen ❽ aus Kuwait vertrieb. 1992 verschärfte er das Handelsembargo gegen das Regime Fidel Castros (S. 647) auf Kuba. In Asien und Europa reduzierten die USA ihre Militärpräsenz und leiteten mit der Sowjetunion bzw. deren Nachfolgestaaten weitere Abrüstungsschritte ein. Die Wirtschaft des Landes geriet allerdings in eine Rezession. Die sozialen Spannungen wuchsen, und 1992 erschütterten ❺ schwere Rassenunruhen das Land.

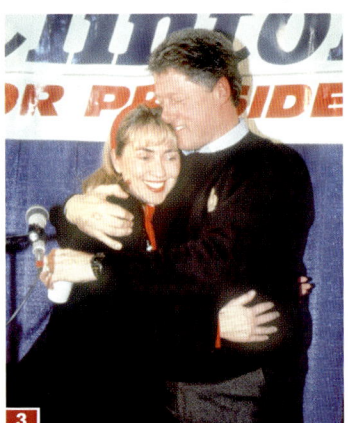

Bill Clinton und seine Frau Hillary bei einer Wahlkampfveranstaltung in New Hampshire im Januar 1992

General Manuel Antonio Noriega, 14. 7. 1987

Bei Rassenunruhen in Los Angeles wurden Gebäude in Brand gesteckt und Geschäfte geplündert

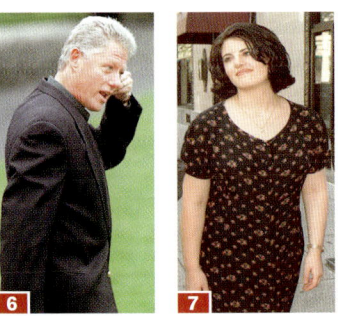

US-Präsident Bill Clinton und Monica Lewinsky

Kuwaitis feiern mit US- und Landesflaggen in den Straßen

1988 George Bush wird Präsident | **1992** Bill Clinton wird Präsident | **12. 12. 2000** George W. Bush wird Präsident

1992 Handelsembargo gegen Kuba | **Jan. 1999** Amtsenthebungsverfahren Bill Clintons

■ Kampf gegen den Terrorismus: Die USA unter George W. Bush

Seit den Anschlägen vom 11. 9. 2001 steht die US-Politik im Zeichen des weltweiten Antiterror-krieges. Die neue Präventivkriegsdoktrin ist auch unter Verbündeten umstritten.

George W. Bush, März 2005

Die ⓫ Präsidentschaftswahlen 2000, in denen der Demokrat Al Gore gegen den Republikaner George W. Bush antrat, endeten äußerst knapp. Nach wochenlangen Auseinandersetzungen be-stätigte der Oberste Gerichtshof am 12. 12. 2000 ❾ George Bush als 43. Präsidenten der USA. Mit

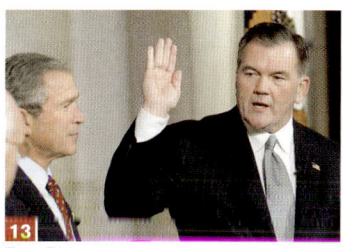

Tom Ridge wird am 24. 1. 2003 als ers-ter Minister für Heimatschutz vereidigt

ihm gelangte ein Konservativer an die Macht, der wirtschaftlich auf drastische Steuersenkungen setzte, in gesellschaftspolitischen Fragen christlich-fundamentalis-tische Positionen bezog und außenpolitisch die weltpolitische Dominanz der USA v. a. zur Durchsetzung nationaler Interes-sen nutzte.

Die Anschläge islamistischer Terroristen am 11. 9. 2001 auf das New Yorker World Trade Center trafen die amerikanische Gesell-schaft ins Mark. Sie zerstörten den ❿ Glauben an die eigene Un-verwundbarkeit. Seither be-stimmt der von Bush proklamier-te „lange Feldzug" gegen den in-ternationalen Terror die Politik der USA. Innenpolitisch wurden die Kontrollmaßnahmen des Staates, z. B. bei der Zuwande-rung, drastisch verschärft, bür-gerliche Freiheitsrechte zuguns-ten staatlicher Zugriffsmöglich-keiten eingeschränkt („Patriot Act"), 2002 das ⓭ „Ministerium für Heimatschutz" gegründet.

Unterstützt von einer breiten Antiterrorallianz stürzten die USA im Oktober 2001 mit einem Militärschlag das afghanische Talibanregime (S. 609), das dem Initiator der Anschläge, ⓮ Osama bin Laden, Zuflucht gewährt hat-te. Er konnte jedoch fliehen.

Terrorchef Osama bin Laden, Aufnah-me aus dem arabischen TV-Sender

Im September 2002 wurde eine tiefgreifende, international wie national sehr umstrittene Ände-rung der nationalen Sicherheits-strategie vorgenommen. Sie er-laubte als Ultima Ratio militäri-sche Präventivschläge gegen Staa-ten, die terroristische Gruppie-rungen unterstützen bzw. die Sicherheit der USA gefährden. Bush hatte im Januar 2002 Irak, Nordkorea und Iran zur „Achse des Bösen" erklärt. Mit Hinweis

Die knappste Wahlentscheidung in der US-Geschichte: Bush (links) und Gore vor einem Fernsehduell, 11.10. 2000

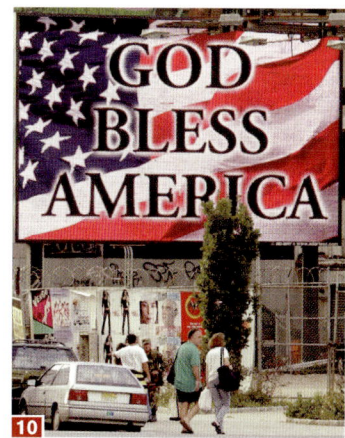

„Gott schütze Amerika" steht auf einer riesigen Videowand in New York, 2001

auf Massenvernichtungswaffen griffen v. a. amerikanische und britische Truppen im März/April 2003 ohne Zustimmung der UNO den Irak an und stürzten das Re-gime ⓬ Saddam Husseins (S. 605).

Im extrem polarisierten Wahl-kampf gegen den demokratischen Herausforderer John F. Kerry wurde George Bush im Novem-ber 2004 klar im Amt bestätigt.

„9/11"

Die Anschläge islamistischer Selbstmordattentäter am 11. September lösten weltweit eine Schockwelle aus. Gegen 9 Uhr morgens waren zwei gekidnappte Flugzeuge ins New Yorker World Trade Center gerast. Das Symbol amerikanischer Wirtschaftskraft brach binnen kurzer Zeit in sich zusammen. Eine halbe Stunde später stürzte ein weiteres Flugzeug auf das US-Verteidigungsministerium. Ein viertes Flugzeug, angeblich mit Ziel auf das Weiße Haus, stürzte wenig später bei Pittsburgh ab. Insgesamt verloren etwa 3000 Menschen an diesem Tag ihr Leben.

Minuten des Terrors: Ein zweites Flugzeug nähert sich dem Südturm. Kurz zuvor war die erste Boeing in den Nordturm gerast.

US Marines bedecken am 9. 4. 2003 den Kopf einer Hussein-Statue mit der amerikanischen Flagge

---

LATEINAMERIKA SEIT 1945

Schnell wechselnde autoritäre Regime, Militärdiktaturen und die Abhängigkeit von den USA kennzeichneten bis in die 1970er-Jahre die politische Situation in fast allen Staaten Lateinamerikas. Obwohl seitdem die meisten Diktatoren verschwunden sind oder zu demokratischen Zugeständnissen gezwungen wurden, verhinderten Korruption, Terrorismus von linken und rechten Radikalen sowie Drogenkartelle noch in den 90er-Jahren und teilweise bis heute eine echte Demokratisierung. Die Wirtschaftslage ist vielerorts katastrophal und die ❶ Armut der Bevölkerung groß geblieben. Die Entwicklungen in Mexiko und Kuba stellen in der Region einen Sonderfall dar.

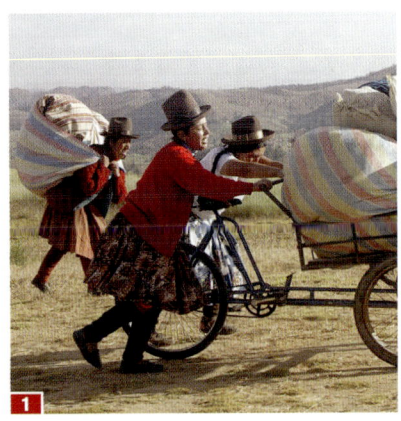

Peruaner transportieren Waren in einem Karren

seit 1945

Zeitgeschichte

■ Probleme und Entwicklungen Lateinamerikas

Eine desolate Wirtschafts- und Finanzlage und der Einfluss militanter Guerillagruppen sind die drängenden Probleme Lateinamerikas.

Nach Afrika ist Lateinamerika der ärmste Kontinent, der mit einer Reihe sozialer und politischer Probleme zu kämpfen hat. Um die regionale Zusammenarbeit auf wirtschaftlichem Gebiet zu fördern, wurden nach 1945 verschiedene Wirtschaftsvereinigungen wie 1960 die ❹ „Lateinamerikanische Freihandelsvereinigung" oder 1975 das „Lateinamerikanische Wirtschaftssystem" gegründet. Einige kleinere Staaten gründeten unter Federführung Kolumbiens 1969 den „Andenpakt". Wirtschaftlich sind die meisten Länder nach wie vor von den USA abhängig.

Die ökonomische Macht der USA prägte auch die politischen panamerikanischen (S. 508)

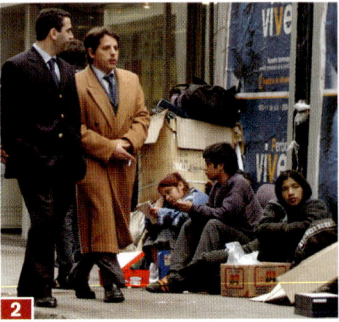

Erzbischof Oscar Arnulfo Romero (Mitte) (Foto, Dezember 1979)

Bündnisse. Die 1948 gegründete ❺ „Organisation Amerikanischer Staaten" (OAS) sollte das Verhältnis Lateinamerikas zu den USA verbessern; insbesondere nach der Revolution in Kuba (S. 647) nutzten die USA die Organisation durch Verteilung der Wirtschaftshilfe auch als Instrument im Kampf gegen den Kommunis-

mus. Offen unterstützten die USA rechtsgerichtete Regime und erzwangen 1964 den Ausschluss Kubas. Unter Präsident Carter rückten die USA zunehmend von den Diktaturen ab und unterstützten die Demokratisierung der Länder (S. 640). Diese wurde jedoch immer wieder von bürgerkriegsartigen Kämpfen ab den 80er-Jahren unterbrochen.

Im Inneren ist die ❷ Kluft zwischen der reichen Minderheit und der armen Bevölkerungsmehrheit in den meisten Ländern gewaltig. Die indianische Urbevölkerung gehört meist zu den Benachteiligten, und die explosionsartig anwachsenden ❻ Großstädte mit ihren Armenvierteln bilden immer wieder sozialen Sprengstoff.

Geschäftsleute passieren eine Gruppe von Straßenkindern (Foto, 28. 6. 2004)

Die wirtschaftlich stärkeren Staaten befinden sich heute als „Schwellenländer" auf dem Weg zur Industriegesellschaft.

Eine traditionell wichtige Rolle spielt in Lateinamerika die katholische Kirche. Hatte sie zunächst die Diktaturen gestützt, steht sie seit den 60er-Jahren mit der „Befreiungstheologie" deutlich auf der Seite der sozial Schwachen und nimmt dafür auch Verfolgung in Kauf. So wurde z. B. 1980 der Erzbischof ❸ Oscar Romero von San Salvador ermordet.

George W. Bush empfängt die Mitglieder der „Lateinamerikanischen Freihandelsvereinigung", 2005

Generalsekretär der OAS, Cesar Gaviria, spricht bei der Jahrestagung der Organisation (Foto, 3. 6. 2001)

Soziale Kontraste in São Paulo: Vor den Luxushochhäusern sind die Hütten der Elendsviertel zu sehen

| 1948 | Gründung der OAS | 1960 | Gründung der „Lateinamerikanischen Freihandelsvereinigung" |

| 1948–58 | Bürgerkrieg in Kolumbien | 1969 | Bildung des „Andenpakts" | 1969–75 | „Peruanische Revolution" |

■ Mittel- und Südamerika: Gewalt und Gegengewalt

In vielen Staaten Süd- und Mittelamerikas erschwerten Guerillakämpfe die ab den 1980er-Jahren einsetzende Demokratisierung. Kolumbien wird der Gewalt bis heute nicht Herr.

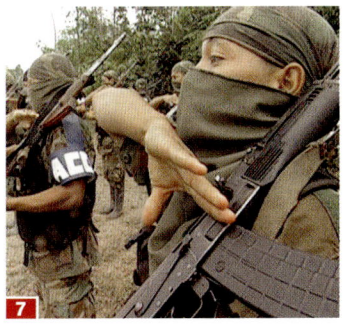

7

Kolumbianische Paramilitärs in Kampfbereitschaft (Foto, 2000)

Nicaragua wurde seit 1937, unterstützt von den USA, von dem Diktator Anastasio Somoza und nach dessen Ermordung von seinen Söhnen Luis und ❷ Anastasio d. J. bzw. ihren Strohmännern regiert. Die linksgerichtete „Sandinistische Befreiungsfront" gelangte 1979 an die Macht, wurde danach aber von US-finanzierten rechtsgerichteten Contras (S. 640) bedrängt. 1990 besiegte diese nationale Opposition die Sandinisten und regiert seither das Land.

Das Land versank in einen ❽ jahrzehntelangen Bürgerkrieg, der 1996 weitgehend beendet wurde.

In El Salvador hatten ab 1948 die Streitkräfte das Sagen. Zwischen 1961 und 1971 ließ das Militär jedoch eine demokratische Fassade zu, wobei die Nationalpartei PCN ein Bündnis mit dem Militär einging. Seit 1977 kam es zu Aufständen von Guerillagruppen, denen die Regierung mit massiver Gewalt und der Bildung von rechten „Todesschwadronen" begegnete. Erst seit 1989 existieren ❾ relativ demokratische Verhältnisse.

seit den 80er-Jahren zur Instabilität des Landes bei. Der seit dem Jahr 2002 amtierende Präsident Alvaro Uribe verspricht, gegen die allgemeine Gewalt vorzugehen, die das ❸ arme Land nach wie vor beherrscht.

8

Der jahrzehntelange Bürgerkrieg kostete Tausende Menschen das Leben (Foto, 7. 12. 1996)

9

Am 16. 1. 1992 schlossen Vertreter der Regierung und der linken Guerillatruppen Frieden

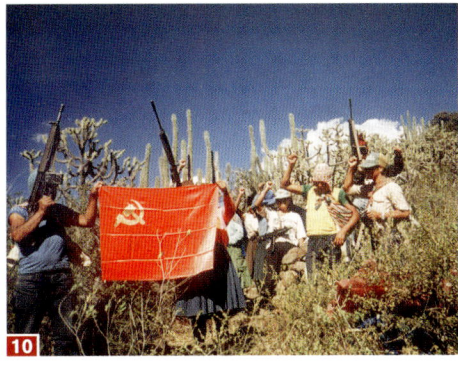

10

Bewaffnete Guerilleros der maoistischen Untergrundgruppe „Leuchtender Pfad" (Foto, April 1991)

11

Der venezolanische Präsident Hugo Chávez (Foto, 17. 1. 2003)

tionale Opposition die Sandinisten und regiert seither das Land.

Guatemala war das erste Land, in das die USA nach 1945 politisch direkt eingriffen. Als eine Bodenreform 1952 die Interessen des US-Konzerns „United Fruit Company" bedrohte, stürzte eine von den USA finanzierte Intervention 1954 die Regierung und errichtete eine Militärdiktatur.

In Südamerika ist Kolumbien bis heute eines der unruhigsten Länder. Nach der Ermordung des populären linksliberalen Politikers J. E. Gaitán brach 1948 ein blutiger Bürgerkrieg zwischen Konservativen und Liberalen aus, der nominell erst Mitte der 60er Jahre beendet wurde. Seit 1953 herrschte das Militär, setzte aber zivile Regierungen ein; gleichzeitig überzogen linke und rechte Guerillaarmeen das Land mit jahrzehntelangen ❿ Kämpfen. Dazu trug die von Kolumbien aus operierende Drogenmafia

Das durch Erdölvorkommen wohlhabende Venezuela wurde bis 1958 diktatorisch regiert, seitdem aber durch ein Mehrparteiensystem mit Einschränkungen demokratisiert. Der seit 1998 amtierende linksnationalistische Präsident ⓫ Hugo Chávez stärkte 2000 mit einem Ermächtigungsgesetz seine Stellung, was seit 2002 zu Massenprotesten gegen seine Regierung führt.

In Peru übernahm 1968 das Militär die Macht. Die von ihm gestellten Regierungen veranlassten von 1969 bis 1975 im Rahmen der

„Peruanischen Revolution" die Verstaatlichung von Teilen der Industrie und der Landwirtschaft. Nach einem Militärputsch durch Francisco Morales Bermúdez 1975 begann ein umfangreiches Privatisierungsprogramm. Ab 1981 stand der Kampf gegen die maoistische Guerillabewegung ⓮ „Leuchtender Pfad" im Vordergrund. Der seit 1990 autoritär herrschende Alberto Fujimoro ging rücksichtslos gegen die Rebellen vor. Nach seinem Sturz 2000 ist die Lage im Land allerdings instabil geblieben.

12

Nicaraguas Diktator ... dont Somoza, 1979

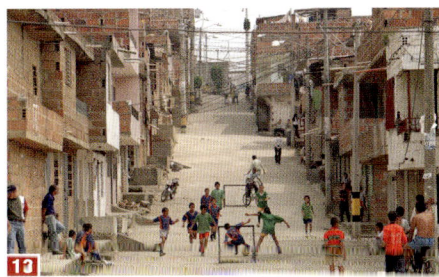

13

Armut und fehlende Zukunftsperspektive: In Barrio El Jardin spielen Kinder auf der Straße Fußball

seit 1945

Zeitgeschichte

1975	„Lateinamerikanisches Wirtschaftssystem"	1979	„Sandinistische Befreiungsfront" in Nicaragua	1990	Sturz Alberto Fujimoros in Peru
ab 1977	Guerillaaufstände in El Salvador	1980	Ermordung Oscar Romeros in El Salvador		

■ Argentinien, Brasilien und Chile

Die populäre Nachkriegsdiktatur von Juan Perón prägte die politische Entwicklung in Argentinien nachhaltig. In Chile wurde 1973 der erste frei gewählte marxistische Staatspräsident Allende von einer Militärjunta aus dem Amt geputscht.

In Argentinien wurde im Februar 1946 Juan Perón nach freien Wahlen Präsident. Mit Unterstützung des Militärs errichtete er eine populistische Diktatur, die dank boomender Wirtschaft zahlreiche Sozialreformen für die Arbeiterschaft durchführen

3 Salvador Allende (Foto, undatiert)

konnte, aber jeden Widerstand gegen sein Regime brutal unterdrückte. Zur wichtigsten Stütze des populären Regimes wurde seine Ehefrau **6** Evita, die sich öffentlichkeitswirksam für die Belange der Ärmsten einsetzte. Nach ihrem frühen Tod 1952 erhielt sie quasi den Status einer Heiligen. Als Perón die Rechte der katholischen Kirche beschneiden wollte, zwang ihn das Militär 1955 zum Rückzug. Eine Wahl im September 1973 brachte ihn jedoch noch einmal für ein Jahr an die Macht. Ab 1976 bestand unter

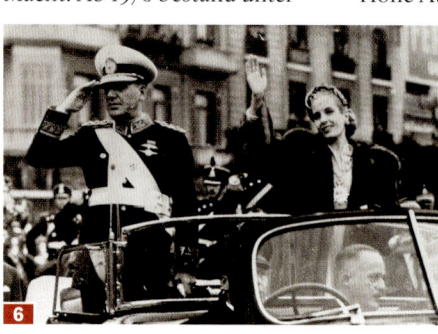

„Engel der Armen": Evita Perón (rechts) neben ihrem Ehemann (Foto, 1952)

4 General Jorge Rafael Videla eine brutale Militärdiktatur. Nach der Niederlage im Falklandkrieg gegen Großbritannien (S. 553) endete die **7** Militärherrschaft 1983. Präsident **5** Carlos Menem leitete ab 1989 demokratische Reformen ein und versuchte die krisengeschüttelte Wirtschaft zu konsolidieren. Seine Nachfolger Fernando de la Rúa (1999–2003) und Néstor Carlos Kirchner (seit 2003) setzten diesen Kurs fort.

In Brasilien förderte ab 1950 die autoritäre Präsidialregierung unter Getúlio Vargas den Ausbau der Industrie; seine Nachfolger öffneten das Land ausländischen Investoren. Nach Unruhen übernahm 1964 das Militär für zwei Jahrzehnte die Macht. Die katholische Kirche, v. a. Erzbischof Dom Hélder Câmara von Olinda und Recife, machte sich zum Anwalt der Menschenrechte. General E. Geisel begann ab 1974 das Land zu demokratisieren, doch erst unter seinem Nachfolger fanden 1982 die ersten freien Wahlen statt; seitdem funktioniert der demokratische Wechsel zwischen den Regierungen weitgehend. Hohe Auslandsschulden machen das Land allerdings bis heute krisenanfällig.

In Chile, einem Land mit demokratischer Tradition, wurde 1970 der linke Sozialist **3** Salvador Allende in freien Wahlen zum Staatschef gewählt. Sein sozialrevolutionäres Programm, Indus-

1 Einheiten der putschenden Militärs feuern auf den Präsidentenpalast (Foto, 11. 9. 1973)

2 Der chilenische Diktator Augusto Pinochet, 1997

triebetriebe zu verstaatlichen und den Großgrundbesitz aufzulösen, rief den Widerstand der konservativen Parlamentsmehrheit hervor. Am 11. 9. 1973 stürzte die Armee den Präsidenten in einem von den USA unterstützten **1** blutigen Putsch, bei dem Allende ums Leben kam. Der Anführer des Putsches, **2** General Augusto Pinochet, herrschte bis 1989 diktatorisch. Tausende Menschen fielen seinem Regime zum Opfer. 1989 erzwang ein Opposi-

tionsbündnis die Wahl von Patricio Aylwin zum Präsidenten, womit ein Demokratisierungsprozess in Gang gesetzt wurde. Bis 1998 blieb Pinochet Oberbefehlshaber des Heeres, wurde aber im Oktober 1998 auf Antrag der spanischen Justiz bei einem Besuch in Großbritannien festgenommen. Er kehrte 2000 nach Chile zurück, sein Einfluss wurde sehr verringert. Die Beurteilung des Pinochet-Regimes spaltet bis heute die chilenische Öffentlichkeit.

4 Machtübernahme der Militärjunta: Jorge Videla (Mitte) legt den Amtseid ab (Foto, 30. 3. 1976)

5 Präsident Carlos Menem (Foto, 4. 3. 1997)

7 In einem argentinischen Folterlager sitzen Gefangene unbekleidet und gefesselt im Freien (Foto, um 1986)

| 1910–17 | Mexikanische Revolution | 1952 | Tod Evita Peróns/Militärputsch unter Fulgencio Batista in Kuba | 1. 1. 1959 | Flucht Batistas |
| Feb. 1946 | Juan Perón wird Präsident von Argentinien | ab 1953 | Guerillakrieg Castros und Che Guevaras gegen das Regime Batista | | |

Die Sonderfälle Mexiko und Kuba

Beide Länder verfolgten nach Kriegsende einen eigenständigen Kurs gegenüber den USA. Die politischen Führungen gingen aus linken Revolutionen hervor. Kuba wurde zum Brennpunkt im Kalten Krieg.

Die ❿ Revolution von 1910 bis 1920 (S. 434) hatte Mexiko eine sozial-liberale Verfassung gebracht, in der das nationale Verfügungsrecht über die Bodenschätze und die Trennung von Staat und Kirche festgelegt wurden. Die aus den verschiedenen Revolutionsgruppierungen entstandene Einheitspartei nannte sich ab 1946 „Partei der institutionellen Revolution" (PRI) und behielt bis zum Jahr 2000 in einem halbdemokratischen System die politische Vorherrschaft. Begleitet von hohen Wachstumsraten trieb die PRI bis 1970 die ⓭ Industrialisierung und die Nationalisierung der Wirtschaft voran und leitete soziale

Reformen ein. Korruption und Misswirtschaft führten 1982 fast zum Staatsbankrott, der nur durch US-Kredite abgewandt werden konnte. In der Folgezeit wurde unter Präsident C. Salinas de Gortari (ab 1988) die Verquickung von Staat, PRI und Wirtschaft langsam aufgelöst; Oppositionskräfte gewannen Zulauf. Bei den Präsidentschaftswahlen 2000 siegte erstmals der Kandidat der rechtsliberalen PAN, ⓫ Vicente Fox, der seither regiert.

Das politisch und wirtschaftlich von den USA abhängige Kuba wurde seit einem Militärputsch 1952 von ❽ Fulgencio Batista diktatorisch regiert. 1953 begann

9

Hält in Kuba auch nach dem Fall des Sowjetimperiums die Fäden in der Hand: Fidel Castro, 17. 5. 2005

8

Fulgencio Batista neben einer Skulptur von Abraham Lincoln, der zu seinen historischen Lieblingsfiguren gehörte

tums und die enge Anlehnung Kubas an die Sowjetunion führten zum Ausschluss aus der OAS (S. 644) und zu schweren Spannungen mit den USA. Ihr Versuch, 1961 Castro militärisch zu stürzen (S. 638), scheiterte. Die Stationierung sowjetischer Raketen auf Kuba 1962 brachte die Welt an den Rand eines Atom-

10

Der mexikanische Revolutionsführer Eufemio Zapata im Dezember 1914

11

Präsident Vicente Fox (Foto, 2. 2. 2004)

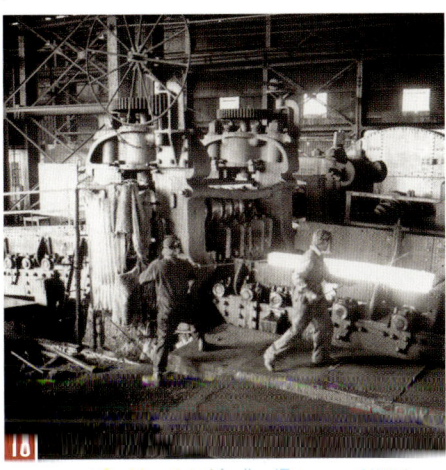

13

Eisen- und Stahlwerk in Mexiko (Foto, um 1965)

Fidel Castro einen ⓬ Guerillakrieg gegen Batista, dem sich 1956 der Argentinier Ernesto Che Guevara anschloss, und zwang ihn am 1. 1. 1959 zur Flucht. Castro proklamierte den sozialistischen Staat und errichtete eine kommunistische Einparteienherrschaft. Die Beschlagnahme amerikanischen Eigen-

Fidel Castro und seine Guerilleros im Kampf gegen das Batista-Regime

12

kriegs (S. 532). Der erfolgreiche Widerstand gegen die USA und soziale Erfolge wie kostenlose medizinische Versorgung festigten das Ansehen Castros bei weiten Teilen der kubanischen Bevölkerung. Das kommunistische Regime überlebte so auch den Zusammenbruch der Sowjetunion 1991. Castro begann zwar vorsichtig, die Wirtschaft zu liberalisieren, hält aber bis heute ❾ unbeirrt am kommunistischen Machtmonopol der Partei fest.

Ernesto „Che" Guevara

Che Guevara wurde zu einer Leitfigur der internationalen Befreiungsbewegungen und zu einem der Idole der westlichen Protestbewegung von 1968. Der aus wohlhabender Familie stammende Arzt aus Argentinien schloss sich 1954 den Revolutionären um Fidel Castro an. Als Präsident der Kubanischen Nationalbank (1959) und als Industrieminister (1961) leitete er an vorderster Stelle die Sozialisierung der kubanischen Wirtschaft ein. Beim Aufbau eines Revolutionstrupps in Bolivien wurde er 1967 von Armeeeinheiten im Guerillakampf gefangen genommen und erschossen.

Nach seinem Tod wurde er weltweit zum Mythos: Che Guevara, (um 1960)

9. 10. 1967	Erschießung Che Guevaras			11. 9. 1973	Sturz und Tod Allendes	
1962	Kubakrise		1970	Salvador Allende wird Präsident in Chile	1973	Militärdiktatur unter Jorge Rafael Videla

GLOBALISIERUNG

Seit dem Ende des Ost-West-Konflikts 1989/91 ist das Schlagwort von der „Globalisierung" in aller Munde. Eine von allen akzeptierte Definition des umstrittenen Begriffs gibt es bis heute nicht. Gemeint ist in etwa das Zusammenwachsen aller Staaten und Völker zu einer Welt. Durch die ❷ rasanten Fortschritte in der Informationstechnologie, die einen ❶ globalen Kommunikationstransfer in Echtzeit ermöglicht, verlieren Entfernungen und nationalstaatliche Grenzen in wirtschaftlichen, politischen und kulturellen Entscheidungsprozessen immer mehr an Bedeutung. Zwischen den nationalen Gesellschaften entstehen netzwerkartige Verbindungen, sodass regionale Ereignisse vermehrt wirtschaftliche und politische Auswirkungen auf weit entfernte Teile der Erde haben. In diesem Zusammenhang werden Wissensaneignung und Medienkompetenz immer wichtiger. Vor allem in den Industrieländern löst die „Wissensgesellschaft" langsam die „Industriegesellschaft" ab.

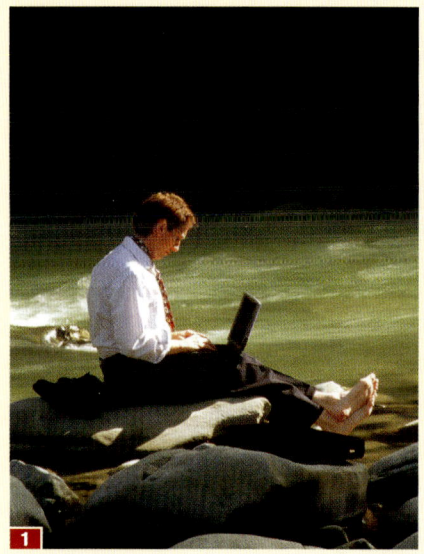

Unabhängig von der Steckdose: Dank moderner Technologien ist man heute bei der Arbeit an Computern nicht mehr zwingend auf Büroräume angewiesen

Die Wirtschaftswelt im 21. Jahrhundert

Durch das Ende des Systemwettbewerbs 1990 und die damit einhergehende Öffnung zusätzlicher Märkte hat die Internationalisierung der Wirtschaftswelt eine neue Qualität bekommen. Handel, Produkt- und Dienstleistungsmärkte sind immer stärker miteinander verflochten. Am weitesten fortgeschritten ist die ökonomische Globalisierung an den internationalen Finanzmärkten, wo rund um die Uhr riesige Kapitalströme innerhalb von Sekunden von einem Land ins andere transferiert werden. Transnationale Großkonzerne koordinieren ihre Aktivitäten weltweit und wählen die für sie günstigsten Produktions- und Lieferstandorte

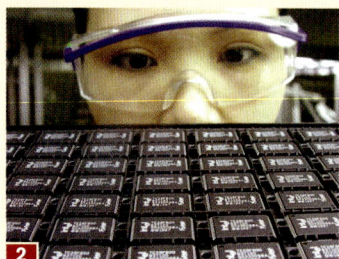

Immer schneller und leistungsfähiger: Computerchipproduktion in Shanghai

aus. Angebot und Nachfrage werden weltweit zusammengefasst und damit die ❹ Preisbildung vereinheitlicht.

Dadurch, dass praktisch die ganze Welt zu einem ❸ Markt geworden ist, befinden sich die Staaten untereinander in einem harten Standortwettbewerb um Arbeitskräfte und die Gunst des mobilen Kapitals. Viele Staaten versuchen mit Steuersenkungen und Schaffung günstiger Rahmenbedingungen wie Deregulierung des Arbeitsmarkts und weiterer Handelsliberalisierung Investoren und „Humankapital" ins eigene Land zu locken. Inwieweit der Staat die Privilegien der meist gut verdienenden

Plakat vom Weltwirtschaftsforum in Davos im Januar 2005

Unternehmen und Investoren weiter stärken oder im Gegenteil seine sozialpolitische Ausgleichsfunktion zwischen Reich und Arm wieder ausbauen soll, ist eine der vielen politisch umstrittenen Fragen, die die neue Wirtschaftswelt aufwirft.

Wohlstand und Armut: Die Folgen der globalisierten Wirtschaft

Das Bruttoinlandsprodukt hat sich nach 1950 weltweit durchschnittlich verfünffacht. Seit Mitte/Ende der 90er-Jahren wächst der Welthandel kontinuierlich auf hohem Niveau; die Auslandsinvestitionen boomen. Immer noch wird ein Großteil der Direktinvestitionen zwischen den Industrieländern abgewickelt, doch fließen auch zunehmend Mittel in die

Entwicklungsländer. Da dort die ❻ Arbeitskräfte meist billiger sind, werden sie in das globale Produktionssystem der Konzerne integriert. Besonders in Schwellenländern wie China oder auch Vietnam hat die Öffnung der Märkte zu hohen Wachstumsraten und positiven Effekten auf dem Arbeitsmarkt geführt.

Von den Vorteilen einer globalen Weltwirtschaft abgeschnitten sind bisher v. a. die Länder Schwarzafrikas geblieben, deren Bevölkerung noch ❺ kaum Zugang zu den Informationstechno-

Ägyptische Bauern auf einem Eselskarren mit Blumenkohlköpfen, 2001

Hektisches Treiben an der Kuwaiter Börse, Foto vom 6. 3. 2005

9. 11. 1989 | Fall der Berliner Mauer   3. 6. 1991 | „Afrikanische Wirtschaftsgemeinschaft"   17. 12. 1992 | „Nordamerikanische Freihandelszone"

1991 | Auflösung der UdSSR   1. 11. 1992 | EU-Vertrag von Maastricht

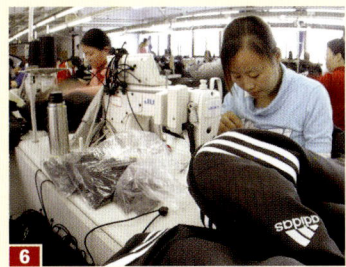

6
Chinesische Arbeiterinnen produzieren Hosen für internationalen Großkonzern

logien hat. Hier ist sogar ein Anstieg der Armut zu verzeichnen, und das Wirtschaftswachstum ist teilweise rückläufig. Horrende Auslandsschulden belasten die Staatshaushalte, und Primärgüter wie Nahrungsmittel und Rohstoffe, die oft den „Reichtum" der Entwicklungsländer bilden, spielen auf dem Weltmarkt im Gegensatz zu technologischen Produkten eine immer geringere Rolle. Da die gesamte weiterverarbeitende Industrie in Schwarzafrika sowie in

8
Zwei verschleierte jordanische Studentinnen in einem Internetcafé, 2001

den meisten Ländern Lateinamerikas unterentwickelt ist, sind die Länder hier verstärkt auf Importe aus den entwickelten Industrienationen angewiesen. Ob es diesen Ländern gelingt, sich durch Strukturreformen in Staat, Wirtschaft und Bildungswesen erfolgreich in die globalisierte Wirtschaftswelt zu integrieren, bleibt angesichts der vielerorts noch halbfeudalen Verhältnisse und der starken Stammes- und Clanbildungen sehr fraglich.

„One World" vs. „Coca-Cola-Imperialismus"

Die wachsende ökonomische Vernetzung strahlt auch auf andere Lebensbereiche wie etwa Kultur und Lebensstile aus. Moderne Massenmedien und gestiegene

Mobilität begünstigen eine Art kultureller Globalisierung. Arabische Küche oder indische Filme in Europa sind so selbstverständlich geworden wie westliche Schnellgerichte in Asien oder Hollywoodfilme in Arabien. Optimisten sehen in einer zusammenwachsenden Weltgesellschaft die Möglichkeit, ❾ „Fremdes" in die eigenen kulturellen Wertesysteme zu integrieren und so die gegenseitige Toleranz zu stärken. Auch wachsende Gemeinsamkeiten im Sinne anerkannter, universaler Wertvorstellungen, etwa der Menschenrechte, könnten so entstehen. Voraussetzung hierfür ist, dass freier Zugang zu Information und Wissen gegeben ist.

Kritiker betonen dagegen die ökonomische Dominanz der reichen Industrienationen in den Medien, durch die sie die Werte ihres „westlichen" Wohlstands-

modells den schwächeren Ländern um des eigenen wirtschaftlichen Vorteils aufzwingen würden. Dieses Gefühl der kulturellen Hegemonie kommt in Begriffen wie „Coca-Cola-Imperialismus" oder „McDonaldisierung" der Welt zum Ausdruck. Die allgemeine Kommerzialisierung und die Überformung der nationalen bzw. regionalen Kulturen durch fremde Einflüsse haben in vielen Teilen der Welt Bewegungen der Rückbesinnung auf eigene Traditionen und Werte ausgelöst. Letztlich könne man auch den radikal antiwestlichen bzw. ❼ antiamerikanischen Islamismus bis hin zum Terrorismus auf solche Ursachen zurückführen.

Weltinnenpolitik

Die Herausforderungen der Globalisierung sind vielfältig – ob es um den sich stetig vergrößernden Gegensatz zwischen Arm und Reich oder um den Umweltschutz geht. Die Eingriffsmöglichkeiten nationalstaatlicher Regierungen in das weltweite Wirtschaftsgeschehen sind nur noch beschränkt. Daher muss sich im Grunde auch die Politik globalisieren, will sie den weltweiten Problemen wirkungsvoll begegnen. Um der Weltwirtschaft eine

7
Iranische Demonstranten verbrennen 1997 amerikanische Flagge

Art „Weltregierung" entgegenzustellen, scheint eine Stärkung des Systems der ❿ Vereinten Nationen und eine weitere Verdichtung und Vernetzung der internationalen Beziehungen unverzichtbar. Beispielhaft ist der Ausbau der „Europäischen Union" zu einer supranationalen Organisation. Hier haben die europäischen Nationalstaaten bereits einen Teil ihrer staatlichen Hoheitsrechte an die EU abgegeben bei gleichzeitiger Wahrung nationaler und regionaler Eigenheiten. Auch nicht staatliche internationale Organisationen wie z. B. Amnesty International arbeiten mit weltweiten Netzwerken, innerhalb deren demokratische Mitgestaltungsmöglichkeiten jenseits der staatlichen Diplomatie entstehen. Dazu zählt u. a. auch das globalisierungskritische Netzwerk „attac", das u. a. für eine gesellschaftliche Kontrolle der Finanzmärkte kämpft.

9
Arabische Coca-Cola-Werbung in Algier, Algerien, 2004

10
Abstimmung im UN-Sicherheitsrat in New York über eine Verstärkung der Blauhelmsoldaten im ehemaligen Jugoslawien, November 1995

INDEX